北京高校高精尖学科建设项目资助

樊崇义教授八十华诞著作系列 20

刑事诉讼法哲理思考

——樊崇义教授八十华诞庆贺文集

主编 张 中

中国人民公安大学出版社
·北京·

图书在版编目（CIP）数据

刑事诉讼法哲理思考：樊崇义教授八十华诞庆贺文集：上下册／张中主编．—北京：中国人民公安大学出版社，2020.1
（樊崇义教授八十华诞著作系列；20）
ISBN 978-7-5653-3756-7

Ⅰ．①刑… Ⅱ．①张… Ⅲ．①刑事诉讼法－研究－中国 Ⅳ．①D925.204

中国版本图书馆CIP数据核字（2019）第193453号

刑事诉讼法哲理思考
——樊崇义教授八十华诞庆贺文集
主编 张 中

出版发行：	中国人民公安大学出版社
地　　址：	北京市西城区木樨地南里
邮政编码：	100038
经　　销：	新华书店
印　　刷：	天津盛辉印刷有限公司
版　　次：	2020年1月第1版
印　　次：	2020年1月第1次
印　　张：	68
开　　本：	787毫米×1092毫米　1/16
字　　数：	1143千字
书　　号：	ISBN 978-7-5653-3756-7
定　　价：	278.00元（上下册）

网　　址：www.cppsup.com.cn　www.porclub.com.cn
电子邮箱：zbs@cppsup.com　zbs@cppsu.edu.cn

营销中心电话：010-83903254
读者服务部电话（门市）：010-83903257
警官读者俱乐部电话（网购、邮购）：010-83903253
公安业务分社电话：010-83905672

本社图书出现印装质量问题，由本社负责退换
版权所有　侵权必究

总　序

樊崇义教授是我国著名法学家，是刑事诉讼法学、证据法学的领军者，在国际上享有崇高声誉和威望。在长期的法学教育和科研工作中，樊崇义教授笔耕不辍，著述鸿博，成果丰硕，他出版著作、教材近四十部，发表论文三百五十余篇，主持国家级、省部级以上科研课题十余项，有多部著作获司法部、教育部等省部级以上科研奖。他主编的《迈向理性刑事诉讼法学》一书获得第一届中国出版政府奖提名奖；主编的《刑事诉讼法学》和《证据法学》多次再版，被司法部、教育部列为法学高等教育国家级规划教材。

追求真理是樊崇义教授的学术使命。樊崇义教授拥有认知事物、辨别真理的大智慧，在长期的法学理论和实务研究中，积极主张我国刑事诉讼程序的科学化与民主化，证据法学的哲理化与现代化，开创性地提出了许多奠定我国刑事诉讼法学和证据法学学科及其理论基础的重要学术理论和研究方法，在法学界和实务界得到了广泛的认同。早在1996年，他在证明标准上提出了"法律真实观"；2000年年初，提出了"诉讼认识论"和"刑事诉讼法律观的转型"；2002年，提倡"刑事诉讼人本主义"，倡导实证研究方法；近年来，又率先提出部门法学哲理化，首倡刑事诉讼法哲理思维。这些都对我国刑事诉讼和证据理论及其应用产生了深远影响。

学以致用体现了樊崇义教授的使命担当。樊崇义教授长期投身于我国法治现代化建设，积极参与刑事诉讼法修改和司法体制改革，为国家立法建言献策，将自己的学术主张变为立法现实，为我国法治建设作出了杰出贡献。例如，樊崇义教授主持了侦查讯问中的录音、录像和律师在场等三项制度项目研究，其成果——全程录音、录像制度在2012年刑事诉讼法修改时被正式确立为一项诉讼制度；2018年刑事诉讼法修正案确立的值班律师制度也是该项目研究成果——律师在场的重要体现。2012年刑事诉讼法修改时将"证据确实、充分"的证明标准解释为"排除合理怀疑",这是对樊崇义教授提出的"法律真实观"的接受和肯定。此外,樊崇义教授还经常走出校门,到实务部门讲学,播撒最前沿的法学知识,提升司法人员业务素质,直接推动我国法治文明的进步。

适逢樊崇义教授八十华诞之际,应学界同仁及同门弟子盛情相邀,获中国人民公安大学出版社鼎力支持,我们编辑出版了"樊崇义教授八十华诞著作系列",该著作系列共二十部,包括四部分:

一是樊崇义教授近年来独著、合著或主编的理论价值较高、在法学界和实务界影响较大的学术著作的重新编辑出版,共十四部,包括《刑事诉讼法实施问题与对策研究》《刑事诉讼法再修改理性思考》《正当法律程序研究——以刑事诉讼程序为视角》《刑事审前程序改革实证研究——侦查讯问程序中律师在场(试验)》《迈向理性刑事诉讼法学》《侦查讯问程序改革实证研究——侦查讯问中律师在场、录音、录像制度试验》《部门法学哲理化研究》《检察制度原理》《诉讼原理》《刑事诉讼法哲理思维》《刑事证据制度发展与适用》《论检察》《刑事证据规则研究》《底线——刑事错案防范标准》。这些著作的重新出版基本上保持了书稿原貌,只是校正原书中的错字、漏字、衍字及明显有误的标点符号,订正错误的引注。这些著作出版时间跨度较大,其间刑事诉讼法经过两次大修,《宪法》《律师法》和其他法律法规、司法解释也有修改,为避免不必要的混乱,原书中涉及或者援引的法律条文序号及内容保持不变。一方面,书中有很多内容是针对原法条的不足和缺陷提出的分析和修改完善意见,保持原样可以更好地体现当时的学术讨论与争鸣的原貌;另一方面,读者可以从法条内容的前后变化和书中修改完善意见的比较中发现樊崇义教授对于我国刑事诉讼和证据立法的贡献。

二是樊崇义教授近十年来发表的主要学术论文,按照研究的内容及其内在的逻辑关系,整理编辑形成四部新的学术专著,包括《刑事诉讼法学方法论》《刑事诉讼程序的改革与发展》《证据法治与证据理论的新发展》《司法制度与司法改革》。所选论文均是樊崇义教授七十华诞后至今公开发表的论文,具有很强的思想性、时代性和创新性,反映了樊崇义教授的理论思想、创新思维和研究范式,同时也展现了樊崇义教授最近十年的学术历程。所选论文原则上保持了发表时的原貌,对于有些论题相同或者相近的论文,为避免内容重复,在充分考虑原文整体性和逻辑性的前提下，对部分论文进行了内容整合、适当删节和编辑加工；有些论文发表时有中英文"摘要""提要""关键词"等，收录本书时全部予以删除；部分论文是樊崇义教授与学生合作发表的成果，收录本书时均标有题注，标明了合著作者的姓名、论文发表的报刊或其他出版物的名称、时间等。

三是樊崇义教授主编的一部新作《法律援助制度研究》。该书围绕我国法律援助制度及其实施过程中的历史发展、基本理论、性质定位、功能设置、制度建设、立法建言等若干重大问题展开研究，旨在进一步推动我国当前正在进行的法律援助立法工作、法律援助制度的现代化发展及其优化实施。

四是樊崇义教授指导的学生为其八十华诞撰写的庆贺文集《刑事诉讼法哲理思考》。该文集收录七十一篇文章，内容涉及樊崇义教授学术思想、理论贡献、为人师表以及长期关注或者当前司法改革的重要理论和实践问题等方面，同门弟子以各自不同的方式表达了对樊崇义教授杰出的学术成就、高尚的品格和他对高级法学人才培养等方面所作贡献的崇高敬意！

樊崇义教授是始终走在时代前列的法学家，在学术上所取得的成就是巨大的，对于我国刑事诉讼法学和证据法学的理论贡献是有目共睹的，而谦虚谨慎的人格和锐意进取的精神更能展示出他作为一个真正学者的伟大品质。老骥伏枥，志在千里。八十高龄的樊崇义教授依然身先士卒地活跃在刑事诉讼法学研究的前沿，躬行求索在推进中国刑事诉讼法治化进程的道路上，以不倦的学术追寻引领中国法学前行！

衷心祝愿樊崇义教授学术人生不老，思想之树常青！

樊崇义教授八十华诞著作系列编辑小组
2019 年 8 月

编写说明

樊崇义教授是我国著名的法学家，在国际刑事诉讼法学和证据法学领域享有崇高声誉和威望。值樊崇义教授八十华诞之际，同门弟子撰写文章汇成庆贺文集《刑事诉讼法哲理思考》，以各自不同的方式表达对樊崇义教授杰出的学术成就、高尚的品格和高级法学人才培养等方面的感谢和敬意！

本书收录71篇文章，内容涉及对樊崇义教授学术思想、理论贡献、为人师表以及长期关注的司法改革重要理论和实践问题等方面。樊崇义教授深邃的学术思想、宽阔的理论视野、丰硕的科研成果、独特的人格魅力，对于我们后辈做人、做事、做学问都是享之不尽的宝贵财富。我们希望通过以出版文集这种形式，继承和发扬樊崇义教授严谨治学的态度和创新思维的精神，也是对其取得各项成就和对我国民主法治贡献的弘扬与赞美，并借以推动刑事诉讼法学、证据法学、司法制度等多学科的发展与进步。

本书的出版，由张中教授担任主编，得到了同门历届学生和中国人民公安大学出版社的大力支持，张密女士和硕士生李怡诺做了大量的催收稿件和文字处理工作，在此表示诚挚谢意！

衷心祝愿樊崇义教授健康长寿！

樊崇义教授八十华诞著作系列编辑小组
2019年8月

目 录
CONTENTS

思想·理论·贡献

樊崇义教授的理性刑事诉讼法学是怎样炼成的 …………… 锁正杰（ 3 ）

樊崇义教授法律真实理论引发的学术争鸣与其历史贡献 ……… 吴宏耀（ 15 ）

樊崇义教授证据法学思想及其学术贡献 …………… 张 中（ 46 ）

樊崇义教授论侦查程序改革及其理论贡献 …………… 张品泽（ 67 ）

樊崇义教授检察理论及其学术贡献 …………………… 刘 辰（ 85 ）

樊崇义教授检察理论及其观点述评 …………………… 张书铭（106）

检察改革三十年与樊崇义教授的重要理论创新 ……… 王 戬 刘 瑶（123）

樊崇义教授刑事诉讼法学方法论 …………………… 孙道萃（141）

师恩·感怀·传承

始终走在时代前列的法学家——我所了解的樊崇义教授 ……… 王文生（187）

从寒门学子到当代有突出贡献的法学名家——学生眼中的樊崇义先生
………………………………………………………………… 夏 红（210）

不倦的学术追寻——写在樊崇义老师八十寿辰之际 ……… 李明蓉（228）

诉讼哲学放光辉 仁爱人本显情怀——恩师樊崇义教授学术思想梳理
………………………………………………………………… 刘文化（233）

垂范实证研究　力推司法改革——贺樊崇义教授八十华诞 …… 罗国良（245）
成长路上　感恩有您——恭祝恩师樊崇义教授八十寿诞 ……… 胡志风（251）
款款深情　殷殷期盼——师从樊崇义教授小记 ………… 李思远（259）
春风化雨　润物无声——跟随樊老师学习的一些体会 …… 徐歌旋（269）
恩师是我人生路上的引路人 ………………………… 张自超（282）
大师·遇见 ………………………………………… 陈惊天（285）
寿樊公赋 …………………………………………… 刘鹏宇（287）

诉讼·制度·程序

刑事司法的人本化：从权力本位到权利本位 ………… 郭金霞（295）
刑事诉讼程序出入罪功能分析——以刑事疑案为视角 ………… 胡常龙（309）
风险视角下的取保候审：现状考察与问题反思 ………… 史立梅（329）
论我国搜查扣押制度的改革完善 ……………………… 朱拥政（352）
构建以公诉为主导的刑事审前程序略论 ……………… 王守安（373）
简论公诉与法律监督之关系 …………………………… 白秀峰（385）
程序类型化理论：简易程序设置的理论根源 ………… 毛立华　李　莉（398）
刑事缺席审判制度若干问题的理性思考 ……………… 金　飒（412）
自比较法之观点论人民参审草案之审理程序 ………… 黄翰义（422）
刍议刑事涉案财物的保护 ……………………………… 白俊华（460）
我国遏制冤案的举措与成效检视 ………… 陈永生　瓮怡洁（474）
刑事救助的多元化途径探索 …………………………… 俞静尧（498）
反思与重构：执行程序中追加被执行人配偶问题探究 … 金俊银（516）
刑事司法国际合作的性质 ……………………………… 苗京平（527）

认罪·认罚·从宽

刑事诉讼认罪协商机制的理论认识 …………………… 李明蓉（539）
关于"认罪认罚的法律规定" …………………………… 徐鹤喃（554）
认罪认罚从宽制度核心要素之解读 …………………… 杨立新（565）
认罪认罚从宽的内涵、价值及制度构建 ……………… 张　伟（581）

认罪认罚从宽制度试点情况实证调研 …………………… 温小洁（599）
新刑诉背景下的认罪认罚从宽制度 ………………… 许兰亭 李 飞（620）
认罪认罚从宽制度中的检察官：角色、保障及其权力边界 …… 哈 腾（626）
以审判为中心与认罪认罚从宽的制度糅合 ………………… 艾 静（640）
未成年人刑事案件适用认罪认罚从宽制度若干问题初探 …… 郭斐飞（644）
认罪认罚从宽制度的立法完善研究 ………………………… 金文彤（657）
认罪认罚从宽制度改革若干问题研究 ……………………… 何冬青（665）
认罪认罚从宽协商诉讼程序的独立建构 …………………… 孙道萃（675）

事实·证据·规则

法律"事实"新论 …………………………………………… 高壮华（699）
量刑事实研究 ………………………………………………… 杜 邈（716）
证据关联性管见 ……………………………………………… 赵培显（729）
审判中心与证据裁判 ………………………………………… 王晓红（738）
以审判为中心背景下庭前会议证据开示问题研究 ………… 徐 军（750）
以审判为中心优化案卷笔录的运行环境 …………………… 兰跃军（764）
刑事案件证人出庭作证的实践困境与制度改革 …… 杨建文 张向东（785）
试论构建符合我国国情的刑事专家证人制度 ……………… 潘少华（815）
似真推理在诉讼证明中的运用 ……………………………… 李 静（828）
司法鉴定管理体制改革研究 ………………………………… 阮 娜（842）

律政·监察·其他

论《律师法》修改的背景、原则和进路 …………………… 王进喜（871）
值班律师的角色定位问题研究 …………………… 王 晶 严泽岷（882）
完善我国值班律师制度的实践与思考 ……………………… 常 铮（897）
我国恐怖活动案件中律师会见权探讨 ……………………… 张小玲（909）
关于监察体制改革的认识与思考 …………………………… 张自超（917）
论对监察机关和监察人员进行监督的方式 ………………… 申君贵（927）
新时代中国法治何去何从 …………………………………… 陈惊天（938）

司法改革的基本理路 …………………………………… 吴光升（945）
刑事责任年龄的宪法学思考 …………………………… 陈　冬（962）
盗抢骗犯罪打击防范对策思考 ………………………… 陈士渠（976）
公安机关社会治理创新研究 …………………………… 徐晓慧（983）
新时代"枫桥经验"视野下社会稳定风险防控机制研究 ……… 黄兴瑞（991）
扫黑除恶专项斗争实务研究 …………………………… 马大壮（1008）
从民事诉讼监督看检察机关监督职能立体化模型 ……… 肖皞明（1020）
我国台湾地区国民法官制度：价值内核与两难选择 … 叶肖华　仇滕迪（1034）
关于对一般犯罪、有组织犯罪集团和恐怖主义犯罪组织实施调查
的指南 ……………………… 约翰·阿什克罗夫特 著　刘涛 译（1048）

思想・理论・贡献

樊崇义教授的理性刑事诉讼法学是怎样炼成的

锁正杰[①]

樊崇义教授的学术思想,如果用一个词汇来概括,非"理性刑事诉讼法学"莫属。能够用一个词汇概括一位学者学术思想的,应当是学术造诣相当高的表现,也应当是一个学者最大的成就。

2019 年,为纪念樊崇义教授八十寿辰,经先生与各方协商,决定用出版学术作品的方式进行。先生择其要者,选了 14 部已出版著作、5 部新著、学生祝贺文集 1 部,共 20 部。这 20 部作品,集中体现了他的理性刑事诉讼法学学术思想。作为学生,纪念先生八十寿辰最好的办法,就是继续向先生学习。我斗胆从分析理性刑事诉讼法学是如何炼成的这个题目出发,梳理分析先生的学术成就和密码,以此向先生学习、致敬。

一、志在学术研究,终身不懈追求

1940 年,先生出生在河南省内乡县一个贫穷的农民家庭。他自幼刻苦勤学,在县城读高中时,为了节省,老母亲给他缝制的布鞋他都舍不得穿,冬雪纷飞时节,往返学校,都是光脚而行。这一刻苦勤学的品格,贯穿先生此后的学习和学术生涯。

1961 年,他到中国政法大学的前身北京政法学院就读。当时,"大跃进"正酣,在狂热的政治社会气氛席卷校园之际,他心中已经种下搞法学研究的种子。1965 年,他毕业后留校任教。在"文化大革命"期间,他被下放安徽省淮北市某"五七"农场劳动。在那个特殊的年代,他白天劳动,晚上点油灯,读书看

[①] 锁正杰,公安部法制局副巡视员。

报,孜孜以学,心中的法学理想,从未忘却。

1978年,党的十一届三中全会举行,改革开放大幕拉开,法制建设提上日程。当年,北京政法学院复办,先生应召回校参加刑事诉讼法学和证据法学的教学工作。亲身经历了法制虚无时代的酸楚和无奈后,他更加深知法治对国家振兴的意义,也更加坚定了投身法学研究的决心。为了追回蹉跎岁月,在教学设施损毁严重,课本和资料缺乏,居住环境极为艰苦的条件下,夜以继日,一手拿铁锹重修校园,一手握钢笔赶写讲义,与其他同事一道,保证学校教学工作走上正轨,为改革开放后中国政法大学繁荣发展奠定良好基础,他也由此重启刑事诉讼法学研究与教学事业。先生于1987年被评为副教授,1992年被评为教授,1995年被聘为博士研究生导师,2000年担任教育部重点科研基地诉讼法学研究中心主任,2006年卸任,但仍然受聘担任博士研究生导师,继续进行研究与教学事业。

50多年来,我们国家从阶级斗争为纲到聚精会神搞经济建设,从闭关锁国到改革开放,从计划经济到市场经济,从传统社会进入信息化社会,世情国情社情发生了巨大变化,但先生始终坚守法学研究与教学的人生选择,心无旁骛,一以贯之,不畏清贫,攻坚克难,取得了丰硕成果,发表论文350余篇,主编、独著、合著教材及专著近40部,主持省部级以上科研项目10余项,指导博士研究生、博士后80多名,同时积极参与国家的立法、司法和对外交流活动,可谓著作等身,桃李芬芳,影响巨大。在此过程中,先生的理性刑事诉讼法学逐渐生根、发芽、开花、结果,成为新中国法学研究领域的参天大树,为新中国的法学研究事业作出了重大贡献,先生也由此成为海内外知名的法学大家。2012年,先生因在法学研究方面的突出成绩,受到全国人大常委会委员长的接见。

二、开创哲理研究,勇攀学术高峰

先生在《迈向理性刑事诉讼法学》(中国人民公安大学出版社2006年版)这部代表作的序言中,用"吾将上下而求索"作为题目。我理解的"上",就是古人说的"形而之上谓之道"的"上"。先生向上求索,率先将刑事诉讼法的哲理化研究纳入视野。

早在20世纪80年代初,先生就提出了"刑事诉讼法学的哲理化研究"的主张,并对这一问题进行了深入研究,形成《关于刑事诉讼法学结构的思考》一文,发表在《高等法学教育》1991年第2期、第3期上,文章明确提出"深化刑事诉讼法哲学研究"的观点,并进行了比较深刻的论证。这是国内首次提出这样的研究。

先生在倡导学界朝这一方向前进的同时,自己也身体力行,进行了大量基础性研究工作,成果集中体现在他主编的《诉讼原理》(法律出版社2003年初版、2009年二版)一书中。该书导论部分对开展诉讼原理研究的意义和价值进行了阐述,对如何突破传统诉讼法学体系以及对诉讼原理研究的方法论进行了探讨,从法哲学的视角构建出独立的诉讼法学科学体系和风格;上篇对诉讼文化、诉讼仪式与诉讼本质、诉讼价值、程序正义以及诉讼人权进行了阐释;中篇阐释了诉讼认识和诉讼行为,分别从认识论角度深入分析了诉讼认识活动的特殊规律和诉讼证明标准,并系统论述了诉讼行为的概念、构成要件、类型;下篇从司法独立、司法透明、诉讼体系和诉讼法律移植等方面对司法运行机制和法律移植进行了详细的论述、分析。

2010年,先生再接再厉,出版了《刑事诉讼法哲理思维》(中国人民公安大学出版社2010年版)一书,进一步对诉讼认识论、诉讼价值论、诉讼人本论、实证方法论4项核心诉讼法哲学理论进行了深入系统的研究。他认为,诉讼认识论既要解决诉讼认识的真理性问题,又要解决诉讼认识的正当性问题,并在诉讼正当性的前提下解决诉讼认识的真理性问题。这一观点,为诉讼程序价值以及证据法理论提供了有力的哲学基础。他深入考察我国诉讼价值论的变迁发展,充分肯定诉讼程序的独立价值,并将其充分应用到诉讼原理、诉讼立法以及司法实践研究中。他认为人性化是刑事诉讼法具有人文精神的前提,倡导建立完善诉讼制度,认可与保障犯罪嫌疑人和被告人的合理利益需求,尽量减少由司法人员人性弱点所造成的不良后果,强调刑事诉讼法加强人权保障的重要性。他提出应用实证研究方法推动中国刑事诉讼法学研究方法转型,并身体力行开展大规模实证研究,开创并完善了中国法学的研究方法。他以这4项核心理论为基础,对诉讼原理、检察制度原理进行了探讨,进而又对刑事诉讼法的修改提出了理性思考。

先生认为,法学的哲理化研究,不仅是诉讼法一个学科的问题,也是今后整个法学研究的一个发展方向。在他的倡导下,2004年岁末部门法学哲理化学术研讨会在海南博鳌举办。会上,来自国内法学重点研究基地及所在学校的专家、领导,包括国内多位在法哲学研究方面享有盛誉的专家、学者畅所欲言,就部门法哲理化课题进行研讨,形成了不少有益的共识。他将这次会议成果汇编成《部门法学哲理化研究》(中国人民公安大学出版社 2007 年版)一书出版,对我国法学整体的哲理化研究产生了重大影响。

三、探索诉讼原理,完善学科体系

先生认为,一个学科能否存在、发展和繁荣的核心,就在于其是否建立了科学合理的理论体系,诉讼法学既然是一门独立的部门法学,必然要有自己独立的科学体系,必然有自己的科学规律可循。要想从近年来诉讼法学教材所恪守的以法典为主体,以基本知识、基本概念、基本程序为内容的框架中解放出来,就应当以基本原理为主线,以诉讼活动的规律、人类诉讼文化的发展为思路,结合诉讼法典的内容,构建诉讼法学教材和教科书,从而做到理论先行,发挥理论对立法和司法实务的指导和推动作用。

在《诉讼原理》一书中,先生尝试提出了诉讼原理的 11 个命题,即诉讼本质、诉讼价值、程序正义、诉讼文化、诉讼认识、诉讼人权、诉讼透明、诉讼系统、司法独立、诉讼行为、法律移植。也许是出于对诉讼法哲学和诉讼原理之间逻辑层次关系的苦恼,他对将这 11 个命题作为三大诉讼的基本原理是否准确合适持审慎的态度,将其称为学术上的冒险。我倒觉得,在哲学社会科学领域,应当对这一问题持宽容的态度,正像毛泽东思想以马克思主义为指导,但马克思主义的基本理论就是毛泽东思想的重要内容,而毛泽东思想也是发展了的马克思主义的重要内容。

在这 11 个命题的基础上,他明确提出了诉讼原理的 7 个范畴体系,即本体论、主体论、客体论、进化论、运行论、行为论、价值论。其中,本体论范畴是对刑事诉讼法的存在及其本质的认识和概括,反映刑事诉讼法是什么,不是什么,以及刑事诉讼法的构成要素和结构形式;主体论范畴是对刑事诉讼主体及其相互关系的认识和概括;客体论范畴是指对刑事诉讼作用的对象的认识和反映,反映其法律属性和价值意义;行为论范畴包括各诉讼主体的诉讼行为及其要素、效力、程序等;运行论范畴是对刑事诉讼法的制定、修改到实施各个环节的认识和概括,影响法律实行和实现的因素,以及运行操作过程中的主要环节和基本机制。

刑事诉讼法学教科书的编撰是刑事诉讼法学学科体系建立的基本标志，而系统阐释诉讼原理并以此来科学阐释学科内容，则是该学科发展和完善的基本标志。先生对此进行了一些有益的尝试，在他主编的高等政法院校规划教材《刑事诉讼法学》中，将全书分为导论、总论、分论3编。导论部分主要阐释刑事诉讼法的概念、沿革、效力范围和刑事诉讼的若干原理；总论部分将刑事诉讼背后的一些原理性的内容提炼出来，如刑事诉讼的目的、任务、专门机关、诉讼参与人、诉讼原则、辩护与代理等；分论部分在篇幅上是全书的重心，基本上是按照诉讼流程对每一制度进行介绍，在每一制度的开篇部分，增加对国内外关于这一制度的一般理论介绍。这种结构布局，继承了大陆法系注重逻辑演绎的思维传统，符合我们从原理到制度的学习习惯，有利于读者学习每一制度时，高屋建瓴地对该制度进行认识理解。他主编的国家级普通高等教育本科规划教材《证据法学》，率先增加了证据法的原理和证据规则两章内容，试图从更深层次和证据规则体系的角度，让读者对证据法有更加深刻和完整的认识。上述两本教材得到广大师生的认同，多次再版，对推动刑事诉讼法和证据法学教育以及司法实践改革发展产生了重大影响。

四、规范研究方法，加强实证研究

先生极为重视学术研究方法，并倡导加强实证研究。我们目前常用的法学研究方法，主要有自然法学、分析法学和社会法学三大方法，除此之外，还经常用到比较方法、历史方法等。但直到20世纪90年代初期，刑事诉讼法学研究还主要停留在注释法学和对策研究的低层次水平，20世纪90年代中后期，自然法学的价值论研究方法兴起。但先生认为，价值论研究和对法律规范的分析研究难免脱离实际，尚缺乏一种密切结合实际的实证研究精神。他主张理论研究应当与实证研究相结合，实现法学研究的知行合一，为此，他又率先开创了社会实践的研究实验，引领了实证研究的风潮。

《刑事审前程序改革实证研究——侦查讯问程序中律师在场（试验）》（中国人民公安大学出版社2006年版）和《侦查讯问程序改革实证研究——侦查讯问中律师在场、录音、录像制度试验》（中国人民公安大学出版社2007年版）两部著作，就是先生实证研究的重要代表作。先生主持下的诉讼法学中心，从2002年开始在全国范围内开展了侦查讯问律师在场、录音、录像"三项制度"的侦查讯问程序改革试验。这场试验横跨东、中、西部侦查机关，每次历时数月，共计近千次讯问，收集掌握了大量一手资料和数据，对我国侦查程序中引入律师在场和录音、录像制度进行了有说服力的研究论证。在进行试验的同时，他又主持进行国内外调研、召开侦查讯问程序改革国际研讨会，向全国人大法工委、最高司法机关等作了汇报。

"三项制度"的侦查讯问程序改革试验，对我国法学研究和刑事诉讼法修改产生了很大影响。就法学研究方法来说，这是我国改革开放之后首次进行的大规模实证法学研究，起到了很大的引领和示范作用，在此之后，一批有影响力的刑事诉讼法学者开始走出书斋，深入丰富多彩的司法实践，强化案例和数据分析，取得了不少有分量的研究成果。这一成本高昂但必不可少的研究方法在我国得到普遍应用，促使我国的法学研究在方法论层面追上世界发达国家水平。就立法领域来说，2012年我国修改刑事诉讼法，确立了侦查讯问录音录像制度，成为我国刑事诉讼制度发展进步的重要标志之一。这一研究也产生了国际性影响，2009年，我国向联合国人权理事会提交的国家人权报告中，将先生推动建立侦查讯问录音录像制度作为中国人权事业的重大进步，得到国际社会的广泛赞誉。

五、坚持理性研究，敢于追求真理

先生对"理性"情有独钟，不仅是个人研究兴趣，更是一种学术品格和理论勇气。坚持理性研究，需要将追求真理放在第一位，不能人云亦云、畏首畏尾、因循守旧；需要冷静的观察、系统的思考、坚定的判断、充分的检验，不能只图新奇、炫人耳目、沽名钓誉。先生对诉讼认识论—法律真实观—证明标准这一系列贯穿法哲理、诉讼原理和诉讼制度问题的理论研究，就是这种学术品格和理论勇气的鲜明体现。

先生认为，从哲学角度来看，诉讼活动也是一种认识活动，是诉讼主体对诉讼客体的一种追溯性的特殊认识活动。但是，诉讼中的认识活动并不完全等同于哲学上的认识活动，而是有着诸多的独特性。这一点在传统的证据法学理论中并没有引起足够的注意，许多教科书类著作简单地将辩证唯物主义哲学中的认识论套用到诉讼认识活动中，导致了一些理论误区。只有充分考量诉讼认识活动的独特性，才能获得对证明标准、证明对象乃至证明责任等一系列问题的正确认识。在《证据学论坛》第一卷、第二卷刊发的他和他的博士生合作的《刑事证据前沿问题研究》一文及其他著述中，结合马克思主义认识论原理对诉讼认识论进行了阐述，系统提出了以下观点：（1）根据马克思主义的认识客观性原理，人类的认识源自于客观现实，是对客观现实的反映；诉讼中的案件事实认定活动，必须建立在客观证据支持的基础之上，即实行证据裁判原则。（2）根据认识的主观性原理，认识需要通过人的感官来进行，是主观对客观的反映；刑事诉讼程序的构建应当做到既要发挥司法人员的能动性，又要抑制其任意性。（3）根据认识的相对性原理，人类的认识，包括在诉讼程序中对案件事实的认识，都只是一种相对的真实，这种相对的真实只能通过引入程序中的价值判断才能获得正当性。（4）根据认识的实践标准，对判决结果中事实的检验，不能把客观真实作为评判标准，从保障人权及实践证明标准的可操作性的角度来讲，应当建立法律真实观的事实认定标准。诉讼认识论的提出，对推动证据法学研究从哲学范畴向法律范畴的转变具有理论奠基作用。

他明确提出，刑事诉讼证明要求达到客观真实的程度，是难以实现的。按照马列主义关于真理的绝对性和相对性辩证关系的原理，对一个刑事案件的证明要求，只能达到近似于真实，而不可能达到绝对的客观真实。以客观真实作为证明标准，不仅使证明标准缺乏可操作性，而且会带来不择手段地发现"客观真实"，损害被追诉人合法权益的后果；相反，如果以法律真实作为构建证明标准的基础，则可以很好地解决上述问题，有助于确立程序正义在诉讼法中的主导地位。据此，他于1996年首次提出"法律真实"的观点，研究成果以《客观真实管见》为题发表在《中国法学》2000年第1期上。文章系统地阐述了"法律真实"这一证明标准的科学依据和科学内涵，着重从刑事证据的本质特征、辩证唯物主义认识论、绝对真理与相对真理的关系，以及司法实践应用中的问题等方面，论证了"法律真实"作为刑事诉讼的证明任务和要求，把排他性作为刑事诉讼的证明标准。这一理论的提出引起了学界的广泛关注和讨论，深化了学界对证明标准问题的认识，有力地推动了证据法学基础理论研究的深入开展。直到2012年，我国修改刑事诉讼法，将"排除合理怀疑"纳入证明标准，这一争论得以平息，也说明先生的一系列研究，已经在理论界、立法和司法实践部门中取得广泛共识，得到高度认可。

今天来看这些理论观点和法律规定，它们似乎已经成了本该存在的内容，但我有幸跟随先生参与了部分研究，深知理论突破的不易。当时，"客观真实"和"法律真实"的争论，首先面临意识形态领域的突破，有的人认为"法律真实"降低了证明标准，是对资产阶级国家"内心确信""高度盖然性""排除合理怀疑"等证明标准的妥协，违反了马克思主义认识论。但先生并没有在这个问题上退缩。我记得在写作《刑事程序的法哲学要义》的过程中，一些人对其中的观点表示异议，先生坚定地告诉我，真理还是要坚持的，同时要求我可以在表述方法上加以修改完善，使研究思路和表达更为准确、严谨。

先生对诉讼认识论、法律真实观、证明标准的研究，不仅具有开创性，而且具有颠覆性，这些研究完全改变了我国对诉讼价值论、证据法理论和证明标准的传统认识和研究走向，成为新时代诉讼法学和证据法学理论的基石。从刑事诉讼价值论来看，如果没有诉讼认识论特别是认识的正当性理论做基础，就无法发现程序的独立价值，重实体轻程序的传统观念就无法轻易被扭转，正是这一理论，为正当程序、人权保障等诉讼法理论提供了哲学基础。从证据法理论来看，如果没有诉讼认识论特别是认识的正当性理论做基础，证据规则的意义就不能够显现出来，非法证据排除规则就没有存在的必要，正是这一理论，促进了我国证据规则的发展和完善。从证明标准来看，如果没有诉讼认识论特别是认识的主观性和相对性原理做基础，我们就无法客观认识到"内心确信"是从主观方面表述的证明标准，"高度盖然性"是从逻辑层面表述的证明标准，"排除合理怀疑"是从诉讼的对抗性或者我们传统观念的反面表述的证明标准，也就无法将其意识形态的外衣剥掉，科学揭示其本来面目，正是这一理论，深刻改变了我们对诉讼证明理论的认识，对我国司法实践的影响更为深远。

六、紧跟时代发展，理论联系实际

先生认为，学术的源头活水不仅来自书斋，更在于火热的实践，一个优秀的学者，应当主动地接触社会、接触实践，如此才能验证自己的理论，找到研究的灵感。他极为关心国家法治建设，既为国家法治昌明欢欣鼓舞，也为国家法治进步殚精竭虑。事实上，他研究的课题无一不紧密结合时代发展，充分展现理论联系实际的优良学风。

20世纪90年代中期，我国开始进行审判方式改革，奏响了司法改革序曲。先生提出吸收对抗式审判的合理因素，成为推动司法改革的先声。在审判方式改革之后，司法界发现在审判过程中，没有证据规则，就无法有效实现控辩双方的对抗式审理，于是他又投身于证据规则的研究，最终形成大有可观的《刑事证据规则研究》（中国人民公安大学出版社2013年版）一书。证据规则和对抗式审判又对侦查工作提出了更高的要求，他又继续对侦查程序进行研究，从既加强人权保障，又提高侦查能力的角度出发，提出了侦查模式实现从口供本位向物证本位转变的主张。在司法改革过程中，检察机关的地位和职能受到各方的尖锐挑战，他继续对检察制度进行深入系统研究，形成《检察制度原理》（法律出版社2009年版）和《论检察》（中国检察出版社2013年版）两部力作。

先生极为关注并积极参与国家立法工作。我国1996年修改《刑事诉讼法》时，他是提出《中华人民共和国刑事诉讼法修改建议稿》的主要成员之一，他提出的"统一人民法院定罪原则"、坚持"疑罪从无"，以及改革刑事辩护制度、改革审判方式、增设简易程序、完善强制措施等方面的建议对立法均产生了积极影响。2012年再次修改《刑事诉讼法》，他全面研究相关理论和实践问题，出版《刑事诉讼法再修改理性思考》（中国人民公安大学出版社2007年版）一书，提出的增加禁止强迫自证其罪、完善辩护制度、增设非法证据排除规则、建立侦查讯问录音录像制度、严格证人出庭作证等建议，再次对立法产生了重要影响。2018年，《刑事诉讼法》进行第三次修改，他又积极投身其中。除参与刑事诉讼法立法之外，他还积极参与了《反恐怖主义法》《监察法》《律师法》等有关法律的制定修改工作，对我国的立法工作产生了重大影响。

先生同样关注并积极参与司法实践。针对1996年修改后的《刑事诉讼法》实施过程中所遇到的实践和理论问题，他开展专题研究，出版《刑事诉讼法实施问题与对策研究》（中国人民公安大学出版社2001年版），就实施中遇到的每个问题背后涉及的理念和法律观进行了比较深入的论述，不仅指出了应该怎么做，而且论证了为什么要这么做和这么做的必要性，使读者获得一种观念更新的收获。一段时期以来，司法机关结合修改后的《刑事诉讼法》的贯彻实施纠正了一批刑事错案，如杜培武案、赵作海案、李怀亮案、念斌案等，这些案件一时成为社会各界关心、议论和舆论炒作的热点，更是公安司法机关反思的痛点。先生深入思考，写就《底线——刑事错案防范标准》（中国政法大学出版社 2015 年版）这部专著，系统总结归纳了近 50 项防范和纠正刑事错案的底线标准。对防范冤假错案，人人可以评论，但提出系统方案的，则少之又少。先生此作，竭尽心力。

七、立足中国国情，吸纳世界经验

先生研究刑事诉讼法学，目标是不断完善中国的刑事诉讼法，改善中国的司法实践，为实现刑事诉讼民主化科学化、建设法治中国乃至推动政治文明建设提供理论支持。但先生同时又具有宽广的世界眼光，注意研究吸纳其他国家的有益做法，特别是对人类司法文明的规律和要求，主张结合中国实际为我所用。先生在其主编的《诉讼法学文库》总序中明确提出，要扭转我国长期以来受到的"左"倾思潮和法律虚无主义的影响，必须在总的法律观念上做一个大的转变，同时大力借鉴、吸收法治发达国家丰富的研究成果和宝贵的实践经验，加强对诉讼原理、诉讼规律的研究。先生的很多研究成果，都体现了他的世界眼光。

《正当法律程序研究：以刑事诉讼程序为视角》（中国人民公安大学出版社 2005 年版），就是先生深入研究人类司法文明规律为我所用的一个突出例子。"正当法律程序"源于英国，之后在美国，进而在世界范围内形成"正当法律程序革命"，对各国刑事诉讼法法律制度和法学研究产生了深刻影响，成为这一领域的基础性概念和理论范畴。先生敏锐观察到，正当法律程序自 20 世纪八九十年代进入我国学者的视野后，在 21 世纪已经由少数人的"精英话语"发展到普通民众评价我国司法实践的"大众话语"。为揭示这一法律概念的最准确的含义，实现从"盲从"走向"理性的选择"，先生深入研究法律正当程序的缘起、发展和国际化进程，探求背后的理论基础和价值观念，分析其与刑事诉讼程序的关系，并结合我国现实国情，对正当法律程序的本土化提出了自己的观点和建议。

1998 年，我国签署联合国《公民权利和政治权利国际公约》，该公约中的大量条款涉及刑事诉讼制度，反映了世界多数国家对刑事诉讼制度的最大共识，体现了人类刑事司法文明的规律和最低要求。先生率先撰写《我国加入联合国〈公民权利和政治权利国际公约〉的刑事诉讼立法条件已经成熟》，发表在《政法论坛》1998年第3期上，呼吁我国修改《刑事诉讼法》时，吸收这些司法文明成果。在先生的带动下，学界对这一领域进行了深入广泛的研究，2012年修改刑事诉讼法时，该公约中有关刑事诉讼的内容均根据中国实际得以吸收。

先生不仅注重吸收其他国家的有益成果，还注重加强双向交流，积极向世界介绍中国刑事诉讼法和法治建设取得的成就。他在1997年中国—欧盟法律研讨会以及1998年中美法治与人权研讨会上，发言阐明了我国刑事诉讼中的人权保障；2004年组织召开刑事审前程序改革国际研讨会，2006年组织召开侦查讯问程序改革国际研讨会，向海内外的专家学者介绍了我国在审前程序改革方面所做的努力，引起国外学者的重视并广受好评。

八、传承学术思想，培养法学英才

先生坚持法学研究与教书育人并重。三尺讲台，他一站就是数十年。先生常言，得天下英才而教育之，是今生无悔的选择，亲眼看到自己培养的一届届学生走出校门，为国家法治建设建功立业，足以快慰平生。他将理性研究的精神贯穿教学之中，带领一大批学生走向理性刑事诉讼法学的研究之路。

先生为了提高教学质量，非常注重教学方法的改革。他牵头组织推行的模拟法庭教学法，被国家教育部评为优秀成果奖；其作为第一主持人的公诉案件第一审程序教学录像片，获得司法部教学科研一等奖。1991年，由于教学成果突出，他被评为校级优秀教师。他主持的诉讼法学教研室于1998年被评为先进教研室，他本人也被评为校优秀教研室主任。

他特别注重博士研究生教学和培养方法的改革，经常采取师生合作这一新的研究方式。《刑事诉讼法修改专题研究报告》（中国人民公安大学出版社2004年版）、《正当程序文献资料选编》（中国人民公安大学出版社2004年版）、《刑事诉讼法实施问题与对策研究》等著作，都是师生集体研究的成果。实践证明，这种师生合作、以课题带动教学的方法，是提高教学质量、培养学生分析和解决问题能力的最佳途径。

先生在形成和发展理性刑事诉讼法学过程中，除了自己身体力行外，还将相关理念系统贯穿博士生培养工作当中，引导博士研究生在选题、写作等方面知难而上、勇攀高峰，多做开拓性的、具有前瞻性的研究课题，效果相当不错。笔者的《刑事程序的法哲学要义》、吴宏耀博士的《诉讼认识论》、史立梅博士的《程序正义与刑事证据法》、刘涛博士的《诉讼主体论》、张小玲博士的《刑事诉讼客体论》、方金刚博士的《案件事实认定论》等，都是先生这一努力的结果。以传道的精神开展教学工作，既是一位教授的最高修养，也是其学术思想发展进步、发扬光大的必由之路和必然结果。

先生的理性刑事诉讼法学，立意高远、博大精深、内容丰富、影响巨大，我在初步梳理分析过程中，时刻感到惶恐不安，生怕有所错漏，或者闹出买椟还珠的事情。对此谬文，真诚希望先生和各位师长、学友批评指正，也希望大家能够对先生的理性刑事诉讼法学深入研究，共同维护和发展我国法学领域的这一瑰宝。

先生老骥伏枥，志在千里。他在 70 岁寿辰时曾豪迈表示，愿再为国家法治建设奋斗 20 年。先生身体健康、精神矍铄，学生祝愿先生在享受老年生活的同时，能够一直为法学研究与教育以及国家法治建设事业奋斗不息，取得更多成果、作出更大贡献！

樊崇义教授法律真实理论引发的学术争鸣与其历史贡献

吴宏耀①

证明标准在诉讼证明活动中居于重要地位，与证明责任、证明对象、证据规则等证据制度和证据的其他基本理论问题密切相连。因此，在我国诉讼法学研究中，有关证明标准问题的讨论一直未有间断。

这一讨论可粗略地分为三个阶段：第一阶段是从新中国成立后至20世纪80年代。在此期间，我国诉讼法学界主要围绕自由心证制度展开了深入讨论。② 第二阶段是20世纪90年代。自此开始，我国法学研究开始从模仿苏联转向借鉴英美。在证明标准问题上，学界的讨论逐步走出自由心证的窠臼，转向介绍、研究英美法系国家的证明标准制度。③ 第三阶段以樊崇义教授的《客观真实管见》④一文的发表为标志，学界对证明标准理论展开了激烈的争鸣——回望这一时期的学术证明，参与学者之多，观点分歧之大，均属前所未有的盛事。更为重要的是，由于"客观真实"与"法律真实"的学术讨论恰值我国证据立法的高潮期，关于证明标准的理论争论，也逐渐由证明标准问题生发开去，逐渐触及"认知理

---

① 吴宏耀，中国政法大学国家法律援助研究院院长、教授、博士研究生导师。
② 樊崇义主编：《刑事诉讼法学研究综述与研究》（第十八章），中国政法大学出版社2001年版，第190页；陈光中：《中国刑事诉讼法学四十年》，载《政法论坛》1989年第4期。
③ 汤维建、陈开欣：《试论英美证据法上的刑事证明标准》，载《政法论坛》1993年第4期；李浩：《差别证明要求与优势证据证明要求》，载《法学研究》1995年第5期；韩象乾：《民、刑事诉讼证明标准比较论》，载《政法论坛》1996年第2期；龙宗智：《试论我国刑事诉讼的证明标准——兼论诉讼证明中的盖然性问题》，载《法学研究》1996年第6期。
此外，围绕高度盖然性理论，林劲松与周亨元的一组争论性文章也具有一定的文献价值。林劲松：《论运用证据的高度盖然性原理》，载《争鸣》1993年第1期；周恒源：《评刑事诉讼法学中高度盖然性观点——兼与林劲松同志商榷》，载《政法论坛》1995年第2期。
④ 该文先以《从客观真实到法律真实——兼论刑事诉讼证明标准》为题发表于陈兴良主编《刑事法评论》第五卷，中国政法大学出版社2000年版，第71页起；后经修改，以《客观真实管见》为题，发表于《中国法学》2000年第1期。

论""真理论""事实观"等证据制度的深层理论问题,并引发、推动了我国证据法学理论的转型。

在立法政策方面,受此证明标准学术争鸣的影响,2001 年最高人民法院出台《最高人民法院关于民事诉讼证据的若干规定》①、2002 年最高人民法院出台《最高人民法院关于行政诉讼证据若干问题的规定》②,率先采用法律真实的立场:在"证据的审核认定"中,一方面强调证据裁判原则的立场,另一方面在证据的审查判断及事实认定中,也开始注重要"运用逻辑推理和生活经验"。在刑事法领域,为了从制度上防范冤假错案,最高人民法院、最高人民检察院、公安部、国家安全部、司法部于 2010 年 6 月 13 日联合发布《关于办理死刑案件审查判断证据若干问题的规定》(法发〔2010〕20 号)。该规定第一次将刑事证明标准具体化为一系列具体的操作规则。其中,第 2 条规定:"认定案件事实,必须以证据为根据。"第 5 条规定:"办理死刑案件,对被告人犯罪事实的认定,必须达到证据确实、充分。证据确实、充分是指:(一)定罪量刑的事实都有证据证明;(二)每一个定案的证据均已经法定程序查证属实;(三)证据与证据之间、证据与案件事实之间不存在矛盾或者矛盾得以合理排除;(四)共同犯罪案件中,被告人的地位、作用均已查清;(五)根据证据认定案件事实的过程符合逻辑和经验规则,由证据得出的结论为唯一结论。"2012 年《刑事诉讼法》修改中,以上述证据规定为基础,于第 53 条③第 1 款之后,增加一款,将"证据确实、充分"具体化为三个方面的要求。即"证据确实、充分,应当符合以下条件:(一)定罪量刑的事实都有证据证明;(二)据以定案的证据均经法定程序

---

① 《最高人民法院关于民事诉讼证据的若干规定》(法释〔2001〕33 号)于 2001 年 12 月 6 日由最高人民法院审判委员会第 1201 次会议通过,并自 2002 年 4 月 1 日起施行。该规定第 63 条规定:"人民法院应当以证据能够证明的案件事实为依据依法作出裁判。"第 64 条规定:"审判人员应当依照法定程序,全面、客观地审核证据,依据法律的规定,遵循法官职业道德,运用逻辑推理和日常生活经验,对证据有无证明力和证明力大小独立进行判断,并公开判断的理由和结果。"

② 《最高人民法院关于行政诉讼证据若干问题的规定》(法释〔2002〕21 号)于 2002 年 6 月 4 日获最高人民法院审判委员会第 1224 次会议通过,2002 年 10 月 1 日起施行。该规定第 53 条规定:"人民法院裁判行政案件,应当以证据证明的案件事实为依据。"第 54 条规定:"法庭应当对经过庭审质证的证据和无需质证的证据进行逐一审查和对全部证据综合审查,遵循法官职业道德,运用逻辑推理和生活经验,进行全面、客观和公正地分析判断,确定证据材料与案件事实之间的证明关系,排除不具有关联性的证据材料,准确认定案件事实。"

③ 现行《刑事诉讼法》第 55 条。

查证属实；（三）综合全案证据，对所认定事实已排除合理怀疑。"

鉴于客观真实与法律真实学术争鸣对于我国刑事诉讼制度、刑事证据制度、证据法学理论的重要影响，本文将以证明标准为线索，对两种学说的对立与争鸣予以回顾。该文旨在帮助读者，尤其是在法学争鸣尘埃落定之后才接触这一领域的法律学人，对当年证明标准争论形成一个较为完整的清晰认识，故而，在文献介绍中，将主要着眼于相关争论的基本线索，而非面面俱到，若对于一些精彩的文献、观点有所疏漏，敬请著者、读者谅解！

一、证明标准的概念

在证明标准的讨论中，尽管不同学者的论文均以证明标准为题，尽管这些论文也都以讨论并解决"证明标准问题"为己任，但由于彼此的知识背景存在一定的差异，事实上，大家在使用"证明标准"这一术语时，对其具体理解却并不完全相同。这必然导致在有关证明标准的争论中，很多看似对立的观点，其实只不过是自说自话的观点表达，并非真正的观点交锋。更重要的是，由于"证明标准"这一术语本身就存在歧义，证明标准理论的研究，就更显得头绪多、观点纷杂。为了帮助有志于此的同人对整个争论过程能够有一个较为清晰的认识，必须先从证明标准的概念入手。

总体而言，在我国证明标准争论中，参与人数最多、发言最积极的应该是从事刑事诉讼法学研究的学者。与民事诉讼、行政诉讼相比，刑事诉讼活动不仅包括狭义的诉讼（审判程序），还包括漫长且重要的审前程序，如立案、逮捕、起诉等。于是，在证明标准问题上，我们首先遇到的分歧是：证明标准究竟是审判阶段特有的事实裁判标准，还是贯穿整个刑事诉讼始终的事实判断标准？其次，在我国传统证据法学中，除证明标准外，还存在证明要求、证明任务等术语，那么，这些术语之间究竟是异名同谓，还是各有所指？最后，在刑事诉讼中，由于查明事实包括认定有罪和认定无罪两种，证明标准究竟是有罪的裁判标准，还是既包括有罪也包括无罪的事实认定标准？

以证明标准的适用阶段为标准，我国诉讼法学界关于证明标准的理解可以分为两类：一是，与刑事诉讼法学中的广义诉讼观密切相连的证明标准观（以下简称"广义证明标准理论"）；二是，与审判活动相连的证明标准观（以下简称

"狭义证明标准理论")。其中,主要从事民事诉讼、行政诉讼的学者,在谈论证明标准问题时,一般均不假思索地采取狭义证明标准理论,并专注于法院的事实认定问题。然而,在我国刑事诉讼法学和证据法学传统上,关于证明标准的主流学说一直都是广义证明标准理论。受此影响,作为证明标准讨论的主流力量,有相当一部分主要从事刑事诉讼法学研究的学者,往往不自觉地将证明标准的讨论延伸到审判前阶段。

(一) 广义证明标准理论

在我国,有相当长一段时期,证据法学研究一直由刑事诉讼法学者担纲并主要以刑事诉讼中的证明活动为研究对象,因此,刑事诉讼法学所特有的"大诉讼观念"对我国证据法学研究产生了深刻的影响,并致使很多原本只适用于审判阶段(狭义诉讼)的证据法学概念被不假思索地推广到审判前阶段。在证明标准问题上,"广义证明标准理论"一直是我国证据法学理论的主流观点。

在我国刑事诉讼法学教科书中,关于证明标准的界定基本上都采用广义证明标准理论。例如,中国政法大学1990年出版的《刑事诉讼法学》对此论述如下:"犯罪事实情节清楚,证据确实充分,是对刑事案件进行定案时的证明要求,不是在刑事诉讼一开始就能达到的。在诉讼的各个阶段,证明的具体要求有所不同。例如,在刑事案件立案时,只要求确定犯罪事实是否发生。逮捕人犯时,要求主要犯罪事实已经查清。这说明随着诉讼活动的进行,办案人员对案件事实的认识不断深化,法律对证明的要求也相应提高。当侦查终结后,无论是人民检察院提起公诉,还是人民法院作出有罪判决,都必须符合犯罪事实情节清楚,证据确实充分的定案标准。"[①] 1996年,《刑事诉讼法》修改后,新出版的各种刑事诉讼法学教材除将相关内容变换为新的法律规定外,基本上原封不动地照抄了上述表达。以司法部编审的高等政法院校法学主干课程教材为例,该教材认为:"犯罪事实清楚,证据确实、充分,是对刑事案件定案时认定有罪的证明标准,不是在诉讼一开始就能达到的,也不是对认定有关程序法事实的证明标准。在刑事诉讼的各个阶段,由于诉讼行为的不同,以及实体法事实和程序法事实的差异,对证明标准的具体要求也有所不同。例如,在刑事案件立案时,只要求确定有犯罪事实并且需要追究刑事责任。逮捕犯罪嫌疑人时,要求有证据证明有犯罪事实。

[①] 陈光中主编:《刑事诉讼法学》,中国政法大学出版社1990年版,第169页。

自诉案件被害人直接向法院起诉时，要求犯罪事实清楚，有足够证据，否则不予受理。当侦查终结后，无论是人民检察院提起公诉还是人民法院作出有罪判决，都必须符合犯罪事实清楚，证据确实、充分的证明标准。"① 在其他新近出版的刑事诉讼法学教材中，论述也都大同小异。② 其中，尤其值得一提的是陈光中教授主编的全国高等学校专业核心课程教材。该教材在"证明标准"一节中，依次论述了"我国刑事诉讼中的证明标准"与"刑事诉讼的不同阶段的证明要求"。其中，具体包括：立案阶段的证明要求；拘留时的证明要求；逮捕时的证明要求；案件侦查终结移送起诉、提起公诉和有罪判决的证明标准。③

在我国证据法学教材中，关于证明标准的传统观点同样遵循"广义证明标准理论"。例如，在陈一云教授主编的高等学校文科教材《证据学》中，论者由广义的证明观出发界定证明任务："我国诉讼中的证明过程表现为：收集证据，审查证据，进一步收集能够核实或推翻原有证据的新证据，对全案证据进行综合分析，做出判断，从而查明案件的客观真实……证明任务在民事诉讼、行政诉讼中的审判阶段完成，在刑事诉讼中则由侦查、起诉、审判共同完成。""'犯罪事实清楚，证据确实、充分'，是刑事诉讼立法对侦查、起诉、审判的统一要求。身处与犯罪作斗争第一线的侦查机关，侦查终结，决定移送起诉或者免予起诉的案件，首先必须达到上述要求。""至于诉讼程序上的某些事实，立法则未作如此要求。这些程序上的事实主要有：（一）立案。……（二）回避。……（三）刑事强制措施。……（四）违反法定程序可能影响正确判决的事实。……（五）执行中的某些程序问题。……"④ 崔敏、张文清教授主编的《刑事证据的理论与实践》基本上沿袭了上述理论思路。该论著认为，"确实充分"是对证明程度的根本要求。"这里所说的根本要求，是就公安机关侦查终结移送起诉、检察机关提起公诉或免予起诉、人民法院进行审判来说的。一个案件在开始的阶段不可能立即达到证据确实充分的标准，所以，在立案、逮捕、拘留的不同阶段和

---

① 陈光中、徐静村主编：《刑事诉讼法学》，中国政法大学出版社2002年版，第143页。
② 卞建林主编：《刑事诉讼法学》，法律出版社1997年版，第236页；樊崇义主编：《刑事诉讼法学》，中国政法大学出版社2002年版，第181页；陈光中主编：《刑事诉讼法学》，中国人民公安大学出版社、人民法院出版社2004年版，第200页。
③ 陈光中主编：《刑事诉讼法学》，北京大学出版社、高等教育出版社2002年版，第200页。
④ 陈一云主编：《证据学》，中国人民大学出版社1991年版，第116、122、124页。

环节上证明要求应当有所不同。"并依次论述了立案阶段的证明要求、拘留时的证明要求、逮捕时的证明要求。①

鉴于我国刑事诉讼法学和传统证据法学中的"广义证明标准理论"根深蒂固,因此,新近出版的部分证据法学教材未能出此窠臼。其中,以刘金友主编的《证据法学》最为典型。该教材在"我国证据法上证明的具体要求和标准"标题下依次论述了以下内容:定案的证明要求与标准;立案的证明要求与标准;回避的证明要求与标准;强制措施的证明要求和标准;违反法定程序可能影响正确判决事实的证明要求与标准;有关执行的程序法事实的证明要求与标准。更重要的是,该教材不仅继承了传统的"广义证明标准理论",而且将其推广到民事诉讼和行政诉讼中,具体论述了民事、行政诉讼中的立案标准、回避标准等。②

在广义论的概念下,我国有关证明标准的讨论衍生了两个争论的话题:第一,在证明标准层次性的话题中,主张"应当区分实体事实与程序事实的证明标准";第二,在证明标准层次性的话题中,就下述问题各抒己见:侦查终结、提起公诉、确定有罪的证明标准是否应当有所区别?或者说,侦查终结、提起诉讼的证明标准是否应当低于确定有罪的证明标准?

(二)狭义证明标准理论

狭义证明标准理论认为,证明标准是证明的下位概念,故只有在诉讼证明活动中,才存在证明标准问题。因此,与传统证据法学理论不同,主张狭义论的学者认为,证明标准仅限于审判阶段,或者说,仅限于"事实裁判者的认定事实"。

有论者从三个方面对证明标准进行了界定:第一,证明标准规范的认识主体是谁,即谁的认识应当达到证明标准所要求的程度?论者认为,在现代法律制度下,证明标准规范的认识主体只能是事实裁判者,如陪审团、法官。第二,证明标准调整的内容是一种什么样的认识?论者认为,在内容上,证明标准指向的是裁判者根据证据等法定证明手段所获得的关于证明对象的认识状态。具体而言,证明标准指向的只能是裁判者的主观认识状态。由于裁判者的认识主要依靠证据而获得,这种认识状态尽管在存在形式上属于个人的主观判断,但是,这种主观判断却是以法庭所调查的证据为基础的,其中包含了一定的客观内容。第三,证

---

① 崔敏、张文清主编:《刑事证据的理论与实践》,中国人民公安大学出版社1992年版,第86页。
② 刘金友主编:《证据法学》,中国政法大学出版社2001年版,第323页以下。

明标准所要求达到的尺度是什么？论者认为，证明尺度是证明标准的核心内容。法律规定证明标准的目的在于明确在何种认识程度上，裁判者才应当宣称特定命题所表述的历史事实确实存在。证明尺度所评判的是裁判者包含了客观内容的认识状态，而且，此种尺度的表述必须以裁判者主观"视其为真"为基础。因此，所谓证明尺度，实质上指的是裁判者信其为真的确信程度，或者说，是指裁判者就自己的认识已经反映客观内容的确信程度。①

有论者则从证明概念入手，通过将诉讼证明限定于法庭审判阶段，明确了证明标准的适用范围。该论者认为，对证明标准的探讨首先离不开对证明概念的正确认识。在诉讼领域，证明与法庭审判紧密相连，其解决的是在审判程序中有谁提出诉讼主张并加以证明的问题。因此，严格意义上的诉讼证明只存在于审判阶段，审判前的收集、提取证据只是为法庭上的证明活动奠定基础，创造条件。诉讼证明的目标指向的是审判人员，即证明给裁判者看或者向裁判者证明。基于上述证明理论，论者借鉴英美证明标准理论，将证明标准与证明责任联系在一起，得出证明标准即法律关于负有证明责任的诉讼主体运用证据证明争议事实、论证诉讼主张所需达到的程度方面的要求。② 也就是说，"履行举证责任必须达到的范围或程度……是证据必须在事实裁判者头脑中造成的确定性或者盖然性的程度，是承担举证责任的当事人在有权赢得诉讼之前使事实裁判者形成确信的标准"。

还有论者则从证明标准的主体、对象和内容三个方面界定证明标准的基本内涵。该论者认为，证明标准的判断主体是法官；对象是案件的真相；内容是法官对事情真相有限制的主观确信。③

需要指出的是，狭义证明标准理论尽管并未成为我国证据法学的主流学说，但是，在此次证明标准讨论中，争论的焦点与核心却恰恰在于"事实裁判者认定事实的尺度"问题。换句话说，尽管有关证明标准的讨论可能牵涉很多问题，但是，如何在立法上设置或表述"事实裁判者认定事实的尺度"却始终是争论的焦点所在。

---

① 吴宏耀、魏晓娜：《诉讼证明原理》，法律出版社2002年版，第198页以下。
② 卞建林主编：《刑事诉讼证明论》，中国人民公安大学出版社2004年版，第234页以下。
③ 罗茵：《关于民事诉讼证明标准的几个基本问题》，载樊崇义主编《诉讼法学研究》（第7卷），中国检察出版社2004年版，第118页。

（三）证明标准的语词之争

在我国传统诉讼法学与证据法学中，只有"证明任务""证明要求"，而无"证明标准"。① 因此，随着"证明标准"一词的日渐流行，在有关证明标准的讨论中，"证明标准""证明程度""证明任务""证明要求"等概念究竟是何种关系，遂形成了两种迥然对立的观点：等同说与区别说。

1. 等同说

持等同说的学者认为，尽管"证明标准""证明程度"来自英文中的"standard of proof""degrees of proof"，但是，在实质含义上，与我国传统证据法学中的"证明任务""证明要求"完全等同，四者可以相互通用。例如，有论者认为，"证明要求，又称证明标准、证明任务、法定的证明程度、证明度等，是指按照法律规定认定一定的事实或者形成一定的诉讼关系对诉讼证明所要求达到的程度或标准。证明要求所解决的问题是，确认在何种证明状态下可以采取某一诉讼行为、启动某一诉讼程序或者实现某一诉讼结果，这种证明状态体现为一定质的和量的证据所能达到的解释全部或者部分案情的明晰程度"②。

2. 区别说

赞同区别说的学者则坚持，"证明标准"与"证明任务"并非等同概念，前者代表着具体的裁判尺度，而后者则代表着抽象的诉讼理想。例如，有论者认为，证明标准作为衡量证据是否确实允分的尺度，的确是证明任务是否完成、证明要求是否达到的参照物，但任务和要求并不等于标准本身，证明标准与证明任务、证明要求是不能混用的概念。③ 还有学者认为，证明标准与证明要求并非全然等值的术语。证明要求是立法者在法律规范中确立的目标模式，原则而抽象，有时甚至可能过于理想化；而证明标准作为一种具体尺度，必然具有可操作性，能够为办案人员据以衡量对案件事实的证明是否达到法律的要求。④

在证明标准讨论中，有的学者还试图通过对证明标准和证明要求的技术区

---

① 例如，陈光中主编的《刑事诉讼法学》（中国政法大学出版社1990年版）第十章第四节之四标题为"证明的要求"；陈一云主编的《证据学》（中国人民大学出版社1991年版）第六章题为"证明任务"，下设三节，依次是："诉讼证明的概念""证明任务""定案根据必须确实、充分"。
② 刘金友主编：《证据法学》，中国政法大学出版社2001年版，第312页。
③ 徐静村：《我的"证明标准"观》，载陈光中主编《诉讼法论丛》（第7卷），法律出版社2002年版，第12页。
④ 张中：《论刑事诉讼的证明标准》，载《山东法学》1999年第6期。

分，以期兼采客观真实说与法律真实说的精华而避免各自的理论缺陷。该论者认为，客观真实尽管作为诉讼证明的理想目标具有无可置疑的合理性，却无法作为具体的证明标准；法律真实理论尽管更准确地反映了证明标准的本性，但是，如若离开了客观真实理念的指引，却容易沦为一种恶的理论。"尽管将客观真实观直接作为证明标准具有无法解决的方法论困难，但是，客观真实观的基本观点毫无疑问是正确的。在人类认识中，我们必须承认一个基本的前提，即人类有能力形成一种相对于一定历史条件的确定性认识；在该历史条件下，此种确定性认识尽管还存在继续深化、细化的可能，但就我们当前面对的问题而言，此种认识程度却已经包含了一定的客观内容并足以满足实践的需要。在刑事诉讼中，为了保障无辜者不受错判，追求此种最大限度的确定性理所当然应当成为我们设定证明标准的基本出发点。而且，只有将客观真实的理念作为构建证明标准的重要价值纬度，法律真实观才能建立在实体正义的基础之上以防止自身的蜕变。……可以这么说，法律真实观在第一层面（司法层面）上显然是无可非议的，但是，其正当性显然无法从自身中得以保证，而只能来自在其背后的第二层面（立法层面）上的正当性。在此意义上，客观真实作为一个宏观的证明要求无疑又是必要的。"①

关于证明标准的语词之争，需要说明如下两点：

第一，等同说与区别说之争，表面上看来似乎只是辞藻之争，实则不然。在这一看似辞藻之争的背后，暗含着对现行立法和传统理论的不同态度：在等同说看来，我国诉讼法中关于"事实清楚，证据确实充分"的规定以及与此相联系的"客观真实理论"，不仅是诉讼证明的任务和要求，同时也是裁判者认定事实的尺度和标准。该说其实已经暗含了对现行立法和客观真实理论的承认。与之相对，赞同区别说的学者通过区分证明标准与证明要求，试图揭示客观真实理论"过于原则和抽象""理想化"的品性，以期割断传统证据法学对证明标准理论的羁绊，从而为讨论证明标准的具体立法设置排除障碍。

第二，尽管存在上述两种对立的语词界说，但是，在证明标准讨论中，更多的学者似乎无意关心证明标准的语词界定，而是径行将证明标准等同于"认定事

---

① 吴宏耀：《刑事证明标准研究评述》，载樊崇义主编《诉讼法学研究》（第1卷），中国检察出版社2001年版，第508页。

实所需达到的可具以操作的法律尺度或标准"。于是，有关证明标准的讨论遂转变为一场关于"事实清楚，证据确实充分""客观真实标准"是否具有可操作性的争论，并由此转化为一场关于"立法上如何设置证明标准才更具可操作性"的争论。新近的讨论则进一步转向"法律能否设置可操作性证明标准""法律是否有必要设置证明标准"等问题。

二、"客观真实"与"法律真实"之争

在当年的证明标准讨论中，"客观真实"与"法律真实"之争最为引人注目。究其原因，不外有二：一是"法律真实"论者对客观真实理论的反思与对垒，直接引发并推动了这场证明标准的大讨论；二是 2000 年至 2001 年，关于证明标准的讨论主要集中于我国传统的客观真实理论是否科学、客观真实标准是否应当继续坚持。因此，"客观真实"与"法律真实"之争，几乎成了此次证明标准大讨论的代名词。

其实，在此之前，证明标准问题已经引起了学者的关注。① 例如，针对我国传统证据法学对刑事、民事诉讼适用同一证明标准的一元论，有学者立足于民事诉讼程序的自身特点，主张"在民事诉讼中，可实行比刑事诉讼稍低的证明要求——优势证据证明要求"②；也有学者通过对两大法系民、刑证明标准的比较，

---

① 相关研究可参见以下文献。林劲松：《论运用证据的高度盖然性原理》，载《争鸣》1993 年第 1 期；汤维建、陈开欣：《试论英美证据法上的刑事证明标准》，载《政法论坛》1993 年第 4 期；周亨元：《评刑事诉讼法学中高度盖然性观点》，载《政法论坛》1995 年第 2 期；李浩：《差别证明要求与优势证据证明要求》，载《法学研究》1995 年第 5 期；韩象乾：《民、刑事诉讼证明标准比较论》，载《政法论坛》1996 年第 2 期；龙宗智：《试论我国刑事诉讼的证明标准——兼论诉讼证明中的盖然性问题》，载《法学研究》1996 年第 6 期；李佑标：《试论证明标准的范围》，载《人民检察》1996 年第 9 期；王圣扬：《论诉讼证明标准的二元制》，载《中国法学》1999 年第 4 期；吴行政：《英美证据法上的刑事证明标准探析》，载《政法论坛》1999 年第 4 期；李浩：《民事诉讼证明标准的再思考》，载《法商研究》1999 年第 5 期；张中：《论刑事诉讼的证明标准》，载《山东法学》1999 年第 6 期；彭焚、李智雄：《沉默权移植与刑事证明标准的重构》，载《人民检察》1999 年第 12 期。

② 李浩：《差别证明要求与优势证据证明要求》，载《法学研究》1995 年第 5 期。

主张"民事诉讼的证明标准应低于刑事诉讼"①。再如,针对我国证明标准理论技术化程度不高的状况,有学者主张借鉴西方的盖然性理论,以推动我国证明标准"由单一化转向体系化,以适应对证明结果作多重验证的需要,同时增强证明标准的可掌握性和可操作性"②。但是,真正引发"客观真实"与"法律真实"持续争论的,却应归之于樊崇义教授于《中国法学》2000年第1期上发表的《客观真实管见——兼论刑事诉讼证明标准》一文。在该文中,樊教授针对我国诉讼法学和证据法学的霸主学说——客观真实理论,不仅层层进行了剖析和反驳,而且明确提出"法律真实是刑事诉讼证明的任务和要求""排他性是刑事诉讼的证明标准"。③ 该文发表之时,恰值我国证据立法逐步为各界关注、证据法学研究重新成为研究热点之际。④ 因此,该文的发表,如同一针催化剂,极大地推动了诉讼法界对证明标准问题的关注和兴趣。⑤ 此后两年间,关于证明标准的论文大量涌现,遂形成了一场旷日持久的争论。

在此次争论中,陈光中先生从捍卫客观真实理论的立场出发,先后发表了

---

① 韩象乾:《民、刑事诉讼证明标准比较论》,载《政法论坛》1996年第2期;王圣扬:《论诉讼证明标准的二元制》,载《中国法学》1999年第3期。

值得注意的是,前者在论及我国民、刑证明标准时,还对"客观真实理论"进行了检讨("'客观真实'只能成为民、刑事案件证明的一个客观要求,它告诫办案人员要刻苦努力地接近它。但是,它决不能成为案件的一个具体的证明标准"),并主张"应将'法律真实'作为民、刑事案件的证明标准","法律真实的证明标准,在民、刑诉讼中的运用是有区别的。其区别点在于:民事诉讼适用低于刑事诉讼的盖然性证明;刑事诉讼使用排他性证明"。

② 该论者主张,这一体系化的刑事证明标准理论应包括三部分:第一,总体标准:证据确实、充分;第二,客观标准:完全的确定性结合高度的盖然性;第三,主观标准:内心确信与排除任何合理怀疑。其中,"后两种是对前一种即总体标准的限定、说明和具体化,也是使总体标准便于操作和精确化的必要工具。因此,也可以说,证据确实充分及其具体要求,是通过排除合理怀疑达到内心确信以及对证明结论的确定性具有客观意义的评价来进一步检验和把握的"。参见龙宗智:《试论我国刑事诉讼的证明标准——兼论诉讼证明中的盖然性问题》,载《法学研究》1996年第6期。

③ 樊崇义:《客观真实管见——兼论刑事诉讼证明标准》,载《中国法学》2000年第1期。

④ 对此,《法学研究》中《刑事诉讼法学研究述评》一文提到:"随着证据立法的呼声日渐高涨,很多学者把研究的重点转向了对刑事证据问题的关注,此为2000年刑事诉讼法学研究的一大特色。"参见汪建成、王敏远:《刑事诉讼法学研究述评》,载《法学研究》2001年第1期。

⑤ 在2000年中国法学会诉讼法学会年会上,"证明标准研究"已经成为讨论的具体议题之一。但从年会论文来看,关于证明标准的论文主要限于刑事诉讼法学领域。具体论文名称如下:陈光中、陈海光、魏晓娜:《刑事证据制度与认识论》;陈卫东、刘计划:《关于完善我国刑事证明标准体系的若干思考》;夏有柱:《关于刑事证明标准的思考》;李佑标:《试论刑事判决的证明标准》;杨建广、秦宗文:《启动自诉程序的证明标准》。关于该年会论文,参见陈光中主编:《诉讼法理论与实践》,人民法院出版社2001年版。

《诉讼中的客观真实与法律真实》①《刑事证据制度与认识论》② 两篇论文。作为回应，上述论文针对法律真实论者的核心命题"客观真实不可能实现"，针锋相对地提出并论证了以下命题："刑事诉讼中应当追求也可能实现客观真实，尽管在一定条件下也必须辅之以法律真实；法律真实在民事案件中虽然比在刑事案件中有更大的适用空间，但并不意味着要放弃对客观真实的追求；而行政诉讼中则必须强调客观真实。"其中，后一篇论文不仅对法律真实论进行了反驳，而且同时对"误区论"③ 和"相对真实论"提出了尖锐的批评。于是，不同理论观点的对立与争鸣，最终将自说自话的证明标准研究转变为一场百花齐放、百家争鸣的大讨论。

为了更清晰地展示这次争论，以下关于将"客观真实"与"法律真实"之争的综述分为四部分：第一，简要介绍我国传统证据法学中的客观真实理论；第二，综述针对客观真实理论提出的种种批评和理论反思；第三，综述客观真实论者的回应；第四，对相关评述予以简要的介绍。

（一）我国传统证据法学中的客观真实理论

客观真实理论是我国传统诉讼法学和证据法学中最重要的基础理论。该理论具体包括三部分：第一，在诉讼领域，完全能够查明案件的客观真实或案件的真实情况；第二，我国诉讼中的证明任务即在于查明案件的客观真实；第三，在诉讼活动中，查明案件客观真实的具体立法要求是事实清楚，证据确实、充分。

在我国传统证据法学教材中，查明案件的客观真实一直被视为诉讼证明的任务或要求。例如，1983 年群众出版社出版的高等学校法学试用教材《证据学》

---

① 陈光中：《诉讼中的客观真实与法律真实》，载《检察日报》2000 年 7 月 13 日，第 3 版。
② 陈光中、陈海光、魏晓娜：《刑事证据制度与认识论》，载《中国法学》2001 年第 1 期。
③ 陈瑞华教授认为，认识论不是证据制度的理论基础。因此，主张我国证据法学理论应当"走出认识论的误区"，重新确立证据法学的理论基础，即以形式理性观念、程序正义理论为理论基础。具体论述请参见陈瑞华：《刑事诉讼的前沿问题》（第三章"证据法学的理论基础"），中国人民大学出版社 2000 年版，第 191 页以下；陈瑞华：《从认识论走向价值论——证据法理论基础的反思与重构》，载《法学》2001 年第 1 期。相关论述，还可参见何家弘主编：《新编证据法学》（第二章"证据法学的理论基础"），法律出版社 2000 年版，第 21 页以下。

关于证据制度理论基础的研究，除陈光中前文外，还可参见以下文献：卞建林：《略论我国证据制度的理论基础》，载《人民检察》2000 年第 11 期；张建伟：《证据法学的理论基础》，载《现代法学》2002 年第 2 期；周士敏：《试论我国证据制度的理论基础》，载陈光中主编《诉讼法论丛》（第 8 卷），法律出版社 2003 年版，第 7 页以下。

认为，"诉讼中证明的任务是什么？不同的阶级、不同的证据制度有不同的要求。……我国人民司法机关在进行诉讼时，历来遵循'以事实为根据，以法律为准绳'的原则。《刑事诉讼法》第 31 条明确规定，只有经过查证属实的证据，才能作为'证明案件真实情况'的证据。这里所说的'事实''案件真实情况'，指的是案件的客观真实，而不是任何其他形式、其他程度的真实。因此，我国诉讼中的证明任务就是确定案件的客观真实。……司法机关所确定的这些事实，必须与客观上实际发生的事实完全符合，确实无疑"①。1991 年中国人民大学出版社出版的、供全国高等学校法学专业学生学习使用的《证据学》教材承袭了上述观点，亦认为："我国诉讼中的证明任务是查明案件的客观真实或案件的真实情况。……查明案件的客观真实，归根结底，就是要求司法人员的主观认识必须符合客观实际。"②

　　传统证据法学理论认为，查明案件的客观真实，不仅必要，而且"是完全可能的"。这是因为：第一，马克思主义认识论认为，存在是第一性的，意识是第二性的，存在决定意识；人类具有认识客观世界的能力，能够通过调查研究认识案件的客观真实。查明案件客观真实具有科学的理论根据。第二，客观上已经发生的案件事实，必然在外界留下这样或那样的物品、痕迹，或者为某些人所感知，为查明案件客观真实提供了事实根据。第三，我国司法机关有党的坚强、统一的领导，有广大具有社会主义觉悟的群众的支持，有一支忠于人民利益、忠于法律、忠于事情真相，具有比较丰富的经验，掌握一定科学技术的司法干部队伍，这是查明案件客观真实的有力的组织保证。第四，随着社会主义法制的加强，总结司法工作正反经验、反映现实需要的《刑事诉讼法》《民事诉讼法》《行政诉讼法》已经先后颁布，提供了查明案件客观真实的法律依据。总之，司法人员只要依法正确收集和审查判断证据，完全有可能对案件事实作出符合客观实际的认定。虽然传统证据法学理论并不否认，在司法实践中，并非每个案件都能达到客观真实的程度。但是，该理论认为，"绝不能因此得出结论，认为案件的客观真实不能查明。只要针对上述原因，采取相应措施，破案率就能提高，错

---

① 巫宇甦主编：《证据学》，群众出版社 1983 年版，第 78 页。
② 陈一云主编：《证据学》，中国人民大学出版社 1991 年版，第 114 页。该书 2000 年版继续坚持这一观点。

案就能纠正"①;"这只能激励人们总结经验,采取有效措施,努力为查明案件真实创造条件"②。

那么,怎样才算查明了案件的客观真实呢?传统证据法学理论结合刑事诉讼法的规定,认为立法上的要求是"做到事实清楚,证据确实、充分"③。"怎样才算查明了案件的客观真实?诉讼法明确规定,人民法院宣告的判决,必须做到案件事实清楚,证据确实充分。"④ 其中,案件事实清楚,主要是指相关的构成要件事实都已查清。证据确实、充分则是指:(1)据以定案的证据均已查证属实。(2)案件事实均有必要的证据予以证明。(3)证据之间、证据与案件事实之间的矛盾得到合理排除。(4)得出的结论是唯一的,排除了其他可能性。以上四条必须同时具备,才算证据确实、充分。⑤

综上可知,客观真实理论是一种极端重视客观性的理论。对此,有学者以历史的眼光剖析了其内在的成因。该学者认为,"我国法学界过去在讨论证据制度时,首先将自由心证(包括内心确信)定为资产阶级证据制度,划在异类之列,自不能与之苟同,因此在讨论我国的证据制度是什么时,自然努力强调这一命题的客观性,尽量避讳这一命题有主观性的一面,害怕强调了司法官运用证据认定事实的主观作用,涉嫌主张资产阶级唯心论。在这种前提下,无论提出我国证据制度应定名'实事求是',或者'实质真实'或者'客观真实',都是强调客观而排斥主观的。这种理论取向自然影响到对证明标准的正确设立。法学界在讨论证明标准时,同样存在片面强调证明标准客观性的特点,只要求司法人员始终盯住客观事实状况,而并不要求司法人员在运用证据认定事实时反求于心,从而确信自己的证明结论"。⑥

应当承认,在我国传统证据法学理论中,真正意义上的证明标准并非客观真实理论本身,而是与其密切相连的"事实清楚,证据确实充分"。然而,由于这一立法标准以客观真实理论为其深层理论根基,故其具有以下特点:第一,以客

---

① 巫宇甦主编:《证据学》,群众出版社1983年版,第79页。
② 陈一云主编:《证据学》,中国人民大学出版社1991年版,第115-116页。
③ 巫宇甦主编:《证据学》,群众出版社1983年版,第80页。
④ 陈一云主编:《证据学》,中国人民大学出版社1991年版,第117页。
⑤ 陈一云主编:《证据学》,中国人民大学出版社1991年版,第117页。
⑥ 徐静村:《我的"证明标准"观》,载陈光中主编《诉讼法学论丛》(第7卷),法律出版社2002年版,第12页。

观性为认识支点，强调证据的客观性，强调案件事实的客观方面，要求司法人员在使用证据认定事实时不应反求于内心而应当始终盯住客观事实状况。第二，以乐观主义的可知论为基础，认为从根本上，任何案件事实都能够查清；而且，所查明的案件真实应当是一种完全排除盖然性因素的绝对确定的客观事实。第三，技术性不足，"证据确实充分"的标准既大且空，难以掌握而且不便操作。①

由于客观真实理论以追求客观性为核心，因此，在证明标准讨论中，对客观真实理论的攻击也主要集中于此。其实，客观真实与法律真实之争的真正焦点，既不在于理念上是否应当追求客观真实（查明客观真实的必要性），也不在于"证据确实充分"是否具有可操作性，而是在于"诉讼活动中，查明案件的客观真实是否真的可能"。

（二）反对客观真实的各种批评理论

1. 法律真实论

"法律真实"论者认为，按照辩证唯物主义的认识论，在诉讼活动中，办案人员与证据事实、案件事实的关系是认识主体与客体之间的关系，即认识主体（办案人员）认识客观事物，使主观与客观相统一。以往的刑事证据理论的研究几乎只从关注客体，甚至片面地把"客观真实"作为证明标准，对主观方面的研究很少涉及。但认识的主体和客体之间是对立统一的辩证关系，只有对两者都加以重视，才能把刑事证明标准建立在科学的基础之上。刑事证据事实作为一种经验事实，包括主观认识和客观存在两个方面的要素，同客观事实既有联系又有区别。客观真实同真理一样同属于哲学范畴，它是人们对客观事物认识程度的一个总目标，也是人类思维和认识的价值取向。按照绝对真理和相对真理的辩证关系，客观真实既是有条件的，又是相对的。对一个具体刑事案件的证明标准，只能是近似于客观真实，而且是越接近客观真实越具有说服力。客观真实只能成为刑事案件证明的一个客观要求，是一个抽象的口号，但绝不会成为个案的一个具体的证明标准。因此，应代之以"法律真实"的证明标准。所谓"法律真实"，是指公、检、法机关在刑事证明过程中，运用证据对案件真实的认定应当符合刑事实体法和程序法的规定，应当达到从法律的角度认为是真实的程度，其实用性、可操作性强。有了法律真实的追求目标，以法律事实为标准，诉讼证明活动

---

① 龙宗智：《我国刑事诉讼的证明标准》，载《法学研究》1996 年第 6 期。

就能高效准确地进行，而这恰恰是"客观真实"标准所欠缺的。①

此外，"法律真实"论者进一步认为，在我国司法证明中，法律真实是建立在辩证唯物主义认识论基础上的：（1）法律真实不属于主观真实的范畴，而是建立在客观真实基础之上的真实，是含有客观真实内容的真实。（2）法律真实虽然包含有客观真实的内容，但法律真实并不等于客观真实。（3）法律真实在一定意义上是以概率为基础的事实，而这里所说的概率本身也具有客观的属性。就客观真实与法律真实的关系来说，客观真实是司法证明的目的，而司法证明的标准则不能是难以实现的客观真实，只能是切实可行的、司法证明活动必须达到的法律真实。②

修正的"法律真实"论者认为，法律真实说与客观真实说从不同的基础出发，但二者的出发点是一致的。前者是依靠程序来实现真相的发现，即通过司法程序实现实体正义；后者是依靠程序和实体真实的标准两个方面即法律客观真实来实现正义，二者殊途同归。但前者更科学、更有利于实现正义。其理由是：（1）实体正义只有通过程序正义才能够实现，程序正义有一个看得见的标准，而实体正义没有一个看得见的标准；（2）实体标准和程序标准同时确立起来是不可能的。此外，之所以要选择法律真实说，是因为：①反映了人们对刑事诉讼方面的价值追求有利于司法体制的改造和刑事诉讼文明的进步；②从两者对刑事诉讼的影响来看，只有通过程序正义实现实体正义才是最佳选择，以法律真实为标准能排除社会偶然因素的影响；③法律真实说在证明标准上采用排他性标准，即排除合理怀疑标准。证据确实充分是一个理想的标准，但是因为没有一个量化的标准，在具体运作的时候表现出来的现象和实现这一证明标准的方法最终要落实到"排除合理怀疑"上来；④从法律真实说的语意来看，"真实"与"客观"并无区别，都包含了对客观真相的追求。③

2. 相对真实论

"相对真实"论者认为，我国传统证据理论在对辩证唯物主义认识原理的理解上存在不足，片面强调认识论的唯物论，即反映论、可知论，却忽略了认识论

---

① 樊崇义：《客观真实管见——兼论刑事诉讼证明标准》，载《中国法学》2000年第1期。
② 何家弘：《论司法证明的目的和标准——兼论司法证明的基本概念和范畴》，载《法学研究》2001年第6期。
③ 高一飞：《法律真实说与客观真实说：误解中的对立》，载《法学》2001年第11期。

的辩证法，曲解了绝对真理与相对真理的辩证关系。从辩证唯物主义关于人类认识能力的无限性与有限性的关系，即从绝对真理与相对真理的相互关系的观点来看，人的认识能力是无限的，同时又是有限的。人们对案件事实的认识都属于认识的"个别实现"，都是在"完全有限地思维着的个人中实现的"，都是不可能无止境、无限期地进行下去的。因此，无论是从认识活动的属性，还是从诉讼行为的属性来看，诉讼证明都只能达到相对真实，而非绝对真实。诉讼中的证明要达到"客观真实"，即主观认识与客观实际完全一致是不可能的，法律以不可能实现的目标作为诉讼证明必须达到的标准，是非理性的。①

3. 误区论

"误区论"者认为，由于诉讼以解决利益争端为目的，受到程序法的严格限制和规范，还涉及一系列法律价值的实现和选择过程，因此，围绕证据的运用所进行的活动都是解决利益争端的法律实施活动，其中尽管包括认识过程，但绝不等同于认识活动。诉讼虽然涉及有关论题的证明活动，但证明活动并不等于认识活动。以辩证唯物主义认识论作为我国证据制度的理论基础，是三大诉讼都将司法机关认定案件事实成立的证明标准确定为"证据确实充分、事实清楚"的客观真实标准的原因。由于这一标准只强调了案件事实的客观程度，而没有为裁判者对案件事实的主观认识确定明确的幅度和标准，因此实际上是在以目标代替标准，以法院达到客观真实程度的最高证明标准适用于三大诉讼，既不合理，也有违诉讼活动的基本规律。总之，完全站在认识论的立场看待证据规则，极容易在价值观上掉入程序工具主义的陷阱。因此，应当将证据法学确立在形式理性观念和程序正义理论上。②

（三）客观真实论者的回应

针对众多诘难，客观真实理论的捍卫者从以下几方面作了回应：第一，刑事证据制度所要解决的核心问题是如何保证公安司法人员能够正确认定案件事实，即如何保证其主观符合客观，因此，它首先是一种认识活动，要受到认识规律的制约。第二，辩证唯物主义认识论是关于人类认识自然、社会包括认识具体事物

---

① 卞建林、郭志媛：《论诉讼证明的相对性》，载《中国法学》2001年第2期。
② 陈瑞华：《从认识论走向价值论——证据法理论基础的反思与重构》，载《法学》2001年第1期。此外，相关观点还见于何家弘主编：《新编证据法学》，法律出版社1999年版，第25页；陈瑞华：《刑事诉讼的前沿问题》，中国人民大学出版社2000年版，第197页、第214-219页。

的一般规律的科学,与刑事证据学是普遍理论与部门理论的关系即一般与特殊的关系,因此辩证唯物主义认识论应当作为我国证据制度的理论指导。第三,公安司法人员对案件事实的认识和认定,集中体现在诉讼证明上。刑事证明的目的,总体来说是要达到诉讼(案件)客观真实,即公安司法人员在诉讼中根据证据所认定的案件事实要符合客观存在的案件事实。第四,依据辩证唯物主义认识论,客观真理是绝对真理与相对真理的辩证统一。刑事诉讼中就已经查明的案件事实情况来说,其是主观符合客观的,是确定无疑的,实际上就是指对案件的认识已经达到了绝对真实的程度。就诉讼证明的有限性来说,有些案件因客观因素而成为疑案,即使是已证实犯罪事实和犯罪人的案件,其所达到的客观真实也不可能与客观存在的犯罪情况完全吻合。上述两个方面相结合,就构成了客观真实的基本内涵。第五,否认将认识论作为证据法的指导理论的"误区论",其理论本身就存在误区,因为这会导致将诉讼事实或法律事实神秘化,否认其是社会事实的一部分,并且把认识论的一般规律与诉讼证明的特殊规律对立起来,过分夸大程序公正的价值和作用,将程序正义与认识规律对立,从而有意无意地否定或贬低认识规律对诉讼证明的指导作用。第六,根据"法律真实"论者所持的观点,法律真实就是法律规定的真实,是国家意志的体现,其随意性太大。法律真实的真实程度不是以客观事实和规律为根据的,而是以法律为准绳,这实质上是一种主观真实。尽管法律真实论认为,客观真实不可能实现,以客观真实作为证明标准是不科学的,应当以法律真实取代客观真实,但是事实刚好相反。由于"法律真实"观不承认客观真实,必然不同程度地走向不可知论,这一点是极不科学的。因此,在刑事证明中,必须坚持以客观真实为主导,辅之以法律真实。第七,同理,相对真实论强调认识的相对性,否认辩证唯物主义认识论的指导,模糊了真实的绝对性和相对性之间的辩证统一关系,认为一切都是相对真实,没有绝对真实,显然也是不正确的。我国"犯罪事实清楚,证据确实、充分"的证明标准是"客观真实"说的典型体现。①

也有论者从其他角度揭示"法律真实说"的谬误。"法律真实"概念本身是一个伪概念,因为不论是刑事实体法律规范还是程序法律规范都没有判定证据是

---

① 陈光中、陈海光、魏晓娜:《刑事证据制度与认识论——兼与误区论、法律真实论、相对真实论商榷》,载《中国法学》2001年第1期。

否真实的功能,"法律真实说"论者无法证明法律规范如何来判定证据真实,其所说的法律真实标准只是判定证据是否充分的标准,但这一内容已为客观真实标准所包容。因此,客观真实标准说是判定证据是否真实的标准和判定证据是否充分的标准的有机整体,故而法律真实说没有存在的必要。和法律真实说相比,"客观真实说"之科学性在于:第一,它是判定证据是否真实标准和判定证据是否充分标准的集合体;第二,它强调法官对案件的认识必须以案件事实为基础,而且它在理论意义上承认案件事实是可知的,要求刑事诉讼应当以发现案件事实为基本目标;第三,它要求追求客观真实(相对的)必须以遵守法律规范为前提。而且,坚持客观真实标准会具有如下意义:第一,它是刑事判决的正当性,有坚实的客观基础;第二,客观真实标准是在遵守法律规定的基础上实施的,因此,它在正义原则与效率原则之间保持了恰当的平衡,有效地兼顾了正义原则和效率原则;第三,坚持客观真实标准可以最大限度地调动诉讼当事人和法官的积极性和主观能动性。①

针对认识相对主义的挑战,持"客观真实说"的学者进一步指出,客观真实论的反对者强调刑事司法运作的时效性,认为在刑事程序特定时空内无法查明案件真实情况,因此不能发现案件客观真实。这一观点是片面的,容易导致诉讼的竞技化。事实上,刑事司法活动中发现和确认案件事实是建立在经验的基础之上的。人们在确认案件事实方面长期探索和经验积累所具有的跨越时空限制的连续性和人们不断积累的经验在确认案件客观真实方面所发挥的作用,以及独立于人的主观之外的充分的理由(司法经验、现代刑事科学技术和证据)使我们对案件事实的确信具有客观性,同时,人们确认案件中在法律上有意义的事实的实际能力和查明案件的客观真实的能力都已经获得了越来越有力的支持。反之,认识相对性的绝对化将颠覆人们对于发现案件实质真实的信心,这种取向与长期存在的轻视程序的习惯相结合,最终会导致实质正义与程序正义都被牺牲。②

三、关于证明标准的理论分歧

在"客观真实"与"法律真实"之争中,各种学说也提出了应用于司法实

---

① 张继成、杨宗辉:《对"法律真实"证明标准的质疑》,载《法学研究》2002年第4期。
② 张建伟:《认识相对主义与诉讼的竞技化》,载《法学研究》2004年第4期。

践的各种证明标准。现将一些有代表性的观点梳理如下：

(一) 排他性标准

"法律真实"论者认为，以客观真实作为运用证据的一种宏观价值目标虽然正确，但在司法实践中很难实现，应该委以法律真实。诉讼证明追求法律真实与我国刑事诉讼法规定的宗旨和任务相一致，且法律真实简明扼要，具体明确，可操作性强，易于适用，可以澄清在运用证据过程中容易混淆的环节和概念，因此，将法律真实作为刑事诉讼证明的任务和要求，就能很好地实现客观事实向法律事实的转化。在具体标准上，由于"排除一切合理怀疑"的表述无论是文字解释，还是实际操作，其规范性都难以把握，因此，在吸收其合理内核的前提下，遵循辩证唯物主义认识事实的矛盾法则，我国刑事诉讼的证明标准，可概括为"排他性"：在证据的调查和运用上要排除一切矛盾；在运用证据对案件事实所得出的结论上，必须是排除其他一切可能，即本案唯一的结论；这一结论在事实和证据两个方面，还要经得起历史的检验。确立这一标准的根据有四：一是以辩证唯物主义认识论为指导。对案件事实的最终认识是逐步深入的矛盾的运动过程，最后的标准必须排除矛盾，形成一个科学的结论，排他性证明完全符合办案人员对案件事实的认识过程。二是就刑事案件的性质和严重性而言，运用证据证明的案件事实，必须清楚，所得结论必须具备排他性，才能经得起实践的检验，经得起历史的考验。三是排他性证明吸收了西方证据文化中关于排除合理怀疑的思想。四是排他性作为证明标准，简单、明确、具体、易于操作和掌握。排他性的具体要求包括：第一，作为定案根据的每个证据必须具备客观性、关联性和合法性；第二，根据认识论的矛盾法则，全案的证据经过排列、组合、分析之后，必须是排除了一切矛盾，而达到每个证据前后一致，证据与证据之间一致，全案证据同案件的发生、发展的过程和结果一致，可形成一个完整的证明体系；第三，作为证明对象的案件事实、情节均有相应数量的证据加以证明；第四，全案证据所得出的结论是本案唯一的结论（具有排他性）。[①]

(二) 内心确信无疑的标准

"相对真实"论者认为，诉讼证明因其自身的特殊性，即证明主体、证明客体、证明时空和资源的局限性，以及受证明程序和证据规则的制约，决定了诉讼

---

① 樊崇义：《客观真实管见——兼论刑事诉讼证明标准》，载《中国法学》2000年第1期。

证明在大多数情况下达不到证明结果与案件客观事实完全一致的程度，因此承认诉讼证明的相对性原理才是实事求是的态度。诉讼证明的目的是阐明诉讼中的争议事实，论证己方的诉讼主张，以便说服作为裁判者的法官或陪审团确认或接受己方所主张的事实和权益，最终获得于己方有利的判决，那么证明的标准就是在何种情况下作为事实裁判者的法官或陪审团可以确认或接受证明方所提出的有关争议事实之主张，即法官或陪审团对证明方关于争议事实的说法所确信的程度。具体到我国的刑事审判，法官若作出有罪判决，必须在内心确认被告人实施了被控犯罪行为并达到坚信不疑的程度，也可称"法官内心确信无疑"，它实际上是一种从法官主观认识方面去衡量其对案件事实认定程度的"主观"的证明标准。其主要包括以下几个方面：第一，法官所有对指控事实的判断和认定，都必须建立在控方的举证和辩方的质证之上，以防止法官主观臆断；第二，法官的这种"内心确信无疑"是指在排除任何人为和非人为干扰的情况下，在其自身知识和经验范围内，感到对事实认定确有把握，而不是似是而非、疑惑不定，也就是排除了任何有根据的合理怀疑；第三，根据司法实践经验的积累，法官"内心确信无疑"是建立在对单个证据的真实性、关联性的审查采信和全案证据的综合判断基础之上的。鉴于人的认识的相对性以及诉讼证明的特殊性，刑事诉讼中的定罪判决，证明的程度也只能是最大限度地接近客观真实，即利用诉讼的有限时空和资源，尽最大努力使司法人员对案件事实的认定最大限度地符合案件事实的本来面貌。因此，"最大限度地符合或接近案件客观事实"可以被称为诉讼证明的客观标准，也就是定罪判决这一诉讼证明的最高要求所能达到的客观标准。①

（三）排除合理怀疑标准

"误区论"者认为，从形式理性观念出发，诉讼是在法律程序严格限制和规范下进行的解决争端的活动，裁判者不可能为探求所谓"实质真实"而任意进行调查活动，调查局限在法庭上，主要是对控辩双方提交的证据材料进行审查，并受到控辩双方举证、质证和辩论活动的限制，裁判者对事实的认定还要受到严格的程序期限的限制。这使得裁判者对案件事实的认定带有较强的法律适用色彩，实际上就是自己对案件事实所作的主观判断。因此，在严格的法律形式主义限制下，裁判者所认定的事实显然不等于社会或经验层面上的所谓"客观事

---

① 卞建林、郭志媛：《论诉讼证明的相对性》，载《中国法学》2001年第2期。

实"，只能是法律上的事实。"客观事实"的完全发现既是不可能的，有时也是不必要的。我国诉讼法要求将案件事实证明到"事实清楚，证据确实、充分"的程度，表面看来是客观程度最高的证明标准，但由于只强调了案件事实的客观程度，而没有为裁判者对案件事实的主观认识确定明确的幅度和标准，因此是在以目标代替标准，抹杀了证明标准的可操作性。相形之下，"排除合理怀疑"的标准，对于司法证明活动而言，仍然是具有可操作性的最高标准。①

（四）客观真实论者的证明标准

"客观真实"论者认为，我国刑事诉讼中的"犯罪事实清楚，证据确实、充分"的证明标准可以说是"客观真实"的典型体现，具体必须达到以下指标：第一，据以定案的每个证据都已查证属实；第二，每个证据必须和待查证的犯罪事实之间存在客观联系，具有证明力；第三，属于犯罪构成要件的事实均具有相应的证据加以证明；第四，所有证据在总体上已足以对所要证明的犯罪事实得出确定无疑的结论，即排除其他一切可能性而得出的唯一结论，这也是最根本、最关键的要求。尽管刑事诉讼涉及公民生命权、人身自由权和财产权，必须慎重行事，在认定事实以及适用法律上都应当坚持高标准、严要求，但"犯罪事实清楚，证据确实、充分"的证明标准也有需要完善之处。由于犯罪事实和情节层次不同，因此证明标准也有区别：首先，"谁是犯罪实施者"这一问题是刑事诉讼中的核心问题，因而需要确证无疑；其次，那些对于罪轻罪重有影响的一些事实和情节也要尽量查清；最后，那些与定罪量刑都没有直接关系的事实和情节，则不需要调查得十分清楚。不同层次的要求在我国刑事诉讼证明标准中应该有所体现，越是关键、重要的事实和情节，在证明标准上越要从严掌握，而对于那些法律意义相对次要的事实和情节，可以适当放宽。此外，刑事案件的性质和严重程度有很大差别，对于被告人已经作出有罪供述的简易案件和自诉案件，证明标准的掌握可以适当放宽。对于有的学者提出的"排除合理怀疑"标准实质是"相对真实"的证明标准的法律表述，是英美文化的产物，它的形成与英美近代经验主义哲学有着直接的关系。其最大缺陷在于否认辩证唯物主义关于肯定客观真理的可能性以及绝对真理与相对真理的辩证统一，不承认"排他性"要求，甚至

---

① 陈瑞华：《从认识论走向价值论——证据法理论基础的反思与重构》，载《政法论坛》2001年第1期。

认为"犯罪人是谁"也不可能绝对确定，这必然导致在实践中出现错案。①

（五）确定无疑的证明标准

有学者认为，以"客观真实"作为诉讼证明标准是不妥当的，其一是它混淆了诉讼的目的和诉讼证明标准的具体要求，其二是不具有可操作性。"排除合理怀疑"与"内心确信"二者基本同一，作为证明标准在理论上成立，但在当下的情境中则不合适。唯有"确定无疑"是从实践当中总结出来的适合我国刑事诉讼的证明标准的表述：第一，从主观上看，表示法官对案件事实完全肯定的心理状态，同时显示出对该案件事实的确认具有极高的可信度；第二，从客观评价来看，它显示出案件事实以具体客观性的充分证据为根据，被确定的案件事实完全符合定案的一般标准，具有不以个别司法官意志为转移的客观特性。因此，"确定无疑"正是对"案件事实清楚，证据确实充分"的准确诠释，适合作为其衡量标准。②

四、证明标准的多元化与层次性

（一）证明标准的多元化

长期以来，我国三大诉讼都采取统一的证明标准，即在认定案件事实时，要达到"事实清楚，证据确实充分"程度的一元证明标准，近年来，越来越多的学者提出了不同的观点。

1. 二元制的诉讼证明标准

有学者指出，我国对民事诉讼的证明要求和刑事诉讼完全相同的一元证明要求是不正确的。由于在诉讼性质、法律规定上的不同以及审判实践中对特定案件的差别对待，二者应该有所区别。刑事诉讼可以采用确实的、排他性的证明，民事诉讼应该采较之稍低的盖然性占优势的证明要求。其理由在于：第一，这与"法律真实"的证明任务相契合；第二，与民事实体法大量采用的形式真实的真实标准相一致；第三，它有利于保护当事人合法的民事权益；第四，有利于指导民事诉讼实践；第五，有利于提高诉讼效率和法官认知案件事实的能力。③

---

① 陈光中、陈海光、魏晓娜：《刑事证据制度与认识论——兼与误区论、法律真实论、相对真实论商榷》，载《中国法学》2001年第1期。
② 龙宗智：《确定无疑——我国刑事诉讼的证明标准》，载《法学》2001年第11期。
③ 李浩：《差别证明要求与优势证据证明要求》，载《法学研究》1995年第5期。

另有学者指出，我国有必要确立二元制的诉讼证明标准的理由是：第一，两大诉讼性质各异，民事诉讼与刑事诉讼实行的诉讼原则和具体制度迥然有异，从而决定了不同的诉讼应该采用不同的证明标准。第二，诉讼目的不同允许两大诉讼的证明标准不同。刑事诉讼无论是从惩罚犯罪的目的出发，还是为了实现保障人权，都要求案件事实清楚，证据确实充分，尤其是在认定被告人有罪的证明要求上，确定"犯罪事实清楚，证据确实充分"的标准是完全有必要的。而民事诉讼一要解决纠纷，二要保护公民的合法权益，一般情况下，对证据占优势的一方，法院通常会作出对其有利的判决。但实际上，证据占优势的一方当事人的主张并不一定就是事实，故在民事诉讼中，区分"客观真实"与"法律事实"是完全有必要的。不过从总体上说，依据证据优势所认定的"法律事实"是和"客观事实"无限靠近的。第三，"推定"在不同诉讼中的运用程度不同，表明两大诉讼的证明标准各异。第四，建立二元制的诉讼证明标准是民事诉讼中加强当事人举证责任、促进庭审改革的必然要求。由于完全意义上的当事人负举证责任及法官的消极中立化与证明标准的"客观真实"是格格不入的，只有在民事诉讼中放弃"客观真实"的证明标准，确立"盖然性占优势"或更灵活的证明标准，才能真正实现完全意义上的举证责任以及崭新的庭审方式。[①]

2. 三元制的诉讼证明标准

有学者指出，二大诉讼虽然都以认识论为基础，都应当认识案件事实，但应该实行不同的证明标准：我国刑事诉讼应该坚持"犯罪事实清楚，证据确实充分"的排他性证明标准；我国民事诉讼中所适用的"事实清楚、证据充足"的证明标准偏严、偏高，不仅在司法实践中难以做到，而且由于双方负举证责任，证明标准的提高必然导致加重原告的证明责任，增加原告败诉的可能性，使原、被告双方负担明显失衡，有失公正。因此，在民事诉讼中应该以合法证据的优势证明作为证据标准。这种优势证据标准，也是建立在对客观真实的合理预期的基础之上的；在行政诉讼中，证明标准取决于行政机关作出行政行为时对相对人违法事实的证据证明要求达到什么程度。行政诉讼证明标准实际上体现的是行政机关在对相对人做出不利的行为时其所根据的事实符合客观事实的程度，从国家行政权力与公民、法人权利的关系来衡量，行政诉讼证明标准体现的是国家对于保

[①] 王圣扬：《论诉讼证明标准的二元制》，载《中国法学》1999年第3期。

障公民合法权益的态度。目前，我国行政诉讼证明标准的法律表述是"证据确凿"，这与我国刑事诉讼中的"证据确实充分"相当近似。虽然行政诉讼涉及公民、法人的合法权益，但由于行政诉讼的利益牵动范围毕竟仅限于涉诉相对人，而且行政诉权的行使也具有一定的处分性，因此，行政诉讼证明标准应略低于刑事诉讼证明标准。在具体标准的把握上，既要遵循一定的原则，又要区别对待。总的来说，对于涉及公民人身自由权利、重大财产权利、法人的生产经营权利以及重大复杂的案件，行政诉讼证明标准应严格适用"证据确凿"的标准；而对于那些轻微的案件，对证明标准的要求可以适当降低。①

（二）证明标准的层次性

学者们认为，由于刑事诉讼的特殊性，证明标准的层次性主要体现在刑事诉讼中。根据划分证明标准层次性的角度不同，构建层次性的证明标准有不同的方式。

1. 关于有罪判决的层次性证明标准

有的学者认为，根据认识论原理、司法公正的要求、诉讼效率原则以及司法实践中证明标准的运用经验，并借鉴国外的证明标准理论，有罪判决的证明标准可以分为三个层次：第一，确定无疑，即证据确实充分、排除其他可能性，这应当是我国作出有罪判决的最高标准，也是一般的证明标准。其理由是：从哲学上的认识论来看，客观世界是可知的，虽然认识具有相对性，人类对客观事物的认识永远无法达到与客观实际完全一致的程度，但在一定的限度和一定的范围内，人类对具体客观事物的某些方面和某些环节的认识是能够达到与客观实际相一致的程度的。在认定有罪的案件中，对于有关案件定罪量刑的基本事实，特别是犯罪嫌疑人、被告人是否实施了犯罪这一主要事实是可能查清楚的；从实证的角度来看，要求对犯罪事实的证明必须达到确定无疑的程度也是完全可以达到的；从联合国的法律文件来看，排他性也是具有现实可能性的证明标准。联合国文件涉及刑事证明标准的地方，大多采用"排除合理怀疑"的提法，但对死刑案件的证明标准却规定为"对事实没有其他解释余地"，这与"排除其他可能性"基本一致，显然高于"排除合理怀疑"；从诉讼价值的关系来看，排他性有利于保障

---

① 陈光中、陈海光、魏晓娜：《刑事证据制度与认识论——兼与误区论、法律真实论、相对真实论商榷》，载《中国法学》2001年第1期。

人权，实现刑事诉讼实体公正，而排除合理怀疑则难免造成冤枉无辜。第二，排除合理怀疑，即指"高度盖然性""最大限度真实性"。由于刑事案件极其复杂，为了提高同犯罪作斗争的效能，有必要在坚持确定无疑的证明标准的基础上，对某些案件主要犯罪事实以及犯罪构成的某些要件事实适度降低证明标准，规定只需要达到最大限度地接近真实，即达到排除合理怀疑的证明程度即可。但从保护人权的角度而言，排除合理怀疑的证明标准不可解释得过低，应把握在95%以上甚至更高的可能性为宜。不过，这仍要由检察官、法官自由裁量。此外，在以下几种情况下可适用排除合理怀疑标准：（1）对个别危害大、取证难的刑事案件的证明，如贿赂案件；（2）对案件犯罪构成的主观要件的证明；（3）对被告人自愿认罪的轻罪或较轻罪案件的证明；（4）对某些有利于被追诉人而又需要证明的事实的证明。第三，有确实证据的推定。我国立法规定的推定较少，不能满足司法实践的需要，应当适当扩大推定适用范围；还可由立法明确规定一些推定，以减轻追诉机关的证明负担。①

2. 关于多元化和体系化的证明标准

有学者指出，除应侧重于对刑事有罪判决证明标准的研究外，还应该关注其多元化和体系化的研究。刑事证明标准层次性表现在三个方面：第一，不同阶段适用不同的证明标准。其理论基础一则来自刑事诉讼阶段论，即在不同的诉讼阶段，其直接任务、诉讼主体及采取的诉讼行为均有不同，这些因素要求对不同阶段诉讼行为的证明要适用不同的证明标准；二则涉及证明过程论。证明过程与认识过程具有一致性，从认识论的角度而言，证明过程即一个认识过程。犯罪是可以证实的，但对案件事实的证明必须遵循认识论的一般原理，逐步地、渐进地由感性认识上升到理性认识。从证明标准的角度来考察，也必然是由低到高，逐步达到定案所要求的标准。因此，在我国，刑事诉讼在不同阶段适用不同的证明标准：（1）立案的证明标准，是刑事诉讼中最低的证明标准。（2）移送审查起诉的证明标准。立法将此时的证明标准界定为"犯罪事实清楚，证据确实、充分"。此标准虽然从表面上看，对人权的保障起到屏障作用，但由于过高的标准不仅在司法实践中不能达到，而且缺乏相应的可操作性程序使之有虚置之嫌，不

---

① 陈光中：《构建层次性的刑事证明标准》，载陈光中主编《诉讼法论丛》（第7卷），法律出版社2002年版，第3-10页。

仅难以实现立法意图，反而会损害其应有的权威，因此移送审查起诉的证明标准只要达到"有定罪的可能"即可。（3）提起公诉的证明标准。立法将提起公诉的证明标准规定为"犯罪事实清楚，证据确实充分"，虽然表面上与法院定罪的标准相同，但从法律的要求来看，它要求人民检察院主观上单方面进行认定，因此，与法院裁判定罪证明标准之间应该具有不同层次性。（4）有罪判决的证明标准。立法规定为"犯罪事实清楚，证据确实充分"。第二，不同证明主体适用不同的证明标准。其理论基础是：（1）控辩双方在举证能力上的差异要求他们承担证明责任时适用差别证明标准。控方承担证明责任必须达到"排除合理怀疑"或"高度盖然性"程度，而被告方承担证明责任只需达到"盖然性占优势"的证明标准，承担提出证据的责任只要能使有罪认定产生合理怀疑即可。（2）控辩双方所承担的"责任"性质不同也要求实行差别证明标准。控方必须提出证据达到法定的证明标准，无论被告是否提出证据，控告方的举证的证明标准也不能降低。此外，我国刑事诉讼中控辩双方承担证明责任所要达到的证明标准也应该有所不同，其中，辩方履行证明责任或举证责任（利用证据推进的责任）所要达到的标准应该包括以下几个方面：（1）被告人除了可以提出相反证据反驳控方证据或从逻辑、经验上对控方的证据或推论提出质疑外，若遇有一些特殊情形，被告方负证明责任，此时，辩护方对这些主张只要证明到"证据占优势"的程度即可；（2）辩方如果提出证据来证明自己的主张或反驳对方的证据并不需要达到控方所要证明的程度，只要使裁判者相信辩方主张或相应的证据存在的可能性大于不可能性即可；（3）被告方可以不提出己方的任何证据，直接对控方证据的证明力或证明能力提出质疑，也可以从逻辑、经验上对控方的证明进行反驳。此时，辩方不需要证明控方证据存在的不可能性大于可能性，而只需要使裁判者对控方证明体系产生合理的怀疑信念即可。第三，不同证明对象适用不同的证明标准。其理论基础是，实体法事实与程序法事实应该区别对待。对于程序法事实，如果不与实体法事实相区分并适用较低的证明标准，势必影响诉讼效率。因此，我国刑事诉讼中应该就不同证明对象适用差别证明标准，主要包括：（1）犯罪构成要件的事实，应该适用最高规格的证明标准；（2）在量刑情节方面，从保护被告人的合法权益出发，对被告人不利情节的证明应设置一个较高的证明标准，而对其有利的情节可以设置较低的证明标准；（3）在程序法事实方面，对于需要证明的程序法事实，并不需要达到定罪程度的证明标准；对于违反法定程序的事实证明，其要求是根据合理的证据能认定有违反法定程序的事实。此外，对于不需要证明的事实——推定和司法认知，应当由法律明确规定。①

3. 关于双重证明标准

有学者指出，诉讼证明是一种程序证明，它所追求的是程序的真实和法律上的有效性，以证明结论与客观真实有一致性，能够实现客观公正。诉讼证明具有双重性，由此可以得出刑事证明标准包含实体证明标准和程序证明标准。其内容主要包括：第一，刑事实体证明标准是指衡量证明主体运用证据证明案件事实所达到刑事证明的实体要求以及具体达到何种程度的准则和标尺。我国刑事诉讼的实体证明要求是案件事实清楚，证据确实充分，一般被称为客观真实的证明标准，并体现在侦查阶段、起诉阶段、审判阶段实行该标准的一元化以及对所有刑事案件适用无差别的一元化标准。由于我国已将刑事案件按性质划分为公诉案件和自诉案件，因此可以在此基础上设立二元化证明标准，即对公诉案件设立"客观真实"的定罪标准，而对自诉案件应设立"高度盖然性"的定罪证明标准。第二，程序证明标准是衡量证明主体的证明活动是否符合法定证明步骤、方法、方式的准则和标尺，它是证明效力产生的源泉，是一个渐进过程，具有阶段性、层次性，随着诉讼进程而体现递升的动态趋势。随着侦查阶段的单方证明向审查起诉阶段的复式单方证明和审判阶段的对抗双方在场下的裁判证明发展，证明标准也呈严格趋势。一般来说，复式确认单方证明标准在层次上要高于单方证明标准，而双方对抗下的裁判证明标准又高于复式确认单方证明标准。第三，尽管二者在理论上是独立的，在诉讼过程中却绝对不可分离。从实质意义上看，程序证明标准是刑事证明标准的实质内容，实体证明标准要通过程序证明标准的载体去实现。实体证明标准也应作为程序证明标准追求的终极目标，程序证明标准受到实体证明标准的检验，二者是形式和内容的关系。程序证明标准直接实现的是法律真实，一般来说与客观真实具有统一性，应该以客观真实作为对法律真实的检验。第四，由侦查阶段到检察机关提起公诉的客观真实标准，最后到法官有罪认定的实体证明标准——客观真实标准外化为一种程序上的控辩双方对抗下的裁判证明标准，最终克服了单方确认证明标准和复式确认单方证明标准的程序缺陷，在程序上达到了最严密的层次，排除了一切可能性和模糊性，进入了一种事实、

---

① 李学宽、汪海燕、张小玲：《论刑事证明标准及其层次性》，载《中国法学》2001年第5期。

证据认定的确定性状态。①

4. 关于"程序真实"证明标准

有学者对将"程序真实"作为刑事诉讼中的证明标准提出了质疑,认为诉讼程序只有是否正当或者是否科学、完备之分,不存在"真实"或者"不真实"的问题。证明的对象是已经发生的案件事实,即究竟是否发生了犯罪以及谁应当承担刑事责任,因而刑事诉讼中的证明标准仅是指对于案件事实的证明究竟应当达到何种程度的实体评价,而不涉及或等同于对使用的程序是否公正的评价。②

5. 关于提起公诉的证明标准

对于有的学者提出的建立层次性的证明标准,并建议降低提起公诉的证明标准的观点,也有很多学者持不同意见,他们指出,我国刑事诉讼中提起公诉的证明标准是"犯罪事实清楚,证据确实充分",这一标准不能降低。理由如下:第一,该证明标准是与中国特有的诉讼构造和证据规则相适应的,在流水作业式的诉讼构造没有得到根本改变、粗疏的证据规则没有得到完善、辩护律师的调查取证权没有得到切实充实之前,不能降低证明标准;第二,为了保障公诉权得到正确行使,保障公民的合法权益不受非法侵犯,从现实司法需要出发,也必须维持较高的证明标准。具体而言,这一标准应该含有以下内容:第一,犯罪事实已经查清,是指属于定罪量刑所必需的基本事实,必须查清楚,而与定罪量刑关系不大的事实,则不必强求。第二,证据确实、充分,是指符合以下方面的条件:(1)起诉所依据的每一证据都具有证据能力;(2)起诉所依据的每一证据都已查证属实;(3)指控的每次犯罪行为的每一要件事实(特别是被告人就是犯罪行为人这一事实)均有必要的证据予以证实,即证据必须达到一定的量,可以覆盖所要证明的指控事实;(4)起诉所依据的证据与证据之间、证据与案件事实之间必须协调一致,矛盾得到合理的解释或排除;(5)全部控诉证据结合起来能够得到嫌疑人犯罪的唯一结论,且罪行达到指控的程度,排除了其他可能性。

五、立法能否设置证明标准

在众多学者就证明标准构建纷纷发表见解时,有学者另辟蹊径,坚持立法根

---

① 宋世杰、彭海青:《刑事诉讼的双重证明标准》,载《法学研究》2001年第1期。
② 崔敏:《刑事证明标准之我见》,载陈光中主编《诉讼法论丛》(第7卷),法律出版社2002年版,第43页。

本不能设置证明标准,于是一场围绕肯定否定的论战又硝烟四起。

(一) 证明标准否定论

有学者指出,证明标准化是一个不可能完成的任务,只是一种空想,其理由是:第一,作为证明的标准只能是能够具体衡量个案证明度的准则。第二,作为一种衡量的准则,证明标准必须是具体的,而且是外在物化的尺度,然而,证明度的测度是无法具体化和客观化的。无论如何细化,都无法解决细化中层次判断的主观化问题。对个案而言,即使再细化的划分也都是抽象的和不确定的。第三,在诉讼中,当事人是否达致证明度的要求是由法官来判断的。证明标准的建构试图以其标准的客观化来制约这种判断,必属徒劳。因为证明度既然是主观的判断,就无法以外在的标准加以制约,要加以制约就必须排除主观的认定,这就导致了如下情形:一方面,制约判断者的证明标准如果有证明度的划分,那么是否达到证明标准的要求仍然需要判断者的判断;另一方面,证明标准的适用不可能像生活中的度量标准一样排除法官的判断。第四,实践表明具体案件证明的认定不可能脱离法官的内心确信,也不应当离开法官的内心确信。因此,一种为我们所掌握的、适用的,同时又是外在的、客观统一的、具体的证明尺度是不存在的,抽象的证明标准只存在于人们的理念之中。①

(二) 证明标准肯定论

针对否定证明标准的观点,持肯定观点的学者回应说,标准是可以有不同层次的,标准的抽象和具体也是相对而言的,或者说,从抽象到具体之间可以划分许多不同的等级。所谓司法证明的标准,是指司法证明必须达到的程度和水平,它是衡量司法证明结果正确与否的依据和准则。司法证明的标准可以有不同的层次:(1) 客观真实与法律真实所强调的是证明标准的性质,可以视为第一层次或最抽象的标准;(2) 证据确实充分、排除合理怀疑、高度盖然性、优势证据等是关于证明标准的不同表述,属于第二层次的证明标准;(3) 具体性、明确性或可操作性的标准属于第三层次的标准。其中,有争议的第三层次的证明标准,应该包括两层内容:其一是单个证据的采信标准;其二是全案证据的采信标准。在具体案件中,无论是单个证据的采信还是全部证据的采信,都必须从两个方面对证据进行考察,即证据的真实可靠信度和证据的证明力。尽管我们还不能

---

① 张卫平:《证明标准建构的乌托邦》,载《法学研究》2003 年第 4 期。

就所有证据采信问题都制定具体明确的标准,但是分别或部分地建构第三层次的证明标准不仅是可能的,而且是有必要的。人类历史上也出现过具体明确的司法证明标准,虽然缺乏科学性,但毕竟存在过,并且从不同角度反映了人类社会对具体明确的司法证明标准的需求与追求。在当代,运用信息理论、概率理论、信度理论等现代科学理论和方法来研究证据的证明力,并在此基础上构建具体明确的司法证明标准,或者说指导性的标准,应该是我们努力的方向。①

(三) 务实的证明标准观

有的学者认为,对刑事证明标准在理论上可以研究,但从立法而言,可以将复杂的问题简单化,对问题的研究不必非要建筑在某个学说的基础上,而应当从实际出发,立基于解决审判的实际问题上。只要通过法律描述,法官在根据证据对被告人判处刑罚时,能够达到一种有助于或者较能保证法官正确判案的确信就可以。从人的认识总是有其局限性这一点出发,对法律的修改可以考虑从以下三个方面着手:第一,一定要明确规定证据的排除规则,使法官能依照法律对证据的可采信进行判断,避免不应当采信的证据影响法官的确信;第二,在条件允许的情况下,对证据在一些特殊情况下的效力作出一定的预定性的规定,以帮助法官对证据作出判断;第三,在原有规定的基础上对证明标准的规定进行修改,在保留"事实清楚,证据确实、充分"规定的同时,将英美法系国家的排除合理怀疑引进来,与原有规定形成相辅相成的对法官判定案件时认识上的要求。②

---

① 何家弘:《司法证明标准与乌托邦——答刘金友兼与张卫平、王敏远商榷》,载《法学研究》2004年第6期。
② 王尚新:《从刑事证明标准的标准性谈起》,载陈光中主编《诉讼法论丛》(第7卷),法律出版社2002年版,第19页。

樊崇义教授证据法学思想及其学术贡献

张　中①

樊崇义教授是我国著名的法学家,在国际刑事诉讼法学和证据法学领域享有崇高声誉。在长达半个多世纪的刑事诉讼法学和证据法学的教学和科研工作中,樊崇义教授积极主张我国刑事诉讼程序科学化与民主化,证据法学的哲理化与现代化,开创性地提出了许多奠定我国刑事诉讼法学和证据法学学科及其理论基础的重要学术理论和研究方法,如"法律真实观""诉讼认识论""诉讼人本论""刑事诉讼法学哲理化"以及作为刑事诉讼法学新型研究范式的"实证方法论",等等。值樊崇义教授八十华诞之际,本文就其证据法学领域的主要学术思想作一简要梳理,以飨广大学界同人,并对樊崇义教授本人及其在证据法学领域的贡献致以最崇高的敬意。

一、法律真实观及其哲理思维

(一) 法律真实观的提出

"法律真实观"作为诠释证明标准的重要理论,是樊崇义教授在1996年首次提出的,其认为刑事案件的证明,只能接近于真实,而不可能达到绝对的客观真实。② 其后,樊崇义教授于2000年在《中国法学》第1期发表了著名的学术论文《客观真实管见——兼论刑事诉讼证明标准》,从刑事证据的本质特征、辩证唯物主义的认识论、绝对真理与相对真理的关系,以及司法实践适用中的问题等方面,揭示了客观真实理论上的局限性及实践中的弊端,③ 正式提出将法律真实

---

① 张中,中国政法大学证据科学研究院副院长,教授,博士生导师。
② 樊崇义主编:《迈向理性刑事诉讼法学》,中国人民公安大学出版社2006年版,第5页。
③ 樊崇义:《客观真实管见——兼论刑事诉讼证明标准》,载《中国法学》2000年第1期。

作为刑事诉讼的证明任务和要求,并进行了科学、充分的论证。

法律真实观的提出对我国传统证据法学造成了重大冲击,受到了一些学者的批判。有学者指出,法律真实是以法律作为真实程度的评价标准,不是以客观事实和规律为根据,因而具有较大的随意性,同时与我国刑事诉讼法的规定相悖。① 该论者认为,我国刑事诉讼法所规定的"查明犯罪事实""犯罪事实清楚,证据确实充分",本质上都是以辩证唯物主义认识论为指导的客观真实。法律真实论是不可知论的表现,缺乏科学性。当然,该论者也承认,法律真实在特定情况下也会发挥作用,因而不应当对其全盘否定,并提出,对于刑事证明,应当以客观真实为主导,而辅之以法律真实。

随后几年,法律真实观与客观真实观一直处于争论之中,并在争论中不断丰富和完善。从"事实""真实"的认识论内涵、诉讼认识的内在特性以及程序本位价值观等方面来看,法律真实观具有理论的科学性和现实的合理性。②

法律真实符合"事实""真实"的认识论内涵。在本体论上,"事实"是一种客观存在,是指外在于人的事物、事件及其过程;在认识论上,"事实"则是认识主体对客观事物、事件以及过程的反映,是主体实践与认识活动的结果。樊崇义教授将诉讼中的事实与社会实践中的事实区分开来,诉讼过程中,存在三种事实样态,即客观事实、主观事实以及法律上的事实,其中法律上的事实是通过诉讼程序最终认定的事实,具有"合理的可接受性"。③ 本体论意义上的"真实"指的是客观存在,等同于实在。认识论意义上的"真实"是指主体对客体的认识符合特定客体的内在规定性,是对主体认识活动结果的判断。在诉讼活动中,有一种检验认识结果是否真实的方法,就是直接将作为客观存在的案件事实同诉讼认识的结果进行比较。樊崇义教授将这一检验真实的方法称为"直接符合式"。"直接符合式"是存在前提条件的,即客观事实能够重复实证。然而,在诉讼中,案件事实不具有重现性,所谓"案件客观事实"实际上是认识主体对案件事实的反映,是一种认识结果,不必然为真。因此,樊崇义教授提出了"间接符合式"的真实检验法,即推定法律真实作为当前人类认知能力所能达到的最

---

① 陈光中等:《刑事证据制度与认识论——兼与误区论、法律真实论、相对真实论商榷》,载《中国法学》2001年第1期。
② 樊崇义、赵培显:《法律真实哲理思维》,载《中国刑事法杂志》2017年第3期。
③ 樊崇义等:《刑事证据法学原理与适用》,中国人民公安大学出版社2003年版,第22页。

接近客观事实的真实状态，案件事实只要符合了法律真实的要求，就认为达到了有罪判决的事实真实状态。①

法律真实符合诉讼认识的内在特性。诉讼认识自身的特性决定了案件事实认识的相对性。诉讼认识的主体、客体、手段、过程都具有一定的特点，使得诉讼认识的结果表现为法律真实。首先，作为诉讼认识主体的裁判者能力有限，受制于自身的立场、方法、知识储备以及情感因素等。其次，诉讼认识对象，即证据法上的案件事实带有较大的主观性和经验性。再次，作为诉讼认识手段和媒介的证据受到限制。一方面，证据自身可能发生变化和流失；另一方面，证据受诉讼法律的规范和调整，客观上造成量上的减损。最后，诉讼认识的过程属于诉讼程序，受到法律的限定，遵守法定诉讼期限、法定的程序以及证据规则。②

法律真实是程序本位价值观的客观要求。随着 2012 年《刑事诉讼法》的修改，正当程序的理念和原则被写进了刑事诉讼法典。除查明案件事实的目的之外，保障人权成为刑事诉讼的另一重要目的。刑事诉讼目的由刑罚实现向程序正义的转向，要求厘清实体真实和正当程序的关系，实现实体真实和人权保障的协调一致。③ 一方面，程序本位意味着程序相对于实体的优先性，强调对诉讼参与人权利的保障。当事实发现与保障人权的程序设置相冲突时，诉讼主体必须遵循程序的规定，维护程序的权威，在程序的引导下发现案件事实。另一方面，法律程序的设置是要求司法人员对案件事实的认识达到裁判所需的法律上的真实即可，而非达到绝对的客观真实。④

（二）法律真实观的全面确立及其立法肯认

按照法律真实理论，公、检、法机关在刑事诉讼证明的过程中，运用证据对案件真实的认定应当符合刑事实体法和程序法的规定，应当达到从法律的角度认为真实的程度。⑤ 据此，检验法律事实的真实性，不是通过客观案件事实，而是根据其产生的诉讼认识实践是否符合法律规定来判断。具体而言，包括三个层面

---

① 樊崇义、赵培显：《法律真实哲理思维》，载《中国刑事法杂志》2017 年第 3 期。
② 樊崇义：《刑事诉讼法哲理思维》，中国人民公安大学出版社 2010 年版，第 96—98 页。
③ 樊崇义：《证明标准：相对实体真实——〈刑事诉讼法〉第 53 条的理解和适用》，载《国家检察官学院学报》2013 年第 5 期。
④ 樊崇义、赵培显：《法律真实哲理思维》，载《中国刑事法杂志》2017 年第 3 期。
⑤ 樊崇义：《客观真实管见——兼论刑事诉讼证明标准》，载《中国法学》2000 年第 1 期。

的判断：一是判断法律事实是否包括对案件实体法事实的认识；二是判断法律事实是否包括对争议性程序法事实的认识；三是判断法律事实是否包括对证据法事实的认识。①

随着我国 2012 年《刑事诉讼法》的大修，樊崇义教授认为，立法确立的刑事证明的新标准恰恰体现了法律真实的理念。在过去，"案件事实清楚，证据确实、充分"一直是我国刑事诉讼法所规定的有罪证明标准，这一标准通常被解释为客观真实的证明标准，即要求裁判者据以裁判的案件事实必须同案件客观事实相符合。樊崇义教授总结了以客观真实解读证明标准的两大弊端。一是该证明标准在实践中缺乏可操作性，无章可循，原则笼统。② 二是该证明标准以实体真实发现为目的，诉讼活动以犯罪追究的效果作为考量标准，容易出现程序违法，在一定程度上容易造成冤假错案。③

按照刑事诉讼法对证明标准的新规，"证据确实、充分"被细化成三个证据条件：一是定罪量刑的事实都有证据证明；二是据以定案的证据均经法定程序查证属实；三是综合全案证据，对所认定事实已排除合理怀疑。这三项内容体现了"实质真实"与"形式真实"的统一，也就是说，既要强调定罪量刑的事实都要有证据证明，案件事实的证明要建立在客观的证据事实之上，坚持证据裁判原则；又要特别强调"均经法定程序查证属实"，达到"排除合理怀疑"的程度。这些规定和要求是一个完整的"实质真实"与"形式真实"的结合，更是办案人员客观认识与主观判断相统一。因此，诉讼认识所达到的标准不能片面地概括为"客观真实"，它正是"法律真实"的显现和运用。④

二、诉讼认识论及其基本原理

鉴于诉讼认识活动的特殊性，在反思传统辩证唯物主义认识论对诉讼活动影响的基础上，樊崇义教授创新性地提出了"诉讼认识论"概念，并在其主编的《诉讼原理》一书中从诉讼认识的主体与客体、诉讼认识的本质属性、诉讼认知模式和诉讼认识结果等方面系统论述了诉讼认识论的基本原理。后来他在个人专

---

① 樊崇义、赵培显：《法律真实哲理思维》，载《中国刑事法杂志》2017 年第 3 期。
② 樊崇义：《刑事诉讼法哲理思维》，中国人民公安大学出版社 2010 年版，第 87 页。
③ 樊崇义、赵培显：《法律真实哲理思维》，载《中国刑事法杂志》2017 年第 3 期。
④ 樊崇义、赵培显：《法律真实哲理思维》，载《中国刑事法杂志》2017 年第 3 期。

著《刑事诉讼法哲理思维》一书中进一步丰富发展了这一重要理论。

(一) 诉讼认识论的提出

诉讼认识论产生于对传统的证据法学理论基础的反思。长期以来，我国传统证据法学理论把辩证唯物主义认识论作为理论基础。樊崇义教授对此进行了反思，总结了辩证唯物主义认识论对诉讼和司法证明过程产生的六大影响。第一，在辩证唯物主义认识论的原理指导下，形成了"实事求是"的证据制度；[①] 第二，按照辩证唯物主义的"可知论和反映论"的认识路径，将诉讼的证明标准定为"客观真实"；[②] 第三，在追求实事求是、客观真实的目标影响下，诉讼过程重实体轻程序、重口供轻证据，导致非法取证、刑讯逼供盛行；[③] 第四，在立法上，要求公安司法机关进行刑事诉讼必须忠实于事情真相；第五，把人们对事物认识的一般规律全盘搬到诉讼认识之中，把诉讼认识的规则、规律简单化；第六，对客观与主观两者的关系，证据法学的理论研究长期偏重于客观事实的研究，很少关注主观方面对客观事实的能动的反映论的研究。[④] 樊崇义教授认为，诉讼活动具有特殊性，包含部分认识问题，而又不全是认识问题，诉讼活动中的认识问题又因为认识对象、适用领域的不同而具有特殊性。据此，他提出将马克思唯物主义的认识论与诉讼的特殊性相结合的观点。这是诉讼认识论产生的重要背景。[⑤]

诉讼认识论是在对程序法治的价值反思的潮流中产生的。诉讼价值的理念、程序的功能与作用，在我国法治体系中不断地显现，程序正义逐渐成为诉讼的理论基础和指导思想。樊崇义教授对实体正义向程序正义转变的过程进行了详细的分析。第一，诉讼目的不完全是为了查明事情真相，主要在于解决纠纷，化解社会矛盾。第二，诉讼活动是在法定程序的规范下进行的，基于程序和规范的限制，"查明真相""客观真实"的诉讼目标难以实现。第三，在实体正义与程序正义的博弈中，程序正义的价值得到了提升，使得人们更加深刻地认识到"重实

[①] 樊崇义：《论我国刑事诉讼证据制度的特点》，载《学习与探索》1985 年第 6 期。
[②] 樊崇义、赵培显：《法律真实哲理思维》，载《中国刑事法杂志》2017 年第 3 期。
[③] 樊崇义：《实体真实的相对性——修改后刑事诉讼法第五十三条证明标准的理解和适用》，载《人民检察》2013 年第 7 期。
[④] 樊崇义：《刑事诉讼法哲理思维》，中国人民公安大学出版社 2010 年版，第 34-36 页。
[⑤] 樊崇义：《刑事诉讼法哲理思维》，中国人民公安大学出版社 2010 年版，第 36 页。

体轻程序"的危害性。①

（二）诉讼认识论的实质

对于诉讼认识论，樊崇义教授从诉讼认识的主体与客体，诉讼认识的本质属性，诉讼认识的模式和诉讼认识的结果等方面展开了阐述。第一，就诉讼认识的主体而言，在现代诉讼制度中，诉讼认识的主体是非知情人充任的裁判者。第二，就诉讼认识的客体来说，它并非直接作用于裁判者的证据，而是发生于诉讼之前的案件事实。第三，诉讼认识本质上是一种历史认识，具有历史认识的一般特点，但又有不同于纯粹的历史认识的特殊性，其表现为诉讼认识必须在一定期限内得出确定性结论，它只要求查明历史事实的特定内容，且是在双方当事人的证明与证伪活动中展开的。第四，诉讼认识对证据的评价采取自由评价模式，裁判者对证据的评价实质上是一种"日常评价方式"。第五，诉讼认识的结果表现为裁判者对案件事实的思维重构，即裁判事实。②

（三）诉讼认识结果和评价标准

诉讼认识论将法律真实作为我国刑事诉讼认识的结果和证明的标准，具备理论和实践依据。第一，诉讼证明追求法律真实与我国刑事诉讼法规定的宗旨和任务相一致；第二，法律真实简明扼要，具体明确，可操作性强，易于适用；第三，法律真实为证据的调查和运用指明了方向，澄清了在运用证据过程中容易混淆的环节和概念。③

法律真实作为诉讼证明的任务和要求，要求证据符合一定的规格和标准。具体来说，我国《刑事诉讼法》规定了"案件事实清楚，证据确实、充分"的证明标准，然而该标准存在模糊性，导致了理解上的分歧。诉讼认识论吸收了其他国家所确定的"排除合理怀疑"证明标准的合理内核，并按照辩证唯物主义认识事物的矛盾法则，提炼出我国刑事诉讼证明标准的本质为"排他性"，即在证据的调查和运用上要排除一切矛盾；在运用证据对案件事实所得出的结论上，本结论必须是排除其他一切可能，而且是本案唯一的结论；这一结论在事实和证据两个方面，还要经得起历史的检验。④

---

① 樊崇义：《刑事诉讼法哲理思维》，中国人民公安大学出版社2010年版，第36－38页。
② 樊崇义主编：《诉讼原理》（第2版），法律出版社2009年版，第305－364页。
③ 樊崇义：《刑事诉讼法哲理思维》，中国人民公安大学出版社2010年版，第87页。
④ 樊崇义：《客观真实管见——兼论刑事诉讼证明标准》，载《中国法学》2000年第1期。

樊崇义教授概括总结了排他性证明标准对"证据确实、充分"的具体要求。第一，作为定案根据的每个证据必须具备客观性、关联性和合法性；第二，根据认识论的矛盾法则，全案的证据经过排列、组合、分析之后，必须使排除了一切矛盾，而达到每个证据前后一致，证据与证据之间一致，全案证据同案件的发生、发展的过程和结果一致，形成一个完整的证明体系；第三，做法为证明对象的案件事实、情节均有相应的一定数量的证据加以证明；第四，全案证据所得出的结论是本案唯一的结论。①

三、证据法学的理论体系

证据法学理论体系就是指将证据法学的研究对象具体化之后，按照一定的结构排列组合而成的科学系统。构建科学的证据法学理论体系一直是我国证据法学者孜孜以求的伟业。尽管许多学者认识到证据法学理论体系不同于证据法学教材体系，② 但在论及这一问题时，很多学者仍习惯于援引证据法学的教材体系来说明甚至代替证据法学理论体系。例如，何家弘教授主编的《新编证据法学》在阐述英美法系国家证据法学理论体系时，引用美国著名证据法学者华尔兹教授撰写的《刑事证据大全》一书的目录作为示例；对于大陆法系国家证据法学理论体系，列举了法国达鲁兹出版社出版的让·拉尔给耶编著的《刑事诉讼法》第五编"刑事诉讼中的证据"的内容作为示例；对于我国台湾地区证据法学理论体系，则使用陈朴生教授的《刑事证据法》的体系作为示例；对于新中国证据法学理论体系，则用1985年出版的高等学校法学试用教材《证据学》的体系作为示例。③

与其他学者相比，樊崇义教授构建证据法学理论体系时更注重对其哲理基础的阐释。在他主编的证据法学教材中，则以专章的形式集中、深入地阐述了证据法的基本原理，即以马克思主义哲学原理为指导，并结合诉讼认识的特点，对诉讼认识的要素、过程、原则、方法和结果一一进行了阐述。此外，对于辩证唯物主义认识论与程序正义论的关系、诉讼认识论与证据法的关系问题，教材中也作

---

① 樊崇义：《客观真实管见——兼论刑事诉讼证明标准》，载《中国法学》2000年第1期。
② 卞建林主编：《证据法学》，中国政法大学出版社2002年版，第10页；刘金友主编：《证据法学（新编）》，中国政法大学出版社2003年版，第5页。
③ 何家弘主编：《新编证据法学》，法律出版社2000年版，第10-14页。

了解答。樊崇义教授认为，在证据法学的学科体系中增加哲学原理的内容，兼具实践和理论意义。一方面，有助于提升诉讼主体的证据理念、证据意识以及证据方法，提高广大司法人员的司法能力。另一方面，有助于深化证据法学的研究，引导学生正确认识和理解证据立法的内容，树立对法律规定的应然性、规律性、科学性以及正当性的科学思维。①

樊崇义教授在其主编的《证据法学》教材（现已出版第六版）中提出，证据法学理论体系必须解决五个基本问题：一是什么样的事实才能作为定案的根据，即证据概念的界定；二是法定的各种证据形式的证据力和证明力；三是证据规则的确定与建构；四是案件发生后如何收集证据，审查判断证据；五是诉讼证明问题，包括证明的主体、对象、责任、标准、程序和方法等。这五个问题属于证据法学的本体论问题。② 据此，樊崇义教授提出的证据法学理论体系大致包含四大部分：第一部分是证据法的基本理论，包括证据法的研究对象、研究方法，证据制度的历史沿革，证据法与诉讼法的关系，证据法的原理即诉讼认识论，以及证据法的三大原则；第二部分是证据、证据规则以及证据的收集和保全；第三部分是司法证明，包括证明对象、证明责任、证明标准，以及证据的审查判断；第四部分是认证，即推定和司法认知。

从结构和内容上看，樊崇义教授主编的证据法学教材不仅注重篇章结构安排的合理性，也注重本学科研究内容的逻辑性和系统性，在某种程度上能够反映他为构建我国证据法学理论体系所做的努力和贡献，能够体现我国证据法学理论研究的广度和深度，是目前我国法学界影响最大的证据法学教材之一，为我国证据法学理论体系建设奠定了坚实基础。

四、证据法治与刑事证据规则体系

（一）我国刑事证据规则体系的初步框架

2010 年"两个刑事证据规定"的发布和 2012 年《刑事诉讼法》的修改和完善，标志着我国刑事证据规则框架或体系的初步形成。③ 按照樊崇义教授的研究

---

① 樊崇义：《刑事诉讼法哲理思维》，中国人民公安大学出版社 2010 年版，第 7 - 11 页。
② 樊崇义主编：《证据法学》（第 6 版），法律出版社 2017 年版，第 11 页。
③ 樊崇义、兰跃军、潘少华：《刑事证据制度发展与适用》，人民法院出版社 2012 年版，第 130 - 172 页。

思路，我国的刑事证据规则大体上可以分为两大类：一是立法和司法解释中明确规定、已经形成条文化的证据规则；二是审查判断证据的程序中所体现出的证据规则。

根据樊崇义教授的梳理，条文化的证据规则主要有四项，包括非法证据排除规则、证据裁判原则、程序法定原则以及证据质证原则。① 这四项证据规则在刑事诉讼法以及司法解释中已经条文化，不仅是我国刑事司法运用证据经验的科学总结和升华，更是我国在立法上的突破和创新。证据裁判原则是对《刑事诉讼法》第 3 条规定的深化，在强调"严格遵守法律程序"的基础上，把诉讼证据的立法、守法、执法全部囊括其中，体现了正当法律程序原理在证据法中的具体运用。非法证据排除规则的形成和确定，是我国民主与法制史上一个重要的里程碑，它标志着我国司法程序的进步、文明、民主进入一个新的历史阶段。证据质证原则对我国审判实践中存在的庭审程序异化、法庭审判形式化等错误的纠正，也是解决证人出庭作证难、律师辩护难等问题的对策，突出规定了证据的出示、辨认、质证等环节，以确保证据的质量。②

审查判断证据程序中体现出的证据规则主要包括关联性规则、意见证据规则、原始证据优先规则、补强证据规则以及直接言词原则。对于证据关联性规则，从立法到司法实务，必须加以高度的重视，因为它直接关系到案件的质量问题。意见证据规则有利于规范证人如实提供他们所感知的案件事实的证明活动，以避免将自己主观的推断、评论、猜测、估计、假设、想象作为证言提供，从而使办案人员对案件事实作出错误的判断。原始证据优先规则旨在促使侦查机关更加努力地收集具有真实性的原始证据，从而更准确及时地查明案件事实，实现实体正义。补强证据规则强调不能只靠口供定案，所有的口供必须与其他证据相印证，用其他证据加以补充和强化，才能认定案件事实。直接言词原则在我国虽然还未完全确立，但仍具有实体及程序上的意义，从实体上说有利于保障正确认定案件事实，从程序上说更有利于保障当事人的质证权。③

樊崇义教授指出，以上九大证据规则涉及范围从基本原则到证据排除再到证

---

① 樊崇义主编：《刑事证据规则研究》，中国人民公安大学出版社 2010 年版，第 185 页。
② 樊崇义：《"两个证据规定"理解与适用中的几个问题》，载《证据科学》2010 年第 5 期。
③ 樊崇义：《刑事证据规则体系的完善》，载《国家检察官学院学报》2014 年第 1 期。

据审查判断的运行过程，涵盖了运用证据认定案件事实的全过程，反映了办案的客观规律。我国的证据规则虽然尚不健全，但已具备了刑事证据规则的初步框架或体系。①

（二）我国刑事证据规则存在的问题

在总结归纳我国刑事证据规则的基础上，樊崇义教授对现有证据规则作了进一步分析，认为目前我国刑事证据规则存在证据法典缺失，证据规则可操作性不强、精密化程度不高，证据规则的实施效果不佳等问题。②

首先，证据法典缺失。在证据规则的立法上，我国缺乏专门的证据法典，证据制度和证据规则散见于《刑事诉讼法》及相关司法解释等规范性文件之中。一方面，这些证据规则的共同特点是"按需设法"，具有临时性，很难从整体上形成一套系统的证据规则体系；另一方面，证据规则之间交叉共存的现象，不仅在理论上可能无法准确理解，也与证据法原则不协调，而且在实践中可能导致混乱局面，无法真正发挥其规范诉讼活动的功能。

其次，证据规则可操作性不强、精密化程度不高。以补强证据规则为例，法律仅仅规定了补强证据的种类，对于补强证据的适格条件、证明对象、补强程度、证据数量等都未作规定，使得司法实践中适用该规则仍然相当混乱。

最后，证据规则的实施效果不佳。究其原因，既有规范本身的缺陷，也有外部的因素。一方面，证据规则对违背规则的后果或处罚一般没有规定（非法证据排除规则除外），致使规则不具有强制执行的效力；另一方面，证据规则的生存环境欠佳，公安司法机关追求部门利益最大化，立法和司法解释之间未能保持一致性，甚至存在矛盾。

（三）我国刑事证据规则体系的完善

对于我国刑事证据规则的框架体系，樊崇义教授认为，应当由规范证据能力的证据规则、规范证明力的证据规则以及规范证据运用的证据规则组成。③

1. 规范证据能力的证据规则。主要包括以下几项证据规则：

（1）相关性规则。对于证据是否具有相关性，总体上应当从证据的实质性

---

① 樊崇义：《"两个证据规定"理解与适用中的几个问题》，载《证据科学》2010年第5期。
② 樊崇义：《刑事证据规则立法建议报告》，载《中外法学》2016年第2期。
③ 樊崇义：《刑事证据规则立法建议报告》，载《中外法学》2016年第2期。

与证明性两个方面进行审查。① 在我国完善和构建证据相关性规则,必须考量相关性规则的制度背景之差异和相关性规则的价值选择因素。对证据相关性规则的运用,除了对客观事实的逻辑关联性进行判断之外,还必须考虑其法律效果。② 同时,还必须明确限制一些证据的相关性或证据能力,如明确规定品格证据的适用范围,规定被告人先前犯罪行为、不法行为或其他行为的相关性范围,限制被告人及其近亲属的事后补救或救助行为的相关性,限制被告人和解提议或协商行为的相关性。③

(2) 非法证据排除规则。《刑事诉讼法》、《刑事诉讼法解释》以及《非法证据排除的规定》等已经设立了一套非法证据排除规则,包括非法证据的界定及排除范围、非法证据排除的程序以及非法证据排除的证明责任、证明标准等。《严格排除非法证据的规定》对相关司法解释和规范性文件进行了系统的梳理、补充和完善,进一步细化了非法证据排除规则,界定了"以非法方法收集证据"的范围,回应了实践中突出的"重复性供述"等问题,对非法证据排除规则作了重大发展。④ 樊崇义教授在此基础上,对于违法搜查扣押所得的证据、违法技术侦查所得的证据提出了具体的完善建议。

(3) 意见证据规则。意见证据规则的构建可以分为内部性规则以及外部性规则两个部分。内部性规则包括意见提出必要性规则、意见主体适格性规则以及意见内容合理性规则;⑤ 外部性规则包括出庭作证规则以及庭前开示规则。⑥

(4) 原始证据优先规则。参照美国《联邦证据规则》第1001条,增加关于原件的特殊规定,即在公务管理活动中,以法定程序制作的、与原件具有同等法律效力的副本、复制件,视为原件。底片以及由该底片冲印的任何照片,均为原件。以数字方式存储的文字、照片、视听资料、一次性打印或输出的能够反映原数据的多份可读物,均为原件。⑦

(5) 传闻证据规则。从原则上说,传闻证据规则的一般要求是证人、被害

---

① 樊崇义主编:《刑事证据规则研究》,中国人民公安大学出版社2010年版,第243－246页。
② 樊崇义:《刑事证据规则体系的完善》,载《国家检察官学院学报》2014年第1期。
③ 樊崇义:《刑事证据规则体系的完善》,载《国家检察官学院学报》2014年第1期。
④ 樊崇义、徐凯歌:《非法证据排除规则的确立和发展》,载《学习与探索》2017年第7期。
⑤ 樊崇义主编:《刑事证据规则研究》,中国人民公安大学出版社2010年版,第404－407页。
⑥ 樊崇义主编:《刑事证据规则研究》,中国人民公安大学出版社2010年版,第407－409页。
⑦ 樊崇义:《刑事证据规则立法建议报告》,载《中外法学》2016年第2期。

人、鉴定人于法庭审判外的用于在法庭上证明所断定事项之真实性的陈述、询问笔录或其他书面材料，除法律另有规定外，不具有证据能力。这一原则性的规定可以因程序性目的而突破，对于某些特别情形，可以使用法庭外制作的笔录或其他书面材料。①

（6）自白任意性规则。自白任意性规则包括以下内容：第一，确保犯罪嫌疑人、被告人的知情权，通过律师在场并提供有效帮助以确保其供述的自愿性、合法性。第二，规定法庭有权对供述的合法性、自愿性进行调查，设置与刑事诉讼法相一致的证明标准。第三，明确供述和辩解的证据能力。第四，明确供述不具有任意性的情形，如采用残忍、不人道的或者有辱人格的方式，通过使用暴力或以暴力相威胁，采用长时间疲劳、饥饿等精神或肉体上的折磨等。②

2. 规范证明力的证据规则。主要包括证据补强规则：

证据补强规则包括两个方面的内容，一是对需要补强的言词证据作出整体规定，二是确立被告人庭前与庭审供述相互矛盾的采信原则。对于前者，立法应明确规定某些证据不能单独作为认定案件事实的依据，需有两份以上与其有不同来源的、具有证明力的其他证据相互印证，才能作为认定案件事实的依据。至于后者，立法应当确立审查采信被告人供述和辩解的基本规则，并合理对待被告人庭审翻供问题。③

3. 规范证据运用的证据规则。主要包括以下几项证据规则：

（1）作证特免权规则。立法明确夫妻之间的交流特权、律师与委托人之间的交流特权、医患关系中秘密信息的保护特权，同时还应设置公务作证特免权。④例如，审判人员对有关评议的内容和在公开诉讼过程外履行职责时所获知的情况，应当保守职业秘密，不得被强迫对这类事项提供证言。⑤

（2）交叉询问规则。第一，明确主询问的发起方，删除"经审判长准许"的表述，为控辩双方充分质证与辩论创造条件。第二，明确交叉询问的双方主体，删除"审判长认为发问的内容与案件无关的时候，应当制止"的规定。第

---

① 樊崇义：《刑事证据规则立法建议报告》，载《中外法学》2016年第2期。
② 樊崇义：《刑事证据规则立法建议报告》，载《中外法学》2016年第2期。
③ 樊崇义：《刑事证据规则立法建议报告》，载《中外法学》2016年第2期。
④ 樊崇义：《刑事证据规则立法建议报告》，载《中外法学》2016年第2期。
⑤ 樊崇义主编：《刑事证据规则研究》，中国人民公安大学出版社2010年版，第459–460页。

三，完善交叉询问的规则，补充"询问证人应当分别进行""证人、鉴定人不得旁听对本案的审理"，明确"一般情况下不得以诱导方式发问"。第四，补充交叉询问异议的处理程序，增加"异议提出需要说明理由，并应在证人退席之前提出"①。

五、司法鉴定与科学证据

（一）刑事鉴定启动权

根据我国刑事诉讼法的规定，我国公安司法机关均享有自主启动鉴定程序的权力，当事人（犯罪嫌疑人、被告人、被害人）没有鉴定的启动权。当事人在侦查阶段、起诉阶段、审判阶段，仅仅享有对职能部门启动鉴定后，不服其获得的鉴定结论而申请补充鉴定和重新鉴定的权利，不享有鉴定的申请权。这种鉴定程序启动制度存在以下弊端：第一，侦控机关权力过大，控辩力量明显失衡；第二，辩方程序参与权利太小，有损程序公正；第三，重复鉴定降低诉讼效率。②

樊崇义教授从审判中心主义以及控辩平等的视角对我国司法鉴定启动权制度进行了分析，提出了鉴定启动权制度的设计方案。一方面，我国公安机关、检察机关作为控方享有高于当事人的程序权力，将其自主启动鉴定的权力降为申请鉴定的权力，通过权力的克减来架构鉴定的启动权制度不失为一种思路；另一方面，将当事人享有的申请补充鉴定和重新鉴定的被动的救济性权利提升为主动的申请鉴定权，属于权利的提升与保障，通过当事人权利的增加和职能部门权力的"克减"使职能部门与当事人在鉴定启动方面的权利趋于平衡。③

在此基础上，樊崇义教授提出了我国鉴定程序启动制度改革的基本思路：第一，规定法院是唯一有权决定启动鉴定程序的主体。与此相适应，只赋予侦查机关和检察机关申请鉴定的权力。侦查机关和检察机关要实施鉴定，必须向法院提出申请，经法院批准并由法院委任的鉴定人进行鉴定。第二，赋予辩护方申请法院进行鉴定的权利，而不仅仅是现行法律所规定的当事人仅在对原鉴定结论不服时有申请重新鉴定和补充鉴定的权利。第三，规定控辩双方可以聘请专家担任技

---

① 樊崇义：《刑事证据规则立法建议报告》，载《中外法学》2016 年第 2 期。
② 樊崇义、陈永生：《我国刑事鉴定制度改革与完善》，载《中国刑事法杂志》2000 年第 4 期。
③ 樊崇义、郭华：《论刑事鉴定启动权制度》，载《中国司法鉴定》2010 年第 1 期。

术顾问。这种技术顾问制度不仅有利于控辩双方维护自己的合法权益,而且有利于监督鉴定活动依法进行,并协助法官查明案件真相。①

对于司法鉴定启动权的具体制度设计,樊崇义教授提出了以下几条建议:一是鉴定启动的"必要性"条件,包括需要鉴定的事项超出了普通人的知识范围、鉴定的事项属于"专门性问题"、鉴定事项对案件事实认定必不可少。二是设置鉴定启动权的强制性规定,对于事实认定的关键事项,如人身损伤程度、死亡原因、当事人精神状况以及其他必须借助特殊专门知识的情形,应当规定为强制鉴定事项。三是对公诉案件与自诉案件实行不同的鉴定启动权制度改造。对于公诉案件,在保留控方鉴定启动权的基础上确立"备鉴"规则,建立控方鉴定启动权的制约机制;在维持犯罪嫌疑人、被告人申请"补充鉴定""重新鉴定"权利的基础上赋予其申请鉴定的权利;在取消鉴定启动权对被害人限制的基础上赋予其独立启动鉴定的权利;在限制法院自行积极地启动鉴定权力的基础上赋予其拥有"重新鉴定"独有权和消极的"初次鉴定启动权"。对于自诉案件,根据法庭审理方式需要和证明责任负担理论的要求,应当赋予当事人在必要时自行启动鉴定程序的权利,并维持法院自行启动鉴定的权力,同时对于法院启动鉴定的权力予以一定的制约。②

(二) 鉴定意见的审查与运用规则

我国刑事诉讼立法和司法解释未对决定鉴定意见是否具有可信性的基本因素即鉴定意见所依据的科学、技术原理或方法给予应有关注。虽然已将鉴定结论改为鉴定意见,但将鉴定人所出具意见视为结论的习惯或观念并未得到相应改变。此外,鉴定意见的审查模式还停留于鉴定人不出庭的职权主义审判模式。③

在理论研究方面,樊崇义教授指出,在将鉴定结论改为鉴定意见后,最需要研究的是如何控制法官有关鉴定意见是否具有可信性的自由裁量权问题。④ 原因在于将鉴定结论改为鉴定意见,意味着赋予了法官是否采纳鉴定意见的权力。而这种自由裁量权,显然不是通过规范鉴定人与鉴定机构,以及要求鉴定人出庭作证就能解决问题的。要想控制法官在此问题上的自由裁量权,关键是确定一些衡

---

① 樊崇义、陈永生:《我国刑事鉴定制度改革与完善》,载《中国刑事法杂志》2000 年第 4 期。
② 樊崇义、郭华:《论刑事鉴定启动权制度》,载《中国司法鉴定》2010 年第 1 期。
③ 樊崇义主编:《刑事证据规则研究》,中国人民公安大学出版社 2010 年版,第 381 页。
④ 樊崇义、吴光升:《鉴定意见的审查与运用规则》,载《中国刑事法杂志》2013 年第 5 期。

量鉴定意见是否具有可信性的标准，或者确定一些考虑鉴定意见是否具有可信性时应当考虑的因素。就我国目前来说，对于如何解决司法实践中鉴定意见的审查与运用问题，樊崇义教授认为，最重要的是如何借鉴英美国家专家证人意见证据规则，确定一个审查判断鉴定意见是否具有可信性的标准。

针对此问题，樊崇义教授首先肯定了英美国家专家证人意见证据规则的可借鉴性，进而提出我国鉴定意见应当审查的内容，并结合我国刑事诉讼模式，指出了我国审查判断鉴定意见的途径。他认为，我国鉴定意见的审查和运用规则应分为内部性规则以及外部性规则两部分。前者是指审查判断鉴定意见时所应当审查的内容与遵循的标准，其目的在于为鉴定意见的审查判断与运用提供一个分析框架与判断标准，包括相关性规则、必要性规则、可靠性规则、合规性规则、充分性规则以及适格性规则；后者是指应当通过何种程序来审查鉴定意见是否符合前述内部性规则的规则，包括鉴定人出庭作证规则、专家辅助规则以及采信理由公开规则。①

（三）鉴定人出庭制度

鉴定人作出鉴定意见后再履行出庭作证职责，对贯彻直接言词原则、证据裁判规则、维护当事人合法权益等方面都有着重要价值。第一，有利于落实直接言词原则。鉴定人出庭作证，接受控辩双方的询问、质证，可以在很大程度上克服由于鉴定人缺席造成的书证中心主义。第二，有利于全面贯彻证据裁判原则。在对鉴定意见有异议的情况下，需要发挥鉴定人在特定领域的专业作用，辅助对案件证据的审查判断。第三，有利于实现多元的刑事诉讼目的。鉴定人利用其在特定领域的专业知识，在保障当事人合法权益方面，能够发挥重要的作用。第四，有利于推动审判公开，使庭审更加经得起考验。鉴定人出庭作证，参与到公开审判过程中来，有利于制约法官的自由裁量权、增强公众对司法的信心，还能使案件的审理在公众的视野下变得更加透明。②

然而，目前我国鉴定人出庭作证的现状不容乐观。鉴定人出庭接受质证的比例极低，鉴定人往往不出庭或很少出庭。法庭仅仅通过宣读书面的鉴定结论方

---

① 樊崇义、吴光升：《鉴定意见的审查与运用规则》，载《中国刑事法杂志》2013年第5期。
② 樊崇义、李思远：《以审判为中心诉讼制度下鉴定人出庭制度研究》，载《中国司法鉴定》2015年第4期。

式，对这一极为重要的证据进行法庭调查。这种书面和间接式的审查方式，既难以对鉴定结论的科学性和鉴定人的权威性作出准确的审查，又难以让当事人对鉴定人的公正性和鉴定结论的科学性信服。①

对于鉴定人不出庭作证的原因，樊崇义教授指出，主要有以下几个方面：其一，鉴定人出庭权利与义务的失衡。立法对鉴定人出庭作证义务的规定是比较明确的，但对于出庭作证的鉴定人权利的规定并不十分明了。其二，鉴定人出庭权被垄断。我国法官受长期以来形成的书证中心主义的影响，已经形成了书证审理的思维惯性。同时，出于审判效率的考虑，为了避免鉴定人出庭前后所耗费的时间，以及鉴定人出庭经济补偿方面规定不明的手续的办理，法官一般都是倾向于鉴定人"能不出庭就不要出庭"。此外，我国的法律规定衔接不严密。立法的原意是以此来规范个别鉴定人不出庭的情况，实践中鉴定人不出庭成了常态，出庭作证却成了个别情况。②

在分析鉴定人出庭制度存在的问题和原因的基础上，樊崇义教授提出，应当从建立庭前鉴定意见开示制度、规定鉴定人出庭的范围和不出庭责任、强化法官对鉴定意见和判决结论的说理、激活"专家辅助人"出庭制度等方面进行改革和完善。③

六、证据运用与司法证明的方式

（一）客观性证据审查模式

根据证据内容的稳定性与可靠性程度之差异，证据可分为客观性证据与主观性证据。前者是指以人为证据内容载体的证据，需要通过对人的调查来获取其所掌握的证据信息；后者是指以人以外之物为证据内容载体的证据。由于人的认知会随着外部环境和内在动机的变化而发生改变，主观性证据的特点表现为变动有余而稳定不足。客观性证据的载体通常是客观之物，虽然也会受到自然之影响，

---

① 樊崇义、郭金霞：《司法鉴定实施过程诉讼化研究》，载《中国司法鉴定》2008年第5期。
② 樊崇义、李思远：《以审判为中心诉讼制度下鉴定人出庭制度研究》，载《中国司法鉴定》2015年第4期。
③ 樊崇义、郭华：《鉴定结论质证问题研究》（下），载《中国司法鉴定》2005年第3期；樊崇义、李思远：《以审判为中心诉讼制度下鉴定人出庭制度研究》，载《中国司法鉴定》2015年第4期；樊崇义、陈永生：《我国刑事鉴定制度改革与完善》，载《中国刑事法杂志》2000年第4期。

但是在有限的诉讼时限内，在没有人为因素介入的情况下，其外部特征、性状及内容等基本稳定，所包含的证据内容受人的主观意志的影响较小，因而客观性较强。①

鉴于过去司法实践中以口供为中心的证据审查模式存在的种种弊端，樊崇义教授提出了客观性证据审查模式，认为这种模式需要遵循以下规则：第一，必须坚持优先运用客观性证据的规则；第二，必须坚持客观性证据关联性规则；第三，必须坚持口供的客观性检验规则；第四，必须坚持非法证据排除规则；第五，必须坚持排除合理怀疑的证据综合审查判断规则。②

对于如何在司法实践中运用客观性证据的问题，樊崇义教授提出了"五个方面的强化"。第一，强化以客观性证据为核心的总体审查工作要求。在工作要求上，通过审查分析，建立客观性证据与犯罪事实的关联，从而强化对犯罪事实的证明；在工作方法上，充分挖掘并运用客观性证据证明案件事实。第二，强化依托犯罪现场重建的方法挖掘和运用客观性证据。通过现场形态以及物证、书证、痕迹、轨迹等的位置和状态，通过科学检验、鉴定分析，结合其他证据来确定犯罪现场是否发生特定的事件和行为的过程。第三，强化从言词证据中挖掘客观性证据。在客观性证据不充分的案件中，应当充分重视言词证据中所蕴含的信息，从这些信息中去分析和寻找可能蕴含的客观性证据或客观性证据信息点，并以此来发现和挖掘新的客观性证据。第四，强化以客观性证据检验言词证据的真实性。一是依托客观性证据准确建立犯罪行为与犯罪嫌疑人、被告人的关联；二是运用客观性证据来检验言词证据的真实性；三是通过强化客观性证据的局部证明，拓展全案证明体系。第五，强化全面挖掘并科学解释客观性证据。既要充分挖掘和拓展客观性证据，全面揭示每个客观性证据所蕴含的信息，又要科学解释和运用客观性证据，防止解释过度和解释不足。③

（二）传闻证据规则及其在我国的适用

将传闻证据规则纳入中国证据法，以解决证人不出庭问题，减少书面审理的范围，是符合当前审判方式改革需求的。此外，为了发现事实，必然强调证据的

---

① 樊崇义、李思远：《刑事证据新分类：客观性证据与主观性证据》，载《南华大学学报（社会科学版）》2016年第1期。
② 樊崇义、赵培显：《论客观性证据审查模式》，载《中国刑事法杂志》2014年第1期。
③ 樊崇义、赵培显：《论客观性证据审查模式》，载《中国刑事法杂志》2014年第1期。

可靠性,确立传闻证据规则的确能够抑制书面证言的泛滥,引起法庭对当事人质证权的重视。① 此外,我国立法确立传闻证据规则也具有可行性。一方面,立法规定了证人出庭作证制度,包括强制证人出庭、证人保护、证人经济补偿等;另一方面,交通、通信等基础设施的改善为证人出庭提供了条件。②

在论证了我国立法确立传闻证据规则的必要性和可行性的基础上,樊崇义教授提出了引进该规则的基本思路。首先,整合有关法律规定,确立排除传闻证据的基本原则。其次,规定一些必要的例外情形,如特殊主体制作的陈述笔录。再一次如果控辩双方同意,法庭可以许可证人到庭转述原陈述人的陈述。最后,具有高度可信性的文书,可以作为证据。③ 此外,设置审前程序,把传闻证据问题在法庭审理之前加以解决,以免后来的法庭审理中临时提出,干扰法庭审理的正常进行。④

对于我国引入传闻证据规则的预期效果,樊崇义教授也作了较为客观的分析。他认为,仅仅确立传闻证据规则不能解决我国证人不出庭问题,从而建议构建与传闻证据规则相配套的诉讼机制和规则,尤其是要完善保障证人出庭的制度,包括赋予证人一定的免证权,提高证人作证的自愿性;保障出庭证人的安全和完善其他鼓励出庭的措施;加强和保障律师帮助权、辩护权,辅助被告人调查证人证言,实现庭审中的质证权;对没有正当理由拒不出庭的重要、关键证人,可以采取一定的强制措施,保证其到庭陈述。⑤

(三)刑事程序繁简分流中的证据运用

1. 刑事程序分流中的证明标准问题。樊崇义教授主张,适用简易程序和速裁程序审理的刑事案件,应当坚持"事实清楚、证据充分"的证明标准不动摇。在他看来,美国的"辩诉交易"中所采用的证明标准并非放之四海而皆准,这种"协商后降格"的处理方式容易使司法人员懈怠履职,降低打击犯罪、有效追诉的能力与积极性。⑥

---

① 樊崇义、李静:《传闻证据规则的基本问题及其在我国的适用》,载《证据科学》2008 年第 3 期。
② 樊崇义主编:《刑事证据规则研究》,中国人民公安大学出版社 2010 年版,第 423 – 425 页。
③ 樊崇义、李静:《传闻证据规则的基本问题及其在我国的适用》,载《证据科学》2008 年第 3 期。
④ 樊崇义、杨宇冠:《论传闻证据》,载《国家检察官学院学报》2001 年第 4 期。
⑤ 樊崇义、李静:《传闻证据规则的基本问题及其在我国的适用》,载《证据科学》2008 年第 3 期。
⑥ 樊崇义:《认罪认罚从宽与刑事证据的运用》,载《南海法学》2017 年第 2 期。

2. 刑事程序繁简分流与证人出庭的问题。根据案件分流时的具体情况，刑事案件分为微罪、轻罪和重罪案件。参考国外轻重罪分类的标准，可以划定"一年以下为微罪，一至五年为轻罪，五年以上为重罪"的实体标准。在证人出庭作证方面，则坚持"微轻罪案件可不出庭、重罪案件原则上要出庭"的标准。在具体操作上，对于轻罪和微罪案件，案件事实已经清楚，证据已经固定充分，且被告人自愿放弃当庭质证权利的，可以不要求证人出庭；而对于重罪案件，证人有必要出庭的，原则上不允许以宣读书面证人证言代替。①

3. 程序分流中疑案的处理问题。对于"事实不清、证据不足"的"疑罪"案件能否启动被告人认罪程序，是我国认罪认罚从宽制度同英美法系国家的辩诉交易制度的一项重大区别。尽管我国法律明确规定，侦查终结、移送起诉、审理宣判均须达到"事实清楚，证据确实、充分"的证明标准，但仍有部分"事实不清、证据不足"的案件未能经得起历史和法律的检验，最终酿成了冤假错案。因此，如果继续对"事实不清、证据不足"的案件适用被告人认罪认罚从宽程序，无疑是认可了"疑罪从轻"的错误做法。②

（四）推定与刑事证明

作为司法证明的一种重要方式，推定是指由法律规定或者由法律按照经验法则，从已知的前提事实、基础实施推断未知的结果事实存在，并允许当事人举证推翻的一种证据法则。③ 推定不同于刑事证明中的推断或推论，其本质上是一种定罪机制，其一旦被适用，必然不利于刑事被告人。推定的目的是解决证明上的困难，它是依照法律的明确规定，通过对基础事实的证明从而达到认定推定事实效果的一种案件事实认定机制。其根本特征就是通过一定的方法降低刑事证明的难度。④

对于推定与证明对象之间的关系，樊崇义教授指出，推定的本质就在于改变了实体法上的犯罪构成要件，将诉讼的证明对象从推定所欲产生的法律效果的"理想"要件（推定事实）改变为推定的前提要件（基础事实），从而达到降低证明难度的效果。推定改变证明对象不但是推定的本质，而且是判断某一法律规定是否为推定的标准。以此为标准来判断推定，比以证明责任是否转移为标准更

---

① 樊崇义：《刑事程序繁简分流的几个证据问题思考》，载《人民法治》2016 年第 10 期。
② 樊崇义、李思远：《认罪认罚从宽程序中的三个问题》，载《人民检察》2016 年第 8 期。
③ 樊崇义主编：《证据法学》（第 6 版），法律出版社 2017 年版，第 325 页。
④ 樊崇义、史立梅：《推定与刑事证明关系之分析》，载《法学》2008 年第 7 期。

科学、更明确。①

对于推定与证明责任的关系，樊崇义教授认为，推定通过改变证明主体而对证明责任的分配产生一定的影响，但是这种影响不能简单地以证明责任倒置或证明责任转移来概括。在刑事诉讼中，根据无罪推定原则，控诉方承担证明责任是分配证明责任的一般原则。推定在改变证明主体之后，并没有改变这一原则，控诉方仍需承担证明责任，只不过其所证明的对象从推定事实改变为基础事实。控诉方在推定中的证明责任既体现为主观证明责任，也体现为客观证明责任，即控诉方既有义务提出证据对基础事实加以证明，也有义务承担案件事实真伪不明时的败诉风险。当控诉方对基础事实履行了主观证明责任之后，如果被告人不予以反驳，则法官可直接认定推定事实成立；但如果被告人提出了反驳，此时主观证明责任便转移到被告人一方，被告人需就反驳的主张提出证据加以证明。②

对于推定与证明标准之间的关系，樊崇义教授认为，由于刑事推定的适用不利于被告人，故不应对反驳设定较高的证明标准，在刑事诉讼中，被告人反驳推定只需达到优势盖然性程度即可，即被告人只要提出证据证明其反驳事实存在的可能性超过不存在的可能性，从而使案件事实陷入真伪不明的状态，就应视为已履行了证明责任。在这种情况下，控诉方仍需继续对基础事实或推定事实加以证明，直到达到"案件事实清楚，证据确实、充分"的程度，才能得到有利于己的判决，否则应承担败诉的风险。③

七、结语

部门法学哲理化是我国法学走向理性和成熟的标志，是我国法学研究和法学教育发展的必然走向。④ 樊崇义教授不仅是我国部门法学哲理化的首倡者，也是最重要的力行者。⑤ 相较于其他部门法而言，证据法学是一门新兴学科，但证据

---

① 樊崇义、史立梅：《推定与刑事证明关系之分析》，载《法学》2008 年第 7 期。
② 樊崇义、史立梅：《推定与刑事证明关系之分析》，载《法学》2008 年第 7 期。
③ 樊崇义、史立梅：《推定与刑事证明关系之分析》，载《法学》2008 年第 7 期。
④ 樊崇义主编：《部门法学哲理化研究》，中国人民公安大学出版社 2007 年版，第 1 页。
⑤ 2004 年 12 月 18 日至 19 日，由中国政法大学诉讼法学研究中心承办的"教育部人文社会科学重点研究基地（法学）主任联席会议暨部门法学哲理化研讨会"（通常被称为"第一届部门法哲学研讨会"）在海南博鳌亚洲论坛会场召开，樊崇义教授时任中国政法大学诉讼法学研究中心主任，是筹办该会议的主要负责人，会议成果《部门法学哲理化研究》由其担任主编，并负责出版。

法学的哲理化研究起步并不算晚,其哲理化的理论高度和深度也不比其他部门法学差。一方面,樊崇义教授提出了"法律真实观""诉讼认识论"等基础性理论,随之形成了一大批证据法学哲理化研究成果;另一方面,"客观真实论"和"法律真实论"的论争对我国证据法学的发展在客观上起到了重大的推动作用。这些为证据法学走向哲理化奠定了必要的基础和条件。[①] 除了对证据法学基本原理的研究外,樊崇义教授还非常注重我国证据规则体系和证据法学理论体系的建构,提出了一个包含证据能力、证明力和证据运用的证据规则体系,构建了一个由证据法原理、证据、证明和认证四部分组成的科学证据理论体系,奠定了我国证据法学理论的基本架构和主要内容。证据法学要走向哲理化,除了进行本体论研究之外,方法论研究也是不可或缺的。樊崇义教授除倡导和践行证据法学的实证研究方法外,还非常注重研究方法的体系化,他鼓励使用融合方法、系统方法、分析方法以及跨学科方法来研究证据法学的问题。可以说,正是在樊崇义教授的倡导和引领下,我国的证据法学走向了哲理化之路。

[①] 张中:《证据法学哲理化初论》,载樊崇义教授70华诞庆贺文集编辑组编《刑事诉讼法哲理探索》,中国人民公安大学出版社2010年版,第644-646页。

樊崇义教授论侦查程序改革及其理论贡献

张品泽[①]

2019年是个喜庆年：既是新中国成立七十周年，也是我们恩师樊崇义教授（以下谨以先生尊称）八十年华诞。作为弟子，我们一边忙着整理先生的文献出版，一边回忆追随先生在刑事诉讼法学、证据法学、司法制度等学术领域探索的经历。

2019年是新中国第一部《刑事诉讼法》（1979年）颁布四十周年。回顾我国《刑事诉讼法》三次修改完善的历程，不难发现：先生以"三项制度""人本主义""侦查权""看守所羁押""法律援助（值班律师）"等一系列专题为突破口，领先运用（试验）实证研究方法开展法学研究，鼎力推动我国刑事侦查程序改革，学术贡献非凡，不愧为中国当代刑事侦查程序改革的先驱。

一、"三项制度"引领中国实证研究新方向[②]

2002年，我有幸拜入先生门下，成为第六届（1997年首届）博士弟子。入学不久，我就深切感受到先生培养博士生与众不同。除了在专题课堂上给我们授课之外，还让我们充分参与他主持的各类课题。2002年7月，联合国开发署、商务部国际经济技术开发中心将《刑事审前程序改革示范》（试验）项目委托给先生主持。作为教育部人文社科重点学科研究基地"诉讼法研究中心"首任主任，先生主持的项目获得中国政法大学校领导的大力支持，全国人大法工委对此也非常重视。

[①] 张品泽，中国人民公安大学法学院教授、博士生导师。
[②] 樊崇义主编：《刑事审前程序改革实证研究》，中国人民公安大学出版社2006年版；樊崇义、顾永忠主编：《侦查讯问程序改革实证研究》，中国人民公安大学出版社2007年版。

2002年9月，先生亲自带领由老师与博士生共同参与的课题组成员，分三批在珠海市人民检察院办理的职务犯罪案件讯问中，开展侦查阶段第一次讯问时同步录音、录像和律师在场制度（简称"三项制度"）试验。该项目共分两期完成，第一期是2002年9月至2004年9月；第二期是2005年3月至12月。通过此次试验，课题组获得了有关在第一次讯问时安排律师在场和讯问时进行录音、录像的具体程序、步骤安排，以及如何设定在场律师和犯罪嫌疑人的权利义务等多方面的宝贵经验，掌握了关于第一次讯问时律师在场和录音、录像是否可行，以及存在的问题等方面的大量第一手资料。

2003年1月至8月，课题组在北京市公安局海淀分局，开展普通刑事案件第一次讯问犯罪嫌疑人律师在场试验。该试验历时190余天，共对220件案件中的近300名犯罪嫌疑人进行了第一次讯问时律师在场的试验，并对部分案件进行了现场录音、录像。试验本着研究、探索的精神和态度，在案件的选择，在场律师的地位、作用、权利、义务、程序以及侦查人员的配合等方面都进行了深入细致的分析探讨，并在试验中逐渐摸索，不断加以改进。鉴于项目的试验工作已经取得阶段性成果，为了使这项成果及时得到立法部门和最高司法机关的认同，也为刑事诉讼法和律师法的修改做好准备，先生于2003年9月19日，在全国人大法工委会议中心召开了高层汇报会。会议由全国人大法工委主任郎胜主持，郎胜主任对该项目给予了充分肯定，指出试验对于刑事诉讼立法有积极的参考价值，并希望项目继续进行下去。

2004年3月，先生与北京市公安局海淀分局经过充分交换意见，最后达成共识：再次试验突破第一次讯问的限制，在侦查人员对犯罪嫌疑人的每次讯问中都安排律师在场，直至侦查终结。本次试验正式开始于2004年5月24日，终于9月28日，历时4个月。其间，共对21名犯罪嫌疑人从其被采取强制措施（一般为刑事拘留）后第一次接受侦查人员讯问起，每次讯问都安排律师在场参加。前后共进行了47场次讯问，其中每名犯罪嫌疑人讯问及律师在场次数最多的是5次，最少的是1次。通过该阶段试验得出了如下启示：其一，对侦查人员讯问犯罪嫌疑人的全过程安排律师在场，是可以得到侦查人员的理解和支持的。其二，对侦查人员讯问犯罪嫌疑人的全过程安排律师在场，对侦查活动的正常进行基本上没有负面的影响，反而会有积极的意义。其三，一方面，大部分犯罪嫌疑人特别是那些涉嫌智能型、经济型犯罪的人都欢迎律师在场参加侦查人员对他们的讯问；另一方面，也有一些犯罪嫌疑人，主要是那些案情简单、事实清楚，本人认罪的犯罪嫌疑人认为侦查人员讯问时律师在场没有必要。这就意味着，采用"一刀切"的方式，对所有讯问犯罪嫌疑人的活动都安排律师在场参加并不是完全有必要的。应当针对那些确实需要的犯罪嫌疑人提供在场律师。其四，讯问犯罪嫌疑人有律师在场参加固然有诸多好处，但也有不足或局限性。一是律师的资源远远不够。二是讯问犯罪嫌疑人时律师在场参加即使对办案没有负面影响，也会在一定程度上延长办案时间。三是诉讼成本有所增加。因此，除考虑根据犯罪嫌疑人的要求建立讯问犯罪嫌疑人时律师在场制度外，还需要探讨建立与律师在场具有同样功效或互有长短的其他代替性措施或制度。例如，讯问时录音、录像制度。以上不论是试验取得的成果，还是存在的不足，抑或由此产生的启示，应该说，都是非常有价值的。这对遏制屡禁不止的刑讯逼供、口供质量的滑坡以及保障当事人人权等方面的积极作用，是不可低估的。从这个意义上说，第一次讯问犯罪嫌疑人时律师在场示范（试验）获得了很大成功，并且得到了学界和实务界的肯定，当然也对刑事诉讼法的修改产生了积极的作用。

2005年3月至12月，在先生的统一安排下，"三项制度"试验第二期开始实施，分别在北京市海淀区公安分局、河南省焦作市解放区公安分局、甘肃省白银市白银公安分局，对382名犯罪嫌疑人进行了"三项制度"试验。

3年（2002年至2005年）后，该项目顺利完成，取得了丰硕成果。除了像多数课题那样，召开会议、调研、发表论文、出版专著，先生还在我国学术界首创了实证研究中最耗费人力、物力和脑力的方式——项目试验（地区试点）。"三项制度"，是本次试验项目的重大成果，其理论价值在于破解侦查讯问过程中，侦查人员使用非法手段缺乏监督的困境。试验项目通过借鉴域外制度经验，在广东、北京、河南、甘肃等地检察院和公安局分别开展"三项制度"试点，让理论研究成果直接转化为实践改革的动力。长期困扰我国侦查实践的刑讯逼供等非法取证现象，在"三项制度"面前难以找到存留空间。

值得一提的是，先生推行"三项制度"之初，侦查讯问人员普遍缺乏对该制度的深层次了解，担心推行该制度会导致难以获取口供，因而，在试验开始阶段出现了不认同、不配合、不满意的尴尬局面。为了打消侦查人员的上述顾虑，先生及时指出："讯问时律师在场和讯问时录音、录像有利于提高侦查人员的办案质量，同时对侦查人员自身也有一定的保护作用，在犯罪嫌疑人指控侦查人员有刑讯逼供行为的情况下，全程录音、录像有助于澄清事情真相。"不出所料，明白"三项制度"的好处后，侦查人员的"心结"也就解开了。

令人欣喜的是，"三项制度"中的两项（侦查讯问时录音、录像制度），在我国第二次（2012年）修改《刑事诉讼法》时，被规定在第121条："侦查人员在讯问犯罪嫌疑人的时候，可以对讯问过程进行录音或者录像；对于可能判处无期徒刑、死刑的案件或者其他重大犯罪案件，应当对讯问过程进行录音或者录像。录音或者录像应当全程进行，保持完整性。"

此外，先生首倡的实证研究试验方式在获得极大成功的同时，也带动了一大批学者纷纷效仿，且分别在少年司法、刑事和解、羁押制度、强制措施、警检关系等领域作出了富有成效的探索。

二、人本主义引导侦查观念转变①

清晰记得先生讲述的一个真实案例：一位办理职务犯罪的检察院侦查人员，因多日突破不了犯罪嫌疑人的口供而一筹莫展时，突然听到犯罪嫌疑人说，很想吃家乡的一碗面条。见此情景，这位侦查人员尽管对犯罪嫌疑人一肚子不满，但还是满足了他的这个要求。犯罪嫌疑人见到面条时，先是很吃惊，不敢相信自己的眼睛，等缓过神来，狼吞虎咽吃完面条后，竟然将犯罪事实全盘托出。侦查人员用一碗面条打动犯罪嫌疑人，激发其自愿认罪、悔罪的事实告诉我们：把犯罪嫌疑人当作人来对待，保障其基本人权，维护其人格尊严，就能赢得犯罪嫌疑人的信任与合作。从哲学层面来看，这就是奉行人本主义（或人本精神）。秉持人本主义，就应当放弃使用暴力、威胁、恐吓、欺骗、引诱等野蛮、非法的方式获取口供。

从一个极为普通的案例中，先生洞察出人本主义哲学原理，进而将其在刑事司法中演绎如下：

其一，刑事司法中的人本精神是指，在刑事司法中尊重个人的自由、权利和人格尊严，将人（特别是那些权利最易被抹杀的犯罪嫌疑人、被告人）以"人"相待，承认并尊重其主体地位和诉讼权利，给予其作为人应有的礼遇，反对将其

---

① 樊崇义：《刑事诉讼法学方法论》，中国人民公安大学出版社2018年版。

物化、客体化、工具化。刑事诉讼法不仅具有实现实体法的工具性价值,还有本身独立的保障人权的价值以及诉讼效益的价值。刑事诉讼法的"惩罚犯罪"与"保障人权"作为刑事诉讼的两个目的,应当在人文精神的贯彻中得到平衡和实现。

其二,刑事诉讼法是限制和规范公权力的一部法律,同时也是保障民生、保障公民基本权利的一部法律。刑事诉讼法之所以有"小宪法"的称谓,正是由于这是一部贯彻落实宪法的保权法。"尊重和保障人权"被写入刑事诉讼法既成为刑事诉讼的指导原则,也成为刑事诉讼的最基本任务,还意味着这一原则要贯彻到刑事诉讼的每个阶段,体现在每个环节。然而,目前刑事诉讼中的一些做法与人文精神的落实还有一定的差距。例如,"重实体轻程序""程序虚无"的思想导致的刑事诉讼中刑讯逼供、超期羁押、剥夺辩护权、律师参与诉讼难等现象不胜枚举。[①]

其三,与人本主义相关的是权利救济原则。公权力天生的扩张性导致公民的基本人权更容易受到侵犯,因此人权司法保障制度更应该充分体现权利救济的要求。在侦查程序阶段,通过设置救济制度,弥补、匡扶和矫正公民权利。由此才能确保人权司法保障制度的完整、尊严和可操作性。[②]

背离人本主义的侦查程序的一个最明显的现象就是非法收集证据。为此,先生结合党中央近期一系列改革方针,专门从非法证据与人本主义的关系角度阐明其中道理:[③]

为防范冤假错案的发生,党的十八届三中全会进一步提出要严格实行非法证据排除规则,明确指出:"健全错案防止、纠正、责任追究机制,严禁刑讯逼供、体罚虐待,严格实行非法证据排除规则。"党的十八届四中全会把非法证据排除规则列为人权司法保障制度的一项重要内容,明确指出:"健全落实罪刑法定、疑罪从无、非法证据排除等法律原则的法律制度。"以加强人权司法保障,对刑讯逼供和非法取证从源头上加以预防。2017 年 4 月 18 日,中央全面深化改革领导小组第三十四次会议审议通过《关于办理刑事案件严格排除非法证据若干问题

---

① 樊崇义:《〈刑事诉讼法〉再修改的理性思考》(上),载《法学杂志》2018 年第 1 期。
② 樊崇义、刘文化:《人权司法保障制度与侦查程序改革要论》,载《山西高等学校社会科学学报》2014 年第 8 期。
③ 樊崇义:《非法证据排除规则与人本主义》,载《人民法院报》2017 年 8 月 16 日,第 2 版。

的规定》（以下简称《严格排除非法证据规定》）。

2004年"尊重和保障人权"入宪，成为依宪治国的基本国策之一，2012年《刑事诉讼法》的修改，又把"尊重和保障人权"确定为刑事诉讼的目的和任务，并明确规定诉讼中对证据的收集必须坚持"不得强迫自证其罪"的原则。党和国家如此高度重视非法证据排除规则的确立和实施，其根本原因，还在于建设具有中国特色的法治国家必须坚持"以人为本"，人本主义法律观是中国当代司法的基本出发点和立足点，坚持非法证据排除规则是人本主义的具体体现。

人本主义法律观是以人为本的科学发展观在法律领域的体现与运用。在刑事诉讼中采用刑讯逼供等非法的方法，施于犯罪嫌疑人、被告人，乃至证人、被害人等，这一问题的核心就是违背了人是法律之本的基本原理。具有中国特色的社会主义刑事诉讼法，根据犯罪嫌疑人、被告人的主体地位赋予其一系列的诉讼权利，刑事诉法设置一系列制度、程序，保证其诉讼主体地位和诉讼权利，尤其是坚持"刑事责任要追究，人格不可辱"的原则。非法证据排除规则的确立和实施的根本哲理就是坚持以人为本的人本主义法律观。

坚持人本主义的法律观，贯彻和实施严格排除非法证据的规定，司法机关的办案人员必须以"人文关怀"的精神和理念指导办案活动。人文关怀来自人文精神，其本质在于以人为中心，以人性为基础。人文关怀表达了这样一种观念，即对真实的个人的价值与尊严、人格和精神、生存与生活等的真情关切。一名办案人员所具有的人文关怀就是遵循个人优位观念，通过司法判断表达对当事人的关注，把当事人真正作为一个有价值、有人格、有尊严的人，不再把当事人看作司法权运行过程中的一个消极的、被动的客体，进而充分维护和保障当事人所享有的诉讼权利。

当前，在深入推进司法改革的进程中，摆在司法人员面前的一项重要的任务，就是在人本主义法律观的指引下，把《严格排除非法证据规定》贯彻好、实施好。我们应该看到，在规定中关于排除非法证据的范围，所列举的排除对象，在司法实践中仍然存在，刑讯逼供时有发生，侦查中的违法现象尚有，非法证据在法庭上常常出现。"严格排除非法证据"可谓三令五申，为何仍禁而不止？归根结底，还是以人为本的人本主义法律观尚未确立，或是立而不牢，真正令行禁止还要从人本主义法律观的培育上下功夫。

受先生人本主义哲学观的影响，我与吴光升师弟分别选择了《人本精神与刑事程序》《刑事诉讼程序的人性分析》作为博士学位论文选题，追随先生的研究。其中，我的博士学位论文，以清理人本精神蕴含为起点，落脚于人本精神对刑事程序的历史影响；演绎了正当性是人本精神寄予刑事程序一种期望的逻辑，并以辩诉交易为例，交代了刑事程序变革的基础与路径；阐述了刑事程序的主体性和刑事简易程序选择权；表达了中国农民作为刑事被追诉主体，在人本精神与现代化的双重挤压下的困惑；以特写的方式将刑事程序中刑讯逼供、超期羁押，置于人本精神与刑事程序矛盾冲突的顶端。① 吴光升的博士学位论文，则以人性为视角，从人的利益需求性、有限理性、自利性三个方面对刑事诉讼的一些基本问题，如刑事诉讼的人性假设、程序正当理念、刑事诉讼结构等问题，以及刑事诉讼的一些具体制度与热点问题进行了一种"另类"的思考与分析，提出刑事诉讼程序的设置应当符合诉讼人的人性，尤其应当正视、尊重与保障诉讼人的合理利益需求。②

三、以权属界定为重心，把握侦查程序改革方向③

我国是一个多元主体行使侦查权的国家，除了公安机关外，还有检察院。因而，如何界定侦查权与警察权、检察权的关系，一直成为理论与实践的难题。侦查程序是刑事诉讼的第一道工序，侦查程序不动，后面的审查起诉程序与审判程序改革便受到严重制约，甚至无法变动。由此可见，侦查权属不清已成为阻碍侦查程序改革的一道门槛。加之，当前突出的冤案、错案，追根求源也是侦查程序出了差错。侦查程序改革势在必行。基于上述考虑，先生敏锐地将侦查权属的界定作为侦查程序改革的重心，为我国刑事侦查程序改革指明了方向。

先生指出：警察权是指主权国家用以维护国家安全和社会治安秩序，预防、制止和惩治违法犯罪活动而依法实行的强制力量，包括履行警察刑事职能和行使管理职能中所运用的一切权力。警察权的特点显著，主要包括：第一，权力的广泛性。警察权的范围涉及从日常生活中的治安管理的行政处置到刑事诉讼中的侦查、逮捕、搜查，各种强制措施的适用等。第二，权力的重要性。警察权的范围

---

① 张品泽：《人本精神与刑事程序》，中国人民公安大学出版社2006年版。
② 吴光升：《刑事诉讼程序的人性分析》，中国人民公安大学出版社2011年版。
③ 樊崇义：《把握警察权本质，实现执法行为规范化》，载《检察日报》2016年7月6日；樊崇义、张中：《权利保障与权力制衡——我国刑事审前程序改革的基本思路》，载《中国司法》2015年第1期。

均涉及公民的人身自由权和财产权,从强制拘传到拘留、逮捕,再到搜查、扣押、冻结、查询等,各种强制措施都和人权、物权息息相关。第三,权力的强制性。从行政处罚到刑事职能,各种警察权的行使方式都是以强大的国家机关为后盾。第四,权力的集中性。警察职权的适用大都是其自行立案、自行决定、自行执行,没有第三方介入。第五,权力的封闭性。警察权的行使往往难以公开。第六,权力行使的程序粗疏。我国刑事诉讼法中对于侦查程序中警察权的规范化行使尚不健全,实践中制约不足;在行政程序法领域,我国治安管理处罚法还有进一步细化和完善的空间。基于警察权的上述特征,以及我国公安机关在国家政权结构中的宪法地位,警察权的属性当然属于行政权。

刑事诉讼中的侦查权,应当区别于一般行政机关的行政属性。它不是一个单纯的行政职能,而是肩负着一部分诉讼(或称司法)职能。即使是警察的行政处罚权也应区别于一般的行政职能,因为它关系到公民的"人权"和"物权"。遵循司法权的原理和基本规律,用法治思维、法治眼光、文化模式来观察警察权,应当改革警察权的行政属性以及侦查程序的诉讼化改革。

实践中,警察执法还存在执法程序粗疏、相对人各项权利保障不到位等问题,这关系到警察的执法规范化问题,警察权改革具有必要性和现实性。一是规制行政执法权,细化行政执法程序,同时构建责任追究制度和救济程序。一方面,对盘查、强行带走、盘问和留置等重要程序进行具体和可操作性的制度设计,以解决执法过程中的主观性和粗放性。另一方面,对于违法执法的警察人员进行责任追究,因错误执法而遭受人身或财产损失的相对人可以申请启动救济程序。二是构建具有中国特色的司法审查程序。由于我国目前的司法条件尚不成熟,应探索建构由公安机关报请法律监督机关——检察院审查批准的司法审查程序,涉及强制措施以及物权强制措施的,均需报请同级检察院审查批准后方可适用。待条件成熟后,建构由法院审查批准侦查机关限制人身自由和物权的司法审查制度。三是在条件成熟的情况下深化律师介入。目前,律师参与侦查程序的效果还不甚理想,立法本身也尚不完善。律师介入治安执法几乎是世界通例,并且有的国家往往把治安处罚转由法官裁决,一旦由中立的法官裁决,律师的介入便顺理成章。在规范警察执法权的过程中,能否准许律师介入应给予充分考量,创造条件实现律师更大范围、更深层次的介入,加强律师对警察权的监督,维护公民的合法权益。

我国警检关系的基本格局是"分工负责、互相配合、互相制约"，表面上看来是一种平等、平行关系，但在审前程序中实际上形成了以侦查为中心的诉讼格局，并确立了警主检辅关系，公诉职能在一定程度上依赖于侦查职能，从而造成检察机关对侦查活动监督乏力，检察权对侦查权的控制相当微弱，最终导致警检关系不顺，侦查游离于公诉之外，直接影响了侦诉质量。

考察国外的立法例，在警检关系方面，主要存在警检分立模式、警检结合模式和混合式三种，其中警检分立模式强调警察和检察官在追诉活动中各自的独立性；警检结合模式则从有效追诉的角度赋予检察官对警察的侦查指挥权；混合式则是以上两种模式的折中，一方面规定警察和检察官可以独自行使职权，另一方面又从起诉的角度赋予检察官对警察的指挥权。

当前，我国形成了检警分离的格局。在改革警检关系模式上，有学者提出了两种改革方案：一种是实行警检一体化，改造警主检辅为检主警辅模式，以更好地实现追诉职能；另一种是强化警检关系中的制约机制，通过检察机关对侦查活动的监督和制约，减少侦查过程中的违法现象。

从我国的现实出发，在警检关系的改革上，不宜引进"警检一体化"模式，因为其忽略了侦查与检察行为的专业化分工以及侦查与检察彼此分离、相互制约的实际需要。而应立足于人民检察院的宪法地位及其与公安机关的现有关系，变互相牵制的侦诉模式为侦诉协作及检察机关引导侦查的侦诉模式，以提高侦诉质量，共同完成追诉任务。

在侦查权和检察权之间的配置问题上，可以进行如下改革：一方面，应当加强人民检察院对公安机关侦查工作的监督范围，将那些直接限制或剥夺公民人身、财产权利的强制措施，如搜查、扣押等，纳入人民检察院的监控视野。可规定一般情况下，公安机关只有经人民检察院批准后方可行使强制措施，而不能再由公安机关自行决定、自行实施。另一方面，所有的侦查措施都必须有法律的明文规定或授权，否则不得行使。对于司法实践中存在的非制度化侦查，如秘密监听、测谎仪等侦查手段必须以立法的形式规定下来。[①]

以审判为中心的提法不是对我国刑事诉讼法所规定的公、检、法三机关"分

---

① 樊崇义、范培根：《我国侦查程序改革略探——以侦查权为中心》，载《金陵法律评论》2001年秋季卷。

工负责、互相配合、互相制约"的否定,而是在十八届四中全会提出"健全公安机关、检察机关、审判机关、司法行政机关各司其职,侦查权、检察权、审判权、执行权相互配合,相互制约的体制机制"的背景下对司法职权的一种优化配置。就诉侦关系而言,控诉方是庭审程序的发动者,是以审判为中心诉讼制度的重要主体,是案件的审查者、核实者,是防止冤假错案产生的重要屏障,在处理诉侦关系上,检察机关应当发挥其主导作用,及时引导侦查。①

首先,构建"大控诉"格局,公诉引导侦查。检察机关引导、介入侦查,要从范围、条件、程序、效力等方面进行司法解释,明确介入的范围、工作的重点、引导取证的程序、检察建议的效力。其次,转变监督重点,强化侦查监督。强化"公诉引导侦查"的工作模式,不仅在审查批捕环节予以重视,在其他环节也应当加强引导与监督,防止侦查活动游离于法律监督范围之外。最后,扭转"以侦查为中心"的办案现状。我国并未实行司法令状以及司法审查制度,审判机关很难直接对侦查机关形成制约,侦查活动是刑事审判程序启动的标志,紧随其后的是检察机关的批捕、起诉程序,能够对侦查机关的侦查行为形成直接制约的只能是检察机关。因此,检察机关工作的重点和任务要围绕如何使行政措施、行政手段转向司法属性,尤其是批准逮捕、起诉审查、侦查监督、羁押必要性审查等都要予以重点关注,借此抑制侦查权的过度膨胀,从而推动整个刑事诉讼活动由"以侦查为中心"转向"以审判为中心"。②

我国检察机关侦查权设置具有以下特点。首先,在检察机关侦查权设立的理论基础上,我国检察机关的侦查权是以检察监督权为前提和核心构建的。其次,在具体的权力设置上,我国检察机关侦查权力的特点是:一是享有独立侦查权;二是有侦查监督权,检察机关对于侦查活动具有侦查监督权;三是有补充侦查权,检察机关在审查起诉阶段根据需要可以要求公安机关补充侦查,也可以自行补充侦查;四是除自侦案件外,检察机关不是侦查机关,不享有对警察的指挥权;在补充侦查时也不能指挥警察。③

---

① 樊崇义、李思远:《以审判为中心背景下的诉审、诉侦、诉辩关系刍议》,载《人民检察》2015年第17期。
② 樊崇义、李思远:《以审判为中心背景下的诉审、诉侦、诉辩关系刍议》,载《人民检察》2015年第17期。
③ 樊崇义、刘涛:《检察机关侦查权需要局部适当调整》,载《检察日报》2003年11月13日。

我国检察机关侦查权设置的不足表现在以下几个方面。一是对公安机关的侦查监督处境尴尬，检察监督缺乏法律保障且检察机关没有有效手段获知侦查活动是否违法；二是对公安侦查指挥权有限影响了侦控效率；三是检察机关地方化制约了侦查权的有效运行。

我国检察机关侦查权改革的基本思路。一是现代检察权的核心是公诉权，检察机关的侦查权和侦查指挥权都应当为公诉活动服务，以有效完成犯罪追诉职能。二是加强检察机关的侦查权，将检察监督职能诉讼化。三是强化对公安机关的侦查指挥和控制权。四是建立检察机关对立案、撤案、结案统一审查制度。五是改革现行检察机关的人事、经费制度，切实保障检察机关对职务犯罪依法独立行使侦查权。①

当前，域外侦诉模式分为侦诉分立模式（警检分立）、侦诉结合（警检结合）以及混合式（警检分立与警检结合相互融合）三种，三种模式与各国的法治文化传统及国家体制等因素密切相关，在行使国家追诉权方面各有优劣。

根据我国《刑事诉讼法》的规定，我国侦诉关系的基本构架是，公安机关和人民检察院分工负责、互相配合；公安机关和人民检察院互相制约；人民检察院可以对公安机关进行监督，主要是立案监督和侦查监督。如此的侦诉关系结构呈现以下缺陷：第一，公安机关与检察机关的配合与协作关系薄弱。起诉与侦查被划分为两个独立的诉讼阶段，从而造成审前追诉程序的整体断裂，导致国家追诉职能的分解与消弭，无法形成强有力的侦诉一体的"大控诉"格局。第二，检察机关对侦查活动的法律监督不足，不仅立案监督的范围有限，而且侦查监督的范围和方式也有限。第三，检察机关对侦查活动的法律乏力。缺乏程序性制裁的法律制度使得法律监督效果往往大打折扣。

"以审判为中心"的理念对侦诉机关的协作关系、构建刑事诉讼的"大控方"追诉格局提出了新的更高的要求，促使侦诉机关更为重视审前程序案件办理质量问题，接受审判庭审检验和质证，以审判庭审的认证标准进行侦查取证和审查起诉，确保刑事追诉的准确性。诉讼构造理论是"以审判为中心"的理论基础，应完整构建"控辩平等、控审分离、审判中立"的理想型三角诉讼结构，以庭审需求为导向，构建"侦诉协作"的大起诉格局；把好证据关，严格贯彻

---

① 樊崇义：《论检察》，中国人民公安大学出版社2019年版。

证据裁判原则；高度重视"三角结构"中"辩护"一极的地位和作用。①

四、以制度完善与创新为突破口，推动侦查程序改革

侦查程序涉及诸多具体制度，制度完善与创新是侦查程序改革的落脚点。先生不仅从研究方法、执法观念以及哲学原理等层面引领侦查程序改革，而且密切关注相关制度。除了上述"三项制度"外，先生还分别从证据收集、看守所羁押、法律援助（值班律师）等角度进行深入研究，提出独特观点，推动我国侦查程序改革。

（一）证据收集②

长期以来，口供收集成为侦查程序证据收集的重心，因此引发的刑讯逼供屡禁不止，往往也成为冤假错案的根源。为破解此难点，先生提出由口供本位转向物证本位，并指出口供本位的证明方式弊端极多：一是由于其常常伴随刑讯逼供现象，不利于犯罪嫌疑人、被告人的人权保障；二是影响刑事案件破案率，过于重视犯罪嫌疑人、被告人口供，一旦被告人在法庭上翻供或指控侦查人员刑讯逼供，公安司法机关就会非常被动，影响案件的追诉；三是与现行法律规定不符，尤其是与我国已加入或将加入的有关国际公约要求不符。因此，我国必须在刑事诉讼证明方式上从口供本位转向物证本位。

具体而言，一是转变观念，提高认识。要深刻认识口供主义的证明方式产生的历史及现实原因，在诉讼观念上转变到先查证后取供的证明方式上来。二是大力使用技术侦查措施，提高公安司法机关的技术装备水平，实现诉讼证明在技术含量上的提升。三是建立健全刑事诉讼信息网络系统。包括其他部门接收的报案、控告、举报线索；政府部门管理的国家公务员财产申报资料；新闻媒介接收或报道的与违法犯罪有关的情况等。四是健全和完善收集和使用物证的配套法律法规，强化对物证的收集和运用。包括严格限制秘密侦查的适用，对秘密侦查的

---

① 樊崇义：《"以审判为中心"视角下侦诉关系的重构》，载《以审判为中心与审判工作发展——第十一届国家高级检察官论坛论文集》，2015年。
② 樊崇义主编：《刑事诉讼法实施问题与对策研究》，中国人民公安大学出版社2001年版；樊崇义《刑事诉讼法学方法论》，中国人民公安大学出版社2018年版；樊崇义、张自超：《大数据时代下职务犯罪侦查模式的变革探究》，载《河南社会科学》2016年第12期；樊崇义：《建立机制加强对当事人的物权保护》，载《人民政协报》2009年8月17日。

方式、条件、审批机关、适用程序、违法责任等问题作出规定；完善鉴定人出庭作证规定。五是加大对刑事诉讼的人力、物力和财力投入。六是优化公安司法人员的专业结构，建立一支专家型的公安司法队伍。①

在侦查阶段，办案人员运用查封、扣押、冻结等方式收集实物类证据，往往涉及相关人员的财产性权利，先生认为可以将该类措施称为经济性司法措施，这是法学与经济学交叉的新概念，除了查封、扣押、冻结之外，还有赃款赃物返还、民事诉讼中的财产保全措施以及执行中处置财产的措施，如查封、扣押、冻结、委托评估、委托拍卖变卖被执行人财产、禁止被执行人转让其知识产权等。规范司法机关实施经济性司法措施（如查封、扣押、冻结、变卖、拍卖等），维护公民、法人和其他组织的合法财产权益，是当前人民群众对司法工作的新期待、新要求之一，也是当前司法机关"服务经济平稳较快发展"的应有之义。②

然而，我国当前经济性司法措施，在立法和执法方面都存在严重的问题。首先，诉讼理念的缺失。就诉讼中当事人的物权保护、当事人的经济利益问题而言，长期以来，立法对当事人的物权保护滞后。其次，诉讼当中实施的查封、扣押、冻结等涉及当事人物权的强制措施，主要是行政手段，由办案人员向公安机关或者检察机关负责人提出，负责人批准即可实施，而不是诉讼手段，缺乏诉讼的批准机制、当事人不服的申诉和救济措施以及检察机关的监督措施。这些问题的存在与我国宪法中物权保护原则相冲突、相矛盾。③

为解决上述问题，第一，建立由法律监督机关批准的司法审查机制，以检察机关的决定或者批准的文书作为采取措施的条件。第二，建立当事人的申诉机制、救济机制。第三，完善人民检察院对公安机关、侦查机关的监督。第四，建立和完善涉案财产的扣押、封存、保管、移送、罚款、没收、上交等环节的完整机制。④

在大数据时代下，先生指出，职务犯罪侦查将出现五个变化：一是通过以数据片段的形式再现于网络系统或者远程数据库的信息快捷发现线索；二是拓展侦查思维，由因果关系证实线索，转为寻找事物之间的相互联系；三是创新侦查方

---

① 樊崇义：《刑事诉讼法学方法论》，中国人民公安大学出版社 2018 年版，第 29—30 页。
② 樊崇义：《建立机制加强对当事人的物权保护》，载《人民政协报》2009 年 8 月 17 日。
③ 樊崇义：《建立机制加强对当事人的物权保护》，载《人民政协报》2009 年 8 月 17 日。
④ 樊崇义：《建立机制加强对当事人的物权保护》，载《人民政协报》2009 年 8 月 17 日。

式,由被动、粗放、人力密集型侦查方式,转为更为丰富、多元的侦查方法、方式,案件侦查由一个人、一件事向一类人、一类事拓展;四是转变侦查格局,实现由孤军作战的区域型侦查格局,向联合作战的跨区域型侦查格局转变,最大限度地提高整体侦查能力;五是提高侦查效率,短时间内获取侦查对象相关情报信息,并根据侦查需求切换不同的分析角度,对情报信息进行组合分析和深入挖掘。

由此,先生认为,职务犯罪侦查模式的变革具有必要性。首先,传统的职务犯罪侦查是"由供到证"的侦查模式,主要以犯罪嫌疑人供述和辩解、证人证言等言词证据作为侦查的出发点和主要突破口,弊端显著。由于侦查技术含量较低,侦查人员可能采用非法手段获取供述,而且一旦犯罪嫌疑人庭审翻供,如无其他客观证据将面临侦查失败风险。其次,职务犯罪侦查不同于普通刑事犯罪侦查。职务犯罪系高隐秘型犯罪,而且行为人的反侦查能力较强,职务犯罪的防范、发现和查处的难度很大,对侦查的专业性要求更高,传统模式侦查将难以应对。再次,法律新规定和诉讼制度改革倒逼侦查模式转变,刑事证据及侦查、辩护、羁押等多个方面新的规定,以及以审判为中心的诉讼制度改革之下,口供对案件侦查的决定作用弱化,侦查活动中以客观证据为核心,转变侦查模式成为大势所趋。最后,技术不断发展需要相应转变侦查模式。

大数据时代下职务犯罪侦查模式的构建路径包括五个方面。一是树立"数据引导侦查"理念,通过信息引导,使线上线下相结合,实现侦查方式的精细化。二是建设侦查大数据库,加强侦查基础信息数据库建设,建立健全政府信息资料库并且整合社会信息数据。三是建立操作平台和数学模型,按照数学模型分类管理、加工处理和分析研究收集的数据信息。四是注重电子取证,做好电子证据的提取、固定、登记和保管工作。五是规范数据运用,重视对个人隐私和企业信息安全的保护,加强对大数据的访问控制,严格落实安全管理制度。

理性认识大数据在职务犯罪侦查中的作用,原因在于:大数据可能存在偏见和盲目,大数据的应用不能排除人的逻辑思维和感性经验在其中的作用;大数据时代职务犯罪侦查模式的变革,只是对侦查工作的优化与改善,并不能完全替代传统的侦查方式。

（二）看守所羁押制度①

近年来，先生推进侦查程序改革过程，注意到看守所羁押犯罪嫌疑人过程中出现了诸多问题。先生认为，看守所的困局由众多因素共同造成。第一，看守所作为审前羁押场所，仍肩负重要的"深挖犯罪"之侦查使命，背离了看守所的基本定位。第二，看守所受公安机关管辖，不利于侦查机关正确使用权力。第三，公安机关管辖看守所的管理体制下，检察机关不仅无法对看守所进行有效监督，也无法彻底纠正侦查机关变通使用看守所职能的现象。第四，现行《看守所条例》的合法性与有效性问题"腹背受敌"，看守所立法面临公安权力与司法权力的职权配置调整以及部门立法主义的挑战。

如何改革看守所羁押制度？先生认为，总体来看，解决看守所的制度困局，应从机构归属、职能定位、权责边界几个方面进行。

推动机构定位与管理体制变动措施如下：第一，澄清观念。看守所的管理体制相比于设立之初，具有开放性，不再仅是"公安机关的看守所"，而形成了12个部委综合治理的格局。第二，将看守所由公安机关划归司法行政机关管理，抑制权力滥用的投机性，理顺看守所与公安机关、检察机关、审判机关的关系。②第三，看守所作为审前羁押场所，应具有中立的司法地位。看守所立法应明确看守所"是国家设立的依法独立执行刑事羁押的专门机关"，依法独立行使职权而不受制于办案机关。

看守所管理体制改革对完善羁押制度具有现实意义。首先，看守所转隶是依法治国和保障人权的必然要求，符合我国的刑事诉讼模式的转型，即由打击和控制犯罪模式向惩罚犯罪与正当法律程序、人权保障相结合模式转变。其次，根据权力制衡原则，侦羁必须分离。看守所转隶能够使羁押权有效制约侦查权，防止侦查权的滥用，引发冤假错案。再次，现有看守所改革不能从根本上解决管理体制的弊端。原有管理体制下，无法在事前有效地制约非法侦查行为，也不能在事后对该行为的查处提供客观的支持，导致违法行为没有承担任何后果，相关规定成为一纸空谈。最后，看守所转隶有利于人权保障的各项制度和措施落到实处，包括入所人员的信息保密制度、入所人员的体检制度、入所的登记制度、物品保

---

① 樊崇义：《看守所：处在十字路口的改革观察》，载《中国法律评论》2017年第3期。
② 樊崇义：《看守所：处在十字路口的改革观察》，载《中国法律评论》2017年第3期。

管制度、基本生活保障制度、提审登记制度、入所的讯问制度、讯问时的录音录像制度、律师会见制度、会见时不被监听制度、申请申诉制度、法律援助制度和羁押变更制度。

在看守所的职能定位与中立化问题上,应清理包括发现余罪、服务侦查以及刑罚执行等异化职能,实现看守所职能中立化的改革目标。

加强看守所权力制约与实现羁侦分离问题,看守所的本质是审前羁押场所,具有保障诉讼和保障人权的双重担当,因此应加强权力制约,确保审前羁押不违背人权保障旨趣。针对当前侦查和羁押的一体化现象,刑讯逼供、超期羁押以及"口供依赖症"由此而来,羁侦分离势在必行。此外,减少审前羁押也是"治本之策",可通过必要的非羁押化、羁押必要性审查等方式,合理地控制审前羁押流量,进而直接减轻看守所治理的外部压力。

在管理体制得以理顺、核心职能得以归位、羁侦分离得以落实的前提下,看守所改革及其立法的重点应当转移到建立健全人权保障体系上,包括人身权利保障制度、诉讼权利保障制度。

(三) 法律援助(值班律师)制度①

历次《刑事诉讼法》修改均十分重视侦查程序中辩护职能的发挥,且进行了不同程度的完善。从某种意义上说,侦查程序辩护权的变化是我国刑事诉讼完善的重要标志之一。先生除了在"三项制度"改革试验中,倡导讯问过程律师在场权外,还积极主张强化侦查阶段法律援助,以及借鉴域外的值班律师制度。

先生指出,以政府主导的法律援助模式,具有明显的行政化色彩,解决了我国法律援助制度从无到有的问题,但随着实践的发展,其带来的问题也不断凸显。一是法律援助服务的供给能力仍显不足。法律援助机构的组织管理体制尚不统一,法律援助工作人员的数量分布不平衡、质量参差不齐,法律援助经费保障能力严重不足。二是法律援助尤其是刑事法律援助的覆盖范围仍显狭窄。三是民事刑事法律援助案件比例严重失调,刑事法律援助持续性萎缩。四是法律援助办案质量得不到保障,法律援助介入的有效性、及时性保障不足。目前,我们应重

---

① 樊崇义:《中国法律援助制度的建构与展望》,载《中国法律评论》2017年第6期;樊崇义:《赞法律援助制度》,载《人民法治》2017年第10期;樊崇义:《小议法律援助律师与值班律师》,载《人民法治》2018年第4期;樊崇义、徐歌旋、哈腾、刘鹏宇:《依托认罪认罚从宽,完善值班律师制度》,载《人民法院报》2017年12月28日。

构与升华法律援助制度。具体而言，一是从提高国家治理体系与治理能力现代化的高度定位法律援助制度，明确法律援助是国家责任；二是推动《法律援助法》的立法工作并重构我国法律援助的体系，明确区分刑事法律援助制度和民事、行政法律援助制度；三是解决刑事法律援助实践中存在的突出问题，扩大刑事法律援助的覆盖范围，在死刑案件中实现刑事法律援助的全覆盖；四是提高我国法律援助的理论研究水平，建构具有中国特色的社会主义法律援助理论体系和法律援助制度。

  确立法律援助值班律师制度，是推进以审判为中心的诉讼制度改革的一项重要措施，对我国建构和完善人权保障制度、保障认罪认罚从宽制度改革试点工作顺利进行、保障诉讼的顺利进行等方面具有重要意义。值班律师制度是法律援助制度的组成部分，完全具备法律援助制度的基本属性或共性：无偿向当事人提供法律援助服务的一种制度。值班律师制度不同于一般法律援助的特殊性在于其具有应急性，而且法律服务方式、内容具有多样性。值班律师没有调查取证、阅览案卷及出庭辩护的职责，身份更类似于法律咨询和速裁程序顺利进行的协助者。然而，认罪认罚从宽程序中律师的地位需要进一步明确，建议将值班律师定位为法律帮助者而非辩护人。因而，应从以下几个方面完善值班律师制度：第一，深化对值班律师重要性的认识。以审判为中心的诉讼制度改革明确了公、检、法、刑辩律师的四大改革主体地位，刑辩律师主体地位得到确认和保障。同时，庭审实质化必然要求刑事辩护有效化，要求更加注重刑事辩护作用和功能的充分发挥。犯罪嫌疑人、被告人得到值班律师的帮助是保障其认罪认罚的自愿性、认罪认罚的主动性以及认罪认罚的合理性的必然要求。第二，强化侦查阶段值班律师参与。值班律师工作集中在侦查阶段。要做好侦查阶段的值班律师工作站设置，落实好值班律师各项职责，全面为犯罪嫌疑人提供法律帮助，尤其是向犯罪嫌疑人解释清楚所犯罪名的含义、犯罪构成、可能判处的刑罚。此外，律师于侦查讯问阶段在场是多数国家的通行做法，建议把律师在场权写入法律。第三，明确值班律师、法律援助律师等身份转换的程序。建议在检察院审查起诉阶段，对于认罪认罚、未聘请律师的犯罪嫌疑人，凡符合法律援助条件的，由检察院通知法律援助机构安排一名值班律师全程负责。不符合法律援助条件的，可以根据被告方的意见，及时办理委托律师手续，以便及时介入诉讼。这样可以避免同一律师同时为同一案件中多名犯罪嫌疑人提供法律帮助的情况，也有利于法律援助机构对值班律师的管理和补贴的拨付。在刑事诉讼法尚未赋予值班律师阅卷权的情况下,可以考虑引入值班律师身份转换机制。适当情况下,值班律师可以转换为援助律师或委托律师,但要征询被告人的意见。此外,值班律师身份转换为法律援助律师后,补贴也要得到相应调整。第四,完善值班律师的考核、惩戒制度。应积极推动建立值班律师工作考核机制,建立值班律师工作表现档案,作为值班律师考核依据,形成值班律师库进出制度,并将考核结果与值班律师补贴挂钩。①

五、结语

先生著作等身,80 岁高龄仍笔耕不辍;先生忧国忧民,著书立说,与时俱进,推动侦查程序改革,完善刑事诉讼立法;先生教书育人,桃李芬芳,指导数名博士生研究侦查程序。② 感悟先生学术思想,启迪吾辈弟子百人,是为此文。

---

① 樊崇义、徐歌旋、哈腾、刘鹏宇:《依托认罪认罚从宽,完善值班律师制度》,载《人民法院报》2017 年 12 月 28 日。
② 例如,陈永生:《侦查程序原理论》(1999—2002);胡志风:《刑事错案的侦查程序分析与控制路径研究》(2008—2011);白俊华:《看守所论——以刑事诉讼为视角》(2010—2013);兰跃军:《侦查程序被害人权利保护研究》(2010—2012);金飒:《正当程序与侦查讯问规范化研究》(2011—2014);刘辰:《论侦查监督》(2012—2016);刘文化:《刑事诉讼文明视角下的侦查程序研究》(2013—2016)。

樊崇义教授检察理论及其学术贡献

刘 辰[①]

随着1979年我国首部《刑事诉讼法》的颁布，标志着我国刑事诉讼进入了法律制度建设的轨道，也标志着刑事诉讼法学的研究自此全面恢复，开启新纪元。同我国其他法学学科一样，刑事诉讼法也是从注释法学开始成长的，但注释法学难以满足法治发展对刑事诉讼法学理论的需求。在此形势下，樊崇义教授从20世纪80年代初就对刑事诉讼法学的研究方向、研究范围、研究方法等进行了反思，提出了刑事诉讼法哲学的学术取向。陈兴良教授曾指出，樊崇义教授强调马克思主义哲学观念在刑事诉讼法学研究中的实际运用，这在当时以注释法学占主导地位的情况下，倡导法哲学研究，是具有重大价值的远见卓识[②]。《刑事诉讼法学研究综述与评价》《诉讼原理》《刑事诉讼法哲理思维》等著作，以及《刑事诉讼法再修改理性思考论纲》《法律监督职能哲理论纲》《客观真实管见》《法律真实哲理思维》等文章，都对刑事诉讼法哲理化进行了不断深入和体系化的研究。在樊崇义教授数十年的诉讼法研究中，从实然向应然的理论跃进，从哲学这一高度探索刑事诉讼法学的基本规律，是向真理迈进的必由之路，是指导实践之理论正确的应然保证。在贯穿法哲学研究思想的主线下，樊崇义教授还在认识层面贯穿了一条"理性"的研究思路。

一般认为，理性常在三种意义上使用：本体论、认识论、实践论。本体论是探究世界本原的哲学概念，它是指一切实在的最终本性。[③] 研究如何认识则为认识论，认识论也称为理论理性，作为一种观念、知识形成的方式及结果，它是指

---

① 刘辰，最高人民检察院第一检察厅检察官。
② 陈兴良：《刑事诉讼法学哲理化笔谈》，载《国家检察官学院学报》2010年第5期。
③ 百度词条，参见 https://baike.baidu.com/item/%E6%9C%AC%E4%BD%93%E8%AE%BA

以概念、判断、推理等思维活动获取高于感性与知性的知识的能力。实践论意义的理性，是一种行动的理性，它实际指的是人进行正当行为的能力。在对检察理论的研究中，樊教授同样贯彻了"理性"研究的思想，并坚持在理性之上的哲理化思考。

樊崇义教授从"检察是什么"这一本体论问题入手，在对中国检察机关的定位、性质的讨论中，在对公诉权属性的争辩中，提出了自己对具有中国特色的检察制度的认知，是为对检察制度的本体认知。从2000年起，樊崇义教授开始关注认识论问题的研究工作，在认识论层面上，樊教授更是从诉讼真实这一诉讼认识论的核心和基本问题着眼，提出了法律真实这一具有重大价值，并对我国诉讼法学理论及实务产生长远影响的诉讼认知标准。在这一标准下也带动了包括检察理念在内的诉讼理念的转型。而在实践论层面，樊教授更是身体力行地推动各项诉讼制度的改革，由其推动的讯问全过程录音、录像制度、辩护律师在场制度"三项制度"改革，量刑程序的诉讼化构建、法律监督和侦查监督的改革、简易程序与诉讼分流、看守所改革等，很多制度已然纳入当今法律，很多也已成为或正在成为国家法治化进行中的制度性设置。

在"理性"思想之上，对检察制度的研究也依然贯穿着哲理化思维的思维之路。无论是从检察本体论、检察价值论和检察认识论入手对检察制度原理的追问，还是对以一元分立、独立控制、存在决定、职权二元为支撑的法律监督的哲理思考，抑或是从诉讼性质思维、诉讼价值思维、公诉模式思维、人文思维、证据思维入手的检察理念转型的探索，都无处不体现了樊崇义教授运用马克思主义的科学世界观与方法论对中国检察理论研究上的指导作用和实际运用。樊崇义教授关于我国检察制度和检察理论的研究涉及方方面面，本文仅能对樊教授关于中国检察理论的研究择取部分进行梳理综述，也仍有很多不尽之处，望谅解。

一、中国检察机关及其法律监督定位

在我国，检察院的职权通常被称为检察权，以法律监督为内容的中国检察权是一个从内容到形式都十分中国化的概念。21世纪初，关于检察权的属性、检察机关的定位在理论界曾存在较大争议，也引起了一番学术上的争鸣。有观点认为检察机关是司法机关,检察权是一种司法权。① 有观点认为检察机关是行政机关,检察权是一种行政权。② 也有观点认为检察机关具有司法机关和行政机关的双重属性,检察权也同样具有司法权与行政权的双重属性。③ 还有观点认为检察机关是法律监督机关,检察权是法律监督权。④

在这轮学术争鸣中,樊崇义教授从国家权力结构模式入手,从实然的存在层面着眼,最终上升到应然的哲学层面,以《法律监督职能哲理论纲》和《一元分立权力结构模式下的中国检察权》两篇文章为代表,旗帜鲜明地阐述了其对中国检察权属性和检察机关法律监督定位的认识,为这次争鸣注入了有力的学术声音。

樊崇义教授谈到,讨论我国检察权的内在属性,检察机关的宪法定位,以及对中国特色的检察制度的正确理解,必须坚持在我国国体与政体框架下,对国家权力结构的正确理解之上,做到既关注中国特殊的历史发展,尤其是检察制度自身的历史发展,又要结合现行的检察工作现状。首先界定了讨论这一问题的基本方法与探讨平台。在这一背景下,樊崇义教授开宗明义提出观点,我国检察制度的宪法定位应是法律监督制度,检察人员最根本的宪政职责应是强调对法律的一种强势监督,其他职责只是这种根本职责的派生,而对于检察权,既不是完全意义上的行政权,也不是通常意义上的司法权,而是应被强化与保障的法律监督权。

在论证上述观点的路径上指出,回应对检察机关法律监督的质疑,仅有宪法对检察机关是国家法律监督机关的定位这种实然性的回答,还不能令人彻底信服,为什么这么规定?其应然性在哪里?回应对检察机关法律监督的质疑,必须从实然走向应然,即从哲学的高度,立足于应然性范畴,对实然作出理性阐述,

---

① 倪培兴:《论司法权的概念与检察机关的定位——兼论侦检一体化模式》,载《人民检察》2002年第4期;刘立宪:《司法改革热点问题》,中国人民公安大学出版社2000年版。

② 谭世贵:《中国司法改革研究》,法律出版社2000年版;夏邦:《中国检察院体制应予取消》,载《法学》1999年第7期;郝银钟:《检察机关的角色定位与诉讼职能的重构》,载《刑事法评论》1999年第4期。

③ 龙宗智:《论检察权的性质与检察机关的改革》,载《法学》1999年第10期;陈兴良:《从"法官之上的法官"到"法官之前的法官"——刑事法视野中的检察权》,载《中外法学》2000年第6期。

④ 朱孝清:《中国检察制度的几个问题》,载《中国法学》2007年第2期;李征:《中国检察权研究——以宪政为视角的分析》,中国检察出版社2007年版。

才能解决根本性问题并令人信服。樊崇义教授将"法律监督""诉讼规律""中国特色的检察制度原理"等命题联系起来,融会贯通后进行了哲理思考,从哲学范畴,提出了检察机关法律监督职能科学性和必然性的四方面的立论。

(一) 一元分立论

从具有中国特色检察制度的法律监督职能的生成来看,是有其深刻的宪政基础的,樊崇义教授将其概括为"权力结构模式原理"。我国宪政体制中的权力结构模式,不同于西方国家。

西方国家的权力结构模式可统称为三权分立的权力结构。这种权力结构模式是洛克和孟德斯鸠等人的分权制衡理论的典型实践。以美国为代表,将国家权力分为立法权、行政权和司法权,并分别由不同的人或不同的机关掌握。三种权力不分层级,各权力主体在各自的领域内具有最终权威,各权力主体间形成牵制制衡关系,防止一种权力占有压倒性的优势。我国的权力结构模式不同于西方,是以人民民主专政理论为基础构建的人民代表大会制度,这种政治理论决定了中国的政治制度具有权力一元化的价值倾向。但是,对权力进行适度的分离设置和建立制约机制始终是现代法治的共同精神。于是有了人民代表大会之下的分权形式,即在人民代表大会下,设有行政机关、监察机关、审判机关和检察机关。①将权力进行职能分工,并以人民代表大会制度形式监督各项权力。

樊教授指出,我国检察权应当用人民代表大会制度来解释权力的性质,而不能以西方法理学说作为应然性的依据来给中国检察权定性。检察权的应然性除来自宪法确认这一根本政治制度外,检察权作为二级国家权力与国家的行政权、审判权平行设置,相互独立。在一元之下,必须有一个专门机关负责监督法律的正确行使,检察机关则承担了专门履行法律监督职能的部门,作为由人民代表大会产生并向人民代表大会负责的一个独立的国家法律监督机关。这样的权力定位是中国特色社会主义国家权力制约机制内在规律的必然选择,是国家权力分配和有效控制的重要保障。我国权力结构决定了中国的分权机制特有的禀赋:权力一元之下的分权和受限制的分权。②樊崇义教授还从现实层面指出,虽然这种监督属

---

① 2018 年我国《宪法》修改增加了监察机关这种权力职能分工形式,此前樊崇义教授在当时文章中依据当时情况表述为行政机关、审判机关和检察机关。

② 孙谦:《理念、制度与改革》,中国法律出版社 2004 年版,第 31 页。

性目前存在被弱化和空置的现象，但这应该作为我们改革这一制度的出发点，而不能作为我们质疑检察权就是法律监督权这一本质属性的理由。

（二）对立控制论

权力的对立制衡理论是任何一种形式的国家权力结构模式的普遍规律。权力作为一种社会关系，它是一种有目的地支配他人的力量，正因如此，权力不仅容易成为人们追求的对象，而且也往往容易被滥用而成为权力拥有者谋取私利的工具。正是因为国家权力的这些本质特征，资产阶级国家从产生到其发展，运用制衡理论，形成三权分立的国家权力结构模式；在我国一元分立的权力结构模式下，作为国家权力的行政权、司法权毫不例外，同样离不开监督和制约。检察机关的法律监督职能，就是把辩证唯物主义关于对立统一的规律运用于国家权力机关运行过程中。

在我国一元分立模式下的对立与制衡，与三权分立模式下的对立与制衡，有着本质的不同。一是我国是人民当家作主的国家，这种对立和制衡是代表广大人民群众的根本利益而行使的法律监督职责。二是我国对制衡原理具体运用的内容和方法也与西方国家三权分立的制衡过程完全不同。在我国，由于检察权被定位为一种独立于行政权与审判权的法律监督权，检察权对审判权与侦查权具有较西方国家更广泛的制衡作用。

（三）存在决定论

关于检察机关法律监督的科学性、正当性和必然性问题，除了上述的权力结构模式和权力对立制衡原理外，另一个重要的理由就是回归现实，回归客观存在，回归司法现状。樊崇义教授指出，法律监督是客观存在之必须，客观要求之必然，并将这一思维和认识概括为存在决定论。我国当前正处在社会主义发展的初级阶段，目前中国社会显现的阶段性特征，在呼唤法治，要求法制的统一，专门的法律监督必须加强而不能削弱。检察机关的法律监督，直接肩负着维护社会稳定、实现社会公平正义的重大责任，尤其是在惩治犯罪、保障人权、化解矛盾、调节社会关系、维护社会稳定、实现法制统一等方面，所发挥的作用是任何一个国家权力机关所无法替代的。

（四）职权二元论

关于法律监督和公诉两项职能的关系，众说纷纭，归纳起来根本问题在于"职权一元论"与"职权二元论"之争。"职权一元论"的观点认为，法律监督方式和手段的多样性、多元化与法律监督本质和职能的唯一性、统一性并不矛盾。各种检察职能包括诉讼职能和非诉讼职能统一于法律监督，都是法律监督的实现方式和途径。该观点认为检察机关不具有与法律监督平行或并列的其他职能。反对检察定位和性质的多元论，即反对把公诉职能和侦查职能与法律监督职能并列，或者把检察机关定位为公诉和法律监督机关。①

樊崇义教授在肯定"职权一元论"中法律监督职能与公诉职能的联系的同时，也指出二者的区别是实质性的，应加以区分。因此，提出了"职权二元论"的观点。其理由有四：一是公诉权和法律监督权，两项权力授予的目的不同；二是监督和制约的概念和内涵不同；三是两种权力运行的规则和规律不同；四是公诉权的产生、发展的历史，其固有属性不能用法律监督来替代。上述理由的展开将在下文公诉权属性中予以阐述。

樊崇义教授指出，法律监督与公诉是辩证的统一，都是我国检察权不可偏废、不可忽视的两个重要组成部分和两种基本的职能。公诉职能加强了，法律监督的效果必然也显现出来；公诉是手段，法律监督是目的，实现法制的统一是效果。从检察机关职能长远发展的高度来看，樊崇义教授建议，不宜轻易地将公诉权纳入法律监督职能之内，将公诉职能独立于法律监督，纳入诉讼的轨道，遵循诉讼的规律，有其独立的功能和价值，即可以保证诉讼渠道通畅，实现公诉职能专业化，保证公诉的质量，回应对检察权的各种质疑，对最终实现检察机关法律监督职能更具特殊的意义。

二、公诉权的属性

在繁荣和推进具有中国特色的检察制度理论研究过程中，关于刑事公诉权的属性，是一个不容回避的问题。公诉权的属性问题是和检察机关法律监督定位紧密相关又存在内在调和的基础性理论问题，检察机关的这一核心权力、源头性权力的属性是什么？是我国检察制度在不断发展中的自我追问，是在我国检察制度发展完善中的理论溯源，是检察制度本体论的重要认识方面。只有对公诉权的属性有一个正确的理解，才能对公诉职能有一个科学的定位，才能厘清公诉与法律

---

① 孙谦：《中国特色社会主义检察制度》，中国检察出版社2009年版，第42页。

监督之间的辩证关系。对公诉权本源的探寻，在中国特色的政治体制和中国特色的检察制度下，较其他国家更为复杂，因此才引发了理论与实务各界的广泛研究。

关于公诉权的属性，法学界一直有不同的认识。以下5种学术观点具有代表性，为从不同视角认识公诉权属性提供了有益借鉴。第一种观点认为，我国检察机关作为法律监督机关，其行使的多项职权都是法律监督职能的体现，如侦查权、公诉权等无一例外均属于法律监督性质的职权。"公诉与法律监督二者是一体的，具有共生关系，公诉权只是法律监督的一种实现形式。"① 第二种观点认为，我国检察机关的性质、地位决定了检察机关总体上行使法律监督职能，具体职权的基本方向属于法律监督，但有的职权，如公诉权，并不一定属于法律监督范围。"程序性是刑事公诉权的本质属性之一"。② 第三种观点认为，公诉权是司法权。例如，陈光中教授指出，检察机关的公诉权是具有司法性质的权力。尤其是不起诉决定，与法院的免刑和无罪判决具有相似性的效力，是具有裁断性、终局性、法律运用性等司法特征的司法行为（适用法律进行裁决）。③ 龙宗智教授指出，由于直接性、亲历性以及个体操作特征，公诉检察官行使其职权应当相对独立，有权抵制不法干涉。检察官的公诉活动正集中反映了检察官的司法属性。④ 有学者从分析司法权的含义入手，认为公诉权（检察权）应属司法权。"从司法权的含义来看，司法是司法机关依司法程序就具体事实适用法律的活动，检察机关参加司法活动，在办理有关案件中采取措施，作出决定，是对个案具体事实适用法律的活动，符合司法权的特征。"⑤ 第四种观点认为，公诉权是行政权。一些学者针对我国新刑事诉讼法引进了对抗制的部分合理因素，增强了庭审对抗、法官居中裁判色彩的实际，对检察机关在诉讼活动中既履行公诉职能又履行法律监督职能提出强烈质疑，主张剥离刑事审判监督权，认为公诉权应定位为行政权，让公诉人成为与被告方平等对抗的一方当事人，使法官能够摆脱被监督

---

① 张智辉：《检察权研究》，中国检察出版社2007年版，第45页；朱孝清、张智辉主编：《检察学》，中国检察出版社2010年版，第377页。
② 郝银钟：《刑事公诉权原理》，人民法院出版社2004年版，第73页。
③ 刘立宪、张智辉：《司法改革热点问题》中国人民公安大学出版社2000年版，第78页。
④ 龙宗智：《为什么实行主诉检察官办案责任制》，载《人民检察》2000年第1期。
⑤ 徐益初：《析检察权性质及其运用》，载《人民检察》1999年第4期。

地位居中裁判。① 第五种观点认为,公诉的基本属性是国家追诉权。"现代法治国家一般实行国家追诉原则,或者以国家追诉为主、私人追诉为辅的原则。国家追诉的方式就是公诉,即由特定机关或者人员代表国家对犯罪进行追诉,因而在实质意义上公诉权是一种国家权力,其基本属性是国家追诉权。"②

樊崇义教授认为,对公诉权属性的判断和认识,必须坚持3项认识标准:一是对公诉权属性的研究,必须紧紧抓住其作为国家权力的强制性这一本质特征。二是要坚持历史唯物主义的研究方法。现代检察制度无论如何发展变化,其代表国家履行公诉职能的任务始终是不变的,始终是最核心、最具有标志性的检察职能。三是要从我国人民代表大会这一国家制度和履行公诉职能这一刑事诉讼制度的实际出发。这一问题正是具有中国特色公诉制度所面临的难题。

按照上述3项标准,关于公诉属性问题,樊崇义教授认为:公诉权不能定性为行政权。因为,在我国"一元分立"的权力结构模式下的检察机关,在国家组织体系中,其具有一定的独立性,无论在机构设置上还是在职权行使上,其与国家的行政机关、审判机关互不隶属。《宪法》还确立了人民检察院依法独立行使检察权的宪法原则。上命下从、检察一体的行政性因素,无非是检察机关的执业与事务管理中的行政性,任何一个国家权力组织要想正常运作,都必须拥有一定的事务性保障,但这并不是其职权的本质。检察机关所行使的检察权,尤其是公诉权,其本质性在于他的国家追诉属性。

樊崇义教授也不主张笼统地把公诉权的属性定位为法律监督。认为法律监督并不是刑事公诉最直接、最本质的第一位属性,只是公诉权的第二位属性。公诉权与法律监督权二者虽有契合,但是二者所适用的主体、客体,以及适用中所遵守的原则和规律,都有着原则性区别。一是公诉是追诉和求刑活动,在诉讼中体现双向的相互制约,而法律监督是一项诉讼监督活动,是一种权力对另一种权力的单向制衡行为。二是诉讼监督权的启动性、建议性特点,同公诉权的强制性有着本质区别。法律监督,"它基本上属于程序性监督,即主要是依法启动程序或作出程序性的决定来发挥监督作用,一般不具有实体性的处分权或司法裁决权,

---

① 陈瑞华:《司法权的性质》,载《法学研究》2000年第5期。
② 卞建林:《刑事诉讼法学》,科学出版社2008年版。

必须接受权力机关或司法机关的裁决"。①而公诉权则不然,它不仅具有程序的启动作用,还决定着庭审的范围,在起诉和不起诉上,在对案件的实体处理上,它将产生重大的影响,甚至在一定意义上起着决定性作用。

对于公诉属性的认识,樊崇义教授在2010年发表的《法律监督职能哲理论纲》一文中,首次提出了"检察职权二元论"的观点,主张把公诉职能从法律监督职能中分离出来,变检察职权一元论为二元论。一是两项权力的授予目的不同。法律监督的目的是以权力制衡权力,解决国家权力监督制约问题;公诉职能则是一种诉讼职能,其目的是完成诉讼任务。二是监督和制约的概念与内涵不同。公诉以侦查职能的存在和变化为条件,公诉的存在与变化,又是审判的前提和条件,公诉与侦查之间、公诉与审判之间形成了一种结构严密的相互制约的诉讼法律关系。法律监督则不然,它只是察看和督促,它与侦查、审判等各个诉讼阶段,没有相互依存、互为条件的法律关系。三是出于尊重和遵循诉讼规则与规律的需要,不能把两项职能合而为一。公诉加监督不免给人既是运动员又当裁判员之口实,也不利于强化诉讼中的法律监督,职能一元化的提法有违诉讼程序自身运转规律。四是从公诉权的产生、发展来看,公诉一直是检察机关的基本职能,不能在"职权一元化"的命题下,轻易地把提起公诉并于法律监督之中。

基于检察"职权二元论"的观点,认为公诉权属性应界定为国家追诉权(或称求刑权),具有4个特征:第一,公诉权是国家权力。公诉权本质上是国家对犯罪的追诉权,其体现的是国家和社会的意志和利益。第二,公诉权是追诉犯罪的权力。行使公诉权的目的,是使实施犯罪行为的人受到追究和惩罚,维护国家利益和社会公共利益。第三,公诉权是请求权。公诉权的行使是为了启动追诉犯罪的审判程序,无起诉即无审判。第四,公诉权是程序性权力。就实质而言,公诉权不是实体处理权,这是其区别于行政权和审判权的重要特征。检察官启动审判程序,但不能决定案件的定罪量刑问题。

"职权二元论"的提出对于公诉权乃至法律监督权本体的认识开启了崭新的视角,具有重要的认识论意义。将检察机关的诉讼职能和法律监督职能区分开来,有助于研究两种职权各自的性质、内容以及内在运行规律,有助于提高对两

---

① 孙谦:《中国特色社会主义检察制度》,中国检察出版社2009年版,第54页。

种职权之间关系的认识。① 当然理论上的研究意义与实践中的人为分离还有着不同的价值考量，但不可否认"职权二元论"的提出对检察权本体认识论的研究起到了重要的作用。

三、法律真实

樊崇义教授在对刑事诉讼法学哲理化研究的过程中，在诉讼认识论领域提出了具有重大学术价值和学术影响力的命题——法律真实。法律真实这一学术观点的提出是对刑事诉讼证明标准的一次革命性的理论更新，是我国诉讼法学研究中推动程序价值走向前台的里程碑，是诉讼法学现代化的标志。该观点一经提出，立即在学术界引起了高度关注与热烈讨论，樊教授发表在《中国法学》2000年第1期的《客观真实管见》一文更是被广泛阅读与引用，在知网统计的二次引证中已达两千余次。

在《客观真实管见》以及《法律真实哲理思维》文中，樊崇义教授对证明标准问题上法学领域长期坚持与遵循的客观真实的观点进行了批判，倡导法律真实观。提出法律真实是指公、检、法机关在刑事诉讼证明过程中，运用证据对案件真实的认定应当符合刑事实体法和程序法的规定，应当达到从法律的角度认为是真实的程度。刑事诉讼是对过去已经发生的案件事实作回溯性证明的艰苦过程，如果采用客观真实作为证明标准，不仅使证明标准本身缺乏可操作性，而且会导致不择手段地追求"客观真实"以致损害被追诉人合法权益。如果以法律真实作为证明标准，则有助于确立程序正义在诉讼中的主导地位。

樊崇义教授还指出，把我国刑事诉讼证明的任务与要求确定为法律真实的理论和实践依据：第一，诉讼证明追求法律真实与我国刑事诉讼法规定的惩罚犯罪，保护人权的宗旨和任务相一致。第二，法律真实同客观真实相比简明扼要，具体明确，可操作性强，整个证明活动只需紧紧围绕构成本罪的实体要件进行就可以了，易于适用。第三，法律真实为证据的调查和运用指明了方向，澄清了在运用证据过程中容易混淆的环节和概念，使得诉讼证明活动能高效准确地进行。

对于法律真实持认同以及为此作出了努力的学者越来越多。例如，锁正杰的

---

① 苗生明等：《诉讼职权与监督职权优化配置的基本问题》，载《深化检察改革的基础理论问题研究——第二届中国检察基础理论论坛文集》，湖北人民出版社2012年版。

刑事程序的法哲学原理研究、吴宏耀的诉讼认识论研究，对于深化我国诉讼法哲学作出了重要的学术贡献。法律真实的提出、探讨，至今已成为学界的基本共识。

龙宗智教授这样评价"法律真实"的提出：在我国刑事诉讼法学界，樊崇义教授较早提出了认识论和法律真实这样一个命题，也是他学术思想的一个重要组成部分，我觉得这个命题很有意义。法律真实虽然是一个学术性命题、哲理性命题，但它也具有很强的实践意义。法律真实针对证据标准、依法取证、程序正义等问题，具有很强的实践意义。法律真实针对长期以来我们不注重程序，在证据标准上采取的不切实际的认识和态度，具有很强的针对性。它的现实意义是回到相对的真实，在程序范围内实现真实，而不是绝对真实的追求，具有合理性。同时，法律真实强调了证据裁判原则的价值。因此，我个人的观点是赞成法律真实的。[1]

王敏远教授认为法律真实的重要价值在于：一是它确定了程序法的地位和重要性。我们只能在法定程序里，采用法律所允许的方法来追求真相，法律真实的价值在于确定了发现真实的程序和方法。二是法律真实动摇了我们以往对证明标准的绝对化认识。[2]

孙长永教授认为，法律真实有利于促进刑事诉讼观念的更新，提升程序公正，有利于推动真实发现的过程。从发展方向上看，与法律真实相适应的刑事司法路径应该是通过正当程序发现真实，也就是程序先于实体。法律真实本质上仍然是实质真实，不是形式真实。但同时，在刑事诉讼过程中追求实体真实，仍然具有意义。公正是司法取得公信力的基本，不能因为法律真实放弃对实质真实的追求。[3]

法律真实认识观的提出对我国法治进程向更理性、更客观、更科学的认识高度迈出了重要一步。诉讼认识是一种回溯性认识，只能通过证据这个媒介来认识既往事实。我们要承认人类认知的固有局限以及科技手段的时代局限，因此在诉讼求真的过程中，必然包含着价值冲突与价值选择。为此，用法律设置诉讼认识

---

[1] 陈兴良：《刑事诉讼法学哲理化笔谈》，载《国家检察官学院学报》2010年10月。
[2] 陈兴良：《刑事诉讼法学哲理化笔谈》，载《国家检察官学院学报》2010年10月。
[3] 陈兴良：《刑事诉讼法学哲理化笔谈》，载《国家检察官学院学报》2010年10月。

中的规则，避免求真中的不择手段，用法律制度设置诉讼认识中价值冲突时的选择标准，防范可能出现的认识错误，是在更高层面取得公正的最大化实现。

从2000年起，樊崇义教授开始关注认识论问题的研究工作。认识论是樊教授最早提出，极力提倡并身体力行进行深入研究的重大法学理论课题之一。在理论体系上，认识论的研究是樊崇义教授部门法学哲理化的重要组成部分。其试图通过认识论这一范畴，把诉讼法学的研究置于更广阔、更具高度的研究视野当中。法律真实概念的提出，是樊崇义教授诉讼法哲学研究体系中的核心内容，是认识论部分的基础概念。该概念的提出，在法学研究领域也经历了从质疑到理解再到广泛认同，至今成为诉讼认识论领域的基本共识的过程。法律真实对证据标准的研究、诉讼程序地位的确立等都具有重大现实意义。

从1997年刑事诉讼法修改至2012年刑事诉讼法的再次大修，这十五年间的法学研究工作对刑事诉讼法以及相关司法解释的推进起到了极大的推动作用。刑事证明标准是特定诉讼真实观的体现，诉讼真实观的转变会引起证明标准的修正。2010年"两高三部"发布的《关于办理死刑案件审查判断证据若干问题的规定》和《关于办理刑事案件排除非法证据若干问题的规定》，确立了证据裁判规则、程序法定规则，以及非法证据排除规则等，确立和破解了"证据问题也是程序问题"的科学命题，实实在在地把刑事证据的适用程序法定化、条文化。2012年刑事诉讼法修改时，上述规则都被吸收进立法，确立为诉讼原则或诉讼规则，并对证明标准进行完善。法律的修改是中国法学研究不断深入和理性发展的结果，更是对证据裁判和程序正义理念在诉讼中地位的认可，也是对法律真实认识论的认可。

四、法律监督及其发展

关于检察机关法律监督职能的科学定位、具体内涵，以及加强法律监督各项改革措施的正当性和必然性等问题，也经历了一个不断深入认识、晰明争议、逐步完善、逐步健全的过程。在这一过程中，无论争论质疑的声音大小，樊崇义教授始终坚持并鲜明地提出，我国检察制度的宪法定位应是法律监督制度，检察机关最根本的宪政职责应是强调对法律的一种强势监督，而对于检察权，既不是完全意义上的行政权，也不是通常意义上的司法权，而是应被强化与保障的法律监督权。对于上述观点，樊崇义教授通过多篇文章，①从哲理的高度和应然的视角进行了论证与观点阐述，对检察机关以及检察理论厘清争议、明晰定位、强化职能、坚定方向起到了基础性和方向性的理论指导作用。不仅在检察机关法律监督定位这一基本理论问题上樊教授态度鲜明并充分地阐述了立场，在促进检察制度完善、提高法律监督能力等方面，樊教授更是深入实践，长期观察思考法律监督存在的现实问题，并一直以来致力于对加强法律监督职能的思考。

检察机关的法律监督体系是检察机关依法履行法律监督职能的制度体系，包括检察机关法律监督各领域的法律规范、体制机制和工作制度。法律监督体系的范畴是随着对法律监督职能认识的深化而不断深化的。传统的法律监督领域包括职务犯罪侦查权、公诉权、批准逮捕权以及对刑事诉讼、民事诉讼、行政诉讼的监督权等。近年来，随着国家监察体制改革、司法责任制改革、以审判为中心的诉讼制度改革等多项改革的深入，对检察机关法律监督职能的范域及行使方式都提出了新的要求与挑战。刑事检察权与监察权的对接、公益诉讼的拓展、审前程序"大控诉"格局的催生凝聚等，对法律监督在提出挑战的同时，也创造了机遇。

在对以往法律监督传统领域的实践观察中，樊教授全面深入地指出了法律监督存在的问题。监督不到位，制约未落实，监督者不敢监督、不愿监督、不会监督，被监督者不接受监督。其将我国当前法律监督的现状概括为选择性监督、事后监督、软性监督、零散监督。樊教授具体指出，立案监督立法规定结构性缺失。人民检察院如何履行立案监督的职责，以及立案监督的内容与程序，尤其是对违法立案的救济、制约程序，立法仍有欠缺。对侦查监督，他指出知情渠道不足使监督来源受限、监督滞后与监督手段单一乏力制约监督效果等；侦查环节司法审查制度尚未构建；除逮捕外的强制措施与强制性侦查措施都不具有司法审查的形态，而呈现为行政式审批状态。对涉案财产的法律监督机制立法不严，特别是关于搜查、查封、扣押、查讯、冻结、移送、返还、没收等诉讼中的各个环节，侦查机关适用的随意性较大。审判监督也亟待完善，等等。

樊崇义教授指出，无论是从国家权力建设，还是从当前我国的司法现状，强化检察机关的法律监督势在必行。在20余年的检察改革历程中，樊教授提出的

---

① 樊崇义：《法律监督职能哲理论纲》，载《人民检察》2010年第1期。

许多改革建议已经在法律与制度层面得到体现，转化为实实在在指导实践、应用于实践的制度规范。樊崇义教授自2003年提出并一直着力推动的侦查讯问全过程律师在场、录音、录像同步进行"三项改革"，曾被很多学者和实务部门的人认为过于超前，不适宜我国目前司法状况而并不看好。但樊教授持续不懈的推动，讯问同步录音、录像制度已经于2012年被写入刑事诉讼法，得到了立法确认。再如，在侦查监督方面，他主张确立非法证据的排除规则和程序，纠正违法行为的程序和制裁违法行为的措施，侦查机关对纠正违法制裁措施不服的申请复议机制和程序等。在审判监督方面，他主张积极参与量刑程序改革，做好量刑建议；积极参与死刑复核程序的改革，列席审判委员会积极发表意见等。这些主张都不同程度的在法律或制度层面得到采纳，推动了法治进步。

而在当前多项改革叠加期，关于检察机关法律监督的发展问题，樊崇义教授依然格外关注，并对改革时期检察机关法律监督的深化发展进行了深入思考，高屋建瓴地提出了法律监督的四个面向，为法律监督的未来发展把脉。

一是坚持检察机关的法律监督宪法定位不动摇。法律监督既是我国检察制度最基本的内涵，也是我国检察制度持续发展的基本方向，是检察制度现代化建设的基本坐标。单设专门的法律监督权，是一元分立架构下对权力运行和制约的必然选择。检察机关的法律监督职能，将辩证唯物主义的对立统一规律嵌入国家权力机关的运行过程，以保证权力的正常运行和相互制约的科学性。为提升法律监督能力，改善法律监督效果，增强监督法律依据，主张制定专门化的法律监督立法，即《法律监督法》。为充分保障检察机关依法独立行使检察权，主张在外部保障上，推动省级以下地方检察院人财物统一管理等改革，推动跨区设院与巡回法庭的完善；在内部保障上，明确规定检察一体化原则，形成下级检察机关有效抵御外部不当干扰的体制保障。

二是平稳衔接监察委改革。在新条件下检察监督职能的重整中，樊崇义教授指出，基于权力配置与权力制约的基本属性，监察委员会和检察机关之间，仍应遵循分工负责、互相配合、互相制约的宪法原则。人民检察院作为由宪法确立的法律监督机关的地位绝不能动摇，也绝不能改变。监察机关具有监督、调查、处置三项权限，但在发现调查对象涉及刑事犯罪时，监察委员会只能移送司法机关处理，而无权自行作出决定，监察机关的处置权限更偏重程序性而非实体性。在对监察权的平行制约中，樊教授主张，检察机关作为宪法规定的专门监督机关，对监察委员会作出的决定或者采取的调查等措施，有权且有必要展开法律监督，而且监督的方式与力度应保持必要性与相当性。

三是提起公益诉讼的纵深发展。樊崇义教授2006年曾提出，从我国检察机关的性质和定位出发，应当把公益原则确立为刑事诉讼法的基本原则，要明确规定公众利益考量的标准和因素。在环境公害事件频发不断的背景下，检察机关是法律规定的国家和社会公共利益的"受托者"，基于维护社会公平正义的重要使命，提起公益诉讼的呼声日渐升高，建议通过立法明确检察机关提起公益诉讼的主体地位，检察机关以支持诉讼的方式参与诉讼。在包括樊教授在内的众多学者和司法实务部门，特别是检察机关的大力推动下，2015年7月中央决定在13个省区市检察机关开展为期两年的公益诉讼试点工作，时至今日，该项制度得到中央认可，检察机关成立公益诉讼检察部门，检察官行公益守护者之职，这项动议终于从理论走向了实践，从制度设想走向了法治规范。值得期待这项制度有更好的未来。

四是审判中心改革下侦查监督的强化。以审判为中心的诉讼改革，对警检关系与侦查监督都产生了新的影响。通过侦查监督防止侦查权滥用，提升侦查法治化与人权保障水平，是侦诉程序对审判中心主义的贯彻。樊教授主张重构侦诉关系，在侦查阶段全面贯彻法律监督，优化公诉引导侦查的模式。为了强化侦查监督，应构建新型警检关系，推动建立中国特色的司法审查制度。凡是涉及"人权"和"财产权"的强制措施，均须报经检察机关批准，接受检察机关的法律监督制约。基于检察机关是审前程序的主导者，要立足构建检察机关主导的"大控诉"格局。作为将审前程序捏合在一起的一种趋势，把"引导侦查"工作做好，也为侦查监督活动注入更大的功能与空间，建构完备的审前程序。即将侦查阶段视为公诉职能延伸与拓展的主要方向，探索检察介入侦查、公诉指导侦查制度，明确检察机关在审前程序中的主导地位，强化侦查监督与动态制约机制。①

五、检察理念转型

理念属于主观认识范畴，不同的理念直接影响着行为人的行为方式，影响着

---

① 卞建林、谢澍：《"以审判为中心"视野下的诉讼关系》，载《国家检察官学院学报》2016年第1期。

诉讼效果。同时，理念还受时代的制约，不同的时代，不同的社会政治、经济、文化、法律制度，会形成不同的理念。与显现在外的法律制度相比，理念是不易察觉的隐蔽的思维方式。与法律制度的刚性相比，理念是司法中的柔性的精神引领。"没有正确的理念，好的法律也会被曲意执行，而正确理念下，则可以完善矫正法律的不足，可以充分彰显法律的内在精神与价值。"[①] 制度创新、理性司法，必须理念先行。检察理念是检察制度的本质属性以及检察权运行规律所蕴含的精神原则，是支配检察人员履行检察职能的思想准则。检察理念贯通于检察制度之中并通过检察实践得以检验。检察理念直接作用于检察人员，是检察人员实践中的"法"，是检察制度实现、检察权运行以及检察实践的灵魂。检察理念的转型是破除僵化的传统观念的有力武器，有助于提高司法能力和维护社会和谐稳定，只有在新理念的指导下才能保证检察权的运行质量和效果。因此，对转型时期检察理念的研究具有现实意义和时代价值。樊崇义教授对包括检察理念在内的法治理念的思考，不仅敏锐的洞察到了时代的变化，而且对这种时代变化作出了理性升华，为检察制度发展以及当代法治国家建设探索了发展规律。

（一）诉讼性质理念的转型

一是从以斗争哲学为指导向以和谐哲学为指导转型。在计划经济体制下，尤其是在"以阶级斗争为纲"的日子里，把刑事诉讼看作阶级斗争的工具，理念上是以斗争哲学为指导的。而和谐社会的前提是对各种主体、各方利益、各种形态的社会存在予以广泛认同和尊重。从社会矛盾的角度来看，和谐哲学观是我国社会矛盾从敌我矛盾转变为人民内部矛盾的结果。从刑事诉讼法的角度来讲，"和谐"最重要的就是承认与尊重不同主体特点，平等保护不同主体的合法权益，不能将其中一种主体的利益尤其是国家利益凌驾于其他主体的合法利益之上。

二是由国家本位向国家、社会与个人本位并重转型。在斗争哲学的理念下，一切诉讼行为奉行的是"国家本位"的指导原则。樊教授认为，在刑事诉讼中促进和保护我国公民的人权和基本自由，首先要冲破国家本位一元化刑事诉讼思维，牢固树立国家本位、社会本位和个人本位多元化相结合的新思维。特别是作为履行诉讼监督职责的检察官，更应率先做上述三种利益的捍卫者，每个诉讼行

[①] 孙谦：《论刑事公诉》，载《法学研究》2017年。

为的实施，每种诉讼活动的进行，都要善于把"国家""社会""个人"三者有机结合起来，以实现三种利益的平衡，才能以高水平的司法能力，构建和谐稳定的社会。

（二）诉讼价值理念的转型

一方面，由重实体轻程序向两者并重最终向程序本位转型。在刑事诉讼的过程中，如何处理遵守程序与追求有效打击犯罪之间的关系，有程序绝对工具主义、程序相对工具主义和程序本位主义三种不同做法。樊崇义教授认为，对于刑事诉讼法的价值与功能的认识中，一个突出的问题，就是要克服绝对工具主义的影响，把单一工具主义的思维转变为多种价值多种功能的思维，尤其是要充分地认识到刑事诉讼法独立的、内在的价值，以充分发挥刑事诉讼法的作用。

另一方面，由一元化价值观向多元化价值观转型。刑事诉讼法作为法的一种，其价值也应当是多元的、多层次的。在多元化价值转型中，樊教授指出，一要坚持刑事诉讼法的打击、惩罚和保护功能，使刑法得以实施，充分体现刑事诉讼法的工具价值，即外在价值；二要特别重视刑事诉讼法自身独立的功能，即程序的公正性，也即内在价值，严格依法办案；三是不能忽视诉讼经济、诉讼效益，以实现刑事诉讼法的经济效益价值，三位一体，从而形成具有中国特色的刑事诉讼法的价值观。扩大简易程序的适用范围，将坦白从宽作为法定情节等，都是实现诉讼经济目标的具体举措。

（三）公诉模式理念的转型

时代的变化，我国改革开放的发展趋势，世界范围内司法改革的潮流，都决定了对诉讼模式的科学性、民主性的要求一定会更高更严。特别是人民群众对诉讼中权利的要求，决定了公诉模式的改革显得更为紧迫。作为检察官提起公诉、出庭支持公诉，必须具备一种与转型社会相适应的新思维、新观念，才能完成所肩负的法律监督和公诉任务。关于公诉模式思维转型的要点：一是以构建和谐稳定的社会为基本出发点，统揽公诉和法律监督两项职能；二是准确把握公诉职能与辩护职能的诉讼法律关系，实现在刑事诉讼法律关系上的控辩平等；三是要正确地处理好公诉职能与审判职能的关系，自觉地维护审判权威。

（四）人文理念的转型

人文理念是一切从人出发，以人为中心，把人作为观念、行为和制度的主体，即人文精神。它是一套观念体系，也是一种崇高的理想。其核心是一切社会活动和行为的价值都要以人为尺度加以权衡。体现在刑事诉讼中，即为对诉讼中当事人，特别是犯罪嫌疑人的权利保障。检察官的人文理念可概括为四个方面：一是要抓住刑事诉讼的本质，一切诉讼活动要以人为尺度，坚持做到"以人为本"；二是在诉讼中要牢牢把握"尊重和保障人权"原则，包括其生存、生活、必要的休息等基本人权，也包括他们应该享有的以辩护权为核心的诉讼权利；三是在诉讼中要构建一整套文明、民主的诉讼程序，包括完整的限制人身自由的程序，限制物权的程序和涉及当事人隐私权利的程序；四是要不断消除口供主义的影响等。

由高压从重向宽严相济的刑事政策的转型。随着我国经济发展、国内外局势逐渐趋向和平稳定，绝大部分犯罪行为已转变为人民内部矛盾，正是在这种情况下，宽严相济逐渐成为我国的刑事司法政策。宽严相济刑事司法政策符合对立统一规律、正义论、效益论和以人为本的思想。

（五）证据理念的转型

证据理念，包括证据观念、证据意识、运用证据的指导思想和证据规则等一系列主观认识和思想内容的总和。检察活动的各个环节无不同证据紧密相连。樊教授研究证据理念的转型，对解决不同的争议和看法具有现实意义，尤其是对我国刑事证据的立法和刑事证据法学科学体系的创建更具有学术价值。其表现如下：

一是由有罪推定向无罪推定转型。是有罪推定还是无罪推定，其实直接关系到公民的权利保障问题，也是一国刑事诉讼是否民主、文明的标志，我国没有理由拒绝无罪推定原则。二是由口供本位向物证本位转型。与口供本位证明方式相对应的就是刑讯逼供现象的出现，而物证本位证明方式是随着现代人权保障思想和刑事侦查技术的提高而出现的。三是由客观真实向法律真实转型。法律真实是指司法机关在刑事证明过程中，运用证据对案件事实的认识，应当符合刑事实体法和程序法的规定，应当达到从法律的角度认识真实的程度。樊教授提出，对于刑事诉讼的证明标准，应当是法律真实而不是客观真实，应当从过去那种客观真实观转向法律真实观。

理念是行动的先导。检察活动是诉讼活动的重要一环，检察理念作为支配检察人员履行检察职能的思想准则自然成为诉讼理念的重要组成部分，直接影响着检察效果以及诉讼效果。樊教授在2005年发表的《刑事诉讼中检察官思维的转型》以及此后《刑事诉讼法再修改理性思考论纲》等文章中敏锐地捕捉到时代的变化，不断探索刑事诉讼中检察理念及司法理念转型的发展趋势以及内在规律。此后，尊重和保障人权、不得强迫任何人自证其罪等原则被写入刑事诉讼法，非法证据排除规则，侦查讯问全程同步录音、录像，证人、鉴定人、侦查人员出庭等制度确立，都印证了樊教授对法律理念和法律制度发展的客观规律的判断。

六、检察制度原理及其哲理化

樊崇义教授从 20 世纪 80 年代初就提出了刑事诉讼法哲学的学术取向。到 90 年代初，我国诉讼法学界开始对诉讼法的哲理化问题进一步探讨。樊崇义教授在其主编的《刑事诉讼法学研究综述与评价》中提出了诉讼法哲学的概念，认为诉讼法哲学是诉讼法学的具体内容之一。并指出："刑事诉讼的立法、司法活动，都是以辩证唯物主义认识论为指导的。辩证唯物主义认识论及事物普遍联系和发展的观点、矛盾统一观点、实事求是的观点是刑事诉讼法学的基石，在刑事诉讼法学体系中占有重要地位。"陈兴良教授曾表示，"强调马克思主义哲学观念在刑事诉讼法学研究中的实际运用，这在当时以注释法学占主导地位的情况下，倡导法哲学的研究，是具有重大价值的远见卓识"。[①]

在对刑事诉讼法学进行哲理化研究的思路下，樊崇义教授将哲理化的研究方式引入检察制度。从 2006 年起，樊教授就开始进行中国特色检察制度原理的研究，并带领团队承担了最高人民检察院的重大课题项目，历时三年，最终形成《检察制度原理》一书。该成果也反映出了樊教授从制度到原理的哲理思维方式。

"具有普遍意义的可作为其他规律的基础的规律，也即具有普遍意义的道理"，[②] 称为原理。原理是理论体系中最核心、最基础的内容，原理的基本属性可以概括为普遍性和基础性。检察制度作为一种制度存在，有其自己的理论体系，也自然有其制度原理。为何要研究检察制度原理？樊崇义教授指出，这涉及人类理性在社会制度生成中的作用问题。检察制度自法国大革命产生以来，在西方社会已有 200 多年历史，在西方社会理论界，检察制度已形成了完整的理论体

[①] 陈兴良：《刑事诉讼法学哲理化笔谈》，载《国家检察官学院学报》2010 年 10 月。
[②] 商务印书馆辞书研究中心编：《古今汉语词典》，商务印书馆 2000 年版，第 1803 页。

系。我国检察制度总体上讲是舶来品，但之所以要研究中国检察制度的原理而不是直接借用西方检察制度的原理，这是实现检察制度与理论的本土化，避免我国检察制度与理论边陲化的需要。

对我国检察制度原理的追问，实质是强调我国检察制度及检察理论的中国化、本土化，不能简单的引入或移植西方检察制度及其原理。虽然我国检察机关与西方国家检察机关在具体职权上多有重合之处，但由于产生的历史环境不同，它们的建立初衷目的不同，赖以建立的理论基础不一样。西方国家检察机关建立初衷在于维护王室利益和王权，后因社会发展而演变为维护公共利益；其理论基础在于三权分立与权力制衡。我国检察制度的建立，目的在于监督法律的统一实施，理论基础在于人民主权与列宁的法律监督理论。因此，要坚持自己的检察制度，也必须探索自己的检察制度原理。

在对中国特色检察制度原理的探索中，樊崇义教授提出了七大原理：权力结构模式原理、权力制衡原理、公平正义原理、公共利益原理、法制统一原理、人权保障原理、正当程序原理。其中，权力结构模式原理与权力制衡原理属于检察制度的结构性原理，它们解决的是影响检察制度本身内部结构与组成的外部制度环境问题。说明了不同的国家权力结构之下往往会形成不同的检察制度。我国检察制度是由我国人民代表大会制度这一政权组织形式所决定的，在检察制度的理论研究与制度完善过程中应避免不加批评的移植或模仿。公平正义原理、公共利益原理、法制统一原理是检察制度的功能性原理。功能是对某种需要的满足，故这三个原理是我国检察制度所要实现的三个目标。法制统一旨在公平正义与公共利益的实现，而公平正义与公共利益又是互相促进的，没有不要公共利益的公平正义，也没有能远离公平正义的公共利益。人权保障既是检察制度的目标，也是公平正义、公共利益得以实现的重要手段。因此，人权保障既是检察制度的功能性原理，也是检察制度的工具性原理。正当程序原理是检察制度诸多功能得以实现的途径，只有通过正当程序，公平正义、公共利益、人权保障以及法制统一才可能实现。故正当程序原理是检察制度的运作性原理。因此，在检察制度的研究与构建中，必须全面考虑这七个方面的内容，只有这样才能避免陷入理论边陲化的陷阱，进而才能构建具有中国特色的检察制度。

如何从法哲学的视角来看检察制度原理呢？最高人民检察院理论研究所所长谢鹏程曾这样评述：一般而言，检察原理应当包括检察本体论、检察价值论和检察认识论三个部分。《检察制度原理》一书把研究的重心放在检察制度的价值基础——权力结构、权力制衡、公平正义、公共利益、法制统一、人权保障、正当程序——之上，并以此为契机，深刻阐释了这些价值与检察制度、检察工作之间的内在联系，对于理解和改革检察制度都具有理论指导作用。就其主要内容和理论成就而言，其可以被视为我国第一部检察价值论专著，但检察认识论仍然是一块处女地。① 但在樊教授看来，从法哲学科学体系的构成来看上述七大原理的定位和定性分析，权力结构模式原理和权力制衡原理应归属于检察本体论范畴，因为这两个原理是对检察权的生成和本质属性的归纳，还不是价值层面的问题。公平正义原理、公共利益原理、法制统一原理是检察价值论的范畴，因为这三个原理是阐述具有中国特色检察制度的价值、功能、作用（或称目的）的。人权保障原理和正当程序原理是检察制度运行论的范畴。故七大原理从法哲学的角度来理解，不仅仅是检察价值论的突破，还涉及检察制度本体论和检察制度运行论的范畴。检察认识论范畴确实尚未涉及，但奠定我国诉讼认识论理论基础的法律真实诉讼观的内容，是检察人员在刑事诉讼中不可或缺的普遍性基础性认识论。

樊崇义教授是首先将检察理论上升到法哲学的高度进行研究的学者，这与樊教授大力倡导并身体力行的对刑事诉讼法学哲理化研究的思路分不开，检察理论的哲理化是诉讼法学哲理化范畴的一部分。一项制度的理论上升到哲理化高度，既是这门制度理论不断深化和完善的结果，也说明这项理论本身具有上升至哲理高度的研究空间和价值内潜，对检察制度和检察理论而言，又是幸莫大焉之事。尽管樊崇义教授在检察理论哲理化研究过程中，对检察认识论方面尚有不足之处，但对一项制度理论而言，构建哲理化体系本身就是理论升华的体现。樊教授的理论先行，不仅对具有中国特色检察制度的理论发展在研究范畴和研究高度上注入了强有力的发展动力，还对检察制度的发展和完善起到了指引方向的作用。

---

① 谢鹏程：《突破重点，科学发展》，载《人民检察》2010年第3期。

樊崇义教授检察理论及其观点述评

张书铭①

在每轮司法改革和刑事法律修改过程中，樊崇义教授都会结合诉讼法学理论研究和司法实践，针对检察工作提出不少真知灼见。有的被写入人民检察院组织法、刑事诉讼法、人民检察院刑事诉讼规则和检察机关的司法解释，有的转化成为推动检察工作的规范性文件。本文选取樊崇义教授关于检察理论与实践的三个观点，论述这些观点的科学性、合理性，以及对检察实践和司法实践的推动作用。

一、关于公诉与监督的关系问题

（一）樊崇义教授观点概述

1. 公诉与监督同属人民检察院的职能。但对于检察机关各项职权的归类、定位、关系等方面的认识和运行，理论界与实务部门的还存在一定偏差。一方面，我国《宪法》《人民检察院组织法》均规定："中华人民共和国人民检察院是国家的法律监督机关。"另一方面，公诉是全世界检察机关基本上都有的一项重要权能，无论是大陆法系还是英美法系国家，对此都众口一词。我国检察机关赞同并进一步生发了这个观点。比如，2010年全国检察机关第四次公诉工作会议上，高检院就明确提出"公诉是我国检察机关的核心的标志性的职能"。事实上，关于公诉与法律监督两项职能问题，存在"职权一元论"和"职权二元论"之争。"职权一元论"认为，各种检察职能包括诉讼职能和非诉讼职能统一于法律监督，都是法律监督的实现方式和途径。②"职权二元论"认为，法律监督职

---

① 张书铭，最高人民检察院检察官，第五检察厅办公室主任。
② 孙谦：《中国特色社会主义检察制度》，中国检察出版社2009年版。转引自樊崇义：《论刑事公诉的属性》，载中国法学会检察学研究会检察理论委员会编《诉讼规律和诉讼监督规律与检察职能的优化配置》，湖北人民出版社2011年版。

能和公诉职能虽有联系，但仍存在相当差异，这种差异的理解带来了实质性的问题，若不加以区分，直接影响着两种职能的运作效果。① 为此，樊崇义教授对公诉和法律监督给出了自己的界定。

2. 公诉是指由公诉机关，针对被追诉人的犯罪行为，遵循诉讼规律和各项诉讼原则，按照"分工负责，互相配合，互相制约"的运行规则而进行的追诉和求刑活动。② 法律监督一般是指对诉讼活动和刑罚执行活动的监督，包括立案监督、侦查监督、审判监督和刑罚执行监督等几个方面，这一活动体现着国家权力的制衡和制约规则。③

3. 检察机关的法律监督职能比较广泛。樊崇义教授认为，立案监督主要是对公安机关立案活动进行的监督，包括应当立案而不立案和不应当立案而立案。侦查监督主要通过两个方面对侦查权进行制衡：一是通过侦查监督权促使侦查机关遵守侦查程序；二是通过行使起诉与不起诉权促使侦查机关依法办案。审判监督的内容较广，根据我国法律规定，表现为以下六个方面：一是通过公诉权中的审判启动权，防止法院主动追诉和无诉而判；二是通过起诉书限制法院的审判范围，防止法院扩大审判范围；三是通过对有错误的未生效判决、裁定提出抗诉，防止法院枉法裁判；四是通过对有错误的生效判决提出抗诉，保证法院依法裁判；五是通过审判监督权来防止法院审判程序违法；六是通过判决执行监督权保证法院依法进行刑罚的减免与假释。刑罚执行监督是指检察机关通过刑事判决执行权制衡司法机关的行政执法权。④

4. 检察机关的公诉职能主要涉及公诉权的属性问题。关于公诉的属性，学界存在不同的观点，有的观点认为公诉权属于法律监督性质的职权，也有观点认为公诉权并不一定属于法律监督范围，还有观点认为公诉权属于司法权、行政权、国家追诉权等，众说纷纭。樊崇义教授认为，由于公诉权是一种国家权力，对其属性的判断与认识需坚持三项认识标准：一是要充分认识公诉权的强制性特征和属性，这是公诉权的一个本质特征。二是坚持历史唯物主义的研究方法，不

---

① 樊崇义：《法律监督职能哲理论纲》，载《人民检察》2010 年第 1 期。
② 樊崇义：《论刑事公诉的属性》，载中国法学会检察学研究会检察理论委员会编《诉讼规律和诉讼监督规律与检察职能的优化配置》，湖北人民出版社 2011 年版。
③ 樊崇义主编：《检察制度原理》，法律出版社 2009 年版，第 216 页。
④ 樊崇义：《刑事诉讼法哲理思维》，中国人民公安大学出版社 2010 年版，第 315 页。

能脱离历史，就事论事研究公诉权的属性。因为无论现代检察制度如何变迁，公诉权始终是检察机关的一项重要权能。三是要从我国的国家制度和刑事诉讼制度的实际出发，而这正是具有中国特色的公诉制度所面临的难题。按照上述三项标准，樊崇义教授认为，公诉属性可作以下理解：首先，从我国权力结构模式出发，我国检察机关权能具有执业与事务管理中的行政性，但这与国家的行政权有着本质的区别，因此公诉权不能被定性为行政权。其次，也不能笼统地把公诉权的属性定位为法律监督，法律监督并非刑事公诉最直接、最本质的第一位属性，而只是公诉职能第二位属性。从人民检察院在诉讼中的监督特点来看，诉讼中的法律监督基本上属于程序性监督，一般不具有实体性的处分权或司法裁决权，① 而公诉权不仅具有程序的启动作用，在对案件的实体处理上甚至还在一定意义上起着决定作用。②

5. 检察机关的公诉职能与法律监督职能的关系。樊崇义教授提出了"职权二元论"的观点，即将公诉职能从法律监督职能中分离出来，变检察职权一元论为二元论，理由有四：第一，法律授予检察机关法律监督职权和公诉职权的目的不同，法律监督目的是以权力制衡权力解决国家权力的滥用，实现法制统一；公诉职能则是诉讼职能，诉讼分工，其目的是完成诉讼任务。第二，监督和制约的内涵不同。刑事诉讼的公诉职能，以侦查职能的存在和变化为条件，公诉与侦查之间相互制约，同时公诉又是审判的前提和条件，公诉与审判之间形成相互制约的关系，由此整个诉讼的进程展现了一种结构严密的诉讼法律关系。监督职权则不然，它与侦查、审判等各个诉讼阶段，没有相互依存、互为条件的法律关系，它只是察看和督促，或程序的启动和建议。第三，两种权力的运行规则和规律不同，刑事诉讼每一环节都是按照法定程序开展的，公诉求刑，各方参与人参加审判；一审宣判后，公诉机关抗诉可进入二审程序；判决生效后，检察机关可通过审判监督程序抗诉履行监督职责等，这些过程都有其自身运转的规律，一味主张将公诉职能与监督职能合二为一，则有违诉讼规律。第四，从公诉权的产生、发展历史来看，公诉一直是检察机关的基本职能，其固有属性不能用法律监督来

---

① 孙谦：《中国特色社会主义检察制度》，中国检察出版社2009年版，第54页。
② 樊崇义：《论刑事公诉的属性》，载中国法学会检察学研究会检察理论委员会编《诉讼规律和诉讼监督规律与检察职能的优化配置》，湖北人民出版社2011年版。

替代。①

因而，基于上述讨论，应当将公诉属性界定为国家追诉权，公诉权应当是国家权力，是追诉犯罪的权力，是一种请求权，同时也是一种程序性权力。② 其与法律监督职能是两种有所区别而又相互独立的职能，二者虽有契合，但由于诉讼监督是一种权力对另一种权力的单向制衡，而公诉体现为双向制约；监督基本上属于程序性监督，一般不具有实体性处分权或司法裁决权，而公诉对实体存在重大影响等体现，二者所适用的主体、客体以及适用中所遵守的原则和规律都有着原则性的区别。③

（二）樊崇义教授观点的学界评论和实践影响

1. 关于公诉与法律监督关系的争鸣。有的学者以公诉与法律监督的关系为切入点进行研究，有的学者从检察权与法律监督权的关系的角度进行研究，有的学者甚至从检察权存废的角度审视法律监督制度。当然，也有学者从利弊分析、宪政结构等不同角度对监诉一体的法律监督模式进行研究，论证其科学性、合理性。概括起来，对公诉与法律监督模式的观点主要有取消论、一元论和适当分离论。"取消论"认为应当取消检察机关的法律监督职能，或者取消检察机关。比如，有观点认为，"当法庭上的公诉人还在行使法律监督权的时候，一方面会导致法官在审判过程中直接受到检察机关单方面的强制性干预和影响，使司法权的独立性和中立性就难以得到保障，作为诉讼生命的诉讼公正恐怕就只是一个梦想，庭审中的审、检冲突也是不可避免的"④。"一元论"认为，检察权就是法律监督权，监诉一体的模式有其科学性、合理性。比如，有观点认为，法律监督方式和手段的多样性、多元化与法律监督本质和职能的唯一性、统一性并不矛盾。各种检察职能包括诉讼职能和非诉讼职能统一于法律监督，都是法律监督的实现方式和途径。"适当分离论"认为，在"一元论"的前提下，应当采用利弊分析的方法辩证、理性地看待监诉一体机制，在检察机关内部对法律监督权予以适当分离。例如，有观点认为，在坚持法律监督权"一元论"的前提下，"法定的检察权能在检察机关内部的设置，只要能体现法律监督的性质，在遵循效率和效益

---

① 樊崇义：《刑事诉讼法哲理思维》，中国人民公安大学出版社2010年版，第315页。
② 樊崇义：《刑事诉讼法哲理思维》，中国人民公安大学出版社2010年版，第315页。
③ 樊崇义：《宪法为据，深化检察职能发展》，载《人民检察》2012年第23期。
④ 陈益生：《论公诉权与法律监督权的独立行使》，载《政法论丛》1998年第1期。

的原则下,具体权能在内设机构之间可以根据各地检察机关的实际情况适当分离或者合并,不必遵循统一的格局,更不必无论人员多少,也无论工作量的大小,都要所有部门一个不少地设立"①。在具体讨论公诉与监督的关系时,樊崇义教授将制约和监督作了一定的比较区分,这就能够在很大程度上把公诉和监督的关系问题说清楚了。

2. 世界各国的检察制度都是诉讼制度的有机组成部分。从世界范围来看,无论是英美法系国家还是大陆法系国家,考察其检察制度的配置可以发现,无论检察权是否被称为"法律监督权",其检察制度都没有脱离各自的诉讼制度而独立存在。所以,中国的法律监督模式也一样,必须放在中国的政治制度、诉讼制度的范畴内予以考察。总体来看,中国法律监督模式切合中国政治体制,符合中国传统,满足现实需要,经实践证明是科学合理的。虽然国外检察权与中国的法律监督权在权力性质、职能范围、履职方式上有不小差异,但是其中不少具体内容与中国的法律监督异曲同工,只是其有法律监督之实而无法律监督之名。

3. 对检察机关内设机构设置和职权配置的影响。在我国司法实践中,有观点认为,对检察机关集追诉与监督于一身这一职能特点,要辩证、理性地加以分析,既要看到其弊,更要看到其利;既要看到追诉与监督矛盾、冲突的一面,更要看到它们兼容、协调的一面。这样的优势是有利于落实检察官客观公正义务,使追诉更加客观公正,实现控辩平等,节约司法资源,增强法律监督效果。但是,公诉与监督存在矛盾也是客观事实,因此应当"有限度地分离"。分离的主要内容,一是职务犯罪侦查职能与侦查监督、审判监督、民事审判和行政诉讼监督职能在行使上的分离;二是公诉职能与纠正庭审违法职能在行使上的分离。②在具体的机构设置和职权配置中,有的地方检察机关对公诉和诉讼监督职能进行了较为严格的区分,在检察机关内部设立了专司监督的诉讼监督部门,目的之一在于强化检察机关的法律监督职能,让诉讼和诉讼监督职能进行适当的分离。由此推及近年来,尤其是在国家检察体制改革和司法体制改革过程中,随着反贪污贿赂和反渎职侵权的转隶,在讨论检察机关聚焦主责主业时,主要有诉讼为主和

---

① 刘国媛:《坚持"一元论"前提下的检察权能适当分离》,载《江汉大学学报(社会科学版)》2012年第4期。

② 朱孝清:《检察机关集追诉与监督于一身的利弊选择》,载《人民检察》2011年第3期。

监督为主两种观点。这里的诉讼职能主要包括审查批准逮捕、审查起诉，有的观点也理解为包括部分职务犯罪侦查，但基本上还是以公诉为主的。这里的监督主要包括立案监督、侦查监督、审判监督、刑事执行监督和死刑复核监督。其中，刑事执行监督的职权范围比较广泛，有侦查、刑事强制措施执行监督，强制医疗执行监督，刑事判决裁定执行监督以及监管执法活动监督，可以说贯穿刑事诉讼全过程，是最能集中体现检察机关法律监督属性的工作。在本轮机构改革中，最高人民检察院将刑事执行检察部门作为第五厅单独设立，在一定程度上，也是落实公诉与监督适当分离的一个具体体现。按照机构改革和职权配置要求，省级人民检察院要和最高人民检察院原则上保持一致，市级人民检察院要和省级人民检察院原则上保持一致。由此可见，无论是坚持"一元论"之下的适当分离还是坚持"二元论"的分离，樊崇义教授的观点在检察实践中都得到不同程度的落实。

二、关于以审判为中心的检察应对问题

（一）樊崇义教授观点概述

1. 以审判为中心的背景。要从以下四个方面理解以审判为中心的背景：一是在中共中央依法治国大背景下，刑事诉讼该如何定位，尤其是审判环节该如何定位，需认真思考；二是正确理解"分工负责、互相配合、互相制约"的关系，以审判为中心是对长期以来"公安做饭、检察端饭、法院吃饭"局面所导致的"强势的公安、优势的检察、弱势的法院"现象的"拨乱反正"；三是由于理论出现了偏差，有些庭审成了走过场，法庭审判变成了"念材料、办手续"，证人、鉴定人几乎不出庭，法庭辩论缺失；四是法院无权威，上访告状时有发生，以侦查为中心、庭审走过场，使得既判力遭到损害，司法权威遭到质疑，个别公民开始"信访不信法"进行上访告状。

2. 以审判为中心的内涵。如何理解以审判为中心？樊崇义教授认为，以审判为中心，是在我国宪法规定的"分工负责、互相配合、互相制约"的前提下，诉讼的各个阶段都要以法院的庭审和裁决关于事实认定和法律适用的要求和标准进行，确保案件质量，防止错案的发生。①以审判为中心，要从诉讼原理、诉讼

---

① 樊崇义：《以审判为中心的概念、目标及路径》，载《人民法院报》2015年1月14日第五版。

规律上寻找主旨。对于诉讼原理和诉讼规律，主要包括三项基本原则：第一是职权原则，以审判为中心产生于审判权的运用和作用，需从规律上去理解这一问题。第二是法律正当程序，即遵循程序正义以及程序的价值规律，审判应当以公开的审理、正常的庭审程序来体现程序正当和公平正义。第三是诉讼结构原理，应坚持"法官居中、控辩平等"的诉讼结构模式，查明事情真相，作出公正的判决。这三个规律是提出以审判为中心的根本依据，对审判权的定位也关乎司法权威和公信力。①

理解以审判为中心的内涵，樊崇义教授认为要坚持四个基本观点：第一，坚持以审判为中心并非对"分工负责、互相配合、互相制约"的颠覆，以后仍然要以这一宪法基本原则为基础，但工作重点要有所转移。第二，以审判为中心的主体应当包括"公、检、法、司"，要充分发挥这四大主体的正能量。第三，庭审程序是关键，庭审是检验以审判为中心能否落实、能否走向实质化改革的试金石。第四，要贯彻证据裁判原则，审判认定案件事实要以证据为核心，对于证据要充分质证，完善证人、鉴定人、警察出庭作证制度。

3. 检察机关应对以审判为中心的思路。应当说，以审判为中心是我国刑事司法的一次重大改革，由于检察机关是我国刑事诉讼程序的全程参与者和监督者，因此这一改革必然涉及检察工作的方方面面。樊崇义教授认为，在明确了其背景、内涵后，检察机关可在七个方面予以应对。第一，在以审判为中心的背景下，检察院首先要准确定位。控诉是庭审程序的发动者，检察机关应将自己定位为以审判为中心的重要主体，是案件的审查者、核实者，是防止冤假错案产生的重要屏障。第二，要在审前程序上进行创新。检察机关是审前程序的主导者，要着力建构完备的审前程序，引导、介入侦查，从范围、条件、程序、效力等方面进行司法解释，并将介入范围、工作重点、引导取证的方式、程序及相应后果落到实处，强化侦查监督。第三，关于构建审前程序，检察机关工作重点及任务应围绕如何使行政措施、行政手段转向司法属性，尤其是批准逮捕、审查起诉中如何审讯，如何听取辩护人、被害人、诉讼参与人的意见。审前程序构建是这次司法改革中一个重大的课题，检察机关如何构建"大控诉"格局，把"引导侦查、

---

① 樊崇义：《"以审判为中心"的提出的背景与刑事检察应对》，载《国家检察官学院学报》2016 年第 1 期。

侦查监督、改革审前程序"三项工作做好。第四，应对庭审实质化。有效辩护制度不断受到关注，如果刑事辩护工作走向了实质化，首先，公诉克服案卷依赖思想，克服书面审理主义，法庭上不能只念材料；其次，如同有效辩护和无效辩护一样，可以区分有效公诉和无效公诉，设立划分标准；再次，确立传闻证据规则，证人、鉴定人出庭是关乎中国确立传闻证据规则的一个重要命题；最后，提高公诉人交叉询问的能力和水平，加强科学技术在庭审中的运用，尤其是电子证据的运用。第五，提高运用证据的能力，贯彻证据裁判原则。首先，案件拿到手以后要明确证明对象；其次，证据运用的八大环节——收集、固定、保管、移送、辨认、出示、质证、认证需走向规范化；再次，对证据的审查判断，特别是重大的暴力犯罪、死刑案件，需贯彻客观性证据审查模式，克服重口供、轻证据，重言词、轻实物的做法；最后，提高对证明标准运用的水平，侦查、起诉、审判要统一证明标准。第六，科学合理地搞好审判监督，淡化审判监督，强化侦查监督，夯实基础。现有规定要求审判监督需事后经检察长批准以检察院的名义作出，就是淡化审判监督的举措之一。可在审判监督程序上强化抗诉，同时维护审判权威，将审判监督安排得科学、合理、合适。第七，正确处理诉辩关系。恰当地处理好和律师的关系，转变观念，理顺诉辩关系。以审判为中心，控辩审三方力量都要重视，不能将律师的力量排除在外，否则将会影响控辩审三种职能应有作用的发挥。①

（二）以审判为中心背景下的理性法律监督的实施

通过认真研读樊崇义教授提出的检察机关应对以审判为中心的七个方面的思路，我个人理解其中重要的思想之一就是法律监督要理性实施。就公共权力而言，法无规定不能为，从这个角度来看，授权公共权力是法律的功能之一。法律授权公共权力是为了服务公共利益，不是也不可能仅仅是为了强化个人的权力。然而，权力行使的主体是人，当行使权力之人假借公共权力去实现个人利益时，授权公共权力的本意则异化为强化个人权力，于是就出现了权钱交易、贪污腐败、行贿受贿，法律理性至此荡然无存。因此，法律在为公共权力"开源"的同时，必然需要对公共权力进行"节流"，也就是将公共权力控制在为公共利益服务的范

---

① 樊崇义：《"以审判为中心"的提出的背景与刑事检察应对》，载《国家检察官学院学报》2016年第1期。

围之内，于是制约与监督就相伴而生。在我国，法律监督的目的是保障宪法和法律的统一正确实施，维护社会公平正义。换言之，法律监督是为了实现法律理性。法律监督是实现法律理性的手段，法律理性是法律监督的目的。因此，理性法律监督是法律理性与法律监督的内在统一。那么，在以审判为中心的背景下，为了贯彻落实好樊崇义教授提出的思路，实施理性法律监督应当坚持哪些基本原则？

1. 法治原则。理性法律监督所应遵从的法治原则，是指法律监督主体必须严格按照法定的职权、方式和程序实施法律监督行为。法定职权是指我国宪法和法律赋予检察机关法律监督的权限，即法律监督权的内容，必须依据宪法和法律的规定行使权力，做到既不失职又不越权。法定方式是指我国宪法和法律规定的检察机关行使法律监督权所依托的方式，针对不同的情况要采取不同的方式，不能乱用、滥用监督的方式。法定程序是指我国宪法和法律规定检察机关行使法律监督权所应遵守的步骤，以及完成这些步骤的时限和时序，这是法律监督适用是否理性的重要前提，是拘束法律监督主体正确行使权力的重要机制，是确保法律监督理性实施的有效措施。可以说，不遵守程序的法律监督就是胡乱的法律监督，更不可能是理性的法律监督。

2. 平衡原则。在我国权力架构下，监督是作为对其他权力的控制手段而存在的，法律监督主要体现为诉讼活动中对与诉讼相关的各种权力的控制。在权力行使的系统之中，法律监督万能论和法律监督无能论的观点都是没有遵从权力行使平衡原则的观点，当然也不是理性的法律监督。在以审判为中心的背景下，检察机关既要注意在横向上平衡好与法律监督权邻接的各种权力之间的关系，也要注意在纵向上平衡好各级检察机关之间的关系；既要注意平衡好法律监督职权与社会发展大局之间的关系，也要注意平衡好法律监督各种职权之间的关系。

3. 公益原则。在现代法治国家，无论是在大陆法系国家还是在英美法系国家，检察官都被称为公共利益的代表，因而维护公共利益（公益）成为检察机关活动的一项重要原则。在我国，"社会主义国家检察机关，在整个检察活动中也贯穿着维护国家利益和社会利益的原则。这是社会主义国家检察机关所遵循的首要原则"[①]。在公益原则指导下，我国检察机关必须维护好国家和社会公共利益，同时还要注意维护好公民个人权利。在法治社会中，虽然国家和社会公共利

[①] 金明焕主编：《比较检察制度概论》，中国检察出版社1991年版，第56页。

益也是单独存在的,但是也强调以人为本,国家的重要目的之一就是保障公民的自由和权利。在刑事诉讼中,必然要求限制公权力,保障公民权利。因此,以审判为中心与法律监督的公益性原则并不矛盾。

4. 公正原则。如果将案件办理比作生产产品的一条生产线,那么实体公正是指这条生产线的最终"产品"是合格的;程序公正是指生产该"产品"的整个生产过程是正确的。理性法律监督一定是坚持公正原则的法律监督,既要追求实体公正,也要追求程序公正。法律监督中的公正义务主要体现为检察官的客观公正义务。具体而言,在庭审实质化的目标之下,检察机关在参与诉讼活动中,收集、运用证据必须公正,既要收集和运用有罪、罪重的证据,也要收集、运用无罪、罪轻的证据,不得使用刑讯逼供及其他非法方法收集证据,要注意利用证据证明案件的真相;适用法律必须公正,既要准确理解实体法规定的精神和本意,又要准确地适用法律程序将实体法的规定落到实处,对当事人的合法权益依法平等保护,对违法犯罪要依法追究,不能随意使用法律;对诉权的行使必须公正,不能任意处分诉权。对被告人应当起诉的,不能以非法的理由不提起控诉,发现被告人不应当起诉的,就不应提起控诉,已经提起的控诉有错漏的,检察官应当及时通过撤回起诉、追加起诉或变更起诉的方式予以纠正。①

5. 比例原则。比例原则着眼于法益的均衡,以维护和发展公民权为最终归宿,是行政法上控制自由裁量权行使的一项重要原则。就法律监督制度而言,理性的法律监督也必须符合比例原则。因为司法资源总是有限的,而诉讼活动却是高消耗的,以最少的司法资源获得最大的诉讼效益总是需要诉讼符合一定的比例,不能浪费司法资源。因此,理性的法律监督并不是说法律监督的行为越多越好,力度越强越好,而是要根据诉讼过程的实际需要来决定是否批准逮捕、是否起诉、是否启动监督。同时,同样是法律监督,不同的监督方式需要的司法资源也不相同,如果能以较简单的监督方式,消耗较少的资源可以达到监督的目的,那么理性法律监督就要求不要使用复杂的监督方式、消耗更多的资源去达到目的。2018 年修订后的《刑事诉讼法》确定的认罪认罚与速裁程序制度,实际上就是司法比例原则的一个体现。

---

① 刘建云:《检察官客观公正义务的法理基础》,载《人民检察》2006 年第 6 期(上),第 21 页。

三、关于证明标准与非法证据的排除问题

(一) 樊崇义教授观点概述

1. 证明标准是指承担证明责任的人提供证据对案件事实加以证明所要达到的程度。① 我国《刑事诉讼法》对刑事案件的证明标准作出了规定,即"证据确实、充分",并且对"证据确实、充分"的含义予以明确:"(一) 定罪量刑的事实都有证据证明;(二) 据以定案的证据均经法定程序查证属实;(三) 综合全案证据,对所认定事实已排除合理怀疑。"樊崇义教授认为,前两项规定属于"证据标准",是对证据本身的要求,其中"定罪量刑的事实都有证据证明"是对证据量的要求,"据以定案的证据均经法定程序查证属实"是对证据质的要求;第三项关于"排除合理怀疑"的规定,是对运用证据认定案件事实所要达到的程度的要求,是关于证明标准的新解释。②

2. 排除合理怀疑的内涵。樊崇义教授认为,"排除合理怀疑"的内涵应当包括以下内容:首先,它是一个道德上的确定性,是一个理念标准和要求,要求办案人员具有良知和真诚;其次,排除合理怀疑必须对具有客观性、关联性、合法性的证据的证明力进行主观的推理、判断,是主客观的综合;最后,所谓"合理怀疑"必须是有根据的、理性的,是合乎常理的知识和思维产生的怀疑。③ 而在适用"排除合理怀疑"时,应注意以下四点:第一,强调所排除怀疑的合理性;第二,排除的合理怀疑要有正当理由,而非任意妄想,要求怀疑者能说出怀疑的理由;第三,排除合理怀疑要求法官应当确信指控的犯罪事实存在;第四,排除合理怀疑的证明不具有绝对的确定性,不要求百分之百的确定无疑。④

对"排除合理怀疑"的理解与把握涉及诉讼认识论问题,即"排除合理怀疑"的证明标准只能达到相对的实体真实,也叫"实体真实的相对性"。一方面,诉讼认识的特点决定着实体真实的相对性,即诉讼认识的结果、裁判者的认识很难达到"客观真实",它只能与"客观真实"无限接近,而相对的实体真实

---

① 樊崇义主编:《证据法学》(第6版),法律出版社2017年版,第288页。
② 樊崇义、张中:《排除合理怀疑:刑事证明的新标准》,载《检察日报》2012年5月16日第3版。
③ 樊崇义:《证明标准:相对实体真实——〈刑事诉讼法〉第53条的理解与适用》,载《国家检察官学院学报》2013年第5期。
④ 樊崇义、张中:《排除合理怀疑:刑事证明的新标准》,载《检察日报》2012年5月16日第3版。

才是刑事诉讼认识的结果以及诉讼证明的任务和要求。① 另一方面，刑事诉讼目的决定着实体真实的相对性，即"既惩罚犯罪又保障人权"的刑事诉讼目的下，证明标准应当为"既要查明事实，又要保障人权"。因此，刑事诉讼目的要求理论和实务工作者在证明标准上必须厘清实体真实与正当程序的关系。②

3. "排除合理怀疑"证明标准的实现需要完善的证据规则来保障。我国对证据实行自由评价，而对证据能否作出合理的评价主要取决于两个方面的因素：一是证据评价者自身的素质，包括道德素质与职业素质；二是科学合理的外部规范。在现阶段实行由司法官对证据进行自由评价具有极大风险。一方面，我国虽确立了"排除合理怀疑"的证明标准，但现阶段我国法官整体素质还有待提高，法官对"合理怀疑"的内涵难以把握，因此，有必要通过证据规则来引导法官对事实的认定，避免认证上的混乱。另一方面，不加限制的自由心证证据制度赋予司法机关以主观妄断的权力，容易造成法官的专横，也不能保证查明案件的真实情况，因此有必要通过外部的证据规则来规范法官内心对证据的认定。③ 然而，2012 年《刑事诉讼法》颁布之前的很长时间里，在传统的诉讼目的观的影响下，我们执行"有罪必罚"的方针，贯彻积极的真实主义，穷追猛打，对违法取得的证据也承认其证据能力，没有确立非法证据排除规则。④ 但作为证据规则的重要内容，非法证据排除规则对于人权保障以及"排除合理怀疑"的证明标准的实现实则具有重要意义。

4. 非法证据排除规则是指在刑事诉讼中对非法取得的供述与非法搜查和扣押取得的证据予以排除不得作为证据采纳的统称。⑤ 我国非法证据排除规则的确立与发展经历了从 2010 年"两高三部"制定的《关于办理刑事案件排除非法证据若干问题的规定》对言词证据与实物证据的排除规则进行规定，到 2012 年《刑事诉讼法》正式在法条中对非法证据排除规则予以确立，再到 2017 年《关于办理刑事案件严格排除非法证据若干问题的规定》的系统梳理、补充和完善的

---

① 樊崇义：《刑事诉讼法哲理思维》，中国人民公安大学出版社 2010 年版，第 79 页、第 86 页。
② 樊崇义：《证明标准：相对实体真实——〈刑事诉讼法〉第 53 条的理解与适用》，载《国家检察官学院学报》2013 年第 5 期。
③ 樊崇义：《刑事证据规则立法建议报告》，载《中外法学》2016 年第 2 期。
④ 樊崇义：《证明标准：相对实体真实——〈刑事诉讼法〉第 53 条的理解与适用》，载《国家检察官学院学报》2013 年第 5 期。
⑤ 樊崇义主编：《证据法学（第六版）》，法律出版社 2017 年版，第 97－98 页。

过程。① 由此可以看到，在我国刑事诉讼制度更加重视人权保障的背景之下，非法证据排除规则也在不断地向前发展。从各国刑事诉讼对非法证据排除规则规定的内容来看，这一规则设立的目的和初衷都是保障人权。具体而言，非法证据排除规则可从以下两个方面为犯罪嫌疑人、被告人提供权利保障：第一，进一步明确非法取证行为的行为模式及后果，否定相关证据的证据能力，从而削弱公诉方的证据体系，对被侵权一方的被告人进行一定的程序上的补偿；第二，通过申请启动非法证据排除程序，被告人可以将侦查人员非法取证的行为置于司法程序之中，法院也可以随后启动对侦查人员侦查行为合法性的司法审查，而被告人则可以获得法院公正的审判。② 即通过一种"看得见的正义"来约束裁判者的自由裁量权，限制恣意的发生，从而确保裁判结果的正义性。③

（二）关于樊崇义教授的证据标准和排除非法证据的法律体现

樊崇义教授指出，在惩罚犯罪与保障人权并重的当下，通过"排除合理怀疑"证明标准的指导以及对非法证据排除规则的良好贯彻，对于正义结果的实现具有重要的促进意义，樊崇义教授有关证据标准和排除非法证据的有关思想，在 2012 年和 2018 年刑事诉讼法修订过程中都有不同体现，也有一些具体的制度设计。

1. 完善了证据规定，明确了举证责任。修订后的《刑事诉讼法》将证据概念修改为"可以用于证明案件事实的材料"。相较于 1996 年《刑事诉讼法》，少了"真实"二字。原概念更加注重客观真实，而现概念更加注重法律真实。证据是证明信息与证明载体的有机统一，原概念将证据也视为"事实"，容易与作为证明对象的"案件事实"相混淆，现概念用"材料"来定义证据，更准确也更客观。调整了证据的种类。刑事诉讼法还将"辨认、侦查实验等笔录"以及"电子数据"纳入法定证据种类，将"鉴定结论"修改为"鉴定意见"，从"结论"到"意见"虽然只有两字之差，但意义重大，有利于强化证据审查，避免出现办案人员过于迷信科技证据、简单采信鉴定结论的问题。

《刑事诉讼法》规定："公诉案件中被告人有罪的举证责任由人民检察院承担。"关于举证责任和证明责任的概念之争可谓纷繁复杂，焦点集中在如何认识

---

① 樊崇义、徐歌旋：《非法证据排除规则的确立和发展》，载《学习与探索》2017 年第 7 期。
② 陈瑞华：《刑事证据法学》，北京大学出版社 2014 年版，第 131－132 页。转引自樊崇义、徐歌旋：《非法证据排除规则的确立和发展》，载《学习与探索》2017 年第 7 期。
③ 樊崇义：《刑事证据规则立法建议报告》，载《中外法学》2016 年第 2 期。

二者的关系上，主要有同一说、并列说、大小说、包容说、前后说，等等。① 在英美法系国家，自 19 世纪以来，主流观点较多使用证明责任的概念，大多认为证明责任包括"提供证据责任"（burden of producing evidence）和"说服责任"（burden of per suasion）两层含义。② 本文认为，在我国，多是翻译选词不同导致了二者概念的人为复杂化，实际上二者可以在证据制度的意义上互相通用，即便是在英美法系国家通说关于证明责任包括提供证据责任和说服责任的二重分解理论，依然可以为"举证责任"所涵盖："举"即"提供证据责任"；"证"即"说服责任"，用提供方提供的证据说服裁判方。举证责任的重要内容是举证责任的主体和内容，即"谁来举证""证明什么"。在我国公诉案件中，代表国家向审判机关提出主张的是检察机关，不是当事人，也不是公安机关。因此，人民检察院作为公诉案件的起诉机关，自然应当成为举证责任的主体。③《刑事诉讼法》规定，检察机关证明的内容是"被告人有罪"，言外之意，被告人无罪的证据既不用检察机关来提供，也不用检察机关来证明。根据宪法规定，检察机关是国家的法律监督机关，在刑事诉讼中，既要注重收集证明犯罪嫌疑人、被告人有罪、罪重的证据，又要注意收集证明其无罪、罪轻的证据。表面看来，《刑事诉讼法》关于检察机关对被告人有罪的举证责任的规定与检察机关法律监督的地位相悖，实则不然。一是这里的举证责任主要是针对审判阶段，而不是整个诉讼过程。在审查起诉阶段，检察机关认为案件事实不清、证据不足的，可以退回侦查机关（部门）补充侦查，也可以自行侦查；认为犯罪嫌疑人没有犯罪事实或者有《刑事诉讼法》规定情形的，应当作出不起诉决定。在这两种情形下，案件均不能进入庭审环节。二是罪轻或罪重的前提是有罪，检察机关收集被告人罪轻的证据仍然是以有罪指控为前提的。三是如果被告人及其辩护人提出无罪的主张，那么应当由他们提供证据并证明自己的主张成立，亦不在人民检察院的举证之列。同时，《刑事诉讼法》关于举证责任的规定在深层次上体现了无罪推定原则在举证环节的落实。因为 1996 年《刑事诉讼法》第 43 条、第 45 条还规定了审判人员有权收集能够证实犯罪嫌疑人、被告人有罪或无罪、犯罪情节轻重的各

---

① 樊崇义主编：《证据法学》，法律出版社 2004 年版，第 275 – 276 页。
② 卞建林、郭志媛：《诉讼模式视角下的证明责任》，载《甘肃政法学院学报》2008 年第 11 期。
③ 当然，公安机关在刑事诉讼中也有举证的责任，如应当向检察机关提供犯罪嫌疑人符合逮捕条件的事实和证据，但这是提请逮捕时的举证责任，不是审查起诉时的举证责任。

种证据。从法理上讲,法院是没有举证责任的,法院的责任在于根据控辩双方的举证情况居中作出裁判。虽然该规定的立法本意并不以证明被告人有罪为前提和目的,也不是为了履行证明责任,但有违"疑罪从无"原则之嫌。加之我国长期以来"重打击、轻保护"的传统观念,司法实践中也的确存在人民法院面对"疑罪"没有"从无"的情况。所以,《刑事诉讼法》以成文法的形式排除了审判人员的举证责任,可以说是无罪推定原则进一步得到落实的体现。

2. 明确了起诉的证明标准,引入了"排除合理怀疑"。以法国、德国为代表的大陆法系国家在刑事诉讼中采行"内心确信"的证明标准;以英国、美国为代表的英美法系国家在刑事诉讼中则采用了"排除合理怀疑"的证明标准。在我国,理论界存在三种不同理解:客观真实说、法律真实说和诉讼真实说。[①]我国《刑事诉讼法》明确了证据确实、充分应当符合的条件:"(一)定罪量刑的事实都有证据证明;(二)据以定案的证据均经法定程序查证属实;(三)综合全案证据,对所认定事实已排除合理怀疑。"《刑事诉讼法》规定,人民检察院认为犯罪嫌疑人的犯罪事实已经查清,证据确实充分,应当依法追究刑事责任的,应当作出起诉决定。1996年《刑事诉讼法》在证明标准上,只强调定罪事实,没有强调量刑事实,原来只是一般性要求"确实、充分",没有强调要"排除合理怀疑",也不包含排除合理怀疑的意思。原来的"确实、充分"更多地反映了一种正向求证的思维方式,其优点是有利于从整体上认识和把握案件,但缺乏反向思维的推敲和验证,容易使办案人员疏忽证据体系中的疑点和矛盾点,导致错误认定案件事实。而英美法系国家普遍采用的"排除合理怀疑"是一种反向思维方式,将其纳入证明标准有利于办案人员综合运用正反两种思维方法,对案件事实既运用证据进行正向证明,又运用排除合理怀疑进行排他性检验,即反向证明,这样经过正反两个方面的论证之后,所得出的证明结论也就更加可靠。

从法律规定来看,我国《刑事诉讼法》并没有否定"客观真实",而是吸收

[①] 参见樊崇义:《客观真实管见——兼论刑事诉讼证明标准》,载《中国法学》2000年第1期;锁正杰、吴宏耀、陈永生:《刑事证据前沿问题研究》,载何家弘主编《证据学论坛》(第1卷),中国检察出版社2000年版;张建伟:《法律真实与暧昧性及认识论取向》,载《法学研究》2004年第6期;何家弘:《论司法证明的目的和标准》,载《法学研究》2001年第6期;陈卫东:《诉讼中的"真实"与证明标准》,载《法学研究》2004年第6期;陈瑞华:《刑事诉讼的前沿问题》,中国人民大学出版社2000年版;等等。

了英美法系国家"法律真实"理论中的"排除合理怀疑"证明标准，围绕理论和司法实践中何为"证据确实、充分"、如何把握"证据确实、充分"等问题所长期进行的争执，有针对性地提出了解决方案，即规定了"证据确实、充分"所应满足的具体条件。这一规定吸收了"法律真实"的合理成果和我国学界的理论研究成果，符合我国现阶段的司法现状和实际需求，便于办案人员准确把握和正确判断案件的事实证据。第一，客观真实强调办案要尊重案件的真相，从实际出发查明案件的事实、情节，这对于司法活动来说无可厚非。但是，"人的思维是至上的，同时又不是至上的，他的认识能力是无限的，同时又是有限的"。①刑事案件是已然发生的事实，办案就是还原、再现这一事实，由于认识能力、技术水平、法律素质的局限性，刑事案件这一"破碎的花瓶"可以无限接近事实，但不能完全还原。因此，在强调客观真实的同时，有必要引入以证据为基础的主观判断，以定罪量刑的法律规定为标准，按照法定的程序进行判断，"排除合理怀疑"应当是主观判断的标准。第二，虽然英美法系国家"排除合理怀疑"的证明标准缺乏具体的、客观的判断标准，具有很强的主观色彩，但是我们所说的案件事实清楚，"证据确实、充分"这一"客观真实"并非没有主观成分，"清楚、确实、充分"一样是客观现之于主观的标准，一样需要主观判断，也正是这种主观判断，使认定的案件事实具有一种合理的可接受性，而对于那些罔顾常理、吹毛求疵甚至为了给被告人开脱责任而主观臆测的怀疑，可以视为"不合理的怀疑"。可以说，立法采用将"排除合理怀疑"作为"证据确实、充分"的一个条件，体现了主观与客观相结合的科学立法的态度。因此，无论是我们的客观真实标准还是"排除合理怀疑"的主观证明标准，其关键都是在办案过程中如何理解和把握。

3. 正式确立了审查起诉阶段非法证据排除制度。非法证据排除是将非法取得的言词证据和部分实物证据予以排除的统称，《刑事诉讼法》以立法的形式明确规定审查起诉阶段可以适用非法证据排除规则，既是保障犯罪嫌疑人、被告人基本人权的需要，也是促进司法公正的需要，有利于规范司法行为，防止刑讯逼供等非法取证行为，有利于保护侦查机关工作人员的合法权益，减少他们为了公

---

① 中共中央马克思恩格斯列宁斯大林著作编译局编：《马克思恩格斯选集》（第3卷），人民出版社1995年版，第125页。

务而个人违法犯罪的概率，因此具有十分重要的积极意义。在国外，一般将排除非法证据的主体规定为法官。在我国，对检察机关是否可以成为排除非法证据的主体则存有不同认识，有支持者，也有反对者。① 我国《刑事诉讼法》之所以作出不同于国外的规定，一是因为在很多国家尤其是英美法系国家，法院是唯一的司机机关，司法机关作为非法证据排除主体的正当性决定了法院作为非法证据排除主体的正当性，二者是统一的；而在我国，司法机关包括人民检察院和人民法院，检察权的司法权属性决定了检察机关作为非法证据排除主体的正当性。二是因为我国《刑事诉讼法》规定的审查起诉的证明标准与定罪标准几近相同，也说明了检察机关在审查起诉阶段排除非法证据的必要性。三是因为我国检察机关不仅承担公诉职能，还承担着诉讼监督职能，对非法证据的排除本身就体现着对侦查权的制约与监督，也是法律监督的应有之义。既然如此，审查起诉阶段排除非法证据的要求和标准是否应当等同于审判阶段呢？尽管非法证据排除的目的之一是阻断非法证据与裁判者的接触途径，避免误导裁判者；尽管我国采用集事实裁判与法律裁判于一体的一元法庭模式，而"在一元法庭，虽然同样是由个体决定证据的可采性和证据应有的证明力，但却无法避免被禁止但又有说服力的信息的污染。它总是要对裁决者的思想产生影响"②。但是，审查起诉阶段非法证据排除的要求和标准不应当高于审判阶段。因为虽然我国《刑事诉讼法》规定的提起公诉和定罪关于证据的标准均表述为"证据确实、充分"，但是提起公诉对被告人实体权利的影响相较于定罪而言仍然具有很强的或然性，以必然之标准要求或然之标准并不符合法理，因此从应然层面来讲，审判阶段对非法证据排除的要求和标准有必要高于审查起诉阶段，此其一。其二，我国《刑事诉讼法》并没有设置如英美法系国家的庭前听证程序等配套制度，不具备完全排除非法证据本身进入审判环节的机制。在审查起诉阶段对非法证据排除之后，还有法庭审理阶段对非法证据的排除。如果审查起诉阶段排除了过多非法证据的证据资格，那么许多需要经过法庭质证和控辩交锋才能判断是否应排除的非法证据可能因此不能进入审判阶段，从而不利于法庭调查中查明案件事实。

---

① 张智辉主编：《刑事非法证据排除规则研究》，北京大学出版社2006年版，第167页；张军主编：《刑事证据规则理解与适用》，法律出版社2010年版，第306页。

② ［美］米尔建·R. 达马斯卡：《漂移的证据法》，李学军等译，中国政法大学出版社2003年版，第66页。

检察改革三十年与樊崇义教授的重要理论创新

王 戬[①] 刘 瑶[②]

在我国，检察制度是司法制度的重要组成部分。由于中国检察制度带有明显的制度移植性，而且随着民主法治的推进和社会主义市场经济的发展，司法环境和司法实践都出现了很多新的变化，必须通过不断探索改革来完善检察制度的本土化建构。因此，检察制度改革是检察制度发展的重要路径依赖，同时也是国家司法体制改革和政治体制改革的重要组成部分。自中共十三大提出加快和深化改革以来，检察机关开始部署检察制度改革，时至今日已走过了30年的风雨历程。在这30年间，我国的政治环境、社会经济和法治发展等都发生了翻天覆地的变化，检察制度改革在不同的历史阶段呈现出不同的发展特点。其间，樊崇义教授一直关注检察机关各项制度的建立和各项改革的推进，并提出了许多有重大理论指导价值和实践指导意义的观点。

一、1988—1998：检察机关进行检察改革的初始时期

1987年，党的十三大提出"改革是社会主义生产关系和上层建筑的自我完善，加快和深化改革是全党的重要任务"。作为政治体制改革的一个组成部分，检察改革在第八次全国检察工作会议上正式提上了议程，明确了以"增强法律监督职能"为中心的改革构想。[③] 1988年到1992年，检察机关开始发动检察改革，加强对基础性制度和办案工作机制的建设；[④] 1993年之后，为了适应中共十四大

[①] 王戬，华东政法大学法律学院教授、博士生导师。
[②] 刘瑶，华东政法大学硕士研究生。
[③] 《坚持改革，增强法律监督之职能推进检察工作发展在第八次全国检察工作会议上的报告》，载《中国法律年鉴》1989年版，第786页。
[④] 孙谦：《中国的检察改革》，载《法学研究》2003年第6期。

提出的建立社会主义市场经济体制和社会主义法制建设的需要，检察机关确立了"严格执法、狠抓办案"的工作方针，形成了以查办职务犯罪、打击严重刑事犯罪和执法监督为重点的"三项工作格局"。同时，《检察官法》的颁布和《刑事诉讼法》《刑法》的修订也对检察制度改革产生了深远的影响。这一时期的检察改革以恢复重建检察规范和检察机制改革为主要内容，包括建立反贪污贿赂侦查工作机制、建立举报机构和开展举报活动、革新工作机构和检察官管理体制等。

（一）机构设置的革新

1. 反贪污贿赂部门的成立

为了应对贪污贿赂案件大量增加而经济检察部门难以应对的困境，最高人民检察院一方面推广深圳市检察院创设贪污贿赂案件举报中心的经验，在全国检察机关建立举报制度、设立举报机构，调动广大群众举报贪污贿赂犯罪的积极性；另一方面，设立专门的机构处理贪污贿赂案件，先是将经济检察厅更名为贪污贿赂检察厅，后来在1995年11月成立反贪污贿赂总局取代原贪污贿赂检察厅，这标志着检察机关惩治贪污贿赂工作步入专门化、正规化轨道。同时，从1989年起，各级检察院对自侦案件实行内部制约制度，把侦查、预审工作与审查逮捕、起诉工作分别交由不同部门办理，并由上一级检察院复查处理对免诉的申诉，以此来加强检察机关各内设机构的内部制约。

2. 民事、行政检察厅的组建

尽管1982年《民事诉讼法（试行）》已明确规定了检察院对民事审判活动实行法律监督，但一直到1986年检察机关才开始开展民事、行政诉讼法律监督的试点和调研工作。1988年9月，最高检专门建立民事、行政检察厅，指导地方各级检察院的民事、行政诉讼工作；各地检察机关也纷纷成立民事和行政检察部门以强化民事、行政监察监督。1990年9月，"两高"下发通知，明确了对民事、经济、行政诉讼实行法律监督的方式。① 1991年至1992年，检察机关受理民事、经济、行政申诉案件共计9177件，提出抗诉97件，法律监督在保障民事、行政法律正确实施中的作用开始显现。②

---

① 1990年9月3日，最高人民法院、最高人民检察院颁布《关于开展民事、经济、行政诉讼法律监督试点工作的通知》。

② 孙谦主编：《人民检察制度的历史变迁》，中国检察出版社2009年版，第376页。

(二) 检察官管理机制的发展

为了规范检察官的职务行为、加强检察官队伍建设、提高检察队伍的素养，检察官管理机制革新成为这一时期检察制度改革的侧重点之一。1995年2月，第八届全国人大常委会第十二次会议审议通过了《检察官法》。作为我国第一部针对检察官职业的立法，《检察官法》体现了党和国家关于改革干部人事管理制度、实行分类管理的原则，不再用管理行政人员的办法来管理检察官；同时，建立了一套较为完备的契合检察工作特点和检察官职务特点的检察官管理制度，并确立了检察官依法履行职责的保障机制。随后，最高检又针对检察官的选拔录用、培训、考核、辞职辞退、纪律处分、等级等问题制定了一系列配套规定，构建起我国检察官管理体制的基本框架。

(三) 立法上对法律监督职能的加强

根据中共十四大提出"要严格执行宪法和法律，加强执法监督，坚决纠正以言代法、以罚代刑等现象"的要求，检察机关因循依靠办案发展法律监督的思路，将"执法监督"单列为检察业务工作的一大重点。[1] 后来，执法监督演变为诉讼监督或对诉讼活动的法律监督。1996年《刑事诉讼法》的修订不仅将检察机关的法律监督明确为基本原则，而且通过调整检察机关职能管辖、取消免予起诉、出庭支持公诉、加强对刑事诉讼活动的法律监督等一系列制度和程序加以保障。据此，法律监督职能成为我国刑事诉讼的一项独立职能。[2]

二、1998—2008：从自觉推进到中央统一部署时期

1998年起，检察改革进入关键时期。中共十五大强调推进政治体制改革，加强法制建设，正式提出"推进司法改革"的要求。自此之后，司法改革成为国家政治和法律生活中的重大议题。在此背景下，以2004年为分水岭，这一时期的检察制度改革可以分为两个阶段：前一阶段是检察机关开始对检察制度改革进行顶层设计来自觉推动改革的阶段。通过制定《检察工作五年发展规划》、《检察改革三年实施意见》等文件，探索符合检察工作特点的管理体制和工作运行机制。后一阶段是中央统一部署司法改革阶段。中共十六大进一步明确司法体

---

[1] 参见1994年《最高人民检察院工作报告》。
[2] 樊崇义、江向阳：《检察机关职权新论》，载《检察理论研究》1996年第5期。

制改革的目标和任务之后，党中央成立司法体制改革领导小组并发布《关于司法体制和工作机制改革的初步意见》，从国家层面对司法体制改革进行了统一部署。在提出的35项改革任务中，有26项涉及检察机关。为此，检察机关又颁布了《关于进一步深化检察改革的三年实施意见》。这三个文件从影响司法公正的突出问题和制约法律监督能力的薄弱环节入手，明确了检察改革的原则和重点，对诉讼监督、接受监督和内部制约机制、工作和办案机制、组织体系、干部人事管理制度、经费保障体制等方面提出了具体的改革措施，为积极稳妥地推进检察改革提供了指导。在理论和实践的双重指导下，这一时期的检察改革在检察权的优化配置、检察工作的监督和制约、工作机制的革新和检察管理的完善上都取得了一定的成果。

（一）检察权的优化配置

1. 侦查权的行使与调整

检察机关如何有效行使和运用侦查权是检察机关面临的重要问题，樊崇义教授提出我国检察机关侦查权改革的基本思路应遵循以下几项基本内容：（1）现代检察权的核心是公诉权，检察机关的侦查权和侦查指挥权都应当为公诉活动服务，以有效完成追诉犯罪职能。（2）检察机关应结合侦查的特色内容，全面完善和规范自侦权的有效运行。（3）强化对公安机关的侦查指挥和控制权。应明确检察机关对公安机关的侦查取证行为在必要时可以提出建议并进行制约。对于检察机关的指示，公安机关应当执行；对于检察机关的自行侦查，检察机关需要时，公安机关应当予以协助。就此而言，目前尝试的检察引导侦查改革无疑具有积极意义。（4）建立检察机关对立案、撤案、结案统一审制度。立案、撤案、结案直接关系到侦查权的行使和行使结果，由检察机关统一掌握，可以防止有关执法机关擅自枉法分流刑事案件（如劳动教养等），同时也有利于强化检察机关对侦查活动的控制。（5）改革现行人事、经费制度的弊端，切实保障检察机关对职务犯罪依法独立行使侦查权。如从改革长远目标来看，应当跨省设立大区职务犯罪的侦查部门，避免地方化的不当干扰。作为渐进改革措施，其应当强化检察机关的人事管理权，对地方检察机关人员进行人事变动时，应当取得上级检察机关的同意或批准，消解地方相关部门出于各种因素对检察干部实行"职务撤调"对侦查工作的负面影响。同时，应完善检察机关预算经费保证制度，就目前的情况而言，应当在省一级按一定标准由财政统一编制预算，单列检察机构的专项开支。①

2. 诉讼监督权的充实

根据中央关于推进司法体制改革的要求和检察改革计划,检察机关进一步增强了对刑事诉讼活动的法律监督职能。一是加强刑事立案监督,与行政执法部门普遍建立起行政执法与刑事司法相衔接的工作机制,较为有效地监督纠正了有案不立、有罪不究、以罚代刑等问题。二是通过初步建立起审查逮捕听取犯罪嫌疑人及其律师意见制度、健全检察引导侦查工作机制来对公安机关侦查活动进行监督。三是就完善民事抗诉制度提出立法建议,增加抗诉的备案审查规定,规范了办理死刑案件的第二审程序,设立了死刑复核检察工作办公室。② 四是先后就保外就医、社区矫正试点、减刑和假释、暂予监外执行的漏管和脱管以及检察院与监狱、看守所的联系等问题制定了规范性文件,探索建立起对减刑、假释、暂予监外执行裁决的同步监督机制。五是在总结全国检察机关有关工作经验的基础上通过《关于在检察工作中防止和纠正超期羁押的若干规定》,建立起预防和纠正超期羁押的长效运行机制,为避免刑事检察工作中的超期羁押问题奠定了坚实的基础。

3. 量刑建议权的确立

量刑建议权又称求刑权,是指人民检察院对提起公诉的被告人,依法就其适用的刑罚种类、幅度及执行方式等向人民法院提出的建议,其本质是一种司法请求权,是公诉权的一个方面,同时也是一种法律监督权,旨在防止法官滥用自由裁量权,加强检察机关的审判监督。2005年7月,最高检下发试点实施意见,在全国检察机关开始正式试行该制度。量刑建议制度的提出和试行在一定程度上也催生了量刑程序的提出及构建。③ 但是,对于量刑建议操作规范和标准,理论界和实践部门存在不同的观点:在适用范围上,有论者从量刑建议的效果考虑,认为量刑建议适用应以被告人认罪案件、未成年人犯罪案件和无受害人案件为主,或者仅适用于对定罪没有争议但在量刑上存在异议的;④ 而有的论者则认为,量

---

① 樊崇义:《检察机关侦查权需要局部适当调整》,载《检察日报》2003年11月13日。
② 谢鹏程:《检察改革五年的回顾与展望》,载《法学》2009年第4期。
③ 顾永忠:《试论量刑与量刑程序涉及的关系》,载《人民检察》2009年第15期。
④ 王跃凤:《检察机关量刑建议权若干问题探讨》,载《法商论丛》2008年第1期。

刑建议适用于所有刑事案件。① 关于量刑建议的形式，则有公诉意见、公诉书、量刑建议书、综合量刑建议书和公诉意见、综合起诉书和公诉意见等观点，对应的提出时机也存在庭前提出、当庭提出、庭后提出和综合提出等分歧。统一标准的缺失使检察机关在行使量刑建议权时遇到诸多难题，影响到公诉和法律监督的效果。因此，有必要构建完善的检察量刑建议程序，从主体、范围、形式、时机、内容和效果上进行设计；同时，要完善其法律依据和制定统一的量刑指南，重视先例判决的指导作用，并将量刑建议纳入工作考核。② 2010 年 10 月，"两高三部"发布《关于规范量刑程序若干问题的意见（试行）》，量刑建议以司法解释的形式正式确立，对转变我国司法实践中长期以来的"重定罪、轻量刑"观念、发挥量刑活动在刑事诉讼中的重要作用具有积极意义。

（二）制约和监督制度的发展

1. 内部监督机制的强化

为了保证检察权特别是职务犯罪侦查权的正确行使，最高检加强了对内部的监督制约。一方面，试行检务督察制度，由超越各职能部门且相对独立的内设机构对整个检察业务部门、各个工作环节监督，以此来实现检察机关内部的自我监督和制约。2007 年，最高检通过了《最高人民检察院检务督察工作暂行规定》，专门对检务督察的对象、职责、工作方式等内容进行了规定，在加强检察机关的内部监督、提高案件质量、保障检察机关及其工作人员依法履行职责方面起到了积极作用。另一方面，加强上级检察院对下级检察院的领导。2005 年，最高检下发文件，规定省级以下的检察院对自侦案件的立案和逮捕须报上一级检察机关备案、撤销案件和不起诉须报上一级检察机关批准，由此建立起"双报批、双报备"制度。这项制度缓解了实践中自侦案件撤案和不诉比例偏高的问题，加强了上级检察院对下级检察院的领导和监督，也为下一步实行市、县两级检察院自侦案件的逮捕由上一级人民检察院批准作了准备。2007 年，最高检专门印发《关于加强上级人民检察院对下级人民检察院工作领导的意见》，对进一步加强上级检察院对下级检察院的领导，充分发挥检察机关的整体优势，不断增强法律监督的整体合力具有十分重要的意义。

---

① 徐清：《小议检察机关量刑建议权》，载《犯罪研究》2005 年第 4 期。
② 樊崇义、杜邈：《检察量刑建议程序之建构》，载《国家检察官学院学报》2009 年第 5 期。

2. 外部监督机制的建立

在实践过程中，检察机关意识到，内部监督做得再好也会存在一定的局限性，必须研究建立外部监督机制，解决"谁来监督监督者"问题。为此，最高检主要实施了两项举措：一是建立人民监督员制度。人民监督员制度是指检察机关按照一定的程序赋予符合条件的人以人民监督员资格，由其根据法律规定对检察机关的司法活动进行监督的制度，是检察机关接受外部监督的一项重要探索。2003年9月，最高检决定开展人民监督员试点工作，并陆续颁发了《关于人民检察院直接受理侦查案件实行人民监督员制度的规定（试行）》《关于人民监督员制度的规定（试行）》《关于人民监督员监督"五种情形"的实施规则（试行）》等文件，对人民监督员的产生、监督内容和范围、监督形式等内容加以明确。截止到2007年年底，全国已有86%的检察院开展试点。① 作为检察机关拓展外部监督路径的重要尝试，樊崇义教授认为这是一项具有生机与活力的制度，各试点地区的检察院可以在实践中积极探索人民监督员制度的完善措施，如人民监督员的人数限制、任职期限、表决意见书的有关格式、表决意见书的效力；上级检察院复核人民监督员表决意见书的期限；是否可以在人民监督员进行监督时对其提供检察院已掌握的全部案卷材料和证据；人民监督员的有关报酬和义务；人民监督员所在单位的责任和义务；等等。相信经过深入总结经验和广泛调查研究，由国家立法机关出台相关法律，落实人民监督员制度的相关配套制度，实现人民监督员制度的规范化、法定化，这项制度必将在司法实践中发挥它应有的作用。② 二是推行"检务公开"。为了增加检察工作的透明度，自觉接受人民群众和社会各界的监督，1998年10月，最高检决定在全国检察机关实行"检务公开"，并于次年颁布了《人民检察院"检务公开"具体实施办法》。2006年，又专门发布《关于进一步深化人民检察院"检务公开"的意见》，根据形势的发展将原来的"检务十公开"扩充到十二个方面，并丰富了公开形式。同时，检察机关还对相关制度进行了完善，如诉讼权利告知义务制度、主动公开和申请公开制度、定期通报和新闻发言人制度、责任追究制度和监督保障机制等。检务公开制度的实施对于促进检察人员提高业务素质和执法水平、增加检察工作透明度、

---

① 孙谦主编：《人民检察制度的历史变迁》，中国检察出版社2009年版，第409页。
② 樊崇义：《人民监督员制度是一项具有生机与活力的制度》，载《人民检察》2004年第2期。

督促正确履行法律监督职能、保证检察机关公正司法等方面具有积极意义。

(三) 检察工作机制的革新

1. 检察工作一体化机制的探索

检察工作一体化机制是检察机关根据检察权独立行使和上级检察院对下级检察院的领导关系对检察工作机制的改革和创新,其主要内容可以概括为"上下统一、横向协作、内部整合、总体统筹"。[①] 自1999年2月明确提出建立检察一体化工作机制的构想后,最高检从两个方面推进检察工作一体化机制的建设:一是构建职务犯罪侦查一体化机制,通过在各级检察机关建立职务犯罪侦查指挥中心和逐步推行讯问职务犯罪嫌疑人全程录音录像制度等措施建立更为统一、明确的职务犯罪侦查工作流程;二是强化上级检察院对下级检察院办案、干部的领导和监督,包括建立下级检察院向上级检察院请示报告制度、完善上级检察院对重大案件的交办、提办、参办、督办制度等。2006年12月,湖北省人民检察院开始全面推行"检察工作一体化"机制改革,具有构建前提明确、法律依据充分、构建程序严密、运行原则清晰等特点,较为有效地解决了检察工作中存在的政令不通、领导不力、机制不健全等实际问题。对此,樊崇义教授提出,在推行检察工作一体化机制的过程中也要充分认识到检察机关在国家权力配置中的地位,从提高检察监督能力出发处理好其与正当法律程序、诉讼规律以及检察机关内部职能分工之间的关系,确保检察工作一体化的运作在符合我国宪政体制的同时又符合诉讼规律,在提高法律监督效率的同时又确保司法公正。[②]

2. 检察引导侦查

1996年《刑事诉讼法》修订后采用控辩式的庭审方式,对检察机关庭审时的举证活动提出了更高的要求,但却没有赋予其控制取证活动的权力,从而增加了公诉的难度;[③] 另外,检察机关对侦查活动的法律监督具有被动性和滞后性,不利于及时发现和纠正侦查中的违法行为。为弥补侦诉分离所带来的缺陷,检察机关在我国的诉讼模式和立法框架下,吸取欧美法系国家的经验,在不违反现有

[①] 敬大力:《深入学习贯彻科学发展观推进检察工作一体化机制创新》,载《人民检察》2008年第22期。

[②] 樊崇义:《简论检察工作一体化的若干关系与问题》,载《检察机关法律监督职能与检察工作一体化机制建设——检察发展论坛第一次会议论文集》,湖北人民出版社2008年版。

[③] 种松志:《检察引导侦查问题研究》,载《刑事法判解》2003年第1期(总第6卷)。

立法精神的前提下加强与侦查机关的协调与合作，探索并建立一种公诉对侦查有适当影响的公诉引导侦查的体制，既能使检察机关及时了解侦查活动、引导侦查方向和取证活动，又可以对侦查进行同步监督，有效行使法律监督权。起初，检察引导侦查是作为加强侦查监督的一项工作措施提出的，最高检的审查批捕厅也更名为侦查监督厅；2002年，时任最高检检察长的韩杼滨在第九届全国人大第五次会议上提出"建立和规范适时介入侦查、引导侦查取证、强化侦查监督的工作机制"的改革目标。此后，检察引导侦查在全国各地检察院得到了推广和适用。学界也对检察引导侦查的性质、理论和法律依据、程序做法等问题进行了论证，肯定了检察引导侦查在保证案件质量和证据质量、遵循诉讼的司法规律、促进司法公正和提高诉讼效率等方面的现实意义。① 同时，也强调要把握好"度"的问题，指导不是领导、干扰甚至代替，参与不是联合，职能的一体化不是组织的一体化。而且，转变观念、解放思想，在现有的水平、认识和法律框架下总结，进一步深化。②

3. 主诉检察官办案责任制

所谓主诉检察官是指具备一定资格的检察员经过一定的审批程序，依照有关规定，独立行使一定职权并承担相应责任的公诉人；主诉检察官制度是由主诉检察官依法相对独立履行审查起诉和出庭公诉职责，并承担相应责任的一种公诉机制。③ 其实质是检察权配置上的变化，即将过去属于检察长和部门负责人的一部分决定权划归检察官，使办案检察官在承担办案职责的同时，享有相对独立的办案决定权，以此来实现权责的统一。20世纪90年代中期，河南省检察院、上海市杨浦区检察院开始探索打破原来三级审批的办案机制，试行主诉检察官办案责任制；2000年1月开始，最高检先后在审查起诉部门、侦查部门和民事行政检察部门全面推行这一责任制。同时，作为主诉检察官制度的配套制度，最高检陆续制定了《人民检察院执法过错责任追究条例》《人民检察院执法办案内部监督暂行规定》《检务监察工作暂行规定》等文件，建立起执法过错责任追究制度，进一步明确了执法过错的界限、责任和追究责任的程序，加大了对办案责任的追究

---

① 周口市人民检察院：《"检察指导侦查"研讨会观点摘编》，载《国家检察官学院学报》2002年10月。
② 樊崇义：《实行检察引导侦查有四个好处》，载《法制日报》2002年7月16日。
③ 高一飞等：《检察改革措施研究》，中国检察出版社2007年版，第75页。

力度。在改革初期，主诉检察官办案责任制在提高办案质量和效率、提升检察队伍素质方面取得了一定的成效，但由于法律地位不明确、配套措施不完善、保障不到位等，这项改革基本停滞，名存实亡。尽管如此，但主诉检察官办案责任制符合现代刑事诉讼的运行规律，有效推动了当时检察制度改革的进程，并为后来的司法责任制改革奠定了实践基础。

（四）检察组织和检察管理的完善

在检察组织方面，一是组建专家咨询委员会，规范专家咨询制度，就检察工作中遇到的重大理论问题、某些重大疑难复杂案件的相关问题、最高检的重要司法解释和具有重大指导意义的规范性文件的出台展开咨询活动和论证，并利用专业知识培养检察机关高级专门人才；二是逐步改革铁路、林业等部门、企业管理检察院的体制，将部门、企业管理的检察院纳入国家司法管理体系；三是按照全国人大常委会《关于司法鉴定管理问题的决定》的要求，最高人民检察院制定相关规定，完善检察机关司法鉴定机构和人员的管理机制，明确检察机关内设鉴定机构的职责和工作程序；四是规范人民检察院派出机构的设置，包括管理办法、设置条件、审批程序、法律地位和职权范围。

在检察管理制度方面，一是开展了检察人员分类管理改革试点，在总结试点经验的基础上完善检察人员分类改革的方案，并会同有关部门制定检察官单独职务序列，确定检察官职务与级别的对应关系；二是实行国家统一司法考试制度，提高了检察队伍的门槛，并逐步建立上级人民检察院检察官从下级人民检察院检察官中择优选拔的检察官遴选制，初步探索检察官专业化道路；三是建立了检察官检察津贴制度，完善检察官晋升、奖惩、工资、福利、退休、抚恤、医疗等保障制度；四是在1995年《检察官法》规定的基础上，通过颁布《检察官培训条例》进一步完善了检察官培训制度。同时，根据中央关于改革司法机关经费保障体制的要求，探索建立人民检察院的业务经费由国家财政统一保障、分别列入中央和省级财政预算的制度，落实"分级管理、分级承担"的检察经费保障制度，解决基层人民检察院经费困难问题。

三、2008—2018：深化司法体制改革时期

2008年起，检察改革进入纵深发展阶段。从党的十七大报告中的"深化司

法改革"到党的十八大报告中的"进一步深化司法体制改革",再到党的十九大报告中提出的"深化司法体制综合配套改革",表述上的细微差异反映了司法改革从宏观到微观、由点及面的趋势和以体制改革为主要内容的特点。根据中央改革文件对明确深化改革的方向、目标和重点任务等进行了总体部署,最高检也先后通过了《关于贯彻落实〈中央政法委员会关于深化司法体制和工作机制改革若干问题的意见〉的实施意见》(2009年)、《关于充分发挥检察职能为全面深化改革服务的意见》(2014年)、《最高人民检察院关于贯彻落实〈中共中央关于全面推进依法治国若干重大问题的决定〉的意见》(2015年)和《关于深化检察改革的意见(2013—2017年工作规划)》(2015年)等文件,为贯彻落实中央部署、不断深化检察改革提供了指导。

结合纵深发展阶段的检察改革,樊崇义教授在这一阶段的诸多改革中提出了极为重要的理论观点。

(一)检察机关改革的重大理论基点应如何认识和怎么坚持的问题

检察机关的法律监督权一直是个争议比较大的话题,而对此的正确理解与把握又关系到改革的方向性内容和诸多举措的落地与具体贯彻实施。因此,改革越到深水区,很多基础性的问题越需要进一步进行论述及给予足够的理论对焦。对此,樊崇义教授聚焦一系列重大检察理论命题,进行了多维度、多层次的论证和分析。樊崇义教授提出,一元分立权力架构下的检察权,其本质属性就是进行法律监督。在分设的权力体系中,检察权并不依附于任何一种权力,而是作为独立的法律监督权,参与保障权力的有效运行。这种独立的法律监督权力的存在及对检察属性的预设,其突出的特点在于解决了在不实行"三权分立"的社会主义国家如何实现权力制约问题。三权分立的权力架构为各种权力运行设置了结构的最终边界,分权运行下的检察权,无论法律属性最终如何界定,也无论这一权力具有怎样的特殊性,检察权都在其权力结构边界之内,实现对其他权力的制约。由此可见,三权分立下,监督与制约是任何一种权力存续的根本,检察权亦不例外。不同于西方的三权分立,一元分立的权力架构下各种权力不具有制约与监督的当然属性,在彼此缺少权力关联链条、权力难以动态守恒的前提下,单设一种独立的法律监督权力,有利于权力的良性运行,是科学分权的必然要求。因此,一元分立的权力架构体系下,对检察权的正确理解,必须明确以下几点:首先,一元分立的层级化权力结构要求检察机关行使法律监督的职权,以保障国家法律的统一正确实施；其次，检察机关的性质和职权具有特殊性、专门性和独立性，它既不归位于行政权，也不隶属于司法权，其活动的根本宗旨就是维护法制；再次，检察机关的法律监督范围应当与国家法制的发展状况相适应，即检察机关应当全面承担起保障法律实施的责任，而不是仅仅保障某一方面的法律的实施；最后，国家检察制度的确立和检察机关的设置，要从本国的国情出发，根据国家的体制特点、历史传统和法制状况来学习和借鉴外国的经验，而不能机械地照搬。如同社会主义国家没有固定的模式一样，社会主义国家检察制度也不存在固定的模式。只有把检察制度的基本规律同具体的国情相结合，才能充分发挥检察制度在国家活动中的法律监督效能。①

在"法律监督与检察改革"的关系上，樊崇义教授认为，就司法实践而言，监督不到位，制约未落实，监督者不敢监督、不愿监督、不会监督，被监督者不接受监督，甚至以种种借口不让监督，导致法律监督形同虚设。形成这种局面的一个重要的原因是立法不严，监督缺位，只有原则规定，没有职权配置，只有空洞口号，没有具体措施。因此，在新一轮的司法体制和机制改革中，把法律监督落实在职权的优化配置之中，重点应从以下几个方面进行：（1）完善立案监督的内容和程序；（2）完善侦查监督的内容和程序；（3）建立涉案财产的检察监督机制；（4）改革和完善刑事审判监督；（5）完善检察机关对民事、行政诉讼实施法律监督的范围和程序；（6）完善法律监督的各项保障性措施。② 检察机关的监督要由"软"变"硬"，落实监督问题，一是要解决诉讼监督的组织和人员落实，人民检察院有专门从事诉讼监督的机构和人员，专门从事诉讼监督工作，要使法律监督工作专门化和职业化。二是要落实监督的任务和程序。刑事诉讼中的法律监督已经从抽象走向具体，刑事诉讼中各个阶段法律监督的任务不同，必须明确任务，制定具体的工作程序。检察机关要"正"起来，要"硬"起来，就要强化自身的监督。强化自身监督包括：第一，把来自人民群众监督的人民监督员制度健全和完善起来；第二，要正确应对和善于处理舆论和媒体监督，建构和回应媒体监督的工作机制；第三，构建检察机关上下级监督"一体化"的工作机制，使上级下级办案活动的监督机制的运转科学化、正常化；第四，确保同

---

① 樊崇义：《一元分立权力结构模式下的中国检察权》，载《人民检察》2009年第3期。
② 樊崇义：《简论法律监督与检察改革》，载《河南社会科学》2010年第2期。

一检察机关各业务部门之间、执法办案各个环节之间的监督和制约，尤其要构建侦诉分离等制约机制；第五，加强对办案活动中的一般违法行为和严重违法行为的查处，实行纪检监察独立查处的机制，以保证"自身正、自身硬、自身净"；第六，按照《刑事诉讼法》关于非法证据排除的规定，尽快建构在侦查（自侦）公诉阶段排除非法证据的工作机制和排除程序，包括排除非法证据的名称、主持、启动、程序和纠正的司法文书等。①

（二）关于"以审判为中心"背景下的检察制度改革

在党的十八届四中全会上，中央提出要进行以审判为中心的诉讼制度改革，检察机关如何适应新形势和新要求，重新认识新型诉侦、诉审关系，对于检察机关法律监督的实现至关重要。樊崇义教授指出：（1）构建"大控诉"格局，公诉引导侦查。检察机关如何建构一个完备的审前格局，如何建立检察机关主导的"大控诉"格局，就是要把"引导侦查、侦查监督"这两项工作做好。就第一点而言，既然控诉是发动者，因而检察机关要引导、介入侦查，要从范围、条件、程序、效力等方面进行司法解释，而不是作为口号挂在口头上。介入的范围、工作的重点、如何引导取证、程序是什么、检察建议不执行的后果是什么，要落到实处；就第二点而言，检察机关要把法律监督的重点转移到侦查监督上，因为侦查很关键，很多的刑事冤假错案出问题首先就出在侦查环节，我们现在的侦查阶段封闭性、不公开性太强，因此，一定要强化侦查监督。（2）转变监督重点，强化侦查监督。下一步的改革中对于公安机关侦查活动的监督，要强化"公诉引导侦查"的工作模式，不仅在审查批捕环节予以重视，其他环节也应当加强引导与监督，防止侦查活动游离于法律监督范围之外。（3）扭转"以侦查为中心"的办案现状。在处理诉侦关系上，扭转"以侦查为中心"的现状和"引导侦查、侦查监督"两项工作是一脉相承的，检察机关在制约侦查权过于膨胀方面负有不可推卸的责任。目前，我国并未实行司法令状以及司法审查制度，审判机关很难直接对侦查机关形成制约，侦查活动是刑事审判程序启动的标志，紧随其后的是检察机关的批捕、起诉程序，能够对侦查机关的侦查行为形成直接制约的只能是检察机关。因此，检察机关工作的重点和任务要围绕如何使行政措施、行政手段转向司法属性，尤其是批准逮捕、起诉审查、侦查监督、羁押必要性审查等都要

---

① 樊崇义：《监督与自身监督，二者缺一不可》，载《检察日报》2012年8月8日。

予以重点关注，借此抑制侦查权的过度膨胀，从而推动整个刑事诉讼活动由"以侦查为中心"转向"以审判为中心"。①

（三）检察机关深化责任制改革需要注意的问题

司法责任制改革是整个司法改革的"牛鼻子"。完善检察机关司法责任制就是通过明确检察人员职责权限和完善检察权运行机制，构建司法办案责任体系，最终落实"谁办案谁负责、谁决定谁负责"。2013 年以来，在中央政法委的统一部署下，最高检相继开展主任检察官办案责任制试点和司法责任制改革试点工作，并在总结试点经验的基础上发布《关于完善人民检察院司法责任制的若干意见》。2017 年 6 月，司法责任制改革在全国检察机关正式启动；10 月起全面实行检察办案责任制。至此，全国检察机关层面的司法责任制改革基本完成，初步建立了权责明晰、监管有效、保障有力的检察权运行新机制。②

检察机关司法责任制改革的核心是实行检察官办案责任制，即不同于以往三级审批的办案模式，其是在检察官员额制的基础上赋予员额内检察官在职权范围内独立对案件作出决定的权力，并明确相应司法责任的制度。为了保障检察官办案责任制的有效运行，一是建立和完善了检察官权力清单制度，明确检察委员会、检察长、检察官的职责权限；二是建立以随机分案为主、指定分案为辅的案件承办确定机制，并根据案件类型、复杂程度实行独任检察官和检察官办案组两种基本办案组织形式；三是建立检察官联席会议制度，提供专业参考意见；四是建立检察官惩戒制度，完善司法责任体系，检察官在职责范围内对办案质量终身负责。

对于错案责任追究制度的科学化，樊崇义教授提出：（1）正确把握"错案责任追究"的范围和启动程序，相关部门要尽快统一界分"错案责任追究"的范围和启动标准，确保科学、合理、规范、大胆运用侦查权、检察权和审判权，杜绝盲目地对那些因媒体报道、家属上访、适用疑罪从无原则而宣判无罪等案件启动"错案责任追究"程序，切实维护好打击犯罪与保障人权的双重目的。（2）确保法院裁判的权威性和既判力。就刑事错案追责程序而言，应该尽可能

---

① 樊崇义：《以审判为中心背景下的诉审、诉侦、诉辩关系刍议》，载《人民检察》2015 年第 17 期。
② 参见 2017 年 11 月 1 日在第十二届全国人民代表大会常务委员会第三十次会议上最高人民检察院检察长曹建明关于《最高人民检察院关于人民检察院全面深化司法改革情况的报告》。

保持法院判决的权威性和既判力,严格限定"错案"的认定标准,一般情况下不得轻易启动追责程序,只有在办案人员存在主观故意或重大过失对当事人造成重大伤害的前提下方可启动错案追责程序。如果一味强调追究酿成刑事错案的工作人员的责任、任意扩大刑事错案的认定范围和标准,势必给法院判决的权威性和既判力带来消极影响。(3)切实遵循司法规律。在具体制度建构上,重新设定检察官、法官的责任追究制度,检察官、法官只有实施了违反法律、职业道德和职业纪律的行为,才应当受到追究,他们对案件的判断和认识不应当成为其受追究的理由;另外,我们应当进一步完善诉讼程序和证据规则,以此来约束法官的自由裁量权,减少法官滥用权力、产生问题的机会,做到防患于未然。在诉讼的推进中,后一阶段作出不同于前一阶段的行为被视为正常,绝不能用"后位思考"来查究被否决公诉的前位序列检察官的责任。在决定是否追究某一司法人员的错案责任时,一定要看他有无过错,并且还要看过错的大小。只有出现明显且比较严重的过失时才进行追究,轻微的过失或者仅仅是对某个复杂问题的判断发生了轻微偏差而导致司法决定被改变的,不应作为错案来追究。①

(四)关于刑事诉讼监督案件化办理模式

近年来,最高检提出对于重大诉讼监督事项要实现案件化办理,对此,樊崇义教授认为应从以下几个方面来理解:第一,对于监督事项,应科学界定、严肃定位、正确定性。监督事项应根据违法严重性作出区分并适用不同程序。监督事项可以分为一般违法事项、重大违法事项和涉嫌职务犯罪需追究刑事责任事项。一般违法事项可以采用补正方式,重大违法事项可以采用检察建议方式,涉嫌职务犯罪需追究刑事责任的事项应当采用犯罪调查方式。第二,办案模式有三个理论基础。(1)人民检察院法律监督机关的宪法定位。这是检察机关的根本属性,是检察改革的生命线,也是"监督事项案件化办理模式"最根本的理论基础。(2)公诉职能与诉讼监督职能相分离的"二元论"。将公诉与诉讼监督职能合二为一的"一元论"实际上变相削弱了监督职能,此次检察改革的理论基础正由"一元论"向"二元论"转型。(3)程序正义理论。监督也要讲程序,程序正义保证了监督结果的正当性和监督意见的说服力。这三大理论是刑事诉讼监督案件

---

① 樊崇义:《客观与理性:刑事错案责任追究制度的理念建构》,载《安徽大学学报(哲学社会科学版)》2015年第4期。

化办理模式的基础。第三，案件化办理模式使诉讼监督由软变硬、由虚变实、由模糊不清到明晰可用，将诉讼监督落到实处。未来目标是将案件化办理模式写入《人民检察院刑事诉讼规则》，并争取未来刑事诉讼法修订时写入其中。第四，刑事诉讼监督案件化办理模式已逐步实现规范化、程序化、专门化、实质化和制度化。北京、上海等地检察机关已经在监督事项线索管理、立案、调查核实、监督方式、决定宣告、跟踪反馈、卷宗材料归档等制度化建设方面积累了大量有益经验，这一经验可复制、可推广，值得赞扬。第五，关于办案模式的组织和落实问题。根据公诉与诉讼监督职能相分离的二元化理论，办案模式应当实现专门化、组织化，应当有专门的机构、组织和人员保障，如此才能真正落实监督职能。①

（五）国家监察法推行后检察机关法律监督的理解与践行

随着《监察法》的推行，人民检察院法律监督的地位及其重要性渐成共识，但问题仍有很多，我国当代检察制度的发展迎来新的挑战和契机。樊崇义教授指出，检察机关是宪法规定的专门法律监督机关，这是检察机关的根本属性，是检察改革的生命线，是检察制度现代化建设的基本坐标。在此背景下，应当坚持检察机关法律监督的宪法定位不动摇，确保检察机关在新形势下依法独立行使检察监督权，区分检察监督、诉讼监督、法律监督和监察监督的概念，不能相互替代，更不能混为一体。法律监督体系的范畴是随着对法律监督职能认识的深化而不断深化的。从对以往法律监督传统领域的实践观察中发现，监督不到位，制约未落实，监督者不敢监督、不愿监督、不会监督，被监督者不接受监督，甚至以种种借口不让监督的情况不同程度地存在。随着国家监察体制改革、司法责任制改革、以审判为中心的刑事诉讼制度改革等多项改革的深入，对检察机关法律监督职能的范围及行使方式都提出了新的要求。因此，检察机关应突出法律监督主线，围绕刑事检察、民事检察、行政检察和公益诉讼检察健全检察机关法律监督体系。②

目前，随着监察体制改革的全面落地，检察机关适应新形势、新变化的各项

---

① 参见2018年11月1日樊崇义教授在第九届刑事诉讼监督主题研讨会上的总结致辞。
② 王渊：《法律监督定位是检察制度现代化基本坐标——专访中国政法大学诉讼法学研究院名誉院长樊崇义》，载《检察日报》2018年12月13日。

改革也在稳步推进当中。其中，在深化检察组织机构改革中，2016年7月，全国司法体制改革推进会召开，提出要将内设机构改革作为司法责任制改革的重要配套措施，积极推进以基层检察院为重点的内设机构改革试点。随后，最高人民检察院与中央编办联合发布《省以下检察院内设机构改革试点方案》，为检察官员额制改革之后探索建立机构设置合理、职责划分明晰、运转有序高效的检察工作运行机制，实行"大部制"改革确立了依据。截至2017年9月，全国1854个检察院开展内设机构改革，内设机构大幅精简，大批业务骨干回归办案一线。①2018年12月13日，最高检内设机构设置最新调整对外公布，以案件类型为主要划分标准，捕诉合一的监督格局逐渐形成。综合近年来检察机关工作体制和机制的探索和创新，以下内容在实践推进中迈出了较大步伐：

1. 探索建立检察机关提起公益诉讼制度。随着经济交往的日益频繁，社会领域的冲突和矛盾日益激烈，一些涉及公共利益保护的案件时有发生，或是损害范围广、受害时间较长和受害者众多的侵权案件，或是行政机关的行政行为侵害了国家利益和社会公共利益的案件。作为国家法律监督机关，检察机关有权提起公益诉讼来保护国家利益和社会公共利益，维护法治统一和社会稳定。党的十八届四中全会首先在顶层设计上提出"探索建立检察机关提起公益诉讼制度"；2015年7月，经过全国人大常委会的授权，该制度在全国13个省市的部门检察机关进行试行；2017年6月，民事诉讼法、行政诉讼法进行修订，检察机关提起公益诉讼制度在我国正式建立。

2. 案例指导制度。检察案例指导制度建立于2010年，最高检颁布关于案例指导的工作规定，设立专门机构负责，并在同年12月31日发布第一批3个指导性案例，标志着该制度的正式运行。指导性案例是检察机关在履行法律监督职能过程中办理的具有普遍指导意义的案例，是由最高检发布、指导全国检察机关工作的一种形式。与人民法院案例指导制度"相似案例应当参照"的规定有所不同，检察机关可以参照指导性案例，但这并不意味着其纯粹是一种参考性因素而缺乏执行力，因为根据规定，若承办检察官认为不应当适用指导性案例的需提出书面意见，报经检察长或检委会决定，这与大陆法系国家判例制度中的"背离报

---

① 参见2017年11月1日在第十二届全国人民代表大会常务委员会第三十次会议上最高人民检察院检察长曹建明关于《最高人民检察院关于人民检察院全面深化司法改革情况的报告》。

告制度"相似。① 检察案例指导制度建立至今已有 8 年，最高检一共发布了十批共 41 个指导性案例，涉及检察机关侦查、批捕、起诉、刑事抗诉、核准追诉、公益诉讼等职能，对规范和指导执法标准统一、保证法律正确实施起到了重要作用。

3."智慧检务"建设的进一步推进。"智慧检务"是指将检察工作与现代科技相融合，通过大数据、人工智能等信息技术推动检察工作由信息化向智能化跃升，打造新型检察工作方式和管理模式。为此，最高检先后颁布实施《全国检察信息化发展规划纲要》《科技强检规划纲要》等指导性文件，从电子检务工程建设、网上办案、大数据和人工智能在检察工作的深度运用等方面使智慧检务建设迈上新台阶。

纵观检察机关的改革，虽然有些已经获得了理论与实践的深度检验，但有些改革依然在路上。正如樊崇义教授所言：中国特色社会主义检察制度是个新事物，需要理论研究和支撑。但在有关检察理论研究中，受对策性研究的制约，较多的是对检察理论的某些枝节问题进行论述，对检察制度理论的深层原理问题缺少研究，更别说对检察制度的原理进行系统研究了。但是，对中国检察理论的研究又关乎中国检察制度建设和检察事业发展的大局，关系到对中国特色社会主义检察制度的认识与理解，法学理论工作者理应担当这一历史使命。检察工作几十载，先生身体力行这一使命担当，作为先生的学生和后辈，我们更应秉持先生的精神和理念，为中国检察事业贡献自己的一份力量，也许微不足道，但必是倾其全力。

---

① 王玄玮:《中国司法如何走向统一——人民法院实行案例指导制度的构想》，载《云南大学学报（法学版）》2010 年第 5 期。

樊崇义教授刑事诉讼法学方法论

孙道萃[①]

理论联系实际,是马克思主义理论的重要内容。既可以认为它是一种认识观,是对主观与客观的关系的正确反映;也可以认为它是一种世界观,反映了人类改造世界的基本立场,即要从主客体的结构中,对思想与行动保持高度的一致性。马克思主义基本原理的中国化,是指导社会主义法治建设的根本思想,是法律研究方法论的重要来源。历史已经证明,理论联系实际作为一种方法论,对于法学研究、实践以及立法等,都具有重要的意义,是我国法治建设的重要保障。在刑事诉讼领域,理论联系实际也同样发挥着举足轻重的作用,是推动刑事诉讼理论研究、立法完善以及司法适用的重要方法论支撑。从我国著名的刑事诉讼法学家樊崇义教授的学术研究轨迹与学术思想来看,其也始终贯穿着理论联系实际这一方法论身影。它打通了刑事诉讼理念、制度与刑事诉讼实践之间的通道,激活了理论指导实际、实际反哺理论的双重互动关系。[②] 特别是在近期日益复杂的刑事司法改革浪潮下,樊崇义教授始终坚持将理论联系实际作为重要的刑事诉讼哲理思维以及方法论[③],更具体地引领包括我国看守所改革、新时代检察监督的创新发展、认罪认罚从宽协商诉讼程序的独立化建构、腐败犯罪缺席审判程序的立法设计等前沿领域的研究。在理论联系实际的科学指导下,樊崇义教授过往的研究与新近对前沿问题所展开的系统研究,不仅具有国际视野,也立足于中国国

[①] 孙道萃,北京师范大学刑事法律科学研究院讲师、博士后,法学博士,中国政法大学国家法律援助研究院研究人员。本文系中国博士后科学基金第61批面上资助项目《认罪认罚从宽制度的探索完善与改革展望》(资助项目编号:2017M610783)项目成果;中国政法大学国家法律援助研究院"法律援助立法"课题组的阶段性研究成果。

[②] 樊崇义主编:《诉讼原理》,法律出版社2003年版,第1—28页。

[③] 樊崇义:《刑事诉讼法哲理思维》,中国人民公安大学出版社2010年版,第1页。

情,所提出的中国解决之道,非常贴合现实需要,极富有创新性、建设性以及可行性、有效性。

一、理论联系实际的刑事诉讼哲理解读

理论联系实际对于刑事诉讼而言,其意义与作用的呈现,首先是作为一种基本的方法论或行动思维而存在的,它要求刑事诉讼理论体系等,要与刑事诉讼实际情况,相互一致、相互映衬。这是因为刑事诉讼是一门实践性极强的学科,但同时也是一门历史悠久的学科,奠定了理论与实践的往返与交融是不变的主题。同时,从刑事诉讼哲理的层面来看,理论联系实际作为一种方法论,既不是个别性的方法,也非碎片化的方法,而是自成一体并有相应的哲理作为基础的。换言之,理论联系实际作为刑事诉讼的方法论,绝非单纯的"工具",而是统合价值、规范、事实于一身,是具有法哲学意义和教义学底蕴的刑事诉讼思维与观念。

(一) 理论联系实际的刑事诉讼基础

在刑事诉讼语境下,讨论理论联系实际时,其深厚的学理基础、哲理思维以及诉讼原理,都与之紧密联系在一起。具体而言,包括以下几个方面:

(1) 马克思主义方法论的传承。马克思主义的一个鲜明特征和重要理论品质,就是理论联系实际。这是马克思主义永葆生机和活力的关键所在。[①] 理论联系实际,是应用马克思主义哲学世界观的方法论基本原则。在《致达·奥本海姆》(1842)的信中,马克思表达了"理论必须结合具体情况"的信念[②]。马克思认为,这种"结合"在现实中具有重大意义,不只保证理论的可靠性和真理性,对实践活动也是必要的。要保证革命成功,达到实践的目的,"必须有思想和行动的统一"[③]。列宁要求,一切共产党人都必须"实事求是地看问题"。这一原则要求人们按照客观世界的本来面目了解和认识世界,要正视真实情况,从实

[①] 靳安广:《理论联系实际思想的深化:从马克思到邓小平》,载《河南师范大学学报(哲学社会科学版)》2015年第4期。

[②] 中共中央马克思恩格斯列宁斯大林著作编译局编:《马克思恩格斯全集》(第27卷),人民出版社1972年版,第433页。

[③] 中共中央马克思恩格斯列宁斯大林著作编译局编:《马克思恩格斯全集》(第18卷),人民出版社1964年版,第385页。

际情况出发,来讨论问题。① 从马克思主义的经典著作中,可以清晰地看到理论联系实际作为方法论的重要性及其地位,不仅具有哲学的全局性指导意义,也对其他人文社会科学具有指导意义。通常认为,理论联系实际中的"理论",是泛指马克思主义哲学世界观理论,如马克思主义哲学世界观理论的原理、观点、范畴、方法等;而"实际",则泛指在认识和实践活动中的一切客观事物,即指主客体、主客观方面的一般性的真实情况,尤其侧重的是人类认识和实践活动中的新情况、新问题。由此可见,理论联系实际,不仅是哲学问题,涉及认识观、人生观与世界观;也对社会科学具有指导意义,法律学科亦在其列。理论联系实际的基本内容通常包括:一是理论指导实际,认识和改造实际不能脱离理论的指导。二是理论结合实际,指导认识和改造实际的理论要适合实际。三是理论与实际的高度统一,要创造新理论来满足指导实际。② 这意味着理论与实践的"联系"是这一方法论观念的核心所在,也是其发挥效能的关键,理论可以脱离实际,实际可能摆脱理论,主体要整合理论与实际,就必须根据客观世界并从主观上进行"联系"。刑事诉讼法作为一门应用型的程序法,在根本上是一种实用性很强的法律,强调法律条文在司法实践中应对不同情形时所具有的灵活性和可操作性。③ 由此可见,刑事诉讼的研究与适用,也需要贯彻理论联系实际的方法论之精髓。

(2)马克思主义中国化的宏大样本。马克思主义的中国化,是以毛泽东同志为核心的中国共产党人集体探索的重大历史成果,奠定了我国社会主义制度的基础,开启了新中国的历史新纪元。毋庸置疑的是,马克思主义的中国化进程,其实也是理论联系实际作为方法论之生动体现的过程。1942 年 2 月 1 日,毛泽东在延安中央党校开学典礼上的演说即《整顿党的作风》一文中使用了"理论和实际相联系"或"理论和实际联系"的表述。1945 年 4 月 22 日,毛泽东在中国共产党第七次全国代表大会上所作政治报告《论联合政府》中,则使用了"理论和实践相结合"的表述,并将其作为党的三大工作作风之第一大作风。《整顿

---

① 中共中央马克思恩格斯列宁斯大林著作编译局编:《列宁全集》(第 40 卷),人民出版社 1986 年版,第 41 页。
② 倪志安:《论理论联系实际原则——关于应用马克思主义哲学的方法论原则探讨》,载《西南师范大学学报(哲学社会科学版)》1997 年第 2 期。
③ 叶肖华:《刑事诉讼法学研究中形式主义与实用主义的结合》,载《法学研究》2012 年第 5 期。

党的作风》对"理论和实际联系"的论述指出:"马克思列宁主义理论和中国革命实际,怎样互相联系呢?拿一句通俗的话来讲,就是'有的放矢'。"① 在此基础上,毛泽东要求:"应当进一步地从中国的历史实际和革命实际的认真研究中,在各方面做出合乎中国需要的理论性的创造,才叫作理论和实际相联系。"② 1948年8月1日,毛泽东在为中央起草的《中共中央关于调查研究的决定》中强调:"反对将学习马列主义原理原则与了解中国社会情况、解决中国革命问题互相脱节的恶劣现象。"③ 回顾新中国的发展历程,马克思主义的照抄照搬与中国化道路之间的取舍,是以马克思主义中国化的胜利为结局的。所以,毛泽东作出了著名的论断:"马列主义基本原理至今未变,个别结论可以改变。"④ 由此可见,在马克思主义的中国化进程中,之所以一段时间内出现了错误的思想和道路,就是因为脱离了中国实际,过度迷信理论的真理性。反而,新中国的革命与发展历史鲜明地显示了,只有将马克思主义与中国实际紧密联系在一起,才能让马克思主义理论获得新的生机,才能对中国实际有正确的认识,并提出切合中国实际的革命道路和发展模式。因此,理论联系实际并非不要理论,而是在理论与实际相联系的基础上作出合乎实际需要的理论性创造。⑤ 同时,实际是理论的落脚点,也同样是理论的生成点与源泉,没有先进的理论作为指导,对实际的客观反映与主观改造都是徒劳的。此后,邓小平指出,"马克思主义必须是同中国实际相结合的马克思主义,社会主义必须是切合中国实际的有中国特色的社会主义"。⑥ 这场一以贯之的基本思想,不仅保障了我国改革开放政策的顺利推行,也见证了我国改革开放以来所取得的举世瞩目的成就。实际上,在宏大的历史变革中,改革开放以来的社会主义法制得到迅猛发展,社会主义法律体系趋于健全和完善,都受益于理论联系实际这一马克思基本原理的中国化。

(3)实事求是的国家哲学与法治思维之呼应。作为中国特色社会主义理论体系的"源头活水",毛泽东思想的精髓乃是实事求是。其"就是坚持马克思主

---

① 毛泽东:《毛泽东选集》(第4卷),人民出版社1991年版,第819页。
② 毛泽东:《毛泽东选集》(第4卷),人民出版社1991年版,第819–820页。
③ 毛泽东:《毛泽东文集》(第2卷),人民出版社1993年版,第362页。
④ 毛泽东:《毛泽东文集》(第8卷),人民出版社1999年版,第1页。
⑤ 陈占安:《准确把握理论联系实际思想原则的科学内涵》,载《北方交通大学学报(社会科学版)》2003年第4期。
⑥ 邓小平:《邓小平文选》(第3卷),人民出版社1993年版,第62–63页。

义,坚持把马克思主义同中国实际相结合"①。"实事求是"是当代中国重要的政治、经济以及文化决策哲学,是有关科学认识中国与改造中国的认识论与方法论。"实事求是"的思想地位,不仅在党的政治文件中得到确认,更在党和国家建设新中国的实践中得到贯彻,中国共产党始终致力于最大限度地实现决策的"实事求是"。② 完整的实事求是,是一种过程与结果的科学"达到"状态,就是认知性思维与认知性实践的高度合一,也是实践理性思维与改造性实践互为因果的系统化展现过程及其结果。③ 因此,所谓"实事求是",其中,"实事"是指革命和建设的生活实践中的"实际",不是脱离人的自在本体;"是"即在实践中有功效的办法和主意,不是脱离人的规律和真理。④ 这一完整的逻辑呈现,扼要地展现了实事求是的路线方针,它与理论联系实际的方法论是高度契合的。按照法律的生命有机体理论,应从经验事实出发,将现实问题作为法学研究的起点和基础⑤。对问题的分析、解释和预测、解决是理论研究的归宿,并运用科学的实证方法,提出假设、进行论证、对相反命题进行证伪,最后将得到论证的命题予以一般化和理论化。在刑事诉讼领域,也要以"实事求是"为指导方针,独立自主地走中国发展道路。对单纯的对策法学、引进法学和移植法学方法等观念和做法,应当进行深度的反思,抛弃理论问题的意识形态化,从实际情况出发,打破法律实践与法律理论之间的隔阂,促进二者在交互的过程中推动刑事诉讼制度的发展。

(4) 法律全球化与独立自主道路的取舍逻辑。加入 WTO,为我国刑事诉讼法律制度改革提供了新的动力和压力。刑事司法制度必须尽快达到刑事司法国际标准。⑥ 在此背景下,法律全球化与法律移植问题,开始成为我国法律体系转型时期的重要话题。然而,过往的经验也充分显示,由于制度背景改变绝非易事,

---

① 毛泽东:《毛泽东选集》(第2卷),人民出版社1991年版,第534页。
② 胡鞍钢等:《"实事求是":当代中国的决策哲学》,载《经济社会体制比较》2013年第6期。
③ 刘国章:《实事求是新论》,载《浙江社会科学》2014年第9期。
④ 高文新、张春静:《实事求是哲学论析》,载《吉林大学社会科学学报》2013年第3期。
⑤ 陈瑞华:《刑事诉讼法学研究范式的反思》,载《政法论坛》(中国政法大学学报)2005年第3期。
⑥ 樊崇义、张建伟:《WTO 与刑事诉讼法律制度的改革》,载《政法论坛》(中国政法大学学报)2002年第2期。

不同法系国家间的制度移植往往难以成功①。实际上，当代中国的经验与教训提供了较为客观的样本，而马克思主义的中国化无疑是最佳的注脚，其真理在于本土与域外的有效结合才是合理之计，片面的法律移植是行不通的。尽管如此，应当肯定的是，在全球化背景下，法律全球化是趋势，社会主义法律体系拥有兼容并蓄的特质，对国际社会的法治进步始终持包容与开放的态度。因此，在全面推进依法治国的国策下，法律移植是完善我国刑事诉讼制度的重要方法和途径。同时，在诉讼制度移植的过程中，要认识到"普适性"作为法律移植的逻辑前提难以成立，不能完全以西方国家的刑事诉讼制度为摹本，而应适当考虑法律移植与本土资源的协调。② 特别是在深化刑事司法改革的语境下，定位"西方经验"与"当下中国"的关系是一个值得深思的前设性问题，③ 应当致力于构建一套具有主体性的、体现中国特色的刑事司法制度体系。相反地，那种放弃本土需求与实践情况，忽视我国刑事诉讼探索的宝贵制度、观念等，眼里只有国际接轨、西方标准等做法，其实是违背"理论联系实际"的法律移植，既不可能成功，更是对包括刑事诉讼法治体系在内的社会主义法律体系的内在"伤害"。

（5）刑事诉讼方法论的生态格局与反思。自1979年《刑事诉讼法》制定以来，纵观刑事诉讼法学研究方法，历经注释研究方法、比较研究方法、实证研究方法三个发展阶段。④ 改革开放以来，域外刑事诉讼法制快速进入，我国刑事诉讼立法不断发展与繁荣，而且刑事司法实践越发丰富多彩，因而，方法论研究格局已经具有多元与开放性的特点。这不仅是我国刑事诉讼研究理论水平提升的标志，也是推动我国刑事诉讼理论研究与实际高度互动的保障。当前，刑事诉讼法的研究与刑法学的研究，在很多地方具有相似性。但是，刑事诉讼法与司法体制关系非常密切，涉及的法院、检察院、公安、律师制度、监察体制改革，都与刑事诉讼程序密切相关。而且，刑事诉讼法的研究涉及大量不确定的改革及其试点效果。因此，回顾近年来我国刑事诉讼的研究，法教义学的研究方法运用比较

---

① 左卫民：《当代中国刑事诉讼法律移植经验与思考》，载《中外法学》2012年第6期。
② 汪海燕：《除魅与重构：刑事诉讼法律移植与本土化》，载《政法论坛》（中国政法大学学报）2007年第2期。
③ 林喜芬：《中国刑事司法改革的话语、语境及可能路径——基于全球化与主体性的分析框架》，载《东方法学》2013年第4期。
④ 陈晓晴：《刑事诉讼法学研究方法40年进路探讨》，载《河北科技师范学院学报（社会科学版）》2017年第3期。

少,"对策法学"几乎成了刑事诉讼法研究的主要模式。① 此种研究生态,相比于刑法学研究及其方法论的现状可以发现,社科法学与法教义学的对话,在刑事诉讼法学方法论中的发展显著不足。2012年修订《刑事诉讼法》后,快速兴起的刑事诉讼法解释学,并非真正意义上的法教义学之概念,在立场和作用等方面都有所体现。而且,程序法定原则的缺位,使围绕2012年《刑事诉讼法》所作出的大量司法解释,实则有"代为立法"的嫌疑,刑事诉讼法解释学或教义学实际上是"司法解释教义学"。② 刑事诉讼的教义学研究之不足,不仅暗示了理论探索处于"瓶颈"状态,也对实际问题的回应与治理有所掣肘,即阻塞了理论与实践的联系通道,使二者的有效沟通、互补等受到限制和制约。在此背景下,为了促进刑事诉讼法学理论的发展,推动司法改革的顺利进行,应当综合借鉴并运用其他部门法学科的多种研究方法。实际上,我国刑事诉讼法的研究方法从阶级分析方法的一元化结构,经历了注释研究方法的普遍化阶段、与比较研究方法形成的多元化格局。③ 但是,从我国刑事诉讼发展的趋势与实际需要出发,刑事诉讼的理论研究与实践,仍然必须借助于多元方法论系统。目前,注释的方法仍居主导地位,已经在很大程度上阻碍了中国刑事诉讼法学理论层次的提升。理论与实践是现代刑事诉讼法学的重要研究对象,理论联系实际的方法对应用性强的刑事诉讼法学而言是永不过时的。④ 对刑事诉讼方法论的探讨,是理论研究不断丰富的体现,但也对方法论的"择优"化改革提出了新的要求。无论如何,理论联系实际作为一项基本的方法论,在任何时空范围内,都可以服务于我国刑事诉讼法制建设的需要,可以在国家政策、立法考虑、司法适用等方面进行"衔接"与"整合",并串联起刑事诉讼的各个积极因子,推动刑事诉讼制度的现代化发展。

(6)实证研究方法的兴盛与外溢效应。在我国,由于立法起步晚、立法修改相对频繁等因素,刑事诉讼法学的研究长期被比较法学范式与新意识形态法学范式所支配,以致研究成果在一定程度上并不足以支撑中国刑事诉讼制度的现代

---

① 陈瑞华:《刑法学与刑事诉讼法学研究的互动》,载《中国检察官》2018年第1期。
② 谢澍:《刑事诉讼法教义学:学术憧憬抑或理论迷雾》,载《中国法律评论》2016年第1期。
③ 樊崇义、夏红:《刑事诉讼法学研究方法的转型——兼论在刑事诉讼法学研究中使用实证研究方法的意义》,载《中国刑事法杂志》2006年第5期。
④ 陈卫东等:《21世纪中国刑事诉讼法学前瞻》,载《中国人民大学学报》2000年第1期。

化需求。这种"不足以支撑"体现在不少方面,既包括理论供给,也包括司法供给,还包括立法供给。注释法学等方法论的存在,本身是合理的和必要的,对理论本身或立法释义相对更侧重,但过度依赖容易形成负面效果,引发"重理论轻实际"的不均衡状态,立法与司法可能脱离"实际"。而当采用实证研究的范式来观察与思考我国的刑事诉讼制度时,可以探求到我国刑事诉讼制度现代化更为有效的思路与方案。实证研究方法的优势,主要得益于其对理论联系实际的正确观察,特别是对我国理论与实践的不一致问题进行了很好的"内部抵制"。实证研究范式与传统研究范式的差异,还使实证研究范式具有构建中国本土化刑事诉讼理论体系,打造具有中国特色的刑事诉讼制度的方法论意义。[①] 易言之,我国刑事诉讼发展处于复杂多变的形势中,在坚持理论联系实际的语境下,实证研究方法可以强化"实际"的存在分量,并通过实证研究方法的特色,加强"联系"的过程与流量,进一步深化实际与理论的联系,更加凸显实际对理论的积极作用,而不再主要是理论对实际的积极意义。例如,法律实证研究以收集数据为基本框架,重视对各种法律信息的性质判断,具体方法包括调查、观察、文献分析、实验等。[②] 实证方法的运用,可以很好地联系理论与实际,有助于推动我国刑事诉讼法学研究方法的多元化发展。实证研究方法的基本内容、特征以及实现途径等内容,是理论联系实际在新时代寻求新生力量的有力"催化剂"。它从更精细化的"联系"通道上,进一步丰富理论与实际的互动过程,强化联系后的产物更具时代可行性与有效性。因此,刑事诉讼法学研究应注重实践法学,关注经验事实,运用科学的实证研究方法。尤其是在数据材料收集全面、精确的条件下,重视数理分析,打造迈向实践的刑事诉讼知识体系。[③]

(二) 理论联系实际的刑事诉讼意义

理论联系实际作为指导刑事诉讼的重要哲理思维以及一种方法论,不仅有着深厚的国家政治基础、社会文化基础,注定其成为一种国家哲学、党的执政路线方针;同时也是扎根于中国实际的产物,是历经检验的基本方法论,并助力刑事诉讼的发展。历史与实践也反复证明,理论联系实际的广泛运用,整合了刑事诉

[①] 左卫民:《范式转型与中国刑事诉讼制度改革——基于实证研究的讨论》,载《中国法学》2009年第2期。
[②] 宋英辉:《实证方法对我国刑事诉讼法学研究之影响》,载《法学研究》2012年第5期。
[③] 左卫民:《实践法学:中国刑事诉讼法学研究的新方向》,载《法学研究》2012年第5期。

讼的多方资源，协调处理了一些矛盾与负面因素，发挥了举足轻重的作用。

在刑事诉讼领域，将理论联系实际作为一项基本的方法论，其意义主要在于：第一，科学对待理论学说与实践逻辑的互动关系。近现代刑事诉讼制度是建立在一系列具有高度共识性的理念、精神、原则、制度以及程序之上的，这是近现代刑事诉讼的重要资产，也是当代刑事诉讼的基本原理。换言之，刑事诉讼的理论学说大量存在，是刑事诉讼的生命力之所在，是指导刑事诉讼运行的根本所在。但是，从理论学说到立法规定以及刑事司法，尚需通过良好的制度设计、立法表述等途径得以实现，而且最终通过具体的刑事司法活动予以体现。在这个具体化的过程中，需要结合实际情况，才能取得预期的效果。这就是理论联系实际的客观写照，是科学地将刑事诉讼理论与实际的互动关系推向良性的可持续轨道的保障。一旦切断"联系"理论与实际的基本通道，则可能导致理论脱离实际，实际无法接受正确理论的指导。第二，正确解决顶层设计与具体落实的纵向关系。纵观我国刑事诉讼的演进和发展，可以发现其深受司法体制改革的影响，司法体制改革是顶层设计，对刑事诉讼的运行与发展都具有深远的影响。易言之，司法体制改革作为顶层设计，在指导刑事诉讼完善的过程中，也必然出现一般性与普遍性、宏观性与微观性、抽象性与具体性等之间的对立与矛盾。从理论联系实际的角度来看，顶层设计不可背离，但也要因地制宜，实事求是，如果具体落实脱离了中国国情，不仅无法让顶层设计的优势得以呈现，也无法让顶层设计的任务与目标步入正确的轨道。例如，看守所改革、检察监督的新发展等问题的改革，必须从顶层设计这一"理论"出发，但也要考虑刑事诉讼规律这一"实际"，要在二者之间找到最佳结合点，才能获得双赢的司法改革效果。第三，合理处置全球化下法律移植与本土建设的取舍关系。在法律全球化的背景下，如何解决国际标准与本土立场的问题始终存在。对刑事诉讼而言，这一问题体现得尤为迫切。毕竟刑事诉讼的国际标准比较多，往往具有很高的共识性。但是，再好的国际标准，也需要能够在中国现有的国情中生根发芽，否则，强制引入不但会适得其反，甚至可能引发负面效应。立足于理论联系实际的方法论，则要求在对待法律移植问题时，要坚持中国意识，以中国问题为起点，以提出符合中国实际需要的方案为目标，在此前提下进行的法律移植才具有实际意义。那种片面强调国际标准与域外优势的做法不可行，也是妄自菲薄的做法，是对"实际"的严重背离。第四，优化刑事诉讼立法与刑事诉讼司法的协同关系。立法与司法是一对紧密联系的关系体。在刑事诉讼中，立法具有前提性的决定作用，立法对司法具有指导作用。同时，司法也具有独立的意义，司法具有反制、反哺立法的内在动能。从这个角度来看，理论联系实际作为方法论而存在，对立法的科学性、司法的有效性均具有指导意义，而且可以让二者通过"联系"来整合资源与协同发展。一方面，刑事诉讼立法不能脱离刑事诉讼理念与制度等，要能够正面引导司法过程；另一方面，司法实践是检验理论本身的最佳方式，刑事诉讼立法的科学与否，应当主要由实践的效果来决定。正是这些积极意义，使理论联系实际在刑事诉讼领域始终保持生命力。

樊崇义教授从一开始就充分意识到，在刑事诉讼领域，贯彻理论联系实际的重要性及其基本意义，他在长期从事刑事诉讼法学研究过程中，都一以贯之，奠定了其研究内容的中国特色、本土气息以及国际情怀。而且，在晚近以来对前沿性问题的探讨中，也将理论联系实际置于基础的地位，确保研究结论的有效性。

二、理论联系实际方法论的本土叙事与展开

理论联系实际是指导刑事诉讼活动的重要方法论。特别是在新时代，面对风云变幻的国内外形势，依次推进司法体制改革活动时，理论联系实际作为方法论，可以很好地指导刑事诉讼妥善处理一系列挑战，正确地解决实然与应然的逻辑取舍、实体与程序的交融协同、本体化与国际化的衔接管道、不同方法论的交错协调等问题。事实也证明，对于看守所的当代改革[①]、新时代的检察监督创新发展[②]、认罪认罚从宽协商诉讼程序的创设[③]、腐败犯罪缺席审判程序的立法[④]等问题的讨论、分析以及应对，正确运用理论联系实际这一方法论展开研究与探索，可以形成正确的认识观、价值观，可以更理性和客观地透过现象来看待问题的本质，可以更开放和包容地提出切合实际的解决方案，实现预期的功能与目的。

[①] 樊崇义：《看守所：处在十字路口的改革观察》，载《中国法律评论》2017年第3期。
[②] 樊崇义：《检察机关深化法律监督发展的四个面向》，载《中国法律评论》2017年第5期。
[③] 樊崇义：《认罪认罚从宽协商程序的独立地位与保障机制》，载《国家检察官学院学报》2018年第1期。
[④] 樊崇义：《腐败犯罪缺席审判程序的立法观察》，载《人民法治》2018年第13期。

(一) 处在十字路口的看守所改革与建言

看守所是一块令法治国家爱恨交加的特殊领地。历史经验证明，看守所是我国刑事司法体制中的重要一环，发挥着显著的法治作用。但是，看守所也背负着沉重的法治"旧账""呆账"，逐渐变成法治版图的裂痕，成为法治运行的隐痛。

近年来，看守所在运行中遭遇一系列挑战，审前羁押率高位运行、刑讯逼供及非正常死亡事件、权利保障不尽如人意等问题时有发生，成为各界高度关注的危险区域。究其原因，包括深挖犯罪的寄托、侦查方便的作祟、权力监督流于形式、人权保障理念的贫困、立法修改的搁浅等。对此，公认的是，看守所应当融入全面依法治国的版图。备受关注的看守所立法也应着力解决看守所的制度困局，摆正看守所的机构归属、职能定位、权责边界。让其在法治轨道内运行，破除看守所背后的不良体制因素，促使其成为人权保障的灯塔。

1. 机构定位与管理体制的变动

刑事司法体制改革牵一发而动全身。要敢于正视现存体制的消极面，以全面深化改革的决心和勇气，依照全面推进依法治国的战略安排与具体部署，稳妥解决看守所的机构定位与管理体制问题，让看守所成为独立前行的法治"会员"。

(1) 公安机关管理体制的滥觞。《中华人民共和国劳动改造条例》（政务院，1954年）第8条规定，看守所是劳动改造机关，主要羁押未决犯。第11条规定，看守所以中央、省、市、专区、县为单位设置，由各级人民公安机关管辖。由此开始，确立了新中国成立后的看守所及其管理体制。《中华人民共和国看守所条例》（国务院，1990年）第2条规定，看守所是羁押依法被逮捕、刑事拘留的"人犯"①的机关。第5条规定，看守所以县级以上的行政区域为单位设置，由本级公安机关管辖。省、自治区、直辖市国家安全厅（局）根据需要，可以设置看守所。铁道、交通、林业、民航等系统相当于县级以上的公安机关，可以设置看守所。此外，《中华人民共和国看守所条例实施办法》（公安部，1991年）进一步细化相关规定。至此，基于长期的历史传统与思维定势，看守所自产生之日起，隶属承担侦查职能的公安机关，实行由县以上人民政府设置公安机关管辖的体制。这一由不断探索调整逐步形成的做法，被中国特色社会主义法律体系所确认。但是，公安部监所管理局局长赵春光指出，看守所是人民政府设置由公安

---

① 按照《刑事诉讼法》的规定，看守所的羁押对象是"犯罪嫌疑人"，下同。

机关管理的，依法羁押管理犯罪嫌疑人、被告人和短期留所服刑罪犯的刑事羁押机关，是重要的执法管理部门。① 相比于设立之初，目前的看守所已经被纳入十二个部委负责的综合治理格局，处在具有开放性的管理体制中。简单地认为看守所是"公安机关的看守所"并不符合实际情况，是应当澄清的老看法。② 亦有北京市公安局相关负责人表示："看守所是公安机关的执法机构。但这种说法还不够准确。看守所应该是一级人民政府的司法保障机构，不能简单认为是公安机关的机构。"尽管如此，看守所仍处在公安机关的管辖之下，仍无法真正消除公安侦查机关滥用权力的潜在危险，看守所并不能独立运行，职能异化问题依旧存在。实际上，看守所的现有管理体制受学界的诟病颇多，并被公认为是看守所的当前困局的始端所在。

（2）公安机关管理体制的取舍。《看守所法》（修订草案送审稿）（以下简称《送审稿》）第 6 条规定，国务院公安部门主管全国看守所工作，地方县级以上人民政府公安机关主管区域看守所工作。《送审稿》将看守所仍划归公安机关管辖的规定，引发了各界的争辩。"应将看守所从公安机关剥离出来，划归司法行政部门主管，实现侦押分离，避免刑讯"的呼声再次高涨。一方面，有观点认为，看守所是以县为单位进行设置的，基层司法行政部门的力量、经验能否承担其比监狱管理更繁重、复杂的任务令人担忧。在现有体制下，一是考虑由公安机关继续代管，立法设置最严格的侦羁分离制度，确保羁押中立于侦查、起诉与审判。二是设立相对独立的羁押管理总局，实现编制与体制上的相对独立。③ 但是，只要留存公安机关继续代管体制，侦羁分离的效果必然有所折损；而且，重设独立的羁押管理总局，等于新增管理部门，改革成本并不低，羁押管理总局的管理体制头绪也尚不清楚，其与公安司法机关的关系之理顺亦是难题④。诚然，近五年来看守所改革的经验表明，看守所存在的诸多问题与管理失控密切相关。在后"躲猫猫"时代，看守所长期存在的侦押不分、封闭阴暗、在押人员权益保障欠佳等问题，随着管理机制的大变革已被逐渐消除或遏制。强力的管理机制

---

① 赵春光：《以党的十八大精神为指导加快建设和发展中国特色社会主义看守所管理体制》，载《法制日报》2012 年 11 月第 12 版。
② 李治：《看守所管理理念有了重大转变》，载《人民公安报》2013 年 7 月第 6 版。
③ 陈卫东：《刑事诉讼法修改后应尽快制定看守所法》，载《法制日报》2012 年 2 月第 12 版。
④ 白俊华：《看守所论——以刑事诉讼为视角》，中国政法大学出版社 2015 年版，第 95 页。

创新可以解决现有困局，无须进行体制变动，变革体制是成本过高且前景难以准确把握的改革建议，也仍难以摆脱地方保护主义的外部干扰。① 如此看来，看守所的机构隶属无伤大碍，依法管理才是重点。客观而言，从司法体制改革的政治成本、司法成本来看，切除看守所与公安机关的直接隶属关系，确实牵涉人、才、物以及地方司法管理体制等问题，难度可想而知。全国人大内务司法委员会负责人也曾认为，将看守所交由中立的司法行政部门，因涉及机构隶属问题而难度较大，在现行体制内调整而非改变体制更现实。因而，将看守所从公安机关剥离出去的设想，涉及如何掌控刑事司法体制改革的步伐和节奏。另一方面，2015年两会期间，有政协委员再次建议将看守所划归司法行政机关管理，保持审前羁押场所的中立地位，并真正实现"侦押分离"。继而，一旦看守所不归公安机关管辖，侦查机关的预审活动需要经过司法行政机关的审查过滤，可以有效避免公安机关因破案率等绩效考核的压力，对嫌犯进行刑讯逼供并制造冤假错案。同时，应当肯定的是，公安部监所管理局为了防止侦查机关滥用看守所权力搞疲劳审讯等问题，采取一系列卓有成效的改革措施，如规定分管侦查的局长不能分管看守所等。② 但公安机关内部是"上命下从""左右协作"的一体化管理模式，侦查和监所管理相互配合、相互协作的制度空间仍很大。因此，将看守所从公安机关划归司法行政机关管理的意见，已被视为彻底革除看守所多年累积弊端的唯一出路，是解决侦押分离与看守所体制变革的主流方向。③ 从看守所身处羁押率高位运行、刑讯逼供问题突出等困局的致因来看，看守所与公安侦查机关的职能混同是首要原因，看守所在一定程度上已经异化为协助公安机关侦查破案的"侦查机关"。这既导致看守所在很大程度上成为侦查机关的"御用工具"，也使侦查权、检察权、审判权之间的职权配置陷入一定的无序状态。唯有从本源上切除看守所从属于公安侦查机关的体制纽带，才能抑制权力滥用的投机性，并理顺看守所与公安机关、检察机关、审判机关的关系。

（3）司法部管理体制的复位。值得一提的是，在新中国成立初期，看守所原本交由司法部管理；只是后来为了打击反革命，巩固新生政权，公安部才将监

---

① 陈卫东：《侦押分离不是看守所立法的现实需要》，载《法制日报》2014年5月17日，第7版。
② 赵春光：《中国特色社会主义看守所管理之创新发展》，载《法制日报》2013年3月13日，第9版。
③ 程雷：《看守所立法问题探讨》，载《江苏行政学院学报》2015年第5期。

管场所全部纳入麾下。在客观总结看守所的得失与利弊之际，尤其是在看守所隶属公安侦查机关被广泛认为制度陈弊的共识下，建议重新由主要承担司法行政管理职责的司法部掌管看守所的看法日渐成为相应的共识，从而解决未决羁押与刑事侦查职能混用问题。① 司法部研究室主任王公义认为，"侦羁分离"及其配套措施实施后，"99%以上的刑讯逼供问题都可以解决"。实际上，呼吁"侦羁分离"的声音之所以于理有据，是因为其内核正是看守所管理体制应当进行深度变动，从公安机关转移到司法部。《中共中央关于全面深化改革若干重大问题的决定》要求，健全司法权力运行机制，优化司法职权配置，健全司法权力分工负责、互相配合、互相制约机制。《中共中央关于全面推进依法治国若干重大问题的决定》要求，完善确保依法独立公正行使审判权和检察权的制度。优化司法职权配置，健全公安机关、检察机关、审判机关、司法行政机关各司其职，侦查权、检察权、审判权、执行权相互配合、相互制约的体制机制。从权责明确、各司其职的刑事司法改革目标来看，看守所作为审前羁押和保障诉讼顺利进行之场所，并非侦查机关的办案场所。破除看守所受制于公安侦查机关的制度束缚，就必须脱离现行管理体系，还看守所一个中立的司法地位。看守所制度是刑事诉讼活动的产物，但相比于公安侦查机关、检察机关、审判机关，三者分别负责侦查、审查起诉与审判，都与刑事诉讼存在利害关系，难以真正中立地对待看守所的审前羁押场所这一制度定位。然而，司法部作为司法行政管理部门，与刑事诉讼活动相互独立，并具有管理监狱等丰富的"看管"经验，在对接看守所的人事变动时更顺畅。司法部管理看守所的改革举措，有助于重新布局我国司法职权配置体系；由体制上独立于刑事诉讼的司法部掌管，可以帮助肩负保障诉讼进程与人权重任的看守所隔离诸多外部干扰因素，确保看守所回归到职能本位，中立地协助刑事诉讼活动，能对侦查权进行相应制约，保障在押人员的人权；将看守所移交给司法行政机关管辖，也可以完善我国的刑罚执行权的运行体系，改变多头管理的分散格局，提高法制统一性。因而，看守所的立法应着重考虑将看守所从由公安机关主管变为由司法行政机关主管，将其从公安机关剥离出去，这样可以实现看守所与公安机关、检察机关、审判机关相互独立、相互协作的关系，可以钳制侦查机关滥用管理体制的便利和压制侦查机关长期形成的"口供依赖

---

① 陈瑞华：《看守所制度的基本缺陷与改革思路》，载《民主与法制》2017年第15期。

症",对强化司法审查、律师有效辩护以及人权保障具有积极作用。① 而且,基于监狱系统整体从公安机关转由司法行政机关管理的既有改革经验,看守所回到司法部的管理下仍处在改革的可控范围内。更重要的是,在全面深化改革的大政方针下,应敢于打破陈见和思维桎梏,当下试点中的国家监察体制改革与检察机关职能的重新调整无疑是最好的现实参照样本。继而,在看守所立法中,应明确看守所"是国家设立的依法独立执行刑事羁押的专门机关"。借此,强调看守所是国家而非公安机关设立的,看守所依法独立行使职权而不受制于办案机关,为其回归司法部管理提供必要的规范基础。

2. 职能定位与中立化命运

即使宏观上为看守所的制度困局开辟通道,看守所与公安机关、检察机关、审判机关的独立并行关系并不会自动形成。关键在于看守所如何坚守自己的阵地,如何妥善地实现"看守"任务,而不再过多地承担其他公安司法机关的任务,更不被其他公安司法机关所绑架,其中,职能定位与中立化改革是出路。(1) 负荷前行的看守所。《看守所条例》第 3 条规定,看守所的任务是依据国家法律对被羁押的"人犯"实行武装警戒看守,保障安全;对"人犯"进行教育;管理"人犯"的生活和卫生;保障侦查、起诉和审判工作的顺利进行。由此,看守所作为国家刑事羁押机关,承担对依法被羁押人员的羁押监管、保证安全、保障人权和保障刑事诉讼活动顺利进行等重要职能,在整个刑事司法工作中处于重要的基础地位。现实的问题是,看守所实际上承担了过多、过重且不适宜的任务:一是看守所承担改造、教育等功能是过多的。这部分功能应当由刑事执行机关负责。二是看守所承担协助侦查与发现余罪等功能是过重的,直接导致看守所"不伦不类"。三是看守所对已决人员的羁押并执行刑罚是不太适宜的,此部分功能应当由监狱这一刑罚执行部门承担。如此繁重的任务设定,使看守所负重前进,难以专注于审前羁押且容易偏离保障诉讼活动顺利进行的基本任务;反而成为侦查机关的附属机关,更遑论作为独立机构应当制约监督办案机关的诉讼行为特别是侦查行为。② (2) 看守所职能的理性减负。实际上,公安部在起草看守所

---

① 姚炎中:《实行侦查和羁押分离可有效避免公安机关违法——专访全国政协委员、天津财经大学近现代法研究中心主任侯欣一》,载《人民法治》2017 年第 4 期。

② 顾永忠:《论看守所职能的重新定位——以新〈刑事诉讼法〉相关规定为分析背景》,载《当代法学》2013 年第 4 期。

法时也认识到，看守所职能定位随我国刑事诉讼法的修订进步应发生重大变化，其作为国家专门的刑事羁押场所，绝无侦查功能。而且，应由以往服务办案转型为平等服务诉讼。① 公安部监所管理局副局长郭振久认为，看守所的功能定位应集中于保障安全、保障诉讼、保障人权，三者是辩证统一关系，缺一不可。② 这其实已经对看守所的职能作出更理性的定位，使看守所从服务侦查、便于讯问、发现余罪等不妥当的职能安排中解放出来，使看守所释放既有的改造教育功能，转向服务诉讼活动顺利进行的准确轨道。而且，为了更好地发挥看守所管理体制机制职能作用，公安部要求各级公安监管部门要准确把握职能定位：一是牢固树立为公、检、法、司、安各诉讼主体提供优质高效诉讼服务的意识，实现从服务办案到服务刑事诉讼的转变。二是强调看守所要把充分保障在押人员诉讼权利特别是辩护权放在重要地位并着力保证其实现。三是看守所在羁押监管中，要依法履行对办案机关执法行为的监督，维护在押人员的合法权利。③ 这些改革举措明显有利于稀释看守所现有的繁重职能，通过瘦身减负的方式，有助于看守所在新形势下，扮演好审前羁押场所的角色。但是，也应当看到，这些改革仍未摆脱公安机关管理看守所的现有体制，公安机关仍可能变相地滥用"相互协作"的内部管理机制，而看守所却难有对抗之力；同时，看守所仍然承担部分的刑罚执行活动，这导致看守所专有的未决羁押权与刑罚执行权发生一定的冲突，客观上导致我国刑罚执行权处在分裂状态，违背《中共中央关于全面推进依法治国若干重大问题的决定》中关于建立健全侦查权、检察权、审判权、执行权相互配合、相互制约的体制机制的基本精神。最终，举棋不定的"夹生式"的改革会使看守所始终游离于司法化、独立化的应然轨道。（3）职能中立化。看守所的困境主要包括：一是看守所在刑事诉讼程序中的定位不清晰，侦查和羁押一体化容易造成看守所功能的异化。进言之，从《刑事诉讼法》的规定来看，看守所不是刑事诉讼中的专门机关，在刑事诉讼中并不具有独立的地位。尽管如此，看守所客观上仍承担刑事诉讼的部分功能。目前，看守所在保障刑事诉讼顺利进行的功能上，承担较大的是配合刑事侦查功能，而后者正是导致看守所功能异化的根源所

---

① 汪红：《公安部起草首部看守所法》，载《法制晚报》2014年4月29日，第9版。
② 孙皓：《新刑事诉讼法实施在即看守所条例修法势在必行》，载《法制日报》2012年12月16日，第12版。
③ 赵春光：《不断深化看守所管理体制机制改革》，载《人民公安报》2013年11月17日第3版。

在。显然，公安机关主管看守所的管理体制是最大的制度阻力。二是看守所的主管单位是担负刑事侦查功能的公安机关，看守所并不具备独立地位，容易成为刑事侦查的工具。赋予看守所深挖犯罪的职责并进行严格的等级化考核、评定，是看守所的职能尚未中立化的极端结果，是看守所中立化改革的重要阻力。这不仅使看守所无法独立运行，也埋下制度病根的种子。三是看守所仍承担部分刑罚执行任务，使其与监狱的职能重叠。既不利于刑罚执行权的统一，也导致未决犯在实践中被视为已决犯，在人权保障问题上遗留历史旧账。然而，如果把未决犯也移交到司法部看管，则可以使我国的刑事审判权配置变得更合理。从微观层面来看，为了对接遏制公安侦查机关对看守所的不当干扰、不当控制，在看守所隶属于公安机关的管理体制发生变动的背景下，看守所职能的"减法"至关重要，甚至可以视为最直接、最基本的配套改革措施。为此，需要清理包括发现余罪、服务侦查以及刑罚执行等异化职能，确立看守所职能中立化的改革目标。对此，有观点认为，未来出路有两个方案可供考虑：一是从中央到地方成立隶属于各级人民政府的羁押总局主管看守所工作，职能为强制措施的执行，独立于各级公安机关。进而，能比较妥善地避免基层司法行政机关编制、工作效能等方面的局限性。二是在省以下检法两院人、财、物实行省级管理的改革前提下，县、市两级看守所实行省级人民政府统一管理，为县、市两级看守所中立行使羁押管理职权进一步创造条件，以抵御地方公安机关对看守所施加侦查破案的压力；同时，解决司法地方化问题。① 这两种方案将改革的主体责任引向各级人民政府，虽然在破除地方保护主义、解决司法改革成本问题上具有可行性，却脱离看守所改革的法治诉求。如果看守所的职能改革无法切割过去并消除制度致因，无法为其量身定制一套专属的管理体制、职能配置，在既有的体制下，仍然无法防止看守所继续负重前行，改革最终仍可能流于形式。

3. 权力制约与羁侦分离

看守所在管理体制上的独立性，直接作用于其功能的定位与发挥，客观上可以发挥对侦查活动的制约能力，进而真正服务于刑事诉讼活动。具体而言：（1）看守所的权力制约属性。现行的看守所制度是多重因素相互扭曲后的产物。一方面，看守所肩负不适宜的任务，在引发一系列法治隐痛后，成为权力制约的

---

① 程雷：《看守所立法问题探讨》，载《江苏行政学院学报》2015年第5期。

对象。另一方面，看守所虽然外表上是"武装到牙齿"，但是却无力抗击外来的不当干扰，只能顺从，成为法治生态趋恶的"接盘侠"。究其内因，看守所并不是独立的，具体是指并非独立于其主管部门，而是混同在一起，以致应有的职能无法得到释放。需要明确的是，看守所的本质是审前羁押场所，其目的是服务和保障诉讼活动的正常进行，并确保被羁押人员的基本人权。因而，看守所应撑起保障诉讼和保障人权的双重担当，激活内在的监督制约作用，对侦查权保持审慎的制约状态，与检察权、审判权保持理性的配合关系，并与刑罚执行权相互分离，使其自如地穿梭于刑事诉讼活动的内外网格。对于任何违背看守所基本职能的外部要求或干预，看守所都可以基于其相对独立的地位予以自动排斥或形成有效的外部制约效应。对此，根据《中共中央关于全面深化改革若干重大问题的决定》与《中共中央关于全面推进依法治国若干重大问题的决定》的战略安排与具体部署，当前的刑事司法体制改革首先要建立有效的司法权力制约格局，优化司法权力配置，将权力套进铁笼，使其规范运行。就看守所立法与改革而言，应当置于刑事诉讼活动与司法改革的语境下进行分析，确定其本质是审前羁押场所，确保其成为刑事诉讼顺利进行的独立空间，确保审前羁押不违背人权保障旨趣。（2）羁侦分离的推行。从现行《刑事诉讼法》第37条、第83条、第91条、第116条、第253条、第254条、第255条、第257条来看，关于看守所的角色定位，主要包括"看守所主要是承担未决羁押的场所""看守所是独立的羁押场所，不依附于其他办案单位""看守所是预防刑讯逼供等侵犯人权现象的重要场所"等规定。由此可知，看守所主要承担未决羁押职能，看守所是独立的羁押场所，不依附于其他的办案单位，是预防刑讯逼供等侵犯人权现象的重要场所。[①]在刑事诉讼视野下，看守所不是侦查机关，不是公安侦查部门的附属物，而是独立的审前羁押场所；同时，也是刑事诉讼制度的组成部分，却并不依附于公安机关、检察机关和审判机关。但是，应当看到的是，看守所和侦查机关在管理体制上具有相当密切的关系，形成侦查和羁押的一体化现象，导致羁押为侦查服务的运行状态，刑讯逼供、超期羁押以及"口供依赖症"主要由此而来。因此，应彻底分离侦查活动和审前羁押功能，破除羁押为侦查服务或主要作为侦查活动的手段的做法。应将审前羁押活动与侦查、起诉、审判同等化，确保看守所不属于

[①] 孙皓:《看守所立法：从"配角"到"主角"》，载《法制日报》2012年2月29日，第11版。

侦查、起诉、审判三个阶段的组成部分，而是三个阶段的辅助部分，既密切联系，又不依附于任一诉讼阶段，具有独自的功能。唯此，看守所功能的中立化、正常化才能实现。① 相较而言，看守所的管理体制及其归属是宏观问题，侦羁分离才是具体调整。从域外经验来看，看守所隶属警察部门的为数不多，多数交由司法部或者法务部进行管理。之所以如此，主要是撇清审前羁押与侦查行为的关系。两者并不能整合在一起，审前羁押与侦查行为的融合，不断极大地提升侦查机关的能力，也是审前羁押的应然功能难以付诸实效的原因。因此，侦羁分离势在必行，也使看守所作为刑事诉讼的保障制度之一，对强大的侦查权形成一定的制约态势，是解决超期羁押、会见难两大难题的关键，有助于与国际司法准则接轨。当然，解决看守所的困局，不完全在于简单加强看守所的独立地位、中立职能，尽可能减少审前羁押也是"治本之策"。这需要将看守所制度置于刑事诉讼活动的进程中加以全盘考量，通过必要的非羁押化、羁押必要性审查等方式，合理地控制审前羁押流量，进而直接减轻看守所治理的外部压力。

（二）新形势下检察监督改革的着力点

在我国，检察机关是专门的法律监督机关。关于检察机关的法律监督职能，《刑事诉讼法》的相关规定是逐步发展和强化的。其中，2012年《刑事诉讼法》遵循"强化法律监督、实现公平正义"的基本宗旨，扩展诉讼监督的范围，增添诉讼监督的内容，丰富诉讼监督的手段，明确诉讼监督的效力，强化诉讼监督的责任，健全诉讼监督的程序。② 可以说，我国检察监督制度改革迎来新的发展契机。随后，《关于深化检察改革的意见（2013—2017年工作规划）》要求进一步完善检察体制，优化检察职权配置，强化法律监督、强化自身监督，发展和完善中国特色社会主义检察制度。2016年7月，第十四次全国检察工作会议强调，要以深化司法体制改革为契机，以维护社会公平正义和司法公正为目标，完善检察监督体系，提高检察监督能力。这是首次提出检察监督体系的概念。检察机关的法律监督体系是检察机关依法履行法律监督职能的制度体系，包括检察机关法律监督各领域的法律规范、体制机制和工作制度，是与行政权、审判权相分离制衡的，包括职务犯罪侦查权、公诉权、批准逮捕权以及对刑事诉讼、民事诉讼、

---

① 赵震：《看守所功能之应然定位》，载《法制日报》2011年6月第12版。
② 卞建林、李晶：《刑事诉讼法律监督制度的健全与完善》，载《国家检察官学院学报》2012年第3期。

行政诉讼的监督权，提起公益诉讼权，检察事务权等在内的协调运行的制度体系。① 至此，我国检察监督制度及其法律监督体系的现代化改革有了更明确的努力方向。2016 年，国家启动监察委制度改革及其试点工作，对我国检察制度尤其是法律监督职能形成前所未有的重大影响；2018 年，《中华人民共和国监察法》正式颁行，检察机关转隶与检察制度改革正在如火如荼地进行。2017 年，全国人大常委会《关于修改〈中华人民共和国民事诉讼法〉和〈中华人民共和国行政诉讼法〉的决定》（以下简称《修改两法决定》，2017 年 6 月 27 日），正式确立检察机关提起公益诉讼制度，检察监督职能场域的扩充有待配套衔接。而且，随着以审判为中心的诉讼制度改革的不断推进，侦查监督的地位和重要性渐成共识，但问题与挑战仍不减。检察机关是宪法规定的专门法律监督机关。这是检察制度现代化建设的基本坐标。应坚持宪法定位不变，确保检察机关在新形势下依法独立行使检察权。只有在坚持检察机关的法律监督宪法定位不动摇的前提下，才能科学推动检察制度改革和完善。

1. 《监察法》与《刑事诉讼法》的有效衔接

2018 年 3 月 20 日，第十三届全国人大第一次会议全体会议表决通过了《中华人民共和国监察法》（以下简称《监察法》）。《监察法》的实施，首先面临的一个问题是与我国现行《刑事诉讼法》的衔接。这一问题现已成各界关注的焦点。

关于"两法"衔接的内容和范围以及衔接中遇到的冲突和矛盾如何调整等问题，应注意以下几个方面：

（1）合理建构《刑事诉讼法》与《监察法》的衔接机制。首先，应当科学界定监委会职务犯罪调查权的属性。深化国家监察体制改革是以习近平同志为核心的党中央作出的重大决策部署。中央为了加大反腐的力度，在试点经验的基础上，调整和修正《刑事诉讼法》关于检察机关对直接受理的案件进行侦查的有关规定。2018 年 3 月，十三届全国人大一次会议通过了《宪法修正案》和《监察法》，赋予监委会调查职权，符合中国国情且于法有据。因此，如何科学界定监委会调查权的属性，是必须回答的问题。只有明确了监委会调查权的属性，才

---

① 徐汉明：《在"四个全面"战略布局中加快推进法律监督体系和法律监督能力现代化》，载《人民检察》2016 年第 12 – 13 期。

能建构合理的衔接机制。监委会调查权的属性包括监督属性、行政属性、司法属性三重属性。有了监督属性，才能实现"国家监察全覆盖"；有了行政属性，才能实现"对所有行使公权力的公职人员进行监察，调查职务违法和职务犯罪，开展廉政建设和反腐败工作，维护宪法和法律的尊严"（《监察法》第3条）；有了司法属性，才能实现将职务犯罪的案件移送审查起诉、提起公诉、严厉打击和惩办腐败犯罪。在三种属性中，监督是本质，行政和司法是实现监督不可或缺的手段，三者缺一不可，相互联系，相互补充，构成监察衔接机制的本质属性。其次，调查权的司法属性决定了在法律上监委会对职务犯罪的调查本质上等同于刑事诉讼中的侦查。即调查终结与侦查终结的案件均应移送同级人民检察院审查起诉并决定是否提起公诉。由此，各级监委会虽然是监察机关，但在职务犯罪案件中，却承担部分司法职能。在国家政权结构中，监委会的总体定位是国家监督机关，基于此，监委会享有对职务犯罪的调查权。但职务犯罪的调查权本质上却是司法职权的一部分，具有司法属性。据此，调查权与刑事诉讼产生了必然联系和必然衔接，因此需要在刑事诉讼法中建立必要的法律衔接机制。在本质上，监委会职务犯罪调查权具有司法属性，与诉讼中的侦查权相同。所以，《监察法》第33条第2款规定："监察机关在收集、固定、审查、运用证据时，应当与刑事审判关于证据的要求和标准相一致。"这一规定表明，对职务犯罪的调查、收集证据的原则和方法，固定证据的原则和手段，运用证据认定案件事实的原则与标准等，和刑事诉讼中对证据裁判原则的适用完全相同，包括对非法证据排除原则的适用，均不得例外。最后，在建构人民检察院与监委会办理职务犯罪案件的衔接机制时，检察机关同样应当发挥法律监督的职能作用。对监委会查办的职务犯罪案件，"人民检察院经审查，认为需要补充核实的，应当退回监察机关补充调查，必要时可以自行补充侦查"（《监察法》第47条第3款）。对监委会办案过程中的非法证据，应当依法给予排除。对于监委会办案人员严重违法办案，实施刑讯逼供，非法拘禁，非法搜查、扣押、冻结、查封等侵犯公民权利、损害司法公正的犯罪，同样应当纳入人民检察院的侦查范围，接受人民检察院的监督和惩处。只有这样，才能体现贯彻宪法规定的"相互制约"要求。

（2）依法衔接。《监察法》刚刚颁布，"两法"的衔接要有一个磨合过程，对于难免出现的一些冲突、矛盾，解决的方法和途径就是要全面正确地学习理解"两法"的有关规定，把不同的认识和做法统一到"两法"的规定上来，总言之,"要严格依法":一是要坚决拥护国家监察体制改革,严格执行"两法"衔接中的法定标准,努力做到平稳过渡。二是公检法干警作为国家公职人员,即行使公权力的公务人员,必须认真接受监察机关的监察和监督。三是对于监察机关调查终结移送起诉的案件,要坚持我国刑事诉讼法规定的任务、原则和程序,正确履行司法监督权,以保障移送案件的质量,防范错案发生,以维护和推进监察体制改革的成果。

(3)法律准则的坚持。主要包括:一是坚持与监察机关互相配合,互相制约的基本原则。二是坚持证据裁判原则。何谓证据裁判原则?证据裁判原则又称证据裁判主义,是指办案中事实的认定,应依有关证据作出,没有证据则不得认定事实。(2012年《刑事诉讼法》第53条规定:"对一切案件的判处都要重证据,重调查研究,不轻信口供。"这一条体现了证据裁判原则的要求)证据裁判原则有三个要求:有严格的证据;纪检证据的转化必须按照2012年《刑事诉讼法》第52条的规定依法转化;证据能够证明案件的证明对象;证据与证据之间相互印证,对案件事实排除了合理怀疑。结合当前办案实际,贯彻证据裁判原则必须解决以下几个原则:证明对象之确定;严格依法解决包括收集、固定、保管、移送、出示、质证、辨认、认证、认定九个环节的问题;坚持非法证据排除原则;完善证人、鉴定人出庭制度;充分认识职务犯罪案件的特点,正确对待口供的价值和作用,尤其要注重客观性证据的收集与运用;证明标准的适用。三是以程序正义为指导必须坚持刑事诉讼法的程序标准。充分认识我国调查权行使中的现状与问题;要按照证明标准的要求,正确合法处理退回补充侦查;要严格法定标准正确处置不起诉决定、涉案财产移送程序、非法所得财物没收程序,还有非法留置以及留置的转换程序等。

(4)立法建议。关于与《监察法》的衔接机制,《中华人民共和国刑事诉讼法(修正草案)》(2018年)已有所规定,建议应该增加以下规定:一是监委会对职务犯罪的调查具有司法属性,要严格按照刑事诉讼法的规定办理贪污、贿赂等职务犯罪案件。二是监委会办理的职务犯罪案件应当严格遵守证据裁判原则,对证据的调查与运用要按照人民法院庭审的要求和标准进行。三是对职务犯罪案件调查终结的效力与刑事诉讼中的侦查终结的效力相同,调查终结后,应当依法移送有管辖权的人民检察院审查起诉;对于证据不足的,人民检察院可以退回补充侦查。四是监委会工作人员利用职权实施非法拘禁、刑讯逼供、非法搜查等侵犯公民权利、损害司法公正的犯罪，应当纳入人民检察院的立案管辖范围。

2. 检察机关提起公益诉讼的纵深拓展

2017年6月，根据《修改两法决定》，《民事诉讼法》第55条、《行政诉讼法》第25条均分别增加一款，① 正式从基本法层面确认检察机关提起民事与行政公益诉讼的合法性，也明确规定案件范围、诉前程序、起诉资格等基本制度。在检察机关提起公益诉讼的探索成为正式的法律规定之际，仍需针对先行探索中所面临的主要难题与正式立法后的新情况，进行有针对性的调整和完善。

具体而言，包括以下几个方面：(1) 检察机关的诉讼主体地位具化。关于检察机关提起公益诉讼的角色定位，从《修改两法决定》来看，检察机关在公益诉讼中具备"原告人"或"诉讼代理人"双重身份。检察机关作为国家法定的法律监督机关，是国家和社会公共利益的当然代表者和维护者，虽非公共利益遭受侵犯后的直接受害者，但由国家和法律直接赋予当国家和公共利益受到侵犯时而提起诉讼的资格。在某些场合，检察机关"公益诉讼人"的身份为"诉讼代理人"，直接遭受利益损害的主体是"国家和社会公共利益"，检察机关是法律规定的国家和社会公共利益的"受托者"，检察机关以支持诉讼的方式参与诉讼。② 虽然《修改两法决定》已经确立检察机关的诉讼地位，但检察机关提起公益诉讼时，应尊重行政机关的主动性，避免司法权对行政权的过分干预。只有当行政权先行处理环境公益的事务仍无法达到维护环境公益目的时，才通过环境公益诉讼的途径进行解决。而且，检察机关提起公益诉讼具有特殊性，但不影响人民法院依法行使独立审判权，作为公益诉讼人的检察机关和人民法院，仍应按照民事诉讼法或行政诉讼法的规定执行，尊重和维护人民法院的审判权。检察机关作为特殊的"公益诉讼人"，将产生以下新的变化：提起公益诉讼提交的是"起

---

① 《民事诉讼法》第55条增加一款，作为第2款："人民检察院在履行职责中发现破坏生态环境和资源保护、食品药品安全领域侵害众多消费者合法权益等损害社会公共利益的行为，在没有前款规定的机关和组织或者前款规定的机关和组织不提起诉讼的情况下，可以向人民法院提起诉讼。前款规定的机关或者组织提起诉讼的，人民检察院可以支持起诉。"《行政诉讼法》第25条增加一款，作为第4款："人民检察院在履行职责中发现生态环境和资源保护、食品药品安全、国有财产保护、国有土地使用权出让等领域负有监督管理职责的行政机关违法行使职权或者不作为，致使国家利益或者社会公共利益受到侵害的，应当向行政机关提出检察建议，督促其依法履行职责。行政机关不依法履行职责的，人民检察院依法向人民法院提起诉讼。"

② 樊崇义、白秀峰：《关于检察机关提起公益诉讼的几点思考》，载《法学杂志》2017年第5期。

诉书"而非"起诉状";法院通知开庭时,应使用"开庭通知书"而非"传票";检察人员代表检察机关而非基于委托代理关系出庭,应向法庭提交"出庭通知书"而非"授权委托书";检察机关可以向法院"建议"对被告财产进行保全、责令或禁止被告的特定行为,而非向法院"申请";法院采取保全措施的,检察机关无须提供担保;在符合法定条件时,检察机关可以"决定"撤回起诉而非"申请"撤回起诉;法院审查认为检察机关的主张不成立,应判决检察机关败诉,而非驳回检察机关的诉讼请求等。① 在此基础上,还有以下几点值得注意:一是检察机关的具体业务部门。检察机关的民事行政检察部门,承担对民事诉讼、行政诉讼的法律监督,案件涉及民商事、行政等领域。目前,检察机关提起公益诉讼主要包括行政公益诉讼和民事公益诉讼两种,从职能对应性、便利性来看,由检察机关的民事行政监察部门承担提起公益诉讼的具体工作最为合适。而且,在检察机关内部,应建立民事行政公益诉讼部门与刑事诉讼部门之间的线索信息交流和共享机制;在检察机关外部方面,应理顺与人民法院的关系;理顺检察机关与行政机关的关系,以便建立与行政检察等纠错程序相衔接的协调机制;理顺检察机关与司法鉴定部门机构的关系,以便调查取证。二是是否提级提起行政公益诉讼。《人民检察院试点办法》并未特别明确地规定检察机关提起公益诉讼的级别管辖问题。② 但考虑到我国检察机关的实际地位,特别是对基层的检察机关而言,提起的公益诉讼案件的被告当事人是同级的行政机关的,检察机关很难避免来自同级行政机关的干预。三是二审程序。在民事二审程序中,只有上诉人和被上诉人的称谓,但考虑到公益诉讼人是检察机关的特殊性,如何称谓值得斟酌。例如,徐州市检察院在二审程序中,自称"被上诉人"(公益诉讼人),既体现出检察机关的被上诉人地位,又表现出检察机关的特殊地位。同时,《刑事诉讼法》规定,被告提出上诉的二审程序,法院要将上诉状的副本交给同级人民检察院,但并未规定提交答辩状。依照《民事诉讼法》的规定,被上诉人可以提交答辩状。根据《民事诉讼法》和《行政诉讼法》的规定,在公益诉讼中,由于检察机关的独特性,法院在追求审判公正时,也要考虑公益诉讼的特殊性,检察机关在二审程序中可以提交答辩状。

---

① 郑新俭:《检察机关提起公益诉讼的若干问题》,载《人民检察》2016年第20期。
② 白彦:《检察机关提起公益诉讼的现实困境与对策研究》,载《法学杂志》2016年第3期。

（2）诉前程序的完善。《人民检察院试点办法》设置检察机关提起民事或行政公益诉讼的法定诉前程序，旨在敦促政府权力主体履行法定责任，发挥行政机关履行职责的能动性；同时，补强社会组织的诉讼行为能力，提高检察监督的实效性。《人民检察院试点办法》要求，检察机关在提起民事公益诉讼之前，应依法督促或者支持法律规定的机关或有关组织提起民事公益诉讼。但在实践中，检察机关可能无法达到有效督促所有的适格主体起诉，甚至"在没有适格主体或者适格主体不提起诉讼"的前提下，会导致检察机关在督促无效或无果时，实际上无法提起诉讼。为此，不妨借鉴《最高人民法院关于审理环境民事公益诉讼案件适用法律若干问题的解释》（2014年）规定的公告制度，将发现的侵害社会公共利益的环境违法行为或侵害消费者合法权益的违法行为予以公告，督促适格主体提起公益诉讼。① 实际上，这一做法已有实践先例。比如，2017年3月17日，北京市人民检察院第四分院以公告的方式履行了诉前程序，公告期限届满后，没有适格主体提起民事公益诉讼，社会公共利益仍处于受侵害状态。为保护环境，维护社会公共利益，北京市人民检察院第四分院根据相关规定，向北京市第四中级人民法院提起民事公益诉讼。② 但《修改两法决定》并未作出明确规定。今后，可以出台司法解释或操作规定，或修改《人民检察院组织法》的相关规定。③ 同时，按照《人民检察院试点办法》的要求，在提起行政公益诉讼之前，检察机关应当先行向相关行政机关提出检察建议，督促其纠正违法行政行为或者依法履行职责。该规定也面临检察建议的送达是否有效、行政机关是否回复的处置、行政机关回复的结果不当如何处理等实践问题。而且，检察建议的内容应与诉讼请求具有同一性。检察建议以充分调查核实为基础，查明相关行政机关在公益受到侵害时存在违法行使职权或不作为等违法情形，并建议纠正。对于行政机关不纠正违法或怠于履行职责的，检察机关提起公益诉讼时，提出的诉讼请求应与检察建议的主要内容基本一致。如果提出的是《建议移送涉嫌犯罪案件函》等意见材料，因建议内容是移送涉嫌犯罪线索，不能作为履行诉前程序的检察建议。

---

① 徐全兵：《检察机关提起公益诉讼有关问题》，载《国家检察官学院学报》2016年第3期。
② 张鑫：《北京检方提全市首例大气污染民事公益诉讼》，载法制网，http://www.legaldaily.com.cn/index/content/2017-07/27/content_7260734.htm? node=20908，2018年7月28日访问。
③ 刘加良：《检察院提起民事公益诉讼诉前程序研究》，载《政治与法律》2017年第5期。

(3) 检察机关的调查权限与举证责任。民事诉讼采取"谁主张、谁举证"的一般原则，检察机关应当对被告的违法行为、损害后果提供证据加以证明。最高人民法院《关于民事诉讼证据的若干规定》第 4 条规定，因环境污染引起的损害赔偿诉讼，由加害人就法律规定的免责事由及其行为与损害结果之间不存在因果关系承担举证责任。《侵权责任法》第 66 条规定，因污染环境发生纠纷，污染者应当就法律规定的不承担责任或者减轻责任的情形及其行为与损害之间不存在因果关系承担举证责任。而且，《人民检察院试点办法》第 6 条规定，人民检察院可以采取调阅、复制有关行政执法卷宗材料等方式，调查核实污染环境、侵害众多消费者合法权益等违法行为、损害后果涉及的相关证据及有关情况。这为检察机关充分有效举证提供了相应的依据与保障。而且，在环境公害事件中，法官可以根据法律规定或经验法则，在已知事实的基础上推定行为与损害后果之间存有因果关系，并许被推定人提出证据予以推翻的证明规则。其逻辑顺序是"受害人证明基础事实达到低标准证明—法官推定因果关系的存在—被推定人提出反证证明"。在此过程中，环境侵权因果关系的证明并非纯粹的技术确证事实的问题，法官需要运用适当的证明规则，综合考量案件中的各种证据，最终对案件事实达到"内心确信"的程度。同时，《行政诉讼法》（2014 年修订）第 34 条规定："被告对作出的行政行为负有举证责任，应当提供作出该行政行为的证据和所依据的规范性文件。被告不提供或者无正当理由逾期提供证据，视为没有相应证据。但是，被诉行政行为涉及第三人合法权益，第三人提供证据的除外。"因此，行政诉讼实行举证责任倒置制度，由作为被告的行政机关承担证明行政行为合法的举证责任，在检察机关提起的行政公益诉讼中，举证责任仍不变。《人民检察院试点办法》第 33 条规定，人民检察院可以采取调阅、复制行政执法卷宗材料等方式，调查核实有关行政机关违法行使职权或者不作为的相关证据及有关情况。进而，可以确保检察机关调查核实案情，尽量收集完备的材料。2017 年《行政诉讼法》第 37 条规定："原告可以提供证明行政行为违法的证据。原告提供的证据不成立的，不免除被告的举证责任。"检察机关在办理行政公益诉讼案件过程中，应当充分行使调查权力，并核实行政机关违法行使职权或者不作为的事实，但无须承担相应的举证责任。有观点认为，检察机关可以接受公民、法人或者其他组织的检举材料，同时具备法律监督职能、享有调查取证的优势地位和经验，相较于其他组织或者公民，可以更好地克服资金少、取证难和胜诉难等问题；基于《人民检察院试点办法》赋予的调查权，在诉讼中并不处在弱势地位，具有优势调查取证的职能。因而，举证责任倒置原则可以稍作调整，可以参考美国的审判前证据开示制度，规定一方当事人可以要求另一方当事人提供文件资料，被告人可以要求检察机关提供某些证据资料。① 但根据《行政诉讼法》对举证责任的规定，尤其是考虑公益诉讼背后的公共利益考量立场，如果采取举证责任倒置做法，极易让受害方处在弱势地位，即使检察机关作为起诉主体也不例外，故不宜作出调整。

3. 以审判为中心的改革与侦查监督的强化

侦查监督是检察监督的重要组成部分。但在"侦查中心主义"的影响下，却遇到因立法规定粗疏与缺失、绩效考评机制和人员短缺而导致的监督信息有限、监督手段乏力、监督效果差等问题，选择性监督、事后监督、软性监督、零散监督等现象一度较为突出②。在以审判为中心的诉讼制度改革等背景下，应推动侦查监督工作的进一步发展，优化警检关系，布局侦查引导体系，等等。

当前，需要从以下几个方面入手：

（1）警检关系的理性协同。以审判为中心的诉讼改革，是指在我国宪法规定的"分工负责、互相配合、互相制约"的前提下，诉讼的各个阶段都以法院的庭审和裁决关于事实认定和法律适用的要求和标准进行。③ 这对警检关系与侦查监督等都产生了新的影响。主要表现为：一是侦查中心到审判中心的理念转变。一段时期以来，对侦查权的制约机制相对不足，"相互配合、相互制约、相互监督"往往异化为"单方面的配合"。目前，理论界基本上认为，以审判为中心的改革主要针对以侦查为中心的实践样态。在侦查中心主义下，侦诉之间的"互相配合"关系，并非侦查机关根据控诉犯罪的需要主动配合检察机关，而是异化为检察机关被迫支持侦查机关的侦查成果，检察机关难以从控诉角度对侦查机关进行指引和建议，法院审判职能甚至异化为对侦查形成的卷宗和证据的无奈确认。而且，检察机关对侦查活动的监督主要是事后监督、结果监督，监督措施缺乏足够的强制性效力，公安机关不接受监督的程序性制裁的责任规定阙如。从

---

① 刘庆、秦天宝：《环境公益诉讼中检察机关的权力运行与保障——基于三起典型案例的实证分析》，载《环境保护》2017 年第 9 期。
② 樊崇义、刘辰：《侦查权属性与侦查监督展望》，载《人民检察》2016 年第 12 - 13 期。
③ 樊崇义：《以审判为中心的几个理论问题》，载《法治现代化研究》2017 年第 2 期。

以审判为中心的改革来看，审判是侦诉的最终目的，侦诉应为审判做准备和服务，只有侦诉紧密结合才能形成控诉合力。检察监督的根本任务是限制侦查权，并保障审判权依法独立行使。在以审判为中心的诉讼制度改革的运行机制中，应当以权力制衡原理为指导，应当摒弃"侦查中心主义"，但并非削弱和蔑视侦查本身，侦查仍然是以审判为中心诉讼制度体系中的首要环节和基础环节。但鉴于侦查权的行政属性和运行中的基本特征，必须对其监督、制约，并进行司法改造。① 其中，侦查监督部门处于刑事诉讼的上游，需要发挥程序初期的监督、引导和把关作用。② 易言之，侦查监督旨在保证侦查权依照法定的授权和程序正确行使，通过侦查监督防止侦查权滥用，提升侦查法治化与人权保障水平，是侦诉程序对审判中心主义的贯彻。同时，应当重构侦诉关系，在职能分工的基础上，注重从"配合"与"监督"两个方面，加强侦诉协作，在侦查阶段全面贯彻检察监督，优化公诉引导侦查的模式等。应从被动监督、事后监督转变为主动监督、同步监督，形成参与式的动态制约机制；应保证犯罪嫌疑人及其辩护律师充分参与，在审查批准逮捕等环节设置诉讼化结构，通过第三方力量对侦查行为加以制约。二是强化侦查监督的司法属性。在构建新型良性的检警关系问题上，首先需要扭转"以侦查为中心"的办案模式与现状。③ 目前，我国并未实行司法令状或司法审查制度，审判机关很难直接对侦查机关形成高效制约。侦查活动是刑事审判程序启动的标志，紧随其后的是检察机关的批捕、起诉程序，只有检察机关才能对侦查机关的侦查行为进行直接制约。因此，检察机关工作的重点和任务，是强化侦查行为的合法性与侦查监督的司法属性，尤其是规范批准逮捕、起诉审查、侦查监督、羁押必要性审查等活动，抑制侦查权的过度膨胀，推动整个刑事诉讼活动转向"以审判为中心"。基于以审判为中心的改革要求，为了强化侦查监督，应对侦查权的行政属性进行相应的司法改造，构建新型警检关系，推动建立中国特色的司法审查制度。其中，凡是涉及"人权"和"财产权"的强制措施，侦查机关均不得自行立案、自己侦查、自行决定，检察机关应发挥侦查监督作用，要求侦查机关须报经检察机关批准，接受检察机关的法律监督、制

---

① 樊崇义：《关于当前检察改革的五个基本理论问题》，载《人民检察》2016年第11期。
② 卞建林：《发挥侦查监督职能，把好防范错案关口》，载《检察日报》2015年6月17日第3版。
③ 樊崇义、李思远：《以审判为中心背景下的诉审、诉侦、诉辩关系刍议》，载《人民检察》2015年第17期。

约。凡限制人身自由的各种强制措施均应由检察机关审查批准,凡物权限制措施应采取检察机关批准的令状主义,自侦案件的强制措施和带有强制性的措施应报经同级法院批准。① 借此,防止侦查权力滥用,确保侦查活动与适用强制措施的合法性,夯实诉前诉讼的正义基础。

(2) 检察机关引导侦查的监督机制。控诉是庭审程序的发动者,是以审判为中心诉讼制度的重要主体,是案件的审查者、核实者,是防止冤假错案产生的重要屏障。检察机关在制约侦查权过于膨胀方面负有不可推卸的责任,在处理诉侦关系上,检察机关应发挥主导作用,及时扭转侦查中心的现状,正确地引导侦查,以此来强化侦查监督的实效。对此,首要任务是"大控诉"理念的践行。审查起诉阶段与侦查阶段都是审前程序,是审前程序的内部关联阶段。一方面,侦查是审查起诉的准备;另一方面,审查起诉是侦查的进一步发展。从逻辑上看,侦查阶段应当是公诉职能延伸与拓展的主要方向,新型诉侦关系应以公诉职能为中心,指导、监督和制约侦查权的运行。在以审判为中心的诉讼理论看来,侦查系公诉的准备活动,公诉占据主导地位,左右侦查活动的结局和进程。基于检察机关是审前程序的主导者,要立足构建"大控诉"格局,建构一个完备的审前程序,具体是检察机关主导的"大控诉"格局。② 具体地讲,侦查工作和起诉工作的前后衔接效果,直接影响侦查工作的质量,进而直接影响起诉的质量,检察机关构建"大控诉"格局的初衷,就是要把"引导侦查"工作做好,充分肯定和发挥控诉是发动者的角色。而且,随着监察制度改革将检察机关的职务犯罪侦查权剥离出来,公诉权与诉讼监督权成为未来检察机关的两项基本任务,公诉权的地位和作用也得到进一步强化。③ "大控诉"格局作为将审前程序捏合在一起的一种趋势,可以在审判中心的背景下,为侦查监督活动注入更大的功能与空间。具体来看,在侦诉关系上,如欲确立公诉权对侦查权的有效监督,则需形成一定的优势地位,在程序上必须弱化侦查反向制约公诉的背离现象。由此,诉讼阶段论意义上的侦查阶段与审查起诉阶段,应围绕"以审判为中心"视野下的"审前程序"作出适当的转变,以此来建立新型诉侦关系,将侦查阶段视为

---

① 樊崇义:《关于当前检察改革的五个基本理论问题》,载《人民检察》2016 年第 11 期。

② 樊崇义、李思远:《以审判为中心背景下的诉审、诉侦、诉辩关系刍议》,载《人民检察》2015 年第 17 期。

③ 胡勇:《监察体制改革背景下检察机关的再定位与职能调整》,载《法治研究》2017 年第 3 期。

公诉职能延伸与拓展的主要方向,探索检察介入侦查、公诉指导侦查制度,明确检察机关在审前程序中的主导地位,强化侦查监督与动态制约机制。① 在以审判为中心的诉讼制度改革的背景下,检察引导侦查应主要采取引导侦查取证的方式,主要表现为公诉指导调查取证,并不包括制定侦查策略、侦查方案,选择何时讯问、羁押犯罪嫌疑人等,毕竟公诉引导侦查的体制并不是侦诉一体化的异化形态。与此同时,也要推动驻公安检察室试点的升级,建立涉案财产的检察监督机制。

（三）认罪认罚从宽协商诉讼程序的独立化建构

中央全面深化改革领导小组《关于认罪认罚从宽制度改革试点方案》（2016年7月,以下简称《试点方案》）、《全国人民代表大会常务委员会〈关于授权最高人民法院、最高人民检察院在部分地区开展刑事案件认罪认罚从宽制度试点工作的决定〉》（2016年9月,以下简称《试点决定》）、两高三部《关于在部分地区开展刑事案件认罪认罚从宽制度试点工作的办法》（2016年11月,以下简称《试点办法》）先后出台,正式确立并启动我国认罪认罚从宽制度的试点工作。

毋庸置疑的是,认罪认罚从宽制度的最显著特征是"程序从简"。根据《试点办法》的规定,认罪认罚从宽制度的试点,并无法定的专门诉讼程序。其中,第16条、第18条、第19条规定,犯罪嫌疑人、被告人认罪认罚的,分别适用刑事速裁程序、简易程序与普通程序。这意味着认罪认罚从宽制度并非一种独立的诉讼制度,更非独立的诉讼程序类型。从目前试点的情况来看,认罪认罚从宽到底是独立的制度、刑事政策还是一种精神的逻辑定位非常模糊。② 对此,有观点认为,与现有的规定和程序相比,应着重强调认罪认罚从宽的特质性内容,按照认罪与不认罪进行程序类型的区分,在整体设计上,应体现程序的逐渐简化规律,在具体程序的选择和运行中体现繁简分离的需要。③ 这虽然强调诉讼程序体系的多元化趋势,却并未明确认罪认罚从宽制度的"诉讼程序"问题,更"遗忘"了认罪认罚从宽诉讼程序是否应当独立的本源问题。也有观点认为,认罪认罚并非特定的程序范畴,不具有特殊程序地位,认罪认罚可以存在于刑事诉讼任

---

① 卞建林、谢澍:《"以审判为中心"视野下的诉讼关系》,载《国家检察官学院学报》2016年第1期。
② 陈卫东:《认罪认罚从宽制度试点中的几个问题》,载《国家检察官学院学报》2017年第1期。
③ 王戬:《认罪认罚从宽的程序性推进》,载《华东政法大学学报》2017年第4期。

何诉讼程序当中，认罪认罚从宽制度可以适用所有类型案件便是直接依据。① 这无疑是对《试点办法》相关规定的一种"旁白"。进一步地讲，认罪认罚从宽诉讼程序是否应当独立的问题，已经成为制定和推动该制度试点的一个理论短板，目前只是被"程序简化"这一概括性的诉讼现象所遮蔽；而试点案件数量与试点时间的量变，会逐渐加速暴露认罪认罚从宽诉讼程序尚未独立化的弊端。鉴于此，为了正确指导试点工作，尤其是明确认罪认罚从宽制度试点结束后的制度命运与司法改革的后续安排，应对认罪认罚从宽诉讼程序是否独立作出进行准确定位。

1. 认罪认罚从宽诉讼程序独立的主要理据

认罪认罚从宽诉讼程序应当独立化，是由多方面因素共同决定的，主要包括宽严相济刑事政策的程序法定化要求、"嵌用"司法模式的权宜弊端、域外认罪程序的普遍独立化规律、我国诉讼程序体系的多元层次性发展品格等。

之所以应当独立化，主要有以下几个理由：

（1）宽严相济刑事政策的程序法定需求。《试点方案》指出，认罪认罚从宽制度是我国宽严相济刑事政策的制度化，也是对刑事诉讼程序的创新，既包括实体上从宽处理，也包括程序上从简处理。这充分肯定了认罪认罚从宽制度的试点与宽严相济刑事政策之间的内在关系。从《试点办法》的规定来看，也确实从"实体性"与"程序性"两个方面确认了认罪认罚从宽制度。不过，现行《刑事诉讼法》在2012年修订时，并未预先规定有关认罪认罚从宽制度，更未对认罪认罚案件规定专门的诉讼处理程序，这直接导致认罪认罚从宽诉讼程序是否独立的问题，陷入"是非难断"的尴尬状态。按照《试点办法》的规定，不仅客观上导致认罪认罚从宽的诉讼程序具有"依附性"或"附属性"，也严重制约认罪认罚从宽制度呈现其"专属性"与"独立性"。有观点认为，认罪认罚从宽制度并非独立的刑事诉讼程序，而是宽严相济刑事政策制度化、规范化的产物。② 这是模棱两可的表述，既然强调认罪认罚从宽制度是一项独立的司法改革内容，就不应当忽视认罪认罚从宽诉讼程序的独立性，不宜将其单纯地看作宽严相济刑事政策的一种体现；相反，应通过宽严相济刑事政策的程序法定化方式，通过独立

---

① 陈卫东、胡晴晴：《刑事速裁程序改革中的三重关系》，载《法律适用》2016年第10期。
② 白宇：《认罪认罚从宽制度与刑事案件分流体系构建》，载《甘肃政法学院学报》2017年第1期。

的诉讼程序来固化而非折损认罪认罚从宽制度的试点意义。完善认罪认罚从宽制度的核心要义首先应当是程序改造，毕竟认罪认罚从宽制度最终需要通过程序法的协同配合，才能实现预期的改革目标。另外，试图将认罪认罚从宽制度规定为刑事诉讼的基本制度，也未必可以直接有效解决认罪认罚从宽诉讼程序的地位问题。也有观点认为，认罪认罚从宽作为我国刑事诉讼的一项基本制度，内容涉及刑事诉讼的各方各面。建议在修订我国《刑事诉讼法》时，可以直接将其作为一项基本制度，放入第一章"任务和基本原则"中。具体条文可表述为："人民法院、人民检察院和公安机关对于真诚承认犯罪、真诚接受惩罚并且积极退回赃物赃款的犯罪嫌疑人、被告人，应当依法从宽处罚。对认罪认罚从宽的案件，在程序上依法适当简化。犯罪嫌疑人、被告人罪行极其严重不具备从宽处罚条件的，以及犯罪嫌疑人、被告人是未成年人、精神病人的案件，情况复杂，不宜适用认罪认罚从宽程序的，不适用认罪认罚从宽制度。"[①] 诚然，通过立法修正，将认罪认罚从宽制度予以基本原则化，司法改革将具有显著的固化意义，却无法直接解决认罪认罚从宽诉讼程序的独立问题。

(2) "嵌用"司法模式的权宜隐患。按照《试点办法》的规定，认罪认罚案件，根据不同的情况，分别适用刑事速裁程序、简易程序、普通程序。但是，"嵌用"式的诉讼程序适用模式，不仅抹杀认罪认罚从宽程序在应然层面的独立性，也背离诉讼程序的多元化趋势。第一，不能把认罪认罚从宽制度等同于刑事案件速裁程序。在逻辑上，刑事案件速裁程序属于认罪认罚从宽制度的重要表现，认罪认罚从宽制度的适用范围更广。例如，我国控辩双方关系逐渐从对抗走向合作，尤其是审前阶段的认罪认罚行为，从制度本源、解决问题的初衷、程序的本质上看，与刑事速裁程序存在较大差别。反而，将其作为一项独立的诉讼程序，能够较好地协调其与简易程序刑事和解程序、刑事速裁程序在案件类型方面的合理分流。第二，认罪认罚从宽制度与简易程序尤其是普通程序之间的差异较为明显。在试点期间，"套用"适用简易程序、特别是普通程序，不仅消损认罪认罚从宽这一特定行为的专属性，也使"如何从宽"这一重要的末端问题，缺乏程序正义的"特殊保障"机制。因此，按照《试点办法》的规定，认罪认罚

[①] 陈光中、唐彬彬：《深化司法改革与刑事诉讼法修改的若干重点问题探讨》，载《比较法研究》2016年第6期。

从宽程序与刑事速裁程序、简易程序、普通程序之间存在一种"嵌用"的司法样态关系。这客观上导致不同诉讼制度及程序之间的逻辑混同。因此,"嵌用"模式的最大问题在于,会阻碍认罪认罚从宽制度改革的实质跃升。换言之,从认识论来看,这种模式容易使认罪认罚从宽既无法形成自己独立的制度内容,也逐渐背离制度设计的初衷,最终变成一个泛化的概念。① 然而,尽管认罪认罚从宽与既有程序存在简单的相似和关联内容,却与现有程序设置的基础和标准不同,与现有程序之间并非一个简单的嫁接关系。将认罪认罚从宽制度作为一种理念、一种精神,或作为政策指导于各个阶段,导致试点工作陷入难以深入的局面。即尚未把认罪认罚从宽形成一种看得见、摸得着的制度和诉讼程序,只是作为一种理念和政策贯彻在诉讼中,司法改革仍达不到突破性的效应。因此,认罪认罚从宽制度的基础定位和推进思路不明,已成为一个重大的缺陷。

(3) 认罪认罚诉讼程序的独立化已成为世界潮流。在刑事案件日益多样化、复杂化的今天,"单一的刑事特别程序不可能成为案件审理的唯一程序,定分止争的方式和程序也不可能同一化"。② 因此,各国纷纷建立多层次的诉讼程序体系。与此同时,让当事人充分地参与刑事诉讼,是现代刑事司法的一种趋势。国外辩诉交易制度以及认罪协商程序、刑事和解制度的相继确立和发展,共同体现了刑事认罪协商制度的诉讼程序独立趋势。实践证明,域外的认罪(协商)程序,都是独立的诉讼程序。既保证认罪协商制度的独特意义,也有助于贯彻和实现程序正义。在认罪程序普遍独立化的国际趋势下,我国的认罪认罚从宽制度作为颇具特色的制度创举,如果无法形成独立的诉讼程序,必然成为该制度的重大缺漏。

(4) 我国刑事诉讼程序体系的多元层次性趋势。目前,在理论上与试点过程中,对认罪认罚从宽制度存在一定的宽泛化认识倾向,主要集中表现为以下几种情形:一是包含性的认罪司法制度。刑事诉讼程序中体现了认罪认罚从宽制度内涵或性质的,包括简易程序、未成年人附条件不起诉制度、刑事和解制度、刑事速裁程序。单独设立特别的认罪程序,势必存在交叉、重复,不能涵盖可能适用死刑的案件,不能充分发挥认罪认罚从宽制度的优越性。③ 二是融合性诉讼制

---

① 王戬:《认罪认罚从宽的程序性推进》,载《华东政法大学学报》2017年第4期。
② 陈超:《意大利刑事特别程序研究》,西南政法大学2009年博士学位论文,第46页。
③ 陈光中、马康:《认罪认罚从宽制度若干重要问题探讨》,载《法学》2016年第8期。

度或非特别性程序。认罪认罚制度是建立在认罪基础上的制度延伸,适用于任何性质的案件与诉讼程序类型,广泛存在刑事诉讼过程中,不是脱离刑事实体法、程序法规范而独立存在的一项诉讼制度。① 三是广狭义之分与现有认罪诉讼程序的上位制度。认罪认罚从宽程序有广义、狭义之分。狭义的认罪认罚从宽程序,被认为一种独立的程序。② 广义的认罪认罚从宽程序,并非一种独立、单一的程序,而是一个类型多元而成体系的程序。认罪认罚从宽诉讼制度是一种上位制度,包括酌定不起诉制度、附条件不起诉制度、简易程序、速裁程序及刑事和解程序。③ 四是配套制度。从程序法的角度而言,认罪认罚从宽制度将"认罪认罚"案件与不认罪认罚案件分流,对于被告人认罪认罚的案件,将来可能会根据不同的案件性质,分别适用刑事诉讼法及司法解释规定的普通程序简化审理、简易程序以及正在试点中的刑事速裁程序。因此,认罪认罚从宽制度是刑事诉讼普通程序简化审理、简易程序、刑事速裁程序的配套制度。④ 对于这些看法,大体可以分为两部分:一是将认罪认罚从宽制度过度限缩,使其被迫纳入广义的认罪程序,并具体地依附于我国的简易程序、和解程序与速裁程序,或者作为现有认罪诉讼程序的配套措施。这些做法尚不能充分体现和彰显认罪认罚从宽制度的本体内容及其诉讼程序的独立属性。二是将认罪认罚从宽制度过度扩大,使其包摄现有的认罪程序,或者超越简易程序、和解程序与速裁程序。尽管此举肯定了认罪认罚从宽程序的独立性,却消损了我国诉讼体系的多元层次性。综观这些泛化的主张,既混同了不同诉讼程序类型之间的逻辑关系与功能配置,也在不同程度上消损了我国刑事诉讼体系应有的多元层次性特征。更重要的是,对认罪认罚从宽诉讼程序的地位及其独立性的认识模糊不清,严重制约试点工作的开展,也在司法改革的大背景下对我国诉讼体系的多元化趋势形成负面作用。

2. 认罪认罚从宽诉讼程序的逻辑定位与未来展望

关于认罪认罚从宽诉讼程序的逻辑定位,应当分为两个层次:一是在认罪认罚案件与不认罪认罚案件中,属于前者;同时,在认罪认罚案件中,不同于刑事

---

① 陈卫东:《认罪认罚从宽制度研究》,载《中国法学》2016年第2期。
② 付奇艺:《认罪认罚从宽程序的体系完善与结构优化——从"以审判为中心"切入》,载《中国政法大学学报》2016年第6期。
③ 海燕、付奇艺:《认罪认罚从宽制度的理论研究》,载《人民检察》2016年第15期。
④ 魏东、李红:《认罪认罚从宽制度的检讨与完善》,载《法治研究》2017年第1期。

速裁程序、简易程序、公诉案件和解程序。二是在诉讼体系多元层次化的潮流下，认罪认罚从宽诉讼程序具有独立的地位，与其他简易诉讼程序相互配合，共同促进诉讼程序体系的多元化发展。在此基础上，从发展趋势来看，认罪认罚从宽程序可以被纳入轻罪诉讼体系中予以建构，推进认罪认罚从宽制度的未来升级。

（1）不认罪认罚诉讼程序与认罪认罚从宽程序的基本界分。在我国，基于对抗式诉讼理念的认同与强化，认罪协商理念长期不受重视，认罪协商程序更无从谈起。而且，并未区分是否认罪认罚，而是都按照不认罪认罚案件对待，因而，不认罪诉讼程序具有单一性。为此，还设计极为烦琐且精细的诉讼程序与诉讼规则，充分强调庭审中心化与庭审实质化，以确保程序正义。然而，这种做法既可能忽视认罪认罚的客观事实，也可能剥夺被追诉者通过自愿认罪认罚获得从宽的权利，更可能压制认罪协商机制及其诉讼程序的发展。最终导致我国诉讼程序的类型过于单一，缺乏多样性与层次性，无法根据不同案件类型作出繁简分流，无法真正实现庭审实质化，最终不利于提高诉讼效率。从试点改革的意图来看，"认罪认罚从宽"将在全部案件的诉讼程序中加以贯彻。在案件范围上，除基层法院审理的案件以外，中级法院审理的重大刑事案件也不例外；在诉讼程序类型上，除现行的简易程序和速裁程序以外，现行的普通程序也不例外，只要被告人"认罪认罚"，法院就应予以宽大处理。因此，以被告人是否认罪认罚为标准，我国的刑事诉讼活动实质上被区分为被告人不认罪案件的诉讼程序与被告人认罪案件的诉讼程序两大类型。① 而且，在追求繁简分流与提高诉讼效率的既定目标下，基于提高诉讼效率的目的，应当将犯罪嫌疑人、被告人认罪认罚的案件与犯罪嫌疑人、被告人不认罪认罚的案件加以明确的区分，并对前者设置特殊或特别的诉讼程序加以快速处理。实际上，最高人民法院通过创新设立"被告人认罪案件和不认罪案件的分流机制"，不仅落实"认罪认罚从宽"程序，也贯彻宽严相济刑事政策的区别对待精神。基于此，在宽严相济刑事政策的指导下，基于区别对待的基本要求，通过区分认罪认罚案件与不认罪认罚案件，实现了繁简分流，将不认罪认罚案件推向庭审实质化，同时通过对认罪认罚案件的从宽简化处

---

① 陈瑞华：《"认罪认罚从宽"改革的理论反思——基于刑事速裁程序运行经验的考察》，载《当代法学》2016 年第 4 期。

理，进一步夯实庭审实质化的基础，实现"重大要案和疑案"的精审。这正好体现了我国刑事诉讼程序改革的层次性、多元化的目标导向，也显示了我国混合式诉讼程序体系改革的未来动向。

（2）认罪诉讼简化程序的功能层次性。在案多人少与注重诉讼效率的背景下，诉讼程序简化的趋势日益明显，建立认罪认罚的程序处理机制，将进一步推动我国简化诉讼程序的建构与发展，有助于形成崭新的刑事诉讼格局。目前，认罪程序与不认罪程序是第一层次划分，认罪程序下简易程序、速裁程序、和解程序是第二层次划分。各个刑事诉讼程序之间有序衔接，充分发挥诉讼程序多元化的优势，实现司法资源配置的最优化，是我国多层次刑事诉讼程序体系发展的总体面貌。① 应该说，以认罪诉讼简化程序为原点，我国现有的简易程序、速裁程序以及和解程序分工配合，但由于各界对认罪认罚从宽诉讼简化程序的独立性问题认识不一，《试点办法》确立的"嵌用"模式极大地削弱了认罪认罚从宽诉讼程序的自立地位，使认罪认罚从宽制度缺乏基础的程序本体内容，也不利于对认罪程序体系作出进一步的精细化区分。从程序法的角度进行分析，虽然我国的刑事简易程序、刑事速裁程序以及刑事和解程序都要求以被告人认罪为前提条件，但被告人认罪只是三种程序开展的前提条件之一，而且各自适用的案件范围相对有限。对于被告人认罪认罚但不符合其他要件的案件，仍然无法启动以上程序。而且，在晋迪案件中，被告人认罪认罚后仍要接受法庭的全面审理，与英美法系国家在辩诉交易中被告人能够获得的程序性利益的辩诉交易制度有根本的不同。我国认罪认罚制度并不完全具备预期利益的明确性，在职权主义的影响下，从轻或从宽处理是国家对被告人的"恩惠"，被告人并无讨价还价的余地，"协商"或"交易"恐徒有虚名。② 因此，即使认罪是简易程序、刑事速裁程序、和解程序的前提条件，但认罪认罚是认罪认罚从宽制度的实质内容，不完全是一般意义上认罪程序的前提条件，"认罪简化审"与认罪认罚从宽制度及其诉讼特质不能等同。否则，不仅简易程序、速裁程序与和解程序之间的实质差异会荡然无存，认罪诉讼体系的多元层次性也会不尽如人意。相对于非认罪认罚从宽案件，认罪认罚从宽案件的法庭审理对象、庭审模式有新的变化，进而对诉讼程序也提出新

---

① 叶青、吴思远：《认罪认罚从宽制度的逻辑展开》，载《国家检察官学院学报》2017年第1期。
② 樊崇义、李思远：《认罪认罚从宽程序中的三个问题》，载《人民检察》2016年第8期。

的要求。认罪认罚从宽制度的程序保障核心是构建一个基于认罪认罚而形成的实体从宽的认定与处理程序，是一种适用于认罪认罚从宽案件的新型且正式的法庭审理程序。① 在认罪案件诉讼程序体系中，认罪认罚从宽诉讼程序有其独特性，作为一种新型的认罪诉讼程序类型，其与我国刑事诉讼法中的简易程序、刑事速裁程序以及公诉案件刑事和解程序相互配合。

（3）混合式诉讼程序体系的融入与发展。《关于刑事案件速裁程序试点情况的中期报告》（2015年，最高人民法院和最高人民检察院）指出，对简单、轻微刑事案件探索专门的快速办理程序，形成普通程序、简易程序、速裁程序相互衔接的多层次、多元化诉讼体系，实现诉讼程序与案件难易、刑罚轻重相适应，符合我国司法实践需要和刑事诉讼制度发展规律。该报告还指出，对认罪认罚案件依法从宽、从简、从快处理，形成刑事速裁程序、简易程序、普通程序有序衔接、繁简分流的多层次诉讼体系，有利于推动刑事诉讼程序的层次化改造，为完善我国刑事诉讼制度提供实践基础。② 这其实从官方层面指明了我国诉讼程序体系的混合式发展导向，而其核心特征是诉讼程序类型的多元化、层次性，基本内容是根据不同的案件类型或刑罚轻重等因素，在程序上区别对待。但现实情况是，我国现有的诉讼程序结构不尽理想，刑事诉讼程序体系的多元化仍有不少困难。其中，最大的问题是基于认罪（认罚）而形成的简化诉讼程序运行不畅，混合式诉讼体系的发展遇到了阻力。具体而言，表现在以下几个方面：一是简化程序不够精细。《刑事诉讼法》确立由简易程序与普通程序组成的二元审判程序模式略显单一，尤其是简易程序适用跨度大，简化程度缺乏明显区分，难以完全适应实践需要，甚至容易因程序烦琐而造成不必要的司法资源浪费。有观点认为，在三级"递简"格局中，普通程序"繁者不繁"，速裁程序"简者不简"，简易程序的适用跨度过大、分化程度不够。应对简易程序进行，对可能判处3年有期徒刑以下刑罚的案件另外设立协商程序，彻底简化速裁程序并改造成原则上不开庭的快速处理程序，最终形成普通程序—简易程序—协商程序—速裁程序的

---

① 左卫民：《认罪认罚何以从宽：误区与正解——反思效率优先的改革主张》，载《法学研究》2017年第3期。
② 孙谦：《刑案认罪认罚从宽制度试点工作九大问题要注意》，载检察日报网，http://www.jcrb.com/gongsupindao/FXTX/201702/t20170208_1713961.html，2017年9月29日访问。

四级递简格局。① 这种尝试使简易程序更为精细，内部的衔接更为合理。不过，在简化审程序之内建立一种递简式的诉讼程序结构可能不妥，建立一种平行式的诉讼程序结构更为合理，更能凸显不同简化审诉讼程序类型之间的功能协同关系。而且，未能明确认罪认罚从宽诉讼简化程序的独立地位是其明显的缺陷。二是诉讼简化缺乏全程性。我国实际上并不存在贯穿诉讼全过程的简易程序，诉讼分流与简化主要集中在审判阶段，导致审前阶段缺乏有效的分流机制，分流效果相当有限，未能有效缓解办案机关的压力。为此，在刑事速裁程序的试点过程中，一些地方推行"刑拘直诉"制度，在刑事拘留期限内完成侦查终结、提起公诉和法庭审判活动，压缩审查批捕、审查起诉等程序环节，甚至带有从侦查直接进入审判程序的意味；② 有的地方则探索"全流程简化"的刑事速裁机制，在看守所设立"速裁办公区"，推动侦查、审查起诉和审判全程简化，实现诉讼职能无缝对接。③ 在此基础上，有观点认为，对于犯罪嫌疑人、被告人自愿认罪的案件，应确立"诉讼程序的省略和跳跃"的改革思路。在任何诉讼阶段，都不必再经历完整的刑事诉讼程序，而直接将案件交由检察官提起公诉，法院直接开庭审理。通过较为灵活的程序设置，弱化立案、审查批捕、侦查终结、审查起诉、开庭审判等诉讼程序之间的严格界限，甚至省略或跳跃部分不必要的程序流转，实现从立案后、侦查阶段、审查起诉阶段直接进入法庭审理程序阶段，极大地省略审前的程序过程。④ 无论是"刑拘直诉"，还是"全流程简化"，抑或是"诉讼程序的省略和跳跃"，都是在认罪（认罚）的基础上，意图打破流水线的司法作业方式，进一步强化程序简化的幅度。这些探索其实是对简易程序、和解程序、速裁程序的一种批判性的反思与突破，是对我国简化审程序改革的一种尝试。但由于缺乏改革依据，这些探索不足以实现"自上而下"的改革效果。反而，认罪认罚从宽制度很好地反映了这些探索的意图，也是对原有探索的超越，能弥补审前分流机制的缺失，打破简易程序的功能局限，作为独立的诉讼程序类

---

① 魏晓娜：《完善认罪认罚从宽制度：中国语境下的关键词展开》，载《法学研究》2016年第4期。
② 顾顺生、刘法泽：《"刑拘直诉"方式不妥》，载《检察日报》2015年9月9日第2版。
③ 蔡长春：《北京全流程简化刑事速裁机制成效凸显，刑事速裁案最短3天全程审结》，载法制网，http://www.legaldaily.com.cn/locality/content/2016-07/26/content_6735505.htm? node=82783，2017年10月9日访问。
④ 陈瑞华：《认罪认罚从宽制度的若干争议问题》，载《中国法学》2017年第1期。

型，有助于进一步完善简化审程序的改革。

综上，应当将认罪认罚从宽诉讼程序定位为独立的诉讼程序类型，而不是刑事速裁程序、简易程序、和解程序的附属物或前提条件，也不是统摄前三种认罪程序的上位制度。既是认罪认罚案件诉讼程序中的一个独立部分，也是我国混合式诉讼体系中的一个独立部分。所谓混合式诉讼理念，是指重新审视普通程序的单一性及其弊端后，客观地根据不同案件类型的情况，通过设置不同的诉讼程序类型，做到区别对待、繁简分流，更符合以审判为中心、庭审实质化的改革目标，真正提高诉讼效率。同时，就认罪认罚从宽诉讼程序的未来发展方向而言，可以初步将其纳入我国的轻罪诉讼体系。2017 年 7 月 11 日，最高人民检察院党组书记、检察长曹建明在大检察官研讨班上强调，要深入推进认罪认罚从宽制度试点，推动构建具有中国特色的轻罪诉讼体系。① 所谓轻罪诉讼体系，大体而言，是指从实体法中犯罪分层理论的角度出发，在区分重罪（死刑案件）、轻罪与轻微罪等层次的基础上，与轻罪（包括轻微罪）案件相适应的刑事诉讼程序体系，并与重罪（死刑）案件的刑事诉讼程序相呼应，是更富有发展性的刑事诉讼程序的体系类型。借此，有利于建立体系更合理、功能更流畅的混合式诉讼体系。

（四）腐败犯罪缺席审判程序

2018 年 4 月 25 日，《中华人民共和国刑事诉讼法（修正草案）》提请第十三届全国人大常委会第二次会议审议。这次修正是为了贯彻落实党中央深化国家监察体制改革、反腐败追逃追赃、深化司法体制改革等方面的重大决策部署，进一步完善中国特色刑事诉讼制度。其中，拟在第五编特别程序中增设第三章"缺席审判程序"，旨在进一步推进反腐败追逃追赃工作的力度与手段，也成为本次修正的亮点。2018 年 8 月 27 日，《刑事诉讼法修正草案二审稿》提请全国人大常委会审议，调整缺席审判的适用范围，② 但重点仍然是腐败犯罪的缺席审判问题。

---

① 曹建明：《推动构建中国特色轻罪诉讼体系》，载《检察日报》2017 年 7 月 13 日，第 3 版。
② 宪法和法律委员会、法制工作委员会会同有关部门认真研究认为，建立缺席审判制度是从反腐败追逃追赃角度提出的，但不仅限于贪污贿赂案件，其他重大案件确有必要及时追究的，在充分保障诉讼权利的前提下，也可以进行缺席审判。考虑到这是一项新制度，尚缺乏实践经验，且有的缺席审判案件，文书送达和判决执行可能需要外国协助，制度设计上需考虑到国际影响和外国通行做法，对贪污贿赂犯罪之外的其他案件，还是应当严格限制范围并规定严格的核准程序。据此，草案二审稿将缺席审判的适用范围修改为"贪污贿赂犯罪案件，以及需要及时进行审判，经最高人民检察院核准的严重的危害国家安全犯罪、恐怖活动犯罪案件"。

1. 立法意义

对于腐败犯罪缺席审判程序的设立,其积极的立法意义值得充分肯定,可谓正当其时,主要包括:(1)适度侧重诉讼效率的国际潮流。缺席审判制度,可以防止犯罪嫌疑人或被告人故意规避刑事诉讼活动,从而有效实现刑法的目的,也更有利于真正实现司法公正,防止权力滥用。在被告人不愿出庭等情况下,缺席审判对司法正义并无实质影响,反而有助于诉讼经济的实现。缺席审判通常主要在法定范围内,以轻微犯罪案件为主,并赋予被告人选择权、知情权、向法庭陈述权和律师帮助权等。从相关国家的运作状况来看,缺席审判制度在迅速终结诉讼与提高诉讼效益等方面的成效显著。(2)因应审判在场的查明事情真相功能退化。近年来,犯罪嫌疑人、被告人逃避侦查、审判的现象日益突出,特别是腐败犯罪分子携款外逃事件愈演愈烈。为了及时有效打击这类犯罪,防止犯罪嫌疑人、被告人逃避诉讼,避免因中止诉讼而导致诉讼拖延等问题,同时也解决涉案财产和有关赔偿问题,我国应探索建立缺席审判制度。(3)积极履约的大国负责任态度。《联合国反腐败公约》第54条第1款第3项规定:"考虑采取必要的措施,以便在因为犯罪人死亡、潜逃或者缺席而无法对其起诉的情形或者其他有关情形下,能够不经过刑事定罪而没收这类财产。"但我国现行法律规定,犯罪嫌疑人、被告人没有被抓捕归案或不能确保到案的情况下,人民法院不能对此类案件开庭审判。这已成为我国实践中境外追逃追赃的主要障碍。因此,确立刑事缺席审判,不仅有助于境外追赃,也对追究重大腐败犯罪的刑事责任具有现实意义。在我国签署《联合国反腐败公约》的背景下,构建刑事缺席审判制度已经是毫无争议的必选项,只是应立足我国国情实现科学的立法。(4)拓深反腐败斗争的力度与方式。追逃与追赃工作相辅相成,是反腐败斗争的重要组成部分。追逃彻底,犯罪分子的避罪"天堂"不复存在;追赃彻底,高压遏制腐败分子携款外逃,有助于积极挽回国家和人民遭受的巨大经济损失。在我国,适时确立腐败犯罪缺席审判制度有其必要性,是积极追回腐败资产的需要,是提高腐败犯罪案件诉讼效率与节约诉讼成本的需要,是严厉惩治腐败犯罪并维护司法权威的需要。(5)构建与刑事没收程序并轨协同格局。2012年修订《刑事诉讼法》时,增加了犯罪嫌疑人、被告人逃匿、死亡案件违法所得的没收程序的特别诉讼程序。然而,我国特别刑事没收程序具有对物不对人的基本特征。易言之,犯罪嫌疑人、被告人逃匿、死亡案件违法所得的没收程序的实质是不经定罪的刑事没收，不是严格意义上的定罪量刑活动。对腐败犯罪而言，它解决了因潜逃或死亡而导致无法实质开展追赃工作的重大现实难题。但并未解决刑事定罪量刑的基本问题，因而是有缺陷的。基于刑事缺席审判制度的本质与内容，应当适当分离对物与对人的处理，既要建立刑事没收程序，也要构建真正意义上的刑事缺席审判制度。事实上，前者的立法任务已经完成，而后者的立法任务仍有待实现。

2. 立法建言

对于腐败犯罪的缺席审判问题，在立法上，尚需注意以下几点：（1）依法缺席定罪是诉讼程序的目的。《中华人民共和国刑事诉讼法（修正草案）》开宗明义地规定，对于贪污贿赂等犯罪案件，犯罪嫌疑人、被告人潜逃境外，监察机关移送起诉，人民检察院认为犯罪事实已经查清，证据确实、充分，依法应当追究刑事责任的，可以向人民法院提起公诉。刑事诉讼活动的首要任务，就是基于案件事实、证据等，依法由人民法院判决是否构成犯罪、构成何罪以及如何处罚等问题。犯罪嫌疑人、被告人潜逃境外的缺席审判程序的终极任务是"缺席定罪"，旨在解决刑事责任问题，即解决定罪量刑问题。而且，其是对"人"的诉讼程序，是针对外逃腐败犯罪分子的诉讼程序，而非针对腐败资产或境外赃款的诉讼活动。基于刑事缺席审判程序的逻辑功能与关系，可与刑事没收程序相得益彰，形成"两翼齐飞"的刑事反腐机制，为反腐斗争彻底画上圆满的句号。（2）适用条件与范围。一是适用条件。根据《中华人民共和国刑事诉讼法（修正草案）》的规定，可以初步窥探出适用条件的主要内容。具体而言，主要有以下几种情形：第一，被告人确实潜逃境外。应有足够的证据证明腐败分子确实潜逃境外，如有被告人出入国境记录、境外相关国家或地区主管机关的通报等证据材料。这是最常见的适用情形。这是对腐败犯罪案件适用缺席审判的首要形式条件。第二，被告人不到庭参加审判。主要是指被告人蓄意或恶意不出庭受审，对被告人依法缺席审判，也是对被告人自由意志选择的尊重，程序正义并未缺位。但是，基于被告人患有严重疾病无法出庭的原因中止审理超过六个月，被告人仍无法出庭，被告人及其法定代理人申请或者同意继续审理的，人民法院可以在被告人不出庭的情况下缺席审理，依法作出判决。尽管患有严重疾病是意志以外的客观因素，但被告人及其法定代理人申请或同意的，也是其意志自由的体现，人民法院也可以作出缺席审判。第三，侦查、起诉阶段依法完成。对涉嫌职务犯罪的，监察机关依法侦查终结后，经调查认为犯罪事实清楚，证据确实、充分的，移送起诉。人民检察院认为犯罪事实已经查清，证据确实、充分，依法应当追究刑事责任的，向人民法院提起公诉。第四，案件已达到法定的定罪标准。即腐败犯罪案件已由监察机关侦查终结、检察机关审查起诉，除了没有被告人的供述之外，根据现有的在案证据特别是客观证据，已经足以查清案件事实，并能够确认被告人的行为构成犯罪，只是被告人潜逃境外不出庭受审而已。二是适用案件范围。《中华人民共和国刑事诉讼法（修正草案）》并未作出非常明确的规定，而是用"贪污贿赂等犯罪案件"的表述。显然，立法机关采取"限制适用"的立场，而且侧重点就是贪污贿赂等犯罪案件。同时，从《刑事诉讼法》第280条的规定来看，主要以贪污贿赂犯罪、恐怖活动犯罪等重大犯罪案件为适用对象。从立法技术上看，是"列举+概括"的方式，实质上采取兜底条款的规定，为今后扩大适用范围预留空间。这对目前缺席审判程序的设计有借鉴意义。当前，在限定为贪污贿赂等腐败犯罪案件后，是仅限于轻罪，还是可以包括重罪以及可能判处死刑的案件，尚需立法机关进一步斟酌。在"老虎、苍蝇一起打"的反腐决心下，轻罪或重罪都可以是刑事缺席审判程序的适用对象。既与刑事没收程序保持紧密的协同关系，也有助于发挥缺席审判制度的意义。目前，从潜逃国外的腐败分子及其涉案情况来看，往往所涉赃款数额巨大或者特别巨大。仅限于轻罪范畴，显然鞭长莫及，遗留了很大的灰色地带，并不契合立法的初衷。为了避免不必要的阻力和增加可操作性，不应适用死刑和判决死刑，否则，既不利于国际刑事司法协助工作的开展，也不符合限制死刑适用的政策精神。（3）正当诉讼程序的设计。主要包括：一是基本程序规则。第一，管辖原则。应当明确由犯罪地或者被告人居住地的中级人民法院组成合议庭进行审理。必要时，仍可以依照刑事诉讼法的规定指定管辖。第二，文书送达。应当规定人民法院通过司法协助方式或者受送达人所在地法律允许的其他方式，将传票和检察机关的起诉书副本送达被告人。确实因客观条件受限而无法有效送达的，可以通过公告的方式送达，并明确规定公告送达的具体要求。第三，监察机关侦查与移送审查起诉。应与《监察法》保持一致。监察机关负责对公职人员和有关人员的行为，依照本法和有关法律规定履行监督、调查、处置职责。对涉嫌职务犯罪的，监察机关经调查认为犯罪事实清楚，证据确实、充分的，制作起诉意见书，连同案卷材料、证据一并移送人民检察院依法审查、提起公诉。第四，提起公诉与程序启动。检察机关依法审查后提起公诉的，必须符合《刑事诉讼法》规定的起诉条件和要求。只有检察机关才能正式启动缺席审判程序。人民法院不能自行启动。第五，开庭审理与裁判范围。应当规定人民法院进行审查后，对于起诉书中有明确的指控犯罪事实的，而被告人未按要求归案的，人民法院应当开庭审理，依法作出缺席判决。对于可以查证被告人死亡的案件，根据刑事诉讼法原理，犯罪嫌疑人、被告人死亡的，不应追究刑事责任，应当依法裁定终止正在进行的缺席审判诉讼程序。但有证据证明被告人无罪，人民法院经缺席审理确认无罪的，应依法作出判决。此外，人民法院按照审判监督程序重新审判的案件，被告人死亡的，人民法院可以缺席审理，依法作出判决。第六，撤销缺席判决与重新审理。因被告人逃逸或拒不到庭而启动缺席审判的，在审理过程中，被告人自动投案或者被抓获的，人民法院应当重新审理。即使国外对其作出有罪判决的，也应撤销后依法重新审理。罪犯归案后对判决、裁定提出异议的，人民法院应当重新审理。二是充分保障被告人的诉讼权利。第一，辩护制度。缺席审判作为一种特殊的诉讼程序，使被告人的辩护权以及部分诉讼权利受到一定的限制。为了确保程序公平正义的底线，维护被告人的合法权利，应当规定辩护制度，防止缺席审判将被告人推离人权保障的边界。结合《刑事诉讼法》对辩护制度的规定，被告人有权委托辩护人，被告人的近亲属可以依法代为被告人委托辩护人参与缺席审判程序。被告人及其近亲属没有委托辩护人的，人民法院应当通知法律援助机构指派律师为其提供辩护，以间接通过强制辩护的程序规则设计来实现有效辩护。基于此，在对被告人进行缺席审判的诉讼程序中，其辩护人应当出庭行使辩护权，从而确保缺席审判程序是完整的。第二，人民法院应当将判决书送达被告人及其近亲属、辩护人。被告人或者其近亲属不服判决的，有权上诉。辩护人经被告人或者其近亲属同意，可以提出上诉。如果缺席审判程序明显违反规定，严重侵犯被告人的合法权益的，检察机关应当依法进行检察监督。第三，人民法院应当告知被告人有权对判决、裁定提出异议。判决、裁定发生法律效力后，对于被遣返回国、引渡回国等已经归案的被告人，在交付执行刑罚前，人民法院应当告知其有权对判决、裁定提出异议。如果对缺席判决提出异议的，人民法院应当受理，并重新审理。第四，被告人未归案的，人民法院开庭审理并依法作出缺席判决，同时应当对该案的违法所得及其他涉案财产作出处理。对于依照生效判决、裁定对的财产进行处理确有错误的，应当予以返还、赔偿。

师恩·感怀·传承

始终走在时代前列的法学家
——我所了解的樊崇义教授

王文生[①]

师者，传道授业解惑也，人们常将老师比作蜡烛，燃烧自己，照亮别人，老师用自己的丰富知识和聪明智慧将人类文明薪火相传。读万卷书，不如行万里路，行万里路，不如名师指路。人生遇到一位好老师，犹如生活中行走时，有灯塔相伴，指引着前进的方向。可谓三生有幸，我国著名的法学家樊崇义教授成为我的博士生导师，使我人生变得更加精彩，受益多多，收获多多。

"大学之大，非大楼之大，乃大师之大。"大学因学术大师的存在而积淀文脉，涵养人文气息；大师因有大学之造就而得以修文治学，广育天下英才。大师是一所大学的学术灵魂和中流砥柱，他们始终挺立于学术潮头，引领学术风气之先，他们治学严谨、学而有术、坚持真理、情操高尚，他们的学林佳话如群星般在学术殿堂上闪耀，为世人留下无数熠熠生辉的思想遗产。[②] 我的恩师樊崇义教授就是共和国的法学重镇——中国政法大学的挺立于学术潮头，引领学术风气之先，学而有术、坚持真理、情操高尚，始终走在时代前列的一位大师。樊崇义教授为繁荣发展我国刑事诉讼法学学科建设做出了奠基性、开创性的贡献，以独特的人格魅力激励着后辈学人和莘莘学子，为新中国的高等教育事业、法学研究、司法改革和法治建设做出了不可磨灭的贡献。我有幸成为樊崇义教授的弟子——中国政法大学的诉讼法学博士，追随恩师15年，见证了恩师崇尚公平正义，始终走在时代前列，为国家法治建设辛勤耕耘和呐喊，深为恩师的高尚品德和无私奉献所激励。

[①] 王文生，北京冠衡长春律师事务所主任、国家一级律师、吉林大学博士生导师。
[②] 中国人民大学校报编辑部：《大师渊范：中国人民大学名师大家专访集》，中国人民大学出版社2017年版，第1页。

一、与恩师樊崇义教授在大美长白山相遇

曾几何时，中国政法大学这座高等学府，成为我仰慕、渴望学习的神圣殿堂。人生何处不相逢，2004年8月，我与恩师相遇于大美长白山，终于有机会走进中国政法大学这座举世瞩目，很多法律人仰慕的神圣殿堂。

早在我任四平市中级法院民事庭审判员时，我的副庭长王秀红就是毕业于中国政法大学的前身——北京政法学院，后来她在最高人民法院任副院长级专职审判委员会委员的岗位上退休。我任四平市中级人民法院副院长时，在我的对面桌坐的四平市中级人民法院副院长杨殿林也毕业于北京政法学院。因此，我对北京政法学院一直是肃然起敬，中国政法大学就像一座高山令我景仰。1983年，我终于有了一次学习机会，中国政法大学的前身中央政法干校举办民事审判干部培训班，省高级法院给四平市中级法院一个指标，院领导知道我愿意学习，经组织集体讨论就把我的名单报了上去。25年前的五一劳动节之前，我兴高采烈地回到范家屯父母家中向父母报喜，在火车上遇到公主岭市政法委原副书记董洪银，下车后董洪银不顾我的婉言谢绝，将我领到原范家屯法庭庭长张维海家，在张维海家盛情难却喝了一顿大酒，从中午喝到晚上，然后才回到我的父母家中，晚上母亲炒了几个菜，我们又接着喝了起来，父亲把当时市面上很难买到的青岛罐装啤酒拿了出来，董洪银和张维海喝得酩酊大醉而回，我也喝得大醉。为了解酒，母亲到附近邻居家要了很多醋，却无济于事。

第二天，父亲怕我出事，派我的侄儿志平将我送回家中。5月2日上班之后，我一见到时任四平市中级法院副院长，后调任辽源市中级人民法院院长的孙福山就说：“孙院长，我明天到北京中央政法干校学习，你有什么事情没有？”孙院长答复我说：“你去不成了，因为上级法院觉得你级别低，不同意你参加培训，院党组重新作出决定，派民庭庭长滕仁志去。”孙院长的一席话如同一瓢凉水浇遍了我的全身，至此，我的中央政法大学的学习梦彻底破灭。

1989年和1993年，我两次进入中国人民大学法学院学习，中国人民大学距离学院路的中国政法大学很近，打车十几分钟就可以到达。

在中国人民大学学习的日子里，每逢周末，我除了在中国人民大学书店买书之外，还要到蓟门桥附近的学院路中国政法大学校门口的书店和校内的书店去买

书，我虽无缘到中国政法大学读书，但却有缘到中国政法大学买书。中国政法大学书店里的图书琳琅满目，我淘得了很多好书。后来，到中国政法大学书店买书成为我的一个习惯，一直保持至今。只要有机会去中国政法大学，我都要去书店。

2004年8月，我参加了中国人民大学法学院诉讼制度与司法改革研究中心、吉林省人民检察院、吉林省法学会、长春市人民检察院联合召开的"羁押制度学术研讨会"，在这次学术研讨会上，我有幸结识了后来成为我博士论文答辩委员会主席的最高人民检察院副检察长孙谦、全国人大常委会法制委员会副主任郎胜、原最高人民法院刑三庭长、现最高人民法院副院长高憬宏和我的恩师樊崇义教授以及谢佑平教授、贺卫方教授，真是有缘千里来相会，天赐良机。在去长白山途中，吉林省检察院原副检察长陈凤超给了我一个任务，让我专门陪同樊崇义教授乘坐专车，而不是和参会人员一起乘坐大客车，我再三推辞，要和大家一起乘坐大客车，无奈凤超副检察长不允，我推辞不过，只好从命。在车上，我与樊崇义教授一见如故，双方都打开了话匣子，聊了一路。从此，我和樊崇义教授结下了深厚的师生情谊。我对樊崇义教授说："樊老师，我最愿意学习，苦于外语不好，不然我一定考法学博士。"樊崇义教授告诉我："中国政法大学有一种论文博士，不需经过外语考试，但是有三个硬件条件，这三个硬件条件必须同时具备，方能录取，这三个条件是：一、必须具有硕士学位；二、必须具有两篇以上省部级获奖论文；三、必须是副厅级以上领导干部。"听到这里我眼前一亮，当即对樊崇义教授说，这些条件我全部符合，我有十几篇省部级以上获奖论文，我问樊崇义教授："我读您的博士可以吗？"樊崇义教授当即表态，当然可以。我陪樊崇义教授登上大美长白山，欣赏蓝天白云下的美丽的天池和宏伟壮观的大峡谷，一起吃野餐，与同行的吉林省人民检察院原副检察长陈凤超、韩起祥、时任中国检察出版社社长后调任最高人民检察院刑事执行厅厅长袁其国、《法制日报》的蒋安杰等合影留念。

2005年，我按照中国政法大学研究生院科研处的要求，办理了申报手续，将我的专著、发表的论文、获奖证书等科研成果原件，还有陈兴良教授、卞建林教授联袂推荐的推荐表一并报给科研处，并填写了推荐表和推荐理由。但2005年，我没有被录取，我一看名落孙山，遂到研究生院科研处处长石奇那里，要求将申报材料取回。石奇处长说："王检（察官），你不读博士了？"我说："不是不读，我没被录取，我读不成了，请把科研成果原件给我退回来吧。"石奇处长告诉我说："今年虽然没被录取，但是你可以排队，还有明年呢。"我知道还有希望，所以将科研成果原件留在那里，继续排队。

2006年1月，我去国家检察官学院参加全国检察业务专家答辩，答辩头一天晚上，樊崇义教授对我说："文生，你的论文博士学校已经批准，同意你成为中国政法大学博士生。现在你要集中精力以良好的精神状态参加全国检察业务专家答辩，务必通过。"我不负恩师的嘱托，在强手如林、极为严格的全国检察业务专家参评的答辩中脱颖而出，比较圆满地通过了全国检察业务专家答辩。2006年2月，在全国首批检察业务专家授予仪式上，我从最高人民检察院原检察长、首席大检察官贾春旺手中接过全国检察业务专家证书。答辩结束后，樊崇义教授问我刑事诉讼法都出了什么题？我一一告诉了樊教授，他笑着对我说，其中有一道题就是他出的，那时，我领略了樊崇义教授的严厉和严格，我知道樊崇义教授治学严谨，不徇私情。不久，我接到中国政法大学论文博士录取通知书，购买了中国政法大学刑事诉讼法博士生必备书籍，我终于实现了到中国政法大学学习的梦想。恩师樊崇义教授成为引领我、鼓励我、激励我奋力前行的动力和楷模。

嗣后，我按照课程要求定期到中国政法大学研究生院上课，法学泰斗陈光中，法学名家卞建林、顾永忠、杨宇冠、宋英辉经常为我们授课。讲课过程中，樊崇义教授多次问我："文生，坐冷板凳习惯吗？"我说："习惯。"樊崇义教授讲课重点突出、旁征博引、富于哲理、逻辑性强、信息量大、声音洪亮。一些典故和典型案例信手拈来、滔滔不绝。樊崇义教授治学非常严谨，对我这个学生的要求非常严格，几乎达到了苛刻的程度。在拟定论文题目时我提出两个比较熟悉、写起来比较容易的题目，一是《未成年刑事案件审理》，二是《死刑的司法控制》，都被樊崇义教授"枪毙了"。樊崇义教授很严肃地对我说："文生，你在政法大学中是个举足轻重、有影响的人物，你必须写出有质量、有见地、有分量的论文。"我几经思索，最后拟定了《检察视野下的宽严相济刑事政策》，樊崇义教授欣然同意。在写开题报告时，樊崇义教授又对论文的行文方式和风格提出了要求，特别是要求我避免工作报告式的行文方式，这对我的论文写作大有益处。2008年11月14日，吉林大学法学院和中国政法大学诉讼法学研究院在辽源市雅柏大酒店举行了隆重的吉林大学校聘教授、中国政法大学诉讼法研究院兼职研究员聘任仪式暨王文生教授学术成果点评会。原吉林大学法学院院长徐卫东主持会议，他给我颁发了吉林大学校聘教授聘书，中国政法大学研究院院长卞建林教授给我颁发了中国政法大学诉讼法学研究院研究员聘书。樊崇义教授和崔敏教授、戴玉忠教授等著名专家学者参加了点评会。樊崇义教授在对我的学术成就肯定的同时提出了要处理好学术和工作、主业和副业关系的要求，使我深受教育。在中国政法大学，我接受了世界一流的法学教育，知识骤长，开阔了视野，提高了法学研究能力。

2008年12月，我在国家检察官学院学习期间，正值中国政法大学博士论文答辩，樊崇义教授告诉我，答辩委员会主席是最高人民检察院副检察长、博士生导师孙谦，答辩委员会成员有陈国庆、陈卫东、顾永忠、宋英辉、王进喜。

本来对于博士论文答辩，我胸有成竹，压力不大，但是一听说由最高检察院副检察长担任答辩委员会主席，顿感压力重重，因为我的身份是基层院的检察长，面对最高检察院副检察长进行答辩，稍有不慎就会给自己带来否定评价。

答辩那天早晨，我的朋友、原人民政协报记者贺栋开车将我从国家检察官学院载到了中国政法大学，我参加了整整一天的答辩，参加这次答辩的共有三人，原黑龙江省检察院副检察长徐军、原公安部打拐办主任陈士渠和我，答辩程序极其严格，评委们对答辩要求也极其苛刻，最后，答辩委员会主席孙谦宣布答辩委员会评论结果："在答辩中王文生同志比较圆满地回答了评委们提出的问题，满票通过答辩，但是作为博士学位的论文，还有提升的空间。"

2009年6月，中国政法大学举行了隆重的博士学位授予仪式，那一天晴空万里，中国政法大学院内喜气洋洋，不同班级、不同专业的几百位法学博士生头戴博士帽、身穿博士袍，进行集体合影。除了集体合影之外，不同班级、不同专业的学生们，在研究生院门口，在专门设置的背景墙下纷纷留下珍贵的瞬间。在博士授予仪式上，黄进校长向我和其他法学博士分别授予了博士学位证书，江平教授发表了慷慨激昂的演讲。至此，我实现了到中国政法大学这座梦寐以求、蜚声中外的高等学府求学和获得人生最高学位的梦想。我由衷地感谢恩师樊崇义教授。同时，也感谢原吉林省人民检察院副检察长、现海南省高级人民法院院长、吉林大学法学博士陈凤超让我可以陪同樊崇义教授游览大美长白山。

二、我与樊崇义教授交往的点点滴滴

"一日为师终身为父"，15年来我与恩师往来不断，情同父子，虽然没有血缘关系，但是已经产生了浓浓的亲情，2005年3月27日，樊崇义教授所领导的国家重点研究基地即中国政法大学诉讼法学研究中心在辽源市人民检察院建立了教学实践基地，并且举行了隆重的签约仪式和揭牌仪式。樊崇义教授和中国政法大学副校长张宝生为辽源市政法干警作了专题讲座，传播先进的司法理念。2006年8月26日，在河南省焦作市人民检察院，举办了樊崇义教授刑事诉讼法学文选发布会，我到会比较晚，本以为我事先没有接到任何通知，没有我任何角色，晚上11点，我在下榻的宾馆观看明天的会议议程，突然发现樊崇义教授又给我安排了一个角色，在樊崇义教授文选发布会上致辞。师命难违，我只好连夜构思明天的致辞。我在致辞中说："春种秋收、春华秋实，秋天是收获的季节，四十年来，樊崇义教授在中国诉讼法学这块园地里辛勤地播种、耕耘，收获颇丰，《迈向理性刑事诉讼法学》这部鸿篇巨著就是他四十年付出的心血和汗水的结晶，而弟子们的《寸心集》也无不凝结着樊崇义教授的心血，在一定意义上说，《寸心集》也是樊崇义教授法学思想的延伸和扩展。作为中国诉讼法学的泰斗和领军人物，几十年来樊崇义教授积极参与立法、刑事诉讼法的修改，参与司法制度的改革。'师者，传道授业解惑也'，作为老师，樊崇义教授为人师表，起到了传道、授业、解惑的作用，在樊崇义教授的精心培育下，现在已是桃李满天下，他为国家培养了大批高层次的法律人才，已成为依法治国的主力军，成为法学界、立法界、司法界和行政执法等部门的骨干，他们是国家的栋梁之材，是社会的精英。"

"作为学者、法学家，樊崇义教授才高八斗，学富五车，著述等身，硕果累累，为繁荣中国的法学理论，特别是刑事诉讼法学理论，为推进中国的司法体制改革乃至中国的法治建设做出了突出的、杰出的、卓越的和不可磨灭的贡献。"

"作为国家重点研究基地——中国政法大学诉讼法学研究中心主任，我国诉讼法学的领军人物，（樊崇义教授）为促进我国的立法、司法、执法和依法治国发挥了重要作用。"

"中国政法大学诉讼法学研究中心辽源基地建立以来，在樊崇义教授的精心指导和关怀下，辽源市检察机关的干警树立了先进的司法理念，法学研究能力和执法能力有了明显提高，培育了一大批理论骨干，正在实行高位对接，活跃在国家乃至国际重大学术研讨会上，现在也已硕果满枝，辽源市检察机关在去年全省检察机关理论调研工作评比中被评为全省第一名，最近又被中宣部、司法部评为全国四五普法法制宣传教育工作先进集体，在国家级刊物上发表理论文章数十篇，多篇文章在国际和国家级法学论文评选中获奖。"

2007年7月28日，中国政法大学诉讼法学研究院在吉林辽源市召开了中国检察制度原理研究学术研讨会，时任吉林省人民检察院副检察长陈凤超和市长王兆华、最高人民检察院检察理论研究所副所长向泽选、市委常委、政法委书记兼公安局长任建波和全国各地的专家学者及樊门弟子100余人参加了学术研讨。晚上，在依山傍水的辽源市检察官培训中心举行了篝火晚会，我和樊崇义教授点燃了篝火，大家围着篝火又唱又跳，精彩的东北二人转和拉场戏节目使樊崇义教授高兴得流出眼泪，笑得前仰后合，这是一种极为难得的、劳累之后的放松和愉悦。樊崇义教授还被辽源市人民检察院聘为法学专家咨询委员会委员，为辽源市检察干警答疑解惑。

2011年11月，我在国家检察官学院吉林分院院长的岗位上退休之后，组建了北京冠衡（长春）律师事务所。2011年12月25日，北京冠衡（长春）律师事务所举行开业庆典，樊崇义教授组建的中国政法大学法律实证研究中心和中国人民大学法学院等5所高校在北京冠衡（长春）律师事务所建立了教学科研实践基地，樊崇义教授发来贺信："值此元旦佳节来临之际，北京冠衡（长春）律师事务所开业。我谨代表中国政法大学法律实证研究中心向贵所致以热烈的祝贺。北京市冠衡律师事务所成立十年来一直活跃于北京律师界，成为一家以房地产、金融、刑事辩护等业务为主的综合性律师事务所。今天，冠衡（长春）律师事务所开业，这是冠衡所布局全国的战略体现，为冠衡所的进一步发展壮大奠定了坚实的基础。相信冠衡（长春）律师事务所及全体律师能够始终不渝地坚持正确的政治方向、坚持严格管理依法办案，在虚心学习、勤奋工作、努力提高自己的同时坚持不懈地加强律师队伍建设，全面塑造'政治坚定、法律精通、勤勉尽责、严格自律'的律师形象，为国家的立法献计献策，为企业的发展和广大人民群众的利益保驾护航，为我国社会主义与法治的建设与发展做出自己应有的贡献。祝北京冠衡（长春）律师事务所事业红红火火。前程辉煌灿烂。也祝参与开业庆典的领导与嘉宾身体健康、阖家幸福、工作顺利、万事如意！"

在北京冠衡（长春）律师事务所成立五周年与文生律师大讲堂、文生律师会馆落成之际，樊崇义教授又分别发来了贺信。2016年12月25日，樊崇义教授在发来的贺信中说："欣闻贵所迎来建所五周年纪念大会！我表示热烈的祝贺！

原计划前往到会发表贺词。因故不能前往，只好发去贺信，以示祝贺！贵所建所五年来成绩斐然，名声享誉全国，办所方向明确，服务质量第一，为当事人服务周到，屡屡予以好评，尤其是对民营企业及中小型企业的法律咨询和诉讼服务创造了一整套可复制可推广的经验，在律师服务社会、服务当事人的业务中，贵所主任王文生同志，身先士卒，一马当先，老骥伏枥，得到社会和业界的赞扬，特别是在如何成为一名有理性的专家型律师方面。文生同志一贯倡导理性服务，要从非理性辩护转向理性辩护。这一与时俱进的法治思维是值得我们学习的。得知贵所举办文生律师大讲堂，这是一件可歌可泣、值得赞扬的喜事，一并表示热烈祝贺。时代在发展，历史在前进，律师制度在改革，落在我们这一代人身上的担子，沉重而又荣光。今天贵所在纪念大会之际，认真总结经验，阔步向前发展，为中华民族的复兴和法治建设做出更大贡献。热烈祝贺冠衡（长春）律师事务所建所五周年！热烈祝贺文生律师大讲堂启航！"

2018年5月5日，文生律师大讲堂和文生律师会馆相继落成，樊崇义教授又发来贺词："恭贺文生律师大讲堂、文生律师会馆落成。普法的园地，培养法治人才的摇篮，律师专业化的高地！"

樊崇义教授字斟句酌的贺信和贺词成为引领我和北京冠衡（长春）律师事务所一往无前的不懈动力，砥砺前行。北京冠衡（长春）律师事务所成立8年来实现了跨越式的发展，由原来的200多平方米的门市房发展到现在的1200余平方米的世界级5A级写字间，成为长春市法治文化建设示范基地，被长春市司法局荣记集体三等功，还是中国法治实践学派（调研吉林基地）全国政府服务法律联盟理事单位，民主与法制杂志社新闻采访联系点，吉林省司法厅、吉林省工商联的民营企业法律维权基地。北京冠衡（长春）律师事务所党支部被长春市律师协会党委和吉林省吉商商会评为先进党组织。我本人被长春市司法局荣记三等功，被吉林省律师协会党委授予全省律师行业优秀共产党员，被全国律师行业协会党委评为全国律师行业优秀党员。这些都得益于樊崇义教授的培养和鼎力支持。

樊崇义教授还被北京冠衡（长春）律师事务所聘请为法学专家咨询委员会委员，并两次参加北京冠衡（长春）律师事务所重大疑难复杂案件专家论证，这两次论证意见都被省高级人民法院采纳，使被告人得到了从宽处理，予以从轻减轻处罚，为北京冠衡（长春）律师事务所提高法律服务能力、提高案件辩护质量起到了至关重要的作用。我本人也多次向樊崇义教授请教、探讨辩护案件的思路，记得我第一次为二审被告人担任辩护人，向陈兴良、樊崇义教授咨询探讨后，底气十足、信心满满地参加了庭审。樊崇义教授多次莅临北京冠衡（长春）律师事务所参加指导，我也多次参加樊崇义教授组织的高端学术研讨会，如"刑事诉讼法修改重点问题学术研讨会""侦查讯问程序改革国际研讨会""中国检察制度原理学术研讨会"，而每次会议上我都要被点名发言，而且通常是在没有准备、来不及思考的情况下发言。

樊崇义教授还为我颁发了中国政法大学法律实证研究中心特邀研究员聘书。一次，我去河南省焦作市参加中国检察制度原理学术研讨会，在郑州机场候机时，因与师弟左德起聊天，我们同门之间聊得非常尽兴，竟延误了航班，只得买下次航班，无奈没有普通客票，只得买了头等舱票。登机时和樊崇义教授不期而遇，我理所当然地将头等舱座位让给了樊崇义教授。樊崇义教授在北京着陆，回到家之后专门给我打来电话问我是否安全到家，关切之情溢于言表。每逢中秋节和春节等重大节日，我未及向恩师问好，恩师已抢先发来贺信：祝文生节日快乐。

三、樊崇义教授为我的专著作序

樊崇义教授对我"宽严相济"严管厚爱。当得知我要出版《来自检察长的报告——一位基层检察官的探索》一书时，亲自与中国人民公安大学出版社副社长杨玉生联系出书的事宜，促成了此书的出版。

我的专著《来自检察长的报告——一位基层检察官的探索》由原最高人民检察院副检察长朱孝清和樊崇义教授为我作序。在序言中樊崇义教授对我的专著给予了高度评价。樊崇义教授在序言中写道："王文生同志从事检察工作的时间并不长，是2004年1月由吉林省四平市司法局局长调任吉林省辽源市检察院检察长的，但他从事司法工作的时间却很长，在司法战线工作了30余年，可谓'司法人生'，在四平市中级法院副院长的职务上一干就是10年，其后担任8年的司法局局长。丰富的司法工作经历为他进行法学理论研究奠定了良好的基础。我与王文生同志认识的时间并不长，初次见面是在2004年7月，在长春召开的羁押制度与人权保障理论研讨会上，王文生同志的即席发言给我留下了深刻印象，嗣后，又多在一些理论研讨会上见面，并在一起交流法学理论，探讨检察实践。我也逐步了解了王文生同志，知道他将理论学习视为最大的人生享受，将法学研究作为最大的人生乐趣，常年笔耕不辍，凭着自己深厚的理论底蕴和丰富的司法实践经验，以及在法学理论研究上所倾注的心血和热情，从而著述颇丰，常有学术成果见诸报端，并多次在国家和省级学术成果评选活动中获奖。"

"知易行难，作为全国检察业务专家、全国检察理论研究人才，王文生同志难能可贵之处在于不仅钻研法学理论，而且将自己的所思所得应用于检察实践当中去，以理论创新推动检察工作创新。2005年3月，经多方考察，中国政法大学诉讼法学研究中心在辽源市人民检察院设立了辽源基地，基地的建立，搭建了法学理论与检察实务沟通与交流的平台，也使我切身感受到王文生同志以理论创新带动工作创新所焕发出的勃勃生机。他到辽源任职之初，针对干警身处小地区而存在的惰性思维，提出了'小地区要实现大作为'的工作理念，开展了'争做学习型检察院、争当学习型检察官'活动，大兴理论学习、调查研究之风，在提高干警素质上狠下功夫。'十年树木，百年树人'，这一基础性工作逐渐显现出效果，出台《无逮捕必要的适用条件》，宽严相济刑事政策得到认真贯彻；成立全市预防职务犯罪领导小组和预防职务犯罪研究会，建立预防职务犯罪教育基地，预防工作开展得有声有色；实行人性化执法，被监管人员的合法权益得到有效保障，实现了监管场所无超期羁押；设立控告申诉接待大厅，推行有理接访制度，方便人民群众申诉控告；实行职务犯罪侦查案件全程录音录像，规范侦查取证行为；出台《辽源市人民检察院人民监督员对'五种情形'实行监督暂行办法》，进一步完善人民监督员监督制度；出版《检察论坛》刊物，检察理论研究进一步加强，同时，一批辽源市院的理论骨干在王文生同志的带领下活跃在各级理论研讨会上，而且还成功地承办了'中欧遏制酷刑辽源试点实施准备国际圆桌讨论会'和'中国检察制度原理研究学术讨论会'。以改革创新为先导，使全市检察工作健康深入开展，多项工作受到上级领导部门的肯定和表扬。"

"由于王文生同志在法学理论研究方面成果丰硕，被四个国家级学术团体选为理事和常务理事，他还被国家法官学院、中国政法大学、东北师范大学和吉林大学法学院等多所院校聘为兼职教授，走进大学的殿堂作学术报告。"

"《来自检察长的报告》一书是王文生同志担任检察长四年来学术成果与工作成果的总结，不仅记录了四年来王文生同志个人理论研究方面所取得的丰硕成果,更重要的是记录了作为一名学者型、专家型检察长,领导全市检察机关全面落实科学发展观,切实加强和改进法律监督工作,提高队伍素质和执法水平,推动检察工作全面健康发展的工作思路与具体举措,是王文生同志担任检察长四年来从事检察工作的一个客观反映。通览全书,我认为该书有三个特点:

"一是紧密结合检察实践,有很强的指导作用。收入本书的文章,大都是王文生同志四年来在检察实践中的所思所想,无论是学术论文还是工作报告,都紧紧围绕检察工作,针对检察工作存在的主要问题,运用自己深厚的理论素养,在理论上进行深入诠释,进而提出具体措施,这是王文生同志作为一名学者型领导干部的一贯工作作风。二是紧密联系当地实际,不尚空谈。文如其人,高铭暄教授曾在王文生同志的著作《法苑新探》的序言中称赞王文生同志不人云亦云,不唯上,不唯书,只唯实,敢言人所不敢言,这在本书中体现得较为明显。本书大部分篇章都是为如何做好检察工作而写,他的基本做法是,既要按照高检院的要求,又要解决本地区本单位的问题,并有所创新,这是作为检察长的人都应该考虑的问题。从本书中我们可以看到,王文生同志正是遵循这一原则来处理工作的,他注意发挥辽源检察机关不甘人后、善于研究、勤于创新的长处,在研究中提素质,在创新中求发展,因而也就形成了《坚持理论研究提高队伍素质》《坚持以理论创新带动检察工作机制创新的思考》等一系列文章。三是文章层次视野广阔,涉猎问题较多。本书中收录的论文包括王文生同志进入检察机关以来,连续四年在全国检察理论研究年会上获二等、三等奖的文章,在首届法律适用国际高层论坛上获奖的文章,以及被国家级刊物所收录的文章。本书中收录的文章内容涉及广泛,既有宏观理论又有微观问题,既有实体法学又有诉讼法学,这些都从一个侧面反映了作者所具有的较高理论素养和丰富的司法实践经验。"[①]

四、樊崇义教授在国家音乐厅为学生博士论文答辩通过而庆贺

我原定于2008年12月13日上午结束国家检察官学院结业典礼后,即乘下午1:30的飞机从京返长,但11日晚接到师妹——中国青年政治学院李静老师信息,称导师樊崇义教授要为我和师弟徐军、陈士渠庆贺法学博士论文圆满通过,

---

① 王文生:《来自检察长的报告——一位检察官的探索》,中国人民公安大学出版社2008年版,序言第2-3页。

拟于13日晚即周六在国家音乐厅观看音乐演奏会,我告知已决定13日返程,飞机票已买好,谢谢恩师美意,不参加音乐会了。12日早一觉醒来感觉此决定不妥,恩师一片心意,如不从命,冷了恩师的心,也辜负了恩师的一片美意,遂决定推迟。13日上午接李静信息,下午5:30在民族宫东侧萨拉波尔韩国料理店用餐。

用餐时,樊崇义教授和我的师母、师妹分别向我敬酒,对博士论文通过表示祝贺。餐后同去国家音乐厅观赏音乐。坐2排3号。这是我有生以来第一次在国家音乐厅观赏音乐会。国家音乐厅豪华、典雅,进门后看见大厅摆放着鲜花花篮,花香扑鼻、沁人心脾。音乐厅的墙上亦有鲜花摆设。晚上7:30音乐会准时开始,庞大的乐团乐队演员全体起立。男女演员都身着黑色衣服,首席演奏家向观众行礼致意。主持人系身材修长楚楚动人的美女,具有良好的文学素养和道德情操。说话语音清脆、悦耳、动听。不仅具有高深典雅的音乐、文学知识,且彬彬有礼,每场都报幕主持,介绍音乐的背景、内容和获奖情况。每场音乐结束之前之后指挥家都彬彬有礼向观众致意,每次都能赢得观众热烈的掌声。每次演出都有大屏幕播放电影,实际上也是为电影配乐。演奏的都是世界著名的影片乐曲,包括《泰坦尼克号》中的乐曲。当音乐会结束时,全场报以热烈的掌声并要求继续演奏,乐团不得不增加一次演出,最后一次气氛尤为感人、热烈,台上台下交融在一起,演员与观众一起鼓掌,甚为和谐。最后女主持人不得不说再见。结束时,观众为主持人、指挥家和首席演奏家送去鲜花。

谢谢您,樊崇义教授!谢谢您,我的导师!我以您为荣,您使我学到了知识,更学到了为人的品格和高深道德的修养,您不仅指导帮助我完成了学业,还请弟子欣赏这么高雅的音乐会,这是我有生以来所没有享受过的,谢谢您,师母!感谢您为我操心牵挂。

五、从南阳走出的法学家

一方水土养育一方人,河南省南阳市人杰地灵、物宝天华,历史悠久,有着深厚的、光辉灿烂的文化底蕴,我国古代著名的地理学家张衡、著名的医学家张仲景、著名的企业家范蠡及著名的政治家、军事家诸葛亮,以及现代著名的哲学家冯友兰、文学家姚雪垠、著名作家二月河,都诞生于南阳。南阳还诞生了众多的开国元勋,在汉代,南阳人才辈出,28个开国元勋中大多出自南阳。南阳不仅是中国当代最著名的地市级作家群,如二月河、姚雪垠等,还是当代中国最著名的法学家群。然而,当代中国知名法学家中,出现了独特的南阳现象,当代河南籍法学家,人数众多、浩若繁星、璀璨夺目,被誉为南阳法学家群。如张文显、周密、赵秉志、付子堂、刘海年、郝宏奎,还有脱颖而出的、"70后"青年才俊、中国法学界冉冉升起的一颗新星、中国十大杰出青年法学家、中国人民大学法学院院长王轶等,而我的恩师樊崇义教授就是南阳法学家群中一颗耀眼的明星。

樊崇义教授出生于河南省南阳市内乡县,1961年7月考入中国政法大学的前身,即北京政法学院法律系学习,1965年7月毕业留校至今,为本校大专、本科、硕士研究生和博士研究生讲授《刑事诉讼法学》《证据学》《刑事诉讼法专论》《独联体、东欧各国刑事诉讼法》等课程。再也没有离开过这所蜚声中外的法学重镇。过去,这所名校因有江平、陈光中、张晋藩、樊崇义、应松年、巫昌祯、王牧、马怀德等群星般的法学大师而著名;现在,这所学校又因习近平总书记于2017年5月3日的视察而闻名世界。樊崇义教授正如他的名字一样崇尚公平正义,一生为公平正义而耕耘和呐喊。"天行健,君子以自强不息",《论语·子罕》中说:"子在川上曰:逝者如斯夫,不舍昼夜。"60年来,樊崇义教授在崇尚公平正义、维护公平正义、建设法治中国的征程中辛勤耕耘、锲而不舍,始终走在时代的前列,演绎着自己精彩而又华丽充实的法律人生。正如樊崇义教授在《迈向理性刑事诉讼法学》一书的自序中所说:"作为一个从特殊年代走过来的诉讼法学者,我亲身经历了法制虚无时代的酸楚和无奈,深知法治对国家振兴的意义,也痛感法治历程的艰辛。所以,40年来,我从未停止过对司法正义的探索,一直在为国家法治昌明摇旗呐喊。"①

"文化大革命"结束后,全国恢复高考制度,樊崇义教授从下放的安徽淮北"五七"农场,回到百废待兴的北京政法学院,作为为数不多的诉讼法教学人才,他担当起了刑事诉讼法学的教学和科研重任。没有教材,樊崇义教授夜以继日地自己动手编写。在那个年代,可供参考的资料和文献实为凤毛麟角,樊崇义教授凭着深厚的法学理论功底,在三代五口人仅有的一间15平方米的房间里,

---

① 樊崇义:《迈向理性刑事诉讼法学》,中国人民公安大学出版社2006年版,第1页。

以每日五千字的速度完成了刑事诉讼法的讲义。

原最高人民法院常务副院长沈德咏在庆贺樊崇义教授70华诞的贺信中说："在长期的刑事诉讼法学、证据法学理论和实务研究中，您从未停止过对司法正义的探索，积极主张实现我国刑事诉讼程序的科学化与民主化，一直在为国家法治昌明努力奋斗。几十年来，您笔耕不辍，著述鸿博，多次获得国家有关部门的奖励，许多学术成果和学术观点得到广泛认同，在诉讼法学界产生了深远影响；您注重理论联系实际，积极倡导实证研究，大力推行模拟法庭教学法，为推动我国刑事诉讼立法和司法实践的发展作出了突出贡献；您兢兢业业、诲人不倦、言传身教，为繁荣我国刑事诉讼法学教育事业而呕心沥血，培养了一大批优秀的政法栋梁之材。'"

"多年来，您十分关心、支持人民法院工作，为推进司法改革、解决审判工作中的重大理论和实践问题建言献策，提出了很多宝贵意见和建议。对推动人民法院工作科学发展发挥了积极作用。借此机会，谨向您表示衷心感谢！"

六、理论与实践紧密结合的法学家

理论是灰色的，实践之树长青。美国著名的大法官霍姆斯有言："法律的生命不在于逻辑而在于经验。"我国著名大法官、最高人民法院审判委员会专职委员、第二巡回法庭庭长胡云腾说过，"法律的生命在于应用"。樊崇义教授在法学研究中十分注重理论与实践的紧密结合，特别注重实证研究，坚持理论联系实际，以理论研究引领司法实践，从司法实践中提升新的理论，他率先将实证研究方法引入诉讼法学研究中。从2002年开始，就针对刑事诉讼法学研究中的难点问题、重点问题，如刑讯逼供的解决、证据规则的确立、第一审程序的改革等，带领学生搞试点进行实证研究、案例考察、科学实验，最终写出实证研究报告，加以总结推广，收到了良好的效果。如樊崇义教授领先进行为期九年的侦查讯问程序改革的实证研究，从第一阶段的"侦查讯问程序中第一次讯问录音、录像和律师在场"试验，到第二阶段的"侦查讯问中律师在场、全程录音、录像制度"试验，再到第三阶段对"三项制度"的全面推广，他进行了周密设计，反复调研。① 从 2002 年开始，樊崇义教授主持中国政法大学诉讼法学研究中心启动刑事审前程序改革示范（试验）项目，在全国范围内率先开展"三项制度"（侦查讯问全程律师在场、录音、录像制度）的侦查讯问程序的改革试验，甘肃白银作为代表进行"三项制度"试验。鲜活、具体而又生动的实例，精准的数据，验证了侦查讯问程序改革的必要性、可行性、科学性、先进性，为国家的司法改革和刑事诉讼法修订积累了非常丰富的实践经验。樊崇义教授先后多次主办、多次召开学术研讨会进行评估论证，循序渐进，有的放矢，在国内外法学界、司法界产生了良好的影响，取得了国内外瞩目的成就，对中国的法治建设起到了积极的推动作用。2005 年，最高人民检察院开始推行讯问职务犯罪嫌疑人全程同步录音录像制度。2006 年，最高人民法院开始推行死刑二审案件开庭审理录音录像制度。中共中央相继提出司法体制改革，要求政法机关建立讯问录音录像制度。樊崇义教授应邀到美国哈佛大学介绍经验，获得美国同行高度评价。2009 年，我国向联合国人权理事会提交的国家人权报告中，将此作为中国人权事业的重大进步，得到国际社会广泛认可。②

2005 年 11 月 1 日，最高人民检察院第十届检察委员会第四十三次会议通过《人民检察院讯问职务犯罪嫌疑人实行全程同步录音录像的规定（试行）》，2014 年 3 月 17 日，最高人民检察院第十二次检察委员会第十八次会议审议通过了修订的《最高人民检察院关于讯问职务犯罪嫌疑人实行全程同步录音录像的规定》并于 2014 年 5 月 26 日以高检发反贪字（2014213 号）文件下发。2012 年 3 月 14 日新修订的《刑事诉讼法》第 123 条规定："侦查人员在讯问犯罪嫌疑人的时候，可以对讯问过程进行录音或者录像；对于可能判处无期徒刑、死刑的案件或者其他重大犯罪案件，应当对讯问过程进行录音或者录像。录音或者录像应当全程进行，保持完整性。"

《最高人民法院关于全面深化人民法院改革的意见——人民法院第四个五年改革纲要（2014—2018）》明确把推进庭审全程同步录音录像作为完善庭审公开制度改革的一项任务，提出"建立庭审全程录音录像制度"。2017 年，最高人民法院发布了《最高人民法院关于庭审录音录像的若干规定》。根据 2018 年 10 月

---

① 锁正杰：《樊崇义教授治学之道》，载《法律文化周刊》2010 年第 31 期第 5 版。
② 锁正杰：《樊崇义教授治学之道》，载《法律文化周刊》2010 年第 31 期第 5 版。

26 日第十三届全国人民代表大会常务委员会第六次会议《关于修改〈中华人民共和国刑事诉讼法〉的决定》(第三次修正)第 123 条规定,侦查人员在讯问犯罪嫌疑人的时候,可以对讯问过程进行录音或者录像;对于可能判处无期徒刑、死刑的案件或者其他重大犯罪案件,应当对讯问过程进行录音或者录像。录音或者录像应当全程进行,保持完整性。

七、学富五车——著述等身的法学家

几十年来,樊崇义教授笔耕不辍,著述等身,硕果累累,先后出版专著及合著 30 余部,发表论文 200 余篇,由樊崇义教授担任主编的《诉讼法学研究》和《中国诉讼法判解》,开辟了诉讼原理和案例研究等特色栏目,在推动诉讼法学的哲理化研究、提高诉讼实务水平、指导司法实践方面发挥了重要作用,其担任总主编的中国政法大学诉讼法研究中心开放性文库《诉讼法学文库》,目前已出版了 100 余部诉讼法学专著。我的书房绳墨斋珍藏着樊崇义教授自己撰写的专著、主编和合著的著作达 10 余部,如《刑事诉讼法专题研究报告》《诉讼原理》《刑事审前程序改革实证研究》《走向正义——刑事司法改革与刑事诉讼法的修改》《诉讼法学研究》《刑事诉讼基础理论研究》《刑事诉讼法实施问题与对策研究》《刑事证据规则研究》《刑事诉讼法哲理思维》《刑事诉讼法修改专题研究报告》《刑事诉讼法再修改理性思考》。

多年来,樊崇义教授出版的代表著作有:《刑事诉讼法实施中的问题与对策研究》(中国人民公安大学出版社 2001 年版)、《刑事诉讼法再修改理性思考》(中国人民公安大学出版社 2007 年版)、《迈向理性刑事诉讼法学》(中国人民公安大学出版社 2006 年版)、《刑事诉讼法哲理思维》(中国人民公安大学出版社 2010 年版)、《刑事诉讼法学》(第 1~3 版)(高等学校法学教材,中国政法大学出版社出版,于 1996 年 2 月获司法部第三届部级优秀教材一等奖)、《证据法学》(第 1~4 版)(法律出版社 2003 年版—2008 年版)("十一五"国家级规划教材)、《中国刑事诉讼法》(全国司法学校法学教材,中国政法大学出版社出版,于 1996 年 2 月获司法部司法学校法学优秀教材鼓励奖)、《刑事诉讼指南》(独著)(中国政法大学出版社 1987 年版)、《刑事诉讼法学研究综述与评价》(中国政法大学出版社 1991 年版)、《比较检察概论》(合著)(中国检察出版社

1991年版)、《论证据》(警官教育出版社1989年版)、《中国刑事诉讼程序研究》(法律出版社1993年版)、《中华人民共和国刑事诉讼法修改建议稿与论证》(副主编)(中国方正出版社1995年版)、《中华人民共和国刑事诉讼释义与应用》(副主编)(吉林人民出版社1996年版)、《出庭公诉理论与实践》(合著)(电子工业出版社1996年版)、刑事诉讼法学系列丛书(副主编)(中国政法大学出版社1996年版)、《第一审程序论》(合著)(中国政法大学出版社1989年版)、《刑事诉讼法专论》(主编)(方正出版社1998年版)、《刑事诉讼法实施问题研究》(合著)(中国法制出版社2000年版)、《金融欺诈的预防与控制》(副主编)(中国法制出版社1999年版)、《两岸比较刑事诉讼法》(合著)(台湾五南图书印刷公司1996年版)、《中国法制改革》(合著)(广角镜出版社1994年版)、《联合国刑事司法准则与中国刑事法制》(法律出版社1998年版)、《证据法学》(法律出版社2001年版)。

八、始终走在时代前列的法学家

长期以来,樊崇义教授在教学和科研中,始终走在时代前列,引领着诉讼法学研究的方向,成为刑事诉讼法学领域的领军人物,硕果累累。湘潭大学出版社于2008年11月出版的由原中国法学会会长王仲方、著名法学家卓翔担任主编,由法学大师陈光中、孙琬钟、王仲方、杨克勤、卓翔联袂编撰的30篇影响中国法治进程的法学论文《走向法治》(湖南省纪念改革开放30周年)重点收录了樊崇义教授的《论刑事诉讼法律观的转变》。《走向法治》是一本反映中国改革开放以来法治进程的书,正如本书主编卓翔在序言中所说:"全书收录了推动改革开放30年中国法治进程的30篇重要法学论著,是先由出版社组织有关法学专家经过多次遴选,并通过网络等多种形式广泛征集形成建议名单,再交编委会充分酝酿吸收各方面的意见与建议后产生的。文章按照出版时间为序排列,以编年史的形式反映了改革开放30年中国法治进程中不同历史时期法治热点、焦点问题,这些文章都是当时该领域的顶尖论述与集大成者,在法治发展进程中具有里程碑意义。这些文章在一定程度上代表了当下民众对法治发展的认知程度与期待,代表了法学界普适观点,代表了法治发展进程的航向。"由此足见樊崇义教授深厚的法学理论功底以及在我国法学界中的崇高地位。

樊崇义教授于1991年被评为校级优秀教师，由他主持和领导的刑事诉讼教研室于1998年被评为先进教研室，本人被评为校优秀教研室主任；主持的模拟法庭教学法，1990年被评为教育部优秀教学成果奖；作为第一主持人的"公诉案件第一审程序教学录像片"于1998年获司法部教学科研一等奖；1986年在《政法论坛》发表的《涉外刑诉程序初探》，获司法部第一届优秀科研奖；主编的《刑事诉讼法学》获司法部一等奖；1998年2月在《中国法学》发表的"联合国公正审判标准与中国刑事审判程序改革"一文被评为司法部优秀论文，并被中央党校编入《中国社会主义精神宝典》；2000年1月在《中国法学》发表的《客观真实意见》被评为中国政法大学宪梓科研二等奖。

1989年，樊崇义教授主持并组织实施的"模拟法庭教学法"获教育部国家级优秀教学成果奖；1998年，樊崇义教授主持组织的"公诉案件模拟教学录像"获司法部第一届部级教学成果一等奖；2004年，樊崇义教授领导的诉讼法学研究中心在教育部人文社科重点研究基地评估中获得优秀，基地的成功经验多次向各重点研究基地介绍和推广。

在学科建设方面，樊崇义教授的教学科研团队建设走在全国同行的前面，主动配合并努力实践，主持、组织成功的申报了教育部人文社会科学重点研究基地和国家级重点学科，并获批准，一直保持全国领先地位。

在科研项目和科研成果方面，樊崇义教授带领刑事诉讼法学学术团队成功申报国家级社科项目3项、部级重点项目6项，横向国际合作项目4项，共获科研经费600万元左右。以上13项项目，樊崇义教授均为主持人。科研成果在国内外产生了较大影响。例如，《刑事诉讼法再修改理性思考》，为国家社会科学基金2005年项目科研成果（2007年10月由中国人民公安大学出版社出版）。于2009年获司法部科研成果二等奖，该成果被国家社科规划办公室形成成果简报报中央政治局，中央政法委批示从9个方面吸收该成果，成为党的十七大后司法改革和刑事诉讼法再修改的重要参考和依据，得到了中央的肯定。横向国际合作项目《侦查讯问程序改革实证研究：侦查讯问犯罪嫌疑人时律师在场、录音、录像制度试验》，历时5年，分段试验，在全国各地试点。该成果推动了侦查程序改革，尤其是对遏制刑讯逼供发挥了重大作用，为全国公检两家推广，已为司法解释和立法所吸收。这一实证研究得到了联合国和美国关于中国人权状况的白皮书的充分肯定和赞扬。该项目科研成果于2008年被评为北京市第十届哲学社会科学优秀成果一等奖。《检察制度原理》于 2009 年 11 月出版，并发表重要论文"一元分立结构模式下的中国检察权"（获《人民检察》2009 年度优秀论文一等奖）。在樊崇义教授几十年的科研生涯中，他的一些重要的学术思想在全国刑事诉讼法学界产生了重大影响。例如，《诉讼原理研究》——教育部重点研究基地重大项目成果，于 2003 年 9 月出版。其中一个重大原理"诉讼认识论"，坚持把马列主义认识论运用于三大诉讼法之中，阐明了诉讼认识的特点和特征，这一概念的提出和运用对实务工作有较强的指导作用。该书一出版就被教育部推荐为全国研究生法学通用教材，在全国发行。另外，刑事诉讼中"法律真实"的证明标准的第一次提出，突破了"客观真实"证明标准的束缚，对诉讼中查明案件事实的标准有了创新，在实务部门反响强烈，认为管用并解决了实际问题。该观点引发了全国诉讼法学界的一场大讨论。作为我国检察制度的科学性与正当性研究，该著作首次创新提出"权力结构模式"原理，凸显了中国特色和我国宪政体制下的检察权，给"法律监督"以科学的定位，回答了各种质疑，该观点得到了最高人民检察院和全国学术界的好评。①

2018 年 2 月，已近耄耋之年的樊崇义教授的论文《中国法律援助制度的建构与展望》荣膺《中国法律评论》年度最佳作品，《中国法律评论》根据编委会意见、文章在公众号的阅读量、文章在知网的下载量及相关文摘转载量、编辑部意见和读者网络投票（以上按权重排序），评选出了 2017 年度最佳作者和最佳作品。其中，中国政法大学国家法律援助研究院名誉院长樊崇义教授荣膺《中国法律评论》年度最佳作者，该论文长达 3 万余字。

创新是一个民族前进的不竭动力，马克思说："如果没有创新，是终究不能登上理论高峰的。"无论是刑事诉讼法法学教材的编写，还是法学理论研究，樊崇义教授都十分注重法学观点的创新，多年来，樊崇义教授在学术观点上有许多创新，择其要者，主要有以下五项创新：

1. 在证据标准问题上，提出法律真实观。
2. "诉讼认识论"概念的提出和解读。
3. 提出刑事诉讼法律观应当适时发生转变。
（1）在刑事诉讼法的本质上，要从国家本位一元化的法律观转变为国家本

---

① 樊崇义：《只求"诉讼法学"后继有人》，载《人民法院报》2010 年 8 月 13 日。

位、社会本位和个人本位并重的多元化的法律观。

（2）在国际法和国内法的关系上，要逐步从国内优位的法律观转变为国际优位的法律观。①

（3）在刑事诉讼法的价值和功能上，要从单一的从属的工具主义的法律观转变为多种价值和功能的法律观。

（4）在运用证据的价值选择上，要从客观真实合理的法律观转变为法律真实的、形式合理的法律观，去除立法和执法中存在的"重实体法、轻程序法"的倾向。

4．提倡刑事诉讼要以人为本，以诉讼文明为价值取向。

5．大力推动侦查模式的转型，即从"口供本位"转向"物证本位"。

为遏制刑讯逼供而创建侦查讯问中"录音、录像、律师在场"三项制度。

九、退而不休——燃烧激情的法学家

已近耄耋之年的樊崇义教授退休后，不是选择颐养天年，含饴弄孙，而是继续为维护公平正义，建设法治社会和法治中国而奔波和呐喊。退休的樊崇义教授，退而不休，比以前更加繁忙，特别是近年来，樊崇义教授仍然奔走在祖国的大江南北，很多高等法律院校、检察机关、审判机关、律师协会和律师事务所都留下了樊崇义教授的足迹。例如，2015年3月18日下午，樊崇义教授莅临北师大刑科院十周年院庆讲座第19期学术报告厅并作了题为《以审判为中心的诉讼制度改革热点问题》的讲座。2016年4月22日樊崇义教授莅临烟台大学郭明瑞法学名家系列讲座，作了一场题为《以审判为中心的诉讼制度改革》的学术讲座。2016年5月12日下午，樊崇义教授在国家检察官学院河南分院龙湖第58期法治大讲坛以《以审判为中心诉讼制度改革的理论问题》为题作了学术报告。2016年6月，应河南警察学院领导邀请，中国政法大学诉讼法学研究院名誉院长兼博士生导师樊崇义教授和诉讼法学研究院副院长兼博士生导师顾永忠教授，分别以《以审判为中心诉讼制度改革与侦查权的行使》和《刑事侦查与律师辩护的对立与统一》为题作了讲座。2017年5月18日上午，樊崇义教授参加了京都

---

① 锁正杰：《樊崇义教授治学之道》，载《法律文化周刊》2010年第31期，第5版。

刑事辩护研究中心和耶鲁大学中国中心在京都律师事务所举办的"美国辩诉交易制度给了我们怎样的启示"研讨会。2017年7月21日上午，樊崇义教授与京师郑州分所律师就"刑事律师团队专业化建设"问题进行座谈研讨。2017年8月11日上午，樊崇义教授等11位法学专家应邀参加了司法部在京召开的"司法行政改革专家座谈会"。2017年12月1日，樊崇义教授一行，莅临福建福州、福清，实地总结福建经验，推行福清做法，使法律援助值班律师制度得以向前推进，受到福建省高级法院党组书记、院长马新岚的热烈欢迎，并参加了在福建省高级人民法院会议厅举行的由省法院、省检察院、省公安厅领导参加的"法律援助值班律师专家调研会"。2018年4月27日上午，樊崇义教授在河南省周口市检察院，为260余名两级检察院干警及从事刑事审判工作的法官代表作了一场《认罪认罚的诉讼制度改革与律师参与》的学术报告。2018年10月17日，樊崇义教授在江苏师范大学法学院与世君律师事务所联合主办的第二届世界刑事辩护论坛及江苏师范大学刑事诉讼法论坛作了学术报告。2019年1月5日，樊崇义教授出席了由法律出版社举办的刑事辩护规范化论坛及《刑事辩护规范化》新书发布会，并作了讲话。2019年1月19日，樊崇义教授在中国政法大学科研楼主持中国司法改革大讲堂学术活动，由原最高人民检察院副检察长朱孝清作《有关检察机关职务犯罪与侦查权转隶及有限保留的学术报告》。2019年3月19日，樊崇义教授在上海市高级人民法院作了一场关于《刑法修正案的学理解读》的讲座。老牛自知黄昏晚，不待扬鞭自奋蹄，接近耄耋之年的樊崇义教授不仅经常参加教学实践活动，举办讲座，还以炽热的学术热情经常在刊物上发表文章，如为《中国法律评论》发表了长达3万字的《中国法律援助制度的建构与展望》。

此外，樊崇义教授还有很多重要的兼职，如兼任中国法学会行为法学研究会副会长、中国检察学会副会长、中国警察协会学术委员会委员、中国监察学会理事、中国监狱学会顾问、中国法学会刑事诉讼法学研究会顾问、最高人民检察院专家咨询委员会委员、司法部公正律师工作专家咨询委员会委员、《法制日报》的顾问，国家检察官学院、国家行政学院、国家法官学院等院校兼职教授，北京市高级人民法院和北京市人民检察院专家咨询和执法监督员，北京市诉讼法学会副会长等，北师大刑科院特聘教授，京师首席专家，新疆维吾尔自治区人民检察院专家咨询委员会荣誉委员。

十、积极参与立法活动的法学家

樊崇义教授作为我国诉讼法学界的领军人物，长期以来一直积极参与我国的立法工作。1. 参加了1996年我国《刑事诉讼法》的修改工作，是提出《〈中华人民共和国刑事诉讼法〉修改建议稿》的主要成员之一，他积极主张的"统一人民法院定罪原则"坚持"疑罪从无、刑事辩护制度、改革审判方式增设简易程序、完善强制措施等方面的建议，对刑事诉讼立法都产生了积极的影响"。① 2. 樊崇义教授率领研究团队撰写了《刑事诉讼法再修改专题研究报告》和《刑事诉讼法再修改理性思考》两书，共计142万字，为刑事诉讼法再修改提供了重要内容和依据。② 3. 主持召开刑事诉讼法修改重大理论问题学术"研讨会"侦查讯问程序改革国际学术"研讨会"，中国检察制度原理学术"研讨会"，向立法界和司法实务界的同志积极提出立法建议。4. 亲自撰写文章提出立法建议。多年来，樊崇义教授在很多文章中都对我国的刑事诉讼法和司法改革提出了自己独到的立法意见和建议。2018年3月20日，第十三届全国人民代表大会第一次会议通过了《中华人民共和国监察法》。"为保障国家监察体制顺利进行，需要完善监察与刑事诉讼的衔接机制"。2018年5月10日，中国人大网公布了《刑事诉讼法修正草案》面向社会公开征求意见。耄耋之年的樊崇义教授撰写了《全面建构〈刑事诉讼法〉与〈监察法〉的衔接机制》一文，提出了自己的立法建议和意见。

古人云："人生有三不朽，谓之立功、立德、立言。"樊崇义教授品德高尚、为人师表、满腹经纶，且为人低调谦和，从不当学霸，一生谦虚谨慎。樊崇义教授与很多著名法学家建立了深厚的友谊，在高铭暄、王作富教授九十华诞时，我看到了樊崇义教授赠送的醒目的花篮。几十年来，樊崇义教授在繁荣我国刑事诉讼法法学理论和推进司法改革、中国的法治建设方面功勋卓著。"桃李不言，下自成蹊"，樊崇义教授为培养法律人才做出了杰出的贡献。很多博士生、硕士生成为我国法学界、立法界、司法界、律师界的栋梁之材，其中不乏厅级、司局级领导干部和著名法学家、著名律师。樊崇义教授在法学研究方面独树一帜，其先

---

① 锁正杰：《樊崇义教授治学之道》，载《法律文化周刊》2010年第31期，第5版。
② 锁正杰：《樊崇义教授治学之道》，载《法律文化周刊》2010年第31期，第5版。

进的学术观点、先进的法学理念对我国法学界、司法界都产生了积极的、进步的影响。中国近、现代相交时期享有国际声誉的著名学者王国维诠释了体现人生价值的三境界，其三境界有云："古今之成大事业、大学问者，必经过三种之境界：'昨夜西风凋碧树。独上高楼，望尽天涯路。'此第一境也。'衣带渐宽终不悔，为伊消得人憔悴。'此第二境也。'众里寻他千百度，蓦然回首，那人却在灯火阑珊处。'此第三境也。"樊崇义教授经历了王国维所称的三重境界，成为大事业者、大学问者，特别是在接近耄耋之年，又领衔创办了中国政法大学国家法律援助研究院，并担任名誉院长，由其弟子青年才俊吴宏耀担任院长。中国政法大学国家法律援助研究院成立以来，开展了一系列活动，做得风生水起，如建立实践研究基地，"开设司法改革大讲堂"，举办高端学术论坛，樊崇义教授还撰写了2万余字的"中国法律援助制度的建构与展望"，首发于《中国法律评论》2017年第6期策略栏目（第189－202页），在法学界和律师界产生了积极的、深远的影响。为推动我国的法律援助事业作出了不可磨灭的贡献。作为樊崇义教授的一名弟子，我不仅以母校为荣，更以导师为荣，衷心祝愿我的导师樊崇义教授福寿安康、松鹤延年，百尺竿头更进一步，继续传播先进的法治理念，让正义的光辉照亮每个角落，继续为国家的法治建设作出更大贡献。

从寒门学子到当代有突出贡献的法学名家
——学生眼中的樊崇义先生

夏 红[①]

大鹏一日同风起，扶摇直上九万里。先生学习法律、研究法律六十载，教书育人半个世纪。先生于2009年入选河南法学家，2014年入选法学名家，2017年入选"全国突出资深法学家"。从一介寒门学子，到当代法学教育的深耕人，刑事诉讼法学研究方法转型的引领者，刑事诉讼法治化的推动者，中国部门法哲学的奠基人，国内外享有盛誉的法学名家，先生的故事感人至深，先生的勤勉有目共睹，先生的品格有口皆碑，先生的成绩高山仰止。

一、寒门学子，终成大器

1940年11月，樊崇义先生出生于河南省内乡县一个贫穷的农民家庭。偶尔听先生回忆：在县城读高中时，他每周都要回到二十多里外的家中拿一次干粮。小扁担的两头，一边是老母亲为他准备的干粮，一边是要交到食堂的干柴捆。为了节省，老母亲给他缝制的布鞋他舍不得穿，出校门他就把鞋脱下来提着，光脚走回家去；返校时，他把鞋子挂到扁担上，到了校门口再穿上。一次，在回学校的路上，下起了雨夹雪，先生的双脚被冻得像胡萝卜一样，但他仍然坚持到了校门口才穿上那双鞋子。每每说起这些，先生总是感慨万千。正是这些苦难的经历，磨炼出先生身处困境不屈服的品质。"甘于清贫，苦读实干"也成为艰苦求学经历留给他的宝贵财富。

先生深知"故立志者，为学之心也；为学者，立志之事也"的道理，1961年，樊崇义先生以优异成绩考取了北京政法学院（中国政法大学前身）法律系。

[①] 夏红，辽宁师范大学法学院副院长，教授。

先生非常珍惜学习的机会和时光，勤奋刻苦。三更灯火五更鸡，正是男儿读书时。四年下来，先生的学习成绩一直在同年级 400 多名学生中独占鳌头。1965 年，成绩优异的先生毕业留校任教。"文化大革命"期间，他被下放到安徽省淮北的一个"五七"农场劳动。1978 年北京政法学院复办，他应召回校参加刑事诉讼法学和证据法学的教学工作。三十年来，先生在教材编写、教学方法改革、科学研究、参与国家立法等方面都成绩斐然，于 1987 年被评为副教授，1992 年被评为教授，1995 年被聘为博士生导师。先生逐渐成为中国刑事诉讼法学界的领军人物。1999 年，为了表彰樊崇义先生为发展我国高等教育事业作出的突出贡献，国务院决定颁发给先生政府特殊津贴。

"非学无以广才，非志无以成学""宝剑锋从磨砺出，梅花香自苦寒来"。从农村娃到法学名师，执着的追求和不懈的努力是先生一贯的人生态度。天道酬勤，寒门学子，终成大器。

二、呕心树人，沥血创业

风雨润桃李，黑白画春秋。谁知鬓上雪，日月渐入无。1978 年北京政法学院复办后，樊崇义先生回校参加刑事诉讼法学和证据法学的教学工作。在相当长的一段时间里，我国诉讼法学仅仅是法学中的配角。在"重实体轻程序"的学术氛围下，研究刑事诉讼法学看上去是一件无名无利的工作，既不会有官运亨通的仕途，也不会带来丰厚的经济利益。然而，留校任教以后，先生就选定了刑事诉讼法学作为一生的研究方向，勤勤恳恳、兢兢业业，以自己的实际行动，为我国刑事诉讼法制建设贡献着绵薄之力。

在政法大学刚刚复办的时候，刑事诉讼法学的教学工作才刚刚起步。学校的基础设施损坏严重，没有办公室和教室，也没有教材、讲义。为了讲课，教师们自己动手编写讲义。然而，在当时，可以借助的资料文献实在有限。于是，在今天看来轻松的工作，对于他们，却需要没日没夜地劳作、一字一句地誊改。现在已经难以想象在当年"无米之炊"境遇中写讲义的困难与艰辛。那时，先生一家三代五六口人挤在筒子楼一间 15 平方米的小房子里，只有等到老人和孩子睡下之后，他和同样是学校教师的夫人（韩象乾教授）才能坐下来写讲义。为了确保学生上课能有讲义用，先生以每日 5000 字的速度一干就是数月。在樊崇义先生等教师的辛勤努力下，学校如期开学。嗣后，中国政法大学的诉讼法教学和研究犹如芝麻开花，一年比一年进步，诉讼法教学团队为学校历届先进集体，教学质量评估全校第一。

作为大学的一名普通教师，樊崇义先生在教学、科研岗位上一干就是四十余年。四十多年间，他经历了北京政法学院的停办、复办，也经历了从学院路一址到昌平新校的筹建；他经历了法学界从"重实体轻程序"到"程序正义"的学术嬗变，也经历了中国政法大学诉讼法学专业从重点学科到重点研究基地的迅猛发展……在此期间，社会风貌的巨变，丝毫没有改变他作为一名普通教师的立场；追名逐利的诱惑，也丝毫不能动摇他教书育人的志向。这种淡泊明志、一心为学的精神，固然只是教师的本分，但是，四十余载不动摇的背后，更需要一种坚定的信念！在当今社会，能够五十余年如一日地坚守三尺讲台、能够捍卫自己的精神家园不受俗世污染的行为本身就是值得人们称颂和令人尊敬的！

正是因为夜以继日编写讲义的经历，先生一直都高度重视刑事诉讼法学教材的编写工作，容不得半点马虎。为探索一种符合我国教学实践的刑事诉讼法学教材体系，先生一直在思考和研究。他大力倡导"刑事诉讼法学应当具有独立品格"的观念，主张刑事诉讼法学应当运用自己独立的理论逻辑、理论术语，讨论本学科的理论问题，发展本学科的理论体系。为此，先生不仅撰文呼吁突破旧有的诉讼法学体系，同时，也身体力行，积极编制具有新意的教科书。早在20世纪80年代初，樊崇义先生就敏锐地意识到在国家民主与法治进程加速推进的背景下，法学教育的规格和水平必须提升。同时，他认为刑事诉讼法学和证据法学教材的编著应当走在前面。在中国政法大学刑诉教研室召开的一次研讨会上，出于对"刑事诉讼法学和刑事诉讼法同构化"这种低水平循环研究局面的焦虑，先生提出了"刑事诉讼法学哲理化研究"的主张，得到了与会者的热烈赞同。20世纪90年代，先生担任教研室主任时，就曾经组织刑事诉讼法学教研室的同人对刑事诉讼法学教材体系进行了深入讨论。1996年《刑事诉讼法》修改后，先生更是身体力行，在他主编的《刑事诉讼法学》教材中，不仅第一次纳入了刑事诉讼法学基本范畴的内容，而且在教材的各个部分，也突出强调了对制度基本原理的阐述和分析。进入21世纪，樊崇义先生结合刑事诉讼原理研究的发展状况，再次提出了刑事诉讼法学学科体系的新框架。其主编的普通高等教育"十一五"国家级规划教材《刑事诉讼法学》从以原来的注释法学为主适时地转向理性法学为主，按照诉讼主体、客体、行为这一哲理化思路，对以往的教材进行了"提升"，或曰"升级"。尤其是他在教材中增加了"诉讼行为"一章，这一章对如何规范侦查行为、检察行为和审判行为，特别是针对诉讼行为面临的挑战以及如何区分和制裁"无效行为"等新问题提出了一系列的治理思路和方法，具有很强的现实意义，与党的十七大报告中指出的要"深化司法体制改革，优化司法职权配置，规范司法行为"的原则和精神相吻合。先生主编的《证据法学》已经由法律出版社出到了第六版。先生在第四版《证据法学》中适时地增加了证据原则、证据原理和证据规则等章节，推动诉讼证据的理论学习和实践应用逐步迈向理性，为具有中国特色的证据规则的研究作出了贡献。该教材现已被评选为国家级教材。

先生在原有教材基础上的哲理化"升级"思路和体例安排得到了同行和学生的一致好评，这种结构布局，承袭了大陆法系注重逻辑演绎的思维传统，符合大家从原理到制度的学习习惯，其优点是让学生们在学习每一制度时，能够高屋建瓴地对该制度进行认识，不致陷入只见树木、不见森林的困惑。哲理性教材已经成为相关教材发展的方向和潮流。

樊崇义先生对于刑事诉讼法学研究哲理化的努力集中体现在其主编的《诉讼原理》一书中。该书在国内首次对三大诉讼的共同原理进行了系统研究，突破了国内诉讼法学界在以往的研究中三大诉讼各自为政的割裂局面，弥补了法学研究体系分散化的不足，有利于学科的整合。该项成果具有体系新、方法新、内容新的特点，标志着我国刑事、民事、行政三大诉讼法学的研究从注释法学进一步向理论法学的转型。

法学研究的哲理化，不仅是诉讼法学一个学科的问题，也是今后整个法学研究的发展方向。为此，在樊崇义先生的倡导下，2004年岁末，中国政法大学诉讼法学研究中心在海南博鳌主办了"2004年教育部人文社科法学重点研究基地主任联席会议暨部门法学哲理化学术研讨会"。教育部法学重点研究基地主任和各个部门法学的学科带头人参加了该会议。会上，先生的主张得到了广泛的认同和支持。嗣后，以会议研讨成果为基础的深入思考部门法学哲理化研究的成果——《部门法学哲理化研究》一书出版，极大地推动了我国整体法学的哲理化研究。

丝尽春犹在，烛化意更稠。板上种桃李，硕果满神州。先生为师五十余载，为教学事业付出了整个人生中最年富力强的岁月,他的整个人生都浸透着教书育人的操劳和艰辛。半个世纪以来,樊崇义先生一直在教学一线从事教学工作,仅诉讼法教研室主任一干就是15年。1991年,先生被评为校级优秀教师;由他主持和领导的刑事诉讼教研室于1998年被评为先进教研室,本人亦被评为校优秀教研室主任;他积极主张诉讼法学教学应当更加注重实践,并身体力行,取得了明显的成效。例如,他在教学中推行的"模拟法庭"教学法,被国家教育部评为全国优秀成果奖;他作为第一主持人的"公诉案件第一审程序教学录像片"获得司法部教学科研一等奖。

五十余年来,先生为培育新人呕心沥血。还记得昌平校区建成后,京昌高速还没有修通。先生为了到昌平上课,早上差不多要五点起床,然后还要经受一个多小时的颠簸。尤其是在冬天,由于班车密封性较差,不得不蜷缩着身体对抗凛冽的寒风。或许正是因为这种磨砺,樊老师一直对昌平校区怀有特别的情感,而且,无论多忙多累,总是有求必应地答应到昌平校区作讲座的请求。

在樊老师的日常生活中,学生培养占去了他太多的时间和精力。记得,樊崇义先生在拿到锁正杰博士论文初稿时,恰值学校法律系组织教职工赴新马泰旅游,先生竟然不烦其重,将厚厚的博士论文打印稿带在身上,利用旅游的间歇逐页阅读论文,并提了百余个修改建议。论文文稿随身而行几乎成为先生的一种生活状态。每年三、四月,与先生通电话时,听到最多的是"在看博士论文呢"。试想,除了需要看自己指导的博士研究生的论文外,还要看更多校内外准备答辩的博士论文,每本论文至少10万字,工作量可想而知,然而,无论论文再多,先生从来不会让弟子代劳。数十年来,先生培养硕士研究生百余人,培养博士研究生(含博士后)84人。同时,先生也努力扶植年轻学子,在其总主编的"诉讼法学文库"中,已经出版了专著一百二十余部,字数达四千多万字,其间饱含着先生对年轻人的热望和深情,可谓"令公桃李满天下,何用堂前更种花"。

多年的教育、教学经验使先生深知学科发展的重要性。2000年,中国政法大学诉讼法学研究中心作为教育部人文社会科学重点研究基地正式成立,先生作为中心的第一任主任为基地的创立和发展作出了巨大贡献。在申报筹建中国政法大学诉讼法学研究中心期间,年近六旬的樊老师,无论白天多么劳累,回到学校的第一件事总是先到我们工作的地点,问问工作的进展程度和困难,然后,就申报中遇到的种种枝节问题与相关老师进行沟通协商。由于申报中心是一件没有先例可循的事，很多时候，为了解决申报中的琐碎问题，先生往往工作到很晚，直到家人一遍遍电话催促，才肯回家吃饭。在申报的前一周，为了防止申报材料出现纰漏，先生更是不顾自己的高血压，一个人逐字逐句地审读了近千页的申报材料。如今，诉讼法学研究中心已经更名为诉讼法学研究院，成为国内诉讼法学研究的一流研究机构，同时在国际上也享有盛誉。这一切都与先生的辛苦耕耘密不可分。

三、理论创新，著述鸿博

对待学问和研究，先生始终抱有"杜鹃再拜忧天泪，精卫无穷填海心"的决心，"千淘万漉虽辛苦，吹尽狂沙始到金"的坚韧和"删繁就简三秋树，领异标新二月花"的睿智。樊崇义先生几十年如一日地笔耕不辍，著述鸿博。多年来，发表论文350余篇，主编、合著、专著出版近40部。近年来，先生主持国家社科基金科研项目3项，主持部级科研项目5项，主持国外资助科研项目3项。代表作有：《迈向理性刑事诉讼法学》《刑事诉讼法哲理思维》《侦查讯问程序改革实证研究：侦查讯问中律师在场、录音、录像制度试验》（主编）、《部门法学哲理化研究》（主编）、《刑事诉讼法学研究综述与评价》（主编）、《刑事诉讼法实施问题与对策研究》（主编）、《诉讼原理》（主编）、《刑事诉讼法修改专题研究报告》（第一作者）、《刑事证据法原理与适用》（第一作者）、《刑事证据规则研究》（第一作者）、《检察制度原则》（第一作者）、《底线刑事错案防范标准》（第一作者）、《正当法律程序研究——以刑事诉讼为视角》（第一作者）等。在发表的论文中，《客观真实管见——兼论刑事诉讼证明标准》《论刑事诉讼法律观的转变》《人文精神与刑事诉讼法的修改》等数篇论文对理论界和实务界产生了重大影响。先生于1986年在《政法论坛》发表的《涉外刑诉程序初探》，获司法部第一届优秀科研奖；1998年2月在《中国法学》发表的《联合国公正审判标准与中国刑事审判程序改革》一文被评为司法部优秀论文，并被中央党校编入《中国社会主义精神宝典》；2000年1月在《中国法学》发表的《客观真实管见——兼论刑事诉讼证明标准》被评为中国政法大学宪梓科研二等奖；主编的《刑事诉讼法实施问题与对策研究》于2002年12月获得北京市第七届哲学社会科学优秀成果一等奖、于2003年2月获得司法部优秀成果二等奖；主编的《刑事诉讼法修改专题研究报告》获北京市第九届哲学社会科学优秀成果二等奖；主编的《迈向理性刑事诉讼法学》于2008年6月荣获国家出版总署颁发的第一届中国出版政府奖图书奖提名奖；主编的《侦查讯问程序改革实证研究：侦查讯问中律师在场、录音、录像制度试验》荣获北京市第十届哲学社会科学优秀成果一等奖。先生主持了教育部、司法部、公安部等多种刑事诉讼法学、证据法学专业教材的编写，其中主编的《刑事诉讼法学》于1996年获司法部优秀成果二等奖；先生多次参加国际学术会议，1995年在第七届国际反贪大会上以《论反贪秘密侦查及证据力》为题的发言、1997年中芬法制圆桌会议和"中国——欧盟法律研讨会"以及1998年华盛顿中美法治与人权研讨会上的发言，阐明我国刑事诉讼中的人权保障，均引起国外学者的重视并广受好评。2008年10月，先生由于在刑事诉讼法学研究中应用实证研究方法的卓越成就，受到美国哈佛大学邀请参加了"刑事诉讼改革中的实证研究方法研讨会"，并作了《侦查讯问程序实证研究的功能分析》的主题发言，亦是好评如潮。先生思维敏锐，甘于清贫，沉稳多思，以独到的见解潜心研究，大胆创新，赢得了法学界和社会的认可与尊重。在长期的刑事诉讼法学和证据法学理论和实务研究中，先生提出的许多学术观点得到了广泛认同。

（一）"法律真实"的提出与刑事证明标准的改革

刑事诉讼中的证明标准问题在刑事程序和证据制度的构建中具有举足轻重的地位。中国传统刑事诉讼以客观真实作为证明标准，不仅使证明标准缺乏可操作性，而且带来不择手段地发现"客观真实"，损害被追诉人合法权益的后果。基于对刑事司法证明现实的反思及对程序正义理念先导性的深刻认知，先生在1996年刑事诉讼法学国际研讨会上首次提出"法律真实"的观点。

而后，他又以马克思主义哲学观为指导，在大量实际调研和案件分析的基础上，撰写了《客观真实管见——兼论刑事诉讼证明标准》一文，该文发表在《中国法学》2000年第1期上。文章中系统地阐述了"法律真实"这一证明标准的科学依据和科学内涵，着重从刑事证据的本质特征、辩证唯物主义认识论、绝对真理与相对真理的关系，以及司法实践应用中的问题等方面，论证了"法律真实"作为刑事诉讼的证明任务和要求，把排他性作为刑事诉讼的证明标准。

法律真实观一经提出，在刑事诉讼的理论界和实务界引起了巨大的反响，所引发的"客观真实"和"法律真实"的论争持续了十余年。两种观念的争论，极大地促进了学界对证明标准问题认识和研究的深入,有力地推动了证据法学基础理论研究水平的提高。随着时间的推移,法律真实观如今已经深入人心,不仅成为指导刑事诉讼法学和证据法学研究和应用的基本理论、认定和评价案件事实的可操作性标准,更是成为筑造法律共同体职业思维和断事逻辑的基本起点。特别需要说明的是,中国2012年《刑事诉讼法》的修改,其关于证明标准的规定,已充分反映了"法律真实"的基本理念。

(二) 诉讼认识论的创设与诉讼原理的升华

诉讼认识论作为一个专有名词,是樊崇义教授首先提出来的。用以将诉讼中的认识活动和哲学意义上的认识活动相区别。法律真实观提出后,他认为仅仅从诉讼或者证据的狭小视野思考该问题是存在局限性的,需要从更加哲理(或曰理性)的角度进行思辨。诉讼认识论就是在这种情况下提出来的。

传统证据法学理论中简单地将辩证唯物主义哲学中的认识论套用到诉讼认识活动中,忽视了人的主观能动作用的发挥,导致了一些理论误区。他认为,不能用马列主义认识论的一般原理僵化地理解诉讼认识,应当充分认识诉讼认识与辩证唯物主义认识的联系和区别,挖掘诉讼认识的特殊规律和特殊要求,以此为基础获得对证明标准、证明对象乃至证明责任等一系列问题的正确认识。2000年至2001年,《证据学论坛》第一至第二卷连续刊发了樊崇义教授与其指导的博士研究生合作撰写的《刑事证据前沿问题研究》一文,他于2001年出版的《刑事诉讼法原理与适用》(与锁正杰、牛学理、吴宏耀、苏凌合著)一书,结合马克思主义认识论原理对诉讼认识论进行了阐述,回答了诉讼认识的真理性和正当性两个诉讼认识论范畴中最核心和最重要的问题。

诉讼认识论的提出,推动了证据法学研究从哲学范畴向法律范畴的转变,初步奠定了刑事诉讼哲理化研究的基础,开拓性地运用了矛盾的一般性和特殊性理论解决了困扰诉讼法学研究和实践数十年的基本难题,创新和发展了刑事诉讼基本理论研究的领域,提升了刑事诉讼研究的高度。

(三) 社会转型期创新研究,刑事诉讼法律观的转变

刑事诉讼法律观在法律文化结构的体系中,居于深层次或隐蔽的地位,但它却控制和影响着执法的效果和功能;不同的人、不同的刑事诉讼法律观,要受时代的制约并随时代的变化而变化。刑事诉讼法律观按照主体的不同可以分为立法者、执法者和社会公众(包括诉讼法学理论工作者)的刑事诉讼法律观。其中,

执法者的刑事诉讼法律观直接关系到刑事诉讼法的贯彻执行,而法学家作为国家法治建设的大脑和灵魂,对于刑事诉讼法律观这一观念形态的理论研究显然意义重大而深远。

2001年,樊崇义教授在《政法论坛》第2期发表了《论刑事诉讼法律观的转变》一文,首次提出了刑事诉讼法律观的转变问题,提出了在刑事诉讼法的本质上,要从国家本位一元化的法律观转变为国家本位、社会本位和个人本位并重的多元化的法律观;在国际法和国内法的关系上,要逐步从国内优位的法律观转变为国际优位的法律观;在刑事诉讼法的价值和功能上,要从单一的和从属的工具主义的法律观转变为多种价值和功能的法律观;在运用证据的价值选择上,要从客观真实的、实质合理的法律观转变为法律真实的、形式合理的法律观,去除立法和执法中存在的"重实体法轻程序法"的倾向。

迈入21世纪后,他从刑事诉讼法贯彻落实的现实出发,深入实际调查研究,提出了"制度改革,观念先行"的主张,并审时度势地提出了在社会转型时期刑事诉讼领域中的"十大转变":由以斗争哲学为指导转向以和谐哲学为指导;由国家本位转向国家本位、社会本位与个人本位并重;由一元化价值观转向多元化价值观;由权力治人转向权利保障;由有罪推定转向无罪推定;由口供本位转向物证本位;由客观真实转向法律真实;从重实体轻程序转向两者并重,最终转向程序本位;由高压从重转向宽严相济;由国内优位转向国际优位。该观点得到了中央政法委领导的高度重视,并作出批示"作为当前司法改革的参考"。

在不到十年的时间里,从宏观到微观的刑事诉讼法律观念都经历了巨大的变革,这些变革的轨迹与先生所阐释路径相吻合。一方面反映出先生对中国司法实践的深刻认知,另一方面也反映出他的远见卓识。先生所宣示的这些转变,不仅概括了中国刑事司法改革的成就,同时也揭示了中国刑事司法改革的发展趋势。

(四)坚持"以人为本",倡导文明司法和人文精神

中华民族是一个有着深厚人文传统的民族,但多年来,中国的法学研究中存在把我们中华民族中非常优秀、有着深厚民众基础的人文传统当作封建糟粕加以批判的情况,以致在法律实施的过程中出现诸如证人不出庭,近亲属不得不作伪证的现象。长期以来,公、检、法机关也好,人民群众也好,习惯于将"刑事诉讼"定位为"专政""严打""高压"的工具,甚至是"刀把子",以致有人将刑讯逼供作为正常的追诉手段看待。

有鉴于此，先生于2002年在《检察日报》上发表了《重塑刑事司法的人文精神》（与张建伟合作）一文，提出把"以人为本""人文精神""人文关怀"引入刑事诉讼领域。在他的大力提倡和具体指导下，这一成果在珠海市人民检察院、周口市人民检察院、焦作市人民检察院等单位得以运用，并取得了很好的效果，社会上反响也十分强烈。

而后，先生继续将人文精神作为司法程序改革和保障诉讼人权的立足点。他经过细致的比较研究后认为，中西方人文精神的精髓都在于"以人为本"。中国改革司法制度，有必要加强诉讼中的人文关怀，纠正错误观念，树立刑事诉讼中"以人为本"的人文精神。

近年来，他又率先提出把"伦理学""人学"同"刑事诉讼法学"的研究结合到一起，并主张把它们融为一体。用"人文精神"的理念来构筑刑事诉讼程序，把"以人为本"作为一项重要的诉讼原理，引导学生和司法机关深入探讨学习。许多基层公检法机关在他的指导下，把人文精神运用到侦查、检察、审判实践之中，构建了科学、文明的程序理念和制度。如果把这些做法总结、升华，引入刑事诉讼立法之中，将会取得更大的效益。

（五）首创推动侦查模式从"口供本位"向"物证本位"转型

长期以来，刑事侦查工作深受"口供主义"的影响，证据的收集和案件事实的认定，总是寄托在口供或被害人的揭发上。可是，市场经济下的"人"在变，各种人证的可靠性并不高。面临各种新的变化，侦查机关和侦查人员必须要审时度势，认真思考，对传统的侦查模式进行深入的改革。

2000年先生在《口供本位到物证本位》（与陈永生合作）一文中首次将中国的诉讼证明模式概括为"口供本位"型，并将诉讼证明模式与侦查工作联系起来，并提出了变"口供本位"型为"物证本位"型的必要性和策略。此后，该种对中国诉讼证明模式和侦查模式的概括得到了广泛的认同，并成为学界对相关问题的认同术语。

而后，先生对该问题进一步进行了深入的思考。将侦查模式的转变与"不得强迫自证其罪"原则联系起来。"如实供述义务"最大的隐患就在于助长了过分倚重口供的倾向，并导致刑讯逼供的发生。"不得强迫自证其罪"原则的确立，增加了侦查人员取得口供的不确定性，从机制上迫使侦查人员改变偏重口供的观念，转而投入更加灵活地使用侦查措施，或者健全侦查信息网络系统，以便获取侦查破案所需要的证据材料。促进了"物证本位"取代"口供本位"。

"口供本位"和"物证本位"是对侦查模式,乃至诉讼证明模式的直观且形象的概括,由于其通俗易懂,且一针见血,不仅被学界同人广泛接纳,并且迅速成为讨论相关问题的专业术语。先生在此方面的研究的开创性显而易见。其对侦查模式转变轨迹的预设,正在被当下中国侦查模式改革的行动逐步变为现实。时隔十年,2012 年《刑事诉讼法》的修改,引入"不得强迫自证其罪"原则,创建严禁刑讯逼供的制度机制,技术侦查进法典等一系列重大改革,更加凸显了先生的远见卓识。

(六) 检察制度原理的创新性研究,填补检察理论研究空白

中国检察制度研究中的学术边陲化现象日益严重。这不仅不利于促进检察制度与理论本土化,而且妨碍有中国特色的检察制度的形成和发展。2006 年 6 月,先生主持了最高人民检察院的重大理论课题:《中国特色社会主义检察制度的基本原理》,课题研究成果《检察制度原理》一书由法律出版社出版。书中深入探索了中国检察制度的三个重大问题:

1. 中国检察制度的原理问题。按照制度基础、制度功能、制度程序和制度运作的逻辑结构,将中国特色检察制度原理概括为七项:权力模式原理和权力制衡原理是中国特色检察制度之源头;公平正义原理是检察制度的价值目标,公共利益原理、人权保障原理、法制统一原理是行为准则,正当程序原理是检察行为的具体程序规范。

2. 中国检察机关职权的问题研究。该书认为,对中国检察机关职权诸多问题的研究和正确理解,必须深入剖析其结构性原理、功能性原理,并且畅通其实现路径。只有这样,检察制度改革才会有支撑动力,法律监督功能才会取得实质性成效。

3. 中国检察制度的本质属性问题。该书认为,"法律监督"是中国特色检察制度的本质属性。在中国的权力架构体系中,检察权并不依附于任何一种权力,而是作为独立的法律监督权,参与、保障权力的有效运行。这种独立的法律监督权的突出特点在于解决了在不实行三权分立的社会主义国家如何实现权力制约问题。

就研究内容而言,该书所提出的一系列观点和主张都极具开拓性和创新性。尤其是从国家权力结构模式着手,区别"一元分立"与"三权分立",为检察监

督的必然性和科学性,找到了根据。这一成果产生了巨大的影响力,有力地回应了对检察监督的各种质疑。该理论成果体现了作者致力于中国法治建设的责任心和驾驭制度理论研究的能力,其科学、理性、创建性的原理研究更使得中国检察制度在理论层面上具有学术品位和独立品格。该书突破了目前制约中国检察制度发展的理论"瓶颈",成为未来中国特色检察制度走向现代化、世界化的理论先导,该研究成果将会对中国特色检察制度的科学发展产生积极效果。

(七)结合实际深耕细作,推进检察监督的实践理性

多年来,先生对检察及相关问题积累了颇丰的研究成果。其研究既有涉猎宏观的检察学、检察改革问题的,也有关照微观的检察环节、检察量刑建议程序等问题的。早在1996年,先生就与江阳合作发表了《检察机关职权新论》;2008年,与吴光升博士合作发表了《检察学:如何才能成为一门科学》;2010年,发表了《简论法律监督与检察改革》《法律监督职能哲学论纲》等。

虽然对于检察相关问题的研究日益深入,但是理论界和实务界对检察机关的法律监督职能仍存诸多质疑,为此,先生结合多年哲理化研究成果,对该问题进行了回应。他认为回答对检察机关法律监督的质疑,必须从实然走向应然,即只有从哲学的高度(或曰深度)才能说明问题,并令人信服。关于检察机关法律监督职能的科学性和必然性,可以从四个方面进行论证:一是一元分立论。中国的人民代表大会制度决定了法律监督机关存在的必然性,在行政权和审判权之外另设专门的法律监督权,是一元分立架构下对权力运行和制约的必然选择。二是对立控制论。检察机关的法律监督职能,就是把辩证唯物主义关于对立统一的规律运用于国家权力机关的运行过程中,以保证权力正常运行和科学健康发展。三是存在决定论。赋予检察机关法律监督职权是中国的客观现状之必须和必然要求。四是职权二元论。法律监督和公诉是中国检察权的两个组成部分和两种基本职能;公诉是手段,法律监督是目的,公诉职能加强了,法律监督的效果必然显现出来。二者相辅相成,促进和实现法制统一。

这四个方面的论证,既关照了中国检察制度的现实情况,同时又能与中国的政治制度、权力构架等上层建筑紧密结合,辩证灵活地运用了基本原理,提升了检察监督理论阐释的高度和视野,推进了检察及相关理论研究的哲理化程度。

(八)力行实证研究,创设"录音、录像、律师在场"三项制度

先生以其睿智和卓识意识到侦查讯问程序改革是刑事诉讼法律制度改革中的

关键性问题。为此，他早在2002年就开始着手进行刑事审前程序改革实证研究，在广东珠海建立了试验基地。后于2005年为进一步深化研究成果，选定北京海淀、河南焦作、甘肃白银的公安局作为试点开展"侦查讯问犯罪嫌疑人录音、录像、律师在场制度试验"。先后出版了《刑事审前程序改革实证研究》《侦查讯问程序改革实证研究》等专著，并形成专题研究报告和刑事诉讼法修改建议上报中央有关立法部门。侦查讯问试验的成功和实证研究方法的系统应用在国内外引起了强烈的反响，课题研究成果受到立法部门和实务工作部门的高度关注和重视。侦查讯问程序中的改革试验不仅为遏制现实刑事诉讼中存在的非法讯问行为提供了有效的思路，同时亦为保障被讯问人员的合法权益提供了具有现实可能性的选择路径，并开启了侦查程序适度公开的先河。试验项目的成功对于刑事司法制度改革的重大意义是不言而喻的。同时，在该研究中所使用的实证研究方法亦吹响了刑事诉讼法学研究方法变革的号角，拉开了刑事诉讼法学研究方法转型的序幕。其论文《刑事诉讼法学研究方法的转型——兼论在刑事诉讼法学研究中使用实证研究方法的意义》对在刑事诉讼法学研究中使用实证研究方法的意义进行了系统的归纳和概括。先生作为中国刑事诉讼法学界大规模使用实证研究方法的第一人，对于法学研究中实证研究方法的推广以及注重实际调查研究之风的兴起功不可没。记录实证研究方法使用细节和总结项目研究成果——《侦查讯问程序改革实证研究：侦查讯问中律师在场、录音、录像制度试验》（中国人民公安大学出版社2007年3月版）一书荣膺北京市第十届哲学社会科学优秀成果一等奖。

先生主持历时十载的侦查讯问中录音、录像、律师在场试验，在国内外影响重大，反响强烈。"三项制度"对遏制刑讯逼供、保障证据质量等方面的作用是有目共睹的。2006年《美国人权报告》中将讯问程序录音、录像试点作为中国司法"人权进展"的成绩之一；同年，联合国酷刑问题特别报告员亦对中方讯问程序试点实验，大加赞赏和表扬。美国哈佛大学和维拉研究所曾经邀请先生作了多次专题交流。同时，先生主持的多项实证研究成果，如讯问时的录音、录像制度已经被吸收写入刑事诉讼法，成为实证研究推动立法的典型范例。

继先生之后，亦有多位学者着手运用实证研究方法进行刑事诉讼法学问题的研究，并取得了骄人成绩。事实证明，这一研究方法对改进中国法学研究的现状，建构具有中国特色的司法制度，产生了深远的影响。当下，已经有许多刑事诉讼法学者纷纷走出书斋，深入现实的司法实践中去亲身体验，调查研究。作为实证研究方法的积极倡导者和力行者，先生又一次引领了刑事诉讼法学的发展方向。

（九）躬行研究调研一线，助推法律援助制度改革

纸上得来终觉浅，绝知此事要躬行。2014年，中共中央全面启动了以审判为中心的刑事诉讼改革。以程序分流为导向的轻微刑事案件速裁程序试点以及之后的认罪认罚从宽程序试点中开始尝试值班律师制度。值班律师制度与先生在2005年开展的"讯问时律师在场"试验有一定的承接性。以值班律师制度为契机，全国性的法律援助制度改革深入开展。2017年年底，先生在《中国法律评论》上发表了《中国法律援助制度的构建与展望》一文，系统回顾了我国法律援助的发展历程，并提出了要从国家治理体系和治理能力现代化的高度认识法律援助制度的发展和完善的观点。嗣后，先生不辞辛苦，带领研究团队进行了一系列的调研活动，发表了《值班律师进行时——赴杭州市余杭区调研有感》等调研文章。先生于2018年9月发表了《值班律师制度的本土叙事：回顾、定位与完善》，认为应将值班律师作为一种特殊的法律援助形式，以区别与法律援助律师提供的全面刑事辩护，同时提出了值班律师法律帮助有效性的问题，呼吁加强对其诉讼权利的保障。2018年年底，中国政法大学成立国家法律援助研究院，先生不辞劳苦，不仅担任了研究院的名誉院长，还带领研究团队持续关注国家法律援助问题，系统探索法律援助制度规律以及法律援助制度的本土化实施问题。

法律援助制度改革既事关民生福祉，同时也是刑事诉讼法治化、正当化的必由之路。先生既远见卓识，又心系微情，在杖朝之年依然踌躇满志，躬行调研，深度思考，广博诸长，投身到为天地立心，为生民立命的司法改革洪流中。

（十）从走出注释法学的樊篱，到部门法学哲理化的推进和力行

多年从教的责任感和使命感使先生一直都高度重视刑事诉讼法学教材的编写工作。他大力倡导"刑事诉讼法学应当具有独立品格"的观念。他认为刑事诉讼法学和证据法学教材的编著应当走在前面。早在20世纪80年代，先生就提出了"刑事诉讼法学哲理化研究"的主张，并在之后对刑事诉讼法学教材体系进行了深入思考。1996年《刑事诉讼法》修改后，他更是身体力行，在其主编的《刑事诉讼法学》教材中，不仅第一次纳入了刑事诉讼法学基本范畴的内容，而且在教材的各个部分，也突出强调了对制度基本原理的阐述和分析。进入21世纪后，先生结合刑事诉讼原理研究的发展状况，再次提出了刑事诉讼法学学科体

系的新框架。他主编的普通高等教育"十一五"国家级规划教材《刑事诉讼法学》适时地转向以理性法学为主，按照诉讼主体、客体、行为这一哲理化思路，对以往的教材进行了"提升"，或曰"升级"。新增的"诉讼行为"一章，更是紧密结合司法实际，具有很强的现实意义。先生主编的 21 世纪法学规划教材《证据法学》已经由法律出版社出到了第六版。他在第四版《证据法学》中适时地增加了证据原则、证据原理和证据规则等章节，推动诉讼证据的理论学习和实践应用逐步迈向理性，对具有中国特色的证据规则的研究作出了贡献。该教材被评选为北京市精品教材，并被列为国家级教材。

鉴于在学术界的卓著成就和国内外的重大影响，先生曾担任教育部法学教学指导委员会委员；享受国务院颁发的政府特殊津贴；2001—2006 年度还曾担任北京市政协委员，参政议政。先生现在兼任中国法学会行为法学研究会副会长；侦查行为研究会会长；中国法学会刑事诉讼法学研究会顾问；刑事专业委员会委员；最高人民检察院专家咨询委员会委员；中纪委咨询委员会委员；北京市诉讼法学会副会长等社会职务。同时，担任国家行政学院、国家检察官学院、国家法官学院、中纪委培训中心、香港城市大学等多所高等院校的兼职教授。并多次受到邀请，到美国、加拿大、德国、荷兰、日本、韩国、英国、澳大利亚等国家的知名院校讲学，声名远播。

四、中国问题，世界眼光

樊崇义先生长期从事刑事诉讼法学和证据法学的教学和科研工作，在主张我国刑事诉讼程序科学化与民主化的同时，亦积极投身于刑事诉讼和证据法律制度的改革和完善中去。他倡导"中国的问题，世界的眼光"，按照刑事诉讼的基本原理指导立法，借鉴世界先进经验，取长补短，同时始终植根于中国本土，关注中国自身的问题，寻求中国问题的解决之道。

先生全程参与了 1996 年的《刑事诉讼法》修订工作。作为《中华人民共和国刑事诉讼法修改建议稿》的主要成员之一，其积极主张的"统一人民法院定罪原则""疑罪从无原则"以及改革刑事辩护制度、改革审判方式、增设简易程序、完善强制措施等方面的建议，均得到立法部门的重视或吸收。1996 年《刑事诉讼法》推行的十余年中，先生更是倾己之力，全心投入刑事诉讼法律制度的正当化和现代化的建设中去。先生在2000年通过《刑事诉讼法实施问题与对策研究》一书较早系统地对1996年《刑事诉讼法》施行过程中的问题进行了细致且务实的思考，并提出了有针对性的解决方案。而后，先生更是带领博士研究生们展开了专题性研究，出版了《刑事审前程序改革实证研究》《刑事诉讼法修改专题研究报告》《刑事诉讼法再修改理性思考》等书，其中的真知灼见，如司法鉴定体制和程序的改革与重构、程序分流、不起诉裁量权、完善证人保护制度、侦查模式转型、死刑复核程序改革、审判监督程序完善、在未成年人案件建立中设立暂缓起诉制度、加强刑事司法国际合作等现在都已经成为现实的司法举措。先生深度、全程参与了2012年《刑事诉讼法》的修改，侦查讯问中的录音录像制度的规定即是樊崇义教授呕心十余年进行侦查讯问实证研究的成果。除此之外，樊崇义教授还积极参与了10多部法律的制定和修改工作。

  先生一贯主张务实，解决中国的实际问题。在死刑复核权收归最高人民法院的运作问题上，当时有多种观点。一种观点认为死刑复核程序应当属于三审终审之列；另一种观点认为死刑复核程序应当完全按照正当程序进行改革，全部开庭审理。而先生审时度势，立足国情，坚持死刑复核程序改革应当秉承核准程序和救济程序两大属性进行，不宜进行过高的定位和定性。该观点最终被最高人民法院所采纳，为现行的死刑复核程序的良好运行提供了理论支撑。

  在正紧锣密鼓进行中的《刑事诉讼法》再修改进程中，先生一直是中坚力量。而且，其在以往研究经验的基础上，又对域外经验和理论假设进行了更为审慎的检验，以便能为立法提供更有价值的参考。为了从制度上解决刑讯逼供的问题，先生于2002年开始侦查讯问中的录音、录像和律师在场试验，历经数年，先生的脚印遍及近十个省（市），一个个鲜活的实例，一组组精确的数据不仅印证了侦查讯问方式改革措施的必要性、可行性和科学性，同时也为具体的立法改革提供了有力的现实说明。试验过程中，立法机关有关负责人亲自到各试点单位进行调查研究，而且对该项目取得的研究成果高度重视。立法机关在《刑事诉讼法》再修改的征求意见稿中，吸收了相关的研究成果。立法机关认为，严禁刑讯逼供在我国长期存在而又禁而不止，其原因就在于没有一种可行的制度"卡住"这种现象，而"三项制度"是从制度上"卡住"刑讯的选择。

  先生的相关研究始终受到最高人民检察院的关注。在2006年3月围绕本试验课题召开的国际研讨会上，最高人民检察院的两位副检察长出席了会议，对本试验课题给予了高度评价，并明确表示正是受到了中国政法大学这一研究项目的启迪，并总结部分基层检察机关的经验，从 2006 年年底开始在全国的职务犯罪中推行讯问时的全程录音、录像制度。全国人大法工委刑法室认为，"这一试验具有积极的现实意义""'三项制度'侦查试验的有关情况和成果，对我们在研究修改刑事诉讼法相关规定时提供了重要参考"。"三项制度"改革试验成为《刑事诉讼法》再修改过程中的一个亮点。

以世界的眼光分析和评价问题，表征了先生的高瞻远瞩；关注中国的实际问题，代表了先生的拳拳之心。坚持和发展中国特色的刑事司法制度是先生毕生的追求。先生在 2006 年承担了最高人民检察院的重大项目《中国特色社会主义检察制度的基本原理》。为此，先生特别重新研读了列宁的经典著作，进行了域外考察，并组织了多次的研讨会对观点进行细致入微的讨论和论证，先生指出："之所以要研究中国检察制度的原理而不是直接借用西方检察制度的原理，这是实现检察制度与理论的本土化，避免我国检察制度与理论边陲化的需要。"并最终总结了权力模式原理、权力制衡原理、公平正义原理、公共利益原理、法制统一原理、人权保障原理和正当程序原理七个基本原理。概括出我国检察制度的国家性（公益性）、司法性、客观性、独立性、一体性、法律性、综合性、程序性的基本属性。先生及其所带领的研究团队的研究成果为荡涤建设有中国特色的社会主义检察制度的理论障碍做出了突出贡献。

先生现任中国政法大学诉讼法学研究院名誉院长和国家级重点实验室司法鉴定中心名誉主任、中国政法大学实证法律研究中心主任、中国政法大学法律援助研究院名誉院长、北京师范大学特聘教授、"京师首席专家"、中国政法大学博士研究生导师。现兼任公安部特邀执法监督员、中国警察学会学术委员会委员、中国监察学会理事、中国监狱学会顾问、中国法学会刑事诉讼法学研究会顾问、最高人民检察院专家咨询委员会委员、司法部公正律师工作专家咨询委员、《法制日报》顾问，国家检察官学院、国家行政学院、国家法官学院等院校兼职教授，北京市高级人民法院和北京市人民检察院专家咨询和执法监督员、北京市诉讼法学会副会长等职务。曾任教育部第一届法学指导委员会委员、中国政法大学诉讼法学研究中心主任（1999—2006）、北京市第十届政协委员、中国行为法学会副会长、中国行为法学会侦查行为研究会会长、中国法学会检察学研究会副会长、《诉讼法学研究》主编（2002—2006）、《中国诉讼法判解》主编（2004—

2006）等职。

老骥伏枥，志在千里。而今已过古稀之年的樊崇义教授依然身先士卒地活跃在刑事诉讼法学教学和研究的前沿，大江南北都遍及先生调研的辛劳身影，长城内外都传播着先生诲人不倦的声音。先生淡泊、谦和、宽仁、睿智，让人近而习其行，远而循其言；先生严谨治学，质朴人生，让人领略大师凡中不俗的风范；先生崇尚正义，归于理性，让人感受知识的力量和博学的风采。先生经历和见证了新中国刑事诉讼法学的曲折发展，作为转型时期中国刑事诉讼法学的开拓者和领军者，先生常说，社会主义民主与法治不会从天上掉下来，对此一要有信心；二要坚持研究和践行；三要与时俱进。先生正以这样的理念和态度躬行求索在推进中国刑事诉讼法治化进程的路上。

不倦的学术追寻
——写在樊崇义老师八十寿辰之际

李明蓉[①]

时间如流水般飞逝,我从中国政法大学博士毕业至今已过三年,回想在校学习期间师从樊崇义教授的点点滴滴,在学术研究方法、刑事诉讼法学理论的理解、研究方向的确定、学术难题的条分缕析等方面,都得到了老师的无私帮助,凡此种种,受益良多。虽笔拙而难以描述老师学术、品格、成果之万一,但在导师八十寿辰之际,我仍愿意以此篇文字记录受益于老师的种种感激之情,回顾博士学习研究生活,也借此表达祝寿之情。

樊老师是刑事诉讼法学名家,著作等身,几十年研究之积累,对中国刑事诉讼的理论和实务有着广泛的影响。在深入开展理论研究的同时,樊老师长期观察刑事诉讼实践并开展相应的实证调查与研究,长期关注刑事诉讼制度的构建与完善,对于符合中国国情的刑事诉讼制度有着独特而又深入的观点和研究成果。老师对刑事诉讼制度的哲理性思考和以发现问题、解决问题为目的的研究,产生了一批有影响力的学术成果。2015 年,在工作了将近三十年之际,我进入中国政法大学攻读刑事诉讼法学博士研究生,成为樊老师的学生。其时,学术界运用实证方法开展制度领域的理论研究方兴未艾,其方法及成果颇受认可和欢迎,老师也是刑事诉讼法学领域实证研究的倡导者和力行者之一。在学习期间,我自然也跟随着老师学习实证研究方法,获益匪浅。

在博士学习的第二学期,恰逢老师申请获批的国家社科基金重点课题《刑事证据规则研究》项目开始了,老师将其中的子课题之一"口供运用的实证研究"交给我所在的单位——福建省人民检察院,并由我主持该子课题,由此,我跟随着老师开始实证调查与研究。其时,2012 年修改的《刑事诉讼法》刚刚通过不

[①] 李明蓉,福建省人大常委会法工委主任,一级高级检察官。

久，这是继 1996 年之后的又一次大修改，老师认为应该以实践中的实施状况检验立法成效。要通过实证调查，研究几乎涉及刑事诉讼所有方面的口供问题。口供问题几乎可以说是刑事诉讼的核心问题，它关联着刑事诉讼中的实体真实与程序正当；关联着刑事诉讼制度如何看待与公权力相对一方的主体地位、人权保障情况；口供在刑事司法实务中的实际地位等。老师提出了一连串的问题，认为以实务调查作为基础开展研究很有必要，要求我们从已经结案的案件入手开展调查分析。针对口供在刑事诉讼实践中取得和运用的种种状况，我们收集了大量的实例和数据，进行问卷调查，邀请一线的律师、检察官、法官进行多次调研座谈，力图发现实务中口供运用的实际状况、存在的问题、实践中的运用规则。在老师的严格要求下，我完成了实证研究报告。

　　第一次参与完整的实证研究，让我认识到，要研究中国的刑事诉讼制度问题，必须掌握本土的实务情况，脱离实践的研究永远发现不了真正的问题，更无从谈起解决问题。因此，我想进一步以实证为基础研究"职务犯罪口供问题"，我向导师提出我想将职务犯罪口供问题作为我的毕业论文的研究方向，继续开展研究，试图从中有进一步的发现。老师肯定了我的想法并鼓励我做好它，力图在口供问题的研究上有所收获。由此，在整个博士学习期间，我都以刑事诉讼中的口供作为研究的方向，在恩师的指导下，选定方向，斟酌结构，决定研究方法，研究过程中，老师更是答疑解惑，细心指导。

　　对于治学，老师从来严谨又严格，对学生的要求也是如此。我原本以为，对于像我这样来自实务界的已经工作将近三十年的学生，老师的要求应该不会很严格。事实证明，对于学术，樊老师一向严格严谨，不论是谁，标准都是一样的。记得我的博士论文提纲，在老师的要求下，就被反复修改了几遍；论文撰写过程中，我常常就一个学术问题向老师请教，与老师讨论，反复斟酌，才形成观点；完成论文交给老师后，老师还是一遍遍看过，提出修改意见，几易其稿后，最终才定稿。

　　仍记得老师给予我的博士论文的评价。老师一字一字地亲笔写下："历经两年的实证调查，依据客观的急需，有针对性地选题，以解决职务犯罪证据运用的困境，有创新性地科学地界定了口供的证据地位、功能、作用，创造性地提出一套贪污贿赂案件证据运用的规则和方法，包括习惯排除规则、贿赂推定、举证责任例外、信息运用、技术侦查、坦白免责、污点证人豁免、认罪协商等一系列有创新意义的观点和制度,均有较高学术价值和实践意义。"老师的评价极大地鼓舞了我,也让我觉得几年的学习与研究有所值。

虽然在博士毕业两年后,司法体制进行了重大改革,职务犯罪侦查调查体制发生了重大变化,检察机关已经不再是职务犯罪的侦查机关,不再管辖职务犯罪侦查案件,但职务犯罪刑事诉讼依然是刑事司法领域的重要内容,不管由哪个机关管辖职务犯罪案件的调查侦查,口供的取得与运用所应遵循的原则、规则应该是一致的,刑事诉讼的价值、惩罚职务犯罪的目的没有改变,管辖机关的变化并不能否定口供研究的价值。老师指出,口供的取得与运用问题,从来都是刑事诉讼程序正义与人权保障的重要问题。职务犯罪案件口供的取得和运用仍具有其特殊性,不同的侦查或调查主体并不影响口供问题研究的价值。我的研究仍然有其意义,在研究过程中的所思所想所得仍然是一笔难得的精神财富。

樊老师对我的学习与研究的指导,深深地影响了我,回忆起博士学习期间以及毕业之后依然得到恩师指点的种种,不免感慨万千。虽然我认识老师的时间不算长,并不足够了解老师学术生活的方方面面,但老师对我的影响至深,于老师八十寿辰之际,些许文字也许是最好的表达祝福之意的方式。因此,我勉力写下这篇短文,以此来表达祝福之情、敬佩之意。

老师一辈子不倦地学习、不倦地研究,以我个人的理解,老师的学术研究生涯有以下几个特点:

1. 以学术研究推动实践发展,在学术与实务中架起沟通理解的桥梁

以学术研究成果推动司法实务的进步,是老师几十年来坚持的学术理念与品格,是一个有责任心的学者对国家发展进步的关切在学术上的反映。老师深入实践、深入司法实务第一线,坚持实证研究方法,与实务部门合作,获取实践中的真实数据和刑事诉讼实务的第一手资料,从那些丰富生动的具体融合案例中总结经验、发现问题、开展研究、提炼学术观点,极富问题意识,在此基础上形成的学术研究成果对实务具有指导意义,既深受实务部门欢迎,也是基础理论与本土实际良好结合的有意义有生命力的成果。作为一名有影响力的学者,老师受到基层实务部门同志的欢迎,他们邀请老师为他们讲课,希望能多了解一些刑事诉讼法学的理论与观点,希望对我国刑事诉讼制度有更深的理解。对实务部门的请求,老师几乎都是有求必应,没有丝毫的架子,也不提任何的要求,广受实务部门欢迎。与实务部门几乎无距离的接触,使老师能够时时了解司法实践的具体情

况，感受实践的发展、变化，为老师的学术研究提供丰富的第一手资料。老师善于根据学生的具体情况进行指导，扬长避短，结合个人情况，选定适合的主题，持续性地开展研究，由点及面，持续而又深入，可以获得丰硕的研究成果，从而提升学生的学习能力和研究能力。

2. 对刑事诉讼制度的学术研究进行哲理思考，坚守刑事诉讼的基本价值

程序正当、实体真实、人权保障、秩序稳定、社会安全等价值之间的认识与协调，构成老师学术研究的基本方面与命题，经过长年的思考与研究，老师提出的"客观真实与法律真实"的概念，就是我国刑事诉讼法学的一项重要的理论研究成果，不论是在学术界还是在实务界，都产生了广泛而深刻的影响。记得博士学习的第一课，老师就告诉我们：理论研究重在哲理思考，重在研究规律，重在掌握立足本土并面向世界，在此基础上的长期研究才能形成于社会于国家有价值的成果。老师做学术研究长期坚持脚踏实地，经年累月，遵循规律，他做到了坚持正确的研究方向，所形成的学术成果富有前瞻性和学术深度，为国家的制度建设提出了理性与智慧的洞见。

3. 持续观察社会发展，并将其紧密地反映在学术研究中

紧贴国家实际开展研究，是老师的学术具有关怀国家和社会的特点所在。例如，老师关注社会转型对刑事诉讼的影响，并对之进行深入研究。转型社会中刑事诉讼有什么变化？出现了什么新问题？具体到口供运用方面，有无新的具体变化？反映出什么学术问题？通过这些具体实践总结体现出的趋势，结合后果、理论，比较前后的变化和别的国家的情况，提炼出新的历史时期的运用规则应该有的进步与变化，以适应社会的总体发展趋势。比如，老师认为，我国刑事诉讼立法一再强调只有口供不能定案，没有口供，其他证据确实充分的可以定案。但是，为何在我国的刑事司法制度中，口供中心主义一直是难以治理的顽疾呢？老师认为解答这些问题必须从了解实务入手，必须深刻理解我国刑事司法制度的运行情况，全面了解、掌握对我国刑事司法制度构成实质影响的文化、传统、制度、经济社会发展条件等，并在此基础上开展研究。

4. 熟悉刑事诉讼制度的过去、现在，关心刑事诉讼制度的未来，思维敏锐，富有前瞻性

老师研究的主题总是能切中中国本土之所急需，是真正的有针对性的"中国问题"。我长期在法律实务部门工作，在检察机关工作了将近二十年，自认为熟

悉刑事诉讼实务，但老师对于刑事诉讼实务的了解与熟悉程度常常让我惊叹。他总是告诫我们，要根植于本土情况研究，从实践的调查中发现出真问题，以此来开展深入的研究，所获得的理论成果，既可以经得起检验，也对实践确有指导意义。比如，老师长期开展的刑事诉讼侦查过程中的录音录像研究，就推动了刑事司法实务中的相关改革，并最终在2012年《刑事诉讼法》修改中得到了立法的确认。老师还开展了如讯问犯罪嫌疑人、被告人时律师在场制度，沉默权制度等实务试点、实证研究，虽然有些观点并没有得到立法的采纳，但这些都是着眼于长远的、有意义的研究。

5. 客观、理性，坚持学术研究的公允性

来自实务部门的人员容易带着感情开展研究，可能会有意无意地为自己所在的领域辩解，过多地强调实际状况和困难，回避对本系统的批判批评。我进入中国政法大学学习之初，老师就告诉我，学术研究忌讳带着先见，一定要客观理性公允，否则研究成果没有说服力。实力部门的人员能够深刻了解实践状况和问题，但也容易下意识地为本部门本系统辩解辩护。要善于发挥身在实践中之长，也要善于跳开实务冷静观察和思考，要以科学的态度开展研究，这样才能扬长避短，才能既发现真实之问题，又研究问题之根源，认识问题之本质，并在此基础之上提炼，进而形成观点，提出解决问题之道。

博士学习虽然只有三年，但三年过后，导师真诚谦逊的为人，认真严谨科学的学术精神，一生勤奋努力研究的治学态度，至今仍深深地影响着我。尽管我已经离开检察机关，我的工作与刑事司法几乎再没有关联，我也因此不再做刑事诉讼制度的研究工作，但老师老益弥坚的精神依然在影响着我，催促着我不断学习。老师八十高龄仍坚持学习和研究，至今依然带领着学生关注国家民族的前途命运，孜孜不倦地追求学术的高度，以学术研究推动制度完善，实现公平正义为己任，我们又有什么理由停下学习研究的步伐呢？

谨以此文祝福老师身体康健、寿比南山、福泽绵长！

诉讼哲学放光辉　仁爱人本显情怀
——恩师樊崇义教授学术思想梳理

刘文化[①]

2013年9月至2016年7月，本人有幸在著名法学家樊崇义教授名下研习刑事诉讼法学，三年的学习，让我与恩师有了更多接触。恩师德高望重、博古通今、孜孜不倦、笔耕不辍，每次的授业解惑，时常给我诸多指导和激励。恩师总是紧跟时代前沿，准确把握司法改革最前沿的信息，让我深为叹之、望尘莫及。恩师对于人性的关注，其在刑事司法中一向坚持的人本主义、人性关怀等理念常让我等深为感动，其对于刑事诉讼参与人尤其是被追诉人权利保障的关注，其对于刑事司法程序改革与发展的人文关怀，都深刻地影响了我国刑事诉讼法的理论与实践，为我国改革开放40年来民主法治的建设和进步作出了重要贡献。

一、诉讼法学、哲理思辨

如果要说新中国成立以来诉讼法学研究体系的完善和繁荣，绝对无法回避恩师樊崇义教授所作出的贡献。樊崇义教授所创立的诉讼法哲学流派，对于刑事诉讼法学从注释法学走向规范法学直至诉讼法哲学来说意义深远。

早在20世纪80年代初，樊崇义教授在其任教的中国政法大学刑诉教研室召开的一次研讨会上，出于对"刑事诉讼法学和刑事诉讼法的同构化"这种低水平循环研究局面的焦虑，首次提出了"刑事诉讼法学的哲理化研究"的主张，得到了与会者的热烈赞同。会后，樊崇义教授又对这一问题进行了深入思考，形成了《关于刑事诉讼法学结构的思考》一文，发表在《高等法学教育》1991年第2期、第3期上，该文明确提出了"深化刑事诉讼法哲学研究"的观点，并进

---

① 刘文化，广东警官学院法律系副教授。

行了比较深刻的论证。这是"刑事诉讼哲理化研究"主张的早期萌芽。

集中代表樊崇义教授诉讼法学哲理思维的专著是其主编的《诉讼原理》一书。本书是教育部普通高等学校人文社会科学重点研究基地基金资助课题《诉讼原理研究》的成果之一，出版后被国家教育部学位管理与研究生教育司推荐为全国法学研究生教学用书，是国内第一本系统、全面介绍诉讼原理的法学专著。全书分为诉讼文化、诉讼价值与人权；诉讼认识与诉讼行为；司法运行机制与法律移植三篇。本书的出版，为诉讼法学界的理论研究和实践工作提供了重要的价值指引和方法论参考，影响了一代代的诉讼法学人。该书在理论上有以下创新：一为体系新，在国内首次推出了三大诉讼共同原理研究，突破了国内诉讼法学界在以前的研究中三大诉讼各自为政的割裂局面，弥补了法学研究体系分散化的不足，有利于学科的整合；二为方法新，该书在研究过程中运用了系统论、认识论、历史哲学、功能比较、思辨等方法，力图从哲学、文化、价值论、社会学等多角度阐述诉讼活动基本原理；三为内容新，该书在吸收国内外最新研究成果，收集了翔实资料的基础上，运用新的研究方法提出和构建了一系列富有创见性的理论体系、理论范畴和学术观点，提出并论证了诉讼文化、诉讼人权、诉讼认识论、诉讼价值、诉讼法律移植、诉讼透明等一系列新概念。《诉讼原理》有其独特的价值，对于突破诉讼法学传统体系，创建具有独立品格的诉讼法学科学体系，编制具有新意的教材具有深远意义。这本书中提出的一套完整、系统的诉讼法学的基础理论、基本原理，为我国司法制度的完善和发展，为司法体制的改革提供了理论支撑。在评价《诉讼原理研究》这一项目成果所体现的价值时，中国诉讼法学会副会长左卫民教授认为，该项成果具有体系新、方法新、内容新的特点，标志着我国刑事、民事、行政三大诉讼法学的研究从注释法学进一步向理论法学的转型。

在之后的研究和实践中，樊崇义教授一直奉行哲理化研究的基本思路，并且影响了后来一批诉讼法学研究者。樊崇义教授担任总主编的"诉讼法学文库"中有相当一部分论著都是从哲理化的角度来研究和完善刑事诉讼基本理论的，这一系列专著已经成为影响诉讼法学人的经典书籍，成为见证我国诉讼法学不断发展和繁荣的丰碑。2004年12月，中国政法大学诉讼法学研究中心主办的"教育部人文社会科学重点研究基地（法学）主任联席会议暨部门法学哲理化研讨会"召开。与会专家一致认为部门法学哲理化是我国法学走向理性的标志，是我国法学研究和法学教育发展的必然走向。

具体而言，樊崇义教授运用法哲学的研究方法，在刑事诉讼法学领域做出了卓越的学术创新和智力贡献。

（一）诉讼认识论

长期以来，对于刑事诉讼法学和证据法学的理论基础，传统的观点都认为是马克思主义的辩证唯物主义认识论，这一观点不仅被写入了教科书，而且为实际工作所运用，到了20世纪八九十年代，个别学者提出，把马克思主义认识论作为刑事诉讼法学和证据法学的理论基础，是进入了一个误区。针对这些不同的认识，樊崇义教授倡导研究并解决"刑事诉讼法哲学科学体系"，提出了"诉讼认识论"的概念，并将之作为博士研究生毕业论文的选题。樊崇义教授认为，不能僵化地理解诉讼认识，应当以马列主义认识论的一般原理为指导，认真研究诉讼认识与辩证唯物主义认识的联系和区别，挖掘诉讼认识的特殊规律和特殊要求，以此为基础获得对证明标准、证明对象乃至证明责任等一系列问题的正确认识。

在这一项目研究的过程中，樊崇义教授认为，既要坚持运用马克思主义认识论的一般原理作指导，又要充分认识到刑事诉讼办案过程中诉讼认识的特征，要用马克思主义认识论共性和个性的辩证关系，专题研究诉讼认识与一般社会活动中认识的区别，专题研究法律思维方法和思维模式同一般科研活动的不同。经过艰苦的思考、大量的实证研究和案例分析，樊崇义教授得出的结论是"诉讼认识是通过法定程序和证据而展开的回溯历史的认识"，因为案件事实不能重演和重现，这种认识又是在实体法和程序法规定的"法律格式化"的认识。这种诉讼认识的特点是：（1）证明的对象是过去已经发生，而且不能重现的一个事件；（2）证明的过程要依照法定的程序和实体法规定的犯罪构成要件进行；（3）证明问题时，受法定期间约束，不得超期，不得反复，不得像科研活动那样，无休止地进行下去；（4）办案人员认识的局限性，不可能完全达到绝对的"客观真实"。上述这些特点，使我们认识到在传统的刑事诉讼法学中的"客观真实理论""真相论""实践是检验真理的标准"等一系列比较抽象的哲学命题是无法解决诉讼认识和诉讼裁判问题的。

针对上述认识所存在的弊端，樊崇义教授提出一种全新的"诉讼认识论"：（1）根据马克思主义的认识客观性原理，人类的认识源自客观现实，是对客观现实的反映；诉讼中的案件事实认定活动，必须建立在客观证据支持的基础之上，即实行证据裁判原则。（2）根据认识的主观性原理，认识需要通过人的感官来进行，是主观对客观的反映；刑事诉讼程序的构建应当做到既要发挥司法人员的能动性，又要抑制其任意性。（3）根据认识的相对性原理，人类的认识，包括在诉讼程序中对案件事实的认识，都只是一种相对的真实，这种相对的真实只能通过引入程序中的价值判断才能获得正当性。（4）根据认识的实践标准，对判决结果中事实的检验，不能把客观真实作为评判标准，从保障人权及实践证明标准的可操作性的角度来讲，应当建立法律真实观的事实认定标准。诉讼认识论的提出，对推动证据法学研究从哲学范畴向法律范畴的转变具有理论奠基作用。

樊崇义教授主持的教育部重点研究基地重大项目《诉讼原理研究》对"诉讼认识论"进行了专题研究，具体包括诉讼认识的特点和规律，诉讼认识的主体、客体、结果、标准等方面。研究既坚持了马列主义认识论的一般原理，又结合诉讼实务的特点和要求，尤其是对刑事诉讼的证明标准如何从客观真实走向法律真实，提出了具有创新性的见解。

（二）刑事证明标准与法律真实观

证明标准问题在刑事程序和证据制度的构建中具有举足轻重的地位。刑事诉讼证明是对过去已经发生的案件事实做回溯性证明的艰苦过程，此种证明要求达到客观真实的程度，这是难以实现的。按照马列主义关于真理的绝对性和相对性辩证关系的原理，对一个刑事案件的证明要求，只能达到近似真实的程度。以客观真实作为证明标准，不仅使证明标准缺乏可操作性，而且会带来不择手段地发现"客观真实"、损害被追诉人合法权益的后果；相反，如果以法律真实作为构建证明标准的基础，则可以很好地解决上述问题，有助于确立程序正义在诉讼法中的主导地位。

遵循"诉讼认识论"的原理，樊崇义教授在1996年的刑事诉讼法学国际研讨会上首次提出"法律真实"的观点，与会专家反响强烈，并进行了热烈的研讨和争论。而后，樊崇义教授又以马克思主义哲学观为指导，不仅进行了学术方面的潜心研究，而且进行了大量的调查，分析了上千个案例，以《客观真实管见——兼论刑事诉讼证明标准》为题比较系统地阐述了自己的见解，该文发表在《中国法学》2000年第1期上。文章中系统地阐述了"法律真实"这一证明标准的科学依据和科学内涵，着重从刑事证据的本质特征、辩证唯物主义认识论、绝对真理与相对真理的关系以及司法实践应用中的问题等方面，论证了"法律真实"作为刑事诉讼的证明任务和要求，把排他性作为刑事诉讼的证明标准。这一理论的提出引起了学界的广泛关注和讨论，所引发的"客观真实"和"法律真实"的论争，深化了学界对证明标准问题的认识，有力地推动了证据法学基础理论研究的深入开展，其观点如今已经深入人心，成为指导刑事诉讼法学和证据法学研究和应用的基本理论。

（三）提出诉讼法律观转型的十大理念

2001年，樊崇义教授在《政法论坛》第2期发表了《论刑事诉讼法律观的转变》一文，首次提出了刑事诉讼法律观的转变问题。2005年起，围绕刑事诉讼法再修改的立法建议，樊崇义教授又根据刑事诉讼发展的新情况和新问题，率先提出了刑事诉讼法修正案在社会转型时期需要遵循的"十大理念"转变：由以斗争哲学为指导转向以和谐哲学为指导；由国家本位转向国家本位、社会本位与个人本位并重；由一元化价值观转向多元化价值观；由权力治人转向权利保障；由有罪推定转向无罪推定；由口供本位转向物证本位；由客观真实转向法律真实；从重实体轻程序转向两者并重，最终转向程序本位；由高压从重转向宽严相济；由国内优位转向国际优位。上述观点在相关媒体和学术刊物上发表后，中央政法委领导高度重视、高度认同并作出批示："作为当前司法改革的参考。"樊崇义教授主持的国家社科项目成果《修改刑事诉讼法的理性思考》相关著作出版发行后，得到了国家社科办公室的高度重视，并以"成果要报"形式报中央政法委，并列出九个方面，以指导司法改革的进行。

（四）刑事诉讼法学科哲学体系研究：从注释法学走向规范法学

一段时间以来，注释法学存在的弊端使得刑事诉讼法的贯彻实施不甚理想，"重实体轻程序"的观念还有其深厚的土壤，注释法学还不能真正把法律变成人们手中的武器，人们还不能自觉用法律来维护国家、社会和个人的合法权益。基于以上弊端，樊崇义教授较早提出了必须走出注释法学藩篱的主张，倡导从注释法学走向规范法学。樊崇义教授认为，要注意诉讼法学理论研究与诉讼法的区别和联系，要创建具有独立品格的刑事诉讼法学，运用自己独立的理论逻辑、理论术语，讨论本学科的理论问题，发展本学科的理论体系。作为法学工作者，必须要把诉讼法学的深刻哲理基础、哲学内涵以及根据教给执法者，教给人民群众，把诉讼法律观变成人们学法、用法、执法的指导思想，把握诉讼法的立法实质，只有从法哲学原理的高度解决人们的价值观和世界观问题，法律武器才能发挥作用。

樊崇义教授认为，学科的范畴体系是一门学科走向成熟的必由之路，建构诉讼法学范畴体系，一要坚持历史、逻辑、理论三统一原则；二要坚持范畴体系与客观辩证法相一致的原则；三要遵循由现象到本质、由初级本质到深层本质、由简单到复杂、由抽象到具体的原则。刑事诉讼法学科哲学体系的建构离不开诉讼的基本范畴、基本理论、基本理念、基本原理等方面，具体应注意处理好以下几个方面的问题：一是要正确厘定刑事诉讼中的概念与范畴。二是要正确解读范畴与原理。诉讼法学之研究在走出诠释法学的束缚之后，其研究方法和思路必须沿着"概念—范畴—原理"的基本思路，正确区分诉讼概念、范畴、原理，构建诉讼法学科体系。三是要按照共性和个性的关系，区分三大诉讼的共同原理和每个诉讼的特有原理。对于诉讼原理的研究，必须分别从刑事、民事、行政各诉讼法学着手，从每一诉讼的概念、范畴中进行理性思考，归纳出每种诉讼法学原理，然后再从三大诉讼的原理中抽象出共同原理。这一研究过程就是按照从个别到一般、从个性到共性的逻辑思维方式进行的。四是要按照原理构成三个要素，把那些带有普遍性的最基本的规律，而且对诉讼活动制约最紧密的原理，抽象和挖掘出来，把诉讼法学研究不断引向深入，推动刑事诉讼的哲理化程度。按照上述逻辑思维和方法，樊崇义教授在《诉讼原理》一书中把三大诉讼原理归纳为三篇：上篇为诉讼文化、诉讼价值和诉讼人权；中篇为诉讼认识和诉讼行为；下篇为司法运行机制（含司法独立、司法透明、诉讼体系）和诉讼法移植。在今天看来，这种"概念—范畴—原理"的基本思路和学科体系建构思维在方法论上也是一种创新之举。

（五）创新刑事诉讼法学教材体系

作为刑事诉讼法学学科体系的重要载体，作为注释法学到规范法学转型的重要工具，刑事诉讼法学教材如何建设至关重要。樊崇义教授认为，新一代的刑事诉讼法学教科书，应加强诉讼理论的分量。把传统的刑事诉讼法学教材的结构从三论（总论、证据论、程序论）改为四篇，即原理篇、通则篇、证据篇和程序篇，而且在每个诉讼阶段的第一节，冠以本阶段特有的诉讼原理，如侦查原理、公诉原理、审判原理、执行原理，等等。

基于以上认识，樊崇义教授在其主编的高等政法院校规划教材《刑事诉讼法学》中将全书分为导论、总论、分论三编。导论部分主要对刑事诉讼和刑事诉讼法的大致轮廓作了介绍，主要有刑事诉讼法的概念、沿革、效力范围和刑事诉讼的若干原理几章；在总论部分，将刑事诉讼背后的一些原理性的内容提炼出来，如刑事诉讼的目的、任务、专门机关、诉讼参与人、诉讼原则、辩护与代理等，这部分内容较为抽象，在全书中起着提纲挈领的作用；分论部分在篇幅上是全书的重心，基本上是按照诉讼流程对每一制度进行介绍，但是在对每一制度进行论述时，力戒泛泛而谈，在每一制度的开篇部分，都要对国内外关于这一制度的一般理论作一介绍，然后才是对该制度的细节介绍。这种结构布局，基本上继承了大陆法系注重逻辑演绎的思维传统，符合大家从原理到制度的学习习惯，其优点是在学生们学习每一制度时，启发他们高屋建瓴地对该制度进行认识，不至于陷入只见树木、不见森林的困惑。从这一教材的影响来看，这一尝试也得到广大师生的认同，取得了很好的社会效果和教育效果。

二、实证研究、求实创新

"理论是灰色的，而生命之树常青。"樊崇义教授在进行学术理论研究的同时，非常注重实证研究方法，密切关注刑事诉讼法在司法实践中的具体表现，通过理论与实践的教学相长、知行合一、互为补充，不断实现学术创新的更新和升级。

樊崇义教授在全国范围内率先开展"三项制度"的侦查讯问程序的改革试验，成为我国诉讼法学领域实证研究的典范。2002年2月至2004年9月，樊崇义教授在北京市海淀区公安局及广东省珠海市人民检察院的支持下，对244名犯罪嫌疑人开展了第一次讯问时律师在场的试验活动，并将这次试验的情况、结项报告和主要成果，均汇集在《刑事审前程序实证研究》一书中。2005年4月至2005年12月，在美国福特基金会的资助下，樊崇义教授又分别对北京市海淀区、河南省焦作市、甘肃省白银市的382名犯罪嫌疑人开展了"侦查讯问全过程的律师在场、录音、录像"的试验活动。并于2006年3月在北京召开了侦查讯问程序改革国际研讨会。这种大规模开展实证研究的研究方法在当时产生了深远影响，直到今天，都具有极大的示范效应。2012年《刑事诉讼法》的修改，明确将侦查讯问过程的录音录像制度载入《刑事诉讼法》，这既是对樊崇义教授研究成果的高度认可，也检验了实证研究方法的生命力和创造力。

此后，樊崇义教授多次身体力行，奔波于教学科研与司法实践第一线，娴熟地运用实证研究方法为自身的学术研究服务。其主持的 2012 年国家社科基金重点项目《刑事证据规则研究》中，实证研究报告占据了 1/3 的篇幅和内容，具体包括八篇调研报告，分别为广东省佛山市南海区人民法院课题组主持的《庭审非法证据排除规则实证研究——以被告人供述为样本》、浙江省人民检察院课题组主持的《客观性证据公诉审查规则实证研究——以客观性证据审查模式改革为视角》、新疆维吾尔自治区乌鲁木齐市中级人民法院课题组主持的《困境与出路：证人出庭作证机制实证研究——以乌鲁木齐市调研数据为样本》、河南省濮阳市人民检察院主持的《证人出庭作证机制建构实证研究报告》、福建省人民检察院开展的《口供证据运用情况实证研究》、广东省广州市公安局刑警支队开展的《电子数据关联性实证研究》、北京市人民检察院第二分院开展的《电子证据收集和运用规则实证研究》、河南省濮阳市华龙区人民检察院主持的《量刑建议与量刑证据的收集、运用实证研究报告》。2013 年 12 月 8 至 11 日，根据最高人民检察院的委托，樊崇义教授就河北省检察机关实施新刑事诉讼法的基本情况在河北省石家庄市开展实证调研；2015 年，樊崇义教授在经过大量的案例观察和实证调研之后，认真梳理了佘祥林、赵作海、念斌、浙江张氏叔侄等国内近二十起已平反的刑事冤错案件，出版了专著《底线——刑事错案防范标准》，他在该专著中总结认为：科学的司法理念是防范刑事错案的先导；证据裁判原则是防范刑事错案的基石；依法调查取证是防范刑事错案的前沿阵地；严格批捕起诉标准是防范刑事错案的屏障；强化审判机制是防范刑事错案的最后防线；刑事辩护是防范刑事错案不可忽视的力量；诉讼监督是防范刑事错案的保障机制；办案责任制是防范刑事错案的组织保障；救济机制是办理和纠正刑事错案的渠道和方法。本书还对上述九大环节在执行中的突出问题，总结归纳了近五十项具体标准，也可称之为防范和纠正刑事错案的底线标准。

2017 年 11 月，樊崇义教授赴杭州市余杭区就法律援助值班律师制度实施情况进行调研；2018 年 4 月，樊崇义教授在武汉市汉阳区开展认罪认罚从宽制度的实证调研；等等。樊崇义教授对实证研究方法的应用和推广，推动了中国诉讼法学研究方法的转型，繁荣和发展了我国诉讼法学的理论与实践，为我国刑事司法改革贡献了智慧。

三、仁爱人本、心系权利

刑事诉讼法是一门人文学科、人性学科。在多年的刑事诉讼法学研究实践中，樊崇义教授始终坚守最基本的人道主义价值取向，始终把诉讼当事人和其他诉讼参与人尤其是犯罪嫌疑人、被告人的权利保障放在关注的重点，在各种场合、通过各种渠道，为保障各方诉讼权利、实现刑事诉讼法"惩罚犯罪、保障人权"的双重目标而发声呐喊，这充分体现了一名法学家难得的人本情怀和仁爱之心。

2002年，樊崇义教授在《检察日报》上发表了《重塑刑事司法的人文精神》一文，率先提出把"以人为本""人文精神""人文关怀"引入刑事诉讼领域，提出把"伦理学""人学"同"刑事诉讼法学"的研究结合在一起，倡导"人本法律观"，用"人文精神"的理念来构筑刑事诉讼程序，把"以人为本"作为一项重要的诉讼原理指导刑事司法的实践。樊崇义教授认为，"人本法律观"是"以人为本"的科学发展观在法律领域的体现与运用，是发展的马克思主义指导的法学理论体系，它意味着在法律活动的各个环节，都必须以人的全面发展和人民的根本利益为出发点与落脚点，并贯彻于全过程，刑事诉讼程序必须合乎人性、尊重人格、体恤人情、讲究人道、保障人权。

人权保障同政治文明、司法文明的关系息息相关。在《完善的诉讼程序是政治文明的标志》《从政治文明的角度看待程序问题》等文章中，樊崇义教授提出了在政治文明的理论框架中，实现社会公平和正义的主张。他认为，公平和正义是政治文明的最高价值选择，要实现这一价值目标，其重要保障措施是改革司法体制和完善诉讼程序。要以政治文明为目标，以在全社会实现公平和正义为价值取向，来完善诉讼程序。实现政治文明必然要以程序文明、诉讼文明、司法文明做保障。

在司法文明与"以人为本"的关系上，樊崇义教授在《刑事诉讼法再修改理性思考》一书中提出：在司法理念上"以人为本"，这是现代司法文明的标志。以人为本，从司法的角度来看，也就是强调司法从制度的制定到制度的执行都不能仅仅为了追求实体的正义，不能仅仅具有工具性的价值，而是应当具有自身独立的价值追求，应当保护人的各种合法权益，"尊重人的价值、维护人的权利、关注人的生存、重视人的发展"。具体来说，也就是立法者在制定司法制度、司法人员在依据法律解决各种纠纷时都应当体现三个方面的要求：一是切实尊重诉讼当事人以及其他诉讼参与人的生命和自由；二是切实保护诉讼当事人和其他相关人员的财产权；三是尊重和保护人的精神利益。

数年来，樊崇义教授多次指导学生研究刑事诉讼与人文精神的关系，把"人学"著作列为攻读博士研究生的参考书目，在课题选项和研究活动中，加强了诉讼人本主义的研究，如"刑事诉讼与人权""人文精神与刑事诉讼法的再修改""刑事诉讼过程中的人文关怀"等。这些研究成果为刑事诉讼中的人权保障奠定了坚实的理论基础，把宪法修正案中关于"尊重和保障人权"的规定落到了实处。在樊崇义教授的具体指导下，这些成果已经在珠海市人民检察院、周口市人民检察院、焦作市人民检察院等单位得到运用，并取得了很好的执法效果，社会反响也十分强烈。

四、关注司改、砥砺前行

大局观念，宏观视角，是樊崇义教授一贯的学术担当。在中国特色社会主义的新时代，在社会价值多元的转型时期，在风起云涌的司法改革面前，樊崇义教授始终秉持求真务实、百尺竿头的真心，紧跟刑事司法改革最前沿，博览群书、深度观察、著书立说、笔耕不辍，在实证调研与学理探究之间运用自己的学术智慧为中国刑事司法改革把脉，为未来刑事司法道路预判，已然成为我国依法治国方略智库的重要中坚。

党的十八届三中全会通过的《中共中央关于全面深化改革若干重大问题的决定》首次提出"完善人权司法保障制度"。作为一向倡导将"人本主义""人文精神"引入具有"人权法"之称的刑事诉讼法学的著名法学家，樊崇义教授深刻领悟到这一文件释放的重大政治意义与学术意义，将人权司法保障制度作为刑事司法研究的重要内容之一。为此，樊崇义教授先后在《中国党政干部论坛》《人民法院报》等媒体上发表了《从"人权保障"到"人权司法保障制度"》《人权司法保障春天的来临》《人权司法保障制度的新举措》等重要论文。

2014年6月27日，第十二届全国人大常委会第九次会议表决通过了《关于授权最高人民法院、最高人民检察院在部分地区开展刑事案件速裁程序试点工作的决定》，授权18个试点城市开展刑事案件速裁程序试点工作。樊崇义教授先后在《法律适用》《人民司法》《人民法治》等刊物上发表了《刑事速裁程序：从"经验"到"理性"的转型》《我国刑事案件速裁程序的运作》《刑事速裁程序要处理好的六对关系》等论文，为科学推进我国刑事案件速裁程序试点工作取得圆满成功提供了智力支持。

党的十八届四中全会通过的《中共中央关于全面推进依法治国若干重大问题的决定》作为我国依法治国的纲领性文件，第一次提出了诸多司法改革的创新举措，其中包括"推进以审判为中心的诉讼制度改革""完善刑事诉讼中认罪认罚从宽制度"。为帮助各界准确理解"以审判为中心诉讼制度改革"的准确内涵，樊崇义教授第一时间在《法学杂志》《人民法院报》《中国司法》等权威刊物上发表了《"以审判为中心"的概念、目标和实现路径》《以审判为中心的几个理论问题》《"以审判为中心"与"分工负责、互相配合、互相制约"关系论》《如何推进以审判为中心的诉讼制度改革》等重要文章，及时解答了学界与实务界的质疑与困惑。

为贯彻落实党的十八届四中全会通过的《中共中央关于全面推进依法治国若干重大问题的决定》和2016年9月3日第十二届全国人大常委会第二十二次会议通过的《全国人大常委会关于授权最高人民法院、最高人民检察院在部分地区开展刑事案件认罪认罚从宽制度试点工作的决定》，樊崇义教授密切关注到：在刑事案件速裁程序试点工作取得圆满成功的基础上，如何构建具有中国特色的认罪认罚从宽制度，我国的认罪认罚从宽制度与国外的辩诉交易有什么区别，能否借鉴，如何借鉴其合理成分？司法实践中的认罪认罚从宽制度试点效果如何，存在哪些问题，应当在哪些方面加以完善？樊崇义教授在潜心研究和实证调研后先后在《国家检察官学院学报》《华东政法大学学报》《人民检察》等期刊上推出了《认罪认罚从宽制度与辩诉交易制度的异同及其启示》《认罪认罚从宽与刑事证据的运用》《认罪认罚从宽协商程序的独立地位与保障机制》《认罪认罚从宽制度的理论反思与改革前瞻》以及《武汉市汉阳区认罪认罚从宽制度调研报告》等重要文章，为相关部门顺利开展和总结刑事案件认罪认罚从宽制度试点工作经验得失提供了理论支撑。

法律援助制度是维护当事人合法权益、维护法律正确实施、维护社会公平正义的一项重要法律制度，是一项重要的民生工程。2018年1月19日，由樊崇义教授亲自谋划、部署、推动的中国政法大学国家法律援助研究院成立暨法律援助制度学术研讨会在京举行。全国人大常委会法制工作委员会、中央政法委、最高人民法院、最高人民检察院、司法部、公安部、全国妇联、共青团中央、中国法律援助基金会、国台办海峡两岸交流中心等部门的领导出席了研讨会。来自北京大学、中国人民大学、中国政法大学等三十多所知名高校的专家学者，来自全国各地的实务界专家、地方各级司法行政机关和法律援助中心的代表，以及部分知名律师事务所代表参加了此次研讨会。此次研讨会由中国政法大学主办、中国政法大学国家法律援助研究院承办。中国政法大学校长黄进主持了成立仪式，并在大会上宣读了《中国政法大学国家法律援助研究院成立的决定》。

国家法律援助研究院的成立，倾注了樊崇义教授对人民群众日益增长的法律服务需求的关切，反映了樊崇义教授"仁爱人本"、为民疾呼的朴素正义，见证了老一辈法学家对社会公平、法治公正的价值追求。在学术研究上，樊崇义教授为此先后在《中国法律评论》《法学杂志》《人民法治》等刊物上发表了《值班律师制度的本土叙事：回顾、定位与完善》《中国法律援助制度的建构与展望》《值班律师进行时——赴杭州市余杭区调研有感》等论文和调研文章，为我国法律援助和值班律师制度的构建身体力行、建言献策。

垂范实证研究　力推司法改革
——贺樊崇义教授八十华诞

罗国良[①]

师从樊崇义教授学习刑事诉讼法，已二十载有余。其间，樊老师对我学习、工作和生活上均关怀备至。现记取樊老师积极开展实证研究推动我国司法改革的片段，以为樊老师八十华诞之贺。

社会主义民主和法治不会从天上掉下来，对此一要有信心，二要坚持研究和践行，三要与时俱进。

证据是诉讼活动的中心和基础。刑事诉讼活动首先就是运用证据认定案件事实的过程，在准确认定案件事实的基础上正确适用法律，案件才能得到公正处理。因此，证据规则是否健全是体现一个国家诉讼制度民主、法治程度的重要标志。对于如何构建我国刑事证据规则体系，专家学者提出过许多观点，并进行过反复论证。樊老师长期从事诉讼法学和证据法学研究工作，他率先提出进行诉讼认识论研究，并以证明标准问题为突破口，提出了"法律真实"理论，主张超越传统的"客观真实"理论，司法人员应当在实体法和程序法制约之下，收集判断证据，认定案件事实。"法律真实"理论在"客观真实"理论基础上，以辩证唯物主义认识论原理为指导，实事求是地确定证明标准，使其具有可操作性，看似降低了证明标准，实则更符合诉讼认识规律，完全可以保证认识的真理性。同时，该理论将诉讼认识完全置于法律约束之下，强调诉讼程序的价值和诉讼认识的正当性，无疑对我国建设社会主义法治国家，在刑事诉讼领域实现法治化具有非常重大的意义。

基于对多起重大冤错案件的反思，最高人民法院从 2003 年着手研究起草刑事证据规则，并积极推动改革完善刑事证据制度。2007 年，最高人民法院统一

---

① 罗国良，最高人民法院刑事审判第三庭副庭长，一级高级法官。

行使死刑案件核准权,为从源头和基础工作上切实把好事实关、证据关,"两高两部"联合出台《关于进一步严格依法办案确保办理死刑案件质量的意见》(以下简称"四家意见")。但由于当时的证据规则极不完备,远不能适应办理死刑案件审查判断证据的要求。为了完善刑事证据制度,针对办案中存在的证据收集、审查、判断和非法证据排除不规范、不严格、不统一的问题,根据中央关于深化司法体制和工作机制改革的总体部署,最高人民法院总结多年来审判实践经验和原有调研成果,着手起草《关于办理死刑案件审查判断证据若干问题的规定》和《关于办理刑事案件排除非法证据若干问题的规定》(以下简称"两个证据规定")。樊老师密切关注起草工作,强调实现我国刑事证据规则体系化,既要适当借鉴域外先进做法,继承我国古代证据规则之精华,又要兼顾我国现代刑事司法实践现状,立足解决司法实务部门面临的共同问题,并主张我国刑事证据规则体系化应当坚持以下四条标准:一是公正优先,兼顾效率;二是重点规范证据能力,兼顾证明力;三是重点完善口供规则,遏制刑讯逼供等非法取证行为;四是深入推进庭审方式改革,实现证据法价值多元化。

  我是樊老师的第二届博士学生,2001年分配到最高人民法院刑庭工作。正是所学专业之故,我很早就有机会参与推动改革完善我国刑事证据制度的工作,包括作为"两个证据规定"的承办人具体负责文稿的起草工作。改革要求同存异,凝聚司法共识,形成货真价实的改革成果。与其他仅涉及单一部门的内部改革不同,刑事证据制度改革,牵涉刑事诉讼各个阶段和侦查、起诉、审判和辩护等各项诉讼职能,有些改革举措还可能触及深层次的司法体制机制问题,有关部门基于相关考虑,可能对改革方案存在不同意见。而且,我国的刑事证据制度改革,也不同于域外通过立法机关或者专门委员会推进的改革,或者司法机关通过判例推进的改革,而是由相关政法部门共同参与推进的改革。这意味着,只要有关部门对改革方案存在严重分歧意见,改革就很难顺利推进。因此,刑事证据制度改革的进程,是政法部门之间不断协调、沟通、磋商、磨合而达成共识的过程。在"两个证据规定"起草制定过程中,每当遇到疑惑或者困难,我便向樊老师请教求助,樊老师总是悉心指导,倾力相帮。

  为使"两个证据规定"更加符合立法原意和诉讼原理,在会签之前,我们还将文稿专门送樊老师与其他两位专家征求意见。樊老师对文件逐字逐句认真研究,反复推敲论证,提出满满六页纸的修改意见和建议,而这些大多被后来出台的"两个证据规定"吸收采纳。比如，对于证据裁判原则，长期以来，人们的认识和理解不一，没有达成共识，只是在学理上有少数人提出，而立法并不明确。许多人认为我们有"以事实为根据，以法律为准绳"，没必要规定证据裁判原则。樊老师提出，"以事实为根据，以法律为准绳"，是历次政治运动办理案件的一个经验的总结，它是一种理念，用法制的标准衡量其科学性、规范性，特别是对案件事实之认定，尚不明确，因为什么是事实，什么是案件事实，由于人们认识的差异，往往会产生不同的结果，而证据裁判原则，就比较明晰，易于操作。以事实为依据就是以"证据"为根据，只有证据才能证明犯罪，才能使人心服口服。这一规定不仅在理论上坚持了马列主义的唯物主义观点，在实务工作中也澄清了许多错误的做法。因此，《办理死刑案件证据规定》第2条明确规定："认定案件事实，必须以证据为根据。"把证据作为认定事实的根据和标准，它规范了法官的自由裁量权，驱散了人们对案件事实的不同理解和认定方法。所以，这一规定是对我国证据法学和刑事诉讼法学的一个丰富和发展。如果说"两个证据规定"所确立的证据规则，是对我国证据法学和刑事诉讼法学的丰富和发展，那么樊老师等专家学者的努力和智慧功不可没。

长期以来，樊老师始终以对党和国家高度的责任感，密切关注审判事业，积极参与司法解释等规范性文件的制定和起草工作。从2005年参与论证《关于办理普通刑事案件排除非法言词证据程序若干问题的意见（稿）》，到推动"四家意见"（2007年）、"两个证据规定"（2010年）、《关于建立健全防范刑事冤假错案工作机制的意见》（2013年）和关于以审判为中心的刑事诉讼制度改革系列文件（2016年、2017年）的出台，最高人民法院近年来的每项重大刑事司法改革几乎都有樊老师的参与和贡献。

搞理论研究，必须将脚踏在中国这片实地上。

"问渠那得清如许，为有源头活水来。"樊老师经常说，刑事诉讼法学的研究，既要有世界眼光，又要解决中国的问题。他坚持理论联系实际，以理论研究引领司法实践，率先将实证研究方法引入诉讼法学研究中，为新时代刑事审判工作的科学发展提供了丰富的理论给养。

作为"刑事审前程序改革示范（试验）"项目的主持人，樊老师从2002年开始就选定刑事诉讼法学研究中的几个难点，如刑讯逼供的解决、第一审中重大程序的改革等重大问题，带领学生搞试点，做实验，进行案例考察，写出实证研究报告，产生了巨大的影响。樊老师领衔开展的侦查讯问程序改革的实证研究，历时9年，从第一阶段"侦查讯问程序中第一次讯问录音、录像和律师在场"试验，到第二阶段"侦查讯问中律师在场、全程录音、录像制度"试验，再到第三阶段对"三项制度"全面推广，周密设计，循序渐进，取得了国内外瞩目的成就。在长达486页的项目总结专著《侦查讯问程序改革实证研究——侦查讯问中律师在场、录音录像制度试验》中，我们看到诸多数字统计、图表分析、分类调查，并提出了试验的重要性和积极意义：它将极大地推动侦查讯问程序的改革，探索有效遏制刑讯逼供现象的途径或措施，加强对犯罪嫌疑人在侦查讯问中合法权益的保障；它将极大地促进侦查人员讯问方式、思维方式的转变，进而推动侦查模式的转变，使刑事审判前程序发生根本性的变革，特别是逐步消除口供中心主义产生的重要影响；它必将在整体上促进诉讼效率的提高和诉讼公正的实现。

与此同时，为有效遏制刑讯逼供和非法取证行为，切实防范冤假错案，2005年，最高人民检察院开始推行讯问职务犯罪嫌疑人全程同步录音录像制度。2006年，最高人民法院开始推行死刑二审案件开庭审理录音录像制度。2012年刑事诉讼法明确规定，"侦查人员在讯问犯罪嫌疑人的时候，可以对讯问过程进行录音或者录像；对于可能判处无期徒刑、死刑的案件或者其他重大犯罪案件，应当对讯问过程进行录音录像。录音或者录像应当全程进行，保持完整性"，同时在《刑事诉讼法修正案（草案）条文及草案说明》中明确指出："讯问同步录音录像制度的建立和运作不仅有利于保障侦查讯问依法进行、保护犯罪嫌疑人的合法权利，其对提高侦查讯问的效率、防止犯罪嫌疑人、被告人在起诉、审判阶段随意翻供，保证侦查人员免受被追诉人的不实指控也具有非常重要的价值。"2016年、2017年，"两高三部"先后出台《关于推进以审判为中心的刑事诉讼制度改革的意见》《关于办理刑事案件严格排除非法证据若干问题的规定》，探索建立重大案件侦查终结前讯问合法性核查制度，即对重大案件，人民检察院驻看守所检察人员应当在侦查终结前询问犯罪嫌疑人，核查是否存在刑讯逼供、非法取证情形，并同步录音录像。经核查，确有刑讯逼供、非法取证情形的，人民检察院应当向侦查机关提出纠正意见。侦查机关应当及时排除非法证据，不得作为提请批准逮捕、移送审查起诉的根据。由驻所检察人员对讯问合法性进行核查，具有亲历性、便利性和相对中立性的优势，有利于将监督关口前移，对采取非法方法收集的证据早核查、早发现、早排除，解决当前刑讯逼供发现滞后、调查取证困难、证据易于灭失等问题，进一步推动非法证据排除规则落地生根。

要坚持学术创新，积极献言献策，为国家的民主法治事业奋斗不已。

学术研究是没有止境的，学者需要有超前的敏感性和透彻的洞察力才能带动学术研究的潮流，才能引领司法实践的发展。党的十八届四中全会提出，推进以审判为中心的诉讼制度改革。这项改革，是新形势下彰显司法公正，实现司法公开透明，坚决防范冤假错案的必由之路，是构建中国特色刑事诉讼体系的基础工程。但是，《决定》发表后，公、检、法、司各部门以及社会各界，对以审判为中心的认识、理解众说纷纭。樊老师深刻指出，推进以审判为中心的诉讼制度改革，事关刑事司法公正，牵一发而动全身。以审判为中心不是颠覆"分工负责、互相配合、互相制约"，即"中心论"与"阶段论"是辩证的统一，二者并不矛盾，要树立系统思维和辩证思维，统筹协调加以推进。以审判为中心的实施主体，不仅仅是人民法院，而是由法院、公安、检察、辩护律师形成合力，才能贯彻实施以审判为中心。就整个诉讼法律关系而言，尤其是庭审的成功与失败，它是控、辩、审三种职能的总和，缺少任何一方，这一诉讼就是一个不完整的诉讼，就是一个失败的诉讼。从这一意义而言，以审判为中心是一个综合指标，是一个综合公、检、法和辩护律师正能量的合成。樊老师提出，为落实以审判为中心，公检法应当从四个方面入手，应对这一历史性变化：第一，规范侦查行为，严格取证规则，为公正审判打下坚实的基础。第二，检察机关应当提高公诉质量，把好出现刑事错案的关口。第三，庭审是以审判为中心诉讼制度改革的核心，更是以审判为中心的关键环节。第四，以审判为中心的诉讼制度改革，必然要求刑事辩护工作实现实质化。

为深入推进以审判为中心的刑事诉讼制度改革，最高人民法院、最高人民检察院、公安部、国家安全部、司法部先后印发《关于推进以审判为中心的刑事诉讼制度改革的意见》《关于办理刑事案件严格排除非法证据若干问题的规定》，提出改革完善刑事诉讼制度的总体方案。2017年年初，为确保中央改革要求落地见效，优化完善审判特别是庭审程序，最高人民法院在出台《关于全面推进以审判为中心的刑事诉讼制度改革的实施意见》的基础上，着手起草制定深化庭审实质化改革的《人民法院办理刑事案件庭前会议规程（试行）》《人民法院办理刑事案件排除非法证据规程（试行）》和《人民法院办理刑事案件第一审普通程序法庭调查规程（试行）》（以下简称"三项规程"）。

2017年5月19日，最高人民法院副院长南英同志主持召开论证会，听取专家学者对"三项规程"的意见，樊老师等十余名教授学者参加会议。会上，樊老师提出，我们要清醒地认识到，人民法院的审判工作不只是走程序或办手续，人民法院的庭审是刑事诉讼的最后一道工序，是刑事诉讼的结果。审判案件以庭审为中心，要按司法规律办案，全力维护公正、高效、权威的司法裁判；要提高举证、质证能力，实现证据出示、辨认、认证各个环节的直接性、言词性，严格限制书面审理的传统做法；审判长是一庭之长，要领导法庭、指挥法庭、控辩双方听从法庭指挥，准确为自己定位。樊老师基于自己所在领域的研究，从法理依据等方面对相关条文的完善提出了富有启发性、建设性的意见和建议。会后，南英副院长衷心感谢樊老师等专家学者长期以来对人民法院刑事审判工作的关心和支持，要求我们最大限度认真吸收法学专家的意见，通过广泛凝聚智慧和力量，在更深层次、更宽领域、以更大力度深化以审判为中心的刑事诉讼制度改革，确保取得扎扎实实的成效。自2018年1月1日起，"三项规程"在全国法院全面试行。

樊老师曾经在一次采访中说："我现在最大的愿望就是希望我们国家强盛，依法治国能够得到落实和实现。把国家按照法治的轨道建设好，这也是我每天都在想的事情。"

我们衷心祝愿樊老师的美好愿望早日实现。

成长路上　感恩有您
——恭祝恩师樊崇义教授八十寿诞

胡志风[①]

转眼间，跟随恩师樊崇义教授学习已经十年有余了。这十年于我而言，是进步的十年，是发展的十年，是收获的十年，是我人生中最重要的十年。这十年间，在恩师樊崇义教授的教导和引领下我完成了从一名讲师到一名教授的成长，在学业上有了一定的进步和收获，在为人处世上也有了一些参悟。我的文字功夫不是很好，尤其不太擅长写这种抒情叙事的文章，这种体裁的文章写出来更是让我的短板在众人面前无处遁形。然而，情感所致，在这样特殊的日子里，我还是决定把内心深处对恩师的感激之情通过文字表达出来。樊崇义教授的学术成就以及为推动中国法治建设与发展所做的努力、取得的成就是大家有目共睹的，对此在文中我便不再赘述，我只想跟大家谈谈我眼中的樊崇义教授，聊聊樊老师教导我，伴我成长和进步的那些事儿。

人的成长或成功，无论是干事业还是做学问除了个人奋斗、众人支持外，还需要高人指路、贵人相助。有句话说得好，读万卷书不如行万里路，行万里路不如高人指路，高人指路不如贵人相助！樊崇义教授就是我前进路上的高人、贵人！在过去的这十年间，我读博士、博士后、赴美访学、职称晋升……一路走来，樊老师对我的谆谆教导、满满支持和鼓励，令我一路向前，不断奋进，学有所成。

一、恩师指导我要严谨治学，精益求精

回想跟随恩师学习的这些年，对樊教授的认识大抵是从他的书房开始的。樊

[①] 胡志风，中央司法警官学院教授。

老师的书房给我留下了太过深刻的印象，也让我有太过深刻的领悟。每次去樊老师家，他都是埋在书堆里。樊老师的书房堪称一绝！他的书房三面墙上都是装满书的书柜，地上也堆满了书，进入书房要小心翼翼地挪动脚步才能走到书桌的位置。我时常在想，这么多的书，樊老师是不是都读过呢？读这么多书得花多少时间呢？因为太过好奇，忍不住问了老师这个问题。樊老师并没有正面回答我，他只是说，做学问要严谨，要精益求精，要多读书、读好书，更要读好无字书。在后来的学习中我找到了答案，每次开始研究一个专题，老师都会帮我列出书目，有时甚至会把其中重要的部分翻折起来做好标记以备查阅。在樊老师的启发和引导下，开启了我真正意义上的读书之旅。

（一）多读书

樊老师说："'读书破万卷，下笔如有神。'这看似简单的一句话，却蕴含着很深的道理，对于我们来说，每个创作，都需要智慧，而智慧总是来自书里，这样就使书成为创作的源泉。"在跟随樊老师学习的日子里，樊老师用行动告诉我多读书、增加阅读量的重要性。每次选定一个研究题目，樊老师看到跟我的研究专题相关的文献都会帮我收集起来。有从报纸上裁剪下来的一篇篇报道，樊老师将这些裁剪下来的报道贴在A4的白纸上装订起来。也有樊老师手抄的一些古籍文献，还有很多书目，书名后面标注着与我的研究内容有关的页码。樊老师收集这些资料不仅对我的写作有很大的帮助，也告诉我在未来学习中要脚踏实地注重积累。樊老师在用行动教导我学习科研没有捷径，学术研究要用心，要注意资料的收集与整理，要养成看报的习惯，要多读书，要脚踏实地。

樊老师虽然已经取得了很大的成绩，在学术圈有了相当的地位和影响力，但他勤奋依然，每天早上八点，雷打不动地开始读书写作，这是值得我和很多人学习的。记得博士二年级的一天，我去樊老师家送材料。樊老师浏览了我整理的材料说材料中缺少几个相关案例，让我及时补充。而我并没有及时补充，过了两天老师问我，材料补充了吗？我说："我明天就做。"电话那头，樊老师的声音虽然和缓但却低了八度，"今天能做的事一定要在今天做，不要把任何计划和希望寄托在未知的明天。今天才是最宝贵的，只有紧紧抓住今天，才能有充实的明天，才能有所作为，有所成就。"听着樊老师的话，虽说没有半个批评的词，但我却有种无地自容的感觉。就像樊老师第一次帮我修改文章时的感觉，我那一两万字的稿子被樊老师圈圈点点，还附贴上各种颜色的便签纸。看着一位年近古稀的老人帮我调整文章结构，帮我修改标点符号，帮我批注出处不清的文献……看着那厚厚的文稿，我是真想找个地缝钻进去，那一刻的羞愧或许没有什么人能懂。但就是这样的精心教导让我在日后的写作中用心、细心，同时这样悉心的指导也是让我学着怎么带研究生，怎么指导他们学习。

（二）读好书

樊老师说，要多读书，更要读好书。他说，我们法律人要读政治书籍，因为读政治书养正气。作为一名法律人、作为一名教师要懂政治，有政治敏感力、政治判断力、政治定力，要坚持正确的政治方向，要坚持在重大问题上与党中央保持高度一致。导师教导我们作为法律人要紧跟时代的发展，了解科技的前沿，要读科技书，因为读科技书养灵气。在信息化时代，大数据时代，科技的确是我们不能或缺的一课。科技与法律是有机统一的整体，我们要了解科技才能让科技为法律服务，要了解科技，也才能让法律更好地保障科技的发展。电子证据的相关立法很好地说明了这个问题。樊老师提点最多的还是要求我多读专业书籍，因为读专业书养才气。樊老师说要想在专业上领先，必须在专业上下功夫。想想这些年樊老师送过我多少本书，我自己也记不得了，印象中每次开始一个专题的研究，他就会给我很多书让我读。在樊老师的熏陶下，我慢慢地学着如何进行专题研究。

在读书中我发现正如樊老师所言，读好书就像做工作抓住本质一样。不管从事什么行业，当我们做一项工作时，我们必须要抓住工作的实质，当机立断、立即行动。凡事必须先行动起来，因为一旦进入行动状态后，人们就来不及多想，就等于逼上梁山、背水一战，只有一条路走到底，反而容易成功。读好书就是这样的，当你发现一本好书，立刻翻页开读，之后就能从其中汲取营养，而不是等哪天有空了再去读。世间永远没有绝对完美的事，"万事俱备"只不过是"永远不可能做到"的代名词。

（三）读好无字书

社会是一个大课堂，社会是一本最大的无字书，这本无字书关涉学习、工作的方方面面，社会实践中含有大量的真知灼见，参加社会实践、社会调研不仅能丰富认识，还能更加深入了解司法制度运行的样态，发现现有制度中存在的问题。樊老师带着我进行课题研究，参加社会调查，参与试点项目。在社会调研实践的过程中，樊老师有一大特点，就是凡事一旦决定就马上去做，亲自去做。在樊老师看来，凡事如果决定了，就要即刻行动起来，如果等着所有条件都具备了再行动，不但辛苦加倍，还会使灵感消失。我们常常用凡事需要周密的思考来掩饰自己的不行动，这使我们浪费了很多时间。当我们养成立即行动的工作习惯时，我们就掌握了个人进取的秘诀。当我们下定决心永远以积极的心态做事时，我们就朝着自己的成功目标迈出了重要的一步。在社会这个大课堂上，我们要读好社会这部无字书要有一种精神和一种信念来支持我们的行动。

在樊老师主持的国家社科基金重点项目"证据规则研究"的一次调研例会中，有一个小组的调研工作推进得不是很顺畅，有些受挫，之后该组成员表态说："接下来的工作会尽力而为"。樊老师鼓励他们说："要全力以赴而不仅仅是尽力而为！要有全力以赴的态度才能做好工作，要有全力以赴的心态才能激发自己的全部潜能，用尽自己的全部力量、智慧和行动，才能做到最好。做事要精益求精，知道如何做好一件事，比对很多事情都懂一点皮毛要强得多。"

二、恩师教导我要为人师表，教书育人

我是一名大学教师，樊老师教导我要为人师表、教书育人。他言传身教，教我如何为人师表、教书育人、传道授业解惑，让我在积累中慢慢懂得如何做好学问、如何做人的道理。

（一）言传身教，做出榜样

在樊老师身边学习的这十年里，他言传身教为我作出榜样。他不仅教我学术，教我如何做一名教师，也教我很多人生道理。

樊老师对学生很有耐心，我从没见过他跟学生发过火，跟着老师学习的这些年里，印象中似乎老师也从没有言辞激烈地训过我。无论我写出来的论文是什么样儿的，老师都认真圈点批注，写出修改和完善的意见与建议。老师带着我们进行课题研究，每次调研、每次项目论证，他都事无巨细地提醒我们应当关注的问题和事项。他的细致严谨让我们做学生的看在眼里，记在心里，这也为我们此后独立主持科研项目积累了经验。樊老师是这样教育我们、也是这样带领他的学生学习的，这对我有着很大的影响。以前在教学过程中，对于学生的提问，我回答一遍，学生没有弄明白，我再回答第二次，学生还是不太清楚，这个时候，我就想发脾气了。可一想到樊老师跟我们说过的话，想想他带我那么多年都不曾跟我

发过脾气，我就开始反省自己了。想想学生听不明白，是不是自己的表达出了问题……慢慢地，日子久了学生开始喜欢我，喜欢跟我交流，喜欢跟我讨论各种问题。被学生喜欢的感觉真的是让人幸福和快乐的。

樊老师无论是教育学生还是对待他人都很和气。记得读博士时我跟宿舍的室友有点小摩擦，樊老师教育我说，很多时候，我们面对的大多不是大是大非的原则问题，没有必要针锋相对。退一步，别人过去了，我们自己也可以顺利通过。宽松和谐的人际关系可以给我们带来很多方便，又避免了许多麻烦。假如你胸怀鸿鹄之志，可以一心一意去蓄积力量；假如你只想做个普通人，可以活得从从容容，逍遥自在，可进可退，两头是路，何乐而不为呢？！遇事想得开，多从自己找原因，多做分析，自我反省，自我批评。有时事情的不良结局与自己的决策有相当大的关系，这个时候如果只从客观找原因，就会越来越想不开；要从主观找原因，勇于自我剖析，承认错误。我们想不开时，要这样想：这是我的错，与别人无关。然而事实上，许多事情的原因的确在我们自己身上，真的没有理由迁怒于别人。樊老师的一席话让我开始反省自己，也就是从那时起，我开始注意人际关系的和睦与和谐；也就是从那时开始学着不要因为得失便锱铢必较，不要因为吃亏便耿耿于怀。

(二) 立德在先，当好表率

樊老师曾经跟我说过这样一段话，大致意思是：在现实生活中，很多人把目光盯在功成名就上，把功成名就作为奋斗的唯一目标，而把对道德的培养淡漠了。追求功成名就本身没有错，但是不能仅仅为了功成名就而工作或生活。如果一味地考虑功成名就，并且急于功成名就，那么一个人的眼界就会逐渐变窄，激情也会一点点地被耗尽，进而有可能会迷失人生的方向，沦为现实的奴隶。人生在世，我们应该有更高的追求，我们奋斗的动力应当是我们心中的梦想。作为法律人，我们不仅应当有作为法律人的道德操守，更应当有做人做事先立德的情操。樊老师是这样教导我们的，他更是用行动做好表率的。

樊老师用点滴行动教导我们，让我们这些不甘平庸的年轻人学会合理地储备、积累更多的基础知识和人生经验，为以后走向成功和辉煌奠定坚实的基础。樊老师说，他有理由相信每位正直上进，关注道德情操培养，好读书、好学习的年轻人，都不会对明天感到迷茫。法律人尤其要重视道德的培养，坚持道德操守，这样我们的目光就一定会变得刚毅起来，我们的信心就一定会坚定起来。我们也一定会成为推动法治进步和发展的中坚力量。

（三）真才实学，有所成就

在人生的旅途中，每个人都希望自己有前途、有发展，没有哪个人甘愿平庸地度过一生。所以，我们要用行动给自己写一份励志宣言，时刻激励自己、告诫自己，别丢掉梦想，带着梦想扬帆起航，即便前方惊涛骇浪，也要用万丈豪情谱写自己的人生。樊老师是这样教导我们的，他也是这样做的。学习是人生中的永恒主题，樊老师每天早上八点开始读书写作，风雨无阻。生而为人，我们注定不能像植物那样仅仅靠光合作用就能生活。和所有动物一样，我们必须通过学习获得个体经验，才能够生存下去，才能够活得更好。正如科学研究发现，学习对于个体生活的作用和重要性程度，在各种动物之间差异很大。越是高等的动物，生活的方式越复杂，本能行为的作用就越小，学习的重要性也就越大。

最近几年，樊老师在学术上硕果累累，主编出版了五部著作，主持完成了五项重大课题，发表论文二十余篇，获得若干项重要的科研奖励。他的学术观点无论是对理论界还是实务界都产生积极且深远的影响。就像导师教导我们的，生命有限，学海无涯。一个人的成就和高度，在很大程度上取决于他的学习态度和学习能力。有道是勤能补拙，天赋固然重要，但后天的学习和努力同样不可或缺。我是灵气和悟性都少了那么一点的学生，老师的这番教导对我的成长有着很重要的激励作用。樊老师时刻鞭策自己，虚怀若谷，不耻下问，哪怕已经达到百尺竿头，也会努力更进一步。人生好比逆水行舟，不进则退，欲望好比平原走马，易放难收。长此以往，必将为生活所淘汰，被社会所抛弃。樊老师这不仅仅是劝学的道理，更是一种适用于人生方方面面的深刻哲理。

三、恩师鼓励我奋发向上，不断进取

樊老师跟我们说，在实现理想的过程中，越是逃避越是对自己不利。相反，那些能克服挫折与困难的人，最终会变得更加积极，也会变得更加快乐。在人生的路上，总有一些障碍挡在我们面前，我们不能选择逃避，而是要勇敢地克服它。在人生路上，要明白信念的重要性。我们不仅要确立目标，而且要懂得对目标充满信心。

（一）教我励志，志在必得

我读书求学的历程颇为曲折，一而再，再而三地经受挫折和打击，这让我开

始怀疑自己，甚至觉得读书这件事或许真的不适合我。读博士时被发表文章这样的事折磨得食之无味，安眠不得。不记得有多少次我的文章投出去后便石沉大海，那时的我真的很沮丧、很泄气，不知道要怎么做才能提高学术水平。樊老师看出了我的情绪，旁的话他并没有多说，只跟我说："志在成功，便有可能。"

樊老师教导我们，人生有很多珍贵的东西，值得我们倾一生之力去追寻。树立目标是做事的灯塔，我们所有的精力与力气都是为它而储备的。正如拿破仑所言，"我成功是因为我志在成功"。作为法律人，要有信仰，要励志成为成功的法律人！然而所谓成功的法律人并不是要拥有多少名与利，而是要看为推动社会的法治进步作出过什么样的努力，有过什么样的作为。侦查讯问录音录像制度从开始研究到试点实验，再到写进2012年刑事诉讼法，历时十多年的时间，为了这项制度的设立樊老师带领他的团队克服重重困难，最终实现了研究目的，为中国法治发展中人权保障的实现写下了浓墨重彩的一笔。任何一项法律制度的设立不仅需要人们付出艰辛的劳动，更需要有理想和执着的精神。樊老师用他的经历告诉我们，世界上最快乐的事莫过于为理想而奋斗。奋斗是成就理想的必由之路。一分耕耘，一分收获。樊老师用他的经历告诉我们，人人心中有盏灯，强者经风不熄，弱者遇风即灭。樊老师和师母带着我一起外出调研，在调研的路上师母跟我聊了樊老师年轻时经历过的挫折和打击，以及樊老师无所畏惧地面对挫折和打击的人生态度。每次看到樊老师都是眉目间透着慈祥的笑容，说话永远和气，从不曾见过他发脾气。就算我把文章写得一塌糊涂，他依然会一字一句地给我做批注。看到那些批注，我以为他会大发雷霆地批我一顿，可是他并不曾说出严厉的话，只说要我认真修改完善。就是这位心性平和、豁达的老人教我励志，让我知道只有不屈从命运的人，才能改变自己的命运。要相信自己、创造自己、证明自己，在多变的世界面前勇敢地亮出自己。

(二) 树立自信，学术有成

记得读中学时，我的语文老师给我这样的评价"空灵不足，实在有余"，这个评价着实影响了我很久很久，让我一直觉得自己不聪明，缺少灵气与悟性。这样的评价也让我更加努力。可无论怎样努力，每每遇到做不好的事，我都会联想到这个评价，并由此怀疑自己。直到遇到樊老师，我才开始慢慢自信起来。樊老师说，一个人要想得到幸福，想要取得事业的成功，就得找准自己的位置，认准目标，展翅高飞，去寻找属于自己的蓝天。大多数成功的人都有这样一种品质，那就是不管别人说些什么，也不管别人怎么阻挠，只要找准了自己的定位，就勇往直前，义无反顾。受到樊老师这种认识的影响，我开始对自己的人生有了新的认识，我决定寻找属于自己的蓝天，义无反顾地为自己的理想努力。2009年，在樊老师的推荐下，我赴美参加法律实证研究方法的学习。学习结束回国，樊老师就跟我说要把学到的东西用起来，建议我申报教育部的社会科学研究项目。在那之前，我从没有申报过省部级项目，也从没有独立完成过任何科研项目，所有的科研都是跟着导师做，导师让做什么我就做什么，自己没有独立的科研意识。樊老师鼓励我，是时候自己承担科研项目了。于是，我开始着手准备申报课题，很幸运我读博期间申请到了我的第一个省部级科研项目。这个项目以及后期的几个省部级项目，在研究中遇到问题和困难，我就会找樊老师，他指导我如何突破课题研究"瓶颈"，如何落实相关的实证研究部分。就这样，几个项目下来，我树立了自信，正如樊老师所言，找准定位，不要管别人怎么说，勇往直前，努力奋斗就好。

（三）拼搏进取，学不止步

十年前，我是一名讲师；三年前，我的职称已经晋升为正高；今天，我是我所在单位中央司法警官学院刑事诉讼法学的学科带头人。在樊老师指导我的这十年里，我在各方面都有了长足的进步与发展。我先后出版了两本专著，主持并完成了五个省部级科研项目，发表了近30篇文章。这些成绩在学术学霸的眼里或许是不值一提的，但于我而言，取得这样的成绩是我在遇见樊老师之前不曾想过的。感恩老师一路走来的指导、支持和鼓励。

我们都曾感慨时光如梭，错过了学习的最好年华，懊悔年少时没有多读几页书，没有多学一点知识或者本事。毕竟，我们多学一样本事，就可以少受一次求人的委屈。我分享一句我的导师曾经教育我们同门学子的话：一个人少年时好学，就如同日出的阳光，太阳光会越照越亮，时间也最长久；壮年时好学，就如同中午的阳光，虽然太阳已经走了一半，可是它的力量很强，时间也还有很多；如果到了老年才好学，虽然已经日暮，没有了阳光，可是他还可以借助蜡烛。蜡烛的光亮虽然有限，但总比在黑暗中摸索要好多了。学习是贯穿一生的事情，不管环境、年龄如何改变，都不能动摇学习的信念，都不能放弃学习和努力。所谓"活到老，学到老"，即使我们已非"少壮"，仍然需要努力，否则等待我们的，恐怕是更大的遗憾和伤悲。

款款深情　殷殷期盼
——师从樊崇义教授小记

李思远[①]

那是一个春光明媚的上午,我一早就接到了樊老师的电话,"思远呐,今天上午《人民检察》的记者要过来采访,你先到办公室去准备一下",挂掉电话,我便赶紧来到科研楼诉讼法学研究院名誉院长樊老师的办公室,按照老师的要求进行了准备。上午9点,《人民检察》的记者如约而至,樊老师也来到了办公室,"思远,今天上午你也在这里吧,看看记者们的采访",于是,我全程陪同樊老师接受了《人民检察》创刊60周年的采访。后来,采访稿正式刊登了,我一看题目《款款深情殷殷期盼》,霎时间就觉得非常温暖、非常到位、非常贴切。在樊老师八十华诞即将到来之际,我一直在苦苦思索用什么来做这篇文章的题目,当我忽然想起那次"款款深情殷殷期盼"的采访时,心中豁然开朗,读博三年,陪伴在老师身边的那些日子,无论是读书还是做人,不是全都饱含了老师对我们的深情和期盼吗?离校一年多以后,时常会回想起,博士三年是我人生中最为充实的三年,知识难忘,师恩更是难忘。

一、诉讼法学科领军人物——樊崇义教授学科贡献之我见

作为当代中国部门法哲学的奠基人,刑事诉讼法治化的推动者,刑事诉讼法学研究方法转型的引领者,樊崇义教授为我国刑事诉讼法学的发展作出了相当大的贡献,樊老师从教至今,主编或独著著作、教材30多部,最新专著经常是一售而空,而教材中也有多部成为精品教材畅销全国,所发表的论文已逾200篇。作为樊老师的一名学生,三年的博士生涯来完全领会樊老师的学术思想显然是不

[①] 李思远,上海市人民检察院第二分院,法学博士。

可能的，在结合自身学习情况对樊老师学科贡献作理解和认识的时候，我发现自己陷入了两难：一方面，樊老师对于刑事诉讼法学科的发展，乃至刑事法学科的发展，所作出的贡献都是业内有目共睹的，绝对不仅仅是以下五个方面；另一方面，限于文章篇幅我自身的理解，对这五个方面感触最深，简单罗列。

(一) 刑事诉讼法哲理化思维

在 2004 年 12 月 18 日至 19 日的海南召开的博鳌高层法学专家会议上，樊老师首次提出了"部门法学哲理化"的命题，在樊老师的枕头边，经常放着一本黑格尔的《法哲学原理》，这本世界名著樊老师研读过多次，"哲学所研究的是理念，而不是研究通常所称的单纯的概念，相反地，哲学应该指出概念的片面性和非真理性，同时指出，只有概念（不是平常听到那种概念，其实只是抽象理智规定的东西）才具有现实性，并从而使自己现实化。"① 近年来，刑事诉讼法学逐渐成为法学研究中的"显学"，在社科法学与法教义学的争较中，刑事诉讼法研究方法也并未置身事外，注释研究、比较研究、实证研究等研究方法在刑事诉讼法学的应用中越来越广泛，但与此同时，也应当大力加强刑事诉讼法学的哲理化研究，推动部门法学走向理性，才能深刻理解各个部门法学的科学性，不能以实证研究否定哲理研究。

樊老师哲理化的理性思考，不仅体现在平时对我们的博士生指导中，也体现在他撰写的论文以及编著的一些教材、专著里，《刑事诉讼法哲理思维》一书首次从法哲学的层面来构建具有哲理深度的刑事诉讼法学理论体系，可以说是樊老师在刑事诉讼法哲理化研究方面的最新思想集成，该书改变了以往刑事诉讼法学研究简单套用哲学或法理学的研究方法，开阔了刑事诉讼法学研究的视野，具有极高的创新价值，经过最新修订，该书计划在海外出版；还有《诉讼原理》《迈向理性刑事诉讼法学》等专著，都是刑事诉讼法学哲理化研究的成果；法律出版社出版的两本优秀教材《刑事诉讼法学》《证据法学》，在我读博期间有幸参与了上述两本教材最新版的修订，这两本教材也按照刑事诉讼的客观规律和部门法学理性化、哲理化的要求进行了"升级"，在内容上尽量从注释法学走向理性法学，按照诉讼的主体、客体、行为这一哲理化思路，进行设计和编排，这两本教材经过多次再版、更新与重印，每年都会收到许多高等院校的教材预订，并获得

---

① ［德］黑格尔：《法哲学原理》，范扬、张企泰译，商务印书馆1961年版，第1页。

了读者的一致好评。此外，在樊老师指导下完成的锁正杰师兄的《刑事程序的法哲学原理》曾获中国法学会中青年专著一等奖，吴宏耀师兄所著的《诉讼认识论纲》、方金刚师兄所著的《案件事实认定论》、李静师姐所著的《证据裁判原理初论》等，也都是哲理研究的成果，对刑事诉讼法学的发展，作出了一定的贡献。

(二) 法律真实观

法律真实观是樊崇义教授在学术界有着重要影响的观点，作为樊老师的博士生，也是我们学习的一项重要内容。在校学习的过程中，我曾对围绕"客观真实"与"法律真实"所发表的一些重要论文进行了整理，已远比一本《新华字典》要厚。时至今日，理论界或者是实务界对于"法律真实"的认识都越来越深入，樊老师在1996年所提出的"法律真实观"也早已获得了越来越多的认同。在诉讼中总会出现一些真伪难以查明的"疑案"，受制于一定历史条件下人类的认识能力，在这些"疑案"面前，显然无法实现"客观真实"的标准，而是应当遵循"法律真实"来判断处理，如若不然，也不会有"疑罪从无""无罪推定"等理论的普及。诉讼活动从本质上来说是一种认识活动，确切地说，应当是对已经发生过的案件事实进行回溯性的一种认识判断活动，是故，即使有些刚刚就发生在法官面前、被现场录像全程记录的案件，再让法官来认识判断，也很难说是能够达到"客观真实"的标准。这是因为，即使全案的证据已经十分牢固，但被告人在案发时的主观心态是无法实现客观的，即便再努力追求这种主观心态的客观状态，也只是对一种过去时的追求。因而，只能从两个方面进行判断，一是凭借被告人的供述来判断被告人的主观心态；二是凭借案件发生时的其他客观情形来推断其主观心态。因此，确立"法律真实"的基本原则理念，不仅是对刑事诉讼理论的充实与丰富，也是对办案实践的理性指导。

樊老师法律真实观的提出距今已经有20余年，但其对刑事诉讼的贡献及影响可谓深远。在每年的博士生入学考试中，都会将"法律真实观"作为一项重点内容来复习，重温那场关于诉讼认识论与证明标准的大讨论。博士毕业后，我进入实务部门工作，耳濡目染，感受到了办案部门对于"法律真实观"的理解与运用已是相当透彻。司法认识判断活动不同于一般意义上的认识与判断，司法办案受到办案时限、办案条件以及认识能力等多方面的制约，尤其对于一些重大、疑难、复杂的案件，如何在法定期限内做到打击犯罪与保障人权之间的平衡十分重要，若处理不好，案多人少的矛盾将会更为突出，一味地追求"客观真实"的理想状态在很多案件中也是难以实现的。围绕我国进行的刑事速裁程序改革与认罪认罚从宽制度的试点，应当进行案件的繁简分流，对于被告人认罪的轻罪轻案，应当程序从简、实体从宽；对于重大、疑难、复杂的案件，则应当集中精力，以"法律真实"为指导，实现程序与实体的双重公正。

（三）刑事诉讼法律观的转变

在樊老师的多本教材与专著中，都多次提到了刑事诉讼法律观的转变问题，经过大量的调查研究，樊老师在较早的时期就将其概括为在社会转型时期刑事诉讼领域中的"十大转变"：以斗争哲学为指导转向以和谐哲学为指导；由国家本位转向国家、社会与个人本位并重；由一元化价值观转向多元化价值观；由权力治人转向权利保障；由有罪推定转向无罪推定；由口供本位转向物证本位；由客观真实转向法律真实；从重实体轻程序转向两者并重，最终转向程序本位；由高压从重转向宽严相济；由国内优位转向国际优位。价值观的转型起到了核心作用。这"十大转变"既是对过去刑事诉讼法律观的总结与反思，也是对新时期我国刑事诉讼法律观发展的概括与指引。读博期间，樊老师要求我们在读的博士生每个学期都要完成5篇左右的论文，这种"以写促学"的方式极大地提高了我的阅读能力和论文写作能力，因而，我以每个月发表一篇论文进行自我要求，在研究与写作的过程中，对于樊老师提出的"十大转变"有了更为深刻的理解与认识。

我国进行的刑事和解制度改革以及认罪认罚从宽制度的试点，均取得了良好的效果，这正是刑事诉讼由"斗争性"走向"合意性"的重要体现；随着2012年刑事诉讼法的修改，"尊重和保障人权"作为刑事诉讼法的基本任务进入法典，党的十八届三中、四中全会相关决定的作出，法律援助制度的完善、劳教制度的废除等，体现了刑事诉讼中由权力治人转向权利保障，以及国家、社会与个人本位并重，一元化价值观转向多元化价值观，重实体轻程序转向两者并重等；近年来，我国进行的刑事速裁程序的改革以及认罪认罚从宽制度的试点，均是"宽严相济"刑事政策的重要体现；此外，随着司法体制改革的深入，借鉴国外先进制度、证据裁判制度、非法证据排除规则等制度规则进一步落实与完善，体现了与国际接轨的先进思想；刑事诉讼中一些冤假错案的得以纠正，在这些案件中，"无罪推定""疑罪从无"等先进理念的贯彻，彰显了法治的进步。

（四）刑事诉讼法学研究方法的多元化

记得有一天上午到樊老师家中，老师正在读一份报纸，看我进来，老师拿着手中的报纸对我说："思远，你看看这篇文章，我认为其中的观点有待商榷，"我看了一下，正是一篇关于刑事诉讼法学研究方法的文章。作为一名执教几十载的泰斗级学者，刑事诉讼法学研究方法当然属于樊老师的研究领域，刑事诉讼法学虽然没有出现类似于刑法中教义学的经典著作，但也从未置身于社科法学与法教义学的争论之外。在经历了阶级分析、注释研究、比较研究和实证研究为不同重心的发展阶段以后，我国的刑事诉讼法学研究方法摆脱了一元化的束缚，开启了相对独立、资源互动和方法多元法学研究模式，在社科法学与法教义学孰优孰劣的争论中，刑事诉讼法学虽较少正面回应，但注释研究和比较研究在刑事诉讼法学研究方法中仍发挥着重要的作用，实证研究在推动立法完善与司法改革方面意义和价值凸显，说明对于法学研究方法何为"正宗"或"主流"的争论中，并非一定要一分高下，多元共存的研究方法是推动刑事诉讼法学理论体系建构的最佳途径。

以实证研究为例，既是刑事诉讼法学研究范式的重要扩展，也是理论联系实际、国外联系国内，反对照抄和僵化地学习运用理论，从而发展刑事诉讼法学研究的重要方法。拿证人出庭率低来看，在我国有的人认为不足10%，有的人认为不足5%或3%甚至是不足1%，但是如果没有实证进行支持，则很难有说服力。同时，若考证国外制度对我国证人出庭制度进行改革，如果原本照搬，则可能会引起排斥反应，有了试验试点的支持，由点到面，有利于该制度改革的逐步深入。樊老师主持的"三项制度"（侦查讯问程序中录音、录像、律师在场）的实证研究曾在国内外引起广泛关注，并最终推动了2012年刑事诉讼法的修改。除以上研究方法之外，樊老师还是刑事诉讼部门法哲理化的开先河者，哲学问题是研究整个世界最普遍、最基本的问题，它是各门学科的总领，是一个世界观和方法论问题，刑事诉讼法学也不例外，哲理化思维将刑事诉讼的方法论问题推向了一个新的高度，将理论法学与应用法学紧密结合的刑事诉讼法学哲理化是走向建构式法学的重要标志，也是化解社科法学与法教义学在刑事诉讼领域之争的最佳途径，哲理化的研究方法和走向是注释法学、文本法学走向理性法学的必然选择，也是破除法学研究功利化倾向的取胜之匙。

（五）我国刑事证据规则体系的构建

证据制度是樊崇义教授研究领域中相当重要的一部分，近年来，随着刑事诉讼法学逐渐成为法学研究中的显学，其中分支证据制度的重要性也日益凸显。读博期间，我协助樊老师对中国人民公安大学出版社、法律出版社两个版本的《证据法学》进行了修订，虽然没有直接参与樊老师主持的 2012 年国家社会科学基金重点项目"刑事证据规则研究"，但参加了该项目 2015 年 10 月在福建召开的结项研讨会，研讨会上中国政法大学老师指出，具备我国司法特色的刑事证据规则的构建，应当分为三个部分：第一是规范证据能力的规则：相关性规则，非法证据排除规则，传闻证据规则，意见证据排除规则，自白任意性规则，最佳证据规则；第二是规范证据证明力的规则：补强证据规则；第三是规范证据运用的规则：作证特免权规则，交叉询问规则，证据相互印证规则。在完成了国家社会科学基金重点项目基础上，2016 年第 2 期的《中外法学》以特稿的形式发表了樊老师的《刑事证据规则立法建议报告》，在刑事证据制度领域引起了强烈的反响。

不同于英美法系国家的证据规则法典化，也不同于大陆法系国家自由心证的证据制度，我国既没有形成完整而详细的证据规则体系，法律又没有明确赋予证据的裁判者自由判断证据证明力的权力。樊老师提出的十大证据规则，有助于推动我国刑事证据制度朝着体系化、制度化的方向发展。这十大证据规则，看似相互独立，其实相互之间的联系非常密切，也成为我在读博期间学习与研究的重要内容。在进行博士研究生中期考核与毕业论文开题的过程中，樊老师又指导我从证据规则入手，对刑事证据规则中前沿性问题进行研究。经樊老师多次指导与思考，其间也同他商量多次，选定以《庭审质证权与质证规则研究》为题作为我的博士毕业论文，在博士毕业论文撰写的过程中，我对与庭审质证规则相关的交叉询问规则、非法证据排除规则、意见证据排除规则、自白任意性规则、传闻证据规则、作证特免权规则等又进行了较为深入的研究，对自身的学术能力来说也是一种提高，在樊老师的悉心指导下，我最终顺利完成并通过了论文答辩。

二、盛名渤海内，谦谦君子风——跟老师学做学问

作为法学界的泰斗级人物，樊崇义教授学高、身正，以其躬身力行见证和影响着中国法治进程。与樊老师相处的三年，我从老师身上学到了更多做学问需要

具备的品格与素养。

做学问要勤奋。樊老师不仅要求我们学生要勤奋，他自己也很勤奋。陪伴樊老师三年的时间里，老师的时间总是排得十分满，在完成学校的博士生授课任务的同时，樊老师经常收到全国各地高校及法检机关的研讨会、讲座或是讲课邀请，樊老师总是提前将时间排好，能参加的都一个不落的参加。最让学生欣喜的是，樊老师虽年近耄耋，但身体状况尚佳，每当有人说要帮他提包拿东西时，他总是说要自己拿，于是经常能够看到一位慈祥的老人，提着一个沉甸甸的旧公文包，走在法大的校园内。每年樊老师去给博士生上导师指导课，我都会去旁听，三年听下来，我发现老师每年讲课的内容并不一样，而是能够与时俱进，总是能够及时提出一些新问题、新题目。作为一名陪伴了老师三年的学生，我明白这些都是勤奋的结果，信息化时代，诸多重要信息可谓稍纵即逝，一不留神就会忽略很多重要问题，只有勤奋，才能走在时代的前沿。樊老师的旧公文包里，不仅放着积累多年的笔记、常用的工具书，还装着最新收集的资料，这些资料上面，也经常会写满密密麻麻的笔记，这些足以说明老先生勤以治学的良好习惯。

勤能补拙是良训，我硕士时研究生阶段的研究方向为民事诉讼法，虽同为诉讼法，但研究重心完全不同，在后来下定决心去考取刑事诉讼法的博士时，我就认识到了自己在刑诉方面的短板与不足。回望读博的三年，既是在学术上不断摸索前行的过程，也是在老师、师母陪伴中度过的三年。博士生活是清苦的，然而现在看来也是人生中最为充实的一个阶段，樊老师经常会向我们讲起师兄师姐在读博期间孜孜不倦、上下求索的实例，我等听后更是不敢懈怠。作为一位近八十岁的老人，樊老师保持着极好的生活作息习惯，所以哪怕曾经也爱偷偷睡个懒觉的我，自从读博开始，再也不敢睡一个懒觉，因为老师总是会在早上打电话给我，或布置任务，或讨论问题，这样几次之后，我便下定决心，日后自己一定要早起，后来也逐渐养成了早睡早起的作息习惯，无论是身体还是精神，都感觉清醒了许多。在樊老师的引领以及同门师兄师姐的帮助关心之下，我很快对刑事诉讼中的热点问题产生了浓厚的兴趣，不仅如此，我还对诉讼原理、证据制度、检察制度原理、法学研究方法等领域进行了较为深入的学习，读博三年内所发表的33篇论文，基本上也能够覆盖这几个方面。

做学问要谦逊。"对待学生应该循循善诱"，这句话樊老师经常挂在嘴边。樊老师在学习态度上对我们要求严格，但却并不会动辄批评、责备，所以每次跟老师相处，都有一种如沐春风的感觉，有什么棘手的问题，经过樊老师三言两语的开导，很快问题就不成问题了。记忆较为深刻的是，在樊老师的指导下发表《论我国刑事诉讼电子证据规则》论文的过程中，编辑部一审提出了一些修改意见，让我意识到了文章的写作似乎已经进入了"瓶颈"，难以取得新的突破，但与电子证据有关的问题，又是刑事诉讼中的热点与前沿问题，研究的人不少，研究透彻的却并不多。带着这些修改意见，我再次来到樊老师家里，樊老师对电子证据一些突出问题显然是经过深思熟虑的，经他指导，将文章的核心部分改为四大原则来写，分别是介质优先原则、义务提供原则、技术鉴定原则以及私权保护原则，这样一来，文章增色不少，最终提交到编辑部那边，也就没有了其他的意见，直至该文章顺利在《证据科学》发表，并被多次下载、引用。

我国处在社会的转型期，社会各方面矛盾都较为突出，有些矛盾甚至十分尖锐，但是对这些问题应当报以发展的眼光，在发展中去解决这些问题，有时候光靠批评起到的作用并不全面。例如，近年来我国纠正的一些典型的冤假错案，经过必要研究后我们发现，冤假错案的纠与防的问题，是世界各国普遍面临的问题，哪怕是司法体制被认为十分先进的美国也不例外。自 1989 年到 2013 年 10 月中旬，一项名为洗冤工程通过 DNA 鉴定技术纠正了美国一大批冤假错案，为 311 名蒙冤者洗清了罪名。[①] 对于包括冤假错案在内的任何问题都应当辩证地来看待，一方面迎来及时吸取教训、总结经验，及时纠正与防范冤假错案的再次发生，另一方面则应当从长远着眼。"眼光再宽一些，再长远一些"这是樊老师经常对我们的教导，我国的司法体制正处于一个不断完善、不断进步的过程，如何为我国司法体制进步尽一份力量，是我们在学术研究的过程中应当思考的深层次话题，在樊老师主持的一些全国性实证研究项目中，以"三项制度"（侦查讯问程序中录音、录像、律师在场）最为引人关注，"三项制度"的实证研究不仅推动了立法的进步，还解决了实践中办案规范、刑讯逼供、非法证据排除、人权司法保障等多方面的问题，"三项制度"实证研究项目所产生的积极影响，远超出若干篇论文争论或批判所带来的贡献。

---

① 滑璇：《美国洗冤工程：崎岖的正义》，载东方早报网，http://www.dfdaily.com/html/51/2014/6/4/1157312.shtml，2018 年 7 月 23 日访问。

三、淡泊名利，一心为学——跟老师学做人

身为法大的名师，樊老师不仅是中国政法大学历史发展的见证者，也是我国刑事诉讼法修改发展的参与者、见证者，老师在平常并不注重个人名利与得失。樊老师1940年出生于我国河南的农村，在那个物质条件十分匮乏的年代，为了节省，老母亲给他缝制的布鞋他舍不得穿，出校门他就把鞋脱下来提着，光脚走回家；返校时，他把鞋子挂到扁担上，到了校门口再穿上。一次，在去学校的路上，天上下起了雨夹雪，樊老师的双脚被冻得像胡萝卜一样，但他仍是到了校门口才穿上那双鞋子。每当说起这些，樊老师和师母都会感慨万千，然而也正是这些苦难的经历，使他能身处逆境而不屈，"甘于清贫，苦读实干"——这也是他的座右铭。每当听到樊老师提起以前的事情，我都会觉得既励志又亲切，作为同样是从河南走出来的孩子，我幼年时也在农村成长，樊老师每次提起这些往事我都特别感动，时至今日，我仍然记得母亲为我缝制的第一双棉鞋是多么的温暖。但也正是这些成长中的经历，养成了我能够吃苦的性格，博士生基本上没有经济收入，但对于已过而立之年的我来说，经济压力却也接踵而至，读博是清贫、清苦或是孤独的，如果不能甘于清贫、苦读实干，恐怕很难坚持下来。

读博三年，是不断学习不断钻研的过程，也是与恩师樊崇义老师及师母韩象乾老师相处的三年，两位老人都十分慈祥，我也特别喜欢听两位老师讲一些过去的事情。1978年中国政法大学的前身北京政法学院复办，樊老师应召回校参加刑事诉讼法学和证据法学的教学工作。那时，学校的基础设施损坏严重，没有办公室和教室，也没有课本和资料，面临来年的招生，一切教材都得需要教师抓紧准备。那时，老师一家三代五六个人挤在筒子楼一间15平方米的小房子里，只有等到老人和孩子睡下之后，他和韩老师才能坐下来写讲义，由于开学在即，樊老师和韩老师每日笃定以手写5000字进度，从未懈怠，终于在开学之前完稿。这些手稿讲义，凝聚了两位老师的心血，现在看来，都是无比珍贵的一笔财富。

不计较名利与得失，就将精力集中于做学问上，在中国政法大学执教至今，由樊老师主编或独著著作、教材30多部，发表学术论文200余篇，这些不仅是樊老师学术思想的传承，也是我们学生学习的宝贵财富。在做学问的过程中，以高标准来要求自己和学生。进校之初，樊老师就给我们2014级博士生规划了三年学习计划，"三年时间并不长，很快就能度过，但还是应当严格要求自己"，樊老师经常会拿锁正杰师兄举例，"你们锁正杰师兄当时为了完成毕业论文，整个人都瘦了很多"，除了锁正杰师兄以外，樊老师还会经常提起当时在校的刘文华师兄，"文华为了学术研究今年过年都没有回家，一心做学问，出了很多成果"。法大的学习氛围浓厚，但北京的生活也很繁华，就刑诉专业来说，这里在全国来说是一流的，有这么好的学习条件，接下来发展成怎样，完全就要看个人了，生活中有很多困难，社会上也有很多诱惑，如何处理好学习和生活之间的关系，关键就要看如何对自己进行定位了。

三年的博士生涯，不可谓不清苦，不可谓不充实。在备考博士之初，我便意识到了做学问走的是一条清苦之路，要想成功，只能靠寂寞"高高的"来堆砌。能够进入法大读博便是一种殊荣与幸运，对于这样的机会我只能倍加珍惜，日子经常被我过得忘掉了今天是星期几，也没有节假日与法定节假日之分，完成了樊老师与自己划定的任务，对于自己来说就是节假日，完不成，那么每天都是工作日。我经常为了创作去翻遍图书馆的相关藏书，也经常在去食堂吃饭的路上忽然停下来用手机记下刚刚产生的灵感。三年学术生涯，有过踌躇不前的困惑，也有过豁然开朗的喜悦，三年如白驹过隙，正是这清苦而又充实的博士生涯，让我无愧于心，无愧于父母，无愧于恩师，无愧于当初辞职来读博的冲动。

四、结语

博士毕业一年有余，时常会怀念校园内学习的日子，有时虽然学术任务压力较大，樊老师打来电话，"思远，最近任务很多，你不要急，一个一个慢慢来"，果然就在这样的安排下，原本看来难以完成的任务也完成了，当一篇篇论文公开发表后，才明白这是人生中最为充实的一段生活。参加工作以后，也会遇到各种琐事交织繁杂，让人焦头烂额的情况，但我总会想起樊老师的教导，一件一件来，事情总会忙出个头绪。去年秋冬之际，樊老师、师母等人一行到杭州参加学术会议，我与爱人驱车前去探望，其间谈起学校的生活，樊老师说："韩老师说在学校的篮球场上再也看不到思远打篮球了，我说思远已经毕业半年了。"我听后心中既欢喜又难受，欢喜的是老师、师母竟然还这么牵挂着学生，难受的是现在工作之处距北京已是千里之外，想见一下恩师与师母并不容易。在樊老师八十华诞之际，谨以此文献给樊老师与韩老师，衷心祝愿恩师与师母健康长寿、幸福常在！

春风化雨　润物无声
——跟随樊老师学习的一些体会

徐歌旋[①]

2016 年，我考上樊老师的博士研究生，如今两年多的求学时光已倏忽而过。如春风化雨般，老师的治学与为人潜移默化中浸润了我的心灵。

一、他是刑事诉讼法学界的大师，于我却像慈祥的爷爷

第一次见到樊老师大约是在 2013 年，当时我还在读本科，那年樊老师受邀到南京师范大学开讲座，我则是"慕名听课"的众多粉丝之一。尽管我提前了半小时到教室，但座位还是被热情的同学抢占一空，我便到隔壁教室搬了椅子坐在走道里。等到讲座快开始时，走道也被占满了，后到的同学只能站在教室后面和门口。樊老师当天讲了什么已经记不完全了，只记得在讲座的最后樊老师给同学留了二十分钟提问时间，在场同学踊跃举手，眼看只剩下最后一个提问名额，我有点着急了，便拼命把手举得高高的。很幸运，老师看到了我，指着我说："留个机会给这个小姑娘提问吧。"我还记得当时请教老师的问题是："都说乱世用重典，刑事诉讼法中存不存在为了打击犯罪而放松程序要求的情况呢？"樊老师笑眯眯地示意我坐下，然后结合刑讯逼供的例子给我作了解答。这是我和老师的第一次面对面交流，时间短暂，我提的问题也很不成熟。回想当时，我只是觉得樊老师人特别和蔼，还完全没意识到这次讲座在我心中从此埋下了刑事诉讼法学的学术萌芽，当时的我更不会想到我居然有一天能考进樊门，跟随曾经眼中遥不可及的大师读博。回想往事，不禁感叹师徒缘分竟是如此奇妙！

2014 年，我下定决心跨专业考博。因为当时对刑诉专业还不是特别了解，

[①] 徐歌旋，中国政法大学证据科学研究院、司法文明协同创新中心 2016 级博士研究生。

便咨询程德文老师的意见,程老师鼓励我报考樊老师的博士研究生。我有些担心地问:"樊老师德高望重,报考学生多、竞争压力大,我又没有什么学术资历,能行吗?"程老师鼓励我说,既然下定决心学习就要努力追随大师,而且樊老师平易近人、选拔公正,只要准备充分并不是没有希望。得到程老师的鼓励,我便下定了决心。从那天开始,我正式着手复习考博,我将樊老师所有的期刊论文下载后按照年份排好序打印成册,并着重阅读老师近五年的核心论文。除此之外,我还购买了樊老师的所有著作,并反复、重点阅读了老师《诉讼原理》等代表论著。在考博前,我对老师"法律真实""部门法哲学""实证研究"等学术思想有了大概的认识。在阅读老师著作时,我揣测老师是一位非常踏实、质朴的学者,因为老师关注的都是现实中亟待解决的现实问题,尤其是阅读老师的《侦查讯问程序改革实证研究——侦查讯问中律师在场、录音、录像制度试验》一书时,更是觉得老师是脚踏实地做真学问的人。

程德文老师是樊老师的学生,我又是程老师的学生,无论是按年龄还是按资历,老师对我而言其实更像是一位慈爱的爷爷。相处久了,我更是将老师当成了自己的家人。樊老师就像一个大家庭的家长,关心着我们师门每个人的进步和生活。而且,老师在我们面前从来不端丁点架子,学生和老师相处的过程总是如沐春风一般,不知不觉又把老师当作了亲密的朋友。记得听一位师姐说过,她读博时家里有些变故,日子变得颇为难熬。那年她生日时,老师和师母捧着蛋糕在法大的湖心亭给她庆生,宽慰她、鼓励她。多少年过去了,师姐说她仍然难忘那一天的感受。听了师姐的故事,我好像明白了为什么师兄师姐毕业那么多年都还是想着老师、念着老师。

我和哈腾师兄每次去老师家谈论文写作问题,老师、师母都会事先泡好茶、准备好水果、点心,让我们能在轻松愉快的氛围中讨论问题。老师鼓励我们大胆表达自己的观点,只要有理有据,哪怕观点和老师相左,老师也会予以肯定。老师常说,他不要求我们和他观点一致:"大胆发言,不要怕,老师不会给你们扣(不敬师长的)帽子。"逗得我们哈哈大笑,一扫紧张拘谨的情绪。讨论时,老师怕我们有所顾忌,都会让我们先发言,他最后再做总结。尤记得2018年老师召集我们讨论捕诉合一问题,有师兄认为捕诉合一能够提高诉讼效率,和老师一贯观点不同。老师也没有打断师兄的发言,而是等师兄发言结束后先表扬了师兄观点可圈可点,继而才发表自己的观点。老师对不同学术观点的宽容使师门内部讨论时总是能够形成观点的争鸣。还记得有一次张中师兄发表了一篇《法官眼里无事实：证据裁判原则下的事实、证据与事实认定》的论文，我读后觉得文章标题起的颇有新意，能够调动起读者阅读的强烈兴趣，且文章精神与老师的法律真实说一脉相承，便转发到师门群。没想到在群里引起了热烈讨论，赞同者有之，反对者亦有之。有师兄认为这是对老师观点的贯彻，有师兄却认为这是对老师思想的误读，群里的热烈讨论足足持续了两天。老师说看到师门内能有这样热烈的讨论，感觉非常欣慰。

更数不清多少次，去老师家讨论问题，临走时老师、师母给我们塞了点心、水果。有一次因结束的早，师母还没来得及给我切哈密瓜，他们便直接打包让我抱回宿舍，回想起来都不禁莞尔。听年长一些的师兄师姐说，当年老师做班主任时，曾喊了一个班的同学到家里吃饺子。因为人太多，老师便征用了自己孩子的洗澡盆，用开水反复烫刷干净后，和师母分工和面、剁饺子馅，班里同学齐上阵和老师、师母一起包饺子，其乐融融。老师经常开心地说："那顿饺子吃出好几个学者和国家干部。"现在还有师兄师姐给老师打电话时念叨说想吃老师和师母做的饺子了。又听张老师和师兄师姐说，优秀的博士毕业生能够吃到老师亲手做的河南手擀面，我便在心中立下一个小目标"一定要努力，毕业时要有资格吃到老师亲手做的手擀面"，这才算通过了老师对博士生的考验！

老师对我们从来都是春风化雨般的鼓励和关怀，从未有过"疾风骤雨"甚至"晴转多云"。老师虽督促我们读书写作紧，但自我入门以来，老师从未言语批评过我和师兄。相反，老师总是积极地鼓励、耐心地引导，在我犯错时甚至还会宽慰我，让我心里总是暖暖的。暑假时我留校看书，老师知道后，多次提醒我要注意身体，还要多回家陪陪父母。都说严师出高徒，此时我才明白严是指对学生的培养标准要严格，但引导学生达成标准的方式却可以是这般温和的。刚入门时，我对老师更多是出于对大师的敬畏，如今更多了对慈祥长者的敬爱。

二、他是传道授业的导师，更是我做人做事的师傅

就我个人而言，喜欢"师傅"这一称谓甚于"导师"。总觉得后者只能指涉学术上的指导者，而"师傅"二字包含了更多的感情和内涵。古代如果想和师傅学本事，那是要程门立雪、几去圯桥，还要给师傅端茶送水、提鞋拿包的，师

傅要通过这些琐碎的考验来磨砺徒弟的性情。如今师徒关系比之古代更和谐、平等了，老师也从不让我们给他做这些事情。但我自己觉得，作为徒弟如果想和老师学到真本领，除了课堂上的交流外，日常生活中还得多和师傅沟通、交流。因为课堂上的传授或许能够通过著作的阅读来弥补，但日常中的做人做事不通过长期相处的观察和体悟是学不到的。从某种程度上说，学做人的难度也不亚于做学问，文字可以照葫芦画瓢，套路化后甚至可以中规中矩；但做人如果没有那份胸襟、气魄和真心，如果不是长期的耳濡目染，很容易画虎不似反类犬。很久之前看过老师写的一篇随笔，樊老师说和大师学总是很难学到大师的全部，但和大师长期相处后哪怕学到几分也是人生进益了。我对此深以为然。

自入门以来，除了和老师学专业知识外，我对老师待人接物也是颇为敬佩。老师是当之无愧的大咖、大家，但老师却只有大家的气度，没有大咖的架子。陪老师参加学术活动，老师总是很早就出门，好多次老师都是第一个到达会场。老师说，他不愿意让别人等。有时候我要去老师楼下接老师，老师都说不需要，说楼外面风大，等着辛苦。如果知道我到了楼下，老师就马上从家里出来。更别提平时给博士生上课，老师总是早早就到教室为上课做准备了。

还记得有一次我和老师合发了论文，往常只要收到合写的论文稿费和杂志，老师都会将稿费全部给我，再给我一本杂志。但这次半年过去了却迟迟没有收到杂志和稿费。老师便让我和当初约稿的杨老师联系。因时值暑期，杂志社的人不上班，杨老师和杂志社多次沟通后才知道是杂志社工作人员寄送错了地址，但不知是何原因，杂志社重新寄送后，我和老师仍然没有收到。杨老师很不好意思，便自己垫付稿费通过微信转给我，让我转交给老师。我和樊老师汇报后，樊老师反复叮嘱我一定要将钱退还给杨老师。樊老师和我解释道："杨老师为了稿费和杂志的事情已经在中间忙了好几次了，不能让杨老师再在中间垫钱了。只要确认了杂志和稿费不是我们弄丢了，按照杂志社的正常流程处理就行，千万不能让杨老师在中间受委屈。"事后，老师又电话和我反复确认才放心。这件事让我觉得樊老师真是一位非常宽厚的长者，处处为别人考虑。

老师对人热情，从不以地位和出身衡量别人。听一位师兄说，他当年还只是一个从山区考进法大的穷小子，赶了几天几夜的火车才到学校报到。因为当时家庭条件差，又一路奔波，衣着有些残破，负责报道的老师便有些鄙夷之色，打电话给樊老师说："不知道哪里来的脏孩子，快来认领一下。"脾气一向很好的樊老师赶到后和那位老师争执起来,坚持让那位老师向师兄道歉。师兄和我们讲述时颇为动容。老师则说,因为他也是从农村走出来的穷孩子,他知道每个穷孩子能从家乡走出来有多么不容易,也更加明白不能以出身衡量一个孩子!这件事后,我对老师又多了几分敬意。事实上,老师不只是对自己的学生,而是对每个有心求学的孩子都会大力提携。听杜邈师兄说过,当年他和樊老师并不相识,因为都是河南人,便抱着试试的心态周转联系上了樊老师,和樊老师提及报考法大的想法,没想到樊老师听后很快给他寄送了一沓复习资料。如今杜邈师兄已经成长为"首都十大青年法学家""全国公诉标兵",回忆起过往还是感慨唏嘘,说老师为人实在是太善良了。

受老师影响,师门的氛围一直很融洽。我还没正式到校报到,思远师兄就主动加了我微信,和我分享了很多学习经验和发文心得,到校那天思远师兄还要帮我搬东西。在杭州调研时,师兄和嫂子专门从上海开车赶往杭州看望老师,还给我带了我最爱吃的上海糕点;在调研过程中,孙道萃师兄、哈腾师兄和常铮师姐也对我有很多提点和照拂;更别提关心我生活和成长的张老师,给我提供了诸多人生建议;还有经常碰头的颖华师妹、鹏宇师弟、胡蓓师妹……都说不是一家人不进一家门,有时候我想,老师是不是在招生时已经以"为人"为条件进行了一些筛选呢?还是说,进了一家门更像一家人,因为长期的耳濡目染和朝夕相处,徒弟也在不知不觉中学了几分师傅的为人风采呢?

三、他是践行法治的法学家,更是我学术路上的引路人

了解樊老师的人都知道樊老师在学术上一向是争分夺秒、敢立潮头的。我正式入学报道前的那个暑假,樊老师便联系并鼓励我利用开学前的两个月时间好好给自己充电。我不知道从何下手,老师便让我先关注《法官法》和《检察官法》的修改完善问题。我撰写文章后发给老师审阅,老师很快便给我反馈。我永远难忘收到老师邮件回复时的心情,对我来说,这是我刑事诉讼法学术生涯的第一次专题研究,也是我和我内心敬仰的学术大师的第一次学术互动。入学不久,老师又提供了12个研究主题和框架供我和哈腾师兄研究时选用。

因我是跨专业读博,基础相比于拥有刑诉硕士学位的同学而言总是薄弱一些。老师便耐心地引导着我,一步步把我领进刑事诉讼法的大门。自2016年至

今，我已经跟随老师的脚步学习和关注了很多问题，其中有几个论题记忆尤其深刻。

(一) 认罪认罚从宽制度

开学初因我对认罪认罚从宽制度感兴趣，老师多次微信上与我分享学术文章、新闻报道。有相关讲座、座谈会时，老师也都会提醒我积极参加。经过两个月的收集、整理，我对认罪认罚从宽制度有了自己的一点思考，碰头会时我便和老师汇报了自己的初步构想。老师提醒我不要把面铺的太大，要找小的切入点。在和老师商量后敲定以认罪认罚从宽制度与辩诉交易制度的比较切入，在比较过程中梳理认罪认罚从宽制度的一些争议点。之后老师又多次指导我对文章框架结构、用词遣句进行了拟定、写作、修改、再修改。终于，文章在《中州学刊》刊出，后又被人大复印资料转载。

此后，老师又带着我们去浙江杭州、福建福州、武汉汉口等地调研认罪认罚从宽制度。繁忙的调研任务结束后，傍晚老师带着我们就近散步时，还会和师兄与我结合当天的调研内容谈一些实证研究方法心得。我和师兄私下开玩笑说老师的"苏格拉底散步式讲堂"要开讲啦。经过几次实地调研，我对认罪认罚从宽制度有了更深刻的认识。认识到认罪认罚从宽制度的正当性核心在于如何保障犯罪嫌疑人、被告人认罪认罚的"自愿性"。老师则更为细致地提醒我，认罪与认罚的审查标准与审查方式有所差异，"认罪"的审查受事实基础影响较大，审查方式主要是通过阅卷和直接讯问；"认罚"的审查标准受"明知性"影响较大，审查方式主要在于充分告知和释明刑罚的含义与后果，采用直接听取被告人和律师意见的方法。

在后期结合值班律师制度进行调研时，老师又提醒我们要关注值班律师对犯罪嫌疑人、被告人自愿性保障方面发挥的作用。秉持着这条思考主线，我们注意到如今的值班律师职能更像是认罪认罚的见证人，对自愿性审查方面功能略弱。而且，因为值班律师多是批量参与到认罪认罚从宽案件中，对案情了解有限，故而对认罪认罚自愿性的审查缺乏事实基础。基于此，在老师指导下我们又在《人民法院报》等杂志上发表了《依托认罪认罚从宽完善值班律师制度》等文章。

(二) 看守所的改革观察

随着看守所内不文明现象的曝光，对看守所改革的重要性在学界和实务界已经形成共识，但就看守所的具体改革方向则众说纷纭。樊老师曾让我关注看守问题，提醒我多收集一些资料。没想到的是，我还没来得及投入精力关注这一议题，老师关于看守所的论述就已经公开发表了，让我非常惭愧。

在论文中，老师精准地指出，如今应该给看守所的职能做减法。看守所只应承担审前羁押职能，但在实践中却承担了额外的职能，变成了变相的羁押场所和侦查场所，如果纵容看守所的侦查行为不受法律监督，必将加剧"侦查中心"的问题。就看守所的改革方向，老师指出，应实现由公安机关管理到司法行政机关管理的转变。因为，公安侦查机关、检察机关、审判机关都与刑事诉讼存在利害关系，只有司法部作为司法行政管理部门与刑事诉讼活动相互独立。除此之外，司法部具有管理监狱等丰富的看管经验，在对接看守所的人事变动时能够更顺畅。

（三）监察法与刑事诉讼法的协调

2018年3月20日，十三届全国人大一次会议举行全体会议，表决通过了《中华人民共和国监察法》（以下简称《监察法》）。2018年暑假前的最后一个工作日，老师组织我们召开以刑事诉讼法修改为主题的讨论会。会前老师即分配任务，让我们每位博士生准备一个主题发言。我负责的部分便是监察法与刑事诉讼法的衔接，我所准备的发言稿是按照法条的顺序展开的。老师对我的发言内容按照逻辑顺序进行了总结发言，将监察法与刑事诉讼法的衔接问题总结为"调查权的定位和属性""监察活动是否要接受人民检察院监督""监察活动收集的证据审查"以及"监察活动中的律师参与"问题。不得不承认，经过老师的提炼升华，问题意识和理论高度更为凸显了。

就调查权的定位和属性问题，老师指出监委会调查权的属性有三：一是监督属性；二是行政属性；三是司法属性。有了监督属性，才能实现"国家监察全覆盖"；有了行政属性，才能实现"依照监察法对所有行使公权力的公职人员进行监察，调查职务违法和职务犯罪，开展廉政建设和反腐败工作，维护宪法和法律的尊严"；有了司法属性，才能实现对职务犯罪的案件移送审查起诉、提起公诉、严厉打击和惩办腐败犯罪。三种属性中，监督是本质，行政和司法是实现监督不可或缺的手段，三者缺一不可，相互联系，相互补充，构成监察衔接机制的本质属性。而调查权的司法属性又决定了在法律上监委会对职务犯罪的调查本质上等同于刑事诉讼中的侦查。故而调查终结与侦查终结的案件均应移送同级人民检察院审查起诉并决定是否提起公诉。

在谈及建构人民检察院与监委会办理职务犯罪案件的衔接机制时，老师直言监察活动也要接受人民检察院监督。一是对监委会查办的职务犯罪案件，"人民检察院认为需要补充核实的，应当退回监察机关补充调查，必要时可以自行补充侦查"；二是对监委会办案过程中的非法证据，应当依法给予排除；三是对于监委会办案人员严重违法办案，实施刑讯逼供，非法拘禁，非法搜查、扣押、冻结、查封等侵犯公民权利、损害司法公正的犯罪，同样应当纳入人民检察院的侦查范围，接受人民检察院的监督和惩处。只有这样，才能体现贯彻宪法规定的"相互制约"要求。其实，老师早在《"以审判为中心"与"分工负责、互相配合、互相制约"关系论》一文中就对相关原理作了充分的论述。如果领会了"分工负责、互相配合、互相制约"的条文深意，不难对监察活动是否受到监督得出公正的结论。

由于监察法并未对律师辩护问题作出直接规定，监察活动能否允许律师参与一直没有形成共识。老师从法理的角度指出监察委员会的调查活动包含侦查内容和侦查措施，在程序上与检察机关审查起诉阶段相衔接，应当允许辩护律师介入，不能让腐败犯罪案件的调查（侦查）成为例外。而且，在查办涉嫌违反刑法规定的案件中，国家监察委员会可以完全剥夺调查对象的人身自由达数月都在此羁押过程中，有效取得被调查人口供显然是调查活动的重要内容。如果律师都无法介入和提供法律帮助，那么与近年来我国刑事辩护制度取得的进步是不相协调。

每年老师在给博士新生上第一堂课时都会指出，观察人类的司法历史可以发现司法权力有从集权走向分权的规律，学习方法可以选择，但规律不可违背。如今，我对老师这句话体会更深了。世界潮流浩浩荡荡，顺之者昌逆之者亡，打击犯罪、反腐败都是国家法治建设道路上必须要完成的任务，但如习近平总书记所指出的，要用法治思维和法治方式惩治腐败，使其走向制度化、规范化、程序化，在法治轨道内反腐是法治国家的发展潮流，不可违背！

（四）检察机关的法律监督改革

我国检察制度近几年不断迎来新的机遇和挑战。2016 年，国家启动监察委制度改革及其试点工作，对我国检察制度尤其是法律监督职能形成了一定的冲击。2017 年，全国人大常委会《关于修改〈中华人民共和国民事诉讼法〉和〈中华人民共和国行政诉讼法〉的决定》（简称《修改两法决定》），正式确立检察机关提起公益诉讼制度，法律监督的内容又有了一定的扩充。与此同时，随着以审判为中心的诉讼制度改革不断推进，侦查监督的地位和重要性渐成共识，但很多问题也亟待明确。老师考虑到哈腾师兄在检察系统工作，对此较有体会，便建议哈腾师兄结合工作以此为毕业论文选题。在指导哈腾师兄写作过程中，老师多次带领我们对此进行专题讨论。

还记得有一次老师带领我们到福建就司法改革展开调研，当天调研结束后，老师喊上我和哈腾师兄碰头讨论。我认为没有了反贪反渎职能，检察机关的改革方向变得很不明朗，老师回答说，抽丝剥茧后会发现方向其实很明确。因为根据我国《宪法》第134条的规定："中华人民共和国人民检察院是国家的法律监督机关。"宪法作为我国根本大法，已经确立了法律监督是我国检察制度最基本的内涵。检察机关无论如何改革都要坚持检察机关是专门法律监督机关的宪法定位不动摇。除了从宪法规定的角度进行分析外，樊老师还从哲学的高度给我做了解答："第一，根据我国国家权力结构的一元分立论，我国人民代表大会制度决定了设置法律监督机关与行政权和审判权相分离。这是一元分立架构下对权力运行和制约的必然选择。第二，根据对立控制论，检察机关的法律监督职能将辩证唯物主义的对立统一规律嵌入国家权力机关的运行过程，以保证权力的正常运行和相互制约的科学性。"

我又提及监察机关政治地位较高，不知是否属于检察机关的监督范围，老师用权力分工原理给我作了解答。老师认为批捕权、起诉权、审判权是司法机关的权力，国家监察机关不能行使检察机关的公诉权，更不能行使审判机关的审判权。对涉嫌职务犯罪的案件，必须移送检察机关，由检察机关依法提起公诉，由人民法院依法审理和判决。对监察委员会移送的案件，检察机关如果认为不构成犯罪，可以依法撤案或者作出不予逮捕以及不起诉决定。此外，检察机关的法律监督权的监督对象也包括监察机关。尽管监察委员会的机构配置及其地位很高，检察机关作为宪法规定的专门监督机关，仍有权且有必要对其进行监督制约；同时，检察机关作为宪法规定的法律监督机关，对监察委员会作出的决定或者采取的调查等措施，有权依法展开法律监督。

最难忘的是，老师还结合检察机关侦查监督的问题与我谈了谈我的毕业论文写作问题。老师提示我侦查监督这个问题与我所研究的诉讼结构也密切相关。在以审判为中心的诉讼制度改革的运行机制中，应当以权力制衡原理为指导，摒弃

"侦查中心主义"。但这并非削弱和藐视侦查本身,侦查仍然是以审判为中心的诉讼制度体系中的首要环节和基础环节。只是鉴于侦查权的行政属性和运行中的基本特征,决定必须对其进行监督和制约,并进行司法改造。在职能分工的基础上,侦诉关系要注重从"配合"到"制约"和"监督"的调整,在侦查阶段全面贯彻检察监督,优化公诉引导侦查的模式等。

老师就法律监督这一主题先后发表了《关于检察机关提起公益诉讼的几点思考》《检察机关深化法律监督发展的四个面向》,在社会上收获了良好的反响。那段时间经常有检察院同学给我发微信说:"看到樊爷爷关于法律监督的大作啦,最近检察院课题立项我准备参考樊爷爷的观点""樊老师关于检察机关监督权的发言真是说出我们心声啊"等。我和老师开玩笑说:"沾老师您的光,我被同学想念的次数都显著提升了。"

(五)行刑案件的交叉问题

2018年9月8日,老师受邀参加第三届盈科刑事辩护高峰论坛,并就"刑法与行政法的交叉法律适用"作主题发言,我和鹏宇师弟跟随前去学习。老师在发言开始,就坦言此前对这个问题关注不多,所以专门集中了几天研究这个问题。知之为知之,不知为不知,老师谦虚和严谨的治学态度赢得了在场嘉宾的热烈掌声。老师从六个方面分析了行刑交叉案件的处理,其中两个方面是从律师如何拓展案源的角度切入,另外四个方面不仅对律师而且对检察官和法官也颇有启发意义,撷取其中片段为记:

1. 首先要厘清行、刑案件的法律关系

老师指出法律事实是法律关系存在和变化的根据,是引起某种法律关系的发生,导致某种具体法律关系的结构要素发生变更,或者使某种具体法律关系归于消灭的原因。因此,必须以法律事实为根据正确理解和厘清行、刑交叉案件的法律关系,这是处理行、刑交叉案件的前提。从法律事实到法律关系,常见的行、刑交叉案件的法律关系的分类包括三种情形:(1)因不同的法律事实涉及行政和刑事法律关系,但事实之间有一定的牵连性;(2)因同一法律事实涉及行政和刑事法律关系,但到底是属于行政法律关系还是刑事法律关系一时又难以被证实;(3)因同一法律事实同时涉及行政和刑事法律关系,此种交叉实质上是一种法规的竞合。

陈瑞华老师接着发言时指出,如果领会了樊老师法律事实的基础理论就不难理解,即使行为人构成行政违法并不等同于其一定构成刑事犯罪。明白了这一点,律师在辩护时便不会被公诉人的思路带着走。

2. 行、刑交叉案件诉讼模式的选择

老师指出,长期以来,我国对行刑交叉案件的处理一直坚持"先刑后行"的处理模式,对民刑交叉案件采用"先刑后民"的模式。而如今"先行后刑"模式越来越多被提及,这是因为:(1)"先行后刑"模式有利于对相对利害关系人权利的保护,有利于经济稳定发展和社会稳定。例如,一些环境保护的公益诉讼,其正当性是先促进经济社会的稳定发展,然后才对一些涉嫌刑事犯罪的案件加以处置。(2)"先行后刑"模式有利于对涉嫌犯罪的事实作出准确认定,行政法律关系确立之后,刑事法律关系就自然明晰了,为准确定罪量刑奠定了可靠基础。(3)比照民、刑交叉案件的处理模式,近年来推行"先民后刑"模式已取得了很好效果。但也不是"一刀切",要从实际出发,从交叉案件的法律事实与法律关系出发,同样可选择"行、刑并立"或"先刑后行"。

这个观点和老师提倡的刑事诉讼二元论是一脉相承的。老师认为,刑事诉讼程序不仅要打击和惩罚犯罪,还要尊重和保护人权,此为"二元"。尤其是在产权保护方面,老师多次在《人民法院报》等报刊上发表观点,指出产权保护制度是社会主义市场经济的基石,是坚持社会主义基本经济制度的必然要求。产权保护看起来好像只是民事方面的问题,实际上在刑事方面也不容忽视,比如,如何处理民营企业在发展当中出现的罪与非罪、如何打击犯罪和如何保护产权。如今老师又提出通过"先行后刑""先民后刑"的诉讼模式对相对利害关系人权利进行保护,这对于平等保护产权有重大意义。

3. 正确理解和运用行、刑两法证明标准等差异

老师在论坛上指出,由于刑事判决对人身等影响最为严厉,故而证明标准也要求最高,而行政案件的证明标准相对较低。在处理行刑交叉案件要注意证据标准的双重性。譬如,有的证据只能达到行政案件的证明标准,只能证明行为人行政违法,但如果未达到刑事案件的,则不能证明行为人刑事违法。再如,有的鉴定机构只具有行政鉴定资格,不具有司法鉴定资格,其所提供的鉴定意见在刑事案件中不能作为证据适用。又如,行政案件的询问、谈话笔录不能直接作为刑事案件起诉证据。因为2012年《刑事诉讼法》中规定了"行政机关在行政执法和查办案件过程中收集的物证、书证、视听资料、电子数据等证据材料,在刑事诉

讼中可以作为证据使用"（2018年已修正）。

4. 关于一事不再理和一事不两罚

老师指出，实务中经常把一事不再理和一事不两罚混淆起来，更误读了"一事不两罚"。实际上，行政处罚并不排斥刑事追究，不能因有了行政处罚就不再追究刑事责任，也不能因追究了刑事责任判了刑，就不再进行行政处罚。而一事不再理原则，是指对判决、裁定已经发生法律效力的案件的被告人，不得再次起诉和审理。

老师的发言既有理论高度，又切合实际，赢得了在场律师的阵阵掌声。我和师弟坐在听众席中，也感觉到几分骄傲和光荣。在"刑法与行政法的交叉法律适用"四个小时的会议中，老师一直保持端正笔挺的坐姿。同行学妹悄悄问我："樊老师是当过兵吗？"会议结束后，我讲给老师听，老师哈哈大笑摆手说没有。其实我也经常敬佩老师的充沛精力。七旬老人一般都已赋闲在家、含饴弄孙了，老师能一天端坐讲台不打一个哈欠，会议记录时的笔记甚至比我们还要思路清晰！学术上，老师始终保持开放进取的态度，他总是自嘲随着年龄日长，学术产量的增速放缓了。但实际上，老师近几年高质量的学术输出在学界和实务界都取得了良好的反响。2017年，樊老师还荣获了《中国法律评论》年度最佳作者。

除了认罪认罚从宽、看守所改革、监察法与诉讼法衔接、法律监督、行刑案件交义这几个议题外，老师还先后带领我们研究了"以审判为中心""非法证据排除""法律援助""值班律师""电子证据"等重要议题。需要指出的是，老师虽然鼓励我们把握时代和学术脉搏，但一向反对左右逢迎、随波逐流的学术态度。老师文风宽厚如其人，不鼓励我们用情绪掩盖说理，但认为行文应柔中带刚，不作含糊弄巧之语，观点更应掷地有声。就如在讨论监察法和刑事诉讼法的衔接问题时，很多人对调查权属性含糊其辞，而老师却精准、直接地指出，调查权的司法属性决定了在法律上监察机关对职务犯罪的调查本质上等同于刑事诉讼中的侦查，应受刑事诉讼法相关规定的约束。老师虽鼓励我们以点带面，以专题问题切入刑事诉讼法的研究，但也反对我们在讨论热点问题时就事论事，只做肤浅研究。老师常说"中国的问题，世界的眼光"，虽然问题是小问题，但分析问题的格局要大。刑事诉讼法是一门务实的学科，实务中出现疑难问题，学者当然需要迅速作出回应，但这都是建立在夯实、深厚的理论基础之上的。我的体会是，老师之所以能够迅速对改革问题作出回应，是因为老师所提倡的法哲学以及实证研究方法，一面立足理论，一面扎根实践，这是老师学术创新研究的根基所在。梳理老师带领我们研究的专题可以发现，这些散落的专题就像一颗颗珍珠，而老师的法哲学思维及实证研究方法如一根丝线贯穿其中，将一颗颗珍珠串成了项链。

四、祝福

如今借着给老师贺寿，回首细数入门以来的体会和收获，不禁备感充实。梁实秋曾感慨："没有人不爱惜他的生命，但很少人珍视他的时间。如果想在有生之年做一点什么事，学一点什么学问，充实自己，帮助别人，使生命成为有意义，不虚此生，那么就不可浪费光阴。这道理人人都懂，可是很少人真能积极不懈的善于利用他的时间。"是啊，多少人自恃年轻或随波逐流，或浑浑度日，或善于钻营，表面看还有一副年轻的皮囊，实则已有油腻之骨相。而老师则分秒必争，带领我们将宝贵的时间投入理想、法治、正义的追求之中，老师自己更是随着术业精进，身体、精神反而从"70后"变成了"80后"，让人惊叹学术方是养生之道！

值樊老师八十华诞之际，学生借此小文一谢老师杏坛解惑，传道授业；二谢老师丹心奉献，培育英才；三谢老师豁达通宽，大爱无边。一祝老师福如东海，寿比南山；二祝老师伉俪情深，共享天伦；三祝老师更胜往昔，学术争妍。最后，私心再许一愿，希望能跟随老师做学术直到"90后""00后""10后"……

恩师是我人生路上的引路人

张自超[①]

人生开端，识字知理，全凭老师教诲。师者传道授业不遗余力，学者如坐春风思而有得。学生都以遇到一名好老师为幸运，引导我们走上个人成长的正确路。恩师樊崇义教授就是一位好老师，一直在对我的引导上精雕细刻，不但是培养品格和学习知识的引路人，更是我人生成长的引路人，是我人生道路上的导师，他就像一盏指明灯，照亮了我前进的道路。

与樊老师初次相见，还是十年前的事。那是 2008 年 10 月前后，当时我在威海市检察院已工作 6 年多，正在攻读法大在职硕士，需要选择导师指导论文，此前我读过樊老师的很多著作和论文，检察实践操作中产生的很多问题和困惑在老师的文章里迎刃而解，我对老师仰慕已久，借法大求学之际，遂萌生了拜师的想法。记得我是在一次学术会议之后，晚上 9 点多，见到了樊老师，充满对老师浓厚的敬意，我深深的向老师鞠了一躬，老师慈眉善目，面带微笑，言语间平易近人，颇有长者风范，老师问了我的情况，并表示愿意带我做他的学生。这次相见，遂了我成为樊门弟子的心愿，也改变了我的人生发展之路。随后的论文写作中，也见识到了老师严谨治学的态度，记得论文开题时我的提纲不到三页，老师说选的题目不好写，提纲至少要五千字，当时我还不理解，只是遵从师命而已，后来在写作中才逐渐领悟其中的真谛，深深被老师的学术洞察力所折服。

硕士求学结束后，我回威海继续工作，出于对学术的热爱，经常向老师电话求教问题，如到北京出差也会当面请教。每次见面，老师除了在学术方面给我指点外，还很关心我的工作、家庭、生活以及今后的个人发展，他鼓励我不

[①] 张自超，国家监察委员会干部，法学博士。

要甘于现状选择安逸,要去努力奋斗。我每看到老师那慈祥的目光,内心就充满了感激之情,老师以他高尚的品德和绝对一流的学术水平,博得我对他的深深爱戴。

在老师的鼓励和鞭策下,我踏上了考博的道路,白天工作、夜晚看书的模式持续了好几年,考虑到孩子刚出生不久,加上工作太忙,直到2014年我才正式考到老师门下读博士。也正是受益于老师的教诲和鼓励,鞭策和教导,在2014年下半年举行的中央国家机关公开遴选公务员考试中,我被遴选到最高检察院工作,实现了我从县、市检察院到最高检察院的跨越;在2018年年初,随着国家监察体制改革,我又到了国家监察委员会工作。可以说,是老师的指引改变了我的人生,使我的发展之路越走越宽,蒙他教诲,受益良多。

读博期间和老师相处日子较多,很多场景至今还清晰记得。开学后不久,老师给同届刑事诉讼法专业博士生第一次集体授课,上课之初,老师就将他的手机号码给了所有的博士生,并告诉大家,学术探讨没有高低之分,有学术问题可以随时和他交流,作为大师级老师,这么平和,爱护学生和关心学生,在场的学生听了都很感动。又记得在博一第二学期的学期论文答辩后,老师觉得我写的学期论文不是很好,在我陪他到教学楼门口时,他温和地对我说:"自超,做学术不能马虎,更不能随意,知道你工作忙,但是还是要抽出时间做好论文,把学问做好了,你的工作和事业也会好起来。"老师虽没有严厉的语言,但字字扎在我心里。工作上事多繁杂确实影响了博士学习,但对待学问和工作一样,都要专注,都要用心,更要下功夫。我暗自努力,倍加珍惜,一直希望自己能够出色一点,以回报老师的爱护和培养,读博三年期间4篇发表在CSSCI期刊、1篇发表在外文期刊上的论文,以及1篇获得中国法学青年论坛征文二等奖的论文便是我对老师最好的回报。

2018年是恩师八十大寿,让我回想起樊老师七十大寿时,当时我去家里看望老师,正逢老师接受《法制日报》记者的采访,老师鹤发童颜,精神矍铄,讲起话来,娓娓而谈,甘露入心,印象最深的一句话是,"如果我能活到八十岁,我还要为国家再培养一批博士生,为法治建设再贡献力量。"听后,我感觉很振奋,也很钦佩。老师淡泊名利,已过古稀之年还在为国家的法治建设奔走献策,呕心沥血,为学术笔耕不辍,为育人耳提面命,特别是以务实、实用为导向,紧密结合中国国情解决中国现实问题的学术研究风格,为学界和政界所称赞,恩师无愧于法学界的领军人物。

  我的人生是幸运的，我很感谢遇到了恩师这位真正意义上的"灵魂工程师"，让我在后来的日子里走得更远、更稳。教诲如春风，师恩深似海。正逢恩师八十大寿，在这喜庆时刻，我要向敬爱的先生致以深深的敬意和谢意，先生"学为人师，行为世范"，学术上开拓创新，见解独到；育人上精心尽心，谆谆教导。师母韩象乾教授待人宽厚、慈爱有加，谢谢二老多年来对我关心、支持和鼓励，祝福二老健康长寿！

大师·遇见

陈惊天[①]

一九八九年,一辆徐行的绿皮火车上,家父与崇义先生相向而坐,漫谈天地,如逢知己。感佩于先生之情怀与学识,家父临别时说:他日有缘,犬子当拜入先生门下。

一九九六年,吾到中国政法大学法律系攻读法学本科,方知先生乃学界大咖,只带博士研究生。后生初学,其实谈不上对先生的专业学识有何体悟,有印象的是先生亲手做的手擀面味道。这碗手擀面,门下弟子大都印象深刻,因为有家的味道。先生鼓励我跨入法学之门,四年来时常侧面了解吾之日常与品行,瞭望吾之前行。吾虽草根,得掌明灯,盖先生之仁爱关心使然也。

二〇〇一年,吾硕士入学,得随先生左右,协助管理课题项目,担任学术秘书,筹集会议论坛,承办研究生课程班等事宜。先生时任中国政法大学诉讼法研究中心主任,在工作中严以律己、宽以待人、出言必信、每行必果,其学益深、其业益精、其名日盛,其助日广,终使研究中心誉满中外。吾虽不智,竟有所得,盖先生之言行垂范使然也。

二〇〇六年,吾博士入学,正式成为樊门弟子。先生安排的第一件任务,就是要求学生全面了解学科情况,整理研究综述。所谓学习之道,唯有博览群书,熟稔百家观点,反复诵读于心,则其义自现。同时,先生要求学生感受法律的温度,体会法条蕴含的普世价值;把握法治的规律,认清法学发展的时代方向;梳理制度的架构,洞悉法治实施的实然状态;关注机制的设计,考察司法运行的切实效果。所谓研究之道,唯有探寻规律,坚持实证之路,斟酌精思于心,则其理

[①] 陈惊天,中国政法大学博士、最高人民法院应用法学研究所博士后、中国行为法学会副秘书长、《人民法治》执行总编。

自明。吾虽愚钝，卒有所获，盖先生之谆谆教诲使然也。

二○一九年，先生八十大寿。吾博士毕业十年，与先生缘分三十年。吾尝思先生何以被誉为泰斗，何以成为大师。盖先生自一九六五年投身教学，经年五十有四，始终诲人不倦，既履师职，又行父责，育千百栋梁，桃李遍布天下；始终勤于治学，既著名篇，又推立法，集刑诉大成，成果仰之弥高。可谓学为师师，德为师范！大师，乃师中之泰斗且有盛德者。吾侍先生左右所悟者有五：一曰坚定立场，二曰守正价值，三曰思无边疆，四曰学无止境，五曰门无派系。一二为盛德之所寄，三四五则为泰斗之所由。后学所追，无他，持此五条，深耕不辍，水到则渠成焉。

寿樊公赋

刘鹏宇[①]

戊戌之岁，序维三秋。[②] 尊师杖朝之年几近，天辅高龄，岁逢诞弥。[③] 樊门诸子，神笔贺辰，鸿文沓至，国法并惠。然予拮童子之知，窘秃笔之劣，未敢为文，遂作斯赋，以拳孝义。其辞曰：

庚辰皋月，[④] 官属觜宿，[⑤] 蕤宾为律，[⑥] 建午之斗。[⑦] 三星鼎峙，鸥鸟奋惊霜之口；[⑧] 律吕[⑨]合鸣，师旷[⑩]演钟瑟之奏。星昴继，豫州动。莽莽湍、默，[⑪] 八百里云波杳森，[⑫] 列列伏牛，[⑬] 七千年云亘张柳。[⑭] 雄川俊府，人杰地秀，蒉历[⑮]星驰，善辰好寿。[⑯]

---

① 刘鹏宇，中国政法大学证据科学研究院 2016 级法律硕士研究生。
② 序，时序；三秋，古人将秋分为孟秋、仲秋、季秋，分指七、八、九三个月。
③ 诞弥，生日。[宋] 宋庠《乾元节赋》："因诞弥之吉序，稽长发之休咏。"[宋] 苏轼《赐济阳郡王曹佾生日礼物口宣》："属此诞弥之日，岂无燕喜之私。"
④ 皋月，夏历中五月的别称。
⑤ 觜宿，二十八宿之一，为西方第六宿。
⑥ 蕤宾，古乐十二律中之第七律，古人律历相配十二律与十二月相适应，谓之律应。蕤宾位于午在五月故代指农历五月。
⑦ 建午，农历五月代称。月建，即把一年十二个月和天上的十二辰联系起来。把黄道（太阳一年在天空中移动一圈的路线）附近的一周天十二等分，由东向西配以子，丑，寅，卯，辰，巳，午，未，申，酉，戌，亥十二支。十二支和十二月相配，依序称为建子月，建丑月，建寅月等。
⑧ 觜宿三星，鼎足而居，觜，《说文》："鸱奋头上角觜也"。
⑨ 律吕，古代乐律的统称，又分阴律、阳律。
⑩ 师旷，字子野，春秋时著名乐师，博学多才，尤精音乐，善弹琴，辨音力极强。
⑪ 湍，湍河，默，默河，均流经今河南省南阳市内乡县境内。
⑫ 杳森，浩渺貌。[唐] 元稹《遣春》诗之二："空濛天色嫩，杳森江面平。"
⑬ 伏牛，伏牛山，河南省西南部山脉。
⑭ 张柳，星宿名，属二十八宿。古人惯以天上星宿与地上区域对应，称为"某地在某星之分野"。河南省南阳市内乡县位于张、柳二星分野处。
⑮ 蒉历，日历。因蒉荚的更换而知月日，故名。
⑯ 好寿，谓宜于长寿。[元] 刘因《杂诗》之二："地寒人好寿，草浅畜宜羊。"

至若魁儒贤望，① 鸿眇硕学，② 虽赖天荫，岂非人力乎？予尝闻范公辞母，确苦登第；③ 陈平少窘，勤饬封侯。④ 师少艰窭，⑤ 瓮牖桑枢⑥雠寇⑦俟尽，国难未已。乱世穷途，谁悲浑噩之客？关山路远，难滞笃学之童。踏洿泞⑧，披山丛，⑨ 衣粟覆裹，单影孤茕，历载宵旰⑩，玉汝遂功，⑪ 有不见者，二十余冬。古今寒士，泯然者众矣，登庙云鳌者，⑫ 身虽寒而未寒其志，食虽苦而未苦其神，褛虽敝而未敝其气，其是之谓乎？

且夫桃李丰翳，⑬ 聚天下英才而育之者，唯尊师是焉。曩昔少小贫约，⑭ 忧

---

① 魁儒，大儒。[清] 龚自珍《明良论一》："三代、炎汉勿远论，论唐宋盛时，其大臣魁儒，大率豪伟而疏闳，其讲官学士，左经右史，鲜有志温饱，察鸡豚之行。"贤望，谓有才德有声望的人。《晋书·石勒载记上》："既风俗殷杂，须贤望以绥之，谁可任也？"

② 鸿眇，谓学识博大精深。[汉] 王充《论衡·超奇》："自君山以来，皆为鸿眇之才，故有嘉令之文。"硕学，谓博学之人。《西京杂记》卷一："成子（弘成子）后病，吐出此石，以授充宗（五鹿充宗），充宗又为硕学也。"

③ 范公句，用范仲淹典。范仲淹幼年丧父，家境贫困，年少辞别母亲，前往南都应天府（今河南商丘）求学，数年寒窗生涯，苦读及第。确苦，谓竭力坚持。《新唐书·裴度传》："于时，讨蔡数不利，群臣争请罢兵，钱徽、萧俛尤确苦。"

④ 陈平句，用陈平典。陈平，西汉王朝的开国功臣之一，少时，家中十分贫困，可他偏偏喜欢读书，陈平的哥哥见陈平喜欢交游，便承担了家中的全部劳动，使陈平有时间出外游学。后勤奋苦读，终成大器，随刘邦征战天下，西汉建立后因功先后受封为户牖侯和曲逆侯。勤饬，勤勉谨慎。《明史·潞王朱翊镠传》："翊镠好文，性勤饬，恒以岁入输之朝，助工助边无所惜，帝益善之。"

⑤ 艰窭，谓贫困。《新唐书·文艺传上·杜甫》："甫家寓鄜，弥年艰窭，孺弱至饿死。"[宋] 李纲《与秦相公书》之七："坐废六年，旅食异方，艰窭甚矣。"

⑥ 瓮牖桑枢，喻贫穷人家。牖：窗子；枢：门的转轴。破瓮做窗，绳作门轴。[汉] 贾谊《过秦论》："然而陈涉，瓮牖绳枢之子，氓隶之人，而迁徙之徒也。"

⑦ 雠寇，犹仇敌，此处指日寇与国民党反寇。[宋] 苏舜钦《上范公参政书》："惟是险奸凶歼之人，嫉阁下声名出人，甚于雠寇。"

⑧ 洿泞，污泥。[晋] 葛洪《抱朴子·名实》："捐玄黎於洿泞，非夜光之不真也，由莫识焉。"

⑨ 山丛，谓山峰林立的群山。

⑩ 宵旰，宵衣旰食的略语，谓人勤奋。[唐] 杜甫《秋日夔府咏怀一百韵》："宵旰忧虞轸。"

⑪ 玉汝遂功，谓玉汝于成。《诗经·大雅·民劳》："王欲玉女，是用大谏。"

⑫ 云鳌，指科考中高第者。[宋] 罗烨《醉翁谈录·王魁负心桂英死报》："天马果然先骤跃，神龙不肯后蛟螭。海中空却云鼇窟，月里都无丹桂枝。"

⑬ 丰翳，谓浓荫。[清] 方履籛《古藤赋》："雨雪助其丰翳，曦阳敛其坚朴。"

⑭ 曩昔，往日，从前。[晋] 向秀《思旧赋》："追思曩昔游宴之好，感音而叹，故作赋云。"[唐] 白行简《李娃传》："默想曩昔之艺业，可温习乎？"贫约，贫穷。《左传·昭公十年》："国之贫约孤寡者，私与之粟。"《宋书·后妃传·孝懿萧皇后》："初，高祖微时，贫约过甚，孝皇之殂，葬礼多阙。"

怀灵昧，① 今而载师载教，以德遐宣。② 菊乡③远而蓟丘近，篆霭④清而亨途看。讲台三尺，几何春风化雨；寸翰一径，⑤ 千乘著海云山。蓟门雨霁，风露春满，挑灯披卷，五十五年。高文布字，⑥ 委蛇⑦可连日月，硕果玮博，⑧ 浅耕足定国安。昧旦晨兴，⑨ 烟岚暮染，⑩ 谆谆善引，百辈椒兰。⑪ 嗟夫，一人之辛，千万人之幸也，一人之勤，国与法俱荣焉！耆硕⑫之德，功享竹帛，⑬ 尊师懿范，⑭ 麋寿⑮永绵。

学生执笔再拜，顾惭萧然。⑯ 予以三尺之身，微芥之命，内无明法论策之

---

① 灵昧，借指人民。[南朝梁] 江淹《建平王庆江皇后正位章》："休遍函夏，誉殷灵昧。"
② 遐宣，谓远扬，普及。《宋书·符瑞志下》："礼乐四达，颂声遐宣。"《隋书·文学传·虞绰》："圣德遐宣，息别风与淮雨；休符潜感，表重润以夷波。"
③ 菊乡，河南省南阳市内乡县别称。
④ 篆霭，盘香的烟雾。清·洪昇《长生殿·密誓》："宫庭金炉篆霭，烛光掩映。"
⑤ 寸翰，借指笔。[魏] 曹植《薤露行》："骋我径寸翰，流藻垂华芳。"
⑥ 布字，谓著述。[隋] 薛道衡《咏苔纸》诗："今来承玉管，布字改银钩。"[唐] 李庚《西都赋》："或献凯作名以宣帝功，或布字缀行以达皇风。"
⑦ 委蛇，蜿蜒曲折，意同逶迤。《楚辞·离骚》："驾八龙之婉婉兮，载云旗之委蛇。"
⑧ 玮博，卓异广博。罗敦曧《文学源流·总论》："绵及初唐，四杰并轸，王勃、杨炯、卢照邻、骆宾王渊深玮博，郁乎巨观。"
⑨ 昧旦晨兴，指天不亮就起来，多形容勤劳难以入睡。《晋书·简文帝纪》："何尝不昧旦晨兴，夜分忘寝。"
⑩ 烟岚暮染，犹暮染烟岚，形容工作辛苦，早起晚归。
⑪ 百辈，上百位，言人多。[明] 张居正《杂著》："使始皇有贤子，守其法而益振之……即有刘项百辈，何能为哉！"椒兰，喻美好贤德者。《旧唐书·列女传序》："末代风靡，贞行寂寥，聊播椒兰，以贻闺壸，彤管之职，幸无忽焉。"
⑫ 耆硕，谓年高而有德望之人。[唐] 韩愈《为韦相公让官表》："况今俊乂至多，耆硕咸在，苟以登用，皆逾於臣。"
⑬ 犹书功竹帛，喻载入史册。《三国志·蜀志·先主传》："今欲为使君合步骑十万，上可以匡主济民，成五霸之业，下可以割地守境，书功于竹帛。"
⑭ 懿范，美好的道德风范。[晋] 陆云《赠顾骠骑·有皇》诗："思我懿范，万民来服。"[唐] 王勃《秋日登洪府滕王阁饯别序》："都督阎公之雅望，棨戟遥临；宇文新州之懿范，襜帷暂驻。"
⑮ 麋寿，长寿之意。《隶释·汉北海相景君铭》："不永麋寿异臣子兮。"洪适释："以麋为眉。"
⑯ 顾惭，自顾而惭愧。[唐] 杜甫《北征》诗："顾惭恩私被，诏许归蓬荜。"仇兆鳌注："顾惭，自顾惭愧也。"萧然，空寂貌。

智，外无稚圭凿壁之坚。① 忝列门墙，② 浅愚叨滥，③ 愧赧无地，昼夕兢战。④ 所赖尊师携行，同访苏、闽，倾衿⑤推诚，报德脩善。⑥ 寒家稚子，躬逢俊德，⑦ 樊门黎彦，⑧ 与有荣焉。

良时洊至，⑨ 祥蝠会守，⑩ 文昌阳公，⑪ 称觞献寿。⑫ 松鹤遐龄，⑬ 寻寻焉⑭三千岁路；⑮ 龟蛇在纛，⑯ 悬悬乎七百苗胄。⑰ 鏦鏦铮铮，⑱ 延舞篌，⑲ 郁郁盈盈，⑳

---

① 稚圭，即匡衡，用其凿壁偷光之典。

② 忝列门墙，犹言自己愧在师门。《宋书·朱修之列传》："文帝谓曰：'卿曾祖昔为王导丞相中郎，卿今又为王弘中郎，可谓不忝尔祖矣。'"

③ 叨滥，犹言滥充。《魏书·袁翻传》："於臣庸朽，诚为叨滥。"［唐］张九龄《谢赐衣物状》："臣有何力，可以叨滥？"

④ 兢战，犹惶恐。

⑤ 倾衿，亦作"倾襟"。推诚相待。［南朝梁］陶弘景《周氏冥通记》卷三："我昔微游於世，数经诣之，乃能倾襟。"

⑥ 脩善，犹言行善。《史记·李斯列传》："不为安肆志，不以危易心，絜行脩善，自使至此，以忠得进，以信守位。"

⑦ 俊德即儁德，有美德之人，代指尊师。［唐］刘知几《史通·二体》："至於贤士贞女，高才儁德，事当冲要者，必盱衡而备言；迹在沉冥者，不枉道而详说。"

⑧ 黎彦，谓众多的贤士才人，此处指樊门子弟。

⑨ 洊至，再至，相继而至。《易·坎》："水洊至，习坎。"王弼注："不以坎为隔绝，相仍而至。"［南朝］宋谢灵运《富春渚》诗："洊至宜便习，兼山贵止託。"

⑩ 祥蝠，蝙蝠，会守，一起等候。

⑪ 文昌，即文昌星，主持文运功名的星宿。阳公，即阳城，福星。

⑫ 称觞，即举杯祝酒。［南朝齐］谢朓《三日侍华光殿曲水宴代人应诏诗》之九："降席连緌，称觞接武。"［唐］马怀素《饯唐永昌》诗："闻君出宰洛阳隅，宾友称觞饯路衢。献寿，即献礼祝寿。[南朝宋] 谢庄《月赋》："乃命执事，献寿羞璧。"［唐］杜甫《元日示宗武》诗："赋诗犹落笔，献寿更称觞。"

⑬ 遐龄，犹高龄。《魏书·常景传》："以知命为遐龄。"［晋］郭璞《山海经图赞下·不死国》："有人爰处，员丘之上，赤泉驻年，神木养命，禀此遐龄，悠悠无竟。"

⑭ 寻寻，无边无际。马王堆汉墓帛书《老子》甲本："寻寻呵不可名也，复归于无物。"诸本《老子》俱作"绳绳"。《说文通训定声·升部》引梁简文帝注："无涯际之兒。"

⑮ 岁路，指年纪。［南朝梁］张充《与尚书令王俭书》："丈人岁路未彊，学优而仕。"

⑯ 龟蛇，指龟和蛇。古代人民常将此二物绘于旗上，以消灾避害。《周礼·春官·司常》："龟蛇为旐。"郑玄注："龟蛇象其扞难辟害也。"纛，旗。

⑰ 悬悬，遥远貌。［汉］焦赣《易林·晋之坎》："悬悬南海，去家万里。"［唐］李白《清平乐》词："烟深水阔，音信无由达。惟有碧天外月，偏照悬悬离别。"苗胄，犹苗裔。《隶释·汉成阳灵台碑》："汉感赤龙，尧之苗胄。当脩尧祠，追远复旧。"《隶释·汉成阳令唐扶颂》："苗胄枝分，相土眂居，因氏唐焉。"

⑱ 鏦鏦铮铮，象声词，形容乐器演奏声。［唐］黄滔《戴安道碎琴赋》："焉有平生探乐府铮鏦之妙，爰教一旦厕侯门戛击之徒。"《老残游记》第十回："其时箜篌渐稀，角声渐低，惟馀清磬，铮鏦未已。"

⑲ 延年，即李延年，西汉音乐家，前112年春天为武帝所用。汉武帝宠妃李夫人的哥哥。能歌善舞，容貌喜人。

⑳ 郁郁，香气浓郁貌。盈盈，清澈貌。

山公祝酒。① 樊门诸贤，九州星列，② 寿斝一举，③ 八方来叩。

---

① 山公，晋代山简，时人亦称山公。山简性嗜酒，镇守襄阳，常游高阳池，饮辄大醉，其指醉酒后躺倒在车上。
② 星列，如天星罗列，言密布。[南朝梁] 简文帝《南郊颂》序："珠旗日羽之兵，亘五营而星列。"
③ 寿斝，寿觞。[宋] 苏辙《宣徽使张安道生日》诗："从公淮阳今几年，忆持寿斝当公前。"

诉讼·制度·程序

刑事司法的人本化：从权力本位到权利本位

郭金霞[①]

马克思早在一百多年前就已经提出："任何一种解放都是把人的世界和人的关系还给人自己。"正如马克思所指出的那样，人类社会发展的最高和最终目标就是"人类解放"，就是"每个人自由发展是一切入自由发展的条件"。这种以人的发展为社会发展目标的发展观就是"人文精神"的体现，正是这种人文精神的确立，使得人的发展成为社会发展的立足点。[②] 作为刑事诉讼法所涉及人主体性一系列人身自由、财产安全利益的保护同样应当受到保护，刑事诉讼法在配合实体法实现的过程本身的法治化意味着人权保障、国家社会利益、诉讼参与主体利益相对的动态均衡。

一、人文精神与刑事诉讼

（一）人文精神及其发展

所谓人文精神，简言之，是指以人为最高目的的态度、原则、方法和价值取向。在处理个人与社会的关系时，西方现代文化往往突出个人本位意识，把社会作为人生存的环境、条件甚至工具，社会不过是人们交往关系（包括经济交往、政治交往、文化交往、日常生活交往）的机制化。随着人们生存方式的变化。人们的交往形式也在不断变化，因而社会的运行机制、意识形态都随之变化。这种变化的指向是更有利于满足人的需求，保障人的权益。促进人的自由和发展。社会的应然状态总是人，人是社会和文化的目的，是终极关怀的归宿。[③] 因而，人

[①] 郭金霞，中国政法大学刑事司法学院副院长，教授，法学博士。
[②] 樊崇义：《迈向理性的刑事诉讼法学》，中国人民公安大学出版社2006年版，第72页。
[③] 杨岚、张维真：《中国当代人文精神的构建》，人民出版社2002年版，第73页。

文精神内在于人的实践活动,并通过实践活动表现出来。人是一种自然存在物,更是一种实践存在物、社会存在物、文化存在物,在人的世界中,他要赋予自己的现实生活以价值和意义,将其纳入某种意义系统,建构一个文化的理想世界作为他的终极目标和人生意义,以此来确证人的主体性。在此意义上,人文精神正是指人类文化创造的价值和理想,是指向人的主体生命层面的终极关怀。它是对人自身命运的理解和把握,对人的生存价值意义的关注,是人之为人的一种理性意识、情感体验、生命追求、理论阐释、评价体系、价值观念和实践规范。①

人文精神的精髓在于"以人为本"。就人与自然而言,人文精神意味着人既不是自然界的奴隶,也不是神的奴仆,不是机器,更不是机器的附庸。就人与社会而言,人文精神意味着个人在社会中不是法律和权力的被动产物和附属品,而是社会的主人和主体,他真正自己主宰自己的命运,而不是被动接受。在现代社会里,人之所以为人,就是因为个人的尊严得到了尊重和体现,他充分地享有权利去追求自己的生活,维护自己的尊严,体现自己的价值。人文精神并不是一开始就存在于法律当中的,人类社会的法律文明经历了以神为本的神法时代、以家为本的家法时代、以人为本的人法时代。② 其中以神为本的法律制度中,法律被认为是神的意志,因此,宗教的掌管者也是法律的掌管者,主持宗教仪式的祭师就成为法律的代言人。神法本位在西方存在了很长一段时间,最为典型的是中世纪的教会法。与西方社会不同,神学在中国的统治时间不长,相反,在中国历史上,长期以来宣扬的是一种以家为本的法律观,但正如著名的政治家管子所提出的:"夫霸王之所始也,以人为本,本理则国固",③ 中国传统的文化中倡导了"以人为本"的人文精神。在中国长达两千多年的封建社会中,出现过多种思想和学派,其中影响最大的三家为佛、道、儒,它们长期并存,对中国社会产生了深远的影响。中国传统思想文化本质上是一种关于"人"的学问,其重要的特点之一就是具有强烈的关注现实社会和人生的人文精神。然而,中国传统文化中的人文精神是不彻底的,尤其是作为专制社会统治工具的儒学中的人文精神也未能落到实处。中国古代社会的法学既有体现人文精神的一面,又具有浓郁的专制

---

① 樊崇义:《迈向理性的刑事诉讼法学》,中国人民公安大学出版社2006年版,第72-73页。
② 樊崇义:《迈向理性的刑事诉讼法学》,中国人民公安大学出版社2006年版,第74页。
③ 管仲:《管子·霸言》,北方文艺出版社2006年版,第56页。

主义色彩。资产阶级的革命运动最终确立了法律在社会生活中的地位,确立了人本思想。从法国到美国的独立宣言,资产阶级将私权神圣的思想贯彻到了法律当中,宣告着个人作为社会的一分子享有的追求幸福与自由的权利。私权利的神圣不可侵犯,在充分尊重了人的本性的同时,也促进了社会的全面发展和进步。当然,私有制下资本的私人占有和绝对控制,引发了社会的不平衡和不平等。社会贫富差距加大、弱势群体增多、社会底层人员的权益受到严重侵犯而得不到保护等问题相继出现并日益严重化,这就在另一个方面,违背了人文精神的精髓,社会大多数人的权益受到了侵犯。于是,在西方社会,从19世纪末开始,各国通过立法加强对有产者绝对权利的限制,加强对社会弱势群体权利的关注和保护,从而使社会大多数人获得法律的保护,而这无疑吻合了人文精神对大多数人的关怀的精神和要求。我国现代意义上的人文精神,可以追溯到近代的"五四"运动。正是"五四"运动使中国文化思想的发展发生了翻天覆地的变化,迈开了中国现代化的重要一步,使得人文精神从传统走向现代。倡导科学与民主,人性解放,反对思想的禁锢,反对人性的泯灭,要求人们在政治、经济、思想上的解放。

(二) 刑事诉讼中的人文精神

在现代文明国家,刑事司法都被注入了一种人文精神——人及其存在的事实本身在本质上被认为具有尊严的性质,人及其存在的尊严被视为最高的善,是其他各种价值的基础。人们认为,法治的最高层次是一种信念,相信一切法律的基础,应该是对于人的价值的尊重。法律应实践出这一人文理想:每个人都应该受到尊重和关怀,无论他或她是谁,无论他或她做过些什么,不分种族、肤色、宗教、性别、收入、阶级、地位、职业或其他特点。一个人应受到尊重,只因为他或她是一个人,有独特的历史、性格和自我。刑事司法中的人本精神,应当含有这样的一种基本理念,就是在刑事司法中尊重个人的自由、权利和人格尊严,将人(特别是那些权利最易被抹杀的犯罪嫌疑人、被告人)以"人"相待,承认并尊重其主体地位和诉讼权利,给予其作为人应有的礼遇,反对将其物化、客体化、工具化。①

刑事诉讼法以追诉犯罪维护社会关系为最终目的,不是为惩罚犯罪而惩罚犯

---

① 樊崇义:《迈向理性的刑事诉讼法学》,中国人民公安大学出版社2006年版,第79页。

罪，而是为个人的自由和发展提供良好的社会环境。因而，刑事诉讼程序的设计和诉讼实践不能偏离这一终极目的，不能把国家追诉机关及其人员视为专政或统治的工具或"刀把子"，将嫌疑人客体化。康德指出，任何人都没有权利仅把他人作为实现自己主观目的的工具，每个个人都应当永远被视为目的本身。① 自"二战"以来，随着《世界人权宣言》《欧洲维护人权和基本自由的公约》《公民权利与政治权利国际公约》等一系列与刑事司法相关的国际文件的通过，各主要国家在刑事诉讼程序中融入了更多的人文精神，通过制约权力、张扬权利体现国家和社会对个人尊重、爱护的人文关怀，加强了嫌疑人、被害人、证人的权利保障。

二、刑事司法人本化的必要性

（一）刑事诉讼过程的强制性与追诉性应当被人本主义缓解

自从人类社会创制法律以来，刑事诉讼法就以为保证刑法的正确实施为主要目的，在文明社会之前甚至是唯一的目的。刑法的严酷，使刑事诉讼法也必然表现为严厉的手段，这是由统一的立法和司法理念决定的。从刑事诉讼的发展历史来看，掌握着国家机器的追诉机关一旦启动了追查犯罪的程序，就拥有了至高无上的权力，甚至公开允许刑讯。犯罪嫌疑人和被告人作为被追诉者，几乎没有任何可以与之对抗的权利，自身利益的保护也就无从谈起。资产阶级所建立的现代法治，主要是针对之前法律的野蛮性，从人权的捍卫出发，追求诉讼过程的公正性，对国家权力的限制逐步加强。被追诉者在诉讼过程中的权利从无到有、从少到多的演进，推动了法律的文明，也同时促进了社会各方面的进步。

刑事诉讼活动作为一种追究犯罪行为人刑事责任的活动，其前提条件是发生了犯罪行为。因此，虽然各国的刑罚目的不同，有的出于矫正，有的出于预防，有的甚至出于报应，但总的来说，各国刑事诉讼活动的目的还是在于发现犯罪行为人，并对其给予恰当的定罪处罚，从而控制犯罪，进而维护社会秩序，以保障全社会公民的自由与安全。然而，不管刑事诉讼法如何文明、如何温柔，保证查明犯罪、惩罚犯罪的历史使命决定了它的强制性与追诉性永远共存。犯罪只要还

---

① ［美］E. 博登海默：《法理学：法律哲学与法律方法》，邓正来译，中国政法大学出版社1998年版，第77页。

存在，与犯罪的斗争就必须由国家来完成，而且也只有国家才能完成。犯罪对社会关系破坏程度的严重性，决定了惩罚的方式和力度都是其他性质的法律所不能比拟的。既然刑法允许剥夺一个人的生命、自由、财产，刑事诉讼法就当然允许在追查犯罪的过程中对被认为是犯罪的人，采取暂时剥夺自由、财产的方式进行控制和追查。于是，一个被国家认为是犯罪者的人，在审判前就完全有可能被国家权力控制某些公民基本权利的行使。"正因为嫌疑人的人身权利在侦查阶段面临着受到任意剥夺的威胁，被告人在公诉环节上面临着受到任意和重复追诉的可能，被告人在审判阶段则面临着无法获得公正审判的危险，因此，刑事诉讼法在设定诉讼程序时就不能不将授予、保障、救济嫌疑人、被告人的权利作为重要的制度目标。"①

因此，从根本上说，"惩罚犯罪"与"保障人权"作为刑事诉讼的两个目的，应当在人文精神的贯彻中得到平衡和实现。现代司法不能仅仅追求惩罚犯罪，还应当关注惩罚犯罪过程中遇到的人权保障问题，毕竟惩罚犯罪的最终目的是保护大多数人的利益和权利，是更好地实现中国文化中的"人文精神"，实现人类的全面和谐发展。在此意义上，我们必须树立刑事诉讼中"以人为本"的人文精神。

(二) 受中国传统的权力本位观影响刑事司法中需要人文关怀

权力本位的思想是指司法者在司法的过程中，占据主要思想地位的并不是涉案人员的权利保护，而是他们的权力行使，是作为社会"刀把子"的优越感的体现。② 从历史上看，传统中国社会的权力观念也深深影响着诉讼文化。执法者的权力本位思想长期以来一直存在，在我们这样一个古老的国度，官本位的思想较"民本思想"而言更为根深蒂固。这种思想反映在刑事司法领域就表现为执法者的权力本位思想。中国古代的诉讼结构，基本上是一种"权力型诉讼"，表现在诉讼权力集中而缺少分化，诉讼权力主导诉讼而缺乏对诉讼权利的切实保障，诉讼权力滥用普遍。

在刑事诉讼中，权力本位思想影响到了诉讼中追诉机关执法观念的正确表达，尤其是不适当地利用手中的权力，"越位"使用权力，涉案人员（尤其是犯

---

① 陈瑞华：《程序性制裁理论》，中国法制出版社2005年版，第15页。
② 樊崇义：《迈向理性的刑事诉讼法学》，中国人民公安大学出版社2006年版，第77页。

罪嫌疑人和被告人）的权利遭到了近乎随意的处理。然而，从人的本性来讲，犯罪嫌疑人、被告人同其他人一样，也是作为社会自由体而存在的人，他们也同其他任何人一样有着与生俱来、不证自明的权利，渴望被尊重、渴望受到法律的保护。诚如法理学者所主张的，法律的本性是"权利"本位，而非"权力"本位。因此，对他们合法权利的限制或者剥夺，必须建立在必要的基础之上，不可随意为之，他们因被控告，有的还确有违法犯罪而产生权利受到限制和剥夺的必要性，然则哪些权利应当予以限制或者剥夺，均应由法律加以严格限定。

尽管我国法律上历来有关注"人文精神"的传统，刑事诉讼法也以打击犯罪和保障人权为基本任务，但刑事诉讼中人文精神的落实是薄弱的。这种关注是以维护统治者的统治为前提的，是惩罚犯罪的副产品。权力本位的思想使得诉讼中打击的职能被过分强调，而保护的环节则相对薄弱，一旦对犯罪嫌疑人和被告人的权利保护可能影响或者不利于案件事实的查明、犯罪行为的追究，惩罚就将成为第一选择，具体表现为刑事诉讼中权力与权利的失衡。

诉讼权力和诉讼权利关系的失衡，在刑事诉讼尤其是审判前的侦诉程序中表现得更为突出。刑事诉讼中国家权力与公民权利的多维、深刻的互动关系，清楚地表明了人类的国家形态从专制迈向民主的进程，人类自由的历史也是程序保障不断扩展的历史。刑事诉讼作为解决个人与国家之间激烈的矛盾冲突机制，一方面，应使有关机关及官员有足够的权力，以高效地查明案件事实，查获犯罪嫌疑人，控制犯罪；另一方面，又必须对追诉权力有所制约，不能使其毫无拘束，任意扩张，从而侵犯公民个人应有的诉讼权利。社会安全与公民权利从宏观的视域看，应当说具有一致性，但具体体到刑事诉讼领域中，则往往表现出矛盾、冲突的特征。为了社会安全，应当赋予侦诉机关更大的权力，对他们的活动以最小的限制，对活动效果予以最大限度的承认；为保障公民自由及权利，特别是被追诉人的诉讼权利，则须给公民的人格尊严予以更高的尊重，给人身自由予以更多的保护，而这些又必须通过对侦诉机关及官员的权力、行动、行动效果予以更严格的限制。二者之间的这种张力，给立法者和司法者提供了选择的空间，而又不免使其陷入选择的困境。在过去，由于片面强调社会安全，对刑事诉讼中的国家权力特别是追诉权力给予了充分的信任和较小的制约，刑事诉讼在极大地压制、损害、牺牲个人尊严、权利和自由的基础上，追求着秩序的恢复和稳定。由于社会主义市场经济体制的初步确立，全球化浪潮产生的巨大冲击力，政治文明进程的加速，多元文化的冲突和融合，公民权利意识的凸显等带来的社会变迁，使得当代的刑事诉讼正朝着更加理性化、人道化的人本主义转向。以权力为本位的选择已经丧失其存在的合理性，必须在观念上实现转变和制度上实现变革以回应时代的要求。目前，对于权利的关注、对于权利的信仰、对于权利的保护几乎成为我们越来越占主导地位的法学思维方式。作为与诉讼权利紧密相关的刑事诉讼法学，我们也迫切需要从"权力"本位的思想转变为"权利"本位的思想，将诉讼中的人文精神以法律的形式固定下来，切实使涉诉人员，尤其是犯罪嫌疑人和被告人的权利得到尊重和保障。

(三) 刑事司法人本化是现代法精神的要求

从实体意义上讲，作为与传统型人治主义相区别的现代法治主义，必须以其深厚合理的理性化价值体系为出发点和归宿。它同诸如自由、平等、主体权利相联系。我们完全可以说，不与自由、平等、主体权利相联系的法治乃是徒有空名。决定着现代法之所以成为现代法的最基本因素，是"构成近代人意识本质"的主体性意识。其内容有：第一，人要认识自己作为人的价值，是有独立价值的存在，是不隶属于任何人的独立存在者；第二，这种意识在社会范围内，同时是社会性的存在，大家互相将他人也作为这种主体人意识并尊重其主体性。

关于现代法的精神，法理学界曾从不同的角度揭示其丰富的内涵。但就其价值理念而言，一般均承认，现代法是一种以"自由、平等、博爱"为价值底线的法律制度，其核心是对个人权利的尊重，是"以权利为本位"。而且，正是基于这一价值理念，现代法制尽管脱胎于传统法制，却在实质上是与传统型人治主义相区别的现代法治主义。现代法实质上是一种以尊重个体权利为核心的法律制度。法制现代化的价值意义就在于保障和促进公民的权利，并且要创造一个正常的社会生活条件，使个人的合法愿望和尊严能够在这些条件下实现。正是在这个意义上，现代法制精神强调法律对国家权力的有效制约。这种对国家权力的法律限制，正是为了更充分有效地保护社会主体的自由权利，进而促进整个社会的积极进步。

刑事诉讼法作为现代法的一部分，同样以尊重个人权利为其基本理念。在刑事诉讼领域，主要表现为刑事诉讼中的人文精神。现代刑事诉讼法与落后的传统刑事诉讼法的理念差别就在于对待犯罪嫌疑人和被告人的态度上，就在于人文精神的落实上。当诉讼从野蛮的纠问式转向理性化的控辩式的时候，被追诉者也从诉讼的客体转成了诉讼的主体，真正成为诉讼中主宰自己命运的主人，而不是被动接受。因此，对被追诉者，在审前、审判中乃至审判后执行时都应确保他们的诉讼权利。

三、我国刑事司法人本化的情境

法治的理想，就是去创造和维持一套原则、规例、程序和机构，以保障每个人的权益，防止它受到政府或其他人的侵犯，使每个人都有机会过一种合乎人的尊严的生活。我国社会、经济、法律、文化等的变化，以及国际刑事司法准则为刑事司法人本化提供了客观环境。

（一）国家法律观的转变为刑事司法人本化提供了契机

在我国，对法律本质的认识，长期以来，特别是从20世纪50年代初到20世纪80年代中期，由于受苏联制度结构和意识形态的影响，把法律仅仅当作维护国家政权的统治阶级的意志，是一种国家本位法律观。在这种国家本位法律观的指导和统治下，作为比较敏感的刑事诉讼法，从立法到执法，无不以国家本位为主宰。在"以阶级斗争为纲"时期，刑事诉讼法甚至被定位于"打击敌人""镇压反革命"的工具。

党的十一届三中全会以后，社会主义民主与法制建设被提到议事日程。1979年刑事诉讼法的诞生，在立法上开始注意把保障无罪的人不受刑事追究，把诉讼中的权利保障开始作为社会主义民主与法制的体现加以规定。党的十五大把"依法治国"确定为治国方略，并明确提出了政治生活中的人权保障问题。经过多年社会主义市场经济的发展，我国市场主体资格制度基本确立。作为市场的法律主体，他们是相互独立、完全平等的人，没有行政依附，不存在因所有制不同而产生的身份差别。这种经济生活的重大变化，必然影响着刑事诉讼的立法、执法。如果说传统的国家本位一元化法律观同计划经济相适应，那么在经济体制发生重大变化后，刑事诉讼法律观必须在考虑国家利益的同时，要平等地对待社会和公民个人的合法权利。党的十六大已经旗帜鲜明地提出了弘扬人文精神，倡导人文关怀的思想。党的十六大报告通篇充满了"尊重人的价值、维护人的权利、关注人的生存、重视人的发展"的思想，真正把"以人为本"贯彻到了实处。党的十八大报告强调"坚持以人为本、全面协调可持续发展"，党的十九大报告指出

"坚持以人民为中心，必须坚持人民主体地位，坚持立党为公、执政为民，践行全心全意为人民服务的根本宗旨"，党的十八届四中全会明确了"全面推进依法治国的重大任务，完善以宪法为核心的中国特色社会主义法律体系，加强宪法实施；深入推进依法行政，加快建设法治政府；保证公正司法，提高司法公信力；增强全民法治观念，推进法治社会建设；加强法治工作队伍建设；加强和改进党对全面推进依法治国的领导"。这些重大的改革和变化，说明党和国家的法律观已经从一元化转变为多元化，社会利益和个人利益开始得到强调和肯定。现在我们已经进入一个新时代，我们在继承和发扬"五四"运动以来的人文精神时，又要赋予其新的内容，即创建具有中国特色的社会主义的人文精神。这也是刑事司法人本化的客观环境要求。

另外，就国际环境而言，我国已经批准或已经签署加入多个联合国有关公约，这些变化必然要求刑事诉讼法同相应的国际规则或标准协调一致。作为联合国常任理事国，中国参与了很多联合国刑事司法准则的制定，其内容也能够在相当程度上反映中国的意愿，代表了中国对刑事司法的基本认识。中国对于联合国1945年6月26日签署的《联合国宪章》、1948年12月10日通过的《世界人权宣言》和1966年通过的《经济、社会和文化权利国际公约》与《公民权利和政治权利国际公约》等文件的约束力必须要有一个明确的认识，恪守条约义务认真履行。而联合国刑事司法准则则代表了社会进步的基本导向，以及人对自身权利关注的基本水平并科学地诠释刑事司法正当化、科学化、人本化的基本内涵，因此而得到国际社会的普遍认同。[①] 促进和保护人权是各国政府的神圣职责。任何国家都有义务遵照国际人权公约，并结合本国国情和有关法律，促进和保护本国人民的人权和基本自由。为完成这一任务，首先要做的就是要确立刑事诉讼中人本主义法律观，切实关注刑事诉讼中对权利的保障以及对权力的制约。

（二）宪法中的人本精神是刑事司法人本化的依据

在我国人文精神的重要内容——保障人权，已经被提到由《宪法》规定的高度，中国共产党中央委员会提出关于修改《中华人民共和国宪法》部分内容的建议中，明确增加了一个条款："国家尊重和保障人权"；2004年3月14日，第十届全国人民代表大会第二次会议以宪法修正案的形式确认了这一条款。这在

---

① 樊崇义、夏红：《联合国刑事司法准则与中国刑事诉讼法修改》，载《人民检察》2007年第11期。

我国法律史上以法律的形式规定"保障人权"是第一次。我国宪法规定"国家尊重和保护人权",以最高法律的形式体现了人本主义的精神,这就要求在具体的制度安排上要体现宪政与人本主义的神圣理念,建构"以人为本"的刑事诉讼制度就是尊重和保障人权的题中应有之义。诉讼作为维护公民基本权利的手段,正式成为人文精神关注的焦点。因为诉讼尤其是刑事诉讼的对象具有特殊性,他们在法律中的地位使他们的权利极易受到侵犯,他们的尊严极有可能受到执法者的不公正对待,因此,改革刑事司法制度,加强诉讼中的人文关怀具有宪法性的依据。

(三) 和谐社会的构建与司法为民的理念为刑事司法人本化提供了社会环境

2005年2月19日,胡锦涛以"提高构建社会主义和谐社会能力"为题在省部级主要领导干部专题研讨班上作了专门讲话,"十一五"规划又将"推进社会主义和谐社会建设"作为一个大的专题提出,2006年10月初召开的党的十六届六中全会又将"构建社会主义和谐社会"作为会议的主题。"和谐"是中国传统文化的核心理念,意指各部分彼此之间或者各部分与整体之间一种相应、协调或者均衡、匀称的关系。表面上看来,"和谐"是矛盾的反义,而实际上依据唯物辩证法的矛盾学说,"对立的东西产生和谐,而不是相同的东西产生和谐",[①] 社会主义和谐社会的构建作为一项宏大系统工程,涵盖我国社会各个领域和层面的改革与完善。和谐社会首先就应是一个法治社会,法治的第一要义是"法律至上",即法律应当成为国家和公民个人行为的最高准则,是能够对人们施加强制的唯一根据。其他因素尤其是超越法律的权力意志不能够替代法律的上述功能和角色。因此,在和谐社会中,作为刑事诉讼中权力外部规范性规则的应当是法律,且只能是法律,这实际上是权力和权利的法治化问题。而刑事诉讼是国家权力运作和化解社会冲突的一个极为重要的场域,因此,"和谐社会"必定成为我国当下刑事诉讼中各项制度建设的基本语境。

因此,刑事诉讼应当以人文精神,或者说"以人为本"的理念为指导,确实给予涉诉人员以诉讼主体的地位,保障他们的诉讼权利,从而在侦查人员、起诉人员、审判人员当中形成全新的司法理念,使司法体现以人为本的思想。

---

① 北京大学哲学系编译:《古希腊罗马哲学》,商务印书馆1961年版,第19页。

四、刑事司法人本化的实现：从诉讼权力本位转向诉讼权利本位

"以人为本"是当前我国构建和谐社会的主题之一。将"以人为本"作为一个口号提出来是轻而易举的事，但是在刑事司法活动中如何切实体现一种人文关怀，却不是简单的事。对此已有学者从宏观和微观的层面提出了落实之策："应当在宏观上进一步明确刑事司法中的人文关怀和人文精神。……在刑事诉讼的各个阶段，应当关注人文精神，解决权利保障不力的问题。"[①] 正如美国 William Brennan 法官指出："程序的遵从者、取用者时刻也不能忘记人之尊严和权利才是程序的根本，并从中推演法律程序并遵奉的基本原则。"[②] 然而，从我国刑事诉讼法来看，最大的问题是国家本位过度扩张而导致社会本位，尤其是个人本位受到严重压制而无发挥的空间。[③] 因此，真正落实刑事诉讼中的人本精神，关键在于如何使国家权力退缩到其应有的空间，给诉讼中的个人留出应有的空间，在具体的制度安排上要体现宪政与人权的神圣理念，建构以诉讼权利为本位的诉讼制度，实现刑事司法中从权力本位到权利本位的转型。

首先，应理顺刑事诉讼中权力与权利的关系，实现刑事司法观念上的人本化。诉讼权利是人权在诉讼领域的表现形态。人本主义的核心就是尊重和保障人权，它要求在诉讼中尊重和保障诉讼参与人的权利，也就是贯穿程序人本主义精神。这要求我们在诉讼观念和制度上及实践中，正确认识和协调国家权力和公民、社会组织等的诉讼权利之关系。权力是一种控制、支配或影响的力量，诉讼权力是国家权力，诉讼权力以宪法和法律作为其合法性依据，它的行使以国家强制力作为保障。诉讼以纠纷的存在和受理为前提，以纠纷的解决为直接目的，以自由、公正、秩序、效率为价值，关乎公民的切身利益、社会的整体利益和国家的根本利益。作为和平的而非暴力的、理性的而非冲动的、公力的而非私力的纠纷解决方式和权利救济途径，诉讼承载着人们对正义的最后和最高期望，司法官被视为法律的化身和正义的守护神。而滥用司法权力必然导致司法不公，从而从根本上动摇人们的正义信念，诱发各种社会越轨行为。权利是"人类文明社会所

---

① 樊崇义等：《刑事诉讼法修改专题研究报告》，中国人民公安大学出版社 2004 年版，第 43-44 页。
② Jerry L. Mashaw, *Due Process in the Administrative State*, Yale University Press, 1985, pp. 158-221.
③ 樊崇义等：《刑事诉讼法再修改理性思考》，中国人民公安大学出版社 2007 年版，第 15 页。

具有的一种实质性要素。它既是人的基本价值追求，也是社会文明演化进取的不可缺少的力量。"① 权利是法学的核心概念，权利是权利主体在法律允许的范围内做或不做某事，或要求他人为或不为某种行为的能力或自由。诉讼权利是权利的一种类型，具有权利的一般特征，也有其特殊性。从实体法和程序法的法理学对法律的分类来看，权利可以分为实体法上的权利和程序法上的权利，程序法上的权利即诉讼权利。诉讼权利以实体权利为基础，并以维护实体法权利而设定，因此诉讼权利具有第二性或救济性。

诉讼权力和诉讼权利共同构筑了诉讼结构，二者的互动关系是诉讼过程中的基本矛盾。从应然的角度讲，诉讼权力和诉讼权利的基本关系应当是：诉讼权利是诉讼权力的来源和基础，诉讼权力应当确认和保障诉讼权利；诉讼权力的运作应当受到法定程序的规制，并受到诉讼权利的制约；诉讼权利充分地行使，给诉讼权力的有效运作提供条件，诉讼权力为诉讼权利的行使提供便利；诉讼权力的适度干预的合理性在于，防止诉讼权利的滥用，以维持诉讼秩序的正常运行。两者之间处于一种以诉讼权利为本位的平衡和协调关系。

然而，由于传统权力观念的巨大惯性以及其他因素，使得我国诉讼权力和诉讼权利关系的实然状态是：诉讼权利被认为诉讼权力赐予的，诉讼权力在诉讼中占据主导地位，对刑事诉讼中的国家权力特别是追诉权力给予了充分的信任和较小的制约，对诉讼权利缺少观念上的重视和坚实的制度及实践保障，刑事诉讼在极大地压制、损害、牺牲个人尊严、权利和自由的基础上，追求着秩序的恢复和稳定。由于社会主义市场经济体制的初步确立，全球化浪潮产生的巨大冲击力，政治文明进程的加速，多元文化的冲突和融合，公民权利意识的凸显等带来的社会变迁，使得当代的刑事诉讼正朝着更加理性化、人道化的人本主义转向。因此，以权力为本位的选择已经丧失其存在的合理性，必须在观念上实现转变和制度上实现变革以回应时代的要求。

其次，权力的控制兼顾权力效能，实现权力人本化。我们在摒弃权力本位观时，也要避免从一个极端走向另一个极端。在实现刑事司法人本化从权力本位向权利本位的转型中，我们也要关注在系统观指导下的刑事诉讼法律在和谐社会构建中作为精细法律机制时整体应有的功能及其应有的有机配套措施是哪些？并追

---

① 程燎原、王人博：《权利及其救济》，山东人民出版社 1993 年版，第 1 页。

求刑事诉讼活动过程中的人权保障、程序正义、效率、秩序、安全等多元价值随着诉讼流程的推进依次得到实现、提升与均衡,并向诉讼和谐不断趋近。

作为一种严重的社会失范行为,犯罪不仅侵害了个人的各种法益,更是对国家试图建立和维护的统治秩序①的破坏,因此,国家将由犯罪行为所引起的社会冲突纳入国家权力干预和评价的范畴,并通过刑罚权的创制来实现对犯罪行为的追究和惩罚。在这一过程中,刑事诉讼机制成为国家权力追惩犯罪的天然载体。与其他纠纷解决方式以及民事诉讼等其他诉讼方式不同,刑事诉讼不仅是一种公共权力介入的社会冲突解决方法,而且"刑罚之权利,唯有国家方得行使之",②因此,刑事诉讼就是一个以国家权力的运作为主线的过程和典型场域,国家权力构成了刑事诉讼机制的核心结构要素。而"以人为本"要求一切社会行动皆应有助于提升人的价值、拓展人的自由、推动人的全面发展、谋求人的全面解放。即尊重人的生命和价值,强调人的主体地位,要求以人为中心对社会政治、经济和文化进行全方位的改造,建立起充分肯定人的价值和尊严的新社会秩序。③ 在一定意义上,国家通过刑事诉讼垄断对犯罪的追惩权力、禁止自力救济就是人本精神的体现,因为它使霍布斯所说的"一切人反对一切人的战争"在很大程度上被制止了,避免了个人随心所欲的暴力性报复对人类自身发展的伤害。但是刑事诉讼又引发了另一场"战争",即国家与个人之间的"战争"。刑事诉讼是国家对暴力的垄断而不是对暴力的放弃,国家若要使刑事诉讼能够发挥维护秩序、化解矛盾的作用就不能使自身沦为秩序的破坏者和人类尊严的伤害者。良好的法律具有实质和形式两个方面的意义:良法实质上的含义是指自然法意义上的善法,即作为规则的法律应当体现出平等、自由、民主、人权等道德性要素,应当能够体现出对人的尊严与价值的认可和尊重。形式上的良法是指对法律规则运作形式上的要求,如富勒对法律的形式标准所提出的八点要求。④ 因此,国家在制定刑事诉讼法,以及在刑事诉讼中行使权力的时候务必小心谨慎,不能偏离人本

---

① 自法律出现之后则表现为法秩序。
② [德] 克劳斯·罗科信:《刑事诉讼法》(第24版),吴丽琪译,法律出版社2003年版,第4页。
③ 罗豪才、宋功德:《和谐社会的公法建构》,载《中国法学》2004年第6期。
④ 这八点要求是:(1)法律规则的普遍性;(2)法律规则必须公布;(3)法律不能溯及既往;(4)法律规则必须明确,能够被人理解;(5)法律规则不能相互矛盾;(6)法律规则要求的行为必须是人们的力量所能及的;(7)法律规则必须具有相对稳定性;(8)法律规则的规定与实施必须一致。See Lon L. Fuller, *The Morality of Low*, *Revised Edition*. Yale University Press, 1969, pp. 46–94.

精神的轨迹，以努力实现权力的人本化。权力的人本化就是国家在动用权力发动对个人的刑事追诉时，除为了刑事追诉的正常进行而必需的限制与剥夺外，应当尊重作为权力对象的人所享有的"人"的尊严和"人"的权利，弘扬人的主体性和价值性，对人权予以平等保护和尊重，在追求权力人本化的过程中，其重点应当放在对权力的控制上并兼顾权力效能的实现。

最后，在立法中完善诉讼权利保障的具体规定。在刑事诉讼的各个阶段，应当关注人文精神，解决权利保障不力的问题。宏观上的理念最终只有在微观中具体化才能得到真正的实现。在现代刑事诉讼中，仅仅在宏观层面确立人文精神是不够的。在诉讼的各个阶段——从侦查、审查起诉、审判到执行——这一微观层面，犯罪嫌疑人、被告人等的合法权益能否得到保障，能否以诉讼主体的身份出现，诉讼权利能否得到充分行使，都取决于此。应科学地配置刑事诉权，加强犯罪嫌疑人、被告人及其辩护人的权利保障，加强对被害人、证人的保护等。

刑事诉讼程序出入罪功能分析
——以刑事疑案为视角

胡常龙[①]

刑事诉讼不仅是在诸多诉讼角色主导和参与下的司法活动,也是一种重要的社会活动。以往的理论研究往往局限在刑事诉讼法学领域,局限于对刑事诉讼制度和法条的研究和诠释,而忽视刑事诉讼活动的社会学意义,或者没有将整个刑事诉讼活动放入社会这一空间和舞台来加以审视,但仅就刑事诉讼法学研究"自说自话""头痛医头,脚痛医脚",难以取得什么实质性的突破和更加深入的理论把握。从社会学角度审视刑事诉讼活动,运用社会学研究分析方法来剖析刑事诉讼制度、审视刑事诉讼活动可能会取得意想不到的理论收获。"用社会学思考的方法给我们大家提供的最大帮助就是使我们更加敏感,它使我们的感知更为敏锐,让我们睁大眼睛,以便能够深入研究至今仍然几乎难以辨识的人类处境。"[②]但由于社会学研究方法的多元化和研究视角的广阔,笔者缺乏面面俱到研究的能力和基础,但是借用社会学理论中的功能分析方法解剖我国刑事诉讼程序中的诸多制度和诉讼行为,无疑有助于我们发现我国刑事诉讼法律和制度中的诸多缺陷和不足,为我们更好地改革和完善我国刑事诉讼法律制度,保障刑事诉讼程序功能和作用得到最大限度的发挥和张扬,确保为我国刑事诉讼法律程序的正当化、理性化、科学化提供一条有益的理论路径。

一、社会学上的功能分析论

作为专门研究社会现象及其规律的一门科学,社会学最常使用的三种主要理论是:符号互动论、功能分析论和冲突论。功能分析论也被称为功能主义和结构

[①] 胡常龙,山东大学法学院教授,法学博士。
[②] [英]齐尔格特·鲍曼:《通过社会学思考》,高华等译,社会科学文献出版社2002年版,第16页。

功能主义,可以追溯到社会学的创始人特纳(Turner,1978)。功能分析论的核心思想是社会是由互相联系、协同发挥作用的各个部分构成的一个整体。孔德和斯宾塞把社会看成某种活的有机体。他们认为正如人或动物有一起发挥功能的各种器官,社会也是如此。像有机体一样,如果社会要运行顺畅,他的各个部分必须协调工作。如果把社会看作由许多部分构成,每个部分都有自己的功能。当社会的各个部分都实现其功能时,社会就处于"正常"状态;如果不能实现其功能,社会就处于"不正常"状态或者"病态"。因此,要理解社会,功能主义者主张应该同时注意结构(社会的各个部分如何构成一个整体)和功能(每个部分在做什么,它对社会有何贡献)。① 美国社会学家默顿在批判早期功能主义理论的基础上提出了自己的功能分析范式,即包括三个有问题的假定的理论体系:(1)社会系统的功能一致性;(2)社会事件的功能普遍性;(3)功能事件对社会系统的不可或缺性。②

从功能分析的视角来看,群体是一个功能运行单元,每个部分都与整体有关联。当我们研究一个较小部分的时候,我们需要通过寻找它的功能以看清他与较大的单元相关联。这个基本方法可以被用在任何社会群体上,无论是社会整体、一所大学,还是一个小家庭。根据功能主义理论,在社会制度这一大的框架下,刑事诉讼制度只是整个社会制度的一个较小的组成部分,正当、理性、科学的刑事诉讼制度无疑有助于整个社会制度的正常运转和功能的正常发挥,反之,则会对社会制度的有效运转发挥反功能,破坏系统的稳定。就刑事诉讼制度这一系统而言,它又由包括侦查制度、公诉制度、审判制度、辩护制度等多个子系统有机组成,而各项子制度科学合理规范运行才能保障整个刑事诉讼制度功能和作用的正常发挥。

以刑事诉讼制度是否有助于及时追究、惩治犯罪以及是否有助于被告人及时迅速地从刑事诉讼解脱出来为标准,可以将我国的刑事诉讼制度功能分为出罪功能和入罪功能。所谓刑事诉讼制度的入罪功能,是指刑事诉讼制度本身所具有倾向于将进入刑事诉讼程序中的犯罪嫌疑人或者被告人作出有罪认定的诉讼功能。

---

① [美]詹姆斯·汉斯林:《社会学入门——一种现实分析方法》,林聚仁等译,北京大学出版社2007年版,第26页。

② 张中:《刑事诉讼关系的社会学分析》,中国人民公安大学出版社2006年版,第244页。

而所谓的出罪功能则恰恰相反，它是指刑事诉讼制度本身所具有将进入刑事诉讼程序中的犯罪嫌疑人或者被告人因为证据不足等法定原因及时解脱出来的诉讼功能。正当、理性、科学的刑事诉讼制度应当是出罪功能和入罪功能的有机统一，入罪功能有余而出罪功能不足或者出罪功能有余而入罪功能不足都容易导致刑事诉讼制度功能发挥失衡，导致刑事诉讼目的无法实现和诉讼资源的无谓浪费。就我国当前的立法规定来看，我国的刑事诉讼制度无论是在立法层面还是在司法层面上，都存在入罪功能有余而出罪功能不足的固有缺陷，结果导致即使是一个清白无辜的被追诉人，一旦进入刑事诉讼程序之中，就很难再从刑事诉讼程序之中清白脱身，这可以说是我国刑事诉讼程序和制度的一个致命缺陷，也成为刑事诉讼法治和刑事诉讼人权保障的一个制度性障碍，刑事诉讼法治的当务之急应当是解决我国刑事诉讼程序的出入罪功能严重失衡问题。

二、我国刑事诉讼程序的入罪功能有余

就我国目前的刑事诉讼程序而言，具有强烈的入罪功能，即刑事诉讼程序一旦启动就会不由自主地一直向前进行下去，直至对被告人作出有罪认定为止。诉讼过程中即使发现对犯罪嫌疑人、被告人有利的无罪证据、罪轻证据，也很难引起足够的重视并引起刑事诉讼程序的及时终结。程序性裁判问题在我国的刑事诉讼程序中难以占有一席之地，坚持不懈、锲而不舍的将犯罪嫌疑人、被告人定罪才是公安司法机关的永恒追求。综观刑事诉讼程序的立法和司法现状，其强大的入罪功能主要表现在以下几个方面：

（一）专门机关重配合轻制约的诉讼体制设置

我国刑事诉讼专门机关的法定框架关系是分工负责、互相配合、互相制约。《刑事诉讼法》第7条明确规定："人民法院、人民检察院和公安机关进行刑事诉讼，应当分工负责，互相配合，互相制约，以保证准确有效地执行法律。"但我国刑事诉讼法在三机关权力的配置和诉讼程序中的作用和地位上却突出强调了三机关在刑事追罪上的紧密配合，而三机关的彼此制约则严重不足。在刑事诉讼过程中，公安机关和检察机关作为主要的追诉机关，在诉讼任务、诉讼目的甚至诉讼行为都具有高度的一致性，侦查机关处于刑事诉讼的第一线，承担着收集证据、抓获犯罪嫌疑人、查明案件事实的重要诉讼任务。我国的刑事诉讼法为了保证侦查机关完成上述任务，赋予其有权采取各种强制措施和实施多种侦查行为的权力，而这些措施和行为都直接关涉公民的人身自由、隐私权等重大权利，但刑事诉讼法律对侦查机关采取上述措施的程序性限制和制约则少而无力。检察机关作为刑事诉讼中一个重要的承上启下的专门机关，虽然理论上具有客观义务，但强烈的追诉倾向决定了其与侦查机关诉讼取向的一致性，检察机关同时作为法律监督机关，通过行使批捕权、立案监督权等对侦查机关的诉讼活动进行监督。但追罪目的的一致性、专门机关的自我认同感、错案追究制的缺陷和不足等都导致检察机关倾向于认同或者支持侦查机关的诉讼行为和诉讼结论，而法律赋予的监督权力则显得疲软无力。人民法院作为中立的裁判机关，理应站在客观、中立的立场上平等地听取双方当事人的意见和证据，特别是应当高度重视辩护方的意见和证据，以平衡先天的控辩失衡态势。但实践的情况是，法院作为刑事诉讼的国家专门机关，相当数量的法官天然的对侦查机关和检察机关的诉讼结论具有认同感，过于重视控方证据和意见而轻视、漠视甚至无视辩方的意见和证据。整个法庭审判成为控方出证的一个表演场，控方的意见和发言鲜有被打断或者阻止，而辩方的发言被打断甚至拒绝的情况屡见不鲜。这种重视控方意见轻视辩方意见的偏离中立地位的诉讼态度和控方一家独大唱独角戏的失衡诉讼态势显然背离了程序正义的基本要求。而之所以出现上述状况的根源还在于刑事诉讼立法和司法在公检法权力配置和关系设定上的不合理，重配合轻制约的专门机关关系格局势必带来刑事诉讼法律关系的严重失衡，进而导致刑事诉讼程序实践中的强烈入罪功能。

（二）侦查中心主义的诉讼模式决定侦查程序一头大的诉讼格局

现代的刑事诉讼要求贯彻审判中心主义，刑事审判才是决定被告人命运的关键阶段，一切的证据都必须经过审判程序的举证、质证和认证才能最终作为定案的根据，审判外收集的证据如果没有经过审判程序的确认过程不能作为定案的根据。同时，审判程序也是当事人诉讼权利发挥最有意义的诉讼阶段，是当事人双方充分发表己方意见并对诉讼结局发生关键影响的诉讼阶段。但我国的刑事诉讼程序由于受诉讼传统、诉讼模式、诉讼理念等因素的影响，长期以来实质上一直是一种"侦查中心主义"的诉讼架构，侦查程序的结果往往在一定程度上决定了审查起诉程序和审判程序的最终结论。我国过去曾经有这样一种形象的说法："公安机关是做饭的，检察机关是端饭的，而法院是吃饭的"，而饭菜质量的好坏，显然取决于做饭的，做饭的才是在其中起决定作用的主体。侦查程序运转的情形如何，往往决定了审查起诉和审判程序的运转，这就是所谓的"侦查决定论"。

之所以将我国的刑事诉讼模式确定为"侦查中心主义"，可以从以下几个角度来理解：

首先，刑事审判程序中通常的主要举证者是公诉机关，而公诉机关所举的大部分证据都来自侦查机关，都是侦查机关在侦查程序收集来的，侦查证据成了法庭审判的核心内容，因此也就必然成为法院定罪量刑的主要依据。

其次，检察机关审查起诉的主要依据也是侦查阶段收集的证据。虽然我国《刑事诉讼法》第173条规定："人民检察院审查案件，应当讯问犯罪嫌疑人，听取辩护人或者值班律师、被害人及其诉讼代理人的意见，并记录在案。"但据此检察机关的审查起诉材料里不过增加了一份或者数份被告人的供述和辩解、被害人陈述以及律师或者其他代理人的意见而已，主要的审查起诉材料仍然是侦查机关侦查阶段收集的证据。故审查起诉的主要依据也是侦查阶段收集的证据，侦查程序证据收集的质和量直接决定了审查起诉的结论如何。

最后，由于我国的诉讼体制、考评办法、错案追究制等因素的影响，法院通常不会对于事实不清、证据不足的刑事疑案直接根据刑事诉讼法的规定宣告无罪，而是通过动员检察机关撤诉等程序性处置手段来消化处理案件，检察机关撤诉后一般也不会直接作出不起诉决定，而是通过退回侦查机关补充侦查的办法来处理案件，但侦查机关如果通过补充侦查仍然收集不到足够的证据证明犯罪事实，则往往会通过采取取保候审等方法最后不了了之，而不是选择撤案。检察机关在审查起诉过程中遇到刑事疑案，通常会选择退回公安机关补充侦查，经过补充侦查如果案件仍然没有达到"事实清楚、证据确实充分"的公诉证明标准，检察机关一般也不会直接作出不起诉决定，而是将案件退回公安机关处理。

另外，修改前的《人民检察刑事诉讼规则》第242条规定："（检察机关）对于公安机关移送审查起诉的案件，发现没有违法犯罪行为的，应当书面说明理由将案卷退回公安机关处理；发现犯罪事实并非犯罪嫌疑人所为的，应当书面说明理由将案卷退回公安机关并建议公安机关重新侦查。如果犯罪嫌疑人已经被逮捕，应当撤销逮捕决定，通知公安机关立即释放。"根据这一规定，对于没有犯罪事实或者犯罪事实并非在案犯罪嫌疑人所为，检察机关无权直接作出不起诉决定，而是必须将案件退回侦查机关处理。现行《刑事诉讼法》和《人民检察刑事诉讼规则》虽然修改了这一规定，明确规定了"犯罪嫌疑人没有犯罪事实的，人民检察院应当作出不起诉决定"，但却难以避免检察机关基于检警关系和公安机关考评办法的规定，应公安机关之要求，仍将案件退回公安机关，由公安机关自行处置。

综上，在我国刑事诉讼的立法和司法中，证据有缺陷的刑事疑案法院通常不会直接宣告无罪、检察机关通常不会直接不起诉，而是较普遍的选择通过程序性处置手段将案件再回流到侦查机关，由侦查机关作出最终处置。这也在一定程度上反映了侦查程序和侦查机关实质上的诉讼中心地位。

（三）公诉审查的形式主义在一定程度上增强了我国刑事诉讼程序的入罪功能

检察机关作为享有自由裁量权的法定公诉机关，其一项基本的诉讼功能就是将侦查机关移送审查起诉的部分刑事案件分流出去，使部分不符合公诉证明标准的刑事案件不进入审判程序，从而减轻审判机关的压力和负担，保证审判机关将有限的司法资源集中于那些符合审判条件的刑事案件上，从而实现司法资源的合理配置和有效使用。在我国的公诉实践中，检察机关也确实承担着分流案件的重要诉讼功能，但这种功能并没有得到充分发挥，检察机关的公诉裁量权也没有得到充分有效地行使。一些地方的检察机关在审查起诉过程中存在形式主义的做法，存在着"够罪即诉"的不良倾向。而对于证据不足的刑事疑案通常出于各种利益因素的考量，也会选择提起公诉，将矛盾和压力推给法院。另外，个别地方的检察机关还存在人为限制不起诉率的这种不符合公诉规律和特点的不当做法，导致一些不应当被提起公诉的刑事案件流向法院，增加了法院的审判负担，并且也在一定程度上增加了这些刑事案件的处理难度，导致一些无辜者和不应追诉者迟迟无法从刑事诉讼程序中解脱出来。

（四）法庭审判固有的形式主义缺陷导致庭审在裁判结论形成过程中的实质性作用和功能得不到充分发挥

我国现行的刑事审判模式吸收了英美对抗式审判模式的一些特点和制度，要求证人出庭作证，控辩双方平等对抗、平等举证、质证并对裁判结论发挥实质性影响，要求法官的裁判结论要根据法庭审判过程中形成，而不是通过庭前或者庭后阅卷形成。而实际的情况则是证人基本上不出庭作证，法庭审判形式主义特征明显，法官的裁判结论还是大多通过庭前或者庭后阅卷形成，这使得法官的裁判结论仍然建立在对侦查书面卷宗材料的严重依赖上,且由于侦查程序的封闭性、秘密性、自治性和行政化运行模式导致侦查程序证据收集极易出现非法取证、骗供诱供等情形,仅仅基于对侦查书面卷宗材料的审查是根本无法判断和发现这些问题的,当然也就无法判断证据的证据能力,这就势必导致为数不少的非法证据进入审判领域并最终成为法官判断的基本依据。另外,侦查机关移送证据材料通常会将一些有利于犯罪嫌疑人、被告人的证据排除在外,加之证人不出庭,被告人的辩护能力和水平受限等因素影响,导致被告人被错误定罪的风险增大。同时,由于控辩双方庭审参与能力和证据获取手段严重失衡,庭审完全变成了控方举证的一个表演场,大多被告人特别是无辩护人的被告人还是处于被纠问的诉讼地位。另外,在法庭审判结束后和判决书制作前,刑事法官还会受到诸多来自法庭审判之外因素的影响。这些法庭审理之外的因素主要包括:检察机关在开庭前移送的侦查案卷笔录,对法官裁判结论的形成产生至关重要的影响;刑事审判庭长以及刑事审判"庭务会"对案件的裁判意见,直接影响了法官的裁判结果;主管院长对案件的倾向性意见以及审判委员会对案件的讨论和决定的情况,经常会使合议庭的意见被改变或者推翻;上级法院的法官对案件所做的倾向性批示和指导意见,使得案件在一审阶段就会体现二审法院的意见和意志;有关党政部门和人大常委会的强势人物对于重大案件所作的批示或者指示,使得法官不得不作出裁判结论上的改变。① 陈瑞华教授将这些现象归结为"刑事诉讼的潜规则"。

可见,法庭裁判结论的形成很大程度上依赖于侦查卷宗中的证据材料,公诉机关所举证据也主要来自侦查卷宗,侦查卷宗中的证据才是法官形成裁判结论的基本依据。而法官在开庭前或者开庭后有充分的便利阅读到上述材料,故庭审就成为可有可无的形式,证人出不出庭自然对法官的判断不会产生实质性影响,而证人不出庭既可以节省庭审时间,提高庭审效率,又可以使法官摆脱对烦琐证言的查核判断。所以,证人不出庭就成为我国刑事审判的一种常态,证人出不出庭对案件事实的认定都不会产生实质性影响,故书面审证就成为法庭审判的常态。这也是侦查中心主义的一种重要表现。

(五) 二审监督的形式主义及两审终审制的形式化

我国实行二审终审制,二审法院对一审法院的监督主要是通过行使二审审判

---

① 陈瑞华:《程序性制裁理论》,中国法制出版社2005年版,第59页。

权实现的，但就我国刑事审判的司法现状来看，二审法院审理上诉案件大多不开庭，书面审成为二审法院审判的常态。而书面审的主要依据则是一审法院报送的卷宗材料，包括侦查卷宗、检察卷宗和一审法院审理后装订成册的正、副卷和一审法院的审理报告等书面材料，其中最关键的证据还是集中于侦查卷宗之中，侦查卷宗才是二审法院书面审的重点审查对象。如前所述，侦查卷宗往往集中的是被告人有罪、罪重的诸多证据材料，而被告人无罪、罪轻的许多证据材料在侦查卷宗中并没有体现。侦查卷宗是侦查机关经过选择后装订成册的，强烈的追诉倾向和利益因素促使侦查机关倾向于作出有罪判定，而往往忽视无罪证据、罪轻证据的价值和作用。这些带有"缺陷"的卷宗经过一审法院的严格审查和判断后也成为二审裁判的主要依据，二审法院根据这些书面材料很难形成与一审法院不同的裁判结论，这也是我国刑事一审判决作出后很难获得改判的一个重要原因。① 即使是开庭审判的抗诉案件和一些事实、证据有问题的刑事案件，由于庭审过程的形式主义和庭审审证的书面主义等因素的影响，二审即使开庭也很难对一审的有罪认定作出改判。况且，对于有些事实、证据有问题的案件，一审法院往往在作出一审裁判前就与上级法院沟通过或者汇报过，二审法院一旦作出答复即使将来二审时认为事实证据有问题也很难再改变。另外，二审法院的改判特别是无罪改判往往意味着下级法院和法官出现了错案，根据现有的法院业绩考评机制，下级法院及其法官会受到错案追究制的追究，并被扣除很大的分值甚至被一票否决评先评优的资格，二审法院的无罪改判直接关涉一审法院和法官的切身利益，这也无形中对二审法院的无罪改判形成了巨大的压力，导致二审法院即使面对事实不清、证据不足，但一审法院已经作出有罪裁判的案件轻易不敢改判，加之这类案件被确定为冤错案件的概率很低，通常二审法院会选择维持原判来最大限度的化解矛盾。故此，二审法院对于一审法院的有罪裁判结论，基于认识来源的一致性、认识方式的一致性、诉讼利益的共同性等因素的考量，即使认为事实不清、证据不足一般也不会直接作出无罪改判。即使确实因为认定被告人犯罪的事实不清、证据不足，通常会通过发回重审等程序性处置手段加以处理。但这又必然对无辜和证据不足以认定犯罪的被告人的及时脱罪构成极大障碍，使这些人

---

① 当然实践中也有一些刑事案件通过二审程序获得改判，但主要限于对量刑的认识差异，就定罪问题获得改判的概率很低。

迟迟无法从刑事诉讼程序中解脱出来。

（六）科学规范的刑事证据规则的长期缺失

在我国长期的刑事司法实践中，一直没有制定一部系统、规范的证据法律或者证据规则来约束和规范司法实践中的证据采信和运用，特别是缺乏规范证据能力的证据规则。而在 2010 年最高人民法院、最高人民检察院、公安部、司法部和国家安全部联合发布的《关于办理刑事案件排除非法证据若干问题的规定》出台前，最高人民法院、最高人民检察院的司法解释将非法证据的范围仅仅限于非法言词证据，且缺乏排除程序和举证责任的系统规定，导致实践中非法证据排除的可操作性极差，无法发挥应有的作用和功能。另外，还有许多法律没有规定的证据形式和种类也对公安司法人员的判断发挥着不同程度的影响，例如，测谎结论、电子证警犬嗅觉实验等，杜培武案件法官之所以会作出有罪判定，测谎结论无形中产生了不良的影响。正是因为规范证据能力和证明力规则的缺失，导致证据能力和证明力判断的随意性，致使大量不具有证据能力的证据进入刑事诉讼程序并成为司法人员判断的重要依据，而起始于侦查程序的证据收集和运用的不规范也一直延续到审判程序，加之一些审判人员重视有罪证据、罪重证据的证据采信倾向，这无形中增加无辜被告人和证据不足以定罪的被告人被错误定罪的风险和从刑事诉讼程序中脱罪的难度。

为了解决证据规则的缺失对司法实践诉讼证明所带来的混乱无序，科学规范证据的证据能力和证明力，保证诉讼证明的科学性、正当化，最高人民法院、最高人民检察院、公安部、国家安全部和司法部于 2010 年 6 月 13 日联合发布了《关于办理死刑案件审查判断证据若干问题的规定》和《关于办理刑事案件排除非法证据若干问题的规定》两个法律文件，就刑事诉讼中证据运用的许多问题作出了明确规定，这对于规范刑事诉讼程序中的证据运用，增强刑事诉讼证明的科学性、规范化，保障刑事诉讼被告人的合法权利，特别是保障无辜的被追诉人以及证据不足以定罪的被追诉人必将发挥不可估量的作用。

（七）刑事司法功能的异化

我国的宪法和刑事诉讼法虽然规定法院、检察院依法独立行使职权，不受任何行政机关、社会团体和个人干涉，但在司法实践中，许多法律外的因素都对刑事司法活动产生着不容忽视的影响和作用。例如，党政机关领导对刑事案件的过问、纪律检查委员会对法院定罪量刑的意见、政法委员会的协调等都对许多案件的定罪量刑产生一定程度的影响。以刑事疑案为例，对于很多事实不清、证据不足，无法定罪的刑事疑案，法院往往与检察机关和侦查机关的意见存在很大差异，但法院一旦宣告被告人无罪必然面临着来自公诉机关和侦查机关甚至包括被害人的巨大压力，这时公、检、法往往会求助于政法委员会的协调，而政法委员会由于不属于定罪量刑的法定机关，对于刑事疑案是否应当定罪不一定比法院法官把握更准，而是更多从公、检、法三机关之间关系的和谐和社会秩序的稳定及防止被害人上访等因素加以考虑，往往倾向于对刑事疑案作出有罪处理的意见。而这个意见通常会被公、检、法三机关所接受，并最终成为法院作出有罪裁判的主要支持力量。例如，湖北的佘祥林案件，在高级法院发回重审后，就经过湖北荆门市政法委员会的协调，将本应由中级法院审理的故意杀人案件交由荆门市下属的京山县法院作为一审法院审理，以故意杀人罪判处佘祥林有期徒刑15年，剥夺政治权利3年。佘祥林不服一审判决提起上诉，二审荆门市中级法院维持原判。结果酿成了冤错案件。

笔者曾经审理过山东菏泽郑景来、董随山涉嫌故意杀人案件，聊城郭新才涉嫌故意杀人案件，由于两起案件都存在事实不清、证据不足的证据缺陷，公检法之间存在严重分歧，之后都经过当地政法委员会协调，一审法院以故意杀人罪作出有罪判决。其中，菏泽的郑景来案件一审法院以故意杀人判处郑景来无期徒刑，剥夺政治权利终身；董随山犯包庇罪判处有期徒刑，后高级法院发回重审。聊城的郭新才案件一审法院判处其犯故意杀人罪，判处死刑缓期二年执行，剥夺政治权利终身。后高级法院二审以事实不清、证据不足为由发回重审。经过聊城当地政法委员会的协调，该案被交由聊城市下属的莘县法院作为一审法院，莘县法院以故意杀人判处被告人郭新才有期徒刑15年。二审法院则宣告郭新才无罪。经过了程序的反复，郭新才最终被宣告无罪。

三、我国刑事诉讼程序的出罪功能不足

我国刑事诉讼程序的入罪功能过于强大的必然结果就是刑事诉讼程序的出罪功能受到压制，无法发挥其应有的作用。

（一）辩护功能的立法受限和实践萎缩，导致被告方的有效辩护权无法实现

辩护权作为犯罪嫌疑人、被告人的核心性权利，其能否得到充分有效的行使

不仅是刑事诉讼被告人权利保障的核心内容，也是无辜被追诉人和证据不足以定罪的刑事案件被追诉人能否及时从刑事诉讼程序脱身的关键。就我国目前的刑事诉讼法律规定和实践情况来看，虽然刑事诉讼法明确规定"律师自侦查机关采取强制措施之日或者第一次讯问时"就可以介入侦查程序，但其所能发挥的作用极为有限，没有阅卷权和调查取证权，在侦查实践中，还大量存在人为限制或者拒绝律师会见犯罪嫌疑人的不当做法，侦查机关对律师会见犯罪嫌疑人持排斥甚至敌视态度。很难想象，在这种情况下律师还能够为犯罪嫌疑人提供有效法律帮助。在审查起诉程序和审判程序中，律师的辩护人地位虽然经过立法明确，但仍然存在一些地方的检察机关对律师复印卷宗材料甚至对律师阅卷加以人为限制、律师的调查取证权受到限制且面临很大风险、律师的正当申请调查取证权利受到漠视或者不当拒绝等，这些做法必然会对律师充分履行辩护职能造成障碍，侵犯了犯罪嫌疑人、被告人依法应当享有的辩护权利。

另外，为数不少的刑事辩护律师由于受自身刑事法律素养、刑事辩护经验、实践问题的领悟和把握能力，以及职业道德等因素的欠缺而无法提供高效优质的法律服务，导致刑事辩护的低效甚至无效，并在一定程度上恶化了犯罪嫌疑人、被告人的诉讼处境。加拿大的一位专家在研究错误定罪问题时，就将辩护律师的不称职归结为错误定罪的重要原因。"错误定罪的另一个常见原因是辩护律师不称职。这会扭曲对抗制的所有诉讼阶段。如证据调查不充分、准备交叉询问不充分。……由于对抗制将被告人置于律师的摆布之下，辩护律师不称职会造成不必要的让步和有罪答辩。"[①] 律师的有效辩护问题在我国的司法实践中显得尤为突出且亟待加强。关于律师的有效辩护问题，除了充分保障律师的阅卷权、会见权、调查取证权以外，保障由有一定刑事辩护经验、熟悉刑事法律业务的专业律师履行辩护职能也成为一个关键因素，特别是对于死刑案件。但就我国律师队伍的现状来看，熟悉刑事法律业务，有一定刑事辩护经验，且对刑事法律理论和实践问题都把握较准的刑事辩护律师非常少，这也就意味着为数不少的犯罪嫌疑人、被告人很难获得有效地律师辩护，且有的律师的辩护甚至可能恶化犯罪嫌疑人、被告人的诉讼处境。缺乏有效的律师辩护在一定程度上必然对无辜或者证据

---

① ［加］肯特·罗奇：《错误定罪：对抗制与讯问制的观察》，王颂勃译，载《诉讼法学研究》第17卷，中国检察出版社2012年版，第339页。

不足以定罪的犯罪嫌疑人、被告人的出罪造成重大障碍。

(二) 一些刑事审判法官的中立性不够,存在轻辩护意见重控诉意见的不良倾向,有专家将其总结为"视野狭窄或者确定性偏见"

法官中立是刑事审判程序正义的基本要求和重要保障,也是实体公正的根本。龙宗智教授认为法官中立是由三个方面的制度给予支撑和提供保障的。包括利益规避制度、角色分离制度和法定法官制度。其中的角色分离制度在诉讼角色与审判程序的设置上,要求法官客观中立,防止审判官代行控诉职能而形成"角色冲突"。尤其是鉴于公诉方与审判方因共同作为所具有的天然"亲和性",需注意控审职能,防止"角色冲突"。① 法官中立既需要一系列制度作保障,同时也是一种重要的司法理念。作为一种司法理念,目前为数不少的刑事审判法官都没有在头脑中确立起来。在我国的刑事审判实践中,一些刑事审判法官存在亲公诉人和轻辩护人的不良倾向,基本的表现就是刑事审判过程中重视控方的控诉意见而忽视辩护方意见,重控诉证据轻辩护证据,控诉方的发言通常不会被法官打断和拒绝,而辩护人的发言被法官所打断甚至拒绝的情形屡见不鲜,从而导致辩护人无法系统连贯的向法庭陈述辩护意见。另外,一些法官对于辩护人要求传唤证人出庭等合理要求置之不理或者明确加以拒绝,导致辩护人很难有效履行辩护职能对被告人的合法权益进行有效保护。更有甚者,一些法官完全偏离中立立场,与公诉人一起共同行使控诉职能,导致审判功能与控诉功能合二为一,刑事诉讼呈现出一边倒的诉讼态势。法官偏离中立的轨道,亲公诉人而轻辩护人的结果表现为片面重视控方证据的作用和价值,将自己的判断建立在控方证据的基础上,对辩方证据重视不够或者不予理睬,导致刑事诉讼程序出罪功能无法发挥作用。

(三) 缺乏程序性违法的制裁机制,导致程序的嬗变和异化

在我国的刑事诉讼实践中,程序性违法现象屡见不鲜,非法取证、超期羁押、超审限、违法采取强制措施、滥用发回重审等屡见于刑事诉讼活动中,且不会引起任何程序性法律后果,遭受任何违法性制裁。陈瑞华教授对上述问题作出了发生学上的解释,他指出:作为一种人权法的刑事诉讼法,对警察的侦查、检察官的公诉和法院的审判活动,无论是在成功的可能性上还是进展的效率上都构

---

① 龙宗智:《刑事庭审制度研究》,中国政法大学出版社2001年版,第38-39页。

成了一种法律障碍,因此,警察、检察官和法官几乎具有天然的违反法律的动机;现行的刑事诉讼法在立法层面上所存在的基本缺陷,导致警察、检察官、法官具有违反法律程序的大量制度空间;现行的"重实体、轻程序"的奖惩机制,导致警察更关心案件的有效侦破,检察官更重视公诉的最终成功,法官更强调案件的裁判结论不被上级法院推翻,而对违反法律程序的问题却不存在有效的制裁机制;刑事司法中广泛存在的潜规则,使得作为正式法律制度的程序规则受到严重的规避和架空;社会公众对于程序正义原则以及与此相关的程序性制裁机制缺乏必要的支持和信任,使得那种有效制裁程序性违法的立法和司法努力面临困难。正是由于程序性制裁机制的缺失以及相关诉讼机制的不合理,程序嬗变或者异化的现象就成为我国刑事司法实践中的常见现象,突出表现在刑事疑案的裁处上。侦查机关立案后,经过大量的侦查工作,有些案件可能仍然达不到"事实清楚、证据确实充分"的程度,形成所谓的"疑案"。但即便如此,公安机关通常也不会选择撤销案件,而是将案件移送审查起诉。检察机关经过审查如果认为事实不清、证据不足的,通常会选择退回补充侦查。经过补充侦查后仍然认为不具备起诉条件的,检察机关也一般不会选择作出不起诉决定,而是会二次退回补充侦查,由公安机关自行处理。有的公安机关即使补充侦查收集不到任何新的证据,还是会选择移送审查起诉。检察院在这种情形下本可以依法作出证据不足不起诉,但实践中常见的情形是检察机关提起公诉,将矛盾上交法院。法院在面对该类案件时通常也不会直接宣告被告人无罪,而是选择与检察机关沟通,动员检察机关撤诉。检察机关一般会主动撤诉,撤诉后通过补充侦查后再提起公诉。法院经过审查后如果仍然认为没有达到定罪证明标准,一般也不会直接作出无罪判决,而是选择判决被告人有罪,从轻判处被告人刑罚或者"实报实销"。二审法院经过审判如果认为事实证据没有达到定罪标准,认为需要依法改判的,会选择发回重审,由一审法院自行改判,或者直接维持原判了事。当然,还有的一审法院在二审法院发回重审后经过有关部门的协调,程序倒流,改变一审管辖法院,致使案件无法进入原来发回重审的二审法院,以规避国家赔偿和二审改判。例如,湖北的佘祥林案件在湖北荆门地区中级法院一审判处死缓被湖北省高级法院发回重审后,荆门地区中级法院将案件交由其下属的京山县法院作为一审法院,荆门地区中级法院则由原来的一审法院变成二审法院,从而通过维持原判终结诉讼。而这些不正常的程序变化却不会导致任何程序性法律后果,也不会受到任何程序性制裁。这也是刑事疑案难以迅速从无处理的重要制度性根源。

（四）包括错案追究制在内的刑事司法考评制度的不合理、不科学因素导致出罪功能弱化

虽然笔者在文中多次提到刑事司法考评机制和错案追究制对刑事疑案的裁处产生不良的影响，但实际上隐藏于制度背后的利益因素才是刑事疑案很难作出无罪裁决的关键所在。"由于司法机关之间、上下级之间、司法者之间千丝万缕的联系，按照社会学的理性选择、社会资本和社会交换理论，司法机关与实际的司法者也有利益驱动，会理性选择其利益，并且趋利避害，明哲保身。"① 故错案追究制和刑事司法考评机制的不科学、不合理因素仅仅是刑事疑案从有处理的表面原因，与其直接关联的公安司法机关和公安司法人员的切身利益才是其中的根本。法院对于刑事疑案一旦作出无罪裁判，那必然意味着公安机关和公诉机关办错了案件，其背后关联着两机关及其工作人员的争优创先、晋升提拔、工资福利，甚至关联着是否可以继续从事该项工作的问题。而如果作出有罪判定，即使是从轻或者免予刑事处罚，三机关及其办案人员都没有办错案件，利益就不会因此受到较大影响，大家都可相安无事。这使得公、检、法三机关成为利益链条上利害相关的利益共同体，从而导致刑事诉讼程序一旦启动，很难生产出无罪的诉讼产品。

（五）犯罪构成理论的出罪化事由缺失

我国传统的刑法犯罪构成主要是从入罪的角度来设计和建构的，将犯罪的构成确定为犯罪主体、犯罪客体、犯罪的主观方面和客观方面，而没有将正当防卫、紧急避险等出罪化事由纳入其中。这在一定意义上导致司法实践过程中侦查机关、公诉机关和审判机关及主要的精力和目光都集中于犯罪嫌疑人、被告人的有罪认定上，将主要的精力和时间集中于有罪证据的收集和使用上，而往往忽视甚至漠视无罪证据、罪轻证据的收集和使用。而英美国家的犯罪构成除了要求行为人在犯意支配下实施了犯罪行为，还将一些正当化事由等辩护事由纳入犯罪构成当中。英国的刑法理论就认为"一个人不能被认定为犯罪，除非公诉方能排除合理怀疑的证明以下两个方面的内容，这是刑法的基本原则：(a) 它导致了某一

---

① 王永杰：《程序异化的法社会学论纲——以刑事冤案和刑事司法程序为视角》，载《政治与法律》2007年第4期。

事件或因为被法律禁止的事态的存在而归责于它；（b）他有与产生某一事件或事态相关的确定的心态。即犯罪行为和犯意。另外，辩护性事由也是犯罪构成的重要组成部分，如果存在关于辩护事由的证据，尽管它不是由被告人特别提出的，法官也必须引导陪审团对他作出无罪宣告，除非陪审团确信被告人的证明不成立。在英美法上，未成年、错误、精神病、醉态、被迫行为、警察圈套、安乐死、紧急避险和正当防卫等，被称为合法辩护事由。即便行为符合犯罪本体要件，如果行为人能够证明自己符合上述合法性辩护事由，也可不负刑事责任。可见，英美国家的犯罪构成体系是一种开放式的犯罪构成体系，这种犯罪构成体系虽然与其诉讼模式、诉讼文化和法律传统密切联系，但无疑有助于警察、检察官和司法人员不仅注意诉讼过程中有罪证据、罪重证据的价值和作用，也不得不关注这些无罪证据、罪轻证据的价值和作用。同时这必然有助于他们客观全面地判断，虽然在审判实践中他们通常倾向于不将这些有利于被告人的证据出示给陪审团和法庭。

四、我国刑事诉讼程序出入罪功能的协调与平衡

出罪功能和入罪功能的协调平衡是一国刑事诉讼法治的基本要求和重要表现，也是我国多年来刑事诉讼立法修改和完善的重要目标。而我国现行的刑事诉讼法存在的入罪功能有余、出罪功能不足的结构性缺陷，不仅导致无辜者无法及时从刑事诉讼程序中解脱出来，更为严重的是，已经成为冤假错案发生的重要制度性根源。而冤假错案的酿成对一个国家司法权威、司法公信力和司法机关的形象的恶劣影响是远远超乎想象的，"如果办了冤假错案，公平正义就荡然无存，司法的公正和权威也必将丧失殆尽"。[①] 更为严重的是，因为国家公权力的不当行使侵犯和践踏了人权，使无辜公民成为刑事司法的受害者，与司法生产正义的社会使命和司法公正的本质要求背道而驰。所以，如何解决我国刑事诉讼法的出入罪功能严重失衡问题就成为疑罪从无原则贯彻的重要着力点。当然，这既涉及立法的修改和完善问题，也涉及司法权的合理配置和使用问题。就笔者理解，在我国当前的刑事立法和司法实践中，应当着重做好以下几方面工作：

---

① 《最高法称宁可错放，张高平案法院功大于过》，载新浪网：www.news.sina.com.cn/0/2013-05-07/060/27044539.shtml，2013年5月7日。

(一) 从立法和司法两个层面上，改变以往公、检、法三机关重配合、轻制约的错位诉讼关系，强化公、检、法三机关的制约机制

整个刑事诉讼法律运行的正当性、合理性很大程度上依赖于侦查权、公诉权和审判权的合理配置，因为无论是对抗式诉讼模式还是职权式诉讼模式，三机关实际上都是作为国家公权力的行使者并处于主导地位，只不过现代刑事诉讼为了最大限度地实现程序正义和实体公正，除了实行控审分离外，还通过程序的科学设置确立了控辩对抗的诉讼机制，通过控辩双方的平等对抗增强辩方诉讼参与能力、限制控方权力从而保证程序的正义。而现代法治国家为了防止沦为"警察国"的梦魇，在制度设计上一个重要取向是限制警察权，在刑事诉讼过程中，主要是通过审判权和公诉权的合理行使来加以规制。但我国的刑事司法实践情况却证明公诉权、审判权对警察权（在刑事诉讼中主要表现为侦查权）的限制能力和手段明显不足。以检察机关为例，检察机关根据刑事诉讼法规定主要通过有效行使批捕权、立案监督权和不起诉权来限制侦查权，法律规定是非常明确的，但实践的情况是检察机关存在"够罪即捕"、立案监督无力、人为限制不起诉率、够罪即诉、疑罪也诉等背离刑事诉讼法规定的做法，导致公诉权无法有效地对侦查权进行监督。而审判机关则存在变相退回补充侦查、疑罪从有、实报实销等诉讼异化现象，以最大限度地维护侦查机关和公诉机关的诉讼决定得到法院的支持，而不是通过审判权的合理行使来有效监督和制约侦查权和公诉权，结果导致配合有余、制约不力的诉讼态势。表现在刑事疑案上就是疑罪也移送审查起诉、疑罪也诉、疑罪从有的诉讼结局。当然，原因是多方面的，既有立法的原因，也有司法的原因。因此，欲平衡我国刑事诉讼的出入罪功能，需要从立法上进一步规范和合理配置侦查权、公诉权和审判权，强化三种权力之间的制约机制，彻底改变三机关在诉讼结局上利益同向性和对有罪判决的强烈依赖性。

(二) 确立刑事审判中心主义的诉讼机制，彻底改变传统的侦查中心主义诉讼格局

我国1996年修改的刑事诉讼法律虽然吸收了对抗制审判方式的一些制度和做法，但由于传统的诉讼体制、诉讼文化、诉讼模式以及诉讼理念等因素的影响，我国的刑事审判方式仍然沿袭了传统职权主义的老路，侦查卷宗依赖思想严重、法官庭前预断依旧、庭审形式主义严重、庭审仍然主要围绕侦查阶段收集的

证据进行，庭审书面主义、法官缺乏当庭形成判断的能力和条件，证人不出庭等因素决定了我国现行刑事诉讼法律规定的刑事审判方式在实践中发生了嬗变，刑事诉讼法原本希望通过控辩双方平等对抗、证人出庭作证、贯彻直接言词原则和交叉询问规则来发现案件真实的诉讼理想设置落空了，穿新鞋走了老路。那么如何才能有效贯彻审判中心主义的诉讼机制呢？

首先，应当彻底割断审判法官对侦查卷宗的依赖路径，在审判之前法官不可以阅看任何侦查机关的任何卷宗材料，即实行彻底的起诉书一本主义（虽然在新刑事诉讼法中，重新确立了全卷移送的制度，第72条）。其次，刑事诉讼法律明确规定法官的裁判结论应当当庭形成，一般案件法官都应当当庭宣判，只有少数的案件才可以在庭后较短的时间内宣判。且原则上不能通过庭后阅卷形成，另外应适当的限制审判委员会讨论案件的范围。当然，这还涉及刑事审判法官综合素质的提高问题。再次，建立科学有效的关键证人出庭作证制度，包括鉴定人和警察出庭作证制度。这几项制度，现行刑事诉讼法中已经加以明确规定，但如何在司法实践中有效贯彻仍是摆在司法实务部门面前的一个极为困难的问题。最后，强化被告人以辩护权为核心的诉讼取证、出证、质证能力，保障犯罪嫌疑人和被告人的有效辩护，保障被告人及其辩护人申请取证权的实现，最大限度的实现控辩平衡。另外，建立庭前证据展示制度、规范庭审证据运用规则等也成为刑事审判中心主义的基本要求。可见，刑事审判中心主义诉讼机制的建立是一个牵一发而动全身的重大诉讼问题，但审判主义的有效贯彻无疑是刑事诉讼法律修改和刑事审判体制完善的关键所在。

（三）建立科学、规范、完善的证据规则，保证证据必须经过庭审的审查和确认方可作为定罪根据

我国刑事司法实践中长期缺乏科学、规范、严谨的刑事诉讼证据规则，这在很大程度上导致司法实践中刑事证据运用的不规范。实践中法定证据类型和法外证据类型混杂，绝大多数证据不进行什么证据能力判断，证明力判断更是由公安司法人员自由为之，刑事审判过程也不贯彻传闻证据规则，书面审证成为我国刑事审判的常态，证人根本不出庭，为数不少的法官不习惯证人出庭，认为证人不必要出庭，庭审过程也没有建立规范系统的出证、质证和认证规则。可以说，证据运用的混乱和无序成了侦查程序、审查起诉程序和审判程序的常态，这也在一定程度上导致三机关对同一证据往往意见不一，判断结论各异。就刑事疑案而

言，有一些案件可能三机关的办案人员都认为证据有问题、有矛盾，但为数不少的刑事疑案侦查机关的确与审判机关和公诉机关在证据问题的认识上存在重大分歧，侦查机关往往认为根据现有的证据"完全可以对被告人定罪"，而审判机关甚至公诉机关则认为本案"事实不清、证据不足"，无法定罪。证据能力和证明力规则的缺失成为其中的一个重要原因。这也是2010年两个证据规则出台的重要原因，也成为原来刑事诉讼法修改的重要内容之一。

（四）建立严格、规范的程序性制裁体系

程序违法不需要受到任何制裁或者受到制裁的概率极低，这无疑助长了我国刑事司法实践中的程序违法现象。表现在刑事疑案的司法处置过程中就是，应当撤销案件而不撤销案件，应当不起诉而起诉，应当作出无罪宣告而作出有罪宣告，应当撤销一审判决宣告无罪而发回重审，这些处理不仅未制裁程序违法行为，相反还最大限度地避免了侦查机关、公诉机关和审判机关以及上下级法院之间矛盾的激化，实现所谓的"共赢"，当然这种所谓的"共赢"是以牺牲被告人的权利为代价的。所以，"原则上，任何违反诉讼程序的行为都应受到相应的程序性制裁。否则，那些不受程序性制裁的违法行为，不仅得不到有效的惩罚，而且也无法在未来的刑事司法活动中得到遏制。"① 这些程序性违法行为还使得无辜或者不符合追诉条件的犯罪嫌疑人、被告人迟迟无法从刑事诉讼中解脱出来，甚至可能获得一个有罪的结论，因为国家专门机关需要规避无罪结论可能给自身带来的不良评价和利益损失。所以，程序性违法行为制裁机制不仅有必要建立，而且还必须是一个能够及时发现程序性违法行为且快速加以制裁并纠正的制裁机制，即这个程序性制裁机制必须是高效的，能够有助于激活我国刑事诉讼程序的出罪功能，适当抑制和规范我国刑事诉讼程序的入罪功能，防止入罪功能极度膨胀而得不到有效遏制。

（五）建立科学的刑事司法活动评价机制

刑事诉讼程序的出入罪功能失衡，在一定程度上可以归因于我国刑事诉讼考评和评价机制的不合理，当然这些不合理的考评因素背后关涉的是公安司法机关和公安司法人员的切身利益，利益的驱动促使公安司法机关和公安司法人员结成利益共同体，只有将犯罪嫌疑人、被告人作出一个有罪结论才能最大限度地实现

---

① ［英］J. C. 史密斯、B. 霍根：《英国刑法》，马清升等译，法律出版社2000年版，第280页。

他们的利益,且刑事案件被确定为冤错的概率极低,我国又没有有效的主动发现冤错案件的机制,即使对事实不清、证据不足的疑罪作出有罪认定,也很难被发现并确定为冤错案件,像佘祥林案、杜培武案、李久明案等这些案件被发现并确定为冤案带有相当大的偶然性,因为疑罪从有的风险极低,收益极大,惠人颇多,也就成为公安司法机关的当然选择。所以,公、检、法三机关迫切需要建立新的司法工作考评机制,不应再将撤案数、批捕率、不起诉率、有罪判决率作为重要的考评指标。考评机制的科学化、合理性、规范化在刑事疑案的裁处过程中无论如何强调都不过分。

(六)建立控辩平衡的诉讼机制,保障犯罪嫌疑人、被告人的有效辩护权

辩护权的有效行使是犯罪嫌疑人、被告人维护自身合法权益,有效与检察机关抗衡的基本手段。而要建立有效的控辩平衡机制,首先,应当保障犯罪嫌疑人、被告人能够获得一个有较丰富的刑事辩护经验、较深的刑事法律素养且认真负责的辩护律师的帮助,即这个律师有能力依法充分维护当事人的合法权益,不至于因为律师的"无效辩护""低效辩护"而使犯罪嫌疑人、被告人的诉讼处境更加恶化。其次,应当为律师有效辩护提供充分的法律手段,包括充分的会见权、阅卷权、调查权、申请调查取证权、通信权等,且应保障律师享有刑事辩护行为和发言的豁免权,不至于因为自己正常的辩护行为而受到法律追究。最后,应当适当限制侦控机关的权力,建立庭前证据展示制度,辩护人有权要求侦控机关将自己掌握的有利于被告人的证据在庭前证据展示阶段展示给辩护人一方。我国现行刑事诉讼法体现了证据展示制度的一些基本要求,但与严格意义上的证据展示制度仍有差距。例如,现行刑事诉讼法第41条中规定了另一制度,即"辩护人认为在侦查、审查起诉期间公安机关、人民检察院收集的证明犯罪嫌疑人、被告人无罪或者罪轻的证据材料未提交的,有权申请人民检察院、人民法院调取"。否则,法官可以作出有利于被告人的推论。当然,这既涉及刑事辩护律师队伍素质的提高,更涉及刑事诉讼法律中辩护制度的完善问题,这是保障无辜或者不应当追诉的犯罪嫌疑人、被告人充分行使诉讼权利,尽快从刑事诉讼程序中解脱出来的一个重要着力点,也是刑事诉讼程序出罪功能的基本表现之一。

总之,刑事诉讼程序与制度的出罪功能和入罪功能的合理平衡是刑事诉讼程序正义的基本要求,而我国当前刑事诉讼程序存在的"入罪功能有余,出罪功能

不足"的弊病恰恰背离了程序正义和人权保障的轨道,致使为数不少的无辜者和不应当被追诉者迟迟无法从刑事诉讼程序中脱身。但是,要矫正这两种诉讼功能的关系则是一个牵一发而动全身的刑事诉讼立法和司法的复杂互动过程,这一过程虽然漫长但却必要,因为这是我国刑事诉讼程序正当化、规范化、科学化、合理化的根本所在。

风险视角下的取保候审：现状考察与问题反思

史立梅[①]

在以审判为中心的诉讼制度改革目标得以确立，认罪认罚从宽制度普遍推行的时代背景之下，过高的审前羁押率始终是妨碍我国刑事司法改革顺利推行的掣肘因素：一方面，过高的审前羁押率和被追诉人在审前被长期羁押的现实在实践中往往左右着法官的裁判结果，从而导致以审判为中心难以落实；另一方面，在认罪认罚从宽制度的适用中，受到审前羁押的被追诉人极易陷入或认罪或羁押的二难选择之中，从而导致虚假认罪的风险提高并危及认罪认罚从宽制度自身的正当性。因此，欲顺利推行我国刑事司法改革，贯彻羁押例外原则、切实降低审前羁押率是必经途径。然而，一味单纯强调减少审前羁押措施的适用，扩大审前释放的比例，难免会导致刑事司法乃至整个社会陷入风险和不安全之中。如何解决这一矛盾就成为我国审前羁押制度改革的关键问题。"在风险社会理论的视角下，风险总是与人类社会的发展如影随形，虽令我们感到压力与不快，却难以使之销声匿迹。既然制度所制造出的现实的社会风险已经酿成，并且民众从情感上已经排斥、反对该风险之存在，法学家关注的重点应该是法律是否干预这种社会风险，以及如何以合理的法律规范反应、规避这些风险"。[②] 因此，针对审前释放可能带来的风险，正确的反应应当是对其进行准确的评估、预测，并通过灵活多样的羁押替代措施对其进行控制。

我国现行《刑事诉讼法》通过调整适用条件和执行处遇，使得取保候审和监视居住措施在不同梯度上践行着替代羁押的审前释放价值取向。较之于监视居

[①] 本文系北京市社科基金项目《未成年人刑事司法的社会支持机制研究》（14FX8010）、中央高校基本科研业务费专项资金项目《刑事诉讼审前释放风险的调查、评估与控制机制研究》（SKZZY2015079）的阶段性成果。史立梅，北京师范大学刑事法律科学研究院教授，博士生导师。

[②] 姜涛：《风险刑法的理论选择——兼及转型中国的路径选择》，载《当代法学》2014 年第 1 期。

住，取保候审具有更加灵活的形式、更加低廉的成本，也无"软禁"之虞，逐渐成为了我国审前释放的主要实现形式。但是，实践中取保候审适用的比例之低导致其根本未能实现替代羁押的应然价值。如何扩大并正确适用取保候审已成为刑事司法实践的迫切需求。如上文所述，正确适用取保候审所需解决的问题在本质上无疑也是风险问题。取保候审风险属于审前释放风险的一种具体形式，即犯罪嫌疑人、被告人在依据刑事诉讼法律法规的要求，在非羁押状态下等待审判时，违反保证义务，实施毁灭证据、威胁证人、逃避诉讼等行为的现实危险的概率与程度之综合。正确适用取保候审的要旨，便是将上述风险控制在公安司法机关尚可接受的范围之内，而有效控制风险无不以准确识别风险为前提，取保候审风险的调查与评估是正确适用这项强制措施的逻辑起点。对我国取保候审决定程序中的具体实践在风险调查与评估的视野下加以归类分析，或许可以寻找到扩大并正确适用取保候审应当注意补齐的某些短板。

一、我国适用取保候审措施所考虑的风险

（一）取保候审的风险类型

取保候审是将犯罪嫌疑人、被告人置于人身强制力度介乎于羁押和释放之间的环境下等待审判，本质上具有人身强制性、非羁押性和羁押替代性的显著特征，是《刑事诉讼法》规定的审前羁押替代措施之一，与域外的"保释"具有程序功能上的内在一致性，即在刑事诉讼中用以代为实现羁押目的从而避免羁押适用的非羁押性措施。[①] 结合前文对取保候审风险来源的分析，从取保候审的法律本质、程序功能出发，可以进一步对取保候审的风险予以三分法解构，廓清取保候审所包含的每类风险背后的刑事政策以及认定时需要注意的事项。

1. 犯罪嫌疑人、被告人以逃脱、隐藏等方式来规避刑事追诉的风险

取保候审在这一层面上的风险根源在于遵循对席审判原则的需要。为了保障刑事诉讼的顺利进行、法院的判决能够得以执行，也为了确保当事人充分参与审判程序、在事实和程序方面行使辩护权，大部分国家都确立了对席审判的原则以及少量例外。犯罪嫌疑人、被告人在侦查人员对其进行调查的过程中消极逃避，

[①] 史立梅等：《刑事诉讼审前羁押替代措施研究》，中国政法大学出版社2015年版，第10页。

也已表明若再不采取措施加以控制,刑事诉讼进程很可能会因此而受阻。为保证犯罪嫌疑人、被告人能够按时出席法庭审判,许多国家的刑事诉讼立法都直接或间接地对逃避刑事追诉的含义作出了解释,这些也恰恰构成了在这些司法管辖区内调查该事项的出发点。例如,依据我国2012年《刑事诉讼法》第79条和第80条,犯罪嫌疑人、被告人逃避刑事追诉的重要表现即为企图自杀或逃跑,会导致被刑事拘留或被认为符合逮捕的必要;英国《1984年警察与刑事证据法》第34条第4款规定,当某人在其被逮捕时由羁押官认定系逃犯,则禁止将其释放;①《德国刑事诉讼法典》第112条明确要求如果有特定事实证明被告人试图潜逃并导致诉讼无法继续,就足以认定存在"潜逃的可能"而适用羁押措施。②

2. 犯罪嫌疑人、被告人有可能阻碍刑事司法程序的风险

取保候审的该类风险也可被称为故意使案件真相陷入困境的风险,参考我国2012年《刑事诉讼法》对刑事拘留和逮捕条件的规定,是指犯罪嫌疑人、被告人可能毁灭、伪造证据、干扰证人作证或串供,以及可能对被害人、举报人、控告人实施打击报复的可能性。较之于逃避刑事追诉的可能性,对犯罪嫌疑人、被告人阻碍刑事司法程序的预期更具有主观性而应该从严把握,《德国刑事诉讼法典》第113条甚至不允许以此项风险较大而对被指控为轻罪的被告人命令待审羁押。③应当澄清的是,犯罪嫌疑人面对讯问时所表现出的沉默(前提是该国家或地区的刑事诉讼法律明确赋予了犯罪嫌疑人以沉默权)或者被告人对指控所作出的反驳不应被视为阻挠案件侦破的行为。因为作为一种常见的侦查策略,侦查人员会将免于审前羁押作为获取犯罪嫌疑人口供或者争取更广泛合作的价码,阻碍刑事司法程序的可能一旦被任意解释,侦查人员在讯问过程中便会告知犯罪嫌疑人须如实供述,否则将被视为阻碍刑事司法程序而面临羁押,从而变相地逼迫犯罪嫌疑人"交代问题"。有鉴于此,犯罪嫌疑人、被告人有可能阻碍刑事司法程序的风险的结论,须有特定的事实构成的证据链条加以证明,不能仅仅因为侦查

---

① 《世界各国刑事诉讼法》编辑委员会编译:《世界各国刑事诉讼法(欧洲卷·下)》,中国检察出版社2016年版,第1796页。

② 《世界各国刑事诉讼法》编辑委员会编译:《世界各国刑事诉讼法(欧洲卷·上)》,中国检察出版社2016年版,第274页。

③ 《世界各国刑事诉讼法》编辑委员会编译:《世界各国刑事诉讼法(欧洲卷·上)》,中国检察出版社2016年版,第275页。

活动陷入困境就径行推出。

3. 犯罪嫌疑人、被告人有可能再次犯罪的风险

一般而言，倘若处于完全释放或者有条件释放的状态，犯罪嫌疑人、被告人可能实施其他涉嫌犯罪的行为，这表明此时采取羁押替代性措施面临着失败的不良后果。当这种可能性达到较高的水平后便会促成预防性羁押的适用，以保障社会秩序与其他社会成员免受犯罪侵害。我国 2012 年《刑事诉讼法》第 79 条就要求，可能判处有期徒刑以上刑罚的犯罪嫌疑人、被告人在原有犯罪行为之外，可能实施新的犯罪的就应当被逮捕，保持在羁押的状态下等候审判。英国《1976 年保释法》附件 1 "有保释权利的人：补充条款"第 2 条也有近似规定，对于因为至少一项可能被处以监禁的行为受到指控或顶罪的被告人，若法庭有足够的理由相信其在保释期间会再度犯罪，可以拒绝保释请求。① 相比之下，《德国刑事诉讼法典》第 112 条第 3 款对于犯罪嫌疑人、被告人的再犯可能的认识就要相对谨慎，将需要以羁押的方式预防发生的犯罪行为局限于纵火、强奸、抢劫、盗窃、重伤害和毒品犯罪几类重罪。② 尽管诸多国家已经肯定了基于避免再犯的预防性羁押的合法性，但是预防性羁押自产生之日起就引起了理论争议。除了预防性羁押自身在法理上的尴尬地位，③ 犯罪嫌疑人、被告人再次犯罪的预期难以把握也是持反对意见的学者所担心的，他们认为依据这些人过去的行为预测他们未来是否可能实施犯罪相当缺乏可靠性，极易导致"为了控制所有事实上危险的人们，我们不得不在拘押一个危险人物的同时拘押十九个不危险的人物"。④

（二）取保候审的风险影响要素

对取保候审的风险进行评估和预测是准确适用取保候审的前提。上述三种类

---

① 《世界各国刑事诉讼法》编辑委员会编译：《世界各国刑事诉讼法（欧洲卷·下）》，中国检察出版社 2016 年版，第 1777 页。

② 《世界各国刑事诉讼法》编辑委员会编译：《世界各国刑事诉讼法（欧洲卷·上）》，中国检察出版社 2016 年版，第 274 页。

③ 例如，德国学者克劳斯·罗科信曾指出，预防性羁押存在以下疑点：一是背离了适用羁押的根本目的，因为它并非是为了确保诉讼程序之进行，而只是一种预防再次犯罪的措施；二是有违法治国家原则，因为它涉及的是对尚未被证明其犯罪行为的犯罪嫌疑人进行人身自由的剥夺；三是不利于形势政策的实施，因为它有着众所皆知的极为不良的执行条件，即违反再社会化的短期自由刑。［德］克劳斯·罗科信：《刑事诉讼法》，吴琪译，法律出版社 2003 年版，第 285 页。

④ ［美］爱伦·豪切斯泰勒·斯黛莉等：《美国刑事法院诉讼程序》，陈卫东等译，中国人民大学出版社 2002 年版，第 367 页。

型的风险均有其影响要素，这些因素在个案中千差万别，并因此而决定着取保候审风险的大小。在我国的刑事司法活动中，除了符合2012年《刑事诉讼法》第65条之规定，应当予以取保候审的有限情形之外，取保候审与逮捕往往是一对相互矛盾的命题。取保候审所考虑的风险与逮捕所考虑的社会危险性，是从两个方面对同一个问题的解答。取保候审的风险与不予逮捕的社会危险性之间成正比例相关，申言之，如果取保候审的风险较高，则不逮捕犯罪嫌疑人、被告人的社会危险性较大；如果取保候审的风险较低，则不逮捕犯罪嫌疑人、被告人的社会危险性较小。因故可以说，适用取保候审措施所要面对的风险，与逮捕所考虑的"社会危险性"在指向上是基本一致的。① 从逮捕所考虑的社会危险性角度出发，可以帮助我们在现有的刑事诉讼法律理念下，全面理解适用取保候审所需要考虑的种种风险要素。

针对2012年《刑事诉讼法》第79条所列举的各种社会危险性（风险）情形，2012年修订的《人民检察院刑事诉讼规则（试行）》第144条列举了可以作出不批准逮捕决定的条件：首先，犯罪嫌疑人涉嫌的罪行较轻，且没有其他重大犯罪嫌疑，其次，犯罪嫌疑人具有下列情形之一：①属于预备犯、中止犯，或者防卫过当、避险过当的；②主观恶性较小的初犯，共同犯罪中的从犯、胁从犯，犯罪后自首、有立功表现或者积极退赃、赔偿损失、确有悔罪表现的；③过失犯罪的犯罪嫌疑人，犯罪后有悔罪表现，有效控制损失或者积极赔偿损失的；④犯罪嫌疑人与被害人双方根据刑事诉讼法的有关规定达成和解协议，经审查，认为和解系自愿、合法且已经履行或者提供了担保的；⑤犯罪嫌疑人系已满十四周岁但未满十八周岁的未成年人或者在校学生，本人有悔罪表现，其家庭、学校或者所在社区、居民委员会、村民委员会具备监护、帮教条件的；⑥年满七十五周岁以上的老年人。换言之，符合上述条件的犯罪嫌疑人属于社会危险性较小，对其适用取保候审措施的风险较低。该规定的不足之处在于过于夸大了其中某一种因素对取保候审风险的影响作用，而且其所列举的情形也不周延，犯罪嫌疑人的品行、家庭和社会关系等因素均未包括其中。

---

① 当然，取保候审的风险与逮捕的"社会危险性"虽都着眼于强制措施的程序保障效果，但是在价值取向上仍有一定差别，前者侧重于维护犯罪嫌疑人、被告人在审前阶段的权益，后者则对打击犯罪、恢复社会秩序的目标倾注了更多关注。

相比较而言，我国未成年人刑事司法实践中对取保候审风险影响要素的探索更为深入和全面。比如，某地检察院与区公安分局会签的《关于对未成年犯罪嫌疑人慎用羁押性强制措施的若干规定（试行）》，从两个方面规定了对未成年犯罪嫌疑人适用非羁押措施的条件：第一，对未成年犯罪嫌疑人可不适用羁押性强制措施的情形，主要包括：（1）主观恶性较小的初犯、偶犯，过失犯罪的；（2）属于犯罪预备、犯罪中止、犯罪未遂或防卫过当、避险过当的；（3）共同犯罪中的从犯、胁从犯、被教唆犯；（4）犯罪后具有自首情节或有立功表现的；（5）到案后如实供述犯罪事实并积极退赃或赔偿损失的；（6）得到被害人谅解并可能达成刑事和解的；（7）具有其他轻微情节的。第二，适用取保候审、监视居住等非羁押强制措施的条件，主要包括：（1）未成年犯罪嫌疑人在当地有固定住所或相对固定的学习、就业场所；（2）有合适的保证人或有能力提供合适的保证金；（3）本人有悔改表现，其家庭、学校或所在社区、居民委员会、村民委员会、企事业单位、社会团体等具有监护、帮教条件的；（4）不致再危害社会并能保证诉讼正常进行的。① 上述规定既列举了判断未成年犯罪嫌疑人社会危险性较低的一些情形，也考虑到了被释放的未成年人所具备的监管条件，正是这两方面因素的叠加才决定了取保候审的低风险。但是，与《人民检察院刑事诉讼规则（试行）》第144条存在同样的问题，上述规定仍然缺乏一种系统思维，取保候审风险的大小取决于对各种影响要素的综合评估，仅具有其中一种或几种情形并不足以对风险作出准确判断。

总结我国刑事立法和司法实践中所考虑的各种风险要素，可以根据其能否发生改变区分为静态风险要素和动态风险要素两大类。静态风险要素是既成的事实，其已经被时间固定下来且难以被外界所改变，包括犯罪嫌疑人、被告人的涉案情况（具体包括涉嫌罪行的严重程度，故意犯罪还是过失犯罪，初犯、偶犯还是累犯，是否共同犯罪，是否完成犯罪等）以及实施涉嫌犯罪行为后的表现（具体包括有无自首、立功表现，是否主动悔过或者坦白作案经过，是否认罪认罚，是否积极向被害人及其家属进行经济赔偿并取得其谅解，有无违法犯罪前科或者脱保记录等）。动态风险要素反映的则是犯罪嫌疑人、被告人最近的生活方

---

① 宋英辉、上官春光、王贞会：《涉罪未成年人审前非羁押支持体系实证研究》，载《政法论坛》2014年第1期。

式、行为特征等，通过外部干预可能会发生变化，其包括犯罪嫌疑人、被告人的品格证据（具体包括其性格特点、为人处世和生活作风，有无吸毒、酗酒、赌博等不良嗜好等）以及监管条件（具体包括能否提出适格的保证人或支付足额保证金，在当地有无稳定的家庭和社会关系，有无相应的社会支持条件等）。上述风险要素均应纳入取保候审风险调查和评估的内容范围之内，准确的风险预测取决于对这些风险要素的综合评估结果，至于各种风险要素在评估体系中所占的比重，则需要一个长期的基于经验、统计和科学方法进行总结归纳的过程。

二、我国取保候审风险的调查机制

取保候审在 2012 年《刑事诉讼法》中承担了保障诉讼进程、避免超期羁押等重要职责，在刑事司法实践中也是一种常见的强制措施，然而与取保候审的重要性、常用性相对应的却是取保候审风险调查机制的非标准化。未成年人是一个特殊的社会群体，他们既承载着国家和民族的希望，是社会持续发展的后备力量，又由于心智发育未臻健全，需要社会额外的关怀，2012 年《刑事诉讼法》以"特别程序"的形式对未成年人刑事案件的诉讼程序作出了规定，确立了对未成年犯罪嫌疑人、被告人的成长经历、犯罪原因等进行全面调查的原则。但是，除了未成年人刑事案件之外，相当一部分刑事案件的犯罪嫌疑人、被告人由于刑事诉讼法律法规缺少相关规定，其取保候审风险调查基本上是由办案人员通过翻阅已有案卷材料，结合自身对犯罪嫌疑人、被告人在被抓捕、讯问等过程中的直观感受等在较短时间内完成的。未成年人刑事案件的诉讼程序是法律对未成年人特殊关怀的集中体现，对于取保候审风险的调查机制已经构建起了一套相对完整的理论和工作体系，本部分以涉嫌犯罪的未成年人的取保候审为分析样本，考察我国取保候审风险调查机制的实施现状，展望未来可能的发展方向。

（一）风险调查主体

从成文的规定来看，对于未成年人取保候审的风险调查问题，刑事诉讼法律持"谁决定，谁调查"的基本态度，但是取保候审的决定主体有将该项调查工作委托授权给其他主体的倾向。2012 年《刑事诉讼法》第 279 条明确规定，公安机关、人民检察院和人民法院是对未成年犯罪嫌疑人、被告人的成长经历、监护教育情况等社会背景信息进行调查的主体。而《最高人民法院关于审理未成年人刑事案件的若干规定》（法释〔2001〕9号）则将社会调查主体的外延扩展到了辩方和社会团体组织，其规定：控辩双方可以自行调查，必要时，人民法院也可以委托有关社会团体组织就上述情况进行调查或者自行进行调查。此外，在中央综治委预防青少年违法犯罪工作领导小组、最高人民法院、最高人民检察院、公安部、司法部、共青团中央六部门联合出台的《关于进一步建立和完善办理未成年人刑事案件配套工作体系的若干意见》（综治委预青领联字〔2010〕1号）中，办案机关可以委托开展未成年人取保候审风险调查的部门，被进一步具体化为司法行政机关。其规定与取保候审相关的社会背景信息调查由未成年犯罪嫌疑人、被告人户籍所在地或居住地的司法行政机关下属的社区矫正工作部门负责完成；司法行政机关下属的社区矫正工作部门可联合相关部门开展社会调查，或委托共青团组织以及其他社会组织协助调查。

从部分地区的司法实践来看，由相对专业的专职或兼职人员，而非公安司法机关自身，完成未成年犯罪嫌疑人、被告人取保候审的风险调查工作较受欢迎。例如，对于在沪居住时间达六个月以上的涉嫌犯罪的未成年人，上海的经验是委托司法行政机关的矫正部门和社工组织对其进行社会调查；[①] 近年来，西安市则允许当地部分高校法学专业的在读研究生在公安司法人员的指导下，扮演了"司法社工"的角色，完成此类取保候审风险的调查工作，并按照每份调查报告约1000元的标准领取补贴，对其所出具的社会调查报告的真实性、完整性接受指导其工作的公安司法人员的问询。究其原因，大体可能是因为社区矫正部门的工作人员、司法社工等未参与前期的侦查工作，不易产生先入为主的心理状态，且具备了刑事法学甚至心理学、教育学、社会学等行为科学的专门知识、接受过一定培训，在大多数情况下足以胜任对未成年犯罪嫌疑人、被告人的综合素质、成长经历、家庭环境等社会背景信息开展广泛且具有一定深度的调查任务，出具的取保候审风险调查报告参考价值较高。

综上所述，涉嫌犯罪的未成年人的取保候审风险调查究竟由谁来完成，在当前的成文规定和司法实践中并不统一。本文认为，客观中立是对取保候审风险调查主体的基本要求，也是如实反映取保候审风险大小的必要前提。选择由公安司

[①] 姚建龙、吴燕、张宇、钟姝琴：《未成年人取保候审制度的改革与完善——以合适保证人制度构建为视角》，载《预防青少年犯罪研究》2016年第6期。

法机关自行开展社会背景信息调查等工作，取保候审风险调查报告的信度与效度，只能寄希望于在审查起诉阶段、案件审理阶段借助审查批捕、庭前阅卷等予以事后监督，而且在"案多人少"的普遍情况面前，由各地公安司法机关自行完成取保候审的风险调查也不利于提高调查工作的效率。至于司法行政机关，由于社区矫正工作已经较为繁重、基层司法所的工作人员有限，实际上也不宜再额外承担取保候审风险调查的任务。基于以上几点考虑，不妨尝试以政府财政购买公共服务的形式予以适度放权，将取保候审的风险调查工作委托给社会组织，并对承担此项工作的社会组织的资质进行认证，对其中从事取保候审风险调查的司法社工予以定期培训、考核。

（二）风险调查程序

为了全面而准确地评估个案中的取保候审风险，取保候审风险的调查需要维持一定的广度与深度，调查报告也非一蹴而就，承担这项任务的调查人员大致需要经过以下工作流程：首先要查寻与涉嫌犯罪未成年人及其家庭有关的信息，其次甄别真伪虚实并进行分类归纳整合，最后在此基础上展开分析，形成客观的风险调查报告并提交至取保候审的有权决定机关。对未成年犯罪嫌疑人、被告人取保候审风险的调查程序，我国各地的规定较为分散，简要概括如下：与审前程序中调取有关证据材料的规定相同，取保候审风险的调查工作一般应当由两名调查人员进行（在司法行政机关作为调查主体的地方，还要求其中至少有一名当地司法行政机关的在编工作人员）。取保候审风险调查的对象包括未成年犯罪嫌疑人、被告人及其法定代理人或近亲属、邻居、社区、村（居）委会、学校、单位、同学、同事、被告人户籍或经常居住地的公安派出所等。取保候审风险调查人员可以运用走访、谈话、观察、电话、函询、查阅有关档案材料等多种方式进行调查，并形成调查笔录、调查问卷和自书材料等形式的书面材料。例如，若条件允许，取保候审风险调查人员还可以会见未成年犯罪嫌疑人、被告人，当面了解其对自身涉嫌犯罪行为的认识、对今后的规划等。未成年犯罪嫌疑人、被告人已经在押的，应当经过该阶段办案机关的同意；未成年犯罪嫌疑人、被告人未在押的，则应当征得犯罪嫌疑人、被告人的法定代理人或者其他合适成年人的同意。

经过多年来的不懈努力，涉嫌犯罪未成年人取保候审的风险调查程序在各地区的不断探索下日趋完善，在全国范围内研究制定标准化的统一操作指引的时机已经成熟，用以明确调查人员具体需要调查哪些方面的情况、每个方面的情况可以采取哪些调查方法并可能需要提前办理哪些法律手续等，以便复制、推广，也为日后制定未成年犯罪嫌疑人、被告人的取保候审风险调查程序提供参考蓝本。此外，在取保候审风险的调查程序中还需更加注重调查人员自身的亲历性以及对第一手资料的收集，防止风险的调查与评估工作的信息源受到"失真"的威胁。①

三、我国取保候审风险的评估机制

风险评估的主体与风险评估方法，可谓是刑事司法领域风险评估机制的两大基本要素。从国内的刑事司法实践来看，取保候审的风险调查主体与评估主体常常是重合的，因为对取保候审风险的评估本质上是对风险调查阶段所收集信息的进一步加工与利用，出于效率与质量的双重考虑，一般会继续由负责取保候审风险调查的主体来完成。在风险评估方法维度上，加拿大的三位大学者 D. A. Andrews、James A. Bonta 和 J. Stephen Wormith 以人身危险性的评估为例，将犯罪与刑事司法领域的风险评估方法划分为临床评估、精算评估、结构化专家评估三大类，并且在不同的风险评估方法之间存在代际更迭，体现了对刑事司法领域中的风险逐步加深的认识。② 将我国取保候审风险评估方法的主要实践与探索置于该理论框架之内加以观瞻，有利于在一定程度上窥得为何近 l 年来精算评估等充满了定量化思维的取保候审风险评估方法来在我国一直处于探索尝试的状态，而历史悠久的临床评估方法并不能给公安司法机关决定适用取保候审带来更足的底气。

（一）临床评估

临床评估遵循定性化思维的风险认识路径，在我国的取保候审风险评估中被广为使用，与取保候审等审前羁押替代措施，以及由其所带来的对审前释放风险加以评估的客观需求一起诞生，堪称犯罪与刑事司法领域的第一代风险评估方

---

① 审前释放风险等刑事司法风险的调查人员的亲历性和对第一手资料的收集已经得到了关注，例如，美国田纳西州青少年事务局就明确要求，可能会影响法官量刑的社会背景信息应当通过与涉案少年及其父母或监护人的个人约谈来收集，并且特别强调，必须通过家访来亲眼目睹这些未成年人的生活状况及邻里周边境况。参见张鸿巍：《浅析美国未成年人案件社会调查制度》，载《河北法学》2014 年第 5 期。

② See D. A. Andrews, James Bonta and J. Stephen Wormith, *The Recent Past and Near Future of Risk and/or NeedAssessment*, *Crime & Delinquency*, 2006 (52).

法。在该评估方法下，审前释放风险评估结论的产生更多地基于评估主体自身的主观判断。其运行过程可概括如下：在各项影响审前羁押替代措施诉讼风险的因素被逐一出示后，负责评估的相关人员结合自己的专业知识、生活常识甚至思维习惯对其进行一系列的综合考量（包括线性和非线性的思考），然后直接对该犯罪嫌疑人、被告人适用取保候审的风险给出一个明显偏高、接近安全临界值或可以接受的判断结果。与之在医学上的应用近似，临床评估方法强调评估主体对取保候审风险的直观感受与内心判断，因此既决定了该评估方法具备简便易行等优点，也为其在取保候审的风险评估实践中暴露出的以下问题埋下了伏笔。

1. 取保候审风险评估指标的单一化

临床评估方法依靠评估主体自身对风险要素进行综合分析判断，故在同一时间段内纳入考虑范畴的风险要素的数量不宜过多，与风险要素相对应的风险评估指标也被要求趋于单一和简洁。在这样的前提下，某些风险评估指标对取保候审的风险评估结论便有着举足轻重的影响。例如，为防止滥用取保候审导致犯罪嫌疑人、被告人潜逃或再次实施犯罪的发生，公安部和最高人民检察院在各自的部门规定中对不能适用取保候审的情形进行了规定，根据这些规定，对下列人员不能适用取保候审：累犯，犯罪集团主犯，以自伤、自残方法逃避诉讼的，危害国家安全的犯罪，暴力犯罪及其他严重犯罪，严重危害社会治安的嫌疑人及其他犯罪性质恶劣、情节严重的犯罪嫌疑人等。上述规定从涉嫌犯罪的类型、性质和情节、嫌疑人在犯罪中所起的作用以及是否有逃避刑事追诉的记录等多个维度对取保候审的风险评估指标进行了阐发，这在一定程度上统一了取保候审措施的适用。但是，如果仅仅以涉嫌犯罪的类型、性质和情节作为拒绝适用取保候审的理由，就导致了实质上的"重罪羁押"或"预防性羁押"，即仅仅以行为人涉嫌实施可能被判重罪的特定行为作为理由就对其予以审前羁押，而完全不考虑其是否有逃避诉讼，妨害证人、证据或者再犯罪的可能性，明显与审前羁押的程序保障性功能背道而驰。

2. 取保候审风险评估结论的标签化

从理论上讲，由于采取了开放式的评估思路，临床评估能够较为充分地考虑受评估对象在个案中的行为、心理特点，进而形成贴近个案实际的取保候审风险评估结论。然而，在刑事司法实践中这一优势却转变为缺陷，即运用临床评估方法开展取保候审风险评估，通常容易对具有某些特点的受评估群体形成风险较高或较低的倾向性判断。换言之，某些群体在进行临床评估时容易被贴上取保候审风险较高或较低的标签，影响最终的风险评估结论，导致取保候审的适用不公。例如，犯罪嫌疑人、被告人是"外地人"还是"本地人"，在刑事司法实践中对是否允许其取保候审的影响明显，外来人员不予审前羁押便会导致社会危险性发生的观念可谓根深蒂固、饱受诟病。在对外来人口犯罪追究刑事责任的过程中，存在一种普遍的现象，即与本地人相比，对外地犯罪嫌疑人适用取保候审存在普遍从严的司法倾向，即"构罪即捕"。① 一言以蔽之，在传统的取保候审风险临床评估过程中，外来人员被直接贴上"有社会危险性"标签的概率，与本地人被直接贴上"无社会危险性"标签的概率几乎相当，从而导致外来人员被允许取保候审的条件明显高于本地人。这一问题的产生，主要源于临床评估方法得出的取保候审风险评估结论与评估主体的业务素质、品行修养等与案件、受评估对象之外的因素密切相关，导致取保候审的风险评估过程具有一定的随意性，不可避免地会受到评估主体个人偏见的影响。

（二）精算评估

精算评估方法遵循定量化思维的风险认识路径，主张以数理统计的方法来描述风险的核心本质——不确定性，认为刑事司法领域中的风险是可以通过概率计算来加以客观地认识和修正的，属于犯罪与刑事司法领域的第二代风险评估方法。精算评估方法较为依赖运用统计学原理开发出的风险评估工具，面对取保候审的风险评估问题，通过剖析在临床分析方法下取保候审风险评估的思考过程，确定影响脱保风险的变量和相对应的阈值，以更为确切的概率推论代替临床评估中的相对模糊的经验认识，对个案中的犯罪嫌疑人、被告人适用取保候审之后所面临的风险展开描述。由于传统的临床评估方法逐渐难以满足取保候审风险评估的需求，精算评估方法于21世纪初开始进入我国公安司法机关的视野，经历了从理念演绎到技术修正两个主要发展阶段。

1. 理念演绎阶段

以定量化的信息描述取代定性化的信息描述，即定量化的风险认识论，是精算评估方法的重要理论基础，具体表现为将文本转换为数据，将难以名状的内心

---

① 关振海：《平等保护涉罪外来人员取保候审权利机制研究》，载《犯罪防控与平安中国建设——中国犯罪学学会年会论文集》2013年。

斟酌转换为程式固定的数理运算。所以，在该方法被引入的初期，如何理解上述理念并以之改造传统的临床评估方法，是国内刑事司法实践的主要努力方向。已经公开的资料显示，上海市闵行区检察院曾于2004年在全国范围内率先采用精算评估的理念，对未成年犯罪嫌疑人适用取保候审的风险展开评估，整体上将犯罪行为、个人情况、家庭概况、保障条件作为影响评估结果的四大变量，每个变量又被分解为若干子变量。子变量对取保候审风险的影响被划分为高、中、低三档，分别对应不同的分值。使用时，案件承办人先通过对子变量进行逐个打分来测算对应变量的风险值，再根据四大变量的数值之和，判断对未成年犯罪嫌疑人予以取保候审所承担的风险。① 另外，江苏省昆山市检察院曾于2008年设计了一套相对更为完整、可以覆盖各个年龄段的精算评估方法，即假定对每位犯罪嫌疑人取保候审的初始风险为0，赋值100分，同时规定了9个会增加诉讼风险的变量（"危险因素"），每个变量根据其影响力的大小，取值范围从20分到40分不等，由案件承办人视个案的情况自行确定。倘若扣除这些分值后，剩余分值依然高于50分的，则说明予以取保候审的风险较低，可以考虑取保候审。②

该阶段出现的精算评估方法，固然坚持了以定量化的风险认识论为指导，初步具备了对各个变量分别赋值、逐一打分的形式要件，初步达到了借助客观数据来衡量、审核取保候审风险之目的。然而，对比精算评估的实际运行情况，这些取保候审风险评估方法尚停留于精算评估的雏形阶段。首先，在风险的定量化描述方面，精算评估需要依据对大量数据统计分析的结果，合理分配各项变量的权重，并依据成熟的数学模型（如鼎鼎有名的 Logistic 回归分析方程）对全部变量的影响进行整体评价，对变量的打分是为了将字符型转化为数值型的案件情况，有限定的描述方式（如必须在0、1、2三个数值之中择其一）。而我国在该阶段开展的取保候审风险精算评估，大都缺乏翔实的司法统计数据，而将其理论基础建立于办案人员的经验揣摩之上，误将变量权重的确定与对变量的数值转换混为一谈，以简单的数值相加代替多变量数学分析模型，导致案件承办人的自由裁量权过大，与精算评估方法的初衷并不契合。值得注意的是，设计取保候审风险精

---

① 陆勤俭、刘建：《上海闵行区检察院建立未成年犯罪嫌疑人非羁押措施可行性评估机制》，载《法制日报》2008年8月19日第5版。

② 刘东根、曲广娣：《试论我国未成年人刑事案件取保候审风险评估制度的建立》，载《江西警察学院学报》2012年第1期。

算评估工具所需的数据类型,是反映个案本来面貌的单元化原始数据,并非加工后供上级机关考核工作的汇总报表。① 前者的收集、交换在我国的刑事司法体系中没有受到应有的重视,只是在部分学者公开的实证调研材料中才能见到冰山一角,所以无论是数据的规模大小还是连续性,目前看来都难以满足数学建模的需求。从这个意义上讲,我国开发取保候审风险精算评估工具存在一定的先天不足。

此外,在定量化分析结果的解读方面,完成了对取保候审风险的定量化描述之后,还需要对运算得出的结果进行定性化的归类与解释,即评估取保候审风险的可接受性。对这一点的忽视,导致我国在该阶段诞生的精算评估方法对定量计算结果的解释设计较为粗糙、缺乏说服力,使公安司法机关对犯罪嫌疑人、被告人在审前释放期间妨碍或逃避刑事诉讼、再次犯罪的风险难以形成直观认识。结果往往是为了规避这些风险,公安司法机关更倾向于从自身利益出发,草率而保守地认为对犯罪嫌疑人、被告人予以取保候审的风险过高而直接拒绝采用,令精算评估前期的努力付诸东流。

2. 技术修正阶段

作为一种典型的审前释放风险的精算评估方法,美国的联邦刑事司法系统于 2009 年前后开始在全美推行审前服务风险评估工具(Pretrial Services Risk Assessment Tool,PTRA),依据联邦刑事司法系统 2001 年至 2007 年记录的犯罪数据,划定了 9 类 26 项风险评估变量,以 Logistic 回归方程为基本分析模型。PTRA 近些年被介绍到国内后,特别是该方法对统计学工具相对成熟的运用,使我国对取保候审风险的精算评估逐渐不再满足于单纯的理念演绎,而开始向具体的评估技术方面纵深发展。例如,张吉喜副教授从某地近 4000 件刑事案件中挑选出 400 余件适用于取保候审措施的案件作为研究样本,通过多元 Logistic 回归分析,筛选出样本案件中对审前不予羁押的风险结果有重要意义的 11 项因素,再运用 X^2 检验法进行进一步的统计分析,剔除了性别、职业、前科的类型、到案方式和取保候审前曾被拘留等对取保候审的适用效果并没有统计学意义的风险要素,重新

---

① 这主要是因为汇总报表中的数据已经按照一定思路进行了计算和整理,很难按照另一种思路再展开新的交叉分析,导致数据挖掘价值相对较低。此外,汇总后的数据容易被"注水",也是一个不容忽视的问题。

确定了适用取保候审需要考虑的风险要素。① 王贞会副教授以 PTRA 的研发过程为鉴，将国内某基层检察院审查批捕的 200 余件犯罪嫌疑人为成年人的刑事案件作为研究样本，首先借助多元 Logistic 回归分析筛选出样本案件中对审前释放风险有重要意义的 11 项要素，再将这些风险要素的系数代入 Logistic 指数方程，得出可以用于取保候审风险评估的精算模型，同时按照 20 百分点位将取保候审的风险值按照高低分为 5 个位阶，用于解读精算模型得出的风险值，形成一套较为完整的取保候审风险精算评估方法。②

可见，我国这些诞生于"实验室"的取保候审风险精算评估方法，基本上还原了精算风险评估的本来面目，以成熟的数学模型解决权重迥异的多变量同时参与风险评估的问题，可谓是实现了真正意义上的取保候审风险定量化描述，但由于数学建模时所采用的样本容量较为有限，风险要素的选择和精算模型的表达形式尚不统一等原因，暂时停留于学术探讨阶段，有待接受我国刑事司法实践的进一步检验和完善。相应地，审查逮捕程序等方面也要作出调整，为与该项取保候审风险评估方法实现良好的兼容、对接留出必要空间。

（三）结构化专家评估

作为一种近些年被提出的审前释放风险评估理论，结构化专家评估在综合了临床评估和精算评估的基础上，摆脱了数值计算的束缚，也限定了主观评价的范围，主张借助在一定分析框架内展开的多元化描述，客观地理解犯罪嫌疑人、被告人的涉案行为、日常表现，尽可能地发现可能会诱使其违反取保候审义务的需求，与此同时，突出借力打力、顺势而为，尝试通过寻找案内、案外潜在的积极因素、设计有针对性的监管方案来加以抑制。现在我国对该种风险评估方法在取保候审领域的探讨与实践还比较少，但是在审查逮捕的社会危险性评估的研究中已经小试牛刀。实际上，正如前文所言，"取保候审风险"与审查逮捕所考虑的"社会危险性"是同一个刑事司法问题的两个维度，因此在审查逮捕的社会危险性评估中卓有成效的机制，可以视为是具备了"移植"到取保候审风险评估的条件。所以，本文以一项我国刑事司法实务部门针对审查逮捕的社会危险性评估

---

① 张吉喜：《如何客观评估"逮捕必要性"——基于 3825 件刑事案件的实证研究》，载《人民检察》2012 年第 7 期。

② 王贞会：《审查逮捕社会危险性评估量化模型的原理与建构》，载《政法论坛》2016 年第 2 期。

机制的研究成果为例展开分析，以期从另一个侧面展现当前取保候审风险评估工作对结构化专家评估机制的态度与接受情况。①

1. 对风险因素的双向考量

在某种意义上，开始认识到同一个刑事案件中不同风险因素相互之间的耦合与制约关系，即能够对风险因素从有利于实现刑事诉讼目标和不利于实现刑事诉讼目标两个维度全面展开评价，这不仅是叠床架屋式地对风险进行机械累加，还是判断刑事司法中的风险评估机制正在向结构化专家评估方向发展的一项重要标志。下面这一项由我国司法实务部门获得的审查逮捕社会危险性评估研究成果则体现了这样的特点。

表1 刑事诉讼中的风险评估

评估项	评估因素	危险等级	危险评估值
A 犯罪情况	A1 一年内作案三次以上	高	
	A2 流窜作案	高	
	A3 共同犯罪	中	
	A4 正当防卫、紧急避险	低	
	A5 过失犯罪	低	
	A6 中止犯	低	
	A7 手段残忍	高	
B 嫌疑人个人情况	B1 主犯	高	
	B2 胁从犯	低	
	B3 惯犯	高	
	B4 累犯	高	
	B5 未成年人	低	
	B6 有吸毒恶习	中	
	B7 在案发地有相对固定的工作或住所	低	
	B8 亲属或有关单位出具保障诉讼担保	低	
	B9 有妨碍诉讼经历	中	

---

① 杨秀莉、关振海：《逮捕条件中社会危险性评估模式之构建》，载《中国刑事法杂志》2014年第1期。

续表

评估项	评估因素	危险等级	危险评估值
C 罪后情况	C1 自首	低	
	C2 对被害人、证人进行威胁或者打击报复	高	
	C3 串证、毁证、妨害作证	高	
	C4 自杀未遂	高	
	C5 准备逃跑被发现	高	
	C6 犯罪后逃跑	高	
	C7 与被害人和解	低	
	C8 不讲真实姓名、住址，身份不明	高	
	C9 同案犯在逃	高	
D 被害人情况	D1 被害人是亲友、邻里、同学、同事	低	
	D2 被害人存在重大过错	低	
	D3 被害人存在一定过错	中	

在这种风险评估机制中，任何一项危险等级为"高"的评估因素具有"一票否决"的功能。而当案情表明犯罪嫌疑人、被告人并不存在危险等级为"高"的评估因素时，该评估机制会对被认为在本案中存在的中、低等级评估因素启动赋值计算，即"中"危险等级的评估因素的危险评估值为"1.5"，即"低"危险等级的评估因素的危险评估值为"-1"，各个评估项、各个评估因素之间为相加求和的关系。对于故意伤害等存在具体被害人的案件，A~D类评估项的权重分别为20%、30%、40%、10%；对于涉嫌走私、贩卖毒品等缺少具体被害人的案件，A~C类评估项的权重分别为20%、30%、50%。最终所得结果与0进行比较，数值小于0才会被认为不予逮捕的社会危险性较低，取保候审的风险也相应较小。在该评估机制的运作过程中，所谓的"低"危险等级的评估因素虽不能完全消除不予逮捕、取保候审所带来的风险，但是对此类风险形成了明显的抑制作用，对这些评估因素赋值为"-1"正是考虑到这一点的体现，符合结构性专家评估对全面且客观地理解犯罪嫌疑人、被告人的涉案行为、日常表现的要求。

2. 定量化思维的深刻影响

从上述风险评估机制中不难发现，我国具有结构化专家评估色彩的审查逮捕社会危险性评估机制，受到了定量化思维的显著影响，在没有出现"高"风险等级评估因素的情况下，实务部门还是会倾向以数值的形式描述不予逮捕的社会危险性、取保候审的风险。对于一个幅员辽阔、经济文化发展存在较明显地域差异的国家而言，定量化模式有利于在各地公安司法人员的法律业务素质参差不齐的环境下，最大限度地确保取保候审风险评估结论的客观、准确，为更多的犯罪嫌疑人、被告人争取到审前释放的适用机会，维护刑事诉讼程序的公正性。上述风险评估机制正是体现了我国长期以来对临床评估机制暴露出的主观色彩较为浓厚、评估主体自由裁量范围较大等弱点的深刻反思，对人为缩小或放大具体案件中犯罪嫌疑人、被告人不予逮捕、取保候审之风险的高度警惕，对风险评估主体发挥自由裁量权形成了较为有效的规制。

从刑事司法领域风险评估理论的角度来看，结构化专家评估是临床评估、精算评估之外的"第三条道路"，在取保候审风险的识别、描述以及后续控制等方面的表现均有长足的进步，是新一代的取保候审风险评估方法。所以，在充分肯定定量化思维所带来的进步的同时，应当指出，如果将审查逮捕时考虑的社会危险性、取保候审的风险最终以相对单一的比例计算方式加以呈现，是存在不易克服的局限性的，其对人类思维的复杂性估计不足，更没有根据评估因素各自的危险等级给出较为灵活的回应方式，缺少了充分挖掘那些"低"危险等级评估因素在取保候审执行过程中可以预防风险转化为负面事实的潜能，可谓是卡在了建立真正意义上的结构化专家评估机制的"最后一公里"上。例如，倘若存在犯罪嫌疑人、被告人与被害人是亲友、邻里、同学、同事的情况，取保候审风险评估主体在综合全案认为予以取保候审的风险较低之时，作为结构化专家评估的必要内容，还应进一步就如何帮助、引导犯罪嫌疑人、被告人在取保候审期间尽可能地修复人际关系等提出具体建议，促使其回归正常生活，从根源上避免其干扰刑事诉讼进程或在审前释放期间再次犯罪。

四、我国取保候审风险的控制机制

不确定性是风险的本质，也意味着我们将风险彻底清除是极为困难的，因而逐渐形成了"防微杜渐""警钟长鸣"等一系列具有稳定传承的经验性认识。于是，如何将风险的大小控制在一个具体的时间和空间内可以接受的阈值，大概是人类社会在发展过程中探索到的对抗风险的可取态度。即便是经过客观而严格的评估，有较为充足的依据表明犯罪嫌疑人、被告人适用审前羁押替代措施的风险处于当地刑事司法系统可以接受的范围之内，或低于应采取预防性羁押措施的阈值，也绝非意味着风险就会因此而销声匿迹。[①] 作为一种具体的审前羁押替代措施，控制取保候审的风险，就是要帮助犯罪嫌疑人、被告人矫正犯罪心理、告别行为恶习，正确认识自身涉案行为的性质，减少甚至逐步消除其逃避刑事追诉、继续危害社会的心理欲求，或者在可能诱发阻碍刑事司法程序等取保候审风险的因素与犯罪嫌疑人、被告人之间建立有效阻隔。这一目的主要是借助恰当的保证方式，对犯罪嫌疑人、被告人等待审判期间行为的形成有效制约来实现的。长期以来，我国的刑事诉讼法律为取保候审的保证方式提供的解决方案，通常以财产损失等带来的思想顾忌和社会关系纽带产生的行为顺从两方面作为制度的发力点，设计了要求交纳一定数额的保证金或提供适格的保证人两种保证方式。然而，社会经济快速发展带来的人口快速流动，带来的熟人社会瓦解、户籍制度等传统社会控制手段失灵等一系列社会问题，不断冲击着上述两种保证方式对取保候审风险的控制效果，导致某些地区出于对安全的考虑，针对非本地户籍犯罪嫌疑人、被告人采取"够罪即捕"的策略，严重违背了刑事诉讼审前阶段的诉讼机会平等原则。有鉴于此，我国司法实践近年来围绕心理震慑和社会关系制约两个逻辑内核，探索出了一些新的取保候审风险控制机制。

（一）心理震慑型风险控制机制

这是一种期望通过直接震慑取保候审对象的心理，避免取保候审风险的现实化的风险控制机制，离不开对每位处于非羁押状态下的犯罪嫌疑人、被告人的行为活动状况的准确掌握，对电子监控有着较强的技术依赖。电子监控在我国刑事司法实践中的应用是从 2008 年前后开始的，最初用于社区矫正工作中对已决犯的监督管理。用于该领域的电子监控平台，包括区域监管、系统管理、终端管理、信息交互、网上审批、档案管理、日志报表、管理中心、后期扩展功能二次开发接口等十个功能模块，每个功能模块下又有若干子模块。通过定位终端设备，对矫正对象的运动轨迹进行实时定位，再结合历史轨迹查询等方法掌握其一

[①] 史立梅等：《刑事诉讼审前羁押替代措施研究》，中国政法大学出版社 2015 年版，第 203 页。

定时间内的活动范围及行动轨迹，并及时发现和应急处置异常情况。①

我国的刑事诉讼法于2012年修改之后，将电子监控明确为在监视居住过程中公安机关可以使用的监管措施。取保候审作为一种同样扮演了羁押替代角色的刑事强制措施，执行时参考监视居住的监管方式，对犯罪嫌疑人、被告人实施有限度的电子监控，不失为一种可行的风险控制机制。换言之，由于电子监控本身对犯罪嫌疑人、被告人的个人隐私和正常生活会造成一定的影响与侵入，基于监管力度的强弱与强制措施的严厉性相一致的原则，在执行取保候审的过程中所采取的"电子监控措施"应作狭义的理解，即仅限于对特定对象的活动轨迹、活动范围的地理位置监控。对取保候审的犯罪嫌疑人、被告人采取电子监控措施，是对取保候审义务中"未经执行机关批准不得离开所居住的市、县"的有力监督，更是通过对犯罪嫌疑人、被告人实时活动轨迹、活动范围的监督，形成其一举一动尽在执行机关掌控中的心理暗示，从而向犯罪嫌疑人、被告人施加压力、增加其违反取保候审义务的成本，降低取保候审风险发生的概率。在这个意义上，电子监控与传统的定期走访、按时报到等具有内在一致性，均可被视为通过制造在违反取保候审义务时会出现的某种损失（包括但不限于保证金等财产损失），令犯罪嫌疑人、被告人在取保候审期间有所顾忌的风险控制原理在方法论意义上的进一步拓展。

电子监控作为刑事司法的风险控制机制，与传统的监督监控措施相比，具有成本低、准确性高的特点，近年来在世界各国和地区得到迅速发展。然而，电子监控是一把"双刃剑"，在强调其在人权保障方面的功能时，也不应忽略其消极方面的影响。电子监控在司法实践中可能带来的最大弊端是刑事追诉机关并非将其作为一种控制取保候审风险的机制使用，而是将其作为对原本能够获得审前释放处遇的犯罪嫌疑人、被告人所施加的一种控制或惩罚机制，带来被"习惯性使用"甚至滥用的隐忧。为避免电子监控沦为一项不受控制的惩罚措施，笔者认为电子监控的适用必须从法律上加以严格限制，这包括：（1）在法律上明确规定可适用电子监控的情形或条件；（2）只能由公安司法机关决定是否采用这一措施；（3）公安司法机关在决定是否采用这一措施时须遵守比例原则，即只有在传统的监控措施不足以起到监督作用的情况下才能适用，且只能作为羁押的替代

---

① 陈冉：《论我国电子监控适用中的限度》，载《犯罪研究》2013年第1期。

措施加以适用。对于那些不需要采用强制措施的犯罪嫌疑人、被告人，应严禁对其进行电子监控。

（二）社会关系制约型风险控制机制

此类取保候审风险控制机制的关键，在于寻找到或构建出足以对被取保候审的犯罪嫌疑人、被告人产生行为引导和规制作用的社会关系纽带，代表做法是管护（观护）教育基地。为了解决审前羁押率过高、取保候审被束之高阁的问题，自 2008 年起管护（观护）教育基地率先在无锡、苏州、江阴等城市化进程较快的苏南城市群出现，其管护（观护）教育对象主要是符合取保候审法定条件，但自身无力足额缴纳保证金也无法提供适格保证人的涉罪外来人员和未成年人，由检察机关牵头与具备一定条件的企业、学校开展合作，接收被取保候审的犯罪嫌疑人、被告人在这里进行工作或学习，为其提供具体的保证人与基本食宿，同时在管护（观护）期间对其进行法治教育、心理辅导和劳动技能培训。通过考察管护（观护）教育基地的实践，可以发现其嵌入取保候审保证方式现有格局，是通过保证人这一法定保证方式加以实现的。[①] 申言之，通过依托企业、学校等社会力量的管护（观护）教育基地来控制取保候审的风险，选择的是以外部社会关系影响个体行为取向的风险控制理论模型，为符合取保候审条件的犯罪嫌疑人、被告人创造了一个全新的劳动、学习环境，远离可能增加取保候审风险甚至诱使风险现实化的消极社会环境，并借助外部干预在较短的时间内，形成具有一定行为约束力的社会关系纽带，以期改变被取保候审的犯罪嫌疑人、被告人如果不在羁押场所关押就处于无人监督、无人引导的两难境遇。

另外，管护（观护）教育基地在控制取保候审风险的过程中，并没有完全排斥限制犯罪嫌疑人、被告人的人身自由的风险控制方法。因为管护（观护）教育基地发挥取保候审风险控制作用的基础，在于为犯罪嫌疑人、被告人重新搭建了符合风险控制要求的社会关系纽带，但恰恰是由于在管护（观护）教育基地具体担任保证人的企业主管、班组长、学校老师等，与被取保候审的犯罪嫌疑人、被告人之间的社会关系纽带属于短时间内借助外部力量（司法机关的指派等）形成的，容易存在情感感染力不足、行为约束力有限等问题，客观上需要以

[①] 初殿清：《论取保候审保证方式的性质异化及其修正——兼论涉罪外来人员管护基地的功能》，载《河南大学学报（社会科学版）》2015 年第 3 期。

一定的人身自由限制作为补充,故管护(观护)对象在取保候审期间的实际活动范围有时会从"所居住的县、市"缩小到管护(观护)教育基地,也被有些学者认为近乎于"在家的取保候审"。① 当然,在一些经济发展和社会治理水平较高的地区,如北京、上海等地,相对成熟的社区体系、丰富的社会帮教资源(如司法社工等)正在为取保候审风险的控制提供了更具弹性的选择,管护(观护)教育基地不再是合适保证人的有限供给者,得益于当地社会参与度的提高,社会关系制约型风险控制机制正在获得更为广阔的应用与发展空间。

五、结论

从风险的角度对我国取保候审措施予以审视,是从社会政策和风险管理角度完善我国刑事诉讼审前程序的一次粗浅尝试。毋庸置疑,犯罪嫌疑人、被告人逃避刑事追诉、在获得审前释放的处遇后再度实施犯罪等风险是客观存在的,即便是经过细致的调查、周密的评估后认为风险较低可以适用取保候审的,也并不等同于公安司法机关就此可以对犯罪嫌疑人、被告人放任自流。然而风险所及之处,遭受损失的可能皆与获得预期收益的希望并存。为了发挥取保候审应有的程序保障功能,我们应该正视取保候审在个案中所面临的风险,并坦然接受其必然会在一定时空范围内存在的现实,用以换取贯彻无罪推定原则、减少不必要羁押的有益法律效果与社会效果,而不是由于取保候审风险所蕴含的不确定性可能使案件前期的侦查、起诉工作功亏一篑,就在取保候审风险存在与否的矛盾判断上纠缠不休。

在刑事案件的审前程序中,未成年人和外来人员的特殊境遇令其备受瞩目:前者被羁押于看守所等候开庭审判后,其心理负担呈现异常增加的情况,并且容易受到同监室成年人不良行为的"交叉感染",对取保候审有着迫切的需求,然而某些未成年犯罪嫌疑人、被告人于审前阶段被暂时释放后阻碍刑事诉讼程序、再度实施犯罪行为的既往事实在客观上又不允许"一刀切"的处理方式存在;后者则在实施涉嫌犯罪的行为后,往往由于生活拮据、无法提出合适保证人而使取保候审最终演变为一个遥不可及的梦想,成为取保候审适用对象中的"弱势群

---

① 郑赫南、李明耀:《无锡55个管护基地蹚出新路》,载《检察日报》2010年10月11日,第5版。

体"。有鉴于此，宜考虑将涉及以上两类犯罪嫌疑人、被告人的案件作为合理降低我国审前羁押率的改革突破点，以规范调查内容与调查程序、升级风险评估方法为主要抓手改进取保候审的决定程序，再将取保候审风险调查与评估机制逐步植入各类刑事案件的审前程序。

论我国搜查扣押制度的改革完善

朱拥政[①]

在全面依法治国、建设法治国家的时代背景下，刑事诉讼法的修改早已纳入议事日程并在稳步推进。搜查扣押制度是刑事诉讼法的重要内容，也是保护当事人财产权利、人身权利的重要程序性制度。通过对该制度现状的研究思考，尽快修改现行法律的有关规定，不断完善公安司法机关的搜查扣押工作，是法学界及国家有关部门的当务之急。

以财产为侵犯对象的犯罪（以下简称"侵财犯罪"），占整个刑事案件总量的绝大部分，且逐年呈上升趋势。而刑事案件只要涉及财产，在侦查、起诉、审判等程序中必然涉及搜查、扣押、查封、冻结、返还等对物的强制处分或罚金、没收财产附加刑的广泛运用。公安司法机关在办理有关案件中，大量使用搜查扣押等对物的强制处分手段，为国家、单位、公民挽回巨额经济损失，有力保障了被害人的财产权。同时，由于搜查扣押手段有相应的程序性约束，有关机关及工作人员不能肆意滥权，这对于嫌疑人、被告人的财产权利也是有力的保护。

同时，我们也必须清醒地认识到，当前的搜查扣押制度还是存在不少问题的，有些是立法的问题，需要修法来解决；有些是执法司法的问题，需要完善相应的操作制度规范，不断提高执法司法人员的法律业务素质来解决。笔者经过调研思考，认为当前搜查扣押制度的主要问题有：一是对象不明确，对与案件无关的财产及当事人善意所得不问情况一律采取搜查扣押。二是搜查扣押的条件及效力不明确，侦查人员自由裁量权太大，任意发动搜查扣押。三是被扣押的财产，返还被害人或合法所有人、占有人的条件、时机和程序不明确，侦查人员可以随意返还，直接导致以刑事执法权、司法权干预公民的民事活动，即实践中所言之

[①] 朱拥政，公安部十局二处处长。

"插手经济纠纷"现象较为常见。四是因错误进行搜查扣押,退还原所有人或占有人财产时,是否应包括被冻结款物的利息、被查封房屋的房租等间接损失存在诸多争议。五是搜查扣押的程序问题,包括搜查证记载不明、被扣押财产保管不当丢失损毁、扣押持续时间没有限制,导致办案机关长期占用有关财物。六是对搜查扣押行为缺乏有效的法定救济程序。现行刑事诉讼法、行政诉讼法、民事诉讼法、国家赔偿法均没有规定对搜查扣押的司法救济渠道,导致对这些刑事司法行为无法律上的监督制约机制,反过来助长了该制度的滥用。财产权是宪法赋予公民的基本权利,对基本权利的限制或剥夺,应由承担司法权的法院或法官来决定。因此,上述这些问题的产生,笔者认为主要在于其制度根源,作为追诉机关的公安机关、检察机关担当了既是运动员又是裁判员的角色,加之执法人员素质参差不齐,制度层面和执行层面问题叠加,对公民(包括国家、单位)财产权保障不利,必须尽快加以改革完善。

一、实行司法审查制度,搜查扣押决定权原则上由法院行使

从世界范围看,法治国家对于搜查扣押基本都由法院或法官决定,即采用的基本都是司法审查制度。① 从我国学者(包括实务界)的观点看,也都主张加强对搜查扣押措施的监督。② 由法院或法官对搜查扣押发动前预先进行司法审查,

---

① 法国只允许预审法官决定是否对物采取强制措施。德国刑事诉讼法第97条规定了扣押的主体:只允许由法官、在延误有危险时也可以由检察院和他的辅助官作出决定。对于未经法官决定而扣押了物品的官员,当当事人对此提出异议时,应由法官对此扣押行为予以确认。日本刑事诉讼法第99条规定扣押、查封的决定权在法院。意大利由司法机关决定。其刑事诉讼法第253条规定:司法机关采用附理由的命令的形式决定对犯罪物证及与犯罪有关的、为调查工作所需要的物品进行扣押。被用来或者针对其实施犯罪的物品及属于犯罪产物、收益或得利的物品是犯罪物证。美国联邦刑事诉讼规则第41条(A)规定的签发扣押令状的权限是联邦治安法官或联邦辖区内的州际法院。英国的《警察与刑事证据法》规定对物的强制措施的决定权在治安法官。

② "加强监督制约是依法适用强制措施,实现实体公正与程序公正的重要保证。没有制约的权力必然导致腐败,强制措施的适用也同样如此。根据我国刑事诉讼法的规定,侦查机关在强制措施的适用中,只有逮捕需要检察机关的审查批准,其他强制措施则缺乏相应有效的监督程序。从国外情况来看,警察机关采取逮捕和其他各类涉及犯罪嫌疑人人身、财产权利的强制措施,均须经过司法审查程序。而我国公安机关侦查案件,除了逮捕要提请检察机关审查批准外,采取其他强制措施均可自行决定并执行,缺乏必要的外部监督和救济程序。因此,为了防止侦查机关滥用强制措施,保障公民的合法权益不受侵犯,对侦查机关采取限制或剥夺公民人身自由、财产权利的逮捕以外的其他强制措施,如拘留、取保候审、监视居住等措施,理应从诉讼程序上加强监督制约。"参见万春、高景峰:《刑事强制措施及其监督制度的立法完善》,载《检察日报》2006年2月14日,第3版。

主要是防止控方滥用权利，保护公民权利。具体讲有如下几方面的考虑：一是就工作方式和职业倾向性来讲，控诉机关的主要职能是侦查、发现、追诉犯罪嫌疑人或被告人，法官是按照控审分离的原则"坐堂问案"，一动一静，工作方式根本不同。搜查扣押是收集证据比较容易、简便的方法，因此在考虑是否发动时，控诉方掌握的条件自然要比法官掌握的条件宽松得多，法官则更为严格。二是就制度保障来讲，法官受到的约束和保障较多，除受人身及事务独立性原则保障外，另外还受法定法官原则及听审原则的拘束，这些可以保证法官对是否决定搜查扣押作出公正独立裁决；但检察官或警察与这些保障或要求相比则有较大差距。三是权力制衡的观念。权力制衡的观念在刑事诉讼领域体现在控审分离、诉讼分权等方面。在搜查扣押的发动上具体体现为"警察/检察官主动申请——法官被动决定"的模式。从这个角度讲，将搜查扣押决定权原则上交给法官，又是一种制度上的考虑。同时，除事前的司法审查外，对于事后的法律监督，仍有必要设置法律救济程序，此时由法院对于追诉机关所进行的搜查扣押等处分进行事后审查，如果认为存在不当情形，应予以撤销；如果先前的搜查扣押行为已对公民的财产权造成了损害，则公民可以提起国家赔偿申请。

　　从诉讼阶段看，对于法院在刑事审判中，在没有追诉机关或当事人申请的情况下，也可以依职权主动决定并执行搜查扣押。我国的诉讼模式不是当事人主义模式，法院在审判过程中也可以采取措施对证据进行调查核实，采取搜查扣押等措施，其目的也是进一步搜集有罪或无罪证据，保护包括被害人在内的当事人的财产权。我国《刑事诉讼法》第196条明确规定"法庭审理过程中，合议庭对证据有疑问的，可以宣布休庭，对证据进行调查核实。人民法院调查核实证据，可以进行勘验、检查、查封、扣押、鉴定和查询、冻结。"但此条在实践中用得极少，而且在条文的安排上，该条的内容应当和侦查机关所采取的搜查扣押等对物的强制处分的规定放置在同一位置，以体现刑事诉讼中对物的强制处分体系的完整性。据此我们可以对搜查扣押制度进行阶段上的划分：分为侦查起诉中和审判中两个阶段。在侦查起诉中的搜查扣押，主要在于为取得证明犯罪事实的必要证据，进而加以保全，以确定追诉可能性的实现，并使得法院在判处刑罚时，有充分的认定依据，确保国家刑罚权的实现和财产权权属的落实。法院是中立的裁判者，在诉讼中处于"不告不理"的被动地位，因此法院依职权所为的搜查扣押,在诉讼中主要具有补充性质,即追诉方对于证明犯罪事实有无的证据不足时,可考虑发动搜查扣押。如果法院不能主动发动搜查扣押,而追诉方又坚持不向法院申请发动,将可能导致证据被毁坏、灭失、转移的危险,可能导致诉讼无法进行下去,出现国家刑罚权和财产权保障都无法实现的后果。

同时,在搜查扣押权限的分配上,应以刑事案件所处的诉讼阶段来划分界限。如果案件已经侦查终结并已起诉至法院,此时案件已经系属法院管理,案件的主导权已经转移至法院,此时再不能允许侦查机关或起诉方发动搜查扣押。如果侦查或者起诉方确有取得证据的必要,应一律向法院申请批准后才能发动。

司法审查制度还应赋予被害人（包括国家,下同）在整个刑事诉讼阶段的申请搜查扣押权。被害人作为当事人之一,其人身是犯罪行为侵害的对象,绝大多数情况下,其财产权也是犯罪行为侵害的对象,① 实践中可能存在追诉机关只关注被追诉人刑事责任、而忽视保护被害人财产权的情况,因此立法应同时赋予被害人申请搜查扣押权及申请返还财产权,以保护被害人的财产权。

二、实行令状制度,在实务中推行搜查证、扣押令

司法令状制度,是指通过司法令状的方式实施法律上的强制处分,并给予利害关系人适当的司法救济的程序法制度。要求以司法令状作为强制处分合法的直接依据的法律原则,被称为令状原则,又称令状主义。令状主义要求,"国王政府要执行逮捕、羁押、搜查、扣押等强制性措施,必须经过普通法院颁布令状,此即司法;另一方面,臣民如果受到国王及其代理人的行政行为的违法侵害,可

---

① 据《人民公安报》2005 年 11 月 16 日报道,2005 年第三季度,全国公安机关共立侵财犯罪案件 106.4 万起（这是刑侦部门统计的数据,还不包括经侦部门的数据,而经侦部门的案件全部涉及财产权侵犯）,约占全部刑事案件的 85%。其中,立诈骗案 5.7 万起,同比上升 1.1%；立抢夺案 6.5 万起,下降 8.6%；立抢劫案 8.9 万起,下降 0.7%；立盗窃案 83.3 万起,与去年同期持平。而严重影响群众安全感的杀人、爆炸、放火、强奸等几类严重暴力犯罪案件明显下降,分别下降 17.7%、11.2%、22.6%、5.2%。可见,涉财案件在逐年上升,而非涉财案件的严重暴力犯罪案件在逐年下降,这说明在刑事案件中财产权保障越来越重要。

以向普通法院寻求司法救济，由普通法院对政府行政行为的合法性进行审查"。① 它不仅适用于刑事诉讼，而且适用其他以公权力干涉个人权利的程序法领域。侦查控诉阶段的司法令状制度是令状主义的一种表现形式，② 其基本要求是在侦查控诉阶段引入中立的审判机关，就强制侦查的理由进行司法审查，以判断强制侦查的合法性和必要性，其本质是通过司法权控制侦查权，以保障人权。我们可从以下两方面来构建我国的令状制度。

（一）令状的实质要件

令状的实质要件是指侦查机关在申请令状发动某种侦查措施时所应具备的具体理由。在英美法中一般指"可能事由"。是否具备"可能事由"是判断侦查行为是否合法的标准。如果侦查人员先申请令状再实施侦查行为，"可能事由"是由治安法官作出判断；如果侦查人员没有申请令状就实施侦查行为，则"可能事由"是由其自己判断。但在这种情况下，可能因为利害关系人提出排除证据的动议而受到法院的审查。在搜查、扣押的范围中，可能涉及的对权利干预或侵犯，主要在于财产权利或隐私权利。而搜查扣押的发动，主要原因在于可能存在犯罪事实，如果没有"可能事由"存在，则不应动用搜查扣押，即"不能以搜查扣押来产生犯罪嫌疑"③。但"犯罪事实可能存在"并不是批准搜查扣押的必然条件，还必须具有合理的理由，才具备开展搜查扣押的条件。其理如学者所言："搜索分为对被告之搜索与对第三人之搜索。被告为刑罚权之对象，一方面享有诸多程序权利，一方面亦就强制处分负有相应之忍受义务，因此本法规定［必要时］得搜索被告身体及其物；反之，第三人则非刑罚权之对象，其无相当于被告之程序权利，但亦无如被告般的忍受义务，是以，对其发动搜索的门槛较高，本法据此规定，仅于［有相当理由］可信被告或应扣押之物存在时限始得搜索第三人及其物。"④ 从各国的情况看，发动的条件也不是千篇一律的。有的仅仅基于侦查机关的认知，有的是必须具备法院的合理怀疑，才能发动。但各国的犯罪

---

① 1338 年，一皇家税务官扣押了一头牛，从而引起返还财产之诉。由于该税务官未取得蜡封令状，原告对税务官的答辩表示异议，所以法院对原告作出胜诉的判决。这一案例充分体现了令状主义原则。参见［美］罗斯科·庞德：《普通法的精神》，唐前宏、廖湘文、高雪原译，法律出版社 2001 年版，第 41 – 42 页。
② 孙长永：《侦查程序与人权》，中国方正出版社 2000 年版，第 28 页。
③ 柯耀程：《刑事诉讼法强制处分部分条文修正拟议（甲案）》，载《台湾法学》2001 年第 19 期。
④ 林钰雄：《刑事诉讼法》（上册），中国人民大学出版社 2005 年版，第 299 页。

情况不一，社会结构不同，所以要设计一种固定的普遍性的发动条件，是不现实的。我们可以仿照德国的发动条件，即"已有合理的犯罪嫌疑"① 存在时，才能发动搜查扣押，并且该合理的犯罪嫌疑，必须在客观上，已经足以相信犯罪嫌疑的存在。此条件相当于我国现行刑事诉讼法中的立案条件，② 将此设定为我国搜查扣押的发动条件，也符合现实的做法（我国实务界目前也是遵守立案后才采取强制措施或采取侦查措施的做法）。

（二）令状的形式要件

令状制度的形式要件是指一个合法有效的令状在自身内容方面应具备的条件。令状制度在搜查扣押实务中的表现形式主要在于令状所记载的信息，包括具体的范围、需要搜查、扣押的人或物、执行搜查扣押的地点，以及令状的有效期限等内容。任何国家干预或侵犯公民权利的行为，均赋予了公民知情的权利，即使具有司法强制性质的搜查扣押也是如此。因此，对于搜查扣押等强制处分，必须贯彻公民知情权的保障，在作出搜查扣押决定时，必须对搜查扣押或留置等处分的对象、范围、标的，以搜查证③、扣押令④明确予以揭示，让公民知晓，即采取完全的"令状原则"，即使法官或检察官亲自进行搜查扣押时，也必须贯彻令状原则。如果是搜查证扣押令所记载以外的场所或物品，则不属于本次搜查扣

---

① 其实这与美国的搜查扣押发动条件相似。根据美国宪法第4修正案和排除规则，只有当存在"可能的理由"（英文又为 Probable cause，有译为特别理由、合理根据或合理理由，在本文中为了行文的需要有时也称之为"合理根据"），才可以进行逮捕。Probable cause 主要指（1）警察自己对事实和案情的了解，警察通过自身的感觉器官亲自感受到案情。（2）可靠的第三人（线人）的报告。这里包括线人可靠和线人的信息可靠。如果警察公开线人的身份，则通常认为是可靠的；如果警察不公开线人的身份，则警察必须说明该线人是可靠的。（3）信息加上其他佐证。如果警察不能肯定线人的报告的可信度，则警察可能根据线人提供的线索去调查。在线人的报告和调查的结果任何一个单项都不能建立可能原因的情况下，两者结合起来则可能使之成立。参见杨宇冠、陈昧秋：《美国刑事诉讼中逮捕和搜查》，载中国法律信息网，日期。

② 《刑事诉讼法》第112条规定，"人民法院、人民检察院或者公安机关对于报案、控告、举报和自首的材料，应当按照管辖范围，迅速进行审查，认为有犯罪事实需要追究刑事责任的时候，应当立案。"据此，"如有犯罪事实需要追究刑事责任，且属于自己管辖"便是刑事案件的立案条件。

③ 我国实务中的搜查证是公安部自行制定的法律文书格式，十分简陋，必须予以改革，以确保公民权利。现行的搜查证格式只有一句话："根据中华人民共和国刑事诉讼法第一百零九条之规定，兹派侦查人员某某对某地方进行搜查。"而扣押的依据仅仅是一张简单的表格。

④ 扣押并非全部附属于搜查，如果扣押是搜查的结果，则只需搜查证即可。但是，如果扣押是不经过搜查而径直独立进行的，则应有扣押令。比如，德国刑事诉讼法就是将搜查和扣押分别进行规定，扣押令中还必须表明为什么拟扣押之物就是可为证据之物，以及欲进行扣押的范围。转引自林钰雄：《搜索扣押注释书》，台北元照出版公司2001年版，第222页。

押的对象范围。但是，如果搜查证扣押令未记载，但在搜查扣押过程中发现的可能与本案有关的物品等，可以进行暂时处置，① 暂时处置后应及时补办扣押令。我国目前的搜查证，与其他法治国家对搜查扣押程序法律文书的要求相比，过于简陋，不利于保障当事人财产权，必须予以改革完善。

我国的扣押文书（扣押物品清单）更为简陋，基本上无任何制约措施，侦查部门自己就可以决定。笔者认为，如果扣押附带于搜查行为，则可以凭搜查证搜查后，按当前的法律规定，填写扣押物品、文件清单，直接予以扣押。这在刑事诉讼法中也有明确规定。② 但是，刑事诉讼法中对于邮件、电报的扣押，及其他独立扣押的情形中，则可以不经搜查而直接实施，即独立扣押。对于独立扣押行为必须实行令状原则，必须要有扣押令，否则不得实施；无扣押令而实施的独立扣押行为，是对公民财产权的侵犯。

可见，司法权控制侦查权的外在表现虽然仅仅为一张合法有效的令状所应记载的内容，但该内容可以告知当事人有关司法授权的信息，当事人可以此为据判断侦查行为的干预范围，从而有效保障其财产权。我国侦查控诉机关的权力过大，侦查权缺乏司法控制，侦查行为缺乏公开性，是我国刑事程序改革中亟须解决的问题，而实行司法令状制度是解决这一问题的良药。笔者认为搜查扣押文书所记载的内容和信息，仅仅是技术层面的问题，不会触及太多时难以协调或决断的问题，比如国情、司法体制、部门利益等。退一步讲，即使先不问其签发主体是谁，也可在现实情况下直接参考法治国家搜查扣押文书样式，拿来为我所用。当然，这必定会增加侦查控诉机关的负担，对侦查人员也有更高的要求，但对于保障财产权这一更大的利益而言，这种做法是值得的。

（三）令状主义的例外

虽然，完全将搜查扣押的决定权和监督权交由法院行使，在公民的财产权保障上，的确是多了一层防护。但我们的视野应更为广阔。搜查扣押的决定权问题，并不仅是一个单纯的司法控制问题，还必须考虑到搜查扣押的性质和功能。如果完全交由法院行使，在犯罪追诉和惩罚的及时性方面，可能会产生程序延

---

① 台湾学者称为"暂予扣押"，参见林钰雄：《搜索扣押注释书》，台北元照出版公司2001年版，第222页。

② 见《刑事诉讼法》（2018年版）第128条至135条。

误、放纵犯罪的弊端，导致司法向犯罪妥协的严重后果，可能会导致某些犯罪比如洗钱犯罪、渎职犯罪、贪污贿赂犯罪等更为猖獗。令状主义是正当程序的直接体现，而施行正当程序的程度是和国家的政治气候、犯罪形势、安全形势紧密相关的。这一点，美国著名的法学家派克早在1968年就已在其著作《刑法制裁的限度》中指出。他认为，刑事司法中有两种模式：一是控制犯罪模式，二是正当程序模式。这两种模式的价值标准不一，而在刑事司法程序中又互争高下。由于一个国家政治气候的变化，两种模式交替得势。如果一个国家政治上保守，则控制犯罪模式占优势。反之，如果一个国家比较自由民主，则正当程序便容易成为主流。因此，各国在刑事司法中采取哪一种模式不是固定不变的，而是因时间环境的不同而有所侧重。9·11事件之后，犯罪控制模式在美国得到进一步发展并强化。尤其是2001年通过的《2001年爱国者法》，该法除对人身权的司法控制放宽之外，也减弱了司法权对财产权的保障力度。该法授权政府不需要事前以正当理由向法院申请并得到批准就可以进行刑事搜查和电话监听，授权政府对尚未发现恐怖活动线索的案件也可以采取秘密搜查的侦查手段。可见，随着国内反恐形势的日益严峻，该法限制了司法机关对政府和私闯民宅收集情报行为的监督权，扩大了联邦调查局广泛收集、调查个人情况，查阅个人资料信息的权力。

因此，涉嫌恐怖犯罪、洗钱犯罪、渎职犯罪、贪污贿赂犯罪等罪名，且情况紧急，搜查扣押权可由侦查机关决定，事后报法院备案。笔者认为，以下案件可以进行无证搜查扣押：（1）当搜查是附属于一个合法的逮捕行为；（2）当搜查是得到当事人同意的；（3）其他：①紧急情况下的无证搜查。在紧急情况下，如果有合理的理由认为取得搜查证后再进行搜查将会给警察或第三人造成身体上的危险，或者可能使搜查物被损坏，可以进行无证搜查。②对汽车的搜查。对汽车可以进行无证搜查的理由是，汽车是在运动中的物品，如果在取得搜查证后再进行搜查，则汽车可能已经移动；汽车中的个人隐私性与连续追捕中的搜查不同。③对转运中货物的搜查。如果有合理怀疑运输中的货物中含有违禁品，可以进行无证搜查，其理由与无证搜查交通车辆是相同的，因为在取得搜查证的过程中，也许转运中的货物或船只会离开。④边境搜查。由于边境走私活动的猖獗，边境搜查条件比一般搜查低，在边境上只要有"合理怀疑"而不是"合理根据"就可以进行搜查。⑤依据人民警察法所规定的盘问检查。

三、进一步明确搜查扣押的对象范围

一般而言，扣押的性质和目的决定了扣押的对象。① 扣押的目的一是收集证据；二是保全证据；三是财产权保障。扣押的对象是作为证据证明案情之物，或应当予以没收之物。② 所谓没收是剥夺对物的所有权，将其收归国库的处分。在制度上，虽然现行法将其作为一种附加刑，在判处主刑时同时加以宣告，但也可将它作为有罪时的独立处分，可以独立适用。③ 按照日本学者大谷实的观点，从没收制度的沿革上，没收的思想基础有三点④：第一，是不承认犯罪人的权利能力的见解，罗马法中的作为刑罚的一般性的没收财产、日耳曼法中由丧失和平制度发展而来的没收财产、英国普通法上的没收全部财产，以及日本的没收领地等都属于此；第二，是将供犯罪所用的物本身视为犯罪的见解，罗马法中的对特定物件的没收、日本的没收神具等相当于此；第三，是不允许从犯罪中获益的见解，由罗马法的请求返还不当得利制度发展而来的剥夺不法利益便属于此。按此思想，结合我国法律规定和实务中的做法，笔者认为，对于犯罪所得之物，包括因为犯罪行为直接所取得之物，如赌博所得、销赃所得，也包括原本不存在，但因犯罪行为而产生之物，比如伪币、伪造的公章、文书等；供犯罪所用之本人财物，比如盗窃财物的汽车、供网络诈骗所用的计算机等，在刑事诉讼中一般应予扣押。而违禁物是根据国家有关部门明确禁止持有或携带的，比如枪支弹药或管制刀具、毒品等，无论是否与案件有关，都应当予以扣押。

如果与案件无关之物，不应扣押。而扣押之后又发现不得扣押或不必作为证据的，或者不得没收之物，则应发还被扣押人。基于保障财产权的考虑，应专门对扣押对象里面的几个具体问题明确如下：（1）可以作为证据证明案情之物而

---

① 台湾学者一般将"扣押对象"称为"扣押之客体"。参见林钰雄：《搜索扣押注释书》，台北元照出版公司2001年版，第196页。

② 在英美法上，对仅仅具有可为证据证明案情之物，有时不得扣押。因为在当事人主义下，对于将要在审判中使用的证据，双方当事人均可以收集、保全，所以不允许一方当事人将另一方当事人所收集、保全的证据予以扣押。

③ 对此我国刑法第34条第二款和日本刑法第19条第二款有明确规定。

④ ［日］大谷实：《刑事政策学》，黎宏译，法律出版社2000年版，第140页。

可以扣押的，我们认为只包括有罪证据，而不应包括无罪证据在内。即有罪证据可以扣押，无罪证据不应扣押。无罪证据可以由辩护方自行掌握，在案件侦查控诉过程中，或者在法庭审判时出示。但当此无罪证据在第三人手中而第三人又不肯交给辩护方时，辩护方可以申请有权机关扣押。一是因为实践中控方扣押的证据基本上都是有罪证据。二是无罪证据由辩护方掌握，其发挥的作用更大。辩护方的本能便是为自己开脱罪责，无罪证据掌握在辩护方手中发挥的价值更大，更能保护嫌疑人或被告人的权利。三是如果允许对无罪证据一律扣押，则控诉方可能会申请法官扣押本就掌握在被告人或其亲友手中的对被告有利的证据，其实是剥夺了被告方保全对自己有利的证据的权利。（2）如果不动产仅仅作为证据但不是应没收之物，比如房屋等，不具备扣押的必要性，所以不应在扣押之列。因为一般情况下，不动产短期内无灭失、变质的可能，即使有变质、灭失的可能，扣押后也无法阻止；而且不动产无法移动。因此，对该不动产进行勘验、拍照、画图等方式就可以达到收集证据的目的，无扣押必要。但是，如果该不动产既是证据，又是应该没收之物，则应予以扣押，以确保将来判决的实现。（3）对其他扣押对象的限制。为保护特定行业的秘密或利益，法律应对扣押的对象施加限制。比如，对涉及军事秘密的处所，如没有军事方面的负责人许可，不准搜查和扣押；对于从事某种特定职业的人，比如律师、医生等，对于因业务关系知悉他人的秘密，或掌握他人的书信、材料、文件或其他物品，未经该委托人同意，不得扣押。这里面涉及的实际是拒证权的问题。

四、完善对扣押物的返还处理制度

对扣押物的返还制度主要指的是对物采取扣押等强制处分后，根据案件的实际情况和收集证据的情况，不是必须随案移送的，将扣押物返还给所有权人或者先前的物品持有人。对扣押物的处理制度是指对物采取扣押等强制处分后，根据案件的实际情况和收集证据的情况，不是必须随案移送的，除了返还之外，对其予以规范处理的制度。

（一）对涉案物的返还制度

该程序既涉及对曾被执法当局侵害的财产权进行恢复或补救，又涉及对犯罪行为的惩罚和犯罪被害人合法财产权的保护。各个国家的立法都繁简不同地规定了返还程序。我国刑事诉讼法也有规定，但非常简单、粗陋。这也是实践中在返还程序上问题重重、矛盾不断的主要原因。案例研究表明，侦查人员将财物从犯罪嫌疑人处追回后，随意返还给"被害人"的情况很常见，后来该刑事案件被撤销、不起诉或被告人被宣告无罪后，又出现了从"被害人"处要回财产退还被告人的尴尬局面，也屡屡出现被告人提起诉讼、控告、信访等情况，来保护自己的财产权。这是因为我国与奉行以审判为中心主义的国家不同，采取的主要是诉讼阶段论，即侦查、起诉、审判阶段相互独立而存在，对于扣押物的返还，从立法及实务上看，在侦查、起诉、审判阶段都允许返还，其决定机关可以是侦查机关、检察院或法院。这种规定的弊端非常突出，导致了实践中大量矛盾的产生。相比之下，各法治国家对扣押物返还的规定确实十分详尽具体，值得借鉴：返还程序与对扣押的司法审查权和令状主义原则是一体的，是对物进行扣押后的一种后续处理方法。扣押物可能包括犯罪被害人的合法财产，也可能包括被追诉人的犯罪收益，犯罪工具及其他应当被扣押或冻结的物品。返还程序采用的依然是司法审查和令状主义原则，即一般都是由法官或法院来决定是否返还（有时也由检察官决定），有的还得听取检察官或者被告人、辩护人或其他利害关系人的意见，比如日本和意大利。因此，在确定对扣押物予以返还的问题上，我们认为应采取"决定扣押权人与决定返还权人一致"的原则，如果是法官决定扣押，则由该法官决定返还；如果是检察官决定扣押，则由该检察官决定返还。① 从保护该物真正的所有权人权利的角度考虑，返还的条件可以设定为（1）不是必须没收之物；（2）扣押物的所有权关系

---

① 我国台湾地区的"刑事诉讼法"也是采用这种做法："至于发还的方式，既然扣押之决定机关乃法官或检察官，发还扣押物亦应相同，因此，应以法院之裁定或检察官命令发还之"。详见林钰雄：《搜索扣押注释书》，台北元照出版公司2001年版，第246页。

已经明确,没有争议;① (3) 有关当事人向扣押机关或法院提出;(4) 法院举行听证后作出决定。同时,还应明确:扣押之后刑事案件被撤销、决定不起诉或者被判无罪的,应立即返还权利人;如果基于行政法律法规的规定应予以没收的,依法将该财产移送行政机关处分;如果刑事诉讼中,被追诉人死亡的,扣押的财产应区分情况,或者返还其继承人,或者返还犯罪被害人,或者没收上缴国库;当事人外逃的,则可由法院单独就外逃当事人所涉嫌的财产,作出财产所有权认定。

(二) 对涉案物的其他处理

2005年和2003年,实务中曾发生过两起影响很大的处理涉案物的案例。一是2005年6月25日,贵州省盘县法院判决,将一毒贩花费30万元毒资建造的别墅炸掉。② 二是2003年10月,拉萨海关缉私局侦破的走私1300多张珍贵动物皮毛案件。在缉私局向拉萨市检察院起诉3名犯罪嫌疑人后,表示决定全部销毁缴获的动物皮毛,而当地林业部门则认为必须妥善保存。③ 这两个案例在当时引发了许多争论,并有多家媒体跟踪报道,成为民众尤其是法学界、海关、林业等领域的关注焦点。实务中,对于涉案物的处理,可能会在侦查阶段、起诉阶段或者审判阶段发生。笔者认为,对于涉案物进行处理的内涵包括:在诉讼阶段返还给物品所有人或先前的物品持有人或占有人,随案移送(法院可能作出裁判没收,上缴国库,也可能裁判返还)、对危险、违禁物品予以销毁等。这里所指的

---

① "财产所有权没有争议"这一条件十分重要。如果被害人之间或被追诉人之间对于拟返还的标的物存在争议,则属于民事纠纷,争议人应另寻民事诉讼程序解决。我国台湾地区的一个案例处理可以佐证这一点。法务部(82)检(二)字第1121号(1982年8月25日板桥地检座谈会),转引自林钰雄:《搜索扣押注释书》,台北元照出版公司2001年版,第247页。法律问题:甲连续向多名被害人绑架后索取赎金数百万元,后被抓获并扣押其高级轿车一辆。甲交代该车是用被害人乙的赎金买的,其他被害人的赎金已经挥霍完。被害人乙听说后立即向检察官主张该车的权利,请求返还,但其他被害人表示异议。问:检察官对乙的请求是否准许返还?讨论意见:A说:该车既然以乙的赎金所买,依照惩治盗匪条例第7条"盗匪所得之财物,应发还给被害人。及前项财物得之财产利益,除了应抵偿被害人外,得没收之"的规定,应准许返还被害人乙。B说:某乙之赎金既然经甲持有并购买轿车,该轿车即属于某甲之个人财产,基于债务人的财产为全体债权人之总担保,该轿车应有全体被害人平分取偿,不得仅仅发还给乙。结论:多数人赞同A说。座谈会研讨结果:同意审查意见,采A说。法务部检察司研究意见:题示某甲以勒索之赎金购买之轿车,依照"刑法"第349条第3项之规定,应以赃物论。又扣押物为赃物而无第三人主张权利者,固然应依照"刑事诉讼法"第142条规定发还被害人。本件既然经其他被害人主张权利,即属于民事纠纷,应另循民事诉讼解决。

② 参见《新华网》2005年6月27日报道。
③ 参见《大河报》2004年3月4日报道。

"对涉案的其他处理"指的是除了在诉讼阶段依法返还被害人或先前的物品持有人或占有人之外,对于危险品、违禁品应经登记、审批后,按规定一律上缴有关部门,集中销毁。对于其他涉案财物,如果属于犯罪所用或犯罪所得的,应一律通过法院裁判予以没收,上缴国库或者变卖后上缴国库。如果行为人的行为不构成犯罪而只是一般的违法行为,且该物属违法所得的,应由公安机关或者移交其他行政机关按行政法规的规定予以没收,上缴国库;如果行为人的行为构成犯罪但不必移交法院追究刑事责任的,对于犯罪所用或犯罪所得之物,如果案件在侦查阶段终结,则由侦查机关直接移交法院裁定将该物上缴国库;如果案件在起诉阶段终结,则由起诉机关直接移交法院裁定将该物上缴国库。在这两种情况下,侦查机关和检察机关都不能对该涉案物的所有权作出决定,对该涉案物更不能作其他处理。

对于案例一,虽然经过了法院的判决,但是在执行方式上是错误的,用毒资购买的别墅不是危险品或违禁品,不能销毁,而是应该作为犯罪所得进行变卖后将变卖款上缴国库;而对于案例二,同样也不能销毁,而且,海关缉私局是侦查机关,如果不涉及返还被害人或处理危险违禁物品,则无权决定对涉案物的处理,应移交法院审理后,连同被追诉人一并作出裁判。因为,诉讼中的涉案财产,无论是否犯罪所得或犯罪所用,只要经法院认定后,即可成为国家或其他权利人的合法财产,不应被随意毁损。这个问题一些国家的宪法中都有明确规范。比如,1945年7月26日公布的《西班牙人民宪章》第30条规定,各种形式的财产均隶属于国家需要与公共福利之下。财富应作生产之用,不得加以不当之毁损或作非法目的之使用。这里的"各种形式的财产"应包括所有的涉案财产。

五、完善善意取得制度

善意取得来源于民法上的概念,又称即时取得,指无权处分他人动产的人,于不法将其占有的他人的物交付买受人后,若买受人在取得物时系确实出于善意,即取得该物之所有权,原物所有权人不得要求受让人返还。从保护关系人权利的角度讲,强制处分不应及于善意取得之第三人。因为,侦查可分任意侦查和强制侦查,对善意取得物可以采用任意侦查的方式,比如,可以经当前所有权人或持有人的同意,进行拍照、观察、测量、记录等,也可以经当前所有权人或持有人同意后，撤销先前的交易合同并取得已支付的对价款后，将物交由侦查机关或司法机关处置。但原则上不得对善意取得之物采取搜查扣押等强制处分。

（一）国外对于涉案物善意取得的立法

从国外对于涉案物善意取得的立法例观之，不少国家认同涉案物可适用善意取得制度。在这个问题上，大陆法系和英美法系国家的刑事诉讼法、有关刑事判例都未见明确规定，但在其民商法中却规定得比较明确和详细。即涉案物原则上可以适用善意取得制度，但有例外。从统一国家部门法律之间的一致性、协调性及遵从"法律秩序一体性"① 的原则下，民商法领域中关于善意取得意义及判断同样适用于刑事诉讼领域。大陆法系和英美法系国家，因其规范市场交易的法律在价值取向上的差异，对于涉案财物善意取得的规定在形式上有很大不同。以《法国民法典》为例，其第2279条规定 "……但占有物如系遗失物或盗窃物时，其遗失人或被害人自遗失或被盗之日起三年内，得向占有人请求回复其物……" 即法国民法一般不承认遗失物或盗窃物的善意取得，但同时又规定了例外情况。《法国民法典》第2280条规定的例外是，遗失物、盗窃物只有："在集市、市场或出售同类商品的商人处进行时，请求返还的所有人在对受让人支付的价款予以补偿时，方可获得财产的返还。" 这种情况下才适用善意取得制度。从具体分析可以看出，其实法国民法典对于涉案物适用善意取得的范围是十分广泛的。在大多数情况下，一般人都会在上述几类场所进行交易，在这种场所的交易应是交易的常态。除开这些场所进行的交易，只能是在秘密的、不公开的和地下的交易场所进行，可在此类场所进行的交易，交易物要么有瑕疵、要么转让人开出的价格是超低价格，正常的人应据此判断此交易为非正常交易，如仍进行交易，则交易的目的和买受人的"善意"殊可怀疑了。既然买受人非为善意，善意取得的前提已不存在，又何言涉案物的善意取得呢？当然也不能完全排除个别在非公开场所进行交易的善意性，但这毕竟已是极少数了，法律对此已很难有保护的可能。在善意这一前提下，涉案物在公开市场上的交易已成为一般，地下交易则为例外。可见，法国民法典在善意这一前提下，可适用善意取得已成为原则，而不得

---

① 蔡佩芬：《赃物与准赃物之意义范围新释》，载《法学业刊》，2002年第187期。"称法律秩序一体性者，为法律有明文规定者，不以刑法之规定为限，举凡其他领域之规定，如民法、刑事诉讼法等，对此等相同之客体亦应维护共同之法律秩序而有一致性之规定，不会造成违法与合法正相反对。具体参见黄常仁：《刑法总论——逻辑分析与体系论证》，汉兴书局1994年版，第61页。

适用善意取得的情况为例外。因此说第2280条的实质应该是，当前占有人如其占有的涉案物非系由市场、公卖或贩卖同类商品的商人处购得，才不得适用善意取得。因此在善意的前提下，对于涉案物可与其他物品一样，适用善意取得法则，排除在非公开场所进行的交易即可。《美国统一商法典》第2403条后段规定："……具有可撤销的所有权的人有权向按价购货的善意第三人转让所有权。当货物是以买卖交易的形式交付时，购买人取得其所有权。"依法条规定，只要购买人出于善意，即不知卖方有诈，以为卖方是对货物具有完全所有权的购买人，则不论卖方的货物从何而来，即便卖方是偷来、骗来或抢劫所得，善意买受人也可以即时取得所有权。这一规定对善意取得制度贯彻得更为彻底。1979年《英国货物买卖法》也作了几乎同样的规定：如果货物是公开市场上购买的，根据市场惯例，只要买方是善意的，没有注意到卖方的权利瑕疵，就可以获得货物完全的权利。我国民法通则没有关于善意取得制度的规定，因而，也就没有关于涉案物善意占有如何处理的规定。但在最高人民法院的有关复函中，仍有关于涉案物善意占有的处理意见。例如，1951年11月22日最高人民法院在《关于善意非直接由所有人手中取得之所有权应否保护的问题的复函》中指出："财物所有人遗失财物或被盗，并不影响其所有权。"并对请示中涉及的一个案件提出了具体处理意见，即"甲的猪是由于乙的窃取，再转让出售于丁，甲尚未丧失所有权；故丁虽是不知情的第三人，甲对于买得的猪仍有请求返还之权。"从最高人民法院的这一复函来看，第三人善意占有盗窃财产，所有人则可请求返还。但在此后最高人民法院的两次复函中，却作出了与此不同而又更为详尽的答复。例如，1953年11月9日最高人民法院在《关于追缴与处理赃物问题的复函》中指出："不知是赃物而买者，如有过失应将赃物返还失主，如无过失（通过合法交易而正当买得者），失主不得要求返还，而可协议赎回。"但"国家机关、企业、合作社为失主时，对不知情而又无过失的买者，有要求返还原物之权"。1958年7月14日最高人民法院在《关于不知情的买主买得的赃物应如何处理问题的复函》中又进一步指出："不知情的买主买得的赃物，如果是从市场、商店等合法买得的，应认为已取得所有权。但如果失主愿意支付现金要回原物时，应当准许。""不知情的买主买得赃物，如果不是从市场、商店等合法买得的，不得取得所有权。其所受损失，可以斟酌具体情况由失主和不知情的买主分担。"这一次答复，对什么是无过失或合法买得赃物，比前一次答复的更为具体明确，而且删去了国家机关、企业、合作社为失主时，有无限追及权规定。这一答复与世界各国关于善意占有赃物的处理规定基本上是一致的。即对赃物原则上采用善意取得制度（既不是一律适用善意取得制度，也不是都不适用善意取得制度，而是有限制有条件的适用善意取得制度）。这一批复的原则和精神，对于今天处理涉案物原则上应仍然适用，但应进一步完善。

（二）涉案物适用善意取得的理论依据

1. 基于物权移转公示与公信力的考虑。物权的公示是指对于物权的享有和物权的变动过程中，可取信于社会公众的外部表现形式，即物权的享有及流转为他人所明确知悉。物权公示的产生是因为物权具有排他性，物权的流转自然也产生排他效果，若没有社会大众知悉物权变动的状态，则可能使第三人经常陷于不利的境地，权利受到损害。物权公示制度的存在，当事人及第三人可以直接从外部认识物权的存在及现象，物权法律关系因此也变得十分透明。反之，若无此项制度，则在交易旺盛、物权变动频繁的市场中，不仅物权交易的安全将受到损害，且也必然害及第三人利益，从而最终使财产交易秩序陷于紊乱境地。因此，物权公示制度一方面有效地保护了第三人，使第三人也不至于因为物权而使其受到损害，另一方面也使当事人的利益得到了维护。一般而言，物以占有与交付为其公示方式。而物权公信的原则是指物权的存在既然以交付、占有、登记为其表征，则基于信赖此种表征而进行交易的人，即使物的表征与实质的权利并不相符，对于信赖此表征的人也不应产生任何影响。按照这一原则的精神，以公示方法所表现的物权即使不存在或内容有重大差别，但对于那些信赖此公示方式所表现的物权而与之交易的人，法律仍承认其有和真实物权相同的法律效果。正是基于这种公信力，即使转让人对物无处分权，从他那里获取物的善意第三人的利益亦受法律的保护。设立公信原则主要是因为：商品交换要求及时、可靠地将商品的物权转移给受让人，受让人在事实上不可能对出让人的处分权进行周密详尽地了解，只要出让人以合法方式证明自己有处分权，受让人就可信任其有处分权。而物权公示，一般情况下足以证明对公示的信赖，当然应当取得物权。如果连法律规范都怀疑出让人是否确有处分权，交换便失去了最起码的法律保障，人们便不敢安心地进行交换，社会经济也就无法正常发展了。公示、公信制度并没有排除适用于涉案物。公示公信保护的是交易的安全性，及在交易中弱势一方的利益，可使处于相对弱势的受让人在不知情的状况下，仍可得到法律的保护。动产公示的要件只是平稳而公然地占有，其意义是形式性的，即不论其物权实际存在与否，法律仍承认有和真实物权相同的法律效果。善意第三人没有任何过错（正常情况下他不可能判断某物是否为涉案物，法律也不应该给他提出如此高的要求），其交易行为为何不能得到全面的保护呢？因此公示、公信制度并没有排除、也不应该排除适用于涉案物。

2. 确保交易安全和保护交易双方的利益，在市场化时代各种利益的权衡中，已成为至为重要的选择。随着社会的日益进步，经济的日益发达和商品交易的日益频繁，保护交易安全和交易方的利益已经越来越受到重视。法律在公平的基础上也必将越来越向效益倾斜，法律保护动态安全的呼声日益高涨，已成为一大趋势。从原始社会生产力低下，根本没有剩余产品和物品交换到奴隶社会、封建社会自给自足的经济模式，偶有交换，交易的安全得不到重视也属必然。然而到了资本主义时代，工业化的进程，产品主要用于交换，而且随着经济流动性的增强，社会交易量越大，频度越高，动态安全的重要已日显其彰。不是静态的安全不再重要，而是在动态的社会中，不断的流动性往往体现物品的价值，物品的流动及分配到具有最高效益的环节中去已成为社会经济的最大价值，而法律作为经济的上层建筑，应前瞻性地顺应和适应此种趋势。1952年美国商法典的选择，正是体现了"在交换日益频繁的现代社会，国外立法越来越倾向于交易安全的优先保护而不得不因此而牺牲所有人的返还原物利益，所有人只能向非转让人请求损害赔偿。"而且在现实生活中，"除了少数物品，大多数物品都可以从市场获得其替代品。在这一背景下，与其保护静的安全，摧毁已存在的法律关系效力，以牺牲已形成的稳定的社会秩序为代价，来保护原权利人的利益，不如保护动的安全，使善意受让人取得物品的所有权或其他权利，而由原权利人向无权处分人主张不当得利返还或民事责任的承担从而补救其损失更为妥当。"也正因为"原所有人可能已经搞到了被盗财产的替代物，那么，将被盗财产留归依依不舍的买受人在某种意义上更符合效用原则"。法律虽不保护原所有人对原物的支配权利，但允许原所有人要求转让人赔偿损失，这在一定程度上弥补了原权利人的损失，使原所有人在获得赔偿金以后购买替换物，而善意买受人也可以继续占有标的物，这是符合效用原则的。而且，经济和法律发展的趋势也表明，保护善意第三人，使得盗窃物和遗失物等涉案物也可同样的善意取得，已是未来法律发展的必然方向。

3. 按照强制处分的目的和比例原则的要求，不是必须对善意第三人取得之物适用搜查扣押等强制处分。强制处分的目的之一是收集证据，但强制处分并非是收集证据的唯一手段，证据仍然可用任意侦查等非强制的方法取得。在法治国家的刑事诉讼中，一般以任意侦查为原则，以强制侦查为例外。比如，日本《刑事诉讼法》第197条第1款规定："为了实现侦查的目的，可以进行必要的调查。但除本法有特别规定的以外，不得进行强制处分。"日本学者据此将任意侦查作为原则，称为任意侦查原则，而将强制侦查作为例外，仅仅限于刑事诉讼法有特别规定的场合才可适用，称为强制侦查法定主义。① 因此，在我国走向法治国家的进程中，在刑事诉讼过程中，这是必须确立的理念，而不能永远抱着对犯罪嫌疑人或被告人施用强制力量，抱着对犯罪嫌疑人或被告人打击、报复的思想不放。强制处分的目的之二是保全证据。欲保全证据的前提是作为证据的物可能灭失或者物其他使用上的困难。除了自然的因素外，犯罪嫌疑人或被告人的行为是造成物灭失或物使用困难的主要原因，因为犯罪嫌疑人或被告人的天然倾向是消灭罪证，逃避发现和追诉。但如果法律能认同善意取得制度，保护善意第三人的利益，则善意第三人便没有理由去灭失某物或使其失去效用，也就没有必要去采取强制处分了。当然，对第三人占有之物不予扣押，并不意味着此物无证据价值，有关部门可以通过任意侦查的方法，去获取这些物作为证据的价值。

六、构建对非法搜查扣押证据的排除规则

前面已经论及，搜查扣押直接威胁公民的财产权。而在刑事诉讼中，搜查扣押又是取得证据十分重要的方式，是刑事诉讼顺利进行的必要准备和重要条件。所以，对搜查扣押所取得证据的可采性判断就成了理论界和实务界都无法回避的课题。从多数国家的情况看，对于搜查扣押程序一般应有两方面规范：一是从正

---

① "任意侦查是以受处分人同意或者承诺为前提而进行的侦查；强制侦查是不受处分人的意志约束而实施的侦查。前者在手段、方法上没有特别限制，即使法无规定也可以采用适宜的方法进行；而后者由于对受处分人的人权有重大影响，所以只限于刑事诉讼法有特别规定的情况，且只能依法律规定进行。进行强制侦查，原则上需得到法官的同意。犯罪侦查原则上应当透过任意侦查实施，强制侦查的实行以必要时为限。再者，暂且不论对物的强制侦查（搜查、扣押等），而仅仅就对人的强制侦查（逮捕等）而言，通常在进行相当的外围侦查的基础上进行，而并非首先在侦查开始时实施。此外，在侦查时，必须注意不得损害被疑人及其他人的名誉，并必须保守秘密。"参见［日］土本武司：《日本刑事诉讼法要义》，董璠兴、宋英辉译，台北五南图书出版公司1997年版，第123页。

面予以规范,即法律明确规定应该遵守什么样的程序去取得证据,其背后的理念是禁止违反这些法定程序取得证据。这样的规范必不可少,它从一个角度说明了对公民财产权的侵犯必须严格依法进行。但仅仅有这个角度的规定还是远远不够的,因为缺乏程序性的制裁后果,就无法阻断和消除执法人员经非法搜查扣押侵犯公民财产权的动力和愿望。因此,另一个同样重要的规范是对违反法定程序进行搜查扣押的行为,还必须具有相应的程序性制裁措施,① 来彻底根除非法搜查扣押的动因,以减少侵犯公民财产权情形的发生。排除规则便是最重要的程序性制裁措施。我国《刑事诉讼法》第 136 ~ 145 条对搜查、扣押证据的具体程序作出了规定。但这只是从正面进行规范,并没有规定对非法搜查扣押的行为如何进行制裁和救济,以及会承担什么样的程序性后果。在实务中,即使是非法搜查扣押的证据,在查证属实,事后补办手续后,也可以采用,一般不会被排除。最高法院在关于执行刑事诉讼法的解释中规定,严禁以非法的方法收集证据。凡经查证确实属于采用刑讯逼供或者威胁、引诱、欺骗等非法的方法取得的证人证言、被害人陈述、被告人供述,不能作为定案的根据。此规定排除了言词证据,但并未规定搜查扣押的证据不能作为定案依据。据此,笔者认为我国不存在实质意义上的排除规则,也据此判定我国在刑事诉讼财产权保障方面缺少了程序性保障的重要一环。我们应当研究借鉴西方法治发达国家排除规则的合理内容,结合我国实际情况,构建我国对非法搜查扣押证据的排除规则。

(一) 排除规则的建立是刑事诉讼科学逐步发展的必然结果

从西方国家早期对排除规则的态度看,也不主张对非法证据予以排除,其出发点是对有罪的人不能让他逍遥法外。19 世纪的边沁就强调证据是正义的基石,排除证据就等于排除正义。早期英国的判决认为,即使是偷来的证据也是证据,如何取得证据并非案件的重点。美国知名大法官卡多左也说:"证据不得任意排除,否则会因警察的一时疏忽,而让罪犯逍遥法外。"② 而当时在如何抑制警察或其他控诉机关违法的问题上,主要是采用民事赔偿、纪律惩戒或者刑事追诉的方法。比较之后可知,这与我国目前反对建立排除规则的观点和现实中采取的方

---

① 对于程序性制裁的问题,近年来越来越多的学者在关注,并有许多介绍论证,参见陈瑞华:《刑事诉讼中非法证据排除问题研究》,载《法学》2003 年第 6 期;陈永生:《刑事诉讼中的程序性制裁》,载《现代法学》2004 年第 1 期。

② 王兆鹏:《刑事诉讼讲义(一)》,台北元照出版公司 2003 年版,第 27 页。

法几乎如出一辙。我国由于没有排除规则，对于在刑事诉讼中违反有关规定的侦查人员，可能是要求其承担国家赔偿费用（其实也是民事上的金钱付出），或者用警察机关或检察机关行业内的惩戒措施予以约束或惩罚（如行政处分、禁闭、停止执行职务等方法），对于情节恶劣或者后果严重者，可能会以非法搜查罪、非法侵入他人住宅罪、暴力取证罪等罪名追究刑事责任。这些其实都是实体意义上的法律后果，对于刑事诉讼本身的进程是不会有任何影响或威胁的，也就是不会产生任何程序性的制裁后果。而在排除规则发源地的美国，其宪法第四修正案的目的旨在通过遏制无理搜查和扣押，保障公民财产权和隐私权，仅仅起到上述第一方面的规范作用，它本身并未规定排除规则，也不会自动产生证据排除规则，直到1914年威克斯诉合众国案件中才第一次确立了排除规则。可见，排除规则在西方国家早期的境遇与我国目前相似，但从其产生到广泛运用的历程看，建立排除规则是大势所趋，是刑事诉讼发展的必然规律。

（二）构建我国非法证据排查规则的初步设想

从美国、英国、德国等法治国家对排除规则的规定和做法看，排除规则的基本含义是一致的，一般指执法机关及其工作人员使用非法行为取得的证据不得在刑事审判中采纳的规则。① 但由于各国情况不同，采用该规则的出发点和规则的发展变化，包含的具体内容也各不相同。比如，美国1914年的威克斯案确立的排除规则仅适用于联邦法院系统，到1961年马普案将该规则推广适用到各州，用了近50年的时间；而英国排除规则的立足点不在于证据取得的方式是否非法，而在于该证据是否会损害审判的公正性，这和美国排除规则的立足点是不同的；德国仅仅是非自主性证据使用禁止与美国的非法证据排除规则相类似，其自主性证据使用禁止则主要靠法院用"权衡"的方式来决断。从排除方式上看，各国也不尽相同。一些国家用裁量排除，如英国、德国、日本等，一些国家用自动排除加例外，如美国，还有一些国家是自动排除，如法国、俄罗斯等国家。② 可见，各国情况不同，虽然采用排除规则是大势所趋，但在具体的做法上不可苛求一致，也不可能完全一致。从我国实践看，搜查扣押对公民财产权的侵害还是经常发生的，必须构建对搜查扣押取得的证据的排除法则，从排除非法证据这一程

---

① 该定义沿用了杨宇冠教授在《非法证据排除规则研究》绪论中对非法证据排除规则的定义。
② 陈光中、张小玲：《论非法证据排除规则在我国的适用》，载《政治与法律》2005年第1期。

序性后果的角度来消除侦查机关及其工作人员动用搜查扣押手段侵犯财产权。具体而言，建议从以下几方面予以规定：

一是以财产权保障为出发点来确立排除规则。将刑事诉讼中的财产权保障定位于公民基本权利，凡是非法的搜查扣押行为，即视为对作为公民基本权利的财产权或财产权派生出的隐私权的侵犯，法院应依法自动排除；受非法搜查扣押的公民或其代理人也有权依照《宪法》第13条关于财产权保障的条款直接向法院起诉，法院对该涉嫌非法搜查扣押行为的审查应立足于财产权保障条款展开，最后依法决定是否应予排除。

二是对非法搜查扣押的证据，在我国目前的经济、科技发展水平以及基层侦查人员法律素质较低的情况下，宜暂时采用裁量排除的方法。在决定对非法搜查、扣押的证据决定是否排除时，应考虑以下因素：非法取证行为偏离合法行为标准的程度；行为人主观心理状态，即主观是否故意或过失；行为人当时是否处于紧急情况，不得已而为之；整个取证过程一直处于非法状态，还是个别环节处于非法状态；违法取得证据的可能性；侵害利益的性质和程度；证据形式上的违法是否可以得到弥补；案件本身的性质及其危害程度等。对非法扣押的证据采用裁量排除的方法，首先是因为实物证据是客观存在的，不管获取方法合法与否，其本身一般是真实的，对于证实犯罪能发挥很大的作用；其次在我国目前科技水平和侦查人员法律素质普遍不高的情况下，对于该类证据一律排除，可能会因过度保护当事人权利而放纵犯罪。但是，从长远看，在侦查人员收集取得实物证据的能力大大提高之后，从保护当事人权利出发，该类证据也应和言词证据一样，采取自动排除的方式。

三是对通过非法言词证据引出的实物证据，区别对待。对这样的"毒树之果"，有两种观点：一是"砍树弃果"，其价值取向是保护被告人的利益优于惩罚犯罪；另一种是"砍树食果"，其价值取向是惩罚犯罪优先于保护被告人的利益。这两种观点要么肯定一切，要么否定一切，都过于极端。笔者认为，不可一概而论，应视情况而定。即对用其他侦查手段也可以获取的实物证据，或如果不采用该实物证据，将会对国家利益和社会利益造成不可弥补的损害时，则可以为法院采用，作为定案的根据；如果在一般条件下，侦查机关不可能发现该实物证据，而被追诉人口供又是获取这一证据的唯一途径时，从被追诉人不承担证明自己有罪的举证责任角度考虑，则应当排除此证据。

构建以公诉为主导的刑事审前程序略论

王守安[①]

党的十八届四中全会通过《中共中央关于全面推进依法治国若干重大问题的决定》以来,检察机关面临以审判为中心的诉讼制度改革、国家监察体制改革等多方面改革任务叠加交织、同时推进的复杂局面,涉及检察机关的职权配置、机制调整、机构改革等多个方面,改革力度之大、难度之大都前所未有,作为检察机关核心职能的公诉职能处于改革的"风暴眼"中心,面临诸多压力。笔者认为,在当前形势下,构建以公诉为主导的审前程序是检察机关积极化解压力,克服内部条块分割弊端,强化检察机关整体监督效能的重要路径。

一、以审判为中心的诉讼制度改革和国家监察体制改革对公诉职能的实质影响

以审判为中心的诉讼制度改革和国家监察体制改革都与检察机关存在密切关联,前者对检察机关在审前阶段的作用提出更高的要求,后者则直接改变了检察权的基本结构,迫使检察机关必须思考失去职务犯罪侦查权后的权能整合和工作侧重问题。这两项改革都不约而同地将压力指向了检察机关的核心职能——公诉,公诉在刑事诉讼中处于承上启下的关键环节,所受影响最为直接,也最为深刻,因而也成为各项职能中的"承重墙"和后续改革的着眼点。

党的十八届四中全会通过的《中共中央关于全面推进依法治国若干重大问题的决定》(下称《决定》)提出要"推进以审判为中心的诉讼制度改革",并明确指出:"推进以审判为中心的诉讼制度改革,确保侦查、审查起诉的案件事实证据经得起法律的检验。"这首先意味着庭审中控辩对抗的加强和证据规则的完善,

---

① 王守安,最高人民检察院检察委员会委员,第五检察厅厅长。

庭审成为定罪量刑的决定性阶段，对公诉质量的要求大大提高，这必然要求公诉检察官更新刑事司法理念，进一步提高公诉质量。公诉检察官需从庭前证据审查和庭上举证辩论两个方面寻找改善工作的切入点，其中庭前证据审查变得更为重要，只有对证据的"三性"进行全面、细致、严格的审查，围绕案件焦点做好出庭应对准备，才能获得理想的结果。正因如此，控辩双方在审判阶段的对抗会更为激烈，庭审阶段的压力会传导至审前，检察机关只有加强对证据源头的管控，才能保证后续办案质量，公诉在审前阶段发挥作用的重要性越发凸显。所以，逐步构建新型的侦诉关系，强化公诉对侦查的引导和规制功能，必将成为检察机关回应"以审判为中心"的刑事诉讼制度改革需要迫切解决的问题。

国家监察体制改革对公诉职能的影响也非常深远。2017年11月，第十二届全国人大常委会第二十五次会议决定试点设立监察委员会，2018年3月通过的宪法修正案正式增设各级监察委员会，人民检察院对于贪污贿赂、失职渎职以及预防的职务犯罪侦查权整合划转至监察委员会。由于检察机关内设机构与法院内设机构"并联"关系不同，各内设机构之间以及业务办理之间是一种"串联"关系，[1] 牵一发而动全身，检察机关相关机构职能及工作重心均亟待重新调整完善，以适应新形势下检察工作发展要求。虽然失去职务犯罪侦查权并不至于动摇检察机关的法律监督地位，但的确从实质上打破了原有的侦查权、公诉权、诉讼监督权并立的既有框架，[2] 检察机关的职能结构、工作格局都面临重大的调整，公诉职能作为原有权能框架下的核心职能变得更为举足轻重。但从办案效能来看，公诉职能并未完全发挥出应有作用，特别是在证据形成最为关键、诉讼监督需求极为必要的审前阶段。

二、公诉职能在审前阶段发挥受限原因剖析

（一）公诉职能在审前阶段发挥受限的原因之一：检察机关内部职能条块分割

公诉环节在刑事诉讼中处于承上启下的位置，是审前阶段的重要权能，一方面负有"控制警察活动的合法性，摆脱警察国家的梦魇"[3] 的重大责任，检察官

---

[1] 胡勇：《检察体制改革背景下检察机关的再定位与职能调整》，载《法治研究》2017年第3期。
[2] 邓思清：《检察权研究》，北京大学出版社2007年版，第47页。
[3] 林钰雄：《检察官论》，法律出版社2008年版，第7页。

作为国家公诉人，不仅具有审查侦查机关收集证据的职责，也具有规范、指导侦查活动，防止警察滥用侦查权力的职能；另一方面承担着启动审判程序，将侦查活动的成果转化为法院判决，从而完成追诉犯罪的使命。然而，在检察机关亟须强化审前阶段的公诉职能以保障办案质量的当前，公诉部门在审前阶段对证据质量控制和侦查监督的效果都十分受限，这与以下内部因素有直接关联：

  1. 侦监部门与公诉部门存在职能重复和角色定位不清。同一起案件，侦查监督部门在审查批捕时对案卷材料要审查一次，后续公诉部门也要审查一次，且其中相当部分的工作量完全相同，一起案件要出两份结案报告，要由侦监、公诉多人先后进行审查，造成资源的浪费。且侦监部门的工作成果不需要接受审判阶段的检验，侦监部门更易受公安机关利益和态度的裹挟，不易从诉讼的正常发展去考虑批捕与后续阶段的衔接问题。为了解决侦查监督与公诉脱节的问题，一些地区的侦监部门也试图在实践中弥补不足。例如，对于一些案件，侦监部门作出批准逮捕决定后，会同时向侦查机关发送《提供法庭审判所需证据材料意见书》，要求侦查机关进行补充侦查，这实质上是在履行公诉职能，但侦监部门人员毕竟不从事公诉业务，其提出的补侦意见未必能完全切合公诉的需要，有时不但不能解决问题，反而导致补侦方向不够准确，所以公诉部门在发现侦查违法的疑点时，即使侦监部门已经核查过，仍然要重新进行核查。这不仅导致重复劳动、资源浪费，而且影响办案效率。

  2. 侦监部门对侦查机关的监督力有不逮，需要公诉及其他部门配合完成。侦监部门主要是围绕审查批捕工作开展监督，尚未实现对侦查活动的全过程进行全程监督，有很多侦查活动不在侦查监督部门的监督范围之内。例如，侦查机关有权直接采取拘留、取保候审、监视居住等强制措施，此类案件因不需经侦监部门批准，其实施过程是否合法，公诉部门仍需进行监督；侦监部门基本上只对捕前侦查活动进行监督，对于捕后至诉前的侦查活动的监督，比如，有无非法取证等程序违法行为，更多地依赖于公诉部门的事后监督；控申部门受理诉讼参与人对违法侦查活动的投诉后，也会向有关部门提出加强侦查监督的意见；执检部门负责对侦查活动中采取强制措施羁押犯罪嫌疑人的监管，也有督促侦查部门及侦查人员进行依法讯问的职责。所以从实践来看，侦查监督职能并非由侦监部门独自承担，而是由公诉、侦监、申诉、控告、执检等多个部门共同分担的体系，在审前阶段如果不能紧密配合、各自为政，就必然存在监督真空和互相推诿的情况。

  3. 侦监、公诉部门分立下的不同证据标准容易导致丧失最佳取证时机。将批捕权和公诉权配置给不同部门来行使，可以达到内部制约的目的。但从引导侦查、控制侦查质量的现实效果来看，捕诉两部门分立，在一定程度上导致检察机关对侦查监督无法形成合力。从侦查机关视角来看，检察机关对侦查机关最具有威慑力的阶段即是报捕阶段，是否批捕是衡量侦查机关侦查成果取得的重要指标，因此报捕阶段是侦查机关主动向检察机关开放、接受侦查引导的最佳时机。实践中侦查机关在捕前最为积极，捕后却相对松懈，主观上存在检察机关既然"捕"了就要"诉"的侥幸心理，对于侦查监督部门之后提出的侦查方向要求却重视不足，以致审查起诉阶段公诉部门再次提出补充侦查要求时，已因时间推移而无法实现了。从侦监部门视角来看，侦监与公诉在证据标准上的差异造成了一个现实问题，即在审查逮捕阶段可以以逮捕标准批捕，所以侦监部门缺乏要求侦查机关补足起诉标准证据的动力或业务水平保证，也会导致有的案件错过最佳取证时机。"以审判为中心"的改革要求在审前阶段全面收集证明犯罪嫌疑人罪与非罪、此罪与彼罪、罪轻与罪重证据的任务，在此背景下，重新思考"捕诉合一"，使捕诉形成合力，从而实现对侦查取证质量的有效控制具有很强的现实意义。

  4. 侦监部门与公诉部门在办理案件过程中可能出现罪名认定分歧，影响检察机关的社会公信力。在侦诉分立的情况下，由于证据或人员专业素质原因，侦监和公诉部门对同一案件可能会出现罪名认定分歧甚至罪与非罪的认定分歧，比如，公安机关以挪用资金罪移送检察机关侦监部门审查批捕，侦监部门以该罪名批捕，移送到公诉部门，公诉部门审查案卷后认为犯罪嫌疑人存在非法占有的目的，涉嫌职务侵占罪，并要求公安机关补充侦查，最终以职务侵占罪起诉。无论人民法院以何种罪名宣判，检察机关的侦监部门或公诉部门必定存在定性错误，检察机关都要承担定性不准确的责任。再如，侦监部门根据公安机关移送的证据批准逮捕，但公诉部门却最终作出存疑不起诉决定。比如，北京市人民检察院统计的数据显示：2014年，全市批准（决定）逮捕后作无罪处理案件277件429人。其中，捕后不诉案件269件421人，捕后判无罪案件8件8人，捕后无罪处理率为 2.67%。① "批捕"与"不诉"两种决定都出自检察机关，会让当事人质疑检察机关的整体公信力。② 应当承认，由于诉讼阶段不同，掌握证据的全面性不同，侦监部门和公诉部门难免会出现认识分歧，但部门分立、立场不同、配合协调不足也是出现分歧的重要原因。部门分立最初的着眼点是内部监督制约，在检察机关内部消化错案，并防止权力过于集中而导致违法违纪情况发生，但制约的同时必然减少协作和沟通，上述内部定性分歧会在很大程度上影响检察机关对外的整体公信力。

（二）公诉职能在审前阶段发挥受限的原因之二：审前侦诉关系未理顺

我国刑事诉讼法明确规定，人民法院、人民检察院和公安机关进行刑事诉讼，应当分工负责，互相配合，互相制约，以保证准确有效地执行法律。可见，我国既有的诉讼结构是一种递进式、分段式的诉讼结构。在审前阶段，检警关系也属于各管一段、分立制约、互相配合模式。在这种模式下，公诉职能在审前阶段很难发挥出应有的效果，因为该模式具体存在以下不足：

1. 诉侦合作关系松散。"以审判为中心"的诉讼制度改革要求诉讼证据出示在法庭，案件事实查明在法庭，诉辩意见发表在法庭，裁判结果形成于法庭，保证法庭在查明事实、认定证据、保护诉权、公正裁判中发挥决定性作用。③ 这对公诉部门指控犯罪提出更高要求，不仅要提高运用证据指控犯罪的能力，更为重要的是，要保证用于指控的证据符合司法审判标准。而证据主要形成于侦查阶段，公诉部门只有有效引导侦查，使侦查成果符合司法审判标准，才能实现"以审判为中心"的要求。而现有诉侦关系的最大问题在于诉侦合作关系松散，公诉无法掌控侦查质量，无法将审判对于侦查质量的要求有效传导给侦查机关。"以审判为中心"的诉讼制度改革，要求重新构建诉侦关系，以确保公诉能够有效控制侦查质量，使之符合法庭审判的要求。在 2012 年《刑事诉讼法》中，有诉侦合作色彩的提前介入、引导侦查的规定主要是第 85、88、132、171 条，分别规定了检察机关参与重大案件讨论权、审查逮捕阶段提出补充侦查建议权、要求复查复勘权、审查起诉阶段提出补充侦查权及要求对证据收集合法性作出说明权。

---

① 参见北京市人民检察院侦查监督处《2014 年全市审查逮捕工作情况的通报》。
② 王奕：《男子涉强奸关押 255 天后释放　检察院称证据不足》，载《京华时报》2011 年 4 月 15 日。
③ 朱孝清：《略论"以审判为中心"》，载《人民检察》2015 年第 1 期。

但是这些只是原则性规定，并未规定如何保障检察机关行使以上权力，而且提前介入、引导侦查方式也十分有限，远远不能适应实践的需要。

2. 检察机关对侦查机关的监督规定缺乏约束力。我国 2012 年《刑事诉讼法》中涉及检察机关监督侦查机关的条款主要有第 47、54、55、73、93、98、111、115 条，分别规定了检察机关对辩护人、诉讼代理人权益受侵害监督纠正权、排除非法证据权、纠正非法证据权、指定监视居住监督权、羁押必要性审查权、立案监督权、违法侦查行为纠正权等，这些权力都是在审前阶段行使，但由于规定比较原则，且未明确规定公安机关有配合执行的义务，在实践中，检察机关提出的立案监督建议、纠正违法通知、检察建议等对公安机关并不具有约束力，除检察机关不捕、不诉的结果约束外，公安机关接受监督主要依靠自觉。

3. 追诉犯罪不力，责任划分不尽合理。根据我国刑事诉讼法规定，公诉案件中被告人有罪的举证责任由人民检察院承担，即检察机关有责任有义务向法庭出示证明被告人有罪的全部证据，一旦证据出示不全面、不充分，或者重要证据在法庭上被否定，则败诉风险直接由检察机关承担，被错捕、错诉的嫌疑人、被告人由检察机关作为赔偿义务机关承担国家赔偿责任。而实际上在刑事案件办理过程中，收集证据的方向、取证多少及质量主要由侦查机关具体实施，检察机关基本上是被动接受侦查机关提供的证据材料，却要为侦查机关调取证据不到位或违法侦查行为承担赔偿责任，这样的权责划分很难从根本上促使侦查机关重视自我纠错，提高取证质量。

综上，目前审前诉侦关系的弊端是无法形成合力，公诉对侦查的规制力度有限，侦查阶段的自我纠错机制不足，很难适应"以审判为中心"的诉讼制度改革的需要。

三、构建以公诉为主导的审前程序：强化公诉职能的若干进路

在前述基础上，不难得出以下结论：公诉在审前阶段并未发挥出应有的功能，首先受制于审前阶段职能上的条块分割，既内部掣肘、缺乏效率，也难以实现对侦查的监督效能。其次受制于未理顺的侦诉关系。只有形成以公诉为中心的审判前程序，即侦查是公诉的准备，应当服从和服务于公诉；公诉既指导侦查也规制侦查，公诉阶段与侦查阶段应做到无缝衔接，才能使公诉真正成为审前程序

的主导，从根本上提升办案质量。所以，笔者认为，如下强化公诉职能的进路可以尝试。

（一）理念更新：以"审前程序"概念取代各行其是的"诉讼阶段"概念

长期以来，我国刑事诉讼领域一直奉行"诉讼阶段论"，即将侦查、起诉和审判作为平行的三个阶段，认为它们对于刑事诉讼目的的实现起到同等重要的作用，它们的诉讼地位没有高低之分。① 受诉讼阶段论的影响，诉侦长期各行其是、各自为政。而"以审判为中心"的诉讼制度是要求围绕审判形成正向的递进关系和反向的指引作用，即起诉阶段和侦查阶段应当被视为大的审前程序的一部分，在审前程序内部，侦查和起诉存在递进关系和合作关系，侦查为起诉服务，起诉对侦查有反向规制作用，二者共同为审判做准备。审判程序下的新型侦诉关系应当以公诉为中心，指导、监督和制约侦查权运行。以"审前程序"取代各行其是的"诉讼阶段"概念是适应"以审判为中心"的刑事诉讼制度改革的必然选择。如有论者所言，主张"审前程序"的概念不是对诉讼阶段论的推翻和全盘否定，而是对诉讼阶段论的局限性进行调整，对长期以来诉讼阶段论带来的三家割裂式的思维模式进行突破，在"以审判为中心"的背景下，赋予新的意义。② 推行"以审判为中心"的诉讼制度改革以后，司法审判标准才是检验侦查成果的唯一和最终的标准，而公诉部门作为审查起诉和出庭支持公诉职能的部门，在审前阶段对审判的标准最有发言权，同时，公诉部门作为指控方需要承担指控不力的风险，也最有积极性去控制侦查质量以符合审判的要求。因此，要实现公诉对侦查质量的控制，首先要构建以公诉为中心的"审前程序"。

（二）内部关系整合：打破捕诉分立的内部壁垒，使公诉战线前移

根据我国宪法和刑事诉讼法的规定，公安机关负责刑事案件的侦查，公安机关与检察机关互相配合，互相制约。公安机关移送审查起诉的证据质量不高，公诉工作就很难开展。但是在实践中，一方面公安机关移送起诉案件的退查率居高不下，另一方面刑讯逼供导致的错案时有发生。发生这两种情形与公安机关不重视证据的收集、不重视遵守程序密切相关。在这种情况下，检察机关要想确保办案质量，公诉必须要将战线"前移"，强化对公安机关侦查工作的指导和监督，

---

① 樊崇义主编：《刑事诉讼法学》（修订版），中国政法大学出版社 2002 年版，第 32 页。
② 黄莺：《"以审判为中心"背景下诉侦关系优化的思考》，载《现代法治研究》2017 年第 4 期。

特别是证据收集工作和公安人员遵守法定程序情况。所谓打破捕诉分立的内部壁垒，就是检察机关内部将公诉视为审前程序中的主导，侦查监督则是确保侦查服从于公诉需要的必要手段，作为公诉职能的一个下位概念，侦查监督职能也由公诉部门人员行使，这样就可以打破原来的部门业务界限，使公诉与侦查无缝衔接。

公诉战线前移的倾向最初源于"捕诉衔接"[①] 等检察实践，从以下两份规范性文件中也可见端倪。2006年7月，最高人民检察院出台《关于在审查逮捕和审查起诉工作中加强证据审查的若干意见》，对审查逮捕和审查起诉工作审查证据的要求作了统一规定。2010年5月，最高人民法院、最高人民检察院、公安部、国家安全部、司法部《关于办理刑事案件排除非法证据若干问题的规定》（以下简称《排除非法证据规定》）的第3条规定了"人民检察院在审查批准逮捕、审查起诉中，对于非法言词证据应当依法予以排除，不能作为批准逮捕，提起公诉的根据"，明确赋予了检察机关在审查逮捕、审查起诉案件时具有排除非法证据的职责。《排除非法证据规定》的出台对公诉人适时介入逮捕阶段提出新的要求。因为侦查监督部门与公诉部门同属检察机关，有些案件一旦侦查监督部门作出逮捕决定，就意味着一般情况下公诉部门需要该案提起公诉，但批捕阶段的证据与公诉阶段的证据标准不同，而且在逮捕后的两个月侦查期限内证据会发生变化，所以会有个别案件虽然在批捕阶段已经逮捕，但是在起诉阶段却达不到起诉的标准。[②] 如果侦查监督部门复核不够细致，不讯问犯罪嫌疑人是否受到刑讯逼供，或者对犯罪嫌疑人提出受到刑讯逼供不予重视和听取，必将给案件起诉留下巨大的隐患。因此，公诉人适时介入逮捕阶段，在逮捕阶段就把住非法证据排除的关口，适时建议侦查监督部门排除非法证据，这种关口前移将有助于案件的顺利诉讼。近年来，一些基层院的"捕诉合一"实践其实也是基于职能分立弊端的反思，是公诉战线前移的最彻底的尝试。

当然，打破捕诉分立壁垒并不是把批捕和起诉压缩成一道工序，两项权能合

[①] 蔡舒曼：《加强捕诉衔接，全面建立呈捕案件后续处理监督机制——深圳市福田区检察院2009年不捕不诉案件情况调查》，载《法制与经济（下旬刊）》2010年第10期；天津市河北区人民检察院课题组：《完善检察机关"捕诉衔接"工作机制研究》，载《法学杂志》2013年第1期。

[②] 卢雄彪：《审查逮捕和审查起诉环节排除非法证据有关问题分析》，载《法制与经济》2011年第12期。

并成一项权能，而是同一起案件的批捕工作和起诉工作由一名检察官行使。实践中多数刑事案件都会经历捕和诉两个阶段，审查逮捕和审查起诉常见的办案方法均为书面审查、讯问、实地复核等，这些方法具有高度的同质性，均是对案件的事实和证据进行分析判断（而且多数案件的事实和证据在这两个阶段无变化），认定嫌疑人是否构成犯罪，在此基础上再去考虑是否应当逮捕或者是否应当起诉。案件的证据情况从"有证据证明"到"证据确实、充分"是办案实践和司法规律的自然演化过程，由同一名检察官办理不但可以减少熟悉案件的时间，提高办案效率，也可以加快办案进程，从客观上缩短犯罪嫌疑人的羁押期限。这不但会提升案件质量，也不会像有些论者所担心的那样"弱化侦查监督"，反而会因为公诉职能的覆盖面扩大而增强检察机关整体的侦查监督效能。无论捕诉分立还是捕诉合一，对侦查机关的监督都是检察机关的重要职责，在当前改革叠加的大背景下，构建以公诉为中心的审前程序是检察机关强化监督职能、抵御外部压力、形成内部监督合力的必然选择。

（三）外部关系整合：构建新型的侦诉协作监督模式

基于侦诉关系现状及发展趋势，检察机关和公安机关有必要构建一种新型的更加密切的关系，既推动阶段式审前结构逐步向更加科学合理的公诉主导型审前结构转变，发挥公诉在审前的主导作用和指控的主体作用，又发挥公诉权对侦查权的约束规制功能。这种新型的侦诉关系是为了应对"以审判为中心"的诉讼制度改革而对侦诉关系作出的必要调整，也顺应监察体制改革之后做强公诉职能的形势需要。它是基于庭审胜诉的共同目的而产生的密切协作关系，并非要在检察机关与公安机关两个权力主体之间建立主从关系。这种新型的侦诉关系可以被称为"协作监督"模式，它包含"协作"和"监督"两个方面。

1. 侦诉协作：强化公诉引导侦查，提高审前程序的整体追诉质量

侦诉必须相互配合，才能确保控诉职能的实现。侦诉之间存在协作、制约的双重关系，但协作仍是首要问题，只有侦诉协作才能推动刑事指控体系向"以审判为中心"迈进，在打击犯罪和保障人权等方面形成正向合力。如有学者所言："就审判而言，侦查实际上是起诉的准备工作，是为起诉服务的一个环节，而且侦查工作的质量最终要表现为起诉工作的质量。"[①] 目前，从司法实践来看，侦

[①] 何家弘：《构建和谐社会中的检警关系》，载《人民检察》2007年第23期。

诉协作的效果还有待提高，主要原因在于协作的方式和途径有限，难以发挥公诉对于侦查的引导作用。

从诉讼阶段来看，侦诉协作分为移送起诉前协作和移送起诉后协作两类。移送起诉前协作一般有公安机关主动邀请检察机关派员介入，通报初步案情和案件讨论等方式。由于侦查活动的秘密性，检察人员接触案情有限，协作方式多为间接介入。要真正发挥公诉的引导作用，公安机关应当对检察机关持更加开放的态度，让检察人员能够实质性地接触办案过程。移送审查起诉前的侦诉协作应当重点强化公诉引导侦查。

（1）公诉引导侦查应当注重方向引导。侦查机关破案、取证的专业能力很强，未必需要公诉部门亲自到一线与侦查人员一同办案。公诉人的专长也不是现场取证等技术性工作，而是应根据庭审证明需要，从应对法庭质疑和律师挑战的角度有针对性地引导侦查人员收集、补充证据，更加注重证据的真实性、合法性和证据链条的完整性。实践中侦查人员对公诉部门的期待也是针对具体证据材料的提取、固定、转化提出合理化建议。从支持侦查工作的角度而言，公诉人员应当把引导侦查取证的着眼点放在取证工作的方向引导上，以推动侦查人员正确认识入罪的证据要求和证据链的完整性，自觉地从有效证实犯罪的高度确立侦查方向、明确侦查重点、构建证据体系，从而在根本上提升办案质量。

（2）公诉引导侦查应当注重类案引导。当前，通过提前介入引导个案侦查是公诉引导侦查取证的基本形式，但过多的个案提前介入容易混淆侦查、公诉的业务界限，助长侦查人员对公诉引导的依赖，有违分工负责、互相配合、互相制约的制度初衷。所以，对某一时段内侦查质量不高、容易引起诉讼争议或者侦查工作中难以把握的某一类案件进行类案引导，应当在个案引导之外获得公诉部门的更多关注。特别是对于侦查不足导致的各种诉讼风险，通过问题通报、专题研讨、专项培训等多种方式进行类案引导，更能产生事半功倍的效果，有助于推动侦查人员提升某一类案件的侦查水平。

当案件进入审查起诉阶段后，侦诉协作应当体现在补证引导和让侦查人员更多地参与审查起诉程序上。

第一，公诉部门应当注意补证引导。检察机关在侦查阶段就提前介入的案件，指导侦查的效果常常会受公诉人员介入程度、掌握案件信息程度的影响，在介入程度不足、信息掌握不全的情况下，所提的意见和建议反而会有片面性、误导性。事实上，大部分公诉案件检察机关没有提前介入，公安机关侦查终结移送审查起诉并不意味着案件一劳永逸地彻底出手，进入审查起诉阶段，公诉部门掌握了全部案件信息之后应对证据情况进行全面评估，如果发现证据问题，尽量及时通过退回补充侦查和庭审过程中的补证等工作环节对侦查进行有效引导，最大限度地夯实追诉的证据基础。

第二，让侦查人员更多地参与审查起诉程序。现行审查起诉程序采用书面审查方式，检察机关主要审查侦查案卷，这种审查方式压缩了侦查人员发挥作用的空间。实践中侦查机关主要的作用在于配合审查起诉工作做好证据材料的补充工作，包括鉴定、复验复查、提供获取证据、制作笔录的情况以及重新侦查、重新调查取证等。《刑事诉讼法》规定了审查起诉时应当讯问犯罪嫌疑人，听取被害人和犯罪嫌疑人、被害人委托人的意见，但未规定侦查人员能否和如何参与到案件的审查起诉过程中来。应当借鉴刑事审判程序和庭前审查程序的规定，在审查起诉阶段让侦查人员、被害人、犯罪嫌疑人各方同时到场参与审查程序，侦查人员承担一定的说明义务，在此过程中也能够及时发现侦查阶段存在的问题，更有利于今后正确的收集证据。

2. 侦查监督：强化公诉权对侦查权的有效监督

刑事诉讼法的两大任务是打击犯罪与保障人权。基于打击犯罪的需要，侦诉应当加强合作；基于保障人权的需要，应当确立公诉对侦查的监督机制，控制侦查行为的合法性，从而避免在审判阶段由于证据被排除而造成诉讼资源的浪费。如学者所言："在侦诉关系上，如欲确立公诉权对侦查权的有效监督，则需形成一定的优势地位，在程序上必须弱化侦查反向制约公诉的背离现象。"① 现阶段公诉难以对侦查权发挥有效监督功能，既有理念、制度上的原因，也有具体操作层面的问题。检察机关在内部打破捕诉分立壁垒之后，对侦查权的整体监督合力会有所增强，但由于制度惯性，还需要在以下方面与公安机关加强互信，共同构建规范而高效的审前程序。

第一，要以实现庭审实质化、防止冤假错案为目标，加强对刑事立案和侦查活动的监督。对于侦查人员通过刑讯逼供等非法方法获取的证据要及时予以排除；对于瑕疵证据要及时要求公安机关补正；对于侦查人员拒不接受监督或者拒

---

① 樊崇义：《检察机关如何深化法律监督职能？》，载《中国法律评论》2017年第5期。

不纠正错误的，及时建议公安机关更换承办人；对于不服从公诉引导而导致案件产生重大诉讼风险的，应当实行侦查失误和瑕疵通报制度，增强公诉对侦查活动的事后监督力度；对于涉嫌违纪、违法、犯罪的线索应及时移送纪检监察部门依法处理；对于因侦查人员怠于行使侦查权而导致关键证据灭失的，应当对案件作出不批捕、不起诉处理，并将相关原因向公安机关通报。通过个案责任和压力传导，促使侦查人员增强履职尽责的积极性。同时，检察机关对于不批准逮捕、退回补充侦查和不起诉等案件，要加强法律文书说理工作，积极引导侦查工作强化证据意识。

第二，应当建立侦诉信息共享机制，为侦查监督提供信息保障。信息不对称，是导致侦查监督效能大打折扣的重要原因。我国的侦查程序带有极强的封闭性，检察机关缺乏有效的接入渠道，无法及时、全面地获取侦查信息，自然也就不能有效地实施监督。具体而言，应当建立公安机关和检察机关的信息共享机制，以确保公诉机关知情权的实现。解决侦查监督的时间滞后性和范围有限性。可以推行公、检之间的重大案件侦办信息的通报制度，并对侦诉办案系统进行联网整合。

第三，根据"以审判为中心"的要求建立侦诉考核联动机制。目前侦查机关的内部考核机制比较注重破案率、移送审查起诉率，但是对于案件是否符合起诉条件，起诉后的案件是否能获法院审判支持缺乏关注，也缺少对于起诉后诉讼风险的考量和追责，使得侦查部门不关注庭审结果，不重视检察机关提出的程序性建议，也难以形成"以审判为中心"所要求的证据意识。将最终的追诉效果作为侦查机关的考核指标，侦查机关才会有足够的积极性去实施规范、有效的侦查行为。建议检察机关和公安机关根据"以审判为中心"的刑事诉讼改革要求整合现有的绩效考核制度，使检察机关参与侦查机关现有的考核机制框架，并赋予检察机关启动惩戒程序和决定惩戒的话语权，以制约违法侦查、消极侦查等行为。

构建以公诉为主导的刑事审前程序涉及内部机构调整和外部力量整合，未必能一蹴而就，但其应当是"以审判为中心"的刑事诉讼制度改革和国家监察体制改革之后检察机关在宏观工作格局层面的必然选项，也是基于实践需求的理性抉择，相信会在实践中不断调试完善，真正发挥提升办案质量、增强监督实效的功能。

简论公诉与法律监督之关系

白秀峰[①]

我国宪法规定了人民检察院为专门的法律监督机关，但无论是从司法制度的设计上，还是检察机关在司法实践中实际扮演的角色来看，检察机关履行着"实施法律"和"对法律实施进行监督"的双重职责。随着国家监察体制改革后职务犯罪侦查权的转隶，检察机关的刑事法律监督不复存在；与此同时，伴随着公益诉讼的兴起，检察机关又探索出新的职权运作模式——"公益诉讼"，据此，传统的"职权二元论"应当得到一定的修正，即我国现阶段的检察权形成了以"诉讼职权"和"法律监督职权"为主要组成的二元化格局，前者包括刑事诉讼和公益诉讼，后者包括三大诉讼监督和行政监督。支持"职权二元论"并非否定检察机关的宪法定位，相反，对二元论的阐释是在现有的宪法制度内进行的，以"职权二元论"为原理指导更加有利于科学合理地配置检察权，推动检察改革和检察实践发展，完善我国特色的检察制度。

一、检察权属性探析

关于检察权的属性问题一直是理论界和实务界争论的热点话题，归纳起来大致有司法权说、法律监督权说、行政权说、双重属性说、检察权说等几种代表性观点。[②] 笔者支持检察权说的观点，理由主要有：其一，从检察权的内涵来看，检察权的范畴只能以"检察权"周延之，司法权说、法律监督权说、行政权说、

[①] 白秀峰，内蒙古自治区人民检察院法律政策研究室干部，诉讼法学博士。
[②] 各种学说观点参见陈卫东：《我国检察权的反思与重构——以公诉权为核心的分析》，载《法学研究》2002年第2期；龙宗智：《论检察权的性质与检察机关的改革》，载《法学》1999年第10期；万毅：《检察权若干基本理论问题研究——返回检察理论研究的始点》，载《政法论坛》2008年第3期；谢鹏程：《论检察权的性质》，载《法学》2000年第2期；张智辉：《检察权研究》，中国检察出版社2007年版；谭世贵：《中国司法改革研究》，法律出版社2000年版。

双重属性说等学说都存在缺陷,都不能周延检察权的全部内涵。① 其二,从检察权的产生来看,检察权是一种完整独立的、与审判权平行的公权力,检察权具有独立性。其三,从概念生成来看,检察权是一种法律术语,我国《宪法》《刑事诉讼法》《人民检察院组织法》等宪法法律以立法形式明确规定了"检察权"。其四,从研究问题的视角来看,对该问题的研究,研究者更应当将我国基本国情和检察制度实际作为研究的基本立场。我国人民代表大会制度下的一元化权力结构模式决定了我国检察制度具有特殊性,这种特殊性决定了检察制度的理论研究更应当以本土化为视角。其五,从追求效率价值来看,一味地、执着地对检察权属性的"寻根刨底"不仅没有带来实质性的研究成果,还造成了研究精力的浪费,因此,"完全没有必要将检察权归属为某种权力之后再来探究",可以认为,检察权的属性就是检察权。②

从现行制度来看,检察权的权力内容具有多样性。关于检察权的权力内容的划分主要有"三项权能说""五项权能说""八项权能说"等观点。三项权能说,即按职权内容划分是对我国检察机关职权内容进行描述最常见的方法,按照此分类方法有学者将检察权分为侦查方面的检察权(或称检察侦查权)、公诉方面的检察权(公诉权)和诉讼方面的检察权(即诉讼监督权)三项权能;③ "五项权能说"又存在不同的区分,有的学者将五项权能划分为检察侦查权、批捕和决定逮捕权、公诉权、诉讼监督权和其他检察权(包括司法解释权、检察建议权和预防职务犯罪权);④ 还有的学者认为检察权的五项权能划分为侦查权、公诉权、侦查监督权、审判监督权和执行监督权;⑤ "八项权能说"包括刑事案件侦查权、批准和决定逮捕权、公诉权、立案监督和侦查活动监督权、刑事审判监督权、监管和刑罚执行监督权、民事行政诉讼监督权和司法解释权,⑥ 基于检察权权力内容的多样性,"检察权是其包含的各种权能属性的有机统一,包括法律监督属性、

---

① 王守安、田凯:《论我国检察权的属性》,载《国家检察官学院学报》2016年第5期;石茂生:《检察权与审判权关系再检视——基于检察权审判权运行的实证研究》,载《法学杂志》2015年第2期。
② 王守安、田凯:《论我国检察权的属性》,载《国家检察官学院学报》2016年第5期。
③ 邓思清:《检察权研究》,北京大学出版社2007年版,第47页。
④ 张智辉主编:《检察权优化配置研究》,中国检察出版社2014年版,第33-35页。
⑤ 石少侠:《检察权要论》,中国检察出版社2006年版,第111-172页。
⑥ 龙宗智:《监察制度教程》,中国检察出版社2006年版,第68-69页。

司法属性、行政属性、公益属性"。①

  结构决定功能，检察权的权力结构决定检察职能及其发挥，检察权的配置运行和检察职能的发挥应当以检察权的权力结构为依托。在明确检察权的属性之后，有必要对检察权的具体权力内容进行界定和归类。我国《宪法》《刑事诉讼法》对检察权内容作了具体规定，但是关于检察权各项职权的归类、职能定位、相互关系等内容却没有明确的界定，因此也造成了对检察权权力内容和检察权运行的不同认识与理解，尤其是关于"公诉"和"法律监督"这两项职能的地位、相互关系及其运行一直是理论界和实务界争论的焦点，据此主要形成了两种观点，即"职权一元论"②和"职权二元论"③。支持职权一元论观点的人认为，检察机关所有的职权都统一于法律监督，法律监督是检察权的本质属性，包括公诉在内的其他职权都是实现法律监督的手段和方式。④支持"职权二元论"观点的学者以樊崇义教授为主要代表，樊崇义教授认为公诉和法律监督是组成检察权的两种不同属性的职权，虽有联系，但也存在相当大的差异，并从法律授予检察机关公诉职权和法律监督职权的目的的不同，制约和监督的概念与内涵的不同，诉讼规律和规则的客观需要，公诉权的产生和发展等四个方面阐释了公诉与法律监督的区别。⑤

  笔者支持"职权二元论"的观点，认为公诉和法律监督是检察机关的两种不同属性的职权内容。其一，从刑事诉讼构造的基本理论来看，刑事诉讼构造以控诉、辩护和裁判的各自法律地位及相互关系为基本组成内容，其中，控诉主体所行使的控诉职能是现代刑事诉讼的基本职能之一。刑事诉讼形态的形成以控

---

① 王守安、田凯：《论我国检察权的属性》，载《国家检察官学院学报》2016年第5期。
② 支持"职权一元论"观点的人认为，检察机关所有的职权都统一于法律监督，法律监督是检察权的本质属性，包括公诉在内的其他职权都是实现法律监督的手段和方式。参见张智辉：《法律监督三辨析》，载《中国法学》2003年第5期，第16 - 24页。
③ 支持"职权二元论"观点的学者以樊崇义教授为主要代表，樊崇义教授认为，公诉和法律监督是组成检察权的两种不同属性的职权，虽有联系，但也存在相当大的差异，并从法律授予检察机关公诉职权和法律监督职权的目的的不同，制约和监督的概念与内涵的不同，诉讼规律和规则的客观需要，公诉权的产生和发展等四个方面阐释了公诉与法律监督的区别。参见樊崇义：《法律监督职能哲理论纲》，载《人民检察》2010年第1期；樊崇义：《刑事诉讼法哲理思维》，中国人民公安大学出版社2010年版，第341 - 352页。
④ 张智辉：《法律监督三辨析》，载《中国法学》2003年第5期，第16 - 24页。
⑤ 樊崇义：《法律监督职能哲理论纲》，载《人民检察》2010年第1期；樊崇义：《刑事诉讼法哲理思维》，中国人民公安大学出版社2010年版，第341 - 352页。

诉、辩护和裁判三方同时兼备为基本条件，控诉是刑事诉讼构造不可或缺的主体之一，有关刑事诉讼主体确定、职能区分、阶段划分等基本原理也存在于控、辩、裁三方的法律关系之中。也就是说，刑事诉讼构造决定了控诉、辩护和裁判是刑事诉讼的三种基本职能。诉讼职能领域内的法律实施和司法权运行机制应当以控、辩、裁基本诉讼构造为制约因素，而不能单纯的、一味的、轻易的从宪法关于检察机关"法律监督"定位来审视。其二，自检察制度确立以来，控诉职能始终是检察机关的主要职能。检察制度因指控犯罪的需要而诞生，检察制度从确立形成到发展至今，控诉职能（指控犯罪）始终是检察机关的主要职能，世界各国普遍认可了检察机关代表国家行使追诉权。其三，我国检察机关被赋予了专门的法律监督机关的地位，依法独立行使检察权。"法律授权检察机关的法律监督职权和公诉职权，两项权力的授予目的不同，法律监督的目的是以权力制衡权力解决国家权力的滥用，以实现法制的统一；公诉职能则是一种诉讼职能，诉讼分工，它是按照诉讼的运行，对侦查、审判的制约，奉行'分工负责、互相配合、互相制约'的原则，其目的是共同完成诉讼的任务"。[①] 一方面检察机关作为行使诉权的主体，通过行使刑事控诉职能向人民法院提起公诉指控犯罪，通过行使公益诉讼职能向人民法院提起公益诉讼以维护社会公共利益。另一方面，检察机关作为专门的法律监督机关对刑事诉讼、民事诉讼和行政诉讼"三大诉讼"活动以及行政机关违法行使职权或者不作为行为实施监督。在我国，全国人民代表大会作为国家权力机关和民意代表机关，享有最高的监督权，对由其产生的国家行政机关、审判机关、检察机关等国家机关实施监督。此外，在人民代表大会一元分立的权力结构模式下，检察机关作为常设的法律监督机关也负有对行政机关、审判机关违反法律行为的调查、纠正和处理等监督职权。

综上所述，我国现阶段检察权形成了以诉讼职权和法律监督职权为主要组成的二元化格局，"公诉"和"法律监督"分属不同属性的职权范畴。[②]

二、检察权比较研究

（一）我国与大陆法系国家检察权属性比较

大陆法系国家强调对客观事实的国家追诉，"检察官如同法官皆为发现真实

[①] 樊崇义：《法律监督职能哲理论纲》，载《人民检察》2010年第1期。
[②] 樊崇义：《法律监督职能哲理论纲》，载《人民检察》2010年第1期。

之机关，皆担任事实发现者与真实裁判者双重职务，故检察官与法官乃立于前后事务之接力关系之同质官署"①。因此，在检察机关的设置模式上实行"审检合署制"，检察机关一般被定性为司法机关。例如，《法国刑事诉讼法典》第 1 条规定："为适用刑罚之公诉，由司法官或法律授权公诉的官员发动与进行"。该条中"司法官"原文使用的是"magistrat"一词，检察院的检察官与法院的法官统称为"司法官（magistrat）"，但法官（审判法官）又称"juge"或"magistrat due siège"译为"坐席司法官"，检察官称为"magistrat debout"译为"立席司法官"，检察官和法官一样都被称为司法官，而检察权和审判权一样是司法权。需要说明的是，法国检察机关在三元分立的权力结构模式下属于司法机关，但法国现代检察制度将公诉活动纳入了政治权力的范畴，因此，包括公诉权在内的检察权必须在国家的控制下运行，根据法国现行法律，司法部部长对检察官的职业和职能进行管理和领导，检察院对司法部部长具有依附关系。② 法国实行审检合署制，检察院在各刑事法院均派驻有代表，派驻检察官不仅参加法庭辩论，而且法院的所有判决必须在检察官出席时方可作出宣告，判决的执行也要由检察官确保。③ 德国同样实行审检合署制，检察机关都设在相应级别的法院内。目前，通说对于德国检察机关的司法性质争议不大。④ 如德国的克劳斯·罗科信教授认为："检察机关是介于行政体系和第三种权力体系之间的独立的司法机构"。但是从实际运行来看，联邦检察机关属于联邦司法部，德国检察机关在权力体系中的地位不可避免地带有双重性，即一方面具有区别于立法机关与行政机关的独立性，承担刑罚追究功能，另一方面在司法实践中由于司法部部长外部指令权的存

---

① ［日］松本一郎：《检察官的客观义务》，郭布、罗润麒译，载《法学译丛》1980 年第 2 期。
② 法国 1958 年 12 月 22 日法令第 5 条和《法国刑事诉讼法典》第一章第二部分对司法部部长的职权的规定。转引自：甄贞：《检察制度比较研究》，法律出版社 2010 年版，第 596 页。
③ 陈丽莉：《法国的检察官制度》，载《法学杂志》2008 年第 6 期。
④ 关于德国检察机关的法律地位，德国学者对此持有不同的观点，如德国的克劳斯·罗科信教授认为："检察机关不属于行政体系，也不属于第三种权力的体系，而为介于二者之间的独立的司法机构"，而托马斯·魏根特教授则认为："就宪法权力的分立而言，检察官属于政府的行政部门而非司法部门"。在德国以罗科信教授的观点为主。参见 [德] 克劳斯·罗科信：《刑事诉讼法》，吴丽琪译，法律出版社 2003 年版，第 65 - 66 页。[德] 托马斯·魏根特：《德国刑事诉讼程序》，岳礼玲、温小洁译，中国政法大学出版社 2004 年版，第 41 页；秦冠英：《检察一体与检察独立之分际与界限》，载《甘肃政法学院学报》2015 年第 2 期。

在，其不可避免地受到行政权的干预。① 受苏联检察制度的影响，我国的检察机关既不是行政机关也不是司法机关，而是被定性为法律监督机关，它由全国人民代表大会产生，与行政机关和审判机关共同构成国家的"一府两院"制度格局。检察机关享有的检察权是一种独立的公权力，检察权与行政权、审判权平行，从检察权的权力内容来看，其既有行政性的部分，又有司法性的部分，还具有法律监督性的部分。

(二) 我国与英、美、法系国家检察权属性比较

英、美、法系国家的法治理念多是建立在自由主义和个人主义的基础之上，他们认为宪法是由代表人民意志的代议机构与国家政府之间所订立的社会契约。因此，三权分立和权力制衡被贯彻的更为彻底。在此环境下，在刑事司法系统内，必然要求在独立的司法机关之外，设置一定的机构以实现对司法权的制约，因此，他们一般将检察机关纳入行政机关，检察权具有行政属性。"检察机关和检察官属性一致，均为行政序列，不具有司法属性，英、美皆然"。② 英国自1986年皇家检控署建立后，经过几十年的发展，形成了一个自成一体、完全独立的检察机构，根据英国的刑事诉讼理论和法律制度，检察机构的独立性体现在三个方面：独立于政府、独立于法院、独立于警察，全部检察官的身份属于公务员，总检察长是政府的组成人员，不是司法官，实行自上而下的层层负责制，皇家检控署通过总检察长向议会负责，但议会只能关注检察机构整体上的运作，而不能改变其具体的决定，因此，英国检察机构及其检察权的行政性色彩极为明显。③ 美国检察系统由联邦检察机构、州检察机构和地方（市镇）检察机构组成，形成了"三级双轨，相互独立"的检察体制，其中，联邦检察长为司法部部长，由总统提名产生，联邦检察官在行政首长的领导下行使执法权，确保法律实施，因此，其行政属性较为明显。④ 而美国州或地方检察系统由所在地区选民选举产生，在行政机关的关系上，有较大的独立性，有一些州检察官甚至被认为是政府的司法官员。⑤ 在我国，宪法将检察机关定位为法律监督机关，检察权被

---

① 甄贞：《检察制度比较研究》，法律出版社2010年版，第596页。
② 陈光中、魏晓娜：《论我国司法体制的现代化改革》，载《中国法学》2015年第1期。
③ 甄贞等：《检察制度比较研究》，法律出版社2010年版，第598页。
④ 何家弘：《中美检察制度比较研究》（英文版），中国检察出版社1995年版，第153页。
⑤ 何家弘：《中美检察制度比较研究》（英文版），中国检察出版社1995年版，第153页。

认为是一种独立于行政权和审判权的公权力,具有多重属性,① 基于我国检察权属性和权力内容的多样性与独特性,我们不能简单地将检察权概括为其中某一属性,而只能以独立的、独特的"检察权"概括之。②

三、检察权配置——制约与监督并重,公诉与法律监督适当分离

(一)诉讼职能与法律监督职能适当分离

诉讼职能的划分要符合宪法上的分权和制衡原理,只要某一诉讼主体承担着两种以上的诉讼职能,或者实施一些与其诉讼职能不相符的诉讼行为,那么诉讼主体就将出现诉讼角色的混乱,违背诉讼活动的基本规律。③ 我国检察机关在刑事诉讼中所行使的法律监督权具有司法监督的性质,司法性质的监督要求监督一方应当具备中立的第三方地位,而检察机关在刑事诉讼中承担着追诉和监督两种诉讼职能,造成了检察机关既充当"运动员"又充当"裁判者"的矛盾,这也是部分学者对检察机关的角色冲突产生质疑的根本所在。"在刑事诉讼中,检察机关将诉讼监督权与公诉权集中于一身,垄断了国家的公诉资源,造成了公诉权的普遍滥用"。④ 例如,在调查取证权、抗诉权等权力的行使上,检察机关拥有辩护方无可比拟的诉讼优势,检察机关在审查起诉的把关环节通过自行补充侦查或者退回补充侦查的方式对那些不符合起诉条件的案件补强证据,尤其是对那些犯罪嫌疑人已经被检察机关审查批准逮捕的案件,要确保"捕后必诉",不允许"错案"的出现;对于法院的判决,检察机关在不服判决时可以提请抗诉,尤其是针对那些证据不足、不符合定罪标准的案件,检察机关应通过程序倒流机制进行重新追诉,以确保能够得到法院作出有罪判决的支持。

以"职权二元论"为原理指导,遵循诉讼职能与法律监督职能适当分离的原则,对检察机关内设机构进行改革。在实践中,湖北省、北京市等部分地区检察系统对"诉讼职能和诉讼监督职能适当分离"进行了改革。2009年11月,为解决基层院机构臃肿、检力不足等问题,以及促进检察资源整合优化,湖北省人民检察院制定了改革试点方案,要求13个基层院按省院关于基层检察院内部整

---

① 王守安、田凯:《论我国检察权的属性》,载《国家检察官学院学报》2016年第5期。
② 施长征、肖晓峰:《论检察权的配置》,载《中国政法大学学报》2011年第5期。
③ 陈瑞华:《刑事诉讼的前沿问题》(第五版),中国人民大学出版社2016年版,第55-56、79-80页。
④ 陈瑞华:《论侦查中心主义》,载《政法论坛》2017年第2期。

合的实施方案推进内部整合改革,2012年8月,进行试点改革的基层检察院范围扩大到30个。此项改革的实质主要体现在四个方面:一是横向大部制;二是纵向扁平化;三是突出检察官主体地位;四是体现"两个适当分离(案件办理职能与案件管理职能适当分离、诉讼职能与诉讼监督职能适当分离)"原则,按照"诉讼职能与诉讼监督职能适当分离"的原则,试点院在组织机构上实行"五部制",除批捕公诉部、职务犯罪侦查部、案件管理部、综合管理部外,还设置了专司三大诉讼监督职能的"诉讼监督部",在组织运行上,根据诉讼工作和诉讼监督的不同规律,重新设计工作流程。此项改革不仅使基层院的诉讼业务得到了质和效的双提升,也使诉讼监督工作得到了显著加强,诉讼监督由被动变为主动,实现了专业化、规范化的发展,带来了"质"的飞跃。① 以"基层检察院内设机构改革江苏方案"为例,该方案中有关内设机构的设置就体现了诉讼职能和法律监督职能适当分离的原则,如基层检察院编制在51人以上100人以下的院,内设机构不超过8个,一般采取2+5+1模式设置,其中,设置了由侦查监督和刑事执行检察业务组成的刑事检察部门。②

(二) 正确定位检察机关的审查逮捕职能

有关检察机关审查批准逮捕职能的定位问题,理论界和实务界一直存在争议,主要存在诉讼职能说、法律监督职能说、司法审查职能说等学说观点。支持逮捕职能归属于法律监督职能观点的理由,主要是基于宪法关于检察机关是专门法律监督机关的定位,认为检察权的本质属性是法律监督,检察机关行使的所有职权都是法律监督的范畴。支持诉讼职能说的观点认为,审查批准逮捕是人民检察院为保障刑事诉讼顺利进行,依法正确有效追诉犯罪而作出的一种程序处分权,属于追诉权的范畴之内。③ 还有观点认为检察机关的审查批准逮捕属于司法审查职能,检察机关主持的审查逮捕程序具有"准司法程序"的形态,为此,我国刑事诉讼制度确立了一种由检察机关作为司法审查主体的特殊的司法审查机

---

① 翟兰云、郭清君、周泽春、漆青梦:《湖北:基层院试水"大部制""扁平化"》,载《检察日报》2013年5月22日第9版;王会甫:《试论"小院整合"后诉讼监督机制的构建——以湖北基层检察院内设机构"五部制"试点为研究对象》,载《人民检察》2011年第2期。

② 《基层检察院内设机构改革江苏方案》,载江苏检察网,http://www.jsjcy.gov.cn/qingfengyuan/201805/t20180503_389817.shtml,2018年8月28日访问。

③ 樊崇义:《法律监督职能哲理论纲》,载《人民检察》2010年第1期。

制。[①] 我们支持诉讼职能说的观点，认为审查批准逮捕职能归属于诉讼职能的范畴，主要理由有：其一，检察审查批准逮捕并非实质意义上的司法审查。实质意义上司法审查的主体必须是享有裁判权的中立机构，检察机关属于国家追诉机关，在控、辩、裁诉讼构造中属于控诉方，行使控诉职能，不具有中立性。检察机关并非实质意义上司法审查的适格主体，因此，不能将检察机关审查批准逮捕等同于司法审查。其二，按照"职权二元论"的观点，检察机关批准逮捕实质上是一种程序处分权，是追诉权的内容之一。检察机关通过行使审查批准逮捕职权，确保诉讼顺利进行，依法有效指控犯罪。其三，从最高人民检察院即将推行的"捕诉合一"机制改革的制度安排来看，将批捕部门（侦查监督部门）和公诉部门合并，审查批准逮捕职能和审查起诉职能整合，这种折中的思路和做法实际上已经认可了审查批准逮捕属于刑事诉讼职能的范畴。

（三）互相制约——完善检察权与调查权、侦查权、审判权运作机制

1. 完善检察权与调查权运作机制。职务犯罪调查权具有侦查权的性质，监察机关开展调查犯罪活动应当遵循"分工负责配合制约原则"，调查终结的职务犯罪案件必须移送检察机关审查起诉，检察机关从证据、法律的适用角度对移送起诉的案件进行审查，并最终作出不起诉或者起诉决定。此外，在强制措施、退回补充侦查等事项衔接上，检察机关和监察机关应当按照刑事诉讼法和监察法的规定认真执行。

2. 完善检察权与侦查权运作机制。审前程序中的诉侦关系应当以公诉为主导而构建，发挥公诉的主导作用，检察机关应当做到：其一，进一步健全检察介入、引导侦查制度，通过介入侦查，引导规范侦查取证，形成有效控诉，最终为裁判提供客观、合法的依据。其二，真正担负起全面审查的职责，既要对案件的实体问题进行审查，又要对案件的程序问题进行审查，前者包括侦查机关认定的犯罪事实、犯罪性质、在案证据和法律适用等方面的内容，后者主要是指对侦查机关的取证活动是否合法的审查。其三，检察机关要调整审查方式，综合运用各种审查方法和方式，如通过讯问犯罪嫌疑人，充分听取犯罪嫌疑人的供述和辩解；充分听取被害人及其诉讼代理人、辩护人等不同诉讼参与人的意见；对某些专门性问题进行鉴定、补充鉴定和重新鉴定；通过自行补充侦查，修复、补全、

[①] 陈瑞华：《司法体制改革导论》，法律出版社 2018 年版，第 99 - 103 页。

完善在案证据；等等。

3. 完善检察权与审判权运作机制。以审判为中心的诉讼制度要求审前程序的侦查与起诉要按照裁判的要求和标准收集、固定、审查、运用证据，检察机关作为控诉主体要想执行诉讼任务，就必须树立"服务于审判"的理念，并以审判的标准引领审查起诉活动，严把事实关、证据关和法律关，防止带病案件进入审判阶段，为审判输送高质量的"产品"。

（四）强化法律监督

1. 强化侦查监督，重塑审前程序中以公诉为主导的诉侦关系。"需要说明的是，改革控方的法律监督方式，决不意味取消检察机关的法律监督地位，而是改变监督的路径，把控诉职能与监督职能有效分离，控者专司控诉，监督者专行监督权。"① 以审判为中心诉讼制度改革可以全面地理解为"侦查是基础，公诉是主导，辩护是必须，审判是关键，监督是保障"，② 公诉职能与法律监督职能的适当分离并不意味着要弱化法律监督，甚至要取消法律监督，相反，在审判中心下，构建刑事审前程序中新型的诉侦关系，既要发挥公诉的主导作用，又要强化检察机关对侦查活动的监督，及时发现和纠正侦查活动的违法行为，重点加强对刑讯逼供、暴力取证、滥用刑事手段插手民事纠纷等问题的监督，促进侦查活动严格依法进行。③ 加强对侦查活动的监督，"探索建立重大案件侦查终结前对讯问合法性进行核查制度"。④ 关于该制度的定性问题，按照诉讼监督与诉讼职能分离的原则，笔者趋向于将该制度定性为"诉讼监督"属性，在此基础上展开对该制度具体内容的设计。其一，核查的主体。根据改革意见的规定，核查的主体为人民检察院驻看守所检察室及其检察人员。笔者认为，检察机关按照诉讼职能与诉讼监督职能分离的原则对内部机构进行调整，设置诉讼监督部门，将驻看守所检察室定位为诉讼监督部门，而不能由履行诉讼职责（如审查批准逮捕部门）的部门既进行讯问犯罪嫌疑人等诉讼业务又开展合法性审查的监督工作。当

---

① 陈卫东、张月满：《对抗式诉讼模式研究》，载《中国法学》2009 年第 5 期。
② 樊崇义：《关于当前检察改革的五个基本理论问题》，载《人民检察》2016 年第 11 期。
③ 王治国、郑赫南：《着力提升公诉理念充分发挥公诉职能维护国家安全稳定促进严格公正司法》，载《检察日报》2015 年 6 月 5 日，第 1 版。
④ 最高人民法院、最高人民检察院、公安部、国家安全部、司法部五部门联合发布的《关于推进以审判为中心的刑事诉讼制度改革的意见》第五条规定："探索建立重大案件侦查终结前对讯问合法性进行核查制度"。

然，审查批准逮捕部门在工作中发现侦查机关存在刑讯逼供、非法取证情形的案件，可以书面建议诉讼监督部门对侦查机关讯问合法性进行核查。其二，核查案件的范围只限于重大案件。笔者认为核查案件的范围应当按照两个标准设定：一是，重大案件，如可能被判处死刑的案件。对于重大案件无论是否存在刑讯逼供、非法取证等情形，核查部门都要开展核查。二是，可能存在刑讯逼供、非法取证情形的案件，此类案件虽可能在性质上并不重大，但因为可能存在违法取证的情形，核查部门根据不同的情况选择主动核查或接受申请核查，前者如驻所检察官通过在看守所的工作中发现犯罪嫌疑人身体有可疑伤痕，很可能存在刑讯逼供、非法取证情形的，后者如犯罪嫌疑人及其辩护人向核查部门提出申诉、控告的。其三，核查的主要内容为侦查机关是否存在刑讯逼供、非法取证的行为。其四，核查的方式。核查人员可以采取询问犯罪嫌疑人，[①] 听取其辩护律师的意见，询问相关侦查办案人员和看守所工作人员，查看看守所内提审记录、提审的录音录像等材料，调取犯罪嫌疑人出入看守所的身体检查记录等材料，等等。

2. 构建对审查起诉活动的内部监督机制。关于刑事诉讼监督的范围，大部分学者认为，刑事诉讼监督是指检察机关在刑事诉讼活动中对立案活动、侦查活动、审判活动、刑罚执行和监管活动的监督，[②] 而不包括对检察机关自身履行追诉活动的监督。笔者认为，在形式诉讼监督的范畴上，其还应当包括对检察机关自身追诉活动（包括审查逮捕、审查起诉、不起诉和提起公诉等）的监督，理由主要是：从刑事诉讼监督的概念来看，诉讼监督即检察机关对整个刑事诉讼活动的监督。其一，从刑事诉讼的范畴来看，整个刑事诉讼活动由侦查、起诉、审判和执行等阶段组成，对刑事诉讼活动的监督当然包括对所有刑事诉讼阶段过程的监督。起诉是刑事公诉案件诉讼流程的必经程序，是连接侦查和审判程序的纽带，侦查机关侦查终结的案件必须经人民检察院审查起诉后依法作出起诉或者不起诉决定，我国刑事法律制度断绝了侦查和审判的直接联系。审查起诉对刑事公诉案件的正确处理，实现了刑事诉讼任务具有重要意义。因此，构建检察机关内部监督具有必要性。其二，从监督的内涵来看。监督是指对政治权力的监督，是

---

① 检察机关在侦查阶段开展的核查行为是检察机关履行诉讼监督职能的体现，并非审查起诉行为，所以用的是"询问"而不是"讯问"。

② 陈光中主编：《刑事诉讼法》（第六版），北京大学出版社、高等教育出版社2016年版，第105－107页。樊崇义主编：《刑事诉讼法》（第三版），中国政法大学出版社2013年版，第128－129页。

针对政府官员及工作人员的监督。检察权作为国家公权力，也属于监督的对象。根据不同的标准可以对监督进行分类，其中，根据权力体系的内部和外部关系，可以将监督分为内部监督和外部监督，内部监督是指系统内部，即监督主体和监督客体属统一组织或同一系统的自我约束机制；根据权力的纵横隶属关系，可以将监督分为横向监督和纵向监督，横向监督是指同一层次不同性质权力之间的平行监督。① 法律监督和公诉是我国检察权的两个组成部分和两种基本职能，② 笔者认为，检察机关对起诉的监督属于内部监督和横向监督的范畴，将公诉与法律监督适当分离并构建对起诉的监督机制，在理论上具有可行性。

3. 探索重大监督事项案件化办理机制。最高人民检察院《"十三五"时期检察工作发展规划纲要》指出要"探索实行重大监督事项案件化，加大监督力度，提升监督实效"。所谓重大监督事项案件化，是指检察机关在诉讼监督活动中发现的违法行为以规范化、专门化的办案程序予以办理。通过构建长效的、规范化的、专门化的案件办理机制和增强监督手段的刚性，旨在加大监察机关监督的力度，提升监督实效。主要内容包括：其一，重大监督事项的范围。笔者认为重大监督事项的范围应当根据违法行为的严重程度予以划分，凡属违法情形较轻的，如侦查结论文书制作不规范、侦查机关在讯问过程中存在言语谩骂等行为应当归属于一般监督事项。凡属违法情形较重的，如侦查主体不合法、威胁、引诱等行为应当归属于重大事项。建议《出台重大监督事项案件化办理实施办法》对重大事项的范围予以界定并列举。其二，"案件化"的理解。案件化的本质要求是要达程序化、规范化，即以类似于检察机关公诉部门办理刑事公诉案件的程序和方式办理重大监督事项。其三，重大监督事项案件化办理机制的构建。首先应当设置专门的办理机构，遵循诉讼职能与法律监督职能适当分离的原则，设置专司诉讼监督的部门，办理监督案件。其次，应当规范监督案件的办理程序，具体包括受理、立案、调查、审查、作出处理决定、发送文书等环节。最后，应当提升监督案件化办理方式的刚性及办案决定的权威性，如以纠正违法通知书为例，可以从明确法律授权、提升文书质量、加强与被建议单位以及党委政府部门的支持等多个维度来提升纠正违法通知书的刚性。

---

① 张兆松：《中国检察权监督制约机制研究》，清华大学出版社2014年版，第65－69页。
② 王玄玮：《中国检察权转型问题研究》，法律出版社2013年版，第87页。

四、结语

从刑事诉讼构造的基本形态、世界范围内检察制度的内生性发展、我国特色的检察制度以及检察权的特殊权力结构来看，公诉与法律监督分属不同属性的权能。当前，在新一轮司法改革的大背景下，探讨研究公诉与法律监督的属性、各自职能的归属及二者的关系，并形成符合宪政基础的理论原理——"职权二元论"，以此作为检察权重新配置的理论指导，促使检察权运行更加符合客观规律，促进检察改革及实践活动，推动中国特色社会主义检察制度的发展。

程序类型化理论：简易程序设置的理论根源[①]

毛立华　李　莉[②]

任何程序机制的产生、存在与发展都有其相应的基础理论作支撑，对某一程序机制之具体程序规则的构建都必须以其相应的基础理论为指导。简易程序的设置也存在一个基础理论问题。理论界在对简易程序的阐述中，"效率"一词的使用频率是最高的，似乎效率就是简易程序的代名称，更有多数学者将效率视为简易程序的理论根源。对此，笔者有不同的观点。笔者认为，应当从程序的最初设置上看程序的理论根源，而在制度层面上，程序类型化理论是简易程序创设的真正理论根源。

一、正义的再分配：程序的基本功能

（一）程序的起源分析

在人类社会早期，人们寻求对因某种利益引发纠纷解决方式的时候，普遍适用的是一种"私力救济"，即依靠个人的力量或简单的社会群体力量来解决纠纷。例如，早期的神明裁判、血亲复仇、决斗、部落间的战争就是"私力救济"最早的表现方式。神明裁判只是一种原始形态的诉讼程序，因为它所具备的实体上探明真相的能力极为有限，错误率高，只不过仅仅维持了一种形式正义。但在当时的历史条件下，神在人们心中普遍认为是无所不能的，认为神明裁判中的法官是无偏私的，原、被告双方的诉讼地位是平等的，它最起码维持了控、辩均衡对抗和法官居中裁判的公正格局。而且它也能使每个犯罪嫌疑人在接受处罚的机会上是均等的。因此，从这个理论上讲，神明裁判在那个时候以这种方式存在是

[①] 原文发表于《法学家》2008年第1期，略有删改。
[②] 毛立华：法学博士，最高人民法院高级法官；李莉：法学博士，《人民司法》编辑。

能够被人们接受和认同的。同样，决斗也是解决矛盾的一种方式，与神明裁判有所不同的则是将案件的命运掌握在当事人自己手里。在荷马史诗《伊利亚特》中就提到，为判断谁是美女海伦的真正主人而进行了决斗。基本上，原始的司法决斗是在法官主持下原、被告双方的平等武力抗衡。它也维持了控、辩均衡对抗与法官居中裁判的诉讼的基本格局。中世纪司法决斗的动机是由个人恩怨而引起的，它的目的是为了发现真相、伸张正义。尽管，司法决斗程序是一种原始形态，但它至少是公正的，是原、被告双方以武力取胜作为认定案件真相的一种方式。司法决斗以这种程序来解决纠纷、矛盾也是不科学的，但它毕竟是程序的一种雏形。

在私有制产生以后，出现了国家和体现国家意志的法律，为了保障社会秩序的稳定，国家设立了专门的机构来负责解决私人间的争端，处理严重侵害公益行为的机构。也就是说，用国家控制的法律诉讼取代私人间的复仇，以国家强制力来惩罚法律所规定的犯罪行为，并允许社会主体将争端与纠纷提交国家司法裁判机构，由该机构作出一项最终确定的权威性裁判来维护其切身利益，并保证社会的有序性。由于作出的裁判具有稳定性、强制性的特性，逐渐被社会主体所接受和认可，普遍认为这种方式要强于"私力救济"，因为它改变了"私力救济"的无序和暴力，通过选择"公力救济"来解决纠纷，于是便产生了最初的解决纠纷的程序。

（二）程序的基本功能：正义的再分配

从程序的起源上我们不难看出，程序本质上是一种为法律所确定的解决纠纷机制，其内在要求是通过公权力的中立来保证裁判的公平，通过国家的强制力保证裁判结果的最终实施和不可更改，确保社会秩序的稳定性，避免新的无序发生。设置程序的目的是为了根本地解决社会纠纷，缓解和吸收社会矛盾，保障社会秩序，实现社会正义，可以说，程序的设置最终是为正义分配服务的，它是为正义而生的。

功能是指一事物作用于其他事物的能力，即系统作用于环境的能力。而程序的基本功能是指从客观的角度来看正当的程序所具有的能力或在审判过程中正当程序能起到的作用、能产生的效果。程序功能主要体现在以下几个方面：
（1）通过程序保障事情真相的查明和正确适用法律，从而能有效地实现实体正义。(2) 解决纠纷的作用,体现在两个方面:一是通过程序可以保障利害关系人参加到诉讼中来,使其能有充分的机会陈述主张、提出证据,对当事人的处分权给予充分尊重,以及保证程序的公平性,等等。二是这种由当事人亲自参与并形成的裁决结果自然是最令其满意的,当然也最有利于纠纷的彻底消解,以至最终达成这种效果并不是来自判决内容的"正确"或"没有错误"等实体性的理由,而是从程序过程本身的公正性、合理性产生出来的。(3) 程序体现着社会主体的主导性及其理性的选择,在社会的范围层次能够获得正当性支持,赢得人们的信任。(4) 程序还起着连接国家、社会与个人的作用。

由此可见,程序这些功能的实现都是围绕一个核心进行,这个基本的功能与核心就是分配正义,伴随着人与人之间的各种往来和行为,产生了各种各样的纠纷,这些纠纷的产生又破坏了社会中原有的秩序,从而引发或激化了社会矛盾,打破了社会中原有的正常形态。为了缓解和解决这些矛盾,恢复正当的秩序,人们设置程序充当重要的角色,这个角色充当的最终目的又体现了程序的基本功能——再次分配正义,而这又是正义的应有之义。

二、程序类型化:正义再分配的程序性要求

(一) 程序类型化的界定

正义再分配的核心用一句话来概括就是"得其所得,各得其所"。这个要求不仅是对结果的期望,也是对获得结果的过程——程序的期望。通过程序的创设,使失衡的正义再次达到平衡,又由于程序自身所具有的功能,使它对正义又起到了在法律层面进行分配的作用,与此同时也实现了它自身的目的,即实现正义再分配。既然正义的经典概括为"得其所得",同样的,正义分配的路径也要体现这一思想,换言之,正义分配的程序性要求体现"得其所得",即用来分配正义的程序应当是具有不同类型的,当分配某个正义时,需要与它相适应的程序与路径,不同的正义的分配就需要有不同的程序与路径。具体到司法领域中正义的分配,就应当有不同的诉讼程序与它相一致,而司法领域中的正义是以个案的形式实现与分配的,而以个案形式分配的正义又具有特殊性,所以实现正义的程序应当是多类型的,笔者将它称为程序类型化。

具体而言,程序类型化就是要为不同的案件设置不同的程序,使每个人得到

应当得到或同等情况下人们得到了同等的对待,实现了正义,这是公平的必然体现。就社会而言,由于社会纠纷的广泛性、复杂性和变化性,在这种特性下,又不得不决定着人们请求司法机关解决纠纷诉讼请求的多样性,而这种处理解决纠纷的多样性又促使法学自然分化、细化和发展。基于此,各国(地区)诉讼的发展大都沿着这样的一条路径:将案件按照一定的标准进行一定的分流,对较为重大复杂的案件,按照普通程序进行处理,以增强程序的公正性,对简单的案件,采取简易程序进行,促使诉讼程序加快、缩短结案周期,司法资源可以在不同的案件中得到大体的合理的配置,但必须在确保最低限度公正性的前提下进行。无论是复杂性,还是多样性,任何错综复杂的表象背后总隐藏着能够为人们所认识的共同规律,当人们针对不同的诉讼请求对诉讼的内在规律进行认识、整合时,程序类型便应运而生。对不同的程序类型,适用不同的程序规则,立法者对每种程序类型的设置,实质上是对诉讼制度的反思与构建。

(二)程序类型化理论的决定性因素

1. 刑事案件的多样性决定程序的类型化

案件类型尤其是刑事案件的多样性在现实中决定了程序的类型化划分。在刑事法学领域,犯罪的分类是一个不可回避的话题。

对于犯罪的分类问题,法国刑法学者有精辟的论述:对于各种犯罪,可以按照不同的方式进行分类。对犯罪进行分类,可以有不同的基础,或者以犯罪的"法有规定"要件为基础,或者以犯罪的事实要件或心理要件为基础。按照分类的基础不同,各种犯罪都应当归入不同的类型。[①] 当然,不同的国家,不同的刑法学理论对犯罪有不同的分类。例如,在法国,由于《刑法典》主要着眼于惩处这些犯罪时各自适用的刑罚,因此,凡是以"法有规定"要件为依据对犯罪进行的分类,归根到底,都可以归结为按照"刑罚"来进行的分类。依据犯罪当处重罪刑罚,还是当处"矫正刑"或治安刑,可以将犯罪分为重罪、轻罪与违警罪;按照犯罪当处普通刑罚,还是当处特别刑罚,可以将犯罪分为普通法上的犯罪和政治性或军事性犯罪。[②] 在英国,按照犯罪法定的严重性级别可以分为应予起诉罪与简易审决罪,所谓应予起诉罪是指接受陪审团审判的犯罪,如叛逆

---

① [法]斯特法尼:《法国刑法总论精义》,罗结珍译,中国政法大学出版社1998年版,第181页。
② [法]斯特法尼:《法国刑法总论精义》,罗结珍译,中国政治大学出版社1998年版,第181页。

罪等；而简易审决罪是指只需治安法官而不用陪审团便开庭简易判决的犯罪。此外，还有至今仍适用的重罪与轻罪之分。秉承了英国法传统的美国，同样根据犯罪行为的危害程度将犯罪划分为重罪和轻罪。

刑事案件类型的不同划分在程序法和实体法中各有特殊的意义，犯罪类型的划分对程序法的意义尤为重大，最显著之处就在于它决定了程序的类型化。这主要体现在两个方面，一方面是管辖权的不同，如重罪由重罪法院审判，轻罪由轻罪法院审判，违警罪由治安法院（违警罪法院、警察法院）审判；另一方面是诉讼程序的不同，以法国刑事诉讼法为例，它们视犯罪是重罪还是轻罪或违警罪，诉讼程序各不相同，法国所独有的预审程序，仅对重罪案件具有强制性，而对轻罪则属于选择性质、非强制性，对于违警罪案件，只有符合共和国检察官的要求，始得进行预审。而直接向审判法院传唤犯罪行为人得"直接传讯"程序，只有在轻罪和违警罪案件中，才始有可能进行，重罪案件的犯罪嫌疑人，只有在上诉法院起诉庭作出移送审判的裁定之后，才会受到审判，如"现行犯罪程序"仅适用于重罪案件或当处监禁刑的现行轻罪案件，而不适用于违警罪案件，重罪与轻罪案件应当由审判法院在庭审过程中并在庭审辩论后作出判决，而违禁罪，即使是第五级违警罪，也可以依据1972年法律设立的简易程序，由警察法庭的法官不经事先辩论而作出判决。① 这些都意味着，各国犯罪类型的不同，诉讼程序也不同，体现了程序类型化。

程序类型化的要求尽管在不同的历史时期都是一个必然的要求，但是，这种迫切性在现代社会更是明显。随着社会经济的发展，案件的类型逐步由简单到复杂，由单一到多元的发展趋势。在现实社会中，资源的稀缺性和人类无止境的需要是一对永远难以调和的矛盾，具体到刑事诉讼中也不例外。一方面，对刑事诉讼投入的资源是有限的，另一方面，犯罪又具有过去性、隐蔽性、难以回复性等特点，加上犯罪分子作案和反侦查的手段比以前更为狡猾、奸诈，决定了刑事诉讼本身即是高消耗的活动，国家专门机关为了侦查、揭露、打击犯罪需要投入大量的人力、物力、财力和时间。以法国为例，其1995—1996年版本的刑事诉讼法典在特别程序一章新增加了关于经济和金融方面的犯罪、恐怖犯罪、毒品犯

---

① 参见《法国刑事诉讼法典》第44、53、79、524条等条款。

罪、介绍卖淫嫖娼方面的犯罪和法人犯罪等几类犯罪的侦查、起诉与审判程序，根据这些犯罪案件的特殊性，采取与普通程序不同的相对复杂、严厉的程序来处理该类案件。由此可见，鉴于刑事案件复杂程度的不同，我们应根据一定的标准对其进行划分，以便于科学合理地配置司法资源，提高刑事诉讼的效率，这也就是我们通常所说的对案件进行繁简分流，以适用不同的诉讼程序。

几年前修改的意大利刑事诉讼法典设置了5种特殊程序，也生动地反映了程序类型化理论。它突破了仅以罪行轻重程度作为划分适用普通程序与简易程序标准的传统方法，使案件可根据控辩双方的选择及双方协商的结果作为是否适用简易程序的前提条件，在一定程度上反映了一些较重大的案件也可以通过简易审判的方式来解决。我国刑事诉讼法最近几次修改规定的认罪认罚程序、速裁程序以及缺席审判程序就满足了案件多样性对程序的不同要求。

在经济学领域，人们都知道"需要决定市场"这个朴素的道理，同样，在法学领域，"案件决定程序"也是一个颠扑不破的真理，毕竟，没有犯罪就没有刑事诉讼，没有案件就没有程序的存在，反之，发生了犯罪所以需要刑事诉讼，出现了刑事案件所以需要刑事诉讼程序，而且，这种案件需要这种程序，那种案件需要那种程序，在这个意义上，刑事案件的多样化决定了程序的类型化。

2. 主体需求的多元化催生了程序的类型化

人类社会总是充满了复杂的利益冲突，而正是由于这种利益冲突导致了社会主体之间的关系更为紧张，由于冲突的性质、形式和激烈程度不同也决定了社会必然根据主体之间的关系距离设计出不同的解决社会矛盾的方式。当然，解决冲突、缓解矛盾的手段、方式也必然是多样的。例如，在中国古代，宗教内的纠纷通常是依靠以族长为首的内部强制力解决的。在西方中世纪，除了王室法以外，还同时存在教会法、庄园法、城市法和商法等法律体系，各有其独立的规则和司法诉讼机制，而城市的各种行会通常也拥有自己的仲裁法庭。

随着社会的发展，新的利益冲突和新的纠纷类型会不断出现，生活方式和社会主体的观念也在悄然发生变化。在今天西方的发达国家实行高度法治的同时，在逐渐接受、适应规则和普遍性的统治之后，人们又开始重新发现人与人之间关系的协调和对话的价值；协商性、调解性的方式更为适合主体的需要，诉讼审判则被奉为最正统、公平和权威的纠纷解决方式。对纠纷解决的自主性和机会合理性给予了更多的重视。今天的世界，由于人际关系和价值观的重构，在人们的思想理念中更喜欢以多种方式来解决矛盾，因此在纠纷解决机制上开始再度呈现出一种多元化的趋势。作为法社会学派的创始人，庞德这样表述他对法律的基本看法："为了理解当下的法律，我满足于这样一幅图景，即在付出最小代价的条件下尽可能地满足人们的各种要求。我愿意将法律看成这样一种社会制度，即在通过政治组织的社会对人们的行为进行安排而满足人们的需求为条件而尽可能地满足社会需求——即产生于文明社会生活中的要求、需要和期望——的社会制度。"① 付出最小的代价，满足人们尽可能多的要求，这种要求正好吻合了社会主体的需求，而程序又正是作为这样一个处理社会各种矛盾，解决纠纷的机器发挥着作用。国家设置司法制度，都是为了满足社会主体解决纠纷，保护自身权利的需要，从而实现正义。因此，无论从哪个角度来讲，最大限度地满足社会主体的要求已成为程序设置的一个基本理念，而社会主体的这种多元化的需要又催生了程序类型化的产生。

程序的类型化还体现出了社会主体对程序的选择权，从某种意义上讲同时又尊重了社会主体。就程序的公正价值来说，如果让当事人自己在程序上作出选择，赋予其程序选择权，即便是败诉的当事人也会心悦诚服地接受判决，因为这是他自己的选择。能否做到这一点，与程序自身的公正性有关，也是对程序评价其优劣的一个衡量标准。从程序上看，因为经过了一个又一个体现着人类理性和当事人程序主体性的程序选择环节，不仅充分体现了程序设置的合理性和正当性，而且还体现了对社会主体的尊重。使社会主体对程序的类型化有了更多的青睐。因此，对案件进行类型化处理应当由当事人自己进行程序选择。

(三) 程序类型化的内核

导致这种多层次、类型化局面的出现，无疑有其深厚的历史积淀、坚固的现实基础。"得其所得"在程序类型化得到了充分的体现，也是立法者及司法者对刑事司法自身规律认识和把握不断深化的产物，也是其对国家权力和个人权利关系重新调整与定位的结果。程序类型化设置的目的，就是使每个人都得到他应当

---

① ［美］博登海默：《法理学：法律哲学与法律方法》，邓正来译，中国政法大学出版社1999年版，第147页。

得到或同等情况下得到同等的对待，实现正义。正是依据案件的情况类型来设计相应的程序类型，依据犯罪者个体的罪行情况来施予其相应程序处置，才使得程序自身获得了牢固的形式正义性，确保了符合"相同情况给予相同对待，不同情况给予不同对待"，这也正是社会主体需求的体现。所以说："正义就是各得其所"，[①] 而"得其所得"又是在程序中得以体现的，因此，程序类型化的合理内核还是正义。正义的结果就是通过程序使每个人在他所处时代的物质生活条件和文化背景得到相同的程序待遇，而所得的内容又是由每个人自主决定和选择的。因此，程序的类型化是正义进行形式性和实质性的双重结合，同时这也是正义所要求的，这是人类认识的进步。

三、简易程序的源头：类型化理论的必然要求

现代法治社会，人们的追求已由一元价值转向多元价值的平衡，正义、自由、效率等都是孜孜追求实现的价值目标，也是人类社会道德理想和法律目标，而其中正义无疑是首要的和最重要的，是人们所追求的崇高理想，也是历来诉讼制度应有的基本价值。作为社会公正的最终保障，正义的实现，不论是对于公民个人还是对于国家，都具有极大的现实意义。就简易程序而言，人们谈及时多与效率放在一起，甚至将效率视为简易程序的生命。笔者认为这一观点是值得推敲的。如前所述，程序是为社会正义的分配服务的，而正义分配这一任务的实现又必然要求程序的类型化，即程序类型化理论归根到底是正义的要求，而不是别的什么要求。作为类型化程序之一的简易程序，其渊源自然与作为整体存在的程序是一样的——源自正义，源自程序类型化理论。

（一）简易程序产生的历史考察：类型化自始有之

简易程序产生的历史考察主要是从各国或地区刑事简易程序起源的角度，如法典中的规定来分析的。从现有的文献上看，简易程序的设置与人们早期对刑事犯罪的分类是密切相关的。

在16世纪英国刑事法律制度中，"就诉讼程序而言，犯罪被划分为可起诉犯

[①] 杨一平：《司法正义论》，法律出版社1999年版，第21页。

罪和即决犯罪"。① 可起诉犯罪包括：叛国罪、重罪、轻罪，它是接受陪审团审判的犯罪。如果控告是重罪控告，对于贵族法律便要求由上议院来审理。② 而对不太严重或不大常见的轻罪则从没有以这种"审问"的方式起诉，而是一如既往地由私人进行"辩论"式地诉讼。即决犯罪也称简易审决罪，它只需治安法官而不用陪审团便开庭简易审判的犯罪。两者的重要区别在与是否有陪审团的参与；而且，在对重罪犯进行审判时，他不能传唤任何辩护证人，或请任何顾问为其辩护，而轻微犯，正如民事案件中的被告一样，两者皆可。在创设轻罪的法律中，没有将轻罪设为死罪的情况；每遇重罪发生，凡有合理根据怀疑何人是犯罪嫌疑人，都可以即时将其逮捕。在轻罪的情况下，普通法根本不允许犯罪的目击者未先经治安法官批准逮捕犯罪嫌疑人便这样做。

历史上，美国和法国也有类似的规定。美国刑法也根据犯罪行为的危害程度分为重罪和轻罪，并据此确立不同的处理程序。管辖范围上，治安法院、警察法院、夜法庭等仅限于轻罪。③ 轻罪无须通过大陪审团，对轻罪犯罪嫌疑人则许可缺席审判。对重罪的控告必须经过大陪审团，在审理时，被告人一般应当到庭，才可以作出判决。法国则规定：重罪法院（巡回法院）管辖重罪；轻罪法院管辖轻罪；违警罪法院管辖违警罪。重罪法院：重罪法院包括法庭本身和陪审团，只负责审判重罪案件，实行陪审团陪审制，它没有自己固定的法官，而是来自上诉法院和轻罪法院。轻罪法院：由三名法官、一名检察官和一名书记员组成。专门受理轻罪案件依照法律规定对可能处以监禁刑或罚款25000法郎以上的犯罪案件。违警罪法院：由一名法官、一名检察官和一名书记员组成，法律规定处以20000法郎以下罚金的犯罪，实行法官独任审判制。

刑事犯罪类型的区分一般是依据案件刑罚的轻重程度把犯罪分为重罪和轻罪，然后在此基础上，又根据犯罪的分类将程序划分为普通程序与简易程序，这种程序类型的划分伴随着程序法的产生而产生，伴随着犯罪分类理论的完善而完善。由此可见，从简易程序的起源上看，从程序法制定之日起，人们已经自觉不自觉地将普通程序与简易程序作了区分。

---

① ［英］J. C. 史密斯、B. 霍根：《英国刑法》，李贵方译，法律出版社2000年版，第29页。
② 现在已由1948年《刑事审判法》第30条第1款废除。
③ 储槐植：《美国刑法》，北京大学出版社1996年版，第14页。

在笔者看来，一个需要澄清的问题是：简易程序产生，至少不是迫于社会案件对效率的压力产生的，而是与案件的性质、主体的需求有关，归根到底是程序类型化理论的作用。一个显而易见的答案是：在诉讼爆炸论以前就有了简易程序，从程序产生之日起就有了程序类型化的区分，在正义分配的旗帜下，程序的类型化理论得到了不自觉地实现，人们就针对不同的案件适用了不同的程序，尽管这种区分是比较粗糙的，但这已经就是普通程序和简易程序区分的标志了。例如，法国在 18 世纪时，重罪、轻罪与违警罪就在适用程序上有了明确的不同，它设置重罪法庭、轻罪治安法庭和违警罪法院，其分别适用于普通程序和简便程序来处理重罪与轻罪，使得程序与案件的性质相适应。这也就说明，在诉讼法发展时，诉讼法学起到的是解决社会纠纷的作用，这就是程序类型化的雏形。

由此可见，人们对效率的追求还不是很迫切的时候，就已经有了简易程序，已经遵循了程序的类型化理论，设置了不同的诉讼程序，在这种效率不是很迫切的要求下出现了简易程序，这说明了什么问题？这说明简易程序的设置在起源上并不是因为效率的因素在起作用。起主要作用的因素是程序类型化理论。

（二）简易程序设置的应有之义：作为类型化内核的正义

人们往往一提到简易程序，首先想到的是效率，其实简易程序产生的根源是正义。而效率因素在简易程序从产生之日起就已经作为正义的组成部分包含有了。如前所述，简易程序不是为诉讼中的效率而生的，据可考的资料表明，诉讼中引入"效率"概念是在 20 世纪中叶西方经济分析法学的兴起之后，而实践中，将简易程序与效率联系在一起的客观原因则是后来烦琐的诉讼程序与不断增长的犯罪数量之间矛盾的日益凸显、导致"诉讼爆炸"的发生、司法压力的增大，这时效率的因素才凸显出来，人们才逐渐有了效率意识，诉讼程序中的"经济效率"问题才逐渐受到各国学者的重视。而对于效率来说，真正的效率应是正义的效率。正如波斯纳所说的那样："正义的第二种含义——也许是最普通的含义——效率。"他仍然是在讲正义，从没有离开过正义半步，只不过他所理解的"正义"重要含义就是效率，他最大的贡献在于揭示了市场经济条件下正义应有的维度——效率，大大拓展了人们对正义的认识范围。

美国哲学家罗尔斯说过："正义是社会制度的首要价值，正像真理是思想体系的首要价值一样。"① 效率是作为正义内涵之一的，它不是独立存在的，它是通过正义这一中介才与司法发生联系的，正义包含效率，效率本身就是公正的，只有公正的效率才能被司法和社会所接受、容纳。一种理论，无论它多么精致和简洁，只要它不真实，就必须加以拒绝和修正；"某些法律和制度，不管它们多么有效率和条理，只要它们不正义，就必须加以改造或废除。"② 尽管有关刑事诉讼法价值目标的学说不一，③ 但刑事简易程序基本的价值目标是程序正义，体现的是公正与效率，这是不容置疑的。在任何法律体系中，正义永远是第一位的价值，追求正义是法首要的和最高的理想。作为一种社会观念和社会准则，正义是永恒不变的。"正义有一张普罗透斯似的脸，可随心所欲呈现出极不相同的模样，当我们仔细辨别并试图解开隐藏于背后的秘密时，往往会陷入迷惑。"④ 在法律体系中，正义不仅是一种现实可操作的法律原则，也是衡量法律优劣的尺度和标准，正义始终是法进化的精神动力，最高的目标终究是程序正义，最终的体现是程序公正和结果公正，这也是刑事简易程序所追求的法律价值。

具体来看简易程序的设置在正义方面的体现主要有两个方面：一是，简易程序本身包含了程序正义的内在要求，即程序及时原则。对刑事案件的审判，不能过于快速，也不能过于拖延；二是简易程序固守最低限度的正义标准。从世界范围看，尤其在权利保障上，凡设置简易程序的国家和地区，一般都规定征得被告人同意这一程序要件，赋予被告人程序选择权，充分尊重被告人的意见。如意大利规定适用简易审判、快速审判程序时，需要被告人提出要求。美国的辩诉交易也规定须取得被告人同意。简易程序的启动须征得被告人的同意已成为国际上的通行做法，这是体现刑事简易程序公正价值非常关键的一点。

正当程序一方面赋予被告人一系列诉讼权利，如辩护权、沉默权、陪审团审

---

① [美]约翰·罗尔斯：《正义论》，何怀宏等译，中国社会科学出版社1997年版。左卫民、周长军：《刑事诉讼的理念》，法律出版社1999年版，第121页。

② [美]约翰·罗尔斯：《正义论》，何怀宏等译，中国社会科学出版社1997年版。转引自左卫民、周长军：《刑事诉讼的理念》，法律出版社1999年版，第121页。

③ 学术界对刑事诉讼法律价值目标的论述大体上可以分为五种：（一）公正、效率、效益论；（二）公正、人权、效率论；（三）正义、秩序、平等效益论；（四）自由、秩序、公正效率论；（五）公正、效益、自由、秩序论。参见甄贞主编：《刑事诉讼法学研究综述》，法律出版社2001年版，第5-17页。

④ [美]博登海默：《法理学、法律哲学与法律方法》，邓正来译，中国政法大学出版社2001年版，第252页。

判权等，但从另一方面，由于程序的简化直接也限制了被告人的参与权、辩护权、剥夺了被告人获得无罪判决的机会。从表面上看这些权利内容与简易程序所要求的程序简化是相矛盾的、冲突的。那么是不是说简易程序的设置与公正价值就是相背离的呢？答案是否定的。诚然，就程序公正而言，简易程序所提供的程序保障的确不如普通程序充分、周到，程序的减省必然导致程序主体某些诉讼权利的丧失，公正性的满意程度要小于正式、规范、权利保障完备的普通程序。作为诉讼程序分支的简易程序，与普通程序相比，虽然简化了某些诉讼的环节，但是这种简化是由法官在法律允许的范围内进行的。中立法官对于程序的简化虽然会局部减损公正性，但毕竟具备了正当法律程序的最基本要求；而且程序的选择是由当事人所决定的，赋予了当事人程序选择权，在他选择简易程序的同时虽然意味着部分程序正义的减损，但他所获得的其他价值在一定程度上可以补偿程序公正的不足，其补偿的目的也是为了平等，"正义，它的实质就是平等"，① 使社会主体在权利义务方面要平等。例如，简易程序使犯罪嫌疑人或被告人缩短了羁押期限，通过及时、快捷的审判，不仅保障了人权而且体现了公正。英国古谚："迟来的正义为非正义"。通过简易程序使被害人、被告人等诉讼主体的利益及时得到解决和满足，使正义真正得以实现，使刑事简易程序正义价值内涵得以体现。正如西塞罗所说："使每个人获得其应得的东西的人类精神意向。"正因为"给予每个人以其应得的东西的意愿乃是正义概念的一个重要的和普遍有效的组成部分，没有这个成分，正义就不能在社会中兴旺。"② 简易程序经过科学设计它不仅具备正当程序的基本要件，也遵循保障被告人基本权利的原则。

（三）简易程序的设置有助于整体正义的实现

日本学者小岛武司提出："社会每一个角落能否都得到适当的救济，正义的总量——也称整体正义，是否能达到令人满意的标准，这才是衡量一国司法水准高低的真正尺度。"③ 因此，能否实现"整体正义最大化"是评价一项特定的司法制度是否合理存在的主要标准。

简易程序作为对普通程序的一种简化，以放弃某些"没必要"或"不经济"

---

① [法] 皮埃尔·勒鲁：《论平等》，王允道译，商务印书馆1998年版，第43页。
② [美] 博登海默：《法理学、法哲学及其方法》，邓正来译，华夏出版社1987年版，第253页。
③ [日] 小岛武司：《司法制度的历史与未来》，汪祖兴译，法律出版社2000年版，第35页。

的诉讼环节为特征，通过程序的减省导致主体某些诉讼权利的丧失或受限制，在所提供的程序保障上确实不如普通程序充分，在正当化功能方面也不如普通程序。但如果将每一个刑事案件都按照完整、正式的普通程序模式加以审判，人们的确能通过完善的程序得到完善的权利保障，实现程序公正，但这样却导致了大量的人力、物力、时间等司法资源耗费，最终的结果造成总体案件超审限、积压严重、犯罪嫌疑人超期羁押，以致权利得不到及时保障，那么这个时候，正义何在？尽管简易程序由于在诉讼环节上较普通程序作了简化或省略，在实现个案的程序公正方面难免有所缺陷，程序保护权有所减损，但通过简易程序所获得的价值总量至少不低于普通程序。这是因为：首先，从国家诉讼制度的整体机能来看，由于增设了简易程序，把有限的司法资源节约出来，投入到重大、复杂、疑难、被告人作无罪辩护的案件中去，使这些案件在普通程序中得到细致、繁复、公正的审理，这样不仅使普通程序的公正性得到更好的实现，而且也更好地促进普通程序的改革。其次，从整个社会对司法的需求来看，由于增设了简易程序，实现了司法资源的合理配置，使部分案件的诉讼效率得到提高，司法资源得到最大限度的利用，通过诉讼渠道解决纠纷的案件数量相应增加，人们获得司法救济的机会也相应增多，从而使诉讼制度实现社会正义的总量趋于最大化，体现了更高意义上的诉讼公正。最后，从实现整体正义的意义上看，简易程序与普通程序并行设置，根据案件的具体情况选择适用繁简程度不同的处理程序，这无疑是最有利于实现正义的制度选择，以达到一种纠纷解决效果的"最优化"。因此，整体正义理论也是各国设置简易程序的理论依据之一，简易程序的设置有助于整体正义的实现。

正义是"刑事诉讼制度的灵魂"，是诉讼程序的最基本价值。它推崇的是人们的最终感受，是人们对刑事诉讼程序和活动最根本、最深层次的需求，决定了刑事司法制度存在和发展的根本方向。为正义再分配创设的程序将正义视为第一生命，程序天然的要求与正义的精神相吻合，那么为了满足不同社会主体以及解决不同案件对正义的不同需求，程序必然包含多种类型，这就是程序的类型化理论。由此，我们可以看出这样一个脉络，为了在失衡的社会关系中实现正义的分配，程序应运而生。在程序诞生的同时，以正义为合理内核的程序类型化理论，决定了程序应当有普通与简易之分。由此可见，正如程序是为正义而生一样，最初的简易程序作为程序的有机组成部分也是为实现正义而产生的，是为正义服务的。与普通程序相对而存在的简易程序，其简化的环节有它的必要性和合理性的省略，这些简化不仅在内容上符合公正最基本的要求，能够基本保障程序的正当性，而且在起源上与程序类型化理论相契合，从而打下了正义的烙印。在这个意义上说，正义就是简易程序的首要品格。

刑事缺席审判制度若干问题的理性思考

金 飒[①]

2018年10月26日下午，迎来了《刑事诉讼法》自1979年制定后的第三次修改——十三届全国人大常委会第六次会议审议通过关于修改刑事诉讼法的决定和国际刑事司法协助法，其中，新增的缺席审判制度是本次修法的最大亮点之一，反腐败国际合作与追逃追赃工作中的多个法律空白得到填补。两部法律的修改和出台，既是对党的十八大以来全面依法治国、全面从严治党实践宝贵经验的及时总结，可谓水到渠成；同时也为全面依法治国、全面从严治党奠定了坚实的法律基础。

修改后的刑事诉讼法，实现了惩治犯罪、保障被害人权益、提升刑事诉讼效率的统一，正义既不会缺席也不会迟到，有力地捍卫了法治尊严，彰显了司法价值。其中，刑事诉讼法增设的缺席审判程序一章中规定，对于贪污贿赂等犯罪案件，犯罪嫌疑人、被告人在境外，监察机关、公安机关移送起诉，人民检察院认为犯罪事实已经查清，证据确实、充分，依法应当追究刑事责任的，可以向人民法院提起公诉。人民法院进行审查后，对于起诉书中有明确的指控犯罪事实，符合缺席审判程序适用条件的，应当决定开庭审判。

一、缺席审判界定探析

法学大辞典解释，缺席审判是指法院在一方当事人未到庭陈述辩论的情况下所进行的审理和判决，它是法庭审判的一种例外形式。从历史上看，在古罗马"法律讼程序"时期，诉讼由于是模仿仲裁契约，因而必须双方当事人出庭决定

[①] 金飒，中国社会科学院法学研究所博士后研究人员，国家发改委国合中心研究员。

争点和选定审判人员。被告不出席,审判程序就不能成立。直到"非常诉讼程序"时期,随着诉讼的指点从当事人的活动朝着审判员的活动转移,缺席审判才得以完全成立。《尤士丁尼安法典》规定,法官只按出席方当事人的证明作出缺席方败诉的判决,并创立罗马法"缺席方不得上诉之原则"。

随着历史的发展,民事缺席审判在各国得到确立。缺席审判在德、法、意等大陆法系国家的法律都有涉及。比如,《意大利刑事诉讼法》规定,当被告人在法庭审理的任何时刻逃脱或者在法庭审理的间歇期间逃脱,由其辩护人代表,可以进行缺席审判。《德国刑事诉讼法典》也有规定,被告人故意和有责任地把自己置入排除自己参加审理能力的状态……只要法院认为他的在场并非是必要不可的,可以在他缺席的情况下进行或继续进行审判。美国联邦法院和州法院对于缺席审判,也在判例中作了确认。还有的国家在反腐败特别法中,专门对缺席审判加以规定,以应对腐败犯罪。现在中国也引入刑事缺席审判制度,汇入国际司法发展的潮流。

而对刑事缺席审判,各国立法的界定存在分歧。《法国刑事诉讼法典》规定,只有在被告是送达被告人本人且不能确认被告人本人知道此项传票的情况下,法院对其作出的裁判决定才能视为缺席裁判。① 该法典把缺席审判与抗传作了区分。德国刑事诉讼法把被告未到场所作的审理和判决定义为缺席审判,将德国法院对被告因地域无法施行的基本措施及被告虽在德国法院管辖范围,但完全未到场,以及被告在审判程序中有时不到场作了区分。在英国,缺席是指被告在言词辩论期日不到场。从广义上讲,刑事缺席审判是指刑事当事人不到场所作的审理和判决,包括控方缺席。从狭义上讲,被告在接受或明知自己受到法院合法传唤前提下,拒不出庭,法院依法作出的审理和判决。这里把控方缺席与有正当理由的被告缺席排除。在理论上刑事缺席审判还分为自诉与公诉刑事缺席审判、控方与辩方(被告)刑事缺席审判。被告刑事缺席审判又分为已羁押被告与未羁押被告刑事缺席审判、有正当理由缺席与无正当理由故意缺席审判。

---

① [法]斯特法尼:《法国刑事诉讼法精义》,罗结珍译,中国政法大学出版社1999年版,第809－810页。

二、作为刑事诉讼法中的特别程序

此前我国的民事诉讼和行政诉讼均已建立了缺席审判制度,唯有刑事诉讼空缺。特别强调的是这个程序不是刑事诉讼普通正常状态的程序,它适用于特殊情况,所以是在刑事诉讼法中的特别程序中缺席审判。

缺席审判制度并非对所有刑事案件都适用。从相关的条款设计来讲,从缺席审判的管辖上明确由中级人民法院组成合议庭进行审理,对管辖级别要求比较明确。刑事缺席审判制度,并不能适用于所有案件,这次确定的缺席审判制度范围仅针对"贪污贿赂案件",或者需要及时审判,并经过最高检核准的"严重危害国家安全、恐怖活动犯罪案件",犯罪嫌疑人、被告人在境外的,可以缺席审判,适用范围狭窄且明确。此次刑事缺席审判制度的建立,主要针对的是外逃贪官,对于腐败分子而言,设定这个程序的目的不是为了让他不在场,对他进行定罪判刑,而是通过这种程序敦促他归案,接受审判,也体现了对犯罪分子疏而不漏,有罪必罚的法治精神。

首先,设立刑事缺席审判制度是打击犯罪的需要。准确、及时地查明犯罪,实现国家刑罚权是我国刑事诉讼法的首要任务。刑事缺席审判制度可以帮助司法机关尽快查明潜逃境外的犯罪嫌疑人的犯罪事实,及时挽回相关损失;还有是为我国在国际上追逃追赃提供法律依据。被告缺席一般是负案在逃而下落不明或逃往国外以逃避审判。时间一长,国家司法资源有限,很难将其捉拿归案。目前,我国追逃主要依据的是国际公约和与部分国家签署的引渡条约,而在某些情况下,没有相关的国际公约可遵循,和一些国家没有建立引渡条约,对于这类犯罪嫌疑人的追捕,先在国内拿出一个经过司法机关审理认定的司法文书,就能成为相关国家给予配合的法律依据,或通过谈判达成协议。但很多国家都要求有请求引渡目的的终审判决作为引渡条件,《联合国反腐败公约》所确立的规则要求请求国应当向被请求国提供发生法律效力的终审判决,作为请求返还已被请求国没收资产的条件。我国设立刑事缺席审判制度可以对在逃犯罪以刑事司法评价,起到预防犯罪的作用。

其次,设立刑事缺席审判制度是司法效率的需要。秩序、自由、效率是刑事诉讼的三大重要价值。司法效率是世界各国刑事立法的孜孜追求。司法效率要求：一是投入的司法资源得到最大限度地节约；二是产出结果得到最大化，大量的刑事案件得到处理，而不是悬而未决。另外，有些案件若被告拒绝到庭而中止审理，时日长久，待被告归案时来审理又需耗费大量的司法资源收集证据，特别是关键证人去向不明时，不但查找困难，而且可能影响案件的实体公正。

最后，设立刑事缺席审判制度是保证诉讼顺利进行的需要。在中外各国的司法制度中，几乎都规定了审前羁押原则，其目的是防止人身危害，对犯罪进行调查及防止逃避诉讼。为保障人权的需要，大多国家确立司法审查原则，一般允许对被告保释。我国尽管强调审前羁押，但还是规定了取保候审、监视居住等对被告人身自由限制较轻的强制措施。大多被告都有逃避审判的心理，因为一旦被判有罪，将面临的是财产或人身自由的丧失，而被告选择逃避，诉讼将无法顺利进行。设立刑事缺席审判制度能让被告权衡缺席审判可能对其产生不利的后果而主动投案。同时，不因被告故意缺席而中断，诉讼得以进行。

三、缺席审判制度的立法解读

刑事缺席审判制度的立法理论基础，主要有诉必审理论、起诉法定主义、效率侧重理论、尊重被告人自主选择是否出庭的人权保障理论等。① 我国刑事诉讼法制定于1979年，其后分别于1996年、2012年作了两次较大修改。本次是第三次修改，共涉及刑事诉讼法如何与监察法衔接、刑事缺席审判制度与速裁程序入法等三方面内容。

此前，出于对犯罪嫌疑人、被告人诉讼权利的保护，我国刑事诉讼法并没有像民事诉讼法一样存在缺席审判（判决）制度。自从我国2005年批准签署《联合国反腐败公约》后，设立刑事缺席审判制度的呼吁未曾中断。为此，理论界展开了富有成效的讨论，并提出了诸多颇具前瞻性的建议。然而，2012年修改《刑事诉讼法》时，尚未完全立法化。

2003年10月31日，第58届联合国大会通过了《联合国反腐败公约》，2003年12月10日我国政府签署了该公约，2005年10月27日第十届全国人大常委会第十八次会议通过决定正式批准该公约，这意味着在打击腐败犯罪方面我国已经

---

① 樊崇义：《腐败犯罪缺席审判程序的立法观察》，载《人民法治》2018年第7期。

与世界正式接轨。但随着国家对外逃人员追责的不断强化,特别是在加入了《联合国反腐败公约》后,如何切实有效使得"红通"人员能够得到应有的刑事处罚,如何加大追责力度成为了一个紧迫的课题。在海外追逃时经常面临着对方国家以犯罪嫌疑人可能获得严重刑事处罚而不予配合的情形,同时也因为刑罚的不确定性,导致外逃人员对是否回国接受审判产生很大的动摇。如果承诺对相关人员不进行刑事审判,一来有违刑事诉讼法的规定,二来也十分不严肃,有违普通民众淳朴的刑事司法观。因此,通过缺席审判制度,明确外逃人员的刑事责任,一来可以堵住协助国可能存在的借口,二来也向外逃人员表明态度,使其可以正确评估自己的处境。

2012年以来,刑事诉讼法经历两次大修,均增加了与反腐败追逃、追赃密切相关的法律程序。2012年刑事诉讼法修改时,增加了"违法所得特别没收程序",但没有解决对外逃贪官的审判"人不归不能判"的尴尬。为此,早在2014年,全国人大常委会法工委就开始会同有关部门,对是否在刑事诉讼法中建立刑事缺席审判制度进行了广泛的研究和深入的探讨。可以说,此次在修改后的刑事诉讼法中增加"缺席审判程序",正是在总结2012年以来实施"违法所得特别没收程序"的司法实践经验基础上进行的。

2016年7月,十二届全国人大常委会法制工作委员会提出关于建立刑事缺席审判制度的研究报告。中央纪委建议在配合监察体制改革修改刑事诉讼法时,对刑事缺席审判制度作出规定。

2018年4月27日上午,十三届全国人大常委会第二次会议分组审议了刑事诉讼法修正草案。2018年10月26日,十三届全国人大常委会第六次会议以170票赞成、2票弃权,表决通过了关于修改刑事诉讼法的决定,我国刑事诉讼法迎来自1979年制定后的第三次修改。长期以来,由于缺席审判制度的缺失,一些贪污贿赂等刑事案件的犯罪嫌疑人、被告人潜逃境外躲避法律制裁。刑事缺席审判制度的建立,加强了境外追逃工作的力度和手段,对贪污贿赂、危害国家安全、恐怖活动犯罪的犯罪嫌疑人和被告人形成了强力震慑。新修改的刑事诉讼法坚持立足国情和实际,合理借鉴国外相关制度有益经验,处理好刑事诉讼法与监察法、刑法、律师法、公证法等法律的衔接,以立法的形式巩固和推广实践证明行之有效的改革成果。这次修改对进一步完善中国特色刑事诉讼制度、推进国家治理体系和治理能力现代化具有十分重要的意义。

四、缺席审判中充分保障被告人诉讼权利

被告人缺席的审判，如何确保公平公正？这是公众普遍关心的问题。根据新刑事诉讼法确立的刑事缺席审判制度设计，缺席审判被告人的权利将得到有效保障。审判时被告人不出庭并不意味着他们的合法权益难以保障。刑事诉讼法对缺席审判程序的适用范围进行了严格限定，充分保障腐败犯罪被告人的知情权、辩护权、上诉权等诉讼权利，并赋予被告人必要的救济手段。

1. 对于被告知的权利。法院通过国际司法协助等方式，将传票和人民检察院的起诉书副本，送达被告人。

2. 对于辩护权。被告人有权委托辩护人或由其近亲属代为委托辩护人，并有法律援助兜底。

3. 对于上诉权。对判决不服的，近亲属也有权提起上诉。

4. 对于异议权。归案后交付执行刑罚前，犯罪嫌疑人对判决、裁定提出异议的，人民法院应当重新审理。

回顾本次刑事诉讼法的修改过程，法律条款从告知、送达以及辩护等方面给予了被告人充分的保障。这些规定符合国际通行的司法准则，也符合大多数国家的立法通例。这彰显了司法文明，维护了司法公正，符合国际司法准则。

对于缺席审判案件的"门槛"，法院在缺席审判案件入口审查上应严格把关。除了审查起诉书是否具有明确的指控犯罪事实外，还应当对是否符合缺席审判程序适用条件进行审查。并增加人民检察院对缺席判决提出抗诉的规定。因此，法律最终明确：人民检察院认为人民法院的判决确有错误的，应当向上一级人民法院提出抗诉。

设立刑事缺席审判制度并不是说被告方就丧失了在场辩护权，如通过设置规定被告若在刑罚时效完成前自动投案或者被抓捕归案，缺席判决自动失效等相关程序。由于案件重新审理，被告就完全能行使在场辩护权，当然也可以建立异议程序。保障辩护权的行使和对案件真实的发现。其实，从某个角度说，刑事缺席审判是为了案件真实的需要，如德国刑事诉讼法规定的为保全证据而进行的缺席

审理。① 因为有很多证据特别是证人、证言时日长久其可靠性会大大降低。

首先，被告在场是被告的权利，同时也是一项义务。为保障诉讼的顺利进行，法院向被告人发出具有法律效力的传票，被告有义务按传票内容按时到庭，否则法院可采用拘传的方式强制其到案接受审判。若无法强制到案，法院依法进行审理，作为被告违反法律义务，承担可能对其不利的法律后果（不是充分条件，但下面的理由可以补强）是具有合理性的。例如，法国的抗传罪，美国的藐视法庭罪就有被告违反到庭义务，不接受法庭审判而进行定罪处罚的规定。

其次，被告拒不出庭，应视为对在场权利的放弃。国家法律规定被告在场原则，是对被告行使辩护权的保护。国家对此是加以保障并提供机会和便利。被告在接到法院传唤后，完全可以到庭参加庭审行使辩护权，但被告没有行使，而是以逃避的方式拒不出庭，应视为对该项权利的放弃。法院在其故意拒不到庭期间进行审判并没有侵犯被告已经放弃的在场辩护权。应该说被告并没有珍视在场行使辩护权这一重要权利。

最后，切实保护了被告人以及其近亲属的诉讼权利。即便缺席，被告人及其近亲属仍然可以委托辩护人，若是没有委托的，法院也将通过法律援助机构指派律师进行辩护。而且在判决后，执行前，其仍然可以提出异议，且一经提出，法院就应当进行重新审理。另外，要求法院将传票和起诉书副本送达境外被告人，保证被告人的知情权。同时，对委托辩护权和上诉权以及提出重新审理的权利，都作出明确的规定，从而给缺席审判的被告人一个充分的程序保障。

刑事诉讼法草案分组审议时有专家提出，法律援助的对象法律是有规定的，虽然法律援助条例明确规定，法律援助是为了保障经济困难的公民获得必要的法律服务。并专门规定了哪些人、哪些案件可以申请国家法律援助。可以申请国家法律援助的案件一般都是以国家或者政府机关为义务方的，如请求国家赔偿，或因主张见义勇为而产生的民事权益，等等。涉及追逃、追赃的刑事犯罪嫌疑人，由于他不出席审判不是因为没钱、没能力，而是为了逃避管辖。当然，在构建刑事缺席审判制度本身的同时，应注重对缺席审判之被告人权利的保护，这样才能做到公正和效率价值的平衡，才能做到实体正义和程序正义的有机统一。

---

① ［德］克劳斯·罗科信：《刑事诉讼法》（第 24 版），吴丽琪译，法律出版社 2003 年版，第 570－571 页。

设立刑事缺席审判制度也是保护被害人权益的需要。根据我国刑事诉讼法的规定，被害人也是诉讼当事人，其合法权益应受到保护，如被告一直在逃，而案件得不到处理，被害人心灵上得不到安慰，同时在物质上也无法实现赔偿，这有悖于被害人权益受到保护原则。

五、加大国际追逃追赃力度

刑事缺席审判制度不仅仅针对追逃追赃，还包括因犯罪嫌疑人死亡、重病等不能出庭多种情况。追逃追赃的刑事犯罪嫌疑人和一般的缺席审判对象相比有特殊性，如潜逃境外的人不是没有能力，而是拒不回来。新刑事诉讼法规定，人民法院应当通过有关国际条约规定的或者外交途径提出的司法协助方式，或者被告人所在地法律允许的其他方式，将传票和人民检察院的起诉书副本送达被告人。

其中针对经济犯罪嫌疑人的追逃，包括"追人"和"追赃"两大内容。流向海外的"赃款"，往往最难全数追回，但那些仍然隐匿于国内的"赃款"，有的异名存在银行里，有的以其他固定资产的形式存在别人的户头之下。尽管我国追逃追赃取得了重大阶段性成果，但仍有大量职务犯罪人员外逃。中央纪委国家监委网站2018年1月刊文称，"约70%剩余外逃人员和90%剩余'百名红通人员'藏匿在美、加、澳、新，不少人已取得当地合法身份"。我国对外"追赃"难，实际上，有很多国家抱怨，在中国"追赃"也特别难。非法资金转入中国境内后，外国要求中国的司法机关冻结这些资金，这很难实现。在我国根据法律规定，没有立案是不能冻结资产的。外国办理的案件，犯罪事实多发生在境外，在中国很难立案。

在刑事缺席审判制度建立之前，一些外逃腐败分子的案件由于时间过长，容易导致证人记忆减退、证据灭失等情况发生，证据得不到及时固定，使事实清楚、证据确实充分的案件得不到及时解决。贪官之所以能在境外长期逍遥法外，除了躲藏隐蔽以外，更多的是中国和其他国家在司法协助方面存在诸多障碍。由于刑事缺席审判制度一直是法律空白点，如何给外逃贪官定罪量刑，成为了一个难点。

我国加入了《联合国反腐败公约》，在"或引渡或起诉"的传统原则之外，又设立了"或引渡或执行刑罚"的条款。但前提条件是，对外逃贪官已经判决有罪。此次修改实施的刑事缺席审判，即意味着追逃依据的加强、追逃力度的加大。国内有关部门依托对外逃贪官的审判结果，可以与国际刑警组织、其他国家的司法机关进行更好的合作和更顺畅的衔接。

刑事缺席审判制度将进一步丰富反腐败国际追逃追赃的工作手段。目前，我国境外追逃的方式主要有4种，即引渡、遣返、劝返和异地追诉，缺席审判则和上述方式一起，为追逃追赃工作提供更强有力的手段。通过作出刑事缺席审判，对外逃腐败分子定罪量刑，对其涉案财产追缴没收，让腐败分子人财两空，从而对其形成强大震慑。本次刑事诉讼法修改，解决了外逃贪官定罪量刑难点，弥补了没收违法所得适用上的不足，此前的违法所得没收程序，作用仅限于追赃，而缺席审判制度，其作用除追赃之外还在加大追逃力度，全方位压缩涉案人员在境外的生存空间。建立刑事缺席审判制度，对于以法治方式推进反腐败斗争，发挥法律的震慑和惩治双重效果具有重要意义。2018年是"百名红通"名单公布的3周年，目前犯罪嫌疑人已归案过半，追赃近百亿元。

刑事诉讼法的修改，为海外追逃追赃工作奠定了更加坚实的法律基础。建立刑事缺席审判制度，有利于破解多年来制约反腐败国际合作和国际追逃追赃工作深入开展的机制性障碍，织密对外逃腐败犯罪分子的法网。刑事缺席审判制度改变了以往司法实践中由于嫌犯没有到案而产生的无法定罪量刑、无法处置赃款赃物、无法及时补偿被害人损失等问题。一旦刑事缺席审判的判决生效，在法律上就确定了被告人的犯罪嫌疑人身份。确立海外在逃贪腐分子的犯罪嫌疑人身份后，拘捕在逃犯罪嫌疑人、开展国际司法合作就有了重要的法律依据。适用缺席审判程序后，可以对外逃犯罪分子及时作出法律上的否定性评价，彰显法治权威，维护国家和社会公共利益。

六、关于缺席审判制度的几点思考

（一）缺席审判制度本身所带来的担忧是可控的

由于缺席审判制度中被追诉人未参与诉讼程序，导致其不同于传统司法理念中将国家的追诉权与被追诉人的抗辩权对立平衡。公职人员职务犯罪案件较大程度上依赖于言词证据的相互印证，在被追诉人不在庭的情况下，如何准确、公正认定案件事实，是个考验，需要完善的具体机制，确保司法机关坚持证据裁判规则、贯彻疑罪从无的精神。缺席审判制度本身所带来的担忧是可控的：立法者目前将缺席审判主要针对潜逃境外公职人员犯罪，对公职人员犯罪的权利克减，在全世界范围内具有一定的普遍性，刑事缺席审判制度在美国、日本等人权保障较为完善的国家也同样存在。①

（二）缺席审判是对低羁押率的一种平衡

从西方国家缺席审判制度总体上看，缺席审判是一种对低羁押率的制衡。在保障一种自由的同时，也必然要牺牲另一种自由或者权利。由此可见，如果在保持低羁押率的同时，还坚持被告人自愿到庭审判的原则，诉讼的效率就会极低。在公正与效率面前，缺席审判发挥了一些平衡的作用，给低羁押率带来了某种代价。

（三）缺席审判应根据具体案情审慎行使

缺席审判能否发挥预期目的，应当谨慎看待。虽然到庭审判是一种底线正义，随着追逃力度的逐渐加大，缺席审判显得越来越有必要，但缺席审判程序必须慎重行使，还应该根据具体程序和案件具体情况而定。但缺席审判生效后，外逃涉案人员在国外的生存空间将会被压缩，加之赋予了归案后被追诉人对缺席审判程序作出的有罪裁判的异议权，将在一定程度上缓解这一问题。缺席审判模式，在我国未来不断降低羁押率的发展过程中，对于保障诉讼顺利进行也是一种很好的参考。

---

① 陈桂明、李仕春：《缺席审判制度研究》，载《中国法学》1998 年第 4 期。

自比较法之观点论人民参审草案之审理程序

黄翰义[①]

一、前言

刑事诉讼之审判程序,系以集中审理为中心,而就先前在准备程序所作之事实上及法律上之争点,赋予当事人举证、提出反证及法律适用上之攻击、防御,藉由合法调查程序之过程,以作为认定事实、适用法律及量刑基础之程序[②]。因此,审判程序乃是依当事人双方所提出之证据,藉由法定调查证据之方式使审判者在公开法庭内形成心证,资为认定犯罪事实存在与否之过程。

台湾目前正在进行裁判员制度草案之立法过程,若引进日本裁判员制度后,审判程序虽仍由职司诉讼指挥之审判长进行、合议庭法官进行听审外,不具有职业法官身份之人民亦对于案件之内容、证据可得证明之程度及若被告人构成犯罪、其量刑为何等节充分表达意见,甚至其意见亦非无可能与合议庭所形成之意见不同,此时,审判程序不再单方面由合议庭之法官自行决定,而是必须充分尊重参与审判人民之意见。故而,本文将一并针对人民参审之审判程序进行论述,以充分落实人民参与审判之意义。

二、比较法制——与日本公判程序之比较

(一) 开审程序

法官、检察官及辩护人为避免使裁判员之负担过重,并充分发挥裁判员之职

[①] 黄翰义,台湾地区高等法院法官。
[②] 台湾"刑事诉讼法"第161条第1项要求检察官负实质举证责任,检察官在审判程序中藉由其起诉、追诉被告人犯罪之原告地位,藉由其提出之证据资料,以说服法院到达判决被告人有罪心证为其目的;相反地,当检察官尽其实质举证责任后,被告人若有抗辩,则必须依同法第161条之1之规定举出反证,以在公开法庭之中,使法官形成心证。

责，应致力于速审并使其易于理解之方式为之。开审程序主要系由法官为人别讯问后，确认被告人是否认罪，再由检察官陈述本案之要旨及就证据与事实间之争点、关系进行要旨之陈述后，再由辩护人就本案之主张及就证据及事实间之争点、关系进行简要答辩。因此，开审程序主要系先为人别讯问、朗读起诉书、告知保持缄默、是否承认犯罪等节，就当事人双方之间稍加说明本案之要旨，① 并非进入言词辩论之程序。在日本裁判员制度下，审理程序原则上由职业法官3人及裁判员6人（另包括备位裁判员）组成合议庭进行审理。②

（二）证据调查程序

1. 对于证人进行讯问

依《日本裁判员法》第56条之规定："法院于讯问证人或他人之情形，裁判员于告知审判长后，得就其参与判断之必要事项进行讯问。"③，第57条第1项规定："裁判员于其参与判断之必要事项，于法院外应就证人或他人进行讯问之情形，若由法官为之者，裁判员及候补裁判员亦得在场。在场欲进行讯问之裁判员得告知法官后，对于证人或他人进行讯问。"第2项："与裁判员参与判断之必要事项，于审判庭外应进行勘验之情形而由法官为之者，同前项前段之规定。"④，由上述法条规定可知，为使裁判员参与其判断之重要基础，原则上裁判员在告知审判长后，即得就其必要事项进行讯问。自辩护人之角度观之，辩护人亦希望能充分知悉法院之审理计划，⑤ 否则于公开审判日期时，究系传唤何人、调查何事，若无法确立争点或未拟定审理计划时，将使审理益形困难，故审理计

---

① 安富洁著：《刑事诉讼法》，三省堂2013年第2版，第368页。
② 因此有学者认为，为能使裁判员于审理程序中充分理解关于本案之争点，应由诉讼当事人尽可以易于理解及讨论之方式为之，法官于评议时，亦应详述法令及其解释、整理讨论之内容，并致力于使裁判员能不受拘束地提出意见及疑问，池田修：《解說裁判員法－立法の経緯と課題》，弘文堂平成21年5月30日第2版，第23页。
③ 《日本裁判員法》第56条规定：「裁判所が証人その他の者を尋問する場合には、裁判員は、裁判長に告げて、裁判員の関与する判断に必要な事項について尋問することができる。」。
④ 《日本裁判員法》第57条第1项规定：「裁判員の関与する判断に必要な事項について裁判所外で証人その他の者を尋問すべき場合において、構成裁判官にこれをさせるときは、裁判員及び補充裁判員はこれに立ち会うことができる。この尋問に立ち会った裁判員は、構成裁判官に告げて、証人その他の者を尋問することができる。」；第2项规定：「裁判員の関与する判断に必要な事項について公判廷外において検証をすべき場合において、構成裁判官にこれをさせるときも、前項前段と同様とする。」。
⑤ 日本实务上亦有具体之审理计划，其通例系针对客观存在之证据、调查报告书、调查之经过一览表及以内容证明之书证调查后，再进行人证之调查，杉田宗久：《裁判員裁判の理論と実践》，成文堂2013年12月1日补订版，第51页。

划对法院而言，亦颇为重要。①

2. 对于被害人或其家属之讯问

《日本刑事诉讼法》第292条之2系规定被害者参与诉讼之规范，为使裁判员在判断事实、量刑程序时更易于理解被害人受害之程度，特别于《日本裁判员法》第58条规定："依刑事诉讼法第292条之2第1项之规定，被害人等（即被害人本身或被害人死亡时、其身心有重大障碍之情形，其配偶、直系血亲或兄弟姊妹）或该被害人之法定代理人陈述意见时，裁判员于其陈述后，为明确理解其意旨，得讯问之。"②使参与裁判之裁判员更易于知悉被害人或其家属受害程度之情形，以利裁判员作成判断之基础。

3. 对于被告人进行讯问

《日本裁判员法》第59条规定："依刑事诉讼法第311条之规定，被告人为任意性供述时，裁判员得告知审判长后，随时对于裁判员参与判断之必要事项，请被告人陈述。"③第60条并规定："法院对于裁判员参与判断审理以外之程序，亦得许裁判员及候补裁判员在场。"④故而，裁判员制度下之裁判员为能充分参与诉讼程序，就审判程序相关之事项，不仅得直接讯问被告人，纵使系审理外之程序，亦得许裁判员及候补裁判员在场，使其更易于判断事实之存在与否。

（三）辩论程序

依照笔者实际观察日本法庭之运作，辩论程序系先由检察官进行论告，先针对起诉之犯罪事实进行描述，⑤再针对法律之适用进行说明，最后再针对量刑部分向法院为具体之求刑；相对地，辩护人进行最终辩论时，若对于犯罪事实有争

---

① 东京律师会律师研修委员会：《裁判员裁判Ⅱ——個別類型的見地からみた實務》，平成22年8月16日初版，ぎょうせい株式会社，第39页。

② 《日本裁判員法》第58条规定："刑事訴訟法第二百九十二条の二第一項の規定により被害者等（被害者又は被害者が死亡した場合若しくはその心身に重大な故障がある場合におけるその配偶者、直系の親族若しくは兄弟姉妹をいう。）又は当該被害者の法定代理人が意見を陳述したときは、裁判員は、その陳述の後に、その趣旨を明確にするため、これらの者に質問することができる。"

③ 《日本裁判員法》第59条规定："刑事訴訟法第311条の規定により被告人人が任意に供述をする場合には、裁判員は、裁判長に告げて、いつでも、裁判員の関与する判断に必要な事項について被告人人の供述を求めることができる。"

④ 《日本裁判員法》第60条规定："裁判所は、裁判員の関与する判断をするための審理以外の審理についても、裁判員及び補充裁判員の立会いを許すことができる。"

⑤ 检察官于论告时，有时亦会一并针对被告人之辩驳有何不可采之处进行意见之表达，大致上为公诉检察官进行论告之先后顺序，系："事实陈述→法律适用→具体求刑"之三项步骤，应无疑义。

执时，先针对起诉之犯罪事实进行辩驳，若无争执时，则视辩护人是否主张不同之法律适用进行法律意见之陈述；倘对于法律适用亦无争执时，则针对量刑部分提出具体请求法院判处之刑度。

在上述辩论程序中，检察官及辩护人亦会提出与其陈述相关之书面进行说明，而各该书面系以法官及裁判员之人数为基础，一人一份，日本实务上较多在用以说明量刑事项之统计表，但仍视案件之争执而定。因此，上面书面大部分系以图表之方式呈现，使裁判员更易于理解检察官或辩护人针对争点或相关事由之内容。

（四）与裁判员审理程序相关之日本实务统计

1. 裁判员对于审理内容容易理解之程度①

（1）对于审理理解程度之统计图

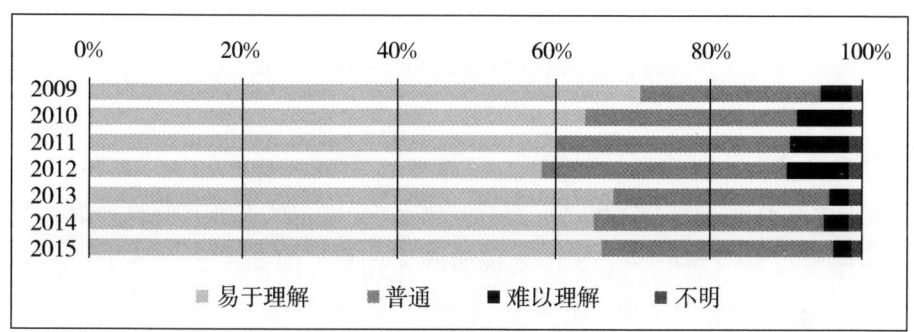

图1 裁判员对审理内容理解程度统计图

（2）关于统计图之解析

依日本一桥大学法学院法学研究科本庄武教授之调查统计可知，裁判员对于审理内容是否易于理解及普通之比例（上图选项自左至右分为："易于理解"、"普通"、"难以理解"及"不明"四种分类），即占了约9成以上，故依裁判员对于具体案件是否易于理解之例年统计可知，其大致上对于案件难以理解之部分比例颇低，甚至自2013年至2015年间之理解程度高达百分之95以上，亦可见日本自2012年间起，似有大幅针对此部分进行相当之检讨，以致自2013年至2015年间，裁判员对于案件之理解程度具有压倒性之比例存在，而此一现象适

---

① 以下之统计图均引自：本庄武教授于台湾"高等法院"及"中央警察大学"演讲之文稿，裁判员制度と量刑，第3页至第4页。

足以推认日本实施裁判员制度后，至少有高达百分之 95 以上之统计比例，足认日本裁判员对于个案之认知，并不会处于难以理解之状态。

2. 法曹三方使裁判员理解难易之统计

（1）裁判员对于法官说明理解之程度

①理解难易之统计图

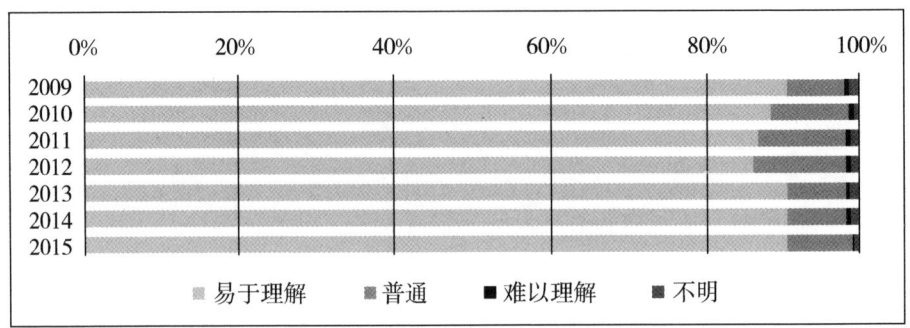

图 2　裁判员对法官说明理解程度统计图

②关于统计图之解析

图 2 之选项分为："易于理解"、"普通"、"难以理解"及"不明"，关于"易于理解"及"普通"之比例，有高达百分之 96、97 左右之程度，显见日本之职业法官对于裁判员关于案件之说明颇为详尽，因此关于"易于理解"及"普通"之比例会如此之高，而难以理解之比例仅约百分之 2 左右。

（2）裁判员对于检察官说明理解之程度

①理解难易之统计图

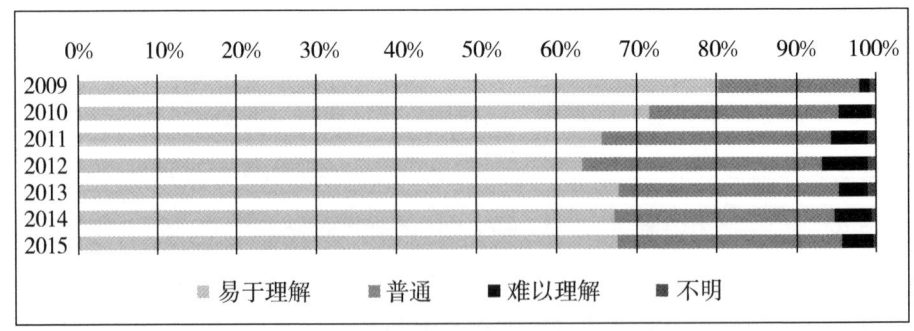

图 3　裁判员对检察官说明理解程度统计图

②关于统计图之解析

关于裁判员对于检察官于法庭之说明与法官相较，其关于"易于理解"及

"普通"之比例,在 2009 年曾高达高达百分之 97 左右之程度,其后自 2010 年至 2015 年间,均大致上于百分之 95 上下游移,"难以理解"之部分仅占百分之 7 以下,显见日本之检察官对于裁判员关于案件之说明亦颇为详尽。

3. 裁判员对于辩护人说明理解之程度

(1) 理解难易之统计图

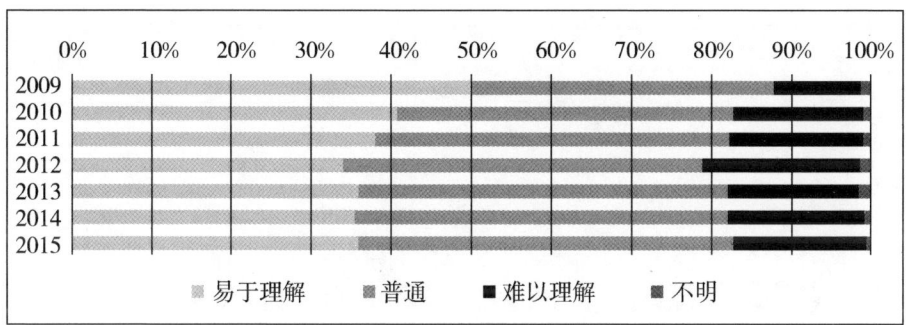

图 4　裁判员对辩护人说明理解程度统计图

(2) 关于统计图之解析

就辩护人于法庭之说明是否易于理解,于图 4 中"易于理解"之程度仅在 2009 年在百分之 50 左右,其后自 2010 年至 2015 年间,均大幅降低至百分之 40 以下,"普通"亦占约百分之 30 至 50 左右,至于"难以理解"之部分则始终维持在百分之 20 上下,就辩护人系为被告人辩护之角度言之,以辩护人于法庭之说明使裁判员不易理解之程度与法官、检察官相互比较之下,日本之辩护人于法庭上之说明似有再进步之空间。①

4. 案件之审理统计

(1) 被告人自白案件审理之相关统计资料

①被告人自白案件之统计图

---

①　上述三个针对法官、检察官及辩护人于法庭说明使裁判员理解之程度,在台湾将来若采取裁判员制度后,恐亦有相类似之处,也就是法官、检察官系尽可能使裁判员理解法庭上之攻击防御。然而,辩护人既系为被告人之利益而为辩护,其如何在法庭上使裁判员更为容易理解其所作之说明、如何强化使裁判员理解其主张?将来台湾若采取裁判员制度后,这些亦是值得研究之课题。

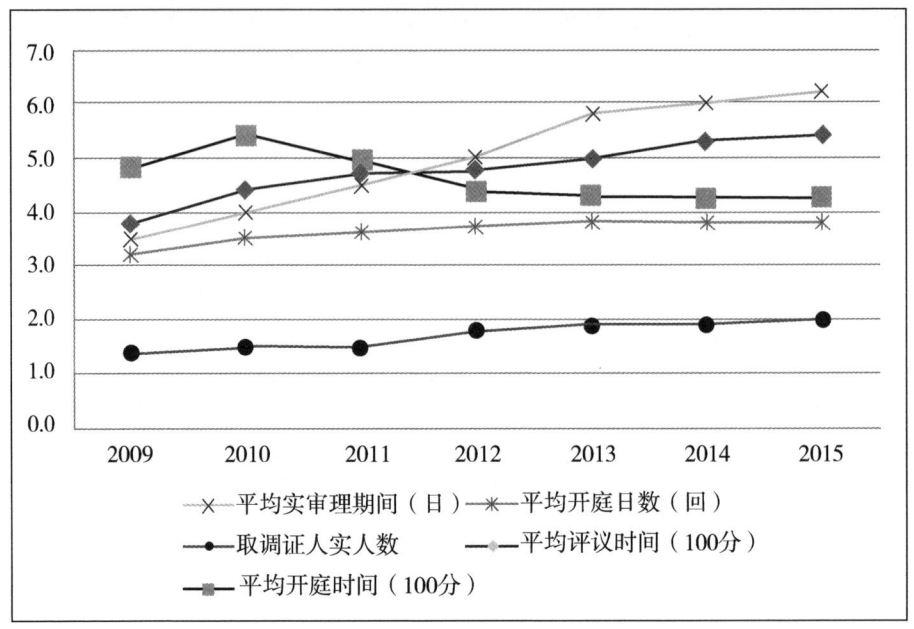

图5　被告人自白案件审理相关统计资料

②关于统计图之解析

关于被告人自白案件之统计资料中，可分为"平均审理期间"、"平均开庭之日（次）数"、"证查证人之人数"、"平均评议之时间"、"平均开庭之时间"等，其中自2009年开始，"平均审理之期间（日）"有渐渐增加之趋势，但相对而言，"平均开庭之时间"则渐渐减少，可见开庭日期增加，但开庭之时间则缩减；至于"证查证人之人数"、"平均开庭之日（次）数"则持平而变动不大，但"平均评议之时间"却有增加之趋势。

（2）被告人否认案件审理之统计资料

①被告人否认案件之统计图

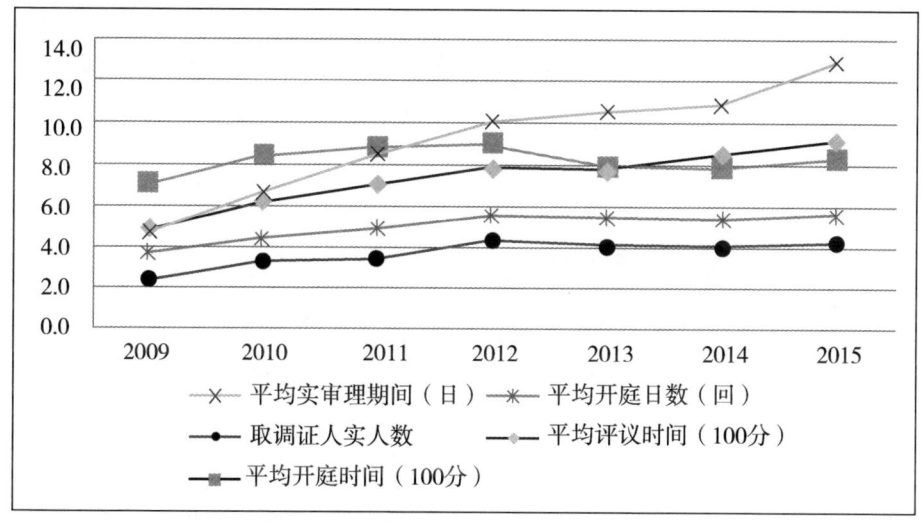

图6 被告人否认案件审理相关统计资料

②关于统计图之解析

在被告人否认之案件中，可清楚自上述图示中知悉，自2009年至2015年间，案件之"平均审理期间"有显著升高之趋势，此一统计图意味着被告人否认案件之开庭期间增加；"平均开庭之日（次）数"变动不大，略微上升，而"证查证人之人数"及"平均评议之时间"亦呈现缓步上升之趋势，可见在被告人否认之案件中，司法成本亦随之提高，至于"平均开庭之时间"于2013年间略有降低，但其后于2014年及2015年间，又呈现缓慢上升之趋势，将来之发展情形如何？若增加开庭之时间，如何因应此种开庭时间增加之情形？这些亦值进一步探究。

（五）小结

由上说明可知，裁判员自审判日期开始，参与开审程序、证据调查程序、辩论程序程序，其中关于上述程序中之开审程序、证据调查程序及辩论程序均在准备程序中已确立使用之时间，若有逾越准备程序当事人所约定进行之时间者，审判长会行使诉讼指挥权限制或禁止当事人继续进行。① 依本文所引日本自2009年开始实施裁判员制度至2015年间相关之法制统计资料，均可自其中理解日本裁

---

① 至于评议有罪之过程，必须至少有法官及裁判员各1人在多数决之人数内始可，并不得以裁判员多数决而无法官赞成之情形下判决，以避免发生完全由裁判员投票决定被告人有罪之结果。至于宣示判决时，裁判员纵使不到庭，对于判决经宣示之效力并无影响。

三、合议庭于审判程序之定位

(一) 通常审判程序之目的

按通常审判程序乃是经由法院就双方当事人所提出之法定证据方法，依"本法"第164条至第167条之7之规定践行法定调查程序，以认定被告人是否构成犯罪之诉讼过程。① 因此，通常审判程序之目的，乃是经由上述特定之方式，于公开法庭中呈现证据数据之内容，使当事人及辩护人等表示意见后，再由法官形成被告人是否构成犯罪之心证。也因此，通常审判程序之特色，重在依证据之性质及举证责任之分配，进行证据之合法调查，此亦是"本法"第155条第2项所规定，经合法调查之证据，始得作为判断依据之意旨。台湾"刑事诉讼法"所明定之法定证据方法（种类），包含被告人、证人（鉴定人）、书证及物证。各该法定证据之种类，必须经由法定调查证据之程序，始得成为判断之依据②。

兹图示如下，以供参酌：

---

① 为因应案件之简繁及被告人诉讼权之保障，台湾"刑事诉讼法"针对审判程序，可区分为"通常审判程序"、"简式审判程序"（同法第273条之1）、"简易判决处刑程序"（第449条第1项、第2项）、"认罪协商程序"（第455条之2第1项）及"刑事附带民事诉讼程序"（第487条第1项），此乃是立法者藉由特殊之诉讼程序，以解决案件分流及妥适分配诉讼资源之问题。若案件之性质较为复杂者，原则上必须经由通常审判程序以终结案件，反之，则依各该案件是否符合其他刑事诉讼法所明定之法定诉讼程序，以决定案件得适用之诉讼种类。

② 下列图示将证据分为"供述证据"及"非供述证据"之标准，乃是以该证据本身存在之形式所为之分类，也就是客观上其存在之形式为书面者，则为文书证据，存在之形式为物者，则为物证；至于必须透过人之陈述始能呈现其内容者，则归类为供述证据，例如：被告人、证人、鉴定人等。至于文书证据其存在之形式虽为文书，然其实质上可能来自于人之供述，此所以关于书证之内容经评价后，可能会适用传闻法则之情形。

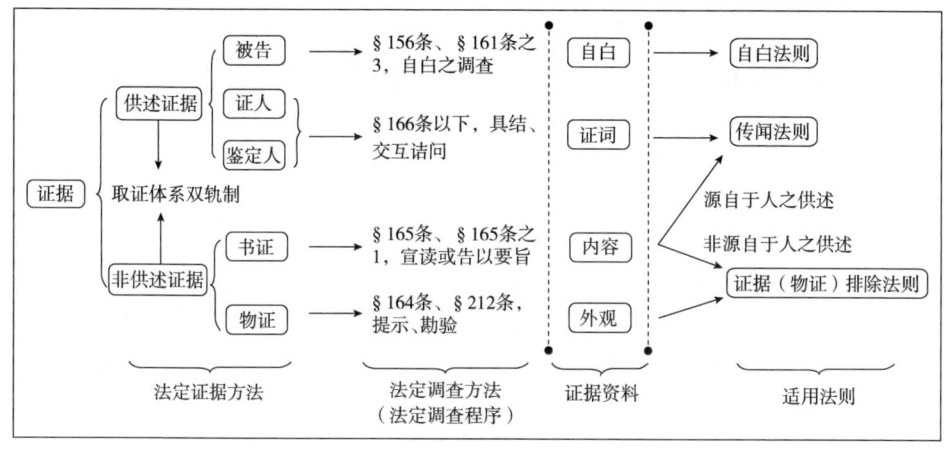

图7　不同证据类型对应的不同法定调查程序

由于不同之证据类型有不同之法定调查程序，就通常审判程序而言，被告人亦是一种法定证据种类，此证据必须藉由法定调查程序以确认其自白是否经过不正方法之使用，因此适用"自白法则"；[①] 而证人或鉴定人则必须经由具结后，以交互诘问之方式，以获得证词之证据数据。至于书证之内容可能为"供述证据"，[②] 亦可能为"非供述证据"，[③] 若系前者，既是本于被告人以外之人的供述而形成书证之内容，自仍有"本法"第159条至第159条之5等传闻法则规定之适用；倘为后者，则是"非供述证据"，若有违法取得之情形，自应适用第158条之4证据排除法则之规定，各该证据适用之法则依其证据类型之不同而有异。至于物证则是透过提示或勘验之法定调查程序，以呈现其外观形式之内容。凡此，均是审判程序依第155条第2项之规定所进行之"法定调查程序"。[④]

（二）合议庭之审判长与诉讼指挥

按审判程序既是作为形成被告人是否具有构成要件事实存在之法定程序，则

[①] 就被告人之证据方法而言，为贯彻"无罪推定原则"及"证据裁判主义"之要求，讯问被告人应依同法第95条之规定告知其权利，以保障程序进行之正当，被告人本身不仅是诉讼主体及法定证据方法，其所为之自白，亦必须受本法第156条第2项之限制，否则无证据能力。

[②] 例如：经由人之供述所形成之笔录或其他文书，即为供述证据。

[③] 例如：以照相机将特定物予以拍摄成为照片后，张贴于文书上，由于此种形态之书证并非源自于人之供述，而是将特定事实透过拍摄之方式成为书证，自属非供述证据。但若是以摄影之方式将人之供述录下来，且证据之内容侧重于供述而非现场呈现之物体状态，则此种摄影所得之证据，即属于供述证据。

[④] 故审判程序乃是由法院将检察官依法举证之法定证据方法，透过法定调查程序之过程，获致证明构成要件事实存在与否之证据资料，以作为形成事实心证之基础。

合议庭之审判长在审判程序中，自应就如何之证据应践行如何之合法调查程序，以进行合宜之诉讼指挥。合议庭于审判程序中所要处理者，包括程序事项及实体事项之问题。就程序事项而言，包括确认先前受命法官依"本法"第 279 条第 2 项、第 273 条第 1 项各款之规定所进行程序事项之处理、① 当事人于准备程序后所提出声请调查证据之准驳等事由。至于实体事项，则可大别为与"犯罪事实"相关（指与构成要件事实、阻却违法事由事实、罪责事实）及与"量刑事由"相关之事项的审理（除有无自首、累犯或其他法定加重减轻事由外，尚包括对于被告人依刑法第 57 条所为之量刑调查等），凡此，均是合议庭基于"证据裁判原则"所应践行之法定程序。因此，合议庭于审判程序中之地位，系以法定程序为基础，以确认被告人有无检察官起诉书所载之实体事项存在。

由于合议庭是由复数法官之成员组合而成，为避免复数法官在程序事项或实体事项之诉讼指挥发生事实或法律认定上之歧义，造成诉讼程序无法有效率地进行。因此，合议庭针对程序事项与实体事项之诉讼指挥，委由审判长代表为之。刑事程序上之诉讼指挥，其核心概念为被告人之听审权，然而，在不同程序上所重视之价值未必完全相同，有时会混合相对应之其他元素，使诉讼指挥具有复合性的当事人进行或法院依职权进行之色彩。

本文主张，审判长进行诉讼指挥之中心，系建立在被告人听审权的基础之上，关于认定被告人是否成立犯罪之程序或实体事项，必须以"证据裁判原则"、"法定证据方法之类型化"及"法定调查程序之履行"，以充分实践听审权之内涵，除法律有明定其他特殊形态之程序外，并不得恣意删减或省略程序事项之进行，② 否则即属于"判决当然违背法令"（"刑事诉讼法"第 379 条之各款事由）或"诉讼程序违背法令致显然影响判决"（"刑事诉讼法"第 380 条）之情形。此一层次重在"当事人诉讼权"之保障，侧重当事人进行及当事人处分之意义，合议庭经评议后，虽委由审判长为准驳之行为，但于该层次内，当事人进

---

① 受命法官于准备程序中得针对当事人提出之证据有无证据能力进行判断并为准驳之权限，甚至得驳回"无调查必要"之证据调查申请。参阅：黄翰义，《受命法官对于证据之审查及处分——兼评与"人民观审试行条例草案"之关系》，载《司法周刊》2012 年第 1670 期，第 3 版。

② 此处所指之"法律"另有明定者，系指通常审判程序以外之其他特别审判程序，例如："简易判决处刑"、"简式审判程序"等。

行之色彩较为浓厚，其中以诘问证人之程序由当事人进行，尤其明显。①

其次往外延伸，诉讼指挥的第二层次之具体化类型，则包括阐明权及制止权之色彩，② 审判长对于可能造成诉讼欠缺效率之程序事项，必须依职权进行详细之告知或径行排除，故在第二层次之诉讼指挥，已具有"职权进行"及"当事人进行"之混合色彩。简言之，当事人有权利申请或请求法院告知特定事项，但法院具有最终决定是否依其申请之权限，当事人于该审级不得声明不服，仅得于判决后提起上诉，一并于上级审进行审查。第三层次则再向外延伸而扩及日期指定权及法庭警察权，③ 此时职权进行之特征已超越当事人进行之特质，此乃是因为上述权力系法院为维护诉讼效率之纯公益事项，当事人之请求仅供法院决定之参考，并无法拘束法院之判断。

至于更为外围之诉讼指挥特征则离听审权之核心越来越远，参杂其他复合性元素之特征则益形明显，法院依职权进行之公益色彩则越来越强大，例如：被告人无正当理由不到庭，依法拘提、通缉；或证人不到庭得依法进行拘提或科处罚款等。兹图示如下，以供参酌：

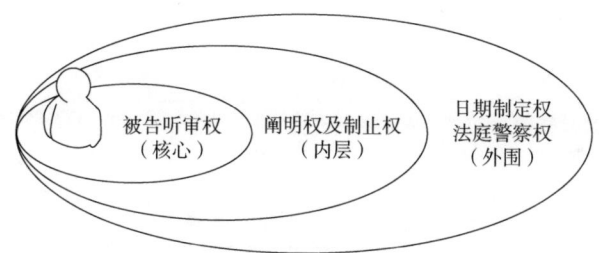

图 8　权益分层示意图

---

① 诘问程序亦是一种对于证人所进行之法定调查程序，但此种法定调查程序系由当事人进行，法院除为维系合法及适当诘问之规则，确保诘问程序依法进行外，并不主动介入当事人诘问证人之权限。但诘问程序至少应有主诘问程序之存在，即为合法调查之程序，至于当事人如放弃反诘问、覆主诘问或覆反诘问之行为，俱不影响该诘问程序之合法性。

② 诘问程序亦是一种对于证人所进行之法定调查程序，但此种法定调查程序系由当事人进行，法院除为维系合法及适当诘问之规则，确保诘问程序依法进行外，并不主动介入当事人诘问证人之权限。但诘问程序至少应有主诘问程序之存在，即为合法调查之程序，至于当事人如放弃反诘问、覆主诘问或覆反诘问之行为，俱不影响该诘问程序之合法性。

③ 所谓"法庭警察权"，系指为维持法庭秩序，防止审判受到阻碍之权限，亦称"法庭秩序维持权"，具有预防作用、排除作用及制裁作用，三井诚：《刑事手続法Ⅱ》，有斐阁，2003 年 7 月 30 日初版第一次印刷，第 365 页至第 366 页。

(三) 审判程序之实践与证据能力

台湾目前审判日期所进行之程序，自朗读案由、人别讯问、检察官陈述起诉（或上诉）要旨、权利告知义务、合议庭裁定证据能力之有无、确认准备程序所定证据调查之范围、次序及方法、调查证据（调查被告人自白有无任意性、交互诘问、证据宣读、告以要旨、证物之提示、勘验、得为证据之被告人自白、就被诉事实讯问被告人）、被告人科刑资料之调查、言词辩论（"事实认定"之言词辩论及"法律适用"之言词辩论）、科刑范围之意见陈述权至被告人最后意见陈述权，过程颇为繁杂。主要作为确认被告人有无犯罪事实之程序，则依"刑事诉讼法"第164条以下至167-7条等规定进行判断。

兹将审判程序之流程表格化如下，以供酌参：

顺序	主要流程	
一	朗读案由——确认审判程序之开始	
二	人别讯问	
三	检察官陈述起诉（或上诉）要旨	
四	权利告知义务	
五	被告人上诉要旨（第二审始应践行之）	
六	合议庭裁定并确认证据能力之有无	
七	确认准备程序所定证据调查之范围、次序及方法	
八	调查证据	（一）认定被告人自白有无任意性
		（二）交互诘问程序
		（三）证据提示、宣读或告以要旨之程序
		（四）得为证据之被告人自白
		（五）就被诉事实讯问被告人——应具体、明确讯问之
九	被告人科刑资料之调查	
十	言词辩论——"事实认定"之言词辩论及"法律适用"之言词辩论	
十一	科刑范围之意见陈述权（量刑事由之言词辩论）	
十二	被告人最后意见陈述权	

按证据大致上可分为供述证据及非供述证据，二者本质上并非相同，① 前述对于于证据进行之流程，系实务上于审判日期通常必须进行之过程，兹较有可能成为问题者，则是证据若无证据能力，得否进入审判程序进行证据之调查？若是供述证据而有传闻禁止之例外事由，得否进入审判程序进行法定调查证据之程序？分述如下：

1. 无证据能力之证据，原则上不得进入审判程序

按审判日期所进行之程序，乃是法院践行法定调查程序，以获致被告人是否构成犯罪之过程，因此，无证据能力之证据，自始不得进入审判程序进行证据之调查，② 纵使将该无证据能力之证据进行证据之调查，依"本法"第155条第2项之规定，亦无法使原无证据能力之证据变成有证据能力之证据。申言之，证据在取得之时，业已被定性其有无证据能力（关连性、合法性及非传闻而来之证据），若无证据能力，自不得进入审判程序。此所以受命法官于准备程序中针对证据能力之有无进行调查后，再由合议庭裁定有无证据能力之最重要原因。正是因为证据有无证据能力经合议庭裁定后，确认其有证据能力，始能让有证据能力之证据进入审判程序，无证据能力之证据，依"本法"第155条第2项之规定，既不得作为判断之依据，自无进入法定调查程序之必要。

2. 传闻禁止例外之证据需依其要件决定得否进入审判程序

然而，台湾"刑事诉讼法"上针对传闻证据有不同之规定，有时传闻证据有证据能力，有时必须俟证据调查后（例如：诘问完证人后），始能决定原先无证据能力之传闻证据有无证据能力，兹将各该情形分述如下：

---

① 供述证据与非供述证据在评价上较为不同者，乃在于供述证据较具有证明上之"可依附性"，也就是供述证据透过人的意思传达而表现于外，例如：透过被告人自白或证人证述取得之证据资料（不具证明力或证明力薄弱之证据除外），其对于行为事实之描述较具有「可塑性」，然而，供述证据必须提防虚伪不实或因记忆、认知有误而产生「相对性较高」之风险，因此必须以补强证据或透过诘问程序加以筛选及验证；至于非供述证据依其形式、外观，理论上而言，在取得后通常不易变更其本质，在盖然性之判断上，系基于该证物本身之外在或内容，以认定行为事实是否存在，故必然地受限于其形式及外观，有其适用之界限。

② 由合议庭裁定当事人提出之证据有无证据能力，正是为了使审判日期进行证据调查之程序得以效率化、更为顺遂之进行，例如：实务上关于贩卖毒品之案件，侦查机关有时于现场亦查扣许多施用毒品之器具，并一并附在卷证数据内而径行起诉，但各该施用毒品之器具与贩卖毒品之行为间，根本欠缺证明被告人贩卖毒品之构成要件行为之最低关连性，却也常常成为实务上进行法定调查证据之「证据」，如此，各该证据纵经提示之程序，亦与贩卖毒品之构成要件行为欠缺关连性，亦不会因为践行法定调查证据之程序，就变成与本案有关连性而有证据能力之证据。

（1）第 159 条之 1 第 1 项："被告人以外之人于审判外向法官所为之陈述，有证据能力，此种有证据能力之传闻证据，自得进入审判程序进行法定调查证据之程序"；第 159 条之 1 第 2 项："被告人以外之人于侦查中向检察官所为之陈述，除显有不可信之情况者外，得为证据"。已揭示被告人以外之人于侦查中向检察官所为之陈述，原则上有证据能力，仅于显有不可信之情况者，始例外否定其得为证据，① 因此，于侦查中向检察官所为之陈述，原则上有证据能力，既有证据能力，自得进入审判程序中进行法定调查之程序。

（2）第 159 条之 2："被告人以外之人于检察事务官、司法员警官或司法警察调查中所为之陈述，依'本法'第 159 条第 1 项之规定，原无证据能力，应由合议庭于审判前或审判程序进行之初，裁定无证据能力，不得进入审判程序进行证据之调查。"然而，裁定无证据能力后，是否即不得变更该裁定之内容？答案为否定。易言之，某些原无证据能力之证据，必须经过法定调查证据之程序后，始能决定其最终究竟有无证据能力，而"本法"第 159 条之 2 正是适例。

更进一步言之，当被告人以外之人于审判中经具结后，践行交互诘问程序，其所为之证词与其于检察事务官、司法员警官或司法警察调查中所为之陈述并非一致，而其先前之陈述具有较可信之特别情况，且为证明犯罪事存否所必要者，有二种处理模式可资遵循：

①若已裁定无证据能力者，得由合议庭当庭评议后，变更原裁定而认为该被告人以外之人于检察事务官、司法员警官或司法警察调查中所为之陈述，具有证据能力，进而将该陈述列为本案审判程序之证据，以进行法定调查证据之程序。

②合议庭甚至可于进行审判程序前裁定："证人×××于检察事务官、司法员警官或司法警察调查中所为之陈述，若与审判中不符，而具有较可信之特别情况，且为证明犯罪事存否所必要者，有证据能力。"藉由附条件之方式裁定该据有证据能力，并于审判中对于该证人所为之证述，由合议庭评议其证述是否与先前之陈述不符？是否较具有可信性？是否为证明犯罪事实存否所必要？以认定"本法"第 159 条之 2 所规定之法定条件是否成就，进而决定是否将该被告人以外之人先前之陈述纳入法定证据方法后，践行法定调查证据之程序。

③第 159 条之 3："依本条所规定之供述，必于检察事务官、司法员警官'

---

① 参照"最高法院"103 年度台上字第 625 号判决。

或司法警察调查中所为之陈述，经证明具有可信之特别情况且为证明犯罪事实之存否所必要者，具有证据能力。"因此，若本条所定之证据欲进入审判程序进行法定调查证据之程序，必须在进入审判程序前，需经检察官证明具有可信性及必要性，始得为证据；反面言之，倘未经检察官证明被告人以外之人所为之供述具有可信性及必要性之情形下，自不得进入法定调查证据之程序。

④第159条之4：本条之事由可分为3种，其中就第1款之规定："除显有不可信之情况外，公务员职务上制作之记录文书、证明文书。"第2款之规定："除显有不可信之情况外，从事业务之人于业务上或通常业务过程所须制作之记录文书、证明文书，上述二者原则上均系经法律明文之方式，推定为有证据能力，在被证明为显有不可信之情况前，均得进入审判程序进行证据调查。"然而，本条第3款所指："除前二款之情形外，其他于可信之特别情况下所制作之文书，则必以该文书具有可信之特别情况始具有证据能力。"申言之，第3款所定之供述证据，必以其具备可信性之要件为有证据能力之条件，有此一要件即足认为有证据能力，若欠缺此一要件即无证据能力，故而，倘该被告人以外之人之供述证据不具有可信之特别情况，仍应回归"本法"第159条第1项所定之范围而无证据能力，无证据能力之证据，自不得进入审判程序进行法定证据之调查。①

⑤第159条之5："经查本条第1项及第2项分别规定'经当事人于审判程序同意作为证据'及'未于言词辩论终结前声明异议'，实务上得由受命法官于准备程序中，先行向当事人讯问：'将来审判程序进行时，被告人对于该项证据是否同意作为证据？是否要声明异议？'经当事人同意后，记载于准备程序笔录内，供合议庭将来进行审判程序时，决定是否将该项证据列入法定调查证据程序中进行调查之依据。"②但若当事人对于此一供述证据于审判日期之言词辩论终结前声明异议或不同意作为证据时，纵使其先前于准备程序时业已表明不声明异议或同意作为证据，由于"法律"并未明文当事人应受"禁反言原则"之拘束，此

---

① 按第159条之4第1款、第2款之规定，原则上即以法律规定之方式推定各该被告人以外之人之供述有证据能力；但若将此2款事由与同条第3款之规定比对即可知，本条第3款之规定系以具有「可信性」为其证据能力之前提要件，若不具有此可信性之要件，即不具有证据能力，不具有证据能力之证据，依本文前揭对于审判程序所定义之见解，该证据自不得进入审判程序进行法定调查之程序。

② 因此，若有此种可能经被告人同意而成为第159条之5传闻例外之证据者，受命法官得预先在准备程序中讯问被告人将来于审判日期是否"同意"作为证据（或是否声明异议），待审判日期时，经当事人同意或不声明异议而充足其条件，依前述法条之规定成为具有证据能力之传闻证据。

时，该被告人以外之人之陈述，既经当事人表明声明异议或不同意作为证据，自不得进入审判程序进行法定调查证据之程序。

3. 关于第 158 条之 4 之证据排除法则

首先，"本法"第 158 条之 4 规定："除法律另有规定外，实施刑事诉讼程序之公务员因违背法定程序取得之证据，其有无证据能力之认定，应审酌人权保障及公共利益之均衡维护。"由于实施刑事诉讼程序之公务员所取得之证据，于进行审判程序前，受命法官于准备程序处理有关证据能力之意见时，如当事人、代理人、辩护人及辅佐人对卷内已经存在之证据或证物，争执其有无证据能力时，即可于准备程序"先予调查"，以发挥准备程序筛选证据能力之功能①，实务上认为，"法院所应调查之待证事项，依其内容，有实体争点及程序争点之分；而其证明方法，亦有严格证明及自由证明之别。实体之争点，因常涉及犯罪事实要件之该当性、有责性及违法性等实体法上事项，均与发现犯罪之真实有关，自应采取严格之证明，故其证据调查之方式及证据能力，均受法律所规范，适用直接审理原则；至程序争点，既非认定有无犯罪之实体审判，而仅涉及诉讼要件之程序法上事项，自得采取自由之证明，其证据能力由法院审酌，并无直接审理原则之适用。"②并认为：犯人之知识程度及犯罪时所受之刺激，如为单纯科刑所审酌之情状，非属犯罪构成要件之事实，以经自由证明为已足，所谓自由证明，系指使用之证据，其证据能力或调查程序不受严格限制。③ 故就适用范围而言，"程序事项争点之证明"，仅须适用自由证明之程序为已足，有关证据能力之问题，乃属于程序事项之争点，其证明采自由证明，并不受直接、言词审理原则之限制，是以有关证据能力之问题，并无"为贯彻直接审理原则之要求，必须于审判日期调查为必要"之问题，自不以于审判程序调查为必要。

其次，"最高法院学术研究会"早就提出上述主张，并说明其增订条文之理

---

① 第 273 条第 1 项第 4 款之立法理由可知，最初"司法院版之修正草案"，关于"刑事诉讼法"第 273 条第 1 项第 4 款规定"有关证据能力之意见"之修正理由为："又当事人对于卷内已经存在之证据或证物，其证据能力或证明力'如无争执'，即可先予排除，而专就有争执之证据进行调查。"最后经"立法院"通过后之第 273 条第 1 项第 4 款"有关证据能力之意见"，其修正理由则改变为："当事人对于卷内已经存在之证据或证物，其证据能力'如有争执'，即可先予调查"。将"其证据能力或证明力'如无争执'，即可先予排除"，改变为"其证据能力'如有争执'，即可先予调查"。可供参照。

② 参照"最高法院"92 年度台上字第 3844 号判决。

③ 参照"最高法院"93 年度台上字第 2251 号判决。

由为:"由于在审判日期始行处理自白之任意性或违法搜集证据应否排除等有关证据能力之问题,不免造成诉讼之迟延,同时审判日期由合议庭法院调查自白任意性等问题,即使认为该证据无证据能力而予以排除,此时法院亦已因介入审查该项证据之内容而心证受到污染,因此为了促进审判日期之迅速集中审理,且贯彻预断排除原则,有关自白任意性或违法搜集之证据应否排除等有关证据能力之问题,当事人或辩护人有异议者,应于第一次审判日期前之准备程序中声明异议,由受命法官审查"① 由此可知,第 273 条第 2 项之规定,实际上即系"最高法院学术研究会"之主张,故准备程序进行中,如当事人对卷内已经存在之证据或证物,对其证据能力有所争执,受命法官自得为有关证据能力有无之调查。

再者,准备程序具备"过滤案件"、"整理争点"及"筛选无证据能力之证据"等功能。关于第 273 条第 2 项之规定,当时并非"司法院"所提"刑事诉讼法部分修正草案"之条文,而是"立法委员"高育仁等 35 人拟具"刑事诉讼法部分条文修正草案"之提案条文,其增订理由为:"由于在审判日期始行处理自白之任意性或违法搜集证据应否排除等有关证据能力之问题,不免造成诉讼之迟延,同时审判日期由合议庭法院调查自白任意性等问题,即使认为该证据无证据能力而予以排除,此时法院亦已因介入审查该项证据之内容而心证受到污染,因此为了促进审判日期之迅速集中审理,且贯彻预断排除原则,增订第 2 项规定。"依此一增订理由可知,其用意乃是强调准备程序在取得"筛选无证据能力之证据"的相关信息,避免无证据能力之证据进入审判日期,影响法院对事实认定之正确性。准备程序要发挥"筛选无证据能力之证据"的功能,受命法官对有无证据能力之争执事项,得依法进行"程序事项"之调查。

从而,关于"本法"第 158 条之 4 之规定,若实施刑事诉讼程序之公务员因违背法定程序取得之证据,其有无证据能力之"调查",自得由受命法官于准备程序中为之,并据此表示对于该证据能力之意见;至于其有无证据能力之"认

---

① "最高法院学术研究会"编印:《"刑事诉讼起诉状一本主义及配套制度"法条化研究报告(下)》,"最高法院学术研究会"丛书(七),2001 年年版,第 718 页至第 719 页。

定"——即证据是否禁止于个案使用,① 仍应由该案件所属之合议庭为之。准此以观,依第 158 条之 4 之规定,受命法官既得于准备程序中针对证据能力之有无进行调查,则于审判日期前,合议庭已得对于受命法官经调查所得关于证据能力有无之证据进行判断,自得以证据能力之裁定决定该项证据得否进入审判程序进行法定调查证据之程序。

(四)小结

由上述说明可知,无证据能力之证据,原则上不得进入审判程序,但若属于传闻禁止例外之证据得否进入审判程序,因其于程序上有不同之要件,自应视情形而定:

1. 如为"本法"第 159 条之 1 第 1 项之规定,被告人以外之人于审判外向法官所为之陈述有证据能力;若为同条第 2 项之规定,被告人以外之人于侦查中向检察官所为之陈述,原则上亦有证据能力,各该证据均得进入法定调查证据之程序。

2. 第 159 条之 2 之规定,合议庭得于进行审判程序前藉由附条件之方式裁定该证据有证据能力,并于审判中对于该证人所为之证述,由合议庭评议之。

3. 第 159 条之 3 之规定,于检察事务官、司法员警官或司法警察调查中所为之陈述,须证明具有可信之特别情况且为证明犯罪事实之存否所必要者,具有证据能力。

4. 第 159 条之 4 第 1 款、第 2 款之部分,经"法律"明文之方式,推定为有证据能力,在被证明为显有不可信之情况前,均得进入审判程序进行证据调查;若是同条第 3 款之部分,倘该被告人以外之人之供述证据不具有可信之特别情况,自不得进入审判程序进行调查。

5. 至于第 159 条之 5 之规定,因其有无证据能力取决于审判程序中是否同意或不声明异议,故合议庭先于第一次审判日期前之证据能力裁定书之裁定理由内附加条件为:"依第 159 条之 5 第 1 项之规定,经当事人于审判程序中同意后,有证据能力。"或"依第 159 条之 5 第 2 项之规定,若未经当事人于言词辩论终结前声

---

① "证据禁止使用"系较为广泛之概念,包括"供述证据之绝对排除"及"非供述证据经权衡后相对排除"之情况。本文认为"供述证据"及"非供述证据"违反法定程序之效果应严加区分,前者涉及意思自主决定之人格自由的侵害,应"绝对排除";后者重在"物证"取得程序之违法,可经权衡法则审酌后,决定应否"相对排除",二者适用之法理并不相同。

明异议者，视为同意而有证据能力。"，而将之列入审判日期之法定调查证据程序。

6. 关于第158条之4之规定，由于受命法官于准备程序中，得以调查证据之方式，取得该证据有无证据能力之数据，质言之，合议庭于进行第一次审判日期前，受命法官业已践行调查该证据是否有第158条之4之程序，包括传唤证人、调取相关证据等程序上之事项，以证明执行侦查程序之公务员，就该证据之取得或搜集有无违反法定程序等信息，故于受命法官调查证据有无证据能力之程序事项后，合议庭已有充足之信息决定该证据有无证据能力，自得于审判日期前，先行以证据能力裁定之方式，决定排除该证据，或使该证据进入法定调查证据之程序。

四、合议庭于程序暨实体认定之权力

（一）合议庭对于程序事项之认定

按程序事项，系指实体事项以外、与认定"构成要件事实、违法性事实及罪责事实"无关之事项。合议庭存在之目的，主要在于确认被告人是否有起诉书所载之事实存在，因此，合议庭主要之功能，原则上在于进行审判程序，并藉由践行严格证明之审查，以形成被告人是否构成犯罪之心证。然而，在进行实体认定前，必先就某些程序事项认定明确。但依"刑事诉讼法"第279条第1项之规定，行合议审判之案件，为准备审判起见，得以庭员一人为受命法官，于审判日期前，进行准备程序，则受命法官依上述规定，固然得以先就法定程序事项进行准备，然受命法官依上述规定，系由合议庭"进行准备程序"，甚为显然。

因此，受命法官取得合议庭之法定授权后，始得在准备程序中逐一整理争点、筛选无证据能力之证据及安排调查证据之范围、次序及方法。此所以"立法者"在第279条第2项赋予受命法官如同合议庭相同地位之权限，得充分运用其法定职权以进行准备程序。受命法官得处理之程序事项类型繁多，例如：当事人声请调查证据之准驳、证据能力之有无、[①] 对于受命法官于准备程序中就将来证

[①] 按合议庭对于程序事项之处理，依目前审判实务之调查，以证据能力为其大宗，本文认为，证据能力应由受命法官于准备程序中调查，合议庭再针对受命法官经调查后所得之证据资料判断该证据有无证据能力。受命法官于准备程序中具有调查证据能力之权限，甚至得藉此汇整由当事人表示关于证据能力之意见（刑事诉讼法第273条第1项第4款参照）后，交由合议庭判断，但合议庭具有终局裁定该证据有无证据能力之权源，以决定该证据是否进入审判程序进行法定调查证据之程序。

据调查之范围、次序或方法所作之安排等节。① 俱属之，凡属于实体事项（即认定被告人有无构成要件该当、违法性及罪责等"事实认定"部分）以外之程序事项，受命法官依刑事诉讼法第 279 条第 2 项本文之规定（书关于"同法"第 121 条之裁定，不在此限），与合议庭具有相同之权限，但受命法官此一权限，并非大于合议庭之权限，而是该案件之合议庭依"本法"第 279 条第 1 项之规定，本于法律之规定授权受命法官于审判日期前行准备程序。因此，受命法官对于程序事项之处理权源系来自于合议庭，若与合议庭嗣后对于受命法官同一程序事项之处理有不同意见者，仍应以合议庭之意见为准。

准此以观，受命法官与合议庭功能并不相同。受命法官对于程序事项具有调查而取得供合议庭裁定有无证据能力或决定其他程序事项之权限，但正是因为该案件为合议案件，故合议庭对于前述程序事项，仍有终局决定之权力，自无待言。

(二) 合议庭对于实体事项之认定

按合议庭对于实体事项之认定，必须践行"同法"第 155 条第 2 项之法定调查证据之程序。亦即认定事实之前题，必须就各该法定证据践行第 166 条至第 167 条之 7 之法定调查证据之流程，② 证据经过合法调查程序后，始有形成事实心证之可能；若证据未经合法调查程序，自不得就未经合法调查之证据加以评价，倘予以评价而形成判决，自有"本法"第 379 条第 10 款判决当然违背法令之问题。

然而，由于立法者对于刑事诉讼法第 163 条法条文字之误用，造成"调查"证据＝"取得"证据，进而发生语意上之混淆。按本法第 163 条第 1 项规定："当事人、代理人、辩护人或辅佐人得声请'调查证据'，并得于调查证据时，询问证人、鉴定人或被告人。审判长除认为有不当者外，不得禁止之。"其所指之证据调查，形式上虽使用"当事人……得声请调查证据……"之用语，但其

---

① 参照"刑事诉讼法"第 273 条第 1 项第 6 款之规定。
② 合法之调查程序乃是获致证据资料以形成心证之前提，未经合法调查之证据不得作为心证形成之基础，与取证时应具备之关连性、合法性之证据的证据能力要件并不相同，因此，证据并不会因为经过合法调查程序后，即取得"证据能力"，若系违法取证、欠缺关连性之证据，即使经过合法调查程序后，仍然无证据能力。简言之，合法之调查程序并非系取得证据能力之要件，然学理上有不同见解。林钰雄，《盖上潘多拉的盒子——释字第 582 号解释终结第六种证据方法？》，载月旦法学杂志，2004 年 12 月第 115 期，第 62 页。

本质上却是当事人请求法官依职权"取得"对其有利证据之权利之意。① 观诸同条第2项规定:"法院为发见真实,得依职权'调查证据'。但于公平正义之维护或对被告人之利益有重大关系事项,法院应依职权'调查'之。"实际上本条项所指之依职权调查证据,系指法官为发现真实,本于其职权"取得"证据而言。因此,"本法"第163条所指之证据调查,系指法官依当事人等之声请或依职权所为之"取证"行为。②

此外,合议庭对于合议案件应依"刑事诉讼法"第154条第2项之证据裁判原则,依法认定事实、适用法律,具证据资格之证据经法定证据调查程序后,始得对于该证据加以评价,称此证据对于事实所得产生之价值作用,为证据之证明力。③ 证据证明力之射程范围,仅在于"法定证据调查程序后",对于证据价值所得评价至犯罪事实存否之程度。合议庭对于实体事项之认定,系针对各该证据所得评价之界限,依自由心证之方式达到形成被告人有罪之高度盖然性始可,学理上亦有称之为"无合理怀疑"。若将此种高度盖然性之心证予以量化之结果,约略自80%至90%以上之程度,但仍应视个案之证据评价而定。④ 自证据推演至事实之过程,仍然必须透过对于构成要件事实之分割,先行就主体事实、行为事实、客体事实、结果事实、行为与结果间之因果流程事实及法益侵害事实等区块加以分类,经由证据群之重新整理,确认各该证据之本位,再行藉由各该证据之评价可得证明之程度为何,以决定对应于何一构成要件事实。

合议庭对于实体事项之认定,大致上可区分为行为主体、行为形式、行为客

---

① "最高法院101年度刑事庭会议决议(一)"认为:"……证明被告人有罪既属检察官应负之责任,基于公平法院原则,法院自无接续检察官应尽之责任而依职权调查证据之义务。则'刑事诉讼法'第163条第2项但书所指法院应依职权调查之'公平正义之维护'事项,依目的性限缩之解释,应以利益被告人之事项为限,否则即与检察官应负实质举证责任之规定及无罪推定原则相抵触,无异回复纠问制度,而悖离整体法律秩序理念。"可资参照。

② "法官不取证原则",系指法官基于独立、中立之地位针对个案进行听审,本即不负有主动提出证据以证明被告人有罪之举证责任,此乃是因为"刑事诉讼法"第161条第1项业已明定负"实质举证责任"之主体系检察官,并非法官。因此,法官原则上并不负有取得对被告人不利证据之责任,此一概念,称为"法官不取证原则"。

③ 证据之证明力须具有"证据信用性"及"证据证明性"之要件。

④ 应加以强调者,此一心证之程度仅是约略量化之结果,并非法院对于证据评价之结果,若系79%即不构成犯罪,盖以犯罪事实之认定,本即无法以数字量化之方式呈现,本文此处所指,仅是针对通案上证据评价以迄事实认定之间,合议庭认定构成要件事实是否存在之指标,藉此提供心证高低之对照或参考。

体与侵害事实等事项。行为主体所涉及之面向,可再区分为行为人有无在场及行为人有无实施构成要件之行为,[①] 至于行为形式,例如:窃盗罪之窃取行为、杀人罪之杀害行为,则必须藉由各该构成要件事实是否足以到达证明其行为形式之程度,以决定行为人之行为形态。关于行为客体,则指行为所施加之对象,行为客体之存在与否,涉及该客体事实之存在与否,必须藉由该客体证明,有该客体之存在,始有证明该客体事实之可能;如事实上无该客体,或该客体并未经由检察官提出作为证据时,即难证明该客体事实存在。至于侵害事实主要系就行为人之行为所造成法益侵害之结果加以评价,用以归责于行为主体。关于行为主体、行为事实、客体事实及侵害事实,均为证明核心事实(即犯罪事实)所必要之分类,其作用系在于证明核心事实之存在与否,至于构成要件中另有其他特殊要素时,于确认该特殊要素所对应之事实是否存在,自应视检察官是否有提出该证据足以认定该事实之存在,自无待言。

(三)合议庭对于量刑事项之认定

"刑事诉讼法"第289条第3项规定:"审判长应予当事人就科刑范围表示意见之机会。"固无"应予辩论"之明文,然目前实务上除针对事实及法律进行辩论外,当事人间就应科处如何之刑度始符罪刑相当原则,仍是合议庭于审判程序时,作为量刑参考之重要依据,因此,在程序上使当事人针对"量刑范围"进行辩论,亦非不得为之。关于量刑之心证,法院得先行宣示所应适用实体法上之法定刑度,再预先公开可能量刑之具体范围的心证,[②] 使当事人就该范围先行辩论;如被告人或辩论人主张应为无罪之答辩,自无庸就此进行辩论。

关于量刑范围之辩论,当事人应以"刑法"第57条各款事由资为其辩论之界限,即犯罪之动机、目的、犯罪时所受之刺激、犯罪之手段、犯罪行为人之生活状况、犯罪行为人之品行、犯罪行为人之知识程度、犯罪行为人与被害人之关系、犯罪行为人违反义务之程度、犯罪所生之危险或损害、犯罪后之态度及个案之其他情状,以说服法院应为如何之量刑始合乎罪刑相当原则。

至于"量刑范围之心证公开"与"宣告刑之告知"仍有不同,适用上应加

[①] 被告人抗辩其有无在场与判断其是否实施构成要件之行为,并不相同,前者之抗辩,检察官必须提出行为人是否在场之证明。

[②] 如经合议庭评议被告人之行为并不构成任何之犯罪者,即无需进行量刑范围之辩论。

以区别。所谓"量刑范围之公开",并非指辩论后即应为具体刑度之"宣告",而是指使被告人对量刑约略知悉可能量处之范围,例如:合议庭就量刑公开其范围为:"被告人涉犯杀人罪,其法定刑为死刑、无期徒刑或十年以上有期徒刑,依双方之辩论,本案可能量处之刑度为十年以上有期徒刑或无期徒刑,但具体之宣告刑,仍应视合议庭之评议结果而定,对于此种使当事人有预测可能性之告知,仍得再为辩论;①再由检察官向本院具体求处其他刑度或由被告人为无罪之答辩。"经由合议庭就前揭经过量刑辩论之方式,使当事人依"刑法"第 57 条之各款事由,对于将可能量处之刑度进行辩论,将更可充分使当事人对于量刑之意见资为合议庭审判程序后形成量刑心证之基础。

(四)小结

受命法官于准备程序中,得搜集有无证据能力或其他程序事项之数据,供合议庭决定该证据有无证据能力或该程序事项如何作终局处理之权限;至于就实体事项之有无,则必须先经由"刑事诉讼法"第 164 条至第 167 条之 7 之规定,依不同之证据种类践行不同之法定调查程序,在进入审判日期进行证据提示前,合议庭得针对各该证据先行裁定有无证据能力或就程序事项以合议庭裁定之方式决之,俟确认得进入审判日期进行证据调查之证据后,合议庭就各该证据始得依证据裁判原则形成事实心证,进而适用法律、使当事人针对量刑事项进行辩论,合议庭亦得先行公开量刑之心证,使当事人对于该量刑之范围有预测可能性,但仍应于程序中告知最后具体宣示之刑度,仍以合议庭议庭之结果定之。

五、"人民观审试行条例草案"之审判程序

(一)不得接触卷证之限制

1. 不得接触卷证数据之意义及立法理由

"刑事诉讼法"第 264 条规定:"提起公诉,应由检察官向管辖法院提出起诉书为之。起诉书,应记载下列事项:1. 被告人之姓名、性别、年龄、籍贯、职业、住所或居所或其他足资辨别之特征。2、犯罪事实及证据并所犯法条。起

---

① 因此,量刑范围之心证公开并非"宣告刑"之告知,宣告刑仍应于辩论终结后,由合议庭评议。至于量刑范围之心证公开究竟系应如何具体之程度,宜委由合议庭依个案之性质具体判断。至于退庭后所为之"确认性评议",如发现事实认定或法律适用有误,即应为再开辩论之决议。

诉时，应将卷宗及证物一并送交法院。"此为台湾法上采取卷证并送主义之条文依据。然依"人民观审试行条例草案"第 45 条第 1 项之规定："法官、观审员、备位观审员于第一次审判日期前，不得接触起诉书以外之卷宗及证物。"其受拘束之对象，包括法官、观审员及备位观审员，而不得接触卷宗及证物之期间限制在第一次审判日期前。因此，法官、观审员、备位观审员于第一次审判日期前，俱不得接触卷宗及证物，仅得阅览检察官所书写之起诉书；至于第一次审判日期后，即得接触卷宗及证物等节，应堪认定。

"人民观审试行条例草案"第 45 条第 1 项之立法理由谓："行观审审判之案件，观审员本无须以事先接触卷证数据为必要，况对于欠缺专业训练与经验累积之观审员而言，事先接触侦查卷证，更有因而先入为主预存偏见之虞，另斟酌观审员之执行职务时间有限，为免造成其过重负担，是有明定观审员、备位观审员于第一次审判日期前，除起诉书外，不得接触卷宗及证物之必要，爰订定第一项。至第一次审判日期后，观审员自得因应调查证据、形成心证之需要，于必要范围内接触卷宗及证物。"由此可知，本条第 1 项之规定"禁止法官、观审员、备位观审员于第一次审判日期前，接触起诉书以外之卷宗及证物"之原因，主要是为了避免因法官、观审员、备位观审员若事先接触查卷证，将导致有先入为主之偏见存在。此一立法例，似采取日本法上之起诉状一本主义，但并非如此。

2. 与日本法制之比较

按日本法上之"起诉状一本主义"，系指起诉状内不得记载使法官足生有罪预断之虞的文字或附加书类及其他证据之原则，或称为"卷证不并送制度"。卷证不并送制度主要系以防止预断为主要之目的，其相关制度之配套，包括：诉因制度、[①] 证据开示制度、审判前及期日间准备程序、裁定及判决不受理程序及速审程序等。正是因为在卷证不并送制度下，检察官在起诉时及起诉后开庭前，不得附加任何与证明被告人有罪与否之证据及与证据相关之说明，以避免法官在开庭前接触卷证数据而未在公开法庭形成心证，因此法官为了理解起诉范围，势必

[①] 黄翰义：《卷证不并送下之刑事诉讼审理——以日本法上之诉因制度为中心》，载《检察新论》2014 年第 15 期，第 79 页以后有较为详细之说明。

有诉因制度之存在，以确认起诉之界限及检察官是否变更诉因。①

证据开示之第一阶段，乃是赋予被告人或辩护人有阅览及抄录文书或证据之机会。② 第二阶段，重在针对前开第一阶段中，检察官被请求开示之特定证据里，为判断其证据之证明力，使被告人或辩护人能针对其开示之证据进行抄录或摄影，藉由阅览或抄录之机会，作为将来是否抗辩其证据能力或证明力之基础。第三阶段，系由辩方在审判前准备程序中，要求检察官开示其所握有关于辩方所主张对被告人有利而与本案具有关连性之证据，检察官考虑开示之必要性及其弊害而认为相当时，应予开示。

其次，依《日本刑事诉讼法》第256条第6项规定："起诉书内，不得附加足使法官对该案件产生预断之虞之证据书类、证物或其他书面及其内容。"此种限制，事实上系对于提起公诉程序上之要求。换言之，如违反此一规定，其起诉程序即有欠缺，而此种欠缺并无法经由补正或撤回之方式治愈，亦即该情事已使法官对于所起诉案件产生预断之虞，即使撤回亦无法抹去法官已见闻或接触该卷证数据或足以产生预断之虞之心证，应认为属于无效之起诉。

又在起诉书内记载之事实或基于犯罪告发之事实（即所谓成立犯罪构成要件之事实），如有欠缺者，依"刑事诉讼法"第338条第4款之规定（起诉之程序违反规定而无效），亦应不受理。③ 换言之，如起诉书内记载之事实纵属真实，但无法构成任何犯罪之情形，亦认为欠缺公诉事实之记载，此时应为不受理之裁

---

① 此外，由于卷证不并送，被告人及辩护人对于检察官究竟提出何种证据之类型及其内容无法知悉，故在审判前准备程序时，自应针对检察官提出之各项证据有阅览及抄录、摄影之机会，以利其将来于审判程序中进行有效之攻击防御；再者，当检察官起诉之诉因不特定、起诉时附加可能污染法官心证之证据或与证据相关之说明或有其他法定事由时，自已影响法官对于案件审理之空白心证，对于此一情形，自应有相对应之法律规范以资适用，此即"裁定或判决不受理"程序存在之必要性。

② 依日本实务上关于证据开示运作之情形，原则上系由当事人一方之被告人及辩护人请求检察官就其声请法院调查之证据开示予被告人及辩护人，此一程序在适用裁判员之案件时，应由法官开庭进行公判前准备程序，以使被告人及辩护人得以取得检察官相关之证据资料内容；至于不适用裁判员之案件则自行由被告人及辩护人向检察官声请提出，至于检察官要提出如何程度、范围之证据供被告人及辩护人阅览，则由检察官决定，若被告人及辩护人对于开示之范围仍有疑义，则由被告人及辩护人向法院请求命检察官开示特定类型之证籍供其阅览及抄录。

③ 《日本刑事诉讼法》第338条规定："下列情形，应以判决废弃公诉：一、对被告人无审判权时。二、违反第340条之规定提起公诉。三、对于已提起公诉之案件，于同一法院再行提起公诉。四、提起公诉之程序因违反其规定而无效时。"日本法制上之废弃公诉程序颇类似台湾"不受理判决"之方式，故本文翻译为"不受理判决"，附此叙明。

定，此亦为"同法"第339条第1项第2款所明定①，因此，未于起诉书内记载犯罪成立要件之事实时，显然未告知被告人其所防御之对象为何，由于该起诉书有严重之瑕疵存在，故不得补正而应裁定不受理，此系以「裁定」之方式，终结检察官对于案件之诉讼系属。

3. 本质上存在之问题

①仍有导致偏见存在之隐忧

由于对于法官、观审员及备位观审员对于起诉书－含起诉之事实、适用之法条及足以支持检察官起诉事实之证据名称、检察官用以说服法院形成心证之说明理由等，仍得接触、阅览及审阅，倘依《日本刑事诉讼法》第256条第6项规定："起诉书内，不得附加足使法官对该案件产生预断之虞之证据书类、证物或其他书面及其内容。"则其违反之法律效果，应即认定为无效之起诉，参诸"人民观审试行条例草案"第45条第1项之规定，并无相关之内容足以规制，准此，当法官、观审员及备位观审员对于起诉书之事实、法条予以接触，甚至对于检察官起诉被告人而于起诉书内载明之所有具体之证据及其内容、检察官用以说服法院形成心证之有罪说明全盘予以阅览后，是否足以达到本条项所指"避免因法官、观审员、备位观审员若事先接触查卷证，将导致有先入为主之偏见存在？"容有怀疑之处，亦极有可能造成法官、观审员及备位观审员对于起诉书所载之证据、证据内容及检察官对于各该证据内容所推演出对被告人不利之证据评价内容，遭受到污染，此与日本立法例上严格禁止起诉书内载明对被告人不利之证据及其说明完全不同，究其原因，乃是台湾"刑事诉讼法"第264条第3项犹维持"卷证并送制度"使然。②造成纵使"人民观审试行条例草案"第45条第1项虽明订法官、观审员及备位观审员于第一次审判日期前不得接触卷证数据，但在实际上，仍无法避免污染法官、观审员及备位观审员审阅起诉书所载不利于被告人之证据及其证据评价之说明，复无相关之配套措施，造成无法防止审判者"预断"之目的，亦与本条项之立法目的背道而驰，甚为灼然。

---

① 《日本刑事诉讼法》第339条第1项规定："下列情形，应以裁定废弃公诉：1、依第271条第2项之规定提起公诉而失其效力时。2、起诉书所记载之事实纵属真实，亦无法构成犯罪时。3、撤销公诉时。4、被告人死亡或法人为被告人而不存在时。5、依第10条及第11条之规定不得审判时。"

② "刑事诉讼法"第264条第3项之规定即是台湾采取卷证并送制度之依据。

②欠缺相对应之法律效果

然依"刑事诉讼法"第 264 条第 3 项之规定，起诉后卷证数据仍一并移送法院进行审理，于起诉后，附于起诉书之卷证数据均移由承办法官处理，并非如日本法原则上系采取卷证不并送及有相关之配套措施，法官、观审员、备位观审员若于第一次审判日期前，接触起诉书以外之卷宗及证物，亦无相对应之法律效果，势必造成此一规范在实际审理案件之过程中，对于法官及观审员而言，是否有拘束力之问题。

③同条第 2 项之规定破坏第 1 项之原则

再者，观诸"人民观审试行条例草案"第 45 条第 2 项规定："法官为处理下列事项，于必要之范围内，不受前项规定之限制：1、行准备程序。2、于审判日期行诉讼指挥。3、第 6 条第 1 项、第 43 条第 1 项、第 2 项之裁定。4、关于羁押、具保、责付、限制住居、没入保证金、退保、搜索、扣押或扣押物发还、因鉴定将被告人送入医院或其他处所、证据保全、依'刑事诉讼法'第 105 条第 3 项、第 4 项所为之禁止或扣押及对于限制辩护人与被告人接见或互通书信之裁定。"等情形亦全数将之包括在内，将大量例外之情形加以规范，几近架空同条第 1 项之规定，合议庭于进行阅卷时，是否可以严格遵守"程序事项"与"实体事项"之区分而不受到影响，以避免于进行程序事项而充分接触卷证后，又不致污染其对于实体事项之空白心证，在实际之运作上，亦亟待考验。

因此，关于同条项第 3 款之部分系针对程序事项所为而不得不使法官接触卷证数据之要求，但法官依同条项第 1 款、第 2 款又得以接触卷证数据，此一规定，等于直接破坏同条第 1 项所要求："避免因事先接触查卷证，导致有先入为主之偏见"之立法目的，① 至为灼然。

(二) 程序事项及中间讨论

1. 程序事项之说明

依"人民观审试行条例草案"第 47 条第 1 项之规定，因观审员、备位观审

---

① 依此说明，则同条第 1 项之规定似仅得对观审员及备位观审员发生效力，然问题并不仅止于此，关于接触卷证之界限为何？亦有必要于个案中予以明确规范，换言之，若观审员或备位观审员接触卷证、或虽未接触卷证，但实质上已接触与卷证具有相同效果之数据时，亦未见相对应之法律效果，则此时得否认该观审员或备位观审员不适格？或因其心证业已污染，故无法再行参与合议？在理论上终应解决此类问题，较为妥当。

员并非法律上专业人士，复不得事先接触卷宗及证物，为使观审员、备位观审员能迅速掌握审判日期诉讼程序进行之顺序、自身权限与义务、以及刑事审判之基本原则（如自由心证主义、证据裁判主义、无罪推定原则）、被告人被诉罪名之构成要件及法令解释、本案事实与法律之重要争点、后续证据调查之范围、次序及方法等事项，以达成实质参与之目的，审判长自应于第一次审判日期前，向观审员说明上述事项。由于各个试行法院使用之态样不一，复与案情简、繁相关，故就本条第 1 项所定审判日期诉讼程序进行之顺序、观审员之权限与义务、以及刑事审判之基本原则、被告人被诉罪名之构成要件及法令解释、本案事实与法律之重要争点、后续证据调查之范围、次序及方法等事项，有由审判长仅以口头说明或投影片拨放之方式为之，亦有以书面方式交由观审员阅览后再加以说明者，作法未尽相同，但对于上述程序事项之进行，审判长有确实告知观审员之义务，并无争议。

关于本案被告人被诉罪名之构成要件及法令解释，依笔者实际参与数十场以上之模拟观审法庭及研讨会之经验，有主张避免使用艰涩之文字或用由语，或过度详细介绍本案之事实或法律见解，其理由主要系避免观审员先入为主，先行产生对被告人不利益之倾向，参以观审员若当日进行完选任程序，恐已身心俱疲，若发给其介绍本案过多资料之书面，不仅较难以逐一翻阅、检视，若详细以一般用语介绍，书面数据又过于繁杂，是否能在短时间吸收或理解本案之构成要件或法令解释，亦非无疑；故亦有主张仅应适度告知观审员关于构成要件之大致意思及约略之法律见解即可，至于观审员若于审理程序进行之过程中，发现有无法或难以理解之构成要件或法令解释，自得由审判长就该具体事项进行说明，笔者于台湾"士林地方法院"进行观审模拟法庭后之研讨会中，亦曾提出可尝试以"卡片式"之简易方式或以树枝图、流程图之书面，简化说明，① 似可资为将来关于程序事项之依据。

此外，关于程序事项之说明，更包含审理程序进行中之休息时间与中间讨论之时间，均应让实际参与审判程序之观审员理解并知悉审判长关于程序进行之时

---

① 依笔者所观察除台湾"士林地方法院"以外之其他试行法院，关于上述事项之说明，大致上均使用书面加上由审判长说明之方式为之，然由于案例事实是否可于短时间内消化完毕，仍应视观审员之理解程度而定，若能以图示之方式使观审员一目了然，或许更有助于观审程序之进行。

间间隔，以避免在毫不知情或无法理解程序之情况下，于审判程序进行中自行离席或对于不该发问之际而进行发问等情事发生。因此，关于审理程序进行之时间表，亦可在开始进行审判程序前，发给观审员时间表之书面，以使审理程序之进行更细致。

2. 中间讨论程序

按中间讨论系指依"人民观审试行条例草案"第2条第2款规定："于审判日期之诉讼程序进行中，为厘清观审员、备位观审员就程序、实体所生之疑惑，由法官向观审员、备位观审员说明并交换意见之程序。"[①] 中间讨论之目的，在于使每一观审员针对先前于审判程序进行之过程中，由审判长就程序进行之形式及实质，使观审员理解[②]；但审判长于中间讨论时，仅得向观审员阐述程序进行之意义，或就观审员提出之事实或法律问题加以说明，并不得就本案之事实或法律进行心证之评价，以避免使观审员对于是否构成犯罪之问题受到影响。

次按"人民观审试行条例草案"第8条第2款之立法理由谓："为期观审员能经由参与证据调查、言词辩论等程序而顺利形成心证，是观审员之职权，自应包括全程参与审判日期之诉讼程序而无中断，参与中间讨论以厘清程序、实体所生疑惑，另亦应参与终局评议，与法官就事实之认定、法律之适用及量刑进行讨论，并陈述其意见，参考《日本裁判员法》第6条、韩国《国民参与刑事审判法》第12条第1项规定明定之。"是中间讨论之规范，似源自于《日本裁判员法》之立法例。但经查，《日本裁判员法》并未将中间讨论之规定形诸于法条文字，依《日本裁判员法》第6条第1项之规定："依第2条第1项之合议庭处理案件之情形，以依刑事诉讼法第333条所宣示之有罪判决、同法第334条之免刑判决、第336条之无罪判决或少年法第55条之规定，关于裁定移送家庭裁判所相关之法院判断（第2项第1款、第2款所列事由除外），针对下列事由，应依第2条第1项合议庭之成员法官及裁判员合议定之。1、事实认定。2、法律适

---

① 按审判长于第一次审判日期前依"人民观审试行条例草案"第47条第1项之规定，向观审员、备位观审员说明上述事项后，若观审员、备位观审员仍有不了解之处，或审判长之说明有未尽之情形时，仍应由审判长于中间讨论，以资补充。

② 但依"人民观审试行条例草案"第54条第1项之规定："参与审判之观审员有更易者，除31条第1项之情形外，应更新审判程序，并为中间讨论。"若有新任观审员参与合议庭时，除应更新审判程序外，并应践行中间讨论之程序，使其理解先前审判程序进行之争点及业经进行证据调查之证据。

用。3、量刑事由。"① 同条第 2 项则规定："于前项所规定之事由中，下列法院所为之判断，由组成之法官合议为之。1、关于法律解释之判断。2、关于诉讼程序之判断（少年法第 55 条除外）。3、其他关于裁判员判断以外之事由。"② 因此，就"人民观审试行条例草案"第 2 条第 2 款之规定，立法者将中间讨论程序以法条文字之方式呈现，或系考虑日本实务上针对审判程序之进行均有中间评议之时间，进而予以条文化。

依"人民观审试行条例草案"之规定，关于中间讨论系针对前一阶段所进行之程序向观审员提出说明或对于观审员无法或难以理解之问题予以解释，此一阶段之中间讨论类型，可区分为：对证人进行交互诘问后之中间讨论、其他证据调查程序后之中间讨论及当事人双方询问被告人后之中间讨论等阶段，兹分别说明如下。

①对证人进行交互诘问后之中间讨论：

按对于证人进行交互诘问，主要系依"刑事诉讼法"第 166 条至第 167 条之 7 之规定进行证人之法定调查证据程序。于进行交互诘问时，当事人双方针对证人所进行之主诘问、反诘问、覆主诘问、覆反诘问之过程中，必定有许多可能违反诘问程序而遭致异议或为审判长禁止、限制诘问之事由，甚至虽未违反诘问程序，但仍经对造当事人声明异议之情形；甚至证人所陈述之内容有时会因当事人双方进行诘问之角度不同，或因为陈述矛盾，而造成前后证述内容不一之情形。前者涉及诘问程序之事项，后者则属于实体判断之层面，中间讨论于诘问程序中，更具有重要性，就涉及程序事项之部分，审判长主要在于就观审员无法理解之程序，说明其意义；至于涉及实体事项之部分，则仅由审判长就证人于诘问程序中，前后是否不一、有无陈述矛盾之处，供观审员自行判断证人证词是否足以

---

① 《日本裁判员法》第 6 条第 1 项原文为："第 2 条第 1 項の合議体で事件を取り扱う場合において、刑事訴訟法第 333 条の規定による刑の言渡しの判決、同法第 334 条の規定による刑の免除の判決若しくは同法第 336 条の規定による無罪の判決又は少年法第 55 条の規定による家庭裁判所への移送の決定に係る裁判所の判断（次項第 1 号及び第 2 号に掲げるものを除く。）のうち次に掲げるものは、第 2 条第 1 項の合議体の構成員である裁判官及び裁判員の合議による。1、事実の認定。2、法令の適用。3、刑の量定。"

② 同条第 2 项原文为："前項に規定する場合において、次に掲げる裁判所の判断は、構成裁判官の合議による。1、法令の解釈に係る判断。2、訴訟手続に関する判断（少年法第 55 条の決定を除く。）。3、その他裁判員の関与する判断以外の判断。"

相信。

应加以说明者，"人民观审试行条例草案"第 52 条规定："证人、鉴定人、通译或被告人经当事人、辩护人或辅佐人诘问或询问完毕后，审判长得依观审员之请求，讯问之。审判长认为适当者，得由观审员直接讯问之。"故原则上观审员并不得直接讯问证人、鉴定人、通译或被告人，而必须请求审判长讯问之，倘审判长认为适当时，始例外得由观审员直接讯问之。①

②其他证据调查程序后之中间讨论：

其他证据调查之程序，主要系依"刑事诉讼法"第 164 条至第 165 条之 1 之规定，针对书证、物证进行证据调查程序之过程。当事人于针对书证、物证进行证据调查之程序中，大致上俱是对于证据能力或证明力进行争执，而观审员针对证据能力之理解或证明力与证据能力之区分，容有较无法分辨之可能，因此，审判长即有必要于证据调查程序后，针对可能产生之疑义，向观审员说明当事人争执证据能力或证明力之处，以使观审员得以充分理解其意义并为判断。

依"人民观审试行条例草案"第 50 条第 1 项规定："关于证据能力及证据调查必要性之判断、诉讼程序之裁定、法令之解释，专由法官合议决定之。"固然就上述涉及法律专业事项之部分，专由法官合议决定之，然关于证据调查之程序，有时确涉及法律专业问题之解释，若观审员对于证据能力及证据调查必要性之判断、诉讼程序之裁定、法令之解释有疑义时，审判长自于程序进行至一段落时，自亦有进行中间讨论之必要②，故同条第 2 项乃明定："观审员、备位观审员对于前项事项有疑义者，审判长应行中间讨论。"

③当事人双方询问被告人后之中间讨论：

由于被告人亦是属于法定证据种类之一，被告人所为之供述，自亦属于证据评价之对象，因此，当事人及辩护人藉由询问被告人之方式所取得被告人之供述，若为自白，自有评价其与补强证据间之关系；倘系辩解，则其辩解是否与法

---

① 本条之立法理由即谓："为使观审员得顺利形成心证，审判长自得于证人、鉴定人、通译或被告人经当事人、辩护人或辅佐人诘问或询问完毕后，依观审员之请求，代为讯问证人、鉴定人、通译或被告人特定之问题，若审判长认为适当者，亦得由观审员直接讯问之。"可资参照

② "人民观审试行条例草案"第 50 条第 2 项之立法理由即谓："观审员、备位观审员虽不具法律专业，故不得参与前述法律问题之决定，但为期观审员、备位观审员能形成妥适之意见，观审员、备位观审员对于证据能力及证据调查必要性之判断、诉讼程序之裁定、法令之解释有疑义者，审判长应行中间讨论并说明之。"可供参照。

院所进行证据调查程序后之结果一致？是否与其他证据之间互相吻合？此类问题自有进行中间讨论之必要，以使观审员对于被告人所为之供述能充分理解其于刑事程序上之意义。故在实际进行模拟法庭试行之阶段，大致上均在双方询问被告人后，安排中间讨论之时间，① 若观审员于中间讨论时，有提出问题或需要由审判长于其后依职权讯问被告人时提出，亦可一并于中间讨论时告知审判长，使其后审判长于讯问被告人之过程时，能一并对被告人讯问该问题。

(三) 观审员更易、缺额与法院组织之合法性

1. 法条之意义与目的

按依"人民观审试行条例草案"第54条第1项之规定："参与审判之观审员有更易者，除第31条第1项之情形外，应更新审判程序，并为中间讨论。"② 观审员如因解任、准予辞任而有更易者，为期递补之观审员能理解本案之争点及已经调查之证据内容，以实现直接审理主义之宗旨，是除递补之观审员系自备位观审员中依序递补者，因该递补之观审员先前业以备位观审员之身份参与审判，无庸更新审判程序外，其余情形，如依第31条第2项、第4项之规定补充选任观审员者，自均应更新审判程序。又观审员有更易而更新审判程序者，为使新任之观审员得以迅速了解审判日期诉讼程序进行之顺序、自身权限与义务、以及无罪推定、证据裁判等刑事审判之基本原则、被告人被诉罪名之构成要件及法令解释、本案事实与法律之重要争点、后续证据调查之范围、次序及方法等事项，以达成实质参与之目的，自应为中间讨论。

又同条第2项规定："前项审判程序之更新，审判长应斟酌新任观审员对于争点、已经调查完毕证据之理解程度，及全体观审员与备位观审员负担程度之均衡维护。"更新审判程序，审判长除应使递补就任之观审员充分理解对于争点与已经调查完毕证据之内容外，亦应避免造成全体观审员与备位观审员过重之负

---

① 关于中间讨论之时间，依笔者观察数个试行地方法院之经验，大致上均安排在每一诉讼阶段后约10分钟至15分钟左右，于日本裁判员制度施行后之实际操作，时间原则上亦约10分钟至15分钟，但仍需视案件质量之情形而定，未可一概而论。

② 依"人民观审试行条例草案"第31条第1项之规定："观审员、备位观审员因前2条规定解任者，观审员所生缺额，由备位观审员依序递补之；备位观审员所生缺额，由序号在后之备位观审员递补之。"同条第2项至第4项规定："观审员因解任而致缺额，且无备位观审员可资递补时，法院应自本案业经第28条之程序而未获抽选之候选观审员中，以抽签方式抽选当时所需观审员及备位观审员，并即通知其到庭执行职务。前项抽选程序，非经检察官、辩护人到庭，不得进行。"

担，例如审判日期诉讼程序已经调查之证人，宜以公开法庭播放调查过之录像、提示笔录使之详加阅览等适当之方式，使递补之观审员充分理解证言之内容。

至于"人民观审试行条例草案"第 48 条规定："审判日期，观审员缺额者，不得审判。"乃是为实现国民参与审判之立法宗旨，并维持第 3 条所定观审法庭之组成，是审判日期如遇观审员有缺额者，自不得进行审判，而应先依第 31 条之规定补齐缺额。

2. 日本立法例之比较

"人民观审试行条例草案"第 54 条之条文内容，应系受日本裁判员法第 61 条规定之影响。经查，《日本裁判员法》第 61 条规定："审判程序开始后，于本法第 2 条第 1 项所定之合议庭中，有新加入裁判员时，应更新审判程序。前项更新审判程序，应使新加入之裁判员得以理解争点及已经调查之证据，并应尽量不使其负担过重。"① 由此观之，法制上对于合议庭有更动观审员或裁判员之情形下，规定上稍有不同，② 日本裁判员制度下之合议庭成员若有更动，无论是裁判员或备位裁判员，均应更新审判程序，但"人民观审试行条例草案"第 54 条第 1 项之规定，在有备位观审员而始终到庭之情形下，无需更新审判程序；至于若是经由依第 31 条第 2 项、第 4 项之规定补充选任观审员者，因该新任之观审员并先前并未自始参与审判程序，自应于其参与时起，更新审判程序。

3. 制度上可能产生之疑义

然而，"人民观审试行条例草案"第 54 条并未明定其违反之法律效果，在无相对应法律效果之情形下，对于此种违反法律规定之合议庭，其程序进行之效力为何？其因此所为之评议效力为何？合议庭嗣后分别进行评议，就观审员自行评议之结果，究竟有无违法？或仅是不当？虽合议庭之法官评议，依法本即不受观审员评议结果之影响，③ 然若法官充分斟酌观审员之评议之意见，则该判决有无

---

① 《日本裁判员法》第 61 条之原文为："公判手続が開始された後新たに第 2 条第 1 項の合議体に加わった裁判員があるときは、公判手続を更新しなければならない。前項の更新の手続は、新たに加わった裁判員が、争点及び取り調べた証拠を理解することができ、かつ、その負担が過重にならないようなものとしなければならない。"

② 且依日本裁判员制度，若为新任裁判员时，《日本裁判员法》第 61 条内并未规定应于中间讨论程序中使该新任裁判员理解该案之争点及各项业经进行之证据。

③ 依"人民观审试行条例草案"第 59 条规定："法官就事实之认定、法律之适用及量刑之评议，以过半数之意见决定之，不受观审员陈述意见之拘束。"可资参照。

违法？申言之，倘新任观审员成为合议庭之成员后，并未由审判长更新审判程序，则是否构成"刑事诉讼法"第379条第1款"法律之组织不合法"而有判决当然违背法令之问题？或审判长虽有更新审判程序，但并未使新任观审员理解或充分理解先前之争点或业经调查之证据，① 在新任观审员未理解或充分理解之情形下，有无法院组织不合法之问题？于"人民观审试行条例草案"中，对此显然并无相关规定可资适用或进一步详加规范，恐造成法条适用上之争议，亦衍生出上级审法院将来对于此一判决上诉后，得否依"刑事诉讼法"第379条第1款之规定予以撤销改判之疑义。

至于审判程序进行中，观审员若有缺额，嗣后并进行评议，该缺额观审员所组成之会议，若经评议，有无发生法律上之效力？恐亦有疑义。由于"人民观审试行条例草案"与《日本裁判员法》不同，《日本裁判员法》必须由法官与裁判员共同评议，因此若有任何一员缺额，该合议庭之组织即非合法，但"人民观审试行条例草案"则是由法官及观审员分开进行评议，并非共同评议，缺额状态之违反仍有必要以法律规制之方式明定其法律效果。本文认为，缺额状态下之观审员所为之评议，其评议自不生法律上之效力。

4. 法条修正之建议

由于"人民观审试行条例草案"中，在未经更新审判程序之情形下，或虽更新审判程序，但并未使新任观审员理解、或未使其充分理解之状况下所为之合议庭组织，究竟有无"刑事诉讼法"第379条第1款所规定法院组织不合法之问题，容有疑义，本文针对此一疑义，建议修正"人民观审试行条例草案"第54条第2项之规定如下：

"违反前项规定时，法官所为之判决结果采取观审员之全部或一部意见者，

---

① 依"人民观审试行条例草案"第54条第2项之规定："审判长应斟酌新任观审员对于争点、已经调查完毕证据之理解程度，及全体观审员与备位观审员负担程度之均衡维护。"但此一条文似仅止于训示规定，若审判长虽有告知新任观审员关于争点、已调查完毕之证据，但新任观审员并不理解或无法充分理解而犹进行审判程序，进而各自评议，有无程序上之疑义，将来在实务之运作上有无问题等节，均值深入探究。

准用刑事诉讼法第379条第1款之规定。"①

（四）审判日期连日开庭之特别规定

依"人民观审试行条例草案"第49条之规定："审判日期，除有特别情形外，应连日接续开庭。"依其立法理由，主要是"为贯彻集中审理之精神，使诉讼能迅速审理终结，减少观审员、备位观审员于审判期间受外界不当干扰之机会，并节约观审员、备位观审员之时间，是行观审审判之案件，审判日期除有特别情形外，应连日接续开庭进行，以期迅速终结，订定本条。所称连日接续开庭，指自第一次审判日期起，连日开庭，继续审理，而不中断之谓。又所谓特别情形，例如法定假日、天灾、观审员缺额、法官罹病请假、检察官、被告人、辩护人、证人、鉴定人无正当理由不到庭等必须中断审判日期诉讼程序之情形而言。"

然而，连日开庭仍有技术上之困难，例如：同一法官有2件以上应进行审判日期之案件，自必须待前一案件终结后，始得进行后一案件，恐影响后案件之进行时间。②又同一案件中，如经当事人于审判日期申请至现场进行勘验或合议庭经评议后，认为合议庭全体有必要至犯罪现场进行履勘，自须先行安排日期及交通车，当无可能于次日即可连日接续开庭。又例如：于行审判日期后，因认仍有必要由受命法官另行开庭进行准备程序，以便整理于审判日期中所发现之争点或调查证据能力有无之情形，自必须中断连日进行审判日期之情况，此种情形亦不在立法理由所指特别情形之范围内，则受命法官另行进行准备程序之后，自无法再连日开庭，此种情形亦应属于特别事由。如果这样，则本条连日开庭之规定，自属训示规定，若未连日接续开庭，应无审理程序违法之问题。

经查，日本实务上所进行之裁判员制度，于案件繁杂之情形，亦有无法连日接续开庭之状况，甚至有些案件因证人众多或应调查之范围较广，甚至有多次未

---

① 依"人民观审试行条例草案"第59条第1项之规定："法官就事实之认定、法律之适用及量刑之评议，以过半数之意见决定之，不受观审员陈述意见之拘束。"足见观审员所陈述之意见并无法拘束法官，法官亦不受观审员表决结果之限制，若法院判决之见解系采取观审员之意见时，该判决既系本于违背法律之程序所为，自应准用"刑事诉讼法"第379条第1款之规定，以资适用。

② 按连日接续开庭之结果，势必更动法院审判日期之庭期，也就是将来各"地方法院"进行"人民观审之审理庭"时，必须自第一次审判日期起不中断地连续开庭，在硬件设备上，必须有充足之配套措施始可，否则，若有二股以上均必须连日开庭，将会挤压到其他需连日审理庭期之合议庭之使用期间，是否宜规定需连日开庭，立法论上仍有检讨之空间。

连日开庭而进行3个月以上之审判日期者,因此,审判日期是否连日接续开庭,本即应由审判长本于其诉讼指挥之权限,决定该案件是否适于连日接续开庭,以排定审理计算,日本法制上亦有于审判日期开庭后,再由受命法官进行"日期间准备程序"之相关规定,依《日本刑事诉讼法》第316条之28第1项规定:"法院于审理之过程中认为必要时,应听取检察官、辩护人或被告人之意见,于第一次审判日期后,为进行案件之争点及整理证据之审判准备,得裁定对该案件进行期日间整理程序。"同条第2项规定:"于裁定进行期日间准备程序前,检察官、辩护人或被告人请求调查证据者,视为于期日间准备程序请求调查之证据,除第316条之2第1项及第316条之9第3项外,均准用审判前准备程序之规定。"[①]可资参照。

故关于进行观审之案件究竟有无必要连日接续开庭,本文认为仍应由审判长决定,纵无法文或立法理由所指"特别情形"者,倘认为无连日接续开庭之必要,自得依职权间隔开庭,当无需受到"人民观审试行条例草案"第49条之限制。

（五）小结

依"人民观审试行条例草案"所定审判程序之进行,原则上法官及观审员、备位观审员俱不得接触卷证数据,然草案所定关于不得接触卷证数据之部分,却因"刑事诉讼法"尚未采取卷证不并送制度,导致法官在某些程序事项进行时,必须接触卷证数据,或形式上虽未违反该规定、但实质上等同于接触卷证资料之情形下,并无相对应之法律效果以资处理,亦使"人民观审试行条例草案"所定禁止接触卷证资料之原则,有成为训示规定之疑虑。至于中间讨论及程序事项旨在使观审员充分理解程序事项进行之内容,因此,确有必要在审判程序进行之间加以设置,使观审员对于有所疑虑之部分,经由中间讨论之方式,以形成

[①]《日本刑事诉讼法》第316条之28规定:"裁判所は、審理の経過にかんがみ必要と認めるときは、検察官及び被告人又は弁護人の意見を聴いて、第1回公判期日後に、決定で、事件の争点及び証拠を整理するための公判準備として、事件を期日間整理手続に付することができる。期日間整理手続については、前款（第316条の2第1項及び第316条の9第3項を除く。）の規定を準用する。この場合において、検察官、被告人又は弁護人が前項の決定前に取調べを請求している証拠については、期日間整理手続において取調べを請求した証拠とみなし、第316条の6から第316条の10まで及び第316条の12中'公判前整理手続期日'とあるのは'期日間整理手続期日'と、同条第2項中'公判前整理手続調書'とあるのは'期日間整理手続調書'と読み替えるものとする。"

心证。

但"人民观审试行条例草案"中关于观审员缺额、更易与法律组织是否合法等问题，并无相对应之法律效果，亦造成将来案件上诉第二审时，第二审得否以法院组织不合法而予以撤销改判之问题，本文建议修正条文以供参酌，若法官采取一部或全部观审员之意见时，该判决准用"刑事诉讼法"第379条第1款之规定，以资适用。至于"人民观审试行条例草案"所定审判日期必须连日接续开庭之规定，由于法文规定之例外繁多，且若未连日接续开庭，除依"刑事诉讼法"第293条后段之规定应更新审判程序外，并无违反之效果，应认为仅系训示规定，而应由审判长斟酌审判程序进行之必要，决定是否连日接续开庭。

六、结语

审判程序乃是法院经由法律明定之程序践行证据调查之过程，依"刑事诉讼法"第155条第2项之规定，法定证据之种类经由法定调查程序后，始能成为形成心证之基础，因此，审判程序于刑事诉讼法上之定位，乃在于藉由法定调查证据之程序，以形成被告人是否构成犯罪之心证。至于"人民观审试行条例草案"所定之审判程序，因采取禁止接触卷证数据之原则，并另就观审员缺额、更易及连日接续开庭等情形加以规定，但仍有部分条文容有修正之必要，并应确立其违反之法律效果。

由于"人民观审试行条例草案"之内容，除原本由台湾"士林地方法院"及台湾"嘉义地方法院"进行模拟法庭之实际运行外，已增列台湾"基隆地方法院"、台湾"高雄地方法院"、台湾"台南地方法院"、台湾"屏东地方法院"及台湾"花莲地方法院"等"法院"进行"人民观审试行条例草案"之运用，本文针对通常审判程序与"人民观审试行条例草案"之相关规定进行比较，并就相关之问题进行研析、提出实务及理论上之运作模式，以提供现行各"地方法院"或将来其他"地方法院"进行模拟审判法庭时之参考。

最后，谨将本文献给樊崇义老师，恭贺老师日月昌明，松鹤长春！

刍议刑事涉案财物的保护

白俊华[①]

一、问题的提出

在司法实践中，一些刑事案件中涉案财产的处理，备受公众的质疑，成为舆论关注的焦点。2018年1月27日《第一财经》报道，"2018年1月26日，最高人民法院立案庭派法官前往浙江省高院，就吴英诉东阳市政府一案，举行立案再审听证会。"[②]

2009年12月18日，吴英被浙江省金华市中级人民法院一审以集资诈骗罪判处死刑；2012年1月18日，浙江省高级人民法院二审裁定，维持原判；2012年4月20日，最高人民法院未核准吴英死刑，发回浙江省高级人民法院重审；2012年5月21日，浙江省高级人民法院经重新审理判处吴英死刑缓期两年执行；2014年7月11日，浙江省高级人民法院将吴英刑罚减为无期徒刑。

吴英案一波三折，终保性命。但是，当年吴英被抓时，扣押和变卖了的财产并没有通过司法程序进行处理，以至于在吴英被判刑入狱后，其父亲就其案件性质和涉案财产不间断地进行申诉。当年人们关注的焦点是吴英的生与死，而今人们关注的焦点则是吴英巨额财产的去向。

在吴英案之前，涉案财产的处理是否公正，就已经成为涉案人员及其亲属进行诉求的对象。2002年，吉林省桦甸市的商人于润龙因案被扣押46公斤黄金，2005年最终被确认无罪，于润龙要求归还46公斤黄金，但警方已经将该宗黄金

[①] 白俊华，中国人民公安大学法学院教授，博士生导师，法学博士。
[②] 《吴英案大纪实》，载第一财经网，https://www.yicai.com/news/5395950.html，2018年9月25日访问。

交售中国人民银行吉林市中心分行，既无法归还黄金，也无法按照现价偿付现金，而只能按照交售银行时的价格384万元偿付。目前，46公斤黄金价值在1000万元以上，于润龙无法接受384万元的偿付，至今仍然在争议中。

2005年12月2日，最高人民法院第二巡回法庭公开质证了本院赔偿委员会受理的沈阳北鹏房地产开发有限公司申请辽宁省公安厅刑事违法扣押赔偿一案，最高人民法院大法官在巡回法庭进行审理。① 该案刑事判决没有认定辽宁省公安厅侦查中扣押的2000万元为违法所得，也未作出处理决定，而辽宁省公安厅继续扣押显然于法无据，应赔偿相应损失。最终，扣押赔偿一案，在合议庭的主持下，当事双方就扣押2000万元及其损失赔偿问题，按照合议庭的建议达成协议，由辽宁省公安厅返还北鹏公司2000万元并支付相应利息损失83万元。

最为引起关注和争议的是薄熙来与王立军在重庆打黑期间对打黑对象财产的处理，随着薄熙来和王立军的入狱，"重庆打黑出现申诉潮：千亿涉黑资产处置成疑"。② 例如，2011年5月4日，重庆市第一中级人民法院一审判处彭治民无期徒刑，剥夺政治权利终身，没收个人全部财产。对于彭治民旗下拥有的重庆希尔顿酒店等实际资产市场价值在100亿元以上，至今没有作出司法处理。在重庆打黑期间，有据可查的没收上缴国库的才9.3亿元③，而实际被没收的财产价值超过千亿。

上述不同时期媒体报道的案件和重庆以及各地涉黑案件涉案财产处理存在的问题，已经不是个别现象，反映出在刑事执法过程中，对涉案财产的处理与法治的要求背道而驰。

自从1978年12月党的十一届三中全会作出了改革开放的重大决策以来，我国经济迅猛发展，人们生活水平逐渐提高，收入也显著增加。经过四十年的发展和积累，一部分人已经先富起来，其财产实力和改革开放以前不可同日而语。对合法财产的保护，以及对因违法犯罪行为而对其财产的处理，都应当体现在法律之中。2004年，我国宪法修正案第20条，将宪法第13条修改为"公民的合法的

---

① 杨轶然：《最高法院受理的首例刑事违法扣押赔偿案落槌》，载《人民法院报》2015年3月7日。
② 周远征：《重庆打黑出现申诉潮：千亿涉黑资产处置成疑》，载网易网，http://news.163.com/12/1208/11/8I6SAHQU0001124J_3.html，2018年10月1日访问。
③ 李庄：《有人说重庆打黑没收上千亿国库入库才9.3个亿》，载凤凰网，http://news.ifeng.com/mainland/detail_2012_11/24/19502487_1.shtml，2018年10月1日访问。

私有财产不受侵犯。国家依照法律规定保护公民的私有财产权和继承权。国家为了公共利益的需要，可以依照法律规定对公民的私有财产实行征收或者征用并给予补偿。"以此规定，来加强对公民合法的私有财产的保护。

财产权是公民十分重要的经济权利，是公民行使其他权利和自由的物质基础，也是国家发展社会主义市场经济的物质基础。公民的财产权得不到保护，不仅影响个人生存和发展，也影响经济的发展和社会稳定问题。上述典型案例，已暴露出了在司法实践中，对涉案财产的处理已经严重影响了企业的发展和职工的利益。

在司法实践中，对涉案财产处理存在的问题主要有：一是对财产是否涉案财产不加区分；司法实践中，只要是和涉案人员存在一定关系的财产，甚至是案外人的财产，一律加以查封、扣押或者冻结。二是对查封、扣押或者冻结的财产不随案件移送，甚至在案件没有移送之前已经进行了处理，以致在被告人被判或者确定无罪的情况下，被查封、扣押或者冻结的财产下落不明。三是对于查封、扣押或者冻结涉案财产的估价缺乏透明和公正的程序，以致对被查封、扣押或者冻结涉案财产的价值，当事人与办案机关之间存在很大的争议。四是对于被查封、扣押或者冻结的涉案财产疏于保管，导致被查封、扣押或者冻结的涉案财产损失，甚至灭失。五是办案人员与其他人勾结贱卖甚至非法占有。六是办案人员任意占有、使用被查封、扣押或者冻结的涉案财产，导致涉案财产的贬值，影响案件的认定。七是没有考虑被扣押、查封财产的升值和贬值的问题，没有根据被扣押、查封涉案财产的性质，采取利益最大化的措施。

二、涉案财产被非法处理的原因

上述所列举涉案财产处理引起质疑的刑事案件，只是媒体持续关注而且财产数额巨大的案例。在司法实践中，涉案财产被查封、扣押或者冻结后的处理存在的问题，应当不是个别案例，呈现普遍性的倾向，存在一定的规律性。通过对一些典型且影响比较大的案件进行分析，查找存在问题的原因，为从根本上解决问题，提供可行性的建议，是解决这一问题的路径。这些涉案财产处理存在争议的案件，存在一些几个方面的共性问题。

一是执法者缺乏正当法律程序的执法观念。何为正当法律程序？正当法律程序的理念，源于1215年《英国大宪章》第39条的规定"任何自由人，如未经其同级贵族之依未能裁判，或经国法判，皆不得被逮捕、监禁、没收财产、剥夺法律保护权，流放，或加以任何其他损害。"而正当法律程序的概念，则最早出现在1355年爱德华三世公布的《伦敦自由律》第3条规定："任何人，不分身份或地位，非经正当法律程序，不得予以流放、处死、没收其财产，或剥夺其继承权。"①

正当法律程序的理念和概念，经英国殖民地传播，逐渐被国际社会所接受。在《布莱克法律辞典》中，正当法律程序的中心含义是指："任何其权益受到判决影响的当事人，都享有被告知和陈述自己意见并获得听审的权利。"丹宁勋爵在他的《法律的正当程序》一书的前言中指出："法律的正当程序，系是指法律为了保持日常司法工作的纯洁性而认可的各种方法：促使审判和调查公正地进行，逮捕和搜查适当地采用，法律援助顺利地取得，以及消除不必要的延误等。"②

在司法实践中，对涉案财产进行不合理甚至是违法处理的执法者，缺乏正当法律程序的理念。他们对涉案财产进行处理时，没有按照法律规定的程序进行，不对当事人进行告知，也不听取当事人的意见，更没有听证的程序，甚至在进行查封、扣押或者冻结时，没有任何法律手续。

"正当法律程序的目的，主要在于保障公民生命、自由、财产等基本权利免于遭受国家司法机关恣意或者不合理的侵害，以及'为了保持日常司法工作的纯洁性。'"③ 因此，缺乏正当法律程序理念的执法者，必然给当事人的合法权益造成了损害，也损害了司法的权威和执法者的公信力。

二是执法者没有正确理解"未经人民法院依法判决，对任何人都不得确定有罪"的规定。我国立法机关在1996年对刑事诉讼法进行修改时，增加了一条内容，就是现行刑事诉讼法第12条规定。该条规定，被概括为刑事诉讼的基本原则，即未经人民法院依法判决，对任何人都不得确定有罪原则。通常认为无罪推定原则的内涵包括沉默权或者可以推演出沉默权，但是我国《刑事诉讼法》第

---

① 荆知仁：《美国宪法与宪政》，三民书局印行1984年版，第77页。
② [英] 丹宁勋爵：《法律的正当程序》，李克强等译，法律出版社1999年版，第1页。
③ 白俊华：《我国排除非法口供规则考察与策进》，载《中国人民公安大学学报》2011年第6期。

118条第2款规定:"侦查人员在讯问犯罪嫌疑人的时候,应当告知犯罪嫌疑人如实供述自己罪行可以从宽处理的法律规定",因此,这一原则,还不能称其为无罪推定原则。

尽管不能称为无罪推定原则,但无罪推定原则的合理内涵则是其应有之义,即其一,确定被告人有罪的权力只能由人民法院统一行使,其他任何机关、团体和个人都无权行使该项权力;其二,人民法院确定被告人有罪,必须依法查明案件事实、适用法律,作出有罪判决;其三,在人民法院作出生效判决以前,被告人在法律上是无罪的。

基于这一原则,在人民法院依据法定程序对被告人进行审理和作出判决之前,被查封、扣押或者冻结的犯罪嫌疑人、被告人的财产在法律上仍然属于合法财产,只是与涉嫌或者指控犯罪行为存在一定的关联,具有依附性。其性质是随着犯罪嫌疑人、被告人犯罪行为的确定而确定。因此,在整个刑事诉讼中,处于不确定的状态,只能对其查封、扣押或者冻结,而不能予以剥夺。然而,在司法实践中,人民法院还没有作出生效判决以前,执法机关就已将查封、扣押或者冻结的犯罪嫌疑人、被告人的财产予以剥夺,这种行为的性质实际上将犯罪嫌疑人、被告人的财产等同于罪犯的财产,是有罪推定的结果。将犯罪嫌疑人、被告人视为罪犯,严重背离了"未经人民法院依法判决,对任何人都不得确定有罪"的原则。

三是执法机关对公民的合法财产缺少必要的敬畏心理。改革开放以后,绝大多数人的基本生活才有了保障,随着改革开放的不断深入,社会财富和人们的私有财产才逐渐增加起来。因此,在改革开放前三十年的时间里,土地是国有或者集体所有的,住房是公有的,采取分配的形式分给居民居住,生产资料和工具都属于公有和集体所有,公民基本上没有私有财产,也没有保护私有财产的观念。

长期以来,我国社会主义公有制在社会主义经济体制中始终处于绝对的主导地位,"在法律规定范围内的个体经济、私营经济等非公有制经济,是社会主义市场经济的重要组成部分",① 私有经济的法律地位在改革开放纵深发展阶段才逐渐确立起来。一方面,社会主义公有制形成的过程,以及人们长期以来没有私有财产的观念,导致对公民的合法私有财产,缺乏必要的敬畏心理,对其进行侵

---

① 见《中华人民共和国宪法》第11条。

占、剥夺的行为而没有任何心理上的谴责，缺乏私有财产权也是人权重要组成部分的理念。我国宪法直到 2004 年修正案才有了"公民的合法的私有财产不受侵犯"的规定，也足以说明了这一点。另一方面，在司法实践中，执法机关查封、扣押或者冻结财产时，只考虑了证据价值而不是财产权利，"在搜查扣押领域，当我们在谈论'证据'时，我们不应当仅关注该物品所具有的'证明犯罪嫌疑人有罪或无罪'的证明价值。而且，还必须意识到，该物品有可能是某个人依法占有的'私人财产'"。①

因此，由于缺乏对人权重要组成部分的私有财产权的敬畏心理，在刑事案件没有作出生效判决之前，就剥夺了犯罪嫌疑人、被告人财产，也没有道德上的愧疚感，做得心安理得和理直气壮。

四是法律缺乏对违法处理涉案财产行为的制裁手段。2004 年《宪法》在第 13 条中明确规定："公民的合法的私有财产不受侵犯。"这一规定明确了，公民的合法的私有财产，包括涉案财产，不等于是非法财产；涉案财产只有在人民法院作出有罪判决后，确定了是非法的，才可以予以剥夺。

我国刑事诉讼法为保护公民的合法的私有财产，明确了查封、扣押或者冻结财产的范围。《刑事诉讼法》第 144 条规定："人民检察院、公安机关根据侦查犯罪的需要，可以依照规定查询、冻结犯罪嫌疑人的存款、汇款、债券、股票、基金份额等财产。"这一规定，明确了三个方面的内容：第一，侦查犯罪需要采取查封、扣押或者冻结财产的前提，目的是查清案件事实；第二，明确了查封、扣押或者冻结财产的范围，只限于犯罪嫌疑人的财产，且与案件有关；对此，《刑事诉讼法》第 145 条作了具体的规定，即限与案件有关的"存款、汇款、债券、股票、基金份额等财产，经查明确实与案件无关的，应当在三日以内解除查封、扣押、冻结，予以退还"；第三，明确了公安机关、人民检察院对犯罪嫌疑人的财产，只能采取查封、扣押或者冻结措施，而不能进行予以没收。

《刑事诉讼法》第 272 条规定的涉案财产的处理权限和方式，即"没收财产的判决，无论附加适用或者独立适用，都由人民法院执行；在必要的时候，可以会同公安机关执行"。明确了对于涉案财产的剥夺，需要通过人民法院的判决确定和实施，从而否决了公安机关和人民检察院对涉案财产的处理权力。以下两个

---

① 吴宏耀：《搜查、扣押与被追诉人财产权保障》，载《东方法学》2010 年第 3 期。

刑事诉讼法条文的规定，进一步佐证了这一点。《刑事诉讼法》第298条规定："对于贪污贿赂犯罪、恐怖活动犯罪等重大犯罪案件，犯罪嫌疑人、被告人逃匿，在通缉一年后不能到案，或者犯罪嫌疑人、被告人死亡，依照刑法规定应当追缴其违法所得及其他涉案财产的，人民检察院可以向人民法院提出没收违法所得的申请。"第300条规定："人民法院经审理，对经查证属于违法所得及其他涉案财产，除依法返还被害人的以外，应当裁定予以没收；对不属于应当追缴的财产的，应当裁定驳回申请，解除查封、扣押、冻结措施。"

以上刑事诉讼法关于涉案财产的规定，并没有赋予公安机关和人民检察院没收涉案财产的权力；然而，在司法实践中，即使在被告人被判无罪或者已经有明确的证据证明所查封、扣押或者冻结的涉案财产与案件没有关系的情况下，公安机关、人民检察院违法处理了被查封、扣押或者冻结涉案财产，也不承担任何法律责任。这种现象的结果，又助长了违法处理涉案财产的做法，尤其是"打（扫）黑"案件更甚。

三、保护被追诉者财产权的理由

在司法实践中，刑事被追诉者的财产权得不到保障是个不争的事实，而且呈现出日趋严重的倾向。不按照法律规定、不经过规定的程序处理涉案财产的违法性是毫无疑问的。在解决这一司法实践中的违法现象，首先要在理论上阐释清楚保障刑事被追诉者财产权的理论根据。

（一）保障刑事被追诉者财产权是保障人权的需要

财产权是人的重要权利，是人类赖以生存的基础和前提。"财产权是人类谋求生存与发展的基本权利，也是维系人类自由与尊严的根基。从人权法学角度来看，财产权同时又具有人权意义上的价值。因此，财产权制度在注重实现财产的经济功能的同时，也要关注社会的自由、平等与正义价值。人类社会发展至今，私有财产是其不可或缺的重要组成部分，人类参与社会生活的始终都伴随着其对财产权利的发展，因而，要注重加强对私有财产权的保障力度。"[①]

财产权是人权的重要内容，是国际社会共同遵循的普世价值，并共同约定作

[①] 刘震：《人权法学视野下的私有财产权问题——兼与对其法制保障的初探》，载《河北青年管理干部学院学报》2007年第2期。

为各国政府的应尽义务。《世界人权序言》第 17 条明确规定："（一）人人得有单独的财产所有权以及同他人合有的所有权。（二）任何人的财产不得任意剥夺。"各国宪法中也明确要保障公民的财产权，不得侵犯，有些国家甚至明确规定"私有财产神圣不可侵犯"。这意味着"拥有私有财产是每一个人的自然权利。根据自然权利以及通过自然人之间的契约结成的政治社会中的法律，政府、社团和个人不可侵犯私人财产。"

各国宪法中明确规定保障公民的合法的私有财产，就是要保障公民的人权，因为"公民的生存与自由，需要一定的物质基础作为前提。在生活领域，个人财产不受保障，则个人的物理生存面临危机，更谈不上精神上的独立和尊严；在经济活动领域，如果资产不受保护，则创业既没有可能，也没有意义。宪法保护财产权，目的是为个人在生活和生产经营等领域的自由，在物质上予以保障。在人与物的关系中，财产权保护公民对财产的控制，使其为自己的自由意志服务。"[①]

保障人权是刑事诉讼的重要目的之一，公安机关、人民检察院和人民法院在刑事诉讼过程中，应当自觉地实现保障人权的目的。不仅要保障犯罪嫌疑人、被告人的人身权，杜绝刑讯逼供等违法现象的发生，以人为本，提供人道主义羁押标准，同时也要保障犯罪嫌疑人、被告人的财产权利，对于涉案财产需要查封、扣押或者冻结的，应当严格按照法定的程序办理，同时要避免在保管过程中的财产损失，绝对不能任意处理涉案财产。

（二）涉案财产的处理遵循未经人民法院依法判决，对任何人都不得确定有罪原则，是该原则应有之意

未经人民法院依法判决，对任何人都不得确定有罪是吸收世界上公认的无罪推定原则的合理内涵，这是一项国际刑事司法准则。它的实施目的在于保障人权和抑制公权力的恣意行为，同时也确定了在人民法院作出依法判决以前，刑事被追诉者在法律上的待遇，即不得被确定为有罪，不得按照犯罪嫌疑人来对待。

这一原则同样适用于涉案财产的处理。在犯罪嫌疑人、被告人身份被依法确定以后，才会产生是否涉案财产的问题。在公民被确定涉嫌或者控告犯罪之前，也就是成为犯罪嫌疑人以前，不存在判断某财产是否涉案的问题，也不能对其财产进行查封、扣押或者冻结。这一点在公安部 2015 年《公安机关涉案财物管理

[①] 谢立斌：《论宪法财产权的保护范围》，载《中国法学》2014 年第 4 期。

若干规定》中得到确认,该规定第5条规定:"严禁在刑事案件立案之前或者行政案件受案之前对财物采取查封、扣押、冻结、扣留措施。"在犯罪嫌疑人的身份被确定以后,根据侦查的需要,才可以对其财产进行查封、扣押或者冻结,但是,仅限于与案件相关的财产。

确定犯罪嫌疑人的身份需依据客观证据,在案件事实与犯罪嫌疑人之间建立联系;在确定涉案财产时,也同样需要有证据证明与案件相关。在司法实践中有时确定一项财产是否与案件相关,是非常复杂的事情。例如,犯罪嫌疑人财产中既有合法的财产,又有犯罪所得的财产掺杂其中。这种情况,则需要根据是否善意取得来进行判断,相关的司法解释也有规定。

2011年最高人民法院、最高人民检察院联合颁布的《关于办理诈骗刑事案件具体应用法律若干问题的解释》第10条明确了诈骗财物是否与案件相关的情况,如"(一)对方明知是诈骗财物而收取的;(二)对方无偿取得诈骗财物的;(三)对方以明显低于市场的价格取得诈骗财物的;(四)对方取得诈骗财物系源于非法债务或者违法犯罪活动的。"

这四种情况取得的财产与案件相关,属于涉案财产,应当追缴,而"他人善意取得诈骗财物的,不予追缴",因为善意取得财产的人,已经支付了合理价款,拥有了财产的所有权,这一财产就与案件没有了相关性;而出卖财产获得的对价,则是涉案财产,需要予以追缴。对于在侦查阶段,难以判断是否属于涉案财产时,可先查封、扣押或者冻结,并应当及时审查。经查明确实与案件无关的,应当在三日以内解除扣押、查封、冻结,予以退还。

对于涉案财产所采取的查封、扣押或者冻结措施,是一种证据保全或者财产保全措施,与对犯罪嫌疑人和被告人采取的强制措施一样,是一种诉讼保障手段,不具有对涉案财产处分的性质。涉案财产具有依附于犯罪嫌疑人、被告人身份的属性,并随之身份的变更而发生改变;当案情发生变化时则对涉案财产采取的措施也应当发生变更。例如,决定撤销案件、不起诉和宣告无罪以后,则要将查封、扣押或者冻结的财产返还给被告人;如果被告人被判有罪,则查封、扣押或者冻结的财产与犯罪有关联的,应予以追缴,属于被害人的财产应当返还。因此,未经人民法院依法判决,对任何人都不得确定有罪,就引申为未经人民法院依法判决,对任何人的财产都不得予以剥夺,这是该原则应有之义。

（三）保障刑事被追诉者财产权是落实宪法关于"公民的合法的私有财产不受侵犯"的需要

我国《宪法》第13条明确规定："公民的合法的私有财产不受侵犯"，这一规定诠释了合法的私有财产是国家法律保护的对象，保护的范围是全体公民，没有任何区分，只要是我国公民，其私有合法财产就受到国家法律保护，即使是受到刑事追诉或者刑罚的公民，也都要受到法律保护，不允许差别对待。

保护私有财产是国家的责任，"私有财产制度是人类历史发展过程中的一项重要制度。所谓私有财产制度，就是指私人拥有财产，包括生产资料和生活资料，并可以自由使用、收益、处分和继承。"① 对私有财产的保护在于维护个人的自由和尊严，没有私有财产，个人不可能有自由和尊严地生存，必定会受制于他人；人类对私有财产的创造和追求，不仅促进了个人财产的增加，也促进了经济发展和社会的繁荣。

为此，落实宪法中关于"公民的合法的私有财产不受侵犯"的规定，是部门法的责任，部门法通过禁止性规定和正当法律程序来保护私有财产，从而树立宪法权威和法律权威。为了落实宪法中关于"公民的合法的私有财产不受前侵犯"的规定，刑事诉讼法明确规定了对涉案财产采取措施的条件和程序。

第一，刑事诉讼法设定了查询、冻结犯罪嫌疑人的存款、汇款、债券、股票、基金份额等财产的条件，必须是根据侦查需要，否则不能进行。为了进一步规范公安机关对涉案财物采取的措施，2015年9月公安部发布了《公安机关涉案财物管理若干规定》。在该规定的第5条中，明确了"应当严格依照法定条件和程序进行，履行相关法律手续，开具相应法律文书。严禁在刑事案件立案之前或者行政案件受案之前对财物采取查封、扣押、冻结、扣留措施，但有关法律、行政法规另有规定的除外。"

第二，刑事诉讼法设定了对涉案财产相关性的审查机制。《刑事诉讼法》第145条规定："对查封、扣押的财物、文件、邮件、电报或者冻结的存款、汇款、债券、股票、基金份额等财产，经查明确实与案件无关的，应当在三日以内解除查封、扣押、冻结，予以退还。"这一规定明确了，对涉案财产在查封、扣押或者冻结以后，需要对相关性进行审查。

---

① 易继明、李辉凤：《财产权及其哲学》，载《基础政法论坛》2000年第3期。

第三，刑事诉讼法明确了已被采取措施的涉案财产保护手段。《刑事诉讼法》第245条规定："公安机关、人民检察院和人民法院对查封、扣押、冻结的犯罪嫌疑人、被告人的财物及其孳息，应当妥善保管，以供核查，并制作清单，随案移送。"同时，禁止任何单位和个人挪用或者自行处理涉案财产，属于被害人的合法财产应当及时返还，属于违禁品或者不宜长期保存的物品，应当依照国家有关规定处理。

第四，刑事诉讼法明确了涉案财产有权处理的主体和程序。《刑事诉讼法》第245条明确规定："人民法院作出的判决，应当对查封、扣押、冻结的财物及其孳息作出处理。"同时明确了查封、扣押、冻结的财物及其孳息，属于被害人的，应当返还，被认定是"赃款赃物及其孳息"，一律上缴国库；对于不属于的，被查封、扣押、冻结的涉案财产及其孳息，应当返还财产所有人。

第五，刑事诉讼法明确了不按照法定程序处理涉案财产行为的性质。《刑事诉讼法》第245条规定："司法工作人员贪污、挪用或者私自处理查封、扣押、冻结的财物及其孳息的，依法追究刑事责任；不构成犯罪的，给予处分。"

（四）保障刑事被追诉者财产权是树立司法权威和纯洁司法的需要

刑事司法活动需要具有权威性和纯洁性，这是司法活动本身性质所要求的，否则司法没有权威或者不纯洁，司法活动就没有存在的意义了，就沦为了违法犯罪行为。因为司法存在的目的在于公正地处理案件，如果司法活动受到了污染司法就不可能公正。

对刑事犯罪进行追诉，是国家赋予追诉机关的权力，这种权力行使的方式需要限定在法律所规定的框架内，不应当超越界限，也不能法外寻求解决问题的途径和方法。无论目的如何，超越法律界限所实施的行为就违反了法律规定，从而使得这种执法行为的性质发生了变化。对查封、扣押、冻结的财物及其孳息的贪污、挪用或者私自处理的行为，就是一种违法犯罪行为，需要追究法律责任。

关于保持司法的纯洁性，丹宁勋爵强调："为了做到公平审判还有一条规定，就是任何人不得以任何手段向参加诉讼的一方施加压力以迫使他停止控诉或停止为自己辩护，或者迫使他以他原来就没有准备接受的方式了结官司。"[①]

在刑事诉讼中，已经被查封、扣押或者冻结的涉案财产，不是无主财产，是

[①] ［英］丹宁勋爵：《法律的正当程序》，李克强等译，法律出版社1999年版，第51页。

所有权明确但处分权暂时被限制的财产。因此，对查封、扣押、冻结的财物及其孳息的贪污、挪用或者私自处理的行为，不仅侵犯了财产所有权人的利益，也是严重的司法腐败行为。"司法腐败发生在诉讼的各个领域和环节，其中与被追诉人的财产权相关的腐败行为主要表现在：在侦查阶段，侦查人员或机关滥用权力搜查、扣押犯罪嫌疑人的财产以及处理赃款；在审查起诉和批捕阶段，检察人员滥用权力收取取保候审保证金以及违法处理赃款等；在审判阶段，法官歪曲事实，将被追诉人的合法财产认定为赃款并予没收等。"[①]

刑事诉讼中对涉案财产的贪污、挪用或者私自处理的行为，严重污染了司法的纯洁性，执法的权威受到严重挑战。培根有句名言："一次不公的判断比多次不平的举动为祸尤烈。因为这些不平的举动不过弄脏了水流，而不公的判断则把水源败坏了。"因此，为了树立司法权威和维护司法活动的纯洁性，应当防止执法人员侵犯涉案财产的行为发生，从而加强对刑事被追诉者财产权的保护。

四、结语

对涉案财产的保护，需要秉持正当法律程序的理念，来设计和执行对涉案财产的强制措施。2012 年《刑事诉讼法》的修改，增设了犯罪嫌疑人、被告人逃匿、死亡案件违法所得的没收程序，解决了这类案件以往无从适用程序的局面。然而，在对涉案财产采取查封、扣押或者冻结的措施时，无论是哪类案件，都缺乏正当程序的法律规定，在执行环节也是存在随意性的问题。

最高人民法院 2018 年 1 月 2 日发布的法〔2018〕1 号《关于充分发挥审判职能作用为企业家创新创业营造良好法治环境的通知》第 2 条明确要求："依法保护企业家的人身自由和财产权利……严格区分企业家违法所得和合法财产，没有充分证据证明为违法所得的，不得判决追缴或者责令退赔。严格区分企业家个人财产和企业法人财产，在处理企业犯罪时不得牵连企业家个人合法财产和家庭成员财产。"这说明在司法实践中，对涉案人员或者企业，查封、扣押或者冻结财产的案件中存在严重违法问题。

如何解决违法处理涉案财产的问题，需要从以下几个方面考虑解决方法。

---

① 陈学权：《论刑事诉讼中被追诉人的财产权保护》，载《犯罪研究》2005 年第 1 期。

一是斩断办案单位与案件处理之间的利益链条。严格执行刑事诉讼法的规定，对涉案财产的处理必须经过人民法院的审判，凡是涉案财产被确定为赃款赃物的，要一律上缴国库，坚决杜绝任何办案机关或者个人从所办理的刑事案件中获得任何直接或者间接利益。以往司法实践中，办案机关或者个人有恃无恐地违法处理涉案财产，往往依据地方颁布的违法规定，即可从处理的涉案财产中获得一定比例的奖励。这是一种严重的违法犯罪行为，必须坚决杜绝。

二是设定查封、扣押或者冻结财产时的听证程序。我国刑事诉讼法对于犯罪嫌疑人、被告人的财产采取强制措施时，缺乏司法审查程序，办案机关自己决定、自己执行，没有任何一个机关可以进行制约，导致在司法实践中查封、扣押或者冻结犯罪嫌疑人、被告人财产的随意性和扩大化。在查封、扣押或者冻结涉案财产时，不区分企业家违法所得财产和合法财产，不区分企业家个人财产和企业法人财产，在处理企业犯罪时牵连企业家个人合法财产和家庭成员财产。为此，在不能现有法律增设司法审查程序的情况下，可以考虑在实行查封、扣押或者冻结财产时，实行听证程序，允许当事人及其辩护人进行申辩。

三是实行查封、扣押或者冻结财产关联性的证明义务。《刑事诉讼法》第59条的规定："人民检察院应当对证据收集的合法性加以证明"，如果辩护方对证据收集合法性提出质疑，控诉方不能提供证据予以证明，那么所收集的证据就不能作为定案的根据。《刑事诉讼法》第145条规定："对查封、扣押的财物、文件、邮件、电报或者冻结的存款、汇款、债券、股票、基金份额等财产，经查明确实与案件无关的，应当在三日以内解除查封、扣押、冻结，予以退还。"依据这一规定，查封、扣押或者冻结的财产，需要与案件有关，无关则不能查封、扣押或者冻结。因此，当财产的所有者对被查封、扣押或者冻结的财产与案件之间的关联性提出质疑时，实施查封、扣押或者冻结财产的执法机关就要承担所查封、扣押或者冻结的财产与案件相关的证明责任，否则就不应当进行查封、扣押或者冻结，或者已经查封、扣押或者冻结的，应当予以解除。

四是畅通被查封、扣押或者冻结财产所有人的救济途径。"无救济则无权利"，当查封、扣押或者冻结财产时，财产所有人没有救济渠道，那么法律上的权利和自由就是一纸空文。在司法实践中，被违法处理涉案财产的所有权人，因财产被非法处理，而状告无门的现象时有发生，有的人因此而走上了漫漫的上访之路，给当事人造成了身体和精神的双重痛苦，也给社会埋下了安全隐患。因此，执法机关要站在实现国家法治的高度，保障《国家赔偿法》第18条所规定的救济权利得以实现，尤其是各级人民法院应当保障启动国家赔偿机制的运转正常；同时，当这项权利行使不畅时，人民检察院应当履行法律监督职能，纪检监察机关也可以启动问责程序。

我国遏制冤案的举措与成效检视

陈永生[①]　瓮怡洁[②]

自 2005 年以来,我国实践中曝光了一些刑事冤案。针对这种情况,我国相关部门采取了一系列措施,以减少冤案的发生。这些措施经历了一个从实践到立法,从司法解释到基本法律,从诉讼程序到司法体制,不断全面、深化的过程。那么,我国立法以及实践部门采取措施遏制冤案大致经历了几个阶段? 采取了哪些措施? 效果如何? 本文将对这些问题进行深入探讨。

一、遏制冤案的进程及主要措施

(一) 第一个阶段:法院、检察院的实践摸索

2005 年,我国媒体曝光了一些刑事冤案。冤案的接连曝光引起了社会公众,尤其是法律界对我国刑事误判问题的高度重视。最高人民检察院于 2005 年 7 月 4 日专门下发《关于认真组织学习讨论佘祥林等五个典型案件剖析材料的通知》(高检发办字〔2005〕7 号),要求各级各地检察机关组织检察人员认真总结在佘祥林案等五个典型案件中,检察工作存在的问题,并制定、落实相应整改措施,建立健全规范执法的长效机制。最高人民法院于 2005 年 9 月下旬专门召开了全国"刑事重大冤错案件剖析座谈会",对佘祥林案、杜培武案等 14 起冤错案件的成因进行讨论,研究如何预防和及时纠正冤错案件。时隔 1 年后,最高人民检察院于 2006 年 9 月 21 日再次下发《关于认真组织学习讨论滕兴善等七个典型案件剖析材料的通知》(高检发办字〔2006〕27 号,以下简称最高检第二次《通知》),要求全国检察机关和检察人员认真分析在滕兴善案等 7 起案件中检察工作

[①] 陈永生:北京大学法学院教授,博士生导师。
[②] 瓮怡洁:中国农业大学人文与发展学院法学系副教授。

存在的问题，剖析导致问题出现的原因，并吸取教训，把法律监督工作提高到一个新的水平。

（二）第二个阶段："两个证据规定"的通过

2010年5月，赵作海案件曝光。赵作海案件涉及的刑讯逼供以及在证据的收集和运用方面存在的问题引起了全社会，尤其是法律界的震惊。在此背景下，最高人民法院联合最高人民检察院、公安部、国家安全部、司法部联合发布了《关于办理死刑案件审查判断证据若干问题的规定》和《关于办理刑事案件排除非法证据若干问题的规定》（以下简称"两个证据规定"）。"两个证据规定"的通过对防范冤假错案具有极为重要的意义。

首先，《关于办理死刑案件审查判断证据若干问题的规定》对死刑案件中每种证据收集和运用的规则以及运用证据认定案件事实的标准作出了明确而具体的规定，严重违反法定程序收集的证据必须予以排除，没有达到法定证明标准的案件不得判处有罪。不仅如此，最高人民法院、最高人民检察院、公安部、国家安全部、司法部印发的《〈关于办理死刑案件审查判断证据若干问题的规定〉和〈关于办理刑事案件排除非法证据若干问题的规定〉的通知》中还明确要求："办理其他刑事案件，参照《关于办理死刑案件审查判断证据若干问题的规定》执行。"这意味着，《关于办理死刑案件审查判断证据若干问题的规定》尽管当时不完全适用于非死刑案件，但是公安司法机关在办理非死刑案件时，也应当参照适用，这对于提高非死刑案件的办案质量，也无疑具有重要意义。

其次，《关于办理刑事案件排除非法证据若干问题的规定》对防范冤假错案也具有非常重要的意义。在我国实践中，刑讯逼供是造成冤假错案的重要原因。根据笔者的统计，我国近年来纠正的冤案几乎全部存在刑讯逼供，而且刑讯逼供获得的口供都是证明犯罪嫌疑人、被告人有罪的主要证据，甚至是唯一证据。按照非法证据排除规则，这些证据本来应当予以排除，但是由于种种原因，办案机关没有排除，以致发生冤案。《关于办理刑事案件排除非法证据若干问题的规定》对排除非法证据的范围、证明责任、启动和审查程序等作出明确的规定，有利于促进非法证据排除规则在中国实践中真正得到实施。非法证据排除规则的实施，将有利于遏制侦查人员采用刑讯逼供等非法手段收集证据，将有利于促使检察人员、审判人员将侦查人员采用非法手段收集的证据予以排除，这对于防范冤假错案的发生无疑具有极为重要的意义。

(三) 第三个阶段：2012年，刑事诉讼法的修正及相关司法解释的修改

自2003年被正式列入立法规划到2012年通过，经过整整10年的反复讨论、修改，我国现行刑事诉讼的第二次重大修正（第一次重大修正即1996年对刑事诉讼法的修正）终于完成。随后，最高人民法院、最高人民检察院、公安部分别修改了本部门实施刑事诉讼法的司法解释（规定）。2012年刑事诉讼法的修正以及相关司法解释的修改在遏制冤假错案方面取得了重大进步。

1. 强化了遏制刑讯逼供的力度

如前所述，在我国实践中，刑讯逼供是造成冤假错案的重要原因。2012年，刑事诉讼法建立了一系列制度，大幅度强化了遏制刑讯逼供的力度，譬如，确立了不得被迫自证其罪的权利，建立了侦查讯问同步录音录像制度，规定在拘留、逮捕犯罪嫌疑人、被告人后必须立即送看守所羁押，要求在将被拘留、逮捕的犯罪嫌疑人、被告人送看守所羁押后讯问必须在看守所内进行，等等。这些措施如果能够得到严格执行，对遏制刑讯逼供、减少冤假错案的发生将具有重要意义。

2. 建立了系统的证人出庭作证机制

我国1979年以及1996年的《刑事诉讼法》对证人出庭作证没有作出明确规定，这导致实践中证人很少出庭作证。证人不出庭作证不利于事实裁判者正确判断证言的真伪，不利于保护辩护方的质证权，不利于防范冤假错案的发生。2012年修正的刑事诉讼法建立了一系列制度，意图提高证人出庭作证率。譬如，对证人出庭作证的范围作出了明确规定，建立了证人保护制度、证人出庭作证的经济补偿制度、强制证人出庭作证制度、证人拒绝出庭或拒绝作证的惩戒制度，等等。这些措施的实施，对提高证人出庭作证率，协助事实裁判者审查证据的真伪将具有重要的意义。

3. 将《关于办理死刑案件审查判断证据若干问题的规定》的适用范围扩展至全部刑事案件

如前所述，2010年，两院三部颁布的《关于办理死刑案件审查判断证据若干问题的规定》明确规定，该《规定》主要适用于死刑案件，就其他刑事案件而言，只是参照适用。但是，2012年12月20日，最高人民法院颁布的修正的《关于适用〈中华人民共和国刑事诉讼法〉的解释》将《关于办理死刑案件审查判断证据若干问题的规定》的绝大多数条款都予以吸收，从而使该《规定》的适用范围从死刑案件扩张至全部刑事案件。而如前所述，《关于办理死刑案件审

查判断证据若干问题的规定》对各类证据收集和运用的程序以及运用证据认定案件事实的标准作出了非常严格的规定,该《规定》扩张至全部刑事案件,意味着所有刑事案件收集和运用证据的程序以及运用证据认定案件事实的标准都大幅提高,这对于提高刑事案件的审判质量、防范冤假错案的发生无疑具有极为重要的意义。

(四)第四个阶段:防范冤假错案系列司法解释(规定)的通过

2013年3月26日,浙江省高级人民法院经再审改判张辉、张高平无罪。该案中严重的刑讯逼供问题再次引起全社会,尤其是法律界的震惊。相关部门痛下决心,决定采取有效措施,解决冤假错案问题。2013年上半年,中央政法委发布《关于切实防止冤假错案的规定》(以下简称政法委《规定》);2013年6月5日,公安部发布《关于进一步加强和改进刑事执法办案工作切实防止发生冤假错案的通知》(以下简称公安部《通知》);2013年9月,最高人民检察院发布《关于切实履行检察职能防止和纠正冤假错案的若干意见》(以下简称最高检《意见》);2013年10月9日,最高人民法院发布《关于建立健全防范刑事冤假错案工作机制的意见》(以下简称最高法《意见》)。上述遏制冤假错案的法律文件所规定的措施非常全面(见表1),多达30项,涵盖了我国造成冤假错案的几乎所有问题。具体而言,包括七个方面。

表1 防范冤假错案的法律文件、举措与条款

序号	防范冤假错案的措施	《政法委规定》	《最高法意见》	《最高检意见》	《公安部通知》
1	坚持尊重和保障人权原则		1		
2	充分保障律师的会见、调查取证与申请调查取证、阅卷、质证、陈述意见等权利;应当采纳律师合理意见,不采纳应当说明理由	9	14	5、12	
3	坚持程序公正		3		
4	坚持审判公开		4		
5	政法委只协调法律适用问题,不协调事实认定问题;一般不对实体处理提出具体意见	15		27	

续表

序号	防范冤假错案的措施	《政法委规定》	《最高法意见》	《最高检意见》	《公安部通知》
6	禁止公检法机关联合办案		23		
7	不得通过降低管辖级别规避上级法院的监督		19		
8	禁止就事实认定问题向上级法院请示		19		
9	严格依法独立行使审判权，不受社会舆论、当事人上访、地方"维稳"的影响	8	2	17	1
10	完善审判委员会讨论案件的程序		17		
11	改变"口供至上"的观念和做法		7		1
12	严格执行口供补强规则	7	7		
13	应当严格排除非法证据，扩大排除非法证据的范围	3	8	13、14	
14	拘留、逮捕后应当及时送看守所羁押				2
15	必须在法定的场所讯问	1		4、19	2
16	应当全程同步录音或者录像	1		6、15	2
17	全面收集、移交证据，严禁隐匿、伪造证据	2		3、10	1
18	确保以审判为中心		11		
19	庭前会议应当明确诉讼争点，确保审判重点突出		10		
20	证人应当出庭，没有出庭的，证言应当排除；证据未经当庭质证不得用作认定案件事实的根据	6	12、13		
21	对现场遗留的指纹、血液、精斑、毛发等必须进行指纹、DNA鉴定，其他物证也必须进行辨认、鉴定，命案必须确定被害人身份		9		
22	二审发回重审仅限于一次		18		

续表

序号	防范冤假错案的措施	《政法委规定》	《最高法意见》	《最高检意见》	《公安部通知》
23	坚持证据裁判原则，严格贯彻疑罪从无，禁止作"留有余地"判决	7	5、6、15	2	
24	充分保障当事人的控告、申诉权	10、11	26	23	
25	强化检察监督，建立检察机关对侦查活动的同步监督机制	4、5		1、18	1
26	强化对审判的社会监督，邀请人大代表、政协委员、人民群众等旁听审判		25		
27	严格司法责任，终身追责	12、13	16、27	24	
28	完善绩效考评制度，不能片面追求破案率、批捕率、起诉率、定罪率、上诉率、改判率、发回率等指标	14	22	26	4
29	加强案件管理			25	2
30	加强公安人员队伍建设				5

1. 坚持正确的诉讼原则

上述文件规定应当遵循三大原则：一是尊重和保障人权原则，二是程序公正原则，三是审判公开原则。就尊重和保障人权原则而言，最重要的是应当充分保障当事人委托的律师，尤其是犯罪嫌疑人、被告人委托的辩护律师的权利，包括会见在押犯罪嫌疑人、被告人的权利，调查取证与申请调查取证的权利，阅卷、质证、陈述本方意见的权利，等等。办案机关对律师提出的意见是否采纳应当予以说明，不予采纳的应当说明理由。

2. 保障公检法机关依法办案

第一，限制政法委协调具体案件的权力。首先，政法委只能就法律适用问题进行协调，不能就事实认定问题进行协调。其次，即便就法律适用问题进行协调，也不能提出具体处理意见。政法委《规定》第15条规定："各级党委政法委应当支持人民法院、人民检察院依法独立公正行使审判权、检察权，支持政法各单位依照宪法和法律独立负责、协调一致地开展工作。对事实不清、证据不足的案件，不予协调；协调案件时，一般不对案件定性和实体处理提出具体意见。"

最高检《意见》第 27 条规定："对于事实不清、证据不足的案件，不得提请有关部门组织协调。参与协调案件时，要严格依照事实、证据和法律发表意见。检察机关的重要意见不被采纳的，及时向上级院报告。明知事实不清、证据不足、适用法律不当而不提出意见或协调后不及时向上级院汇报，造成冤假错案的，坚决按照'谁决定谁负责、谁办案谁负责'的原则严肃追究责任。发现有关协调意见可能产生冤假错案的，可以向上级甚至越级报告，以防冤假错案的发生。"

第二，禁止法院与公安机关、检察机关联合办案。最高法《意见》第 23 条明确规定："严格依照法定程序和职责审判案件，不得参与公安机关、人民检察院联合办案。"

第三，不得通过降低管辖级别规避上级法院的监督。实践中，不少案件按照法律的规定，本来应当由中级法院一审，高级法院二审，如果判处死缓，应当由高级法院复核，但由于高级法院在二审或死刑复核时认为事实不清、证据不足，或存在严重程序性错误，因而撤销原判、发回重审，一审法院认为高级法院提出的问题无法解决，于是改变管辖，由县级法院一审，如果当事人上诉，中院就予以维持，从而躲过了高级法院的监督。近年来，实践中出过不少案件，如湖北的佘祥林案、① 柯长桂案、② 河北的刘志连案、③ 河南的胥敬祥案④等，都存在这一问题。为解决这一问题，最高法《意见》第 19 条明确规定："不得通过降低案件管辖级别规避上级人民法院的监督。"

第四，禁止就事实问题向上级法院请示。长期以来，我国法院一直存在下级法院向上级法院请示汇报的做法，这导致了两审终审制的监督功能被架空，严重侵犯了当事人的合法权利，不利于冤假错案的纠正。为解决这一问题，最高法《意见》第 19 条规定，下级法院"不得就事实和证据问题请示上级人民法院"。

---

① 张立：《愚人节这天，他"无罪出狱"》，载《南方周末》2005 年 4 月 7 日。
② 《含冤十三载，从死缓到无罪——陕西柯长桂杀人案始末》，载三秦网，http://www.sanqin.com/2016/1019/250307.shtml，2018 年 3 月 3 日访问；《胡超奇律师坚持不懈十一年申诉，终使农妇柯长桂投毒杀人案无罪》，载法制网，http://www.rhwglawyer.com/a/xinwenzhongxin/meitibaodao/2016/1124/231.html，2018 年 3 月 3 日访问。
③ 杨万国：《一起"杀童案"改变的两个家庭》，载《新京报》2011 年 8 月 22 日；樊江涛、周聪聪：《一桩人命案被踢皮球的背后》，载《中国青年报》2011 年 8 月 1 日。
④ 王亦君、杨思远：《胥敬祥："我这 13 年的噩梦生涯"》，载《中国青年报》2005 年 5 月 10 日；赵利民、赵芳、张洪量：《胥敬祥重获自由的前前后后》，载《检察日报》2005 年 4 月 7 日。

第五，公安司法机关办案不得过分迁就舆论、当事人压力等不正当因素。长期以来，公安司法机关在办案时过分迁就社会舆论，被害人申诉、上访的压力，有关部门对破案率的过高要求，都是导致发生冤假错案的重要原因。为解决这一问题，政法委《规定》第8条明确规定："人民法院、人民检察院、公安机关办理刑事案件，必须以事实为依据，以法律为准绳，不能因为舆论炒作、当事人及其亲属上访闹访和'限时破案'、地方'维稳'等压力，作出违反法律规定的裁判和决定。"最高检《意见》第17条规定："正确对待社会舆论对办案的影响和当事人的诉求。对于重大敏感案件和当事人有过激行为的案件，加强办案风险评估预警，既要充分尊重舆论监督，充分考虑当事人的诉求，又要坚持用法治思维和法治方式处理问题，抵制和排除各种干扰，依法独立、公正作出决定。"公安部《通知》第1条要求"教育广大民警严格依照法定的权限、时限和程序履行职责，绝不能因为舆论压力、领导意志、立功心切等，突破法律底线，违法违规办案"。

第六，完善审判委员会讨论案件的程序。最高法《意见》第17条规定："审判委员会讨论案件，委员依次独立发表意见并说明理由，主持人最后发表意见。"

3. 有效遏制刑讯逼供

第一，改变"口供至上"的观念和做法。最高法《意见》第7条要求审判人员应当"重证据，重调查研究，切实改变'口供至上'的观念和做法，注重实物证据的审查和运用"。公安部《通知》第1条规定："要从根本上转变破案定罪过于依赖'口供'的做法，坚决遏制刑讯逼供、暴力取证等非法取证行为，尽快实现侦查办案由'抓人破案'到'证据定案'的转变。"

第二，贯彻口供补强规则。政法委《规定》第7条规定："只有被告人供述，没有其他证据的，不能认定被告人有罪和处以刑罚。"

第三，严格排除非法证据。政法委《规定》第3条规定："在侦查、审查起诉、审判时发现有应当排除的证据的，应当依法予以排除，不得作为提请批准逮捕、批准或决定逮捕、移送审查起诉、作出起诉决定和判决的依据。对于采用刑讯逼供等非法方法收集的犯罪嫌疑人、被告人供述和采用暴力、威胁等非法方法收集的证人证言、被害人陈述，不得作为定案的根据。"最高法《意见》第8条规定："采用刑讯逼供或者冻、饿、晒、烤、疲劳审讯等非法方法收集的被告人供述，应当排除；除情况紧急必须现场讯问以外，在规定的办案场所外讯问取得的供述，未依法对讯问进行全程录音录像取得的供述，以及不能排除以非法方法取得的供述，应当排除。"

第四，保障讯问程序的合法性。在拘留、逮捕犯罪嫌疑人后应当及时送看守所羁押，送看守所羁押后讯问犯罪嫌疑人、被告人必须在看守所里进行，讯问时应当同步录音录像。政法委《规定》第1条规定："讯问犯罪嫌疑人、被告人，除情况紧急必须现场讯问外，应当在规定的办案场所进行；犯罪嫌疑人被送交看守所羁押后，讯问应当在看守所讯问室进行并全程同步录音或者录像。侦查机关不得以起赃、辨认等为由将犯罪嫌疑人提出看守所外进行讯问。"最高检《意见》第6条规定："严格执行全程同步录音、录像制度。在每次讯问犯罪嫌疑人的时候，对讯问过程实行全程录音、录像，并在讯问笔录中注明。因未严格执行相关规定，或者在执行中弄虚作假造成不良后果的，依照有关规定追究主要责任人员的责任。侦查部门移送审查逮捕、审查起诉时，应当将讯问录音、录像连同案卷和证据材料一并移送审查。"

第五，严禁隐匿、伪造证据。政法委《规定》第2条规定："侦查机关移交案件时，应当移交证明犯罪嫌疑人、被告人有罪或者无罪、犯罪情节轻重的全部证据。严禁隐匿证据、人为制造证据。"

4. 严格证据的审查、运用规则

第一，实现以审判为中心的诉讼制度。应当实现庭审实质化，确保庭审对证据的审查判断功能。最高法《意见》第11条规定："审判案件应当以庭审为中心。事实证据调查在法庭，定罪量刑辩论在法庭，裁判结果形成于法庭。"为此，应当有效发挥庭前会议的功能，在庭前会议阶段明确诉讼争点，从而使庭审能够紧紧围绕案件的争议问题。最高法《意见》第10条规定："庭前会议应当归纳事实、证据争点。控辩双方有异议的证据，庭审时重点调查；没有异议的，庭审时举证、质证适当简化。"

第二，强化证人出庭作证。政法委《规定》第6条规定："坚持证据裁判原则。依法应当出庭的证人没有正当理由拒绝出庭或者出庭后拒绝作证，法庭对其证言真实性无法确认的，该证人证言不得作为定案的根据。证据未经当庭出示、辨认、质证等法庭调查程序查证属实的，不得作为定案的根据。"最高法《意见》第12条规定："证据未经当庭出示、辨认、质证等法庭调查程序查证属实，不得作为定案的根据。采取技术侦查措施收集的证据，除可能危及有关人员的人身安全，或者可能产生其他严重后果，由人民法院依职权庭外调查核实的外，未经法庭调查程序查证属实，不得作为定案的根据。"

第三，严格对实物证据的鉴定、辨认。最高法《意见》第 9 条规定："现场遗留的可能与犯罪有关的指纹、血迹、精斑、毛发等证据，未通过指纹鉴定、DNA 鉴定等方式与被告人、被害人的相应样本作同一认定的，不得作为定案的根据。涉案物品、作案工具等未通过辨认、鉴定等方式确定来源的，不得作为定案的根据。对于命案，应当审查是否通过被害人近亲属辨认、指纹鉴定、DNA 鉴定等方式确定被害人身份。"

第四，严格落实疑罪从无规则。政法委《规定》第 7 条规定："严格执行法定的证明标准。只有被告人供述，没有其他证据的，不能认定被告人有罪和处以刑罚。对于定罪证据不足的案件，应当坚持疑罪从无原则，依法宣告被告人无罪，不能降格作出'留有余地'的判决。对于定罪证据确实、充分，但影响量刑的证据存在疑点的案件，应当在量刑时作出有利于被告人的处理。"针对我国实践中二审法院对疑罪案件反复发回重审，不愿作无罪裁判的做法，最高法《意见》第 18 条规定二审发回重审仅限于一次。最高法《意见》第 18 条规定："原判事实不清、证据不足，第二审人民法院查清事实的，不得发回重新审判。以事实不清、证据不足为由发回重新审判的案件，上诉、抗诉后，不得再次发回重新审判。"

5. 完善诉讼监督机制

第一，充分保障当事人的申诉权、控告权。政法委《规定》第 10 条规定："对确有冤错可能的控告和申诉，人民检察院、人民法院应当依法及时复查。经复查，认为刑事判决、裁定确有错误的，依法提出（请）抗诉、再审。人民检察院对本院及下级院确有错误的刑事处理决定，依据法定程序及时纠正。"第 11 条规定："对罪犯提出的申诉、控告、检举材料，监狱或其他刑罚执行机关不得扣压，应当及时转送或者提请有关机关处理。有关机关应当认真审查、及时处理，并将处理结果通知监狱或其他刑罚执行机关。罪犯提出申诉、控告的，不影响对其减刑、假释。"

第二，强化检察机关对侦查与审判活动的监督。政法委《规定》第 4 条规定："人民检察院依法对侦查活动是否合法进行监督，及时提出收集、固定和完善证据的意见和建议，必要时指派检察官参加侦查机关对重大案件的讨论和对犯罪有关的场所、物品、人身、尸体的复验、复查。"第 5 条规定："人民检察院严格把好审查逮捕、审查起诉和抗诉关，对不符合法定逮捕、起诉条件的案件，依法作出不批准逮捕、不起诉的决定；对符合抗诉条件的案件，特别是无罪判处有罪、有罪判处无罪、量刑畸轻畸重的案件，依法提出抗诉。"最高检《意见》第 18 条规定："进一步健全对立案后侦查工作的跟踪监督机制，加强对公安机关办理刑事案件过程的监督。对命案等重大复杂案件、突发性恶性案件、争议较大的疑难案件、有重大社会影响的案件，应当与侦查机关协商，及时派员介入，通过介入现场勘查、参加案件讨论等方式，提出取证意见和适用法律的意见，引导侦查人员依法全面收集、固定和完善证据，防止隐匿、伪造证据。对命案等重大案件报请延长羁押期限的，应当讯问犯罪嫌疑人和听取律师意见。侦查监督、公诉、渎职侵权检察、监所检察等各职能部门应当通力合作，加大对刑讯逼供、暴力取证、隐匿伪造证据等违法行为的查处力度，区分情况采取提出口头纠正意见、发出纠正违法通知书等方式及时提出意见；涉嫌犯罪的，及时立案侦查；对侦查环节存在的普遍性、倾向性问题，适时向侦查机关通报情况，必要时提出检察建议。"

第三，强化对审判的社会监督。最高法《意见》第 25 条规定："重大、疑难、复杂案件，可以邀请人大代表、政协委员、基层群众代表等旁听观审。"

第四，严格司法责任制度。政法委《规定》第 12 条规定："建立健全合议庭、独任法官、检察官、人民警察权责一致的办案责任制，法官、检察官、人民警察在职责范围内对办案质量终身负责。对法官、检察官、人民警察的违法办案行为，依照有关法律和规定追究责任。"第 13 条规定："明确冤假错案的标准、纠错启动主体和程序，建立健全冤假错案的责任追究机制。对于刑讯逼供、暴力取证、隐匿伪造证据等行为，依法严肃查处。"最高检《意见》第 24 条规定："深化检察官办案责任制改革，建立健全办案质量终身负责制。要明确各层级的办案责任，特别是完善办案组织形式，深化检察官办案责任制改革。对故意违反法律和有关规定，或者工作严重不负责任，导致案件实体错误、程序违法以及其他严重后果或者恶劣影响的，对直接负责的主管人员和其他直接责任人员，依照有关规定予以行政处分或者纪律处分；对于刑讯逼供、暴力取证、徇私舞弊、枉法裁判构成犯罪的，依法追究刑事责任。对发生的冤假错案隐瞒不报、压而不查、故意拖延不予纠正的,应当追究相关人员的责任。完善检察官依法行使职权的保障机制。"

第五,完善公安司法机关的绩效考核制度。政法委《规定》第14条规定:"建立健全科学合理、符合司法规律的办案绩效考评制度,不能片面追求破案率、批捕率、起诉率、定罪率等指标。"最高法《意见》第22条规定:"建立科学的办案绩效考核指标体系,不得以上诉率、改判率、发回重审率等单项考核指标评价办案质量和效果。"最高检《意见》第26条规定:"防止片面追求立案数、批捕率、起诉率、有罪判决率等。在与公安机关、人民法院沟通、协调的基础上,根据各执法环节的特点,确立科学合理的办案绩效考评体系。"公安部《通知》第4条规定:"进一步规范考评奖惩,推动形成正确的执法绩效观。要严格执行中央政法委、公安部关于建立健全执法办案考评机制的有关文件精神,进一步健全完善执法办案考评标准,不提不切实际的'口号'和工作要求,不得以不科学、不合理的破案率、批捕率、起诉率、退查率等指标搞排名通报,严禁下达'刑事拘留数'、'发案数'、'破案率'、'退查率'等不科学、不合理考评指标,积极引导广大民警既要多办案,更要办好案,坚决防止广大民警因办案指标和'限时破案'压力而刑讯逼供、办错案、办假案;对在考评年度内发生冤假错案的,年度执法质量考评结果直接确定为不达标。"

第六,加强案件管理。最高检《意见》第25条规定:"积极推进案件管理机制改革,强化对案件的流程监控和质量管理。统一案件进出口管理,加强办案期限预警、办案程序监控、法律文书使用监管、涉案财物监管以及执法办案风险评估预警等工作。"公安部《通知》第2条规定:"要健全完善网上执法办案制度,及时发现、提醒、纠正执法问题,以网上流程化管理促进刑事执法办案规范化。"

第七,加强公安人员队伍建设。公安部《通知》第5条规定:"进一步加强刑事执法办案队伍建设,全面提升依法办案能力和水平。要通过集中培训、个人自学、网上学法、以案释法等多种途径和方式,组织广大民警认真学习《刑法》《刑事诉讼法》和《公安机关办理刑事案件程序规定》,使其准确把握法律精髓,正确适用法律。要进一步加强人民警察职业道德教育,使广大民警牢固树立'忠诚、为民、公正、廉洁'的政法干警核心价值观,切实增强执法办案责任心,有效防止因工作不负责任、应当收集的证据不及时收集导致案件事实不清、证据不足等情况出现。要进一步加强调查取证操作规范培训，组织广大民警旁听自己或身边民警办理的案件，并就执法办案中的得失开展讨论，不断增强民警证据意识和办案取证能力。要进一步落实执法资格等级考试制度，对不具备执法办案资格、不适应刑事执法办案需要的民警，要及时予以调整。要根据审讯犯罪嫌疑人、技术侦查、现场勘查、检验鉴定等工作需要，大力加强刑事执法办案专业队伍建设和刑事技术基础工作建设，切实依靠现代科学技术全面提高科学取证能力。"

（五）第五个阶段：全面深化司法改革阶段

2014年10月23日，党的十八届四中全会通过《关于全面推进依法治国若干重大问题的决定》，启动了新一轮司法改革。本轮司法改革包含的内容非常全面，几乎涉及我国司法制度，尤其是刑事司法制度的所有重要问题，许多制度的改革与完善都有利于防范冤假错案的发生。

1. 司法地方化问题之解决

司法的地方化是造成冤假错案的重要原因。在我国实践中，许多冤案最初检察机关、法院都曾经发现存在严重问题，因而不批准逮捕，不提起公诉，不作出有罪裁判，或者在二审时撤销原判，发回重审，但由于地方党政部门不当协调，要求检察机关、法院必须逮捕、作出有罪认定，结果导致发生冤案。本轮司法改革采取了一系列措施来解决司法的地方化问题，如实现省级以下法院、检察院的省级统管，建立巡回法庭、跨行政区划法院，这些措施的推行将有利于削弱地方政府部门对法院、检察院的影响，保障法院、检察院依法独立办案，因而有利于防范冤假错案的发生。

2. 司法干预问题之抑制

领导干部违法干预公安司法机关办案也是造成冤假错案的重要原因。2015年3月30日，中共中央办公厅、国务院办公厅联合发布了《领导干部干预司法活动、插手具体案件处理的记录、通报和责任追究规定》。该《规定》第5条要求："对领导干部干预司法活动、插手具体案件处理的情况，司法人员应当全面、如实记录，做到全程留痕，有据可查。以组织名义向司法机关发文发函对案件处理提出要求的，或者领导干部身边工作人员、亲属干预司法活动、插手具体案件处理的，司法人员均应当如实记录并留存相关材料。"这一规定如果能够得到执行，对防范冤假错案是具有一定作用的。

3. 司法责任制之完善

完善司法责任制是本轮司法改革的重要内容。2015年9月21日，最高人民法院发布了《关于完善人民法院司法责任制的若干意见》。该《意见》开宗明义，第1条明确规定法官责任制的改革目标是"让审理者裁判、由裁判者负责，确保人民法院依法独立公正行使审判权"。第25条规定："法官应当对其履行审判职责的行为承担责任，在职责范围内对办案质量终身负责。"司法责任制如果能够得到严格落实，对防范冤假错案将发挥重要作用。

4. 审判中心主义之实现

长期以来，我国刑事诉讼的纵向结构一直是以侦查为中心的，只要侦查机关认定犯罪嫌疑人有罪，检察机关、法院通常就会作出有罪认定。即使在证据、事实或法律适用方面，犯罪嫌疑人、被告人构成犯罪的理由并不充分，甚至存在严重问题，但检察机关、法院基于追诉有罪的心理倾向，或者经地方党政部门协调，通常也会作出有罪认定，这是导致发生冤案的重要原因。为解决这一问题，本轮司法改革要求将我国刑事诉讼的纵向构造由以侦查为中心改革为以审判为中心。2014年10月23日，党的十八届四中全会发布的《关于全面推进依法治国若干重大问题的决定》提出了建立以审判为中心的诉讼制度的总体目标。2016年7月20日，最高人民法院、最高人民检察院、公安部、国家安全部、司法部联合发布了《关于推进以审判为中心的刑事诉讼制度改革的意见》，就实现以审判为中心的诉讼制度作出了系统规定。2017年2月17日，最高人民法院发布了《关于全面推进以审判为中心的刑事诉讼制度改革的实施意见》，就审判阶段如何实现以审判为中心作出了更加具体的规定。刑事诉讼如果能够实现以审判为中心，将有效提高法院审查判断证据的能力，在证明被告人构成犯罪的证据不充分时依法作出无罪裁判，这对于防范冤假错案的发生将具有重要意义。

5. 非法证据排除规则之完善

非法证据排除规则的实施对遏制侦查人员采用刑讯逼供等非法手段收集证据，从而防范冤假错案的发生具有非常重要的意义。2010年6月13日，最高人民法院、最高人民检察院、公安部、国家安全部、司法部联合发布的《关于办理刑事案件排除非法证据若干问题的规定》系统建立了非法证据排除规则，2012年修正的《刑事诉讼法》又对非法证据排除规则进行了完善，但是，非法证据排除规则在实践中很少被适用，在实务中，排除非法证据的案例极少。2017年6

月 20 日，最高人民法院、最高人民检察院、公安部、国家安全部、司法部联合发布了《关于办理刑事案件严格排除非法证据若干问题的规定》，对非法证据排除规则又作了进一步完善，如扩大了非法证据排除规则的适用范围，规定重复性供述通常也必须予以排除，等等。这对于推动非法证据排除规则在我国落地生根无疑具有重要意义。

二、现行措施的成效与问题

（一）取得的成效

通过前面的考察可见，为了遏制和及时纠正冤假错案，我国有关部门做出了巨大的努力，从司法机关到立法部门，从法律实务部门到中共中央；采取的措施也非常广泛，从诉讼程序到证据制度，从诉讼制度到司法体制，从制度建构到法律理念。经过十多年的努力，尤其是在党的十八大召开，以及 2013 年遏制冤案的系列法律文件颁布后，我国冤案的遏制和纠正出现了积极变化。

1. 冤案纠正的速度有所加快

就纠正冤案的数量而言，2012 年 11 月党的十八大的召开以及此后中央政法委、公安部、最高人民检察院、最高人民法院相继颁布防范冤假错案的法律文件是一个分水岭。此前，除 2005 年媒体报道的纠正冤案的数量比较多，如佘祥林案、李久明案、胥敬祥案、孙万刚案、王海军案、王俊超案、张海生案等，其他年份媒体报道的纠正冤案的数量都比较少，经常只有一两起。在党的十八大召开前四年，媒体报道的通过审判监督程序纠正的重大冤案只有赵作海案 1 起。而自党的十八大召开后四年内，媒体报道的得以纠正的重大冤案达 24 起，平均每年近 5 起，远远高于党的十八大召开以前每年纠正冤案的数量。

2. 因证据不足而改判无罪的案件比例显著上升

在我国实践中，冤案的纠正异常困难。本来按照刑事诉讼法的规定，只要原审裁判证明被告人有罪的证据达不到事实清楚，证据确实、充分的程度，就应当改判被告人无罪。但是，在我国实践中，被冤者及其家人仅仅证明原审裁判未能达到事实清楚，证据确实、充分的程度，法院通常不会启动再审改判被告人无罪，往往必须达到有充分证据证明被告人确实无罪的程度，法院才会启动再审改判被告人无罪。在有证据证明犯罪确已发生，只是非被告人所为的案件中，许多法院经常要求查明真凶，否则就不改判被告人无罪。不过，在党的十八大召开后，这种现象有所好转。在党的十八大召开前，我国重大刑事冤案的纠正，大部分都依赖真凶落网或者"亡者归来"。笔者曾对2005年前后媒体披露的20起典型冤案进行深入分析，结果发现，这些冤案全部都是因为真凶出现或者"亡者归来"才得以纠正，没有一起是因为发现其他能够证明被告人无罪的证据而被纠正。① 而真凶出现、"亡者归来"是一种小概率事件，主要依靠这些偶然因素纠正错案，显然表明我国刑事救济程序存在严重问题。在党的十八大召开后，这种状况有了一定程度的改善。就笔者统计到的24起重大冤案而言，因真凶出现（没有"亡者归来"的案件）而被纠正的只有7起，② 仅占29%；因认定原审裁判事实不清、证据不足而被纠正的有17起，占71%。

3. 多个长期难以纠正的案件得以纠正

如前所述，在我国实践中，冤案很难纠正，不少案件直到真凶出现、"亡者归来"，法院、检察院实在无法推脱，才迫不得已启动再审，改判被告人无罪。最极端的情形是，有些案件即使在真凶出现、"亡者归来"以后，法院、检察院仍然千方百计拒绝纠正冤案。不过，值得注意的是，这种状况在党的十八大以后有所好转，多个在多年，甚至在十多年前就已发现真凶、被冤者及其家人长期申诉，甚至申诉代理律师进行了艰苦抗争的案件，在党的十八大以后终于得以纠正。譬如，聂树斌强奸、故意杀人案，呼格吉勒图强奸、流氓案，黄志强等故意杀人、抢劫、强奸、敲诈勒索案都是如此。以聂树斌案为例，早在2005年3月，王书金就供认聂树斌案实际上是其所为，但是河北高院一直拒绝启动再审程序。党的十八大以后，在聂树斌家人、律师激烈抗争，媒体持续报道，学界强烈呼吁的巨大压力下，最高人民法院于2014年12月12日指令山东高院对聂树斌案件进行复查，最终于2016年12月2日，最高人民法院第二巡回法庭改判聂树斌无

---

① 陈永生：《我国刑事误判问题透视——以20起震惊全国的刑事冤案为样本的分析》，载《中国法学》2007年第3期。

② 这7起案件是：聂树斌案、呼格吉勒图案、张高平、张辉案、黄志强、方春平、程立和、程发根案、陈建阳、田伟冬、朱又平、王建平、田孝平案、高如举、谢石勇、卢刚案、王本余案。

罪。① 再如呼格吉勒图案，早在 2005 年 10 月，真凶赵志红因系列强奸、抢劫、杀人案落网后就交代，呼格吉勒图案系其所为。2006 年 3 月，内蒙古自治区政法委组成复核组对该案进行调查，2006 年 8 月，复核组就得出结论，呼格吉勒图案确系冤案。此后，呼格吉勒图的父母及律师不断申诉、上访，新华社内蒙古分社记者汤计先后 5 次通过新华社组织系统向上级呈送内参，② 媒体不断报道、呼吁，但是法院、检察院一直拒绝启动审判监督程序。党的十八大以后，纠正冤案的形势出现了积极变化，2014 年 11 月 19 日，内蒙古高院决定启动再审，12 月 15 日，改判呼格吉勒图无罪。③ 又如黄志强等故意杀人、抢劫、强奸、敲诈勒索案，早在 2011 年 11 月 25 日，真凶方林崽就供认该案系其所为，但江西高院一直拒不启动再审程序。直到党的十八大以后，形势才发生变化。2015 年 7 月 31 日，江西高院终于决定立案审查，2016 年 4 月 27 日决定再审，11 月 30 日，再审改判黄志强等无罪。④

4. 侦查阶段违法取证的现象明显减少

如前所述，侦查机关采用非法手段收集证据，尤其是采用刑讯逼供的手段获得虚假供述，检察机关、法院又轻信侦查机关获得的证据，用作认定案件事实的根据，这是导致发生冤案的最直接原因。因此，要解决刑讯逼供问题，首先必须解决侦查阶段的违法取证问题，尤其是刑讯逼供问题。从近年来全国检察机关纠正侦查阶段违法行为的数量来看（见表 2），下降幅度非常明显。从表 2 来看，在 2013 年以前，全国检察机关纠正侦查阶段违法行为的数量一直逐年上升，这表明在 2012 年修正的刑事诉讼法实施以前，侦查人员采用非法手段收集证据的现象比较严重，而且这种趋势甚至持续到了 2012 年修正的刑事诉讼法实施的第一年，即 2013 年。但是，自 2014 年开始，这种趋势得以扭转，全国检察机关纠

---

① 对聂树斌案件详细情况的介绍可参见赵凌：《"聂树斌冤杀案"悬而未决，防"勾兑"公众呼吁异地调查》，载《南方周末》2005 年 3 月 24 日；刘长、赵蕾、习宜豪：《聂树斌案：河北复查十年，山东重来一遍》，载《南方周末》2014 年 12 月 25 日；李豪、周斌：《最高人民法院再审改判聂树斌无罪》，载《法制日报》2016 年 12 月 3 日。

② 值得注意的是，汤计的 5 份内参都得到了中央高层的批示，但即便如此，也一直难以启动再审程序。苏晓明：《汤计：从没想到这个案子成就了我》，载《中国新闻周刊》2015 年第 6 期。

③ 谷岳飞：《呼格案内参记者汤计：有一种动力让我坚持到底》，载《新京报》2014 年 11 月 30 日。

④ 方远：《江西乐平奸杀疑案警方被指拖 13 年，鉴定 DNA 又藏报告 3 年》，载新浪网，http://blog.sina.com.cn/s/blog_edbe12970102wn46.html，2018 年 2 月 24 日访问。

正侦查阶段违法行为的数量逐年减少,从 2013 年的 72718 件减少到 2016 年的 34230 件,减少了 53%。如果检察机关纠正侦查阶段违法行为的数量能够大体反映侦查阶段违法的实际情况,那么在 2012 年修正的刑事诉讼法实施后,侦查阶段违法取证的现象有了明显减少。

表 2　全国检察机关纠正侦查阶段违法的数量

单位:件

年份	2016	2015	2014	2013	2012	2011	2010	2009	2008	2007
数量	34230	37292	54949	72718	57280	39812	34180	25974	22424	15634

说明:本表数据来自《中国法律年鉴》。

(二) 存在的问题

1. 法院的纠错机能没有明显提升

在刑事诉讼中,只有法院有权认定被告人有罪和判处刑罚,因此要防范冤案的发生,必须提高法院的纠错机能。只有切实提高法院的纠错机能,使其能够有效发现公安机关侦查和检察机关起诉的案件存在问题,对认定有罪证据不足的案件坚决作出无罪裁判,才能有效防止冤案的发生。然而,从我国实践来看,最近十多年以来,法院的纠错机能并没有明显提升;即使是在党的十八大召开以及防范冤假错案的系列文件发布以后,法院的纠错机能也没有明显提升。

(1) 无罪判决率畸低的状况没有明显改善

无罪判决率是反映法院纠错机能的最重要指标。在刑事诉讼中,首先,法院与警察、检察机关的职能不同:警察、检察机关行使追诉职能,侧重追求证明有罪、罪重,而法院应当站在公正的立场上,既不追求证明有罪、罪重,也不追求证明无罪、罪轻;其次,法院与警察、检察机关接触的证据材料不同:警察、检察机关只掌握控方的材料,而法院不仅能够接触控方的材料,而且能够接触辩方的材料;最后,法官与警察、检察机关审查证据真伪的方式不同:警察、检察机关主要采用书面方式对证据进行审查,而法院是在控辩双方同时在场的情况下,采用言词方式对证据进行审查,必要时还可以通知证人、鉴定人、被害人等出庭作证,因而法院相对于警察、检察机关,能够更加有效地发现证据当中的虚假、不实之处。正因如此,法官如果善尽职守,对检察机关提起公诉的案件,通常是能够发现有一些不构成犯罪的,如果法官保持客观公正的立场,作出无罪裁判,能够有效防止冤假错案的发生。从其他国家、地区的统计数据来看，法院定罪率通常只有70%至90%，也就是说，无罪率一般有10%至30%。但在我国，法院定罪率一直高达99%以上（见表3），近年来，无罪率更是降低至0.06%至0.08%。值得注意的是，即使在党的十八大召开、中央有关部门发布系列防范冤假错案的文件以后，法院无罪率虽然有所上升，但上升的幅度非常小，仅仅从0.06%上升到0.08%，这表明我国法院的纠错机能没有明显提升。

表3 全国法院判决无罪的被告人的数量及无罪率

单位：人

年份	2015	2014	2013	2012	2011	2010	2009
无罪被告数	1039	778	825	727	891	999	1206
被告人总数	1232695	1184562	1157784	1173406	1050747	1006420	996666
无罪判决率	0.08%	0.07%	0.07%	0.06%	0.08%	0.10%	0.12%

年份	2008	2007	2006	2005	2004	2003	2002
无罪被告数	1373	1417	1713	2162	2292	4835	4935
被告人总数	1007304	931745	889042	842545	764441	742261	701858
无罪判决率	0.14%	0.15%	0.19%	0.25%	0.29%	0.61%	0.70%

说明：本表数据来自《中国法律年鉴》。

（2）审判监督程序的启动依然非常困难

审判监督程序是纠正生效裁判的唯一法定程序，因而审判监督程序的启动状况直接反应冤案纠错的难易程度。虽然基于维护司法权威以及程序的安定性，保障被告人不受双重危险的目的，各国对审判监督程序的启动都设定了比较严格的条件，因而审判监督程序启动的难度比二审程序大。但是，法院裁判难免发生错误，如果发生严重错误，尤其是将无辜者错误地认定为有罪，那么必须及时启动审判监督程序予以纠正，因此，审判监督程序的启动也不能过难。但是，在我国实践中，即使案件确实存在错误，审判监督程序的启动也异常困难。首先，只有当事人或者其家人提出申诉，法院、检察院才可能启动审判监督程序；如果当事人或者其家人不提出申诉，法院、检察院通常不会主动启动审判监督程序。其次，即使当事人或者其家人提出申诉，法院、检察院也经常拒不启动再审程序。从实践来看，除当事人或者其家人提出申诉外，往往还必须有律师的大力抗争、正义人士的鼎力相助、媒体的长期持续报道，甚至是真凶出现、"亡者归来"，才可能促使法院、检察院启动再审。最后，在有些案件中，甚至在真凶出现、"亡者归来"以后，法院、检察院也千方百计拒不启动再审程序，如聂树斌案、呼格吉勒图案、江西乐平冤案等，都存在这一问题。

审判监督程序难以启动，最直接的表现就是审判监督程序启动率太低。从表4来看，近年来，我国审判监督程序的启动率一直不足1%。尤其值得注意的是，即便是在近年来有关部门采取系列防范冤假错案的措施以后，再审率也一直持续走低，没有任何一年上升。这意味着，我国有关部门采取的防范和纠正冤案的系列措施对审判监督程序的启动几乎毫无作用，这一现象值得关注和研究。

表4 全国刑事再审案件的数量及再审率

单位：件

年份	2015	2014	2013	2012	2011	2010
再审案件数量	2844	2906	2785	2853	3080	3305
生效裁判总数	1099205	1023017	953976	986392	839973	779641
再审率	0.26%	0.28%	0.29%	0.29%	0.37%	0.42%
年份	2009	2008	2007	2006	2005	2004
再审案件数量	2935	2858	2862	3101	3227	3331
生效裁判总数	767746	768130	720666	701379	683997	644248
再审率	0.38%	0.37%	0.40%	0.44%	0.47%	0.52%

说明：

1. 本表中的再审案件数量以及生效裁判总数均来自《中国法律年鉴》，百分比系笔者根据前述数据计算得来。

2. 本表中的生效裁判总数为当年全国法院一审刑事案件的总数。由于一审判决如果未被提起上诉、抗诉，过了法定的上诉、抗诉期就发生法律效力；如果被提起上诉、抗诉，二审裁判作出后立即生效，因而为防止重复计算，笔者直接将全国法院一审刑事案件的总数作为生效裁判总数，而没有将一审和二审刑事案件的总数相加作为生效裁判总数。

3. 检察机关的纠错机能也没有明显提升

在刑事诉讼中，检察机关承担着提起公诉的职能；在实行检警一体制的国家（主要是大陆法系国家），检察机关还承担着侦查指挥职责；我国在实行监察委制度以前，检察机关承担着职务犯罪的侦查权；不仅如此，在我国检察机关还是法律监督机关，承担着法律监督职责。因此，如果检察机关能够有效发挥监督作用，对于预防和及时纠正冤假错案具有重要意义。然而，在我国实践中，检察机关的纠错机能非常低下。即便是在近年来有关部门采取一系列措施，意图有效防范和纠正冤假错案以后，检察机关的纠错机能虽然略有提高，但是提高的幅度非常有限。

2. 法定不起诉和疑罪不起诉的比率略有提高，但提高的幅度非常小

在现代法治国家，对刑事公诉权的行使通常采行起诉垄断主义，也即只有检察机关有权提起公诉，其他任何机关无权就刑事案件提起公诉（实行大陪审团制的国家除外）。这意味着，检察机关虽然在认定犯罪嫌疑人有罪方面没有绝对决定权，但是在认定犯罪嫌疑人无罪方面是有绝对决定权的，因为一旦检察机关对犯罪嫌疑人作出不起诉决定，法院就不可能对被告人作出有罪判决。因而如果检察机关的纠错机能比较强，能够有效发现侦查机关办理的案件存在的错误，对不构成犯罪的案件坚决不提起公诉，那么就能有效防范冤假错案的发生。可以说，就防止冤枉无辜而言，检察机关是可以发挥"一夫当关，万夫莫开"的作用的。在其他不少国家、地区，检察机关经过审查，对不构成犯罪以及疑罪案件作出不起诉的决定通常能保持较高比例。譬如，从表5来看，德国检察机关对不构成犯罪以及疑罪案件作出不起诉决定的比率通常保持在20%至30%之间，而且多数年份保持在25%至30%之间。这意味着，在德国，检察机关能够发现侦查机关办理的案件中有20%至30%，甚至25%至30%的案件存在不当追诉的问题，依法予以纠正，纠错能力是非常强的。

表5 德国检察机关对不构成犯罪以及疑罪案件决定不起诉的数量及比率[1]

年份	1997	1996	1995	1994	1993	1992
刑事案件总数（单位：千人）	4421	4327	4204	3996	3686	3040
对不构成犯罪或疑罪案件决定不起诉的数量（单位：千人）	1221	1155	1101	1002	916	797
对不构成犯罪或疑罪案件决定不起诉的比率	27.6%	26.7%	26.2%	25.1%	24.9%	26.2%
年份	1991	1990	1989	1988	1987	1986
刑事案件总数（单位：千人）	2890	2876	2808	2627	2301	2316

---

[1] 说明：本表数据来自陈光中、[德] 汉斯－约格·阿尔布莱希特主编：《中德不起诉制度比较研究》，中国检察出版社2002年版，第176页。

续表

年份	1991	1990	1989	1988	1987	1986
对不构成犯罪或疑罪案件决定不起诉的数量（单位：千人）	777	774	797	726	642	659
对不构成犯罪或疑罪案件决定不起诉的比率	26.9%	26.9%	28.4%	27.6%	27.9%	28.5%

年份	1985	1984	1983	1982	1981
刑事案件总数（单位：千人）	2317	2178	1226	2185	2133
对不构成犯罪或疑罪案件决定不起诉的数量（单位：千人）	657	620	644	629	627
对不构成犯罪或疑罪案件决定不起诉的比率	28.4%	28.5%	29.0%	28.8%	29.4%

然而，在我国，检察机关在审查起诉阶段的纠错能力非常低。从表6来看，近年来，我国检察机关对不构成犯罪以及疑罪案件作出不起诉决定的比率一直不到2%。自2013年以来，在有关部门采取一系列措施以提高刑事诉讼防范冤假错案的机能以后，检察机关对不构成犯罪以及疑罪案件作出不起诉决定的比率虽然略有提高，但提高的幅度非常小，从2013年的1.18%提高到2016年的1.82%，仅提高了0.64%。由此可见，我国检察机关对不构成犯罪以及疑罪案件作出不起诉决定的比率只有德国的1/10，甚至1/20，显然极不合理。此外，如果考虑到我国检察机关与其他国家、地区检察机关，包括德国检察机关性质定位不同，那么我国检察机关对不构成犯罪以及疑罪案件作出不起诉决定的比率就更不合理。道理很简单：在其他国家、地区，检察机关在刑事诉讼中只是公诉机关，只要负责证明有罪、罪重；而在我国，检察机关不仅是公诉机关，而且是法律监督机关，作为法律监督机关，就应当保持客观公正的立场，对不构成犯罪的案件或者疑罪案件，坚决作无罪处理。而实际上，我国检察机关对不构成犯罪以及疑罪案件作出不起诉决定的比率不仅不高于德国，而且只有德国的1/10，甚至1/20，这不能不令人深思。

表6　全国检察机关对不构成犯罪以及疑罪案件决定不起诉的数量与比率

年份	2016	2015	2014	2013
对不构成犯罪或疑罪案件决定不起诉的数量（件）（A）	26670	25778	23269	16427
决定起诉的人数（人）（B）	1440535	1434714	1437899	1369865
审查决定是否起诉的总人数（人）（A+B）	1467205	1460492	1461168	1386292
对不构成犯罪或疑罪案件决定不起诉的比率［A/（A+B）］	1.82%	1.77%	1.59%	1.18%

说明：本表中的对不构成犯罪或疑罪案件决定不起诉的数量（A）来自最高人民检察院工作报告，决定起诉的人数（B）来自《中国法律年鉴》，其他数据系笔者根据前述数据计算得来。

3. 对不构成犯罪或疑罪案件决定不批捕的比率略有提高，但提高的幅度也非常小

作出逮捕的决定虽然不意味着犯罪嫌疑人、被告人必然被认定为构成犯罪，但是，作出逮捕的决定实际上是对侦查机关的立案侦查行为的肯定，如果犯罪嫌疑人、被告人实际上无罪，会导致其合法权利进一步受到损害，导致其被冤的程度进一步加深，更难以被纠正。反之，如果对不构成犯罪的犯罪嫌疑人、被告人作出不批捕的决定，就阻止了其被冤程度的加深；尤其是如果以不构成犯罪或证据不足（疑罪）为由作出不批捕的决定，实际上就否定了侦查机关的立案、侦查行为，相当程度上能够发挥纠正冤假错案的作用。正因如此，对不构成犯罪或疑罪案件作出不批捕决定比率的高低能够在一定程度上反映审查批捕机关纠错机能的高低。然而，在我国实践中，检察机关对不构成犯罪以及疑罪案件作出不批捕决定的比率却非常低。从表7来看，近年来，全国检察机关对不构成犯罪以及疑罪案件作出不批捕决定的比率只有10%多一点。在2013年有关部门相继发布纠正冤假错案的法律文件以后，全国检察机关对不构成犯罪以及疑罪案件作出不批捕决定的比率虽然略有提高，但提高的比率很低，从2013年的人民检察院工作报告中可以看出，对不构成犯罪或证据不足决定不批捕的比率以10.1%提高到13.6%，只提高3.5%，提高幅度之低令人关注。

表7 全国检察机关对不构成犯罪以及疑罪案件决定不批捕的数量及比率

年份	2016	2015	2014	2013
对不构成犯罪或证据不足决定不批捕的数量（件）（A）	132081	131675	116553	100157
批准、决定逮捕的数量（件）（B）	842372	892884	899297	896403
审查批准、决定逮捕的总数量（件）（A+B）	974453	1024559	1015850	996560
对不构成犯罪或证据不足决定不批捕的比率［A/（A+B）］	13.6%	12.9%	11.5%	10.1%

注：本表中的对不构成犯罪或证据不足决定不批捕的数量（A）以及批准、决定逮捕的数量（B）均来自《中国法律年鉴》，其他数据系笔者根据前述数据计算得来。

刑事救助的多元化途径探索

俞静尧[①]

刑事被害人救助,本文简称刑事救助,也称被害人国家救助,是指对遭受犯罪行为侵害而又无法通过诉讼从犯罪人处获得足够赔偿,致使生活陷入严重困境的被害人及其近亲属,由国家给予的一种经济救助。"真正的公正应当以看得见的方式实现"。[②] 刑事救助是一项系统工程,并非确立一部《刑事救助法》就能解决,其维系法律的公平正义、被害人的权利以及社会的和谐稳定,需要从多方面、多角度设计多元化的刑事救助配套措施来协调发挥作用。为此,建立刑事救助的一系列配套机制和支援体系,是刑事救助积极价值得到充分显现的迫切要求和当务之急。

一、建立被害人援助中心

当下,不断上升的犯罪率,正比例地形成了庞大的被害人队伍,考虑到刑事救助制度面临的巨大挑战,有必要建立这类具有专门针对性的被害人援助组织,及时为被害人提供他们所急需的相关援助服务,同时也可以有效配合刑事救助工作。自1975年美国成立第一个被害人专门援助机构——"美国被害人援助组织"以来,许多国家和地区都成立了这类专门性的服务机构,如德国1977年成立了"白环"组织,法国于1986年成立了"国家被害人援助调解中心",日本东京成立了"强奸救援中心"等。笔者赞同:由政府组织、管理,利用社会力量和整合民间资源,建立起我国被害人专门援助组织。具体而言,在机构的服务宗旨上,不以营利为目的,带有慈善性和人际共助性,为每个被害人提供力所能及的

[①] 俞静尧,杭州师范大学法学院教授。
[②] 陈瑞华:《司法权的性质——以刑事司法为范例的分析》,载《法学研究》2000年第5期。

援助服务，给予被害人理解、尊重和帮助，使被害人能够尽快恢复正常的生活、学习和工作；在机构的组织人员上，除少量负责日常工作的专职人员外，绝大部分应由社会志愿者构成。考虑因工作的特殊性，应对工作人员进行定期的专业培训，在机构人员的职业上，应当包括医疗、心理、法律等与被害人实际需要的救助服务密切相关的专业人员。同时，应广泛吸收曾经被害而现已恢复正常生活的人参与被害人服务组织的工作，因为他们在向被害人提供感情支持方面有着其他人所不能比拟的作用；在机构的组织体系上，既要建立全国性的被害人救援组织，也要统筹全国的被害人救援活动和调配资源，不断拓宽援助的范围。被害人援助中心的主要工作步骤由以下几个方面组成。

（一）进行被害调查

1. 查明被害率。进行被害调查的目的首先是查明被害率。被害率等于被害人数除以总人口再乘以10万，即为每10万人中的被害率，用公式表示为：被害率＝被害人数／总人口×100000。但在计算女性被害率时（如被强奸率），则除以女性的全部人口，而不是总人口。

2. 查明被害类型。被害类型包括杀人、伤害、强奸、抢劫、盗窃，等等。在我国，容易被人忽视的被害还包括家庭暴力，被拐卖的妇女、儿童等。

3. 找出每种类型被害人的特定需要。例如，身体受损的被害人特别需要医疗帮助，精神受创伤的被害人有特殊的心理问题，如恐惧、PTSD（创伤后应激障碍）、失眠等需要加以关注，被害人的社会福利问题，在参与刑事司法过程中的法律建议问题，所有这些也许是被害人在被害前从未遇到过的。

4. 保证被害调查的准确性，尽可能采用其他国家已进行过的、较成熟的有关被害调查的方法和信息。

（二）建立资源手册

1. 收集并列出所有能为被害人提供服务的机构，包括他们所提供的服务、机构地址、电子邮件、电话传真以及联络人姓名。

2. 对他们提供的服务进行评估。派人和每个机构的联络人进行面谈，以得知他们所提供的服务种类和细节，以及给谁提供服务。

（三）制定标准的运作程序

1. 拟出被害人援助中心的名字以及要提供服务的被害人种类。

2. 形成被害人援助中心的理念。例如，人权、被害人权利以及对所有被害人一视同仁、无差别歧视。

3. 建立行政规章。例如，不同服务人员的职责、工作时间、假日安排、初步的预算，确定谁有权签署支票。请求公安机关或检察院提供一个被害人援助服务的办公室。

4. 列出所有中心拟要提供的服务。为被害人提供的全部服务包括：①危机干预；②咨询；③代理人服务；④在犯罪调查过程中的支持；⑤在案件起诉和审判过程中的支持；⑥在案件处理完结后的支持；⑦对于被害人问题专业人员和有关人员的培训；⑧预防暴力和其他预防服务；⑨被害人问题的公共教育。

（四）签订和各机构间的协议

该协议涉及机构包括公安局、检察院、法院、监狱、医院以及其他所有要进行合作的机构。

（五）创立新政策、新程序、新法律

尽快创制系列规范性文件，以便司法机关和社会更好地为被害人服务。如下列目标：

1. 在法院候审时将被告和被害人安置在不同的房间，以使被害人免遭被告人的进一步羞辱和侵害。

2. 被强奸被害人报案时，应在警察讯问前立即被带到医院检查，并保存所有的被害证据，如被玷污的衣服等。医院应该有一个收集强奸证据的配套服务。

3. 法官在定罪后量刑时应考虑被害人的赔偿问题。

4. 法律制定者应该制定一部犯罪被害人国家补偿法。

5. 建议所有的司法人员（包括警察、检察院和法院）都应受过有关被害人学、被害人权利和被害人服务内容的培训。

6. 将被害人影响陈述制度（Victim Impact Statement）介绍到刑事审判过程中。

7. 要求法官允许被害人有陪同出庭以保持被害人的平静及通知有关的信息。这不仅给被害人以支持，同时也会提高被害人与刑事审判机关的合作程度。

8. 建议警察在发现有被害人需要帮助时，立即通知被害人援助中心。

（六）确立被害人援助中心可以提供的服务内容

1. 信息提供。这是可以提供给被害人最容易的服务。这能使被害人知道将会发生什么，自己能做什么，以及可利用的社会资源，从而避免被害人陷入被害状态中无所适从。

2. 电话。通过电话可以提供信息、24小时电话热线以及危机干预。

3. 陪同被害人出庭。志愿人员陪同被害人一同去法院，以帮助被害人保持冷静。只要被害人需要，志愿人员就一直和被害人待在法院。志愿人员可以从退休老人和家庭主妇中招募，但需经过有关法庭程序的培训。

4. 转介绍服务。转介绍服务主要是利用资源手册中提供的服务。这也就是为什么必须有人到社会其他机构去联系，收集各个机构所能提供的服务及服务对象的准确信息。

5. 危机干预。有些危机干预可以通过电话进行，但大多数的危机干预还得通过面对面的接触。危机干预需要接受高级培训。

当犯罪发生且被害人有需要时，警察应电话通知被害人援助中心，请求干预人员到犯罪现场或被害人家里进行危机干预。进行危机干预的志愿人员至少应经过40个小时的专业培训。

6. 面对面咨询。面对面咨询只能由专业人员，如心理学家、社会工作者和精神病学家来做。

7. 团体咨询。团体咨询的优点在于10到15名的被害人能在一起咨询。这项工作可以由合格的志愿人员来做。

8. 被害人自助小组。在被害人自助小组中，主要是由被害人向其他被害人倾诉自己的被害经历。此时，志愿人员的作用在于帮助召集被害人，而不直接参与被害人自助小组的讨论。

9. 被害人代理服务。被害人代理服务意味着在与其他社会机构交涉时代表被害人。被害人代理人有时是法律代理人，如在法庭上时；有时是行政代理人，有时又是刑事司法代理人，如在警察骚扰被害人时，被害人代理人应出面保卫被害人。被害人代理人同时应该知道犯罪嫌疑人从监狱里释放出来的日期，以保护被害人免遭刑满释放人员进一步的报复。被害人代理人同时可以倡议有关被害人的政策改革和程序改革。

10. 对刑事司法人员进行有关被害人问题的培训。被害人援助中心可以为警察、检察官、法官、律师、监狱管理人员提供有关被害人学、被害人援助和被害人权利问题的专门培训。

11. 提高知名度，引起公众注意。被害人援助中心应该通过各种方法，包括新闻报道、电视采访等,坚持不懈地努力,以提高中心在社会上的知名度,引起公众注意,让公众尽知如果在他们不幸遭受犯罪侵害时,有这么一个中心可以为其提供服务和援助。

(七)制订全面运作的计划

1. 选一个特定的时间和地点召开被害人援助中心的第一次工作委员会。这个委员会将是计划过程中的推动力量。会议应该是友好但又应是以商业方式运作的。以后在每次会上,每个委员会的主任都应作有关他们工作进展的口头报告,并提出下周的工作任务。

2. 这次会议的目的是建立以下各个委员会:

(1)行政委员会。行政委员会负责筹划中心运作的各项行政准备工作,比如寻找办公场所、电话、办公家具、开银行户头等。负责提名执行委员会的人选,并努力使中心在6个月后投入运营。

(2)资源委员会。资源委员会负责筹钱,如公司、商人、社区的捐赠、会员费等,想方设法从多渠道筹集资金。

(3)法律委员会。

①法律委员会只由律师组成。他们的工作是使用他们的法律知识来保护被害人援助中心的职员及志愿人员,并保证中心及志愿人员的行为符合法律的有关规定。

②法律委员会承担起法律界和被害人援助中心之间桥梁的作用。

③如果中心有法律问题,法律委员会负责咨询。

④一般的法律信息由该委员会提供给被害人,但特殊的法律建议则不在中心进行。

⑤在中心正常运作1年之后,法律委员会负责起草有关被害人权利问题的法律。

(4)志愿者委员会。

①负责招募志愿人员;

②筛选志愿人员;

③培训志愿人员;

④给志愿人员配置有关工作;

⑤监管志愿人员(有时志愿者工作不当而需要转换到其他工作)。

(5) 公共关系委员会。

公共关系委员会的任务：一是制定保护被害人和志愿者免遭新闻媒介侵害的政策；二是维护与新闻媒体之间的良好关系，并定期向新闻界发布消息；三是制作有关被害人援助中心及合作机构的新闻通讯，以加强其相互之间的联系。

(6) 资源手册委员会。

这个委员会的服务在于收集有关信息，以期为6个月后中心的正式开业做好准备。

(7) 被害人服务委员会。

被害人服务委员会必须在被害人调查结果的基础上确定要为被害人提供的服务种类，并根据志愿人员培训的情况和中心可获得的资源确定逐步要开展的服务。

二、完善刑事附带民事诉讼制度

刑事附带民事诉讼是被害人获得赔偿的途径，是对刑事被害人民事权利的保障，基于刑事救助制度与刑事附带民事诉讼制度存在紧密的相关性，完善刑事附带民事诉讼制度，不仅可以使刑事被害人的损失尽快得到赔偿，而且避免了在刑事案件结束后被害人再提起刑事救助，增加刑事救助的压力。所以，完善刑事附带民事诉讼制度与刑事救助制度，是两个话题一个主题的"殊途同归"。但在我国的刑事司法实践中，刑事附带民事诉讼制度仍然存在缺陷，对被告人的法律保障并不充分。例如，我国现行法律规定对被害人因犯罪行为遭受损失而请求赔偿的范围仅局限于实际的物质损失，被害人除物质赔偿以外的其他民事请求，如精神损害赔偿都被排除在外。这种规定显然是不够全面和合理的，不仅影响法律的整体形象，也不利于维护法律的严肃性。应当尽快调整对于刑事附带民事诉讼请求和受理范围的限制，保障被害人在刑事附带民事诉讼中获得精神损害赔偿的权利，并将受案范围扩大到所有存在被害人的刑事案件。解决被告人因时过境迁所带来的证据难以收集以及被告人转移财产、逃避赔偿责任、减轻被害人举证方面的困难等问题。为此，完善刑事附带民事诉讼制度路径探索如下。

(一) 赋予被害人在侦查、起诉阶段先行给付、财产保全的请求权

在我国刑事诉讼法和有关司法解释中，附带民事诉讼制度中没有规定被害人

在侦查、起诉阶段享有先行给付请求权，这无疑是一个缺陷。实际上，在司法实践中，在许多情况下，刑事诉讼中的被害人比一般民事诉讼的民事原告人更迫切需要先行给付。比如，在故意伤害案中，被害人因医治、抢救急需费用，如果不先行给付，治疗、抢救就成为不可能，甚至可能出现因无钱而导致延误治疗所产生的严重后果。此外，在涉及赡养费、抚养费的情况下，如不先行给付，被害人及其抚养人、赡养人就难以生活，甚至无法维持正常生活。而这些情况的出现往往更主要的是在侦查、起诉阶段，而不是在审判阶段。因此，应规定被害人及其法定代理人在侦查、起诉阶段享有先行给付请求权。除了给予被害人在侦查、起诉阶段享有先行给付的请求权外，还应当给予被害人在侦查、起诉阶段享有财产保全的请求权。我国《刑事诉讼法》第77条规定，人民法院在必要的时候，可以查封、扣押被告人财产，据此规定，被害人只有案件到了审判阶段以后才有权提出财产保全申请。这是完全没有注意到刑事附带民事诉讼不同于一般的民事诉讼、是"附属"于刑事诉讼的产生而产生的这一特点。附带民事诉讼在进入法院审判程序前一般要经过一段比较漫长的侦查、起诉阶段，不允许被害人提出财产保全申请，就有可能让被害人看着被告人转移财产而束手无策，这是不利于对被害人民事权利的保护的。

（二）明确附带民事诉讼当事人在侦查阶段有权委托诉讼代理人

我国《刑事诉讼法》规定，公诉案件中的附带民事诉讼当事人及其法定代理人，自案件移送审查起诉之日起，有权委托诉讼代理人。这就排除了在侦查阶段，附带民事当事人委托诉讼代理人的可能性，这于理不通，于法不合。既然允许被害人在侦查阶段提起附带民事诉讼，而又不允许其委托诉讼代理人，这是难以说得过去的。从实践角度看，一旦被害人提起了附带民事诉讼，就有许多工作要做，包括写诉状，申请司法机关采取有关措施等，而这些工作往往是当事人难以胜任的。事实上，在刑事诉讼中，诉讼参与人，包括附带民事诉讼当事人，如果没有法律专业人员，特别是没有律师的帮助，是很难有效地行使其诉讼权利的。因此，允许在侦查阶段提起附带民事诉讼，就应当允许附带民事当事人在侦查阶段委托诉讼代理人。

（三）规定公安机关、人民检察院有权决定先行给付

在刑事案件中，需要先行给付的情况是时有发生的，而且往往发生在侦查、审查起诉阶段，因此应规定在侦查、起诉阶段处于主导地位的公安机关、人民检

察院可根据被害人的申请和案件情况,有先行给付的决定权。同时,为了保证将来人民法院附带民事诉讼的判决得到确实的执行,还应当规定公安机关、人民检察院有权采取财产保全措施。因为从财产保全的原因来分析,只要存在危及将来生效判决的执行的行为,就允许采取保全措施。而在刑事附带民事诉讼中,危害将来生效判决不能执行或难以执行的原因或情形,不仅在审判阶段存在,往往更可能在侦查、起诉阶段就存在。因为在侦查、起诉阶段,犯罪嫌疑人及其亲属就有可能转移其个人财产,如果此时不允许采取财产保全,被害人的合法权利将无法得到保障。

(四)确立公安机关、人民检察院对附带民事诉讼的调解权

刑事诉讼法及检察院的司法解释、公安部的有关规定,均没有规定公安机关和人民检察院对附带民事诉讼的调解权,没有把它作为一项职责。因而在司法实践中,公安、检察机关调解的少,不调解的多。对于附带民事诉讼,如果在侦查、起诉阶段经调解能达成协议,不仅可以使被害人的损失尽早得到赔偿,有利于维护社会稳定,而且也有利于减轻法院的压力。因此,应规定公安机关、人民检察院对附带民事诉讼的调解权。需要强调的是,刑事诉讼法还应当规定经公安、检察机关调解达成协议的,协议效力与法院调解的效力相同。

三、完善刑事和解制度

刑事和解"实践中协议赔偿数额往往高于一般刑事或民事权益的自由合法处置——一种基于道德义务的赠与合同行为",[①] 它一方面给予了被害人精神抚慰,另一方面帮助被害人缓解物质上的负担,从而减轻了刑事救助资金短缺的压力,发挥着不可替代的作用。在刑事救助中,实现被告人对被害人的物质补偿和精神恢复,成了相辅相成的选择和追求。正如陈瑞华教授所说的那样:"迄今为止,在各种涉及被害人权利保障的改革努力中,还没有任何一种能比刑事和解制度更有效地维护被害人的诉讼主体地位",刑事和解程序中的被害人,"以前所未有的姿态登上了刑事司法的舞台,并且主导着刑事和解的进程和诉讼的实体结局。"[②] 到20世纪90年代以后,无论是大陆法系国家,还是英美法系国家,刑事

---

① 卞建林、王立:《刑事和解与程序分流》,中国人民公安大学出版社2010年版,第400页。
② 陈瑞华:《刑事诉讼的私力合作模式——刑事和解在中国的兴起》,载《中国法学》2006年第5期。

和解程序均得到了发展。刑事和解程序的出现以及运用，是以被害人——犯罪人关系为中心而建立起来的一种"合作性司法模式"，是一种通过主体广泛参与来实现司法正义的"新型纠纷解决模式"。要知道被害人"痛苦的扭曲反应，开始并不被人发觉，但却有可能是极具毁灭性的危险反应。"① 刑事和解制度不仅弥补了传统司法体制在"固化"被害人与犯罪人之间的对抗关系以及过分关注国家利益和社会利益的实现上的不足，以最大限度的可能保护被害人的权利及其实现，避免"二次伤害"。切实有效保障在刑事和解程序中被害人的权利实现，充分发挥刑事和解程序的作用，保证其与被告人平等对话，不受威胁或者权势压制，维护自己的合法权利，具体探索以下途径。

（一）规范刑事和解程序的启动权

1. 可以通过立法或者和解程序规则的细化规范等方式，明确刑事和解程序的启动权主体为和解当事人，尤其是被害人，而非司法机关。因为司法机关的司法权具有被动性特点，同时，和解程序的适用条件和前提之一是获得被害人的谅解与同意，因此在启动上显然应更突出被害人基于自愿选择而提出的和解申请。

2. 通过明确检察机关在审查逮捕和审查起诉阶段负有权利告知的义务，即对符合刑事和解程序适用条件的案件，有义务告知当事人，尤其是被害人享有的选择适用刑事和解程序的权利以及相应由此可能产生的法律效果，避免当事人因权利不知或不明而造成合法权利未受到保障以及客观上运用法律不公现象的产生。

3. 应当设置相应的救济机制，在启动权未得到有效保障以及受到侵犯时，权利人有权通过相应的程序予以救济。

（二）设置被害人安全性预先评估制度

通过安全性预先评估，分析在刑事和解选择与适用过程中可能影响被害人心理和身体安全性的各种不利因素，在确保被害人的安全性前提下适用刑事和解程序。这种做法，可以在相当程度上保证被害人在和解程序中免受不必要的非安全性因素的影响，积极有效地参与和解，表达自己自由的意志和真实的想法，充分维护和保障自己的合法权利。

---

① ［德］施奈德：《国际范围内的被害人》，许章润等译，中国人民公安大学出版社1992年版，第360页。

（三）构建多层次刑事和解调解人制度

为避免产生因司法机关工作人员滥用担任和解主持人的权力而出现偏向犯罪人一方的不中立现象，保护被害人的合法权利，以及消除司法机关在刑事和解程序中的有"自己做自己案件法官"的嫌疑及"尴尬"地位，应积极构建多层次的刑事和解调解人制度。可以引入一些符合条件的"中立的局外人"，即与案件及双方均无利害关系的人，或者具备与被害人的沟通渠道、被害人有意愿接触的人，来参与刑事和解的调解工作。例如，人民调解员、志愿者律师、社区工作人员等均可作为调解员。由于他们不具有显著的公权力性质，由他们担任和解的主要调解人，不仅可以在一定程度上增加被害人对和解程序和结果的信任感，从而积极有效的参与到和解程序中；而且可以起到一定的监督作用，防止犯罪人一方利用公权力侵害被害人的权利。

（四）适当引入被害人家庭成员的参与制度

可以学习借鉴新西兰家庭群体会议模式，适当引入家庭成员的参与，并且明确这种参与并非"观察者"或者"配合协助者"的角色，而是和解程序中"实质性参与者"的角色。当被害人的家属可以实质性地参与到刑事和解过程中，并且发挥着重要作用的时候，对于被害人而言，一方面，其受伤且脆弱的心，顿时有了强有力的依靠和支撑，不再迷茫和不知所措，有助于保证被害人在和解程序参与上的主动性；另一方面，被害人家属的参与，可以群策群力，为被害人提供信息收集和选择上的帮助，可以最大程度保护被害人的权利。另外，被害人家属成员的参与，其实也可以在一定程度上使被害人家属自身的心情得到恢复。

（五）赋予被害人充分的程序选择权

这种和解程序过程中的程序选择权，其本身就是被害人的一种权利，正如《欧洲委员会部长委员会对成员国关于刑事调解的建议》中指出，刑事和解只有在被害人一方完全同意的情况下进行，在调解期间，被害人应当享有可以随时撤销的权利。被害人通过此项权利的行使，可以在一定程度上间接保证其参与和解程序过程中的意志自由。

（六）建立被害人人身司法保护制度

应当建立和加强对被害人的人身安全保护，确保被害人在刑事和解程序中免受犯罪人及其社会关系网的施压，从而作出有悖于其真实意思表示的法律选择、行为。基于我国目前的立法和实践状况，可以采用完善刑事诉讼法的方法予以保护，在刑事诉讼法中增加有关被害人人身保护的条款，明确规定为影响刑事和解效果目的而对被害人及其家属的人身、财产、名誉等实施威胁、暴力等不法行为为法律所禁止，违法者或者有此类行为倾向的人均应被采取刑事强制性措施，严重者将被追究其刑事责任。

（七）健全和完善刑事和解程序的监督制约机制

阿克顿勋爵说过，权力导致腐败，绝对权力绝对导致腐败，刑事和解程序也不例外。一种程序的运用必须有相应的监督制约机制，才能产生出符合价值选择的结果。正如樊崇义教授一贯所强调的，"应当建立和完善和解过程中的监督制约机制"，① 在刑事和解程序中引入有效的监督和制约，避免权力寻租机会的出现，同时明确相应的救济机制，这样才能使刑事和解程序在保护被害人权利上发挥其应有的价值。

四、完善其他救济途径

（一）建立被害人法律援助机制

被害人法律援助机制是指国家在司法制度运行过程中，对因经济困难或者其他特殊原因而难以通过通常意义上的法律救济手段来保障自身基本权利的被害人，由国家给予提供免费的法律帮助的一项法律保障制度。

建立被害人法律援助机制，一方面，在被害人和犯罪人法律援助权不平衡的现实下，是平衡被害人和被告人权利的需要。法理学家罗纳德·德沃金说过，在所有个人权利中，最重要的权利是平等权，也就是关怀和尊重的平等权利，② 体现了尊重和保障被害人的平等权；另一方面，建立被害人法律援助机制，是在刑事救助中，保护被害人权利的需要。因为在刑事救助中，想要实现和保护被害人的权利，其中最重要的一种途径就是扩大其在程序中的主动权和参与权，使其能够通过自己的行为来影响过程和结果。这就要求其必须对有关法律规定和程序有相当程度的理解，并且敢于运用相关法律和自己的权利来维护自己的法益。具体包括以下3个方面：（1）可以给参与刑事救助的被害人直接提供法律方面的指导

---

① 冯仁强、谢梅英：《刑事和解"反悔"行为的认定和处理——兼议刑事和解协议的审查标准》，载《西南政法大学学报》2008年第2期。

② ［日］棚濑孝雄：《纠纷的解决与审判制度》，王亚新译，中国政法大学出版社2004年版，第115页。

和建议，使其能够了解相关法律规范和其在刑事救助中理应享有的各项具体权利以及对和解程序的本质理解得更加准确和全面，避免相应的风险。（2）可以满足被害人对案件基本事实和相关证据问题的需要。因为，从刑事救助的运行而言，应以了解案件基本事实、掌握相关证据为参与程序最基础的限度。这种对事实和证据的确定性指向，可以为被害人发挥其主体地位提供基本依据。（3）可以满足被害人对刑事救助公正问题的需要。在刑事救助的过程中，主要面临的问题是如何促进刑事救助的公开性和公正性，防范"合意向同意或恣意变质，甚至向强制蜕变"。①

（二）建立被害人社会支援体系

被害人是一个在精神上、物质上和身体上受到伤害的人，虽然通过刑事救助能够在很大程度上给予一定的宽慰，但是，社会仍然有必要向被害人及时提供救助和干预，政府应该培养被害人社会支援体系，为被害人提供身心各方面的支持，具体主要的社会支援服务如下。

1. 法庭援助

（1）解释法院审判过程

缺少对司法过程和法院审判程序的了解往往导致被害人的疑惑不解和情绪挫折，并最终阻止被害人（还包括证人）参与司法过程。为了确保成功地控告被告人，被害人在司法过程的任一点上都知道其权利义务是很重要的，包括司法机关对被害人作用的期望以及被害人期望能从司法过程中得到的。被害人或证人所知情况越多，其越可能积极参与审判过程。因此，在被害人援助中，首要的一环便是向被害人解释整个司法机关的运作过程（Explaining the Court Process），尤其是法院的审判过程及审判程序。

为达到此目的，许多被害人援助机构都为被害人准备了小册子，里面详细告知了被害人的权利义务、法院审判的简略程序以及强调被害人参与刑事司法过程的重要性等。小册子有时还包括出庭相关人员（包括法官、检察官、辩护律师及被告）的作用；被害人作为证人时的一些建议、对可能遇到的询问的相关性答案；甚至还包括法院的位置和地图、乘车路线和停车场等信息。这种小册子可以在犯罪现场时由警察或危机干预工作人员交给被害人，也可以在警察或法院的询

---

① 郭建安：《犯罪被害人学》，北京大学出版社1997年版，第311页。

问处得到；当然，现在由于信息技术的发展，网络的安家落户，这些信息都可以在相关的网上找到。有关司法过程下一步将会发生什么以及有关案件的特殊问题，诸如保释等，会以各种方法告知被害人，如通知函、电话、传真、电子邮件等。被害人也可主动打电话询问。与此有关的问题都会在案件进行过程中通过被害人的代理人给被害人以帮助。另外，在第一次出庭前，被害人的代理人会和被害人见面，告知其法庭程序及有关被害人在此过程中的地位和作用，一些被害人代理人还会事先带领被害人参观空闲的法庭，解释有关诉讼参与人的职责及所坐的位置。而另一些被害人援助组织则安排被害人代理人陪同被害人出庭作证，提供有关的支持与帮助。被害人代理人帮助被害人消除恐惧和不安，以免影响作证，提供有关在法庭上如何举止的建议，诸如整洁的服装，尊敬的态度、细心地倾听和回答问题，保持镇定、说真话、作证通常所需要的时间以及可能会问到的问题。被害人代理人还随时准备回答被害人的有关问题，如法庭是否对公众公开，被告在法庭上是否会与被害人靠得很近。有时，被害人代理人甚至会在开庭前与被害人演练一番，由代理人模仿律师对被害人进行提问。

(2) 陪同出庭

陪同出庭（Court Escort）本来只是提供被害人出庭和退庭的交通工作，现已发展为陪同被害人出庭和退庭时和被害人待在一起，以提供道义上的支持并就有关法庭程序问题对被害人进行解释。陪同出庭对下列被害人最为适用：（1）遭被告或被告方朋友威胁或骚扰的被害人；（2）老年被害人；（3）残疾被害人；（4）不愿出庭的被害人；（5）家庭暴力的被害人；（6）性犯罪的被害人；（7）受虐待的儿童。一些被害人援助组织规定，在被害人作证当天由志愿人员陪同被害人到法庭，志愿人员和被害人一起待在接待室，若有必要，陪同被害人出庭作证。另外，陪同被害人出庭的人员必须对刑事司法程序有充分了解，并信任和尊重被害人。

(3) 接送被害人

交通费用、难以找到法院所在的大楼及停车位置、公共交通的不方便等问题是被害人出庭的障碍，而为被害人提供交通服务则可以为被害人提供极大的便利。在一些城市，出租汽车公司免费为老年人和残疾人提供服务，这也可以为老年被害人和残疾被害人提供服务。

接送被害人也可以是陪同出庭的一部分，则由被害人代理或志愿者接送被害人到法院,并在整个审判程序中和被害人待在一起。

(4) 出庭作证通知

出庭作证通知是指告知被害人和证人正式的刑事控告已经提出,并同时告知其出庭作证的日期和时间的过程,理想的作证通知应是:只要案件还在法院,就应提供给证人一切有关案件进展的情况,作证通知通常包括下列内容:当正式的刑事控告提出后,告知被害人或证人案件的案卷号、被告的姓名,以及随后的刑事审判程序;当开庭日期确定后,告知被害人或证人出庭的日期和时间以及他们在法庭审判过程中的权利、义务;如果开庭时间变更、开庭日期迟延或者案件被取消,就需要重新发出作证通知书。当案件审理完毕,被害人和所有证人等待法院的审判结果。

通常,被害人和证人都希望得知下列信息:被告是否被监禁;特定的审判和听证日期;案件不起诉的理由;法院和检察院所在的位置以及该案件主审法官和主诉检察官的联系号码;案件的审判结果等。

由于作证通知牵涉到法院开庭的日期以及需要作证的时间,因此,大多数检察模式的被害人援助机构都提供这样的服务。而警察模式、医院模式和其他模式对被害人援助则大多缺乏这样的服务,像医院模式的被害人援助,由于医院所处的位置以及他们提供的服务着重于危机干预,因此,都不提供作证通知服务。作证通知有许多种不同的方法,通常有信函、电话、电子邮件、传真、当面通知或传票,大多数被害人援助机构都采用信函和电话,用电话通知被害人对被害人特别有益,尤其当负责联系被害人的人是该被害人的代理人时尤为如此。电话联系不仅能及时提供案件的相关信息,而且还能与被害人建立一种个人联系,以示被害人确有人关心其被害和需要。被害人代理人通过电话联系以确定被害人所需要的服务,并给被害人一个表达有关犯罪的感情的机会。然而,在大都市,用电话通知所有被害人是不可能的。仅用电话通知所有被害人只在那些犯罪率相对较低的地区才有可能。因此,此时用信函代替电话通知被害人就显得非常必要。事实上,许多被害人援助机构往往也同时采用好几种方法通知被害人,包括电话、便函、登门拜访、电子邮件及传票等。

(5) 照看小孩

对于那些身为父母的被害人,能在他们参与刑事司法过程中提供照看小孩的服务是很重要的,大多数的被害人援助机构只提供短期的照看小孩服务,但也有一些机构特别为那些暴力犯罪的儿童被害人（包括证人）提供服务，被害人的小孩深受其父母的身体伤害、感情反应所影响。另外，由于其父母被害，小孩日常生活也被打断。除此之外，有些儿童本身就是被害人，他们目击了犯罪的发生过程，因此，被害人援助机构为那些受害的家庭照看小孩是很有必要的，这可以为那些身为父母的被害人减轻很多负担，在他们出庭时免除了后顾之忧。

2. 干预援助

（1）代表被害人与雇主交涉

被害人在遭受犯罪侵害后，不仅既得利益遭受损失，而且可得利益也会遭受损失。这主要表现在被害人由于工作缺勤而导致工资减少以及老板对其的消极态度。被害人往往由于身体受伤、精神创伤并且追踪调查和出庭作证而减少工作时间。因此，代表被害人与其老板进行交涉也是被害人援助工作中很重要的一环。最理想的是老板同意给予被害人以时间而不减薪处理。在许多场合，往往是由被害人出示法院传票给其老板，从而得以争取时间出庭作证。全美被害人援助组织NOVA曾建议由被害人援助组织出面和一些大公司签订一份与被害人有关的协议，从而惠及其所有雇员。在这一方面，工会也可以起到积极作用。

（2）转介绍服务

犯罪是千差万别的，被害人在遭受犯罪侵害后的需要也是千差万别的，被害人紧急需要有：庇护所、食物、衣物、交通、医疗援助、经济援助，等等。对于大多数犯罪被害人来说，往往并不需要长期的、广泛的服务，如临床或心理治疗，但确有一些被害人，特别是暴力犯罪的被害人，需要长期援助，如个人或团体治疗、家庭咨询、法律援助、医疗援助和康复等。这些案子往往需要几个月的观察和跟踪服务。正是由于各种各样的被害人存在，又由于其需要是千差万别，因此，单靠被害人援助机构往往是不够的，还必须和其他一些社会机构连接起来，共同构成一个被害人援助的社会网络体系。

将被害人转介绍到其他社会服务机构的过程包括：评估被害人的需要；寻找恰当的服务机构并协助安排被害人接受所需要的服务；跟踪联系以确信被害人的需要得到满足。被害人转介绍服务的提高有待于被害人援助机构和其他社会机构共同合作，并协调彼此所提供的服务。介绍的服务可分为以下3类：

一类：物质的援助，包括房屋、食物、衣物、经济援助、交通、健康关怀、就业训练等；

二类：精神的援助，包括长期的咨询、法律的咨询、家庭咨询、残疾服务和危机咨询；

三类：被害人补偿的援助，主要是帮助完成和填写被害人补偿申请。

可转介绍的机构包括：社区咨询机构、危机干预中心、性侵犯、家庭暴力中心、经济援助、食物、庇护所、法律服务、私人代理人、社会服务部、法律帮助热线、工作服务项目和医疗关怀等。在我国，则可包括未成年人保护委员会、各级政府部门的妇联组织、工会、法律援助中心、消费者协会、110报警服务、148法律服务专线、急救中心、红十字会，等等。

（3）修理、更换门锁与橱窗

如果被害地点发生在被害人的住处，被害人往往需要马上帮助，以确保其在家里感到安全，这些措施包括修理或更换被损坏的门窗、锁等，以免再次被害。遗憾的是大多数的被害人援助组织都没有提供这样的服务。有限的几个例子包括由被害人低价购买新锁但享受免费安装服务，或由被害人援助组织为遭受盗窃的残疾被害人、老年被害人或低收入的被害人修理或更换门锁等。

（4）危机干预

危机干预主要是指犯罪发生后立即对被害人进行援助，以避免被害人形成被害后遗症。危机干预可以通过以下方式进行：电话热线、面谈、家庭访问。危机干预可以在犯罪现场、医院急救室、警察署以及被害人的家中进行，但大多数的危机干预都在被害现场进行。虽然对许多被害人来说，特别是老年被害人、残疾被害人，家庭访问可能更为重要。例如，在美国一些地方，当警察觉得有必要对被害人进行危机干预时，警察会立即通知被害人援助机构。即便在被害人援助人员下班后，援助人员也会配备寻呼机以便及时联系。被害人援助人员对被害人的需要进行评估，提供支持，陪同被害人去医院或警察局，帮助联系被害人的亲戚朋友，并为被害人介绍其他相应的社会资源。

危机干预可以按照以下的步骤进行：使被害人镇静下来，并使被害人确信感到安全；列出可获得的服务和资源，并开始提供紧急的援助服务，如将被害人接到临时住所、更换门锁、从被害人基金里提取金钱给被害人以供一时应急之需；提供咨询；帮助被害人制订未来发展计划。

3. 公共教育

公共教育是援助犯罪被害人的一个重要工具，必须进行公共教育，使公众得知一旦他们遭受犯罪侵害，就可以获得援助，这是公共教育的首要目标，即让公众获知有这样一个为犯罪被害人提供服务的机构存在。被害人在刑事司法过程中应该受到同情和宽容的对待，在公共生活中，亦应如此。而进行公众教育则可以很好地起到这方面的作用，从而也使公众更愿意出庭作证，指证犯罪。公共教育可以涵盖下列有关问题：让公众了解被害人援助机构和所提供的服务；被害人和证人所面临的问题；被害人被害后遭受的危机和创伤；有关犯罪预防和自卫问题的信息。进行公共教育可通过下列渠道：互联网，新闻报纸，电台电视，在社区中分发小册子，对学校或社区群体进行教育。公共教育的方式可以有多种多样，但最重要的是，通过公共教育引起公众对自身被害的重视和对他人被害的关心，以及在被害后及时找到资源以尽快恢复。

五、结语

"近一个世纪以来，诉讼法学的法制经历了一个'萌生、停滞、复苏、发展'的曲折过程，复苏以后的发展呈现出良好态势，已经开始步入由浅入深，由表及里，探索诉讼的发展规律，摸索诉讼法学深层次问题的新领域。"[①] 当今中国正处于转型最关键也是最困难的时期，社会矛盾底层暗涌，在各种势力中最需要关注与帮助的就是弱势人群。而刑事被害人的权利最易受侵害，他们的救济途径又最为短缺。政治上，这群人普遍缺乏表达自己利益的机会；经济上，他们又缺乏寻求救济的资力。如果我们不给予关爱，他们的生存解决不了，他们的权利保护不好，极有可能成为不稳定的导火线，毕竟这个群体对苦难的承受力是有限度的。面对刑事被害人这一弱势群体的救济与保护问题，刑事救助将大有作为。套用一句老话，既要治标又要治本。对刑事救助具体内容的完善可谓治标，对刑事救助基础条件的完善可谓治本。在构建刑事救助的过程中，必须把握住以下4个关键问题：第一，刑事救助是国家给予社会特殊群体的社会福利，获得救助是被害人的权利，国家在其中负有相应的法律责任。不能因刑事救助制度呈现的社

[①] 樊崇义：《诉讼原理》（第二版），法律出版社2009年版，第9页。

会福利色彩，而过于强调其政策性作用，导致漠视或弱化建设刑事救助制度的思想价值和制度意义。第二，刑事救助是建立在基本国情之上的，既涉及法律与政治、经济、文化的关系等法学基本理论问题，还涉及对法律的形成机制，特别是相关影响因素的作用机理等问题。因此，刑事救助制度的构建并不是一朝一夕的，需要经过一个逐渐发展完善的过程，并随着经济发展和社会变化而作出相应调整。第三，通过设定科学的刑事救助制度运行程序，可以避免法治的薄弱和实践操作的不规范。让更多的社会力量进入此预设程序，形成资源合力，从而提高国家救助的规范性和公信力。第四，在关注刑事救助制度的同时，需要对被害人实现权利救济的其他途径进行拓展性思考，建立合理、有效的被害人权利救济体系，实现各项制度和措施的相互衔接、相互配合，不断推进刑事救助及其相关配套措施的改革进程，实现刑事救助的法制化、科学化和体系化。

反思与重构：执行程序中追加被执行人配偶问题探究

金俊银[①]

执行程序中，当执行依据确定的债务人为夫妻一方，作为债务人的被执行人名下或实际占有的财产不足以清偿债务时，债权人即案件申请执行人，往往以执行夫妻共同财产或认定夫妻共同债务为由，申请法院对被执行人配偶名下或实际占有的财产采取强制执行措施。即民事执行程序中的对被执行人配偶进行追加，它是执行当事人的变更与追加的重要组成部分。所谓对被执行人配偶的追加系指在民事执行程序中作为被执行人的夫或妻，不能履行或者不能完全履行义务且执行依据未明确债务性质的前提下，而将其妻或夫增加进来，与作为被执行人的夫或妻共同承担履行义务的责任的情形。

当前我国社会诚信体系的确立尚处于起步阶段，被执行人规避、逃避债务现象较为严重，以假离婚、转移财产等方式规避执行的现象时有发生。案件进入执行程序，在执行依据尚未确定债务性质的情形下，一旦被执行人名下无财产可供执行，申请执行人常以被执行人债务发生在婚姻关系存续期间推定为夫妻共同债务为由申请追加被执行人配偶为被执行人，进而执行被执行人配偶名下的财产。对于该问题的处理，现行法律没有明确规定，在执行实践中处理方式也不尽相同。当执行根据只确定夫或妻一方为被执行人，且该被执行人的个人财产不足以清偿全部债务时，对夫妻共有财产以及夫或妻另一方（以下简称配偶）的个人财产如何执行是法院强制执行领域面临的难题之一。由于我国在追加被执行人配偶为被执行人方面法律规范的缺失，加之对司法解释有关夫妻共同债务的理解上有分歧，以致各地法院对追加被执行人配偶为被执行人的做法各异。进一步研讨执行程序中追加被执行人配偶为被执行人的做法，进而规范对夫妻共同财产及配偶名下个人财产的执行，显得尤为重要。

[①] 金俊银，国家法官学院教授。

一、现实困境：基于对已有被执行人配偶追加模式的考察

在民事执行程序中，能否追加被执行人配偶为被执行人及执行其名下的财产，现行法律、司法解释没有明确规定，导致司法实践中各地做法各异，申请执行人的债权实现情况也参差不齐。目前主要有以下四种做法：

（一）不能追加。北京市高级人民法院持此种观点，其明确规定执行机构在执行程序中不得追加被执行人配偶为被执行人。2013年修订的《北京市法院执行工作规范》第539条第1款规定："执行依据确定的债务人为夫妻一方的，根据现行法律和司法解释的规定，不得裁定追加被执行人的配偶为被执行人。申请执行人主张执行依据确定的债务为夫妻共同债务，申请追加被执行人的配偶为被执行人的，告知其通过其他程序另行主张。"① 其主要理由在于"变更和追加被执行人的法律依据，必须要有法律和司法解释的明确规定"，目前我国关于执行程序中追加被执行人配偶的问题并没有明确的法律规定，因此不应追加。②

（二）不予追加，直接执行。即不需追加配偶为被执行人，但可认定执行中所涉债务是否属于夫妻共同债务，如是则可予以执行，否则不能执行。浙江省高级人民法院在2014年1月27日印发的《关于执行生效法律文书确定夫妻一方为债务人案件的相关法律问题解答》中针对执行依据确定夫妻一方为债务人的案件，应当如何采取执行措施时规定："执行依据确定夫妻一方为债务人（指夫妻一方参加诉讼仲裁或者公证），且未明确债务性质的，可以执行该债务人个人名下的财产或者夫妻共同财产中属于债务人的份额。执行机构根据相关证据经审查判断属于夫妻共同债务的，可以执行夫妻共同财产。夫妻共同财产经执行仍不足清偿的，可以执行夫妻另一方的个人财产。个人财产是指《中华人民共和国婚姻法》及其司法解释明确规定属于夫妻一方个人所有的财产。"对于债务性质经判断为夫妻共同债务的，执行程序应当如何进行时该解答还规定："执行机构可直接作出裁定查封、扣押、冻结、变价夫妻共同财产或者非被执行人的夫妻另一方

---

① 北京市高级人民法院研究室：《北京市法院执行工作规范》，载新浪网，http://blog.sina.com.cn/s/blog_ 44c6ed600102veue.html，2018年10月5日访问。
② 该观点在《北京市高、中级法院执行局（庭）长座谈会（第二次会议）纪要——关于变更或追加执行当事人若干问题的意见》中予以明确。载新浪网，http://blog.sina.com.cn/s/blog_557c3d6b0102uyl2.html，2018年10月5日访问。

名下的财产,而无需裁定追加夫妻另一方为被执行人。执行裁定书主文部分应当写明执行的具体财产。"① 该解答同时也指出被执行人配偶有提出异议的权利。

（三）有条件的追加。即执行机构有权在执行程序中对所涉债务是个人债务还是夫妻共同债务作出判断,符合一定条件时可以通过听证程序来追加被执行人的配偶为被执行人。上海市高级人民法院于2005年4月20日通过的《关于执行夫妻个人债务及共同债务案件法律适用若干问题的解答》中规定:"对于夫妻共同债务案件,男女双方均是被执行人,可以执行其夫妻共同财产和各自的个人财产。"② 当然法院要先对执行依据中认定的债务是个人债务还是夫妻共同债务做出判断。"执行依据中没有对债务性质做出明确认定,申请执行人主张按被执行人夫妻共同债务处理,并申请追加被执行人配偶为被执行人的,执行机构应当进行听证审查,并根据下列情形分别作出处理:（1）应当认定为被执行人个人债务的,做出不予追加裁定;（2）须另行诉讼确定债务性质的,做出不予处理决定;（3）除应当认定为个人债务和执行中不直接判断债务性质的情形外,可以认定为夫妻共同债务,裁定追加被执行人配偶为被执行人。"③ 同时在追加被执行人配偶时,赋予被执行人配偶提出异议的权利,以期能在追加程序中保障被追加人申辩的权利。

（四）可以追加。江苏省和广东省高级人民法院持此种观点。江苏高院认为,执行实施机构有权审查并作出是否追加的裁定。其在2014年5月27日印发的《关于执行疑难问题的解答》中规定:"执行依据中对债务性质已明确认定为个人债务的,不应在执行过程中追加被执行人的配偶（以下均包括原配偶）为被执行人。执行依据中没有对债务性质作出明确认定、申请执行人曾经在诉讼过程中撤回对配偶方的起诉、调解书虽列明配偶为当事人,但是未要求其承担实体责任的,执行过程中,申请执行人申请追加被执行人配偶为被执行人的,执行实施机构均应当予以审查,并作出是否追加的裁定。"④

---

① 浙江省高级人民法院:《关于执行生效法律文书确定夫妻一方为债务人案件的相关法律问题解答》,载新浪网,http://blog.sina.com.cn/s/blog_ 53a5a6790101u7lw.html, 2018年10月5日访问。
② 上海市高级人民法院:《关于执行夫妻个人债务及共同债务案件法律适用若干问题的解答》,载百度网, http://wenku.baidu.com/view/01e73f4ecf84b9d529ea7a00.html, 2018年10月5日访问。
③ 上海市高级人民法院:《关于执行夫妻个人债务及共同债务案件法律适用若干问题的解答》,载百度网, http://wenku.baidu.com/view/01e73f4ecf84b9d529ea7a00.html, 2018年10月5日访问。
④ 江苏省高级人民法院执行局:《关于执行疑难问题的解答》,载《审判研究》2014年第1期。

广东高院认为，执行异议申请中，根据请求的不同分别由不同的部门处理，意即在执行阶段可以追加被执行人配偶为被执行人。其在2009年3月3日印发的《广东省高级人民法院关于办理执行程序中追加、变更被执行人案件的暂行规定》中规定："（一）当事人、利害关系人以下列事由提出追加、变更被执行人申请的，由执行机构负责审查；……（二）当事人、利害关系人以下列事由提出追加、变更被执行人申请的，由相关民事审判庭负责审查：1.因债务人个人财产不足清偿债务，申请追加其家庭成员为被执行人的；……"[①] 通过检索中国裁判文书网，广东法院多以民事裁定书的方式追加被执行人配偶为被执行人，而非以民事判决书的形式作出。

二、根源之溯：对被执行人配偶追加的理论分歧

当执行根据只确定配偶一方为被执行人，且该被执行人的个人财产不足以清偿全部债务时，对夫妻共有财产以及配偶另一方的个人财产能否执行强制执行的问题，即能否追加被执行人配偶为被执行人的问题，目前理论界对此形成截然不同的几种观点。

（一）肯定论——即认为可以追加

其理由是：

1. 追加有相应法律依据。我国《婚姻法》第17条第2款规定："夫妻对共同所有的财产有平等的处理权"；第41条规定："离婚时，原为夫妻共同生活所负债务，应当共同偿还"。《婚姻法解释（二）》第24条规定，债权人就婚姻关系存续期间夫妻一方以个人名义所负债务主张权利的，应当按夫妻共同债务处理；第25条第1款规定，当事人的离婚协议或者人民法院的判决书、裁定书、调解书已经对夫妻财产分割问题作出处理的，债权人仍有权就夫妻共同债务向男女双方主张权利。[②]

2. 追加是基于审判现状。我国的审判实践中对于起诉夫妻一方欠债的，不

[①] 广东省高级人民法院：《广东省高级人民法院关于办理执行程序中追加、变更被执行人案件的暂行规定》，载法律快车网，http://www.lawtime.cn/article/lll101690320101695414oo50365，2018年10月5日访问。

[②] 李民：《论追加被执行人的配偶为被执行主体》，载《重庆工商大学学报（社会科学版）》2008年第4期。

追加配偶，也不能判断是否为夫妻共同债务。基于这一审判现状，如果执行中不处理夫妻共同债务的问题，实体法的相关规定将难以实现。①

3. 追加有利于提高执行效率。强制执行以快速、及时、不间断地实现生效法律文书中所确定的债权为己任，是执行机关在执行根据合法的前提下，追求迅速、经济和适当的理念而实施的，旨在从事实上实现债权人权利的行为。在对夫妻一方的强制执行程序中，在其无财产可供执行的情况下，如不追加债务人配偶为被执行人，债权人势必重新起诉债务人之配偶，然而，重新起诉在诉讼请求、事实依据、证据等方面均与原审相同，重复的审理会造成司法资源的极大浪费。② 因此，"为了债权人的利益，也为了维护司法的尊严，应当有效率地塑造强制执行程序：必须迅速展开和实施执行措施，复杂的和浪费时间的审查程序，应予避免。"③

4. 追加有利于维护债权人利益。由于社会诚信缺失，被执行人在败诉前后绞尽脑汁转移财产，规避人民法院执行，阻挠债权人顺利实现债权，催生众多"空调白判"，严重损害债权人合法权益，践踏"诚实信用"交易规则，损害法治权威，使社会公平正义荡然无存。为充分保护债权人合法权益，严厉打击规避执行行为，有必要依法将有财产的债务人配偶追加为被执行人范畴，扩大被执行人财产范围，防止"老赖"假借既判力限度理论恶意规避执行。④

5. 追加有利于维护生效裁判的稳定性。追加可以避免重复诉讼，申请执行人如果对同一事实和理由再次提起诉讼，势必延长执行期限，增加债权人的诉讼成本，有浪费司法资源的倾向。

(二) 否定论——即认为不能追加

其理由是：

1. 追加与执行法定原则不符。执行权具有公权性质，应当遵循公权行使的

---

① 最高人民法院执行局编：《执行工作指导》（2013 年第 2 辑），人民法院出版社 2013 年版，第 47 页。
② 常廷彬：《民事判决既判力主观范围研究》，中国人民公安大学出版社 2010 年版，第 147 页。
③ ［德］博克哈特·海斯：《中国强制执行法草案与欧洲执行法的比较》，黄松等译，载《强制执行法的起草与论证》（第二册），中国人民公安大学出版社 2004 年版，第 57 页。
④ 王超云：《追加债务人配偶的路径选择及制度架构》，载中国网，http://legal.china.com.cn/2014-12/02/content_34203883.htm，2017 年 9 月 6 日访问。

一般原则即"法无授权皆禁止"。① 目前,规定可以追加被执行人的法律依据只有《民事诉讼法》第232条、《最高人民法院关于适用〈中华人民共和国民事诉讼法〉的解释》第472—475条、《最高人民法院关于人民法院执行工作若干问题规定(试行)》第76—83条、《最高人民法院关于民事执行中变更、追加当事人若干问题的规定》,上述规定无兜底条款,而追加被执行人配偶并不属于上述规范性文件规定的法定情形之一,直接追加被执行人配偶没有法定授权依据,违背了公权行使的一般原则。

2. 追加突破了既判力主观范围的相对性。债务人配偶在未被执行依据确定为被执行人的情况下,应严格遵守"既判力的限度",无论债权人、被执行人,还是人民法院,均应以已确定的终局判决所裁判的结果为准,法无明文规定即禁止,执行强制力不得擅自扩张到债务人配偶,即不得追加债务人配偶为被执行人,且不得强制执行债务人配偶的财产。②

3. 追加混淆了裁判与执行规则。直接引用《婚姻法解释(二)》第24条,把未参加诉讼的配偶另一方直接追加为被执行人,这显然不合适。因为当时制定这个司法解释本身就是司法审判的裁判标准,而非执行规则。夫妻共同债务应当通过审判程序来认定,不能由执行程序认定。因为如果夫妻共同债务可以通过执行程序认定,那没有参加诉讼的配偶一方就失去了利用一审、二审和审判监督程序维护自己合法权益的机会,这是不公平的。③

4. 追加不利于保护被追加一方的诉讼权利。在执行程序中直接将未参加诉讼的被执行人配偶追加为被执行人,须确定执行依据所涉及的债务为共同债务,而对该事实的认定涉及被执行人配偶的实体权利。涉及新的当事人承担实体权利时,最好通过审判程序来确定,使其有机会在言词辩论中声明自己的主张,通过保证当事人充分行使诉权来有效确保其实体权利不被侵害。④

---

① 王鑫:《裁判规则不属执行权的授权性规定案件:执行不应直接追加债务人配偶为被执行人》,载《人民法院报》2015年2月10日第3版。

② 王超云:《追加债务人配偶的路径选择及制度架构》,载中国网,http://legal.china.com.cn/2014-12/02/content_ 34203883.htm,2018年10月10日访问。

③ 王春霞、罗书臻:《家事审判改革为相关立法提供实践依据——专访最高人民法院审判委员会专职委员杜万华》,载《人民法院报》2016年3月3日第1版。

④ 张卫平:《程序公正实现中的冲突与衡平——外国民事诉讼研究引论》,成都出版社1993年版,第359页。

5. 追加不利于贯彻"审执分离"的法律原则，审判阶段与执行阶段应当承担不同的任务，执行阶段不应变相"改变"已经生效的裁判文书所确定的义务主体，不予追加可以避免在执行阶段因追加被执行人而减损生效判决的既判力。

（三）折中论——即认为适时追加

其理由是：能否追加被执行人的配偶为案件的被执行人，关键是要查清该债务是否属于夫妻共同债务，若裁判文书所确定的债务属于夫妻关系存续期间的共同债务则可追加被执行人的配偶为案件的被执行人，否则就不能追加为被执行人。依照最高人民法院《婚姻法解释（二）》第 24 条规定，婚姻关系存续期间夫妻双方所负的债务，只要不能举证证明系个人债务的，就应当作为夫妻共同债务处理，追加被执行人的配偶为案件被执行人。①

三、成因检讨：对被执行人配偶是否追加的问题探析

追加被执行人配偶问题之所以在司法实践中和理论上存在诸多争议，其原因除了法律规定不明确外，还与最高人民法院的意见不统一以及审执分离原则下的限制有关。

（一）法律规定不明确

目前执行程序中关于追加被执行人的相关规定，散见于《民事诉讼法》第 232 条、《最高人民法院关于适用〈中华人民共和国民事诉讼法〉的解释》第 472—475 条、《最高人民法院关于人民法院执行工作若干问题规定（试行）》第 76—83 条、《最高人民法院关于民事执行中变更、追加当事人若干问题的规定》，其中主要是涉及法人或其他组织的分立、合并、撤销、注销及公民死亡等情形。而关于执行程序中追加被执行人配偶的规定，除《最高人民法院关于依法制裁规避执行行为的若干意见》第 20 条②规定之外，没有其他明确规定；而另外一些人认为，追加被执行人除了上述程序法规定的几种情形外，实体法的规定也可以成为追加被执行人的法律依据。如《婚姻法》第 41 条以及《婚姻法解释（二）》

---

① 李民：《论追加被执行人的配偶为被执行主体》，载《重庆工商大学学报（社会科学版）》2008 年第 4 期。
② 第 20 条：依法变更追加被执行主体或者告知申请执行人另行起诉。有充分证据证明被执行人通过离婚析产、不依法清算、改制重组、关联交易、财产混同等方式恶意转移财产规避执行的，执行法院可以通过依法变更追加被执行人或者告知申请执行人通过诉讼程序追回被转移的财产。

第 24 条规定，在婚姻关系存续期间夫妻一方所举的债务除了两种特殊情形外，均应推定为夫妻共同债务，因此，可以适用上述条款追加被执行人配偶。这也是司法实践中适法困惑和理论分歧的主要原因。

(二) 最高人民法院观点不尽一致

针对能否追加被执行人配偶为被执行人，最高人民法院的意见不统一，也是司法实践中各地人民法院理解不一、做法不一的重要原因。

1. 2004 年 7 月 16 日，最高人民法院执行工作办公室起草的《关于变更和追加执行当事人的若干规定（征求意见稿）》通过《人民法院报》及中国法院网向社会公布，征求社会各界的意见和建议。该《征求意见稿》第 4 条规定："婚姻关系存续期间的债务，除法律文书确定其为个人债务外，推定为夫妻共同债务，可以执行夫妻共同财产。共同财产由债务人一方的配偶占有时，可以追加其配偶为被执行人。"但 2016 年 8 月 29 日最高人民法院审判委员会第 1691 次会议通过，自 2016 年 12 月 1 日起施行的《最高人民法院关于民事执行中变更、追加当事人若干问题的规定》中将"共同财产由债务人一方的配偶占有时，可以追加其配偶为被执行人"的内容删除。

2. 作为最高院机关刊物的《人民司法》，刊登的针对《人民法院能否裁定被执行人的配偶为被执行人》的答复中指出："被执行人所欠债务时夫妻共同生活所负债务，现在其下落不明或暂无履行能力，并且夫妻没有离婚，此时其配偶又有履行能力，……此时，如果夫妻共同财产不足以清偿夫妻共同生活所负债务，被执行人的个人财产也不足以清偿夫妻共同生活所负债务时，人民法院才可以根据婚姻法第 41 条夫妻应对夫妻共同生活所负债务承担无限连带责任的规定，裁定追加被执行人配偶为被执行人，以被执行人配偶的个人财产清偿共同债务。"[①]

3. 最高人民法院执行局于 2011 年 3 月起草的《强制执行法草案（第六稿）》也作了类似的规定，该《草案》第 23 条规定："除执行依据中确定的义务人外，下列主体可以作为执行债务人……（四）执行依据确定或者依执行依据推定的夫妻共同债务的夫或者妻，包括前夫或前妻……"[②]

---

① 《人民司法》研究组：《人民法院能否裁定被执行人的配偶为被执行人?》，载《人民司法·应用》2009 年第 9 期，第 111 页。

② 贺荣主编：《强制执行法的起草与论证》（三），中国法制出版社 2014 年版，第 581 页。

4. 最高人民法院在吴思琳、王光与林荣达合同纠纷、申请承认与执行法院判决、仲裁裁决案件执行复议案即（2015）执复字第3号案件中，对于福建高院依据《婚姻法解释（二）》第24条，追加被执行人配偶为被执行人的行为予以认可。可以看出，直至2015年，最高人民法院关于执行程序中追加被执行人配偶问题是持支持态度的。但随着审判执行实践的发展，针对同样的问题，最高人民法院在此后的司法实践中又提出了截然不同的处理意见。

（1）2015年11月24日，最高人民法院就上海瑞新恒捷投资有限公司（以下简称"上海瑞新"）以债务发生在被执行人王宝军和其配偶吴金霞的婚姻关系存续期间系夫妻共同债务为由，申请追加被执行人王宝军配偶吴金霞为被执行人一案裁定指出，申请执行人上海瑞新根据婚姻法及婚姻法司法解释等实体裁判规则，以王宝军前妻吴金霞应当承担其二人婚姻关系存续期间之共同债务为由，请求追加吴金霞为被执行人，甘肃高院因现行法律或司法解释并未明确规定而裁定不予追加，并无不当，上海瑞新的申诉请求应予驳回。但是，甘肃高院驳回上海瑞新的追加请求，并非对王宝军所负债务是否属于夫妻共同债务或者吴金霞是否应承担该项债务进行认定，上海瑞新仍可以通过其他法定程序进行救济。①

（2）2016年3月最高人民法院有关负责人在关于夫妻共同债务答记者问时，提到在执行程序中依据《婚姻法司法解释（二）》第24条，把未参加诉讼的配偶另一方直接追加为被执行人，"这显然不合适""……这个司法解释本身就是司法审判的裁判标准，夫妻共同债务的认定只能在审判阶段不能在执行阶段。"②可以看出，最高人民法院内部对该问题目前并未形成一致看法，仍存在不同意见。

（三）审执分离原则下的限制

审执分离是我国民事诉讼法中的一项重要原则，即审判权和执行权相互独立，彼此分离。审判权是司法权力，而执行权是具有行政性质的权力，审判权和执行权分别由不同的机关或部门行使，符合这两种权力的不同属性，有利于维护司法公

---

① 详见最高人民法院（2015）执申字第111号执行裁定书，载中国裁判文书网，http://wenshu.court.gov.cn/content/content? DocID = 6c14c222 - c7dc - 4f78 - b27e - 3859508e81de，2017年9月6日访问。

② 杜万华：《最高院大法官杜万华关于"夫妻共同债务相关问题"答记者问》，载律师在线网，http://www.110.com/ziliao/article - 577624.html，2018年10月9日访问。

正,也是世界各国的通行做法。① 从1991年民诉法中确认设置独立的执行机构开始,到党的十八届四中全会提出的"完善司法体制,推动实行审判权和执行权相分离的体制改革试点",我国已经确立审执分离的基本方向。而执行程序中追加被执行人配偶的问题,就是基于审执分离原则下产生的。直接追加被执行人配偶的观点,受到审执分离原则限制,根据我国审执分离原则的要求,审判权与执行权分别由不同部门行使,执行程序直接追加被执行人配偶,与审执分离原则相悖。

四、困境破解:追加被执行人配偶的路径选择

从上述司法实践的四种做法来看,明确规定不能追加、明确规定直接追加似都有不妥。

(一)关于不能追加。其不足之处在于:在司法实践中,涉及夫妻共同财产的执行案件数量较多,如果不评判债务性质,不追加配偶执行共同财产,那么极有可能出现明知有财产却不执行,申请执行人债权无法实现,在一定程度上堵塞了申请执行人实现自己权利的途径,可能会使"执行难"问题更难得到解决;让申请执行人再通过重新诉讼的途径来追加被执行人配偶可能会旷日持久,费时耗资,造成申请执行人的"讼累",这与执行讲求的效率原则相悖,同时另行诉讼途径也给了被执行人转移财产的机会。

(二)关于直接追加。其不足之处在于:有"以执代审"的嫌疑,未经实体诉讼程序审判即增加生效裁判所确定的义务主体,不仅减损生效裁判的既判力,更是剥夺了被追加之义务主体的诉权。同时,在诉讼程序中,原告在起诉时未将被告配偶列为共同被告予以起诉,视为对其民事权利的处分,其应对自己的处分行为有充分的预见,不能因为诉讼时未予起诉,到执行阶段自己权利无法实现的时候,由法院帮助申请执行人来填补这个"漏洞"。

(三)关于路径选择。笔者认为,基于既判力理论,在执行程序中除了法律明确规定的以外,原则上不追加被执行人配偶为被执行人,但可判断财产性质后执行被执行人配偶之财产。即对于属于共同债务的事实比较清楚,证据比较确凿,配偶另一方争议不大的,在执行程序中可直接推定为夫妻共同债务,而去执

---

① 张亮:《进一步完善司法制度推进司法体制改革》,载《法制日报》2014年11月19日第8版。

行夫妻共同财产。

即原则上不追加，例外情形才追加。这是既判力相对性原则的要求，也是审执分离、未经诉讼程序不应科以当事人执行义务诉讼理念的体现。依照我国审执分离原则的要求，审判权归审判机构行使，执行权由执行机构行使，如果在执行程序中放宽追加被执行人的条件，在法无明文规定的前提下，由执行机构依据实体法的裁判规则直接进行追加，实际上是在执行阶段进行审判，这违背了审执分离的原则。因此，原则上应不追加。例外的追加情形，是指只有在法律明确规定的情形下才可以追加。也就是说，追加被执行人的配偶为被执行人应当遵循法定主义原则，严格控制在法律和司法解释明确规定的追加范围内，不能超出法定情形进行追加，也不能直接引用有关实体裁判规则进行追加。

从审执分离的角度看，审执分离并不代表审判执行的绝对分离、完全割裂，审判与执行具有内在的共通性，[1] 允许特定情形下在执行程序中追加被执行人是可以的，但应当明确特定情形，并且通过严格的法律规定予以限制。即在执行程序中追加被执行人配偶，目前只要具备《最高人民法院关于依法制裁规避执行行为的若干意见》第20条规定的条件，即有充分证据证明被执行人通过离婚析产的方式恶意转移财产规避执行的情况下方能追加。因为被执行人出于恶意，以假离婚的方式，以将全部或者大部分财产分割给其配偶为手段逃避应当履行的义务，这一做法不仅侵害了权利人的应得利益，也危害了司法的权威。[2] 但在被执行人没有转移财产规避执行的情况下，执行机构可以根据《婚姻法司法解释（二）》第24条的规定，除明确属于夫妻一方个人债务外，将婚姻关系存续期间的债务直接推定为夫妻共同债务，并以此为依据直接执行被执行人的配偶控制的夫妻共同财产，而不用再追加被执行人配偶为执行人。基于夫妻共同债务的推定，执行机构有权查询、扣划、冻结、查封被执行人配偶的财产。在被执行人配偶的权利保障方面，应当通过民事诉讼法第227条规定的执行异议、案外人异议之诉的途径予以救济。这样做也有利于平衡申请执行人、被执行人配偶及维护法院生效裁判所应有的既判力三者之间的关系。

---

[1] 洪冬英：《论审执分离的路径选择》，载《政治与法律》2015年第12期。

[2] 杨荣馨主编：《中华人民共和国强制执行法（专家建议稿）立法理由、立法例参考及立法意义》，厦门大学出版社2011年版，第225页。

刑事司法国际合作的性质

苗京平[①]

刑事司法国际合作的性质,是本人构建的刑事司法国际合作原理理论体系中的重要组成部分(详见苗京平博士论文《刑事司法国际合作原理》,中国人民大学博士文库,2006年)。刑事司法国际合作原理的理论基础主要由性质、价值理念、原则、法律基础和制度五部分组成。五个部分相互关系、相互作用,缺一不可,是一个有机的整体。其中,性质决定价值理念,原则以法律为载体,法律是原则的具体化和条文化,原则贯穿在每一项制度之中,而制度体现原则的精神并保障着原则的落实。性质、原则、法律基础和制度共同以价值理念的实现为追求目标。本文将重点论述刑事司法国际合作的双重属性:即外交属性和刑事司法属性。

一、刑事司法国际合作的外交属性

刑事司法国际合作实际上是个跨国界、跨学科的概念和行为体系。在地域上,刑事司法国际合作表现为不同主权者之间的合意,任何与国际刑事司法合作相关的行为和活动都涉及至少两个或者两个以上的主权者,他们之间合意的形成是主权者之间相互妥协和让步的结果。从地缘上而言,刑事司法的国际协作行为至少体现为两个不同国家的介入或者参与。从国际法的逻辑来讲,正是由于司法活动牵扯两个不同主权国家的管辖区域,跨越了一国主权的范围,所以才有协商的必要,才有产生刑事司法领域的国际合作的最初动因,而且为了跨国界追诉犯罪的成功,才有发展这种国际范围内协作的必要和可能。从学科的角度来看,刑

[①] 苗京平,中共中央台湾工作办公室、国务院台湾事务办公室海峡两岸交流中心负责人。

事司法国际合作是一个比较复杂的跨学科概念。一方面在刑事司法的国际合作发展历史过程中积累了许多通行的国际惯例，另一方面又涉及一国为保障相互协作活动的正常开展而以国内法形式确定的制度和程序；它涉及国际法、国际诉讼程序法、国际刑法、刑事诉讼法等多个部门法学。所以，刑事司法国际合作具有国家外交性质。因此，刑事司法国际合作应当遵守国际法的一般原则，这些原则主要包括：主权原则、人权原则、平等互惠原则。这些原则与刑事司法国际合作价值理念密切相关，具体内容将在价值理念部分进行详论。

（一）外交关系是刑事司法国际合作的基础

外交关系是刑事司法国际合作的基础，也是推动刑事司法国际合作的动力和源泉。"外交"一词，在18世纪末被普遍使用。[①] 国家主权衍生外交权，刑事司法国际合作既然是在主权国家之间进行的，也就是在具有外交权的国家之间进行的。所以，从这一点上讲，刑事司法国际合作是在主权国家之间搭建的外交关系的基础上开展的。两国之间外交关系的建立，不论是第一次（如在取得独立的新国家的情形）还是过去已经存在的关系破裂之后，通常是在有关国家一旦同意建立关系而单纯加以宣告以后产生的，不需要有正式的协议。两国根据国际惯例和国际法规则，委派大使、设立使馆。如果外交关系是在两国之间有必须首先解决的争议问题或者两国之间有特别安排的情形下建立或者恢复的，那么，外交关系的建立可能是作为这些问题任何可能的解决的一部分而正式地达成协议的。[②] 也就是说，没有外交关系也就没有刑事司法国际合作。《英联邦内遣返逃犯的安排》《欧洲刑事司法协助公约》《美洲国家间引渡条约》《阿拉伯联盟引渡条约》和《打击恐怖主义、分裂主义和极端主义上海公约》等刑事司法国际合作条约的签订，无一不是外交努力的结果。在刑事司法国际合作的实践中，一国要根据外交现实和政治需要进行判断。当一国认为某个需要提供司法合作的刑事案件影响到了本国和外国的外交关系，危及国家根本利益时，代表国家的政府是有责任介入案件处理的。当被请求国政府认为给予请求国提供合作有利于本国的国家利益时，即使两国之间没有缔结合作条约，也可以提供刑事司法国际合作。

---

① ［英］詹宁斯·瓦茨：《奥本海国际法》（修订）第1卷第2分册，王铁崖译，中国大百科全书出版社1998年版，第478页。
② ［英］詹宁斯·瓦茨：《奥本海国际法》（修订）第1卷第2分册，王铁崖译，中国大百科全书出版社1998年版，第481页。

（二）外交行为是国家主权的体现

从合作的途径来看，刑事司法国际合作的过程中，遵循的是主权国家互相交往的途径，即外交途径，即使在外交途径之外创设了其他相对独立的途径，实质上仍然是外交途径的组成部分。从合作的目的来看，是为了维护国家主权的独立和完整，在其他国家协助下，将违反本国法律的犯罪分子绳之以法，是维护国家主权的典型表现。外交大权在中央是一国在进行国际合作的重要原则。因此，《中华人民共和国缔结条约程序法》第6条规定，以中华人民共和国名义或者以中华人民共和国政府名义缔结条约、协定，由外交部或者国务院有关部门报请国务院委派代表。代表的全权证书由国务院总理签署，也可以由外交部部长签署。如多边条约：（1）2000年11月15日第55届联合国大会审议通过《联合国打击跨国有组织犯罪公约》，2000年12月12日，中国外交部副部长王光亚代表中国政府在该公约上签字。（2）2003年10月31日第58届联合国大会通过的《联合国反腐败公约》。同年12月10日，在墨西哥南部城市梅里达，中国代表团团长、中国外交部副部长张业遂代表中国政府于公约上签字。如双边条约：（1）2003年9月4日，我国外交部部长李肇星和乌兹别克斯坦共和国外交部部长萨法耶夫分别代表本国在塔什干签署了《中华人民共和国和乌兹别克斯坦共和国关于打击恐怖主义、分裂主义和极端主义的合作协定》。（2）2005年4月18日，我国司法部部长张福森和法国司法部部长多米尼克·佩尔贝恩分别代表本国在巴黎签署《中华人民共和国政府和法兰西共和国政府关于刑事司法协助的协定》。

（三）刑事司法国际合作必须遵循国家总体外交服务的原则

国家总体外交服务的原则，是指刑事司法国际合作作为国家外事工作的重要组成部分，是国家总体外交的组成部分，应当遵循外交工作的一些原则和政策。为国家总体外交服务的原则，体现在以下几个方面：首先，从性质上来说，刑事司法国际合作是外交工作的重要组成部分，离不开外交部门的支持和配合。其次，具体进行合作，离不开外交部门的支持和配合。外交部门不但在引渡程序和司法协助程序中发挥重要作用，在其他司法合作中也发挥着重要的作用。尤其是警务合作活动，需要派人到国外进行侦查合作、调查取证、追缴赃款赃物的，都需要外交部门的支持和协助。主要表现在五个方面：一是对外交往的身份需要同外交部门商议后确定；二是到达目的地后，应当与我驻当地使领馆联系，在其安排下开展工作；三是与国外主管部门进行的会谈或者其他工作，需要外交部门进行配合；四是有些证据材料的合法性需要外交部门确认；五是押解犯罪嫌疑人或者携带证据材料回国，也需要当地使领馆的安排。最后，国家外交政策对刑事司法国际合作有重要影响。刑事司法国际合作不仅仅是刑事司法活动，履行刑事司法程序，同时也是国家外交工作的重要组成部分。因此，国家的外交政策，对刑事司法国际合作必然产生重大影响。为了外交工作需要，在特定案件或者合作活动中，要根据国家的总体安排，根据特定的外交政策进行特别处理。这种情况，经常出现在我国与某一国家的外交关系处于不正常或者比较微妙的时候。在这种情况下，我们更应当根据国家外交政策和总体安排，慎重处理。

（四）刑事司法国际合作中的争议往往需要通过外交途径解决

在我国签订的刑事司法合作的条约中，针对合作发生的争议，一般都规定双方应通过外交途径解决。如《中华人民共和国和巴西联邦共和国关于刑事司法协助的条约》第25条关于"争议的解决"中规定："因本条约的解释和使用产生的争议，如果双方中央机关不能自行达成协议，应当通过外交途径协商解决。"又如《中华人民共和国和莱索托王国引渡条约》第24条关于"争议的解决"中规定："缔约国双方因事实或者解释本条约所产生的任何争议，应当通过外交途径协商解决。"再如《中华人民共和国和俄罗斯联邦关于移管被判刑人的条约》第18条"争议的解决"中规定："因本条约的解释或执行产生的争议，应由双方中央机关协商解决，如未能协商一致，则通过外交途径协商解决。"

（五）涉外刑事案件的司法合作均要通过外交途径

在司法实践中，涉外刑事案件的司法合作均要通过外交途径，没有外交途径，涉外刑事案件的司法合作很难想象。如我国2012年刑事诉讼法第16条规定："对于享受外交特权和豁免权的外国人犯罪应当追究刑事责任的，通过外交途径解决。"《引渡法》第4条规定："中华人民共和国和外国之间的引渡，通过外交途径联系。中华人民共和国外交部为指定的进行引渡的联系机关。"根据我国《外交特权和豁免权条例》规定，享有外交特权和豁免权的外国人包括五类。他们犯罪后通过外交途径解决的办法一般是：照会派遣国依法惩处；宣布为不受欢迎的人，限令其出境；罪行严重的可由我国政府宣告驱逐出境。[①]

此外，在与对方没有双边条约和合作协议的情况下，需要就个案进行合作

---

① 崔敏主编：《新编刑事诉讼法教程》，中国人民公安大学出版社1996年版，第93页。

的，必须通过外交途径进行。这里还需要说明的是，有的学者提出刑事司法国际合作的实施途径有三个：外交途径、领事途径和中央机关途径。笔者认为，不管怎样划分，只要是国家、国家政府或者两国政府部门之间进行的合作，都要通过外交授权，代表国家、政府或者政府部门，都含有外交性质。

应当注意的是，在当前我国在刑事司法国际合作的实践中，还存在一些违反外事规定，擅自行动的情况。突出表现在出国办案问题上：一是未经批准，地方或者部门擅自决定出国办案；二是出国后，不与我驻当地使领馆联系，单独行动，或者造成不良后果后才与使领馆联系；三是不尊重所在国家法律，甚至直接在当地进行侦查活动，等等。为贯彻主权原则，避免发生上述情况，应当确立统一领导、归口管理、分级负责、协调配合的外事管理体制。需要出国办案的，应当由办案部门上级主管机关批准，并根据上级主管机关确定的合作方式和途径具体实施。需要与外交部门或者其他有关部门协商的，在具体实施过程中，还应当与外交部门配合，在国外办案，应当及时取得当地使领馆的支持和配合。

二、刑事司法国际合作的刑事司法属性

（一）刑事司法国际合作属于刑事诉讼法调整的行为，并遵循刑事诉讼的一般原则

1. 刑事司法国际合作属于刑事诉讼法调整的行为，刑事司法国际合作的程序是以刑事诉讼的程序为前提的。如引渡合作包括为审判引渡犯罪嫌疑人和为执行而引渡犯罪嫌疑人的合作，即犯罪地的国家司法机关为了对某一国际性犯罪的刑事案件进行审判，就需要犯罪嫌疑人所在国家配合协作引渡该犯罪嫌疑人，这就是为审判而引渡犯罪嫌疑人的合作；若在审判后需要引渡犯罪嫌疑人以便执行，也需要犯罪嫌疑人所在国进行司法合作予以引渡该犯罪嫌疑人，这就是为执行而引渡犯罪嫌疑人的合作。又如，在侦查、起诉阶段就刑事司法文书的送达、刑事调查取证、信息通报以及与之有关的诉讼事务等方面进行的合作；审判阶段就刑事诉讼移转管辖进行的合作；执行阶段就外国生效判决的承认和执行，包括被判刑人的移管等进行的合作。

2. 刑事司法国际合作的国际公约涉及诸多刑事诉讼法有关内容，为各国刑事诉讼立法提供了法律渊源。如2000年《联合国打击跨国有组织犯罪公约》和

2003年《联合国反腐败公约》中有大量的关于刑事诉讼的内容，涉及冻结、扣押和没收，管辖，引渡，被判刑人的移交，司法协助，联合调查和特殊侦查手段的运用，刑事诉讼的移交，对证人、鉴定人、被害人和举报人的保护，起诉、审判和制裁，证明和推定，损害赔偿，被跨国转移资产的追回和处分，等等。由于刑事司法合作的国际公约中含有大量的关于刑事诉讼的内容，具有国际刑事诉讼法的色彩，这些公约的相继出台，对各国刑事诉讼立法产生相当影响。

3. 刑事司法国际合作需要通过国家的刑事司法体制来实现。首先，从目前刑事司法国际合作现状来看，至今尚不具备自成体系的国际刑事司法机制，一些生效的国际条约仍然是带倡导性的柔性规范，部分国家参加了国际条约但不执行，有的甚至与国际条约背道而驰，国际社会却束手无策。因此，当前在处理国际犯罪案件时，还是主要依靠各缔约国国内刑事司法机制的运转，才能最终追诉犯罪。所以，刑事司法国际合作从实质上讲，仍然是一个国家国内司法事务，需要通过国家的刑事司法体制来调整。其次，刑事司法国际合作是不同法域的司法机关为解决刑事诉讼程序过程中的问题所进行的相互协作。刑事诉讼是国家司法权的一个重要方面，本质上是在一国之内进行的。任何一个主权国家都不能允许其他国家在本国领土内进行刑事诉讼活动。这是国际法公认的主权原则。国内法意义上的刑事诉讼是在本国管辖权范围内进行的，国家原则上不能在其管辖权之外行使刑事诉讼权，除非获得外国的特许，否则，将构成国际法上的不法行为，须负国家责任。所以，一旦某个国家遇到涉外因素的刑事问题时，只能请求各当事国帮助，而不能任意在他国采取司法行动。

4. 刑事司法国际合作的价值目标和刑事诉讼的价值目标是一致的。刑事诉讼就是通过司法审判完成打击犯罪、保障人权的刑事司法任务，实现其价值目标，而刑事司法国际合作恰恰是通过国际合作的途径使域外的司法机关配合国内的司法审判机关完成刑事司法任务，实现追诉犯罪、保障人权、司法主权的价值目标。如2004年《中华人民共和国和巴西联邦共和国引渡条约》规定："中华人民共和国和巴西联邦共和国，在相互尊重主权和平等互利的基础上，为促进两国打击犯罪方面的有效合作，达成协议如下。"可以看到，该合作条约所要完成的刑事司法任务就是"为促进两国打击犯罪方面的有效合作"。有鉴于此，按照现代国际法理论和实践，在刑事司法国际合作中，如果请求国就非刑事司法的事项请求被请求国提供合作时，被请求国一般都会拒绝该请求。如在引渡条约中一般都将"基于某人的种族、宗教、国籍、性别、政治见解的原因对其进行追诉或者惩处,或者该人将会因为上述任何原因受到不公正的待遇"① 的情形排除在可引渡的犯罪条件之外。

5. 刑事司法国际合作的强制措施和刑事诉讼中的强制措施是一致的。在刑事司法国际合作中为了合作的顺利开展,都依法对犯罪人采取一定的强制措施,采取这些强制措施的程序和刑事司法程序没有区别。如我国引渡法第33条规定,引渡拘留、引渡逮捕、引渡监视居住由公安机关执行。第34条规定,采取引渡强制措施的机关应当在采取引渡强制措施后24小时内对被采取引渡强制措施的人进行讯问。被采取引渡强制措施的人自被采取引渡强制措施之日起,可以聘请中国律师为其提供法律帮助。公安机关在执行引渡强制措施时,应当告知被采取引渡强制措施的人享有上述权利。第36条规定,国务院作出准予引渡决定后,应当及时通知最高人民法院。如果被请求引渡人尚未被引渡逮捕的,人民法院应当立即决定引渡逮捕。

(二) 刑事司法国际合作应当遵循刑事诉讼的一般原则

从前一部分的论述中可以看出,刑事司法国际合作具有刑事司法属性,属于刑事诉讼法调整的行为。既然属于刑事诉讼法调整的行为,刑事司法国际合作就应当遵循刑事诉讼的一般原则,多数涉及刑事司法国际合作的国际公约也充分体现了这些原则。这里主要探讨一下人权原则和无罪推定原则。

1. 人权原则。人权原则是国际法的一项重要原则,各国的刑事诉讼法中都体现了这一原则。如我国2012年的刑事诉讼法第16条的规定,还包含有外国人在我国境外对我国公民的犯罪,已受到当地国家刑事追究和判决的,我国司法机关可以依法免除处罚,使其不致受双重追究。又如我国刑事诉讼法规定的保护公民的人身权利、财产权利、民主权利和其他权利;未经人民法院的审判,对任何人都不得确定有罪等。

尊重人权、重视人权并运用国际公约、国内刑事法律等法律手段对人权予以保障,已成为国家之间刑事司法国际合作的实践。如刑事司法国际合作中的政治犯罪不合作、本国国民不合作、酷刑不合作、一事不再理等原则的适用,是人权原则的充分体现。《欧洲引渡公约》第3条第1款规定:"如果被请求之罪刑系政

---

① 参见《中华人民共和国和巴基斯坦伊斯兰共和国引渡条约》第3条。

治罪行或与政治罪行有关的罪行，应不予引渡"；第2款进一步规定："如果被请求国有充分理由认为一项对普通罪行的引渡请求系指在对某人引起种族、宗教、国籍或政见而起诉或执行刑罚，或该人的处境将会因上述原因而受到影响，应适用前款规则。"该公约第11条规定："如果据以请求引渡之罪依请求国法律可被处以死刑，而此种罪行已被请求国法律不规定为死刑或通常不执行死刑，那么，除非请求国明确保证并让被请求国相信死刑将不会被执行时，引渡将不予准许。"对此内容，在我国对外缔结的刑事司法国际合作的条约中也有类似的规定。如2005年11月14日签署的《中华人民共和国和西班牙王国引渡条约》第3条规定："根据请求方法律，被请求引渡人可能因引渡请求所针对的犯罪被判处死刑，除非请求方作出被请求方认为足够保证不判处死刑，或者在判处死刑的情况下不执行死刑。"① 此外，在前文中提到的多边条约《防止及惩治灭绝种族罪公约》《消除对妇女一切形式歧视公约》《欧洲刑事诉讼转移管辖公约》《欧洲移交被判刑人公约》，以及双边的《中华人民共和国和加拿大关于刑事司法协助的条约》等刑事司法国际合作条约中也有许多相似的保护人权的条款。

2. 无罪推定原则。无罪推定原则意指任何人在经法定程序判决有罪之前，应当被假定为无罪。"将无罪规定作为一项原则规定在宪法或者刑事诉讼法等法律中，称为无罪推定原则。无罪推定原则的核心是保护犯罪嫌疑人、被告人的合法权利。根据这一核心，无罪推定原则在使用中又引申出若干保障犯罪嫌疑人、被告人诉讼权利的具体规则，主要有三条：（1）疑罪从无，即控诉方提出的证据不足以认定犯罪嫌疑人或者被告人有罪时，应作无罪处理；（2）控诉方承担证明犯罪嫌疑人或者被告人有罪的责任，犯罪嫌疑人、被告人不承担证明自己无罪的责任；（3）犯罪嫌疑人、被告人在刑事诉讼中具有沉默权，或曰不得强迫自证其罪。"② 无罪推定原则最早出现在1789年法国《人权宣言》第9条的规定："任何人在其未被宣告为有罪之前应被推定为无罪。"此后，各国立法通例和国际公约普遍规定了无罪推定原则。1948年12月10日，联合国大会通过的《世界人权宣言》规定："凡受刑事控告者，在未经获得辩护上所需的一切保证

---

① 值得一提的是：该条约是我国对外签署的第一个规定"死刑犯不引渡"的条约，它为以后我国与没有死刑的欧美国家签订刑事司法国际合作的条约提供了一个成功的范本。
② 樊崇义主编：《刑事诉讼法实施问题与对策研究》，中国人民公安大学出版社2001年版，第59页。

的公开审判而依法证实有罪以前，有权被视为无罪。"之后，1966年12月16日，联合国大会又通过了《公民权利和政治权利国际公约》，再次在联合国的法律文件中确认了这一原则。1994年9月10日，在巴西世界刑法学协会第15届代表大会上通过的《关于刑事诉讼法中的人权问题的决议》，强调"被告人在直至判决生效为止的整个诉讼过程中享有无罪推定待遇"，并且对如何在刑事诉讼中贯彻无罪推定原则，保障被告人权利提出了一些具体的要求。①

按照这一刑事司法国际准则的精神，世界各国在国内立法大都确立了无罪推定原则，并在刑事司法实践中予以运用，下面以马来西亚为例来探讨该原则的运用程序：马来西亚的刑事司法遵循无罪推定的原则进行，即被告人被假定为无罪之人，直到证明其犯罪为止。公诉机关证明被告人有罪必须排除一切合理的怀疑，举证责任在于公诉机构，被告人没有义务证明自己的清白，他只被要求对公诉提出合理的怀疑，而不必证明其无罪。只有当法律为了防止假定带来的可能的举证不均衡而又由被告人进行反驳时，举证责任才能转移至被告一方。如果被告人反驳成功，案件即终止。在审判中，并不首先由被告人解释为什么无罪，而是由控方提出证据表明被告人构成被控之罪。如果案件在高等法院审理，应由高等法院的法官主持；在随审法院的案件，则由随审法院的法官主持审理；同样在治安法院的案件，应由治安法院的法官主持审理；如果是轻微的犯罪案件，则由警官或者政府官员在低级法院进行公诉。低级法院遇到的较难的案件以及高等法院的案件，总是由副公诉人或者受过培训的律师进行公诉。如果公诉机构成功地向法庭证明了犯罪事实，法庭就会命令被告人自己进行辩护。然而公诉结束时，法庭认为没有充分的事实证明被告人犯罪，法庭就会中止案件的审理。法庭命令被告人进行的辩护结束后，法庭就会判定其辩护是否对案件提出了合理的怀疑。如果成功地提出了合理的怀疑，被告人获释；如果辩护失败，法庭就会判被告人有罪，在考虑了减轻情节后，即对其进行宣判。② 我国1996年修改后的刑事诉讼法充分地吸收了无罪推定中的合理成分，加强了对犯罪嫌疑人、被告人权利的保护，如第12条规定："未经人民法院依法判决，对任何人都不得确定有罪。"

---

① 樊崇义主编：《刑事诉讼法实施问题与对策研究》，中国人民公安大学出版社2001年版，第60页。
② 公安部禁毒局国际合作处编：《联合国禁毒署〈加强东亚地区司法审判和检查方面禁毒执法能力项目〉（AD/RAS/C74号项目）中国联络员团组赴马来西亚考察研修成果汇编》（2000年12月）。

在刑事司法国际合作中，也应当贯彻这一国际法确立的原则。具体体现在以下几个方面：一是在审判前阶段，一方面，不仅收集和调取犯罪嫌疑人的有罪证据，还要搜集和调取犯罪嫌疑人的无罪证据，同时要重证据，不要轻信口供；另一方面，为审判引渡犯罪嫌疑人的过程中，合作双方应当充分保障犯罪嫌疑人的人身权利不受侵犯。二是在审判阶段，在未经法院判决有罪之前要充分保障犯罪嫌疑人的合法权利不被侵犯，使其享有公民应当享有的权利，如《公民权利和政治权利国际公约》第14条规定的"不被强迫作不利于他自己的证言或强迫承认犯罪"，这便是该原则的体现。

综上分析，可以得出结论：刑事司法国际合作具有刑事司法属性和外交属性（详见2018年10月26日第十三届全国人大常委会第六次会议通过的《中华人民共和国国际刑事司法协助法》第4—6条之规定）。刑事司法属性主要体现在：在保障犯罪嫌疑人人权的前提下，通过刑事司法合作完成追诉犯罪刑事司法程序，实现人权保障的价值目标。外交属性主要体现在：合作双方在平等互惠的基础上，刑事司法国际合作实现司法主权的完整。通过对两属性的分析，我们可以看到，刑事司法国际合作就是合作双方在保障人权的前提下，在平等互惠的基础上，通过刑事司法国际合作实现司法主权的完整，进而达到维护国际社会安全与和平的现代法治诉求，建立现代法治与国际和谐社会。这就是刑事司法国际合作所追求的终极价值目标。

北京高校高精尖学科建设项目资助

樊崇义教授八十华诞著作系列 20

刑事诉讼法哲理思考

——樊崇义教授八十华诞庆贺文集

主编 张 中

中国人民公安大学出版社
·北京·

图书在版编目（CIP）数据

刑事诉讼法哲理思考：樊崇义教授八十华诞庆贺文集：上下册／张中主编．—北京：中国人民公安大学出版社，2020.1

（樊崇义教授八十华诞著作系列；20）

ISBN 978-7-5653-3756-7

Ⅰ．①刑… Ⅱ．①张… Ⅲ．①刑事诉讼法-研究-中国 Ⅳ．①D925.204

中国版本图书馆 CIP 数据核字（2019）第 193453 号

刑事诉讼法哲理思考
——樊崇义教授八十华诞庆贺文集

主编 张 中

出版发行：	中国人民公安大学出版社
地　　址：	北京市西城区木樨地南里
邮政编码：	100038
经　　销：	新华书店
印　　刷：	天津盛辉印刷有限公司
版　　次：	2020 年 1 月第 1 版
印　　次：	2020 年 1 月第 1 次
印　　张：	68
开　　本：	787 毫米×1092 毫米　1/16
字　　数：	1143 千字
书　　号：	ISBN 978-7-5653-3756-7
定　　价：	278.00 元（上下册）
网　　址：	www.cppsup.com.cn　www.porclub.com.cn
电子邮箱：	zbs@cppsup.com　zbs@cppsu.edu.cn

营销中心电话：010-83903254
读者服务部电话（门市）：010-83903257
警官读者俱乐部电话（网购、邮购）：010-83903253
公安业务分社电话：010-83905672

本社图书出现印装质量问题，由本社负责退换

版权所有　侵权必究

认罪·认罚·从宽

刑事诉讼认罪协商机制的理论认识

李明蓉[①]

随着社会的发展与进步，公民权利意识的觉醒，程序正义、人权保障、司法公正的要求越来越高，体现在以审判为中心的诉讼制度改革中，以及刑事诉讼制度的当事人主义改革倾向，其结果之一就是刑事诉讼普通程序的日趋精致与复杂，完整的刑事诉讼程序所需的各种资源越来越多，司法成本越来越高。当前，以审判为中心的诉讼制度改革要求庭审实质化，其对侦查、审查起诉工作将带来明显的影响，司法实务中案多人少的矛盾也越来越突出，迫切需要合理有效分流案件的程序设置，降低司法成本，确保宝贵的司法资源能够用于疑难复杂的案件上，同时解决巨量案件给司法带来的压力。

随着经济社会的发展和法治文明建设的不断进步，刑事诉讼目的呈现多元化，从单一打击犯罪的一元化向打击犯罪、保障人权、程序正义的多元化方向发展，刑罚出现轻缓化趋势。刑事诉讼不断接受新的观念和理念，并体现在具体机制中，成为诉讼制度改革的方向指引。我国适时提出了"完善刑事诉讼中认罪认罚从宽制度"，[②] 明确了应对认罪认罚的刑事犯罪案件被告人予以从宽处罚。任何制度改革都要立足国情和现实需要，也需要系统性思考，完善配套制度，以达到改革的最佳目的。实体上实行认罪认罚从宽制度之时，程序上应合理借鉴国外辩诉交易等制度的有益成分，确立刑事诉讼中认罪协商机制，在刑事犯罪案件中，架设被告人[③]和被害人的和解桥梁，有效修复受损的社会秩序，以提高司法效率、降低司法成本，实现惩罚犯罪和鼓励自白、保障人权、避免冤错案件的

[①] 李明蓉，福建省人大常委会法工委主任，一级高级检察官。
[②] 中共十八届四中全会通过的《中共中央关于全面推进依法治国若干重大问题的决定》。
[③] 为叙述方便，本文中将被告人、犯罪嫌疑人均称为"被告人"。

目的。

认罪认罚从宽制度应包括实体和程序两个方面,实体方面可在刑法规范中规定认罪认罚的被告人可以获得从宽处罚的原则、构成条件和具体的刑罚优惠;程序方面,除了进入审判程序,由法官依据实体法的规定对被告人裁决从宽处罚外,有必要建立认罪协商的程序机制,对符合条件的刑事犯罪案件认罪认罚的被告人进行从宽量刑的协商。笔者认为,可在我国的刑事诉讼制度中设立认罪协商机制和程序,以规范和落实认罪认罚从宽制度。该机制应是以被告人认罪认罚为前提,公诉人、被告人及其律师、被害人三方共同参与协商达成共识,而后再由法院进行司法审查后确认效力的量刑协商机制。

充分的理论依据构成制度的合理性来源,建立在理论之上的基本原则是设计具体制度内容时考量的核心因素,因此,有必要厘清认罪协商机制的理论依据,以更好地设计契合中国文化传统和司法体制的认罪协商机制。

认罪认罚协商强调的"认罪"是被告人的自愿认罪,其与被告人在刑事诉讼中的主体地位有关;诉讼中的"协商"则暗示着主体间规范、平等的讨论,是民法中的契约精神的借鉴,意味着各方主体的有效参与。可见,认罪协商机制所代表的精神和内涵与我国传统的职权主义诉讼在理论依据、价值选择、司法理念等各方面都是相异的。

一、契约观念与刑事诉讼

传统的刑事诉讼几乎完全由国家主导,当事人的主体地位不彰,更不用说契约观念在刑事诉讼中的运用了,我国 2012 年修改的《刑事诉讼法》第一次规定了刑事和解制度,是民法契约观中的协商精神在刑事诉讼中的体现,已经部分具备了认罪协商机制的内容。[①] 本文所说的认罪协商机制,是一种量刑协商机制,体现的是契约观念在刑事诉讼中的有效运用。

---

① 刑事和解制度中检察官不参与协商,也不是一种量刑协商机制,刑诉法只规定了被告人与被害人达成和解后,可以获得从宽处罚的可能。2012 年《刑事诉讼法》279 条规定:"对于达成和解协议的案件,公安机关可以向人民检察院提出从宽处理的建议。人民检察院可以向人民法院提出从宽处罚的建议;对于犯罪情节轻微,不需要判处刑罚的,可以作出不起诉的决定。人民法院可以依法对被告人从宽处罚。"检察官可以向法官提出从宽处罚的建议。

（一）辩诉交易制度的合理吸收

辩诉交易是一种控辩交易，指在刑事诉讼案件庭审之前，被告人认罪而获得检察官较轻的指控或向法官提出有利于被告人的较轻的量刑建议的一项司法协商机制。① 现代刑事审判制度是18世纪启蒙运动的产物。其指导观念是：在罪刑法定和罪刑相适应基础上，通过正当的司法程序来决定罪行以及根据罪行的严重程度确认刑罚。但是，这个刑事法治模式在具体执行中从没有真正实现它的设计者和制定者所追求和宣言的标准。② 从具体的司法实践和各国的刑事司法改革来看，都能察觉出刑事侦查和司法审判功能和能力的有限性，与制度设计之初的设想相比，还是相去甚远。于是，才有了源于美国的非常流行的辩诉交易制度。③ 虽然辩诉交易制度饱受质疑和批评，但不可否认的是，辩诉交易制度在刑事诉讼中发挥了重大作用，许多资料都确认美国的辩诉交易制度处理的案件比例达90%以上，即使只是减少辩诉交易处理案件的比例，其带来的大量案件的压力也是美国司法制度所难以承受的。从19世纪开始，案件的迅速增加使美国的司法系统越来越难以承受，在奉行实用主义的美国文化传统中，催生了辩诉交易的司法制度，不仅解决了绝大多数的刑事犯罪案件，也影响了其他国家的刑事司法制度。④ 不论是当事人主义传统的英美法系国家，还是职权主义传统的大陆法系国家，都纷纷引进、吸收、改造辩诉交易制度并为自己所用。"2004年3月9日，法国立法者在经过较周密的立法论证后创设了庭前认罪答辩程序（Comparution sur reconnaissance préalable de culpabilité，CRPC），允许刑事被告人在某些轻罪案件中以认罪为根本前提和检察官进行量刑交易，从而将'辩诉交易'正式引入了法国的刑事裁判体制。"⑤ 德国、意大利的协商程序、日本的司法交易、澳大利亚的指控协商、我国台湾地区的认罪协商程序等，都是在美国辩诉交易制度

---

① Bryan A. Garner：*Black's Law Dictionary*, 8*th* Edition, 1190. (2004) by Thomson business.
② Dirk Van Zyl Smit,：*The Place of Criminal Law in. Contemporary Crimektkontrol. Strategies*, European Journal of Crime, *Criminal Law and Criminal Justice*, yol. 8/4, 2000, Netherlands.
③ 吕清：《审判外刑事案件处理方式研究》，中国检察出版社2007年版，第59页。
④ ［美］乔治·费希尔：《辩诉交易的胜利——美国辩诉交易史》，郭志媛译，中国政法大学出版社2012年版；张智辉主编：《辩诉交易制度比较研究》，中国方正出版社2009年版；冀祥德：《建立中国控辩协商制度研究》，北京大学出版社2006年版等。
⑤ 张智辉主编：《辩诉交易制度比较研究》，中国方正出版社2009年版，第182页。

的影响下结成的果实。① 可见，吸收辩诉交易制度的合理内涵，以务实的态度把契约观念中的协商精神引进刑事司法领域，并加以改造为适合我国的认罪协商机制，以适应我国的司法体制，解决我国司法系统日益增加的办案压力，应是可行的办法。笔者认为，认罪协商宜由检察官参与协商，主导、把握规范，确认被告人认罪的真实性自愿性，使协商有序合法进行。而后，再由检察官将协商结果提交法庭，法官审查被告人认罪自愿性、协商合法性，裁定是否认可协商结果。②

（二）有条件的契约：自愿认罪基础上的协商

认罪协商的核心内容在于刑事诉讼中一定条件下的控方与辩方的协商，其对辩诉交易制度的吸收和影响是不言而喻的。认罪协商程序强调"认罪"，辩诉交易强调的是"交易"。我国的经济社会正处于转型时期，社会矛盾冲突严重是当前的状态，社会信任度不高，司法公信力不强是当前的特点。"交易"一词在市场以外的场合使用隐含着不正当交换的含义，容易被理解为以权力或金钱作为交换的砝码，是权钱交易，是专门为有钱人、有权人设置的，丧失公正性。因此，"辩诉交易""司法交易"的名词不适合在我国使用，而"指控协商""协商程序"没有突出"认罪"，也不如"认罪协商"更为妥当，更为中国公众所接受。认罪协商制度的设计顾及了民众的感受和接受程度，尽力减少社会的疑惑。并且"认罪协商程序"与"认罪认罚从宽"相呼应，既是名词的妥适，更是体现强调"认罪"的内涵。辩诉交易强调的是被告人作出认罪的让步能得到降低指控或量刑优惠的对价，其过程强调主体间的平等性，是建立在当事人主义和对抗制基础上的刑事诉讼制度。我国没有这样的土壤，我国社会特别重视犯罪人是否悔罪，犯罪人必须是真诚悔罪才容易得到谅解，认罪协商只是借用了订立民事契约的形式和方法，是有条件的协商，只有"认罪"，协商才能被社会所接受，只有犯罪嫌疑人、被告人自愿、明智地作出有罪供述，才能进入认罪协商程序。

（三）当事人主义与职权主义的协调

我国是严格的成文法国家，刑事诉讼制度采取职权主义的诉讼模式，国家垄断了刑罚权，当事人在刑事诉讼中的自主权很小，公安、检察、法院代表国家主导着刑事诉讼。建立认罪协商程序的实质就是在职权主义传统中，建立当事人主

---

① 张智辉主编：《辩诉交易制度比较研究》，中国方正出版社2009年版，第182页。
② 至于什么案件能进入协商程序，具体协商的程序设置等，并非本文研究范畴。

义的机制和程序，其中的冲突不言而喻。正如我国台湾地区学者林钰雄所说："对于协商程序，不能仅从'新增一种简化的审判方式'来理解，这是'契约取向'对'原则取向'刑事诉讼构造的本质性颠覆，其水火不容程度犹如把柴油加到汽油引擎。19世纪以来，建构法治国刑事诉讼的诸多调查、审判与构造原则，都有可能产生质变，冲击的审判相关原则包括直接、言词、公开审理原则及参与原则、自由心证原则、法官保留原则；影响的主要证据原则包括证据裁判、无罪推定、罪疑唯轻、不自证己罪、自白之任意性与真实性法则；其他还包括法官中立性、检察官客观性及法定性义务、法定原则、平等原则、实体真实原则、诉讼权之核心保障等，皆有可能动摇。此外，甚至连实体法的构成要件理论、罪责原则及罪刑相当要求，都被波及。"[1]

职权主义的刑事诉讼制度中，契约观念难有容身之处，协商精神也无法立足，虽如此，各国的刑事诉讼制度的变革趋势仍是当事人主义与职权主义的有效协调，且不乏成功的范例。例如，2012年我国新刑诉法规定的刑事和解制度在实践中得到有效运行，就是一个良好的例证，说明当事人主义与职权主义是可以协调的。或者说，刑事诉讼制度可以在当事人主义与职权主义之间找到一条中间道路，契约方式也可以有条件地在职权主义的诉讼传统中发挥作用的。职权主义诉讼模式并非总是拒绝当事人主义的机制，其原因在于实用主义哲学观可以被不同文化传统不同程度地接受，无论是职权主义还是当事人主义，都需要以务实的态度来解决实践中存在的困难和问题。

吸收辩诉交易制度的合理内涵，在职权主义诉讼模式中引入当事人主义的因素，结合我国实施的宽严相济的刑事司法政策，形成适合中国的合理的认罪协商制度，既是对西方司法制度的合理借鉴，提高司法效率，从制度上解决司法面临的案多人少的压力，并且也契合我国正在进行的审判为中心的诉讼制度改革。"相对于辩诉交易，认罪认罚从宽保留了权力对诉讼进程的主导力，在权力掌握大局下对犯罪嫌疑人、被告人意愿适度吸纳，这避免了辩诉交易异质嵌入可能引起的诉讼冲突与混乱，更能融入当前司法改革的总体格局。"[2]

---

[1] 林钰雄：《干预处分与刑事证据》，北京大学出版社2012年版，第168页。
[2] 秦宗文：《认罪认罚从宽制度的效率实质及其实现机制》，载《华东政法大学学报》2017年第4期。

二、恢复性司法理念与刑事诉讼

恢复性司法理念与传统刑事司法不同的是,"恢复性司法是在寻求抚慰、宽容与和解中伸张正义的",① 惩罚性司法的"适用过程正是国家权力发挥作用的过程,其发挥作用的方式是国家—犯罪人单项惩罚模式。而恢复性司法程序由被害人、犯罪人、中立第三方共同参与",② 因此,恢复性司法在刑罚观、诉讼主体观、诉讼民主观等方面成为刑事诉讼认罪协商制度的理论基础。

(一) 国家刑罚权有限出让

传统刑法以惩罚犯罪为目的,刑事司法自然以落实刑法的目的为己任,国家必然垄断刑罚权。我国的文化传统中,私权不彰,公众普遍接受职权主义诉讼模式,对于私权介入诉讼尤其是刑事诉讼,充满了警惕和不信任。这样的刑事诉讼模式中,国家垄断刑罚权被认为是理所当然的,认罪协商程序与这种传统格格不入,冲击了刑事诉讼既定的一系列重要原则。认罪协商的本质是要赋予当事人尤其是被告人一定的自主权,国家部分放弃了单方决定对被告人处以刑罚的权力,而将刑罚的决定权交给诉讼各方当事人以协商形式进行,是国家刑罚权的一种有限出让。这种出让是建立在司法理念的变化基础之上的,恢复性司法理念使改变国家垄断刑罚成为可能。惩罚犯罪人已经不再是唯一甚至不是主要目的,化解矛盾,恢复秩序,强调"犯罪人社会角色与受损社会关系的双重恢复",③ 是恢复性司法理念在刑事诉讼中的具体体现。但恢复性司法并非拒绝对犯罪人的惩罚,刑事司法对犯罪行为的惩罚仍是其主要功能,刑事司法若没有了惩罚功能,则其化解矛盾,修复秩序的功能便无所依托,难以实现。可见,恢复性司法理念可以与惩罚性司法理念相融合,惩罚性司法体现刑事司法的威慑,以公权行为为主导;恢复性司法则强调协商,凸显当事人的主体地位。也就是说,正因为现代司法强调秩序的恢复,以恢复性司法理念为主导,国家才能出让部分刑罚权,才有认罪协商的空间和可能。

(二) 确立刑事诉讼当事人的主体地位

诉讼的根本目的是解决纠纷,刑事案件也是纠纷的一种。认罪协商程序解决

---

① 傅卫东:《恢复性司法视野下刑事和解的衡平建构》,载《法制与社会》2014年5月(下)。
② 段书臣、杨超男:《和谐语境下的恢复性司法制度之构建》,载《法治论坛》2009年第3期。
③ 段书臣、杨超男:《和谐语境下的恢复性司法制度之构建》,载《法治论坛》2009年第3期。

诉讼各方对抗问题，协商意味着各方愿意妥协和让步，说明了刑事诉讼各方对抗程度的降低，减少了敌对意味，而进入相对平等的协商程序中，是修复社会关系的一个良好途径。

恢复性司法理念强调社会关系的修复，"恢复性司法建立的双方对话机制着眼于恢复被犯罪破坏的社会关系，重视国家权力和个人权利、被害人和加害人权益的平衡，是以人为本和法治民主化观念在刑罚领域的体现"。① 恢复性司法强调个人权利及各方权益的平衡，必须建立在发挥诉讼各方主体作用的基础上，当事人的主体地位也就有了保障，协商才有可靠的条件。"恢复性司法强调通过一定的仪式使所有受到犯罪影响的人都参加到犯罪处理的过程中来，并通过协商承担责任的方式来消除犯罪的不良影响，实现各方多赢局面。"② 认罪协商既强调被告人认罪，也强调被害人的参与，赋予当事人一定程度的程序自主权，使协商成为可能，修复社会关系才有了可靠的途径。原本只有在民事诉讼中才有的权利，有条件地将其中一部分赋予了刑事诉讼中的当事人，是当事人主体地位得到确认的表现。认罪协商制度正是这样的制度，其既可以促进自白自愿性，也是当事人得以行使刑事诉讼程序选择权的制度保障，可以就被告人的认罪悔罪、道歉赔偿、量刑优惠进行依法协商。

(三) 重视刑事案件被害人利益

传统的惩罚性刑事司法秉承的是报应性观念，注重惩罚犯罪行为，被害人的感受和权益很容易遭到忽略。惩罚性司法已经不能完全满足当代社会的多元化需求，转型时期社会公众、被害人、被告人所在社区对刑事犯罪被告人的态度日趋多元化，已不单纯是报复求刑，公众及被害方的心理也趋不同，一味重罚已经不再总是得到社会各界赞同。恢复性司法重视被害人利益，没有被害人参与就无法实现修复受损社会关系的目的。对被害人而言，惩罚犯罪固然重要，被告人的真诚悔罪和赔偿是对受伤心灵的治疗，同样重要，有时也许更为重要。鼓励充分的参与和协商，解决刑事冲突纠纷，减少社会对抗，是恢复性司法的特质，也是受损社会关系、社会秩序得以修复的前提。"恢复性司法特别强调被害人的参与和协商，认为只靠国家公权力的介入与犯罪人进行周旋，忽视了被害人的参与并与

---

① 宋燕敏、宋聚荣：《恢复性司法对我国刑事诉讼制度的影响》，载《政法论丛》2007年第2期。
② 宋燕敏、宋聚荣：《恢复性司法对我国刑事诉讼制度的影响》，载《政法论丛》2007年第2期。

之进行协商,犯罪所造成的后果是不能得到真正圆满解决的。"① 恢复性司法观念在我国的刑事司法制度中已经有了一定的尝试,刑事和解制度就是强调在被告人认罪基础上,通过刑事和解程序,与被害人及其家属协商赔偿,获得被害人谅解,从而获得从宽处罚的制度。三年多来,该项制度的运行总体向好,取得了不错的成效,这与运用恢复性司法理念,重视被害人利益及其主体作用,有效地修复受损社会关系,有着莫大的关系。

三、认罪协商制度实现多元刑事诉讼价值

社会多元化体现在刑事司法中就是刑事诉讼目的多元价值的平衡,多元化刑事案件处理方式的理论研究正成为诸多现代社会和法律思潮的交集,② 这种思潮具体衍射到刑事诉讼,可以看出处理刑事犯罪案件时,动用其他的处理方式的重要性。惩罚犯罪、保障人权、提高效率、降低司法成本都是刑事司法的重要价值,重刑主义适用于部分严重案件,其余法律规定的案件,可以探索适合本国司法文化的认罪协商机制,以实现刑事诉讼的多元价值。

(一)有效分流案件,节约司法成本

刑事诉讼制度会越来越严格地限制公权力,保障当事人的诉讼权利,刑事诉讼的普通程序会越来越细致、严谨,完整的刑事诉讼程序中,诉讼流程不可避免地会越来越长。随着每个案件所需的诉讼时间的延长,案多人少的压力最终会让司法系统无法承受,司法案件的过度负荷导致了各国的刑事诉讼走向了协商之路,③ 建立案件繁简分流、简单案件快速审理的程序成为现代司法的共同选择。而快速审结的刑事诉讼程序的前提都是犯罪嫌疑人、被告人自白认罪。我国目前的刑事诉讼制度中,简易程序、刑事和解程序以及试点中的刑事速裁程序,都是以被告人认罪为适用前提的,这些程序的运用,既分流了案件,节约了司法资源,还更好地保障了人权,化解了矛盾,对恢复社会秩序效果良好。但是,这些程序中,被告人的认罪能否得到量刑优惠,目前仅仅依赖于法官依据法律的规定进行的裁断,被告人本身并无与办案部门或办案人员进行协商的权利。这既极大

---

① [英]格里·约翰斯通(Gerry Johnstone):《恢复性司法:理念、价值与争议》,郝方昉译,中国人民公安大学出版社2011年版,总序第3页。
② 吕清:《审判外刑事案件处理方式研究》,中国检察出版社2007年版,第136页。
③ 林钰雄:《干预处分与刑事证据》,北京大学出版社2012年版,第145页。

地限制了被告人认罪的积极性,又使程序分流案件,降低司法成本的作用不能真正出来。因此,有必要建立更有效地分流案件的机制,快速处理被告人认罪的大多数案件,将更多的司法资源用于处理疑难复杂的案件,从更广泛的层面来说,这是为了更大范围的司法公正而做的制度安排。在提高诉讼效率的基础上达到有效地打击犯罪、保障人权的刑事诉讼的理想状态,促使犯罪嫌疑人自愿认罪的量刑协商机制是使二者达到平衡的一种有效制度。

许多国家都有刑事诉讼的协商制度,虽名称各异,内容也有差异,但实质都是公权力一方与被告方、被害方关于认罪或量刑的协商,都要以获得自白作为协商的条件。虽然协商性司法被认为是动摇了刑事诉讼证明的无罪推定原则、疑罪从无原则、不强迫自证己罪原则和严格证明原则,[①] 但是因其提高诉讼效率、降低司法成本、定分止争的实用主义效用和社会接纳的现实,各国仍然处于乐此不疲地设立和实践中。提升程序的分流作用,让当事人对大多数简单的认罪案件的决定有影响力,缓解法律被专断的严重性,也符合社会多元,要求公开与民主的呼声。

(二) 迅速审判的价值选择,衡平效率与公正

我国 2012 年新刑诉法第一次规定了刑事和解程序,扩大了简易程序的管辖范围,其目的都在于鼓励自白认罪,从而使案件进入刑事诉讼法设立的特殊诉讼程序,免于普通刑事诉讼程序的烦琐和复杂。在坚持基本真实的前提下,解决纠纷,提高效率,以实用主义的方法解决刑事纠纷,并且在提高刑事诉讼效率的同时实现司法公正、保障人权的价值。

刑事案件的日益增加,导致法院审判负荷繁重,审理效能低落。而同时,在追求效率的现时代,各国也意识到"迅速审判"亦属于人权保障的一部分,所谓"迟到的正义非正义"的观念深入人心。正是在这个基础上,流行于西方的认罪协商制度得以设立,其立法目的在于迅速审判与诉讼经济。[②] 面对居高不下的刑事案件总量与司法资源有限性的突出矛盾,面对日益提高的审判标准,必须坚持繁简分流、难易分流,优化配置司法资源,必须把有限的司法资源用于重大疑难复杂案件的审理中,避免因资源不足、取证不充分、审理不充分出现的冤错

---

① 林钰雄:《干预处分与刑事证据》,北京大学出版社 2012 年版,第 149-156 页。
② 刘邦肃:《检察官职权行使之实务与理论》,台北五南图书出版公司 2008 年版,第 243 页。

案件，确保司法公正。因此，必须建立一般认罪案件的迅速处理机制，分流案件，实现诉讼经济、节约司法资源、实现迅速审判的价值。

效率价值有时与公正价值相冲突，因为快速处理案件的同时有可能忽略了人权保障和程序正义。认罪协商机制因建立在被告人自愿认罪且尊重其主体地位的基础上，故既可提高司法效率又能实现公正价值。

(三) 国家走向法治化和提升司法公信的必然选择

目前我国刑法和刑事诉讼法的法条中已有体现"认罪认罚从宽"的相关规定，如自首和坦白从宽、刑事和解程序、刑事简易程序等，但上述法律规定在"从宽"评价中缺乏统一协调的实体和程序机制，被告人即使认罪，也不必然获得案件速审速决的效率收益和轻刑轻判的实体收益。"从宽"难以得到真正落实，也难以避免实务中存在的隐性的、不规范的、可能无法落实的认罪交易。我国虽然没有认罪协商制度，但在刑事案件侦查过程中，还是会出现犯罪嫌疑人与办案人员的隐性认罪交易。为了获取犯罪嫌疑人的自白，办案机关对犯罪嫌疑人有各种各样的承诺，在具体的司法实践中，事实上已经存在诸多认罪与交易的真实案件。正如乔治·费希尔在《辩诉交易的胜利》一书序言中所说的，"辩诉交易的普及不仅仅奇迹般有效地减轻了令人窒息的工作负担。它还能使检察官避免败诉风险，使法官避免被驳回的风险，因此保护了他们的职业声誉"。①

我国在理论上还没有真正确立和认可认罪协商制度，在实践的操作上自然显得比较混乱。很多时候，侦查机关对犯罪嫌疑人认罪的对价，在之后的司法阶段得不到兑现，而有意无意演变成一种侦查技巧，或是侦查谋略，甚至可能是侦查欺诈。缺乏法律的规范，实务中可能存在办案人员的承诺最终可能无法得到兑现的情况，这对被告人来说，这种情况下的认罪不得不说是一次"危险"的"赌博"。如此的现状，一则加剧了民众对司法机关的不信任感，二则对侦破案件不利，三则从总体上加大了社会成本，更是降低了司法威信。如此不规范的现象，实则对国家总体的法治建设非常不利。当今我国的司法公信度不高，缺乏规范与制约的隐性认罪交易加重了对司法公信的伤害。建立认罪协商制度，这是规范实务操作的根本方向，可以改变隐性认罪与承诺的秘密性，认罪协商走向法治化方

---

① [美] 乔治·费希尔：《辩诉交易的胜利——美国辩诉交易史》，郭志媛译，中国政法大学出版社2012年版，序言第2页。

向，回归法律的本位，避免政治性权力对司法的不当影响，也是提高司法公信和走向法治化道路的本来要求。2012年《刑事诉讼法》第118条第2款规定："侦查人员在讯问犯罪嫌疑人的时候，应当告知犯罪嫌疑人如实供述自己罪行可以从宽的法律规定。"但对于坦白后如何从宽却没有进一步的规定，法律没有兑现从宽的具体规定，坦白者面临司法机关的惩罚，不坦白者还有可能因为取证的难度而逃脱应承担的法律责任，司法因此没有了信用，建立鼓励自白的认罪协商机制才能解决这个难题。①

（四）保障人权与打击犯罪的基本衡平：避免冤错案件的有效制度

保障人权与打击犯罪的基本平衡一直是刑事诉讼的一个重大课题。"如果犯罪的严重程度尚不足于需要全面的惩罚性回应，但又不是简单地警戒所能遏制的，那么该犯罪可能就会被转为恢复性司法方案。该模式使刑事司法体制能够在不动用刑罚这把'双刃剑'的前提下，妥善地处理那些单个看来是小问题、但汇集起来就是社会的大毛病的轻微犯罪。"② 规范认罪认罚从宽的具体内容，犯罪嫌疑人、被告人如果明确知道从认罪中能够获得多少法律规定的利益，自愿认罪的概率就会较高，侦查中刑讯与强迫行为自然会减少甚至没有，可以切实提高刑事司法领域的人权保障程度。侵犯人权是刑事诉讼造成错案的重要原因，刑讯—被迫认罪—事实认定错误，是造成错案的一个重要原因，也是公众头脑中对于错案原因的认识，这样的认识极大地损害了司法的公信和权威。尽管刑事司法无法做到完全避免错案，但却应该避免因侵犯人权而产生的错案，确保口供自愿性就是防范因侵犯人权而迫使犯罪嫌疑人被告人认罪进而产生错案的前提。

而认罪协商机制本身内含了犯罪嫌疑人被告人为了获取量刑的优惠而愿意自愿认罪的因素，其原因在于认罪协商机制会使办案人员改变犯罪嫌疑人、被告人是敌对一方的观念，把正义感与保障人权协调一致，严惩犯罪但同时确保办案行为合法性，从而保证了犯罪嫌疑人、被告人的认罪自愿性。协商的过程还有益于减轻敌对的感觉，树立控辩平等的观念，从而真正树立平和、理性、规范、文明的办案观念。

---

① 李明蓉：《贪污贿赂犯罪案件口供依赖的破解》，载《国家检察官学院学报》2016年第2期。
② ［英］格里·约翰斯通（Gerry Johnstone）：《恢复性司法：理念、价值与争议》，郝方昉译，中国人民公安大学出版社2011年版，第203页。

出于社会安全和社会秩序稳定的需要，刑事司法必须打击犯罪，而打击犯罪的过程中，如何保障人权避免出现冤错案件，则是法治国家的重要价值。正如美国的辩诉交易制度，"通过消除诉讼过程中事实出错或法律出错的可能性，辩诉交易也保全了制度整体的声誉和合法性。从这方面看，根据检察官、被告人、法官和制度本身的利益，辩诉交易的胜利似乎是不可避免的"。① 认罪协商机制的良性有效运行的前提是确保认罪的自愿性，而刑事司法若能确保认罪的自愿性，则保障人权的目的已然基本达到，确保司法公正，防止冤错案件也就有了制度性的保障。

四、认罪协商的制度基础

在职权主义的刑事诉讼模式中引入当事人主义的认罪协商制度，必然产生许多的不协调甚至是冲突，因此，应调整或改变刑事诉讼中的某些制度，以构建、巩固认罪协商的制度基础。

（一）审判中心主义是核心条件

我国现有的刑事司法制度中，存在着事实上的侦查中心主义，流水线式的诉讼作业目的就在于促使侦查的结果成为最终审判的结果。公检法三家目的的趋同性对于被告方是不利且不公平的，庭审形式主义的现象或多或少存在，审查起诉和审判环节对于侦查环节的制约作用并不明显。由此带来侦查合法性程度无法确保，侦查中的不规范行为甚至是非法行为难以得到遏制，"大侦查、小司法"的现象不正常地存在于我国的司法制度中。新一轮司法改革已经明确提出"推进以审判为中心的诉讼制度改革"，② 要发挥庭审的实质性作用。可见，审判中心主义是我国刑事诉讼认罪协商机制的核心条件。侦查环节和审查起诉环节的公权行为都要在庭审时接受审查和检验，庭审对于庭前行为的制约作用凸显出来。侦查行为合法性、被告人人权的保障状况、是否有同步录音录像、口供的自愿性等都将在庭审时受到各方挑剔的质疑和真正有对抗的辩论。如若审判中心主义能真正形成，其必然的结果是庭审实质化，庭审对于侦查行为的合法性也将进行实质性

---

① ［美］乔治·费希尔：《辩诉交易的胜利——美国辩诉交易史》，郭志媛译，中国政法大学出版社2012年版，序言第20页。

② 引自中共十八届四中全会通过的《中共中央关于全面推进依法治国若干重大问题的决定》。

的审查，侦查行为的合法性就有了制度性的保证。法官的中立地位，庭审实质化将使法庭审判程序日趋精细复杂，专业技术性程度提高，"庭审中心主义的大背景下，直接言词原则会更进一步贯彻，庭审的变数也会增多"，① 庭审结果的变数也会加大，诉讼各方对庭审后果预期的不确定性的压力将使他们愿意选择协商的方式尽快得到各方基本满意的诉讼结果。

(二) 辩护权保障是基本前提——确保被告人认罪自愿性

对认罪协商制度来说，确保被告人认罪是自愿且明智的，是认罪协商机制合法性和有效性的前提和基础，是对认罪的法律后果有着充分的理性的认识基础上做出的。自愿才符合人权保障的基本价值，协商才会有基本的公平可言，自愿认罪才能确保其真实性，而明智则要求被告人完全了解其认罪的法律意义和后果。确保自愿性的制度基础是被告人不会遭受被强迫的危险，也不会因不了解认罪与否的法律意义而做出对自己不利的法律决定。而诉讼程序越来越精致和复杂的结果形成了法律职业的专业化、专家化，以及由此带来的不可避免的诉讼当事人边缘化。细致化的程序让越来越多的普通人无法理解、掌握，法律、诉讼为少数人掌握，专业化、专家化由此形成。加上刑事诉讼的尤其是侦查阶段的高度封闭性，被告人既处于完全弱势地位，无法与掌握有强大国家公权的公安司法机关对抗，又缺乏法律专门知识无法作出明智的分析和判断。因此，只有作为专业人士的辩护律师的有效介入，为被告人提供有效辩护才能确保对认罪的自愿性。

以审判为中心的诉讼制度，法庭的宣示性作用显现，典型案件的庭审受关注度提高，其"不仅是改变刑事诉讼的重心，更是加强对刑事诉讼权利主体的保障，甚至要求重构刑事诉讼主体间的关系"，审判"应当是有辩护律师广泛且有效地参与的审判"，② 以解决控辩失衡的问题，并由此衍生到诉讼的全过程。可以说，以审判为中心的诉讼制度必然要充分保障辩护权，进而推动刑事诉讼中的控辩平衡，而控辩平衡又是认罪协商机制得以进行的前提条件。不得强迫自证其罪的原则的确实落实，是进入认罪认罚协商程序的前提条件。必须确保犯罪嫌疑人、被告人认罪是在自愿的、明了其法律后果的、不是被强迫的前提条件下自愿放弃了得到公开审判的权利的，这是人权保障的要求。要满足这个条件，辩护权

---

① 陈光中、樊崇义等：《以审判为中心与检察工作》，载《国家检察官学院学报》2016年第1期。
② 王敏远：《从"以侦查为中心"到"以审判为中心"》，载《检察日报》2016年3月31日第3版。

的保障、辩护律师的参与是极为重要的，也是这项制度合法性的基础和前提条件。因此，"在认罪认罚从宽制度中，自愿性是该制度一切后续制度、措施的基础。这避免了被告人的行为不是自己自由意志选择的结果，而是被其他权力、意志所绑架。"①

作为保障辩护权的制度，律师的会见权、阅卷权、依法调查取证权，尤其是会见权和阅卷权在2012年《刑事诉讼法》修改后得到了较好的保障，也获得了各方较好的评价。但实践中依然存在办案部门利用指定居所监视居住的措施限制律师会见；依法调查取证权难以行使；讯问时进行全程同步录音录像的制度实施规范不足、监督不足等问题。同时，我国刑事诉讼制度中至今没有赋予被告人沉默权和讯问时律师在场权，控辩失衡仍较为明显，作为认罪协商重要制度基础的被告人认罪自愿性、真实性的保障条件不足。因此，"必须赋予律师在刑事诉讼中更多的权利，以增强辩护力量，形成与控方势均力敌的局面"，② 是确保自愿性的重要基础条件。笔者认为，可以在认罪协商制度的试点中尝试同时引入被告人沉默权和讯问时律师在场权制度，以建立科学合理的认罪协商制度。

(三) 合理的检察官量刑建议制度是基础

侦查阶段的认罪协商中，犯罪行为较轻的有可能以检察官行使不起诉权而结案，其余的案件最终要在审判程序中得到监督和确认，作为对被告人认罪减少司法成本的"补偿"，立法应当考虑建立刑事犯罪案件认罪与量刑减让的规范。"在英美等国，被告人对这些程序性正当权利的放弃，直接导致了被告人对实体性利益的放弃，即承受有罪判决的法律结果。而在整个诉讼中，有罪判决应当被看成是对被告人利益的最大损害，故作为一种对其程序性和实体性权益减损的补偿而给予适当的量刑减让则是完全合理的。如果被告人未能通过量刑减让对其权益的放弃获得补偿，不仅在程序上是非正义的，而且有罪答辩作为一项鼓励性的制度也难以推行。"③ 根据我国的实际情况，刑事犯罪案件认罪协商的量刑减让要有明确的规范，既要给予认罪人较为明显的量刑优惠，以达到鼓励认罪的目的，同时，又不宜给予控方太大的权力，否则民众会对认罪协商的合法性产生强

---

① 宋远升：《认罪认罚从宽制度设计的困境与边界》，载《探索与争鸣》2017年第1期。
② 冀祥德：《建立中国控辩协商制度研究》，北京大学出版社2006年版，第201页。
③ 牟军：《有罪答辩与量刑减让》，载《宁夏社会科学》2004年第2期。

烈的质疑，最终可能导致该制度无法执行。从我国的实际情况出发，认罪协商制度是与检察官的量刑建议权相联系的，成熟的检察官量刑建议制度是认罪协商制度的重要基础。我国的刑事诉讼程序已经初步形成了实体、程序、量刑诉讼三部分的结构，在认罪协商程序中，由检察官和被告人及其律师进行协商，再交由法官审查裁定，确认被告人确实是明智、自愿认罪的条件下，审判程序可以直接进入量刑审理部分。我国检察官的量刑建议权的行使已经有一定的经验，完善量刑建议制度，明确刑事犯罪案件中检察官的量刑建议权，确立被告人认罪能够得到量刑优惠的原则。实体法上明确量刑优惠的幅度，尽可能细化被告人认罪所能得到的从轻、减轻的量刑幅度，增加实践的可操作性。

五、结语

法律要根据犯罪的严重性、惩治的必要性来选择最适合的制度。要建立保障人权、程序正义、确保公正的刑事司法制度，就要让司法有足够的人员和时间，依据最严格的程序和最到位的人权保障来处理被告人不认罪以及疑难复杂的案件，其前提就是建立合理的案件分流程序，将轻微、简单、被告人认罪的刑事犯罪案件以快速、妥当的程序进行处理。基于文化传统、法治背景、司法制度等方面的明显差异，我国并不适合直接移植辩诉交易制度，只能合理借鉴。本文设想的认罪协商机制是建立在刑事案件中被告人认罪认罚前提下，诉讼主体各方参与的量刑协商机制。

认罪认罚从宽侧重于实体规定，认罪协商机制则是落实认罪认罚从宽制度的程序安排。认罪协商机制的合理设计，可以实现现代刑事诉讼的多元价值取向，并能使刑事司法制度得到诉讼各方以及公众的认可，树立公众对刑事司法制度的信心。吸收辩诉交易的合理因素，结合恢复性司法观念的内容，以多元价值为取向，形成契合中国文化传统和宽严相济刑事政策的认罪协商机制，是在深化改革背景下，有效分流案件，提高司法效率和司法信用，降低司法成本，平衡惩罚犯罪与保障人权，避免侵犯人权的刑事错案，从而成为积极推动我国法治进程的一个有效的路径。

关于"认罪认罚的法律规定"

徐鹤喃[①]

2018年10月26日,第十三届全国人民代表大会常务委员会第六次会议通过了《全国人民代表大会常务委员会关于修改〈中华人民共和国刑事诉讼法〉的决定》(以下简称《决定》),并于当日公布实施,我国《刑事诉讼法》完成了第三次修改。时值博士同门商议为恩师樊崇义教授的八十寿诞献上一本文集,结合新修改的《刑事诉讼法》的学习,就自己关于修改后刑诉法之"认罪认罚的法律规定"的点滴思考,对照理解老师的思想和研究进路,谈几点粗浅认识,向老师致敬请教。

一、"认罪认罚的法律规定"及其制度定位:授权性法律规定

将认罪认罚从宽制度上升为法律规范,是本次修改刑事诉讼法的重要任务之一。自2014年6月全国人大常委会作出决定,授权最高人民法院、最高人民检察院在北京等18个城市开展刑事案件速裁程序试点,2016年9月又作出决定,授权两高开展刑事案件认罪认罚从宽制度试点工作,扩大范围后的速裁程序试点纳入新的试点继续进行,两年的试点探索了认罪认罚从宽的工作机制、积累了经验,表明该项制度在依法及时惩治犯罪、强化人权保障、优化司法资源配置、推动繁简分流、提升诉讼质量效率、完善多层次刑事诉讼程序体系等方面发挥了重要作用。修改后的《刑事诉讼法》在充分吸收试点经验的基础上,将这项制度立法化,并将其贯穿在整个刑事诉讼程序中加以规定。其中,除了在总则部分规定了一项基本原则之外,在诉讼的关键环节上,立法用"认罪认罚的法律规定"之表述加以概括,这让笔者首先想到了该规定的制度定位问题。

---

① 徐鹤喃,国家检察官学院副院长、教授,《国家检察官学院学报》主编。

综观修改后的刑事诉讼法条文，认罪认罚从宽制度主要体现为两部分内容，一是在总则部分，增加了一项基本原则，即第15条规定，"犯罪嫌疑人、被告人自愿如实供述自己的罪行，承认指控的犯罪事实，愿意接受处罚的，可以依法从宽处理"；二是规定了认罪认罚从宽制度适用的一些具体内容，在法律文本上将其统称表述为"认罪认罚的法律规定"，如第120条第2款规定，侦查人员在讯问犯罪嫌疑人的时候，应当告知犯罪嫌疑人享有的诉讼权利，如实供述自己罪行可以从宽处理和"认罪认罚的法律规定"；第173条第2款规定，犯罪嫌疑人认罪认罚的，人民检察院应当告知其享有的诉讼权利和"认罪认罚的法律规定"；第190条第2款规定，被告人认罪认罚的，审判长应当告知被告人享有的诉讼权利和"认罪认罚的法律规定"。广义上讲，基本原则也是"认罪认罚的法律规定"的一部分，如此，"认罪认罚的法律规定"是认罪认罚从宽制度在刑事诉讼法文本上的规范表述。由此想到，在法律文本，乃至内容来看，此前研究中学者所说的"逻辑定位非常模糊"[①]的问题解决了吗？

分析一下文本表述可见，"认罪认罚从宽的法律规定"在修改后《刑事诉讼法》的条文安排上，没有如管辖、辩护与代理、强制措施等规定被作为一项独立的诉讼制度安排，而是体现为一些具体的规定。同时，从上述三条关于告权的规定来看，"认罪认罚的法律规定"与两个表述并列，分别是："犯罪嫌疑人享有的诉讼权利，如实供述自己罪行可以从宽处理"（侦查阶段）和"被告人享有的诉讼权利"（审查起诉和审判阶段）。由此可见，"认罪认罚从宽的法律规定"与"如实供述自己罪行可以从宽"之"坦白从宽不同"，与"诉讼权利"也不同。"认罪认罚的法律规定"是散见于各具体诉讼阶段的有关认罪认罚从宽的法律规定。这也就是说，"认罪认罚的法律规定"是一套特别的规定，但不是一项独立的制度。从诉讼程序看，"认罪认罚的法律规定"适用于侦查、审查起诉和审判程序三个诉讼阶段，其中特别之处是在审判程序中可以适用于普通程序、简易程序和速裁程序三种，也就是说，"认罪认罚的法律规定"也不是一套独立的审判程序。

由此，笔者有三点初步认识，第一，修改后的《刑事诉讼法》中认罪认罚从宽制度的规范表述是"认罪认罚的法律规定"，其没有被上升为一项单独的诉

---

① 陈卫东、胡晴晴：《刑事速裁程序改革中的三重关系》，载《法律适用》2016年第10期。

讼制度；第二，"认罪认罚的法律规定"也没有体现为一项独立的诉讼程序；第三，本次修法延续了试点中的做法，即在既有的刑事诉讼制度和程序中嵌入了犯罪嫌疑人和被告人认罪认罚之后司法机关的一些处理权限和程序规定，也就是说，修改后的《刑事诉讼法》之"认罪认罚的法律规定"是一种侧重于规范侦查、检察、审判权运作及其程序的授权性法律规定，某种程度上，承继了我国刑事诉讼制度模式和诉讼文化中的"职权主义"色彩和传统。老师曾经将此冠以"嵌入"式的制度安排模式。① 笔者理解，这是该项司法实践的实际发展阶段和状况在立法层面的直接反应。结合已有的学术研究特别是制度比较研究的成果来看，可以说，我国司法实践和司法认知本身还没有明晰相关的思想和制度体系，"认罪认罚的法律规定"是我们所说的认罪认罚从宽制度的立法发展的初级阶段。这种认识，延续了老师在改革之初提出的判断。老师谈到，这项改革是审时度势的重大决策，对解决一直以来困扰我国刑事司法的案多人少等系列难题具有重要意义，要结合我国国情，根据当地人民群众的实际情况，循序渐进，逐步简化程序。

二、"认罪认罚的法律规定"有待面对的几个问题

认罪认罚从宽，是党的十八届四中全会确定的以审判为中心的诉讼制度改革的配套内容，是在司法体制改革背景下，适应时代需求对我国刑事诉讼制度的创新和完善，是对宽严相济刑事政策的具体贯彻。其与"推进以审判为中心的诉讼制度改革"是刑事诉讼制度中相辅相成、互相配合的两项重要改革，对于推进程序分流、优化资源配置具有重大意义。② 毋庸置疑，该项制度改革是我国刑事诉讼制度实现体系化变革的重要体现和举措，其彰显了我国刑事司法理念的深化发展，国家治理能力和治理体系的现代化发展。与此同时，认罪认罚从宽制度在实践中处于起步阶段，还面临一些挑战和问题，从本次立法规定来看，笔者认为有三个问题需要面对。

（一）权利义务本位问题

首先梳理一下"认罪认罚的法律规定"。修改后《刑事诉讼法》关于"认罪

---

① 樊崇义：《认罪认罚从宽协商程序的独立地位与保障机制》，载《国家检察官学院学报》2018年第1期。

② 朱孝清：《认罪认罚从宽制度的几个问题》，载《法治研究》2016年第5期。

认罚的法律规定"总共有 14 条，其中主要规定了以下内容：

一是基本原则。犯罪嫌疑人、被告人自愿如实供述自己的罪行，承认指控的犯罪事实，愿意接受处罚的，可以依法从宽处理（第 15 条）。

二是犯罪嫌疑人和被告人的权利。包括 1. 自愿如实供述自己罪行，承认指控的犯罪事实，接受处罚的权利（第 15 条、162 条第 2 款、173 条第 2 款、190 条第 2 款）；2. 获得值班律师帮助的权利。犯罪嫌疑人没有委托辩护人，法律援助机构没有指派律师为其提供辩护的，由值班律师为犯罪嫌疑人、被告人提供法律咨询、程序选择建议、申请变更强制措施、对案件处理提出意见等法律帮助（第 36 条）；3. 了解法律适用、量刑建议、程序选择等处理并表达意见的权利。人民检察院审查起诉应当听取犯罪嫌疑人、辩护人或者值班律师、被害人及其代理人对下列事项的意见：（一）涉嫌的犯罪事实、罪名及适用的法律规定；（二）从轻、减轻或者免除处罚等从宽处罚的建议；（三）认罪认罚后案件审理适用的程序；（四）其他需要听取意见的事项（第 173 条第 2 款）；4. 程序选择权。同意适用速裁程序的，可以适用速裁程序（第 220 条）；5. 被告人认罪认罚对量刑建议提出异议权。被告人、辩护人对量刑建议提出异议的，人民法院可以调整量刑建议（第 201 条第 2 款）。

三是犯罪嫌疑人的义务。犯罪嫌疑人自愿认罪，同意量刑建议和程序适用的，应当在辩护人或者值班律师在场的情况下签署认罪认罚具结书，有法定情形的除外（第 174 条）。

四是司法机关的审查逮捕、侦查、审查起诉和审判程序处置权。包括 1. 认罪认罚情况应当作为审查逮捕时是否可能发生社会危险性的考虑因素（第 81 条第 2 款）；2. 撤销案件和不起诉权。犯罪嫌疑人自愿如实供述涉嫌犯罪的事实，有重大立功或者案件涉及国家重大利益的，经最高人民检察院核准，公安机关可以撤销案件，人民检察院可以做出不起诉决定，也可以对涉嫌数罪中的一项或者多项不起诉（第 182 条）；3. 人民法院判决改变量刑权。人民法院经审理认为量刑建议明显不当，或者被告人、辩护人对量刑建议提出异议的，人民检察院可以调整量刑建议。人民检察院不调整量刑建议或者调整量刑建议后仍然明显不当的，人民法院应当依法作出判决（第 201 条第 2 款）；4. 审判程序回转。人民法院在审理过程中，发现被告人违背意愿认罪认罚，不宜使用速裁程序审理的情形的，应当按照本章第一节或者第三节的规定重新审理（第 226 条）。

五是司法机关的义务。包括1. 告权。侦查人员、检察机关、审判长有向犯罪嫌疑人、被告人告知认罪认罚的法律规定的义务（第162条第2款、173条第2款、190条第2款）；2. 记录和随案移送。犯罪嫌疑人自愿认罪的，侦查机关应当记录在案，随案移送，并在起诉意见书中写明有关情况（第162条第2款）；人民检察院审查起诉应当随案移送认罪认罚具结书等材料（第176条第2款）；3. 听取意见。犯罪嫌疑人认罪认罚的，人民检察院应当听取犯罪嫌疑人、辩护人或者值班律师、被害人及其诉讼代理人的意见，并记录在案（第173条第2款）；4. 缩短审查起诉期限。犯罪嫌疑人认罪认罚，符合速裁程序适用条件的，人民检察院审查起诉应当在十日内完成，最长延长至十五日（第172条第1款）；5. 提出量刑建议。犯罪嫌疑人认罪认罚的，人民检察院应当就主刑、附加刑、是否适用缓刑等提出量刑建议（第176条第2款）；6. 及时处理扣押财物的。对认罪认罚犯罪嫌疑人做出不起诉或者撤销案件的，人民检察院、公安机关应当及时对查封、扣押、冻结的财物及其孳息作出处理（第182条第2款）；7. 法庭的审查。被告人认罪认罚的，审判长应当审查认罪认罚的自愿性和认罪认罚具结书内容的真实性、合法性（第190条第2款）；8. 法庭采纳。对于认罪认罚案件，人民法院依法作出判决时，一般应采纳人民检察院指控的罪名和量刑建议，但有该条规定的具体情形的除外（第201条第1款）。

从上述梳理可见，修改后《刑事诉讼法》在操作层面较为完整的规定了认罪认罚从宽处理的办理程序，完成了基本的程序保障。根据上述规定，"自愿如实供述自己罪行，承认指控的犯罪事实，接受处罚（第15条）"是犯罪嫌疑人、被告人的诉讼权利，侦查、审查起诉和审判环节都应当向其告知相关规定，其可以选择是否这样做，这样做的后果是"依法可以从宽处理"，但不必然从宽。同时，犯罪嫌疑人认罪认罚的，检察机关应当提出量刑建议，并就从轻、减轻或者免除处罚等从宽处罚的建议以及程序适用听取犯罪嫌疑人的意见，犯罪嫌疑人应当在辩护人或者值班律师在场的情况下签署认罪认罚具结书。这些规定表明，在案件适用认罪认罚从宽的法律规定的过程中，犯罪嫌疑人是否认罪认罚是其权利，但是是否从宽以及从宽的幅度他只有同意与否的权利，没有协商的权利。第176条第1款规定，犯罪嫌疑人认罪认罚的，人民检察院应当就主刑、附加刑、是否适用缓刑等提出量刑建议，但是没有明确必须提出从宽的量刑建议。第201条第2款规定，被告人、辩护人对量刑建议提出异议的，人民检察院可以调整量刑建议。人民检察院不调整量刑建议或者调整量刑建议后仍然明显不当的，人民法院应当依法作出判决。表明被告人不同意量刑建议的，可能间接导致检察机关的量刑建议被改变。综上，根据"认罪认罚的法律规定"，犯罪嫌疑人、被告人对量刑建议享有同意和异议权，但没有协商权。

由此引发的一个问题是，认罪认罚从宽制度，有没有以及可不可以有一个权力或者义务本位的问题？在本质上，认罪认罚从宽侧重于是被告人的一项权利还是司法机关的权力？这是该项制度发展有待面对的一个理念问题。结合试点中反映的问题来看，是否可以考虑，在具体程序规定中酌情明确立场。比如，通过司法解释或者起诉政策来调整和引导"从宽量刑"，即规定犯罪嫌疑人认罪认罚的，人民检察院应当就主刑、附加刑、是否适用缓刑等酌情提出"从宽"量刑建议，间接赋予犯罪嫌疑人参与协商量刑的主动性和积极性，这样对于提高司法机关从宽量刑建议的自觉性和主动性，重视犯罪嫌疑人和被告人的主体地位，增强其认罪认罚的积极性和发挥其程序处置的主体作用，减缓审判阶段其不同意量刑建议带来的程序负担，应当有所助益。

（二）证明标准问题

认罪认罚从宽制度改革试点提出以来，我国理论界与实务界对该制度的诉讼证明问题进行了较为密集的关注，尤其是在认罪认罚从宽的证明标准问题上，提出了包括降低标准、区分不同诉讼阶段证明标准，以及坚持统一证明标准之传统学说等不同的观点。本次修法关于"认罪认罚的法律规定"中对证明标准问题没有正面的直接的触及，但个别具体条文的规定表明，证明标准问题进一步以模糊的姿态突出出来。这主要指的是修改后《刑事诉讼法》新增加的第182条的规定，即"犯罪嫌疑人自愿如实供述涉嫌犯罪的事实，有重大立功或者案件涉及国家重大利益，经最高人民检察院核准，公安机关可以撤销案件，人民检察院可以做出不起诉决定，也可以对涉嫌数罪中的一项或者多项不起诉"。

该条规定，立法从一个侧面回应和触及了认罪认罚从宽制度的根本问题，即如何把握证明标准。理论上，既有的"事实清楚、证据确实、充分"的证明标准与认罪认罚从宽制度之间实质上是存在一定的紧张关系的。实践中，证明标准不动摇，认罪认罚从宽的适用具有有限性。试点表明各地重罪案件的适用比例极低的情况可以说明问题。修改后《刑事诉讼法》第182条规定了特殊案件的认罪认罚从宽，即经过最高人民检察院核准的撤销案件和不起诉处理，应当是刑事诉讼法规定的一般的撤销案件和不起诉的例外，这种例外，除了所说的特殊情况，特殊案件以外，从一般的理论分析来看，可能有两种情况：一是根据犯罪事实和情节，在程序上达到了证明标准，按照刑法和刑事诉讼法的规定构成犯罪，应当起诉定罪量刑，依法需要做撤销案件和不起诉的；另一种也可能是，案件没有达到事实清楚、证据确实充分的程度，或其中某一项或者多项罪名的证明没有达到法定程度。无论如何，这一条，可以说给关于证明标准的讨论和执行问题提供了一个研究空间。

证明标准问题是老师自改革伊始首要关注的问题。对此老师在不同的时期和试点阶段逐步提升其观点。改革之初，当认罪认罚从宽与域外的辩诉交易瞬间拉近理论和实践视野的时候，老师及时明确立场，旗帜鲜明地强调认罪认罚从宽不能动摇"事实清楚证据确实充分的证明标准"。① 试点一段时间后，老师指出，经过调研研究，在我国认罪认罚从宽制度证明标准不降的前提下，在证明模式和方法上，无须采用严格证明，可适用自由证明的方法，以真正提高诉讼效率，满足实践的需要。提出，被告人的认罪认罚并不意味着相关的证据可以不再收集，更不意味着案件的事实呈"一团乱麻"的情况下也能定罪处罚。认罪认罚从宽制度的功能之一，在于通过"从宽"这种激励机制，来鼓励被告人承认犯罪事实、主动交代犯罪线索，从而使侦查机关、检察机关能够按图索骥不需要采用大范围摸排、拼命查找相关线索等破案方法，而是直截了当就能查明案件事实，固定案件证据，大大提升办案效率。在证明标准不降的前提下，认罪认罚从宽处理的案件，可适用自由证明的证明模式或方法，以提高诉讼效率、推动诉讼改革。② 试点结束以后，老师进一步提出了要将认罪认罚从宽案件的证明对象转移到被追诉人认罪认罚的自愿性审查上来，要建构一个综合性、多层次的"自愿性"审查机制的观点。老师的这些观点中有很大的教益，这些学术主张贯穿着老师一贯的实践关怀，彰显了老师对诉讼制度本质的一贯重视和对实践运行节奏进行理性把握的学术立场。

证明标准从文本表述和实践中不能降低，到强调严格证明和自由证明方法的

---

① 樊崇义、李思远：《认罪认罚从宽程序中的三个问题》，载《人民检察》2016年第8期。
② 樊崇义、李思远：《认罪认罚从宽制度的理论反思与改革前瞻》，载《华东政法大学学报》2017年第4期。

区分，是直面我国的诉讼证明理念和实践传统的必然要求和进路指引。然而证明模式毕竟是学理概念，而证明标准之法律表述的实践影响力根深蒂固，所以，如何适应认罪认罚从宽制度的实践发展的需要，顺应我国刑事诉讼以审判为中心的诉讼制度改革和实现程序的分流和体系化发展等趋势，促进证明标准的科学运用是一个重要的理论也是现实问题。基于此，修改后《刑事诉讼法》第182条的规定是否可以理解为一种"默示证明标准"模式，司法实践中是不是存在着类似"证明标准与认罪认罚相对分离"的情况？实际上，修改后《刑事诉讼法》第201条关于"对于认罪认罚案件，人民法院依法作出判决时，一般应当采纳人民检察院指控的罪名和量刑建议"之规定，可以分析出其趋同的隐含意义。

（三）认罪认罚从宽制度的实际适用比例问题

为期两年的试点是认罪认罚从宽制度建立和立法发展的重要前提和基础，反映出来的该制度的适用比例问题不应当被忽略。

2017年12月23日，两高提请十二届全国人大常委会第三十一次会议审议的《最高人民法院、最高人民检察院关于在部分地区开展刑事案件认罪认罚从宽制度试点工作情况的中期报告》中指出，两高在试点前期指导重点放在判处三年以下有期徒刑刑罚的案件，以及民间矛盾激化引发的案件上适用认罪认罚从宽，截至2017年11月底，18个试点地区共确定试点法院、检察院各281个，适用认罪认罚从宽制度审结刑事案件91121件，103496人，占试点法院同期审结刑事案件的45%。其中检察机关建议适用的占98.4%。2017年9月，全国检察机关刑事案件认罪认罚从宽制度试点工作推进会在青岛举行，会议交流情况表明，试点地区多将轻罪案件作为认罪认罚从宽制度的重要实践对象，从规章制度、办案机构、办案程序、办案流程和技术保障等多方面积极探索、有序推进，取得了良好的效果。① 然而，适用认罪认罚从宽的比例与实际发生的三年以下的案件的比例

---

① 以北京为例，各基层院在办案机构、程序、机制等方面进行了丰富的实践。朝阳等多院专门设立了轻罪案件检察机构，有效提升轻罪案件的办案节奏和规范化水平。海淀等院在看守所和执法办案中心设立速裁法庭，与侦查、审判和律师合署办公，部分案件在羁押48小时内完成侦查、起诉、量刑协商、审理判决全流程。各院积极探索拓宽法律帮助的适用领域，通过建立检察院值班律师制度、值班律师和法律援助律师全流程法律帮助机制，强化对犯罪嫌疑人的人权保障。丰台院设立首家不起诉公开审查的工作室，通过听证方式，对拟不起诉案件进行公开审查。另外，部分院还会同法院共同制定了量刑建议工作办法，细化、明确量刑建议的标准。参见北京市检察院第二分院与北京市第二中级人民法院举办的《"重罪案件认罪认罚从宽制度的理论与实践——兼议刑事诉讼法修正草案之完善"研讨会论文集》。

相比还是很有限，而且各地对重罪案件适用制度也均采取保守态度，仅北京、上海、广州三试点提及重罪案件适用情况。有学者调研分析指出，试点工作中存在的一个重要问题是缺乏内生动力，主要依靠外力推动，进展不平衡，包括侦查机关适用认罪认罚从宽制度的积极性不高，推动力不大，导致检察机关实际上成为了适用认罪认罚从宽制度的起点环节。[1] 最高人民法院周强院长在报告试点工作中期情况中指出，认罪认罚从宽制度试点工作还存在一些问题和困难。其中包括有的试点地区思想认识不够到位，对改革的意义、改革的内容、改革的要求认识不清、领会不透，如将"认罚"与赔偿被害人经济损失简单等同起来，或将"从宽"绝对化、简单化，对案件具体情节区分不够；试点工作整体推进不够平衡，有的地区试点案件数量偏少、比例偏低，试点案件类型和适用程序过于集中，对普通程序中的适用问题探索不够。

无疑，这些情况在修改后《刑事诉讼法》实施以后将会有很大的改观。但是，法律的生命在于实施，法律的实施受到实践基础的深刻制约。应当说，修改后《刑事诉讼法》关于"认罪认罚从宽的法律规定"为实践中这项工作的推进提供了法律保障，在审查逮捕、侦查、审查起诉和审判环节尊重并保障犯罪嫌疑人、被告人行使认罪认罚的权利和依法作出相应的程序和实体处理成为法定义务。但是，试点期间反映出来的推进不平衡，以及认识有待提高等软问题构成了"认罪认罚从宽的法律规定"贯彻实施的现实基础。笔者观察，在一定程度上，立法走在了执法理念和能力的前面，这将是当下修改后《刑事诉讼法》贯彻执行中的一个重要的现实问题，理论研究和工作指引都应当将这作为首要关注内容。

三、"认罪认罚的法律规定"的未来发展

"认罪认罚从宽的法律规定"是相关司法实践和诉讼理论研究发展阶段的直接成果，未来需要解决几个问题：

一是理论支撑。认罪认罚从宽的适用归根结底涉及对诉讼的本质的理解和认识。要推动这一制度和实践的进一步发展，理论上应当对诉讼中的协商问题给予足够的论证。作为国家与个人之间的诉讼的刑事诉讼何以就需要和能够通过协商

---

[1] 国家检察官学院刑事检察教研部课题组：《检察机关认罪认罚从宽制度改革二十点实施情况观察》，载《国家检察官学院学报》2018年第6期。

来解决问题,这需要在政治、社会、认识论等方面进行分析和提供合理性和正当性说明。在这方面,老师早年提点的刑事诉讼本质问题的研究应当深化。改革以来,老师提出要深入研究六大基础理论问题,其中提到认罪认罚从宽制度是为了把"坦白从宽、抗拒从严"等宽严相济这一系列刑事政策转换为诉讼制度和诉讼程序,使这样的刑事政策法律化、制度化、程序化。司法要经过一个协商的过程,司法协商过程尽量做到让各方当事人接受协商程序和协商结果。我们不照搬辩诉交易制度或者德国合意制度,但美国辩诉交易制度里的协商精神以及德国合意制度的精髓,是值得我国构建认罪认罚从宽制度时学习与借鉴的。笔者认为,这是今后思考的一个重要任务。

二是程序定位。试点过程中老师始终对此给予关注,并提出,"普通程序—简易程序—速裁程序"的三级"递简"是我国刑事诉讼繁简分流的深化,在将认罪认罚同不认罪认罚案件进行分流的前提下,可将认罪认罚案件做微罪、轻罪和重罪的区分,从实体和程序两个方面进行繁简分流,配合当前我国庭审的实质化改革,优化诉讼资源配置,做到诉讼效率的有效提高。[1] 试点结束以后老师进一步指出,不要"遗忘"认罪认罚从宽诉讼程序是否应当独立的本源问题。[2] 提出,轻罪诉讼体系是其未来的命运方向。为确保认罪认罚从宽诉讼的程序正义,应坚持认罪认罚自愿性的基础地位并强化审查机制,突出控辩量刑协商的关键意义并完善协商程序,规范法院庭审方式等以避免庭审完全流于形式。[3]

重罪案件和轻罪案件中适用认罪认罚从宽有什么分别,以及由此带来的适用程序要不要有所区分,进而说"认罪认罚从宽的法律规定"独立程序化的过程中,是否有一个二元的问题?

2018年7月26日,由北京市人民检察院第二分院与北京市第二中级人民法院共同主办了"重罪案件认罪认罚从宽制度的理论与实践——兼议刑事诉讼法修正草案之完善"研讨会,老师和其他与会人员均有观点提出,鉴于重罪和轻罪在

---

[1] 樊崇义、李思远:《认罪认罚从宽制度的理论反思和改革前瞻》,载《华东政法大学学报》2017年第4期。

[2] 樊崇义:《认罪认罚从宽协商程序的独立地位与保障机制》,载《国家检察官学院学报》2018年第1期。

[3] 樊崇义:《认罪认罚从宽协商程序的独立地位与保障机制》,载《国家检察官学院学报》2018年第1期。

罪质、量刑等方面存在明显的不同，认罪认罚从宽制度在具体适用时应当对重罪案件与轻罪案件予以区分。北京市朝阳区检察院检察长张朝霞提出，认罪认罚从宽制度在轻罪与重罪中不仅具有提升司法效益、实现繁简分流和体现司法人道主义的同质化要素，还在功能追求、"从宽"方式以及律师辩护方面存在差异化的体现。具体包括从快的效率价值是轻罪案件认罪认罚制度的首要功能，但重罪案还应注重实现教育转化和挽救改造等其他功能，从而减少社会对抗、增加社会和谐；轻罪案件的"从宽"更多是通过非羁押强制措施和不起诉裁量权的适用来实现，而重罪案件则更多通过偏低的量刑建议来完成；相较于轻罪案件，重罪案件律师的深度介入在量刑协商中效果更为明显。[①] 进一步的问题是，重罪与轻罪案件的认罪认罚的区别是否止于此？

从当前的实践来看，老师当初关于"轻罪诉讼体系是其未来的命运方向"的程序发展定位，得到了印证。即大部分认罪认罚从宽的案件是在判处三年以下有期徒刑刑罚的案件中适用。对重罪和轻罪案件的区分，存在讨论空间，二者之间更存在很大的制度和程序张力。不完整的思考是，未来可不可能有两种程序归处，一种是主要归入既有的诉讼程序，将简易程序、速裁程序统一为轻罪案件诉讼体系，重罪案件认罪认罚的归入普通程序；另一种是建立独立的认罪认罚从宽的诉讼程序体系，只有不认罪的重罪案件适用普通程序，相应的程序设置，包括证明模式都有所差别。

三是证明标准。认罪认罚从宽程序的证明标准未来应不应该、能不能有所降低？按照区分认罪认罚和不认罪认罚、或者轻罪和重罪案件两种思路，基于不同的功能考量，证明标准的松动都可能是不可避免的。从诉讼本质和证明标准的主观性角度，笔者认为所谓的证明标准的松动和可协商化是一种客观要求和表现，这不同于简单的"降低"。

《刑事诉讼法》第三次修改刚刚颁布之际，记录如上的思考笔记，以求教和督促自己学习。其中简单回顾老师从试点之初及时指出证明标准不能降低，到跟进和顺应实践发展需要，提出区分严格证明和自由证明，再到关注独立程序的探索和建立，老师的学术高度和进路，一贯的实践关怀，是我们永远的引领。值此祝福恩师学术人生繁花似锦，松鹤长春！

---

① 樊崇义：《探索重罪案件认罪认罚从宽制度》，载正义网，http://www.jcrb.com/procuratorate/theories/practice/201808/t20180807_1893955.html，2018年8月7日访问。

认罪认罚从宽制度核心要素之解读

杨立新[①]

为贯彻落实党的十八届四中全会作出的"完善刑事诉讼中认罪认罚从宽制度"这一重大改革部署，2016年11月16日，两高三部根据全国人大常委会的授权发布了《关于在部分地区开展刑事案件认罪认罚从宽制度试点工作的办法》（以下简称《试点办法》），在北京等18个地区启动认罪认罚从宽制度试点工作。2018年10月26日，第十三届全国人大常委会通过了《关于修改〈中华人民共和国刑事诉讼法〉的决定》（以下简称《修改决定》），将认罪认罚从宽制度和之前速裁程序试点积累的可复制、可推广、行之有效的实践经验上升为法律，将认罪认罚从宽规定为一项重要的原则，并完善了认罪认罚从宽的程序性规定，刑事司法领域的首次"试验性"立法取得圆满成功。认罪认罚从宽制度即将在全国铺开，为保障认罪认罚从宽制度得到全面、准确理解和正确适用，本文结合制度的功能定位、试点成效、顶层设计时的考量，对制度设计中的核心要素进行解读，并结合试点发现的问题，对制度的完善提出建议，以期对理论探讨和实践运用具有指导意义。

一、认罪认罚从宽制度的功能定位及试点成效

（一）认罪认罚从宽制度的功能定位

认罪认罚从宽制度，是指对自愿认罪和认罚的犯罪嫌疑人、被告人，实体和程序上从宽处理的制度。就制度属性而言，它一方面借鉴了域外认罪程序中的合理因素，另一方面也是我国宽严相济、坦白从宽刑事政策的制度化和规范化发

[①] 杨立新，最高人民法院二级高级法官，诉讼法学博士。

展,是我国刑事法律制度自然演进的结果,是建立在本土文化、法治资源基础上独具中国特色的制度。因此,认罪认罚从宽制度是一项综合性的带有统筹性质的制度,既涉及刑罚观念的更新,又涉及刑事实体和程序法律的完善,涵盖刑事诉讼侦查、起诉、审判、辩护等各个诉讼环节。以系统论观之,认罪认罚从宽制度应当具有以下功能:

一是有效落实对自愿认罪认罚的犯罪嫌疑人、被告人从宽处罚的功能。"为确保严格公正司法,既及时有力惩罚犯罪,又防范通过刑讯逼供等非法方法获取证据,需要鼓励引导犯罪嫌疑人、被告人自愿如实供述罪行。"[1] 而鼓励引导的关键是对自愿认罪认罚的犯罪嫌疑人、被告人真正给予适当的从宽处理。为此,认罪认罚从宽制度的改革是从实体和程序两个维度有效落实从宽处罚。实体从宽主要是给予自愿认罪认罚的犯罪嫌疑人、被告人适当的量刑减让。程序从宽侧重于认罪认罚自愿性的保障、有效法律帮助的提供、赋予犯罪嫌疑人、被告人程序选择权、轻罪案件减少羁押的适用等方面,以体现程序的从宽处理和正当性。

二是更高层次上实现实体公正与程序公正的有机统一。认罪认罚从宽制度改革的一个重要目的是将案件根据犯罪嫌疑人、被告人认罪与否,刑罚轻重、难易程度对案件进行分流。犯罪嫌疑人、被告人自愿认罪认罚的,通过认罪认罚从宽处理模式解决。认罪认罚从宽处理模式,充分尊重犯罪嫌疑人、被告人对认罪认罚以及程序适用的选择权,充分保障犯罪嫌疑人、被告人的选择建立在自愿以及有效法律帮助基础上,充分保障认罪认罚的犯罪嫌疑人、被告人一般会获得从宽处理,特别是对于轻罪案件的初犯、偶犯,通过认罪认罚从宽,给其出路,及时恢复被犯罪破坏的社会秩序,从而真正实现恢复性司法。通过认罪认罚从宽制度,充分发挥刑罚的特别预防、教育和矫正功能,以体现刑法的谦抑。根据犯罪嫌疑人、被告人认罪、认罚与否,实行差异化的诉讼模式,充分尊重了犯罪嫌疑人、被告人的诉讼主体地位,充分保障了犯罪嫌疑人、被告人的有效参与,有利于充分发挥刑罚的教育、矫正功能,在更高层次上实现实体公正与程序公正的有机统一。

三是推动刑事诉讼制度层次化改造科学构建刑事诉讼体系。认罪认罚从宽模

---

[1] 周强:《对〈关于授权在部分地区开展刑事案件认罪认罚从宽制度试点工作的决定(草案)〉的说明》,载中国人大网,http://www.npc.gov.cn/npc/xinwen/2016-10/12/content_1998977.htm,2018年12月6日访问。

式的构建，旨在推动刑事诉讼制度层次化改造，科学构建速裁程序、简易程序、普通程序有序衔接的多层次、多元化诉讼体系。根据犯罪嫌疑人、被告人认罪与否对案件进行分流，实现"简案快审"，从而节约更多司法资源用于重大复杂疑难案件的办理，有利于真正实现"疑案精审"，从而为推进以审判为中心的诉讼制度改革奠定基础。

（二）试点成效

为了实现上述功能，试点规范着力于从实体和程序两个维度，对认罪认罚从宽制度进行顶层设计，明确试点的方向，同时给试点预留出探索的空间。从两年的试点运行情况看，认罪认罚从宽制度改革在落实宽严相济、加强人权司法保障、推进繁简分流、优化资源配置、促进公平正义方面取得了明显成效，可以说制度预设的功能基本实现。截止到 2018 年 9 月 30 日，试点基层人民法院 251 个，中级人民法院 17 个，审结认罪认罚案件 20 余万件，占同期审结的全部刑事案件数的 53.68%，占全部刑事被告人的 58.45%。其中适用速裁程序审结的案件 13 万余件，占认罪认罚案件的 65.48%；适用简易程序审结的案件 5 万余件，占认罪认罚案件的 26.63%；适用普通程序审结的案件 1.6 万余件，占认罪认罚案件的 8.19%。认罪认罚案件中，犯罪嫌疑人、被告人被采取取保候审的 9.8 万余人，占 42.00%；被监视居住的 3000 余人，占 1.31%。其中适用速裁程序被取保候审的犯罪嫌疑人、被告人 6.9 万余人，占 48.99%；被监视居住的 1000 余人，占 1.15%。在审结的 20 余万件认罪认罚案件中，免予刑事处罚的占比 0.39%；从轻处罚的占比 96.63%；减轻处罚的占比 2.96%，有的地区占 18.96%；法定刑以下报核的占比 0.02%。在判处刑罚的被告人中，判处非监禁刑的占比 35.09%，有的地区非监禁刑适用占比 64.4%。在适用认罪认罚从宽制度审结的 20 余万件案件中，适用速裁程序、简易程序审理的案件，分别占全部认罪认罚案件的 65.48%、26.63%，这两种简单快速的诉讼程序占全部认罪认罚案件的 92.11%，适用普通程序审理的案件，占 8.19%。认罪认罚案件当庭宣判率为 78.91%，其中速裁案件当庭宣判率达 92.82%，有的地区达 98% 以上。附带民事诉讼原告人上诉、检察机关抗诉案件分别占比仅为 0.05%、0.04%，被告人上诉案件 6800 余件，上诉率仅为 3.35%，其中适用速裁程序审结的案件占比更低，分别为 0.004%、0.02%、2.52%。明显低于以往及同期普通刑事案件上诉率,息诉服判效果显著。①

修改后的《刑事诉讼法》将试点可复制、可推广的经验上升为法律,确立了认罪认罚从宽处理原则,系统完善了认罪认罚从宽制度程序性规定,标志着认罪认罚从宽制度试点取得圆满成功。

二、认罪认罚从宽制度的构建维度及核心要素

从试点方案到试点办法再到试点实践,着力于从实体和程序两个维度,对认罪认罚从宽制度进行精细化设计和实践探索。修订后的《刑事诉讼法》在总结试点经验的基础上,将认罪认罚从宽作为一项重要的诉讼原则规定下来,标志着认罪认罚从宽制度两个维度构建的方向取得圆满成功。修订后的《刑事诉讼法》吸收了《试点办法》的相关规定,系统完善了认罪认罚从宽制度的程序性规定,标志着认罪认罚从宽制度程序维度设计基本成熟。当然,有关实体维度设计中的"如何从宽""从宽幅度"也就是认罪认罚案件中的量刑指导还应进一步积累经验,及时出台指导意见,这也是认罪认罚从宽制度亟须完善和补齐短板的方面。

(一) 实体维度设计

认罪认罚从宽制度,在实体法维度,主要需要明确两个问题:一是何谓"认罪、认罚";二是"如何从宽",即认罪认罚与从宽的关系。

关于认罪的界定。从试点规范到修订后的《刑事诉讼法》②对"认罪"的规定是一致的,即犯罪嫌疑人、被告人自愿如实供述自己的罪行,承认指控的犯罪事实。"认罪"实质上就是认事,即承认主要的犯罪事实,犯罪嫌疑人、被告人对"性质"的辩解,不影响认罪的认定。"认罪"可以是自首、坦白,也可以是当庭认罪以及其他表现形式。不同的认罪形式不仅反映了犯罪人对犯罪的不同态度和主观恶性程度,而且由于认罪的阶段、程度、价值各异,往往在从宽与否及从宽幅度上会得到不同的刑法评价,试点中探索的"阶梯量刑",即结合认罪的程度与价值给予犯罪嫌疑人、被告人不同的"量刑减让",以鼓励真正的犯罪嫌疑人、被告人及早认罪。

---

① 胡云腾主编:《认罪认罚从宽制度的理解与适用》,人民法院出版社 2018 年版,第 272 – 274 页。
注:本文中关于试点中的各项数据,除特别标注的以外,均出自《认罪认罚从宽制度的理解与适用》一书。
② 修订后的《刑事诉讼法》第 15 条规定:犯罪嫌疑人、被告人自愿如实供述自己的罪行,承认指控的犯罪事实,愿意接受处罚的,可以依法从宽处理。

关于认罚的界定。从试点规范到修订后的《刑事诉讼法》对认罚的规定有一些不同。根据《试点办法》第 1 条之规定，"认罚"表现为同意量刑建议，签署具结书。根据修订后的《刑事诉讼法》第 15 条之规定，"认罚"是指愿意接受处罚。具体表现为愿意接受刑罚、主动退赃退赔、积极赔偿被害人损失、预交罚金等。需要注意的是，"认罚"在不同阶段会有不同的表现形式，如侦查阶段，"认罚"体现为犯罪嫌疑人表示"愿意接受处罚"，积极赔偿损失等；审查起诉阶段表现为"同意量刑建议，签署具结书"，退赃退赔、积极赔偿损失获得被害人谅解，等等。对于认罚的界定，试点规范与修订后的《刑事诉讼法》的规定并无实质的差别。总体而言，修订后的《刑事诉讼法》将认罚界定为"愿意接受处罚"更为全面、准确，它对消弭认罪认罚从宽不适用于侦查阶段的误解具有重要意义，对于提高侦查机关适用该制度的积极性，鼓励犯罪嫌疑人尽早认罪，减少对抗，以发挥认罪认罚在审前程序中的分流作用具有重要意义。"认罚"与认罪不同，它是认罪认罚从宽制度改革新创设的概念，之所以与"认罪"一起作为从宽处理要考量的因素，是因为犯罪作为社会现象，成因复杂，对于一直表现良好偶然失足的初犯、偶犯，不仅认罪、悔罪，而且愿意接受处罚，通过积极赔偿、预交罚金等形式积极弥补其犯罪行为给被害人、社会和国家带来损失的，给予从宽处理，不仅有利于充分发挥刑罚的惩戒作用，而且有利于充分发挥刑罚的教育、矫正作用，有利于犯罪人重返社会，减少社会对抗性因素，实现恢复性司法。

关于从宽的理解。认罪认罚从宽已经被规定为刑事诉讼法的重要原则，这就意味着认罪和认罚已经成为从宽处罚的法定情节，在决定如何从宽时应当对认罪和认罚予以考虑。修订后的《刑事诉讼法》通过第 15 条和第 201 条[①]前后呼应的设计，最大限度地消弭了"可以"从宽的不确定状态，以切实改变实践中形

---

① 第 201 条：对于认罪认罚案件，人民法院依法作出判决时，一般应当采纳人民检察院指控的罪名和量刑建议，但有下列情形的除外：
（一）被告人的行为不构成犯罪或者不应当追究其刑事责任的；
（二）被告人违背意愿认罪认罚的；
（三）被告人否认指控的犯罪事实的；
（四）起诉指控的罪名与审理认定的罪名不一致的；
（五）其他可能影响公正审判的情形。
人民法院经审理认为量刑建议明显不当，或者被告人、辩护人对量刑建议提出异议的，人民检察院可以调整量刑建议。人民检察院不调整量刑建议或者调整量刑建议后仍然明显不当的，人民法院应当依法作出判决。

成的"坦白从宽,牢底坐穿;抗拒从严,回家过年"的尴尬局面。当然,需要强调的问题:一是认罪认罚从宽是依法从宽,而不是法外从宽。对认罪认罚的被告人,要分别适用自首、坦白、当庭自愿认罪、真诚悔罪认罚、取得谅解和解等法定、酌定从宽情节,根据《刑法》《刑事诉讼法》及量刑指导意见等相关规定,依法决定是否从宽、从宽多少,特别是减轻、免除处罚,必须于法有据。对不具备法定减轻处罚情节的案件,应当在法定幅度以内从轻处罚,对其中犯罪情节轻微不需要判处刑罚的,可以酌定不起诉或者依照《刑法》第37条免予刑事处罚。案件没有法定减轻处罚情节,但又确实需要在法定刑以下量刑的,应当依法层报最高人民法院核准。二是区分情形,适度从宽。要根据犯罪的事实、性质、情节和对社会的危害程度,综合考虑认罪认罚的具体情况,依法确定是否从宽以及从宽幅度。

认罪认罚是"从宽"的逻辑起点,一方面,认罪认罚表明犯罪嫌疑人、被告人在特殊预防意义上的人身危险性较弱,刑罚的需求相应降低,根据处罚必要性原则可以对其从宽处理;另一方面,犯罪嫌疑人、被告人自愿认罪认罚,减少了对抗,降低了侦查机关收集证据、检察机关出庭指控的压力,整体司法成本得以节约,因此对认罪认罚的犯罪嫌疑人、被告人给予适度的从宽处理,不仅是必要的,而且是正当的。

(二) 程序维度设计

较之实体设计,程序维度的设计更是个系统工程。从试点规范到修订后的《刑事诉讼法》,紧紧围绕以下核心要素,对认罪认罚从宽制度进行精心设计。

一是认罪认罚的自愿性保障。认罪认罚自愿性保障,是认罪认罚从宽制度具有正当性的基础。在我国,如何保障认罪认罚的自愿性,是认罪认罚从宽制度改革顶层设计中最为关注的问题。从试点规范到修订后的《刑事诉讼法》,认罪认罚自愿性保障贯穿侦查、审查起诉和审判阶段始终。总体而言,我国认罪认罚从宽制度中的自愿性保障程序主要包括以下几个方面:(1) 完善讯问、审判时的告知和释明程序,即规定侦查、检察人员和法官在讯问和审判时应依法告知犯罪嫌疑人、被告人有关认罪认罚的法律规定,释明认罪认罚的性质和法律后果,确保犯罪嫌疑人、被告人对认罪认罚从宽制度知悉权的实现。(2) 构建值班律师制度,实现委托辩护、法律援助辩护和值班律师法律帮助无缝衔接,确保犯罪嫌疑人、被告人在获得有效法律帮助后作出理智选择。(3) 赋予犯罪嫌疑人、被告人反悔权，反向保障认罪认罚的自愿性。诉讼过程中，犯罪嫌疑人、被告人认罪认罚后有权反悔，一旦犯罪嫌疑人、被告人否认指控犯罪事实或者发现犯罪嫌疑人、被告人违背真实意愿而被迫认罪认罚的，则不再适用认罪认罚从宽程序处理。（4）审判阶段增加对认罪认罚自愿性的审查程序，即认罪认罚案件，法官应把认罪认罚自愿性审查作为庭审的重点之一，唯有确定犯罪嫌疑人、被告人系自愿认罪认罚后，才能适用认罪认罚从宽程序对案件作出处理。可以说，我国认罪认罚从宽制度中的自愿性保障程序设计及路径选择，借鉴了美国正当程序原则的要求。

二是构建有中国特色的量刑协商程序。我国的认罪认罚从宽制度是我国刑事法律自然演进的结果，受本土资源的影响，与域外认罪协商程序相较，有其独特之处。从试点方案到《试点办法》，为避免社会对认罪认罚从宽制度产生误解，《试点方案》以及《试点办法》均回避了"协商"二字，而是采取检察机关应就涉嫌犯罪事实、定罪、法律适用、从宽处罚的建议以及程序适用等问题听取辩方意见的方式，为控辩双方的量刑协商提供机会和程序保障。修订后的《刑事诉讼法》第 173 条第 2 款吸收了《试点办法》第 10 条的规定，同样对"协商"作出回避。然而，不可否认的是，从试点情况看，独具特色的量刑协商程序已基本确立。（1）协商的范围已经明确，即认罪认罚案件只能就量刑和程序适用进行协商，不能就罪名、罪数进行协商，更不允许"证据不足情况下进行认罪协商"，并依此减轻或者降低检察机关的证明责任。（2）协商的参与主体已经明确。我国认罪认罚从宽制度中的量刑和程序适用协商是控辩之间的协商，法官不能参与，这有别于德国的认罪协商程序。审查起诉阶段，检察官作为控方代表，有权提出程序适用及量刑建议；辩护律师或者值班律师有权参与其中，为犯罪嫌疑人、被告人提供有效法律帮助，并为其争取获得最大限度地从宽处理。被害人虽不参与具体的协商，但检察机关应当听取其意见，并将犯罪嫌疑人、被告人是否与被害人达成和解协议或者赔偿被害人损失，取得被害人谅解，作为量刑的重要考量因素。（3）协商的适用阶段已经明确。控辩双方的协商主要在审查起诉阶段，同时允许审判阶段检察机关调整量刑建议，但是量刑建议的调整受到严格限制。需要指出的是，侦查阶段虽然不进行协商，但试点地区通过探索建立分级从宽量刑机制，激励犯罪嫌疑人、被告人尽早认罪，为审查起诉阶段的控辩量刑协商奠定良好的基础，同时也为犯罪嫌疑人、被告人获得最大限度地量刑减让提供了机会。(4)协商结果的效力已经明确。控辩双方就量刑协商一致的,由控方提出量刑建议,犯罪嫌疑人、被告人签署具结书。对于认罪认罚案件中的量刑建议,除影响公正审判的情形外,人民法院一般应当采纳。截止到2018年9月30日,检察机关量刑建议的采纳率为96.03%,足见控辩双方量刑协商得到充分尊重,而这种尊重是推动改革和推广改革所必需的。

需要指出的是,关于量刑建议效力的规定,是认罪认罚从宽制度设计中的核心与难点问题。这种难体现在两个方面:一是要把认罪认罚案件中的量刑建议的效力与非认罪案件中的量刑建议作出区别,唯有如此,才能真正尊重犯罪嫌疑人、被告人的诉讼主体地位和有效参与,才能鼓励犯罪嫌疑人、被告人尽早认罪,以节约有限的司法资源,用于处理疑难、复杂、争议大的不认罪案件。二是要把认罪认罚案件的"协商"结果与法院的庭审结果区别开来。量刑建议不是简单地等于"预期庭审结果"乘以一定的折扣比率,受诸多结构性因素、制度性因素、心理因素的影响,量刑建议会偏离庭审结果,因此,人民法院应当把住最后一道关,确保案件得到公正处理。正是基于对以上两个问题的充分考量,《试点办法》和修订后的《刑事诉讼法》借鉴我国台湾地区"刑事诉讼法典"的规定,采取了"除影响公正审判的情形外,人民法院一般应当采纳量刑建议"的立法例。实践中,要充分认识到受量刑规则不完善、检察机关量刑经验和量刑能力需要进一步积累和提高、律师有效帮助难以真正实现、控辩协商不同于庭审等因素的影响,即便是认罪认罚案件,人民法院仍然承担着最终定罪量刑的决定权。换言之,认罪认罚从宽制度,并没有改变刑事诉讼中的权力配置。"办理认罪认罚案件,公检法三机关之间的分工负责、相互配合和相互制约关系没有变化,裁判权只能由人民法院依法行使。定罪量刑作为审判权的核心内容,具有专属性,检察机关提出的量刑建议,本质上仍然属于程序职权,是否妥当应当由人民法院依法判决。"[①] "对起诉指控的事实清楚、罪名准确、量刑建议适当的案件,应采纳起诉的罪名和量刑建议作出有罪判决。对于被告人不构成犯罪或者不应当追究其刑事责任,或者违背被告人意愿的认罪认罚,或者被告人否认指控犯罪事实,以及具有其他可能影响公正审判的情形的,人民法院应当依法公正审理;对于量刑建议不当的,或者被告人、辩护人对量刑建议提出异议的,人民法

[①] 胡云腾主编:《认罪认罚从宽制度的理解与适用》,人民法院出版社2018年版,序言。

院可以建议检察机关调整,也可以径行判决,并注意在庭审中听取控辩双方发表的意见,实现尊重检察机关量刑建议权与充分保障被告人及其辩护人行使辩护权有机统一。"①

三是建立起有中国特色的认罪认罚案件处理模式。认罪认罚从宽制度改革的主要目标,是进一步贯彻落实宽严相济刑事政策,实事求是适用证据标准,科学有效配置司法资源,建立有中国特色的认罪认罚案件处理模式。从近几年的统计数据看,轻罪案件占到全部刑事案件的80%以上,为此,从《试点办法》到修订后的《刑事诉讼法》,对刑事诉讼体系进行层次化改造,对于可能判处三年以下有期徒刑刑罚的认罪认罚案件,规定可以适用速裁程序办理。对于基层人民法院管辖的可能判处三年以上有期徒刑刑罚的认罪认罚案件,规定可以适用简易程序办理。因此,试点的重点在基层,试点工作的主要任务,是深化刑事案件的分流处置,探索系统化的轻罪案件办理模式。从试点情况看,截止到2018年9月底,在适用认罪认罚从宽制度审结的20余万件案件中,适用速裁程序、简易程序审理的案件,分别占全部认罪认罚案件的65.48%、26.63%,这两种简单快速的诉讼程序占全部认罪认罚案件的92.11%,适用普通程序审理的案件,占8.19%。认罪认罚案件当庭宣判率为78.91%,其中速裁案件当庭宣判率达92.82%,有的地区达98%以上。全部认罪认罚案件中,10日以内审结的12万余件,占认罪认罚案件的66.61%;其中适用速裁程序的案件占比85.95%。11至15日审结的3万余件,占比15.32%,其中适用速裁程序审结的,占比10.39%;超过1个月审结的1万余件,占比5.36%,其中适用速裁程序的案件占0.21%。可以说,对轻罪案件,通过适用速裁程序对案件进行层层分流,最大限度地压缩了简单轻罪案件的办案周期,缩短了被告人的审前羁押期限,实现了"全流程"速裁模式质的飞跃。同时,根据案件刑罚轻重以及难易,对认罪认罚案件通过速裁、简易程序、普通程序分流处理,司法资源配置进一步优化,办案效率进一步提升,既及时有效惩治了犯罪,也在实践中构建了速裁程序—简易程序—普通程序繁简分流、有序衔接的一审刑事诉讼格局。

经过两年试点实践的检验,《试点办法》所确立的坚持宽严相济刑事政策、罪刑相适应以及证据裁判三个原则的方向是正确的,从实体与程序两个维度对认

---

① 胡云腾主编:《认罪认罚从宽制度的理解与适用》,人民法院出版社2018年版,序言。

罪认罚从宽制度进行设计的思路是正确的。与此同时，试点实践也发现了影响制度发挥作用亟须进一步完善的问题。

三、认罪认罚从宽制度亟须完善和补齐的短板

《试点办法》制定之初，实体维度中的量刑指导是缺失的，也就是说，对于认罪认罚案件如何从宽量刑，以确保量刑的规范、科学与公正，没有现成可拿来就用的东西，只能留给试点去探索。经过两年的试点经验，关于认罪认罚案件的量刑积累了实践经验，但对于出台全国统一适用的量刑指导意见，恐怕还要有个过程，这是认罪认罚从宽制度亟须补齐的短板。与此同时，试点过程中发现了制度亟须进一步完善的问题，下文着重对此予以探讨，并期通过司法解释予以解决，从而确保认罪认罚从宽制度全面发挥作用。

（一）进一步完善值班律师制度，强化自愿性保障

如前所述，认罪认罚自愿性保障是认罪认罚从宽制度适用的正当性基础。《试点办法》从规定办案机关的告知和释明义务、规定值班律师制度以及规定审判阶段的审查义务等方面予以保障，其中最核心的保障是为犯罪嫌疑人、被告人提供有效法律帮助。可以说，在确保犯罪嫌疑人、被告人认罪自愿性上，律师的参与不可或缺。律师参与，可以充分告知犯罪嫌疑人、被告人认罪认罚制度的相关规定，不认罪的法律后果，认罪的法律后果，保障其认罪确系自愿选择。另外，律师参与，也有利于发现犯罪嫌疑人、被告人受到刑讯、威胁以及违背意愿的心理强制等原因而非自愿认罪的情况，有助于防范冤假错案的发生。从试点实践看，关于律师帮助目前存在两个方面的突出问题：一是律师提供辩护和值班律师提供法律帮助的比例不高；二是律师提供有效法律帮助还存在一定的制度障碍。截止到2018年9月底，司法行政机关在试点法院设立法律援助工作站共计132个，指派律师提供辩护2.4万余人，占全部认罪认罚案件被告人的10.38%，指派律师提供法律帮助7.7万余人，占全部认罪认罚案件被告人的33.15%，两项相加占比不到50%。尽管有的地区如北京，已经基本上实现了刑事案件律师全覆盖，但放眼全国，由于律师资源分布不均、经费保障不足，配套不到位等，使供需矛盾仍然是个突出问题。认罪认罚案件要保障每一个犯罪嫌疑人、被告人获得法律帮助还需出台配套措施。

即便是认罪认罚案件能够实现律师全覆盖，人们最为关注的问题是，律师能否为犯罪嫌疑人、被告人提供有效法律帮助进而保障认罪认罚自愿性的问题。可以说，该问题是认罪认罚从宽制度改革密切关注的问题，值班律师制度是认罪认罚从宽制度的重要内容，也是推进认罪认罚从宽制度顺利运行的重要保障。修订后的《刑事诉讼法》第36条明确规定了值班律师制度，赋予值班律师为犯罪嫌疑人、被告人提供法律帮助的职责，并规定犯罪嫌疑人、被告人有权约见值班律师。第173条规定审查起诉阶段，人民检察院应当听取辩护人或者值班律师的意见。犯罪嫌疑人认罪认罚的，人民检察院应当就涉嫌的犯罪事实、罪名及法律适用、从宽处罚建议、程序适用等事项听取辩护人或者值班律师的意见，并应当提前为值班律师了解案件有关情况提供必要的便利。从试点实践中看，目前关于值班律师的立法规定，尚不能满足值班律师提供有效法律帮助的需要。结合试点经验，建议通过以下途径来解决：一是通过立法或者司法解释进一步明确《刑事诉讼法》第173条所规定的"提前为值班律师了解案件有关情况提供必要的便利"中的"提供必要的便利"，应包括会见犯罪嫌疑人、被告人和查阅卷宗材料，实质上应赋予值班律师会见权、阅卷权，从而为其提供有效法律帮助提供制度保障；二是借鉴试点地区经验，通过证据开示，让值班律师知悉案件的证据情况，从而提出实质性的法律意见；三是借鉴北京经验推广值班律师转法律援助指派辩护律师的做法，从而有效解决上述问题。

(二) 进一步完善控辩协商机制，强化辩方有效参与

尽管从试点规范到修订后的《刑事诉讼法》都回避用"协商"概念，但不可否认的是，审查起诉阶段检察机关就从宽处罚建议等问题听取辩方的意见，并在听取意见基础上，提出从宽处罚量刑建议，由辩方签署具结书同意量刑建议的过程，实质上带有"协商"的性质。从试点实践看，由于值班律师的定位不明、诉讼权利不清，加上不同阶段值班律师的衔接不畅等问题，值班律师在审查起诉阶段的介入十分有限，仅能在形式上见证协商过程和自愿性，难以有效参与并提供实质性的帮助。而这种状况并未随着《刑事诉讼法》的修改而有根本性的好转，因为，《刑事诉讼法》仍然将值班律师定位为提供法律帮助的人，而且其权利有待于进一步明确，以确保其能够有效参与量刑协商。毋庸置疑，审查起诉阶段的量刑协商环节，律师参与的作用尤为显著。毕竟，控辩协商是专业化的司法活动，律师的参与能弥补犯罪嫌疑人、被告人协商能力的不足，而且能够不遗漏

甚至建议犯罪嫌疑人、被告人积极争取从轻情节，如积极赔偿被害人，获得被害人谅解，预交罚金等，与检察机关进行充分的量刑协商，对符合简易程序、速裁程序适用条件的，提出适用建议，从而为犯罪嫌疑人、被告人争取最大限度的从宽处理。因此，建议在现有立法的基础上，进一步完善控辩协商机制，让辩护人或者值班律师有效参与量刑协商，确保量刑建议的提出建立在充分听取辩方意见的基础上，进而保障辩方的有效实质参与权。

（三）进一步明确庭审自愿性审查标准，强化自愿性审查

庭审自愿性审查是认罪认罚从宽制度有效运行的关键。修订后的《刑事诉讼法》第190条第2款，明确规定"被告人认罪认罚的，审判长应当告知被告人享有的诉讼权利和认罪认罚的法律规定，审查认罪认罚的自愿性和认罪认罚具结书内容的真实性、合法性"。鉴于试点中存在审前程序中权利告知、听取意见形式化，控辩双方量刑协商信息不对称，审判环节存在口头形式上、例行公事似的审查，缺少实质意义的审查，为确保案件质量把好审判关，我们建议从以下几方面来强化庭审自愿性审查：一是认知能力审查，审查被告人是否能够明确理解相关规定，是否具有认罪认罚意思表示的认知能力和精神状态；二是知悉性审查，审查被告人是否准确知悉其所享有的诉讼权利和认罪认罚的法律规定；三是自愿性审查，审查被告人对指控的犯罪事实、罪名和量刑建议有无异议，当庭了解被告人有无受到威胁、利诱、欺骗，是否存在未公开的允诺，是否获得值班律师、辩护人的法律帮助和在场见证具结书签署等；① 四是基础事实审查，防止证据不足案件被认罪认罚所消化，严守防范冤假错案、防止罪及无辜的底线。

（四）坚持证明标准不降低，实行质证方式差异化

认罪认罚从宽制度最大的风险莫过于使无辜的人被迫认罪认罚或者因替人顶罪而被错误定罪。因此，如何把握认罪认罚案件证明标准，是顶层设计时反复考量的问题。理论界和实务界关于证明标准能否差异化的问题从未停止过争论，观点泾渭分明，代表性学说包括，一是"同一标准说"，即认罪认罚从宽制度不能动摇或者降低"事实清楚，证据确实、充分"的证明标准；② 二是"坚持同一标

---

① 胡云腾主编：《认罪认罚从宽制度的理解与适用》，人民法院出版社2018年版，第326页。
② 樊崇义、李思远：《认罪认罚从宽程序中的三个问题》，载《人民检察》2016年第8期；陈卫东：《认罪认罚从宽制度研究》，载《中国法学》2016年第2期。

准，证据规则适当从简说"，① 即认罪认罚从宽制度应坚持法定证明标准，但在证据规则上可以适当"从简"；三是"证明标准隐性降低说"，即认罪认罚从宽案件在证据调查程序上较不认罪案件做一定程度的降低，达到实质上降低证明标准的效果；② 四是证明标准分层说或者证明标准差异说，即区分认罪与否或者区分不同程度构建差异化标准。③ 上述学说在一定程度都有其合理性，但制度设计必须符合现实国情，同时必须充分考量制度改革的主旨。因此，制定《试点办法》时，充分认识到证据裁判意识和证据裁判原则的确立来之不易，从准入和准出两个环节坚持证据标准不降低，是对我国国情的最大尊重。在认罪认罚从宽制度全面铺开之际，在证据裁判和证明标准问题上应当明确以下几点：

一是应当坚持证据裁判原则和证明标准不降低。证据裁判原则是刑事诉讼应当坚守的基本原则，证据的收集、固定、审查和认定必须依法进行，无论犯罪嫌疑人、被告人认罪与否，都不能通过降低证明标准的方式来加速程序运行。这是因为：（1）认罪认罚案件与其他案件并无不同，认罪认罚归根结底是被追诉人的认罪态度问题，④ 不能因此动摇"事实清楚，证据确实、充分"的证明标准。(2) 举证责任的减轻并不等于证明标准的降低。在认罪认罚案件中，虽然法庭质证、辩论的步骤被简化或者省略，检察机关在出庭准备、庭审质证辩论方面的负担明显减轻，⑤ 但并不意味着侦查机关、检察机关可以省去依法定程序收集、固定、移送能够证明犯罪嫌疑人有罪或者无罪、罪重或者罪轻的各类证据的法定责任。同时，人民法院是否采纳量刑建议，应当以是否达到"事实清楚，证据确实、充分"的法定证明要求为判断依据，是对案件进行实质性审查，而不是形式意义上的审查。(3) 有观点以减轻办案人员的负担作为认罪认罚案件降低证明标准的理由是不充分的。公平始终是认罪认罚从宽制度第一位的价值追求，效率

---

① 陈光中、马康：《认罪认罚从宽制度若干重要问题探讨》，载《法学》2016 年第 8 期。
② 代表性观点是"对程序条件可以做出与被告人不认罪案件的不同要求，从而实现认罪认罚案件中证明标准的隐形降低"。孙远：《论认罪认罚案件的证明标准》，载《法律适用》2016 年第 11 期。
③ 何素红等：《认罪案件证明标准的认识分野与差异化处遇》，载《认罪认罚从宽制度的理论与实践——第十三届国家高级检察官论坛征文集》，中国检察出版社 2017 年版，第 700 - 701 页。
④ 樊崇义、李思远：《认罪认罚从宽程序中的三个问题》，载《人民检察》2016 年第 8 期。
⑤ 廖大刚、白云飞：《刑事案件速裁程序试点运行现状实证分析——以 T 市八家试点法院为研究样本》，载《法律适用》2015 年第 12 期。

只是附属效果,至多是一个从属性目标。①况且认罪认罚案件中因犯罪嫌疑人、被告人的认罪认罚减少了对抗,进而大大降低了收集证据的难度与成本,因此,没有理由再降低认罪认罚案件的证明标准。

二是坚持法定证明标准不降低,积极探索证据规则的差异化。如前所述,认罪认罚从宽制度探索构建速裁程序、简易程序、普通程序有序衔接的诉讼体系,尝试多元化的质证规则,速裁程序庭审可以省略质证环节,简易程序可以简化质证环节。同时赋予犯罪嫌疑人、被告人程序选择权,一旦其选择速裁程序,就意味着其放弃庭审质证的权利,因此可以获得更多的量刑宽宥。从试点实践来看,这种建立在供犯罪嫌疑人、被告人自由选择基础上的多元化质证规则,不仅不会损害被追诉人获得公正审判的权利,相反更有利于保障犯罪嫌疑人、被告人的诉讼主体地位,并且裁判更容易获得尊重与服从。截止到2018年9月底,在适用认罪认罚从宽制度审结的20余万件刑事案件中,被告人上诉的有6800余件,上诉率为3.35%,其中速裁程序占比2.52%,服判息诉效果明显。

毋庸置疑,在质证规则多元,程序简化的情况下,存在如何保障证明标准不降低的问题,目前实践中主要通过以下几方面措施加以解决:第一,庭前证据展示程序;第二,庭前实质审查机制;第三,赋予被告人反悔权转为普通程序审理。详言之,控辩协商前控方必须开示主要证据,以确保辩方在知悉指控证据的情况下作出是否认罪认罚的选择;控辩双方协商达成一致的,控方提起公诉时应当移送证据开示表、被告人具结书等材料,办案法官负责在庭前对证据进行实质审查,发现证据不符合认罪认罚从宽制度适用条件的,转为普通程序审理。审判环节,一旦发现被告人不构成犯罪或者不应负刑事责任、被告人否认指控犯罪事实等情形的,应当终止适用认罪认罚从宽程序转为普通程序审理,确保案件得到公正处理。

三是证据规则差异化构建是个系统工程,既离不开理论指导,也离不开实证支撑,留待实践中慢慢探索总结。比如,有观点认为速裁程序取得的"红利"是以法官庭前深入、仔细阅卷为代价的,与快速审理、节约司法资源的初衷仍有差距,这说明速裁程序质证规则的构建仍有改进的必要。对此,有的试点法院在

---

① 左卫民:《认罪认罚何以从宽:误区与正解——反思效率优先的改革主张》,载《法学研究》2017年第3期。

速裁案件审理时以省略质证环节为原则，以必要时进行质证为例外，既充分发挥庭审功能，又有利于保障案件质量。修订后的《刑事诉讼法》第224条规定，适用速裁程序审理案件，一般不进行法庭调查和法庭辩论，这就意味着庭审根据案件情况的需要也可以进行法庭调查和法庭辩论，从而有利于发挥庭审查明案件事实和认定证据的功能。

（五）适时出台统一适用的量刑指导意见，确保量刑规范与公正

"公开、透明"的量刑规则和机制，是认罪认罚从宽制度的重要组成部分，既是有效吸引和鼓励引导犯罪嫌疑人、被告人及时自愿认罪认罚的关键因素，也是检察官提出精准量刑建议和法官公正裁量的规范依据。由于除影响公正审判的情形外，量刑建议一般情况下会被法院采纳为最终的量刑，因此量刑及量刑建议的规范化建设，对于认罪认罚从宽制度的进一步完善至关重要。借鉴试点经验，在认罪认罚案件量刑规则的构建上，我们建议应着力于以下几个方面的建设：

一是做好与量刑规范化有效衔接工作。对于认罪认罚案件涉及的大部分量刑情节，如作为认罪表现的自首、坦白、当庭自愿认罪，作为认罚情节的退赃退赔、赔偿经济损失、达成和解协议等，在《最高人民法院关于常见犯罪的量刑指导意见》（以下简称为《意见》）中均有规范，可参照适用。但选择适用速裁程序、预缴罚金等节约司法资源或其他具有认罪认罚表现的情节，如何体现从宽，上述意见并未涉及，实践中各地做法不一，最为关键的一个问题是，认罪认罚从宽案件中的量刑规则与一般案件的量刑规则有一个根本的不同，那就是认罪认罚从宽案件中的量刑规则除承担规范、科学、公正量刑的功能外，还承担鼓励和引导真正的犯罪嫌疑人、被告人自愿选择认罪认罚的功能。因此，亟须总结试点经验，出台认罪认罚案件量刑指导意见对量刑建议的提出以及人民法院的最终量刑予以规范。同时为了鼓励和引导犯罪嫌疑人、被告人尽早认罪认罚，认罪认罚案件的量刑指导应当重点突出认罪、认罚的价值，吸收试点积累的阶梯化量刑经验。

二是明确量刑建议规范化的标准和依据。量刑规范化此前一直是对人民法院的要求，量刑规范化改革也一直由最高人民法院主导。由最高人民法院制定的《意见》对于检察机关提出量刑建议有无约束力，还存在不同意见。实践中由于缺少统一的量刑指导意见，加之检察官量刑建议经验不足，导致检察官适用认罪认罚从宽程序的积极性不高。因此，出台统一适用的量刑指导意见，不仅仅是量

刑及量刑建议规范化的需要，也是促进量刑协商，确保认罪认罚自愿性的基础保障。

三是利用大数据提高量刑建议精准度的问题。修订后的《刑事诉讼法》第176条第2款规定，犯罪嫌疑人认罪认罚的，人民检察院应当就主刑、附加刑、是否适用缓刑等提出量刑建议。关于量刑建议的提出方式，试点实践有两种形式，一是确定型量刑建议；二是幅度型量刑建议。两种方式各有利弊，确定型量刑建议对于增强认罪认罚后果的合理预期，有助于犯罪嫌疑人、被告人作出理智选择无疑具有重要意义；幅度型量刑建议对于应对量刑情节的变化无疑具有重要意义。修订后的《刑事诉讼法》对于量刑建议的提出方式并未作出强制性规定，这意味着，司法实践中应根据案件具体情况来确定提出量刑建议的方式。同时，借鉴试点地区经验，借助于智能辅助量刑系统，提高量刑建议的精准度。当然，量刑建议的提出，离不开检察官主观能动作用的发挥，智能辅助量刑系统只能起辅助作用，最终提出何种量刑建议，还需检察官结合案件的各种情节作出综合判断，确保量刑建议的正当性。

认罪认罚从宽的内涵、价值及制度构建

张 伟[①]

认罪认罚从宽制度是刑事司法体制改革中的重要内容，也是为了解决当前我国刑事司法领域案多人少困境的重要途径。但是，笔者认为，关于认罪认罚从宽制度的现有规范仍然存在一定的缺憾，应进一步加以完善。本文就结合司法实践中遇到的一些问题，对认罪认罚从宽制度的内涵、价值进行分析的基础上提出自己的几点看法。

一、认罪认罚从宽的基本内涵

（一）认罪认罚的基本内涵

概括地说，认罪就是罪犯[②]承认自己的犯罪行为；认罚则是指罪犯主动接受司法机关惩罚的行为。[③] 罪犯可以在刑事诉讼整个过程中（从刑事案件发生开始，直至刑罚执行完毕）[④] 的任何阶段和任何时点作出主动认罪认罚的决定，并付诸实施。当然，认罪行为必须应当在一审判决之前做出，而认罚行为（包括刑

[①] 张伟，北京市西城区人民检察院副检察长。

[②] 对于实施了犯罪行为的罪犯在不同的诉讼阶段都应当采用不同的称谓，基于无罪推定原则，在没有被定罪之前，应当分别被称呼为犯罪嫌疑人和被告人，且认罪认罚从宽制度应当是涵盖了从侦查直到刑罚执行完毕的整个刑事诉讼过程的一项制度。因此，规范地说，在论述认罪认罚主体时应当采用犯罪嫌疑人、被告人、罪犯的说法。但是，一般地说，能够作出主动投案、如实供述自己犯罪行为等认罪认罚行为的人，大多数是真正实施了犯罪行为的罪犯，因此，本文中为了行文的方便，在之后的论述中就以罪犯来替代犯罪嫌疑人、被告人、罪犯。

[③] 现在有种观点认为，认罚就是认同司法机关作出的刑罚决定。包括在实践中也将认罪认罚普遍与检察机关的量刑建议关联起来，规定"犯罪嫌疑人自愿认罪，同意量刑建议和程序适用的，应当在辩护人或者值班律师在场的情况下签署具结书"。其实，这种认罪认罚行为应当说是一种最为彻底的认罪认罚行为，但并不能说不认同检察机关所定罪名、量刑建议和程序适用的就不是认罪认罚行为了。

[④] 严格地说，在刑事案件立案之前，刑事诉讼尚未真正开始，但出于没有一个更加合适的词汇来涵盖这个立案前的这段时间，本文姑且不严谨地将其纳入刑事诉讼中。

罚执行过程中的悔改表现）则没有这个限制。具体地说，罪犯实施了犯罪行为后，在被司法机关缉拿归案之前的任何时间都可以选择主动到司法机关自首接受司法机关的刑事处罚；而在罪犯到案①后直到法院一审判决之前，都可以选择自愿的如实供述自己的犯罪行为，认可司法机关对自己的指控，放弃辩解的权利，选择简化的诉讼程序；在法院判决之后直到刑罚执行完毕之前，罪犯都可以选择接受刑罚而不采取抗拒行为，如主动缴纳罚金②、积极配合将赃款赃物予以上缴、严格遵守被剥夺政治权利后的有关规定、认真遵守有关监管规定接受教育改造，等等。此外，在刑事诉讼的整个过程中，罪犯还可以积极对被害人给予赔偿。③

认罪认罚行为不必然以悔罪作为前提条件。所谓悔罪，就是指罪犯对自己的犯罪行为产生悔意，也有可能因为这种悔意而认罪认罚。应当说，真诚地悔罪是认罪认罚的终极状态，在很多情况下罪犯认罪认罚也是建立在悔罪基础之上的。但是，在认罪认罚从宽制度的语境下，我们不能将悔罪作为认罪认罚的前提条件，认罪认罚与悔罪之间并不是一一对应的关系。一方面，没有悔罪的情况下，也可以成立认罪认罚。即使罪犯对于自己的行为没有悔意，但他仍然有可能出于功利主义的考虑，而选择认罪认罚。固然这种基于功利主义的认罪认罚，与基于悔罪的认罪认罚相比，在社会危害性或者是再犯罪的可能性上都要大很多，但是这种认罪认罚在节省司法资源，提高司法效率的程度上的"贡献"则相差无几。同时，这种基于功利主义的认罪认罚恰恰是在认罪认罚从宽制度存在的前提下，罪犯为了获取从宽处罚而自愿作出的理性选择。当然，对此种认罪认罚应当较基于悔罪的认罪认罚，要根据具体情况在从宽尺度上作出适当的区别来处理，以此来确保公正。另一方面，有了悔罪的意识，罪犯也不一定就必然选择认罪认罚，也有可能因为害怕被追究刑事处罚而选择潜逃。这种情况下，当然不能仅仅因为存在悔罪的意识，就对其从宽处理了。因此，我们不能将是否真诚地悔罪作为是

---

① 无论其是自动投案，还是被缉捕归案。

② 关于缴纳罚金，有人提出，为了充分体现认罪认罚的态度，罪犯是否可以在判决之前就预交罚金。笔者认为，提前预交罚金，肯定是罪犯认罚的一种表现，并且也不会带来太多负面的影响，同时，具体操作层面也不存在太多障碍，操作上可以参考所得税的汇算清缴制度。因此，应当在诉讼制度上予以认可。

③ 笔者认为，这也是一种特殊的认罚行为。

否构成认罪认罚行为的一个底线标准。

此外,认罪认罚并不等同于对最终刑罚结果的认同。认罪认罚,是指向司法机关如实供述自己的犯罪行为和主动接受司法机关的刑罚的行为,但并不就是指对"是否构成犯罪、涉嫌何种罪名、量刑建议(最终判决的刑罚结果)"等结果性问题的认同和接受。我们先来分析认罪。罪犯对自己行为性质的辩解[①]以及对所犯罪名的不认同,并不影响其认罪行为的认定。认罪的实质在于自愿地向司法机关如实供述自己的犯罪行为,从而可以为司法机关查清犯罪事实提供诸多线索和直接的言词证据。而罪犯出于减轻自己刑罚的原因对自己的犯罪行为进行辩解,是其必要的合法权益,必须应当予以充分保障。此外,这些对犯罪行为性质和相关罪名的辩解行为,并不会对查清犯罪事实构成丝毫的阻碍。[②] 因此,认罪不应当必然要求其不能进行辩解,而仅仅要求其必须如实供述自己的犯罪行为。同样的道理,认罚应当是指自愿地接受司法机关的刑罚,而应当包括其对法院作出的判决的认同。[③] 一方面,对于法院作出的判决,提起上诉、申诉,是被告人的重要的合法权益;[④] 另一方面,尽管其在主观上不认同判决的正确性,只要罪犯在接受刑罚的过程中被动、平和地接受,就会产生对提升司法效率的正向效应,应当得到鼓励。类似的情况,再如,罪犯能够主动地积极地赔偿被害人的医药费用,在被害人治疗的过程中,全额支付相应的治疗费用,也承诺对今后的医药费用进行支付,但在具体伤残补偿或者其他补偿等方面不能与被害人达成协议的情况,也不能够就简单地说被告人没有积极赔偿被害人的行为。

最后,认罪认罚的构成应当以认罪或者认罚为宜,而不能坚持既认罪又认罚

[①] 比如,犯罪嫌疑人能够如实供述自己实施的行为,但是或者出于不懂法律而拒绝承认自己构成犯罪,或者一直辩解自己当时是出于保护自己合法权益目的而实施的正当防卫行为。

[②] 当然,认罪必须要如实供述自己的犯罪行为,也应当如实供述自己实施犯罪时的主观想法,否则就不应构成认罪。在实践中,关于是否如实供述自己的主观想法,可能存在比较难以证明的问题。例如,一个犯罪行为导致被害人的死亡的情况下,罪犯是伤害的故意还是杀人的故意,其言词证据是最为关键的证据之一,如果客观证据足够清晰明确的话,也完全可以不依靠犯罪嫌疑人的言词证据来定案。如果,没有足够的客观证据,只能依靠其言词证据的情况下,就无法清晰准确地认定是否如实供述了自己的主观想法。

[③] 笔者认为,认同与接受是两个不同的概念。接受,应当是指被动地接受或者是客观上的接受,而认同,则是指主观上的同意和接受。认罚从某种程度上,更应当是指对刑罚的客观接受,而不能苛求罪犯从内心上的真正同意。

[④] 在某些情况下,也可能的确是一审法官在适用罪名或者具体量刑上存在偏差和错疏。

的标准。认罪认罚从宽制度出台的初衷之一就是要解决案多人少的司法现实困境，不断提高司法效率。如此，在对认罪认罚的理解和认定上，就不宜过于严苛，应当把所有可能提高司法效率的认罪认罚行为都包括在内。因为，无论罪犯自愿选择认罪还是认罚，都可以从不同程度上减少司法机关在查清犯罪事实、缉拿罪犯等方面的投入。认罪，就会为查清事实提供诸多线索和直接言词证据；认罚，特别是在司法机关尚未破案前的认罚行为，则可以使司法机关能够轻松地缉获罪犯。此外，如果认罪认罚坚持以既认罪又认罚为标准的话，则很多行为都不能被涵盖进来，如此势必会影响认罪认罚制度应有的效果。所以，认罪认罚就不应当是指认罪且认罚，而应当是认罪或者认罚。只要达到了认罪和认罚中的一个就应当给予从宽的处罚。

综上，笔者认为，在认罪认罚从宽语境下的认罪认罚应当是一个较为广阔的概念，应当包括以下三个层次的行为：其一，仅仅认罪或者认罚行为；其二，既认罪又认罚的行为；其三，不仅认罪认罚，而且悔罪的行为。

(二) 认罪认罚从宽语境下从宽的内涵

认罪认罚从宽制度就是对认罪认罚行为予以宽缓化处罚的制度。在认罪认罚从宽语境下的从宽，可以从以下几个方面加以理解：

第一，从宽应当既包括实体上的从宽处罚，也包括在诉讼过程中采取较为宽缓的刑事强制措施。

实体上的从宽可以包括撤案、不起诉、附条件不起诉等出罪化决定，也包括在量刑上的从轻、减轻或者免予处罚以及宣告缓刑等；诉讼过程中则可以采取取保候审、监视居住等较为宽缓化的刑事强制措施。但是从宽并不应当包括所谓程序上的简化和相关诉讼程序的省略。

认罪认罚所带来的程序简化能否被视为一种"程序上的从宽"，在理论上存在争议，如若将其视为"从宽"，将会导致正当程序被视为被告人的一种负担，但从刑事诉讼立法的初衷来看，正当程序显然被预设为对被告人的一种保护，不能认为适用普通程序是"从严"而适用简易程序是"从宽"。[①] 应当说，将因认罪认罚而选择简化的诉讼程序视为是程序上的从宽，是逻辑上的颠倒。不是因为认罪认罚而导致了简化的程序，而是被告人选择简化的程序是认罪认罚的一种表

---

① 熊秋红：《认罪认罚从宽的理论审视与制度完善》，载《法学》2016年第10期。

现形式,这种认罪认罚行为应当得到在量刑上的从宽。但是,无论是刑事诉讼法还是相关司法文件,均未对犯罪嫌疑人、被告人选择或同意适用简易程序、速裁程序或和解程序而放弃其正当的诉讼权利的行为给予应有的待遇或补偿,以致犯罪嫌疑人、被告人未能获得诸如案件快速处理的程序性利益。这无疑将会影响其选择或同意适用简易程序、速裁程序或和解程序的积极性,进而降低这些程序的使用率。① 因此,应当对选择简化诉讼程序而放弃正当诉讼权利的认罪认罚行为,制定明确的从宽措施,从而实现这种由于放弃正当诉讼权利而应得的利益。

第二,从宽应当是区分不同认罪认罚行为基础上的分层次从宽。

应当区分各种不同的认罪认罚行为,结合其悔罪程度以及对查明事实和司法效率带来的促进作用,分别作出与此行为相适宜的从宽决定。在刑事诉讼过程中,要根据被追诉人所犯罪行的性质和认罪认罚行为的情况,依法对其作出取保候审、监视居住等相对宽缓化的刑事强制措施。在实体处罚上,也要综合具体案件的具体情况分别作出相应的宽缓化处罚:对于那些所犯罪行较轻且诚心悔罪,主动投案并始终如实交代自己所犯的罪行,也能主动对被害人予以赔偿达成和解协议的被追诉人,可以考虑作出出罪化处理;对于那些犯罪情节较轻、没有再犯罪危险的被追诉人,可以考虑宣告缓刑;对那些认罪认罚但不悔罪的被追诉人,可以考虑依法从轻或者减轻处罚。

第三,认罪认罚从宽语境下的从宽应当是一种"明码标价"式的折让。认罪认罚从宽,应当是根据罪犯认罪认罚行为的性质和情形,结合其案件的具体情况,对其在刑罚处理上予以不同程度的从宽。这种从宽不能随心所欲,应当有一定的规范和程序,特别是要根据不同情况制定相当的从宽幅度,且这种从宽幅度应当是相对固定的,不能因人而异。不能完全视为是控诉方和罪犯之间讨价还价式的协商或者交易。在有些情况下,罪犯主观上并没有任何功利主义的想法,仅仅是出于对犯罪行为的真诚悔过而选择认罪认罚。在这种情况下,如果把对他的从宽处理视为一种纯粹的交易就显得有些不太妥当。在此情况下,司法机关也仅仅是根据其认罪认罚行为,依法作出与其认罪认罚行为相对应的在刑罚上的从宽

---

① 谭世贵:《实体法与程序法双重视角下的认罪认罚从宽制度研究》,载《法学杂志》2016年第8期。

而已，根本就不存在所谓"讨价还价"的机会和过程。① 此外，即使是罪犯出于功利主义的想法，希望能够通过自己的认罪认罚行为换取司法机关从宽处理的情况下，这种交换也不应是讨价还价式的交易，而应当是一种类似于明码标价式的交易。对于各种不同情形的认罪认罚行为，司法机关在对罪犯刑罚处理上都应当规定相对应的从宽举措。而且，这种从宽举措和认罪认罚行为的——对应关系应当以法律法规的形式明确地颁行于世。在具体操作层面，每一个具体案件中的每一名罪犯的认罪认罚行为，都需要司法人员综合各种证据判断罪犯的认罪认罚行为是属于何种认罪认罚行为，并按照这个——对应关系依法作出适合的从宽处理决定。因此，从某种程度上讲，认罪认罚从宽语境下的从宽就类似于是对认罪认罚行为在刑罚处理上的"明码标价"式的折让。

二、认罪认罚从宽制度的价值分析

（一）认罪认罚从宽制度的正向价值

第一，认罪认罚从宽能够促进司法效率的提高。

一方面，对认罪认罚案件在司法程序上的简化可以提高司法效率。对认罪认罚的被追诉人采取取保候审等相对宽缓化的强制措施，可以减少被追诉人和其他诉讼参与人的诉累，缓解在这些案件上的司法投入，直接促进司法效率的提升。同时，通过明确对于选择简化诉讼程序的罪犯予以从宽处罚，可以鼓励认罪认罚的罪犯选择简化的程序，从而减少诉讼程序，提高司法效率。

另一方面，认罪认罚从宽可以加速案件事实的发现，从而提升司法效率。通过对那些认罪认罚从宽实际案例的宣传以及向被追诉人宣讲认罪认罚从宽政策，鼓励和倡导被追诉人在理性分析后作出认罪认罚的选择，如实交代自己的罪行，主动提供相应的证据，可以大大减少司法机关在罪犯抓捕、证据收集等方面花费的人力、物力，推动案件事实的发现，实现提升司法效率的价值。

第二，认罪认罚从宽能够促进司法公正的实现。

司法办案的目的在于发现客观真实，但是按照认识论的一般规律，在一般情况下，我们是无法获得客观真实的。但通过不断的努力，并借助迅猛发展的科学

---

① 在这种情况下司法机关对罪犯作出从宽决定的过程，与依法对刑事责任年龄、限制行为能力、犯罪状态等犯罪情节的从宽处理一样，都只是司法机关单方面根据具体情节依法作出决定。

技术，我们仍然可以获取对于过去发生的客观真实（包括刑事案件的真相）具有"合理的接受性"[①]的认知，并据此作出符合客观真实的司法裁判。获取这种"合理的接受性"认知的概率，在具体的案件中会因为各自的不同情况以及司法调查是否及时有效等原因而有所差异。在这种情况下，如果能够获得亲身参与并实施了犯罪行为的行为人（罪犯）的如实供述，势必会对司法调查给予直接的帮助，从而大大提升这个概率的比值，也就直接促进了司法公正的实现。这一点，在团伙犯罪或者行贿、受贿等耦合性犯罪的查办过程中尤具重要价值。

此外，在被追诉人没有选择认罪认罚的情况下，认罪认罚从宽制度对于这些案件事实的发现也具有间接的促进作用。由于认罪认罚从宽制度的存在，司法机关在查办认罪认罚案件时可以节省大量的司法资源，从而可以将节省下来的司法资源向那些被追诉人没有选择认罪认罚的案件倾斜，从而加快办案进度，取得有效突破，显著提高获取"合理的接受性"认知的概率。

第三，认罪认罚从宽有助于恢复被犯罪行为破坏的社会秩序。

刑事诉讼从构造上看，是一个控辩审三方组成的三角结构，控方和辩方存在角色上的冲突和形式上的对抗。也正是因为这种对抗和交锋的存在，才能使法官能够做到兼听则明，全面了解案件的真相。但是，"这种交锋需要占用较多的司法资源，且易产生被追诉人与国家、与被害人的对立，不利于社会的稳定，也不利于被害人合法权益的保护。提倡犯罪嫌疑人在审前程序即主动供述并选择与控方协商达成认罪认罚协议，将在很大程度上改变过去传统诉讼的对抗局面"。[②] 由于被追诉人自愿选择认罪认罚，他们与司法机关的对抗性质明显弱化，甚至在一定层面和一定角度上讲，两者成了一种合作关系。被追诉人根据认罪认罚从宽制度，对于自己能够得到多大程度的宽缓心知肚明，经过理性判断后自主地选择认罪认罚，接受刑罚时也就会心服口服，教育改造的效果也会大大提高。

同时，由于认罪认罚从宽制度的实施，被追诉人能够积极地对被害人进行赔偿，并达成和解协议。在这种情况下，被害人的损失能够得到及时有效的赔偿，

[①] 美国学者希拉里·普特南在《理性、真理与历史》一书中提出了"合理的接受性"的观点，"在真理概念和合理性概念之间有着极其密切的联系。粗略地说来，用以判断什么是事实的唯一标准就是什么能合理地加以接受"。[美] 希拉里·普特南：《理性、真理与历史》，童世俊、李光程译，上海译文出版社1997年版，第2页。

[②] 陈卫东：《认罪认罚从宽制度研究》，载《中国法学》2016年第2期。

与被追诉人之间的矛盾得到有效的缓解,促进了因犯罪行为所破坏的社会秩序的恢复。

(二)认罪认罚从宽制度可能带来的负面效应

第一,认罪认罚从宽可能会侵害被追诉人的合法权益。

一方面,由于我国传统司法理念中存在的"口供为王"等错误思想的影响,部分侦查人员为了能够成功破获案件,而漠视犯罪嫌疑人的合法权益,采取刑讯逼供、诱供等手段获取犯罪嫌疑人口供,美其名曰落实认罪认罚从宽制度,为了帮助犯罪嫌疑人获得从宽处罚,其实是严重侵犯犯罪嫌疑人的合法权益。

另一方面,由于被告人主动认罪,自愿接受司法机关处罚,因此,有的司法人员就未经法院审判而主观上将其视为已经定罪,于是乎在诉讼过程中忽视其合法权益。如此,这种认为只需在最终的司法决定中对认罪认罚的被追诉人予以从宽处罚,而对其合法权益缺乏足够的重视,以为其权益无关紧要属于细枝末节的思想,其实根本上就是对控辩平衡原则的粗暴违背。因为按照刑事诉讼的控辩平衡原则,即使是真正的罪犯,也需要赋予其一定的诉讼权利,以抵御国家权力被滥用的天然倾向。[①]

第二,认罪认罚从宽有可能引发冤假错案。

一方面,对被追诉人合法权益的漠视和侵害,可能会导致冤假错案。正如前面所述,认罪认罚从宽很可能会引发对被追诉人合法权益的侵害。而被追诉人的这些合法权利,是司法公正得以实现的重要支撑和冤假错案得以避免的关键藩篱。一旦失去了权利的制约,权力就可能会被滥用,从而导致冤假错案。

另一方面,在一些特殊案件中,如果认罪认罚从宽不当适用,也容易引发冤假错案。

首先,在那些轻微刑事犯罪案件的侦办过程中,如果认罪认罚从宽制度不当适用,容易引发冤假错案。由于认罪认罚从宽制度的确立,一些轻微刑事犯罪会因为认罪认罚从宽制度而减轻处罚,甚至不被追究刑事责任。从被追诉人的角度分析,如果承认,撤案、不起诉、定罪免刑等会如约而至;而如果不承认,则可能会被判处刑罚。这样就很容易造成被追诉人对自己没有做过的事情予以承认。此外,在这些轻微刑事犯罪案件中,由于认罪认罚从宽制度的存在,其刑事处罚

---

① 张建伟:《以审判为中心:权利保障角度的纵深解读》,载《中国政法大学学报》2016年第5期。

可能会很轻甚至免除，就有可能会出现花钱雇人替罪①的问题。这些问题的存在，就需要引起我们对认罪认罚从宽制度的反思，并在制度构建中加以防范。

其次，在那些团伙犯罪案件以及耦合性犯罪案件的侦办过程中，也存在因认罪认罚从宽而发生冤假错案的可能。在团伙犯罪和耦合性犯罪案件侦办过程中，同案犯和耦合犯的供述和指认能够有效地促进案件的侦破。在这种情况下，同案犯和耦合犯供述的作用就越发凸显，其真实性就更加需要特别关注。其实，他们的供述并不一定都是自愿、真实的，有可能是出于要获取认罪认罚的从宽刑罚而作的虚假供述。特别是行贿和受贿这类的耦合性犯罪，行贿人的行贿行为相对于受贿的刑罚要轻很多，而且在一定条件下还可以被不起诉的情况下，行贿人作出虚假供述的代价相对较小，则虚假供述的可能性就随之而不断放大。同样，在团伙犯罪中也存在类似的问题，从犯可能会选择虚假的认罪来换取从轻处罚，并求主犯加以虚假的指认。因此，如果对认罪认罚行为不能认真审查就匆忙定案，很有可能就会导致冤假错案。

第三，认罪认罚从宽还有可能会诱发司法不公。

一方面，由于认罪认罚从宽制度的推广，被追诉人通过认罪认罚特别是认罚（给予被害人高额赔偿，博得被害人及其家属的谅解，达成刑事和解协议），并以此来换取较为宽缓的刑罚。固然，这种认罚行为得到从宽处罚，存在理论上的合理性，但是在社会公众看来，富人支付高额赔偿就可以获得宽缓的刑罚，而穷人因为无钱支付高额赔偿则只能接受较重的刑罚，不免就有以钱买刑的议论和疑问。对此，如果不能加以高度重视，并在制度构建中精心安排，就会造成不良的法律效果和社会效果。

另一方面，对认罪认罚行为从宽措施的决定过程中，也可能会出现司法不公问题。诚如前述，认罪认罚从宽语境下的从宽，应当是"明码标价"式的折让，但毕竟需要司法人员对认罪认罚行为进行性质判断和情节衡量，加之司法实践中的情形又无法在立法过程中做到全部穷尽。因此，在认罪认罚从宽制度落实过程中，仍然需要司法人员依法运用法律知识和司法经验，结合具体案件的具体情况

---

① 特别是在一些有特定身份的公众人物涉案的时候更是很有可能发生这种问题。因为，公众人物一旦被追究刑事责任，甚至仅仅是身陷刑事侦查程序，就可能会引起社会轰动，并给其带来无比巨大的负面影响，而如若其能够通过花费一定的成本雇用一些普通人来代其受过的话，则会取得共赢的局面。普通人可以通过接受较为轻缓的刑罚，而获取高额回报；公众人物则免去了因刑罚而带来的巨大负面影响。

进行判断,并最终作出从宽决定。如果不能规范这种权力的运用,也就可能会发生权力滥用,甚至寻租贪腐问题,引发司法不公。

三、认罪认罚从宽制度的规范构建

认罪认罚从宽制度的规范构建应当在总结以往宽严相济刑事政策经验的基础上,认真分析其利弊得失,扬长避短,在发挥其积极作用的同时,注意防范其可能引发的负面效应。具体应当从以下几个方面加以完善:

(一) 应当明确认罪认罚从宽制度的适用范围

笔者认为,对于认罪认罚从宽制度的适用范围,不应当加以太多限制。

首先,从适用认罪认罚从宽制度的案件范围看,所有刑事犯罪案件都应当纳入其适用范围。因为任何案件(包括可能判处死刑的故意杀人案)都存在犯罪嫌疑人会出现主动认罪认罚行为的可能。如果将认罪认罚从宽制度的适用范围限定较窄的话,一方面会造成事实上的不公平;另一方面也不利于那些确实因为一时冲动而犯下严重罪行的犯罪嫌疑人改过自新。此外,在那些重罪案件中,很可能会关乎犯罪嫌疑人的生命权利,因此,能否适用认罪认罚从宽制度就更具现实意义和重要作用。

其次,从适用认罪认罚从宽制度的时间阶段看,整个刑事诉讼过程均可以纳入其适用范围。认罪认罚行为是涵盖了整个刑事诉讼过程的行为,因此对认罪认罚行为的从宽,也应当涵盖从侦查、审查起诉、审判到刑罚执行的整个刑事诉讼过程。

对于在侦查阶段是否可以进行实体从宽存在很多争议。有学者提出,公安机关在侦查阶段对刑事案件并无实体处理权。[①] 还有学者出于担心侦查机关不作为[②]和乱作为[③]的考虑,提出"认罪认罚制度的适用应当有严格的诉讼节点限制,只能在审查起诉阶段和审判阶段发挥特定优势,而不能适用于侦查阶段"。[④] 笔者认为,在侦查阶段应当根据案件的具体情况,可以对认罪认罚行为予以宽缓化

---

① 陈光中:《认罪认罚从宽制度若干重要问题探讨》,载《法学》2016年第8期。
② 侦查过程中,更多地希望能够通过开展认罪认罚从宽的劝说,促使被追诉人主动交代自己的罪行,而不尽心尽力地去开展侦查工作,收集除口供之外的有罪证据。
③ 为了促成认罪认罚,而采取刑讯逼供、威胁或者诱供等方法获取口供。
④ 陈卫东:《认罪认罚从宽制度研究》,载《中国法学》2016年第2期。

处理，不仅可以采取取保候审等宽缓化强制措施，而且可以对于那些确实属于情节轻微的犯罪作出撤案决定。

将侦查机关撤销案件的适用范围扩大到那些犯罪行为危害不大，且具有自首等认罪认罚情节的案件，能够更加充分地发挥认罪认罚从宽制度的效用，[①] 可以充分地发挥认罪认罚从宽制度对于司法效率提高，节约司法资源的作用。[②] 同时，还体现了被追诉人认罪认罚的阶段越早获取的从宽幅度越大的精神，有助于达到鼓励被追诉人尽早地认罪认罚的效果。

在这种扩权后，对于侦查机关的撤案决定，特别是在构成犯罪的情形下依据认罪认罚从宽制度作出的撤案决定，应当由检察机关侦查监督部门进行事后审查，[③] 从而反向倒逼侦查机关撤案决定的合法规范，真正保障认罪认罚从宽制度不跑偏、不走样。对于学者担心的因认罪认罚从宽制度适用范围扩大而可能导致的侦查机关不作为和乱作为行为，[④] 则需要通过加强检察机关对侦查活动的监督，以及强化对犯罪嫌疑人合法权益的保护等措施加以解决。

（二）应当建构层次化的从宽细则

首先，要构建清晰、明确的层次化的从宽细则。应当将各种认罪认罚行为进行归纳和梳理，区分其价值，并按照比例原则规定不同幅度的从宽措施。诚心悔罪、如实认罪且主动认罚的行为，就要给予幅度最大的从宽处罚；依次逐级递

[①] 《认罪认罚从宽试点办法》第9条的规定也体现和支持了笔者的这个观点。

[②] 在现行《刑事诉讼法》中，人民检察院侦查终结的案件，侦查部门就有权对那些犯罪情节轻微、依照刑法规定不需要判处刑罚或者免除刑罚的案件，提出不起诉意见，并制作不起诉意见书移送公诉部门。笔者认为，在这种情况下，就案件本身而言，其实案情已经清楚，按照《刑法》规定，被追诉人应当是不需要判处刑罚或者免除刑罚的，只不过按照现行《刑事诉讼法》，侦查部门无权对构成犯罪的案件自行撤案，从而只能移送公诉部门审查，作出不起诉决定。其实，如果从执法效果和执法效率角度看，此类案件侦查部门就可以在查明事实的基础上，作出撤案决定，而完全没有必要非得将此案件移送公诉部门再次审查，并依法作出相对不起诉决定。同样，对于一些轻微的刑事案件，如果符合上述情况，公安机关等侦查机关也应当有直接撤案的权力。例如，对于轻伤害案件，如果在侦查阶段，犯罪嫌疑人就和被害人达成了和解协议，且认罪悔罪，那就完全没有必要非得移送检察机关审查后，再作出不起诉决定。

[③] 《认罪认罚从宽试点办法》中规定，此类撤案应当层报公安部审批。笔者认为，应当以事后由检察机关侦查监督部门审查为宜。如果层报公安部审批的话，可能需要较为漫长的审批时间，不利于认罪认罚案件的及时处理；同时也不能避免自我监督的质疑。

[④] 侦查机关的不作为和乱作为行为与侦查机关是否有权力作出从宽决定没有太多关系，其根本原因在于侦查人员对犯罪嫌疑人口供的依赖，即使侦查机关没有作出从宽处理决定的权力，甚至就算没有认罪认罚从宽制度，认罪认罚不能得到从宽的情况下，只要口供仍然是证据之王的观念没有得到彻底清除，那么这些种种不作为、乱作为现象就不会从根本上得到治理。

减,随着认罪认罚行为在悔罪程度、对司法效率提供的贡献的减少,从宽幅度也应随之降低。在规定具体从宽幅度的时候,应当对是否真诚悔罪要高度重视,对那些不能诚心悔罪,仅是出于功利主义考虑而作出的认罪认罚行为,特别是对那些仅仅能够及时赔偿被害人而缺乏真心悔罪表现的情况,在从宽幅度上较之诚心悔罪的认罪认罚行为要大幅下降。此外,还应当对不同时点的认罪认罚行为规定不同的从宽幅度,认罪认罚行为越早,其从宽幅度就应当越大。

其次,探索建立程序性从宽机制。在认罪认罚从宽机制中明确规定,被追诉人自愿放弃正当诉讼权利而选择简化的诉讼程序的,可以在量刑上获得相应的从轻处罚,① 以此来促进被追诉人选择适用简化的诉讼程序的积极性,并提升诉讼的实际效率。类似的还有,应当对认同检察机关确定的罪名和量刑建议的,也视为一种特殊的认罪认罚行为,制定专门的从宽措施。

最后,及时将分层次的从宽处罚机制向社会公开。一方面,通过宣传让社会公众了解相关情况,既有利于犯罪嫌疑人能够根据自己的情况来进行判断取舍,又可以使社会公众能够增强对认罪认罚从宽制度的理解和认同;另一方面,也有利于通过社会公开的方式,避免和限制司法人员在认罪认罚从宽制度适用过程中的随意滥权。

(三) 进一步科学设立认罪认罚从宽程序

首先,明确认罪认罚从宽的启动程序。一般地说,司法机关和被追诉人都有权启动认罪认罚从宽程序。司法机关应当依照自身的职责,对案件的真相进行调查,这其中也应当包含对被追诉人在案发后的表现和态度等内容。如果发现被追诉人存在认罪认罚行为,则应当依职权启动认罪认罚从宽程序,对被追诉人的认罪认罚行为进行调查后,在案卷中予以记录。此外,司法人员还应当将向被追诉人介绍认罪认罚从宽制度,鼓励和倡导其认罪认罚,若被追诉人选择认罪认罚,则同样要将相关认罪认罚行为记录在案。当然,被追诉人也可以主动向司法人员反映自己在归案前的认罪认罚行为,并向司法人员提供相关证据以供其确认。同时,无论在归案前是否存在认罪认罚行为,被追诉人都可以在任何一个诉讼阶段,主动选择认罪认罚,从而启动认罪认罚从宽程序。

其次,规范认罪认罚行为的审查及从宽措施的决定程序。司法机关对于被追

---

① 这种情形的从宽幅度应当不宜太高,具体幅度可以考虑与积极赔偿被害人的情形大体相当。

诉人的认罪认罚行为应当及时展开调查，收集、固定相关证据，深入分析其认罪认罚行为的特征和性质，特别是对被追诉人是否真诚悔罪要准确把握。在对认罪认罚行为清晰界定的前提下，司法人员要按照前文中提及的"明码标价"式的层次化从宽细则，按图索骥，寻找对之对应的从宽措施，应当在本阶段终结的，迅速终结并向被追诉人及时宣布；不能在本阶段终结的，则将有关意见（如量刑建议等）制作相应的法律文书附卷一并移送下一个诉讼机关。

（四）要切实保障被追诉人的合法权益

首先，要高度重视被追诉人的认罪认罚行为。不仅要考虑之前已有的认罪认罚行为的问题，而且要尊重被追诉人关于认罪认罚的选择权，要认真记载，积极核实，并在依法作出从宽措施时予以充分考虑。

其次，要保障被追诉人辩护律师的合法权益。在认罪认罚从宽程序中，要保障辩护律师的阅卷、会见等合法权益，让辩护律师可以了解案件全貌，并保障被追诉人合法享有向辩护律师就认罪认罚行为及其后果充分咨询的机会。可以探索建立认罪认罚强制辩护制度。如果被追诉人认罪认罚而没有聘请辩护人，可以考虑以法律援助的形式指派律师对其提供相关咨询服务。

最后，切实规范司法人员开展的认罪认罚从宽机制的宣传和倡导行为。开展认罪认罚从宽机制的宣传，必须坚持全面准确，特别是要针对具体案件的具体情况，详细地向被追诉人介绍认罪认罚行为的后果，严禁采取刑讯逼供以及威胁利诱等手段，逼迫和诱骗被追诉人认罪认罚。[①]

（五）建立健全对认罪认罚从宽制度的监督制约机制

构建科学规范的认罪认罚从宽制度，必须要有一套相对完善的监督制约机制。当然前文论述的充分保障被追诉人的合法权益就是一项重要的监督制约机制。除此之外，还应当从以下几个方面加以完善：

其一，要通过公开促进公平。要建立认罪认罚从宽制度的信息公开，司法机关在适用认罪认罚从宽机制并作出终结性决定的，应当依法将相关的法律文书（撤案决定书、不起诉书、判决书）等，在相关网站上向公众公开，以备查询和

[①] 可以考虑推广职务犯罪侦查中讯问全程录音录像制度或者探索建立讯问被追诉人律师在场制度等方法来从根本上杜绝此类问题。

监督。① 通过信息公开，将认罪认罚从宽制度的运行置于阳光之下，接受包括被追诉人、被害人等诉讼参与人以及其他社会公众的监督，从而减少和避免渎职滥权行为，维护司法统一和公正。

其二，要将认罪认罚从宽机制纳入司法责任制②的考核考评范围。司法人员在适用认罪认罚从宽机制过程中，也实行"谁办案，谁决定""谁决定，谁负责"，制定科学规范的履职清单和权限清单，明确履职权限，落实司法责任。作出相关决定的司法人员要对自己作出的从宽措施决定终生负责，将认罪认罚从宽机制适用效果作为一项重要的业务工作，纳入对司法人员的业绩考核范围。通过责任的落实，来倒逼和督促执法行为规范化和法制化，并以此为抓手促进认罪认罚从宽机制的规范运行。

其三，要充分发挥司法机关之间的监督制约作用。一方面，我们应当按照《刑事诉讼法》"分工负责、互相配合、互相制约"的原则，公安（以及其他侦查机关）、检察、法院要在刑事诉讼过程中，对其他司法机关的认罪认罚从宽活动进行审查，对发现的问题应当依法纠正。另一方面，要发挥检察机关的法律监督作用。检察院的侦查监督和审判监督部门，要积极履职，对在侦查活动和审判活动中的认罪认罚从宽活动实施监督，确保法律的有效执行，维护司法公正。

（六）进一步规范对被追诉人认罪案件的法庭审理

首先，要清晰界定对被追诉人认罪案件的证明标准。

对于被追诉人认罪案件的证明标准，学界有多种观点。有学者主张，在被告人认罪的案件中对被告人定罪事实证明所要达到的确信程度可适当低于普通程序所要求的"排除合理怀疑"；③ 有学者主张，"基本事实"清楚和"基本证据"确实、充分就可以认为达到了《刑事诉讼法》所要求的证明标准；④ 有学者主张，仍须坚持"案件事实清楚，证据确实、充分"的证明标准，与之同时，控方在证明被告人应受刑事制裁的过程中证明责任发生相应变化。这一变化体现在减轻控方审查起诉，准备公诉活动，参与庭审举证、质证等方面的负担，但不意

---

① 在信息公开时，要注意保护诉讼当事人合法的隐私权。
② 目前，司法责任制仅在检察院和法院诉讼活动中推广，但笔者认为，作为侦查机关的公安机关在刑事侦查活动中也可以参照检、法的司法责任制，实行相关的办案责任制。
③ 谢登科：《论刑事简易程序中的证明标准》，载《当代法学》2015年第3期。
④ 陈光中：《认罪认罚从宽制度若干重要问题探讨》，载《法学》2016年第8期。

味着降低证明标准或者取消庭审程序。①

笔者赞同最后一种观点。认罪认罚案件与不认罪认罚案件在证明标准上不能有什么本质差别。因为，如果放弃或者降低了"事实清楚，证据确实、充分"或者"排除合理怀疑"的证明标准，就会造成对"事实不清楚或者说是不完全清楚，证据不确实、充分或者不完全确实充分"、存在"合理怀疑"的"存疑之案"要依据降低了的证明标准来定案，只不过因为被追诉人的认罪认罚行为，这个"存疑之案"要从宽处罚。这样就又回到"疑案从有、疑案从轻"的老路上了。因此，认罪认罚案件与不认罪案件只能在证明程序上有所区分。

被追诉人认罪与不认罪在法律上最为本质的区别，就在于被追诉人对于被指控的犯罪事实是否认同。如前所述，对被指控的犯罪事实的认同，就意味着被追诉人与控诉方的关系不再是完全对立的，在犯罪事实的认定上已经达成共识，也就不会因此而发生论辩和交锋。② 在这个背景下，基于控辩对抗前提下的有些诉讼程序就成为了可有可无的"摆设"和"鸡肋"，于是乎我们完全有理由，在认罪认罚案件的庭审中，简化有关对抗性的程序，如证据的质询、法庭的交叉询问、自由辩论③等。这并不会真正降低案件的客观证明标准，而仅仅是在程序上对证据的核实和调查适当放宽的方式。

其次，要准确界定认罪认罚案件法庭审理的重点内容。

一是要把被追诉人认罪认罚行为的自愿性作为法庭审查的重要内容。被追诉人的认罪认罚行为是认罪认罚案件区别其他案件的唯一特征。如果被追诉人的认罪认罚行为不是自愿的，其认罪认罚行为就会归于无效，由此其案件也就不能再视为认罪认罚案件了。因此，被追诉人认罪认罚行为的自愿性就必然成为法庭审理的首要关键。法庭审理认罪认罚案件时，首当其冲地就是要审查被追诉人认罪认罚的自愿性，要确立相对独立的被追诉人认罪自愿性的审查程序，就自愿性问题当庭询问被追诉人，听取其辩护人的意见，了解其认罪认罚的过程和情形。如有争议，还可以请相关讯问人员出庭作证，并调取相关讯问时的录音录像，来查明认罪认罚行为的真实情况。一旦发现被追诉人的认罪行为不是自愿的情况，则

---

① 陈卫东：《认罪认罚从宽制度研究》，载《中国法学》2016年第2期。
② 这并不排除两者之间在是否够罪，此罪彼罪以及量刑等方面仍然有可能会存在争议、论辩和交锋。
③ 此处讲的辩论仅是指就案件事实本身的辩论，而不包括对罪名、量刑等最终结果的辩论。因为，关于罪名、量刑等方面的辩解并不影响其认罪认罚行为的认定。

法庭要及时将案件转为普通案件进行审理。

二是要把被追诉人供述的真实性作为法庭审查的重点内容。对此，有学者提出，在被告人认罪案件中，法院没有必要对定罪问题进行实质性的法庭审理。①笔者认为不然。如前所述，我们不能因为存在认罪认罚行为就降低对犯罪事实的证明标准，尤其是不能仅仅依靠被追诉人的认罪供述，就自动确信其真实性。由于被追诉人已经认罪，为了防止"被迫认罪"和"替人顶罪"，特别是冤错案件的发生，必须对犯罪行为是否发生、是谁实施等基本事实要在审判程序中予以确认。按照刑事诉讼的一般规则，如果仅仅依靠犯罪嫌疑人的有罪供述，而没有其他旁证的情况下，是无法定案的。即使加上同案犯或者其他证人的证人证言作为旁证，而没有其他客观性证据的情况下，完全依靠言词证据也是要慎重定案的。因此，对于认罪认罚案件的法庭审理应当围绕被追诉人的有罪供述，结合在案的其他证据特别是其他客观性证据展开法庭调查，②还原事情真相，排除合理怀疑，形成内心确信。此外，认罪认罚行为的性质、发生时点等情节也是法庭审查的重要内容，应当逐项予以查明。

三是量刑程序作为认罪认罚案件法庭审理的关键环节应当得到足够的重视。一般地说，认罪认罚案件在案件事实的调查不应有太多的冲突和对抗。因此，量刑程序就成为了认罪认罚案件法庭审理中的"重头戏"，控诉方和辩护方③都将围绕量刑问题"粉墨登场"，各抒己见。法庭应当在认真听取各方意见后，结合案件的具体事实以及被追诉人认罪认罚行为的具体情况和公诉人提出的量刑建议，按照认罪认罚从宽制度的规定，依法作出判决。

最后，要构建科学的认罪认罚案件的法庭审理模式。④

如前所述，认罪认罚案件的法庭审理应当适当简化。我国目前法庭审理的简化模式包括两种：一种是简易程序；一种是正在试点的速裁程序。应当说，这两种简化的法庭审理模式，在维护司法公正、提高司法效率上发挥了明显的促进作用。但

---

① 陈瑞华：《"认罪认罚从宽"改革的理论反思——基于刑事速裁程序运用经验的考察》，载《当代法学》2016年第4期。

② 当然，在具体调查过程中，由于被追诉人的认罪，有些诸如质证、辩论等环节可以简化或者省略。下文中将专门就此展开论述。

③ 有时，被害人也可能会在此环节提出自己关于被追诉人量刑问题的意见。

④ 一般来说，大部分认罪认罚案件应当进入审判阶段，只有少量轻微刑事犯罪案件在侦查、审查起**诉**阶段可以出罪化处理，而不再进入审判阶段。

仍然存在着形式缺乏多样性、简者不简等问题，仍然有碍认罪认罚从宽制度作用的发挥。因此，应当进一步加以完善，更好地发挥认罪认罚从宽制度的优势。

一是必须要严格法庭审理简化模式的适用条件。一方面，必须要坚持被追诉人认罪，对指控的犯罪事实没有异议作为前提条件。[①] 当然，被追诉人的认罪行为必须是自愿、真实的。如果法庭审理过程中，发现被追诉人的认罪行为不是自愿、真实的，就应当及时转为普通程序审理。另一方面，必须充分尊重被追诉人程序的自愿选择权。适用简化的法庭审理方式，应当以被追诉人同意为前提。被追诉人也有权随时反悔，并转为普通程序审理。

二是要借鉴西方国家刑事速裁程序的命令模式，构建符合我国国情的刑事处罚令制度。在坚持被追诉人认罪并同意适用简化审理程序的前提下，对于那些案件"事实清楚、证据确实充分"，且被追诉人对指控的罪名以及具体量刑建议都没有异议的轻微刑事犯罪案件，可以考虑采取不开庭书面审理的方式，由法官在对案件卷宗进行审查的基础上签发刑事处罚令作为判决。对于创设刑事处罚令程序的改革，可以考虑将其适用范围限制在可能判处一年以下有期徒刑缓刑、单处罚金和免除刑事处罚的轻微刑事案件。对此，有学者指出，在被告人"自愿认罪"的基础上不进行或者不完全进行法定程序所要求的调查，法院径行或者以自行简化的程序判决被告人有罪，与"以审判为中心"的改革正好相反。[②] 还有学者认为，对轻微刑事案件进行开庭审理仍然是有必要的，因为这些轻微案件有可能恶化成严重犯罪，开庭审理对被告人是一次法制教育的过程，有利于及时纠正被告人违法犯罪的错误思想，促使其在刑罚执行完毕后及时回归社会。[③] 其实不然，由于这些轻微刑事案件本身案情就相对简单，被追诉人又对被指控的犯罪事实、罪名和最终的量刑建议积极认同，在保障其上述认同都是自愿、真实的情况下，即使开庭审理，也没有什么太多需要论证的，只不过是走个过场。因此，开不开庭审理已经没有太多意义了。加之将适用范围严格限制在判处一年以下有期徒刑的缓刑、单处罚金和免予刑事处罚的较小范围，并不会对"以审判为中心"的改革造成太大的影响。至于可能转化为严重刑事犯罪的情况，完全可以通过转

---

① 如果被追诉人只是认罚而不认罪，则不能适用法庭审理的简化模式。
② 张建伟：《以审判为中心：权利保障角度的纵深解读》，载《中国政法大学学报》2016年第5期。
③ 汪建成：《以效率为价值导向的刑事速裁程序论纲》，载《政法论坛》2016年第1期。

为普通程序的方法加以解决；同时，对被追诉人签发刑事处罚令本身就是对其进行法制教育的一种形式。

三是适时推广速裁程序，并适当扩大其适用范围。要在总结试点经验的基础上，适时将速裁程序推广到全国范围。另外，可以考虑将其范围适当扩大。一方面，不再将适用的罪名限定在试点方案的十一种罪名，扩展至所有罪名。因为，严格将其适用范围限定在可能判处三年以下有期徒刑刑罚的案件，[①] 就把大部分严重刑事犯罪都排除在外了。此外，即使在个别情况下，有可能会出现某个被追诉人涉嫌故意杀人等严重刑事犯罪的罪名，但却因为某些特殊原因而可能会被判处三年以下有期徒刑的情况，[②] 这时此被追诉人的社会危害性也必然是较为轻微的。另一方面，将犯罪嫌疑人、被告人与被害人或者其法定代理人、近亲属没有就赔偿损失、恢复原状、赔礼道歉等事项达成调解或者和解协议的情形从禁止适用范围中取消。是否与被害人就赔偿等问题达成和解协议，是是否适用和解程序的前提，但并不能因此就剥夺了被追诉人选择适用速裁程序的权利。因为是否适用速裁程序的关键在于是否能够对指控的犯罪事实、涉嫌罪名以及最终的量刑建议都自愿、真实地认同，而不论其是否得到了被害人的谅解。当然，在这种情况下，法官应当充分听取被害人关于量刑的意见，并在最终判决时予以考虑。

至于其他认罪认罚案件，则视情况分别适用简易程序和普通程序。在被追诉人自愿选择的前提下，将认罪认罚案件根据可能判处的刑罚进行区分，分别采取不同的法庭审理程序。其中，可能判处五年以下有期徒刑的案件由独任制审判员以简易程序审理；可能判处五年以上有期徒刑的案件由合议庭以简易程序审理；可能判处无期徒刑、死刑的案件，则应当适用普通程序审理。

---

① 在《认罪认罚从宽试点办法》中已有这方面的规定，我们可以考虑将其扩大至全国范围。
② 例如，为减少病人的治疗痛苦，在病人的要求下对病人实施安乐死的情况。

认罪认罚从宽制度试点情况实证调研

温小洁[①]

2016年，全国人大常委会《关于授权最高人民法院、最高人民检察院在部分地区开展刑事案件认罪认罚从宽制度试点工作的决定》出台后，北京等地被确定为试点地方，试点工作为期二年。从总体情况来看，试点工作严格依法有序开展，整体运行情况良好，进入全面、规范适用阶段，已取得阶段性成效。实践证明，通过对认罪认罚案件分流处理，简单案件快办，疑难案件精办，实现诉讼程序与案件难易、刑罚轻重相适应，有利于优化司法资源配置，促进庭审实质化，必将对推进"以审判为中心"的刑事诉讼制度改革产生积极的影响，在更高层次上实现公正与效率相统一。为全面推动刑事案件认罪认罚从宽制度试点工作深入、健康发展，笔者对试点地区A市法院开展认罪认罚从宽制度的情况进行了调研，归纳了试点审判工作的总体情况，总结了试点工作中行之有效的做法和成功经验，认真梳理存在的主要问题，深入分析问题原因，并结合审判工作实际，提出了进一步完善顶层制度设计的一些意见和建议，形成如下调研报告。

一、试点运行情况分析

（一）适用比例

从目前总的情况来看，试点基本集中在一审法院。自试点开始至2018年8月31日，A市法院共审结认罪认罚案件18157件，20026人，占同期审结的全部一审刑事案件数的65.7%。

从试点以来各月的适用情况来看，因前期刑事速裁试点工作取得的先发优

[①] 温小洁，法学博士，北京市高级人民法院刑一庭审判员。

势，A市法院适用认罪认罚案件数量及所占刑事案件的比例持续保持在高位，月适用率从62.7%~79.7%不等，在全国范围内处于领先水平（见图1）。

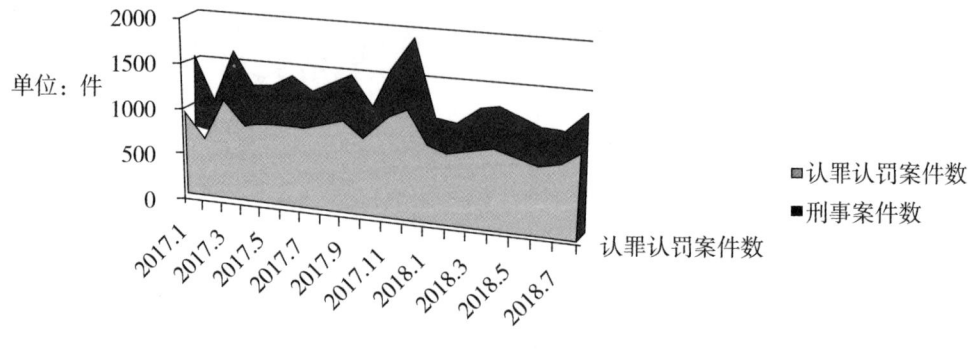

图1

（二）适用程序

据统计，在18157件认罪认罚案件中，适用速裁程序为12737件，占比70.1%；适用简易程序为3893件，占比21.4%；适用普通程序为1527件，占比8.5%（见图2）。

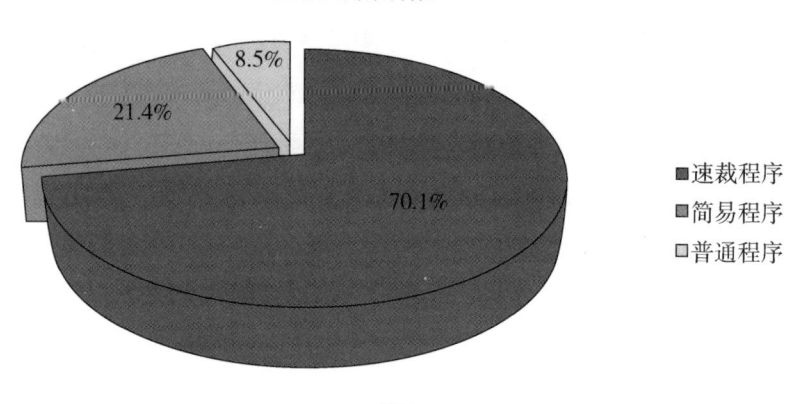

图2

（三）案由分布

据统计，在18157件认罪认罚案件中，危害公共安全案件5650件，占比31.1%；侵犯财产案件4757件，占比26.2%；妨害社会管理秩序案件3507件，占比19.3%；侵犯公民人身权利、民主权利案件2879件，占比15.9%；破坏社会主义市场经济秩序案件1153件，占比6.4%；贪污贿赂案件82件；其他案件129件（见图3）。

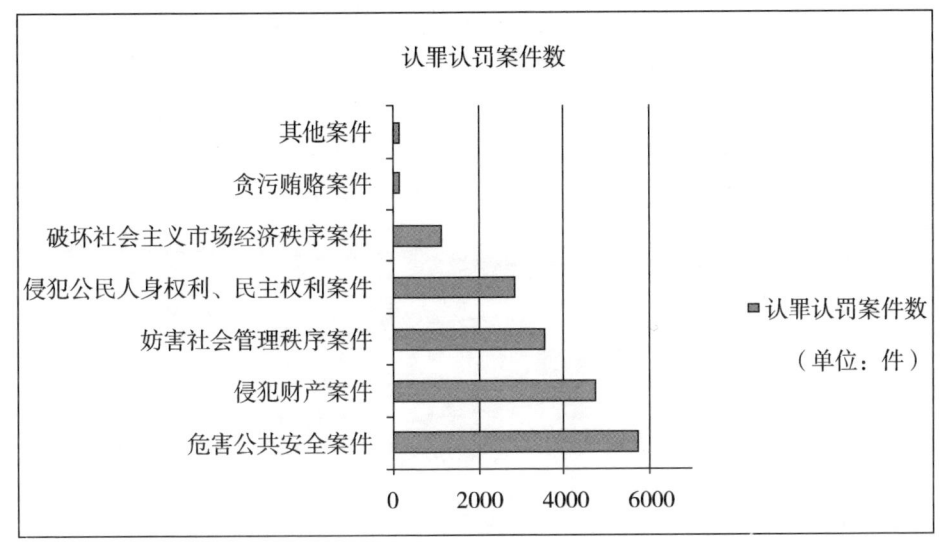

图 3

（四）强制措施适用

在审结的 20026 名被告人中，适用拘留、逮捕羁押性强制措施的 14520 人，占比 72.5%，适用取保候审的 5506 人，占比 27.5%（见图 4）。

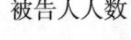
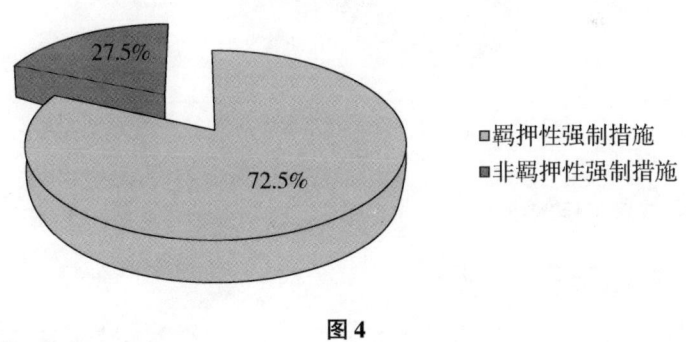

图 4

（五）判刑情况

对于适用认罪认罚案件的被告人，依法应从轻或减轻处罚。其中在审结的 20026 名被告人从轻处罚的 19704 人，占比 98.4%；减轻处罚的 308 人，免予刑事处罚的 14 人（见图 5）。从判刑情况来看，判处三年以下有期徒刑、拘役、缓刑、单处罚金、免予刑事处罚的共 19390 人，占比 96.8%。超过三年有期徒刑的为 636 人，仅占 3.2%（见图 6）。

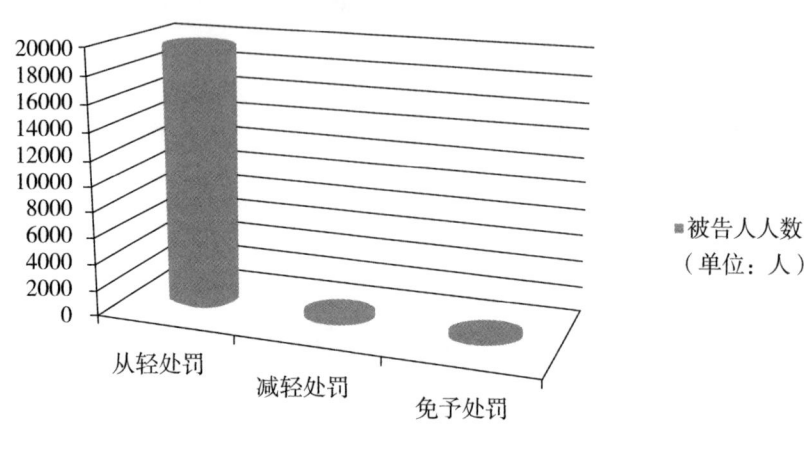

图 5

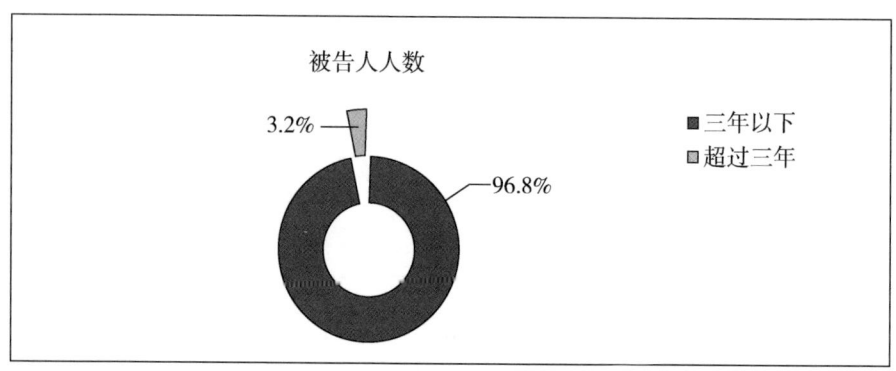

图 6

二、开展试点工作的成效

(一)审判效率得到极大提升

适用认罪认罚的案件,庭审活动更加高效紧凑,绝大多数能够当庭宣判,案件的整体审理周期也进一步缩短。在 18157 件认罪认罚案件中,当庭宣判的 15745 件,占比 86.7%。10 天以内审结的 11464 件,占比 63.1%;10 天以上 20 天内审结的 5040 件,占比 27.8%;20 天以上 1 个月内审结的 571 件,超过 1 个月审结的 1082 件,分别占比为 3.1% 和 6.0%。

(二)律师辩护率提高,逐步实现律师全覆盖

有效获得法律帮助是确保犯罪嫌疑人、被告人自愿认罪认罚的保障,也是制度适用合法性的前提条件。为此，全市法院从试点初期开始逐步加大律师覆盖的力度。[①] 对于适用简易、速裁程序审理的案件，被告人没有委托辩护人的，安排值班律师为其提供法律帮助；对于适用普通程序审理的案件，被告人未委托辩护人的，通知法律援助机关指定辩护律师。通过积极落实认罪认罚中的法律帮助原则，除了个别被告人拒绝律师辩护以及不符合条件的案件外，全市法院目前已经实现了刑事案件律师全覆盖。

（三）裁判效果和社会效果良好

适用认罪认罚试点的案件，因绝大部分判处三年以下有期徒刑、拘役等轻刑或适用缓刑，宽严相济刑事政策得到进一步落实。同时，中级法院也认真贯彻改革部署，勇于创新，积极探索重罪案件适用认罪认罚从宽制度的新经验，审理期限及庭审用时大大缩短，且当庭宣判，被告人认罪服判，试点工作的形式进一步创新。

部分试点法院精心选择案例，对适用速裁程序审理的案件进行了适度宣传报道。如某法院打造"全媒体"传播模式，集中宣传刑事案件认罪认罚试点，形成常规图文和创意漫画的有机结合，传统媒体和新媒体全面覆盖的宣传效应，让民众直观感受认罪认罚在提高诉讼效率、节约司法资源等方面的显著效果，为刑事案件认罪认罚的适用创造了良好的社会环境。

三、开展认罪认罚从宽试点工作运行效果总结

（一）经验模式总结

1. 以"制度化"为龙头引领试点工作

为尽快让试点工作落地生根，试点法院从审判需求出发，不断建立健全相关制度。为了确保试点规范、统一适用，A市高级法院联合市检察院、市公安局、市国安局、市司法局会签了关于开展刑事案件认罪认罚从宽制度试点工作实施细则，对认罪认罚的适用作了进一步的细化，为开展试点提供了更加细致的规范依据。有不少区法院也积极联合相关政法单位制定了具体实施办法或实施细则，明确各政法单位的职责分工，细化办理流程，畅通对接机制，确保制度的可操作性。

[①] 2017年10月开展的律师辩护全覆盖试点工作的推行也为认罪认罚制度的进一步深入推进提供了制度的配套保障。

2. 以"集约化"为主线确保试点成效

在试点工作中，淡化对庭审程序再简化、再提速的要求，将重点转向合理调配现有审判资源、挖掘内部潜力的工作思路。例如，有的试点法院打破审书固定搭配的工作方式，尝试设立书记官办公室，将法官助理（书记官）、书记员集中管理，与轮值法官对接，对认罪认罚案件进行"集约化"快速处理。法官助理（书记官）负责庭前查阅案卷、证据材料，交流控辩双方意见，提出定罪量刑意见建议，草拟裁判文书。轮值法官原则上庭前不再阅卷，完全依靠庭审活动形成内心确信，综合考虑庭审情况和法官助理（书记官）所提意见建议，当庭作出裁判并签发、印制法律文书。书记官办公室的设立，不仅有助于明确法官助理的职责、定位，调动其工作积极性，而且可以通过"集约化"处理方式，提升认罪认罚案件的审判效率。轮值法官庭审前与案件相对隔离，既能有效防止先入为主、保证裁判中立，同时也加强了对认罪认罚案件的廉政风险防范。

3. 以"全程简化"为工作思路实现诉讼流程和效率的再提速

试点法院充分考虑改革的系统性、整体性，在推进试点过程中统筹兼顾，确保各项改革之间相互促进、协调发展。为进一步发挥专业化审判优势，试点法院充分发挥"公安机关执法办案管理中心＋检察机关派驻检察室"改革工作模式的职能作用，在区公安分局执法办案中心及看守所分别设立"速裁法庭"，根据犯罪嫌疑人、被告人认罪时间节点不同，对轻罪案件层层及时分流，最大限度地压缩了简单轻罪案件的办案周期，尽可能缩短了犯罪嫌疑人、被告人[①]的审前羁押期限，实现了"全流程"速裁模式质的飞跃。

4. 以人权保障为重点打造公正与效率平衡的运作模式

试点基层法院与区司法局、区律协紧密协作，大力推进法院法律援助工作站的建设，充分保障认罪认罚被告人的合法权利。目前 A 市法院基本上设立了法律援助工作站，实现了值班律师常驻法院，保证值班律师能够根据案件和审判需要随时提供法律帮助。明确赋予值班律师阅卷权，规定值班律师可以参照刑诉法的规定查阅、摘抄、复制案卷材料，办案部门应予以配合并免收费用，避免值班律师因不了解案件情况导致法律帮助流于形式的问题。增加值班律师在量刑协商、

[①] 编辑按：本文"犯罪嫌疑人""被告人"含义接近、互为补充，为保证作者原意，未强求统一。请读者结合语境理解。

程序选择等问题上的话语权，值班律师在场见证具结书签署时，有权对量刑建议和程序选择提出反对意见。部分试点法院还探索了值班律师一律以法律援助形式担任辩护人，为被告人提供法律帮助和辩护的做法，提升了法律帮助的有效性。

5. 以"规范化"为保障促进从宽尺度统一

为将"实体从宽、程序从简"落到实处，试点法院将认罪认罚的及时性、稳定性和对案件侦破价值等情况作为量刑时的重要考量因素，根据不同情况予以不同程度从宽，探索建立阶梯式的分级从宽量刑模式，激励引导犯罪嫌疑人、被告人及时认罪认罚。从刑事案件类型出发，以最高法院《量刑指导意见》为指导，制定常见认罪认罚案件量刑指引，细化常见罪名案件量刑幅度和罚金刑的适用标准，确保规范化量刑在认罪认罚案件中的落实，实现量刑尺度相对统一，切实防止宽严失据、起伏波动。

6. 以"信息化"为支撑提高工作效率

试点法院从保障被告人诉讼权利和提升办案质效双重目标出发，以数字化标准加快速裁法庭建设，架设高清视频庭审、会见系统，满足公开审判、远程庭审、视频法律帮助等多种需求。部分试点法院借助信息技术手段，将送达起诉书、批准逮捕、送监执行等环节的事务性工作模板化，初步搭建起轻微刑事案件文书批量生成平台。对于同类型轻微刑事案件，法官助理、书记员借助平台可批量生成、打印送达笔录、出庭通知、批准逮捕手续、送监手续等。还有的试点法院设计开发了"公检法司信息化办公平台"，利用现有即时通信软件的信息提醒、文件传输、讨论组构建等方面的功能，初步实现了政法单位间认罪认罚案件的信息共享。

（二）存在问题检讨

1. 试点仍存在较大的提升空间

（1）试点开展不平衡。从A市法院试点工作情况来看，有的试点法院比较突出，适用比例较高；但有的试点法院组织力度和协调保障不够，主要是等、靠、看，试点案件数量偏少、比例偏低、范围偏窄。

（2）试点适用案件范围有限。从《试点办法》的规定来看，认罪认罚从宽制度的适用范围并不受程序、审级范围的限制，但目前从实践中的适用来看，主要还是以基层法院审理的一审案件为主，且绝大多数是速裁程序和简易程序案件。在中级法院、普通程序中重罪案件的适用很少。

出现上述情况，主要原因在于推行认罪认罚试点之初，因各项法律规范不成熟，对可能的后果无法预知，试点法院采取保守态度，导致在实践中压缩了认罪认罚的适用范围。

2. 程序简化的效果空间有限

（1）审前阶段的适用不足。主要表现在，侦查机关成了旁观者，公诉机关参与积极性不高。针对自愿认罪认罚的犯罪嫌疑人，在其罪行较轻的情况下，侦查机关往往怠于行使变更强制措施，导致其审前羁押时间过长。有的试点地区检察机关对符合条件的案件没有建议适用，有的按认罪认罚案件移送起诉，但没有提出量刑建议，或者没有就量刑建议听取犯罪嫌疑人、被告人意见，也没有制作认罪认罚具结书，到法院才启动，导致工作比较被动。单纯从压缩审判周期和庭审时间来看，庭审已经没有了可进一步压缩的空间。因此，扩大认罪认罚的适用还是需要在审前阶段大做文章。

（2）控辩双方的协商程序不规范。公诉机关与犯罪嫌疑人、被告人之间的量刑协商，缺乏具体的程序规范，没有可供参照的规则予以指引。

（3）审判效率的提升有限。从审判实践来看，认罪认罚案件庭审过程大大缩短，但仅限于庭审流程的简化，对于整个审判工作来说，没有根本性的改变。由于庭审的简化，法官庭前审查证据和被告人认罪认罚的自愿性就显得尤为重要，审判重心由庭审转移到了庭前，审判工作量没有显著减少；审判事务性工作依旧烦琐，为了缩短审限，单位期间内的工作量反而增加；根据《试点办法》规定，犯罪嫌疑人、被告人在侦查、审查起诉和审判三个阶段均需要获得法律帮助，签署文书材料，人为增加程序烦琐，与制度目标背道而驰。

（4）服判息诉的功能未达预期。从理论上来说，只要法院在公诉机关的量刑建议幅度内作出判决，被告人上诉的概率应该为零。但实践并非如此。究其原因在于，一是有相当部分的上诉人因其剩余刑期如果在三个月以内，即可不用移送到监狱服刑，进而会通过上诉拖延判决生效的时间来达到留在看守所服刑的目的；二是我国《刑事诉讼法》设置的是无理由上诉制度，也就是说被告人不服一审判决，无须提出任何理由。

3. 对被追诉人的权利保障亟待健全

（1）犯罪嫌疑人、被告人缺乏启动主动权。《试点办法》明确侦查机关、公诉机关、审判机关应当告知犯罪嫌疑人、被告人认罪认罚可能导致的法律后果。

但实践中，侦查机关却较少告知犯罪嫌疑人有关认罪认罚的事项，而公诉机关则对于启动认罪认罚从宽制度享有较大的自主权。

（2）认罪认罚自愿性的审查缺乏具体操作标准，审查流于形式。根据试点文件规定，适用认罪认罚从宽制度，犯罪嫌疑人、被告人必须是自愿认罪认罚，自愿性是制度适用的前提，而及时、充分知晓认罪认罚制度规定，又是最大化促进制度适用和增强自愿性的保障。从词义来讲，认罪认罚从宽不难理解，且与"坦白从宽""宽严相济"等刑事政策一脉相承，一经告知即可明白，基本不存在不能理解情况。但从实践情况来看，主要存在以下问题：在侦查阶段，犯罪嫌疑人、被告人未能有效得到值班律师在场帮助，获知认罪认罚的意义；在审查起诉环节，检察人员确定量刑建议基本上不听取犯罪嫌疑人、被告人的意见，量刑协商缺失；在审判环节，法官主要就"被告人是否自愿认罪认罚"进行例行公事似的讯问，不具备任何实质意义的审查。在认罪认罚表示方面，犯罪嫌疑人、被告人整体上呈现被动性强，及时性、自愿性不足的情况。

（3）律师参与的广度、深度有限，导致犯罪嫌疑人、被告人难以获得有效辩护。《试点办法》未明确辩护律师参与控辩协商的权利以及方式，特别是法律援助值班律师，由于不具备辩护人的身份，其在案件处理过程中的法律地位、职责权限模糊，其应该如何参与控辩协商的问题在实践中尤为困惑。且值班律师仅能从形式上见证协商过程和自愿性，无法提供实质性的帮助和监督，影响了法律帮助的有效性。

4．对"从宽"的理解和认识存在片面性

（1）程序从宽重视不足

认罪认罚从宽制度是集实体与程序于一体的综合性法律制度。它既存在于刑法适用定罪量刑过程中，同时也存在于刑事诉讼不同程序以及程序的不同阶段。但受长期以来"重实体轻程序"的一贯观念影响，现行法律制度中已有的体现认罪认罚从宽精神的具体制度或具体规定也难免呈现出这一偏向。在传统观念上，"认罪认罚从宽"属于实体法范畴，似乎与程序法无涉。因此，在实体法上规定的比较多，而在程序法上规定得比较少，而且不够充分。主要表现在：第一，对于认罪认罚与从宽的关系不够明确，如适用简易程序要求犯罪嫌疑人、被告人认罪，但认罪之后是否应当从宽以及如何从宽并未规定。第二，对犯罪嫌疑人、被告人认罪自愿性的程序保障不够充分。第三，实践中对非羁押性强制措施的适用较少，比例偏低。而认罪认罚从宽制度则从实体法领域向程序法领域突破，对于犯罪嫌疑人、被告人认罪认罚后的从宽，不仅应当体现在实体法上使其得到从宽处罚，而且还应当体现在程序法上使其获得从宽处理，如不予逮捕、撤销案件、不起诉以及适用简易程序等方面，应当予以一体化的审视，需要强调的是，与实体从宽相比，程序从宽的法律效力更值得关注和深入研究。比如，审前羁押率过高是我国当前强制措施适用的顽疾之一，认罪认罚从宽制度改革很有可能是解决这一问题的契机，在认罪认罚案件中贯彻审前的非羁押原则，严格把握羁押的合理性、必要性，既能体现对被追诉人认罪认罚的程序性从宽处理，又能降低刑事案件的审前羁押率，可起到一箭双雕之效。

（2）实体从宽地位不明确，直接导致量刑激励机制缺失

试点之前，《刑法》《刑事诉讼法》和相关司法解释中已有关于自首、如实供述、刑事和解、退赃、退赔等从宽处理规定。这些规定在认罪层面与认罪认罚从宽制度中的"认罪"规定应是同义的，也就是说，"认罪认罚从宽"中的"认罪"只是对现有法律规定中认罪情节的重申。而"认罚"主要是指犯罪嫌疑人、被告人同意检察机关的量刑建议，仅具有程序性意义，在"认罪"与"认罚"两者关系上，显然"认罪"是主要和核心的，"认罚"应当是从属性的。对于"认罪认罚"的法律后果，原有的法律规范已经作出规定，如果将"认罪认罚从宽"理解为是对原有规定的重申，那显然制度就失去了存在的意义，但试点文件并未明确"认罪认罚"从宽的幅度，是作为从轻还是减轻情节适用，直接导致审判阶段实体法适用的无所适从。

认罪认罚从宽地位的不明确，很大程度上还体现在，对于不同阶段的认罪认罚，实体从宽是否应当区别对待。例如，对于侦查人员首次讯问即认罪认罚与后续阶段方才认罪认罚，在证据不完善情况下认罪认罚与证据链条已形成情况下认罪认罚，在从宽方面应作多大程度区分，无规范可依，实体从宽落不到实处。这一有效激励机制的缺失，既影响被告人认罪认罚的积极性，也不利于息诉服判率的提高。

5. 对认罪认罚从宽案件证明标准的把握存在争议

早在开展刑事案件速裁程序试点以来，案件证明标准是否应有所区别就引起了实务界和理论界的广泛争议。有学者主张："对适用速裁程序的案件，可以适当降低证明标准，采取'基本事实清楚、基本证据充分'证明标准。这意味着，办理轻微刑事案件过程中，办案人员不必耗费大量司法资源去排除案件事实每一

个细节的合理怀疑,只要涉及定罪量刑的核心证据、重要证据能够排除合理怀疑即可。①"

2016年1月,中央政法工作会议在部署推进以审判为中心的刑事诉讼制度改革和认罪认罚从宽制度试点工作任务时提出:"研究探索对被告人认罪与否、罪行轻重、案情难易等不同类型案件,实行差异化证明标准。"这进一步激发了实务界和理论界关于认罪认罚案件证明标准的讨论。

我们认为,认罪认罚从宽案件仍然要坚持法定证明标准。主要理由在于:第一,从立法上说,认罪认罚案件的证明标准与其他案件并无不同。坚持案件事实清楚,证据确实、充分,不能通过降低证明标准的方式来加速程序运行,《试点办法》基本明确了这一精神。第二,举证责任的减轻并不等于证明标准的减低。在认罪认罚案件中,法庭质证、法庭辩论被简化或者省略,检察机关在出庭准备、庭审质证辩论方面的负担明显减轻,② 法官认定被告人构成犯罪的证据材料较之于被告人不认罪的案件有所不同,但这并不意味着在侦查阶段、审查起诉阶段公安机关、检察机关可以省却依法定程序收集、固定、移送能够证实犯罪嫌疑人、被告人有罪或者无罪、犯罪情节轻重的各种证据的法定责任,而且,刑事判决并非以控辩双方的合意,而是以达到法定证明标准的事实为基础的。第三,以减轻办案人员的负担作为降低证明标准的理由是不充分的。即使不降低证明标准,认罪认罚从宽制度也有利于提高犯罪嫌疑人、被告人认罪认罚的比例,降低收集证据尤其是获取犯罪嫌疑人、被告人有罪供述的难度和成本。同时,由于犯罪嫌疑人、被告人认罪认罚,法定证明标准更容易达到,不仅审前阶段的证据收集更加顺畅,而且法庭上的举证、质证以及审查、认定证据的程序也可以简化,整体诉讼效率肯定会有所提高。

需要注意的是,证明标准的实践把握,是一个极其技术化的司法适用。案件事实清楚,证据确实充分,已排除合理怀疑的案件出口中,怀疑的认知和合理的判断都很容易因为认罪认罚的出现,而形成另一套符合逻辑体系的心证链条,其实是对证明标准的一种隐性降低,需要严格避免。特别是在处理一些"定放两

---

① 廖大刚、白云飞:《刑事案件速裁程序试点运行现状实证分析——以T市八家试点法院为研究样本》,载《法律适用》2015年第12期。

② 孙长永:《认罪认罚案件的证明标准》,载《法学研究》2018年第1期。

难"案件中，为了适应证据的高标准要求，防止刑讯逼供等非法取证方式，需要鼓励犯罪嫌疑人、被告人自愿如实供述罪行，但同时也要避免对事实不清、证据不足的案件因犯罪嫌疑人、被告人认罪认罚而定罪的现象。对于"事实不清、证据不足"的"疑罪"案件能否启动认罪认罚程序，是我国认罪认罚从宽制度同英美法系国家的辩诉交易制度的一项重大区别。如果对"事实不清、证据不足"的案件适用认罪认罚从宽程序，无疑是认可了"疑罪从轻"的错误做法。①

当然，坚持法定证明标准，并不意味着不可以根据案件特点、证明对象的不同而进行灵活把握。对于认罪认罚案件的证明标准与证明程序，应当加以适当的区分。② 如前所述，因法庭审判的重心已经从指控犯罪事实的证明转变为对被告人认罪认罚自愿性的全面审查，认罪认罚从宽制度的证据规则可以适当简化。如庭审质证适当简化，如果控辩双方对与定罪量刑有关的事实、证据没有异议的，法庭审理可以直接围绕罪名确定和量刑问题进行。当然，对可能判处无期徒刑、死刑的案件，在适当从简的同时，法院应当注意对关键性证据的质证、核实。③

6. 个别审判质效考核管理目标与改革的方向不协调

随着认罪认罚从宽制度的推进，有些审判质效数据如何考核，值得思考。比如，适用认罪认罚从宽制度的上诉案件是否可以不开庭审理，与现有的开庭率存在冲突；再如，速裁程序的办理周期较短，而适用该制度的案件数量又占较大部分，为缓解办案的压力，在本应适用速裁程序的时候，公诉机关、审判机关一定程度上会更希望选择适用简易程序、普通程序，以此规避审限内结案考核的压力。同时，实行终身追究制的司法责任制度也极大影响法官试点的主动性。认罪认罚案件尤其是速裁程序案件，制度设计强调"速"——快审。在较短时间内梳理清楚案情，并作出裁判，对于法官要求很高，稍有不慎很容易出现差错。但当前对于犯罪嫌疑人、被告人供述的自愿性、真实性审查，大多限于形式审查。对大多数轻罪案件而言，侦查机关在取证过程中并未做到同步讯问录音录像，有的笔录内容甚至与录音录像内容完全不符，法官认定事实的错误风险无处不在。

---

① 樊崇义、李思远：《认罪认罚从宽程序中的三个问题》，载《人民检察》2016年第8期。
② 陈瑞华：《认罪认罚从宽制度的若干争议问题》，载《中国法学》2017年第1期。
③ 陈光中：《认罪认罚从宽制度实施问题研究》，载《法律适用》2016年第11期。

四、有关制度完善的立法和司法解释建议

（一）厘清认罪认罚从宽制度的内涵

何谓认罪认罚从宽制度，目前立法权威部门对此尚未提出明确定义，理论界和实务界则不乏各种界定和解读，甚至有观点将其看作借鉴国外辩诉交易制度的法律制度，导致当下关涉认罪认罚从宽制度的理论研讨和实践应用中，出现了诸多认识分歧及认识偏差。可见，明确认罪认罚从宽制度的概念和内涵是非常必要的。

认罪认罚从宽制度虽然是在党的十八届四中全会《决定》首次提出，但是，体现认罪认罚从宽制度精神的刑事政策、法律制度、法律实践活动在我国早已有之。如我国一贯奉行的"坦白从宽"和"宽严相济"的刑事政策就是认罪认罚从宽制度的政策依据。认罪认罚从宽精神的具体制度或具体规定在我国现行《刑法》和《刑事诉讼法》中均有体现，前者如自首、坦白、缓刑、减刑、假释等，后者如相对不起诉、附条件不起诉、简易程序、刑事和解等。基于现行刑事法律制度体现认罪认罚从宽理念或精神的规定缺乏系统性和制度化，在以上规定的基础上，党的十八届四中全会《决定》提出"完善刑事诉讼中认罪认罚从宽制度"的改革任务，而不是"建立认罪认罚从宽制度"。由此，认罪认罚从宽不是一项单一的法律制度，而是由一系列具体法律制度、诉讼程序组成的集合性的法律制度。

1. 关于认罪

根据《试点办法》的规定，认罪是指"如实供述自己的罪行"。理论界和实务界对此的主要争议在于，认罪是否仅限于所指控的犯罪事实，还是应当同时包括法律适用部分，即是否包括犯罪嫌疑人、被告人对自己行为性质（罪名、犯罪形态等）的认识。有观点认为，被告人如实供述罪行后又对行为性质进行一定的辩解，只要不否认影响定罪量刑的基本事实，不影响认罪的成立。[1] 我们认为，自首仅仅涉及认罪环节，但认罪认罚从宽制度中认罪与认罚是一体的，认罚以认罪为前提，只有犯罪嫌疑人、被告人对所指控的犯罪事实无异议，且对法律适用

---

[1] 陈国庆：《认罪认罚从宽制度若干程序问题探析》，载《人民检察》2017年第23期。

无分歧，才具备认罚的前提。如果对法律适用不认可，则无法实质上确认其是否"认罚"。① 因此，从认罪认罚从宽制度的精神来看，关于认罪的逻辑范围应当包括对犯罪事实与法律适用的双重认可。

2. 关于认罚

对于"认罚"的含义，现行刑事法律、司法解释并未对其作出权威性的规范。结合认罪认罚从宽制度的内涵，应从三个层面加以理解：②

首先，在实体法的意义上，犯罪嫌疑人、被告人认罚，即表示其在认罪的基础上，自愿接受所认之罪带来的刑罚后果。

其次，在程序法的意义上，认罚应当包含对诉讼程序简化的认可，即犯罪嫌疑人、被告人认可放弃其在普通程序中所享有的部分法定诉讼权利，以获得从宽处罚的优惠。

最后，在涉及退赃赔偿的案件中，犯罪嫌疑人、被告人积极主动退赃赔偿也应当是认罚的应有之义，以体现其悔罪性。

（二）区分不同诉讼阶段，明确认罪认罚从宽制度适用的侧重点

对于认罪认罚从宽制度适用于审查起诉阶段和审判阶段，理论学界和实务界的认识是比较一致的，但对于认罪认罚从宽是否能够适用于侦查阶段，则分歧较大，持反对意见者的主要理由在于：认罪认罚的前提是事实清楚，证据确实充分，侦查机关只有全面侦查取证，才能够达此目的，因此侦查阶段的主要任务是取证而不是认罪协商。由于侦查机关公权力的天然优势，侦查活动的秘密性等，若许可侦查机关促成犯罪嫌疑人认罪协商，则可能导致侦查人员放弃法定查证职责，不去收集能够证明犯罪嫌疑人无罪的各种证据，过分依赖获取犯罪嫌疑人的口供，导致采取威胁、利诱等方式迫使犯罪嫌疑人选择认罪认罚，造成冤枉无辜。③

我们认为，此种观点具有一定的道理，在侦查阶段，确实不宜由侦查机关履行与犯罪嫌疑人认罪认罚从宽的协商。但如前所述，认罪认罚从宽制度不是一项单一制度，它既存在于刑法适用定罪量刑过程中，同时也存在于刑事诉讼不同程

---

① 高德友：《认罪认罚从宽制度若干问题探讨》，载《河南社会科学》2016年第10期。
② 陈卫东：《认罪认罚从宽制度研究》，载《中国法学》2016年第2期。
③ 陈卫东：《认罪认罚从宽制度研究》，载《中国法学》2016年第2期。

序以及程序的不同阶段。在侦查阶段，落实认罪认罚从宽制度主要通过程序上的从宽处理来实现，即在办理程序上从速，减少审前羁押。

认罪案件非羁押化既是认罪案件诉讼程序的特征之一，也应该是我国认罪认罚从宽制度不可缺少的一环。① 具体而言，应当将认罪认罚作为考量犯罪嫌疑人是否具有社会危险性的重要因素，针对自愿认罪认罚的犯罪嫌疑人、被告人，且能够提供保证人、保证金或者住所的，综合判断不致发生社会危险性的，侦查机关应优先对其适用非羁押性的强制措施，一方面可以减少对犯罪嫌疑人、被告人的审前羁押时间，另一方面也可以降低国家的追诉成本。

（三）构建认罪认罚自愿真实性保障机制

认罪认罚从宽制度建立在犯罪嫌疑人、被告人自愿且真实认罪认罚的基础之上，如果犯罪嫌疑人、被告人的认罪认罚是在非自愿甚至是受到胁迫的情况下做出的，那么适用认罪认罚从宽制度不仅严重侵犯犯罪嫌疑人、被告人的诉讼权利，而且容易造成冤假错案，损害司法公正，使司法权威受到严重冲击。在推进认罪认罚制度试点过程中，应当着力解决建立犯罪嫌疑人、被告人认罪认罚自愿真实性审查保障机制。

1. 确保犯罪嫌疑人、被告人获得律师的有效帮助，是保证其自愿认罪的基本制度保障

由于认罪认罚从宽制度可适用于刑事诉讼全过程，因此，值班律师在不同诉讼阶段确保犯罪嫌疑人、被告人认罪自愿性的侧重点有所不同。侦查阶段的主要任务是收集证据和查获犯罪嫌疑人，侦查行为具有比其他专门机关采取的行为更为突出的强制力因素，因而犯罪嫌疑人在此阶段容易受到胁迫、诱供而作出非自愿的认罪表示。司法实践也证明了，刑讯逼供、暴力取证等容易导致犯罪嫌疑人非自愿认罪的行为往往发生在侦查阶段。所以，值班律师在侦查阶段确保犯罪嫌疑人认罪认罚的自愿性，除了向犯罪嫌疑人解释认罪认罚制度的利弊及其法律后果外，还应当查明犯罪嫌疑人是否受到刑讯逼供等。案件进入审查起诉阶段后，由于检察机关负责指控犯罪，其从工作角度而言更希望犯罪嫌疑人能够认罪认罚，因此，值班律师在此阶段也应加强对检察院是否存在违法要求犯罪嫌疑人认罪认罚的情形。案件起诉到法院后，由于法院有相应的庭审把关机制，因此值班

---

① 此点在《试点办法》第 6 条有明确体现。

律师主要应审查法官是否进行权利告知,是否履行审查被告人认罪认罚的自愿性等。①

2. 完善司法机关职权保障机制

从试点情况看,目前犯罪嫌疑人、被告人认罪认罚自愿性的司法职权保障机制已经基本建立,但也存在权利告知、听取意见形式化,控辩双方量刑协商时信息不对称,供述自愿性、真实性的审查判断机制和规则不健全等问题,容易给案件质量带来隐患。司法机关在完善自愿性保障机制方面还有很大空间,主要包括严格权利告知程序以及依法保障犯罪嫌疑人、被告人的辩护权和获得法律帮助权。具体来说,在审查起诉环节,检察人员在确定量刑建议时应充分听取犯罪嫌疑人及值班律师或辩护人的意见,尤其应当通知值班律师或辩护人在场,真正体现协商性,确保犯罪嫌疑人是在完全自愿的情况下签署认罪认罚具结手续。在送达起诉书副本时,法官需要向被告人进行权利告知,使其了解认罪认罚的后果,从而做出明智的选择。庭审调查环节,法官需要再次确认。

3. 建立程序回转机制

如被告人在审判阶段否定原来所作的有罪供述,或者不认可检察机关指控的罪名,或者对检察机关的量刑建议提出异议的,法院应将案件转为普通程序,被告人不应受到原先表示的约束,其应当具有程序选择和实体选择的自由。假如被告人与辩护律师在是否认罪或者案件应否适用简易程序方面发生异议的,也应当以被告人的选择作为最终的标准。即便辩护律师对指控的罪名提出异议或者对量刑建议不予接受,被告人坚持认罪认罚的,法院仍然可以适用速裁程序或者简易程序。②

(四) 程序从简应有实质性突破

程序简化是效率提升的前提,但近年来,刑事诉讼程序简化、流程简化的同时,在诉讼监督、权利保障等原则要求下,反而又增加多个工作环节的情况屡屡发生。如2012年刑诉法修改之前,简易程序案件公诉人无须出庭,法官在同等时间内可开庭审理多件案件,而刑诉法修改后,简易程序案件公诉人也必须出

---

① 张泽涛:《值班律师制度的源流、现状及其分歧澄清》,载《法学评论》2018年第3期。
② 陈瑞华:《"认罪认罚从宽"改革的理论反思——基于刑事速裁程序运行经验的考察》,载《当代法学》2016年第4期。

庭,在案多人少的情况下,法官、公诉人之间常常穿插开庭,徒增工作负累。再如,速裁程序不进行法庭调查、法庭辩论,公诉人庭审只是宣读庭前已经向被告人、辩护人送达的起诉书及量刑建议,无须出示证据,无须发表公诉意见,更不存在与被告人、辩护人展开辩论的情况。公诉人出庭实际只具有形式意义。认罪认罚案件也涉及此类问题。例如,犯罪嫌疑人在侦查、审查起诉环节已经获得法律帮助的,在审判环节仍强调应当获得法律帮助,但在控辩双方已经达成一致意见的情况下,庭前再次提供法律帮助的意义已经不大,在值班律师人手不足的情况下,反而成为制约诉讼效率提升的"瓶颈"。

综合试点中发现的程序从简问题,以下流程可以尝试简化:

1. 法律帮助集中实施。犯罪嫌疑人在侦查、审查起诉阶段已经获得充分法律帮助,同意认罪认罚,签署具结书的,在审判阶段可不再提供法律帮助。

2. 部分案件公诉人不出庭。对于速裁、小简易程序案件,可实施公诉人不出庭制度,只随案移送公诉意见书。在立法作出调整之前,可以考虑实施值班公诉人制度,公诉机关派驻固定人员出庭速裁、简易程序案件,且当庭具有一定的变更权限,以提高出庭效率。

3. 探索审判事务工作的信息化机制。建立诉讼服务平台,集中办理送达、记录等辅助性工作,如针对向被害人、被告人亲属等送达文书事项,直接由诉讼服务平台通过短信等方式告知。

4. 部分案件实行书面裁判。针对危险驾驶等客观性证据强或者危害性较为轻微的扒窃等速裁案件,完全可以实行书面裁判,无须开庭。

五、完善相关运行机制和配套机制的建议

(一)落实值班律师制度,提升犯罪嫌疑人、被告人获得法律帮助或辩护的有效性

《试点办法》明确了认罪认罚案件中犯罪嫌疑人、被告人有权获得法律帮助或辩护的权利。在制度设计上,目前主要是通过值班律师制度对认罪认罚案件中被追诉人的律师帮助权进行保障。但从目前试点情况来看,普遍存在值班律师帮助的实际效果不尽如人意、有效辩护缺位的现象,很难对维护犯罪嫌疑人、被告人合法权益起到实质性作用。

从《试点办法》的规定来看，尽管赋予了值班律师申请变更强制措施、选择适用程序、提出处理意见等部分"辩护权利"，但主要还是强调"提供法律咨询"，并把值班律师的职能概括为"法律帮助"，而非"辩护"。笔者认为，值班律师所提供的法律帮助的内容实则属于《刑事诉讼法》有关辩护规定的应有之义。2012年刑事诉讼法修正时对第35条"辩护人的责任"进行了重要修改，其中把原先的"维护犯罪嫌疑人、被告人的合法权益"修改为"维护犯罪嫌疑人、被告人的诉讼权利和其他合法权益"，它与该条前面规定的"提出犯罪嫌疑人、被告人无罪、罪轻或者减轻、免除其刑事责任的材料和意见"相并列，构成了实体辩护与程序辩护并重、审判辩护与审前辩护并存的新格局。在此情况下，就不能只是把出庭为被告人提出定罪量刑的辩护理解为辩护，审判前以及庭审中律师在定罪量刑之外维护犯罪嫌疑人、被告人诉讼权利和其他合法权益的行为，同样也是辩护。基于此概念，目前值班律师的工作当然属于辩护的范畴。[①] 从保障人权以及确保认罪认罚的自愿性需要出发，笔者建议将认罪认罚案件中值班律师的权利予以适当的扩大。

1. 享有阅卷权

提供帮助或辩护的有效性都必然建立在律师对于案情的充分了解之上。在以案卷笔录为中心的审查起诉、审判模式之下，阅卷是律师全面了解案情的最主要方式之一。值班律师不享有阅卷权，必然导致其所掌握案件信息的局部性和片面性，继而导致其为犯罪嫌疑人、被告人提供的咨询、建议缺乏必要的针对性。尤为重要的是，这将使得其在帮助犯罪嫌疑人、被告人与检察机关进行量刑协商时，由于信息的不对称而处于相当不利的地位。

值班律师需要全面了解案情，进而权衡认罪、认罚的价值，从专业的角度判断量刑建议是否适当。赋予值班律师阅卷权是非常有必要的。A市认罪认罚实施细则对值班律师的权利作了重要的补充，赋予其阅卷权，实践证明也起到了很好的效果。由于科技的进步，电子化日益普及，也可推行电子卷宗，能在节省诉讼资源的基础上，提高司法诉讼的效率。深圳市福田区等地已实现了卷宗电子化，并设立了电子阅卷室，值班律师能够快捷便利地获取相关案卷。

[①] 顾永忠、李逍遥：《论我国值班律师的应然定位》，载《湖南科技大学学报》（社会科学版）2017年第4期。

2. 享有会见权

在试点过程中，看守所虽然设有值班律师工作站，但有些试点地区的值班律师并不能会见到犯罪嫌疑人、被告人，主要原因是，值班律师既不是当事人委托的辩护律师，也非法律援助机构指派的辩护律师，而到看守所会见当事人必须持有"委托书"或"法律援助公函"，造成值班律师无法进入看守所。

会见权对于确保被追诉人获得有效帮助是非常必要的：第一，值班律师须通过会见向被追诉人解释有关认罪认罚从宽制度的内涵，向其解释认罪认罚制度的利弊及其法律后果等，使得被追诉人充分理解自己所作选择的意义以及可能带来的影响。第二，值班律师可以通过会见了解案件办理过程中是否有违法行为，认真查明犯罪嫌疑人、被告人作出选择时是否存在非自愿或非理性的情形，以起到监督认罪、认罚自愿性的作用。

随着电子信息科技的发展，值班律师可以远程视频会见被追诉人，提高便利性，使得被追诉人能够更加容易地获得值班律师的帮助。例如，有的试点地区已经开始在刑事速裁案件中尝试值班律师视频会见被追诉人的做法，收到了很好的效果。

3. 实质性参与协商

根据《试点办法》的规定，在侦查过程中，侦查机关应当听取值班律师的意见；在审查起诉过程中，人民检察院应当听取值班律师的意见，值班律师有权在场参与犯罪嫌疑人签署具结书过程。但在试点过程中，很多试点地区的值班律师在认罪认罚协商过程中的参与较为被动，其角色呈现出"见证人"化的倾向。分析其原因，与相关职权机关对值班律师作用的认识不清以及值班律师对自身定位认识不足有关。在犯罪嫌疑人与人民检察院从开始协商到达成认罚合意的整个过程中，应当赋予值班律师全程参与权。① 一方面，确保控辩协商对话的平等性，防止犯罪嫌疑人受到胁迫和强制，保障其认罪认罚的自愿性。这种协商要保持最低限度的平等性，协商双方就必须具有大体平衡的信息来源、相同的知识和技能以及相互尊重对方选择的可能性。检察官面对势单力孤的被告人，从心理上就具有明显的优势，就有可能对其进行威胁、引诱和欺骗，迫使其接受某一未必

---

① 《试点办法》第10条第2款虽然赋予了值班律师在犯罪嫌疑人签署具结书时的在场权，但律师在场不应局限于签署具结书时，而应全程参与整个协商过程。

公平的量刑方案。而解决这一问题的有效途径就是值班律师的参与。① 另一方面，能够帮助犯罪嫌疑人判断控方提出的量刑建议是否准确、合理，同时也会为犯罪嫌疑人争取到更多的量刑优惠。

（二）推进认罪认罚案件的量刑规范化

《试点办法》虽然规定，对自愿认罪认罚的犯罪嫌疑人、被告人可以依法从宽处罚，但均未明确从宽的幅度和标准。酌情从宽处罚是现阶段我国刑事案件中嫌疑人、被告人主动认罪的减轻情节之一，但并非法定的从轻情节，而是由法官酌情判断。酌情从宽具有较大的裁量空间，容易导致法官滥用职权，又致使犯罪嫌疑人、被告人难以有效预知从宽的效力，这不利于犯罪嫌疑人、被告人"认罪""认罚"的权衡选择，从而阻碍了认罪认罚从宽制度的推行。在犯罪嫌疑人、被告人具有其他从轻处罚情节的情况下，由于缺乏针对自愿认罪认罚同意适用的独立量刑标准，即使犯罪嫌疑人、被告人获得了从宽处罚的结果，也很难判断哪些量刑优惠是对其自愿认罪认罚同意适用的报偿。基于此，部分试点法院对认罪认罚案件的量刑规范化作了一定探索，实践证明也取得了很好的效果，但这一探索毕竟仅限于试点地点，无法保证更广范围内量刑上的统一。

1. 未来立法可以借鉴《量刑指导意见》有关常见量刑情节适用的规定，将同意适用认罪认罚作为独立的量刑情节。针对于此，有观点提出，在立法上应该将其提升为应当型（强制型）的法定情节，即如果被告人认罪认罚，应当从轻或者减轻处罚。② 笔者对此持不同意见。从实践情况来看，被追诉者认罪认罚的情形是复杂多样的，有的被追诉者口头上认罪但在陈述案件事实时避重就轻，或者屡犯不改、主观上的抗拒非常明显，有的被追诉者时供时翻，表现出明显的波动性，总体而言，被追诉者在认罪认罚的主动性、阶段性、充分性和稳定性等方面存在差异，难以确立认罪认罚的统一标准，并给予明确的规范评价。鉴于"可以"相对"应当"具有更大的包容性，在目前认罪认罚从宽制度尚不完善、例外情形尚难明确列举的情况下，不宜轻率地将柔性的"可以"改为刚性的"应当"。③

---

① 陈瑞华：《认罪认罚从宽制度的若干争议问题》，载《中国法学》2017 年第 1 期。
② 左卫民、吕国凡：《完善被告人认罪认罚从宽处理制度的若干思考》，载《理论视野》2015 年第 4 期。
③ 熊秋红：《认罪认罚从宽的理论审视与制度完善》，载《法学》2016 年第 10 期。

2. 设置具体从宽处理幅度的层级性。针对不同案件类型、不同时间节点、不同认罪认罚的具体方式来设置明确具体的量刑优惠幅度和标准，体现不同层级的差异性。比如，有的被告人认罪较为彻底，有的不够彻底，这说明行为人人身危险性降低的程度是不一样的，要进行不同的刑罚评价。认罪时间的不同，反映出行为人认罪、醒悟得迟与早。认罪还有主动与被动之分。行为人是由于自己的真心悔悟，而真心实意地承认自己的犯罪行为，还是在经过他人的教育、感化后认罪，乃至是在面临压力、不得已情况下的认罪，在量刑时都应予以不同的裁量。

新刑诉背景下的认罪认罚从宽制度

许兰亭[①] 李 飞[②]

2018年10月26日,全国人大常委会通过了关于修改刑事诉讼法的决定,其中关于认罪认罚制度的规定经过三审稿的反复修改也最终尘埃落定。作为"优化司法职权配置"的主要程序之一,从2016年9月授权"两高"在部分地区开展试点到最终以专门的程序写进刑事诉讼法,认罪认罚从宽制度确实在节约司法资源、提高司法效率方面发挥了实质的作用。但同时,作为一项新的制度,认罪认罚从宽制度在处理公正与效率的关系上也受到了质疑,特别是在涉及一同确立的速裁程序和值班律师制度时,该制度程序运作过程中的问题也会逐渐显露出来,这都是我们需要正视和亟待解决的。

一、认罪认罚从宽制度的法律框架和基本程序

认罪认罚从宽制度,是指犯罪嫌疑人、被告人自愿如实供述自己的犯罪,承认指控的犯罪事实,同意检察机关的量刑意见并签署具结书的,可以依法从宽处理的制度。该制度首先在总则部分予以规定,这预示着在刑事诉讼的整个程序或者大部分程序中必须遵循认罪认罚制度的明确规定和立法精神,然后在各个程序中予以细化,使专门机关和诉讼参与人在诉讼的各个阶段有法可依,至此勾勒出了认罪认罚从宽制度的法律框架和基本程序。

(一)立案阶段:侦查人员的告知义务

侦查人员在讯问犯罪嫌疑人时,应告知犯罪嫌疑人如实供述自己罪行可以从宽处理的法律规定和认罪认罚的法律后果。在诉讼程序的开始阶段,侦查人员就

---

① 许兰亭,中国政法大学刑事司法学院教授,北京市君永律师事务所律师。
② 李飞,中国政法大学硕士研究生。

负有告知犯罪嫌疑人认罪认罚从宽处理的相关规定的义务。

（二）侦查阶段

犯罪嫌疑人若自愿认罪，侦查人员应记录在案，随案移送，并在起诉意见书中写明有关情况。

（三）起诉阶段

1. 人民检察院的告知义务

人民检察院应当告知其享有的诉讼权利和认罪认罚的法律后果，听取犯罪嫌疑人、辩护人或者值班律师、被害人及其诉讼代理人对下列事项的意见，并记录在案：

（1）涉嫌的犯罪事实、罪名及适用的法律规定；

（2）从轻、减轻或者免除处罚等从宽处罚的建议；

（3）认罪认罚后案件审理适用的程序；

（4）其他需要听取意见的事项。

2. 适用认罪认罚程序的条件之一：签署认罪认罚具结书

犯罪嫌疑人自愿认罪，同意量刑建议和程序适用的，应当在辩护人或者值班律师在场的情况下签署认罪认罚具结书。

犯罪嫌疑人认罪认罚，有下列情形之一的，不需要签署认罪认罚具结书：

（1）犯罪嫌疑人是盲、聋、哑人，或者是尚未完全丧失辨认或者控制自己行为能力的精神病人的；

（2）未成年犯罪嫌疑人的法定代理人、辩护人对未成年人认罪认罚有异议的；

（3）其他不需要签署认罪认罚具结书的情形。

犯罪嫌疑人若认罪认罚，适用此程序的必要条件就是，除三种例外情况外，应当在辩护人或者值班律师在场的情况下签署认罪认罚具结书，以此保证认罪认罚的自愿性和合法性。

新增随案移送材料：认罪认罚具结书等。

犯罪嫌疑人若认罪认罚的，人民检察院应当在起诉书中就主刑、附加刑、刑罚执行方式等提出量刑建议，并随案移送认罪认罚具结书等材料。

（四）审判阶段

1. 庭前准备程序：审判长负有告知和审查认罪认罚自愿性、真实性和合法性的义务。

在庭前准备阶段,审判长应当告知被告人享有的诉讼权利和认罪认罚的法律后果,并审查认罪认罚的自愿性和认罪认罚具结书内容的真实性和合法性。

2. 程序分流:按照认罪认罚从宽程序或普通程序进行审理。

对于认罪认罚案件,人民法院依法作出判决时,一般应当采纳人民检察院指控的罪名和量刑建议,但有下列情形的除外:

(1) 被告人不构成犯罪或者不应当追究刑事责任的;
(2) 被告人违背意愿认罪认罚的;
(3) 被告人否认指控的犯罪事实的;
(4) 起诉指控的罪名与审理认定的罪名不一致的;
(5) 其他可能影响公正审判的情形。

人民法院经审理认为量刑建议明显不当,或者被告人、辩护人对量刑建议提出异议的,人民检察院可以调整量刑建议。人民检察院不调整量刑建议或者调整量刑建议后被告人、辩护人仍有异议的,人民法院应当依法作出判决。

二、认罪认罚从宽的制度属性与价值目标

(一) 制度属性:既具有实体法属性,又具有程序法属性

从实体上来说,认罪认罚从宽在实体上的表现是"从宽",核心内涵也应当是"从宽"。"宽严相济"作为我国的基本刑事政策,它要求根据犯罪的实体情况实行区别对待,做到该宽则宽,当严则严,宽严相济,罚当其罪。认罪认罚从宽制度作为宽严相济形势政策的制度化和新发展,核心内涵就是对自愿认罪认罚的犯罪嫌疑人、被告人依法作出实体上的从宽处理。具体的程序运作是,检察机关根据犯罪事实和对社会危害程度以及认罪认罚的情况,依法提出从宽处罚的量刑建议,人民法院在作出判决时一般应采纳人民检察院指控的罪名和量刑建议,但是如果被告人不构成犯罪,或者不应当追究刑事责任,或者违背意愿认罪认罚,否认指控犯罪事实,或者指控的罪名跟人民法院审理的罪名不一致,以及有其他可能影响公正审判情形的除外。

从程序上来说,认罪认罚从宽制度在程序上的表现是"从简""从快"。在认罪认罚从宽制度开展试点工作之前,另一项司法改革制度——刑事速裁程

序——已经完成了为期两年的试点。在此基础上，认罪认罚从宽制度也经过两年的试点后进一步扩大了案件适用范围。对认罪认罚刑事案件，特别是基层人民法院管辖的可能判处三年有期徒刑以下刑罚的轻罪案件，可以适用速裁程序进行审判，从宽、从快、从简处理，使犯罪嫌疑人、被告人在程序上获得从宽处理。

因此，认罪认罚从宽制度的核心是"从宽"，特色是"从快"，其具有实体法和程序法的双重属性。

(二) 价值目标：在保证公正的前提下，追求司法效率最大化

公正与效率是现代刑事诉讼追求的两大价值目标，而在这两个价值目标中，"公正"具有比"效率"更加优越的地位，也即"公正"是第一位的价值追求。在中共十八届四中全会通过的《中共中央关于全面推进依法治国若干重大问题的决定》中，首次提出认罪认罚从宽制度，其目的是实现"优化司法职权配置"，即作为实现刑事诉讼价值之一的效率而出台的。且根据官方的试点工作报告和试点地区的具体司法实践来看，认罪认罚从宽制度对诉讼效率的提高是十分显著的。因此，对于认罪认罚从宽制度在现实司法活动的运作中，应当更加强调追求"公正"，强调对犯罪嫌疑人、被告人合法诉讼权利的保障，坚持程序公正和实体公正的价值导向，使认罪认罚从宽制度在保证公正的前提下，实现司法效率的最大化。

三、值班律师在认罪认罚从宽制度中的作用

在认罪认罚从宽制度按部就班地开展试点工作的同时，法律援助值班律师制度在此基础上也应运而生。根据新修正的刑事诉讼法的规定，值班律师在定位上不同于辩护人，它不具有辩护人独有的阅卷、会见和调查取证权，而是专注于法律帮助，在"犯罪嫌疑人、被告人没有委托辩护人，法律援助机构没有指派律师为其提供辩护"的情况下，提供基础的法律服务，不对案件的办理做实质性深度的介入。值班律师虽然不具有辩护人的地位和权利，但是在认罪认罚从宽制度中也发挥着维护犯罪嫌疑人、被告人合法权益的作用，值班律师的作用主要体现在以下几个方面：

(一) 提早介入刑事诉讼提供基础的法律帮助

根据新修正的《刑事诉讼法》第36条的规定，值班律师常驻法院、检察院

和看守所，这就决定了值班律师相对于辩护人的一个优势：可以提早介入刑事诉讼程序。虽然刑诉法赋予值班律师为犯罪嫌疑人、被告人提供法律咨询、程序选择建议、申请变更强制措施、对案件处理提出意见等法律帮助的权利，但是严格来说，这些权利是辩护权的一部分，也是辩护人所享有的权利。但无论是委托辩护人还是指定辩护人，他们介入刑事诉讼的时间不总是和犯罪嫌疑人、被告人受到国家追诉的时间同步，甚至会缺席，这个空当期实际上就突显了值班律师的作用。例如，在刑事诉讼中若犯罪嫌疑人没有委托辩护人，也没有法律援助机构指派律师为其提供辩护，对法律程序一无所知的犯罪嫌疑人的诉讼权利如何保障？特别是当犯罪嫌疑人、被告人处于被羁押的状态时，其处境更是让他无法通过国家机关以外的途径获得法律上的帮助。值班律师虽然不享有实质的辩护权，也不具备辩护人独立的诉讼地位，但是可以较早地介入刑事诉讼程序，为犯罪嫌疑人、被告人提供基础的法律帮助。特别是在犯罪嫌疑人被告人认罪认罚的案件中，为犯罪嫌疑人、被告人提供法律咨询、程序选择建议、对案件处理提出意见等专业性的帮助，这或许就是对犯罪嫌疑人、被告人合法权益最大的维护。

(二) 监督国家机关从宽处理是否恰当

认罪认罚从宽制度中的"从宽"是对侦查机关、检察机关和审判机关的要求。在立案侦查阶段，侦查机关负有告知犯罪嫌疑人认罪认罚从宽处理的义务，若犯罪嫌疑人认罪认罚，则侦查机关就必须就犯罪嫌疑人认罪认罚的情况移送检察院。在刑事诉讼的起始阶段中，犯罪嫌疑人的态度和表现，影响甚至决定了他在刑事诉讼以后阶段程序和实体上的结果，若没有辩护人介入这个阶段，值班律师肩负的监督侦查机关是否从宽处理的责任就显得无可替代；在起诉阶段，检察院除负有告知义务外，还应当根据犯罪事实和对社会危害程度以及认罪认罚的情况，依法提出从宽处罚的量刑建议，而这个量刑建议对人民法院作出判决具有很强的约束力；除不符合从宽处理的规定外，人民法院一般应采纳人民检察院指控的罪名和量刑建议。此时检察机关提出的量刑建议就对犯罪嫌疑人最终的命运产生决定性的影响，若没有辩护人介入这个程序，通过值班律师在场而签署具结悔过书就成了充分条件；在审判阶段，人民法院通过审查认罪认罚的自愿性和从宽处理的合理性，选择以不同的程序作出裁判。若适用从宽程序进行处理，只是意味着审判程序上的简化，对案件的证明标准却不能降低，不能基于被告人的同意，而缩减被告人的程序权利以换得从快处理。如没有辩护人的介入，值班律师在认罪认罚制度中就应对审判机关进行监督，以保障被告人以"认罪认罚"换取"从宽"处理的权利。

（三）审查犯罪嫌疑人、被告人认罪认罚的合法性和自愿性

犯罪嫌疑人、被告人自愿认罪接受处罚是认罪认罚从宽制度的基础，因此确保犯罪嫌疑人、被告人自愿认罪认罚是确保认罪认罚从宽制度正确适用的关键。刑诉法规定值班律师可以较早地介入刑事诉讼程序，其实质就是要求值班律师在刑事诉讼的各个阶段审查犯罪嫌疑人、被告人认罪认罚的自愿性和合法性。审查自愿性就是告知犯罪嫌疑人、被告人认罪认罚的适用条件和后果，帮助其分析利弊、权衡得失，但是否选择认罪认罚最终应当由犯罪嫌疑人、被告人自己作出决定。审查合法性就是监督公检法机关是否严格适用认罪认罚从宽制度的条件和程序，确保犯罪嫌疑人、被告人在认罪认罚的基础上能够获得实体上的从宽处理。刑诉法规定的"犯罪嫌疑人自愿认罪，同意量刑建议和程序适用的，应当在辩护人或者值班律师在场的情况下签署认罪认罚具结书"，就是在没有辩护人在场的情况下，赋予值班律师审查犯罪嫌疑人、被告人认罪认罚合法性和自愿性的最好证明。

认罪认罚从宽制度的确立和推行，是我国刑事诉讼法面对新时代司法实践背景下迈出的关键一步，它在优化司法职权配置方面确实达到了预期的目标。但同时它在处理与公正这个刑事诉讼首要价值的关系上也会发生冲突，"在保证公正的前提下，实现司法效率的最大化"应当成为解决这个冲突的方法。除了该制度的价值，作为一项新的制度在运行过程中的细节也会不可避免地与其他制度产生矛盾，这是正常的，也是需要立法改革和司法实践去完善的。

认罪认罚从宽制度中的检察官：角色、保障及其权力边界

哈 腾[①]

2016年9月3日，全国人民代表大会常务委员会所作的《关于授权最高人民法院、最高人民检察院在部分地区开展刑事案件认罪认罚从宽制度试点工作的决定》（以下简称《试点决定》），标志着认罪认罚从宽制度的试点工作正式启动。2016年11月16日，最高人民法院、最高人民检察院、公安部、国家安全部、司法部联合印发《关于在部分地区开展刑事案件认罪认罚从宽制度试点工作的办法》（以下简称《试点办法》），为制度的运行提供了具体的规范指引。试行一年之后，2017年12月23日，周强院长代表最高人民法院，并接受最高人民检察院的委托，向全国人大常委会作改革中期报告。截至2017年11月底，18个试点地区共确定试点法院、检察院各281个，适用认罪认罚从宽制度审结刑事案件91121件103496人，占试点法院同期审结刑事案件的45%，其中检察机关建议适用的占98.4%。对于认罪认罚案件，检察机关审查起诉平均用时26天。认罪认罚从宽制度在检察环节运行态势良好。为了更好地发挥检察官在认罪认罚从宽制度中的作用，有必要明确其角色定位，完善保障措施，划清权力边界。

一、完善认罪认罚从宽制度改革的背景解读——以审查起诉为视角

（一）审前程序分流功能不显

随着醉酒驾车、虚假诉讼、使用虚假身份证件、考试作弊等行为的入刑，我国刑法的立法观开始转向积极主义和功能主义，主要特征表现为将某些预备行为、帮助行为规定为实行行为，意在防范未来可能出现的更大的法益侵害行为。

[①] 哈腾，宁夏银川市兴庆区人民检察院公诉科检察官。

与此同时，劳动教养等行政性管控措施的废除，使得原本由其规制的行为也纳入了刑法调整的范畴。在实体罪名增加和程序分流措施减少双重压力的叠加下，刑事案件的数量持续增长。"1995年法院刑事一审收案数为495741件，2014年这一数字已达104万件，2015年则达到1126748件，增幅约为127.29%。"① 除了案件数量的增长，案件类型也呈现出"轻罪化"趋势。"1995年，判处5年以上有期徒刑、无期徒刑、死刑（包括死缓）的重刑犯占63.19%，到2014年就只有约11%……量刑在3年有期徒刑以下的案件所占的比例到2013年已超过80%。"② 进入审判阶段的案件之所以如此之多，除了刑事案件自身不像民事案件那样存在如此多元的纠纷解决方式外，最主要的原因还是审前程序，尤其是审查起诉程序的分流、消化功能不彰，特别是对于认罪认罚案件在实体和程序上的处理未能体现出与不认罪认罚案件的差异性，在司法资源的配置上存在"大材小用"的问题。

（二）宽严相济政策精神不彰

宽严相济刑事政策的核心要义在于"该宽则宽，当严则严，宽严相济，罚当其罪"，该政策所提倡的人文精神和理性关怀是人本主义在刑事司法领域的具体体现。宽严相济刑事政策不仅仅体现在实体刑罚上的轻缓，还体现在诉讼程序上的简化和及时终结性上，减少被追诉人诉累。然而该政策在实践中贯彻得并不理想，尤其在审查起诉环节该政策精神体现得还不够明显。在审查起诉环节，最能体现该政策精神的莫过于相对不起诉制度。然而，综合近几年的数据可以看出，③ 相对不起诉总体适用率较低。究其原因，除了检察机关长期以来存在的较为强烈的追诉倾向外，相对不起诉程序的烦琐和复杂一定程度上也影响了检察官适用该制度的积极性。为了防止相对不起诉权的滥用，在检察机关内部，拟作相对不起诉案件需上报检察委员会讨论且报上级检察院备案。这种行政化的内部控制模式，在损害检察官办案自主性的同时，也阻碍了相对不起诉制度宽严相济功

---

① 魏晓娜：《完善认罪认罚从宽制度：中国语境下的关键词展开》，载《法学研究》2016年第4期。
② 魏晓娜：《完善认罪认罚从宽制度：中国语境下的关键词展开》，载《法学研究》2016年第4期。
③ 2013年相对不起诉51393人，起诉1324404人，公诉部门受理案件人数1612251人，相对不起诉率约3.19%；2014年相对不起诉52218人，起诉1437899人，公诉部门受理案件人数1626404人，相对不起诉率约3.21%；2015年相对不起诉50787人，起诉1390933人，不构成犯罪和证据不足不起诉25778人，相对不起诉率约3.46%，数据来源于《中国法律年鉴（2014—2016）》。虽然这三年相对不起诉率有所增长，但与起诉人数及起诉率相比，差距仍较为悬殊。

能的实现。

（三）案多人少的矛盾日益突出

与审查起诉案件数量的井喷式增长相比，检察官数量增长幅度则小得可怜。① 而以办案检察官"精英化"为目标之一的员额制改革，使得案多人少的办案压力在一定程度上有增无减。在现有检察官数量的基础上，如何提高诉讼效率，减轻办案负担，缓解办案压力，是员额制改革能否取得实效需要重点解决的问题。路径之一在于对我国传统的刑事诉讼模式进行局部改造，通过诉讼程序上的繁简分化，鼓励被追诉人认罪认罚，进而提高简易程序、速裁程序的适用率。通过建立这种程序激励机制，降低检察官办理认罪认罚案件投入的成本，引导办案资源流向不认罪以及重大、疑难、复杂案件，促进办案资源的合理、优化配置，减轻检察官办案压力。

二、检察官在认罪认罚从宽制度中的角色

在现代刑事诉讼中，起诉作为连接侦查与审判的中间环节，对刑事司法办案进程发挥着类似"枢纽"的"装置功能"。无论是在英美法系还是在大陆法系国家，这种功能的发挥很大程度上根植于检察官的检察裁量权。以美国和德国为例。"美国检察官统治着美国的刑事司法体系。他决定是否接受或拒绝一个案件，决定指控的罪名和罪状数量。他决定是否参与答辩谈判并设置谈判所达成的协议的条款……他本质上制定和执行着法律，决定受刑事诉讼程序追诉的人的罪行和刑罚。"② 而在德国，被称为最客观官署的检察官，在法定起诉原则束缚下，正为井喷的案件量而焦头烂额。"超负荷案件量和体制资源不足的现实继续威胁着刑事司法体系中深层次的价值和教义上的假设。"③ 随着刑事处罚令、量刑协商制度改革的全面推开，法定起诉原则开始松动，起诉便宜原则的适用范围进一步扩张，检察裁量权开始对案件的走向以及处理结果产生实质性影响。域外相关制

---

① 自1986年至2013年，全国检察机关起诉案件数量由257291件增长至958727件，净增倍数为3.73倍，而同期检察机关人数由140246人增长至250879人，净增倍数仅为1.79倍，参见陈永生、白冰：《法官、检察官员额制改革的限度》，载《比较法研究》2016年第2期。

② [美]艾瑞克·卢拉、玛丽安·L.韦德主编：《跨国视角下的检察官》，杨先德译，法律出版社2016年版，第1页。

③ [美]艾瑞克·卢拉、玛丽安·L.韦德主编：《跨国视角下的检察官》，杨先德译，法律出版社2016年版，第74页。

度的实践表明，为了应对日益增长的案件量，检察官在刑事诉讼进程中的角色变得越来越积极和主动，这无疑为我国正在进行的认罪认罚从宽制度改革，尤其是检察官在其中的角色定位带来了一些启发和思考。

（一）程序主导者

在认罪认罚从宽制度中，检察官程序主导者的角色，主要体现在程序分流和程序正义的维护两个方面。在程序分流方面，结合被告人认罪认罚情况，检察官通过行使起诉裁量权、量刑建议权和程序选择建议权，对刑事案件进行繁简分流。例如，2012年《刑事诉讼法》第208条第2款规定："人民检察院在提起公诉的时候，可以建议人民法院适用简易程序"；第279条规定，"对于达成和解协议的案件……人民检察院可以向人民法院提出从宽处罚的建议；对于犯罪情节轻微，不需要判处刑罚的，可以作出不起诉的决定"；《最高人民法院、最高人民检察院、公安部、司法部关于在部分地区开展刑事案件速裁程序试点工作的办法》第6条规定："人民检察院经审查认为案件事实清楚、证据充分的，应当拟定量刑建议并讯问犯罪嫌疑人……人民检察院可以建议人民法院适用速裁程序审理。"主导程序分流，实现案件繁简分化，是检察官行使检察裁量权的重要体现和必然结果；在程序正义维护方面，检察官通过规范侦查行为、履行诉讼关照义务，主导认罪认罚案件的程序启动。加强对侦查权的法律控制，是现代刑事司法的基本规律。由于我国法院不介入审前程序，对侦查权的控制主要通过检察机关行使立案监督权、审查批准逮捕权、审查起诉权来实现，如《试点办法》第9条规定："犯罪嫌疑人自愿如实供述涉嫌犯罪的事实，有重大立功或者案件涉及国家重大利益，需要撤销案件的，办理案件的公安机关应当层报公安部，由公安部提请最高人民检察院批准。"此外，为了确保被告人认罪认罚的自愿性和真实性，检察官需履行被告人认罪认罚法律后果、被告人有权获得法律帮助等事项告知义务，真正做到"程序从简、权利不减"，确保程序正义。

然而，实践中对于检察官程序主导者角色定位的认识还不够充分。一方面，新闻媒体的宣传报道绝大多数集中于认罪认罚从宽制度试行后，程序如何从简、办案时间缩短了多少、效率提高了多少、量刑建议采纳了多少，而对于检察官在程序分流方面所发挥的主导作用的介绍却少之又少;① 另一方面,试点地区的一些检察机关认为,在认罪认罚案件中检察官的主要职能就是向法院提出具体的量刑建议而忽略了检察官所承担的程序分流职能,甚至一些地方的检察机关对每年的不起诉案件作了内部规定,这在一定程度上限制了该项职能的发挥。

(二) 协商参与者

协商通常属于民事领域的范畴,是指双方当事人在完全平等、自愿的基础上,通过沟通和商量达成合意,进而处分自己的实体权利和程序权利。传统的刑事诉讼控辩双方往往针锋相对,对罪名、罪数和刑罚等一系列问题展开激烈的辩论。虽然这有利于正义的实现以及被告人权利的保障,但付出的成本也是巨大的,这种成本不仅包括经济成本(耗费了一定的司法资源),也包括道德成本(造成了被追诉人与国家、被害人的对立,不利于社会的稳定和被害人权益的保护)。如今协商型司法已经突破传统法系的壁垒,成为刑事司法的国际潮流,就连将法定起诉原则奉为圭臬的大陆法系国家也开始探索和尝试。而我国正在试点的认罪认罚从宽制度无疑借鉴和吸收了这一改革成果。认罪认罚从宽制度的重心不是对坦白从宽、宽严相济刑事政策的简单重申,而是检察官改变以往"居高临下"的姿态,"俯下身来"与被告人就量刑展开平等协商,倾听并回应被告人的诉求。在认罪认罚从宽制度中,被告人通过与检察官签订具结书,"让渡"了自己部分程序性权利,与检察官达成"合意"以求获得从轻处罚,这种带有浓重协商色彩的程序设计,关照了被告人渴望通过认罪获得从轻处罚的利益需求,强化了被追诉人的主体地位,体现了控辩双方的平等,增强了裁判结果的可接受性,缓和了被追诉人与国家的对立和冲突,彰显了人本主义"以人为本"的精神内核。

目前,实践中检察官参与量刑协商程序主要存在以下几个方面的问题:

1. 控辩协商存在"形式化"现象。认罪认罚从宽协商效果的好坏,关键在于被

---

① 例如,从2016年9月4日至2017年2月25日,北京市检察机关共办理适用认罪认罚从宽案件2792件,占同期刑事案件办理数量的27.7%,其中,86.9%的案件适用刑事案件速裁程序,5.1%的案件适用简易程序,参见彭波:《认罪认罚从快与宽》,载《人民日报》2017年5月17日第18版;上海市奉贤区检察院办理认罪认罚案件,平均审查起诉时间比其他案件缩短近三分之二,量刑建议与法院判决结果符合率达95.6%,无一例上诉,参见林中明:《上海:认罪认罚从宽制度全面铺开成效初显——试点3个月95%以上量刑建议被采纳》,载《检察日报》2017年4月25日第1版。

告人是否获得了律师的实质性帮助。在实践中，某些地方基于效率和方便的考量，检察机关与被告人达成具结书后才通知值班律师到场在具结书上签字"见证"。值班律师在未阅卷、未确认被告人认罪认罚自愿且明智、未参与整个协商过程的情况下就贸然签字，这一做法的后果，轻则属于律师严重不负责任的表现，重则可能会为办案机关的违法行为"背书"，对于未来可能因被告人被迫违心认罪或者替人顶罪而发生的冤假错案承担"连带责任"。"协商"异化为"见证"，反映了部分检察机关对认罪认罚从宽制度内核的认识不准确，对控辩协商精神的理解不到位。2. 控辩协商在普通程序中的适用率不高。"中期报告"在总结认罪认罚从宽制度试点中存在的问题时提到，试点案件类型和适用程序过于集中，对普通程序中的适用问题探索不够。之所以会出现这样的情况，可能与适用普通程序的案件类型、复杂程度、社会影响以及被害人的要求有一定的关系，如在可能判处无期徒刑、死刑的故意杀人案件中，检察官与被告人进行量刑协商就会存在一定的顾虑和心理负担。3. 被告人参与量刑协商的积极性不高。造成此种现象的主要原因在于缺乏一个具体的量刑减让指引，导致实践中两个极端做法：检察官要么不区分被告人认罪认罚的时间节点以及具体认罪认罚行为表现，"一刀切"式的从宽处罚且从宽幅度缺少差异性和梯次性，无法对被告人参与协商形成有效激励；要么从宽处罚以及从宽幅度过于随意，缺乏统一性，使得协商结果缺乏可预期性，从而影响了被告人参与协商的积极性。

（三）法律监督者

"美国的辩诉交易和欧陆的协商性刑事司法均是在较为成熟的法治环境下，对矫枉过正的现代刑事司法制度进行的'纠偏'运动，中国的协商性刑事司法则是在法治现代化尚未完成的情况下，在政治环境、司法传统和各种现实问题的交相感应下出台的权宜之计。"[①] 协商性司法突破了传统的正当法律程序的概念界限，而诉讼过程中被追诉人的诉讼权利又会被适当"克减"，加之我国的认罪认罚从宽制度还处于试点摸索阶段，相关制度设计尚不成熟完善，因此会存在诸多的法律风险点。这些风险点，概括起来，主要有以下几个方面：1. 侦查惰性。由于《试点办法》肯定了侦查阶段的认罪认罚协商，因此，侦查机关相较以前，更容易获得犯罪嫌疑人的口供，而在传统的口供中心主义的影响下，加之有些侦

---

① 魏晓娜：《背叛程序正义——协商性刑事司法研究》，法律出版社2014年版。

查人员对认罪认罚案件证明标准的误读，误以为此类案件证明标准有所降低，侦查机关的侦查工作很可能就此打住，宣告终结，而没有充分利用犯罪嫌疑人的有罪供述继续深挖背后可能隐藏的客观性证据，而这些证据一旦毁损灭失，侦查机关就错失了收集的最佳时机，从而贻误了战机，增加了下一阶段定罪指控的难度。在口供中心主义的影响尚未彻底肃清的情况下，认罪认罚从宽制度一定程度上加剧了这种侦查惰性。2. 以钱买刑。认罪认罚从宽制度赋予了检察官较大的自由裁量权，而协商程序的封闭性、协商内容的非公开性，为滋生腐败提供了温床。此外，被害人在获得高额经济赔偿后出具谅解书，继而对被追诉人从宽处罚，这种做法貌似个案公平，实则对那些无力支付高额赔偿款但又存在其他真心认罪认罚情节的被追诉人不公平，而且很容易使民众产生"以钱买刑""谁有钱，谁判得少"的"既视感"。对此，顶层设计者已经有所发觉，并在中期报告总结试点暴露的问题时指出："有的试点地区对改革的意义、改革的内容、改革的要求认识不清、领会不透，如将'认罚'与赔偿被害人经济损失简单等同起来，或将'从宽'绝对化、简单化，对案件具体情节区分不够。"3. 强迫认罪。对于一些事实不清、证据不足的案件，侦查机关急于结案，可能会以认罪认罚量刑减让为由，变相引诱、强迫被追诉人认罪，造成被追诉人违背自己意愿"假认罪"。在审查起诉环节，同样可能会存在这样的风险，"即当检方提供了远比审判中获得的可能结果要有利的指控交易要约时，无辜的被告可能会感受到接受有罪答辩的胁迫"。

检察机关的宪法定位，为检察机关的法律监督提供了法律依据，使得检察机关对属于刑事诉讼范畴的认罪认罚从宽制度所进行的法律监督，具备了主体适格性，而认罪认罚从宽制度自身存在的以上法律风险，又为检察机关的法律监督提供了正当化事由，加之检察官自身所具备的客观义务以及防范警察恣意和法官擅断的职能，检察官在认罪认罚从宽制度中扮演着极为重要的法律监督者角色。

三、保障检察官在认罪认罚从宽制度中发挥主导作用的具体路径

（一）提高认识，准确领会改革精神内核

1. 全面理解改革的目的

《试点决定》指出了此次改革的目的，即"为了进一步落实宽严相济刑事政

策,完善刑事诉讼程序,合理配置司法资源,提高办理刑事案件的质量和效率,确保无罪的人不受刑事追究,有罪的人受到公正惩罚,维护当事人的合法权益,促进司法公正"。由此可以看出,有效落实对被追诉人的实体权利和程序权利供给是完善认罪认罚从宽制度的首要目标和潜在需求,程序的效率化并不是认罪认罚从宽制度的基本内核,而是这一制度的附随效果,至多是一个从属性目标。①因此,检察官在办案过程中不应将自身简单定位为"案件传输机",认为只是向法官提出具体的量刑建议,一味地讲究从快、从简,而应作为宽严相济刑事政策的执行者,充分发挥主观能动性,履行客观义务,全面收集证据,夯实案件事实基础,规范侦查行为,维护被追诉人的正当权利,尊重辩护意见,确保认罪认罚自愿性、明智性,积极、平等地参与到控辩协商之中。

2. 正确对待认罚与赔偿、认罪认罚与从宽的关系

《试点办法》第七条规定:"办理认罪认罚案件,应当听取被害人及其代理人意见,并将犯罪嫌疑人、被告人是否与被害人达成和解协议或者赔偿被害人损失,取得被害人谅解,作为量刑的重要考虑因素。"很明显,赔偿损失只是作为量刑的重要考量因素之一,而非唯一。因为如果唯一化,对于那些无力支付赔偿金的被追诉人而言,显然有失公平,况且认罚的表现形式有很多,在某些场合,赔偿并非最佳认罚方式,如在某些给被害人造成精神损害的案件中,当面或者在媒体上赔礼道歉要比单纯的金钱弥补效果可能要好得多。此外,将赔偿与认罚简单等同起来,很容易给民众造成"以钱买刑"的错误印象。在对待认罪认罚与从宽的关系时,同样不能绝对化、简单化。检察官在决定是否从宽时,应综合考虑案件的社会影响、被追诉人主观恶性、手段恶劣程度等因素。对于一些表面认罪认罚而私下打击报复、威胁被害人、证人的被追诉人,应谨慎从宽。

(二) 完善机制,保障检察裁量权的行使

1. 确保检察官办案的相对自主性

认罪认罚从宽制度改革的成功与否,关键在于能否激发检察官办案的积极性。一方面应认真落实《最高检察院关于完善检察官权力清单的指导意见》,科学制定权力清单,正确处理检察一体化与检察官依法独立办案、检察委员会与检察官的关系,取消对不起诉案件数量的人为限制,减少对检察官办案自主权的不

---

① 左卫民:《认罪认罚何以从宽:误区与正解》,载《法学研究》2017年第3期。

当干预,解放思想,放开手脚,打消"放权怕滥权"的顾虑;另一方面应细化相关规定,进一步明确检察官在认罪认罚从宽制度中的权力、义务和职责,为控辩协商的方式、内容和尺度提供依据,保证检察官在法律框架内依法行使自由裁量权。

2. 完善不起诉程序

出于对不起诉权滥用的防范和警惕,检察机关内部对不起诉权的控制主要采取了上报检察委员会和向上级备案的行政化管理模式,由此造成了不起诉程序的烦琐和复杂,一定程度上影响了检察官自由裁量权的正常行使。调动检察官办理认罪认罚案件的积极性,一方面应适当简化不起诉程序,激活不起诉制度所承载的宽严相济、程序分流的功能;另一方面应提高不起诉程序的透明度,对不起诉程序进行诉讼化改造,引入听证制度,让公正、公平、公开的"阳光""照进"不起诉程序,避免暗箱操作。

3. 制定量刑减让指引

控辩协商不是毫无根据地"漫天要价",而是控辩双方在具体的量刑减让规则的指引下,依法依规谈判和商议。制定量刑减让指引时应做好以下三个"明确":第一,明确认罪、认罚具体情形及不同的量刑优惠和幅度,将认罪认罚设置为独立的量刑情节;第二,明确认罪认罚不同时间节点所对应的不同量刑从宽幅度,赋予量刑从宽幅度的递进性和层次化,向被追诉人释放"越早认罪认罚,从宽幅度越大"的信号,以激发认罪认罚从宽制度"合理配置司法资源、提高办案质量和效率"的功能活力;第三,明确认罪认罚与从宽的对应关系。除了在一些社会影响大、犯罪手段恶劣、犯罪情节严重、被追诉人并非真心认罪认罚的案件中应谨慎从宽外,在一般案件中,应给予被追诉人从宽处罚,即从宽是原则,不从宽是例外,提高被追诉人对认罪认罚后果的可预期性,鼓励被追诉人认罪认罚,一定程度上可以避免侦查机关为获取认罪口供而采取不当审讯手段。

(三)强化监督,有效管控潜在法律风险

1. 对认罪认罚自愿性、明智性的监督

防范认罪认罚从宽案件中出现冤假错案,关键在于对被追诉人认罪认罚自愿性、明智性的审查,排除被追诉人是在受到刑讯逼供或者其他威胁、引诱、欺骗等情况下所作的有罪供述。对于侦查阶段被追诉人认罪认罚自愿性、明智性的审查,检察官应充分利用讯问同步录音录像,着重核实侦查机关在录音录像中有无告知被追诉人认罪认罚的法律后果及其享有的值班律师为其提供法律帮助的权利，认真比对录音录像内容与书面有罪供述是否一致。对于通过非法手段获取的有罪供述，应坚决予以排除；对于审查起诉阶段被追诉人认罪认罚自愿性、明智性的审查，检察官除了需履行上述权利告知义务外，还需确保值班律师实质性参与到认罪协商当中，充分听取和尊重律师意见。此外，检察官应履行客观义务，全面收集证据，确保认罪认罚建立在扎实的事实基础之上。

2. 对侦查惰性的监督

认罪认罚案件中可能出现的侦查惰性，轻则造成案件中的关键性证据收集不及时，人为地增加了案件定罪、量刑的难度；重则导致案件转化为治安处罚案件降格处理。保障检察官对侦查惰性的有效监督，首先，应延伸监督触角，将监督前移，在侦查机关内部建立统一监督平台，对侦查人员录入的案件信息和证据，检察官进行远程审查和跟踪，及时提醒侦查人员需继续补充收集哪些证据。对于立案或者不立案决定不当的，检察官应及时发出预警，实现过去立案监督事后监督、被动监督向事前监督、主动监督的转型；其次，针对立案后以及案件退回补充侦查后侦查机关怠于履行证据收集义务的情况，检察官应充分行使法律所赋予的调查核实权，以降低侦查权"失灵"所带来的证据收集不力的风险；最后，对于侦查人员的侦查惰性，检察官应适时发出检察建议、纠正违法通知书，必要时可以建议侦查机关更换办案人员，对于有关人员涉嫌渎职、权钱交易的，检察官应及时将犯罪线索移交监察委员会进一步查处。

四、检察官在认罪认罚从宽制度中的权力边界

权力的行使应有其边界。没有边界的权力，犹如脱缰的野马，不仅会破坏法治秩序，还容易滋生腐败。具体到认罪认罚从宽制度中，除了一方面要给检察官"松绑"，减少不必要的限制和干预，适当扩权外，另一方面还应用法律划定权力行使的边界，防止因权力的恣意而出现侵犯当事人诉讼权利，甚至冤假错案的情况。

（一）起诉裁量权

联合国《关于检察官作用的准则》第18条明确指出："根据国家法律，检察官应在充分尊重嫌疑者和受害者的人权的基础上适当考虑免予起诉、有条件或

无条件地中止诉讼程序或使某些刑事案件从正规的司法系统转由其他办法处理。为此目的,各国应充分探讨由其他办法处理。目的不仅是减轻过重的法院负担而且也可避免受到审前拘留、起诉和定罪的污名以及避免监禁可能带来的不利后果。"因此,赋予检察官起诉裁量权,不仅是化解诉讼"爆炸"与司法资源有限之间矛盾的现实需要,同时也是保障被追诉人人权的有力举措。当传统的刑罚观由报应刑主义向目的刑主义转变后,检察官在决定是否提起公诉时,除了需要考虑犯罪是否成立外,还需要考虑犯罪行为对社会秩序破坏程度、提起公诉是否有利于改造和矫正犯罪人以及包括监禁犯罪人在内国家可能为此付出的成本,即还需要考虑有无提起公诉的必要。

赋予检察官起诉裁量权,对于构建协商型司法固然重要,但该权力的行使亦应有其边界。以美国为例,对个人权利的极度推崇、对民选检察官的相对信任以及监狱人满为患的现实,共同促成了检察官在辩诉交易中享有较大的起诉裁量权,包括了对罪名、罪数的"交易"。起初,辩诉交易在提高诉讼效率方面的确不负众望,但之后的"无辜者运动"所披露的一系列冤假错案,[1] 却让人们对辩诉交易中检察官是否合理地行使了起诉裁量权产生了怀疑。对此,有的学者进行了批判,将检察官在辩诉交易中起诉裁量权的滥用形容为"专横的正义",并指出,在辩诉交易中,检察官常常存在过度指控的问题。[2] 有的学者则进行了深刻的反思,提出应防止非基于事实的辩诉交易,以及防止为了获得有罪答辩向无辜被告施加无法接受的强迫,而不受限制的自由裁量权之所以会产生专断甚至带有偏见的决策,很大程度上是由于自由裁量权不被公开监督和审查的隐蔽性所致。

虽然我国的认罪认罚从宽制度与美国的辩诉交易制度存在诸多不同,但为了实现制度预设的目标,都要求适当扩张检察官的起诉裁量权。因此,学者对辩诉交易中检察官起诉裁量权滥用的批判和反思对我国正在进行的改革也有启示和借鉴意义。笔者认为,划定认罪认罚从宽制度中起诉裁量权的边界,防止起诉裁量权的滥用,应做好以下两点:一方面,实体上应坚持罪刑法定以及罪责刑相适应

---

[1] 在一项无罪研究中,有学者发现,他们研究的大约6%的无罪被告曾经作出有罪答辩。15个无辜的谋杀罪被告和4个无辜的强奸罪被告,曾作有罪答辩换取长期监禁刑,以避免被判处终身监禁或死刑的危险。

[2] [美]安吉娜·J. 戴维斯:《专横的正义——美国检察官的权力》,李昌林、陈川陵译,中国法制出版社2012年版,第32页。

原则。不构成犯罪的,应坚决不起诉;构成犯罪的,应综合考虑犯罪情节、主观恶性、起诉的社会效果及诉讼成本等因素决定是否起诉;另一方面,程序上应夯实案件事实基础,防止案件"带病"起诉,杜绝将应作法定不起诉、存疑不起诉的案件"折中"以相对不起诉结案。坚持犯罪事实清楚、证据确实充分的证明标准,不得以证明方法的简化为由变相降低证明标准。检察官应履行证据开示义务,保障律师的阅卷权和调查取证权。针对不起诉程序的封闭性弊端,检察官可以对部分裁量事项举行公开听证,召集侦查人员、犯罪嫌疑人、被害人、律师、人民监督员、人大代表等参与听证并听取相关人员意见,公开不起诉决定书和不起诉理由说明书,提高不起诉程序的透明度。保障被告人的上诉权,被告人以无罪为由提出上诉,之前在审查起诉环节为了从宽处罚所作的认罪供述不能直接作为证据使用。

(二) 量刑建议权

从宽处罚是认罪认罚从宽制度的最终落脚点,也是被追诉人最主要的关切点。出于对辩诉交易忽视客观真相弊端的警惕以及对"交易"罪名、罪数的反感,根植于"发现实质真实"职权主义传统的大陆法系国家,更多地将改革的注意力集中在了量刑协商环节。

德国于 2009 年确立了量刑协商制度。《德国刑事诉讼法典》中规定:如果有利于推进诉讼程序,庭审中法庭可以与程序参加人就诉讼程序的进程进行讨论;法庭可以与诉讼参加人就程序的发展和结果进行协商,并综合案件情况和量刑考量,给出刑罚的区间;如果被告人和检察院同意法院提出的建议,则协议成立。[①] 为了保证量刑协商的公正性和透明性,审判长有义务向公众宣布是否进行了量刑协商,如果达成了协议,还有义务披露协议的内容,同时在判决书上载明协商情况,尽管存在量刑协商,但判决仍然可以被上诉。[②] 2004 年法国创设了庭前认罪答辩程序。在量刑建议方面,检察官拥有较大的裁量权,"可建议执行一个或数个主刑或附加刑"。[③] 但法律也设置了若干限制,包括量刑建议需考虑的因素及幅度。如果被告接受检察官的量刑建议,则庭前认罪答辩程序进入审核阶

---

① 参见《德国刑事诉讼法典》第 257b 条、第 257c 条。
② [德] 汉斯·约格·阿尔布莱希特著:《德国刑事诉讼法典》,岳礼玲、林静译,中国检察出版社 2016 年版,第 13 – 15 页。
③ 参见《法国刑事诉讼法典》第 495 – 8 条第 1 款。

段。审核法官应着重审查如下三个基本要点：其一，犯罪事实的真实性；其二，检察官所建议之量刑的适当性，即所建议之量刑是否与犯罪情节及被告的人格相匹配；其三，庭前认罪答辩程序的运作是否合乎公正程序的要求，如检察官是否履行了告知义务以及被告是否自主、明确承认了有罪而非受到外来的压力等。如果审核法官核准了检察官所提出的量刑建议，则应作出核准裁定。该裁定具有立即执行的效力。但如果审核法官拒绝核准检察官提出的量刑建议，则检察官应按一般的公诉程序向轻罪法院提起公诉或要求启动正式的侦查程序。之前庭前认罪答辩程序所作的各种声明及案卷笔录归于无效，不得作为证据提交给预审庭或审判庭。[①] 由此可以发现，德、法两国在检察官量刑建议权的规制方面存在一些共同点，如都制定了较为明确的量刑减让指引，都强调法官对量刑建议的实质审查，都注重确保量刑建议程序的正当性，如保障律师提供有效的法律帮助、程序的公开性以及被告人的上诉权。

作为重要的参照物，德、法等大陆法系国家在规制认罪答辩程序中检察官量刑建议权方面的做法，对同样拥有职权主义"血统"的我国刑事司法制度的改革具有重要的借鉴意义。规制认罪认罚从宽制度中检察官的量刑建议权，同样应从程序和实体两个方面入手：实体上，应注意建议的刑期与被追诉人的主观恶性、犯罪行为的严重性的"符合性"，将从宽幅度控制在合理的范围之内，"过多地考虑认罪认罚在降低案件复杂程度和节约司法资源方面的价值，给予认罪认罚过大的量刑折扣刺激，将使裁判结果背离罪刑相适应的基本原则。简言之，政策性的考量不应逾越刑事法治的基本原则，进而动摇刑罚正当性的根基"；[②] 程序上，第一，量刑建议的提出应建立在认罪认罚自愿、真实的基础之上，即量刑优惠不得作为引诱有罪答辩的"杠杆"被轻易地提出；第二，制定详细、具体的量刑减让指引，明确不同情节所对应的量刑优惠种类和幅度；第三，强化法官对量刑建议的审查责任，加强判决书对采纳或者不采纳量刑建议的说理，防止法官的审查沦为"橡皮图章"；第四，保证量刑协商时律师在场并提供有效法律帮助；第五，公示量刑协商结果，公开量刑协商过程，这不仅是监督协商程序是否公正的现实需要，同时也使得案件参与人及民众对影响协商结果的因素有了更清

[①] 施鹏鹏：《法律改革，走向新的程序平衡》，中国政法大学出版社2013年版，第156–158页。
[②] 熊秋红：《认罪认罚从宽的理论审视与制度完善》，载《法学》2016年第10期。

晰的认识和把握，有利于提升认罪认罚从宽制度的公信力。

五、结语

根据制度学原理，制度功能的发挥除了需要考虑价值目标、运行程序、配套措施等客体因素，还需要考虑制度参与人的角色定位、权利义务等主体因素。本文所探讨的正是认罪认罚从宽制度当中的一个重要参与主体——检察官角色的应然定位以及实然状态。认罪认罚从宽制度改革的目标指向与检察官"天生"所具有的法律品格，共同决定了检察官在认罪认罚从宽制度中扮演着程序主导者、协商参与者、法律监督者的角色。保障检察官在认罪认罚从宽制度中发挥主导作用，需提高认识，准确领会改革的精神内核，完善相关机制，保障检察裁量权的行使，同时强化监督，有效管控潜在的法律风险。为了防范检察裁量权适度扩张后出现滥用的情况，可以从实体和程序两个方面进行规范和把控，确保其在法律框架内正常行使，最大限度地激发认罪认罚从宽的制度活力。

以审判为中心与认罪认罚从宽的制度糅合

艾 静[①]

一、以审判为中心的基本含义

以审判为中心,也被称作"审判中心主义",是在我国宪法和刑事诉讼法规定的分工负责、互相配合、互相制约的前提下,将侦查、审查起诉等程序节点的司法机关行为及后果,明确归入程序内意义,或主要具有审判裁决准备的价值,在对外层面或终极层面上不产生有罪的法律效果。[②] 相应地,在其他诉讼程序围绕审判程序向心而为的,只有审判职能借以运作的审判程序才能够在个案中实现国家刑罚权。[③] 在权力运行语境下,明确被告人是否有罪、应否判处刑罚以及如何判处刑罚等问题应专属于司法权的权能,应当以审判方式固化形成,防止以行政化等不符合司法权属性的方式,[④] 或有悖于司法权运行规律的方式实施。应当明确的是,以审判为中心不应片面地将"以侦查为中心"到"以审判为中心"的转化,解读为侦查机关、检察机关乃至国家监察体制改革后监察机关对审判机构的附属和妥协,恰恰相反,以审判为中心作为诉讼职能意义上的审判中心主义,要求这些机关从诉讼程序整体规范和标准上衡量自身中刑事诉讼阶段的工作准则,是程序关系和职能标准的新定位。

二、以审判为中心的刑事处遇

(一) 全流程导向

以审判为中心的刑事诉讼制度最基本的特征是实现了各个诉讼阶段的有机统

[①] 艾静,北京市中银律师事务所合伙人。
[②] 孙长永:《审判中心主义及其对刑事程序的影响》,载《现代法学》1999年第4期。
[③] 龙宗智:《"以审判为中心"的改革及其限度》,载《中外法学》2015年第4期。
[④] 陈光中、步洋洋:《审判中心与相关诉讼制度改革初探》,载《政法论坛》2015年第2期。

筹，在认罪认罚从宽的治理模式上，需要改变传统刑事思维下仅从检察院、法院开始启动程序、以法院为主的做法，将认罪认罚从宽适用的程序节点提前至侦查阶段。以犯罪嫌疑人认罪答辩为基础，"认事"者先行适用，将案件即时分流，使"认事、认罪、认罚"者得到"快速审判和从宽处理"。同时，在任一阶段，一旦发现条件不符，随时终止适用。全流程导向的重要目标之一在于提高集成化办案效率，加强公检法机关之间办案职能的衔接和案件高效流转，以"综合"追求"高效"，压缩被告人的候审时间；运用现代科技手段，如以视频的方式实现看守所内的嫌疑人、被告人与看守所外值班律师的即时会见，省却办理相关手续的烦琐，实现了法律帮助的高效。

（二）证据规则导向

在审判中心主义模式下，传统的证据裁判原则发生变化，针对证据归于裁判的意义，形成了由证据非裁判所必需到没有证据不得进行裁判的转变；针对裁判所依据证据的性质，形成了依据非理性证据进行裁判到以理性证据为依据的证据裁判；针对证据的价值内涵，形成了片面强调证据的真实到真实性与合法性并重的证据裁判。在证据的形式上，从重点获取主观性证据转移到全面收集各种证据，尤其是对客观性证据的收集。实现从"由供到证""以证印供"向"以证促供""证供互动"的转变。认罪认罚从宽制度直接基于犯罪嫌疑人、被告人对犯罪事实及罪名供认不讳，将其供述作为定罪量刑的基础性证据，并有助于相关主客观证据的收集，在办案逻辑上，容易重新回到基于犯罪嫌疑人、被告人口供进行侦查取证的传统办案思维。在此问题上，本文主张认罪认罚从宽制度下，对于证据搜集的主客观逻辑可以进行适当的调整，基于认罪前提和办案效率考虑，适度弱化以证促供的证据收集思路，将证供互动作为认罪认罚从宽制度适用案件的侦查取证主体思维。

（三）庭审实质化导向

认罪认罚从宽制度适用下，由于控辩双方对于定罪量刑问题不持异议，在一定程度上容易出现庭审形式化的问题，当然，这种庭审形式化也属于被告人让渡诉权利益的外在表征，并没有从根本上褫夺或弱化被告人的诉权。因此，对于认罪认罚从宽的庭审实质化应当与审判中心主义模式下的一般庭审实质化有所差异。一方面，围绕定罪问题的实质化庭审可相对弱化，但应围绕被告人认罪的自愿性以及对关键定罪证据的举证质证进行实质审查。另一方面，应当围绕量刑问题尤其是从宽的依据和尺度问题进行实质化庭审，需要组织控辩双方围绕从宽的事实及法律适用进行审查和论辩，防止量刑情节的遗漏或偏倚。

（四）人权司法保障导向

法律认知是犯罪嫌疑人、被告人自愿认罪的前提，也是认罪认罚从宽制度得以实施的法律基础。由于犯罪嫌疑人、被告人对于案件事实及其法律适用尤其是认罪认罚从宽的法律后果缺乏自主认知的专业能力，为保障其充分、真实、自愿，在制度设计上让法律援助律师在采取强制措施之时介入诉讼程序，为犯罪嫌疑人提供法律帮助，充分告知诉讼权利及使用速裁程序的法律后果，在基本证据材料的查阅、审核上，基本可以确保控辩对等，有助于确保认罪认罚的自愿性、量刑协商的有效性。同时，在刑事诉讼的不同阶段设定犯罪嫌疑人、被告人的程序反悔权，一旦对认罪认罚从宽制度的适应提出异议，应当及时排除制度适用。

三、以审判为中心与认罪认罚从宽的制度关系辨析

（一）制度取向的从宽与从快

认罪认罚从宽制度在试点进路上与刑事案件速裁程序紧密衔接，且在内容上速裁程序已经纳入了认罪认罚从宽制度试点的一部分，容易在司法实践中造成一味从快、不及其他的误区。从认罪认罚从宽的制度取向上看，其固然具有通过犯罪嫌疑人、被告人认罪，降低案件侦办难度、提升办案效率的制度考虑，但从本质上是对宽严相济刑事政策之宽面的体系研究和制度构建，从快只是认罪认罚从宽制度的价值目标之一，且并非主要价值。因此，认罪认罚从宽在制度取向上，应当更加注重对认罪认罚标准、从宽尺度的研究，对司法效率的研究应当纳入公正范畴内，使该制度真正成为以看得见的方式实现公正的路径。

（二）证明标准的保持与降低

刑事案件证明标准能否降低是认罪认罚从宽制度一个难以回避的问题。诸如美国的辩诉交易制度，将定罪协商作为辩诉交易的重要内容，学界和司法实务界也进行过类似的探讨，对于一些难以取证或证据质量相对较低的案件，能否通过犯罪嫌疑人、被告人自动认罪到达证据补强的效果，抑或允许司法人员采取一定限度内的以认罪为导向的诱供行为，以达到证明目的。本文看来，这些探讨虽然在某种程度上反映了司法实务中的迫切需求，且证明标准的调整并不与被告人的

诉讼利益发生根本冲突，但本质上属于定罪非法定化的表现，在司法实践中是极其危险的，可能导致自由裁量权的滥用。因此，在定罪问题上，应当坚持证据确实充分的证明标准，排除犯罪嫌疑人、被告人自证其罪的适用。当然，在量刑问题上，鉴于罪刑法定原则禁止不利于被告人的推定、不禁止有利于被告人的推定，其在证明标准上本身就存在降低的依据。不仅如此，在证明标准的衡量方式上也应与定罪标准有所区分。定罪证据规则应当严格依照法定证据标准和要件，研究行为人的主观罪过、客观行为方式及后果等，趋向于标准尺度的单一性和封闭性。量刑证据规则则应当具有一定的开放性和社会性，除自首、立功等法定量刑情节的考量适用外，更加注重通过一贯表现、认罪悔罪态度、为人处世行为方式等对于被告人的人身危险性进行评估，以准确预测被告人特殊预防的效果。

（三）诉讼程序的普适与限定

与刑事案件速裁程序脱胎于简易程序并形成相对独立的程序品格不同，认罪认罚从宽制度本身并不具有程序意义，也就是说，其在刑事诉讼程序上是普适的，既适用于速裁程序、简易程序等认罪程序，也适用于普通刑事诉讼程序中被告人认罪的事实及罪名。其中需要注意的问题主要是程序转化，鉴于本文对于认罪认罚从宽制度的定罪证据标准并不主张降低或放宽，因此，定罪证据并不影响程序之间的相互转换，但在量刑证据问题上，却存在量刑裁量的尺度差异。例如，实践中较为常见的犯罪嫌疑人当庭自愿认罪，并同意适用认罪认罚从宽制度，考虑到其认罪认罚是建立在主客观证据已经确实充分、其自主意识到负隅顽抗没有实质意义的逻辑基础上，可见其认罪认罚的自我认知系被动而非主动，相应的人身危险性和再犯风险也有所提高，因此，在从宽的尺度上进行从严的裁量。另外，普通程序的认罪认罚从宽适用是司法实践中较为棘手的问题，如在涉及多起事实或多个罪名的案件中，或者共同犯罪部分被告人认罪、部分被告人不认罪的案件中，由于整体程序的诉讼周期较长，被告人针对部分情节所期待的程序利益难以得到有效满足，这就需要对案件进行细分，在审判方式上也可以进行多元探索，如共同犯罪案件中，对于案件审理周期较长的，可以考虑对部分认罪认罚的被告人先行判决并适用从宽规则；对于同一被告人部分认罪、部分不认罪的情形，鉴于其认罪部分的程序利益主要体现在量刑轻缓上，并不能提高案件的整体诉讼效率，可以不对认罪实施部分的效率问题过于苛求。

未成年人刑事案件适用认罪认罚从宽制度若干问题初探

郭斐飞[①]

2018年10月26日第十三届全国人民代表大会常务委员会第六次会议通过《关于修改〈中华人民共和国刑事诉讼法〉的决定》,其中修改的重要内容之一,即是在总结吸收认罪认罚从宽制度和速裁程序试点工作经验的基础上,[②] 对刑事诉讼中的认罪认罚从宽制度作出明确的法律规定。据此,认罪认罚从宽被确立为刑事诉讼法的重要原则,认罪认罚从宽制度成为贯穿整个刑事诉讼程序的重要制度。目前,对于普通刑事案件中如何适用认罪认罚从宽制度已有较多的研究和探讨,但对于未成年人刑事案件如何适用认罪认罚从宽制度,理论研究成果较少,司法实务中也存在不少理解上的困惑和认识上的分歧。为此,本文拟就未成年人刑事案件适用认罪认罚从宽制度一些基本问题谈些思考,以期加强对这些问题的深入探究,并逐步凝聚共识、厘清分歧,共同促进认罪认罚从宽制度改革初衷在未成年人司法领域更好实现。

一、未成年人刑事案件中"认罪认罚从宽"的理解

修正后《刑事诉讼法》第15条的规定,犯罪嫌疑人、被告人自愿如实供述

[①] 郭斐飞,最高人民检察院未成年人检察工作办公室员额检察官。

[②] 完善刑事诉讼中的认罪认罚从宽制度,是党的十八届四中全会部署的重大改革。2014年6月,全国人大常委会作出授权最高人民法院、最高人民检察院在部分地区开展刑事案件速裁程序试点工作的决定。2016年7月,中央全面深化改革领导小组第二十六次会议审议通过《关于认罪认罚从宽制度改革试点方案》。2016年9月,全国人大常委会又作出授权最高人民法院、最高人民检察院在部分地区开展刑事案件认罪认罚从宽制度试点工作的决定,扩大范围后的速裁程序试点纳入新的试点继续进行。2016年11月,最高人民法院、最高人民检察院、公安部、国家安全部、司法部联合印发了《关于在部分地区开展刑事案件认罪认罚从宽制度试点工作的办法》,试点工作正式启动。刑事诉讼法修正即是在总结认罪认罚从宽制度和速裁程序试点工作经验的基础上明确规定了认罪认罚制度。

自己的罪行，承认指控的犯罪事实，愿意接受处罚的，可以依法从宽处理。按此规定理解，关于"认罪"，通常应包含如下要义：一是自愿供述；二是认事，即如实供述犯罪事实；三是认罪，即承认自己的行为构成犯罪。其中，对于"如实供述自己的罪行"，《最高人民法院关于处理自首和立功具体应用法律若干问题的解释》《最高人民法院关于处理自首和立功若干具体问题的意见》等相关司法解释中已有较为明确的规定，可以参照理解和把握。基于未成年人身心、认知尚欠成熟的特殊性，在理解和把握未成年人刑事案件中的"认罪"时还应当注意，未成年人"认罪"必须满足"自愿供述"和"认事"，但对于承认自己的行为构成犯罪则无须严苛要求，这是因为，一概要求其认可自己的行为构成犯罪不符合未成年人尚欠成熟的身心特点和认知能力。换言之，只要未成年犯罪嫌疑人对自己的罪行进行了如实供述，对指控的犯罪事实没有异议，就可以认定其为认罪，而不必要求其对自己行为的法律性质有明确的认识。但是，如果未成年人所实施的行为并不构成犯罪，那么即便其自愿如实地供述了自己的行为，对行为所造成的后果事实等也不否认，但因其行为并不构成犯罪，也不能适用认罪认罚从宽制度。申言之，办理未成年人认罪认罚案件必须严格遵循《刑法》《刑事诉讼法》的基本原则，牢牢把握办案质量这一生命线，坚持证据裁判原则，坚持法定证明标准，坚持疑罪从无，必须依法全面收集固定证据，全面审查案件，对于未成年犯罪嫌疑人、被告人认罪，但没有其他证据或者事实不清、证据不足的，不得追究其刑事责任，更不能适用认罪认罚从宽制度。在实践中，还应注意结合具体案情来把握是否"认罪"，如承认指控的主要犯罪事实，仅对个别细节提出异议的，或者对犯罪事实没有异议，仅对罪名认定提出异议或仅对行为性质提出辩解的，都不影响"认罪"的认定。

关于"认罚"，《刑事诉讼法》第 15 条规定中的相关表述是"愿意接受处罚"，《刑事诉讼法》第 174 条的相关表述是"犯罪嫌疑人自愿认罪，同意量刑建议和程序适用"，据此，"认罚"即是指自愿接受认罪带来的刑罚后果，其最直接的表现形式即为"同意量刑建议和程序适用"。具体到未成年人刑事案件，"认罚"应是未成年犯罪嫌疑人、被告人及其法定代理人认可对其犯罪行为的处理意见，包括对检察机关起诉、不起诉、附条件不起诉、主刑和附加刑的种类、刑期以及刑罚执行方式没有异议。由于"认罚"直接体现了悔罪态度和悔罪表现，实践中往往将是否"认罚"当作适用认罪认罚从宽制度的前提条件和决定是否从宽以及如何从宽时重要考虑因素。"认罚"实际上体现出的是犯罪嫌疑人、被告人基于自愿真诚的认罪态度基础上的愿意按照司法机关的指令进行悔改的意思表示。如果犯罪嫌疑人、被告人只"认罪"不"认罚",或者表面上"认罚",背地里却串供、毁灭证据或者隐匿、转移财产,不赔偿损失,不能适用认罪认罚从宽制度。在实践把握中,考虑到未成年人刑事案件一般不适用财产刑,且和解作为认罪认罚的重要量刑因素,未成年人刑事案件的"认罚"一般不包括数额因素。① 此外,有观点提出,在对未成年犯罪嫌疑人拟作附条件不起诉处理的,如果同意作附条件不起诉,但对考验期内犯罪嫌疑人应当遵守的义务规定或者考验期限存在异议的,能否作为"认罚"尚不明确。笔者认为,刑事诉讼法对于未成年犯罪嫌疑人及其法定代理人赋予了"对决定附条件不起诉有异议的,应当作出起诉的决定"的程序选择权,如果未成年犯罪嫌疑人及其法定代理人已经同意作附条件不起诉,仅对考验期内犯罪嫌疑人应当遵守的义务规定或者考验期限存在异议的,一般不应影响对其"认罚"的认定。这时,检察机关可以就如何裁量设定考验期限以及考验期内应当遵守的义务规定向未成年人及其法定代理人释法说理,认为所提异议有道理的,可在设定考验期限及考验期内应当遵守的义务规定时裁量考虑。

"从宽"是认罪认罚之后的激励和制度收益,包括从宽处理的实体性收益和更为宽缓、更为有利的程序性处理。《刑事诉讼法》第 15 条规定了对于符合认罪认罚条件的犯罪嫌疑人、被告人"可以依法从宽处理",关于未成年人认罪认罚案件"从宽"的把握,笔者认为,一般应当依法从宽。这是因为其一,《刑法》和《刑事诉讼法》本身规定了对未成年犯罪嫌疑人应当从宽处罚。《刑法》对未成年人犯罪规定了"应当从轻或者减轻处罚""犯罪时不满十八周岁的人不适用死刑",《刑事诉讼法》规定了对未成年人犯罪实行"教育、感化、挽救"方针和坚持"教育为主、惩罚为辅"的原则。其二,《最高人民法院关于贯彻宽严相济刑事政策的若干意见》《最高人民检察院关于在检察工作中贯彻宽严相济刑事司法政策的若干意见》《最高人民法院关于常见犯罪的量刑指导意见》等司法解释性文件在提及未成年犯罪嫌疑人时都只规定了"从宽"的政策导向,并没有

---

① 史卫忠、王佳:《未成年人刑事案件适用认罪认罚从宽制度的思考》,载《人民检察》2017 年第 22 期。

从严的规定。其三，犯罪嫌疑人认罪认罚，或构成自首或坦白，按照刑法规定可以从轻或者减轻处罚。其四，认罪认罚从宽，同《刑法》第 67 条规定的自首一样，都是"可以"从宽，这里的"可以"暗含了从宽的导向性，不是可有可无。也就是说，没有特殊理由的，都应当体现法律规定和政策精神，从宽处罚。

未成年人刑事案件认罪认罚后的"从宽"，具体可体现在以下几个方面：一是少捕慎诉，即可捕可不捕的不捕，可诉可不诉的不诉；对于法院可能适用缓刑、免予刑事处罚的案件，一般应不诉；对其中犯罪情节轻微不需要判处刑罚的，可以依法作出不起诉决定；对于可以适用附条件不起诉的，依法作出附条件不起诉的决定；对已经批捕的未成年人，经审查没有继续羁押必要的，及时释放或者变更强制措施。二是办案时间从快，减少刑事诉讼给涉罪未成年人带来的不利影响，促使其早日回归社会，但"从快"的前提依然应当确保落实好办理未成年人刑事案件的特殊要求。三是刑罚适用从轻，对确需提起公诉的未成年犯罪嫌疑人，提出从轻或者减轻处罚的量刑建议。值得注意的是，办理未成年人认罪认罚案件，应当严格遵循《刑法》《刑事诉讼法》的基本原则，依照《刑法》《刑事诉讼法》和有关司法解释关于未成年人、自首、坦白、自愿认罪、真诚悔罪、取得谅解、达成和解等法定、酌定从宽情节的规定，依法衡量决定如何从宽、怎么从宽以及从宽的幅度，防止出现法外从宽。依法从宽实际上也给检察机关、审判机关划清楚了裁量权力行使的边界。

二、未成年人认罪认罚案件不适用刑事案件速裁程序

认罪认罚从宽制度在程序上的体现，就是从简、从快。为此，修正后《刑事诉讼法》增设了刑事案件速裁程序，加上原有的普通程序、简易程序，在认罪认罚从宽制度中构建起多元化的诉讼程序。[1] 但同时，《刑事诉讼法》第 223 条将"被告人是未成年人的"列入了不适用速裁程序的六种情形，这就意味着未成年人认罪认罚案件不能适用速裁程序。

在 2018 年刑事诉讼法修正草案二次审议稿中，尚没有未成年人认罪认罚案

---

[1] 刑事诉讼法修改关于认罪认罚从宽制度采用的是嵌入式模式，把认罪认罚从宽制度糅合到速裁程序、简易程序、普通程序，没有将认罪认罚从宽程序专门独立规定。樊崇义：《2018 年〈刑事诉讼法〉最新修改解读》，载《中国法律评论》2018 年第 6 期。

件不适用速裁程序的规定,① 这一规定是在刑事诉讼法修正草案三次审议稿中增加规定的,之所以明确未成年人认罪认罚案件不适用速裁程序,是因为"有的常委会组成人员、部门和专家学者提出,审理未成年人刑事案件,实践中通常采用有利于关护帮教未成年人的审判方式,并对未成年人进行法庭教育。而速裁程序不进行法庭调查、法庭辩论,且一般采取集中审理、集中宣判的形式,不利于开展关护帮教和法庭教育,难以充分体现教育感化挽救的方针,建议在不适用速裁程序的情形中,增加'被告人是未成年人的'情形。宪法和法律委员会经研究,建议采纳上述意见,增加相应规定"。②

刑事诉讼法修改增设速裁程序为普通程序、简易程序之后的第三种法定审判程序,主要价值追求是为了缓解轻微刑事案件"案多人少"矛盾、降低羁押率。速裁程序不受送达期限的限制,一般不进行法庭调查、法庭辩论,检察机关审查起诉的期限为10日,最长不超过15日,人民法院审理期限为10日,最长不超过15日。速裁程序多已呈现出"速办速审""集中审理、集中宣判"的诉讼模式。而未成年人刑事案件应当着眼于精细化办理,扎实落实好帮教等各项特殊程序要求,最大限度帮助未成年人认罪悔罪、尽快回归社会,追求效率并不是未成年人司法办案的首要价值追求,"案多人少"也不是目前未成年人案件办理所面临的突出问题,"速办速审""集中审理、集中宣判"的诉讼模式缺乏法庭教育环节,对未成年犯罪嫌疑人无法体现司法的严肃性,影响对未成年人的帮教效果,同时也容易造成不同案犯之间的交叉感染。从对办案时间、质量和效率之间应适当平衡的角度考虑,刑事诉讼法将未成年人认罪认罚案件列为不适用速裁程序的情形是科学合理的制度安排。

优化司法资源配置、提升诉讼效率是认罪认罚从宽制度的重要价值目的,那么,对于未成年人刑事认罪认罚案件,如何实现认罪认罚从宽制度对案件办理效率的提升?是否有在程序上从简、从快的具体体现?笔者认为,办理未成年人刑事认罪认罚案件,处理好落实未成年人刑事案件办案特殊制度和要求与提升办案

---

① 此次修正是《刑事诉讼法》自1979年制定之后的第三次修正,经2018年4月第十三届全国人大常委会第二次会议一审、8月第十三届全国人大常委会第五次会议二审、10月第十三届全国人大常委会第六次会议三审。

② 谢文英:《刑诉法修正草案提请全国人大常委会会议三审增加检察院对缺席判决提出抗诉的规定》,载《检察日报》2018年10月23日第1版。

效率的关系，也可以一定程度上实现认罪认罚从宽制度中所蕴含的效率提升之价值目的，这实际上也是办理未成年人刑事案件的内在要求。因为未成年人刑事案件的办理，更为重要的是关注未成年人本身。对未成年人的更多关注，必然要求办案机关减少对未成年人的羁押，避免和减少不必要的拖延，尽快帮助未成年人悔过自新、回归社会。这就要求办案人员应尽可能加快办案进度，缩短案件周期，快速处理案件。刑事诉讼法及其司法解释对办理未成年人刑事案件提出了法律援助、社会调查、合适成年人到场、亲情会见、心理测评与疏导、附条件不起诉、社会观护、帮扶教育、犯罪记录封存等一系列特殊制度和要求，这些特殊制度和要求贯穿于未成年人刑事案件特别程序的全过程，是为了贯彻教育、感化、挽救的方针和教育为主、惩罚为辅的原则，是为了在办理未成年人犯罪案件过程中准确查清犯罪事实，确保法律正确适用，保护未成年人的合法权利特别是不同于成年人的特殊权利。不能为追求办案效率就忽视办理未成年人刑事案件的这些的特殊制度和要求，盲目求快，片面求快，而要保障一定的办案时间，在落实好这些特殊制度和要求、充分保障未成年人的各项权利落实好的前提下对程序适当从简。简言之，未成年人刑事案件的办案程序可以适当从快、从简，但前提是把握好从快、从简的度，程序从快但应不纵不枉，程序从简但应充分保障未成年人的各项诉讼权利，不能因从快、从简而使得未成年人的诉讼权利受到减损。

关于审判程序的适用选择问题，笔者认为，未成年人认罪认罚案件，符合适用简易程序条件的，可以考虑是否选择适用简易程序。[①] 需要特别注意的是，从教育感化未成年人的角度出发，未成年人认罪认罚案件无论是否适用简易程序审理都应当遵循既有的特殊审理要求，充分保障好未成年人的各项诉讼权益，如圆桌会议、庭前沟通、法庭教育等，不能只是"一刀切"地省略环节而仅仅保留判决宣告前听取辩护人的意见和被告人的最后陈述。

[①] 未成年人刑事案件能否适用简易程序，《刑事诉讼法》没有明确规定。《刑事诉讼法》关于简易程序适用条件的规定和简易程序排除适用情形的规定均未将未成年犯罪嫌疑人排除适用。因此，从快速办理未成年人刑事案件的角度，应当允许适用简易程序。理论界多数观点均赞同适用。国外立法例中也没有禁止未成年人刑事案件适用简易程序审理。

三、未成年犯罪嫌疑人、被告人的权益保障

（一）对未成年人认罪认罚自愿性的充分保障

在认罪认罚从宽诉讼程序中，自愿性的审查是最基本的前提。[①] 保障犯罪嫌疑人、被告人在自愿的前提下认罪认罚，是认罪认罚从宽制度能否取得实效的关键。《刑事诉讼法》第120条、第173条、第190条对此作出了规定。例如，"侦查人员在讯问犯罪嫌疑人的时候，应当告知犯罪嫌疑人享有的诉讼权利，如实供述自己罪行可以从宽处理和认罪认罚的法律规定""人民检察院审查案件，应当讯问犯罪嫌疑人，听取辩护人或者值班律师、被害人及其诉讼代理人的意见，并记录在案。辩护人或者值班律师、被害人及其诉讼代理人提出书面意见的，应当附卷。犯罪嫌疑人认罪认罚的，人民检察院应当告知其享有的诉讼权利和认罪认罚的法律规定，听取犯罪嫌疑人、辩护人或者值班律师、被害人及其诉讼代理人对下列事项的意见，并记录在案：（一）涉嫌的犯罪事实、罪名及适用的法律规定；（二）从轻、减轻或者免除处罚等从宽处罚的建议；（三）认罪认罚后案件审理适用的程序；（四）其他需要听取意见的事项""被告人认罪认罚的，审判长应当告知被告人享有的诉讼权利和认罪认罚的法律规定，审查认罪认罚的自愿性和认罪认罚具结书内容的真实性、合法性"。在未成年人刑事案件适用认罪认罚从宽制度时，应当特别注意对未成年人意愿自愿性的充分保障，这是充分保障未成年人诉讼权利的重要内容。基于未成年人的身心特点，在审查起诉、审判等环节应当重点审查未成年犯罪嫌疑人、被告人认罪认罚的自愿性，核实未成年人认罪认罚是否出于真实意愿，是否存在迫使其认罪或者认罚的情形；对于未成年人及其法定代理人或者律师提出或者在办案中发现的违背真实意愿的线索，应当调查核实。经调查确系违背未成年人真实意愿认罪或者认罚的，不再继续适用认罪认罚从宽并视情况判断是否将认罪认罚的供述应作为非法证据予以排除等相关处理。

在审查起诉等具体办案环节，应充分发挥未成年人法定代理人、合适成年人的作用。这既是刑事诉讼法关于未成年人犯罪案件程序设置的硬性要求，也是在

[①] 樊崇义：《认罪认罚从宽协商程序的独立地位与保障机制》，载《国家检察官学院学报》2018年第1期。

适用认罪认罚从宽制度中对未成年人意愿自愿性的充分保障。刑事诉讼法设置法定代理人、合适成年人在场，参与到对未成年犯罪嫌疑人、被告人的讯问和审判活动中，这样做可以弥补未成年人诉讼能力的不足，消除未成年人心理上的恐惧和抗拒，帮助未成年人和讯问人沟通，还可以对讯问过程是否合法、合适进行监督，防止在诉讼活动中，由于违法行为对未成年人合法权益造成侵害。法定代理人在场还可以相当程度减少和避免替人顶罪、冒名顶替的情况出现，防止无辜者受到错误追究。法定代理人或者合适成年人没有到场的，不得启动认罪认罚程序；办案人员应当告知法定代理人认罪认罚可能导致的法律后果，听取其意见；未成年犯罪嫌疑人如果签署认罪认罚具结书时，法定代理人或者合适成年人必须到场。如果上述情形下，没有充分保障未成年人的法定代理人或者合适成年人到场的，可以认定未成年人刑事案件适用认罪认罚的自愿性欠缺。

在实践中，对于由于各种原因法定代理人无法通知或者无法到场的情况，如何发挥合适成年人的作用是确保此类案件未成年犯罪嫌疑人合法权益的难点。这种情况下，应当注意把握合适成年人是在未成年人无法通知或者无法到场情况下的补充选择。合适成年人的法律权利一般多限于对讯问和审判过程中发挥监督、帮助作用，而法定代理人是唯一能代行未成年人当事人权利的法律主体，法定代理人、合适成年人均应按照刑事诉讼法赋予的权利及法律定位来履行职责。尤其应当充分保障好法定代理人对未成年人认罪认罚的异议权，法定代理人提出异议的情形出现时，未成年犯罪嫌疑人不需要签署认罪认罚具结书，这种异议权不应由合适成年人行使。

（二）辩护权的保障

对确保控辩平等、充分保障犯罪嫌疑人的权利而言，律师在认罪认罚协商中发挥着至关重要的作用，可以有效避免冤枉无辜、侵犯犯罪嫌疑人权利的现象发生。[①] 就未成年人而言，因其人受年龄、智力发育程度的限制以及在法律知识、认知能力方面的欠缺，尤其应当保障未成年人在辩护权得以充分保障、获得有效法律帮助的前提下自愿认罪认罚。

在未成年人刑事案件中，委托辩护少、获得法律援助的质量和效果尚欠理想

[①] 史卫忠、王佳：《未成年人刑事案件适用认罪认罚从宽制度的思考》，载《人民检察》2017年第22期。

是不少地方目前的司法现状。这一方面是因为涉罪未成年人因家庭经济条件或者其家人缺乏法律意识而怠于聘请律师，另一方面是由于专门办理未成年人刑事案件的法律援助工作人员在很多地方都较为缺乏。[①] 基于此，保障未成年人在辩护权得以充分保障、获得有效法律帮助的前提下自愿认罪认罚，应当着重对以下几个方面予以关注：一是及时启动法律援助。检察机关受理案件后应当首先查明未成年犯罪嫌疑人委托辩护人及获得法律援助情况，未成年犯罪嫌疑人及其法定代理人没有委托辩护人且没有得到法律援助的，依法及时通知法律援助机构指派律师为其辩护。针对"通知难"，未成年人检察部门在批捕环节将采取督促履职、直接通知的方式予以解决；在审查起诉环节，由未成年人检察部门直接联系法律援助机构提供法律援助。二是确保认罪认罚关键节点有律师在场。未成年人认知能力的有限，导致他们对认罪认罚可能导致的法律后果未必准确知晓，应确保认罪认罚程序启动以及相关关键节点有律师在场，提供法律专业意见。三是发挥好值班律师制度的作用。基于我国当前刑事辩护率不够高，一些案件犯罪嫌疑人、被告人尚无法获得律师的帮助，导致辩护权无法有效行使的问题，从速裁程序试点开始，即建立了法律援助值班律师制度。实践证明，法律援助值班律师这一制度对认罪认罚从宽制度试点和速裁程序有效运行发挥了重要作用。[②] 由于值班律师制度取得了良好成效，刑事诉讼法修改时增加了值班律师的规定。按照刑事诉讼法的规定，法律援助机构可以在人民法院、看守所等场所派驻值班律师；犯罪嫌疑人认罪认罚的，人民检察院应当告知其享有的诉讼权利和认罪认罚的法律规定，听取辩护人或者值班律师对有关事项的意见，并记录在案；犯罪嫌疑人自愿认罪，同意量刑建议和程序适用的，应当在辩护人或者值班律师在场的情况下签署认罪认罚具结书。在当前法律援助工作人员相对不足尤其是专门办理未成年人刑事案件的法律援助工作人员较为缺乏的现实状况下，与值班律师制度做好有效衔接与互动，对于保障未成年人认罪认罚质量具有积极意义。检察机关应当加强与公安机关、人民法院、司法行政机关的沟通协调，发挥好刑事诉讼法设置值班

---

① 以 2014 年统计数据为例来看，2014 年全国刑事案件法律援助工作人员为 14533 名，而同年全国检察机关受理审查批准逮捕的未成年犯罪案件为 32838 件 56276 人，"僧多粥少"的局面客观存在，很多地区缺乏法律援助工作人员，更无从谈起专门办理未成年人刑事案件的法律援助工作人员。史卫忠、王佳：《未成年人刑事案件适用认罪认罚从宽制度的思考》，载《人民检察》2017 年第 22 期。

② 孙谦：《检察机关贯彻修改后刑事诉讼法的若干问题》，载《国家检察官学报》2018 年第 6 期。

律师制度的作用，推动建立形成专业化未成年人法律援助律师队伍，确保未成年人诉讼权利得以充分有效落实。从刑事诉讼法的规定来看，值班律师职责定位是为犯罪嫌疑人、被告人提供法律咨询、程序选择建议、申请变更强制措施、对案件处理提出意见等"法律帮助"，有别于辩护律师履行职责所提供的"辩护"。① 作为刑事诉讼法新建立的一种新型的法律援助服务，刑事诉讼法并未明确值班律师是否有权阅卷以及会见在押犯罪嫌疑人、被告人，② 加之实践中值班律师多为值班制、不跟案，体现出应急性的最大特点，③ 其工作也缺乏连续性，实质参与度不够，发挥作用有限，对有效辩护的贡献也相对较小，④ 这些都明显不同于委托辩护律师和法律援助律师，这就需要结合值班律师的特点和职责定位来落实好认罪认罚案件中未成年人的诉讼权利。比如，认罪认罚程序启动以及关键节点需要律师在场的，应以委托辩护律师或者法律援助律师为首要选择，值班律师为补充，以保障未成年人认罪认罚案件办理取得更好的质量和效果。

（三）关于签署具结书

从修正后《刑事诉讼法》第174条和第201条的规定看，犯罪嫌疑人自愿认罪，同意量刑建议和程序适用的，应当在辩护人或者值班律师在场的情况下签署认罪认罚具结书。对于认罪认罚案件，人民法院依法作出判决时，一般应当采纳人民检察院指控的罪名和量刑建议。这就意味着，在认罪认罚从宽制度中，最核心的一环是在审查起诉阶段，犯罪嫌疑人通过认罪认罚而与检察机关达成一致，

---

① 刑事诉讼法修正草案二次审议稿，对值班律师的职责作了调整，将值班律师提供"辩护"修改为提供"法律帮助"并删去"代理申诉、控告"的内容。据介绍，这样调整主要是考虑到，一些常委委员、地方、部门和社会公众提出，值班律师的职责与辩护人不同，主要应是为没有辩护人的犯罪嫌疑人、被告人提供法律帮助，这样定位符合认罪认罚从宽制度改革试点方案以及有关部门关于开展值班律师工作的意见要求，试点情况表明也较为可行。

② 刑事诉讼法只是规定"人民检察院就犯罪嫌疑人涉嫌犯罪事实、罪名及适用的法律规定，从轻、减轻或者免除处罚等从宽处罚的建议听取值班律师意见的，应当提前为值班律师了解案件有关情况提供必要的便利""人民法院、人民检察院、看守所应当告知犯罪嫌疑人、被告人有权约见值班律师，并为犯罪嫌疑人、被告人约见值班律师提供便利"。

③ 值班律师制度的最大特点是应急性。其之所以如此，是因为如果按部就班地办理常规法律援助的手续，时间上来不及或者不符合常规法律援助的一般条件。而在看守所和法院建立法律援助值班律师工作站，就可以随时向当事人提供法律援助，既不要求具备什么特殊条件，也不需要办理复杂的手续。参见顾永忠、李逍遥：《论我国值班律师的应然定位》，载《湖南科技大学学报（社会科学版）》2017年第4期。

④ 值班律师如果无法作为辩护律师，继而无法全程充分行使辩护权，仅停留在法律帮助层面，无法主动会见当事人、无法阅卷等，导致其发挥的作用有限，对有效辩护的贡献也相对较小。参见樊崇义：《小议法律援助律师与值班律师》，载《人民法治》2018年第7期。

签署认罪认罚具结书，认罪认罚具结书对后续审判程序起着一定的主导作用，其效力就是进入审判程序后，法院一般应当采纳人民检察院指控的罪名和量刑建议。同时，刑事诉讼法也明确作出不需要签署认罪认罚具结书的例外规定，当未成年犯罪嫌疑人认罪认罚，但未成年犯罪嫌疑人的法定代理人、辩护人对未成年人认罪认罚有异议的，属于不需要签署认罪认罚具结书的情况。刑事诉讼法的用语是"不需要"，即强调在未成年犯罪嫌疑人的法定代理人、辩护人对未成年人认罪认罚有异议情况下不要求未成年人签署认罪认罚具结书，这是从未成年人心智不成熟、最大限度对未成年人予以保护角度考虑的制度设置，不是将未成年人刑事案件排除在认罪认罚制度之外，实践中不能因为未成年人没有签署具结书就排除适用认罪认罚制度。检察机关对未成年人认罪认罚相关情况应当如实记录在案，在提起公诉时一并随案移送到法院，当案件后续进入审判程序时，法院也应按照认罪认罚从宽的原则依法从宽处理。

四、被害人的权益保障

尊重和保障刑事被害人的合法权益，对于减少社会对抗、修复被损害的社会关系、化解矛盾，意义重大，也将直接影响认罪认罚从宽制度的实际效果。① 有观点进一步认为，对认罪认罚从宽案件中的被害人合法权利予以保护，是尊重与保障人权、保持刑事诉讼程序、制度的一致性与合理性以及防范严重诉讼风险出现的必然要求。② 由于刑事法律对未成年人有教育感化挽救的特殊保护政策，在办理未成年人刑事案件中，人们关注的重点往往都在未成年犯罪嫌疑人、被告人身上，一定程度上容易对被害人权益保障忽视，因此未成年人刑事案件适用认罪认罚从宽制度尤其应当注意在强化未成年犯罪嫌疑人、被告人权利保障的同时兼顾对被害人合法权利的保障，防范可能出现的诉讼矛盾与冲突。

修正后《刑事诉讼法》第 173 条增加了犯罪嫌疑人认罪认罚的规定，人民检察院审查案件应当就有关事项听取被害人及其诉讼代理人的意见，被害人及其诉讼代理人提出书面意见的，应当附卷。按此规定理解，听取被害人及其代理人意

---

① 孙谦：《检察机关贯彻修改后刑事诉讼法的若干问题》，载《国家检察官学院学报》2018 年第 6 期。

② 刘少军：《认罪认罚从宽制度中的被害人权利保护研究》，载《中国刑事法杂志》2017 年第 3 期。

见是办理未成年人认罪认罚案件的必经程序和必要环节。但回顾与这一规定类似的审查起诉阶段听取被害人意见相关规定的立法确立及不容乐观的实践过程，办理认罪认罚案件听取被害人及其法定代理人意见需要严格予以落实。在 1996 年修正刑事诉讼法时，为强化对被害人权益的保障，在"人民检察院审查案件，应当讯问被告人"条文规定中增加了"听取被害人的意见"相关内容，自此，与讯问犯罪嫌疑人一样，听取被害人意见成为审查起诉的必经程序和必要环节，但在实践中，审查起诉阶段听取被害人意见的实践效果却并不理想，不听取被害人意见多是实践中的常态，而听取被害人意见反而成了特例，[①] 有时即便听取了被害人意见，也往往只是"走个过场"而已。[②] 因此，有必要建立相关配套措施保障在未成年人刑事案件适用认罪认罚时严格落实听取被害人及其诉讼代理人意见相关规定，切勿让刑事诉讼法的明文规定沦为具文。

听取被害人及其诉讼代理人意见，在未成年人认罪认罚从宽时适度吸收被害人的合理诉求，使其民事赔偿和追求合理量刑裁决结果的需求得到大体的满足，可以促进矛盾的化解和关系的修复，恢复社会的和谐和稳定。[③] 但在实践中也应注意，不能受被害人意志所左右，应当纠正"以钱买刑""花钱赎刑"这些错误认识，防止出现被害人"漫天要价"的情况。对因未成年犯罪嫌疑人、被告人确无赔偿能力不能满足被害人不合理要求，而未能达成和解协议的，应不影响认罪认罚从宽制度的适用。对于未成年犯罪嫌疑人认罪认罚且达成和解或者取得被害人谅解的，与未成年犯罪嫌疑人认罪认罚但没有赔礼道歉、退赃退赔、赔偿损失，未能与被害人达成和解或者取得被害人谅解的，检察机关在考虑如何从宽时应适度予以区别。

五、量刑建议的提出

检察机关对未成年人认罪认罚案件提起公诉时，应当就主刑、附加刑、是否

[①] 王丽丽：《浅议如何执行好新刑诉法中关于听取被害人意见的规定——以审查起诉阶段被害人知情权保障为视角》，载《科技创新导报》2012 年第 31 期。

[②] 罗南娟：《审查起诉阶段被害人诉讼权利行使保障问题研究——以安徽芜湖地区检察机关的实践为视角》，华东政法大学 2010 年硕士学位论文。

[③] 陈瑞华：《"认罪认罚从宽"改革的理论反思——基于刑事速裁程序运行经验的考察》，载《当代法学》2016 年第 4 期。

适用缓刑等提出量刑建议，法院依法作出判决时，一般也应当采纳人民检察院的量刑建议。因此，量刑建议是办理未成年人认罪认罚案件、强化认罪认罚从宽制度法律效果的重要一环，这对检察机关提高量刑建议的准确性提出了很高的要求。

我国现行量刑制度中并没有针对未成年人犯罪作出专章规定，而是比照成年人酌减的方式进行。《最高人民法院关于审理未成年人刑事案件具体应用法律若干问题的解释》第11条从犯罪目的、是否初犯、悔罪表现、成长经历、一贯表现等方面作出原则性规定，《最高人民法院关于常见犯罪的量刑指导意见》规定，已满十四周岁不满十六周岁的，减少基准刑的30%～60%；已满十六周岁不满十八周岁的未成年人犯罪，减少基准刑的10%～50%。综合考虑未成年人从宽处罚的刑事政策和特殊程序的要求，笔者认为，可以从如下几个方面把握未成年人认罪认罚案件中的从宽量刑。其一，适度从宽掌握量刑起点和幅度。应充分考虑各种法定和酌定量刑情节以及被告人自身的实际情况，按照"教育为主、惩罚为辅"的方针，根据未成年人刑事案件的全部犯罪事实以及量刑情节的不同情形，依法从宽认定量刑情节、确定调节比例。其二，认定自首、坦白及悔罪表现。认罪认罚与法定的自首、坦白情节是重合的关系。根据《刑法》第67条及其相关司法解释的规定，一般自首是自动投案并如实供述，特别自首是被羁押状态下如实供述司法机关未掌握的本人其他罪行，坦白是如实供述。根据《刑法修正案（八）》，即使不具有自首情节，如实供述也应当从宽处罚。认罪本身就是对犯罪事实如实供述，符合如实供述这一基本要件，至于是否存在自动投案行为、是否供述其他未掌握的罪行，应根据具体情形依法判断是否构成自首或者坦白。其三，量刑建议宜相对确定。量刑建议一般应当包括主刑、附加刑，并明确刑罚执行方式。检察机关不仅要对主刑提出建议，还要对附加刑提出建议。从更好地保护未成年人利益的角度，加强对控辩双方协商合意的体现，检察机关一般应当提出明确具体的量刑建议。

认罪认罚从宽制度的立法完善研究

金文彤[①]

一、认罪认罚从宽制度实施的价值意义

通过对认罪认罚从宽制度在试点以来的工作进行总结、分析，相关事实表明认罪认罚从宽制度不仅完成了预期目标，而且在提速保质的基础上实现了公平与效率的最佳平衡。认罪认罚从宽制度的提出是我国司法改革的重大突破，推动了司法进步，在试点中带来的价值主要分为以下几个方面：第一，尊重和保障人权。认罪认罚适用的前提是保障被追诉人认罪认罚的自愿性，自愿性保障的基础是尊重被追诉人在认罪认罚中的主体地位，发挥其在诉讼程序中积极主动地位，由其主导的诉讼程序产生的裁判结果才会更加信任。第二，形成非对抗的诉讼格局。轻微刑事案件呈高发的态势，如果每个轻微的刑事案件都要经过法庭审理，则会造成司法资源严重紧张。法庭审理的特点是控辩双方在法庭上进行对抗，虽然有利于正义实现得更加透明，但是不利于效率的提高。因此，认罪认罚从宽制度是控辩双方通过合作解决争议的另一种途径，突破传统的诉讼构造，形成多元化的诉讼格局。第三，落实了宽严相济的刑事政策。认罪认罚从宽制度目的不是在于惩罚犯罪，而是积极落实宽严相济的刑事政策，对犯罪嫌疑人及时教育和改造，使其早日回归社会，促进社会的和谐与稳定。第四，实现公平和效率的最佳平衡。刑事案件中轻微刑事案件占很大比例，侦查司法机关因地制宜探索出适合轻微刑事案件的新诉讼机制，性质相似案件可以进行集中受理、批量处理，对缓解我国司法机关的办案压力大有助益。

[①] 金文彤，国家检察官学院河南分院（河南检察职业学院）科研信息中心副主任，副教授，法学博士。

二、认罪认罚从宽制度的发展历程

随着社会经济的发展，轻微刑事案件呈高发态势，为了有效缓解刑事案件与司法资源的紧张局面，2014年全国人大常委会授权"两高"在部分地区开展刑事案件速裁程序的试点工作，速裁程序实现了轻微案件的快速审理，缓解了司法机关的办案压力。在速裁程序先进经验的基础上不断地创新和完善，2016年9月通过了《认罪认罚从宽制度试点工作决定》。为了积极落实认罪认罚从宽制度，同年11月，全国18个城市正式开展了"刑事案件认罪认罚从宽制度"为期两年的试点工作。在试点期间，各个试点城市的司法机关认真贯彻落实上级部署，全面、细致、深入地推进该项改革试点工作，为认罪认罚从宽制度的全面发展奠定了基础。截至2018年10月，试点地区起诉刑事案件中50%左右适用认罪认罚从宽制度，审查起诉平均用时缩短至26天，80%以上的刑事案件法院15日审结。从相关数据表明认罪认罚从宽制度的提出缓解了司法机关的办案效率，缩短了案件审理的时间，健全了我国现行的刑事诉讼体系。

2018年10月26日，通过了关于修改《中华人民共和国刑事诉讼法》的决定。新刑诉法把认罪认罚从宽制度增加到基本原则部分，并对相关程序进行详细的设计。具体包括侦查机关告知被追诉人诉讼权利，对于认罪认罚的基本情况记录在案；认罪认罚具结书的签署；法院审查具结书的真实性和认罪认罚的自愿性；对于认罪认罚的案件被追诉人有重大立功或者涉及国家重大利益的，经最高人民检察院核准，可以不起诉或者撤销案件。这些新的程序的设计体现党中央重大决策部署的精神，将在实践中可复制、可推广、行之有效的举措，用法律的形式把它固定下来，为认罪认罚从宽制度的实施提供了法律基础。认罪认罚从宽制度的提出到认罪认罚从宽制度上升为法律的发展历程，表明认罪认罚从宽制度顺应了我国司法实践发展的需要，健全了我国刑事诉讼的相关制度和程序，在司法改革中有着独立的价值和意义。

三、认罪认罚从宽制度的司法现状及存在的问题

通过对认罪认罚从宽制度实施的现状进行细致考察，并对试点工作进行总结、分析，相关事实表明，认罪认罚从宽制度在依法及时惩治犯罪、强化人权保

障、优化司法资源、推动繁简分流、提升诉讼效率、完善多层次刑事诉讼程序体系等方面发挥了重要作用。认罪认罚从宽制度在司法实践中带来的价值是值得肯定的,是我国司法改革的重大突破。① 但是肯定价值同时不可忽略认罪认罚从宽制度在司法实务中存在的问题。本文结合认罪认罚从宽制度在司法实践中运行的现状,探析认罪认罚从宽制度在司法实践中存在的问题,并提出相关的立法建议予以完善。

(一) 认罪认罚的自愿性保障不充分

认罪认罚从宽制度的被追诉人自愿的认罪认罚是启动认罪认罚从宽程序的先决条件,自愿性得不到充分的保障就像是污染了司法审判的源泉,因此保障被追诉人认罪认罚的自愿性是保障认罪认罚从宽制度很好地贯彻实施的关键因素。为了保障被追诉人自愿的认罪认罚,司法办案机关在现有的司法经验基础上不断地探索创新,对于认罪认罚的被追诉人需要签署具结书,在签署具结书的时候需要有辩护人或者值班律师在场。这种措施不仅更好地保障了被追诉人认罪认罚的自愿性而且保障了被追诉人的诉讼权利。刑诉法把实践中的先进经验用法律的形式固定下来,为保障被追诉人认罪认罚的自愿性提供了法律基础。法律是静态的,但是发生在生活中的案件事实却是千变万化、丰富多彩的,法律不能涵盖全部。虽然新刑诉法对被追诉人认罪认罚的自愿性进行相关规定,但是被追诉人自愿认罪认罚的真实性无法得到真正的保障,主要有以下几个方面的原因:第一,我国未确立证据开示制度导致被追诉人认罪认罚不是在全面了解案件信息的基础上进行的;第二,法院审查认罪认罚从宽制度只是形式上的审查;第三,被追诉人的自愿认罪认罚的撤回权没有系统的程序保障,撤回权是保障认罪认罚自愿性的救济手段。撤回权不完善会制约被追诉人认罪认罚的自愿性。② 第四,对于认罪认罚的被追诉人可获得从宽处罚,但是在司法实务中被追诉人从宽的幅度却不尽相同,被追诉人对于自己认罪认罚是否可以得到从宽处罚,具有不确定性。因此,这些相关因素都会间接地影响被追诉人认罪认罚的自愿性。

(二) 值班律师定位不明确

值班律师制度在以审判为中心的诉讼制度改革的贯彻、认罪认罚从宽制度试

---

① 孙谦:《检察机关贯彻修改后刑事诉讼法若干问题》,载《国家检察官学院学报》2018 年第 3 期。
② 孔冠颖:《认罪认罚自愿性判断标准及其保障》,载《国家检察官学院学报》2017 年第 20 期。

点的全面铺开。在认罪认罚从宽制度中值班律师不仅是认罪认罚从宽制度的见证人,同时也是为被追诉人提供法律服务的专业人员。①新刑诉法修改为认罪认罚从宽制度的法律援助律师的充分参与提供了有力的法律基础,充分保障被追诉人的合法权益,但是值班律师的在执行职务中也面临诸多问题:第一,认罪认罚的被追诉人在签署具结书时需要律师见证,但是有些情况律师的在场或者签字流于形式,只是配合完成某项工作并没有发挥其实质作用。第二,法律援助中心不允许值班律师接受委托,为其提供法律援助的被追诉人辩护。这种限制会抑制值班律师的积极性。第三,值班律师服务水准有待提高。值班律师在认罪认罚从宽制度中起着沟通的作用,但是在司法实践中,值班律师缺乏立法上规定的阅卷权、会见权,这些权利的限制很难为被追诉人提供有效的法律帮助。再加上值班律师的费用不高,很难为被追诉人提供高质量的服务标准。值班律师在认罪认罚从宽制度中扮演着不可替代的角色,因此,应当对值班律师的角色进行明确的定位,赋予其相应的权利和义务,保障值班律师为被追诉人提供更专业的法律服务。

(三) 认罪认罚从宽程序分流机制不完善

随着我国的员额制改革,司法资源趋于精简干练,面对居高不下的刑事案件,对案件进行繁简分流,是缓解案多人少的重要突破口。但是,认罪认罚从宽制度的程序分流机制不够流畅,主要有以下两个方面的原因:第一,侦查阶段是启动刑事诉讼程序的初始阶段。侦查阶段首要任务是固定和收集证据,侦查人员为了防止犯罪嫌疑人串供、毁灭证据、转移证据,一般会对犯罪嫌疑人进行限制人身自由的处罚,但是,这些强制措施适用会限制审查起诉阶段不起诉制度的运用,对不起诉制度进行抑制,不利于刑事案件的程序分流。第二,审查起诉阶段在认罪认罚从宽制度中起着过滤的作用,对案件的繁简分流起着重要的作用。审查起诉阶段程序分流主要运用检察机关的不起诉制度,但是检察机关不起诉程序适用率比较低。不起诉程序适用率低主要有以下三个方面的原因:第一,审批程序烦琐,文书复杂。第二,不起诉制度是业绩考核的一个重要标准,因此检察人员对不起诉制度适用谨慎。第三,容易让人产生"人情案""金钱案""关系案"的误解,让办案人员不敢轻易适用不起诉程序。这些原因会阻碍不起诉制度的运用,如果不起诉制度得不到很好的落实,则审查起诉阶段程序分流则不会得到更

---

① 樊崇义:《值班律师制度的本土叙事:回顾、定位与完善》,载《法学杂志》2018年第1期。

好的实施，很难真正解决案多人少的现实困境，认罪认罚从宽制度相关程序将会被束之高阁，不能真正地体现认罪认罚从宽制度的基本价值内涵。

四、认罪认罚从宽制度完善的建议

（一）保障被追诉人认罪认罚的自愿性

自愿认罪认罚是启动认罪认罚从宽程序的前提，也是认罪认罚从宽制度的根基，只有认罪认罚从宽制度的根基夯实，才可以保证认罪认罚从宽制度的裁判结果公平公正。通过分析认罪认罚从宽制度的自愿性得不到充分保障的原因的基础上，并提出相关的立法完善建议，予以完善。主要有以下几个方面：第一，确立证据开示制度。被追诉人认罪认罚并不是在全面了解案件事实的基础上进行的，因此，被追诉人很难对整体进行全面的衡量。为了保障被追诉人在全面了解案件事实的基础上认罪认罚，可以在司法实践中确立证据开示制度，保证被追诉人对证据具有知悉权。为了保证证据开示制度更好地实施，应当明确检察机关有向律师披露证据的义务，如果检察机关怠于或者不完全履行该义务，则属于程序违法，有权要求检察机关予以补正和完善。① 第二，完善自愿审查制度。自愿审查不仅是审判机关的责任，检察机关也应当担任审查认罪认罚自愿性的角色。检察机关应当对侦查阶段认罪认罚的自愿性进行审查，在审查过程中发现是非自愿认罪认罚的，检察机关应当记录在案并附卷。同时在审查过程中发现认罪认罚的供述系刑讯逼供所导致的，则认罪认罚的供述应当作为非法证据予以排除。审判机关应当对先前的阶段认罪认罚的自愿性进行审查，建立自愿性审查程序。在司法实践中认罪认罚案件的法庭调查和法庭辩论进行简化和省略，被追诉人认罪认罚不能直接导致有罪判决，要对被追诉人认罪认罚的自愿性进行实质审查。第三，认罪认罚的撤回权是保障被追诉人自愿性认罪认罚的救济性权利，撤回权应当从程序和实体两个方面进行相关的保障和完善，才可更好地保障被追诉人的权利。② 首先，构建被追诉人认罪认罚撤回权的完整衔接机制。对于认罪认罚后又撤回的，或者在适用普通程序后又认罪认罚的，应当建立灵活的双向程序转换机制，保障被追诉人认罪认罚的自愿性。其次，在实体法上进行相关程序的设计，

---

① 熊秋红：《认罪认罚从宽的理论审视与制度完善》，载《法学》2016 年第 9 期。
② 陈光中、马康：《认罪认罚从宽制度若干重要问题探讨》，载《法学》2016 年第 3 期。

使相关程序之间的转换有法可依。第四，量刑幅度明确具体。虽然新刑诉法对于检察机关提出的量刑建议一般应当采纳，但是在司法实践中认罪认罚从宽制度量刑建议的精确度不够，在有些情况下不能得到审判机关的采纳，会对检察机关的形象受损，而且长此以往还能造成量刑建议权形同虚设的后果。为了保证量刑建议做精做准，检察机关可以借助科技的力量研发量刑建议智能辅助系统，把认罪认罚案件的个案情节及量刑情节关键词输入量刑辅助系统后，量刑辅助系统就会对数据库中的相关司法判例进行对比分析，出示一份关于刑期、罚金、刑罚执行方式明确的量刑建议，使量刑幅度更加精准化。

(二) 值班律师的角色定位

新刑诉法的修改为认罪认罚从宽制度的法律援助律师的充分参与提供了法律基础。但是，在司法实践中值班律师的权利没有得到更好的保障，因此，为了保障律师的权利，应当做到以下几个方面：第一，值班律师的异议权利。签署具结书需要值班律师或者辩护人在场，应当发挥值班律师的作用，不能只是充当签署具结书的见证人，律师在认罪认罚从宽程序中如果发现违背当事人意愿或者违反相关程序的，律师有提出异议的权利。对于值班律师提出异议的权利审判机关应当进行审查。第二，值班律师可以充当辩护人的角色。在司法实践中值班律师有着职责定位，不可以充当被追诉人的辩护人，这样会限制值班律师的积极性，对于认罪认罚的被追诉人提供的法律帮助，只是表面上的提供法律咨询和法律帮助，没有起到实质性的作用，因此，为了激发值班律师的积极性，法律援助中心允许值班律师可以接受当事人或者当事人家属的委托。正如北京大学陈瑞华教授所述，"值班律师不应将工作局限在法律咨询上，还应为被追诉人提供直接的辩护，协助被追诉人作出明智的选择"。第三，建设高水准的值班律师队伍。为了保障认罪认罚的被追诉人获得专业化、精密化的法律帮助，应当建立一个具有较高专业素养的固定值班律师队伍，对于加入的值班队伍的律师给予政策上、地位上、物质上的奖励，从而吸引优秀的律师参与到值班律师的队伍中。对于值班律师队伍的成员要有相应的条件限制，提高成为值班律师队伍成员的准入条件，让加入值班律师队伍是一种职业荣耀，带着这种荣耀进行法律帮助，值班律师必然会对这份工作予以重视，从而更加高要求地履行职责，为被追诉人提供真正的法律帮助。

(三) 完善认罪认罚从宽制度的程序分流机制

认罪认罚从宽制度的分流机制贯彻了宽严相济刑事政策的区别对待精神，实现了案件繁简分流，实现了各个刑事诉讼程序之间的衔接，是我国多层次刑事诉讼程序体系发展的总体面貌。程序分流机制的主要目的是加快案件的快速审理，但是在程序之间的转换方面还存在不足。[①] 因此，提出以下两个方面的立法完善建议：第一，强化诉讼程序转换衔接。诉讼程序之间的转换适用"阶梯式"。根据案件的复杂程度可以依次选择适用相对不起诉、附条件不起诉、速裁程序、简易程序、普通程序，这种依次的排序可以在程序的选择上有章可循，保障刑事诉讼程序顺利地进行。诉讼程序的转换要灵活。在司法实务中程序之间的转换有限制，可以从简易程序或者速裁程序转换到普通程序，只是单向的转换，这样限制往往会制约程序转换的灵活性。认罪认罚从宽制度的目的是简化诉讼程序，应当允许认罪认罚的普通程序向简易程序或者速裁程序转换。因此，认罪认罚从宽制度的程序转换的相关立法工作应当完善，建立由简到繁、由繁到简的多向转换机制，强化各诉讼程序之间的衔接，以程序的有序转换促进司法资源的合理配置。程序转换前诉讼工作可以作为程序转换后的工作。程序转换主要目的是选择最适宜的程序审理，如果程序转换前的工作不可使用，全盘推倒重来则会浪费更多的司法资源。因此在程序转换中要根据不同情况进行处理，有的特别情况，如证据的非法收集，受害人、证人受胁迫的非法供述等违法情况不可作为转换后程序的工作要重新进行收集。程序转换前的工作不可作为后续的程序的相关工作要采取否定式列举的方式，这样可以发挥法官的积极性和主动性，保证认罪认罚的被追诉人选择最适合自己的诉讼程序。第二，强化不起诉制度的适用。检察机关不起诉制度是检察工作的特色，目的是过滤轻微刑事案件的，控制进入刑事审判程序的案件数量。不起诉制度是认罪认罚从宽制度程序分流的关键节点，但是，在司法实践中不起诉制度适用率过低，不起诉制度在审查起诉阶段的适用不够完善，就会制约着认罪认罚从宽制度的程序分流功能。所以，为了健全认罪认罚从宽制度的程序分流机制，应当强化不起诉制度在审查起诉阶段的运用，发挥其审前分流的中枢作用。因此，通过结合相关的司法实践对认罪认罚从宽制度的程序分流功能提出以下几点建议：1. 扩大不起诉案件的范围。新刑诉法对于认罪认罚从宽制度案件的适用范围不仅限于轻微刑事案件，重罪案件也同样适用该制度。贯彻认罪认罚从宽制度的基本精神内涵是实现案件的繁简分流，不起诉是实现案件

[①] 叶青、吴思远：《认罪认罚从宽制度的逻辑展开》，载《国家检察官学院学报》2017 年第 9 期。

分流的重要因素。因此,要落实不起诉制度,不起诉案件的范围应当进行扩充,对不起诉案件的适用范围进行否定式列举,减少进入审判程序的案件,发挥其真正的过滤功能。2. 简化不起诉适用程序。复杂的不起诉文书和烦琐的程序制约着不起诉制度的适用,因此,进一步简化检察机关文书制作和审批手续,下放检察长或者检委会对适用相对不起诉的审批权限,赋予员额检察官更多的自由裁量权限。轻微类型的刑事案件,被追诉人认罪认罚的,可由员额检察官自行决定是否选择不起诉的制度,省去烦琐的案件汇报以及审批程序,调动检察人员适用不起诉制度的积极性,更好地发挥审查起诉阶段的分流机制。3. 检察机关在适用不起诉程序时按法律行事,严格规范自己的行为,避免"权权交易"和"权钱交易"的现象出现。一方面,可以使被追诉人产生信赖;另一方面,可以保证裁判的结果公平公正。

五、总结

认罪认罚制度设计的初衷在于缓解司法机关的办案压力,在司法实务中该制度科学地配置司法资源,提高了诉讼效率,实现了公正与效益的最佳平衡。认罪认罚从宽制度是我国司法改革的重大突破。试点期间认罪认罚从宽制度在稳步推进的基础上进行改革创新,探索出适合我国司法现状的先进经验。新刑诉法把认罪认罚从宽制度在实践中的先进经验用法律的形式固定下来,为认罪认罚从宽制度的发展提供了条件和机遇,使认罪认罚从宽制度在日益完善。新刑诉法虽然为认罪认罚从宽制度的发展提供了法律基础,但是并不能涵盖认罪认罚在司法实践中出现的全部问题。本文结合认罪认罚从宽制度在司法实践中的运行现状,在司法实践中和相关立法中进行不断地探索,以期提出更加完善的建议保障认罪认罚从宽制度更好地贯彻实施。

认罪认罚从宽制度改革若干问题研究

何冬青[①]

认罪认罚从宽制度改革，经全国人大常委会授权，已在北京等18个城市开展试点。此次改革，以被告人认罪认罚为切入点，构建刑事案件分流处理机制，从政策导向、制度规范、程序保障上，规范、强化认罪认罚的法律途径和法律效果，更好体现认罪认罚从宽，落实宽严相济、繁简分流。这是在全面推进依法治国、加强和创新社会管理时代背景下，从优化司法职权配置、完善刑事法律制度、构建科学诉讼体系的现实需要和长远考虑出发，在更高层次上实现公正与效率相统一的重大探索。全国人大常委会启动新一轮刑事诉讼法修改时，在总结试点经验基础上，将认罪认罚从宽作为刑事诉讼法的基本原则写入草案中，改革成果实现法律化、制度化。在全国推开施行之际，厘清认罪认罚从宽的制度定位，遵循以审判为中心的诉讼改革方向，对制度准确适用、构建多层次刑事诉讼体系具有重要意义。

一、制度定位：宽严相济从实体到程序的延伸拓展

按"两高三部"《关于在部分地区开展刑事案件认罪认罚从宽制度试点工作的办法》（以下简称《试点办法》）精神，认罪认罚从宽制度是对宽严相济刑事政策的制度化和法律化。宽严相济是党和国家长期坚持的基本刑事政策，起始于革命时期的"镇压与宽大相结合"政策，后来逐步发展为"惩办与宽大相结合"政策，在新的历史时期又发展为宽严相济刑事政策。其基本要求是"该严则严，当宽则宽；严中有宽，宽中有严；宽严有度，宽严审时；宽严有据，罚当其罪"，

[①] 何冬青，最高人民法院刑一庭法官。

核心是区别对待。中央文件中正式确立其政策地位的，是2006年党的十六届六中全会审议通过的《中共中央关于构建社会主义和谐社会若干重大问题的决定》，适应了社会治安形势变化、社会管理改革创新的需要。

"刑罚如两刃之剑，用之不得其当，则国家与个人两受其害。"传统上，我国对犯罪的界定，主要是"定量+定性"模式，犯罪圈相对较窄。但随着社会管理创新和刑事立法修改完善，特别是劳教制度废除，对一些常见多发、群众反映强烈的违法行为加以犯罪化，已成为立法的一个显著趋势。就立法而言，1979年刑法只有100多个罪名，到1997年就猛增至400多个，刑法各修正案也在不断扩充罪名。就司法而言，刑事收案数持续增加，2016年一审案件比十年前增加了六成，增量基本上都在轻罪案件。如果不加区分，一律从严"标签化""对立化"，一味打击、谴责、排斥，可能会造成更多的不稳定因素、带来更多的社会问题。人们越来越关注刑罚教育矫治的功能，注重诉讼化解矛盾的作用，特别是对认罪认罚的轻罪罪犯、偶犯、初犯。具体到案件处理，就是实体上宽严相济，程序上繁简分流，区别对待、体现政策，扩大"缓管免"和非刑罚方法适用，扩大非羁押强制措施适用，"微罪不捕""疑罪不诉""简案快审""疑案精审"，改变"有案必诉""有罪必捕""有罪必判""案案都要上法庭"这样"一刀切"的案件处理模式。

对宽严相济刑事政策及其历史沿革进行梳理，有助于我们准确理解顶层设计对认罪认罚从宽的制度定位，把握好制度内涵。结合《试点办法》，可将认罪认罚从宽界定为"对自愿认罪、悔罪认罚的犯罪嫌疑人、被告人从宽、从简、从快处理的刑事法律制度"。从法律渊源看，是对实体法"坦白从宽"和程序法"认罪从简"的统合发展；从实践效果看，是宽严相济、坦白从宽从实体到程序的延伸拓展。"坦白从宽"是宽严相济刑事政策的重要组成内容，在很长一段时间内，与"抗拒从严"并行作为司法政策运用，加之刑诉法规定犯罪嫌疑人接受讯问时有如实回答的义务，司法实践中落实效果并不尽如人意，甚至有"坦白从宽，牢底坐穿；抗拒从严，回家过年"的误读。2012年《刑法修正案（八）》将坦白从宽法律化，但程序上没有相应制度跟进，即便是以认罪为适用前提的简易程序，也没有明确从宽的要求，而和解程序适用前提又侧重于悔罪认罚。2014年全国人大常委会授权试点的刑事速裁程序，明确以认罪认罚为前提，对可能判处一年有期徒刑以下刑罚的11种犯罪分流处理，体现认罪认罚从宽的精神，这是官方第一次明确将"认罪""认罚"统合考虑，实体程序同步落实"从宽"要求的探索。从这个角度讲，目前开展的认罪认罚从宽制度试点，是刑事速裁程序的"全面升级版"。

关于认罪认罚从宽的适用范围。按《试点办法》规定，需要同时符合以下条件：一是被告人如实供述自己的罪行，对指控的犯罪事实没有异议；二是同意检察机关量刑建议；三是签署认罪认罚具结书。除了限制刑事责任能力的精神病人、未成年被告人的代理人或辩护人提出异议、被告人可能不构成犯罪等不宜适用的情形，只要符合"认罪""认罚"实质要件，原则上所有刑事案件均可适用。这不仅包括轻罪案件，还可以适用于重罪案件。这是其制度定位所决定的，宽严相济是贯穿指导刑事立法司法的基本刑事政策，适用于所有刑事案件，就像自首、坦白一样，没有特殊的范围限制。当然，对于那些按宽严相济政策要求，需要总体从严把握的案件，如危害国家安全、暴恐犯罪等严重暴力犯罪，适用认罪认罚从宽就要特别慎重，避免不加区分一律从宽、失之于宽、有违公正，这是改革需要把握好的平衡点。

关于认罪认罚从宽的法律效果。《试点办法》规定的"从宽"，涉及实体处理和程序适用两个方面，主要包括：一是实体上从轻、减轻或免除处罚；二是程序上适用速裁、简易或普通程序简化审理；三是优先适用非羁押强制措施。对于实体从宽，《试点办法》并未将认罪认罚规定为独立的从宽情节，也未规定具体从宽幅度，而是要求坚持宽严相济刑事政策，确保罪责刑相适应，做到"宽严有据，罚当其罪"。从各地试点看，基本是分别适用自首、坦白、当庭自愿认罪、真诚悔罪取得谅解等法定、酌定情节来把握，属于"可以型"从宽，并非必然、应当从宽。在此基础上，有些地方对同意适用速裁程序的被告人给予10%～30%的量刑激励；有的根据认罪阶段区分规定从宽幅度，如厦门集美"321"阶梯式从宽机制，规定侦查阶段认罪可减基准刑的30%以下、起诉阶段减20%以下、审判阶段减10%以下。这些探索，符合宽严相济政策精神，强化了认罪利益的可预期性和兑现的可操作性，但如何避免量刑情节交叉适用和重复评价，还需系统研究、全面梳理、统一规范。对于程序从宽，也不是必然的法律后果，简化程序还需以被告人同意为前提，这确保了程序的正当性。具体程序的设置设计，应在以审判为中心的改革方向下，遵循公正效率原则，按照诉讼分流原理进行构建。

二、实现路径：诉讼分流全程多元化、精细化

诉讼分流，是指根据案件不同情况，在诉讼各阶段分流处理案件、区分适用程序，以落实刑事法律政策、合理配置司法资源。区分诉讼阶段进行的分流，主要有侦查、起诉阶段的审前分流和审判分流，前者如公安机关撤销案件、检察机关作不起诉决定、提前终止诉讼，可称为"纵向诉讼分流"。区分诉讼程序进行的分流，主要以被告人认罪与否以及案件难易、刑罚轻重作为区分标准，如以英美法系辩诉交易为代表的被告人认罪程序、以大陆法系为代表的处罚令程序，包括目前认罪认罚从宽框架下"速裁程序—简易程序—普通程序"的审判分流，可称为"横向诉讼分流"。通过诉讼分流，大量案件未经常规审判处结，如美国有90%以上的刑事案件通过认罪答辩结案，日本90%以上的刑事案件按略式程序处理。① 同时，也体现了现代司法的人文关怀与宽容精神，特别是审前分流的非犯罪化处理，有利于悔过自新、更好地回归社会。

从世界范围看，刑事诉讼程序呈现多元化发展的趋势，根据被告人认罪与否、案件难易、刑罚轻重设置不同诉讼程序。大多数国家规定了三种以上的简易程序。比如，意大利设置了简易审判、依当事人要求适用刑罚、快速审判、立即审判、处罚令五种简易程序，轻重有序，灵活多样，拓宽细化繁简分流渠道，满足各类案件不同审理需要。② 本次改革最大的智慧，就是以被告人认罪认罚为切入点，结合案件难易、刑罚轻重情况，构建案件分流处理机制，审前通过撤销案件和不起诉分流，审判区分适用速裁、简易、普通程序，构建全程、多元、多层次的分流机制，符合国情需要，也符合司法规律。而且，从实体处罚和程序适用两个方面，从侦查、起诉、审判乃至刑罚执行各阶段，对认罪认罚案件进行甄别、分类处理，确立认罪认罚的法律途径，强化认罪认罚的法律效果，鼓励、保障真正有罪的人认罪服法，对于优化司法资源配置、实现公正与效率平衡，都是有益的探索。既节约了司法资源，又能减少社会对抗，修复社会关系，是"利益兼得"的多赢方案。本次改革方向和实现路径值得肯定，但深度和广度还有很大

---

① ［日］田宫裕：《刑事程序的简易化》，载西原春夫主编《日本刑事法的形成与特色》，李海东等译，法律出版社1997年版，第418页。
② 《意大利刑事诉讼法典》，黄风译，中国政法大学出版社1994年版，第157－167页。

的拓展空间，特别是在全程化、层次化的改造上。

对于分流全程化，目前需要更多关注的是审前分流。根据《试点办法》，对有重大立功或者案件涉及国家重大利益的认罪案件，经层报公安部提请最高人民检察院批准，公安机关可以撤销案件；经最高人民检察院批准，人民检察院可以作出不起诉决定。规定出于国家、政治利益考虑的酌定不起诉，有实践特殊需要，也有国际经验可循，如英国王室检察院裁量起诉考虑的公共利益因素，[①]德国刑事诉讼法典规定的出于政治原因不追诉等，但是都限于个案处理，且有严格的审批程序，分流功能极其有限。现有改革框架下，"纵向诉讼分流"难有拓展，毕竟涉及出罪入罪，事关重大，若无立法授权，推进缺乏正当性。目前，可着力探索审前特别是侦查阶段，启动认罪认罚案件的甄别机制，方便起诉、审判环节的顺利分流。按《试点办法》要求，认罚需满足"同意量刑建议"这一具体要件，需要检察机关提出并征得犯罪嫌疑人同意。侦查阶段公安机关对此难以预判，但可通过两个渠道来启动甄别：一是权利告知程序，告知犯罪嫌疑人认罪认罚的性质及法律后果，对于认罪且有认罚意愿的，记录在案附卷移送并在起诉意见书中写明情况，以便检察机关甄别审查。二是检察机关提前介入，指导侦查取证，羁押必要性与起诉审查同步合一，对有认罪认罚意愿的，拟出量刑建议听取意见，促成认罪认罚后快侦快诉。

对于分流层次化，要考虑案件特点和诉讼环节，设置科学合理可行的区分标准。比如，认罪认罚的同步性，按《试点办法》要求，认罚需要被告人"同意量刑建议"，实际上就是要求控辩双方对量刑达成一致意见，往往通过检方提出从宽处罚的量刑建议，换取被告人认罪合作来实现，同步规定可增强认罪利益的可预期性和认罪认罚的稳定性，且提前解决量刑争议，也方便法院快审快判，具有合理性。对于轻微刑事案件，特别是一年有期徒刑以下刑罚的常见多发案件，促成被告人认罪认罚，没有太大问题；但对于重罪案件，特别是未纳入量刑规范化的罪名，要求控辩双方对量刑达成一致意见，符合认罪认罚要件，恐怕有些困难，最终可能影响制度适用和政策兑现。未来立法论证时，恐怕还是要作分层考虑，区分诉讼阶段和案件特点，避免"一刀切"不便操作落实。这个问题，在

[①] ［英］麦高伟、杰弗里·威尔逊：《英国刑事司法程序》，姚永吉译，法律出版社2003年版，第167页。

速裁程序设计上同样存在,特别是此次立法授权将速裁程序的适用范围扩至三年有期徒刑以下刑罚案件,要注意避免成为1996年刑诉法简易程序的"翻版",当时简易程序的适用范围就是三年以下刑罚案件。应注意层次区分,探索分流精细化,可考虑以一年有期徒刑或拘役刑为界,从审理方式、办案期限、文书样式等方面做不同尝试,探索程序的独特价值和运行机制。

三、诉讼构造:以审判为中心的展开

学界通说认为,刑事诉讼构造有"横向构造"和"纵向构造"之分。前者是指控诉、辩护和裁判三方在各主要诉讼阶段中的法律关系格局,主要包括侦查构造和审判构造。后者是指控诉、辩护和裁判三方在刑事诉讼程序中的相互关系,主要包括侦查与起诉的关系及起诉与审判的关系。横向构造着眼于三方诉讼主体在各个程序横断面上的静态关系;纵向构造更加强调三方在整个诉讼程序流程中的动态关系。① 不论"横向构造"还是"纵向构造",都应该由控审分离、审判中立裁决、控辩平等这三大基本原则作为指导和根本指南,缺乏任何一个原则,这个诉讼结构就是不完整的、不健康的和不正当的。②

认罪认罚从宽制度改革,对于强化被告人诉讼主体地位,落实不被强迫自证其罪的权利,有保障和促进作用。很长一段时间内,被告人并不被认为是刑事诉讼主体,而是被作为打击处理的对象,有如实供述犯罪、配合司法机关处理案件的义务。虽然有坦白从宽政策,2012年修正的《刑事诉讼法》明确"不得强迫任何人证实自己有罪",但仍规定被告人有如实回答的义务。此次改革,从实体处理和程序适用两个方面,对认罪认罚被告人给予从宽激励,就是对其诉讼主体地位的认可和强化,对其不被强迫自证其罪的权利的保护和落实。检察机关应就指控事实证据、适用法律等问题听取被告人及其辩护人、值班律师的意见,只有被告人没有异议,认罪认罚才能启动,诉讼程序才可简化,需要被告人同意,有一定"合作性司法"的因素。但所有的合作都应当在法律框架内进行,仍然要坚持罪刑法定、证据裁判。在当前以审判为中心诉讼制度改革中,坚持控审分离、审判中立裁决、控辩平等的诉讼结构,才能使得整个刑事诉讼程序具备法律

---

① 宋英辉:《刑事诉讼原理》,法律出版社2003年版,第237-238页。
② 樊崇义:《刑事速裁程序:从"经验"到"理性"的转型》,载《法律适用》2016年第4期。

正当程序的特质、具备实体公正与程序公正双赢的基础。

（一）关于认罪认罚案件的证明标准

推进以审判为中心诉讼制度改革，其中一项核心要求就是全面贯彻、严格落实证据裁判原则，公安、检察机关应当依法全面收集、固定、审查、运用证据，人民法院应当按照法定程序认定和采纳证据，统一适用"事实清楚，证据确实、充分"的法定证明标准。所有刑事案件，无论被告人认罪与否、刑罚轻重，都应当适用同一证明标准。不能因为被告人认罪，就降低证明标准，对疑罪降格认定处理。这个原则底线，任何时候都不能突破。但在具体审查把握上，也要注意到被告人认罪对取证、举证、认证的影响。

第一，证明方式相对简便。刑事诉讼中的司法证明存在两种不同方式：一是通过对直接证据所包含的证据事实进行印证和补强，从而达到证明待证事实的效果；二是通过将若干间接证据所包含的证据事实进行逻辑推理，使其形成较为完整的证据链，从而排他性地认定待证事实的存在。① 被告人自愿认罪形成的有罪供述，客观地讲具有重要的证明价值，往往是最全面、最详细、最完整的直接证据，通过印证、补强来进行同向证明，比不认罪案件定案需要排疑完成的反向证明，相对简单方便一些，也符合认知规律。

第二，审查程序相对简化。我国刑诉法规定的"事实清楚，证据确实、充分"，需要满足三个条件：一是实体条件，即"与定罪量刑有关的事实均有证据证明"；二是程序条件，即"据以定案的证据均经法定程序查证属实"；三是心证条件，即"排除合理怀疑"。其中，实体和心证要件不能突破，应按同一标准把握，但程序要求在不同案件中，实际上存在差别。② 对认罪认罚案件适用速裁或简易程序审理，省略或简化庭审举证、质证环节，程序审查相对宽松，一定程度影响证据标准的考量把握。当然，审查程序的简化，要以被告人同意为前提，确保法律程序的正当性。

（二）关于认罪认罚从宽的裁决主体

本次改革强化了检察机关的量刑建议权。根据《试点办法》规定，对于被告人认罪认罚的案件，检察机关可以提出从宽处罚的量刑建议，人民法院一般应

---

① 陈瑞华：《刑事证据法学》，北京大学出版社2012年版，第257页。
② 孙远：《论认罪认罚案件的证明标准》，载《法律适用》2016年第11期。

当采纳起诉指控和量刑建议作出有罪判决，但被告人不构成犯罪或者不应当追究刑事责任、违背意愿认罪认罚、否认指控犯罪事实、检察机关量刑建议明显不当以及其他可能影响公正审判的情形除外。从文义上看，检察机关的量刑建议对法院似有约束效力。但实际上，裁决主体还是在法院，法院严格审查后认为指控事实清楚、罪名准确、量刑建议适当的，才采纳控方的意见建议。

对于认罪认罚案件，法院应当进行实质审查，是否采纳量刑建议从宽处罚，裁决权在法院。中立者裁判，这是保持"三角诉讼构造"的关键，如果控方掌握话语权、裁决权，无论是平等协商还是平等对抗，都没有实现基础，对被告人权益的基本保障也无从谈起。即便是实行当事人主义的英美法系，辩诉交易的裁决主体也是法官，检察官可通过不起诉、暂缓起诉等方式分流部分轻微刑事案件，但涉及人身自由、财产处置的事项，须经法官裁决才发生效力。如果法官认为答辩并非自愿作出，缺乏事实基础，或协议内容超越量刑指南且无正当理由，可拒绝辩诉协议。当然，对于认罪认罚案件的审前分流，考虑我国各诉讼环节阶段分明，法院事前介入监督存在法律障碍，对涉及国家重大利益及与之相当的重大立功案件作撤销、不起诉处理，交由作为法律监督机关的最高人民检察院批准决定，也是合适的。

（三）关于认罪认罚案件的审理程序

根据《试点办法》的规定，目前审理认罪认罚案件，可以根据具体情况分别适用速裁程序、简易程序或者普通程序。从试点情况看，大部分案件适用速裁或简易程序审理，这并不违背以审判为中心的诉讼制度改革精神。"以审判为中心"的核心是"以庭审为中心"，推进庭审实质化。法庭审理的功能，主要在于查明事实、解决争议。对于认罪认罚案件，事实证据、法律适用都没有争议，庭审没有对抗性，如果还是按照标准化的普通程序举证、质证、辩论，反而流于形式"走过场"。根据案件特点适当简化庭审程序，实际上促进了庭审实质化，还可以推进繁简分流，将有限的司法资源更多用在重大疑难有争议的案件上，真正发挥庭审功能作用。

认罪认罚案件简化庭审，特别是简化法庭调查、辩论这一核心环节后，庭审的对象重点和功能定位，也要根据案件特点作相应调整，否则就会变成另一种"庭审形式化"。可以考虑参考域外经验，在庭审中引入对被告人认罪认罚真实自愿性的审查环节。美国的认罪答辩程序，要求法官对被告人认罪进行重点审查：一是知悉性审查，确保被告人知悉所受指控的基本情况、可能判处的最高刑罚以及答辩可能带来的其他后果；二是自愿性审查，确认被告人没有受到任何利诱、威胁、暴力强制；三是事实基础审查，确保被告人认罪答辩具有事实基础；四是答辩能力审查，确保被告人有能力理解其答辩的性质及后果。从我院考察团赴美观摩聆讯情况看，法庭审查详略不一，有的法官会逐一询问核实情况，有的庭前让被告人阅读签署权利告知书，庭审仅作简单询问，与一些试点法院探索的"认罪认罚审查"庭审模式相近，可考虑继续探索完善。另外，应当明确检察机关对被告人认罪认罚的真实自愿性负有举证责任，当庭要对辩方的意见和异议予以回应说明。如果审查发现可能存在违背意愿认罪认罚的情形，应当转为普通程序审理，并启动证据合法性调查程序，对非法方法取得的有罪供述予以排除。

（四）关于律师法律帮助问题

认罪认罚从宽制度试点中，强化律师法律帮助是确保认罪认罚自愿性的重要途径，也是确保程序正当性的关键所在。一些犯罪嫌疑人、被告人往往不具备法律常识，对案件及认罪认罚的实体和程序后果难有客观准确的理解和把握，需要律师提供专业法律帮助，以便作出理性判断和选择。据某试点法院统计，速裁案件中文盲的被告人占 5.19%，小学文化的占 40.26%，中学文化的占 53.25%，大专以上文化的仅占 1.30%，文化素质整体偏低。[①] 本次改革在速裁程序基础上，将依申请指派值班律师改为强制法律帮助，确保每个试点案件都有律师参与，并明确被告人签署认罪认罚具结书时要有辩护人或值班律师在场，是强化律师帮助的一大进步。但从各地反馈情况看，却是试点推进相对缓慢的薄弱环节之一，除了一些地方值班律师配备不足、经费保障未明确到位等原因外，与值班律师职责定位不清、诉讼地位作用不明也有关系。

关于值班律师的职责定位。按《试点办法》及速裁试点相关文件，值班律师提供法律咨询、程序选择、申请变更强制措施等法律帮助，类似 2012 年刑诉法修正前侦查阶段的律师职权，没有辩护人身份，不提供庭审辩护，庭前是否享有阅卷权、调查取证权，还存在不同认识，实践中把握不一。而且值班律师是轮班制，与自行聘请的律师和正式的法律援助律师相比，在案件处理上缺乏连贯

---

① 郑敏、陈玉官、方俊民：《刑事速裁程序量刑协商制度若干问题研究——基于福建省福清市人民法院试点观察》，载《法律适用》2016 年第 4 期。

性，对案件参与程度也相对有限。从平衡诉讼构造看，应当赋予值班律师辩护人身份，否则"名不顺，言不正"，无法发挥其应有作用，难以真正维护被告人的权益。考虑律师资源及分布不平衡、现有法律援助制度尚未完全覆盖不认罪案件等实际情况，未来推开试点时，也可考虑作层次区分，如以三年有期徒刑为界，对可能判处三年以上刑罚的被告人，直接指派援助律师担任辩护人；三年以下由值班律师提供法律帮助，但要确保阅卷权。

关于辩护律师在认罪认罚中的诉讼地位。认罪认罚的主体是犯罪嫌疑人、被告人，辩护律师可受托代表被告人与控方就认罪认罚相关事项交换意见、进行沟通，但最终决定权在被告人，认罪具结书由被告人亲自签署。辩护律师要进行必要的调查和阅卷，在此基础上尽可能明确并充分地告知被告人认罪认罚的法律后果及潜在风险，以便其作出理性抉择。试点文件提出"律师在场"的要求，具有开创意义，在此之前，我国对"律师在场权"还停留在学术讨论层面。但在时间节点上，除了签署具结书，检方提出量刑建议、听取犯罪嫌疑人意见时，律师也应该有权在场；在签署具结书之前，也应该赋予律师与被告人单独相处的权利，以便充分沟通作出决定。

认罪认罚从宽协商诉讼程序的独立建构

孙道萃[①]

一、问题的提出

中央全面深化改革领导小组《关于认罪认罚从宽制度改革试点方案》（2016年7月，以下简称《试点方案》）、《全国人民代表大会常务委员会〈关于授权最高人民法院、最高人民检察院在部分地区开展刑事案件认罪认罚从宽制度试点工作的决定〉》（2016年9月，以下简称《试点决定》），"两高三部"制定的《关于在部分地区开展刑事案件认罪认罚从宽制度试点工作的办法》（2016年11月，以下简称《试点办法》）先后出台，正式确立并启动我国认罪认罚从宽制度的试点工作。

从程序繁简分流与提高司法诉讼效率的多重目标定位看，相比于传统刑事诉讼程序，认罪认罚从宽制度的最显著特征是基于自愿认罪认罚的"程序从简"。按照正当程序原则，基于自愿认罪认罚而形成的诉讼程序"简化"，既可能剥夺被追诉者的诉讼权利，也可能无法维持控辩平等关系，进而使追诉诉讼效率的目标"不当"稀释诉讼公正的藩篱。这种从未有过的"诉讼程序简化"有待正名。

但是，根据《试点办法》的规定，认罪认罚从宽制度的试点，并无法定的专门诉讼程序作为配套措施。其中，第16条、第18条、第19条规定，犯罪嫌疑人、被告人认罪认罚的，根据犯罪轻重等因素，分别适用刑事速裁程序、简易程序与普通程序。这意味着在程序法层面，认罪认罚从宽制度在适用时，并非一

[①] 孙道萃，北京师范大学刑事法律科学研究院博士后、讲师，中国政法大学国家法律援助研究院研究人员，法学博士。本文系中国博士后科学基金第61批面上资助项目"认罪认罚从宽制度的探索完善与改革展望"（资助编号：2017M610783）成果；中国政法大学国家法律援助研究院"法律援助立法"课题组的阶段性研究成果。

种独立且法定的刑事诉讼程序类型,也难言是一种独立的诉讼制度。反而,从目前试点的情况来看,认罪认罚从宽到底是独立的制度、刑事政策或是一种精神的逻辑定位非常模糊。① 这客观地揭示了认罪认罚从宽制度在诉讼程序问题上的"短板"。当然,也有观点认为,与现有的规定和程序相比,应着重强调认罪认罚从宽的特质性内容,按照认罪与不认罪进行程序类型的区分,在整体设计上,应体现程序的逐渐简化规律,在具体程序的选择和运行中体现繁简分离的需要。② 这虽然强调诉讼程序体系的多元性趋势,却并未明确认罪认罚从宽制度的"诉讼程序"问题,更"遗忘"认罪认罚从宽诉讼程序是否应当独立的本源问题。例如,有观点认为,认罪认罚并非特定的程序范畴,不具有特殊程序地位,认罪认罚可以存在于刑事诉讼任何程序当中,认罪认罚从宽案件可以适用所有类型案件便是直接依据。③ 这虽然可以认为是对《试点办法》相关规定的一种"旁白",却也极大地禁锢了集实体、程序于一身的综合性认罪认罚从宽制度的潜能。

进一步地讲,认罪认罚从宽制度所对应的刑事诉讼程序是否应当独立的问题,已经成为制定和推动该制度试点的一个理论短板。目前它只是被"程序简化"这一概括性的诉讼现象所遮蔽,以致弊端并未引起足够的重视;然而,试点案件数量、试点时间等因素的持续量变,会逐渐加速暴露认罪认罚从宽诉讼程序尚未独立化的弊端。实际上,2016年11月,最高人民检察院副检察长在"检察机关刑事案件认罪认罚从宽试点工作部署会议"上指出:一是开展改革试点,是推动刑事案件繁简分流,优化司法资源配置,提升诉讼效率的重要探索。公正与效率是刑事诉讼追求的两大价值目标。在犯罪率居高不下的今天,效率价值越来越受到关注,在保证司法公正的前提下,着眼于司法效率的最大化,科学设定从宽和从简的评价机制,推动繁简分流、优化司法资源配置,构建多层次的案件处理机制,已成为世界刑事司法的发展趋势。二是开展改革试点,是优化我国刑事诉讼结构,完善刑事诉讼程序,促进提升社会治理能力的重要契机。让当事人充分地参与刑事诉讼,是现代刑事司法的一种趋势。国外辩诉交易制度、认罪协商程序、刑事和解制度的确立和发展,就是这一趋势的例证。对认罪认罚案件依法

---

① 陈卫东:《认罪认罚从宽制度试点中的几个问题》,载《国家检察官学院学报》2017年第1期。
② 王戬:《认罪认罚从宽的程序性推进》,载《华东政法大学学报》2017年第4期。
③ 陈卫东、胡晴晴:《刑事速裁程序改革中的三重关系》,载《法律适用》2016年第10期。

从宽、从简、从快处理，形成了刑事速裁程序、简易程序、普通程序有序衔接、繁简分流的多层次诉讼体系，有利于推动刑事诉讼程序的层次化改造，为完善我国刑事诉讼制度提供实践基础。① 经过一年左右的试点后，最高人民法院、最高人民检察院在认罪认罚从宽制度试点工作的中期总结时也已经注意并提出，在认真贯彻宽严相济刑事政策之际，应当针对案件的不同特点，综合考虑案件难易、刑罚轻重、诉讼阶段等因素，从审前分流、庭审规程、法律帮助、办案流程等方面，探索不同的程序规范机制，推动认罪认罚案件分流规范化。② 但是，这种官方表态并未明确今后的诉讼程序分流机制如何建设等基本问题，却也为试点探索预留足够的想象空间。为了正确指导试点工作，尤其是前瞻性地勾勒认罪认罚从宽制度试点结束后制度命运与司法改革的后续安排，应建构独立的认罪认罚从宽诉讼程序。③ 而且，这一探索也可能对我国未来刑事诉讼结构与修正有着积极意义。

二、认罪认罚从宽诉讼程序独立的依据

认罪认罚从宽制度是一项综合性诉讼改革探索，既包括实体法内容，也包括程序法内容，它不是对刑事和解、刑事速裁程序等的重复和叠加，而是具有整合性、超越性与创新性的制度。认罪认罚从宽诉讼程序应当独立化，是由多方面因素共同决定，主要包括认罪认罚从宽制度的综合性与刑事一体化属性、实体法中的犯罪分层理论与诉讼程序的类型化要求、宽严相济刑事政策的程序法定化要求、认罪认罚从宽的"嵌用"司法模式的权宜弊端、域外认罪诉讼程序的普遍独立化规律、我国诉讼程序体系的多元层次性发展品格等。

(一) 认罪认罚从宽制度的刑事一体化属性

关于认罪认罚从宽制度究竟是什么，目前，理论上有不同的看法。例如，认罪认罚制度是建立在侦控机关指控犯罪嫌疑人、被告人有罪的基础上的一种制度

---

① 谢敏：《牢牢把握改革方向确保试点依法规范展开》，载《检察日报》2016年11月28日，第1版。

② 周强：《关于在部分地区开展刑事案件认罪认罚从宽制度试点工作情况的中期报告——2017年12月23日在第十二届全国人民代表大会常务委员会第三十一次会议上》，载《人民法院报》2017年12月23日，第1版。

③ 樊崇义：《认罪认罚从宽协商程序的独立地位与保障机制》，载《国家检察官学院学报》2018年第1期。

延伸，它适用于任何案件性质、诉讼程序类型，广泛存在于刑事诉讼过程中。它不是脱离于刑事实体法、程序法规范而独立存在的一项诉讼制度。① 又如，认罪认罚从宽制度是指在刑事诉讼中，从实体和程序上鼓励、引导、保障确实有罪的犯罪嫌疑人、被告人自愿认罪认罚，并予以从宽处理、处罚的由一系列具体法律制度、诉讼程序组成的集合性法律制度。② 这充分说明认罪认罚从宽制度是一项综合性制度，而非单纯的刑事程序内容。不仅在实体法上将宽严相济刑事政策予以制度化、具体化，也在程序法上对原有的认罪协商试点工作进行总结和提升。

与此同时，在官方层面，周强院长就《关于授权在部分地区开展刑事案件认罪认罚从宽制度试点工作的决定（草案）》作说明时指出，实施认罪认罚从宽制度，是及时有效惩罚犯罪、维护社会稳定的需要，有利于鼓励引导犯罪嫌疑人、刑事被告人自愿如实供述罪行，更加及时、有效地惩罚犯罪；是落实宽严相济刑事政策、加强人权司法保障的需要，有利于贯彻罪责刑相适应原则，充分保障刑事被告人的各项诉讼权利和实体权利；是优化司法资源配置，提升司法公正效率的需要，有利于合理配置司法资源，在确保司法公正基础上进一步提高司法效率。周强还表示，试点方案体现了认罪认罚程序上从简和实体上从宽。③ 从中可知，认罪认罚从宽制度不仅以实体法为依据，促进实体法的进一步改进和优化，特别是人权保障与惩罚犯罪之间的关系；同时，也对刑事程序法作出新的要求，认罪认罚从宽制度是一场新的尝试和探索，超越刑事速裁程序等试点，是一种创新和突破。

因此，认罪认罚从宽制度蕴含着非常丰富的刑事一体化属性，是集实体法与程序法于一身的综合性范畴。当然，在刑事司法改革浪潮下，暂时更多地被投放在刑事程序法领域或作为一项刑事诉讼问题，实体法层面的关注力度不够，更遑论实体法的主动关切；同时，由于《试点办法》并未对认罪认罚从宽制度规定相应的诉讼程序类型，以至于被外界误认为它也主要是一种诉讼改革措施，缺乏程序上的实体内容与本体地位。这些都是对认罪认罚从宽制度的"片面认识"，不足以窥其全貌。而且，将重心完全放在程序层面，也制约了更全面的认识。

---

① 陈卫东：《认罪认罚从宽制度研究》，载《中国法学》2016 年第 2 期。
② 顾永忠：《关于"完善认罪认罚从宽制度"的几个理论问题》，载《当代法学》2016 年第 6 期。
③ 刘子阳：《落实宽严相济刑事政策提升司法公正效率》，载《法制日报》2016 年 8 月 30 日。

对此,一方面,应当注意到,我国刑法立法正处于活跃期,《刑法修正案(八)》与《刑法修正案(九)》增加一定数量的轻微罪与轻罪。这种立法变动,使轻罪的罪名得以增加,压缩了重罪偏多的格局,① 继而,对刑事诉讼法的运行产生深刻的影响。实际上,刑事速裁程序与认罪认罚从宽制度的试点,都与立法的变化息息相关。另一方面,从程序法的角度看,刑法立法、刑法理论等方面的变化,迫切要求程序法作出正面的回应。但是,如果单纯推动认罪认罚从宽制度的试点工作,而不为其设置独立的诉讼程序类型,则无法有效地分离认罪认罚从宽制度中的实体法内容与程序法内容,也无法通过设立更科学的诉讼程序配套措施来强化试点效果与目标,更无法检验认罪认罚从宽制度所包含的程改革意义能否实现。为了进一步推动认罪认罚从宽制度从试点走向进一步的制度化完善,应当设置独立的认罪认罚从宽协商诉讼程序,既肯定认罪认罚与从宽协商的基本内容,也为认罪认罚案件与不认罪认罚案件的程序分流提供基本的程序类型支撑。

(二)犯罪分层与诉讼程序的类型化

所谓犯罪分层,是指根据犯罪的严重程度将所有犯罪划分为不同层次的犯罪分类方法,也是自古有之的做法。西方国家的犯罪分层理论,同时也具有刑事政策、刑事诉讼等多方面的积极效应。② 借鉴域外经验,我国刑事立法也应对轻罪和重罪的界分问题作出明确规定,③ 开启犯罪治理的新天地。这种规定不仅具有实体和程序方面的意义,也具有犯罪观念、刑事政策和刑事立法方面的重要意义。

我国近些年高度重视犯罪分层理论的研究。理论上一致认为,犯罪分层理论的关键是犯罪分层标准和犯罪分层模式。然而,国内目前讨论犯罪分层标准都围绕法定刑(有期徒刑的刑期)这一司法标准而展开,禁锢了犯罪分层标准的体系化研究。现代规范刑法学中的犯罪分层标准应由立法标准与司法标准、实体性标准与程序性标准、应然性标准和实然性标准等共同组成一个层次分明和逻辑严谨的体系,并且各个分层标准均有不同的理论基础和功能设定。④ 基于这种犯罪

---

① 高铭暄、孙道萃:《97 刑法典颁行 20 年的基本回顾与完善展望》,载《华南师范大学学报(社会科学版)》2018 年第 1 期。
② 卢建平:《犯罪分层及其意义》,载《法学研究》2008 年第 3 期。
③ 郑丽萍:《轻罪重罪之法定界分》,载《中国法学》2013 年第 2 期。
④ 孙道萃:《犯罪分层标准的理论体系续造》,载《江苏警官学院学报》2016 年第 3 期。

分层标准的考虑,轻微罪、轻罪(次轻罪、轻罪)、重罪(最严重的犯罪、次严重的犯罪、一般重罪)的三模式具有合理性,其中,尤以轻罪与重罪的分类最为重要,轻微罪是一个新兴的版块。① 在这种犯罪分层理论与格局下,理论上也充分认识到,应针对轻微罪、轻罪以及重罪分别设置不同的诉讼程序,特别是轻罪诉讼程序的呼声最高,实现区别对待。特别是在宽严相济刑事政策的指导下,我国刑法修正近期保持相当活跃的状态,特别是《刑法修正案(八)》与《刑法修正案(九)》采取了"预防性立法",② 不断扩充轻罪的体量和范围。为此,应建立与新设大量轻罪相契合的轻罪刑事程序,③ 实现实体法与程序法的协同。

从刑事和解、公诉案件刑事和解程序、简易程序、刑事速裁程序、认罪认罚从宽制度的适用范围看,大体上与轻罪范畴相契合,因而,也可以认为以上五种诉讼制度,都可以归结为轻罪诉讼范畴。对于认罪认罚从宽制度而言,可以认为是当前推动轻罪诉讼范畴进一步发展的重要力量。例如,有观点认为,《中共中央关于全面推进依法治国若干重大问题的决定》要求,应"完善"而非"建立"认罪认罚从宽制度。这暗示"整合性"的稳妥推进思路。④ 从现实情况看,结合现有法律规定,认罪认罚从宽制度包含实体"从轻"和程序"从快",既融于定罪量刑过程,也依托刑事诉讼阶段与诉讼程序。这基本确定认罪认罚从宽制度的框架,即建立认罪案件与不认罪案件分流的案件处理方式,根据不同的诉讼程序和诉讼阶段,将现有与之相关的一切制度纳入了认罪认罚从宽制度的整体框架内。当然,目前并没有一个高度概括、内涵严谨、外延清晰的认罪认罚从宽制度的总体概念,并以此为核心指导刑事立法的完善和刑事司法的实践。

(三)宽严相济刑事政策的程序法定需求

认罪认罚从宽制度作为一项重要的司法改革的试点举措,是为了解决"案多人少"的司法难题,以提高诉讼效率。而其前提是被追诉者自愿认罪认罚,实现与不认罪认罚案件相互区分,同时体现区别对待的刑事司法理念。对此,《试点方案》指出,认罪认罚从宽制度是我国宽严相济刑事政策的制度化,也是对刑事

---

① 孙道萃:《犯罪分层的标准与模式新论》,载《法治研究》2013年第1期。
② 高铭暄、孙道萃:《预防性刑法观及其教义学思考》,载《中国法学》2018年第1期。
③ 周光权:《积极刑法立法观在中国的确立》,载《法学研究》2016年第4期。
④ 曾国东:《刑事案件认罪认罚从宽制度的定位分析——基于检察视域的实证研究》,载《东方法学》2017年第6期。

诉讼程序的创新,既包括实体上从宽处理,也包括程序上从简处理。这充分肯定了认罪认罚从宽制度的试点与宽严相济刑事政策之间的内在关系。而且,《试点决定》也再次强调,试点认罪认罚从宽制度是为了进一步落实宽严相济刑事政策。从《试点方案》与《试点决定》的精神可以看出,认罪认罚从宽制度是宽严相济刑事政策的制度化、法治化的具体载体,并体现在实体法与程序法两个方面。

与此同时,从《试点办法》的规定来看,也确实从"实体性"与"程序性"两个方面体认了认罪认罚从宽制度。不过,相比于《刑法》已经对自首、坦白等作出了规定的情况,《试点办法》更凸显对"程序性"方面的规定,重点落在"程序从简化"问题,较为详细地规定"程序简化"在各个诉讼阶段的基本要求与"底线"所在。同时,由于《刑事诉讼法》在2012年修正时,并未预先规定有关认罪认罚从宽制度,更未对认罪认罚案件规定专门的诉讼处理程序。这直接导致认罪认罚从宽诉讼程序是否独立的问题,陷入"是非难断"的尴尬状态。按照《试点办法》的规定,不仅客观上导致认罪认罚从宽的诉讼程序具有"依附性"或"附属性",也严重制约认罪认罚从宽制度呈现其"专属性"与"独立性"。

有观点认为,认罪认罚从宽制度并非独立的刑事诉讼程序,而是宽严相济刑事政策制度化、规范化的产物。① 这是模棱两可的表述,既然强调认罪认罚从宽制度是一项独立的司法改革内容,就不应当忽视认罪认罚从宽诉讼程序的独立性,不宜将其单纯地看作宽严相济刑事政策的一种体现;反而应通过宽严相济刑事政策的程序法定化方式,通过独立的诉讼程序来固化而非折损认罪认罚从宽制度的试点意义。完善认罪认罚从宽制度的核心要义首先应当是程序改造,毕竟认罪认罚从宽制度最终需要通过程序法的协同配合,才能实现预期的改革目标。当前,认罪认罚从宽程序作为一个自成体系的制度系统,独立的诉讼体系缺失问题非常明显,导致实体与程序的"双轨"结构出现失衡的迹象,其中,如何为认罪认罚从宽制度提供科学的诉讼支撑首当其冲。否则,宽严相济刑事政策的制度化、法律化,作为认罪认罚从宽制度的试点依据,难以在程序层面作出实质性的突破,将严重折损宽严相济刑事政策的程序法定化,也不利于认罪认罚从宽制度

---

① 白宇:《认罪认罚从宽制度与刑事案件分流体系构建》,载《甘肃政法学院学报》2017年第1期。

的试点。

另外,试图将认罪认罚从宽制度规定为刑事诉讼的基本制度,也未必可以直接有效地解决认罪认罚从宽诉讼程序的地位问题。有观点认为,认罪认罚从宽作为一项我国刑事诉讼的基本制度,内容涉及刑事诉讼的各个方面。建议在修改我国《刑事诉讼法》时,可以直接将其作为一项基本制度,放入第一章"任务和基本原则"中。具体条文可表述为:"人民法院、人民检察院和公安机关对于真诚承认犯罪、真诚接受惩罚并且积极退回赃物赃款的犯罪嫌疑人、被告人,应当依法从宽处罚。对认罪认罚从宽的案件,在程序上依法适当简化。犯罪嫌疑人、被告人罪行极其严重不具备从宽处罚条件的,以及犯罪嫌疑人、被告人是未成年人、精神病人的案件,情况复杂,不宜适用认罪认罚从宽程序的,不适用认罪认罚从宽制度。"① 诚然,通过立法修正,将认罪认罚从宽制度予以基本原则化,司法改革将具有显著的固化意义,却无法直接解决认罪认罚从宽诉讼程序的独立问题。

(四)"嵌用"司法模式的权宜隐患

按照《试点办法》的规定,认罪认罚案件,根据不同的情况,分别适用刑事速裁程序、简易程序、普通程序。但是,"嵌用"式的诉讼程序适用模式,不仅抹杀认罪认罚从宽程序在应然层面的独立性,也背离诉讼程序的多元化趋势。

1. 与刑事速裁程序的"密而应分"关系

关于刑事速裁程序与认罪认罚从宽制度试点之间的关系,最高人民法院院长周强指出,刑事速裁程序试点,是完善刑事诉讼中认罪认罚从宽制度的先行探索。对于构建认罪认罚案件的分类处理机制,优化司法资源配置、及时实现公平正义具有重要意义。② 而且,刑事速裁程序作为认罪认罚从宽制度建构的重要内容,为完善认罪认罚从宽制度提供先行试验与参考价值。实际上,根据《试点办法》的规定,认罪认罚从宽制度明确将刑事速裁程序纳入其中,而且,认罪认罚从宽制度的程序适用在很大程度上首先依赖于刑事速裁程序。这充分表明刑事速

---

① 陈光中、唐彬彬:《深化司法改革与刑事诉讼法修改的若干重点问题探讨》,载《比较法研究》2016年第6期。
② 周强:《关于在部分地区开展刑事案件认罪认罚从宽制度试点工作情况的中期报告——2017年12月23日在第十二届全国人民代表大会常务委员会第三十一次会议上》,载《人民法院报》2017年12月第1版。

裁程序与认罪认罚从宽制度之间的重要联系。刑事速裁程序"继续存在"于认罪认罚从宽制度的试点期间，进一步加深其与认罪认罚从宽制度的密切程度。

目前，关于二者的关系，更多被认可的是紧密的内在关系，主要有以下看法：（1）具体内容。"两高两部"《刑事案件速裁程序试点工作座谈会纪要（二）》（2015年）指出，刑事案件速裁程序试点，是完善刑事诉讼中认罪认罚从宽制度的重大举措，是构建多层次诉讼体系、实现诉讼程序与案件难易、刑罚轻重相适应的重要探索。诚然，刑事案件速裁程序可以看成认罪认罚从宽制度的先行探索，在试点路径上具有承接关系。进而，可以认为，速裁程序试点是我国进一步推进认罪认罚从宽制度的经验基础。相应地，塑造刑事案件速裁程序独有的立法和司法品格，可以作为深化认罪认罚从宽制度改革的有效路径。（2）制度升级关系。认罪认罚从宽制度是我国在刑事案件速裁程序试点运行两年后，推出的一项新的司法改革设想，其源于刑事速裁程序，是刑事速裁程序的一个升级版，是我国在总结刑事速裁程序运行两年来的成果及不足后所作出的制度创新。① 这既肯定了前后相关性，也指出认罪认罚从宽制度的独特性，更值得肯定。（3）耦合关系。认罪认罚从宽制度与刑事速裁程序都体现宽严相济刑事政策与非对抗性的司法合作精神。刑事速裁程序与认罪认罚从宽制度之间是一种耦合关系，是相互融合的关系，彼此不发生冲突与矛盾。② 这将二者视为一个逻辑整体显然不当，因为刑事速裁程序目前被嵌入认罪认罚从宽制度，但后者不限于刑事速裁程序的内容。

这三种看法各有道理，在强调二者关联性的同时，更应看到二者的实质差异。比如，从适用范围上，由于刑事案件速裁程序只适用于轻罪案件，不适用重罪案件，明显与认罪认罚从宽制度可以同时适用于轻罪案件、重罪案件不同；而且，人民法院在适用速裁程序时，只是"可以"依法从宽处罚，而不是"应当"从宽处罚。因此，不能把认罪认罚从宽制度等同于刑事案件速裁程序。在逻辑上，刑事案件速裁程序属于认罪认罚从宽制度的重要表现，认罪认罚从宽制度的适用范围更广。又如，我国控辩双方关系逐渐从对抗走向合作，尤其是审前阶段

---

① 韩红：《认罪认罚从宽制度的内涵与边界——兼与刑事速裁程序比较》，载《学术交流》2017年第8期。

② 陈卫东、胡晴晴：《刑事速裁程序改革中的三重关系》，载《法律适用》2016年第10期。

的认罪认罚行为,从制度本源、解决问题的初衷、程序的本质上看,与刑事速裁程序存在较大差别。反而,将其作为一项独立的诉讼程序,能够较好地协调其与简易程序、刑事和解程序、刑事速裁程序在案件类型方面的合理分流。

2. 与简易程序、普通程序的实质差异

相比于刑事速裁程序与认罪认罚从宽制度的"天然亲近性",认罪认罚从宽制度与简易程序,尤其是普通程序之间的差异较为明显。在试点期间,"套用"适用简易程序,特别是普通程序,不仅消损认罪认罚从宽这一特定行为的专属性,也使"如何从宽"这一重要的末端问题,缺乏程序正义的"特殊保障"机制。

从制度设计的功能初衷看,认罪认罚从宽制度不同于简易程序、刑事和解程序、"速裁程序",简易程序、刑事和解程序和速裁程序主要解决程序分流问题,但认罪认罚从宽制度已经超越程序本身,在更高的制度层面解决制约定罪的深层次问题。将认罪认罚从宽作为一项新的制度予以建构,有利于从司法制度的高度完善简易程序、刑事和解和速裁程序。相应地,诉讼程序的独立性基础更加牢固。同时,从"从宽"的法定性、强制性与普遍性等特点看,认罪认罚从宽制度完全独立于其他认罪制度,不具有从宽"刚性"特征的认罪案件诉讼制度,如简易程序、刑事和解制度等,不应当属于"认罪认罚从宽制度"的范畴。

按照《试点办法》的规定,认罪认罚从宽程序与刑事速裁程序、简易程序、普通程序之间存在一种"嵌用"的司法样态关系。这种"不破不立"的做法显得"将就"成分过重,"临时借用"也客观上导致不同诉讼制度及程序之间的逻辑混同。因此,"嵌用"式模式的最大问题在于,会阻碍认罪认罚从宽制度改革的实质跃升。换言之,从认识论来看,容易使认罪认罚从宽既无法形成自己独立的制度内容,也逐渐背离制度设计的初衷,最终甚至变成一个泛化的概念。① 然而,尽管认罪认罚从宽与既有程序存在简单的相似和关联内容,却与现有程序设置的基础和标准不同,与现有程序之间并非一个简单的嫁接关系。将认罪认罚从宽制度作为一种理念、一种精神,或作为政策指导各个阶段,导致试点工作陷入难以深入的局面,即尚未把认罪认罚从宽形成一种看得见、摸得着的制度和诉讼程序,只是作为一种理念和政策贯彻在诉讼中,司法改革仍达不到突破性的效

---

① 王戬:《认罪认罚从宽的程序性推进》,载《华东政法大学学报》2017年第4期。

应。因此，对认罪认罚从宽制度的基础定位和推进思路不明，已成为一个重大缺陷。

（五）认罪认罚诉讼程序的独立化是世界潮流

在刑事案件日益多样化、复杂化的今天，"单一的刑事特别程序不可能成为案件审理的唯一程序，定分止争的方式和程序也不可能同一化"。[①] 因此，各国纷纷建立多层次的诉讼程序体系。与此同时，让当事人充分地参与刑事诉讼，是现代刑事司法的一种趋势。国外辩诉交易制度以及认罪协商程序、刑事和解制度的相继确立和发展，共同体现了刑事认罪协商制度的诉讼程序独立趋势。

具体而言：(1) 英美法系。辩诉交易制度始于美国，也是最成熟的认罪协商制度。在美国，辩诉交易制度作为一种独立的刑事诉讼程序，不仅是该制度成熟的标志，也是该制度运行良好的重要保障。从美国辩诉交易制度的繁荣与广泛对外传播来看，诉讼程序的独立配套是实现程序正义的基本前提。而且，辩诉交易程序在欧陆出现"普适化"的发展趋势。[②] 英国的认罪协商制度的全面扩张始于20世纪90年代。而追溯相关判例法及成文法的演进过程，英国刑事司法立法与实践不断强化认罪行为的制度性便利，立法上也正式确认并不断改进认罪协商制度与程序规则，同时认罪协商制度呈现出适用范围扩张、阶段提前、分流加强的发展态势。[③] (2) 大陆法系。辩诉交易制度在大陆法系也生根发芽，不断壮大，辩诉交易在德国的传播实践叫"刑事协商"，在意大利刑事诉讼法典中被规定为"依当事人要求适用刑罚程序"，在俄罗斯刑事诉讼法典中被称为"在刑事被告人同意对他提出的指控时作出法院判决的特别程序"暨认罪程序，日本学者建议在对其简略程序改造时增加该程序叫作"司法交易"。[④] 1989年，意大利在《刑事诉讼法典》中首次确立意大利式的辩诉交易制度，规定五种不同类型的刑事特别程序，即相对普通程序而言的简便程序，包括简易程序、依当事人要求适用刑罚程序、快速审判程序、立即审判程序和处罚令程序。2003年6月，意大利立法者为进一步实现"诉讼经济"的目的，再次扩大辩诉交易程序的适用范围。德国立法机关在2009年通过《刑事程序中的协商规定》，德国式"辩诉交易"

---

① 陈超：《意大利刑事特别程序研究》，西南政法大学2009年博士学位论文。
② 周伟：《解读美国辩诉交易制度》，载《政法论坛》（中国政法大学学报）2002年第6期。
③ 裴炜：《英国认罪协商制度及对我国的启示》，载《比较法研究》2017年第6期。
④ 冀祥德：《域外辩诉交易的发展及其启示》，载《当代法学》2007年第3期。

正式成为德国法典的一部分，使实践中运行许久的非正式协商制度正式被法律所承认。2013年3月，德国联邦宪法法院对协商制度合宪性作出判决，肯定协商制度的合宪性，同时，对《德国刑事诉讼法》中的协商制度条款作出大量解释。2004年3月9日，为克服效率低下所导致的法庭堵塞，法国立法者确立了法式辩诉交易制度，即庭前认罪答辩程序。法国庭前认罪答辩程序具有三大特征，即较狭窄的适用范围、较弱化的合意制度以及较完善的保障机制。2014年，法国创设性地引入由司法警官主导的刑事交易制度。刑事交易制度授权司法警官在公诉启动前就公诉事项与涉案自然人及法人进行交易，是诉讼效率最大化的设计，但也最容易损及程序正义及相关当事人的权利。[①] 由此可见，域外刑事司法领域中的认罪（协商）制度，无论表现为何种模式，都有相应独立的诉讼程序作为制度配套。既保证认罪协商制度的独特意义，也有助于贯彻和实现程序正义。

在刑事司法中的认罪程序普遍独立化的国际趋势下，我国的认罪认罚从宽制度亦是这一浪潮下颇具特色的制度创举。在刑事认罪程序纷纷具有独立性的情况下，如果无法形成独立的认罪认罚从宽协商诉讼程序，必然成为该制度的重要缺漏。

（六）我国刑事诉讼程序体系的多元层次性趋势

认罪认罚从宽制度的出现，在很大程度上打破了既有的平衡，既表现为对十多年的刑事认罪协商机制的探索的"超越"，也表现为对相应的诉讼程序的"整合"。对于整个刑事诉讼体系与结构而言，认罪认罚从宽的综合性、全面性与独立性特征，使其具备动摇传统诉讼模式、诉讼结构、诉讼程序类型等基础内容的能力和张力。只是在试点初期，这种爆发力未能得到较为彻底的展示而已。

目前，在理论上与试点过程中，对认罪认罚从宽制度存在一定的宽泛化认识倾向，主要集中表现为以下几种情形：（1）包含性的认罪司法制度。刑事诉讼程序中体现了认罪认罚从宽制度内涵或性质的，包括简易程序、未成年人附条件不起诉制度、刑事和解制度、刑事速裁程序。单独设立特别的认罪程序，势必存在交叉、重复，不能涵盖可能适用死刑的案件，不能充分发挥认罪认罚从宽制度

---

① 施鹏鹏：《警察刑事交易制度研究——法国模式及其中国化改造》，载《法学杂志》2017年第2期。

的优越性。① (2) 融合性诉讼制度或非特别性程序。认罪认罚制度是建立在认罪基础上的制度延伸，适用于任何案件性质与诉讼程序类型，广泛存在于刑事诉讼过程中，不是脱离刑事实体法、程序法规范而独立存在的一项诉讼制度。② (3) 广义狭义之分与现有认罪诉讼程序的上位制度。认罪认罚从宽程序有广义、狭义之分。狭义的认罪认罚从宽程序，被认为是一种独立的程序。③ 广义的认罪认罚从宽程序，并非一种独立、单一的程序，而是一个类型多元而成体系的程序。认罪认罚从宽诉讼制度是一种上位制度，包括酌定不起诉制度、附条件不起诉制度、简易程序、速裁程序和刑事和解程序。④ (4) 配套制度。从程序法的角度而言，认罪认罚从宽制度将"认罪认罚"案件与不认罪认罚案件分流，对于被告人认罪认罚的案件，将来可能会根据不同的案件性质，分别适用刑事诉讼法及司法解释规定的普通程序简化审理、简易程序以及正在试点中的刑事速裁程序。因此，认罪认罚从宽制度是刑事诉讼普通程序简化审理、简易程序、刑事速裁程序的配套制度。⑤ (5) 域外处刑命令的书面审理程序之借鉴。对于轻罪案件的处理，我国刑事诉讼程序实际上是依照刑法中所谓"重罪重刑"结构设计而展开的，无法与快速处理轻罪案件的效率要求相适应。对于轻罪案件，建构与之相匹配的简化诉讼程序具有必要性。在案件事实清楚，证据确实、充分，被告人自愿认罪、当事人对适用法律没有争议，尊重和保障被告人程序选择权、辩护权，对于轻微刑事案件可以探索进行类似处刑命令的书面审理，进一步完善程序分流、节约司法资源。⑥

对于这些不同的看法，虽然对认罪认罚从宽制度的诉讼程序问题作出了一定程度的肯定或者构想，但都忽视了认罪认罚从宽协商程序的独立性，大体分为以下几个部分：第一，将认罪认罚从宽制度过度限缩，使其被迫纳入广义的认罪程序，并具体地依附于我国的简易程序、和解程序与速裁程序，或者作为现有认罪

---

① 陈光中、马康：《认罪认罚从宽制度若干重要问题探讨》，载《法学》2016年第8期。
② 陈卫东：《认罪认罚从宽制度研究》，载《中国法学》2016年第2期。
③ 付奇艺：《认罪认罚从宽程序的体系完善与结构优化——从"以审判为中心"切入》，载《中国政法大学学报》2016年第6期。
④ 汪海燕、付奇艺：《认罪认罚从宽制度的理论研究》，载《人民检察》2016年第15期。
⑤ 魏东、李红：《认罪认罚从宽制度的检讨与完善》，载《法治研究》2017年第1期。
⑥ 卞建林、谢澍：《职权主义诉讼模式中的认罪认罚从宽——以中德刑事司法理论与实践为线索》，载《法学杂志》2018年第3期。

诉讼程序的配套措施。这些做法尚不能充分体现和彰显认罪认罚从宽制度的本体内容及其诉讼程序的独立属性。第二,将认罪认罚从宽制度过度扩大,使其包摄现有的认罪程序,或者超越简易程序、和解程序与速裁程序。尽管此举肯定认罪认罚从宽诉讼程序的独立性,却消损我国诉讼体系的多元层次性。第三,尝试引入域外的做法。关于处刑命令的书面审理程序的建议,其核心是书面审理,虽然对提高诉讼效率有积极意义,但在我国目前的刑事司法环境下并不可取,对司法公正有害而难有利,而且它的范围也具有相对性,与认罪认罚从宽的适用范围不同。

综观这些泛化的主张,既混同了不同简易化诉讼程序类型之间的逻辑关系与功能配置,也在不同程度上消损我国刑事诉讼体系应有的多元层次性特征。更重要的是,由于对认罪认罚从宽制度的地位等缺乏共识,以致对相应的认罪认罚从宽诉讼程序的地位及其独立性认识模糊不清,严重制约试点工作的开展,也在司法改革的大背景下对我国诉讼体系的多元化趋势产生负面作用。

三、认罪认罚从宽诉讼程序的逻辑定位与未来展望

关于认罪认罚从宽诉讼程序的逻辑定位,应当分为两个层次。一是在认罪认罚案件与不认罪认罚案件中,属于前者;同时,在认罪认罚案件中,不同于刑事速裁程序、简易程序、公诉案件和解程序。二是在诉讼体系多元层次化的潮流下,认罪认罚从宽诉讼程序具有独立的地位,与其他简易诉讼程序相互配合,共同促进诉讼程序体系的多元性发展。在此基础上,从发展趋势看,认罪认罚从宽程序可以纳入轻罪诉讼体系中予以建构,推进认罪认罚从宽制度的未来升级。

(一) 不认罪认罚诉讼程序与认罪认罚从宽程序的基本界分

在我国,基于对抗式诉讼理念的认同与强化,对抗式诉讼模式深植于立法、实践,刑事合作理念的意识相对淡薄。在此背景下,刑事认罪协商理念长期不受重视,独立的认罪协商程序更无从谈起。根据《刑事诉讼法》的规定,并未充分区分被追诉者是否认罪认罚,原则上都按照不认罪认罚对待。由于案件性质的单一性,不认罪诉讼案件的诉讼程序也具有单一性。为此,根据程序正义原则,还设计极为烦琐且精细的诉讼程序与诉讼规则,充分强调抗辩对抗、庭审判中心与庭审实质化等内容,通过辩论、严格证明等方式以确保程序正义。然而,这种

通常的做法有其弊端，可能忽视了认罪认罚的客观事实，也可能剥夺被追诉者通过自愿认罪认罚获得从宽的权利，更可能压制认罪协商机制及其诉讼程序的发展。最终，导致我国诉讼程序的类型过于单一，缺乏多样性与层次性，无法根据不同案件类型作出繁简分流，无法真正实现庭审实质化，最终不利于提高诉讼效率。这种弊端在案多人少、司法资源紧张的情况下被进一步放大。

认罪认罚从宽制度的出现，就是为了缓解上述这种局面。从试点改革的意图看，"认罪认罚从宽"是由中国特色的认罪协商制度，与不认罪（认罚）案件形成鲜明的对比。根据《试点办法》的规定与实践中的做法，在案件范围上，除了基层法院审理的案件以外，中级法院审理的重大刑事案件也不例外；在诉讼程序类型上，除现行的简易程序和速裁程序以外，现行的普通程序也不例外，但需要根据认罪认罚的具体情形与案件类型加以区分；在从宽上，只要被告人"认罪认罚"，法院就应予以宽大处理。这就开辟了一种相对独立的认罪认罚从宽协商制度，其核心是"自愿认罪认罚"，进而引发诉讼程序的"地壳运动"。

从实然层面讲，以被告人是否自愿认罪认罚为标准，我国的刑事诉讼活动实质上将区分为被告人不认罪案件的诉讼程序与被告人认罪案件的诉讼程序两大类型。①当然，由于处在试点期间，认罪认罚案件的诉讼程序缺乏独立性，而是依附于现有的诉讼程序类型。尽管如此，在追求繁简分流与提高诉讼效率的既定目标下，基于提高诉讼效率的目的，在宏观上应当将犯罪嫌疑人、被告人认罪认罚的案件与犯罪嫌疑人、被告人不认罪认罚的案件加以明确地区分，并对前者设置特殊或特别的诉讼程序加以快速处理，真正做到繁简分流。事实上，认罪认罚从宽制度的试点，客观上创新地设立"被告人认罪案件和不认罪案件的分流机制"。这充分贯彻宽严相济刑事政策作的区别对待精神，是程序繁简分流的重要举措。

基于此，在宽严相济刑事政策的指导下，基于区别对待的基本要求，通过区分认罪认罚案件与不认罪认罚案件，实现了繁简分流，将不认罪认罚案件推向庭审实质化，同时通过对认罪认罚案件的从宽简化处理，进一步夯实庭审实质化的基础，实现"重大要案和疑案"的精审。这正好体现我国刑事诉讼程序改革的

---

① 陈瑞华：《"认罪认罚从宽"改革的理论反思——基于刑事速裁程序运行经验的考察》，载《当代法学》2016年第4期。

层次性、多元性的目标导向，也初步显示我国混合式诉讼程序体系改革的未来动向。

(二) 认罪诉讼简化程序的功能层次性

在案多人少与注重诉讼效率的背景下，诉讼程序简化的趋势日益明显，建立认罪认罚的程序处理机制，将进一步推动我国简化诉讼程序的建构与发展，有助于形成崭新的刑事诉讼格局。其中，尤其需要说明的是，认罪认罚及其程序的出现，赋予了被追诉人可以自由选择否认或者承认案件事实，对案件罪名予以否认或者承认等权利；以及实现或者放弃自己在诉讼中的程序性权利，进而实现或者放弃诉讼过程中的程序正义价值。无论认罪程序是否已经完全独立，它实质上是一种诉讼合作理念下的新型诉讼模式的分流程序类型，标志着对抗式诉讼模式与合意式诉讼模式两种审判程序的分野，也加速了我国刑事诉讼结构的多元化趋势。

有观点明确指出，当前认罪程序与不认罪程序是第一层次划分，认罪程序下简易程序、速裁程序、和解程序是第二层次划分。各个刑事诉讼程序之间有序衔接，充分发挥诉讼程序多元化的优势，实现司法资源配置的最优化，是我国多层次刑事诉讼程序体系发展的总体面貌。① 应该说，以认罪诉讼简化程序为原点，我国现有的简易程序、速裁程序以及公诉案件刑事和解程序分工配合得较为顺畅。但是，由于各界对认罪认罚从宽诉讼简化程序的独立性问题认识不一，《试点办法》确立的"嵌用"模式也极大地削弱了认罪认罚从宽诉讼程序的自立地位，使认罪认罚从宽制度缺乏基础的程序本体内容。这使认罪认罚诉讼程序的内部结构相对较为混乱，不利于对认罪程序体系作出进一步的精细化区分。

从程序法的角度分析，简易程序、公诉案件刑事和解程序、刑事速裁程序都属于认罪后的简化程序。虽然都可以归入广义的认罪诉讼程序，但它们在配合与衔接上的协作关系不畅问题在于：（1）虽然我国的刑事简易程序、刑事速裁程序以及刑事和解程序都要求以被告人认罪为前提条件，但被告人认罪只是三种程序开展的前提条件之一，而且各自适用的案件范围相对有限，具体的程序规则亦有差异。（2）对于被告人认罪认罚但不符合其他要求的认罪案件，仍然无法启动以上三种认罪简化程序。这说明存在共同的制度"短板"。（3）在这些诉讼程

---

① 叶青、吴思远：《认罪认罚从宽制度的逻辑展开》，载《国家检察官学院学报》2017年第1期。

序中，被告人认罪认罚后，仍旧要接受法庭的全面实质审理，与英美法系国家在辩诉交易中，被告人能够获得的程序性利益的辩诉交易制度，存在根本的不同。我国认罪认罚制度并不完全具备预期利益的明确性，在职权主义的影响下，从轻或从宽处理是国家对被告人的"恩惠"，被告人并无讨价还价的余地，"协商"或"交易"恐徒有虚名。① (4) 认罪行为是简易程序、刑事速裁程序、和解程序共同适用的前提条件。但是，自愿认罪认罚作为认罪认罚从宽制度的实质内容，不完全是一般意义上认罪程序的前提条件，一般的"认罪简化审"与认罪认罚从宽制度及其诉讼特质不能等同，其核心差异在于认罪认罚从宽是一个整体性、综合性的诉讼概念，而不单纯是一种诉讼程序，"认罪"的内容、地位和作用等不同。基于此，不能无视刑事简易程序、刑事速裁程序与公诉案件刑事和解程序之间的实质差异，更不能忽视三者与认罪认罚从宽制度之间的差异，否则，认罪认罚前提下的刑事诉讼体系与程序的多元层次性也差强人意。

相对于不认罪认罚案件，认罪认罚从宽案件的法庭审理对象、庭审模式有新的变化，进而对诉讼程序的构造、规则等也提出新的要求。认罪认罚从宽制度的程序保障核心是构建一个基于认罪认罚而形成的实体从宽的认定与处理程序，是一种适用于认罪认罚从宽案件的新型且正式的法庭审理程序。② 在认罪案件诉讼程序体系中，由于认罪本身存在相当的差异，而且认罪认罚及从宽的基本定位不同，决定了认罪认罚从宽协商诉讼程序有其独特性，作为一种新型的认罪诉讼程序类型，与我国刑事诉讼法中的简易程序、刑事速裁程序以及公诉案件刑事和解程序不能等同或者混同。目前，《试点办法》所形成的司法"嵌入"模式的做法不合理，既加剧了现有不同形式的认罪诉讼程序之间从重合性与对立性，也无法释放认罪认罚从宽协商诉讼程序应有的"整合效应"，并凸显其独立性。

（三）混合式诉讼程序体系的融入与发展

《关于刑事案件速裁程序试点情况的中期报告》（2015 年，"两高"）指出，对简单、轻微刑事案件探索专门的快速办理程序，形成普通程序、简易程序、速裁程序相互衔接的多层次、多元化诉讼体系，实现诉讼程序与案件难易、刑罚轻

---

① 樊崇义、李思远：《认罪认罚从宽程序中的三个问题》，载《人民检察》2016 第 8 期。
② 左卫民：《认罪认罚何以从宽：误区与正解——反思效率优先的改革主张》，载《法学研究》2017 年第 3 期。

重相适应，符合我国司法实践需要和刑事诉讼制度发展规律。与此同时，还指出，对认罪认罚案件依法从宽、从简、从快处理，形成刑事速裁程序、简易程序、普通程序有序衔接、繁简分流的多层次诉讼体系，有利于推动刑事诉讼程序的层次化改造，为完善我国刑事诉讼制度提供实践基础。① 这其实从官方层面指明了我国诉讼程序体系的混合式发展导向，而其核心特征是诉讼程序类型的多元性、层次性，基本内容是根据不同的案件类型或刑罚轻重等因素，在程序上区别对待。

目前，我国简易模式层次性不足，引发了程序转换生硬的现象，程序简化与工作量简化脱节，以诉讼阶段为标准进行改造导致审前环节简化效果有限。因此，目前建构的程序简化体系所包含的程序样态，仍然稍显单调，程序分流功能尚待进一步发挥。因而，可以认为，现实情况是，我国现有的诉讼程序结构不尽理想，刑事诉讼程序体系的多元化仍有不少困难。其中，最大的问题是基于认罪（认罚）而形成的简化诉讼程序运行不畅，导致混合式诉讼体系的发展遇到了阻力。具体而言：（1）简化程序不够精细。《刑事诉讼法》确立由简易程序与普通程序组成的二元审判程序模式略显单一，尤其是简易程序适用跨度大，简化程度缺乏明显区分，难以完全适应实践需要，甚至容易因程序烦琐而造成不必要的司法资源浪费。有观点认为，在三级"递简"格局中，普通程序"繁者不繁"，速裁程序"简者不简"，简易程序的适用跨度过大、分化程度不够。应对简易程序进行，对可能判处3年有期徒刑以下刑罚的案件另外设立协商程序，彻底简化速裁程序并改造成原则上不开庭的快速处理程序，最终形成普通程序—简易程序—协商程序—速裁程序的四级递简格局。② 这种尝试使简易程序更为精细，内部的衔接更为合理。不过，在简化审程序之内建立一种"递简式"的诉讼程序结构可能不妥，建立一种平行式的诉讼程序结构更为合理，更能凸显不同简化审诉讼程序类型之间的功能协同关系。而且，未能明确认罪认罚从宽诉讼简化程序的独立地位是其明显的缺陷。（2）诉讼简化缺乏全程性。我国实际上并不存在贯穿诉讼全过程的简易程序，诉讼分流与简化主要集中在审判阶段，导致审前阶段缺乏有效的分流机制，分流效果相当有限，未能有效缓解办案机关的办案压力。为

---

① 谢敏：《牢牢把握改革方向确保试点依法规范展开》，载《检察日报》2016年11月29日第1版。
② 魏晓娜：《完善认罪认罚从宽制度：中国语境下的关键词展开》，载《法学研究》2016年第4期。

此，在刑事速裁程序的试点过程中，一些地方推行"刑拘直诉"制度，在刑事拘留期限内完成侦查终结、提起公诉和法庭审判活动，压缩审查批捕、审查起诉等程序环节，甚至带有从侦查直接进入审判程序的意味;[①] 有地方则探索"全流程简化"的刑事速裁机制，在看守所设立"速裁办公区"，推动侦查、审查起诉和审判全程简化，实现诉讼职能无缝对接。[②] 在此基础上，还有观点认为，对于嫌疑人、被告人自愿认罪的案件，应确立"诉讼程序的省略和跳跃"的改革思路。在任何诉讼阶段，都不必再经历完整的刑事诉讼程序，而直接将案件交由检察官提起公诉，法院直接开庭审理。通过较为灵活的程序设置，弱化立案、审查批捕、侦查终结、审查起诉、开庭审判等诉讼程序之间的严格界限，甚至省略或跳跃部分不必要的程序流转，实现从立案后、侦查阶段、审查起诉阶段直接进入法庭审理程序，极大省略审前的程序过程。[③] 无论是"刑拘直诉"，还是"全流程简化"，或是"诉讼程序的省略和跳跃"，是在认罪（认罚）的基础上，意图打破流水线的司法作业方式，进一步强化程序简化的幅度。这些探索其实是对简易程序、和解程序、速裁程序的一种批判性的反思与突破，是对我国简化审程序改革的一种尝试。但由于缺乏改革依据，不足以实现"自上而下"的改革效果。反而认罪认罚从宽制度很好地反映了这些探索的意图，也是对原有探索的超越，能弥补审前分流机制的缺失，打破简易程序的功能局限，作为独立的诉讼程序类型，有助于进一步完善简化审程序的改革。认罪制度改革是理顺不同程序的适用范围及其理性衔接的难得机遇，在合理界定程序适用范围的基础上，促成普通程序、简易程序、速裁程序在立法规定与实践操作两个层面的重整，同时又可以将现存的其他不同认罪案件处理机制有序地容纳其中，是合理配置司法资源、尊重刑事司法规律的应然选择。

基于此，应当将认罪认罚从宽诉讼程序定位为独立的诉讼程序类型，而不是刑事速裁程序、简易程序、公诉案件刑事和解程序的附属物或前提条件，也不是统摄前三种认罪程序的上位制度。既是认罪认罚案件诉讼程序中的一个独立部分，也是我国混合式诉讼体系中的一个独立部分，而不再依附于现有的简化诉讼

---

① 顾顺生、刘法泽:《"刑拘直诉"方式不妥》，载《检察日报》2015年9月9日第3版。
② 蔡长春:《海淀司法机关创新适用48小时全流程速裁程序》，载《法制日报》2017年5月24日第1版。
③ 陈瑞华:《认罪认罚从宽制度的若干争议问题》，载《中国法学》2017年第1期。

程序之内。所谓混合式诉讼理念，是重新审视普通程序的单一性及其弊端后，客观地根据不同案件类型的情况，通过设置不同的诉讼程序类型，做到区别对待、繁简分流，更符合以审判为中心、庭审实质化的改革目标，真正提高诉讼效率。

作为构建多层次简化程序的重要措施，认罪认罚从宽制度应当是包含其被确立之前各类简化程序的统合性制度。如果认罪认罚从宽制度是一种全新的制度，则意味着该制度应当具有相当的独立性，从而区别于其他简化程序；如果只是对既有众多简化程序的总括，则该制度应当在各方面容纳简化程序，并在程序方面进一步完善。然而，除了纳入刑事速裁程序、部分刑事审前程序外，当前的认罪认罚从宽制度只是有限地包含简易程序与刑事和解程序，既无法真正构建科学的刑事诉讼体系，也难以满足司法实践的需要。认罪认罚从宽制度应当包含被追诉人认罪、认罚等不同情形下的处理程序。考虑到我国刑事诉讼法中涉及简易程序、刑事和解程序以及已经试点两年的速裁程序等认罪认罚的情况，认罪认罚从宽制度应当在最高人民法院的"被告人自愿认罪、自愿接受处罚、积极退赃退赔案件"等不同情形处理程序基础上，再增加犯罪嫌疑人在上述情形下的处理程序。认罪认罚从宽制度将覆盖我国的简易程序、速裁程序和刑事和解程序等。① 另有观点指出，可以根据被追诉人是否认罪为标准，将刑事诉讼程序分为不认罪案件的普通程序、不认罪案件的特定程序，认罪案件的特定程序，并可以根据认罪认罚的情况作进一步的区分。根据被追诉人是否同时认罪认罚，将认罪案件的特定程序分为认罪认罚的诉讼程序与认罪不认罚的诉讼程序。由于适用范围存在差异，前者可以包括速裁程序、简易程序、简化审理程序和普通程序；后者可以包括简易程序、简化审理程序和普通程序。② 应该说，这些不同角度的探索都具有相当的参考意义，都强调了认罪认罚从宽诉讼程序独立性与特殊性，及其与不认罪认罚诉讼程序的嵌合性，从而进一步明确了我国混合式诉讼程序体系的应然之意。

(四) 轻罪诉讼体系的初步展望

就认罪认罚从宽诉讼程序的未来发展方向而言，可以初步将其纳入我国的轻

---

① 陈海锋：《认罪认罚从宽制度中的程序性问题探析》，载《政治与法律》2018年第4期。
② 周新：《我国刑事诉讼程序类型体系化探究——以认罪认罚从宽制度的改革为切入点》，载《法商研究》2018年第1期。

罪诉讼体系。这是因为这场由上而下提出的轻罪诉讼体系改革正在迫近。关于轻罪诉讼体系，目前主要停留在官方表态这个层次上，具体而言：（1）《最高人民法院、最高人民检察院关于刑事案件速裁程序试点情况的中期报告》（2015年11月）指出，"两高"牵头召开刑事案件速裁程序试点工作中期评估论证会，中央政法各部门总结汇报试点情况，听取刑事法学专家评价论证。与会人员一致认为，对简单、轻微刑事案件探索专门的快速办理程序，形成普通程序、简易程序、速裁程序相互衔接的多层次、多元化诉讼体系，实现诉讼程序与案件难易、刑罚轻重相适应，符合我国司法实践需要和刑事诉讼制度发展规律。（2）《最高人民检察院"十三五"时期检察工作发展规划纲要》（2016年9月）指出，适应普通程序、简易程序、刑事速裁程序相互衔接的多层次诉讼体系需要，形成简易案件效率导向、疑难案件精准导向、敏感案件效果导向的公诉模式，做到"简案快办""繁案精办"。合理简化简易程序案件公诉人庭前准备工作，会同公安机关、人民法院健全简易程序案件"三集中"办案模式，在有条件的地方推行远程视频提讯、远程视频出庭。完善认罪认罚从宽制度，探索被告人认罪与不认罪案件相区别的出庭支持公诉模式。（3）《最高人民法院、最高人民检察院、公安部、国家安全部、司法部关于推进以审判为中心的刑事诉讼制度改革的意见》（2016年10月）第21项要求，推进案件繁简分流，优化司法资源配置。完善刑事案件速裁程序和认罪认罚从宽制度，对案件事实清楚、证据充分的轻微刑事案件，或者犯罪嫌疑人、被告人自愿认罪认罚的，可以适用速裁程序、简易程序或者普通程序简化审理。（4）2017年7月10日，在全国司法体制改革推进会上，中央政法委书记孟建柱在会上强调，要深入推进庭审实质化改革，提高庭审过程中控辩实质对抗性，切实保障律师辩护权利，让法庭通过充分的聆听、严谨的论证，作出客观公正的裁判。要深入推进认罪认罚从宽制度试点，不断完善速裁程序运行机制，努力构建具有中国特色的轻罪诉讼体系，实现公正与效率的统一。[1]（5）2017年7月11日，最高人民检察院党组书记、检察长曹建明在大检察官研讨班上强调，要深入推进认罪认罚从宽制度试点，推动构建具有中国特色

---

[1] 李阳：《主动拥抱新一轮科技革命全面深化司法体制改革努力创造更高水平的社会主义司法文明》，载《人民法院报》2017年7月12日第1版。

的轻罪诉讼体系。① (6) 2017 年 7 月 17 日,最高人民法院审判委员会专职委员、第二巡回法庭庭长胡云腾在重庆调研刑事案件认罪认罚从宽制度试点工作时指出,要针对认罪认罚案件的特点,结合案件难易、刑罚轻重、诉讼阶段等情况,细化落实值班律师法律帮助,探索完善法庭审理规程,健全速裁程序运行机制,推动诉讼全程简化提速,探索有中国特色的轻罪诉讼体系。② (7) 2018 年 1 月 23 日,中央政法委书记郭声琨在中央政法工作会议上表示,深化刑事诉讼制度改革,要根据刑罚轻重、认罪与否等情况,完善刑事案件分流机制,推进简案快审、繁案精审,继续推进认罪认罚从宽制度试点,对被告人认罪认罚的刑事案件,适用速裁程序、简易程序办理,让正义尽快实现。2018 年 9 月试点到期后,要及时总结试点经验,推动刑事诉讼法等有关法律修改,构建起中国特色轻罪诉讼制度体系。③

目前,轻罪诉讼体系的司法改革究竟如何展开等问题尚不可知,关于其内涵、目标、价值、程序制度等均处于空白状态。尽管如此,轻罪诉讼体系的提出,为认罪认罚从宽制度试点期限到期后,如何进一步整合认罪认罚从宽制度的试点成果、经验,并同时推动我国认罪协商机制的深度发展,具有非常积极的前瞻性探索意义。总的来说,基于刑事一体化的理念,所谓轻罪诉讼体系,大体而言,是从实体法中犯罪分层理论的角度出发,在区分重罪(死刑案件)、轻罪与轻微罪等层次的基础上,与轻罪(包括轻微罪)案件相适应的刑事诉讼程序体系,并与重罪(死刑案件)案件的刑事诉讼程序相呼应,是更富有发展性的刑事诉讼程序的体系类型。借此,更有利于建立体系更合理、功能更流畅的混合式诉讼体系。

---

① 王治国等:《推动构建中国特色轻罪诉讼体系》,载《检察日报》2017 年 7 月 13 日第 3 版。
② 韩绪光:《胡云腾:及时总结试点经验大力推进试点工作》,载最高人民法院网,http://www.court.gov.cn/xunhui2/xiangqing-84622.html,2018 年 3 月 12 日访问。
③ 王亦君:《中央政法工作会议提出:推进刑事案件庭审实质化引导民商事纠纷以非诉方式解决》,载中青在线网,http://news.cyol.com/yuanchuang/2018-01/23/content_16893249.htm,2018 年 3 月 13 日访问。

事实・证据・规则

法律"事实"新论

高壮华[①]

我国2012年《刑事诉讼法》第48条规定:"可以用于证明案件事实的材料,都是证据。证据包括:……证据必须经过查证属实,才能作为定案的根据。"该规定尽管对原刑诉法的相关条文有所变动,但在涉及一个极为核心和关键的问题,就是对诉讼中争议事实的界定和审查判断问题并没有实质性改进。并没有对现实的生活实践和法律实践中,"事实"的称谓、法律事实的称谓混乱的现象进行立法上的澄清,这不能说不是一种遗憾。而它却是使纠纷得到客观公正解决,实现社会正义的最基本的条件。因此,如何从立法上对法律事实正确界定和在司法实践中的准确判断认定,是诉讼法学、证据法学理论和司法理性化的重要基石;是司法裁判结果以理服人,司法权威得以确立客观依据。而在现实的生活实践和法律实践中,每个社会活动的参与者,都以自己表达或陈述的为事实。由此增加了不少矛盾对立,导致一些涉法涉诉案件争议不断,案结"事"不了。一定程度影响了社会的和谐稳定。因此,对我们习以为常的法律"事实"的含义特征进行重新认识和探讨,并为立法和司法实践提供更充实理论支持,是很有必要的。

"事实"(fact)这一词语,在哲学、自然科学和社会科学领域都是使用频率极高的,它经常被作为理论依据或论证根据使用。但是对它的认识和理解也是极易产生歧义和争议的。可以想象,作为理论根据和论证依据的"事实"的概念存在歧义,会造成多大的认识混乱!而法律事实是决定人们之间的权利义务关系的依据,有时甚至是决定利益相关者的生杀予夺的重大事项的结果,是丝毫马虎不得的问题。然而,我们所面临的社会现实却是,无论是国内、国外,哲学、自

[①] 高壮华,河南财经政法大学教授。

然科学和社会科学领域，对何者为事实的问题一直存在众说纷纭的状况。① 很难确定一个统一的标准来统一认识和统一行动。作为纯理论的哲学研究以及作为探索自然界奥秘的自然科学研究，虽然也有时效性的要求，但与社会科学中的法学研究相比，其规范性和时间性要求存在极大差异。在决定法律关系主体的权利义务根据的法律事实时，其规范性和时限性要求是相当严格的。自然科学或历史学等学科的研究结果对当事者的生命、自由、幸福一般没有直接联系，而且有很大的操作规范和时间的调节余地，对法律事实的发现和确定却与当事者的生命、自由、生活幸福密切相关，它必须以规定的程序在规定的时间内作出结论。作为形成法律后果直接依据的法律事实的认定，就是决定当事者利益的最为关键的基石。研究法律事实的界定，并在法律实践中统一认识，规范法律的遵守和执行，提高立法技术、规范司法活动、强化法律的遵守和执行的基础性工作。

一、几个相关学科中"事实"特征的辨析

（一）哲学方面"事实"的特征的辨析

从哲学角度讲，"事实"是什么？似乎不是很好回答的问题，即使像罗素这

---

① 事实作为认识论范畴通常指已被认识到的客观事物、事件、现象、关系、属性、本质及规律性的总称。客观存在的事物、现象、关系只有被人的感觉和思维如实反映，并作为人进一步认识和行动的依据时，才称为"事实"，事实与客观存在既有联系，即本质上是一致的，又有区别，前者是第 性的，后者是第二性的，事实就其内容来说，都是客观的，有时亦称"客观事实"。但"事实"这一范畴的含义是多意的。有时指客观事物、事件、现象及其关系的反应和描述，是在实验、观察或调查所得到的关于对向的映象。例如，马克思在《德意志意识形态》一书中说，只要"按照事物的本来面目及其产生情况来理解事物，任何深奥的哲学问题……都可以十分简单地归结为某种经验事实"（《马克思恩格斯选集》第1卷，第76页），有时泛指正确的、不可驳倒的理论原理、科学规律，与正确、真理同义。有时也泛指文献资料中的材料，既包括经验事实也包括理论解释。英国科学家、哲学家休厄尔认为，事实就是片段的知识，有观念把它们约束在一起形成理论，事实可以变成理论，理论也可以变为事实。英国哲学家罗素认为："'事实'这个名词照我给它的意义来讲只能用实指的方式来下定义，世界上的每一件事物我都把它叫作一件'事实'。太阳是一件实事；恺撒渡过鲁比康河是一件实事；如果我牙疼，我的牙疼也是一件实事，并且如果这句话为真，那么另外还有一件使它为真的事实，但是如果这句话为假，那就没有那件事实。"（《人类的知识》）苏联学者 B. A. 什托夫把事实分为"事实1"和"事实2"，"事实1"是指客观存在的现象以及进入人的认识范围的客观世界的任何方面，"事实2"是指用语言表达的客观事实。它们可以称为经验陈述，也可以称为观察判断或记录事实的判断，是对已观察到的和正在观察到的事实的描述。苏联学者柯普宁认为，把客观实在的现象、事件、事物本身称作事实没有任何意义，这只是概念名称的汇集；事物本身是事实，关于它们的知识也是事实，就会造成混乱。而主观唯心主义正是利用了这种混乱。"事实"这一术语只用于表示人类知识的一定形式。只有可靠的知识才能作为事实。参见冯契主编：《哲学大辞典》（修订本），上海辞书出版社2001年版，第1353页。我国学者更是根据相互矛盾的各种不同的学说作为自己立论的理论依据，导致对事实论述的混乱现象。

样博学的大哲学家也不得不承认:"严格地说,事实是不能定义的。"① 按照金岳霖先生的说法,"事实是接受了的或安排了的所与"。② 彭漪涟认为:金岳霖关于事实是用意念"接受了的或安排了的所与"的这一界定中,意念这一术语较为模糊,完全可以改用"概念"这一更加明确的、更易为现代人所理解和接受的术语,而"所与"这一术语也可直接表述为"感性呈现",那么,就可以把事实定义为:事实是为主体用概念所接受了(或安排了)的感性呈现。稍具体一点说,呈现于人们感官之前的现象,只有当其为概念所接受,由主体作出了判断,才是知觉到了一个事实,如果视而不见、听而不闻、嗅而不觉,那就表明,虽有呈现于感官之前的现象,但未为概念所接受,未为主体所觉察,这就不能说有了知觉,更不能说有了事实。③

金岳霖、彭漪涟两位学者通过自己的表达方式,描述出"事实"概念的基本内涵。具体地说是通过事实构成的基本内容,事实形成的基本过程、事实内部的基本结构,最重要的是阐明"事实是所与和意念底混合物"。从主观与客观的结合角度界定了"事实"这一哲学概念。凸显了事实的客观性本质与主观性特征。这就比其他一些解释和界定具有更充足也更能令人信服的理由。从而可以用来检测、衡量甚至纠正当前关于事实的那些混乱现象。比如,有人将事实直接确定为客观存在的事物;有人从"存在就是被感知"的角度,突出事实的主观性;有人将事实定义为既包括客观事物,也包括客观事物的性质、存在状态及其相互关系的判断,甚至将某些所谓具有真理性理论也叫作事实,称为理论事实;还有从时间的先后顺序角度排列为:过去的事实、现在的事实、将来的事实等不一而足。导致了理论和实践中一定程度的混乱现象。

根据上述从哲学角度对事实概念的分析,可以概括出事实的一些基本特征。事实是对事物实际情况的一种陈述,如断定某事物具有某种性质或事物之间具有某种关系,而不仅仅表示为一个个的事物。事物本身不是事实。事实作为对事物感性呈现的一种断定和陈述,必须是为人们所能直接或间接感知到的,然后,由主体的概念所接受,由主体作出判断而被陈述出来的。因此该事实具有下列

---

① [奥]维特根斯坦:《逻辑哲学论》,贺绍甲译,商务印书馆2010年版,第7页。
② 金岳霖:《知识论》,中国人民大学出版社2010年版,第541页。
③ 彭漪涟:《事实论》,上海社会科学院出版社1996年版,第122页。

特征：

1. 事实具有可靠性。这是事实的最根本的特征，而且这种可靠性和客观真理性一般情况下，无须证明，只有出现问题引起争论时，才需要一定的反驳或论证。对于呈现于感官之前的现象，可能出现误判，形成错误的陈述。因此，事实也有一个需要论证的问题。我们不否认事实可以捏造，但是"捏造的事实"是根本不存在的"事实"，不存在的就不可能是事实。虽然"捏造的行为"是事实，而捏造的不可能是事实。2. 事实具有不变性。事实虽然是可以被发现、被创造的，但事实一经被发现或被创造出来就是不能更改的。事实的发现或创造、理解和解释，虽然依赖于一定的理论和理论体系，但事实的可靠性和真理性却不会因理论和理论体系的兴衰变迁而随之改变。3. 事实的不可重复性。事实乃是人们对呈现在感官面前的事物、现象的实际情况所作出的一种断定或陈述，而感性呈现总是处于特定时空关系中的。事实只能是真的特殊命题所肯定的内容，因此，它只能是特殊的。4. 知识、理论对事实具有渗透性。事实是为概念所接受了的，并由主体作出了判断的感性呈现。而概念、判断的运用总是表现着一定的知识和理论的作用。[①] 知识和理论的丰富与强化，对事物的深刻认识、准确刻画和正确表达，有极大帮助。

从上述学者从哲学角度对"事实"概念、特征的界定中，我们不难发现，这里面还存在一些需要认真对待的问题：第一，如何保证对事物的存在情况及事物之间存在关系所作陈述的正确性？上述这些论述在阐明事实形成过程中的主客观结合的内在机理，指出了事实是主观与客观因素结合的混合物，是正确的官能活动对客观呈现的接受并作出了正确判断的结果，是对客观呈现的断定和陈述。那么，何以保证该呈现是被正确的官能活动所接受并作出了正确判断，是一个值得深思的问题。我们考虑，作为抽象的保证，只能是现实的客观历史条件，也即用现阶段人类的文化知识水平的正确运用来作担保的。第二，人们对事物的存在情况及事物之间存在关系所作的陈述是有主体性和历史局限性的。上述特征强调了事实被发现、被创造的特殊性和不可复制性，以及事实从总体而论是直接经验的产物，它都有直接经验的来源。它是从一个个独立的个体对客观呈现的事物作出的判断中产生的。这其中事实的这个直接经验根源，一定受个人知识水平和认

[①] 彭漪涟：《事实论》，上海社会科学院出版社1996年版，第71－79页。

识能力的制约。这种在一定历史条件下，对客观呈现的摹写、规范也应当是事实。否则就没有事实了（如远古的人们一直以为地球就是宇宙的中心，太阳是围绕着地球转的，人们据此，日出而作，日落而息）。因为我们现在的认识能力和知识水平仍然是受现实主客观条件的限制的。第三，对事物的存在情况及事物之间存在关系所作的陈述，在主体之间传递过程的衰减或失真现象是如何克服的？从哲学角度看，受到个人知识水平限制的能力对客观事物状况的陈述或判断（即便是正觉），是从一个个独立的个体对客观呈现作出的判断中产生，它又如何被间接接受，而仍然为真实的事实，进而变为被普遍接受的事实这又是一个值得深思的问题。第四，随着人类认识能力、科技水平的不断提高，人们对事实的认识会逐步加深。后来的人们会发现前人信以为真的事实，其实它并不是事实。例如，天文学的发展告诉我们：地球不是宇宙的中心，太阳也不是围绕着地球在转，而太阳只是太阳系的中心，地球是围绕着太阳转的。那么这里就又有一个问题：古人认为太阳是围绕着地球转，是把不是事实的误以为是事实？还是事实有不同领域、不同层面和不同的语言环境之别呢？这又是一个必须要明确的问题。比如，几年前有媒体报道的美国 1977 年发射的"旅行者 1 号"，经过 36 年的旅行已脱离了太阳系，向着更加浩瀚的太空传递人类文明的信息。① 人类叙述和掌握的事物存在的情况及事物之间存在关系等信息，又有了更广阔的空间和内容。

（二）历史"事实"特征的辨析

保罗·韦纳说过："历史与真实的事件相关。根据这个定义，一个事实必须满足唯一一个条件才能成为历史：它必须真实地发生过。"② 那么，历史学家在

---

① 2013 年 9 月 15 日，很多媒体转发了一条重要消息——"'旅行者 1 号'飞出太阳系"。报道说美国宇航局 NASA 昨天刚刚确认，"旅行者 1 号"探测器已经离开太阳系，到太阳系外各恒星之间空旷的星际空间超过一年时间，成为第一个离开太阳系的人造探测器。根据美国《科学》杂志 2013 年 9 月 12 日在线发表的论文，"旅行者 1 号"飞出太阳所控制疆域的实际时间是 2012 年 8 月 25 日。"旅行者 1 号"如今已经飞到了距离太阳 125 天文单位的地方，也就是地球与太阳距离的 125 倍。最终给出确定答案的天文学家是爱荷华大学的唐纳德·格尼特团组。他们利用了一次日冕物质抛射事件来确定"旅行者 1 号"的位置。科学家们测量"旅行者 1 号"是否飞离了太阳系，主要采用的是三种指标：来自太阳的带电粒子数量、源自太阳系外死亡恒星的低能宇宙射线、磁场方向的突然改变。如果三者中有变化，如来自太阳的带电粒子数量下降甚至消失，宇宙射线骤然剧增以及磁场方向改变，那么证明"旅行者 1 号"已经飞向了外太空。引自黄权旺在互联网发表的文章。载凯迪网络网，http://club.kdnet.net/dispbbs.asp? boardid = 101&id = 9524551，2013 年 9 月 30 日访问。

② 陈新：《西方历史叙述学》，社会科学文献出版社 2005 年版，第 177 - 185 页。

历史叙述中要做的首要一点，便是尽力使人们相信他用来叙述的那些元素，即历史事件是真实发生过的。我们可以把历史叙述涉及的事实分为两类：一类是非言语事实，另一类是言语事实。当历史学家对自己的亲身经历进行叙述时，他处理的是非言语事实；当历史学家叙述的是并非亲眼所见的他人的实践，那么被叙述的历史事实往往只能来源于文字材料，属于言语事实之列。

历史事实的基本特征：1. 历史事实必须为人所经历的或由典籍资料记载、考古发掘证实的真实地发生过的事件和情况（包括非言语事实和言语事实）。2. 历史事实是过去发生的事实，是一种存而不在的事实（尽管有些历史事实的影响可能还在，但事实已经存而不在了）。3. 历史事实一般与当下的人们没有利益冲突。4. 历史事实的客观性和真实性是一种主体间的真实，即它只要与当下人们的利益要求没有根本的冲突，那么它就会被认为是真实的。那种被解释的言语事实也会被认为是客观的。

(三) 科学"事实"特征的辨析

如前所述，事实即是经验事实，当其进入人们的科学研究活动领域，成为科学认识活动的一个因素，就称其为科学事实。所谓科学事实，并非指某事实是"科学的"而另一事实是"非科学"的这个意义下的"科学的"事实。因为事实就是事实，就其内容而言称之为客观事实，就其总离不开人们经验活动的判明和确认而言，即称其为经验事实。所谓的科学事实，仅指那些进入了人们科学研究领域，并被作为科学认识活动的一个基本要素的那些客观事实或者说经验事实。[①] 比如，在实验室里发现人类 DNA 基因密码的事实，某些天文学家观察天体运动、发现某一天体现象的事实等。按照有关学者的观点，科学事实具有四个方面的特点：第一，科学事实具有客观性。每一项、每一件科学实验的结果都是可查可验的，摆在那里的，因此具有无可争辩的客观性。第二，科学事实具有统一性。在相同的环境条件下，无论谁做相同的实验，都会得出相同的事实结果，不会因为主体的不同而产生差异。这体现出科学事实的统一性或一致性。第三，由于前两个特征，可以得出第三个特征，是它的可证伪性。即便是当时的条件或其他因素不能得出结论，也可以不受时间限制地继续研究下去，直到查个水落石出。第四，就是它的可预见性。这也是科学事实的客观性和统一性中所包含的另

---

① 彭漪涟：《事实论》，上海社会科学院出版社 1996 年版，第 89 页。

一命题。例如，当发现了物质分子中的电子排列规律，制定出化学元素周期表，而某些稀有元素就是根据元素周期表的排列规律找到的。①

二、法律"事实"本质特征的辨析

法律事实是直接导致法律关系存在和变化的根据，包括法律事件与法律行为、单一法律事实和复合法律事实、短效法律事实和长效法律事实、确认性法律事实和排除性法律事实。② 法律事实的基本含义始终众说纷纭。主要有：第一，法律事实客观说。认为"以事实为根据、以法律为准绳"中的事实，只能是客观存在的事实。第二，法律规定的构成要件说。将法律事实等同于法律规范的行为模式构成要件。③ 而法律规范的行为模式构成要件属于法律规范中的事实模型，是判断生活事实是否法律事实的标准。第三，因果关系说。认为无论是自然事实或人的行为，当它与生活事实有关，发生法律意义，成为法律关系发生的原因，则称为法律事实。第四，法律适用前提说。从法律适用的三段论角度来看，法规是大前提，事实是小前提，法律效果是由大小前提推论而得出的结果，法律事实是法律关系变动的基础，等等。

关于法律事实的特征，可以简要概括为：真实性、经验性、规范性和可陈述性。1. 法律事实的真实性。第一，真实性是事实的本质特征，事实的真实性来源于其内容的客观性，事实的内容是不依赖于人的意志的，是客观存在的。第二，事实是发生在一定时空的既成事实，是一种已然的状态，是不可改变的。第三，事实的真实性决定了查明真相的可能性。2. 经验性。第一，根据前述事实是对客观事物存在状况的一种判断和陈述。这种客观事物就不是存在于人的意识之外的"自在之物"，而是进入人的视野、能够被人的感官和思维所把握的"为我之物"或经验事实。第二，事实具有特殊性和具体性。只有通过直接观察（间接认识也必须有直接的认识依据）和理性思维才能把握一个个具体的事实。第三，它是人们能够把握的对调整人们之间的法律关系有意义的事实。3. 法律事实的规范性。法律事实与其他事实的根本区别在于，它是由法律规范所确定的

---

① 以上四点归纳参考了吉林大学孙正聿教授所讲授的《哲学通论》的一些内容。
② 姚建宗：《法理学——一般法律科学》，中国政法大学出版社2006年版，第205－206页。转引自刘亚丛：《事实与解释：在历史与法律之间》，法律出版社2010年版，第74页。
③ 沈宗灵、葛洪义和公丕祥等人也持上述观点。

事实要件或者说事实模型，与生活中的事实在法定程序下相结合后形成的事实。由法律对事实进行规范，是法律事实独有的特征。4. 法律事实的可陈述性。第一，事实作为人们所能直接或间接感知到的事物性质或存在状况及其相互关系的一种断定，是人们用概念所接受并表达出来的陈述，因此事实是能够被陈述出来的。① 第二，法律事实必须按照法定的方式获取、主张和提供，以法律规定的程序进行陈述。所以，在诉讼中才非常强调直接言词辩论原则。

三、法律"事实"与上述"事实"的联系与区别

（一）法律事实与哲学事实的联系与区别

哲学中论述的事实，是从其他各种事实中抽象提炼出来的，同时为理解其他事实提供方法和思路。哲学角度的"事实"，通过事实构成的基本内容，事实形成的基本过程、事实内部的基本结构，从主观与客观的结合角度界定了"事实"这一概念。其突出特点是从事实形成的材料来源、材料的内容，接受材料所依据的前提条件（前提知识），以及用意念去摹写、规范事实的材料来源的过程和关系中，凸显了事实的客观性本质与主观性特征，以及从哲学角度看"事实"何以能够被把握的理论依据。为人们提供认识和改造自然世界和社会实践的思想方法和理论武器，同时也为认识和把握法律事实提供了思想方法和理论武器。然而，对这种思想方法和理论武器的功能和性质要有正确的理解和把握，它只是为认识自然世界和人类社会的各种现象和事实，提供思想空间和理论架构。它是不能越过门类众多的不同学科自身的规范、制度，直接确定不同类型的事实的。这是因为不同学科门类对所追求的事实的目的和规范要求是存在很大差异的。法律事实更是如此。1. 法律事实的主张、证明、判断和确认，往往与相关当事者的切身利益密切相关，与相应的法律后果直接相连。2. 法律事实的确定必须严格按照法律规定的程序，在确保利益相关者直接参与并确保其享有和行使实体权利与程序权利的基础上予以确定。3. 法律上所确定的有些事实是一种技术性处理，是一种法律上的拟制。比如，为了避免一些难以证明的事实或尊重伦理风俗，对具有相互继承关系父子在同一起空难中死亡，推定长辈先死亡；夫妻关系存续期

---

① 张宝生主编：《证据法学》，中国政法大学出版社 2009 年版，第 2-5 页。

间所生子女视为婚生子女。为了在刑事诉讼中实现平等武装、平衡控辩双方力量对比关系，法律规定证明被告人有罪的责任属于控方。4. 为了在放纵犯罪与冤枉无辜的矛盾中，作出体现法治文明进步的价值选择，在刑事诉讼的证明标准上选择了案件事实清楚，证据确实、充分，并达到排除合理怀疑的程度。5. 在特殊情况下，法律规定为体现司法文明和尊重程序的正当性的要求，会放弃对案件事实的追求，排除那些可能对证明案件事实非常有价值的非法证据，以使现代的司法审判区别于野蛮的报复性杀戮。6. 国内的法律及我国参加和缔结的国际公约都充分保障嫌疑人、被告人所享有的人权，被告人享有接受依法成立的审判机构的无偏私的、迅速而不迟延的事实认定和裁判，必须在规定的时限内结案。由此不难发现，认识法律事实，确定法律事实，是需要哲学意义上的事实概念作指导和提供逻辑思维武器的，但是法律事实又有其区别于哲学上的事实与其他学科领域事实的独特性的。

（二）历史事实与法律事实的联系与区别

人们通过对历史事件历史事实的认识，从而获取前人的生活经验来充实自己，解释现在必须理解历史，为了便于在未来处理自己与生存、发展、环境的关系，将历史作为参照系，进行未来的行为决策，这是研究历史事件，追寻历史事实的重要意义所在。从广义上讲人类与其他动物的本质区别，就是人类有自己的历史。人们可以通过研究自己的过去、现在，推知未来。所以才有"以史为镜，知兴替"之说。用发展的眼光来看，我们现在所做的一切，都是历史进程中的一部分，是发展中的历史事件和历史事实。法律事实与历史事实具有密切的联系，两者具有一些共同特征：1. 两者具有时间逻辑的顺序性、单向性和不可逆转的特征，这是任何人都无法改变的。2. 两者都应当是客观上已经发生或正在发生的事实或事件，这是无法改变的客观状况。3. 对两者的认知都有主体间的相互性，多数事实能够成为认识主体间共同认可的真实的、客观的事实。比如，众所周知的历史事件、历史事实，就被众多主体认可为真实存在过的事实。其前提是人们具有非常接近的认知能力和水平。在民事诉讼法律关系中主张众所周知的事实，可以无须举证。但是，法律事实与历史事实相比存在明显的区别。首先，对历史事实的研究探讨主体是广泛的、不确定的，他们与历史事实之间，一般不具有直接利害关系；而法律事实却是与其主体有密切联系，并存在一定利害关系的，同时，与法律事实联系的主体一般也是明确的、具体的。其次，对历史事实的追寻方法、形式及时间一般没有特别的要求和限制，对我国上下五千年的文明史，可以上下求索，萃取其精华，为现代人所用；而对法律事实甄别和确定却需要按照严格规范的程序并在一定的时间内进行，方能产生预期的法律效果，故有所谓"迟到的正义属于非正义（有缺陷的正义）"之说。最后，由于法律事实与法律关系主体利益攸关，法律关系主体在主张法律事实、论证法律事实过程中，难免加入个人利益的选择性判断，而对历史事实的分析研究一般不会存在此类情况。所以，在对相关法律事实存在争议时，法律事实的主张、论证和确认，需要由与该争议的法律事实结果无涉的第三方（如法院）主持和裁断。

(三) 法律事实与科学事实的联系和区别

法律事实与科学事实分别从人类社会科学和自然科学的角度论述事实，揭示事实的真谛，为对法律事实理解和认定提供社会科学及自然科学方面的依据。对自然科学"事实"的认识和发现，为我们改造自然世界的愿望和要求提供了具体的路径和方法，为人类社会的文明进步提供坚实的物质基础，为我们创造未来美好生活打开了广阔的空间。同时，科学技术的发展，也对法律事实的发现和规范提出了新的更高的要求，为用法律规范和调整因科技创新和科技普及，而带来的新的事实认定及法律适用提供了可能。当然，法律事实与科学事实的区别，同样也有类似于法律事实与历史事实的区别。只不过，科学事实所具有的客观性、可证实证伪的功能以及它的可预见性（前文已论述），使其特征更突出。

四、准确把握法律"事实"的个性特征

当然，对上述"实事"之间的联系与区别的认识和把握，为认识和掌握法律"事实"提供了智慧的源泉。但法律事实发挥作用，产生法律效果，是有自身的独特性的，这一点必须倍加重视。法律事实不但是一种具有客观性的事实，同时也是一种具有主体性价值取舍的事实，是规范化、模型化和程序化的事实。

第一，法律事实的立法界定和司法判定性。从立法上，法律事实是通过立法的途径和方式来设定事实模型，是对各种具体事实的抽象概括，并对概括的不同事实作出肯定或否定性评价，表明立法者通过法律的形式提倡或反对的立场，从抽象的角度规范和引导人们的行为；从司法的角度来看，它是运用法律规范的事实模型，运用三段论的逻辑思维形式，通过对具体"案件事实"的认定，并就

该事实作出是否符合法律的肯定或否定性评判，使人们的行为事实与其法律后果联系起来，与当事者的利害关系联系起来，以达到调整和规范人们的行为，维持社会和谐有序发展的良好秩序状态。

第二，法律事实的"已然"性。这是指法律事实与"存在"的关系问题，法律事实可以存而不在，但不可以既不存也不在。从实体法角度看，在案件审理过程中，就争议的行为事实的内容而言，一定是存而不在的；就行为的结果而言，既可能是存而不在的，也可能是既存又在的。从程序法角度而言，它可能是存而不在的，也可能是既存又在的。这就是事实存在的客观性，用金岳霖的话说这叫事实的"硬性"，是拿它没有办法的事情。它为查明法律事实、确定法律关系和法律责任提供了客观依据。

第三，事实陈述者的立场性。对于当事者来说，事实的叙述分为两类：一类是亲身经历的事实，另一类可能是非亲身经历的事实。无论是哪一种都要转化为言语进行陈述。而用语言和借助相关证据表述出来的"事实"存在两个层次的吻合：第一层是与所指称的事件之间是否吻合；第二层是所陈述的事实如何与相关的法律规范相吻合，方能得出以理服人并被裁判者接受的事实陈述，其中包含着主体间性的真实，也即现实主体共同认可的问题。

第四，法律事实的独特性、不可重复性。事实乃是人们对呈现在感官面前的事物、现象的实际情况所作出的一种断定或陈述，而感性呈现总是处于特定时空关系中的，它只能是特殊的。法律事实是对客观上所发生的法律事件的刻画和描述，它也只能是特殊的、不可重复的。它可以被反复描述和判断，甚至可以做侦查实验来进行真伪性验证。但就刑事诉讼中所做的侦查实验来讲，这种模拟性的实验，只能作为判断案件事实真实性的参考因素，而不能作为证据使用。这是因为作为案件事实的法律事实所具有的独特性、不可重复性使然。

第五，法律事实在权威性判定之前的可争议性。在争讼过程中，它是一种存在争议的待证"事实"，对它的确认结果与争讼的当事者的利害相关，各方当事者都以利己的立场陈述和主张事实而反驳对方的事实主张。对它的主张、证明和最终确定，必须严格按照法律规定的程序进行。否则，将无法产生预期的法律效果。这与其他事实（如历史事实、科学事实）的确定是有很大的程序性要求和场域差异的。

第六，裁判者认定事实是否"正确"的相对性。根据"任何人不能成为自己事务裁判者"的基本诉讼法原理,司法裁判者对于被当事者陈述的"事实"都只能是间接知晓的,其据此对事实认定的准确性常常是可受质疑的;同时,由于事物的复杂多样性,在争议的案件事实中会不断出现新的内容和情况,加之具体裁判者的认识能力的有限性,他们对案件事实的判定与真实发生的情况总是会存在一些不吻合之处。裁判者必须时刻牢记这一点,十分严格、谨慎地作出经得起历史检验裁判。

第七,对法律事实权威判定的价值取舍性。法律规范是人类社会文明的结晶,法律制度更是人们解决相互之间矛盾冲突的智慧体现。人类在解决自身冲突中经历了血亲(同态)复仇、神示证据制度、法定证据制度、自由心证制度以及排除合理怀疑等证据制度。我国的刑事诉讼所采取的是案件事实清楚、证据确实充分,并排除合理怀疑的证明标准。这些证据制度和证明标准的确定,体现了人类在解决自身矛盾中的文明发展历程——由野蛮、愚昧走向理性、科学的进程。这其中不变的是探寻事情真相的努力,变化的是探寻事情真相方法的文明进步。探寻事情真相的方法制度的进步,使人们在很多时候认为发现了事情真相,并据此解决矛盾争议。但有时往往会面临事实既无法确定又无法排除的十分尴尬的局面。刑事诉讼法再次明确了疑罪从无、排除非法证据等有利于被告人的价值取舍原则。例如,河南法院所依法纠正李怀亮杀人案中,对出现既不能排除被告人杀人犯罪的嫌疑,也没有允足的证据确证被告实施了指控的犯罪,认定犯罪事实可能冤枉无辜,否定犯罪事实可能放纵真凶的两难境地,法院坚决贯彻了刑诉法疑罪从无的原则,将李怀亮无罪释放;同样,排除非法证据也可能同样产生放纵犯罪的法律后果。这就是常遇到的打击犯罪与保障人权的矛盾。在这种价值取舍中,法律选择了有利于被告人的人权保障的结果,并以此来保护每一个公民的合法权利不受滥权的侵害的威胁,而不得不付出的代价是可能放纵个别真正的罪犯。

第八,法律事实认定的程序性和时间性。法律作为社会关系的调节器,其重要作用就是及时解决社会的现实问题。也即常说的法谚:"司法最终解决""法官不能拒绝裁判"。司法裁判机关必须在法定时间内依照法定程序,对当事者的事实主张,依据证据证明的案件情况和法律规范作出判断和认定,及时修正和平复被扭曲的社会关系,以使利害相关者尽快回归正常的社会生活。

第九,法律事实认定结果存在拟制性。根据上述分析我们可以清楚地认识到，法律事实是过去发生的，当事者与案件事实存在着利害关系，其主张的事实是有立场性的；客观事物本身也具有复杂性；加之居中裁判的法官非神明性等因素。尽管通过各方当事者的共同努力，法官的尽职尽责，案件的法律事实是可以查清的；但不可否认的是，还的确存在由于多种原因，案件事实在审判终结时，事实仍然处于真伪不明的状态：就是既不能证明，也不能证否。在这种状态下，法官仍然不能拒绝裁判，他只能依照法律规范，将其拟制为真或假来作出裁判。在刑事案件中，坚持疑罪从无的原则，认定指控的犯罪不能成立，判决被告无罪；在民事案件中，则将优势证据证明的事实认定为真实，作出裁判。

第十，对事实模型的立法盲区司法解决的技术性。法律的适用，是将法律的事实模型作为大前提的，事实模型缺位法律将无法实施①（如日本"日照权"的产生所弥补的实体法律规范的漏洞）。社会上发生的几乎任何一种矛盾、争议，最终可以被诉讼、审判所吸收或"中和"。通过诉讼、审判尽管争议或矛盾本身未必真正得到解决，但由于司法所具有的诸如把一般问题转化为个别问题、把价值问题转化为技术问题等特殊的性质和手法，使引发的矛盾或争议得到了分散或缓解。②使得法律事实在技术化处理的过程中，得以发挥化解纠纷、平抑不满的功能。

五、辨析法律"事实"特征的意义

通过对法律"事实"与其他"事实"特征的分析甄别，尤其是对法律事实自身特征的进一步探讨，我们发现对法律"事实"非常需要在理论上辩明、立法上界定清楚、司法上标准明确，从而使社会活动的法律参与者有一个清醒明确的认识，社会舆论也能给予正确的引导和监督。

第一，在理论上统一认识。因为很多问题导致争论的原因，就在于概念不清晰、标准不统一。比如，根据我们的理解，法律事实应该是对客观上已经发生具

---

① 比如，当社会财富和资源匮乏、机会稀缺，没有更恰当的标准来调节和平衡人们之间的权利分配时，往往采取一种大家都能接受的天然公平的分配方法——抓阄。其实抓阄与权力分配之间又有何关系呢？还有常说的分蛋糕的公平方法是让，切蛋糕的人拿最后一块，以保证切蛋糕者为使自己拿到的不是最小的，而尽量切成等份，这是从程序规则上来保证公平的措施，不过这样是否存在舞弊的可能呢？答案是不确定的。但如果我们加入很多的技术手段，舞弊的可能性会大大降低。

② [日] 谷口安平：《程序的正义与诉讼》，王亚新译，中国政法大学出版社2003年版，译者前言第9页。

有法律意义的事件以及存在真实情况的正确描述。它具有既成性、客观性、规范性和可描述性。而当下的理论界并不完全认同这一观点，把"事实"理解为就是明摆着的东西，法律"事实"也是明摆着的具有法律意义的事实。这一现状的"致命"缺陷是：丢掉作为认识主体对真实存在的具有法律意义客观情况正确描述，直接判定所谓的"事实"；或者是混淆了认识主体对具有法律意义客观情况正确，描述与具有法律意义客观情况两者之间的差异与联系。导致了在认识上的混乱和实践中的乱象。①

第二，规范立法。目前我国没有一部统一的证据法，关于证据法的内容分别存在于三大诉讼法的证据规定和相关的司法解释当中，缺乏统一的标准尺度。而法律"事实"也在"各自为政"中被规定。比如，我国现行《民事诉讼法》第63条"证据有下列几种……以上证据必须查证属实，才能作为认定事实的根据"；以及《行政诉讼法》第31条规定，"证据有以下几种……以上证据经法庭审查属实，才能作为定案的根据"。从条文规定来看，这两部法律回避了确定法律所认定的事实本身是什么的问题。这样可能避免主观武断，给进一步的研究探讨留下空间；其不足是，没有界定就没有标准，这也是实践中出现混乱的根源之一。

我国的前两部《刑事诉讼法》及2012年修正的《刑事诉讼法》，对刑事诉

---

① 这一问题的存在，在很大程度上或许受到了英国哲学家柏特兰·罗素的影响。因为他在其早期著作《我们关于外界世界的知识》一书中就指出"现存的世界是由具有许多性质和关系的事物组成的，对现存世界的完全描述不仅需要开列一个各种事物的目录，而且要提到这些事物的一切性质和关系。我们不仅必须知道这个东西、那个东西以及其他东西，而且必须知道哪个是红的，哪个是黄的，哪个早于哪个，哪个介于其他两个之间，等等。当我谈到一个'事实'时，我不是指世界上的一个简单的事物，而是指某种性质或某些事物有某种关系。因此，如我不把拿破仑叫作事实，而把他有野心或他娶约瑟芬叫作事实。"（上海译文出版社1990年版，第39页）明确表明他所谓的"事实"乃是指事物具有某种性质或某些事物具有某种关系等有关事物的情况，而不是仅仅指的事物自身，而这一看法也是他的其他许多著作所一直坚持的。但令人不解的是他在后来写成的《人类的知识》一书中，一方面虽然仍举例说明"事实"指的是事物存在某种性质或关系，但同时却又提出"世界上的每一件事物我都把它叫作一件'事实'。太阳是一件事实，恺撒渡过鲁比康河是一件事实……"该书第页就明显地把一个"简单的事物"，如太阳自身也叫作了"事实"，而同他多次强调的"当我谈到一个'事实'时，我不是指世界上的一个简单的事物"的说法直接矛盾。而他在此把"恺撒渡过鲁比康河"看作与"太阳"同样地属于"世界上……一件事物"，也明显地违犯了他自己在许多论述中对"事物"与"事实"，所作的区分。然而，罗素在这里却把它等同起来，不免自相矛盾。就罗素这样的大哲学家来说，他的学说著作颇丰，对我国哲学、社会科学界影响深远。我们可以在很多学者的文章著作里看到对罗素不同时期相互矛盾的观点的引用。如果不加以甄别地引用，必然带来理论上的混乱。

讼中的事实，分别作了不同规定：（1996年的《刑事诉讼法》）第42条规定，"证明案件真实情况的一切事实，都是证据。证据有下列七种：……以上证据必须经过查证属实，才能作为定案的根据"，（1979年的《刑事诉讼法》）第31条规定，"证明案件真实情况的一切事实，都是证据。证据有下列六种：……"（2012年《刑事诉讼法》）第48条规定，"可以用于证明案件事实的材料，都是证据。证据包括：……证据必须经过查证属实，才能作为定案的根据"。从三部《刑事诉讼法》法律文本（包括立法草案）关于证据规定中所称谓的案件"事实"，好像都指的是案件的真实情况。这其中存在一些问题：首先，案件的真实情况是过去发生的已然状态，对过去发生的案件的客观情况的真实描述才叫"事实"。而案件的真实情况本身并不能自然而然地成为诉讼中的案件"事实"。其次，作为案件"事实"，它是判断主体对过去发生的案件的真实情况的描述，它是被主体用概念接受（安排）了而作出的符合事物本身性质和关系的判断，它是主观与客观相结合的混合物，而并非是客观上发生的事件本身，客观事件本身离开了判断主体对它的接受、认识和判断，是不可能成为诉讼上的事实的。最后，既然如此，前述法律条文"证明案件真实情况的一切事实都是证据"之中，将事实等同于证据或证据种类，这就是造成认识混乱的立法根源。（新《刑事诉讼法》）第48条规定，"可以用于证明案件事实的材料，都是证据"，虽然在指称上有些变化。不过，它仍然是将已经发生的案件的真实情况和对案件真实情况的认识判断（案件"事实"）混为一谈。

第三，确立司法权威。从司法的角度来看，它是运用法律规范所确定的事实模型为标准，通过对具体"案件事实"与法律规范所确定的事实模型是否吻合的认定，并就该事实依法作出肯定或否定性评判，使人们的行为事实与其法律后果联系起来，与当事者的利害关系联系起来，以达到调整和规范人们的行为，维持社会秩序的目的。法律事实在争讼过程中，它是一种存在争议的待证"事实"，对它的确认与争讼的当事者的利益密切相关。各方当事者都以利己的立场陈述和主张事实而反驳对方的事实主张。这与其他事实（如科学事实）的确定是有很大差异的。司法裁判机关必须在法定时间内依照法定程序，对当事者的事实主张，依据证据证明的案件情况和法律规范作出判断和认定。司法裁判者对于被当事者陈述的"事实"只能是间接知晓的，其据此对事实认定的准确性（在认识论上）始终是可受质疑的。这一点，对裁判者来讲，必须依法严格、谨慎地作出判断;而对受裁判约束的当事者来说,当他们充分享有并切实保障行使实体权利和程序权利,就应当真诚地接受司法裁判的约束。正如季卫东先生所言,程序具有开放的结构和紧缩的过程,所有程序参与者都应受程序"经过"的约束。①

第四,培养尊重法律事实的自觉性。对于法律事件的参与者来说,事实的叙述分为两类:一类是亲身经历的事实;另一类可能是非亲身经历的事实。无论是哪一类都要转化为言语形式进行陈述。而用语言和相关证据表述出来的"事实",与所指称的事件之间的吻合问题是必须考虑的。如何进行以理服人的事实陈述并被裁判者接受,是一种运用法律技术性再现的事实。其中包含着主体间性的真实,也即现实社会主体共同认可的"事理"问题。法律事件的参与者也应当有清醒的认识,必须尽到自己的法律责任。但不可否认的是,由于多种原因,案件事实在审判终结时,仍然可能处于真伪不明的状态,法官又不能拒绝裁判,他只能依照法律规范,将事实真伪不明的状态,拟制成真或伪来作出裁判(当然,作为刑事案件和其他类案件会采用不同的标准和尺度)。这时,作为法律事件的参与者,参与并行使了法定的权利,就应当遵守司法裁判的结果,维护司法权威。同时也应清醒地认识到,法律并不是万能的,它也是有缺陷的。而我们选择了用法律方法解决相互之间的争议,就必须遵守法律程序产生的结论,这也是对自己用行为选择结果的尊重。

六、结语

法律事实是认定法律关系、确定法律责任、决定法律后果的基础性依据。本文通过对法律事实构成的基本内容,法律事实形成的基本过程、法律事实内部的基本结构的深入研究,从主观与客观的结合角度,从程序规范的角度界定"法律事实"这一概念的特征。

(一) 法律事实的一般特征

法律事实具有一般事实的特征:1. 法律事实是具有真实性、经验性、规范性和可陈述性的事实;2. 法律事实是具有不变性、不可重复性的事实;3. 法律

---

① 季卫东:《法律程序的意义》,载《中国社会科学》1993年第1期。

事实是渗透着知识、理论影响的事实。

(二) 法律事实同时具备事实的一般特征和自身的个性特征

法律事实发挥作用，产生法律效果，是有自身独特性的，它是一种具有主体价值取舍的事实，是规范化、模型化和程序化的事实。1. 法律事实是由立法和司法及利害关系者共同确定的事实；2. 法律事实是具有"已然"性的事实；3. 法律事实陈述者具有立场性；4. 法律事实具有独特性、不可重复性；5. 法律事实在权威性判定之前具有可争议性；6. 裁判者认定事实是否"正确"具有相对性；7. 对法律事实权威判定具有价值取舍性；8. 法律事实认定具有程序性和时间性；9. 法律事实认定结果存在拟制性；10. 对法律事实模型的立法盲区司法解决不过是一种技术性的处理。

量刑事实研究

杜 邈[①]

量刑事实,是指刑事诉讼中需要用证据加以证明的与被定罪人量刑有关的各种事实。[②] 长期以来,我国采取定罪量刑一体化的庭审模式,法庭调查主要围绕定罪事实进行,对于定罪完成之后的量刑活动难以提供独立的事实支持。为了解决"量刑依附于定罪"的问题,中央政法机关开始启动以促进司法公正为目标的量刑程序改革,[③] 修正后《刑事诉讼法》和司法解释均对量刑事实作出了更为明确、细致的规定,呈现出定罪事实与量刑事实适度分离的趋势。在对犯罪嫌疑人决定刑罚的时候,必须以量刑事实作为根据,而不能凭主观想象、推测办理案件,这意味着量刑事实成为独立的证明对象。

一、明确量刑事实的独立地位

在实体法中,与量刑事实相对应的概念是量刑情节,即犯罪构成事实以外的,能够体现犯罪行为社会危害程度和犯罪人的人身危险性大小,据以决定对犯罪人是否处刑以及处刑轻重所考虑的各种主客观情况。我国《刑法》第61条规定:"对于犯罪分子决定刑罚的时候,应当根据犯罪的事实、犯罪的性质、情节和对于社会的危害程度,依照本法的有关规定判处。"刑事证明过程中,将量刑事实作为独立的证明对象,意味着控方在庭审过程中要提出相应的量刑证据,控辩双方针对量刑问题展开辩论,使法官对于刑罚种类、幅度和执行方式的选择更加合理。在案件办理过程中,应当注意收集和审查量刑证据,为准确适用刑罚提

[①] 杜邈,北京市人民检察院第二分院检察官,法学博士、博士后。
[②] 陈卫东主编:《量刑程序改革理论研究》,中国法制出版社2010年版,第375-376页。
[③] 最高人民法院决定,从2009年6月1日起,在全国法院开展量刑规范化试点工作,对《人民法院量刑指导意见(试行)》和《人民法院量刑程序指导意见(试行)》两个文件进行试点。

供更为充分的依据。例如，在一起盗窃案件中，犯罪嫌疑人盗窃他人停放在住宅楼下的电动自行车，并在将电动自行车推出小区的过程中被抓获。在办案过程中，既要证明犯罪嫌疑人盗窃财物的事实，也要注意证明犯罪嫌疑人被抓获时的具体地点、环境等，包括"案发所在的小区是否封闭、门口是否有保安进行值守"等事实，以准确区分犯罪未遂和犯罪既遂，对被告人准确量刑。在实践中，应把握以下几个方面。

第一，纠正"重定罪、轻量刑"和"重实体、轻程序"的片面观念。"重定罪、轻量刑"意味着刑事诉讼主要围绕定罪的事实和证据进行，导致有的司法人员片面追求案件的定性准确，轻视量刑的地位和作用。事实上，量刑既以定罪为基础，又是刑罚执行的先决条件，在刑事诉讼活动中有"承前启后"的重要作用，以此使犯罪人受到与其罪行社会危害性相适应的惩罚，实现一般预防和特殊预防之目的。"重实体、轻程序"是指只看重对犯罪人的实质性处罚是否恰当，忽视作出该种处罚的根据和过程。量刑既是一个实体问题，也是一个程序问题，而程序正义的重要性，恰在于程序是法治运行的机制，可以最大限度地增加作出公正决定的可能性。将量刑事实作为独立的证明对象，就是要改变量刑依附于定罪的局面，树立实体与程序并重的司法观念。

第二，防止出现量刑失衡的情形。量刑失衡是与量刑均衡相对应的一个概念，主要表现为类似案件的不同处理。我国传统的量刑方法可以说是经验量刑法或综合估量法，法官根据案件基本犯罪事实和各种量刑情节，进行综合分析，一次性估量出宣告刑。这种定性分析的量刑方法有其科学性和合理性，使法官在法定刑幅度内充分发挥审判经验，最大限度地行使裁量权。但其弊端也显而易见，就是各种量刑情节缺少一个理性分析的过程，主要依靠法官个人的法律修养和办案经验"估堆"量刑，其结果自然会出现因人而异的情况，甚至差异还比较大，导致量刑失衡或量刑不公。[①] 将量刑事实作为独立的证明对象，能够增强量刑活动的确定性和规范性，减少因法官个人能力、经验、性格和对法律理解的差异所引发的量刑失衡现象。

第三，加强对犯罪人人身危险性的评估。为了实现社会防卫的目的，刑事诉

---

① 戴长林、陈学勇：《量刑规范化试点中应该注意的几个问题》，载《中国审判新闻月刊》2009年第7期。

讼中既应当评估犯罪行为的社会危害性，也应当评估犯罪人的人身危险性，有针对性地适用刑罚或安置教育（恐怖活动犯罪）等措施。根据《人民法院量刑指导意见（试行）》的规定，社会危害性要素是指由犯罪的客观危害和犯罪人的主观恶性综合体现决定的因素；人身危险性要素是指反映犯罪人再次犯罪可能性的因素。证明社会危害性要素的证据通常形成于犯罪过程中，证明人身危险性要素的证据既可以形成于犯罪过程中，也可能形成于犯罪前后，如行为人长期从事违法活动，在案发后伪造、毁灭证据或抗拒抓捕等，这要求司法人员注意收集、审查能够证明人身危险性要素的证据。在审查批准逮捕阶段，公安机关在提请批准逮捕的时候，通常只移送与犯罪相关的材料，对于社会危险性大多只会笼统地表述"具有社会危险性"或是"具有逮捕必要"，缺乏进一步的证明材料。[①] 事实上，审查批准逮捕的一个重要标准就是"社会危险性"，包括危害国家安全、公共安全或者社会秩序的现实危险；可能毁灭、伪造证据、干扰证人作证或者串供；可能对被害人、举报人、控告人实施打击报复等表现。根据2015年《最高人民检察院、公安部关于逮捕社会危险性条件若干问题的规定》，公安机关提请逮捕犯罪嫌疑人的，应当同时移送证明犯罪嫌疑人具有社会危险性的证据，这些证据在审判环节就会转化为证明人身危险性要素的证据，有利于准确认定量刑事实。

第四，注重对公民权利的保障。人权保障是国际社会共同关注并日益重视的热点，对量刑活动提出了更高的要求。人权保障既包括被告人有获得公正量刑的权利，即犯罪人获得的刑罚应当符合罪责刑相适应原则；也包括应尽量扩大当事人享有的诉讼权利，使司法过程更为人性化，让那些利益或权利可能受到裁判或诉讼结局直接影响的人应当有充分的机会富有意义地参与诉讼过程，并对裁判结果的形成发挥其有效的影响和作用。[②] 如果将量刑事实完全混同于定罪事实，在被告人、辩护人选择无罪辩护的情况下，就很难对量刑问题发表意见，显然不利于保障公民权利。将量刑事实作为独立的证明对象，就是要通过量刑证据的调查、辩论和判决说理，使控辩双方充分表达各自对量刑的意见，充分保障公民的

---

① 杨依：《以社会危险性审查为核心的逮捕条件重构——基于经验事实的理论反思》，载《比较法研究》2018年第3期。

② 陈瑞华：《刑事审判原理论》，北京大学出版社1997年版，第61页。

诉讼权利和正当利益。如此，诉讼当事人能够充分了解量刑的依据、理由、情节和幅度，既保障了被告人的辩护权，又保障了被害人的知情权，使裁判结果达到法律效果与社会效果的统一。

二、把握量刑事实的多样性

定罪事实主要围绕法律规定的犯罪构成要件确定，各种事实要素之间紧密联系、相互衔接，只需基本事实清楚即可定罪。为了发挥刑罚的惩罚与教育功能，量刑事实具有开放性、多样化的特征，需要对犯罪的社会危害性进行全面和客观的评价，不仅仅限于实施犯罪所表现出来的主客观方面。[①] 在实践中，被告人的一贯表现、被害人遭受损害与获得补偿的情况、犯罪的社会影响等，均可以纳入量刑事实的范围，甚至无法用法律条文逐一列举。主要包括以下几种类型。

（一）法定量刑事实和酌定量刑事实

量刑事实最重要的分类是法定量刑事实和酌定量刑事实。第一，法定量刑事实。是指法律明文规定在量刑时必须考虑的因素，由刑法总则和分则分别规定。总则规定的量刑要素包括未成年人犯罪，限制行为能力的精神病人犯罪，盲聋哑人犯罪，防卫过当，避险过当，犯罪的预备、未遂、中止，共同犯罪中的首要分子、主犯、从犯、胁从犯、教唆犯，累犯，自首和立功等。分则规定的量刑要素包括分则条文在罪状描述中反映的社会危害程度，如犯罪行为的程度、犯罪的次数、犯罪的数额、犯罪的后果、犯罪对象的个数等。第二，酌定量刑事实，是指虽无法律的明文规定，但根据刑事政策和审判实践经验，在量刑时可以酌情考虑的因素，一般包括犯罪对象、犯罪手段、犯罪时间、地点、犯罪动机、起因、犯罪前的一贯表现、犯罪后的态度、退赃和赔偿情况等。《最高人民法院关于适用〈中华人民共和国刑事诉讼法〉的解释》规定："人民法院除应当审查被告人是否具有法定量刑情节外，还应当根据案件情况审查以下影响量刑的情节：（一）案件起因；（二）被害人有无过错及过错程度，是否对矛盾激化负有责任及责任大小；（三）被告人的近亲属是否协助抓获被告人；（四）被告人平时表现，有无悔罪态度；（五）退赃、退赔及赔偿情况；（六）被告人是否取得被害

[①] 储槐植：《美国刑法》，北京大学出版社1996年版，第133页。

人或者其近亲属谅解；（七）影响量刑的其他情节。"在实践中，对于证明量刑事实的证据材料都要认真进行审查，既要准确认定法定量刑事实，也要高度重视酌定量刑事实，如被告人与被害人达成的和解协议是否真实意思表示，是否经过庭审举证质证或庭外征求控辩双方的意见。

  常见的酌定量刑事实包括：第一，被害人过错。1999年《全国法院维护农村稳定刑事审判工作座谈会纪要》在"关于故意杀人罪、故意伤害罪案件"部分明确指出："对于被害人一方有明显过错或对矛盾激化负有直接责任，或者被告人有法定从轻处罚情节的，一般不应判处死刑立即执行。"通常认为，被害人过错，是指被害人出于故意或者过失，侵害他人合法权益，诱发他人的犯罪意识，激化犯罪人的犯罪程度，因而直接影响被告人刑事责任的行为。① 第二，民间矛盾引发。2010年《最高人民法院关于贯彻宽严相济刑事政策的若干意见》规定，对于因恋爱、婚姻、家庭、邻里纠纷等民间矛盾激化引发的犯罪，因劳动纠纷、管理失当等原因引发、犯罪动机不属恶劣的犯罪，因被害方过错或者基于义愤引发的或者具有防卫因素的突发性犯罪，应酌情从宽处罚。在该类犯罪中，犯罪人与被害人往往有着比较亲近或者熟悉的关系，或者事出有因，虽然可能造成严重的伤亡后果，但犯罪人的主观恶性和人身危险性一般并不是极其严重，可以考虑从宽处罚。第三，侵犯弱势群体。弱势群体分为生理性弱势群体和社会性弱势群体。生理性弱势群体主要涵盖残疾人、未成年人、老年人、精神病人、怀孕妇女等；社会性弱势群体则具有较强的相对性，其弱势往往是通过在某一具体环境中与其他人群的比较加以体现。对于侵害弱势群体的案件，通常采取从严惩处的态度。第四，犯罪手段残忍。犯罪嫌疑人采取残忍的犯罪手段，不仅侵犯了被害人的人身、财产权利，使被害人身体和精神上遭受剧烈的痛苦，而且会引起社会恐惧感，反映了犯罪分子严重的主观恶性与人身危险性。第五，预谋实施犯罪。预谋犯罪是与激情犯罪相对应的概念，行为人通过预谋或精心策划实施犯罪，反映了追求危害结果的积极程度，同时增大了破获案件、收集证据的难度，具有更大的社会危害性和主观恶性，应当从严惩处。第六，犯罪动机恶劣。犯罪动机对量刑有着重要的影响，如果犯罪动机从道德层面属于可谴责性较大的情形，则从侵犯公序良俗的角度促使法院从重处罚。第七，实施反侦查行为。一些

---

① 阴建峰：《故意杀人罪死刑司法控制论纲》，载《政治与法律》2008年第11期。

行为人在实施犯罪行为后，继续实施销毁罪证、订立"攻守同盟"、妨害作证等反侦查行为，增加了侦查取证工作的难度，应当从严惩处。第八，犯罪人存在违法犯罪前科。行为人曾因违法犯罪被处以行政处罚或判刑，虽然不属于刑法意义上的累犯，能够体现其较强的人身危险性。第九，达成民事赔偿协议。2007年《最高人民法院关于进一步加强审判工作的决定》规定："要正确处理严格控制和慎重适用死刑与依法严厉惩罚严重刑事犯罪的关系……案发后真诚悔罪积极赔偿被害人经济损失的案件等具有酌定从轻情节的，应慎用死刑立即执行。"如果犯罪人与被害人一方达成赔偿协议，取得谅解，在一定程度上修复了已被破坏的社会关系，可以成为酌情从轻处罚的理由。然而，对于民事赔偿的作用并非没有限制，不能只要赔偿就从轻判处，应当区分案件的不同性质，依法慎重决定。

在未成年人犯罪案件中，对酌定量刑事实的要求更加精细，甚至要引入社会调查制度，对未成年犯罪嫌疑人实施犯罪行为的动机和目的、犯罪时的年龄、是否初次犯罪、犯罪后的悔罪表现、个人成长经历和一贯表现等因素进行考察，并向法庭提供专门的社会调查报告，作为量刑的重要参考。根据《刑事诉讼法》第268条规定，公安机关、人民检察院、人民法院办理未成年人刑事案件，根据情况可以对未成年犯罪嫌疑人的成长经历、犯罪原因、监护教育等情况进行调查。《人民检察院刑事诉讼规则（试行）》第486条规定，人民检察院根据情况可以对未成年犯罪嫌疑人的成长经历、犯罪原因、监护教育等情况进行调查，并制作社会调查报告，作为办案和教育的参考。人民检察院开展社会调查，可以委托有关组织和机构进行。

（二）纯粹的量刑事实和定罪量刑的混合事实

根据定罪事实与量刑事实的关系，可以分为纯粹的量刑事实和定罪量刑的混合事实。纯粹的量刑事实是只影响量刑裁决的事实，主要指被告人的前科劣迹、累犯事实、未成年人个人成长经历及一贯表现的事实以及犯罪后自首、立功、坦白、自愿认罪、退赃退赔、赔偿被害人经济损失及取得被害人或其家属谅解等。[①] 纯粹的量刑事实与定罪事实存在明显差别：一是功能的差别。定罪活动与量刑活动的性质和目的不同，定罪体现了刑事诉讼法维护社会秩序的价值，这决定了定罪着眼于还原过去发生的犯罪情况，从社会公众中甄别出犯罪嫌疑人，所

---

① 闵春雷：《论量刑证明》，载《吉林大学社会科学学报》2011年第1期。

遵循的最重要理念是"无罪推定",并由此衍生"排除合理怀疑"的证明标准。现代刑罚哲学要求惩罚应当与犯罪嫌疑人的个体特征相契合,而不仅仅是针对被告人所犯下的某个具体罪行。量刑活动既要通过惩罚遏制犯罪,还要给予可改造的犯罪人再社会化的机会,这决定了量刑事实应当在考虑犯罪情况的基础上,通过犯罪嫌疑人的前科情况、罪后表现等评估其可能对社会构成的危险,实现刑罚的一般预防和特别预防功能。二是范围的差别。量刑事实的范围比定罪事实更为宽泛,包括各种法定或酌定的从重、从轻、减轻或者免除处罚情节,尤其是酌定量刑事实的内容十分复杂,这决定了证据来源的广泛性和形式的多样性。以故意杀人案件为例,定罪仅仅要求证明行为人实施故意杀人行为即可,但量刑还需要查明案件起因、被害人过错、行为人的平时表现、是否进行民事赔偿等事实,特别是对行为人的主观方面进行精确认定,判断是"义愤杀人""激情杀人"还是"预谋杀人"。三是稳定性的差别。从侦查终结到审查起诉、审判环节,由于定罪证据经过公安机关、检察机关的多次审查和固定,指控被告人实施犯罪的事实通常会保持稳定。但是,量刑事实包括认罪悔罪态度、民事赔偿等,在审理过程中会发生实质性变化,如被告人在法庭上当庭翻供,或是在开庭后迫于压力进行民事赔偿等。

量刑事实既有一定的独立性,也有一定的混合性。通常而言,定罪事实影响定罪,量刑事实影响量刑,两种事实在功能、范围甚至证明规则上存在较大差异。但在实践中,定罪事实和量刑事实可能存在交叉、重合的关系,即定罪量刑混合事实,如行为人的年龄、犯罪时间、犯罪手段、犯罪数额等,很难将两者明确区分开来。与之相应,定罪证据与量刑证据也存在难以区分的现象,如被告人对犯罪过程的供述,也可作为反映其认罪态度的量刑证据;证明犯罪主体身份的户籍材料,同时证明了"未成年人"或"老年人"的量刑事实。根据"禁止重复评价原则"的要求,对定罪量刑混合事实应做如下把握:一方面,同一事实不得在定罪、量刑时重复评价,某项事实在确定行为是否构成犯罪的时候已使用过一次;如果在量刑的时候再次使用这一事实,就是重复评价,应予禁止。例如,交通肇事案件中,认定犯罪嫌疑人肇事后逃逸的事实在定罪环节已经评价的,在量刑环节不应作出不利于被告人的二次评价。另一方面,同一事实已经作为从重量刑的根据,不能再次作为从重处罚的根据;已经作为从宽量刑的根据,不能再次作为法定刑范围内从轻、减轻乃至免除处罚的根据。

在量刑活动中，有一类十分重要的量刑事实通常被忽略，它就是定罪剩余的事实转化而来的量刑事实，忽略这类量刑事实的原因，主要是在"估堆"量刑的情况下，定罪事实与量刑事实"胡子眉毛一把抓"，当然也就没有必要严格划清两者之间的界限了。① 根据我国刑法规定，一些犯罪构成所涵盖的事实情况，必须全部具备才能定罪；但是，有些犯罪构成则具有若干选择要件，有些构成要件则包含若干选择要素，只要具备其中任何一个选项便可满足定罪的法律要求，于是这类犯罪构成所涵盖的主客观事实情况便多于定罪的需要。因此，凡是用以充足犯罪构成起码要求的那些事实情况，都是定罪事实；定罪剩余的那些犯罪构成事实，应当转化为量刑事实。例如，《刑法》第293条规定的寻衅滋事罪，其构成要件的危害行为，就有四项选择要素：（1）随意殴打他人，情节恶劣的；（2）追逐、拦截、辱骂恐吓他人，情节恶劣的；（3）强拿硬要或者任意损毁、占用公私财物，情节严重的；（4）在公共场所起哄闹事，造成公共场所秩序严重混乱。如果行为人在公共场所起哄闹事、强拿硬要公私财物和随意殴打他人且情节严重的，应当选择"随意殴打他人且情节严重"作为定罪事实，而"在公共场所起哄闹事"和"强拿硬要公私财物"这两种情形，则转化为从重处罚事实，使其所受到的处罚重于那些只具有一个选项的寻衅滋事行为。又如，犯故意杀人罪杀死2人或者2人以上的，应当将被杀害的1人作为定罪事实，被杀害的另1人或者多人，理所当然地作为从重处罚事实。②

三、量刑事实适用二元证明标准

在证据理论中，对案件事实的证明方式可以分为严格证明和自由证明。严格证明，是指在证明的根据及程序上都受到法律的严格限制，且应达到排除合理怀疑这一证明标准的证明；自由证明，是指证明的根据、程序或标准不受上述严格限制的证明，法官可以采用更为宽泛的证据材料或采取灵活机动的方法来完成证

---

① 赵廷光：《论定罪剩余的犯罪构成事实转化为量刑情节》，载《湖北警官学院学报》2015年第1期。
② 赵廷光：《论定罪剩余的犯罪构成事实转化为量刑情节》，载《湖北警官学院学报》2015年第1期。

明，也不必都达到排除合理怀疑的证明标准。① 定罪是重要的司法活动，是国家权力的具体体现，会引发对犯罪人生命权、自由权、财产权或政治权利的限制甚至剥夺，所依据的证据必须符合法定的证据形式，依照法定的调查程序进行核实，达到最高的"确实、充分"证明标准，否则人民法院应当按照"疑罪从无"原则，作出证据不足、指控的犯罪不能成立的无罪判决。

与定罪事实证明相比，量刑事实的类型更为复杂，如证明人身危险性的证据可能属于品格证据，涉及犯罪人的日常工作、生活等方面，这意味着量刑事实并不必然采取一元证明标准。关于量刑事实采取何种证明标准，理论界存在不同的观点：第一种观点认为，在量刑程序中采用何种证明模式与被证明的对象有关，即量刑事实对被告人或犯罪人是否有利。对量刑事实可采用自由证明，但是对于罪重事实的证明应达到排除合理怀疑的证明标准，罪轻事实的证明达到优势证据标准。② 第二种观点认为，以量刑事实是否有法律明文规定，作为确定量刑证明模式的标准，即法定量刑事实的证明采用严格证明，酌定量刑事实采用自由证明。③ 为此，《最高人民法院关于适用〈中华人民共和国刑事诉讼法〉的解释》采纳了第一种观点，该解释第64条规定了"二元"证明标准："认定被告人有罪和对被告人从重处罚，应当适用证据确实、充分的证明标准。"至于罪轻事实适用何种证明标准，司法解释并未作明确规定。笔者认为，考虑到量刑事实本身具有多样性，以及控辩双方在举证能力上的差异，对不同的量刑事实应采取不同的证明标准。（1）对于定罪量刑混合事实和从重量刑事实设置较高的证明标准，需要达到"排除合理怀疑"的程度。对于不利于被告人的量刑事实，由于直接影响到被告人人身权利或财产权利的限制或剥夺，无论属于法定量刑情节还是酌定量刑情节，均应当适用严格证明的方法，受到相关性规则、补强证据规则等限制。特别是在死刑案件中，只有根据明确、合法的证据对案件事实没有其他解释余地的情况下，才能判处死刑，这也是保障被告人合法权益的必然要求。例如，

---

① 严格证明与自由证明作为大陆法系国家证据法上的基本概念，最早由德国学者迪恩茨于1926年提出，之后由德国传至日本以及我国台湾地区，并在学说和判例中得以发展。闵春雷：《严格证明与自由证明新探》，载《中外法学》2010年第5期。

② 李玉萍：《量刑事实证明初论》，载《证据科学》2009年第1期；周颖佳：《浅论量刑事实的证明标准》，载《人民法院报》2014年4月2日，第6版。

③ 简乐伟：《论量刑程序证明模式的选择》，载《证据科学》2010年第4期。

持枪抢劫是抢劫罪的加重情形之一,应处十年以上有期徒刑、无期徒刑或者死刑,并处罚金或者没收财产。对于行为人持枪的认定,就需要从"行为人在抢劫过程中携带枪支""枪支属于刑法意义上的枪支""行为人使用枪支或者向被害人展示"等方面进行证明,使法官产生内心确信。(2)对于从宽量刑事实的证明设置较低的证明标准,达到高度的盖然性即可,即在证据对某一事实的证明无法达到确凿无疑的情况下,对盖然性较高的事实予以认定。德国学者克劳斯·罗科信认为,自由证明之方法法院得以一般实务之惯例调查之,亦即可不拘任何方式来获取可信性;在许多案例中对此只需有纯粹的可使人相信之释明程度即已足。① 其中,对于法定从宽事实,仍应按照《刑事诉讼法》规定的要求收集、审查和运用证据,这也是维护法律严肃性的应有之义。对于酌定从宽事实,在证据种类、取证方式等诸多方面可以更加灵活。例如,《最高人民法院关于审理未成年人刑事案件的若干规定》第21条规定:"开庭审理前,控辩双方可以分别就未成年被告人性格特点、家庭情况、社会交往、成长经历以及实施被指控的犯罪前后的表现等情况进行调查,并制作书面材料提交合议庭。必要时,人民法院也可以委托有关社会团体组织就上述情况进行调查或者自行进行调查。"为了确保法官获取量刑信息的全面性,可以采用在定罪环节不具备证据能力的证据,甚至是品格证据和意见证据;在调查方法上,并不需要受到严格的法定证据方法限制。在摆脱各种形式规则的束缚之后,法官能够自主地运用和判断证据,对犯罪人的个性化特征进行认定。

四、死刑案件的量刑事实具有特殊性

死刑是最为严厉的刑罚种类,一经适用没有补救的余地,在实际操作中,死刑案件的证据要求比其他类型的案件更为严格,任何细节都可能对量刑产生影响,并最终影响犯罪嫌疑人的生或死。② 为了贯彻"少杀、慎杀"的死刑政策,2010年最高人民法院等五部门联合下发《关于办理死刑案件审查判断证据若干问题的规定》,进一步明确了死刑案件的量刑事实。根据上述规定,办理死刑案件,对于以下事实的证明必须达到证据确实、充分:(一)被指控的犯罪事实的

---

① [德]克劳斯·罗科信:《刑事诉讼法》(第24版),吴丽琪译,法律出版社2003年版,第208页。
② 姜万国:《命案事实论》,载《吉林公安高等专科学校学报》2012年第1期。

发生；(二) 被告人实施了犯罪行为与被告人实施犯罪行为的时间、地点、手段、后果以及其他情节；(三) 影响被告人定罪的身份情况；(四) 被告人有刑事责任能力；(五) 被告人的罪过；(六) 是否共同犯罪及被告人在共同犯罪中的地位、作用；(七) 对被告人从重处罚的事实。

近年来，理论界关于死刑案件的证明标准一直存在争论：一种观点认为，死刑案件涉及剥夺公民的生命权利，因而死刑案件应当确立比普通刑事案件更为严格的证明标准。① 另一种观点认为，在司法实践中对死刑案件的证明标准加以强调是必要的，但没有必要规定高于普通刑事案件的证明标准。笔者认为，根据《刑事诉讼法》的规定，死刑案件与其他案件的量刑证明标准应当是一致的。从《最高人民法院关于适用〈中华人民共和国刑事诉讼法〉的解释》第64条的规定来看，适用死刑属于对被告人从重处罚的终极形态，应统一适用证据"确实、充分"的证明标准。两者的区别在于，死刑案件的证明对象更加复杂。根据我国《刑法》第48条规定，死刑只适用于罪行极其严重的犯罪分子。对于应当判处死刑的犯罪分子，如果不是必须立即执行的，可以判处死刑同时宣告缓期二年执行。具体到刑法分则中，死刑适用的对象不应仅仅被理解为犯有极其严重的犯罪的人，而应是犯有极其严重的犯罪且具有该种犯罪最严重情节的人。在《刑法》分则中，对于具体犯罪规定了不同的死刑适用情节，主要包括：一是抢劫罪。《刑法》第263条规定，只有对入户抢劫、在交通工具上抢劫等8种情形的抢劫犯罪，才可判处死刑。从总体上而言，这些触犯了死刑条款的行为，都是极其严重的犯罪行为，但是并非触犯了死刑条款的行为都必须判处死刑；即使是极其严重的犯罪，如果不具有最严重情节，也不应判处死刑或者死缓。② 二是贪污罪和受贿罪。根据《刑法》第383条、第386条规定，贪污受贿数额特别巨大并使国家和人民利益遭受特别重大损失的，处无期徒刑或者死刑，并处没收财产。2016年《最高人民法院、最高人民检察院关于办理贪污贿赂刑事案件适用法律若干问

---

① 如江苏省高级人民法院发布的《关于刑事审判证据和定案的若干意见（试行）》区分了普通刑事案件与死刑案件的证明标准，对普通案件证明标准的表述是："审判人员根据已有证据，对被告人是否实施犯罪达到内心确认的程度，可以定案。"对死刑案件证明标准的表述是："对死刑案件应做到案件事实清楚，证据确实、充分，排除一切合理怀疑，否则不能判处死刑立即执行"，在"排除合理怀疑"的基础上，突出了"排除一切合理怀疑"的要求。参见岳臣忠：《论死刑案件的证明标准》，载《西南石油大学学报（社会科学版）》2013年第2期。

② 肖中华、周军：《如何理解罪行极其严重》，载《人民司法》1999年第11期。

题的解释》对贪污罪、受贿罪的量刑事实进一步细化：贪污、受贿数额特别巨大、犯罪情节特别严重、社会影响特别恶劣、给国家和人民利益造成特别重大损失的，可以判处死刑。三是毒品犯罪。2008年《全国部分法院审理毒品犯罪案件工作座谈会纪要》规定，具有下列情形之一的，可以判处被告人死刑：(1) 具有毒品犯罪集团首要分子、武装掩护毒品犯罪、暴力抗拒检查、拘留或者逮捕、参与有组织的国际贩毒活动等严重情节的；(2) 毒品数量达到实际掌握的死刑数量标准，并具有毒品再犯、累犯，利用、教唆未成年人走私、贩卖、运输、制造毒品，或者向未成年人出售毒品等法定从重处罚情节的；(3) 毒品数量达到实际掌握的死刑数量标准，并具有多次走私、贩卖、运输、制造毒品，向多人贩毒，在毒品犯罪中诱使、容留多人吸毒，在戒毒监管场所贩毒，国家工作人员利用职务便利实施毒品犯罪，或者职业犯、惯犯、主犯等情节的；(4) 毒品数量达到实际掌握的死刑数量标准，并具有其他从重处罚情节的；(5) 毒品数量超过实际掌握的死刑数量标准，且没有法定、酌定从轻处罚情节的。根据上述要求，死刑案件需要根据危害程度、行为手段、主观恶性、社会影响以及其他法定和酌定从重、从轻等情节，对照刑法规定确定是否判处死刑。这意味着，对于死刑案件而言，不仅包括对定罪事实和普通量刑事实的证明，而且包括对犯罪嫌疑人"罪行极其严重"这一特殊量刑事实的证明，从而与一般刑事案件形成了明显差别。

  对于犯罪嫌疑人"罪行极其严重"的证明，应达到"确实、充分"的标准。2007年最高人民法院、最高人民检察院、公安部、司法部发布的《关于进一步严格依法办案确保办理死刑案件质量的意见》第35条规定，"定罪的证据确实，但影响量刑的证据存在疑点，处刑时应当留有余地"。2013年《最高人民法院关于建立健全防范刑事冤假错案工作机制的意见》规定，认定对被告人适用死刑的事实证据不足的，不得判处死刑。在毒品犯罪等死刑适用的常见犯罪中，更需要对证明标准进行严格把握，2008年《全国部分法院审理毒品犯罪案件工作座谈会纪要》规定，有些毒品犯罪案件，往往由于毒品、毒资等证据已不存在，导致审查证据和认定事实困难。仅有被告人口供与同案被告人供述作为定案证据的，对被告人判处死刑立即执行要特别慎重。在一些案件中，可能会出现量刑事实无法查清或是存在证据变化的可能性，如主要依靠言词证据建立证据体系、同案犯在逃尚未抓获等。按照证据必须经过查证属实才能作为定案根据的原则，当量刑事实存疑影响到可否判处死刑时,应当作出留有余地的判决。

在"罪行极其严重"的证明过程中,控方不仅会提出罪重的证据和意见,而且还会提出罪轻的证据和意见,这些证据既可能统一指向从重处罚或从轻处罚,也可能是相互矛盾的,从而出现逆向量刑事实竞合的情况。逆向量刑事实竞合,是指同一案件中具有若干个作用不同的量刑事实,如同一案件中既具有自首等从宽事实,又具有累犯等从严事实,两者纵横交错,必然对量刑产生相互矛盾的影响。根据2017年《最高人民法院关于常见犯罪的量刑指导意见》规定,具有多个量刑情节的,一般根据各个量刑情节的调节比例,采用同向相加、逆向相减的方法调节基准刑;具有未成年人犯罪、老年人犯罪、限制行为能力的精神病人犯罪、又聋又哑的人或者盲人犯罪、防卫过当、避险过当、犯罪预备、犯罪未遂、犯罪中止、从犯、胁从犯和教唆犯等量刑情节的,先适用该量刑情节对基准刑进行调节,在此基础上,再适用其他量刑情节进行调节。由此可见,对于死刑案件不能依靠单一量刑事实确定,需要对诸多量刑事实进行综合考量,在多个量刑事实相互矛盾的情况下,甚至通过价值衡量的方式对社会危害性要素和人身危险性要素进行整体评价,以确定对犯罪人是否属于"罪行极其严重"的情形。然而,不管是在理论研究还是在司法实践中,对关于死刑裁量的从重或从宽情节因素的认定,以及死刑立即执行与缓期执行的实质标准,没有一个"放之四海而皆准"的明确结论。可以说,"生与死"这一世界上最遥远的距离及其界限往往是模糊的。[①]

[①] 叶良芳:《死缓适用之实质标准新探》,载《法商研究》2012年第5期。

证据关联性管见

赵培显[①]

作为一名刑事程序法学研习者,证据问题是一个绕不开的热门议题,因为证据总是依据一定的程序收集、认定,程序往往是为了更好地解决诉讼中的证据问题而设置。因而,吾师樊崇义教授曾断言,证据问题也是程序问题。樊教授历来关注刑事证据问题,从理论和实践结合的高度与深度,对证据理论与实践开展了卓有成效的研究。樊教授致力于公正取证机制的构建,从 2002 年开始酝酿并实施侦查讯问录音录像、律师在场制度实证研究,其中侦查讯问录音录像研究成果已被 2012 年《刑事诉讼法》所吸纳并产生良好效果;耄耋之年的樊教授仍在通过完善法律援助等途径实现讯问律师在场制度,确保讯问公正合法。樊教授致力于证据理论的建立健全,他首倡的法律真实证明标准澄清了证明理念误区,将认识论基本原理实践于诉讼领域,形成了科学的诉讼认识论并指导证据认识实践;他提出的客观性证据与主观性证据分类、客观性证据审查模式等,丰富了证据基础理论;他主持的国家社科基金重大项目"刑事证据规则研究"硕果累累,被中央政法委高度称赞;他主编的《证据法学》教材获得广泛好评,成为全国研究生教学指定用书。在跟随恩师樊教授学习期间,他曾教导,要注重研究证据基础理论问题,证据的三个属性,客观性、关联性、合法性,相比起来,对关联性的研究甚少,成果也不多,这方面需要进行扎实研究。博士毕业论文选题时,我选择了证据关联性这个既熟悉又陌生的论题,说熟悉是因为早已知道关联性是证据的基本属性之一,教科书上多有论述,说陌生是因为系统研究关联性的成果确实不多,关联性的概念规则少有探讨。随着研究深入,发现关联性是一个涉及认识论、价值论、方法论的具有丰富内涵的哲学问题,博大精深,囿于能力,我也

[①] 赵培显,国家检察官学院教师。

仅限于证据运用领域来探求关联性的概念、判断方法、规则构建等与证据审查判断紧密相关的个别事项，形成了些微看法，值此之际，择其要者而述之，以谢师恩。

具有关联性是证据被法庭采纳的基本前提，因而是审查判断证据的标准之一。在英美法系的证据规则体系中关联性规则居于基础性地位，发挥着重要作用：一方面有助于案件事实的准确认定。由于陪审团审判普遍适用于英美法系的刑事审判，为了防范陪审团成员在审判中被自身偏见或者成见所干扰，或者被当事人的经历、背景以及被告人、律师的不当辩护所影响而作出有损公正的裁判，英美法系国家创立了证据关联性规则，从而确保陪审团成员不被没有关联性的证据所误导，能够依据可靠证据准确认定案件事实。另一方面可以对法庭调查的范围进行限制，进而提高庭审效率。当事人主义诉讼模式的缺点之一是会导致某些诉讼当事人为了胜诉而采取不当手段，例如通过向法庭提出与案件待证事实没有关联的证据，试图混淆事实争议、拖延审判。确立关联性规则可以对当事人诉讼权利的行使形成合理约束，使得法庭能够紧紧围绕案件的争议事实开展调查，有利于庭审效率。

我国证据制度总体上更类似于大陆法系国家：都没有统一的证据立法和健全的证据规则。但是，同大陆法系不同的是，我国在证据法的发展历程中没有经历法定证据制度，因此并不排斥以成文的证据规则来对法官审查判断、取舍证据的行为进行规范。同时，我国刑事诉讼模式发展的总体趋势是学习借鉴英美法系的当事人主义诉讼模式的合理因素，当事人在诉讼程序中的主体作用越来越凸显，诉讼结果也逐渐取决于庭审的举证、质证等活动，出于防范诉讼主体滥用诉讼权利、干扰庭审顺利进行的目的，有必要设置证据规则对庭审证据运用行为进行规范。另外，我国法官在审判中具有较高的自由裁量权，这也在一定程度上为司法腐败埋下了伏笔，出于保证法官合理行使自由裁量权的目的，也有必要建立健全证据规则。证据关联性规则对所有的证据类型都适用，属于基础性证据规则，是理性证明制度的基本要求，但是关联性规则在我国还仅处于起步阶段，立法中缺乏相应的规定，司法中也没有给予应有的重视。虽然法官在司法实践中也懂得利用关联性来排除证据，但是由于缺乏关联性规则的约束，法官并不一定会按照通常的逻辑、经验法则来判断关联性，而很可能在证据关联性判断的过程中掺杂了个人情感、偏见等，导致证据关联性判断的结果有失公正。因此亟须对关联性的概念、判断方法、规则等予以阐释，促进裁判者树立科学的证据裁判理念。

一、关联性的概念

国内证据理论界传统上对证据关联性的理解强调其同案件事实联系的客观实在性，以及因此而产生的能够证明案件事实的证据价值，所以对关联性的判断设置了较为严格的标准，从而一定程度上造成了其同证明力在概念上的混淆。在英美法系国家的证据法上，关联性的概念主要表现为在诉讼证明的过程中证据能够对裁判者的主观认识产生影响的能力，以及因此决定证据能否被法庭采纳的证据资格。我国同英美法系对关联性的不同理解同各自实行的诉讼模式有关，我国对关联性的理解与当前偏职权主义的诉讼模式是密切相关的，其目的是为案件裁判者单方探查案件事实服务；而英美法系国家对关联性的理解则受到当事人主义诉讼模式的影响。当事人主义诉讼模式将解决案件争议作为其根本目的，诉讼当事人之所以举证是为了说服法官认可自己的诉讼主张，作出对自己有利的判决，所以证据只要能够对法官认识案件事实产生影响就可以说其同案件事实具有一定的关联性。虽然我国积极借鉴当事人主义诉讼模式的合理因素进行诉讼改革，学者们也逐渐开始接受英美法系证据关联性的概念，但是由于法律并没有明确规定关联性的概念，司法实践中传统的关联性概念仍然发挥着一定的影响，在审判中对具体证据是否具有关联性的判断会因关联性概念理解上的差异而产生分歧，进而使法官对相同的法律作出不同的司法适用，导致法律适用上的混乱，所以立法应该对证据关联性的概念进行明确，从而保证法律适用统一。

我国传统上认为证据关联性的概念只包括证明性，并认为可以依据证据对案件事实进行推理的原因是证据与案件事实之间具有客观联系，因而对证明性的要求也比较高，认为必须将客观性和真实性作为证明性的条件。但是检验证明性是否客观真实的依据只能是案件的客观事实，而案件的客观事实却是需要通过庭审来查明的、不会再次重复出现的历史性事实，法官无法通过诉讼认识对案件客观事实进行完全的认知，因此，要求法官依据一个无法检验的标准来对某一证据证明性的真实性进行先验判断是很难实现的。而英美法系通常认为证据的关联性包括实质性和证明性两个方面，证明性表示证据可以对案件事实的存在与否产生证明作用，实质性则是表示证据所证明的案件事实属于实质性争议。与我国严格要求证据证明性不同的是，英美法系证据法的证明性只要求证据能够改变事实裁判者内心对事实主张存在与否的相信程度，所以对某一证据是否具有关联性的判断主要是依据逻辑规则和经验法则，而不是取决于需要加以证明的案件事实。诉讼当事人对其证据的解释、说明、论证对于法官承认其证据的关联性至关重要，这促使当事人为了说服法官而尽可能全面地收集能够证明自己事实主张的证据，从而为案件事实的准确认定提供更多的证据支撑。依据逻辑与经验可以更加理性地判断证据关联性，也符合现代理性证明的要求。因此，应改造我国证据关联性中的证明性，不应再将客观性和真实性作为证据证明性的条件，而应明确证据证明性的判断应依据逻辑规则和经验法则，并对逻辑规则和经验法则加以解释。另外，我国立法对关联性的定义也应包含实质性的内容，实质性是对证据所证明对象的限制，英美法系证据法上认为证据的实质性同实体法的规定以及当事人的诉讼主张密切相关，并且对证据实质性的要求不高，证据所证明的事实只要能够对最终裁判产生影响，都会被认为具有实质性。我国虽然也对证据的证明对象有一定要求，但是仅仅将待证事实的范围限制为诉讼当事人双方存在争议的实体法事实，在理论上也没有区分最终争议事实、中间事实、证据性事实等情况。司法实践中，法官对某些证据的可采性、证人的可信性以及有关诉讼程序的事实是否需要加以证明的认识并不一致，造成了一定的司法混乱。同时，一部分法官通常倾向于接受能够直接证明案件事实的直接证据，不重视可以证明案件相关事实的间接证据，也不愿意对许多间接证据的证明效力加以认定，理由是间接证据与案件待证事实不存在直接关联，这就对当事人的证据运用造成了不合理限制。所以，我国立法在对证据的实质性进行规定时，不应规定得过于严格，只要是证据所证明的事实能够对最终的裁判产生影响，该证据就满足了实质性的要求。此外立法规定关联性概念时也应将适格性包括在内。适格性是从法律上对关联性进行的限制，证据从最初进入法庭到最终被采信为定案的依据，不仅要经历证据采纳规则的检验，还要经历证据采信规则的筛选，而后法官才会将该证据作为认定案件事实的根据。作为法官定案依据的证据要想具有关联性，就不能违反法律有关关联性采纳与采信的特殊规定，例如不能违反品格证据规则等法定的限制关联性的证据规则。所以，立法对关联性概念的规定应当包括三个方面的构成要素：证明性、实质性以及适格性，这样才能从事实和法律上对关联性加以全面反映；证据的关联性因此可以被界定为在具体案件的诉讼中，证据依据逻辑、经验以及法律的规定，所具有的可以证实或者否定案件待证事实的倾向。

二、关联性的判断

关联性判断标准必须根据关联性的构成要素来确定，只有同时包含实质性、证明性和适格性的证据才具有法律意义上的关联性。据此，对于某一证据是否具有法律上关联性的判断标准有三个：证明指向标准、证明功能标准和法律规则标准。

（一）证明指向标准

证明指向标准主要用来判断证据是否具有实质性。证据的证明指向主要是指证据用来证明诉讼活动中的什么内容。证明指向标准要求证据的证明指向应当是案件的实质性争议问题，只有证据能够证明案件的实质性争议问题，才能够满足证明指向标准的要求。所谓实质性争议就是对案件事实的查明具有重要意义的争议事实，在刑事诉讼中这种争议事实不仅包括实体法方面的事实，如被告人是否有罪、如何量刑等，还包括证据法以及程序法方面的事实，如证据是否非法取得、是否属于禁止使用的证据等。

（二）证明功能标准

证明功能标准主要用来判断证据是否具有证明性。证据的证明功能是指证据具有对案件事实进行证明的能力，即该证据有助于揭示案件事实，可以使案件的待证事实更有可能或者更没有可能存在。证明功能标准要求证据应当具有证明案件事实的功用，只有证据具有影响法官对案件待证事实存在与否的判断的功能，该证据才满足证明功能标准的要求。我国《刑事诉讼法》第50条也是从证明功能的角度对证据加以定义，材料必须能够证明案件的真实情况，才可以称为证据。因此将证明功能作为判断关联性的标准，也符合《刑事诉讼法》对证据的定义。

（三）法律规则标准

法律规则标准主要用来判断证据是否具有适格性。适格性要求证据必须符合法律有关证据关联性的相关规定，如果证据不符合法律的这些规定，即便具有实质性和证明性，也无法在法律上被法官认定为同案件待证事实存在关联性。法律对关联性的规定集中体现为关联性采纳、采信规则，英美法系的证据法通常只涉及关联性采纳的原则与规则,其关联性采纳的一般原则是利益衡量原则:衡量证据对案件事实的证明价值与可能对司法公正造成的危害。对具有实质性和证明性但可能有损司法公正的证据,如果其对案件待证事实的证明价值远远大于其可能对公正造成的不良影响的,该证据在法律上可以被认为具有关联性;反之,则在法律上不具有关联性。英美法律所规定的关联性规则主要包括品格证据规则、类似事实证据规则等规范关联性证据采纳的规则,证据如果符合这些规则规定的不能采纳情形的,也不会具有法律上的关联性。在我国构建关联性判断的法律规则标准时,除了要确立诸如品格证据规则等规范关联性证据采纳的规则之外,还应该确立规范关联性证据采信的规则。关联性采信规则可以对法官依据证据对案件事实形成心证的过程进行规范,保证法官依据真实可靠的关联性证据认定案件事实。

对证据关联性判断的重点是判断其证明性。实质性同刑事法律的规定以及当事人的诉讼主张、案件审理的范围有关,需要依据法律及诉讼的具体情形进行判断;适格性则是依靠法律有关关联性的具体规则加以判断;证明性是指证据同案件待证事实之间的逻辑、经验上的联系,需要运用一定的逻辑推理手段才能辨别,所以判断关联性的方法集中体现为对证据证明性的判断方法。对证据证明性的判断需要综合运用逻辑方法以及经验法则,证明性的逻辑判断方法包括形式推理方法和逻辑基本规律,前者主要包括演绎推理、归纳推理等推理方法,后者主要包括矛盾律、同一律、排中律等逻辑规律,在证据证明性的逻辑判断中,一般是综合运用形式推理方法和逻辑规律来判断具体证据的证明性。经验法则是指在人类的生产、生活实践中形成的,通过逻辑归纳和抽象概括之后而获取的,有关客观事物性质以及事物之间常态化联系的普遍性知识。证明性体现的是证据同案件待证事实之间的逻辑证明关系,这种关系是事实之间的具有逻辑推理性的经验性关系,受到经验法则的制约。这种制约表现在:当法官确认某一证据具有形式逻辑上的证明性之后,就需利用经验法则检验论证该证据具有证明性所依据的推理大前提的真实性,如果法官依据经验法则认为作为推理大前提的事实不真实,则有关该证据证明性的逻辑推理就缺乏实质有效性,该证据也就没有证明性。

三、关联性规则功能

证据关联性规则是指以证据关联属性的视角对评价证据能力和证明力的诉讼

活动予以法律上规范的各类规则的总称，其范围包括对证据能力和证明力进行评价的规则。关联性规则在刑事诉讼中不仅是评判证据能力的标准，也是评判证明力的重要依据。依据有关证据能力的关联性规则，可以初步确定证据是否具有证据价值以及是否可采，这决定着证据是否可以进入庭审，从而成为有证据能力的证据；法庭在采纳有证据能力的证据之后，需要判断证据的证明力，从而确定证据是否可信，该判断过程需要依据有关证明力的关联性规则进行评判，最终的结论是证据可否被采信为定案的依据。在我国刑事诉讼中，法官主导着对证据能力和证明力的判断活动，关联性规则对证据能力和证明力评价的限制会对法官审查判断证据的行为形成制约，所以关联性规则的直接功能是对法官的证据评价行为进行制约。在刑事诉讼中，法官对于证据的评判拥有一定的自由裁量权，这种裁量权集中体现在法律没有明确规定的情况下，法官可以依据自己的理性和良心对证据的取舍以及证明力的大小作出合理判断。赋予法官自由裁量权具有一定的合理性：由于现实司法的复杂性以及立法的滞后性，法律事先无法对将来可能发生的诉讼情形全部予以规定，在司法的过程中总是会遇到立法上的空白，在此种情况下，允许法官根据自己的理性和良心进行裁判可以保证证据问题得到及时、合理的解决；法官具有自由裁量权还可以避免法官机械地裁判案件，从而发挥其主观能动性。但是法官只是具有法律专业知识和司法经验的社会成员，其理性是有限的，其行为也会受到自身感情、偏好、利益等因素的影响而无法保证总是公正可信；司法实践中屡屡曝光的冤假错案也表明，法官的诉讼行为并不总是可靠的，其也会因为外界不良因素的干扰而在证据的判断上出现差错。关联性规则可以对法官评判证据能力和证明力的活动进行合理规制，一方面可以引导法官如何通过证据的关联性来评判证据是否可采以及是否可信，另一方面也可以规范法官的证据采纳、采信行为，否定法官不合理的证据评价行为。通过关联性规则的引导与制约，法官可以准确地对关联证据的取舍加以判断，这有助于对案件事实的准确认定，所以，关联性规则的间接功能是促进司法公正的实现。司法公正包括实体公正与程序公正，实体公正实现的前提是查明案件事实，准确认定犯罪事实，其实现的标志是定罪准确、量刑适当。在坚持证据裁判原则的诉讼制度下，定罪准确、量刑适当的实现很大程度上取决于证据是否得到合理的采纳与采信。关联性规则对法官采纳、采信证据的范围加以限制，可以将不具有关联性、易引发认识上偏见的证据排除在庭审调查范围之外，也可以从众多的证据中甄选出相对可靠的证据,从而保证法官据以定案的证据真实可靠,进而保证案件事实认定的准确客观。程序公正要求诉讼过程必须体现公正价值,这就要求法官判断证据的诉讼过程必须客观公正。刑事证据审查判断的精细化是保证程序公正的重要手段,刑事证据审查判断的精细化要求尽可能以证据规则来对法官判断证据的步骤、过程进行指引约束,使得法官的证据裁判行为有法可依。关联性规则有助于刑事证据审查判断精细化的实现,其不仅规范着法官判断证据是否具有关联性的认知过程,也会对因关联性而产生的证据能力和证明力判断问题予以规范,从而对法官评价证据的主要步骤予以约束,保证法官采纳、采信证据的过程公正无偏倚。

四、关联性规则体系

对于当事人而言,关联性规则虽然具有限制其滥用无关联性证据干扰庭审的作用,但是该规则另一方面的功能却不能被忽视,即保障诉讼当事人向法庭提交的相关证据能够被法庭采纳为定案根据。英美法系传统上也认为,如果证据同有争议的诉讼事实存在足够的关联性,并且对事实裁判者裁决当事人之间的纠纷争议具有帮助的,该证据不仅可采,而且法庭必须采纳该证据。这暗含着两个方面的含义:消极意义上而言,法官应该排除对在逻辑、经验或者法律上不能帮助事实裁判者进行理性裁判,或者同案件争议事实的关联过于遥远而没有考虑必要性的证据;积极意义上而言,法官应该采纳来源正当、形式合法以及目的恰当的证据。所以,对于法官而言采纳不应采纳的证据和拒绝采纳应该采纳的证据都会在法律上造成错误。在当今英美法系国家的证据法上,除了法律所规定的排除情形之外,裁判者仍然遵循必须采纳关联证据的原则。因此,法官既需要根据关联性规则排除关联性有瑕疵的证据,也需要根据关联性规则采纳关联性符合要求的证据,关联性规则成为法官采纳证据与否的重要依据;同时,法官采纳证据只是允许证据进入法庭调查的范围,之后还要对证据的证明价值进行判断,从而决定是否将其作为最终定案的依据,对证明价值判断的主要依据是证据同案件事实之间关联性的强弱程度,证据关联性的程度成为法官采信证据的重要依据,因而关联性规则也是法官采信证据的重要指南。证据关联性规则的构建应考虑到其规范证据采纳与采信的功能,在体系上可以分为采纳规则与采信规则两类。关联性采纳规则不仅包括从正面对证据的关联性加以肯定，进而要求法官确认证据能力的规则，还包括从反面对证据的关联性加以否定，进而要求法官据此排除证据能力的规则，并且排除规则是关联性采纳规则的主要表现形式，如品格证据规则、类似事实证据规则，概率证据规则，事后补救措施证据规则，和解、答辩中的妥协关联性排除规则等关联性规则，主要规范法官采纳证据的行为。关联性采信规则是对法官依据关联性判断证明力的行为进行规范的规则，证明力的程度由关联性来决定，因而法官必须依据关联性来判断证明力的强弱程度，进而决定是否采信证据。最佳证据规则、补强证据规则以及证据印证规则等虽然表面上是规范证明力的判断，但由于关联性是证据产生证明力的基础，证明力方面的规则也是事关关联性的规则，如原始证据之所以比复制件证据的证明力更强，是因为原始证据同案件事实之间的联系更直接，而复制件证据经过复制等环节，其是否同案件事实相关这一点值得怀疑，这直接关系到其是否可以证明案件事实，因此其与案件待证事实的关联程度不及原始证据同案件待证事实的关联程度；补强证据之所以需要补强，往往是因为其证明力较弱，其证明力较弱很大程度上是因为其与案件待证事实的关联性不足，需要其他证据予以补足；证据印证则是通过证据相互之间的对比，确认证据同案件待证事实之间的关联性是否真实可靠。所以，最佳证据规则、补强证据规则以及证据印证规则等属于关联性采信规则。建立健全我国的关联性规则体系，应该考虑完善我国证据规则的现实需要，以关联性的证据把关功能为视角，从关联性采纳规则与关联性采信规则两个方面进行体系构建：关联性采纳规则主要从关联性的角度规范证据的采纳过程，主要用来判断证据是否具有证据能力，法官必须依据关联性采纳规则对证据是否可采作出判断，当前需要确立的此类规则主要是品格证据规则；关联性采信规则主要以证据关联性的视角规范证据的采信过程，其适用的前提是证据已经被法庭采纳，法官必须依据关联性采信规则对证据的证明力进行判断，进而决定是否将其作为定案的依据。

审判中心与证据裁判

王晓红[①]

一、证据裁判的基本内涵

证据裁判原则是证据法的基本原则,与无罪推定原则一起构成刑事诉讼事实认定中的基础性原则。我国虽然遵守依据证据认定案件事实的基本法理,要求证据必须经过庭审的公开质证、辩论之后,才能成为定案的依据。但长期以来,刑事诉讼法及司法解释并未确立证据裁判原则。直到 2007 年,最高人民法院、最高人民检察院、公安部、司法部联合出台的《关于进一步严格依法办案确保办理死刑案件质量的意见》才明确指出:坚持证据裁判原则,重证据、不轻信口供。这一规定标志着证据裁判原则这一法律术语在规范性法律文件中首次确立。2010年,"两院三部"联合发布的《关于办理死刑案件审查判断证据若干问题的规定》重申这一重要原则,明确规定"认定案件事实,必须以证据为根据"。但 2012 年《刑事诉讼法》修订时虽相关规定体现了证据裁判原则的精神,但并未明确规定证据裁判原则。[②] 最高人民法院《关于适用中华人民共和国刑事诉讼法的解释》(以下简称《高法解释》)第 61 条规定:"认定案件事实,必须以证据为根据。"以司法解释的形式明确证据裁判原则。2014 年党的十八届四中全会通过的《中共中央关于全面推进依法治国若干重大问题的决定》中提出,全面贯彻证据裁判原则,以党的文件的形式确立了证据裁判原则在推进以审判为中心的

[①] 王晓红,西北政法大学公安学院讲师。

[②] 2012 年《刑事诉讼法》只是一部分:"对一切案件的判处都要重证据,重调查研究,不轻信口供。"只是一部分:"证据必须经过查证属实,才能作为定案的根据。"这一界定将证据等同于事实,掩盖了证据的法律属性,同时在肯定证据是证明案件真实情况的事实的情况下,又要求证据必须经过查证属实,造成立法表述的前后逻辑矛盾。

诉讼制度改革以及实现庭审实质化中的关键作用。"两院三部"《关于推进以审判为中心的刑事诉讼制度改革意见》重审"严格按照证据裁判原则的要求,没有证据不得认定犯罪事实。侦查机关、检察机关应当按照裁判的要求收集、固定、审查、运用证据"。进一步凸显了证据裁判原则在推进审判中心诉讼制度改革中的关键作用。

1996 年《刑事诉讼法》对证据概念的界定采"事实说"的立场,[①] 在事实说的影响下,造成对证据客观性以及真实性的片面强调,忽视了诉讼证据应具备的法律属性。在此立法理念的支配下,刑事证据能力规则难以生根发芽,造成非法取证行为大量存在,刑讯逼供屡禁不止。事实说造成的另一后果是未将进入办案人员视野的主观证据与最终被法官认定作为定案根据的证据相区别,证据就相当于定案的根据,法庭上的举证、质证以及辩论等对证据的最终采纳几乎没有实质性的影响,从而抹杀作为定案根据的证据应经过充分的法庭调查,由控辩双方对证据的客观真实性、关联性以及合法性质证并经由裁判者审查判断,运用逻辑和经验进行推理后,才能为裁判者认定。2012 年《刑事诉讼法》将证据概念由"事实说"改为"材料说",[②] 克服了事实说存在的逻辑缺陷。"这一定义体现了证据内容和形式的统一,证据的内容是证据所反映的案件事实,证据的形式是证据赖以存在的载体。用'材料'取代'事实',承认证据存在真假问题,消除了旧法条中的逻辑矛盾,因为用于证明案件事实的材料有真有假,才有必要经过查证属实。"[③] 同时体现了证据运用的规律,证据材料并不等于定案根据,证据材料成为定案根据必须经过证据能力和证明力的双重审查,必须在公开的法庭上经过充分的举证、质证等行为。但材料说并非完美,最显著的缺陷在于难以涵盖刑事证明实践中的情态证据[④]以及人证。情态证据应为刑事诉讼中必要的辅助证据,证人出庭可以实现裁判者对证人作证情态的判断,有利于准确认定案件事实。同时,被告人当庭供述或辩解、证人当庭证言、鉴定人当庭的陈述等,显然

[①] "证明案件真实情况的一切事实,都是证据",同时要求证据必须经过查证属实,才能作为定案的根据。

[②] 2012 年《刑事诉讼法》将证据概念修改为"可以用于证明案件事实的材料,都是证据"。

[③] 樊崇义、张中:《专家解读新刑诉法:证据定义转向证据理性》,载正义网,http://news.jcrb.com/jxsw/201204/t20120424_848134.html,2018 年 12 月 8 日访问。

[④] 情态证据是指证人作证时的非语言情态,包括证人的姿态、外貌、面部表情、身体语言、声音语调等,事实认定者可以借助情态证据对证人证言的可靠性作出判断。

都不能称为材料。但在材料说的框架内，证据能力规则有发挥作用的空间，肯定证据必须经过法庭调查等质证、辩论程序，才能作为定案的根据。

诉讼证明不同于一般的认识活动，包含价值判断。侦查机关收集的证据转化为定案的根据必须具备基本的两大条件，即证据应具备证据能力和证明力。所谓证据能力指证据可以在诉讼中使用的资格，或者出现在法庭上能为裁判者审查判断的资格。所谓"证据能力""又称证据的可容许性或证据的法律资格，是指那些允许证据出现在法庭上的资格和条件"。① 立法者基于技术性或政策性的目标，对证据的证据能力进行限制，证据能力是证据的法律资格，证据能力的设定其出发点可能与查明案件事实无关，甚至某些证据能力的设定有碍于事情真相的查明。非法证据排除规则、证人特免权规则等规则显然无助于案件事实的查明。在普通法系国家，证据能力被限定为证据可以出现在法庭上，接受法庭调查的资格。无证据能力的证据，不应出现在法庭上。英美法系国家与证据能力密切联系的概念是可采性，美国证据法学家华尔兹教授将可采性表述为："可采性是涉及何种事实和材料将准许陪审团听、看、读甚至可能是摸或闻的一种决定。"② 在证据能力的问题上大陆法系国家奉行与英美国家基本相同的理论，大陆法系国家的学者认为："原则上，有证据能力之证据为容许进入证据调查之前提条件，亦即无证据能力之证据不容许其提出于公判庭或作为证据调查的对象。"③ 但是大陆法系国家并未将审前程序与审判程序严格分离，也未将事实认定与法律适用问题分由不同的裁判者行使，而是在开庭过程中由法官统一解决证据的证据能力和证明力问题，对于法官认定的不具有证据能力的证据，其后果并非像理论上所倡导的不得提交于法庭，而是不得作为定案的根据，即裁判者不得将其作为裁判理由书写在判决书中，不得援引应当排除的证据作为判决理由，但问题在于当裁判者已经了解并掌握了证据的基本信息之后，很难真正将其从心证中消除，即使判决书中裁判者未将其罗列为证明被告人有罪的证据，但由于该证据已经在裁判者的头脑中留下了某种印象，这种印象很难一时完全消除，因此此类证据排除的效果并不理想。

---

① 吴宏耀、魏晓娜：《诉讼证明原理》，法律出版社2002年版，第114页。
② [美]乔恩·R.华尔兹：《刑事证据大全》，何家弘译，中国人民公安大学出版社2004年版，第13页。
③ 黄朝义：《刑事诉讼法（证据篇）》，台北元照出版有限公司2002年版，第21页。

我国刑事诉讼实践中一直极为关注证据的证明力，而忽视对证据能力的审查。证据的证明力指证据与待证事实的关联性，包括关联性的有无及其大小。证据能力是证据出现在法庭上的一种资格。不具有证据能力或证明力的证据当然不能成为定案的根据。我国有关证据能力的规则不健全导致裁判者对公诉机关出示的证据几乎不进行证据能力的审查和过滤，尤其是将侦查人员以刑讯逼供等非法取证方式获取的口供作为定案的根据，在口供中心的证据审查模式与非法取得的虚假口供的双重作用下，导致刑事诉讼中错案不断出现。2010年《两个证据规定》以及2012年《刑事诉讼法》对证据的规范体现了证据裁判原则的基本要求，由关注证据的证明力转为同时注重对证据能力的审查。非法证据排除规则以及瑕疵证据补正规则的确立，标志着刑事诉讼法对证据裁判原则基础之证据资格的强调。

二、证据裁判的实践图景

《高法解释》等规范性法律文件虽明确证据裁判原则，但我国的刑事证据制度缺乏系统性的理论指导，加之司法实践中侦查的强势地位以及实质上的侦查中心造成庭审的虚化，以上因素造成证据裁判原则在某种程度上仅具有宣誓性的作用，实践做法与证据裁判原则的具体要求相去甚远。刑事诉讼实践中司法人员对单个证据的审查较为关注证据的证明力而忽视证据能力，非法证据排除规则实施并未达到预期的效果，庭审的虚化造成庭审无法担当通过控辩双方积极的质证和抗辩以对证据充分质疑和辩驳从而揭示证据之证据能力缺陷等功能。

（一）裁判的依据并非完全依据证据，独立审判缺乏保障

根据证据裁判原则，裁判的依据应为证据。但我国目前司法实践中，存在与证据裁判原则之依据证据裁判直接违背的情况。首先，法官审判案件面临法院内部行政领导的干预。裁判文书审批一定程度依然存在。此外，审判功能受到政治性和行政性制约，地方党委、政法委、纪委凭借其政治领导权对审判施加影响。尤其是地方性的大案、要案，以及涉及当地重大利益的案件，各种协调机制以及重大案件的党内报告制度，外部力量的干预使审判者独立审判的权力被架空，证据裁判难以实现。赵作海案件即为受到政法委直接干预的典型，该案在审查起诉阶段，公诉人发现证据存在重大缺陷，不符合起诉的证据和事实条件，曾经两次

退卷，但后来经过政法委的协调，此案很快走完了起诉和审判的流程，最终作出赵作海有罪的判决。其次，法院审理案件受到被害人情绪以及舆论的干扰。我国特殊的信访制度的存在使审判人员在审理案件时除了考虑证据之外，还必须考虑被害人的态度和要求，河南李怀亮案件中，平顶山市法院为了使被害人的家属保障不再上访，脱离证据裁判原则，以"死刑保证书"为承诺，造成了又一起冤案。① 诸多冤案中审判机关在判决时已经意识到控方证据存在的问题，根据现有指控证据，根本无法得出被告人有罪的结论，但为了满足被害人家属的复仇心理，平息被害人家属的愤怒，而作出有罪判决。另外，舆论影响证据裁判的实现，舆论监督是实现诉讼民主和诉讼公开的必然要求，但在我国舆论过早介入案件，舆论的倾向性报道和评论导致裁判者很难独立依据证据审理案件，某些特殊的案件甚至变为舆论审判。发生在多年前的张金柱案件、药家鑫案件、李天一案件等案件案发即受到舆论的极大关注，案件还未进入审判阶段，舆论对所谓的案件事实进行报道并发表倾向性的意见，导致裁判者很难摆脱舆论的影响，甚至被舆论所裹挟。

(二) 证据能力受到忽视，证据排除规则的实施效果堪忧

证据裁判要求裁判依据的证据必须具有证据能力与证明力。证据能力属于大陆法系的概念，是指证据能够成为定案根据的资格。大陆法系国家立法对证据能力选择从反面进行限定，证据禁止包括证据取得禁止和证据使用禁止，证据取得禁止属于程序法的规定，禁止以非法的手段及方法收集证据。我国的证据能力规则极不完善，现有的基于保障人权等政策性的证据能力规则仅有非法证据排除规则，自白任意性规则、不得强迫自证其罪规则、证人特免权规则、传闻证据规则

---

① 在2001年8月2日的平顶山市叶县邓李乡湾李村。当天晚上，13岁女孩郭小红（化名）去村北沙河堤上挖蝉蛹，此后再也没有回家。郭小红的家人四处寻找无果于当晚报警。8月4日下午，警方在沙河下游的庄头村发现了郭小红的尸体，尸体下身赤裸，警方认定其为遭他人杀害奸尸并抛下河。由于李怀亮当晚到过案发现场，警方怀疑犯罪行为系李所为，于8月7日将李怀亮拘留。2003年9月19日，叶县法院依据李怀亮的有罪供述与现场情形相吻合、村民看到李怀亮曾到过案发地，以及李怀亮的两名狱友曾听李怀亮自己说曾杀人为依据，认为基本证据充分，足以认定，因而一审以故意杀人罪判处李怀亮有期徒刑15年，赔偿3000元。同年12月2日，平顶山中院以事实不清，证据不足撤销了一审判决，并将此案发回叶县法院重审。但此后，叶县法院并未重审此案，而是由平顶山中院作为一审法院对此案进行初审。而那份被网络曝光的"死刑保证书"也在此期间诞生了。这份保证书写于2004年5月，写在一张"河南省平顶山市中级人民法院"信笺纸上，保证人是死者的父母，保证书落款处还有一名村干部作为见证人的签名。

缺失。证据规则的构建呈现出以发现事情真相为核心目的价值取向，人权司法保障的目标难以实现。证据规则体系不够完备，整个刑事证据制度的价值追求依然以最大限度实现发现案件事实为终极目标，对被告人权利保障的关注相对较少。刑事诉讼法并未确立类似相关证据规则，被告人的前科劣迹、先前犯罪行为以及被告人的品性等在审判中的运用规则，证据能力规则缺失的直接后果是裁判者难以通过证据排除等证据能力规则实现对审前机关收集证据以及运用证据的制约作用，审前证据难以真正依法受到审查，庭审失去对证据的审查判断功能。

新《刑事诉讼法》确立了非法证据排除规则，但根据实证调研，非法证据排除的实施状况并不尽如人意。由于我国非法证据排除的理论基点严重错位，"以证明力取代证据能力"。[①] 审判阶段排除非法证据不但面临着非法证据排除程序难以启动、非法证据认定难，而且非法证据排除程序滞后、非法证据排除的证明等均存在一定的问题，造成非法证据排除规则的实践困境。

（三）证据调查程式化，难以保障证据裁判原则的实现

证据裁判原则之证据能力的积极要件是证据必须经过严格证明之调查程序，才能作为认定事实的依据。审前的证据材料必须经过法庭上的举证、质证等严格的调查过程，证据必须经过查证属实，才能转化为定案的依据。

在司法实践中，有裁判者将未经法庭质证的证据采纳为定案依据的现象。对于公诉方庭后移送的证据以及法官庭外调查核实的证据，在未经控辩双方质证的前提下，裁判者即将其作为定案的根据。法官对案卷以及笔录证据的依赖造成法庭质证、认证缺乏合理的制度保障，控辩双方质证的对象一般为各种证据笔录、物证照片以及鉴定意见，相关的证据笔录制作人或证人、鉴定人等言词证据提供者一般不出庭，根本无法对证据进行实质性质证。同时，裁判者认证也有形式化倾向，能够当庭作出认证的，均是控辩双方无异议的证据，对于控辩双方有异议的证据，裁判者一般不会当庭认证，而是选择庭后认证。

（四）证明标准把握不当

证明标准是案件事实裁判者依据证据认定被告人有罪应达到的法定程度。证明标准是相对于定罪而言的，量刑事实的证明不涉及证明标准问题。受我国传统

[①] 杨波：《由证明力到证据能力——我国非法证据排除规则的实践困境与出路》，载《政法论坛》2015年第5期。

诉讼认识论的影响,刑事诉讼法确立的证明标准为"犯罪事实清楚,证据确实、充分"。根据学界的通说,这一证明标准属于客观性标准,[①] 是对认定被告人有罪的外在要求,同时,这一证明标准为客观真实标准,属于很高的标准。证明标准本质上是裁判者根据证据对被告人是否有罪的判断标准,属于裁判者主观心证的范畴,因此客观性证明标准对司法实践中审判人员认定案件事实的规范作用有限,可能造成审判人员认定案件事实的随意性,以及实质上降低证明标准的现象。司法实践中对于未达到法定证明标准的案件,审判人员在公诉机关、被害人等的压力之下有作出有罪判决的情况。已经披露的诸多冤错案件均反映出这一问题。以2014年纠正的内蒙古呼格吉勒图案件为例,此案经内蒙古高级人民法院再审之后判决原被告人呼格吉勒图无罪。判决无罪的理由是:"第一,原审被告人呼格吉勒图供述的犯罪手段与尸体检验报告不符。第二,血型鉴定结论不具有排他性,刑事科学技术鉴定证实呼格吉勒图左手拇指指甲缝内附着物检出O型人血,与杨某某的血型相同;物证检验报告证实呼格吉勒图本人血型为A型。但血型鉴定为种类物鉴定,不具有排他性、唯一性,不能证实呼格吉勒图实施了犯罪行为。第三,呼格吉勒图的有罪供述不稳定,且与其他证据存在诸多不吻合之处。呼格吉勒图供述的被害人的体貌特征以及案发时被害人的穿着、发型等均与实际情况不一致。"[②] 据此,内蒙古高院再审作出无罪判决。根据再审无罪判决理由的分析,原审法院在被告人供述不稳定,供述的犯罪手段与尸体检验报告不符以及缺少证明被告人有罪的关键物证的情况下,作出被告人有罪的判决显然属于人为降低证明标准所导致的后果。近年纠正的王本余案、浙江张氏叔侄案、浙江萧山5青年案、于英生案、陈满案等均面临相同的证据问题,均是在证据能够认定的犯罪事实存在诸多疑点的情况下,审判机关坚持作出有罪判决,而诸多案件中真凶的出现有力证明了原审判决的根本性错误,以上错案审判人员当时作出有罪认定时根本无法达到法定的证明标准。

---

① 需要说明的是,亦有个别学者认为"犯罪事实清楚"属于主观性标准,即裁判者主观认为犯罪事实已经查清,而"证据确实、充分"才属于客观性标准,并据此认为我国刑事诉讼的证明标准是主客观相统一的标准。陈光中、郑曦:《论刑事诉讼中的证据裁判原则——兼谈〈刑事诉讼法〉修改中的若干问题》,载《法学》2011年第9期。

② 《呼格吉勒图犯故意杀人罪、流氓罪再审刑事判决书》,载中国新闻网,http://www.chinanews.com/fz/2014/12-15/6877313.shtml,2018年12月5日访问。

三、审判中心下证据裁判的实现

审判中心的核心是庭审实质化，实现庭审对证据之证据能力和证明力的实质性的调查与认定，控辩双方实质性参与法庭调查和法庭辩论，是证据裁判原则的基本要求，更是审判中心实现的必要手段，贯彻证据裁判原则是实现审判中心的基本保障。

（一）完善证据规则体系，严格践行证据排除规则

证据规则是指"以规范何种证据可以在法庭上出示，各种证据证明力大小，证明责任的分配以及证明的要求等为主要内容的法律规范的总称"。[①] 与证据能力对证据相关性以及合法性的要求相比，证据的证明力指证据对待证事实的证明分量或证明程度的大小，法定证据制度下规制证据证明力的各项规则经历史证明，由于过于限制审判者的自由判断证据的裁量权，将个别判案经验上升为法律规定，导致对个案事实的认定欠缺个案的合理性，错案不断出现。因此，在对法定证据制度反思的基础上，无论是大陆法系国家的自由心证证据制度，还是英美法系国家在二元制审判法庭下以证据的可采性规则为核心，规范对证据的采纳和案件事实的认定，均是从证据能力方面对证据的资格予以规制。

证据裁判原则承载价值论和认识论双重负担。传统证据法更为关注证据的认识论价值，认为诉讼即是运用证据证明案件事实的活动，为了保障最大可能认定案件事实，基本不对证据能力进行限制。随着传统证据法向现代证据法转变，证据法的多元价值追求得以凸显。我国面临着证据规则体系残缺，现有的证据规则或者简单粗疏，无法适应司法实践的需要；或者相关的规定与证据法追求的基本价值冲突。证据规则的完善需以正确的证据法理论为指导，我国的证据法理论体系应以相关性为逻辑主线，以准确、公正、和谐以及效率为主要价值基础的举证、质证和认证过程。在此基础上，完善我国的证据规则。首先，应确立传闻证据规则、品格证据规则等基础性证据规则。其次，完善作证特免权规则、口供补强等已有的证据规则。最后，完善非法证据排除规则的相关制度，明确界定非法证据，严格区分非法证据与瑕疵证据，明确非法证据排除的程序和操作规程，进

[①] 陈卫东、谢佑平：《证据法学》，复旦大学出版社2005年版，第70页。

一步完善非法证据的证明责任和证明标准，严格践行非法证据排除规则。

（二）合理把握证明标准

证据裁判原则对事实审理者自由心证限制的核心在于证明标准的要求。无论是依据具有证据能力的证据进行裁判，还是作为裁判依据的证据必须依照法定程序进行审查判断，其最终的目的都是保障事实裁判者事实认定的准确性和正当性，事实认定准确性和正当性以证明标准设置的合理性以及裁判者对证明标准的合理把握和运用为基本前提。

为了克服原刑事诉讼法确立的证明标准客观性过强，无法有效指导司法实践的弊端，新刑事诉讼法在坚持原证明标准的基础上，将排除合理怀疑作为"案件事实清楚，证据确实、充分"的判断依据。排除合理怀疑肯定了证明标准判断的主观作用，同时与疑罪从无的要求相契合，对此应予以肯定。裁判者合理运用证明标准是践行证据裁判原则的最终要求。合理运用证明标准应准确理解"排除合理怀疑"与"证据确实、充分"的关系，学界对二者关系的理解并不尽一致，根据立法部门的解释，刑事诉讼引入排除合理的证明标准并不代表证明标准的降低，排除合理怀疑只是证明标准的判断方法。但有学者通过分析美国司法实践中对排除合理怀疑的理解指出："排除合理怀疑并非对认定案件事实绝对的确定性，与我国刑事诉讼长期坚持的结论唯一的标准有明显的区别"，[①] 笔者认为从排除合理怀疑的本源意义上理解，其只是一种道德上的确定性，并非要求裁判者对案件事实的认定达到100%正确的程度，因此应与我国传统的强调客观真实的证明标准有所区别。

2012年《刑事诉讼法》将排除合理怀疑作为证据确实充分的条件之一，其实际上是肯定法律真实在刑事诉讼中的地位和价值。法律真实认为裁判者依据证据认定的真实并非完全等于客观真实，而是法律范围内的真实，法律真实虽然在大多数情况下等于客观真实，但亦有与客观真实不符合的情况。笔者认为刑事裁判者应坚持法律真实的理念，判断证明标准时正确理解"合理怀疑"的含义，如果现有的证据存在矛盾，比如物证与被告人口供不符，有能证明被告人无作案时间的证据，或者依据证据对案件事实的推断存在违背常理的情况等，均不得作出有罪

[①] 陈光中、郑曦：《论刑事诉讼中的证据裁判原则——兼谈〈刑事诉讼法〉修改中的若干问题》，载《法学》2011年第9期。

认定。刑事案件具体案情千差万别，审判人员对证据的综合分析判断需运用逻辑法则以及审判经验进行，需要运用间接性证据推理，证明标准的判断是一项复杂的任务，但排除合理怀疑或排除一切合理怀疑是裁判者作出有罪判决的必备条件。

(三) 健全裁判文书说理制度

证据裁判原则直接约束裁判者的自由判断权，裁判者的判决或裁定的依据必须依据具有证据能力和证明力并经严格法庭调查的证据，而裁判者是否严格遵守证据裁判原则，其检验的依据是裁判文书对证据的记载和裁判的理由。日本及我国台湾地区均将裁判理由说明制度直接与证据裁判原则相联系，规定如果法官未遵守裁判理由说明制度则被视为违反证据裁判原则，将会导致法律上的后果。[①] 在德国实务中，"只要有必要，每一个判决都包含证据评价（心证），否则第三审法院将因澄清案件之诉或主张心证的瑕疵而将判决撤销。因此，下级法院即遭受压力，要在判决上记载详细的证据评价（心证）"。[②] 在法国，"法官应当在判决中对其内心确信作出表述，用诉讼案卷与庭审辩论中向其提供的各项证据材料来证明其内心确信是正确的，没有说明理由的裁判或者说理不充分的裁判，以及包含相互矛盾之理由的裁判，均将受到最高法院的审查"。[③]

我国现行裁判文书说理简单，一般只简单罗列控辩双方的证据及质证的基本情况，对证据如何证明案件事实不进行严密的逻辑推理和论证，法官是否将某个未出现在法庭上的，未经当庭出示、辨认、质证等调查的证据作为定案的根据，控辩双方不得而知，也无法以此为由提出异议。此外，裁判文书中对辩护意见的回应性不足，拒绝采纳辩护意见时的理由表述极为简单，即"辩护意见缺乏事实和法律依据"，缺乏详细的论证。由于裁判文书的简单化造成法官心证如何形成无法接受控辩双方监督，容易造成法官的恣意裁判。为增强判决的权威性和可接受性，贯彻证据裁判原则，应增强裁判文书说理。实现审判中心，裁判文书说理应杜绝侦查中心的制约，拒绝侦查卷宗依赖，裁判文书除罗列控方的诉讼主张与控方证据，以及辩方的主张与辩护理由之外，应对证据运用进行详细说理，如何根据庭审证据进行逻辑推论认定案件事实，辩方的诉讼主张不成立的理由，结合

[①] 樊崇义主编：《刑事证据规则研究》，中国人民公安大学出版社2014年版，第117页。
[②] [德] 克劳斯·罗科信：《刑事诉讼法》，吴丽琪译，法律出版社2003年版，第465页。
[③] [法] 卡斯东·斯特法尼等：《法国刑事诉讼法精义》（下），罗结珍译，中国政法大学出版社1999年版，第781页。

排除合理怀疑的证明标准对判决理由进行详细论证。心证公开要求审判人员在庭审充分质证、辩论等基础上对其认证的结果以及理由公开。排除或不排除非法证据的，应说明理由，对于认证的结果及理由，以及根据间接证据定案时的推理过程以及排除合理怀疑的依据进行充分的论证，对于辩护律师提出的辩护意见，给予充分的回应，尤其是对于无罪辩护，裁判者应严格审查无罪辩护理由和证据，如果辩护人提出新的证据，能够有效冲击控方的证据链条，使法官对被告人有罪这一基础事实产生合理怀疑的，不得作出对被告人不利的无罪判决。

（四）确保裁判者依法独立审判

已经发现的冤错案件表明来自法院外部或者内部干预造成对证据裁判原则的严重破坏，难以实现裁判者当庭实现对案件事实的正确认定。司法实践中存在的审委会对案件事实认定的拍板、政法委对个案的干预、上下级法院之间的请示汇报以及合议庭形合实独的现象均架空证据裁判原则，影响对案件事实的正确认定。审判中心下的证据裁判原则以审判独立为基本前提，证据裁判原则的实现要求审判人员独立审判案件，不受本院行政领导、上级审判机关，以及党政部门、纪委等的干预，即让审理者有裁判权，审理者裁判、裁判者负责。

1. 法院内部保障裁判者依法独立办案

党的十八届三中全会提出，完善主审法官、合议庭办案责任制。把审判权集中到优秀法官手中，构建以主审法官为中心的审判团队，实现让审理者裁判、由裁判者负责。党的十八届四中全会《决定》提出："司法机关内部人员不得违反规定干预其他人员正在办理的案件，建立司法机关内部人员过问案件的记录制度和责任追究制度。"《全面深化人民法院改革的意见》提出了"改革裁判文书签发机制"，"规范院、庭长对重大、疑难、复杂案件的监督机制，建立院、庭长在监督活动中形成的全部文书入卷存档制度。依托现代信息化手段，建立主审法官、合议庭行使审判权与院、庭长行使监督权的全程留痕、相互监督、相互制约机制，确保监督不缺位、监督不越位、监督必留痕、失职必担责""除法律规定的情形和涉及国家外交、安全和社会稳定的重大复杂案件外，审判委员会主要讨论案件的法律适用问题。"《决定》和《全面深化人民法院改革的意见》还进一步要求"健全法官履行法定职责保护机制，非因法定事由，非经法定程序，不得将法官调离、辞退或者作出免职、降级等处分"。以上制度设计均是从法院内部保障裁判者依法独立办案，使裁判者免受内部行政领导的干预。此外，审判中心的实现还应对审委会讨论决定案件的方式进行改革，审委会成员不参加法庭审理，但对于疑难、复杂以及重大案件有权讨论并决定案情的做法与直接言词原则相违背。为实现审理者裁判、裁判者负责的目标，开庭审理之前如果合议庭认为案件属于疑难、复杂、重大等案件，可能需要审委会成员讨论并决定时，应在开庭审理时通知其旁听案件的审理，否则审委会一般不得改变合议庭认定的案件事实，只能就法律适用问题进行讨论并作出决定。

2. 保障人民法院审判案件不受法院外部力量的干涉

改革司法管理体制，《全面深化人民法院改革的意见》提出构建地方法院人财物统一管理制度，建立与行政区划适当分离的司法管辖制度。确立领导干部插手具体案件记录制度。党的十八届四中全会《决定》指出："任何党政机关和领导干部都不得让司法机关做违反法定职责、有碍司法公正的事情，任何司法机关都不得执行党政机关和领导干部违法干预司法活动的要求。对干预司法机关办案的，给予党纪政纪处分；造成冤假错案或者其他严重后果的，依法追究刑事责任。"日前中共中央办公厅、国务院办公厅联合印发《领导干部干预司法活动、插手具体案件处理的记录、通报和责任追究规定》对此进行更加明确的规定，意在治理领导插手司法活动的现象，确保司法活动的独立进行。《全面深化人民法院改革的意见》将其具体规定为"按照案件全程留痕要求，明确审判组织的记录义务和责任，对于领导干部干预司法活动、插手具体案件的批示、函文、记录等信息，建立依法提取、介质存储、专库录入、入卷存查机制，相关信息均应当存入案件正卷，供当事人及其代理人查询"。

四、结语

审判中心诉讼制度改革的提出是对我国司法实践中实质上的侦查中心并因此导致冤错案件时有出现之现状的反思。审前侦查以及审查起诉活动面向审判、服从审判并以审判为标准进行是审判中心的必然要求。严格贯彻证据裁判原则、发挥庭审在认定证据、保护诉权中发挥核心作用是审判中心的基本内涵，庭审的实质化是实现审判中心的重要保障和核心内容。控、辩、裁三方依法运用证据是实现审判中心的关键环节，证据制度的完善以及合理运用是实现审判中心的重要推手。审判中心的核心是庭审实质化，庭审实质化的实现须以证据裁判为基本依托。

以审判为中心背景下庭前会议证据开示问题研究

徐 军①

党的十八届四中全会上通过的《中共中央关于全面推进依法治国若干重大问题的决定》提出了"推进以审判为中心的诉讼制度改革"的目标，以此作为促进刑事诉讼司法公正的核心手段。在以审判为中心的刑事诉讼制度中，证据开示制度既可以为庭审阶段正当程序的践行、公正审判的实现节省充足的司法资源，又能够为以审判为中心的刑事诉讼制度所要求的符合正当程序的庭审活动的集中、高效运行打下坚实的基础，从而实现司法公正与司法效率这两个基本价值的统一。然而司法实践中，庭前会议证据开示的效果差强人意，不能实现其制度设计的价值。检察机关作为国家追诉机关和法律监督机关，应当在庭前会议证据开示中积极发挥职能作用，确保证据开示制度的价值实现。

证据开示是一个英美法系的刑事法概念，溯源于其传统的诉讼模式的当事人主义和重视程序公正的程序本位主义。证据开示制度是英美对抗型诉讼发展到一定阶段的产物，该制度起源于16世纪衡平法的司法实践，至19世纪普通法诉讼与衡平法诉讼合二为一时逐渐形成。② 1938年，美国《联邦民事诉讼规则》首先将证据开示的程序法典化；1946年，美国《联邦刑事诉讼规则》第16条中首次明确了证据开示规则，经过不断修正和改革，其在逐渐扩大证据开示范围的同时，强调应合理限制证据开示的滥用。英国在17世纪中叶就陆续出现了证据开示的司法判例。1996年，《刑事诉讼与侦查法》通过法典形式对证据开示进行全面的规定。③ 此外，一些采取职权主义的传统大陆法系国家，如日本、德国、意

---

① 徐军，黑龙江省人民检察院党组成员，正厅级巡视员。
② 齐洁树、陈斯：《美国证据法专论》，厦门大学出版社2011年版，第252页。
③ 闵捷：《浅论刑事证据开示制度的设立》，载《法治与经济》2011年第5期。

大利等，在由纠问式转向对抗式诉讼模式的过程中，相继对证据移送制度进行了改革，建立了类似于英美法系的证据开示制度。2012年3月14日，十一届全国人大五次会议对《刑事诉讼法》进行了第二次修正，并在第182条规定了庭前会议制度，可谓正式确立了我国的证据开示制度。

一、我国庭前会议证据开示的价值与定位

证据开示是指控诉方与辩护方在审判前进行的信息交换活动，即控辩双方当事人在控方起诉后，法院开庭审理前，就双方各自获得的与案件有关的事实情况和其他信息依法进行交换，为审判做准备的诉讼活动。它属于审判准备程序的一个重要组成部分。

（一）庭前会议证据开示的原则

证据开示的原则，是指证据开示的参与主体在证据开示活动中必须遵循的基本准则和行为规范。

1. 有限性原则

证据开示范围有限性原则是指控辩双方相互开示的证据信息应当维护在合理限度之内，主要目的是防止因证据开示而过度弱化法庭审判功能，故刑事证据开示范围宜限定为开示证据而不开示意见。遵循证据开示范围有限性原则，对控方而言，其范围应限定在拟在法庭上出示的所有证据材料范围之内，不包括控方审查起诉终结后所制作的报告、公诉策略和公诉方案等内部文件；对辩方而言，其范围应限定在"不在犯罪现场、正当防卫、精神失常"等积极抗辩证据，不包括辩方经过再加工而制作的带有观点性、理论性和推理性的材料，如法律意见书、辩护策略等内部辩护文件。

2. 双向开示原则

双向开示，与单向开示相对应，该原则主张控辩双方彼此将己方所掌握的证据向对方开示，而不是单纯地强调控方向辩方开示。从实质公平的角度讲，一方单从另一方索取，而另一方得不到相应的回报，这有失公允，这种情况下刑事诉讼转化成一场竞技游戏（"司法竞技"），很有可能导致庭审的延期或成为查明案情的障碍，不利于正义的及时到来及实体正义的实现。

3. 全面开示原则

全面开示原则要求控辩双方除在特定情况下不准证据开示的情形外,必须全面地将己方所掌握的用于法庭上出示的全部证据材料及证人目录名单开示给对方(注意区分全面开示原则与不对等开示原则)。全面开示原则不意味着全部开示,全面开示是一种特殊意义上的不对等开示,此处的特殊即双方证据开示者在特定情况下不予开示的情形,全部开示是指双向实质意义上的对等开示。

4. 不对等开示原则

不对等开示原则承接全面开示原则,主张控辩双方有区别的开示,这里的有区别是指主张以控方开示为主体,辩方开示处于次要位置。其实是比例原则的一种体现,因为控辩平等原则既要追求一种无差别的形式平等,又要充分体现按比例分配权利义务的实质平等精神。[①] 具体来说就是控方不仅要将准备在庭上使用的证据进行开示,还要将己方所掌握的不准备在法庭上使用的证据进行开示给辩方,而辩方开示证据的范围限于所有己方将要在法庭上使用的证据,这是考虑到控辩双方在现实中力量强弱不一致,为保障证据开示的实质公平而实行的一项开示原则。

5. 公共利益豁免原则

公共利益豁免原则主要是对作为控方代表的控方而言,在一定的情形下控方应当对部分证据材料及证人名单免予开示的例外,此处例外情形主要是基于国家安全与公共利益的考量。评价某项证据是不是基于公共利益进行豁免的开示的裁决权限在人民法院。这些例外主要是:(1)控方收集的证据材料涉及国家秘密;(2)涉及他人商业机密,开示将损害他人利益的;(3)某案件中对某一证据的开示将不利于其他案件侦查、起诉的;(4)有关特殊证人(如情报人员)的证据。

(二)庭前会议证据开示的基本价值

在刑事诉讼中,因控辩双方各自的诉讼立场不同,一方积极控诉、掌握丰富的侦查资源,一方消极抵御、明了事情的真相。如何保障建立在事情真相基础上的公正,如何平衡控辩资源不对等防止竞技演练隐没事情真相,必须对诉讼竞技

[①] 谢佑平、万毅:《理想与现实:控辩平等的宏观考察》,载《西南师范大学学报(人文社会科学版)》2004年第3期。

进行规制，形成公平竞技，使诉讼竞技服务于真实发现的终极价值，证据开示制度成为规制诉讼竞技的制度之一便得以确立。实践证明，证据开示制度是满足诉讼竞技以公平的方式进行的前提条件，并最终提高庭审效率，这即是证据开示制度的程序和实体价值。

1. 公正

控辩对抗立场正式形成于起诉，对抗比赛则开始于庭审。因先前的起步不同，起步后掌握的资源不同，故而如何使双方在比赛时站在同一起跑线，须有一个规则平衡双方资源，强制将双方置于同一起跑线。因此，在开庭前，须让双方平等武装，掌握基本相同的证据材料，给双方一定的准备空间，各自谋划庭审策略，并将上述活动是否按规定进行，置于裁判者监督之下，从而为公平竞技的实现提供保障。在诉讼程序中规定证据开示制度，对于维护双方对抗的公平性和法律程序的正当性，充分发挥"公平竞技"规则的作用具有重要意义。这种"公平竞技"规则可以最大限度保障被告人的诉讼权利，其中辩护权是核心。被告人的辩护权从本质上讲是一种防御性权利，其目的是对抗追诉方的指控、抵消其控诉效果。保障被告人的辩护权首要保障被告人的资讯获得权，被告人的资讯获得权具体指其获得被指控的罪名、性质、理由和依据的权利。被告人只有在全面知悉控方指控的罪名及依据的基础上，才能进行有针对性的辩护。而证据开示制度的适用恰能在一定程度上改变资源配置不均的问题，平衡控辩双方力量，实现取证能力与诉讼资源配置的优化。证据开示制度的适用，使得辩护方可从控诉证据中发现瑕疵和漏洞，使法庭上的辩论更具针对性。同时，辩护方也可发掘控诉证据中对被告人有利的部分作为辩护依据，增强辩护的有效性，从而保障辩护权更好地实现。

2. 效率

在资源有限的世界中，效益是一个公认的价值。[①] 法学理论中有一句非常有名的谚语："迟来的正义非正义。"这句谚语中描述的就是诉讼中正义（公正）不仅要得到实现，还要能够及时到来，及时到来的正义（公正）才是正义。当代美国著名的经济分析法学家波斯纳也曾指出："公正在法律中的第二个含义是

[①] 沈宗灵：《现代西方法理学概论》，北京大学出版社1992年版，第402页。

指效率。"① 上述两句话都旨在表达诉讼中效率的重要性。刑事诉讼不仅追求公正，也要充分考虑效率。控辩双方如果在审判前互不了解对方掌握的证据材料，就会在法庭中形成所谓"证据突袭"，即互相实施突然袭击策略，令对方措手不及，无法对某一证据进行防御准备。这对于对抗的公平性而言，无疑是极大的威胁。② 刑事证据开示制度的建立体现了刑事诉讼对司法效益的追求。这一追求主要是通过防止"证据突袭"、避免诉讼拖延、提升刑事诉讼效率来实现的。根据证据开示对等原则，除了"公共利益豁免原则"和"工作成果例外原则"涉及的证据材料之外，控辩双方必须毫无保留地向对方开示己方所掌握的所有证据材料；同时，根据刑事证据不开示不得出示原则的规定，除了法定例外情形，禁止控辩双方在庭审中出示未经开示的证据。以上规定有利于从根本上杜绝庭审中的"证据突袭"现象，避免出现因需要调查核实证据而中断庭审又反复开庭的结果，对于确保集中审理、防止诉讼拖延具有积极作用。此外，经过庭前充分的证据开示，进一步明确了控辩双方的事实争点和证据争点，有助于法庭在审判过程中重点围绕有争议的事实和证据展开法庭调查，增强了庭审质证的针对性。对于没有争议的事实和证据，则采取直接认证等简化处理的方式进行法庭调查，从而加快庭审进程、提高庭审效率。有利于促使刑事被告人及时自愿认罪，在一定程度和范围内增加了简易程序和普通程序简化审的运用，便于案件分流，节约了司法资源。

(三) 庭前会议证据开示的功能

1. 保障控辩双方平等武装

平等武装（equality of arms）意味着法律应当为控辩双方提供对等的攻防手段，这就要求法律赋予检察机关和被告人对等的诉讼权利与义务，使控辩双方能够真正平等、有效地参与诉讼，促进纠纷的解决。③ 在刑事诉讼中，辩护方所拥有的取证能力和诉讼资源比较薄弱，控诉方拥有更为强大的取证能力，能够获取更多的证据。这是由于侦查机关和被告人、辩护人收集证据的能力有显著差别，重要物证基本上由有强制处分权的侦查机关收集。执行搜查和扣押物证时，被告

---

① 波斯纳：《法理学问题》，苏力译，北京大学出版社2010年版，第305页。
② 陈瑞华：《刑事诉讼的前沿问题》，中国人民大学出版社2000年版，第507页。
③ 谢佑平：《刑事程序法哲学》，中国检察出版社2010年版，第41页。

人、辩护人没有在场的权利,辩护人也不知道被收集证据的内容。在收集言词证据方面,侦查机关的收集能力与被告人、辩护人的收集能力也有明显差别。① 这种先天不足导致控辩力量的先天失衡。② 刑事证据开示制度是实现控辩平等的重要装置之一。在刑事证据开示制度的框架下,双向证据开示活动基本上能够实现控辩双方在证据材料方面的"信息对称",有助于控辩双方为庭审做好充分准备,弥补辩方在证据收集能力方面的不足,从而确保控辩双方在攻防力量上取得大致平衡。控辩双方经由刑事证据开示制度而展开的证据知悉活动,使刑事诉讼具有了以"控辩平等"为表现形式的程序正义外观。

2. 发现真相

发现案件真实是刑事诉讼的重要价值目标。从某种意义上讲,正是对真实发现的不同方法导致了刑事诉讼模式的更替和两大法系刑诉模式及证据开示方法的差异。大陆法系国家强调国家权力在侦查、调查犯罪真相上的优越性;为避免重蹈纠问式诉讼中强权即真理的覆辙,又赋予被指控方对证据的先悉权、质证、反驳权和充分的法庭辩论权,以保证法官兼听则明。英美法系国家以"竞技理论"作为其发现案件事实的基础,依靠利益相互对立的控辩双方对案件的调查、举证、质证和辩论来最大限度地揭示案件的真实面貌。无论哪种情况,都需要控辩双方庭前对证据有所了解,对证据事实的证据能力、证明价值有所判断,为庭审辩论做好准备,这是庭审全面揭示、确认案件事实的前提。在美国,早期的诉讼被视为一种比赛,各方律师都竭力为其当事人而奋战。这种诉讼的缺陷在于,最终的裁决常常是对律师杰出技巧的奖赏,而非对案件的实质宣判。直到20世纪前期证据开示的出现,才使美国走出了真实发现道路上的"雷区",审判应当是对真实的探求而非体育竞技,尽管有人因担心证据开示会导致"不是诚实地探求真实,而是伪证和隐匿证据"而提出强烈反抗,但证据开示依然被成文法、判例和规则所确定。大陆法系国家刑事审判中的"证据突袭"最可能出现于被告方阅卷权受限的情况下,由于被告人及其律师通常无权独立调查证据,被告方如先悉不能,就无法在审判中对证据提出有准备的质疑,事实发现的目的就难以实

---

① [日] 田口守一:《刑事诉讼法》,张凌、于秀峰译,中国政法大学出版社2010年版,第209-210页。
② 马贵化:《刑事诉巧对控辩平等的追求》,载《中国法学》1998年第2期。

现。因此，大陆法系国家通常用开示全部侦控案卷材料的方式体现其实体真实主义。

3. 间接过滤不当起诉

为防止"事实不清、证据不足"的案件轻易进入审判程序，对于不符合开庭要求的案件有必要进行相应分流处理，以切实发挥庭前准备程序的过滤功能。根据《人民法院办理刑事案件庭前会议规程（试行）》规定：人民法院在庭前会议中听取控辩双方对案件事实证据的意见后，对于明显事实不清、证据不足的案件，可以建议人民检察院撤回起诉。一方面，作出该规定，主要是考虑到经过控辩双方出示证据并发表意见后，人民法院有发现案件明显事实不清、证据不足的可能，此时若不建议检察机关撤回起诉，径直进行庭审，既会造成资源浪费，也不利于被告人特别是被羁押被告人的人权保障。另一方面，此规定也为检察机关过滤不当起诉提供了可能，检察机关在庭前会议阶段，在证据开示、争点整理的基础上，如意识到证据不足或起诉不当而及时撤回起诉或终止程序，不仅符合法理，也确有必要。需要注意的是，除非存在法定不予追诉情形，主持庭前会议的法官应当恪守中立超然的地位，不得主动介入公诉效力的评判。其只能在庭前充分证据开示的基础上，待控方基于客观义务或法院宣告无罪的压力，对证据不足案件申请撤回起诉之时，[1] 予以审查确认，从而间接发挥适当抑制公诉的功效。

二、我国庭前会议证据开示的现状及存在的问题

（一）我国庭前会议证据开示的现状

2012年，修改后的刑事诉讼法第182条第2款正式确立了我国的刑事庭前会议制度，但只笼统地概括为"在开庭以前，审判人员可以召集公诉人、当事人和辩护人、诉讼代理人，对回避、出庭证人名单、非法证据排除等与审判相关的问题，了解情况，听取意见"。可操作性不强。而后，《最高人民法院关于适用〈中华人民共和国刑事诉讼法〉的解释》（以下简称《刑诉法解释》）和《人民检察院刑事诉讼规则（试行）》（以下简称《刑诉规则》）对庭前会议进行了更为详细的规定。

---

[1] 莫湘益：《庭前会议：从法理到实证的考察》，载《法学研究》2014年第3期。

2017年6月10日，最高人民法院印发了《人民法院办理刑事案件庭前会议规程（试行）》（以下简称《庭前会议规程》）。该规程共计27条，规定了庭前会议的功能、适用范围、基本规程、主要内容、效力以及与庭审的衔接方式等内容，比较系统地构建了我国刑事诉讼的庭前会议制度。《庭前会议规程》明确庭前会议的适用范围包括：第一，证据材料较多，案情疑难复杂的案件；第二，社会影响重大，舆论广泛关注的案件；第三，控辩双方对事实证据存在较大争议的案件；第四，当事人提出的申请或者异议可能导致庭审中断的案件。此外，《庭前会议规程》对证据开示程序也予以了明确。

1. 我国目前的庭前会议证据开示程序

（1）启动方式。除4类案件人民法院可视情况决定召开外，控辩双方可以申请人民法院召开庭前会议，人民法院经审查认为有必要的，应当决定召开；决定不召开的，需告知申请人。

（2）召开方式。一般不公开进行。根据案件情况，可以采用视频会议等方式进行。

（3）庭前会议主持人员。一般由承办法官主持，在承办法官有特殊情况不能主持时，其他合议庭成员也可以主持。此外，根据案件情况，承办法官可以指导法官助理主持庭前会议。

（4）参与人员。合议庭成员可以参加庭前会议；公诉人、辩护人应当参加庭前会议；根据案件情况，被告人可以参加庭前会议。被告人不参加庭前会议的，辩护人应当在庭前会议之前听取被告人意见。

（5）召开时间、地点等。召开时间在案件起诉后，正式开庭审理之前。此外，案件休庭后，再次开庭前可以召开庭前会议。召开地点应在法庭或其他办案场所。

（6）证据开示目的。控辩双方将法定范围内的证据材料进行展示，法官听取控辩双方对在案证据的意见，梳理存在争议的证据，归纳争议的焦点。

2. 证据开示的范围

（1）控方开示的证据范围

这里以对指控事实的相关性为标准，即凡是在侦查、起诉过程中获得的与案件指控事实相关的证据材料，都应当属于证据开示的范围。凡是准备在庭审时提出的证据，无论是何种法定类型，都应当事先开示，这部分开示属于法定开示，控方应主动向辩护方出示。而对于那些具有敏感性进行开示将有损公共利益的材料，即"公共利益豁免"的材料，由法官对涉及的个人利益与公共利益进行权衡后进行认定，可以成为开示的例外。

(2) 辩方开示的证据范围

凡是辩护方准备在法庭上使用的证据也都需事前向控方开示。如辩方拟在法庭上使用的物证、书证、鉴定结论、勘验及检查笔录等证据，应事前向控方开示。辩方准备传唤到庭的证人，也应事前通知检察机关其姓名和地址。辩护人庭前询问被告人、被害人形成的笔录，经检察机关要求，也应向其开示。

(3) 法院主动开示的证据范围

根据《刑诉法解释》第66条、第223条和第319条的规定，人民法院在第一审期间调查核实证据时，应当通知检察人员、辩护人、自诉人及其法定代理人查阅、摘抄、复制对定罪量刑有重大影响的新的证据材料；对于审判期间人民检察院将补充收集后移送人民法院的证据，人民法院应当通知辩护人、诉讼代理人查阅、摘抄、复制；在第二审期间，人民法院应当及时通知人民检察院或者被告人及其辩护人查阅、摘抄或者复制对方提交的新证据。

(4) 其他准入的证据

司法实践中还有一种关于证据材料是否具备证据资格的证据，即旁系证据，其是否需要在法庭出示属于待定类型——取决于相对方是否对证据资格提出异议。对此类证据，在庭前会议中，一旦控辩双方决定用来解决证据的资格问题，即视为决定在法庭中出示，应当允许其在庭前会议中展示，如《庭前会议规程》第13条第1款规定，被告人及其辩护人在开庭审理前申请排除非法证据，并依照法律规定提供相关线索或者材料的，人民检察院应当在庭前会议中通过出示有关证据材料等方式，有针对性地对证据收集的合法性作出说明。

3. 证据开示中的非法证据排除

《刑事诉讼法》对庭前会议中非法证据处理方法及排除效力的规定不甚明确。《刑诉法解释》虽对相关条款进行了一定程度的细化，但在庭前会议中法院是否可以直接排除非法证据及该决定的效力等问题立法上仍存空白。之后颁布的《庭前会议规程》规定了人民法院对证据收集的合法性进行审查的一般步骤，同时明确了对于非法证据排除的申请，人民法院不能在庭前会议中作出决定，必须开展庭审调查。但控辩双方可以对此交换意见，经双方出示证据、进行协商，可以作出合意决定。被告人及其辩护人可以选择撤回申请，公诉人也可以选择不将该证据在庭审中出示。

4. 庭前会议决定的效力

《庭前会议规程》规定，要通过在庭审中宣读庭前会议报告，确定庭前会议处理事项的拘束力。首先，对于庭前会议处理的可能导致庭审中断的程序性事项，控辩双方没有新的理由，在庭审中再次提出有关申请或者异议的，法庭应当依法予以驳回。其次，对于庭前会议中达成一致意见的事项，法庭向控辩双方核实后当庭予以确认。控辩双方在庭前会议中就有关事项达成一致意见，又在庭审中反悔的，除有正当理由外，法庭一般不再对有关事项进行处理。最后，对于未达成一致意见的事项，法庭可以归纳控辩双方争议焦点，听取控辩双方意见，并依法作出处理。

（二）证据开示在实践中存在的问题

近年来，庭前会议证据开示制度在一定程度上改善了以往审前程序缺失、弱化的状况，提高了诉讼效率，保障了审判公正。但从各地的司法实践来看，还存在着不少问题，导致其难以充分发挥出预期作用。

1. "职权性"启动方式弱化了检察监督职能的实现

根据《庭前会议规程》第1条的规定，除被告人及其辩护人在开庭审理前申请排除非法证据并提供相关线索或材料的，人民法院应当召开庭前会议外，其他情形均为可以召开庭前会议，因此作为有决定权的审判机关拥有较大的自由裁量权，实务操作中更倾向于从现实利益角度考虑是否召开庭前会议，尤其是法官有效控制庭审的内在需求。一方面，法官启动庭前会议的积极性不高。法官办理的案件量大，尤其是很多地区的基层法官已经是超负荷工作，而庭前会议解决的问题基本都可以通过庭审解决。至于听取控辩双方意见的工作，通过电话沟通即可实现。因此法官召开庭前会议的积极性不高。另一方面，没有赋予控辩双方有效的建议权。在英美法系对抗式诉讼中，控辩双方可以主动启动庭前会议程序，而我国的法律规定基本没有赋予控辩双方启动权，因此检察机关也无法发挥其对庭前会议的法律监督职能。作为辩护方，本身在刑事诉讼中就处于弱势地位，更不会主动申请召开庭前会议。

2. 证据开示功能不理想

虽然2012年刑事诉讼法恢复了"全案证据移送制度"，为审前的证据开示奠定了基础，但是在司法实践中，庭前会议上的证据开示并不充分。一是公诉机关没有移送全部证据材料。虽然公诉机关身兼打击犯罪和法律监督两项职责，但从实践来看，重点仍在追诉犯罪上。因此从打击犯罪的立场出发，往往不愿移送对被告人有利的证据。而控辩双方在侦查取证能力上的巨大差异又使得此类证据很难被辩方掌握，对于法庭而言，则更无法知晓。二是辩方对于证据开示的坦诚度更差，当然这与辩方所处的不利诉讼地位有关。实践中，在庭前会议中辩方大多没有示证提纲，公诉机关就无法掌握辩护人的证据使用情况，因此控辩双方更注重保密，保留新证据用于庭审中的"证据突袭"，使得证据开示制度作用非常有限。三是律师队伍素质参差不齐，进行庭前证据开示后，可能产生贿赂、威胁、恐吓证人和隐匿罪证的风险。有的辩护人甚至借助证据开示，利用控方的证据弱点，引导被告人编造虚假供述。

3. 被告人缺席庭前会议导致权利保障不足

庭前会议中解决的大部分事项，包括证据开示，非法证据排除等均涉及被告人的诉讼利益，因此，原则上应当通知被告人参加庭前会议。而《庭前会议规程》中的规定是根据案件情况，被告人可以参加庭前会议。在实践中，被告人特别是被羁押的被告人却往往缺席庭前会议。造成这一问题的制度原因是法律并未明确要求被告人必须参加庭前会议，现实原因是被羁押的被告人参加庭前会议必然导致诉讼成本和安全风险的增加。有观点认为，辩护人的职责就是维护被告人的利益，其可以代表被告人行使部分权利，但笔者认为，虽然辩护人会在庭前会议前就庭前会议的处理事项听取被告人的意见，但其仍系独立个体，在庭前会议中无法及时与被告人沟通，不能全面、准确地反映被告人的意志。

4. 庭前会议定位不准确

庭前会议作为一种庭前准备程序，是对法庭审理前的协商和辅助环节。但实践中，庭前会议有两种错误倾向：一是过分依赖庭前会议，基本按照庭审模式主持庭前会议，事无巨细，效率低下。有的将庭审时应调查的实体内容纳入庭前会议中，比如，就犯罪时间、数额、甚至量刑问题展开辩论；有的在庭前会议上大规模地展示卷宗材料；甚至有的案件中，法官还要求辩护人发表详细的辩护意见，这就已远远超出了庭前会议的内容，实际上成为对庭审的预演。二是把庭前会议当作控辩双方简单交换证据的场合，持续时间过短，使得庭前会议形式化。如在一起案件中，公诉人念完控方的证据目录后，法官就宣告庭前会议结束，被告人坐在一侧无所事事,全程不到 10 分钟,[①] 完全不能发挥庭前会议证据开示应有的作用。

5. 整理争点困难

从各国证据开示制度的实施来看,证据开示的一个非常重要的作用就在于整理事实及法律上的争点,以便于庭审阶段能够集中精力解决主要问题,提高庭审效率,实现庭审实质化。但在我国庭前会议的适用过程中,控辩双方存在一定程度的沟通障碍,对话意愿较差,整理争点困难。比如,控辩双方开示证据时,没有对证据及待证事实进行归纳,而是详细宣读,导致示证时间虽长却无逻辑,难以显现争点。对话意愿较差则表现在控辩双方容易就证据、实体等内容展开辩论,无视庭前会议整理争点的功能,导致庭前会议异化为小庭审、另类庭审。甚至在特殊情形下,尤其在作无罪辩护的案件中,辩护人对公诉人出示的所有证据都有异议,争点整理也就无从谈起。

6. 排除非法证据效力不明

在庭前会议中是否可以排除非法证据还存在很大争议。依据现行法律和司法解释,法官对于庭前会议中的非法证据仅仅是"核实情况、听取意见",并没有赋予法官对非法证据进行排除的裁决权。在司法实践中,控辩双方在庭审期间往往因为非法证据的排除耗费大量时间,影响庭审顺利进行。非法证据大多来自侦查机关,其来源主体具有特殊性,主要表现为通过刑讯逼供获得的被告人有罪供述,而被告人的有罪供述可能是证明案件的关键事实,假如排除了非法证据,被告人可能因在案证据无法形成完整的证据链被无罪释放。因此,非法证据排除因法律表述的粗疏以及自身的复杂性,致使法官在庭前会议中如何处理成了悬而未决的难题。

三、对于庭前会议证据开示制度的完善建议

为提高庭前会议证据开示的规范化水平,进一步发挥其提高诉讼效率、促进庭审实质化的功能与价值,顺利实现证据开示的应有效果,有必要从实务层面对其进行完善。对此,结合目前工作实际,笔者有以下建议:

[①] 秉琰:《实务研讨:庭前会议的五大问题》,载《刑事法坛》2017 年 9 月 25 日。

1. 充分行使检察机关对启动庭前会议的建议权

虽然庭前会议由人民法院主导，但作为指控犯罪的一方，检察机关对案件的了解、对争议点的预测更全面透彻，因此在庭前会议的启动中更有发言权。检察机关对于确有必要召开庭前会议的普通程序案件，应当积极运用建议权，促进改善庭前会议适用率低的现状。实践中，检察机关判断是否有必要召开庭前会议主要有两方面的依据：一是从程序出发，案件是否存在程序性请求或争议，可能导致庭审中断或拖延；二是从实体出发，案件事实是否重大复杂，需要对证据及争议点进行整理。对于满足以上两方面条件的案件，检察机关都应建议人民法院召开庭前会议，组织证据开示。①

2. 准确定位证据开示制度，实现庭前会议应有的程序价值

《庭前会议规程》明确了庭前会议的召开目的是开展必要的庭审准备工作，解决可能影响庭审进程的程序性争议，进行证据开示、归纳诉争要点及解决非法证据异议问题。因此，在庭前会议证据开示中，检察机关作为控诉方，要立足公诉职能，认真听取被告人和辩护人对在案证据的意见，并基于证据材料和案件的焦点问题与辩方进行充分的沟通，消除可能影响庭审顺利进行的争议问题，或帮助法官明确庭审重点，确保庭审实质化。对于辩方提出的非法证据排除申请，检察机关要通过出示相关证明材料，对证据收集的合法性做好说明，尽力在庭审前将非法证据的问题解决好；如果确系非法取得的证据，检察机关也应将其及时撤回，避免因非法证据排除占用庭审时间，造成司法资源的浪费。

3. 与法院、司法局、律师协会互相配合，共同做好证据开示工作

做好证据开示工作需要得到律师、法院的共同配合，才能取得良好的效果。如果法院对开示的证据情况不予认可，则庭前证据开示就是重复劳动；若律师不配合，则无法进行证据开示。在推行该项制度过程中，积极鼓励有关各方共同探讨，达成共识，联合发文，一并推行。定期召开联席会议，对出现的问题进行协商解决，为制度推行提供有效保障。

4. 赋予庭前会议应有的法律效力

庭前会议的处理结果应当具有一定的法律效力，只有赋予庭前会议以作出相

---

① 冯盼盼、唐新、张琦：《庭前会议制度实践中存在的问题及解决对策》，载江苏检察网，http://www.js.jcy.gov.cn/jcyj/swtt/201612/t3212425.shtml，2016年12月23日访问。

关裁断的权力，才能真正发挥其本身承载的程序价值和功能，而不至削弱控辩双方参加庭前会议的积极性，形成诉讼制度的又一"虚置"。《庭前会议规程》中规定，庭前会议情况应当制作笔录，由参会人员核对后签名，庭前会议结束后应当制作庭前会议报告。但会议报告并不是具有法律效力的法律文书。因此，应进一步完善规定，允许法官在庭前会议结果的基础上，对如回避、管辖异议等不涉及实体的程序性事项结果形成裁定书，如无新的事实及理由，在庭审中对此类问题不再调查，但赋予诉讼双方复议救济的权利；对于诸如非法证据排除、附带民事诉讼调解等涉及当事人实体利益的事项内容，可以采取双方合意模式，即控辩双方在庭前会议中达成合意的事项，经当庭确认后不再处理，对于未达成合意的事项，由法庭归纳控辩双方争议焦点，听取控辩双方意见，依法作出处理。

5. 充分行使检察机关的法律监督职能

检察机关作为宪法规定的法律监督机关，在庭前会议中应充分发挥其法律监督的职能作用。首先，对于庭前会议涉及的程序性问题，应重点监督其启动程序是否合法，处理内容是否在法定范围内，是否依法保障了当事人的诉权等；其次，对于庭前会议涉及的证据开示、非法证据排除等实体性问题，要重点对与案件定罪量刑有直接影响的内容进行监督，如发现违法情形，可以通过检察建议、纠正违法通知书等方式及时向法院提出法律监督意见，充分发挥法律监督职能，保障司法公正与效率的统一。

以审判为中心优化案卷笔录的运行环境

兰跃军[①]

刑事案卷包括侦查案卷、起诉案卷、审判案卷、上诉审卷、申诉卷、审判监督卷和死刑复核卷等，它们分别由各种卷宗组成。其中，侦查证据卷是将侦查、起诉、审判有机联系起来的关键，对案件的实体性问题的处理发挥实质性作用。这些案卷内容以证据为中心，证据材料主要在侦查阶段形成，且案卷对裁判结果具有决定力。[②] 各类卷宗的承载方式主要是笔录，夹杂着绘图、照相、录音、录像等多种形式，泛称卷宗笔录或案卷笔录。案卷笔录是由控诉方制作的关于整个侦查过程中证据调查的各种记录的总和，包括犯罪嫌疑人、被告人讯问笔录，证

[①] 兰跃军，上海大学法学院教授，博士生导师，法学博士、博士后。本文是笔者主持的司法部2015年国家法治与法学理论研究重点课题"以审判为中心的诉讼制度改革研究"（15SFB1004）和2016年国家社科基金项目"刑事诉讼法律责任研究"（16BFX034）的阶段性成果。

侦查案卷分为侦查卷宗（正卷）、侦查工作卷宗（副卷）和秘密侦查卷宗（绝密卷）三种。其中，侦查卷宗有文书卷和证据卷，前者包括各种强制措施、侦查措施和结案的法律文书及审批文书，后者包括立案材料、犯罪犯罪嫌疑人供述、被害人陈述、证人证言、物证照片、书证、现场勘验笔录等证据材料和相关说明性材料。起诉案卷在侦查卷宗基础上形成，包括侦查卷宗、公诉卷宗、检察内卷。以公诉机关移送的公诉卷宗、侦查卷宗为基础，一审审判案卷由侦查卷、诉讼卷、附卷组成。因此，侦查、起诉、审判阶段都要使用侦查卷，起诉、审判阶段使用的证据卷基本上形成于侦查阶段。参见左卫民：《中国刑事案卷制度研究——以证据案卷为重心》，载《法学研究》2007年第6期。关于刑事案卷的价值、结构及运作状况；谢雯：《刑事案卷制度研究》，载陈兴良主编《刑事法评论》（第31卷），北京大学出版社2012年版，第579~599页。

[②] 侦查案卷分为侦查卷宗（正卷）、侦查工作卷宗（副卷）和秘密侦查卷宗（绝密卷）三种。其中，侦查卷宗有文书卷和证据卷，前者包括各种强制措施、侦查措施和结案的法律文书及审批文书，后者包括立案材料、犯罪嫌疑人供述、被害人陈述、证人证言、物证照片、书证、现场勘验笔录等证据材料和相关说明性材料。起诉案卷在侦查卷宗基础上形成，包括侦查卷宗、公诉卷宗、检察内卷。以公诉机关移送的公诉卷宗、侦查卷宗为基础，一审审判案卷由侦查卷、诉讼卷、附卷组成。因此，侦查、起诉、审判阶段都要使用侦查卷，起诉、审判阶段使用的证据卷基本上形成于侦查阶段。参见左卫民：《中国刑事案卷制度研究——以证据案卷为重心》，载《法学研究》2007年第6期。关于刑事案卷的价值、结构及运作状况；谢雯：《刑事案卷制度研究》，载陈兴良主编《刑事法评论》（第31卷），北京大学出版社2012年版，第579-599页。

人、被害人询问笔录，勘验、检查笔录，搜查笔录，扣押笔录，辨认笔录以及各种具有法律效力的书面文件等。考察我国案卷笔录及其移送制度的历史演变，分析案卷移送与法官预断、庭审形式化的关系，对于优化我国案卷笔录的运行环境，推进以审判为中心的诉讼制度改革，实现庭审实质化具有重要意义。

一、作为一种诉讼传统的案卷移送

案卷笔录制度在我国有一个演进过程。从夏商周时期的"古者取囚要辞，皆对坐""两造具备，师听五辞"开始，到隋唐时期的"以情审查辞理，反复参验"，中国古代刑事诉讼中控诉与审判职能合一，审判官集侦查、控诉、审判权力于一身，并采用"升堂问案"的方式对案件进行调查，原告、被告、证人均是诉讼客体，是由官员代表的国家机关进行审讯的对象。在侦控审不分以及诉讼参与人客体化的环境下，刑事诉讼的中心自然是问案的审判官，刑事诉讼制度并不存在那种以案卷笔录为中心的审判模式。

以沈家本为首的法学家开始了清末修律运动，中国第一部刑事诉讼成文法典《1911年刑事诉讼律（草案）》诞生。该法典第7节"文件"中用专章规定了诉讼过程中案卷、笔录、文书的制作规范，并在第310条规定了这些案卷笔录的移送制度。1911年清末刑事诉讼律首次以成文法的形式规定了案卷及其移送制度，标志着案卷移送制度在中国诞生。但是，此时的刑事诉讼却并未以新生的案卷笔录为中心，相反，1911年刑事诉讼律在第250条和第321条分别规定了言词审理原则和直接审理原则，形成了"超前"的职权型刑事诉讼制度。然而，这种"超前性"还未来得及全方位实施，封建制度就被"辛亥革命"推翻。1928年南京国民政府颁行的"刑事诉讼法"承继了《1911年刑事诉讼律（草案）》的先进制度并作了完善，后通行于全国，深刻地影响了现今我国台湾地区刑事诉讼制度。在这部法典中，1911年法典关于"文件"规定得以保留，并且在第258条明确规定起诉全卷移送制度，第285条与第289条又分别规定了庭审案卷文件的宣读制度，此时，在没有明确的直接言词原则的制约下，案卷笔录在刑事诉讼中的地位开始中心化。新中国成立后制定的1979年、1996年和2012年三部《刑事诉讼法》都在一定意义上继承了这一诉讼传统。

1979年《刑事诉讼法》确立的是一种庭前案卷移送制度。根据其第108条和第 109 条规定，①检察院提起公诉时，要向法院移送全部案卷材料和证据，法官在庭审前对移送案卷材料和证据进行实质审查，必要时可以进行勘验、检查、搜查、扣押和鉴定等调查核实证据工作。经过审查，法院只有在"犯罪事实清楚、证据充分"的情况下，才可以开始法庭审判活动。由于我国公、检、法三机关的"相互配合"关系，以及案卷审查法官和庭审法官是同一人，这不可避免地会造成法官预断、控辩失衡、先定后审、庭审流于形式等问题，严重违背无罪推定原则，损害当事人特别是被告人的合法权利。按照一些立法决策人士的形容："审判员在开庭前对案件已形成较固定的认识，对如何判决也多有了初步决定，并请示庭长、院长；对一些重大疑难案件，则往往开庭前已经审判委员会讨论甚至请示上级法院。案件还未开庭审理，审判员对案件的定性、量刑已成定论。开庭成了走过场。被告人、辩护人提出的相反意见很难受到重视。"②

为了解决上述问题，1996 年修改《刑事诉讼法》进行"刑事审判方式改革"，其第 150 条规定了一种"主要证据复印件主义"的案卷移送方式，③它是"案卷移送主义"和"起诉状一本主义"的妥协，旨在不彻底动摇职权主义诉讼模式的前提下，适当吸收当事人主义模式的制度优点，控制法官审前接触案卷及证据材料的范围，并将原来的庭前实质审查改为形式审查，法官在庭前审查公诉中不再审查案件是否达到"事实清楚、证据充分"，而只要确认"起诉书中有明确的指控犯罪事实，并且附有相关证据目录、证人名单和主要证据复印件或者照片的"，就应当决定开庭审判，从而真正解决法官预断、先定后审、庭审流于形式等问题。这种改革的出发点是好的，但从司法运作的实际效果看，由于没有将案卷移送制度放在整个刑事诉讼制度的大环境下通盘考虑，结果不仅未能有效解决法官预断问题，未能实现庭审实质化，反而限制了律师阅卷权，致使有效辩护原则无法落实。正如全国人大常委会法制工作委员会在说明 2012 年《刑事诉讼法》修改理由时指出："主要是法官在庭前对大部分案卷材料并不熟悉，不了解

---

① 1979 年《刑事诉讼法》第 108 条规定："人民法院对提起公诉的案件进行审查后，对于犯罪事实清楚、证据充分的，应当决定开庭审判；对于主要事实不清、证据不足的，可以退回人民检察院补充侦查；对于不需要判刑的，可以要求人民检察院撤回起诉。"第 109 条规定："人民法院在必要的时候，可以进行勘验、检查、搜查、扣押和鉴定。"

② 王尚新：《刑事诉讼法修改的若干问题》，载《法学研究》1994 年第 5 期。

③ 1996 年《刑事诉讼法》第 150 条规定："人民法院对提起公诉的案件进行审查后，对于起诉书中有明确的指控犯罪事实并且附有证据目录、证人名单和主要证据复印件或者照片的，应当决定开庭审判。"

案件主要争议的问题，难以更好地主持、把握庭审活动，而且由于检察机关不再庭前移送全部案卷材料，辩护律师也无法通过法院阅卷了解全案证据，特别是对被告人有利的证据。"[1] 为此，1998年最高人民法院、最高人民检察院、公安部、国家安全部、司法部、全国人大常委会法制工作委员会《关于实施刑事诉讼法若干问题的规定》（以下简称《六机关规定》）补充了一种庭审后移送案卷笔录制度，允许检察机关在庭后向法院移交全套案卷笔录，使得法官在开庭审理结束后有较为充足的时间查阅、研读案卷材料。案卷笔录对于法官判决结论的形成也就具有相当大的影响力。

鉴于1996年《刑事诉讼法》确立的这种"主要证据复印件主义"和《六机关规定》确立的庭后移送案卷制度存在的一系列问题，2012年修改《刑事诉讼法》再次对案卷移送方式进行改革，在第181条保留形式审查制度，规定法院"对于起诉书中有明确的指控犯罪事实的，应当决定开庭审判"的同时，[2] 第172条恢复了庭前案卷移送制度，[3] 要求人民检察院提起公诉时"将案卷材料、证据移送人民法院"。这样，"庭后移送案卷制度"自然废止。关于立法重新恢复庭前案卷移送制度的原因，陈瑞华教授将其概括为三个方面：一是可以保证法官庭前全面阅卷，从而进行全面的审判准备；二是可以有效地保证辩护律师查阅、摘抄、复制案卷材料，充分地进行辩护准备活动；三是可以避免"庭后移送案卷制度"的负面效果。与此同时，他还分析了制约案卷笔录移送制度，导致法院通过阅卷来形成裁判结论的四个主要因素，即法官主导证据调查的司法传统、以案卷笔录为中心的审判方式、在法庭之外形成裁判结论的司法文化和建立在阅卷基础上的复审制度。[4] 笔者赞同陈瑞华教授的观点，这说明我国作为一个传统的大陆法系国家实行职权主义诉讼模式，坚持追求实质真实的诉讼理念，公、检、法必须"忠实于事情真相"，离不开案卷移送制度。而"在中国的刑事审判中，法官

---

[1] 全国人大常委会法制工作委员会刑法室：《〈关于修改中华人民共和国刑事诉讼法的决定〉条文说明、立法理由及相关规定》，北京大学出版社2012年版，第207页。

[2] 2012年《刑事诉讼法》第181条规定："人民法院对提起公诉的案件进行审查后，对于起诉书中有明确的指控犯罪事实的，应当决定开庭审判。"

[3] 2012年《刑事诉讼法》第172条规定："人民检察院认为犯罪嫌疑人的犯罪事实已经查清，证据确实、充分，依法应当追究刑事责任的，应当作出起诉决定，按照审判管辖的规定，向人民法院提起公诉，并将案卷材料、证据移送人民法院。"

[4] 陈瑞华：《案卷移送制度的演变与反思》，载《政法论坛》2012年第5期。

并没有将法庭当作形成司法裁判的唯一场所,更不是通过庭审来形成对案件事实的内心确信。一般情况下,法官是通过一种'办公室作业'和上下级之间的行政审批的机制来形成裁判结论的。而办公室作业和行政审批都是对案卷笔录的严重依赖。而且这种对案卷笔录的需要并不是哪个法院、哪个法官的一厢情愿,而属于一种结构性的制度依赖。换言之,离开了案卷移送制度,这种建立在办公室作业和行政审批基础之上的审判制度,将会出现运转不良的问题。无论是二审法官、死刑复核法官还是再审法官,都要通过阅卷来完成对下级法院或原审法院裁判结论的审查过程。"①

关于这种作为诉讼传统的案卷移送在我国司法实践中运行的现状,复旦投毒案审判和学者实证研究数据可供分析。2013年4月,复旦大学发生了一起震惊全国的高校研究生投毒杀人案件。2013年11月27日,上海市第二中级人民法院对该案进行了公开审理。在该案一审法庭调查中,公诉人为证实被告人林森浩实施了投毒杀人行为,将证据分成三部分向法庭举证:第一部分主要证实被告人林森浩利用剧毒化学品二甲基亚硝胺实施投毒行为,并造成被害人黄洋死亡的结果。公诉人宣读了实验室的勘验检查笔录、林森浩对犯罪现场的辨认笔录、毒物储藏室的勘验检查笔录,播放了复旦大学保卫处的监控录像,并宣读了林森浩对录像的辨认笔录,节选宣读了林森浩室友盛磊和保卫处守卫的证言,宣读了投毒经过以及丢弃毒物路径的侦查笔录,出示了实验室的毒物购买票据以及毒物的鉴定意见等一系列证据。第二部分主要证实被告人林森浩犯罪的主观故意。公诉人摘要式地宣读了多名林森浩同学的证言,证明林森浩当时已有控制二甲基亚硝胺的情形,并出示林森浩浏览网页的记录,证明林森浩有销毁毒物的意图等。第三部分主要证实被告人林森浩与被害人黄洋的平时关系以及林森浩的作案动机。公诉人摘要式宣读了林森浩、黄洋多名同学及其老师的证言,并且直接向法庭出示了侦查人员对林森浩讯问过程的录音录像……②上述三部分证据绝大部分都是案卷材料,整个庭审主要是围绕公诉方案卷材料进行的。陈瑞华教授2006年将这种以案卷笔录为中心的审判方式称为"案卷笔录中心主义",2016年又将这种主要根

---

① 陈瑞华:《案卷移送制度的演变与反思》,载《政法论坛》2012年第5期。
② 节选自"复旦投毒案"一审庭审实录,参见 http://blog.sina.com.cn/s/blog_575622440102vc3g.html。

据公诉方案卷材料形成裁判结论的裁判方式称为"新间接审理主义",充分揭示了案卷移送作为中国一种诉讼传统对刑事诉讼运行的深刻影响。关于笔录证据在刑事审判中所占比重,上海市第一中级人民法院法官对其所在法院的笔录证据适用情况进行了实证研究。他选取了92份生效刑事裁判文书,涉及1468份证据材料,其中笔录证据数量946份,比例高达64.4%;被告人认罪或部分认罪供述有210份,其中147份被告人审判前供述笔录被作为定案依据,占被告人供述总数的七成;在9起案件中,被告人在庭审过程中推翻了其在侦查阶段的供述,但均未被法院认可;以询问笔录形式体现的证人证言数量最多,共有644份,占全部证据材料的43.9%;而在92起案件中均无证人出庭作证;有的被害人会亲自到庭,但相关裁判文书仍然援引被害人陈述笔录作为定案依据,且不反映被害人是否当庭陈述及其陈述的内容。① 这进一步印证了笔录类证据在我国刑事审判实践中的主体地位。

二、案卷移送、法官预断与庭审形式化的关系

以审判为中心的诉讼制度改革的核心目标是实现庭审实质化,其内核在于通过庭审认定案件事实并在此基础上定罪量刑,形成"诉讼以审判为中心,审判以庭审为中心,庭审以证据为中心"的刑事诉讼新格局,法官对案件事实的全部认知以及裁判心证应当且只能来源于庭审过程,而不是案卷、审理报告抑或各种内部批示、请示、答复等。为确保内心确信来源于法庭、裁判结论形成于法庭,必须使裁判者隔离于审前信息的干扰,以空白的心灵状态进入庭审。而庭前信息向庭审程序输送的主要载体就是案卷材料。因此,选择何种案卷移送方式制约着法官庭前预断的阻隔效果。

但是,采取何种案卷移送制度是由各国的刑事诉讼模式、法律文化传统和具体诉讼制度等共同决定的。作为一项微观制度,其在司法运作中发挥怎样的作用也不是其能自行决定的。② 从世界范围来看,公诉机关向法院移送案卷材料,主要存在"案卷移送主义"和"起诉状一本主义"两种方式。"案卷移送主义"是指检察机关提起公诉时,除向法院提交起诉书,还要移送所有案卷和证据材料。

---

① 于书生:《笔录证据运用的过量与适量》,载《上海政法学院学报(法治论丛)》2011年第2期。
② 刘哲:《刑事公诉案卷移送制度评析》,载《人民检察》2012年第17期。

大陆法系国家（地区）通常采用这种做法。《德国刑事诉讼法典》第173条规定，在提起公诉时，"依法院要求，检察院应当向法院移送迄今为止由它掌握的案件材料、证据"。采取此种做法的主要原因：一是奉行客观真实发现原则，强调公正的实现建立在对案件事实准确认知的基础上，查明案件事实是刑事诉讼活动的主要工作；二是职权主义庭审模式，强调法官在庭审中的主导作用。法官只有在开庭审理之前充分阅卷，才能明确哪些事实问题需要查明和证明，法庭举证、质证和辩论的重点是什么，才能较好地指挥和驾驭庭审，依职权开展证据调查活动，从而有效履行其查明案件事实的职责；三是严格的职业法官制度，德国等大陆法系国家不实行陪审团制度，其法官制度具有专业化、精英化的特点，成为一名法官需要接受系统的法学知识学习和职业培训，以及严格的考试考核制度，因此，有理由相信法官具有避免先入为主的素质，审前接触到案卷及证据材料不会影响到法官的中立性。"起诉状一本主义"，又称唯起诉书主义，是指检察官在提起公诉时，只能依法向有管辖权的法院提交具有法定事项和法定格式的起诉书，表明控诉方的控诉主张，而不得同时移送有可能使法官对案件产生预断和偏见的其他文书和控诉证据，也禁止在起诉书中援引其他文书和证据的内容。英美法系国家（地区）和日本通常采用这种做法，但"起诉状一本主义"这一术语来自日本。《日本刑事诉讼法》第256条规定："提起公诉，应当提出起诉书；起诉书，应当记载下列事项：一、被告人的姓名或其他足以特定为被告人的事项；二、公诉事实；三、罪名。""起诉书，不得添附可能使法官对案件产生预断的文书以及其他物品，或者引用该文书等的内容。"采取此种做法的主要原因是：一是奉行形式真实发现原则。认为经过正当法律程序认定的事实即为案件事实，而正当程序的基本要求之一就是裁判者中立，控辩双方平等对抗。二是当事人主义庭审模式，举证、质证、辩论等庭审活动均由双方当事人推动，裁判者消极中立，不自行调查取证，仅根据当事人提供的证据材料认定案件事实。三是陪审团制度。在普通刑事诉讼程序中，对案件事实的认定是陪审团的职责。陪审团成员为普通公民，未受过专门法律训练，容易被各种信息误导并形成偏见，因此，必须切断陪审团在审前接触案卷及证据材料的渠道。

案卷移送是诉讼职能严格分离和诉讼阶段严格划分的产物，而诉讼职能和诉讼阶段分别是诉讼结构的组成要素和表现形式。因此，案卷移送制度与诉讼结构有着密切联系：一方面，案卷移送由诉讼结构决定，是诉讼结构的外在表现形式，诉讼结构发生改变，案卷移送方式迟早会发生相应的变化。日本、意大利、俄罗斯等"程序转向"国家案卷移送方式改革就是如此。另一方面，案卷移送为诉讼结构服务，对诉讼结构的发展变化起到促进或延缓的作用。诉讼结构又称诉讼构造，分横向构造和纵向构造。根据侦（控）审关系紧密的程度不同，可以将纵向构造分为侦（控）审连锁式和侦（控）审隔离式两种。在如何判断纵向构造的类别问题上，案卷移送方式是一项重要指标，因为检察机关提起公诉时移送的案卷数量多少与侦审联系的紧密程度成正比：移送的案卷数量越多，侦审关系越紧密，侦查对审判的影响越大，甚至可以对刑事诉讼的最终结果起到决定性的作用；与此相反，移送的案卷数量越少，侦审关系越疏远，侦查对审判的影响就越小，审判阶段在整个刑事诉讼过程中的地位就越重要。案卷移送方式不仅影响甚至决定着审前阶段与审判阶段的联系形式，而且对控辩裁三方在审判过程中的法律地位和相互关系也起着决定性的作用：在辩方无权在庭前向法院移送本方案卷材料或因调查取证权受到严格限制而仅能移送少量本方案卷材料的情况下，如果允许检察机关提起公诉时将全部案卷材料移送给法院，必然会使控方在举证的时机上比辩方抢先一步，进而导致控辩双方不平等，反之，如果不允许检察机关提起公诉时移送证据材料，控辩双方在通过举证影响裁判者心证的时机上就达到了平等；如果允许检察机关提起公诉时将全部案卷材料移送给法院，裁判者在庭前必然会因查阅控方的案卷材料而形成不利于被告人的预断甚至偏见，作为控方的检察机关必然会因此而在法院开庭审判前就已经处于领先地位，因为作为辩方的被告人及其辩护人在裁判者已经形成于本方不利的偏见后，即使在庭审过程中提出了大量的证据材料对控方主张进行反驳或对控方的证据材料进行了充分的质疑，也很难改变本方因控方抢先举证而陷入的不利处境，反之，如果不允许检察机关提起公诉时移送证据材料，裁判者就会因对案件事实和证据材料一无所知而在庭审过程中保持不偏不倚的中立立场，辩方才有可能在庭审过程中与控方展开平等对抗。[①] 从这个意义上说，"审判中心"尤其是"庭审中心"的实现拒绝庭前案卷移送，与"起诉状一本主义"相配套。"根据比较法的研究成果，大陆法和英美法尽管在刑事审判构造上存在诸多的差异，但在对待公诉方案卷材料的态度上却具有一些相似之处。原则上，公诉方移交法院的案卷材料，包括证

---

① 唐治祥、曾中平：《刑事卷证移送制度与诉讼结构关系之辨析》，载《求索》2013年第1期。

人的庭外证言笔录和被告人的庭外供述笔录在内，在大陆法国家被视为'不具有证据能力'的证据，而英美则被看作'不具有可采性'的证据，它们都不得成为法庭认定案件事实的依据。"①

就纵向构造而言，在大陆法系国家，侦查和审判分别是连续不断的刑事诉讼的两个环节，但有关机关在侦查阶段的诉讼活动和结果更加受到重视：侦查阶段的任务是调查收集证据并以卷宗的形式将搜查、扣押、监听、讯问犯罪嫌疑人、询问证人、鉴定等侦查活动取得的成果"冻结"起来；既然证据调查核实、事实认定等任务在侦查阶段就已经完成，作为刑事诉讼的最后一个环节，审判阶段的任务主要是再次对侦查卷宗内的材料进行审核。②

就横向构造而言，在大陆法系国家，检察机关一旦提起公诉，查明案件事实等职责便转移给法官承担，物证的出示、书面证据材料的宣读以及对证人的询问等庭审活动均以法官为主导，控辩双方在庭审过程中处于辅助的地位。③ 以意大利为例，在1988年《意大利刑事诉讼法典》修改之前，意大利作为传统大陆法系国家实行职权主义诉讼模式，检察官或者侦查法官在侦查阶段所收集的证据在起诉书中载明并与案卷一起移送法官，属于典型的"案卷移送主义"。由于法官将在审前侦查笔录中获得的证据，在审判中用来质疑证人、帮助证人回忆，甚至作为证明被告有罪的证据，且法官在审判前已阅读侦查卷宗及证物，故对不利于被告的证据都已明了并形成心证，审判乃多流于形式。④ 1988年《意大利刑事诉讼法典》引入大量当事人主义对抗制因素，改采"两步式"的案卷移送制度。预审之前适用"案卷移送主义"，是预审制度"英美化"的必然要求；采用"混合式"诉讼模式，是预审之后适用"双重卷宗"移送制度的根源。为确保预审法官通过书面形式对控方的指控进行全面的实质审查并作出是否交付审判的决定，同时确保辩方在预审程序中全面了解指控的内容和相关的证据材料，就必然要求检察官在预审之前将所有的案卷材料移送给预审法官。由于1988年《意大利刑事诉讼法典》不但明确要求曾经担任预审法官的人员不能再担任本案的庭审

---

① 陈瑞华：《新间接审理主义"庭审中心主义改革"的主要障碍》，载《中外法学》2016年第4期。
② See Paul Roberts & Adrian Zuckerman, Criminal Evidence, Oxford University Press Inc., 2004, p.49.
③ See John H. Langbein, Comparative Criminal Procedure: Germany, West Publishing Co. 1977, p.64.
④ See Elisabetta Grande, Italian Criminal Justice: Borrowing and Resistance, 48 Am. J. Comp. L. p.229, 437 (2000).

法官，而且还通过适用"双重卷宗"制度对侦查卷宗内的案卷材料和证据进行了"分流"，大幅度地削减了预审之后移送给庭审法官的案卷材料数量，进而最大限度地限制了庭审法官在庭前可以阅览的案卷范围，因此，即使预审之前适用"案卷移送主义"，仍然能够实现预审与正式庭审的分离，而不致使庭审法官产生不合理的预断。1988年《意大利刑事诉讼法典》改采"两步式"案卷移送制度，没有引进英美"起诉状一本主义"，说明"起诉状一本主义"与存续的职权主义因素不相适应，或者说在职权主义诉讼模式下实行"起诉状一本主义"或近似的案卷移送方式是不可行的。我国1996年《刑事诉讼法》实行"主要证据复印件主义"效果不理想，也印证了这一点。

对于上述观点，也有学者持有不同观点。他们认为，"起诉状一本主义"并不能切实防止法官预断，而"案卷移送主义"也并不会令法官产生预断。换言之，案卷移送方式与法官预断并无必然的关系，"案卷移送主义"不等于法官预断，"起诉状一本主义"也不意味着一定会排除法官预断。因为，预断是人类活动的一种本能。尽管法官不同于一般的职业群体，具有较高的法律素养和政治觉悟，但仍不能绝对地排除其人类的共性弱点。无论是英美法系国家的预审制度还是大陆法系国家日本的"起诉状一本主义"均未能切断审前案件信息的影响，也不可能完全排除法官基于案件信息的预断。而且法官庭前获得信息的预断与审判的实质化并不具有实质的关系，法官预断对实质性审判的影响也并非致命。以德国为例，其各州虽均采用全案移送制度，但有罪判决率多半维持在90%以下，无罪率为2.7%；我国台湾地区也采用全案移送制度，其有罪判决率更低；而日本自1949年《刑事诉讼法》采用"起诉状一本主义"以来，其有罪判决率除个别年份外，每年都在99%以上，接近100%，且与新《刑事诉讼法》实施之前的年份相比大致相当，不少年份甚至略高。① 主要原因在于：德国案卷移送制度有一系列配套原则和制度，可以排除庭前预断，如正式审判程序中禁止宣读公诉方笔录、审判长和制作裁判文书的法官不得阅读卷宗、非职业法官不参与中间程序、检察官要将有罪和无罪证据开示给被告方、卷宗内容原则上不得用作裁判根据等。德国学者许乃曼教授曾在1979—1986年主持过一项检验案卷信息对判决

---

① ［日］松尾浩也：《关于裁量起诉主义》，载西原春夫主编《日本刑事法的形成与特色》，李海东等译，法律出版社、成文堂1997年版，第163页。

的影响的实证研究,实验结果令人惊异:接触侦查案卷的所有法官都作出了有罪判决,无论其是否具备询问证人的机会。相反,当法官不接触侦查案卷,仅知道审判程序中出现的信息时,在没有机会询问证人的情况下,大部分法官还是判决被告人有罪,但在有机会询问证人的情况下,大部分法官作出了无罪判决。在有机会询问证人的情况下,就能否看到侦查案卷而言,两组之间的差别非常显著。在不能询问证人的情况下,侦查案卷信息对判决结果的影响没有特别显著地表现出来。上述结果告诉我们:侦查案卷信息对法官判决行为的影响之大超出了我们的想象,即使法官有机会亲自询问证人,也很难修正侦查案卷信息带来的决定性影响;只有在没有条件接触侦查案卷的情况下,是否有机会询问证人才会对法官的判决行为产生重要影响。① 日本"起诉状一本主义"的立法文本在实践运作中未完全达到立法者所期望的目标,2004年修订的《日本刑事诉讼法》增设"开庭前整理程序",这是检察官、被告人以及辩护律师参与以整理诉讼中的争点及证据为目的的程序,旨在消解实行"起诉状一本主义"带来诉讼效率低下的负面效应以及配合"裁判员制度"集中审理的有效实施。1988年《意大利刑事诉讼法典》在取消侦查法官的同时增加了预审法官,检察官在调查证据结束后应当将卷宗资料移送给预审法官,由其决定该案是否进入庭审程序。这种案卷移送对审判法官来说,因预审法官的阻隔起到了"起诉状一本主义"的作用。为了避免因采用当事人主义对抗制造成大幅度增加审判的时间而出现过分拖延和有限的司法资源不堪重负的问题,《意大利刑事诉讼法典》在采用不完全的"起诉状一本主义"同时,增加了不经过预审程序直接进入审判程序的"直接审判程序"等一些速决程序。如立即审判、简式审判、认罪协商、简易判决程序。这些分流程序在一定程度上缓解了取消"案卷移送"影响诉讼拖延的压力。在《意大利刑事诉讼法典》修改后实施的前两年,诉讼效率明显提高,积案急速下降,但两年后积案即快速上升,与修改前并无不同。②《意大利刑事诉讼法典》第507条规定:"在取证结束后,如果确有必要,法官可以主动地决定调取新的证据材

---

① 关于该项实证研究,参见[德]贝恩德·许乃曼等:《案卷信息导致的法官偏见:关于与英美模式比较下德国刑事诉讼程序优缺点的实证研究》,刘昶译、何挺等编译,载《外国刑事司法实证研究》,北京大学出版社2014年版,第74页。

② See Nicola Boari, *On the Efficiency of Penal System: Several Lessons from the Italian Experience*, 17 Int'L Rev. L. & Ec. 125, p. 125 (1997).

料。"该条赋予法官依职权调取新证据的权利。该规定不仅没有使庭审走向实质化,相反,使庭审法官依职权进行庭外调查的例外成为常态,其所带来的程序上的不公正绝不亚于实行案卷移送制度所产生的影响。①

三、以审判为中心优化案卷笔录运行环境的若干思考

作为一个传统的大陆法系国家,我国经过1996年和2012年两次修改《刑事诉讼法》,虽然引入了一些当事人主义对抗制因素,但我国刑事诉讼模式整体上仍然属于职权主义,刑事诉讼程序的运行离不开案卷移送,"起诉状一本主义"或"主要证据复印件主义"在我国缺乏运行环境。有学者比较研究发现,在欧洲大陆国家,卷宗笔录的使用并没有阻碍现代刑事诉讼审判中心主义的实现,卷宗笔录已然成为整个诉讼运行机制的一环,重要原因是他们案卷移送的运行环境和配套机制。大陆法系国家的卷宗从制作主体上看是检察官;从侦查阶段犯罪嫌疑人的权利上看有律师介入、阅卷、沉默权以及负有客观义务的检察官的介入等保障;从审查起诉上看,由法官担任起诉审查的职能,防止对公民任意起诉;从法庭审判规则来看,有卷宗笔录不具证据能力的当然推定,有警察出庭作证的制度,等等。换言之,大陆法系国家的卷宗不等同于我国的"侦查卷宗",即此卷宗非彼卷宗。卷宗移送的前提是卷宗具有正当化基础,我国卷宗笔录恰恰缺乏这种诉讼程序的正当化洗礼。②研究2012年《刑事诉讼法》确立的案卷移送制度的配套机制,重新审视案卷移送制度的功能,以审判为中心优化案卷笔录的运行环境,是完善我国案卷移送制度的正当途径。

1. 2012年《刑事诉讼法》确立的案卷移送制度并非1979年的简单"轮回"

2012年《刑事诉讼法》修改后,许多学者认为,我国案卷移送方式经历了"案卷移送主义"到"主要证据复印件主义"再到"案卷移送主义"的改革轮

---

① See Mireille Delmas-Marty & J. R. Spencer, European Criminal Procedures, Cambridge Universiry Press., 2003. p. 382.
② 门金玲:《控方卷宗笔录运行之审思——兼及比较法视野的考察》,载《政法论坛》2010年第3期。

回,或理性回归,[①] "使得中国的刑事审判制度回到1979年的'原点'",[②] 等等。笔者认为,这些观点值得商榷。与1979年《刑事诉讼法》相比,2012年《刑事诉讼法》确立的案卷移送制度的配套机制已经发生了较大变化,案卷笔录的正当化进一步增强。主要表现在以下七个方面:

(1) 惩罚犯罪与保障人权并重的诉讼理念。我国三部《刑事诉讼法》都重视或者说偏重惩罚犯罪,第1条规定的《刑事诉讼法》宗旨在于"保证刑法的正确实施,惩罚犯罪,保护人民……"第2条规定的任务是"保证准确、及时地查明犯罪事实,正确适用法律,惩罚犯罪分子……"这种重视或者说偏重惩罚犯罪的诉讼理念与我国社会转型期的犯罪形式以及职权主义诉讼模式是一致的,对于保障国家安全和社会公共安全,维护社会主义社会秩序,保证社会主义现代化建设顺利进行发挥了重要作用。《刑事诉讼法》规定的许多具体制度都体现了这一诉讼理念。而随着我国经济社会发展,人民生活水平不断提高,加强人权司法保障的诉求也不断提高。2004年修改宪法在第33条第3款增加"国家尊重和保障人权"原则,2012年《刑事诉讼法》第2条将"尊重和保障人权"增加为《刑事诉讼法》的基本任务之一,并且修改和增加了许多加强人权司法保障的具体制度,包括强化犯罪嫌疑人、被告人辩护权保障、加强被害人权利保护、扩大辩护律师和其他辩护人诉讼参与权等,这些规定在贯彻落实宪法人权条款的同时,进一步增加了案卷笔录制作的开放性,使得案卷笔录的正当化不断增强。

(2) 犯罪嫌疑人、被告人、被害人、证人等权利保障的强化。公诉方案卷材料对庭审实质化影响最大的是犯罪嫌疑人、被告人供述笔录、被害人陈述笔录和证人证言笔录等,这些笔录的真实性、合法性有赖于取证程序的正当化和犯罪嫌疑人、被害人、证人等权利保障的强化。这样可以最大限度保障犯罪嫌疑人、被告人、被害人、证人等言词证据陈述人陈述的自愿性。2012年《刑事诉讼法》在1996年基础上,进一步强化了当事人和其他诉讼参与人权利保障。具体表现在:第一,在1979年《刑事诉讼法》第10条第1款中增加保障犯罪嫌疑人、被

[①] 蔡杰、刘晶:《刑事卷宗移送制度的轮回性改革之反思》,载《法学评论》2014年第1期。贺红强:《我国刑事诉讼卷宗移送主义的回归》,载《长春工业大学学报(社会科学版)》2013年第1期。章莉坚:《庭前卷宗移送制度的理性回归》,载《法治论坛》(第31辑),中国法制出版社2013年版,第49-55页,等等。

[②] 陈瑞华:《案卷移送制度的演变与反思》,载《政法论坛》2012年第5期。

告人辩护权的内容,完善诉讼权利保障原则(第 14 条第 1 款①)。第二,在基本原则中明确增加第 12 条"法院统一定罪"原则,吸收无罪推定原则的合理内核,体现"以审判为中心"的诉讼要求。第三,在 1979 年《刑事诉讼法》第 32 条取证禁止性规定中增加"不得强迫任何人证实自己有罪"的内容(第 50 条)。第四,修改强制措施制度,细化各种强制措施的适用条件,增加审查批捕诉讼化制度(第 86 条)和羁押必要性审查制度(第 93 条)等。第五,侦查讯问中增加认罪认罚从宽的告知规定(第 118 条第 2 款)和同步录音录像制度(第 121 条),增设"技术侦查措施"(第二编第二章第八节)等。第六,将被害人确定为诉讼当事人之一,赋予被害人申请立案监督权(第 111 条)、知悉用作证据的鉴定意见权(第 146 条)、审查起诉听取意见权(第 170 条)和自诉救济权(第 204 条第 3 项、第 176 条)等诉讼权利。第七,明确了证人出庭作证的条件(第 187 条)和强制出庭作证及不出庭作证的处罚(第 188 条),增加了特定案件中证人、鉴定人、被害人作证保护措施(第 62 条)和证人作证经济补偿制度(第 63 条)。

  (3)律师以辩护人身份介入侦查,并且在审前程序享有许多诉讼权利。自 1996 年《刑事诉讼法》第 96 条首次允许律师以"法律帮助人"身份介入侦查阶段为犯罪嫌疑人提供法律帮助后,2012 年《刑事诉讼法》第 33 条进一步明确律师介入侦查的辩护人身份,并且赋予律师在审前程序享有许多诉讼权利,扩大了律师在审前程序的参与权,促进案卷制作主体的多元化,保障原始卷宗的真实性、合法性、规范性,使卷宗的内容基本实现控辩平等,让辩方有充足的时间与机会向卷宗中纳入对辩方有利的事实和材料,从而促使卷宗的内容更加全面、客观,这有助于防止阅卷法官的偏听偏信、先入为主。主要包括:第一,明确赋予辩护人、诉讼代理人申请回避权(第 31 条)。第二,赋予并保障犯罪嫌疑人、被告人从侦查阶段开始申请法律援助权(第 33 条)。第三,赋予辩护律师在侦查期间为犯罪嫌疑人提供法律帮助;代理申诉、控告;申请变更强制措施;向侦查机关了解犯罪嫌疑人涉嫌的罪名和案件有关情况,并提出意见权(第 36 条)。第四,明确辩护人的程序性辩护责任与权利,基本解决了律师辩护会见难、阅卷难和调查取证难等问题,并赋予律师会见时核实证据权(第 37 条、第 39 条、第 41

---

① 除非特别说明,这里引用的法条都是 2012 年《刑事诉讼法》的条文。

条)。第五，明确规定案件侦查终结移送起诉应当告知犯罪嫌疑人及其辩护律师（第160条），赋予律师从案件审查起诉之日起，查阅、摘抄、复制案卷材料的权利（第38条）。第六，赋予辩护人积极辩护权（第40条），并建立了辩护人涉嫌犯罪案件异地侦查制度（第42条）。第七，赋予当事人和辩护人、诉讼代理人申诉、控告权（第47条、第115条）。第八，赋予辩护律师侦查终结前听取意见和提出书面意见权（第159条）。第九，增设审查起诉讯问犯罪嫌疑人、听取辩护人、被害人及其诉讼代理人意见，以及辩护人、被害人及其诉讼代理人提出书面意见权（第170条）。最高人民法院、司法部于2018年年初在北京、上海等18个省（直辖市）开展刑事辩护全覆盖试点工作，将来旨在刑事诉讼每一个诉讼阶段保障所有犯罪嫌疑人、被告人都获得律师有效法律帮助。

（4）各种侦查行为的规范和非法证据排除规则的初步建立。我国三部《刑事诉讼法》对证据的分类主要建立在相应侦查行为的基础上，带有明显的"以侦查为中心"的特点。2012年《刑事诉讼法》在1996年《刑事诉讼法》的基础上，进一步规范了各种侦查行为的适用条件和适用程序等，初步建立了中国模式非法证据排除规则，作为违法侦查的程序性制裁机制，从而保障各种侦查行为制作的案卷材料的真实性、合法性。主要包括：第一，自最高人民法院、最高人民检察院、公安部、国家安全部、司法部2010年联合印发《关于办理刑事案件排除非法证据若干问题的规定》后，2012年《刑事诉讼法》第54条至第58条增加非法证据排除规则，明确规定了非法证据的种类、效力、排除阶段、排除主体、排除程序和证明问题等，并赋予当事人及其辩护人、诉讼代理人申请法院排除非法证据的权利。2017年又联合印发《关于办理刑事案件严格排除非法证据若干问题的规定》，细化非法证据的范围，完善了非法证据排除的程序等。第二，《刑事诉讼法》第171条明确规定，检察院审查案件，可以要求公安机关提供法庭审判所必需的证据材料；认为可能存在第54条规定的以非法方法收集证据情形的，可以要求其对证据收集的合法性作出说明。同时，《刑事诉讼法》第57条第2款规定了侦查人员出庭说明情况制度，《刑事诉讼法》第187条第2款规定了警察出庭作证制度，第3款规定了鉴定人出庭作证及拒不出庭作证的法律后果——鉴定意见无效，并在第192条第4款规定了专家辅助人制度，以帮助法庭对鉴定意见进行质证。第三，1996年《刑事诉讼法》废除了免予起诉制度，2012年《刑事诉讼法》继续保留该做法，并在第173条第1款保留法定不起诉制度的同时，分别在第 173 条第 2 款和第 171 条第 4 款增加了酌定不起诉和证据不足不起诉制度，强化审查起诉阶段对案卷材料的实质审查，促进案件分流。

（5）侦查预审、庭前形式审查和庭前会议制度的确立。1996 年《刑事诉讼法》第 90 条增加了侦查预审制度，2012 年《刑事诉讼法》第 114 条继续保留该规定，将侦查阶段划分为前期侦查和后期预审两个阶段，并将预审的功能定位于对前期侦查中"收集、调取的证据材料予以核实"，从而保证侦查终结移送审查起诉和审判阶段的案卷材料的真实性、合法性（即证据能力）。这是其一。其二，2012 年《刑事诉讼法》第 181 条继续保留了 1996 年《刑事诉讼法》庭前形式审查的做法，规定只要"起诉书中有明确的指控犯罪事实的"，法院应当决定开庭审判。其三，《刑事诉讼法》第 182 条第 2 款在庭前准备阶段增加了庭前会议制度，审判人员在开庭以前可以召集公诉人、当事人和辩护人、诉讼代理人，对回避、出庭证人名单、非法证据排除等与审判相关的问题，了解情况，听取意见，询问控辩双方对证据材料有无异议等，从而确保庭审程序顺利而高效地进行。

（6）刑事证明责任的确定和证明标准的细化。2012 年《刑事诉讼法》第 49 条明确规定被告人有罪的举证责任由控诉方（人民检察院或自诉人）承担，犯罪嫌疑人、被告人不需承担证明责任。并且 2012 年《刑事诉讼法》第 195 条继续保留 1996 年《刑事诉讼法》第 162 条规定，将刑事判决区分为有罪判决、无罪判决和证据不足、指控的犯罪不能成立的无罪判决三类，指出法院作出有罪判决的证明标准是"案件事实清楚，证据确实、充分"。如果控诉方证据不足，法院不能认定被告人有罪的，应当作出证据不足、指控的犯罪不能成立的无罪判决。与此同时，2012 年《刑事诉讼法》第 53 条第 2 款从三个方面细化了"证据确实、充分"的条件。另外，2012 年《刑事诉讼法》第 57 条第 1 款明确规定证据收集合法性的证明责任也由人民检察院承担，并且根据第 58 条规定，其证明标准也是"案件事实清楚，证据确实、充分"。《刑事诉讼法》通过确定证明责任和细化证明标准，进一步规范了审前程序案卷材料的收集范围与取证主体、举证主体、质证主体等，促使案卷移送制度规范化。

（7）裁判文书上网公开制度的推行。为贯彻落实审判公开原则，规范人民法院在互联网公布裁判文书工作，促进司法公正，提升司法公信力，最高人民法院《关于人民法院在互联网公布裁判文书的规定》2014 年 1 月 1 日起生效实施。

这样,法院将裁判文书拿出来"暴晒",让人民群众对司法权力的运行及其结果看得见、摸得着。"这是一项史无前例的浩大工程。"按照最高人民法院领导的解释,裁判文书上网公开承载 7 个方面的社会价值,即大大规范和限制法官的自由裁量权,大大提高法官的职业化水平,推进社会诚信体系,让每一个社会成员合理地做出预期,推进法学研究和法学教育,统一上下级法院、不同法院之间的裁判标准,以及抵制各种不当的干预。① 一个案子怎么判决,当事人诉请到法院,他的诉请是什么、证据是什么、法官如何来认定,适用了多少证据,形成心证的过程,都应当呈现出来。这给案卷移送产生倒逼效应,促使公诉方移送法院的案卷材料合法、规范,从而提高案卷材料和裁判文书的质量。

由于上述案卷移送配套机制的存在,2012 年《刑事诉讼法》确立的案卷移送制度是对 1979 年《刑事诉讼法》的"否定之否定",而不是简单"轮回"。

2. 2012 年《刑事诉讼法》确立的案卷笔录运行环境的优化

推进以审判为中心的诉讼制度改革,犯罪嫌疑人、被告人"有罪无罪,法院说了算",就要严格限制审前程序中公诉方案卷材料对庭审法官的影响,让法官的心证形成于法庭,裁判结论来自当庭审理,而不是案卷材料或其他因素。笔者认为,可以进一步优化 2012 年《刑事诉讼法》确立的案卷笔录的运行环境,从而实现案卷笔录的正当化。

(1) 赋予律师讯问犯罪嫌疑人和询问证人、被害人在场权。2012 年《刑事诉讼法》已经赋予一系列可以影响案卷笔录的诉讼权利,包括侦查和审查起诉阶段的提出意见权和听取意见权,但要真正地实现卷宗内容的控辩平等,保障每一份笔录类证据材料的自愿性、真实性,立法还应当明确赋予律师讯问犯罪嫌疑人和询问证人、被害人在场权,让控诉方制作的每一份笔录类证据材料都有律师在场见证。《刑事诉讼法》第 33 条已经排除律师参与第一次讯问,这是为了保障侦查机关通过第一次讯问获得犯罪嫌疑人"原始陈述",是立法在侦查需要和人权保障之间进行的一种平衡设计,笔者认为是合理的。但从第二次讯问开始,以及询问证人、被害人等,为了保证犯罪嫌疑人、证人、被害人等言词证据陈述人的陈述自愿性或精神自由权,应当允许律师在场。根据最高人民法院、最高人民检

---

① 《最高法:裁判文书上网承载七方面社会价值》,载中国法院网,www. chinacourt. org/article/detuil/2013/11/id/1152319. shtml,2016 年 10 月 22 日访问。

察院、公安部、国家安全部、司法部《关于推进以审判为中心的刑事诉讼制度改革的意见》第 20 条规定，看守所应当建立法律援助值班律师制度，如果犯罪嫌疑人没有委托辩护人，或者被害人没有委托诉讼代理人，公安机关、人民检察院讯问犯罪嫌疑人或询问证人、被害人等收集言词证据时，应当要求法律援助机构安排律师参与讯问或询问，为犯罪嫌疑人、被告人及证人、被害人提供法律帮助，并作为见证人在讯问和询问笔录上签名，证明讯问或询问程序的合法性。《俄罗斯联邦刑事诉讼法典》第 53 条规定，辩护人自准许参加刑事案件之日起，有权参加对犯罪嫌疑人、刑事被告人的询问以及其他有犯罪嫌疑人、刑事被告人参加的或者根据犯罪嫌疑人、刑事被告人的请求或辩护人的请求而依法进行的诉讼行为。我国《刑事诉讼法》第 270 条已经建立了讯问未成年犯罪嫌疑人和询问未成年被害人、证人的合适成年人在场制度，实践证明效果是好的，对于保障未成年人陈述自愿性、避免陈述笔录内容的合法性争议发挥了重要作用。立法可以总结该制度，将其推广适用于所有讯问和询问行为，建立完善的讯问或询问时律师在场制度。在场律师的作用主要是为被讯问或询问人提供法律帮助，见证讯问或询问程序的合法性。这样，所有讯问犯罪嫌疑人或询问证人、被害人笔录上必须有在场律师签名。如果这样的笔录与讯问同步录音录像相互印证，就可以保证犯罪嫌疑人、被告人供述笔录和证人证言笔录、被害人陈述笔录等笔录类证据的真实性、合法性，避免程序性纠纷。

（2）建立侦查终结前律师阅卷和辩护卷宗制度。《刑事诉讼法》第 38 条规定，辩护律师直到案件审查起诉之日，才能查阅、摘抄、复制本案的案卷材料。在我国"流水线"诉讼构造下，检察机关尽管是国家唯一的公诉机关，但被塑造成一个"预审法官"，通过"客观公正"地审查侦查终结移送起诉的案件，作出提起公诉、不起诉或撤销案件的决定，并监督侦查的合法性。这就要求从检察机关对案件审查起诉开始，就应当得到侦查阶段控辩双方的完整信息，才能做到"兼听则明"。在我国"两步式"侦查模式下，侦查预审程序已经对前期侦查收集、调取的证据材料予以核实，并且侦查机关认为已经达到"犯罪事实清楚，证据确实、充分"的证据标准，此时允许辩护律师阅卷，不仅不存在泄露侦查秘密的危险，而且还有利于及时发现侦查不足，甚至违法侦查，及时纠正。虽然《刑事诉讼法》第 159 条赋予辩护律师听取意见和提出意见权，而且最高人民法院、最高人民检察院、公安部、国家安全部、司法部印发《关于推进以审判为中心的刑事诉讼制度改革的意见》第6条提出，在案件侦查终结前，犯罪嫌疑人提出无罪或者罪轻的辩解，辩护律师提出犯罪嫌疑人无罪或者依法不应追究刑事责任的意见，侦查机关应当依法予以核实，但这些都是被动行为，辩护律师很难全面了解侦查机关案卷材料、证据的全部内容，从而在侦查机关听取意见，或者书面提出意见时，提出有价值的意见。《俄罗斯联邦刑事诉讼法典》第53条规定，在侦查终结时，辩护人有权了解刑事案件的所有材料，从案卷中摘抄任何材料的任何部分，复制、包括使用技术手段复制刑事案件的任何材料。这一做法值得我国借鉴。笔者认为，立法应充分保障辩护律师侦查终结前的知情权，在预审结束后侦查终结前，辩护律师有权查阅、摘抄、复制本案的案卷材料。这样保障《刑事诉讼法》第159条规定的侦查终结前听取意见或提出意见制度和《关于推进以审判为中心的刑事诉讼制度改革的意见》第6条得以落实。

与此同时，《刑事诉讼法》赋予律师审前程序中阅卷权和听取意见、提出意见权后，应当借鉴意大利做法，从侦查阶段开始建立专门的辩护卷宗，将辩护方提出的书面意见和证据材料等放入其中，随侦查卷宗一并移送检察院审查起诉。在审查起诉阶段收集到的辩护方的书面意见和证据材料等也放入其中，随公诉卷宗一并移送法院。同时，我国也可以借鉴《意大利刑事诉讼法》的证据移送模式，实行卷宗两次移送制度。第一次，在侦查机关侦查终结之后（大陆法系是警检一体化），检察机关经过审查起诉，制作一份向法院的预审法官移送的案件卷宗；第二次，经全面审查，预审法官认为犯罪嫌疑人的行为已构成犯罪，再制作一份简明的证据目录向庭审法官移送。这个证据目录没有内容，只有目录，所有的证据要在法庭上来展示。

（3）建立庭前法官与庭审法官分离制度，充实庭前会议功能。虽然案卷移送方式与法官预断并无必然的关系，但庭审法官（包括陪审员）阅卷了解案件情况后，可能对案件或被告人产生预断甚至偏见，尤其是在我国这种控辩平等"武装"还没有完全实现的国家，案卷材料的内容很难保证客观中立。英美法系国家和日本等实行"起诉状一本主义"，禁止起诉书援引其他文书和证据内容，意大利实行"两步式"案卷移送制度，并且严格实行传闻证据规则或直接言词原则，都旨在限制庭审法官庭前受到控诉方案卷材料的影响，导致庭审形式化。大陆法系德国、法国等实行"案卷移送主义"，允许庭审法官庭前阅卷，是以一系列配套制度，包括严格实行直接言词原则为保障的。德国虽然采取案卷移送制度，但案卷内容原则上不得用作裁判的根据。由于担心陪审员不自觉地受到影响，陪审员原则上不得接触案卷；审判长和制作裁判文书的法官也不得阅览案卷。《德国刑事诉讼法典》第 250 条还规定了"询问本人原则"，即对事实的证明如果是建立在一个人的感觉之上，则要在审判中对他进行询问；不允许以宣读以前的询问笔录或者书面证言来代替询问。德国在法庭审判阶段严格执行直接、言词原则，对于庭前卷宗笔证据能力的判断原则，以不具有证据能力为一般，具备证据能力为例外。对于卷宗所提及之证据，物证以当庭出示为原则，言词证据以证人当庭作证为原则。《法国刑事诉讼法典》第 347 条规定，重罪法院不得将案卷带进评议室，但如果法庭认为有必要对案卷中的某些材料进行审查，则审判长可以命令将卷宗送至评议室，在检察院及被告人与民事当事人的律师当面，重新开卷，以行查阅。

我国案卷移送制度运行环境虽然已经发生显著变化，1996 年《刑事诉讼法》就确立了"控辩式"庭审方式，控辩双方能够在庭审中发挥更大作用，但立法没有确立直接言词原则或传闻证据规则，法官庭前可以阅读所有案卷材料，无论是否具有证据能力。2012 年《刑事诉讼法》第 187 条增加证人、鉴定人出庭作证的条件的同时，仍然保留了 1979 年《刑事诉讼法》第 116 条规定的在庭审中"宣读证据性文书"的内容，2012 年《刑事诉讼法》第 191 条还赋予法官庭外调查权等。为此，笔者认为，我国应当建立庭前法官与庭审法官分离制度，充实庭前会议功能。具体来说，在立案庭设庭前法官，由其对公诉案件进行审查，按照普通程序审理的案件有必要时，可以根据《刑事诉讼法》第 182 条第 2 款规定启动庭前会议，对于符合开庭条件的，向庭审法官出具开庭意见书，并报告庭前会议中的相关事项。并且借鉴意大利的做法，建立专门的法官卷宗，由庭前法官审查确定放入该卷宗中可以供庭审法官阅览的案卷材料，而公诉卷宗和辩护卷宗绝大部分内容不得让庭审法官或人民陪审员阅览。况且，庭前法官与庭审法官不得是同一人，也不得接受同一法院领导的领导。此外，立法还应明确确立直接言词原则，构建传闻证据规则，严格限制庭审法官和人民陪审员庭前阅卷，确保所有进入庭审的案卷材料的证据能力。最高人民法院、司法部 2015 年印发的《人民陪审员制度改革试点方案》第 5 条提出探索人民陪审员参审案件职权改革，逐步探索实行人民陪审员不再审理法律适用问题，只参与审理事实认定问题，以充分发挥人民陪审员富有社会阅历、了解社情民意的优势，提高人民法院裁判的社会认可度。但该方案第 4 条提出完善人民陪审员参审案件机制，健全人民陪审员提前阅卷机制，要求法院在开庭前应安排人民陪审员阅卷，为人民陪审员查阅案卷、参加审判活动提供便利。这种提前阅卷很难避免人民陪审员受到公诉方案卷材料的影响，从而产生庭前预断甚至偏见，导致庭审形式化，需要尽量限制乃至取消。

（4）严格限制法官庭外调查权。与严格限制审前案卷材料影响法官心证原理一致，立法还应当严格限制《刑事诉讼法》第 191 条规定的法官庭外调查权的行使，以便庭审法官对案件的裁判结论真正来自当庭审理，实现庭审实质化。《意大利刑事诉讼法典》第 507 条规定就是例证，它使庭审法官依职权进行庭外调查的例外成为常态，从而造成严重的程序不公。笔者建议最高人民法院进一步完善最高人民法院《关于适用〈中华人民共和国刑事诉讼法〉的解释》第 220 条规定，一是总结司法实践经验，采取列举加概括的方式，对"对证据有疑问的"作出明确解释，以便于操作，避免该权力被滥用。二是法庭应当尽量告知公诉人、当事人及其法定代理人、辩护人、诉讼代理人补充证据或者作出说明。只有确有必要时，才能进行庭外调查核实证据，并尽量通知公诉人、当事人及其法定代理人、辩护人、诉讼代理人等控辩双方一并到场。三是法庭庭外调查核实证据时，应尽量减少适用勘验、检查、查封、扣押、鉴定和查询、冻结等强制性措施，以保持法院中立形象。四是对于庭外调查核实取得的证据，如果控辩双方有异议，法庭应当经过开庭质证后，才能作为定案的根据。

刑事案件证人出庭作证的实践困境与制度改革

杨建文[①]　张向东[②]

一、引言

刑事诉讼中证人出庭作证不仅能够帮助查明案件事实，还能保证控辩双方对于证人证言进行充分的质证，保障被告人的诉讼权利，保障刑事诉讼的公平和效率。但在审判实践中，证人出庭作证难，不仅没有伴随着 40 年来的改革开放，特别是刑事诉讼法的三次修改而有效破解，反而是新老问题叠加，各种困难不断涌现，成为刑事诉讼制度亟须改革的时代课题。2012 年《刑事诉讼法》修改时为破解证人出庭作证的难题，明确了证人出庭作证范围，增设了强制证人到庭、证人保护及补助等内容，基本确立了证人出庭作证制度的主体框架。其后，在贯彻落实党的十八届四中全会决定，推动以审判为中心的诉讼制度改革过程中，中央又先后制定"两高三部"《关于推进以审判为中心的刑事诉讼制度改革的意见》、最高人民法院《关于全面推进以审判为中心的刑事诉讼制度改革的实施意见》（以下简称《实施意见》），进一步明确了落实证人出庭作证制度，提高出庭作证率的意见。根据中央的精神和具体要求，地方政法部门也将破解证人出庭难、提高出庭率作为推进以审判为中心的诉讼制度改革的重要着力点，陆续出台了地方指导意见，有的地方甚至将证人出庭率作为推动这项改革的主要考核指标。[③] 据笔

[①] 杨建文，中国政法大学博士后研究人员。
[②] 张向东，北京师范大学博士后研究人员。
[③] 例如，《重庆市高级人民法院关于全面深入推进以审判为中心的刑事诉讼制度改革的实施方案》（渝高法〔2017〕75 号）规定："全面深入推进以审判为中心的刑事诉讼制度改革，确保侦查、审查起诉按照审判的要求和标准进行，以强化证人、鉴定人、侦查人员出庭作证和律师辩护为重点，充分发挥审判在查明事实、认定证据、保护诉权、公正裁判中的决定性作用，通过法庭审判的程序公正实现案件裁判的实体公正，切实提升司法公信力……全市各中基层法院要将刑事一、二审案件证人出庭作证率……数据形成统计表，每月逐级层报市高法院。"

者不完全统计，自 2012 年《刑事诉讼法》修改以来，截至 2018 年 12 月，全国各地围绕证人出庭作证而出台的规范性文件不少于 90 件，其中以北京、湖北、浙江、辽宁、天津、山东等地的指导意见较有代表性。然而与理论研究一热再热、司法改革举措迭出、推进力度不断加大形成鲜明反差的是，证人出庭率并未因此而显著提高（除个别将提高证人出庭率作为推进以审判为中心诉讼改革样板的地区），也观察不到未来一段时间内有显著提升的迹象。如何结合司法实践合理解释这一现象，以及采取何种改革举措改变这一现象，均值得深入总结和探讨。

纵览近年来我国刑事诉讼理论研究相关成果及各地为提高证人出庭率而采取的诸多举措，笔者认为，当前无论是理论研究，还是改革实践，对证人出庭作证都存在一些脱离实际的误区，赋予了与这一制度价值及功能不相称的过度期待，使证人出庭作证成为推进以审判为中心的诉讼制度改革的"不堪承受之重"。当前，我们有必要本着实事求是的态度全面梳理刑事诉讼证人出庭作证的现状，纠正认识误区，采取更加务实的改革举措，蹄疾步稳地推进以审判为中心的诉讼制度改革。

二、当前刑事诉讼中证人出庭作证的实践现状

2012 年《刑事诉讼法》对证人出庭作证制度作出了修改和完善，但证人出庭作证难、出庭率低的现状整体上并未有明显改观。笔者统计了我国中部地区 H 省 H 市两级法院 2015 年审理的刑事案件证人出庭作证情况。该市 6 个基层法院，按普通程序审理刑事案件 1098 件，中级法院二审开庭审理刑事案件 174 件。以上案件，法院共通知证人 26 人出庭，其中辩方申请 13 件 56 人，控方申请 3 件 4 人，拒绝出庭的 5 人，无法通知的 3 人，实际出庭 16 人，到庭率 61.5%。出庭作证的人员中包括普通证人 8 人、被害人 4 人、鉴定人 1 人、侦查人员 3 人。辩方申请后法院认为没有必要通知证人出庭的案件 7 件 40 人。具体情况如下表所示（见表 1）：

表1　2015年H市两级法院证人出庭情况分析表

法院	普通程序审理案件数	通知出庭案件数（件/人）	控方申请（件/人）	辩方申请（件/人）	依职权通知（件/人）	出庭证人（人）	经申请未准许（人）	经通知拒绝出庭（人）	无法通知（人）
A法院	150	3/5	0	1/3	2/2	2	0	0	3
B法院	134	1/1	1/1	0	0	1	0	0	0
C法院	125	1/6	0	1/6	0	6	0	0	0
D法院	32	1/4	1/1	1/3	0	1	0	3	0
E法院	368	1/2	1/2	0	0	0	0	2	0
F法院	289	1/1	0	3/9	0	1	8	0	0
二审	174	2/7	0	7/35	2/2	5	32	0	0
共计	1272	9/26	3/4	13/56	4/4	16	40	5	3

上述统计数据虽仅限于某一个地级市，不足以反映全国整体情况，但也较有代表性，一定程度上反映了当前证人出庭作证的基本状况。

（一）证人出庭作证积极性仍持续低迷，证人出庭率在刑事诉讼法修改前后没有明显提高

以上述H市为例，2015年全市基层法院按普通程序审理的刑事案件，连同市中级法院二审开庭审理刑事案件共计1272件，证人实际出庭共计16人，出庭率为1.25%。如果把适用简易程序审结的刑事案件也列入统计范畴，出庭率实际更低。上述统计数据与刑事诉讼法修改前数据对比基本没有变化。其他省区市对证人出庭情况的实证统计也印证了这一点。[①] 证人出庭积极性不高，除与相关配套措施仍停留在规范层面，没有落实到位有关外，更重要的因素恐怕与中国法律文化传统、民众心理认知及行为方式等密切相关。在中国这样一个以人情关系为纽带的社会，"情理法"融为一体，日常生活中人情被放在第一位，证人出庭作证往往面临巨大的人情伦理压力，并与担心自己及有关亲属因缺少有效保护而可

---

① 陕西省西安市2011年7月至2012年12月，西安中院有证人出庭作证对案件占刑事案件对比例仅为2.5%，新刑诉法施行后2013年1月至2014年12月，有证人出庭作证对案件占刑事案件对比例是3.33%，比以前仅提高了0.83%。参见高伟、楚涵：《困境与出路：刑事证人出庭作证实证研究》，载《中国审判》2016年第36期。此外，根据笔者的实证调研，2013年至2017年5月，广西梧州两级法院开庭审理的刑事案件为13057件，证人出庭作证的仅为31件，占所有开庭审理案件总数的0.2%。

能遭受打击报复的心理压力交织在一起,最终压制了证人出庭作证的意愿。加之公众普遍缺乏公民意识和社会责任感,未将出庭作证当成自己应尽的法律义务,更不可能认识到建设法治中国需要每一位公民履行自身的职责。在以上深层文化心理没有整体改观的时代背景下,期望通过一次法律条文修改而改变证人出庭作证的现状无异于同几千年来的文化积淀作斗争。与此同时,简单要求公民以牺牲自身及亲属等的人身安全、生活安宁及物质利益为代价来承担法律义务,也不符合人性趋利避害的本能,不现实也不可行。

(二) 公诉人对申请证人出庭作证整体上持消极态度,甚至有抵触情绪,更多倾向于使用书面证言

证人出庭作证通常由控辩双方或者一方提出申请。审判实践中,绝大多数案件的证人证言由公诉人提出,理想状态下,证人出庭就所目击或者感知的犯罪事实向法庭提供证言,有助于公诉人指控犯罪事实。公诉人对证人出庭本应持积极态度,但现实情况刚好相反,公诉人对证人出庭通常持消极态度,不提出申请,甚至不希望关键证人出庭,更不采取积极保障措施保证证人到庭是实践中的常态,这些情况在经济犯罪、职务犯罪案件中表现得尤为明显。仍以H市为例,控方申请证人出庭的仅3件4人,明显低于辩护律师申请出庭的比例。[①] 究其原因,主要有二:

1. 证人出庭加大了公诉人指控犯罪的风险,增加了指控难度。由于证人证言易受干扰、易变化,证人受自身记忆力及外在条件影响,随着诉讼阶段的推进,证人证言发生变化的概率非常高。有的公诉人担心证人出庭会改变在侦查阶段的证言,打乱支持公诉的计划,且难以及时调整和应变,致使公诉活动在庭审中陷入被动。例如,证人在侦查阶段提供的证言直接指证在案发现场看到某被告人持刀捅刺被害人胸部一刀,但在法庭作证时,因害怕遭到被告方报复,则声称只看到该被告人在案发现场持刀捅刺了被害人,但是否捅刺了被害人胸部等致命部位则没有看清,或者时间久了记不清了。如果案发现场还有其他同案犯携带凶器,该证人法庭证言的变化会直接影响到案件事实的认定。毫无疑问也将会加重公

[①] 其他地方的实证数据也印证了同样的客观事实。例如,广西梧州市两级法院2013年至2017年5月审结的31件证人出庭案件中,侦查机关、检察院要求证人出庭的只有1件,仅占所有证人出庭案件的3.2%。

诉人指控该名被告人持刀捅刺被害人致命部位这一关键情节的负担，增加指控难度。为避免证人当庭出现翻证的复杂局面，从而将庭审中可能出现的风险控制在所能掌控的范围内，公诉人往往倾向于以当庭宣读证言笔录的方式指控犯罪事实。

2. 庭前书面证言与庭审证言效力位阶的相当性弱化了公诉人申请证人出庭作证的必要性。《刑事诉讼法》第 195 条对证人庭前书面证言的证据能力和证明力作了规定，依据该规定，对未到庭的证人的证言笔录，经当庭宣读，并听取公诉人、当事人和辩护人、诉讼代理人的意见后，可以作为证据使用。这意味着证人庭前书面证言和证人当庭所作出的证言在效力位阶上是相当的。公诉人庭审前对书面证言的证据能力和所证事实已了然于胸，在现有考核指标的约束下，出于功利目的，公诉人最为稳妥的方式就是在法庭上宣读书面证言，换言之，不用证人出庭，即可稳妥完成出庭支持公诉的任务。

（三）法庭对通知证人出庭有畏难心理，对证人拒不出庭持宽容态度

依据《刑事诉讼法》的规定，法院对通知证人出庭具有最终决定权。因此，理论上只要法庭高度重视证人出庭，根据控辩双方申请，即可通知证人出庭作证，且在证人保护制度、出庭证人补助制度的保障与激励下，证人出庭本不应当再成为实践中的难题。但上述制度设计与司法运作现状相去甚远。在司法资源十分有限的当下，法庭缺少通知证人出庭作证的积极性。以广西梧州市两级法院 2013 年至 2017 年 5 月审结的 31 起证人出庭案件为例，法庭要求证人出庭有 2 起，仅占所有证人出庭案件 6.4%。

1. 全案卷宗移送制度弱化了法庭通知证人出庭作证的必要性。2012 年修订的刑事诉讼法进一步强化了全案卷宗移送工作。开庭前，法官可以根据公诉机关移交的侦查机关事先固定下来的书面证言和其他证据材料，对案件事实作出总体了解和把控。用通俗的话说，"阅完卷，案子能不能定，被告人该定什么罪，判什么刑，心里就有个谱儿了"。虽然我们不能简单下结论说法庭已形成了预判，事实上经过开庭，犯罪事实、定罪、量刑情节等还可能作进一步修正，但毋庸置疑的是，法庭经过事先阅卷，对侦查阶段获取的书面证言的证据能力和证明力，以及与在案其他证据是否存在矛盾，存在矛盾时能否排除矛盾，进而形成内心确信等问题，承办法官基本上已经了然于胸，否则怎么能够有效主持庭审呢？在此情况下，证人出庭，进而辅助法庭查明关键事实和情节，只在极个别情况下才具有必要性，在绝大多数情况下，并不需要证人出庭。因此，法庭通知证人出庭的

积极性当然也不高。

2. 证人保护制度、出庭证人补助制度缺乏操作规程，相关配套措施不完备增加了法官通知证人出庭的畏难心理。这种畏难心理部分体现在证人出庭可能会改变此前书面证言，同样增加了掌控庭审的难度，但更重要的是，证人出庭作证显著增加了诉讼成本。法庭决定通知证人出庭的，各种程序性事项要逐一解决，就连确定开庭日期，也要在协调公诉人、辩护人之外，再去协调证人，不确定性因素增多，难度必然增加。同时，如果决定对证人实施保护的，若系庭审保护，则需协调法院技术部门、司法警务部门，若系庭审前、庭审后保护的，则还需协调同级公安机关；证人出庭后需要补助的，又需要协调财务部门，手续也相当烦琐。当前刑事审判面临"案多人少"的矛盾日益突出，刑事案件数量逐年递增与审判资源的有限性矛盾凸显。近几年，全国各级法院审结一审刑事案件呈逐年递增趋势，员额制改革后，承办法官人数比以前减少，法官人均办案数量大幅度攀升，法院审判工作压力加大，审判资源早已出现明显不足。在一些省会城市的基层法院，刑事法官年均办案量200件以上已属于"标配"，虽然基层法院审理的案件以"两抢一盗"居多，案情通常较为简单，但"麻雀虽小五脏俱全"，各种程序性事项缺一不可，每增加一名证人出庭作证，前述相关程序性工作和诉讼成本便会显著增加。笔者认为，对于普通刑事案件，即使要求20%的案件有证人出庭，短期内也难以实现。

基于上述客观现实，证人出庭作证制度设计虽然很丰满，但法官疲于结案的现实却很骨感。与法院其他职能部门相比，刑事法官在刑事诉讼中所付出的辛劳，承受的内外压力，承担的责任与风险，若不身临其境，则难以想象和体会。特别是当前绩效考核体系往往将结案率、服判息诉率、上诉率、发改率等作为量化管理和考核的硬指标，在上述导向指引下，法庭对于证人不出庭，持理解和宽容态度，一般也不会自找麻烦轻易通知证人出庭。[1]

---

[1] 现有考评制度要求法官、检察官在保证案件公正的情况下，以快速、有效的方式结案，而这些带有明显行政化色彩的考评标准又与法官、检察官的薪酬、职务升迁、奖惩等切身利益密切相关。法官、检察官为了达到考评制度的要求，就会选择绕开一些对结案可能造成拖延的规定，而让证人出庭作证显然在客观上会造成所谓的"迟延结案"，所以，检察官、法官在实践中就会尽可能避免让证人出庭作证。因此，在保证案件质量的前提下，可将当庭宣判率与证人当庭质证率作为法官、检察官考核和奖惩的重要标准，通过这一激励机制促使法官、检察官提高庭审能力和业务素质。同时，还要强化法官、检察官职责，推行法官、检察官责任制制度，让法官、检察官对案件真正负起责任。

(四) 辩护律师因受各种制约而对申请证人出庭持审慎保留态度与随意申请证人出庭的现象并存

一般说来，调查取证是辩护律师办理刑事案件的"基本功"，但刑法、刑事诉讼法等关于规范律师调查取证的相关规定犹如悬挂在律师头上的"达摩克利斯之剑"，在威慑极个别辩护律师违法取证、不规范取证等的同时，客观上也致使相当一部分辩护律师对调查取证持审慎保留态度，能申请证人出庭就不直接向证人取证已成为刑事辩护领域的"潜规则"，申请证人出庭俨然成为辩护律师规避执业风险的方式之一。但是，另一方面，辩护律师接受当事人委托开展辩护，申请证人出庭就某一关键事实和情节作证，在维护委托人利益的同时容易招致另一方的误解、不满乃至愤恨，增加执业风险。在辩护律师刑事调查权未获法律高度认可和社会执法环境不佳的背景下，辩护律师为规避潜在执业风险，对申请证人出庭持审慎态度也就不难理解。仍以 H 市为例，虽然辩护人申请证人出庭作证的人次高于公诉人，但绝对值仍比较低。一年来，H 市法院由辩护人申请证人出庭作证的仅 13 件 56 人，且申请后被法院驳回的共计 7 件 40 人，换言之，申请被法院支持的仅 6 件 16 人，采纳率不足一半。吊诡的是，与上述现象形成反差的是，部分辩护律师为增加辩护效果甚至是烘托辩护气氛，甚至出现滥用申请权的现象，即个别辩护律师曲解"证人应当出庭作证"的规定，对明显争议不大的书面证言，或者非关键证人，也申请出庭，或者不加区别地同时申请多名证人出庭。如果法庭对该申请不予支持，则以法庭未能通知所申请的全部证人出庭为由抨击程序"不公正"，以迎合甚至煽动被告人亲属的情绪，误导公众。若法院不加甄别予以同意，则明显浪费司法资源。

(五) 强制证人出庭作证在实践中遭到规避，多流于形式，被弃之不用

证人出庭作证作为一种国家义务而存在，违反上述义务的法律后果必然带来责任。2012 年刑事诉讼法修改时为使证人出庭作证落到实处，规定了强制证人出庭作证制度，但相关规定具有明显缺陷，致使司法实践中遭到规避，基本上被弃之不用。究其原因，主要有两方面：

1. 证人拒不出庭作证的理由较为弹性，容易遭到规避。2012 年《刑事诉讼法》第 188 条规定，"经人民法院通知，证人没有正当理由不出庭作证的，人民法院可以强制其到庭"，换言之，具有正当理由的，则可以不到庭。何为"正当理由"，根据《刑事诉讼法司法解释》第 206 条的规定，包括：(1) 在庭审期间

身患严重疾病或者行动极为不便的;(2)居所远离开庭地点且交通极为不便的;(3)身处国外短期无法回国的;(4)有其他客观原因,确实无法出庭的。实践中,对上述情形的认定不可能达到"事实清楚,证据确实、充分"的程度,即使法庭通知证人出庭,假若证人以患病,或者外出务工,行动不便为由予以拒绝,法庭不可能到证人所在地调查核实,法律规定轻易就能遭到规避。

2. 对拒不出庭的证人惩戒措施不完善,不便于执行。依据2012年《刑事诉讼法》第188条第2款的规定:"证人没有正当理由拒绝出庭或者出庭后拒绝作证的,予以训诫,情节严重的,经院长批准,处以十日以下的拘留。"从中可以看出,证人拒绝出庭所承担的责任,分为两个层次:情节较轻的予以训诫,情节严重的予以司法拘留。上述规定在执行时存在五个难题:(1)证人拒不到庭的,训诫措施没有操作的可行性。(2)证人到庭后拒绝作证或者随意提供证言,消极配合法庭的,法庭虽可以予以训诫,但训诫的后果并不会让证人积极履行作证义务,反而影响出庭效果。(3)对拒绝出庭作证的证人执行司法拘留有难度。刑事诉讼法未明确规定法院应当适用何种措施强制证人到庭,《刑事诉讼法司法解释》第208条虽规定"强制证人出庭的,应当由院长签发强制证人出庭令"。实践中的问题在于,由谁具体承担执行职责。各地通常做法是由法院的司法警察执行,必要时商请公安机关协助执行。但证人拒不配合的,司法警察及公安人员所能够采取的强制措施十分有限,且强制证人到庭对证人正常工作、生活造成的影响比较大,负面效果也比较明显。因此,最高人民法院明确要求各地法院"对证人因种种原因逃避出庭的,应尽量通过说服教育解决问题,动用强制到庭措施必须慎重"。(4)强制证人到庭后,可能涉及对证人的经济补助、对证人人身安全的保护,而这些问题实践中又没有得到很好解决。(5)证人被强制出庭后拒不作证的,或者仅以记不清为由搪塞的,或者消极应付主询问和交叉询问的,均会导致庭审陷入僵局,此时如何审查认定证人庭前书面证言和庭审证言的效力,以及对庭前证言是否予以排除,均存在疑问。强制证人到庭,个别情况下法律效果不仅未达到,反而浪费了司法资源,庭审实质化也流于形式。

(六)证人保护措施不完善,审判阶段缺乏操作规程,落实中打折扣

证人出庭难的根本原因在于证人保护制度缺失,证人容易遭到犯罪分子及其亲友的打击报复,证人及其家属的人身财产安全缺少保障。2012年《刑事诉讼法》修改时为推动证人出庭,增设了证人保护制度,依据该法第62条规定,对

于危害国家安全犯罪、恐怖活动犯罪、黑社会性质的组织犯罪、毒品犯罪等案件，证人、鉴定人、被害人因在诉讼中作证，本人或者其近亲属的人身安全面临危险的，人民法院、人民检察院和公安机关应当采取不公开真实姓名、住址和工作单位等个人信息，采取不暴露外貌、真实声音等必要的保护措施。证人、鉴定人、被害人认为因在诉讼中作证，本人或者其近亲属的人身安全面临危险的，可以向人民法院、人民检察院、公安机关请求予以保护。《公安机关办理刑事案件程序规定》以及2017年公安部制定的《公安机关办理刑事案件证人保护工作规定》（以下简称《证人保护规定》）等规范性文件对侦查阶段的证人保护工作予以细化，但实践中对证人保护存在的多个问题其实并没有解决，制约了证人出庭。

1. 缺乏对证人的系统性无缝连接式保护机制。刑事诉讼法规定了公检法三机关对证人的保护责任，但由于三机关所能采取的保护措施及保护证人能力上存在差别，加之配合衔接机制缺失，导致实践中"各扫门前雪"，不利于对证人进行全方位、及时有效的保护。《证人保护规定》对程序启动、保护措施种类、实施、终止、经费保障以及与其他部门的配合协调等均作了明确规定，但上述规定仅限于侦查阶段对证人的保护，案件移送起诉后，则由检察机关、法院履行相应的保护职责。实践中，检察机关、法院所能采取的保护措施比较单一，对证人的保护能力十分有限。"在司法实践中，法院一般只负责证人进入法庭以后的人身安全，至于证人离开法院、甚至在法院门口，遭受到被告人方人身攻击，法院一般也无能为力，只能求助于公安机关。"[①] 法院客观上又没有对证人在庭审前、庭审后提供持续有效保护的条件和能力。而在审判阶段，由公安机关为主派警力对证人予以保护，目前条件下没有操作可行性，虽然不排除个案在当地政法委协调下实现，但《证人保护规定》在制度层面对该问题没有作出明确规定，无法建立通畅的衔接机制。现实情况是，公检法三机关对证人保护均系阶段性、暂时性的，而证人及其亲属所面临的危险可能是持续性的，甚至是无形的，尤其是有组织犯罪、恐怖活动犯罪等案件中的证人，包括共同犯罪中指认同案犯的其他犯罪事实的犯罪嫌疑人、被告人，其所受的人身干扰乃至威胁比较突出，三机关难以周全提供无缝衔接的保护，这已是不争的事实。

---

① 汪海燕：《论刑事庭审实质化》，载《中国社会科学》2015年第2期。

2. 对证人提供保护的案件类型十分有限。依据《刑事诉讼法》的规定，对于危害国家安全犯罪、恐怖活动犯罪、黑社会性质的组织犯罪、毒品犯罪等案件，相关证人的人身安全面临危险时应当予以保护。虽然上述规定使用了"等"字，并不限定于上述四类案件类型，《证人保护规定》第24条甚至明确规定证人因在上述列举的案件范围以外的案件中作证，本人或者其近亲属的人身安全面临危险，确有保护必要的，也可以予以保护。但上述规定仅针对侦查阶段对证人的保护，所获取的证言也是书面证言。在审查起诉阶段对证人提供保护的案件类型没有进一步的规定。在审判阶段，尽管2016年修订的《法庭规则》关于刑事法庭可以配置同步视频作证室，供依法应当保护或其他确有保护必要的证人、鉴定人、被害人在庭审作证时使用的规定，扩大了保护证人的案件范围，但由于该项要求仅限于庭审阶段，且保护手段单一，实践中对于诸如故意伤害、抢劫、强奸、绑架等暴力犯罪，即使客观上需要对证人采取保护措施，由于缺乏其他明确规定和相关机制，证人尽管有出庭作证意愿，也会因人身安全缺乏有效保障，而影响其出庭作证的积极性。

3. 保护的人员范围过于狭窄。依据《刑事诉讼法》的规定，证人保护的人员范围包括证人"本人或者其近亲属"。《证人保护规定》第23条将保护的人员范围扩充至"证人的未婚夫（妻）、共同居住人等其他与证人有密切关系的人员"。但上述规定的效力仅限定于侦查阶段。在审查起诉阶段，特别是审判阶段，对于证人"本人或者其近亲属"以外的其他人是否提供保护的法律规定存在空白。而证人的未婚夫（妻）、共同居住人等其他与证人有密切关系的人员也与证人本人的切身利益休戚相关，对上述人员不予保护，证人出庭作证的意愿会显著降低。

4. 审判阶段对证人所能采取的保护措施十分有限。审判阶段对证人的保护分为庭前阶段、庭审阶段、庭审后阶段。在庭审阶段，法庭可以采取隐蔽作证等方式对证人进行保护，但在庭前阶段、庭审后阶段，法庭所能采取的保护措施十分有限，甚至不具备对被保护人"人身和住宅采取专门性保护措施"的能力。例如，辽宁省由省高级人民法院等四部门制定的《关于刑事案件证人、鉴定人出庭作证若干问题的联席会议纪要》（以下简称《辽宁证人出庭纪要》）规定的对证人保护措施，仅包括"必要时应当不公开出庭证人、鉴定人的真实姓名、住址、工作单位和联系方式等个人信息，并采取远程视频作证等措施，避免暴露其外貌、真实声音""人民法院应为证人、鉴定人出庭提供专门席位、通道、等候休息区域,有条件的可设置证人、鉴定人休息室"。上述有限的保护手段在审判实践中已被证明措施不力、效果不明显。

(七)证人出庭作证经济补偿制度程序烦琐,标准不尽合理,实际补贴率低

"没有一种法律制度有正当理由能强迫证人作证,而在发现证人作证受到侵害时又拒绝给予援助。"① 证人出庭履行作证义务,为此花费一定的时间、精力,并支出相关费用,若不能得到及时补偿,其出庭作证意愿必然降低。为提高证人出庭作证的积极性,2012年修改《刑事诉讼法》时增设了出庭证人的经济补偿制度,即"证人因履行作证义务而支出的交通、住宿、就餐等费用,应当给予补助"。上述规定改变了过去一味强调证人出庭作证是法律义务的思路,体现了司法的人性化,但上述规定是对证人因出庭而支出的相关费用进行"补助",不包含证人因出庭可能或者必然遭受的积极收入减少的部分。

司法实践中,证人来自不同地域、不同行业,从事不同工种,按照统一标准对出庭证人给予补助,对于经济收入高、因出庭作证使得经济收入明显减少的证人仍难以调动其出庭的积极性。当然,也有观点指出,刑事诉讼中证人出庭是法定义务,国家给予适度的补偿即足矣,不能完全等同于民事诉讼案件中的证人出庭。上述观点理论上当然成立,但刑事诉讼制度的良性运行不能建立在人们的高尚道德自觉基础之上。审判实践中,相当一部分证人是现实的理性的"经济人",因出庭作证让自己遭受损失,出庭作证的积极性不高实属必然。此外,实践中审判机关对出庭证人给予补助的性质认识不清、定位不准,没有把补助准确界定为出庭证人依法享有的正当权益,而当成为法院的"施舍"和"恩泽",甚至存在衙门作风,且办理补偿、支付程序繁杂,耗时费力。2013年至2017年5月,南宁市法院刑事案件证人出庭作证的得到补偿的案件只有2件,实际支付证人出庭作证的补偿率仅6.4%。

在上述种种因素制约下,证人出庭没有因2012年《刑事诉讼法》作出修改、相关司法改革文件陆续出台而出现显著改观。当前,有必要从制度设计上反思证人出庭作证存在的问题,特别是应当纠正围绕着证人出庭作证所产生的一些认识误区,剔除那些围绕着这一制度上的不切实际的幻想,从而立足中国刑事诉讼制

---

① [英]丹宁:《法律的正当程序》,李克强等译,法律出版社1999年版,第25页。

度现状，寻找一条立足中国刑事司法现实的改革路径，扎扎实实做好相关工作，推动证人出庭作证制度稳定推行。

三、刑事案件证人出庭作证的五大认识误区

正如前文所述，回溯改革开放40年来我国刑事诉讼法的发展变化，1996年刑事诉讼法关于证人出庭相关规定不完善是"证人出庭难"的主要原因。2012年刑事诉讼法修改时对这一制度作出重大修改完善，党的十八届四中全会以来，中央着力推动以审判为中心的诉讼制度改革，进一步强化了证人出庭作证制度，完善了相关配套制度措施，上述种种努力似乎足以形成合力以解决"证人出庭难"的问题。但前述审判实践暴露的问题又显示出上述一系列努力并未达到预期效果。笔者认为，人们围绕证人出庭所产生的若干认识误区是影响和制约我们对这一制度作出客观评价的重要因素。这些认识误区总体上可概括为："完善中国刑事诉讼制度，证人出庭作证只能不断加强，证人出庭率只能稳步提升。反之，若上述硬指标没有得以显著改观，则反过来又说明中国刑事诉讼制度仍存在重大缺陷。"上述认识误区若不予厘清，下一步相关改革举措只会"头痛医头，脚痛医脚"，各地围绕提高证人出庭率会不断制造各种各样的"新举措""新花样"，使改革举措与司法实践越发脱节，使制度与实践的矛盾性更加凸显。

（一）误区一："证人不出庭、出庭率低是我国刑事诉讼制度的明显缺陷"

一些论者指出，证人出庭作证是现代诉讼的基本要求，是衡量一个国家刑事诉讼制度是否科学和进步的重要标志之一。① 也有观点指出，证人不出庭的危害是多方面的，包括不利于发现真实，使法院居中、公正裁判的功能难以实现，使得辩护律师的调查取证权落空，影响举证责任的完成，严重影响我国庭审改革的深度和力度，更影响了司法权威的树立。② 实务部门的同志也认为："在法庭上原为证人普遍方式的言词证言成为例外，原为证人例外方式的书面证言成为普遍，这种正反颠倒的现象与做法，不能不说是我国刑事证据制度的一大弱势。"③ 笔者认为，上述宏论虽有一定道理，但未免以偏概全，有的甚至是似是而非，在

---

① 陈卫东主编：《刑事诉讼法理解与适用》，人民出版社2012年版，第430页。
② 张丽云主编：《刑事错案与七种证据》，中国法制出版社2009年版，第95–96页。
③ 余剑、于鹏：《刑事证人出庭率低的原因分析及对策研究》，载《2017年全国审判理论研究会议论文集》，第331页。

强调证人出庭价值的同时无疑是在整体上质疑了我国现行刑事诉讼制度。一般说来，无论是大陆法系国家所采职权主义模式，抑或英美法系国家所采当事人主义模式，学界公论是各有优势，关键在于是否契合本土历史文化和法律传统，脱离本国国情和独特法律文化而就某一法律制度进行单向度比较，难免陷入经院哲学式的思辨。在采取对抗制的英美法系国家，证人出庭、警察出庭乃是常态；在大陆法系国家，无论德国、法国，证人出庭率均相当低。笔者2016年访问奥地利时曾专门向奥地利最高法院副院长安东·施本灵先生了解该国刑事诉讼中证人出庭作证情况，他明确表示证人出庭只在极个别案件中才有，究其原因，法庭也要事先阅卷才决定开庭。在问及如何避免法官事先阅卷对案件处理结果形成预断时，他认为法官虽然在开庭前事先阅卷，但这并不影响庭审功能的发挥，庭审活动不因为事先阅卷而流于形式，并认为奥地利司法制度既不同于英美法国家，甚至也不同于德国，上述做法是适合本国国情的。

反观我国刑事诉讼制度，1996年刑事诉讼法修改时引入了英美法国家对抗制的一些因素，突出表现为借鉴"起诉书一本主义"的某些思路和做法，在第150条中规定，人民法院对提起公诉的案件进行审查后，对于起诉书中有明确的指控犯罪事实并且附有证据目录、证人名单和主要证据复印件或者照片的，应当决定开庭审判。上述规定本意是为解决1979年《刑事诉讼法》执行后审判实践中比较突出的也广为学者诟病的"先入为主""先定后审"、开庭审判走过场等问题，将庭前审查由实体性审查修改为程序性审查，但这一改革在司法实践中的效果并不好，在中国刑事诉讼模式下严重水土不服，"橘生淮北则为枳"，无法在中国扎根。"一是，由于只移送证据目录、证人名单、主要证据复印件或者照片，导致法官在庭前对案件情况并不熟悉，不了解案件主要争议事实的问题，主持法庭审判存在困难，法官还需要在庭审之后全面阅卷，一定程度上架空了庭审过程，也拖延了法庭审理。二是，审查法官和庭审法官通常为同一人，难以有效解决'先入为主'的问题。"① 此外，由于检察机关不在庭前移送全部案卷材料，辩护律师也无法通过阅卷了解全案证据，特别是对被告人有利的证据，难以形成控辩双方的平等对抗，整个庭审更加流于形式。鉴于此，2012年修改后的《刑事诉讼法》对卷宗移送制度作了重大修改，实行卷宗全案移送制度，即在刑事诉

---

① 朗胜主编：《〈中华人民共和国刑事诉讼法〉修改与适用》，新华出版社2012年版，第325页。

讼法第176条中明确规定，人民检察院提起公诉，应当将案件材料和证据移送到人民法院。同时还在第187条中，对人民法院决定开庭的规定也作了相应修改。

在前述制度设计下，案件移送至法院后，法庭在开庭前要事先阅卷，通过对案件初步实质性审查，特别是通过庭前会议，明确控辩双方诉争焦点，并对案件主要事实及在案证据等有了总体了解和掌控，在此基础上开庭审判，虽然庭审活动依然很关键，正如前文所述，它会进一步修正乃至颠覆法庭先前的预判，但通常情况下，或者对于绝大多数案件，法庭经过事先阅卷，证人出庭以辅佐法庭查清案件主要事实的重要性和必要性则显著降低。换言之，该证人证言只有对案件关键事实、情节及定案具有重大作用，且在案证据确实存在难以排除的矛盾的，证人出庭作为法官阅卷之外的补充性事实调查手段才显得有必要。就此而言，2012年修改后的刑事诉讼法虽然看起来对证人出庭作证制度进行了完善，但实行全案卷宗移送制度客观上又弱化了证人出庭作证的价值。毋庸讳言，2012年《刑事诉讼法》修改也未将解决"证人出庭难"作为主要目标，可谓"求仁得仁"。事实上，只要侦查卷宗仍是法官获取案件信息的主要载体，并对案件裁判有着十分深刻影响，证人出庭作证的价值就必然在审判实践中打折扣。笔者在此无意评价我国刑事诉讼制度的优劣，公允地说，我国《刑事诉讼法》经过几次大修，在保障犯罪嫌疑人、被告人权利，增加庭审对抗性等方面已迈出很大步伐。当前审判实践中证人出庭作证难、出庭率低也并非我国刑事诉讼制度设计的必然结果，以证人出庭率低为论据来论证我国刑事诉讼制度的缺陷，属于颠果为因。概言之，不能简单地以证人不出庭、出庭率低来否认我国改革开放40年来刑事诉讼制度发展和完善的成就。同时，也不宜以英美法系国家证人出庭作证的情况为隐性参照来评判当前已取得显著进步的中国刑事诉讼改革。

（二）误区二："提高了证人出庭率，足以表征以审判为中心的诉讼制度改革取得了实效"

推进以审判为中心诉讼制度改革，是我国司法体制改革的一项重要任务。当前，各地政法机关在当地党委、政法委领导下，分工负责地承担着落实这项改革的部分任务。既然是中央重大司法改革项目，实践中即涉及如何衡量和客观评价改革成效的问题。当前，一些地方和部门把证人出庭作为了落实以审判为中心诉讼制度改革要求的一项硬指标，通过考核证人出庭率来评判一个地方、一个部门的改革成效。证人出庭率提高了，满足了人为设定的证人出庭率指标，则说明改革取得了预期效果甚至是成效显著,反之则没有取得预期效果。例如,重庆市高级人民法院制定的《关于将以审判为中心的刑事诉讼制度改革纳入质效评估有关事宜的通知》(渝高法〔2017〕86号)明确规定:"各中、基层法院审结的一、二审刑事案件中证人(包括鉴定人、侦查人员)出庭作证的案件不得少于15%。"江西省高级人民法院《关于全面深入推行"三项规程"工作的实施方案》(赣高法〔2018〕32号)规定:"规范证人、鉴定人员、侦查人员出庭作证工作,提高出庭作证率,确保刑事案件办案质量……各级法院办理证人、鉴定人、侦查人员出庭案件应不少于全部案件的10%。"并以此作为量化指标来考核各中基层法院落实这项改革任务的情况。

笔者认为,衡量以审判为中心的诉讼制度改革推行情况和效果,有必要围绕中央推动此项改革的目的而展开思索。习近平总书记在《关于〈中共中央关于全面推进依法治国若干重大问题的决定〉的说明》中明确指出:"全会决定提出以审判为中心的诉讼制度改革,目的是促使办案人员树立办案必须经得起法律检验的理念,确保侦查、审查起诉的案件事实证据经得起法律检验,保证庭审在查明事实、认定证据、保护诉权、公正裁判中发挥决定性作用。"根据这一阐述,推动这项改革的主要目的是解决庭审流于形式,进而推动确立审判在整个刑事诉讼中的中心地位。

完善证人出庭作证,显然是推动这项改革的重要组成部分,但由于这项改革涉及方方面面,如落实证据裁判原则,坚持疑罪从无,依法排除非法证据,完善讯问制度,防止刑讯逼供,完善补充侦查制度、公诉机制和不起诉制度,健全当事人、辩护人和其他诉讼参与人的权利保障制度,等等。甚至可以说整个刑事诉讼制度均有必要以此为导向进行适度调整和完善。随着上述相关制度的完善,证人出庭赖以存在的土壤得到改善后,证人出庭率必然相应提高。

当前各地在推动以审判为中心的诉讼改革中遇到的问题十分复杂,阻力巨大。例如,通过严格执行证据证明标准,引导、倒逼公安机关、检察机关按照裁判的要求和标准收集、固定、审查、运用证据的机制尚未发挥效能;非法证据的查证、排除工作难度大;侦查机关对瑕疵证据的补正补查和"情况说明"过于随意;收集、固定证据不够全面,重定罪证据轻量刑证据的状况没有明显改观;审查起诉对证据的把关不严,导致部分案件"带病"起诉;由于律师介入侦、控环节和辩护全覆盖环节相对滞后,庭审实质对抗,通过庭审甄别证据、查清事实，以及在庭审中展开定罪量刑辩论的效果不理想，等等，上述问题才是影响和制约以审判为中心诉讼制度改革取得实效的"拦路虎"，这些问题若不及时解决，即使证人出庭作证，出庭率达到各地人为设定的指标，庭审活动也难以摆脱走过场的窠臼。实践中，上述难题能否解决、解决效果如何，难以有效量化，由于无法通过"指标化"考核，反而不为地方改革推行者所重视，证人出庭率"一抓就灵"的特征使得地方改革推行者更愿把提高证人出庭率作为证明改革实效的重要量化指标。一旦演变为量化考核指标，地方法院为完成这一改革任务，确保改革"落地见效"，个案中证人有没有必要出庭作证的问题便成为审判实践中所考虑的次要事项，提高证人出庭率才是"硬道理"。于是，我们看到一些地方在落实这项改革时，证人真正应该出庭的案件，仅仅因为证人不配合，或者证人经通知后拒不出庭的，即不再费尽周折强制证人到庭；"柿子先挑软的捏"，对于证人没有出庭必要的案件，仅因为证人积极配合便通知其到庭，从而确保在统计数据上完成证人出庭率这一量化考核指标，满足于在提升证人出庭率上做表面文章。这种审判实践中的形式主义恰恰偏离了推进以审判为中心的诉讼制度改革的初衷。

（三）误区三："证人出庭作证能够解决案件事实认定的突出问题"

刑事诉讼中，公安机关一般在刑事案件立案后即着手收集相关证人证言，证人也就其所看目击或感知的犯罪事实向公安机关提供书面证言。案件起诉到法院后，让证人出庭的立法意图和制度价值，除了理论上落实直接言词原则，实现庭审对抗化等目标外，另一重要目的还是解决书面证言的真实性、合法性和证明力等问题，解决控辩双方围绕书面证言所产生的异议。这实际隐含着证人出庭作证能够解决案件事实认定的突出问题这一前提。但审判经验表明，与理论推演结果相反，证人出庭未必能够起到上述效果，证人出庭有可能让法庭查明案件事实的审判活动变得更加复杂。

例如，浙江某法院审理一起故意伤害致人死亡案，被害人被一棍打死，被告人始终不交代用棍子打过被害人，但有三名目击证人均目睹被告人行凶。二审开庭时，法院根据辩护律师申请通知另外三名证人出庭，该三名证人均作证称看到另一个人殴打致死被害人。该案依据现有证据难以定案，浙江省高级人民法院将案件发回重审。后经调查，发现二审出庭的三名证人均系在被告人妻子教唆、引诱下作伪证。审判经验表明，我国证人出庭后随意向法庭提供证言，不配合法庭询问，简单以"我记不清了"等借口搪塞法庭，甚至提供虚假证言的现象较为普遍。这也从另一方面折射了法庭对通知证人出庭作证持消极态度的深层次原因。我们当然不能以上述个案为证简单质疑证人出庭的价值，但现实情况确是提醒每一位裁判者要对证人出庭秉持冷静客观的立场。

证人证言是证人对于案件或与案件有关事实的记忆、认识，作为言词证据之一种，证人证言有其固有的缺陷。由于它主观性强，具有易变性、易受干扰和可编造等特点，使得证言的可靠性大打折扣。上述特点无论是侦查阶段提供的书面证言，还是审判阶段向法庭提供的口头证言，均有体现。一些公安人员、检察人员、律师等出于种种需要，在询问证人时采取诱证、骗证或变相逼证的方法引导证人作出不利于或有利于被告人的证言。证人也极易受人情关系影响而作出不真实的证言。证人与当事人有利害关系、受到被告方或被害方威胁引诱后也可能作出虚假证言。加之相当比例的证人文化水平低，认识事物的能力有限，表达能力不强，同一件事情可能因询问人身份或者陈述环境不同而所证内容大不相同，真假难辨，从而影响其证言真实性。

例如，某法院曾通知某证人到法庭作证，该名证人在接受法庭询问时，竟然回过头去问旁听的被告人父亲，应该如何回答。这样的证人在法庭上讲的话还能相信？！而这种情况绝不罕见。司法实践表明，单纯靠证言定谳的案件，往往是最不放心的案件，有的案件因为证人多但又讲得不一样，甚至"睁眼说瞎话"，导致案件最终难以定案，或者一些关键情节难以认定。古往今来的审判经验都表明，证人证言并不是最好的证据，甚至算不上较好的证据，无论该证言是侦查阶段获取的书面证言，还是在法庭上的证言。有观点指出："证人不如实提供证据的情况是经常发生的，不过，这并没有导致虚假证人在案件中大量出现。这是因为，侦查者能够发现证据的错误并且加以纠正。如果侦查者有足够的能力并且能尽到责任，绝大多数虚假证据终归会被发现。"[①] 鉴于此，我们必须破除"证人出庭作证能够解决案件事实认定的突出问题"的认识误区，在侦查阶段、审查起诉阶段，对于书面证言要秉持审慎态度，在庭审中，对于庭前书面证言，或者庭审中的证人证言，也要始终保持审慎态度，既不能过于迷信庭前书面证言，也不能对出庭证人所提供的当庭证言抱着不切实际的幻想。

---

① 任卫华：《刑事证据判断》，人民法院出版社2017年版，第8页。

（四）误区四："法庭上的证言证明力强于侦查阶段、审查起诉阶段的书面证言"

证人证言通常包括两种形式，一是在侦查阶段、审查起诉阶段形成的书面证言，二是在审判阶段由证人向法庭提供的证言。让证人出庭作证的深层次逻辑，无外乎证人出庭作证，接受控辩双方的主询问和交叉询问，有效挤掉侦查阶段、审查起诉阶段书面证言不真实的部分，最终有助于查明犯罪事实。换言之，在法庭上形成的证言更为可靠，证明力更强。笔者认为，尽管法庭上的证言有交叉询问的加持和保障，但其证明力是否强于此前的书面证言仍存在疑问。

1. 证人证言的真实性和完整性往往会伴随着时间而自然衰减。证人是就其所目击的或者感知的案件事实或者情节提供证言。人类对任何事物的记忆都会随着时间的推移而逐步变得模糊，对相关情节记忆的准确性必然逐步弱化，这是不以人们意志为转移的生命规律现象。侦查活动早于审判活动，侦查阶段的书面证言是在犯罪事实发生后第一时间收集固定的，此时证人记忆比较牢固和清晰，受干扰的概率低，在排除证人故意作伪证，或者故意虚假提供证言的前提下，所证内容的真实性、可靠性往往比审判阶段证人向法庭提供的证言更为客观、具体、鲜活，证明力反而更强，当然其前提是侦查阶段的书面证言不受诱导，且证言笔录记载完整、准确。实务中常见情形是，证人在侦查阶段称案发时看到某一关键情节，且结合其他证据综合分析判断该证言具有较高可信度，但证人出庭后反而称时间过去太久了，当时的情形已经记不清了。如果简单以证人当庭证言为裁判依据，则对案件事实的认定可能受制于证人记忆力而处于不确定状态。

2. 证人证言的真实性可能会伴随着时间而受到越来越多的外在影响或干扰。证人证言非常容易受各种利益、人情等的干扰，侦查阶段早于审判阶段，侦查阶段相关案情还不明了，利益趋向还不明显，或者证人受干扰的机会成本大，随着诉讼阶段的一步步推进，相关案情逐步明了，审查起诉阶段、审判阶段证人证言受干扰的机会只会比侦查阶段多而不会少。① 经验性观察进一步佐证上述判断。例如，二审程序中的新证人证言可信度通常更低，但由于全案犯罪事实、证据乃至诉辩焦点等都已通过裁判文书予以公开，二审法院对新证人证言真实性的审查

---

① 学者的实证研究也证明了这一点，即在当前司法国情下，中国社会仍未彻底脱离"差序格局"的传统特征，尚未完全确立"团体格局"结构下的责任意识和法治信念，导致证人当庭的证言受到多种因素的干扰。参见左卫民、马静华：《刑事证人出庭率：一种基于实证研究的理论阐述》，载《中国法学》2005 年第 6 期。

面临着更大的困难。例如，浙江某法院审理一起贩卖毒品上诉案件，一审认定被告人分别于2016年3月5日12时许、当日18时许以及次日5时许在其住处，三次贩卖毒品给三名吸毒人员。二审期间经辩护人申请，被告人的朋友出庭作证，称其与购毒人员相识，并于3月5日留宿被告人家中。当日傍晚其未看到第二名购毒人员到过被告人家。该证言与被告人是否构成贩卖毒品情节严重直接相关。二审法院经审查认为该证言在有关当日被告人何时起床、何时吃饭、第一名购毒人员何时到访等细节方面与被告人供述存在矛盾，真实性存疑。概言之，二审期间新证人到庭作证可能带来的负面影响有二：一是二审阶段证言如果虚假，其隐蔽性更强。因为案件经一审宣判，相关证据均已公开。证人故意作伪证，可以利用印证规则寻找证据间的矛盾及尚无法完全印证的细节。二是可能导致证人重复出庭，浪费司法资源。

此外，一些证人到庭后，因情绪紧张致使表达能力受到影响，陈述事实前后矛盾，直接影响庭审证言的采信；有的证人因辩护人的交叉询问，陷入了辩方的问题"陷阱"，以至于对案件的陈述前后矛盾；有的证人对庭审以及案件审理不予重视，到庭之后敷衍了事，没有真诚地履行证人义务以协助法庭查明案件事实；有的证人受庭外因素影响较大，随意改变证言的情况较多。概言之，实践中虽不宜简单否认证人出庭的积极作用，但在查清争议事实等方面并没有达到制度设计的初衷，证人出庭作证质量低显而易见。

（五）误区五："一些冤假错案的出现与证人不出庭有直接关系"

有论者指出："在目前的证据制度下，证人不出庭对于检察机关而言，是省力的、经济的、有效的，减轻了控方依法取证的压力，增加了证人证言被采信的可能性，但同时也增加了错案的风险。证人不出庭作证，通过质证发现伪证、错证或者无证明力的可能性就大大降低，从而也严重削弱了庭审质证对于错案的预防功能。证人作证笔录代替证人当庭作证，是现行诉讼机制的一个严重缺陷，也是错案现象的一个重要原因。"[①] 证人出庭作证与冤假错案的防范，是完善证人制度的重要课题之一。为防范冤假错案，中央和地方近几年出台了一系列规范性文件，如《中央政法委关于切实防止冤假错案的规定》中明确规定："依法应当出庭的证人没有正当理由拒绝出庭或者出庭后拒绝作证，法庭对其证言真实性无

---

① 李建明：《刑事错案的深层次原因——以检察环节为中心的分析》，载《中国法学》2007年第3期。

法确认的,该证人证言不得作为定案的根据。证据未经当庭出示、辨认、质证等法庭调查程序查证属实的,不得作为定案的根据。"最高人民法院《关于建立健全防范刑事冤假错案工作机制的意见》也有类似规定。如何理解上述规范性文件中关于加强证人出庭作证与防范冤假错案的关系?笔者认为,证人出庭作证当然有助于防范冤假错案,这一点毋庸置疑。但因证人未出庭而导致冤假错案究竟占多大权重?却是一个缺少实证研究的课题。实践表明,冤假错案产生的根源极其复杂,有深刻的历史和现实原因,也有制度因素和人为因素,① 但在所有因素中,证人不出庭并不是导致冤假错案的主要因素之一。退一步而言,即使将证人证言作为导致冤假错案的唯一因素,根据我国学者的研究,在证人证言引发刑事错案的几个变量中,因证人不出庭导致出现刑事错案的概率仍是最低的(见表2)。

表2 证人证言引发刑事错案表现形式调查统计表②

	人数	所占比例
证人不出庭作证	13	9.4%
证人故意作伪证	69	49.6%
取证方法不合法	21	15.1%
证人自身认识发生偏差	18	12.9%
法官认证错误	18	12.9%
合计	139	100%

上述研究成果显示,即使把证人证言作为引发刑事错案的唯一因素,证人不出庭导致冤假错案的概率也明显低于证人故意作伪证、非法取证、证人认识偏差以及法官认证错误等因素。该研究成果与国外相关研究结论基本一致。例如,美国学者在系统研究本国冤假错案后,在具体分析目击证人证言与冤假错案的关系时发现,目击证人证言导致冤假错案的症结不在于目击证人是否出庭,而在于该目击证言受到诱导后所提供的错误证言。"事实上每个人都同意应当在收集目击

---

① 有观点认为:"凡是冤错案件,必然有口供证据,而这些口供,几乎无不来自刑讯逼供。虚假的口供一旦形成,即便嫌犯翻供,仍然容易被办案人员采信。而要获得甄别则是难而又难。因此,刑讯逼供,是造成冤错案件最重要的原因。"参见任卫华:《刑事证据判断》,人民法院出版社2017年版,第22页。
② 张丽云主编:《刑事错案与七种证据》,中国法制出版社2009年版,第88页。

证人证据的时候避免任何暗示。但是，法院很少排除那些已经被过分暗示的目击证人的证言！恰恰相反，他们通常允许和采纳那些以可靠性测试为依据的目击证言，而可靠性测试采用的却是极容易受暗示影响和污染的标准。"① 笔者曾分析近年来曝光的 20 余起冤错案件，法庭不是没有发现证据存在问题，如被告人供述、证人证言等存在不一致或其他重大疑点，对这些疑点，无论证人是否出庭，通过法庭调查和辩论，也足以认定事实和证据方面存在的重大疑点，但导致冤假错案的关键症结在于，即使发现了重大疑点，在其他各种因素作用下，法庭也没有发挥把关功能，未能坚持疑罪从无的原则，而是疑罪从轻，最终导致冤假错案的出现。

四、改革证人出庭作证制度的几点建言

充分发挥证人出庭作证的制度价值，亟须纠正前述围绕这一制度所产生的认识误区，丢掉那些不切实际的幻想和从根本上无助于推进以审判为中心诉讼制度改革的各种形式主义的量化指标，从而回归这一制度的"初心"，紧紧围绕如何充分发挥证人出庭作证制度的价值这一核心命题，实事求是寻找切合中国审判实践的改革路径。

（一）以完善证据采信规则为导向，限制庭前证言的证据能力和证明力

前文已述及，我国刑事诉讼中全案卷宗移送制度客观上弱化了证人出庭的必要性，而刑事诉讼法对庭前书面证言证据能力和证明力的肯定则强化了庭前书面证言的价值，反过来又进一步从制度上消解了证人不出庭作证时的证据采信问题。2012 年《刑事诉讼法》第 190 条规定："对未到庭的证人的证言笔录、鉴定人的鉴定意见、勘验笔录和其他作为证据的文书，应当当庭宣读。审判人员应当听取公诉人、当事人和辩护人、诉讼代理人的意见"，这就意味着证人虽未出庭，只要法庭听取了控辩双方对庭前书面证言的意见，仍然可以采信证人的庭前书面证言。该条规定虽然力图在惩处犯罪和保障被告人诉讼权利之间寻求平衡，也有一定的现实合理性，但却严重抑制了控辩双方，尤其是检察机关提请证人出庭的积极性，架空了刑事诉讼法修改时为贯彻直接言词原则的种种努力。有观点指

---

① ［美］吉姆·佩特罗、南希·佩特罗：《冤案何以发生：导致冤假错案的八大司法迷信》，苑宁宁等译，北京大学出版社 2012 年版，第 318 页。

出,"正是这一立法缺陷,为刑事审判实践中证人不出庭作证打开了方便之门"。①

从当前推进以审判为中心的诉讼制度改革的视角看,2012年《刑事诉讼法》第190条的证据采信规则已难以适应庭审实质化改革的要求,应作出修改完善。从大陆法国家的立法经验看,诸如德国、日本等国刑事诉讼法均有刑事诉讼过程中禁止使用书面材料代替证人证言的相关规定。笔者认为,当前可尝试限制书面证言的证明力,待条件成熟时则原则上否定书面证言的证据能力(只在个别情况下认可书面证言的证据能力和证明力)。事实上,在死刑案件中,最高人民法院多个指导性案例已充分宣示,单纯依靠言词证据定案的,在适用死刑时应当特别慎重。这一立场隐含了对包括证人证言在内的主观性证据的证据能力和证明力所秉持的审慎态度,这一证据裁判规则亦应运用到普通刑事案件中。此外,对于未出庭证人的书面证言,法庭应充分行使证据调查核实权。证人经通知拒不到庭作证的,法院可根据2012年《刑事诉讼法》第196条的规定对证人进行核实,且应通知控辩双方到场,最低限度保障对质权。如果证人经通知仍不愿配合庭外调查核实活动的,应当以真实性存疑为由排除该份书面证言。

(二)从"宽""严"两个方面完善证人出庭作证的条件

任何刑事诉讼制度都不可能要求刑事案件的全部证人出庭作证,这在司法实践中既不可行,也因耗费大量司法资源而在理论上站不住脚。为了保障诉讼程序特别是庭审程序顺畅运行,必须对证人出庭作证的案件类型及出庭条件作出明确规定。既不是越宽越好,也不是越限缩越好,而是通过合理制度设计,做到有的放矢,使证人出庭真正发挥其作用,切实解决刑事庭审活动的真问题,而不是花拳绣腿、做足表面功夫。鉴于此,笔者主张从"宽""严"两个方面完善证人出庭作证的条件。

1. 从宽把握当事人等申请证人出庭作证的条件。要充分保障当事人等的申请权。2012年《刑事诉讼法》第187条第1款规定了证人出庭作证的条件,即"公诉人、当事人或者辩护人、诉讼代理人对证人证言有异议,且该证人证言对案件定罪量刑有重大影响,人民法院认为证人有必要出庭作证的,证人应当出庭作证"。依据该规定,证人出庭作证要满足三重条件:一是当事人等"对证人证

---

① 陈光中、陈学权:《中国刑事证人出庭作证制度的改革》,载《中国法学》2007年第5期。

言有异议",二是该证人证言"对案件定罪量刑有重大影响",三是人民法院认为"证人有必要出庭作证"。围绕着前两个条件,由于刑事诉讼法规定得较为原则致使操作中存在许多疑问。例如,如何准确把握当事人等对证人证言有异议?对哪些证人证言有异议?什么样的证言属于"对案件定罪量刑有重大影响"?"对案件定罪量刑有重大影响"又包含哪些方面?等等。对上述问题把握的尺度和宽严标准,直接影响到当事人等的申请权行使。笔者认为,当事人对证人证言有异议实属正常,刑事诉讼活动就是要通过庭审这个竞技场,在控辩审等多方参与下查明事实。从宽把握当事人申请证人出庭的条件,实质是为保障当事人的诉讼权利。鉴于此,在具体把握"该证人证言对案件定罪量刑有重大影响"这一证人出庭作证的实质要件时不宜严苛,有必要适度放宽标准,即只要当事人等"对证人证言有异议",且认为该证人证言对案件定罪量刑有重大影响的,即可以申请证人出庭。

当前,一些地方性文件对"该证人证言对案件定罪量刑有重大影响"标准作了细化规定。例如,前文提到的浙江省高级人民法院等五部门《关于刑事案件证人、鉴定人及有专门知识的人出庭规定(试行)》就明确规定:"证人证言……前后存在较大矛盾,证人、辩护人未能作出合理解释的""证人证言……与在案其他证据存在难以排除的较大矛盾的""被告人、辩护人提供可能证明被告人无罪的证人,侦查机关、检察机关虽受到申请但均未向其取证,且被告人、辩护人能说明该证人证明的事实及相关理由,并提供具体联系方式的",证人应当出庭作证。《辽宁证人出庭纪要》也规定:"证人证言直接涉及案件定罪量刑,或者对案件证据链的形成具有关键作用,且证言与在案其他证据存在难以排除的矛盾的""证人证言或字节涉及案件定罪量刑,或者对案件证据链的形成具有关键作用,且在侦查、审查起诉阶段多次反复,存在较大矛盾,证人未能作出合理解释的""证人证言可能影响到被告人自首、立功等量刑情节的认定,但该证人证言未涉及或所证明的内容不明确,需要进一步核实的",证人应当出庭作证。从上述地方规范性文件内容看,审判实践中申请证人出庭作证的标准并不严苛,只要该书面证言的证据能力存疑,或者该书面证言影响定罪量刑的,当事人即可以申请证人出庭,法院亦应当通知证人出庭。上述规定基本上保障了诉讼当事人等依法申请证人出庭的权利。

2. 充分保障当事人等申请证人出庭作证的权利并不等于法院要"应出尽

出"。立足于前述我国证人出庭作证的现实及刑事诉讼制度设计,法庭应当对通知证人出庭作证的必要性进行实质性严格审查,真正实现"让证人出庭真正有必要""让真正有必要出庭的证人能够出庭"。这就要求进一步完善证人出庭作证"必要性"的实质审查标准,即该证人证言的证据能力和证明力是否确实存在异议?该异议是否通过其他证据认定方法难以排除,进而确实需要证人出庭作证?该证人证言对于认定犯罪事实、准确界分罪与非罪、此罪与彼罪是否确实具有重大影响?是否涉及累犯、自首、坦白、立功等重要法定量刑情节认定,以至于影响量刑公正?等等,并据此实质性判断和决定证人是否需要出庭。

例如,某证人证言确实影响被告人自首、立功等情节的认定,但结合有利于和不利于被告人两方面的证据,基于优势证据规则,足以认定被告人成立自首、立功的,那么,即使当事人申请相关证人出庭,法庭也没必要再行通知证人出庭。再如,某一证人对认定案件事实起着关键作用,该证言在侦查阶段、审查起诉阶段多次反复,存在较大矛盾,该证人又难以作出合理解释的,此时辩方申请证人出庭作证,法庭要对该证人出庭作证的必要性进行实质性审查,经审查认为结合其他客观性证据,和其他在场目击证人、被害人陈述,足以对证言的证据能力和证明力作出确认的,即无必要再通知证人出庭;反之,则可以通知证人出庭。

总的来看,在当前司法环境下,对申请证人出庭的条件既要适度从宽把握,以充分保障当事人的诉讼权利,但同时为避免不当增加诉讼成本,使本已不堪重负的刑事审判背上沉重负担,法院也有必要对证人出庭必要性作实质性审查。既不能为解决证人出庭率低的问题,简单坚持"应出尽出"(实践中也做不到),轻易启动证人出庭作证程序,从而耗费大量司法资源,也不能罔顾证人出庭作证的制度价值而弃之不用。只有突出重点,才能将有限司法资源集中运用到真正需要证人出庭作证的案件中。

(三)丰富完善证人出庭作证的方式

我国刑事诉讼法对证人出庭作证的方式未作出明确规定。一般意义上,证人出庭作证即指证人到庭参加诉讼。但是否仅限于这一种方式?从外国通常做法看也不尽然。证人到庭参与诉讼活动,一方面会增加诉讼成本,另一方面证人到庭面临的压力比较大,效果也未理想。特别是改革开放以来,随着我国人员流动加大,案件到了审判阶段,相当一部分证人已离开案发地,让证人返回案发地出庭并给予补贴，耗时费力，相当一部分证人不配合，强制证人出庭作证效果也会打折扣。鉴于此，丰富完善证人出庭作证的方式也成为完善证人出庭作证制度的应有之义。

1. 加大远程视频作证方式的实行力度。《实施意见》中规定："根据案件情况，可以实行远程视频作证。"远程视频作证是现代信息技术的发展及广泛应用的必然结果，是现代信息网络技术与法律相结合的产物。证人远程视频作证，一方面消除了证人出庭作证的心理负担，另一方面证人又不用担心因出庭而耽误工作，乃至造成经济收入的减少。它对于提高审判效率，节约司法资源，具有重要意义，无疑也是今后丰富完善证人出庭作证的重要方向之一。当然，对远程视频作证的适用情形，远程视频作证如何落实直接言词原则，如何确保证言的真实性，以及对于远程视频作证的证人合法权益的保护等问题，实践中仍存在诸多疑惑亟待解决。

2. 完善证人隐蔽作证的方式。通过屏蔽方式让证人隐蔽作证，是证人当庭作证的特殊方式。广义上的证人隐蔽作证包括物理方式隐蔽作证和技术方式隐蔽作证两种。物理方式隐蔽作证有包括在法庭中设立屏风，由证人在屏风后作证或者用面具等方式遮蔽证人脸部作证。狭义上的证人隐蔽作证仅指技术方式隐蔽作证，让证人不出现在法庭里，而是在特定的证人作证室内通过视频方式作证。在证人作证的视频和音频信号传送到法庭内时，技术人员可以通过后台编辑功能同步处理证人头像信号，使法庭内的人员在显示屏上看到的是已经隐藏了证人面部特征的图像。在必要的情况下，技术人员还可以对证人的声音进行处理，使法庭内的人员听不到证人的真实声音。技术隐蔽作证方式在证人保护上主要有下列几个特点：一是隔离保护证人。证人通过视频方式作证，不必在法庭上直接面对被告人及旁听人员，一定程度上可以消除证人的紧张情绪，打消其出庭作证的顾虑。二是隐蔽保护证人。在视频作证方式下，通过技术操作，可以使证人的真实面貌和声音不在庭审公开质证时暴露，防止被告人及其亲友对证人进行打击报复。三是隐名保护证人。在视频作证和证人面貌、声音隐蔽的情况下，法院在庭审中对某些特殊证人，可以不公布其真实姓名，进行隐名作证。四是预防保护证人。隐蔽作证是一种特殊的证人保护措施，对证人信息的隐蔽不仅可以防止犯罪嫌疑人庭审前恐吓证人，也可以有效地使罪犯无法在庭审后侵害证人，体现的是预防性保护。五是主动保护证人。隐蔽作证从开始就主动对证人的基本情况保密，让证人的情况始终处于秘密状态，表现为一种对证人保护的主动性。为有效保护证人安全，2012年刑事诉讼法首次作出规定，即对证人可以"采取不暴露外貌、真实声音等出庭作证措施"。2016年，最高人民法院在新修订的《法庭规则》中，专门明确了刑事法庭同步视频作证室的设置。在具体操作上，一般是证人从专用通道来到隐蔽作证室。隐蔽作证室整体封闭，与法庭之间用玻璃门等隔离。证人可以通过玻璃门或者证人房间里的庭审现场视频看到法庭全貌，但法庭上的其他人无法看到证人。接受询问时，证人的声音经变声系统处理后，与本人完全不同。庭审结束后，证人又从与其他通道完全隔离的出庭通道走出，实现了"来无影去无踪"。证人通过技术方式隐蔽作证，虽然在作证的物理空间上与法庭具有一定的隔离性，但通过视频和音频的连接，证人如同亲临法庭，可以同步作证，并接受控辩双方的交叉询问，因此，该种方式实际上通过科学技术的运用，达到"两个空间，一种场景"的效果，不仅不违背直接言词原则，而且与证人仅提供书面证言质证相比，更有利于庭审中直接言词原则的贯彻，有利于对证人进行交叉询问。目前情况下，证人隐蔽作证也符我国国情现实。与一些发达国家采取的对证人24小时全天候保护措施相比，证人隐蔽作证不用新增机构和人员来实施，几乎不需要占用配套社会资源，具有成本较低的特点，最大限度地体现诉讼的经济性，更符合我国司法资源的现状。证人与被告人进行空间上的相对隔离，也更符合我国证人传统的作证心理，有助于打消证人出庭作证的顾虑。目前，对证人实施屏蔽保护在适用范围上还有比较严格的限制，只供依法应当保护或其他确有保护必要的证人、鉴定人、被害人在庭审作证时使用，主要包括强奸案件的被害人，不宜公开真实面貌的未成年被害人或者证人，涉及黑社会性质、恶势力犯罪和团伙暴力犯罪的案件的证人和从事打黑、缉毒等侦查工作的侦查人员等。随着科学技术的进步，屏蔽技术应用越来越方便，有必要将其使用范围扩大到有必要对证人进行保护的所有案件中去。同时要进一步完善屏蔽作证制度的操作规范，如启动主体、屏蔽程序、质证程序等方面。

除此之外，实践中还可以不断探索完善其他证人出庭作证的具体方式：比如，在控辩双方参与下，法庭拍下向证人取证、质证的录像，拿到法庭播放；再比如，庭前由法官指定的工作人员主持，控辩双方参加的情况下，由书记员制作询问证人的笔录，再拿到法庭上宣读，庭后在法官主持，控辩双方参与下对证人进行询问、质证等。

（四）完善证人保护制度，将庭前、庭审和庭后证人保护结合起来

1. 明确公检法三机关分阶段保护职责，做好证人保护衔接工作。为提高证人出庭作证率，世界上大多数国家和地区都制定了专门的证人保护立法，设立了专门的证人保护机构。如美国于1982年制定了《被害人和证人保护法》，专门设立检察官执法办公室作为保护证人的官方机构。德国于1998年制定了证人保护法，并将联邦刑事警察局作为证人保护机构。结合当前我国国情，设立专门的证人保护机构可能不切实际。《刑事诉讼法》第63条规定了公检法三机关均应当保障证人及其近亲属的安全，但该规定过于原则，没有细化三机关的各自保护职责，甚至发生互相推脱责任现象。此外，由于现行法律规定侧重于对证人进行庭审保护，这就导致证人在庭审前因受威胁而不敢作证和证人当庭作证后受到打击报复的现象屡见不鲜。为有效保护证人安全，一方面需要明确公检法三机关在不同诉讼阶段各自保护证人的职责，另一方面需要完善证人庭前、庭中和庭后保护衔接制度，确保无缝衔接，并使之具有可操作性。

在侦查阶段，公安机关在证人提出申请或者经评估后，具体负责证人的保护工作，保护措施包括但不限于不公开证人真实姓名、住址、通信方式和工作单位等个人信息；禁止特定人员接触被保护人；对被保护人的人身和住宅采取专门性保护措施等。被保护人面临重大人身安全危险的，经被保护人同意，公安机关可以在被保护人的人身或者住宅安装定位、报警、视频监控等装置。必要时，可以指派专门人员对被保护人的住宅进行巡逻、守护，或者在一定期限内开展贴身保护，防止侵害发生。在审查起诉阶段，对于公安机关已经采取证人保护措施的案件，检察机关在接到案件的同时，应当与公安机关办理证人保护的衔接手续。检察机关认为需要继续采取保护措施的，应当作出采取证人保护措施的决定，或者在审查起诉中，发现尚未采取保护措施的证人或者其近亲属的人身安全面临现实危险，或者证人申请保护的，应当及时对证人人身安全面临危险的现实性及其程度等进行评估，作出是否采取保护措施的决定。在审判阶段，对于公安机关、检察机关已经采取证人保护措施并提起公诉的案件，法院在收案的同时，应及时与公安机关、检察机关办理证人保护的衔接手续。经审查需要继续采取保护措施的，应当作出采取证人保护措施的决定。对于发现尚未采取保护措施的证人或者其近亲属的人身安全面临现实危险，或者证人申请保护的，法院应当及时对证人人身安全面临危险的现实性及其程度等进行评估，并作出是否采取保护措施的决

定。通过上述无缝衔接，确保证人保护措施的有效落实。

2. 适当扩大保护人员范围和保护内容。证人保护制度所保护的是一个信息源，确保追诉犯罪的相关信息不致因证人等受到恐吓而减少、枯竭。司法实践中，犯罪分子所打击报复的不仅是证人本人，往往还包括证人的近亲属以及与证人有密切关系的利害关系人。证人保护范围的不周延势必影响证人这个重要"信息源"不能向法庭提供有效的信息。我国刑事诉讼法将保护对象限定于证人"本人或者其近亲属"，范围明显过窄，难以周全保护证人及相关利害关系人，从而使这一制度价值大打折扣。

从审判实际出发，笔者认为，证人保护对象不应仅限于证人及其近亲属，其他与证人具有利害关系的人，如证人的男女朋友、证人的其他亲属等，只要因证人出庭作证而面临危险的，在证人提出申请时，即可参照对证人及其近亲属的保护标准提供保护。在保护内容上，公检法三机关不仅要充分保护被保护人的人身安全和名誉、尊严不受侵害，还要保护被保护人的财产安全、住宅安全、生活安宁，等等。

3. 完善审判阶段的保护证人措施。由于公检法三机关在保护证人方面的能力和手段存在差异，必须结合各自职责权限对证人予以保护。侦查阶段，对于被保护人面临重大人身安全危险的，经被保护人同意，公安机关可以在被保护人的人身或者住宅安装定位、报警、视频监控等装置。必要时，可以指派专门人员对被保护人的住宅进行巡逻、守护，或者在一定期限内开展贴身保护，防止侵害发生。但在审判阶段，由法院对证人及其近亲属等进行保护既是应有之义，但同时也要看到法院所能采取的保护措施十分有限，如对证人等的人身和住宅采取专门性保护措施，当前法院尚不具备这一条件。鉴于此，法院一方面要充分发挥审判职能作用，用足用好能采取的保护措施，如对于隐名保护，法院要依法不公开证人真实姓名、住址和工作单位等信息；另一方面对确有必要对被保护人的人身和住宅采取专门性保护措施的，法院应当协调、送交公安机关负责执行。

（五）完善证人出庭作证补助制度，标准要合理、手续要简化

1. 合理补助标准。依据《刑事诉讼法》第 65 条的规定，补助证人的事项包括"证人因履行作证义务而支出的交通、住宿、就餐等费用"。《刑事诉讼法司法解释》第 207 条规定："证人出庭作证所支出的交通、住宿、就餐等费用，人民法院应当给予补助。"从国家法律层面看，当前并没有统一证人出庭作证补助

标准。笔者认为，证人出庭作证所支出的交通、住宿、就餐等费用是显性开支，给予相应补助系应有之义，但也要看到，证人出庭作证也会造成可预期收入的减少。尽管《刑事诉讼法》要求"有工作单位的证人作证，所在单位不得克扣或者变相克扣其工资、奖金及其他福利待遇"，但实践中执行起来难以兑现，特别是证人的相关奖金及福利待遇与其工作绩效挂钩情况下，上述规定难以执行。鉴于此，证人因出庭作证而遭受的可预期收入减少的也应当予以补助。证人有固定收入的，应按照固定收入予以发放补助，如果没有的，则应按照上一年度证人所在地区职工平均工资进行补偿，以此来提高证人出庭作证的积极性。

2. 完善补助机制。简化补助申请流程、明确补助计算方式、简化支付方式，建立行之有效的证人出庭补助机制。确保证人快速有效地获得出庭作证费用补助，也是完善这一制度的重要抓手。为此，必须简化内部审批手续和流程，由法院业务部门按标准填制《人民法院刑事诉讼证人出庭补助领取单》后，由业务庭承办人直接到法院财务部门领取后交付证人，随卷保留证人签收凭证。

（六）扩大对拒不出庭作证的证人惩戒措施

《刑事诉讼法》对拒不出庭作证的证人惩戒措施主要包括训诫和拘留，如前文所述，上述两种措施均具有较大的负面效果。从国外经验看，证人拒不到庭的，一般要给予罚款。罚款既不像司法拘留那样具有较大的负面效果，同时也比训诫更具威慑力。例如，《德国刑事诉讼法》第 51 条规定："合法传唤而不到场的证人，应当负担不到场造成的费用。同时应当科处秩序罚款，不能缴纳罚款时，科处秩序拘留。"① 《日本刑事诉讼法》第 151 条规定："作为证人受到传唤没有正当理由而不到场的，处以 10 万元以下的罚金或者拘留。"② 笔者认为，我国有必要借鉴德、日刑事诉讼法的立法经验，在完善强制证人出庭作证制度时应考虑增加对拒不到庭作证的证人的惩戒力度，增加罚款处罚措施。例如，法院应当先以书面通知形式告知证人于指定期日到某指定地点出庭作证，证人如无正当理由拒不出庭的，应承担的相应后果。证人被告知相关权利及法律责任后，仍拒不出庭作证的，由法庭对其进行训诫；对于训诫后仍不出庭的，对证人可以进行

---

① 《德国刑事诉讼法典》，宗玉琨译注，知识产权出版社 2013 年版，第 25 页。
② 张保生主编：《〈人民法院同意证据规定〉司法解释建议稿及论证》，中国政法大学出版社 2008 年版，第 225 页。

处罚，责令其缴纳罚款，或者采取强制措施，强制证人到庭。证人到庭后拒不作证的，依法可以对其进行拘留。证人到庭后不如实陈述所知事实，或者虚假陈述的，构成的犯罪的，应依法追究其伪证罪刑事责任。

五、结语

证人出庭作证是一个国家刑事诉讼制度之花。完善这一制度并以此为重要着力点推动以审判为中心的诉讼制度改革，是中国刑事诉讼制度发展完善的重要方向。证人出庭作证不仅涉及落实直接言词原则，完善证据采信规则等重大问题，还涉及从侦查、起诉，到审判各个阶段方方面面的制度配套，是一个系统工程，绝非一朝一夕之功。在我国刑事诉讼制度还不够完善的当下，证人不出庭、出庭率低是合乎制度设计和实践逻辑的必然现象，对此要有客观认识和理性判断。探索完善证人出庭作证制度，既要破除围绕这一制度产生的认识误区，又不能操之过急，脱离中国司法实践的现实土壤去"比学赶超"英美法国家的某些做法。当前，我们有必要系统总结司法实践中证人出庭作证所暴露的问题，在现有刑事诉讼制度架构下，从诉讼理念、制度设计，到实践操作等层面逐步加以完善，并切实提高公民参与司法活动的法治意识和守法观念，为证人出庭作证培植深厚的法治文化土壤。伴随着我国法治生态环境的逐步改善，证人出庭作证制度之花才能绽放。

试论构建符合我国国情的刑事专家证人制度

潘少华①

专家证人制度是英美法系特有的证据制度,经过数百年的发展,其在应对复杂的社会分工给司法带来的挑战中起到举足轻重的作用,已经渗透到英美国家的几乎每一个法庭审判之中。我国在刑事诉讼法中吸收了英美法的专家证人制度的合理因素,与传统大陆法系的鉴定人制度一起构成为法庭解决专门知识提供意见的体系。② 我国的刑事专家证人制度引进过程中,既符合了两大法系证据制度融合的趋势,也吸收了民事、行政诉讼制度以及司法实践中引入专家证人的经验,对于改进目前的刑事鉴定人制度将起到积极的作用。但英美的专家证人制度固有的弊端以及其制度运行的诉讼环境也与我国目前诉讼结构具有一定的排斥性。把西方一些先进国家的刑事诉讼法典翻译过来、照抄照搬,显然不适合中国的国情。③ 因此,如何构建符合我国国情的专家证人制度将成为学界探讨的热点。本文介绍我国刑事程序引进专家证人制度的意义,对专家证人制度的利弊进行分析,进一步探讨如何构建符合我国国情的刑事专家证人制度。

一、我国刑事诉讼制度引入专家证人制度的意义

我国刑事诉讼法首次在法规中吸收了英美法的专家证人制度,对于该制度的引进具有以下重要意义。

---

① 潘少华,高级律师,中国人民大学法学博士,中国政法大学博士后。
② 我国2018年《刑事诉讼法》第197条第2款规定:"公诉人、当事人或者辩护人、诉讼代理人可以申请法庭通知有专门知识的人出庭,就鉴定人作出的鉴定意见提出意见。"该条第4款规定:"第二款规定的有专门知识的人出庭,适用鉴定人的有关规定。"
③ 樊崇义、吴光升:《关于刑事诉讼法再修改的几个认识问题》,载《中国刑事法杂志》2011年第7期。

（一）体现了融合两大法系的世界潮流

大陆法系职权主义鉴定制度与英美法系对抗制专家证人制度的相互借鉴和融合，是当今世界各国司法制度发展和完善的必然趋势。①

大陆法系国家吸收英美法系的专家证人制度中尊重双方当事人平等申请鉴定权和合理因素，法庭不再垄断鉴定权。1988年的《意大利刑事诉讼法》第233条、第225条规定，在未作出鉴定决定的情况下，各方当事人均可任命自己的技术顾问，其数目不超过两人。在决定启动鉴定程序后，公诉人和当事人有权任命自己的技术顾问。该规定借鉴了英美法系尊重当事人的诉讼权利，鉴定权启动不再是控方单方的权利。而英美法系在保障当事人自由启动专家证人程序的同时，通过引进技术顾问制度来改变专家的服务对象，有原来的纯粹"为当事人服务"转为"为法院服务"，强化法院启动专家证人的权力，从而降低当事人对专家证人启动权的滥用。根据《英国民事诉讼规则》第35条规定，法院可以委任一名技术陪审员协助法院。技术陪审员完全由法院委托，技术陪审员根据法院的指令参与诉讼程序，就有关技术问题向法院提出建议。这种法院委任的技术顾问，相当于大陆法系的鉴定人。

而我国《刑事诉讼法》则在保留大陆法系的鉴定人制度的基础上，引进了英美专家证人合理因素，以增加庭审过程中的对抗性。我国没有直接采用"专家证人"的称谓，改用了"有专门知识的人"的概念，这是与我国民事、行政诉讼制度中相关"有专门知识的人"称谓一脉相承。但是，"有专门知识的人"出庭的申请权不但赋予了控辩双方，而且还进一步放开到被害人的"诉讼代理人"，②以保护被害人的利益。而专门知识的人出庭的目的是对"鉴定人的鉴定意见提出意见"，这使"有专门知识的人"与鉴定人之间一定程度上产生对抗。"有专门知识的人"出庭将促使鉴定人的出庭。依照法律规定，参照鉴定人出庭的规定，在一定程度上，赋予了其与鉴定人同等的诉讼地位。因此，我国的刑事诉讼制度中吸收英美专家证人制度合理因素，强化庭审中对鉴定意见的对抗色彩，对鉴定意见形成了有效的审查和制约。

---

① 季美君：《专家证据制度比较研究》，北京大学出版社2008年版，第220页。
② 我国2018《刑事诉讼法》第46条规定，公诉案件的被害人及其法定代理人或者近亲属，附带民事诉讼的当事人及其法定代理人，自案件移送审查起诉之日起，有权委托诉讼代理人。

(二) 体现了刑事诉讼制度吸收民事、行政诉讼制度和司法实践的合理因素

我国的刑事诉讼制度不但是英美专家证人制度引进,而且是对我国民事、行政诉讼制度的合理因素的吸收。

鉴定制度存在的问题,不但体现在刑事领域,而且还体现在民事和行政领域。为了完善我国的鉴定制度,在民事和行政诉讼领域,司法实践中作出了先行的探索。我国于2001年在民事领域引入了"专门知识的人",目的是帮助法院解决"专门性问题",同时,允许双方所聘请的"专门知识的人"行使对质权,并可以赋予了对"鉴定人"进行询问的权利。[①] 而于2002年在行政诉讼领域,同样也引入了"专业人员"制度。[②] 对于行政诉讼领域,专家的称谓为"专业人员",其目的同样是为解决"专门性问题",同样赋予双方的"专业人员"行使对质权,同时也可以有权对鉴定人提出询问。在行政诉讼领域,司法解释甚至吸收了英美专家证人的交叉询问制度,把对专业人员是否具备相应的专业知识、学历、资历等专业资格审查,赋予了双方当事人。

而在司法实践上,也存在聘请鉴定人的同时也开始聘请专家证人的案例。如在上海浦江分子筛有限公司诉上海环球分子筛有限公司不正当竞争案中,原告、被告和法庭聘请的专家证人同时出庭,在接受当事人和法院的询问后还相互发问。如在陈锥、陈彦诉福州市公安局马尾分局滥用职权侵犯人身权、财产权一案中,原、被告以及法庭各自邀请专家出庭作证,法庭在裁判书中把专家的诉讼地位直接描述为专家证人。[③]

我国的刑事诉讼制度,吸收了上述民事、行政诉讼程序和司法实践的合理因素,也采用了民事、行政诉讼程序对专家的称谓,称为"有专门知识的人"。同

[①] 最高人民法院于2001年12月公布的《关于民事诉讼证据的若干规定》第61条规定,当事人可以向人民法院申请由一至二名具有专门知识的人出庭就案件的专门性问题进行说明。人民法院准许其申请的,有关费用由提出申请的当事人负担。审判人员和当事人可以对出庭的具有专门知识的人员进行询问。经人民法院准许,可以由当事人各自申请的具有专门知识的人员就有关案件的问题进行对质。具有专门知识的人员可以对鉴定人进行询问。

[②] 最高人民法院2002年6月公布的《关于行政诉讼证据的若干规定》第48条规定,对被诉具体行政行为涉及的专门性问题,当事人可以向法庭申请由专业人员出庭进行说明,法庭也可以通知专业人员出庭说明。必要时,法庭可以组织专业人员进行对质。当事人对出庭的专业人员是否具备相应专业知识、学历、资历等专业资格等有异议的,可以进行询问。由法庭决定其是否可以作为专业人员出庭。专业人员可以对鉴定人进行询问。

[③] 邵劭:《论专家证人制度的构建》,载《法商研究》2011年第4期。

时，为解决民事、行政领域对于"有专门知识的人"参加诉讼地位的困惑，① 规定了"有专门知识的人"在参加诉讼时参照鉴定人诉讼地位的规定。同时把引入"专门知识的人"的目的，限定于针对"鉴定人的鉴定意见"而提出自己的意见，更加有针对性。

（三）促进了鉴定人制度改革

2005年2月28日，全国人大常委会通过了《关于司法鉴定管理问题的决定》。这项旨在"积极推进司法鉴定的规范化、法制化"的决定于2005年10月1日生效。然而，这个《决定》的实施并没能全面解决司法鉴定中存在的问题，混乱的状况依旧存在，并且给人留下"头痛医头，脚痛医脚"和"治标不治本"的印象。② 我国刑事司法实践中"自侦自鉴""自检自侦"和"自审自鉴"的现象依旧存在，影响了鉴定的客观性、公正性，也不利于犯罪嫌疑人和被害人权利的保护。目前的鉴定模式不符合程序公正的要求，具体表现在：1. 与程序公正中应坚持的公开、公开、民主原则不相符。在鉴定启动权完全由法院掌握的情况下，这样得出的鉴定结论纯属是法院与鉴定部门之间的行为，对于当事人来说，完全没有体现其自身意志和有效参与，既是不民主的，也是不公开的，不能排除其中的不公正因素，这种"暗箱操作"下的鉴定，很难使当事人信服。2. 鉴定人不出庭，当事人有疑问而无处发问，可能有误的鉴定结论直接被法官所接纳成为定案依据，可以说这本身就已经严重违反了程序公正的基本要求。

英美的专家证人制度在一定程度上可以克服上述问题。该制度允许当事人聘请专家证人出庭作证，就专门性问题提供意见，可就由于当事人自有知识的缺陷而无法真正进行质证的专门性问题展开充分辩论，平等地采用攻击与防御的正当手段，使当事人真正参与到整个诉讼过程中，从而确保程序性主体地位和证明权的实现，保障控辩双方对抗的格局，体现正当程序的价值，最大限度地实现程序正义和再现案件真实。我国刑事诉讼法所引入的"有专门知识的人"出庭，专门就是为了针对"鉴定人的鉴定意见"所提出的制度。这将会促使鉴定人出庭，

---

① 何家弘教授认为，这些"专家辅助人"在民事诉讼中的地位既不同于鉴定人，也不同于证人，实际上具有"专家证人"的性质。他们在开庭时既不能坐在证人席上也不能坐在鉴定人和勘验人的席位上，而是与当事人及其诉讼代理人坐在一起，他们只能对案件中的专门性问题发表专业性意见。参见季美君：《专家证据制度比较研究》，北京大学出版社2008年版，序言。

② 季美君：《专家证据制度比较研究》，北京大学出版社2008年版，序言。

有利于提高鉴定工作的效率和质量，有利于促进鉴定机关的市场化运作，有利于保障当事人的诉讼权利，增加审判透明度，提高法院的公信度和裁判的准确性，更有利于司法公正。在保存现行鉴定制度的总体格局的前提下，辅之以专家证人制度的设立和运行，通过二者的互动共同保障司法人员准确认定案件事实，实现司法公正。

（四）促进了诉讼效率和树立司法权威

我国现行鉴定体制下，刑事鉴定的决定权被认为是司法机关的一项重要职权，虽然法律赋予当事人申请鉴定的权利，但法庭仍然掌握着最终的决定权。如果法庭作出了否决当事人申请鉴定的决定，当事人只能服从，而不能自己聘请鉴定人并要求法庭予以传唤，也不能向其他有关部门提出异议或申请司法救济。由于当事人程序参与权利过小，加之鉴定人一般都具有较强的官方色彩，在司法的社会公信力不高的情况下，只要鉴定结论对一方不力，不利的一方必然会怀疑鉴定的公正性。目前我国法院对于鉴定意见的采信，并不是在鉴定意见经过充分论证基础上，根据合理性和可靠性等标准来采纳，而是以鉴定机构的级别，鉴定人的权威性以及后鉴定优于前鉴定等规则来机械地决定。这样的采信规则容易引起"鉴定大战"，同时也很难使当事人心服口服，从而对判决的不满而引发反复的申诉、上访，造成诉讼效率低下和司法权威受到极大的冲击。

刑事诉讼法通过吸收英美专家证人的合理因素，允许庭审的各方参与人，均可以申请"有专门知识的人"对鉴定意见提出意见，在一定程度上也赋予了各方对鉴定意见的采信过程具有一定的参与权利。特别是被告人、被害人在"有专门知识的人"的帮助下对专门性问题进行质证和辩论，对其息诉服判，防止不必要的上访和申诉、终结诉讼程序有积极意义。建立专家证人制度，允许当事人聘请专家出具专家意见则可以打消上述疑虑，使当事人对司法可能存在的不信任、不满通过专家论证得以排解与宣泄，从而息诉服判，既保证诉讼的社会效果，又提高了诉讼效率。同时，英美法系国家在历史的发展中通过判例的形式形成了对专家证言独特的审查标准。包括"Frye"标准，《美国联邦证据规则》第702条的标准。我国可以借鉴这些标准，结合我国的实际形成审查专业性知识的特殊标准，帮助法官形成自己的独立判断，使审判权独立于科技权，有利于树立司法的权威。

二、专家证人制度利弊评析

专家证人是英美法国家在诉讼法上形成的专门制度。对于这一概念，英美国家有许多不同的定义。美国《布莱克法律词典》对专家证人的定义是："专家证人是指因具有专家资历而被许可通过其对所附问题的解答而帮助陪审团认识那些一般证人所无法说明的复杂或技术问题的证人。"《美国联邦证据规则》第702条对作为专家证人的专家资格作了概括性的要求，即一个人如果要以专家身份进入司法程序，必须在知识、技能、经验、训练或教育等方面具有优胜于常人之处。澳大利亚1995年的《联邦证据法》第79条规定，如果某人基于训练、研究或者经验而具备专门知识，则该人全部或者主要基于其专门知识所提出的意见证据不适用意见证据规则。了解专家证人制度的利弊，有利于在构建符合我国国情的专家证人制度。

（一）专家证人的优点

专家证人制度之所以在英美法系国家能够得到广泛应用，并不断地发展，与它自身所具有价值分不开。它不仅与英美国家的对抗制诉讼制度的分权与制衡、民主与法制等价值追求是一致的，也符合英美国家重视程序公正这一传统。具体体现如下：

1. 充分保障了当事人的合法权益

英美专家证人制度有着完善的质证、认证制度，能很好地揭露专家证人的偏向性，以便裁判者基于案件事实作出正确的判断，有效地保护当事人的合法权益。专家证人不仅必须在庭审前向双方当事人公开自己的专业意见，而且必须在审判时出庭作证，在法庭上以言辞的形式对自己的专业意见进行解释，并接受双方当事人的交叉询问。专家证言开示制度能够限定案件争议焦点，防止证据突袭。通过交叉询问制度，能够保证专家证言得到全面审查。

2. 体现了程序公正的要求

专家证人的选任、专家证人程序的启动、专家证人的传唤、对专家证人证言的质证等都是由当事人自主进行的，而且整个诉讼程序都离不开当事人的参与。在诉讼过程中，各方当事人均享有平等的权利，处于平等的诉讼地位。在专家证言的形成过程中，当事人也可以全程参与专家证人的工作。同时，专家证人制度具有较高的公开性。专家证人的资格要受到直接审查或交叉询问，这要求在法庭上公开进行；在交叉询问时双方当事人及其律师可以要求专家公开其意见所依据的事实和数据。法官对于专家证人的采信也是通过双方当事人的询问和辩论，并通过一定的标准来加以采纳。这些过程都体现了程序公正的要求。

3. 有利于保障证据调查的全面性

专家证人制度由当事人自己决定是否聘请专家证人，并承担由此带来的后果，法官对此保持中立。任何一方当事人为了使自己赢得诉讼，都竭尽全力尽一切可能来发掘有利于自己的证据。同时，任何一方当事人还会尽量发现对方所提供的证据中的缺陷，以维护自己的权益。通过双方当事人之间的竞争、抗辩，可以促进证据调查的整体质量和效率的提高；借助双方当事人的相互制约机制，更加全面、彻底地揭示相关证据事实，从而将案件事实的方方面面都详细地展现在法官和陪审团面前。这种证据调查使双方当事人具有更高的积极性，同时也使得证据调查更加全面。

(二) 专家证人的弊端

任何一种制度都不可能是完美的，专家证人制度发展了数百年，形成了一套完整的制度体系，在英美国家的诉讼历史中发挥了重要作用。但也并不意味着其发展到完美无瑕的地步。恰恰相反，随着社会的发展，司法实践的深入，该制度所累积的缺陷和存在的矛盾也逐步显现。正因为其自身所存在的问题，不可避免地产生了一些负面影响。

1. 专家证人难以中立与客观

专家证人的职责在于帮助法院解决纠纷，专家证人必须向法庭提供客观的、无偏见的意见。如根据英国诉讼法的规定："在其专业知识范围内为法庭提供帮助是专家证人的义务，并且这一义务比专家证人对任何给予他指示或报酬的人的义务都还要重要。"尽管英美法系各国一再强调专家证人的立场应当是中立的，专家证言应当是客观的，但现实却恰恰相反。专家证人的最大缺点，也是人们对其抨击最激烈的方面，就是专家证人的立场难以保持中立。"至于专家证人，既然是一方当事人挑选和准备的，而且又是该方当事人支付费用的，其为该方当事人作证也就在所难免了。"① 在英美法系国家，专家证人被普遍认为是律师手中的枪，是唯利是图的人，是聘请方当事人诉讼权利的维护者。

2. 专家证人的滥用

为了赢得诉讼，当事人想方设法地寻找对自己有利的证据，包括聘请有威信和有名望的专家证人。有些当事人不惜成本，同时聘请数位专家证人来为自己服务，这在一定程度上造成了专家证人的滥用。专家证人的滥用导致了诉讼成本上升和诉讼周期的拖延等一系列的问题。

3. 造成诉讼迟延

从专家证人的选任、专家证言的准备和开示以及法庭质证的整个过程来看，这都是一个拖沓而复杂的过程。有专家证人出庭的案件中，双方律师都将会花费大量的时间在询问专家证人之上，使庭审变成了一个漫长而缺乏实效的过程。②有的案件仅证据开示程序就可以花费好几年。在诉讼中，任何一方当事人都可能聘请不止一个专家，这无疑也就更加延长了整个诉讼的时间，使得诉讼效率低下。

4. 诉讼成本的提高

对抗制专家证人制度不仅造成了诉讼的过分延迟，也大大增加了诉讼成本。造成高昂诉讼费用的原因有三个方面：一、诉讼时间的拖延。正因为诉讼时间的过分冗长，诉讼效率的低下，造成了司法资源的大量浪费，诉讼成本大大提高。二、专家费用的上涨是导致诉讼费用高昂的直接原因。随着科学技术的进步，专家证人在案件中的作用越来越重要，专家证人的收费也就持续上涨。而且专家证人的计费方式都是按时收费，其工作时间越长，其收费就越高。三、对抗制的专家证人制度实际上导致了证据上重复调查。由于调查的双方立场是对抗而非合作的，这就必然导致双方无法分享其所调查到的基础事实，而只能各方自行去调查取证。这无疑也就使得双方在证据上进行重复调查。这种重复调查，不仅费时费力，浪费经济资源和人力资源，而且也必然地增加了诉讼成本。

---

① ［美］米尔建·R. 达马斯卡：《漂移的证据法》，李学军等译，何家弘审校，中国政法大学出版社 2003 年版，第 106 页。

② 季美君：《专家证据制度比较研究》，北京大学出版社 2008 年版，第 214 页。

三、构建符合我国国情的刑事专家证人制度

我国《刑事诉讼法》采用了"有专门知识的人"的制度,这相当于专家证人,其作用在于对鉴定人的鉴定意见作评价。这对于构建我国刑事专家证人制度起到了突破性作用。但是,西方的专家证人制度所依赖的当事人之间对抗制以及配套的交叉询问制度一直没有能够在我国的司法制度的土壤之中成长。① 我们应该如何在我国的"本土资源"上进行构建符合我国国情的专家证人制度,如何发挥该制度的优点,应该如何加以抑制其弊端。这需要理论界和实务界共同努力,方可把该制度进行适合中国国情的改造,使之具有生命力。在构建具有我国特色的专家证人制度,有以下问题需要探讨:

(一)专家证人的诉讼地位与作用

在我国的证据种类中,并没有专家证人意见该证据种类,也没有如英美法系那样明确该类证据是作为证人证言。因此,"有专门知识的人"出庭所发表的意见应该属于何种证据种类,会引起一定的争议。在民事诉讼领域引入"有专门知识的人"后,学界创设"专家辅助人"的名称,认为其在诉讼中发挥两方面的作用:(1)就案件的专门性问题进行说明、接受询问和对质;(2)帮助当事人对鉴定人进行询问。② 有学者认为专家证人不属于鉴定人,也不能被现有证人概念所概括,宜对现有证人的概念的内涵和外延加以扩充,使之可以包容专家证人。③

但笔者认为,根据对鉴定意见和专家证人的共性分析以及目前我国对"有专门知识的人"出庭相关规定的理解,可以把有"专门知识的人"作为鉴定人,其发表意见也相当于鉴定意见。首先,虽然鉴定人与专家证人具有很多区别,这是基于大陆法系与英美法系对证据分类不同的标准所导致的。专家证人虽然划为证人之列,但其适用的证据的规则也与证人有很大的差异。而且,作为专家证人

---

① "1996年刑事诉讼法修改时,在庭审方式方面引进对抗制,十多年来的实践证明,很难推广开来,很难加以落实。"樊崇义、吴光升:《关于刑事诉讼法再修改的几个认识问题》,载《中国刑事法杂志》2011年第7期。

② 李国光主编:《最高人民法院〈关于民事诉讼证据的若干规定〉的理解与适用》,中国法制出版社2002年版,第401页。

③ 邵劭:《论专家证人制度的构建》,载《法商研究》2011年第4期。

与鉴定意见也有很多共性之处，如两者都是对专门知识问题发表推论性意见，内容都是对涉及科学技术以及专门知识问题，在证据调查程序规则上均适用言词证据调查规则。① 因此，专家证人与鉴定人本来就是两大法系对专门知识解决的不同制度，并没有本质上冲突。我国加以对专家证人的合理因素加以引进，其本意也在于对鉴定人制度改进，把"专门知识的人"类比为鉴定人，并无必要基于专家证人中具有"证人"的称谓而对证人制度进行改革。其次，根据法律规定，有专门知识的人出庭的目的在于对鉴定人的鉴定意见提出意见，其定位应该属于鉴定意见的补充或是反对，可以说收窄了当初在民事诉讼领域引入专家证人的适用范围，仅仅是针对鉴定意见所提出意见。如果法官对专家证人的意见针对鉴定意见所提出的相反观点予以采纳，则直接构成对鉴定意见的否定。因此，从效力来看，其相当于鉴定意见的种类。最后，第 197 条第 4 款，也规定了专门知识的人出庭作证，适用于鉴定人的有关规定。在程序上也认可了专门知识的人有鉴定人有相同的诉讼地位，而不是证人之列。因此，根据法律的规定，可以推论出我国刑事制度的"有专门知识的人"的性质相当于鉴定人，其所提出的意见，相当于鉴定意见。

(二) 专家证人的资格条件

我国法律没有直接采用专家证人的表述，而是规定的"有专门知识的人"的称谓，但怎样才算是"有专门知识"的人，需要经过什么程序才能确认，法律并没有规定。我国在行政诉讼领域对专家证人资格方面在程序上吸收了英美法的对专家证人资格审查的相关程序，交由当事人进行交叉询问后才由法官决定。最高人民法院 2002 年 6 月公布的《关于行政诉讼证据的若干规定》第 48 条规定，当事人对出庭的专业人员是否具备相应专业知识、学历、资历等专业资格等有异议的，可以进行询问。由法庭决定其是否可以作为专业人员出庭。而对于法庭基于什么标准而认为合格的"有专门知识的人"则同样没有规定。

对于刑事诉讼程序，基于目前法律规定，法庭对于"有专门知识的人"出庭，采取审批制。2018 年《刑事诉讼法》第 197 条第 2 款规定："公诉人、当事人和辩护人、诉讼代理人可以申请法庭通知有专门知识的人出庭，就鉴定人作出的鉴定意见提出意见。"第 3 款规定："法庭对于上述申请，应当作出是否同意的

---

① 郭华：《鉴定结论论》，中国人民公安大学出版社 2007 年版，第 100-102 页。

决定。"换而言之，法庭对于是否允许"有专门知识的人"的审查过程中，也包括对出庭的人是否具有"专门知识"的人审查。在一定程度上，法庭更多考虑诉讼效率的需要，在程序上并没有赋予控辩双方针对专门知识的人进行交叉询问之后，再由法官决定专门知识的人的适格性问题。而对于在法官如何来考虑专门知识的人的适格性，则可以考虑以下几个方面的因素：一、专门知识性考察。专家应当具有与涉及案件有关的某一特定领域或行业的直接相关的专门知识、技能或经验。法官应当关心的是其是否事实上的专家，至于其知识是如何获得的则并不重要。实践中应避免只重名望、资格证书等形式而不重客观实际的偏差出现。二、专家的道德性审查。专家应当具备良好的职业道德。一个具有不良道德记录的人所陈述的意见很难使他人相信其陈述的真实可靠性，因而法庭必须审查其职业道德品质，以往诉讼中是否曾经有过故意的虚假意见等；我国引入专家证人也属于起步阶段，也没有建立起如西方的专家证人协会等组织。因此，该专家很可能隶属于某一鉴定机构中，法官则通过其既往的鉴定意见来考察其诚信。三、针对鉴定意见的关联性考察。我国刑诉法规定的专门知识人出庭的目的是针对鉴定意见。因此，要求出庭的专家应该是围绕鉴定意见而出具意见，如果其所出具的专家意见非针对鉴定意见，则可认为其没有适格性，没有必要同意其出庭，以节省法庭的资源。

（三）专家证人的选任程序

刑事诉讼法规定控辩双方可以向法庭申请具有专门知识的人出庭，但没有规定，该具有专门知识的人由谁来选任和聘请。民事诉讼领域考虑到平等双方的对抗性，因此，明确规定了由谁聘请，由谁付费的原则。而行政诉讼领域，因为诉讼双方的不平衡性，同样也没有规定如何选任的问题。对于刑事诉讼领域而言，对此同样没有规定。毕竟，在我国缺乏控辩对抗的氛围，如果完全放开由控辩双方自行解决聘任的问题，恐怕也会造成新的控辩不平衡的问题。而目前鉴定意见，主要作为控方的证据，对此提出意见，自然以辩护方为主。如果被告人有经济实力，自然为了推翻鉴定意见对自己不利而聘请专家，固然可以解决。但是，如果被告人并无经济实力，甚至辩护律师也需要法律援助加以解决的话，恐怕该项权利也只能放弃。这种对于不同被告人的情形所造成的不平等性，将来应该加以重视。同时，专家证人的滥用和诉讼成本的上升是专家证人制度的弊端，目前，西方的改进路径也是吸收大陆法系的鉴定人制度，以法庭来控制专家证人运用。我国目前的庭审也是采用6人职权主义为主导,对于专家证人的运用,同样也应该发挥法庭在庭审中的主导作用,方可加以避免该制度所产生的弊端。

(四) 专家证人意见的开示

我国引入专家证人的目的在于对鉴定意见提出意见,专家证人很大程度上在庭上与鉴定人成为相互对立方。因此,在庭审之前,应该把专家意见予以向鉴定人开示,避免"证据突袭"。但是,目前法律并没有规定,专家证人的意见需要开示。作为鉴定意见,控方的诉讼资料已经在审查起诉阶段,通过辩护律师的阅卷权已为被告人所知悉,如果被告人需要聘请专家证人对该鉴定意见提出意见,那么也应该在开庭前为公诉方所了解,以便公诉方是否决定聘请专家证人以强化鉴定意见或者与鉴定人加以沟通,如何来完善和补强鉴定意见。同时,为了克服英美法系专家证人因证据开示而导致的诉讼程序拖延,法律应该进一步规定相关专家证人意见开示的程序和限制,在庭前会议中加以解决该问题。

(五) 专家证人意见的采信标准

专家证人提供的意见证据,即专家证人对案件中某一专门性问题作出的判断性意见对法官没有约束力,是否被采纳为定案的根据由法官决定。美国《联邦证据法》第702条规定,具备可采性的专家证言的一般构成要件有四个:1. 主体要具备专家证人资格;2. 作用要有助于事实审理者理解证据或确定争议事实;3. 形式包括意见形式和其他形式;4. 要确保所谓"科学的、技术的或其他专门知识"是可靠的。在 Daubert v. Merrell Dow Pharmaceuticals, Inc., 509 U. S. 579 (1993) 一案的裁决中,美国联邦最高法院根据《联邦证据规则》的科学原理,设定了审判法院据以确定专家证言基础的具体标准。在最高法院作 Daubert 一案的裁决之前,美国司法实践适用的 Frye 规则,根据该规则,只有建立在"被相关的科学共同体所广泛接受"的科学方法基础之上的专家证言才具有可采性。而 Daubert 规则要求审判法官依照以下四个要素确定专家证言是否达到"科学知识"的要求:(1) 对原理或技术的评估;(2) 同行复核以及该原理或技术的公开发表;(3) 特定科学技术已知或潜在的错误率;(4) 该原理或技术被共同体所"广泛接受"。

而我国引入专家证人的目的在于打破鉴定意见垄断法庭的局面,而在采信专家证人意见更多的是与鉴定意见相互比较,谁更令人信服,这也同样需要建立一定的标准和原则。目前的司法实践之中,更多的是考虑对鉴定意见的形式审查,但是，通过引进了专家证人制度，应该形成法官自己的判断标准，并不仅仅是形式上的审查，更要深入意见内容中。实践中或者考虑遵循以下的原则：首先，专家意见与鉴定意见之间所依据的数据和手段的合理性。随着科学技术的发展，鉴定意见或专家意见所利用的技术辅助手段和方法越来越多，这就涉及手段和方法的合理性问题。法庭对手段和方法的采信标准宜采用普遍接受原则，即利用的手段或方法要为世人普遍接受。其次，专家证人意见的中立性和合理性。既然专家证人为当事人一方所聘请，其立场在一定程度上偏重于所聘请方，其所提出的意见往往会针对对方意见加以剖析和攻击。法官在这种相互攻防之中考虑其中立性和合理性。最后，综合采信原则。无论是鉴定意见还是专家意见，均应结合全案情况综合考虑决定是否采纳或采纳多少。法院对鉴定意见和专家意见的采信与否在于该意见反映案件的真实性、科学性程度。树立法院的权威。司法实践中，存在多次鉴定和多头鉴定的问题，引入了专家证人，也要避免鉴定人与专家证人比权威、比级别现象，法官应该树立信心，拥有对鉴定意见和专家意见的证明价值进行审查判断的最终权力，根据其调查和辩论，审查意见本身的科学性和真实性，并结合全案证据综合评估鉴定意见或专家意见的证明价值。

似真推理在诉讼证明中的运用

李 静[①]

一、诉讼证明的特点

诉讼证明是指在诉讼程序中,由不知情人根据证据决定当事人的事实主张是否真实/成立的一系列认识活动。具体包括以下特点:

1. 待证事实主要是实体案件事实,因此,这类事实是历史事实;待证事实是起诉方(控诉方)提出的待证命题,意欲借此适用有利的法律规定,因此,这类事实是经过合理剪裁的法规事实。

2. 出于诉讼公正的考虑,裁决者必须是中立的法官或陪审人员,他们是事先不了解案件的人。裁决者在法庭上倾听各方当事人的证据和辩论,据以裁定。

3. 证据是基本的证明手段,证明的过程是回溯性的。证明责任主体必须运用有资格的证据推论出事实主张,同时还要应付反对方提出的质疑或相反证据的推论。

4. 诉讼效率和程序公正要求对案件事实的确认,必须在特定时间内作出决定。

以上特点说明,待证事实是以假定命题形式出现的、证据资料是有限且容易受到质疑的、裁决者对证据资料的判断带有主观性而且是可错的。尽管如此,在诉讼终结的时候,裁判者必须作出假定命题是否成立的判断,这就是说时间一到,必须给出结论,这个结论也许无法达到科学论证般的精准,只是接近真

[①] 李静,中国社会科学院大学副教授。

实的。①

诉讼证明活动是一种人类的认识活动，必然需要借助推理进行，那么这种推理形式是演绎的还是归纳的呢？演绎推理从一般规则出发，小前提（案件事实）是已经确定的命题，并不提供得出案件事实的方案。而包括类比在内的归纳推理是从已知的个案出发，结论为一般规则，也不蕴含案件事实的证明过程。这样看来，证明需要借助其他的推理形式。

二、"似真推理"的形式

1. 似真推理的历史发展

似真性概念最初是由古希腊早期哲学家和修辞学家确切阐述的。他们提出了可以用于说服人们接受或拒绝不同意见的论辩技巧，这里是以盖然性为基础的，但是这一"盖然性"与今天统计论证中的盖然性含义并不相同，它是建立在一个人对其熟悉的情况的主观评价基础上的。也就是说，似真判断应当符合我们自己的知识、观察和经验。比如这个近代有趣的例子：荷兰大使取悦暹罗（泰国的旧称）国王时说，在他的国家水有时候会变成坚硬的以至于人们能够在上面行走。据说暹罗国王说，他相信大使告诉他的其他奇怪事情，但是这个故事似乎是非常不可能的。

当时法庭辩论中就运用似真推理论证和反驳主张，比如在弱者和强者打架的审判中，弱者使用盖然论证问陪审团，在他们看来他这样一个较弱小的人攻击一个较强大的人可能吗？这种论证的基础是：这样攻击并不谨慎，它可能会导致痛苦的结果，以及陪审团知道较弱的人自己也清楚这一点。因此，当"那个人攻击了对方"这个问题还悬而未决时，似真性的证明力会与"较弱小的人攻击了较强大的人"这个假设相反。但是，另一个人也可能引用盖然论证来反驳，比如体弱者极有权势、性格暴躁等。诉诸盖然论证是建立在诉诸听众已经知道或熟悉的事情的基础上，这样法庭中出现的所有证据都可以用似真性去判断。裁判者（法官或陪审员）也能够基于他自己的判断和个人经验评价这些论证。

似真推理概念在古代结束后逐渐隐退了，因为哲学家和科学家们认为似真推

---

① 正因为结论只能接近真实，所以法律术语对证明标准的要求不是"绝对真实"。刑事案件要求对案件事实达到"确信"或"排除合理怀疑"，民事案件要求达到"优势盖然性"。

理对于符合理性思维的科学标准来说不够精确，根本无法达到真理，它是诡辩的、主观的，无法客观计算。于是，演绎逻辑和后来被帕斯卡以及启蒙运用时期的其他人所发展的统计推理的归纳模式一起统治了逻辑课程。因为对滥用逻辑（诡辩术）的担忧、对精确标准的偏好、对数字演算的重视、实证主义和启蒙运动的价值观的影响，人们不再承认和研究似真推理这种通常用于日常会话论证中的应用逻辑形式。直到19世纪70年代，人们重新发现了似真推理作为实践推理的重要性，在法律论争、政治论争等语境，似真推理可以为我们接受或拒绝一个命题提供理由；更重要的是，当我们需要在现存的多个不同命题或相互冲突的命题中作出选择时，它能帮助我们选择一个最为似真的，而不是搁置问题或判断悬置。

2. 似真推理的形式和检验标准

对比演绎推理、归纳推理，我们可以发现似真推理的独特之处。以演绎推理的典型形式直言三段论为例，其推理形式为：所有的 M 是 P，所有的 S 是 M；所以，所有的 S 是 P。如：所有人都会死，某某是人；所以某某也会死。以归纳推理的典型形式枚举推理为例，其推理形式为：A 的 S 都（或者"大多"）具有 P 属性；所以，所有 A 具有 P 属性。如：在亚洲观察到的天鹅是白的，在欧洲观察到的天鹅是白的，在非洲观察到的天鹅是白的；所以，所有天鹅都是白的。而似真推理的形式是：如果出现（表征）A 通常就意味着 P，现在 A 出现了，所以可以似真地推论出 P。

在演绎推理中，如果前提真实，则结论必然真。在归纳推理中，如果前提真实，则结论或然为真。而在似真推理中，如果前提真实，则结论似然为真、被假定为真。它是三种推论中最弱的，而且得出的结论是一种理智猜测，随时可能因为有新的证据的加入而被推翻。本章开头那个例子中的女儿认为丈夫有外遇，其依据的大前提是一般情况下这么晚不回家且不接电话的已婚男人通常是跟别的女人在一起。这种判断有一定的盖然性但是不够强大，因为有外遇的人通过电话说谎而不是拒接电话的情形也很普遍。妈妈的假设提供了男人深夜未归且失去联络的另一种可能性，虽然这种假设看似残忍，我们也可以把它理解为一种善意提醒——在存在多种解释的情况下，先不要妄下断言或者盲目悲观吧。

似真推理的论证强度不如演绎和归纳，但仍然是可检验的。检验的三个标准①是：第一，主体提供的前提性主张是似真的，因为我们假定一个建立在明显令人信服的表征基础上的命题通常为真。第二，它与其他同样看起来为真的表征相符合。第三，对表征进行检验。有学者给出了关于绳子的经典例子：一个人在有昏暗灯光的屋子中看到一卷绳子，他假定这可能是一条蛇。他从上面跳了过去。但随后他转过身看到它并未移动，因此他倾向于认为这可能不是蛇。最终他接受了"该物体是绳子"这一命题，这是基于这样的考虑，即它最初看起来像绳子，并且它未能移动也表明它可能是绳子。但随后考虑到蛇有时候也不动，他便用棍子拨了它一下来进行检验。在这个例子中，"所看到的东西是绳子而不是蛇"这一假设通过满足全部三个标准而变得更加可能。

如果一个人对诉讼中的证据理论有所了解，就会容易地发现诉讼证明规则体现了似真推理的上述全部检验标准：一个主体主张某证言为真；该证言信息与其他证据信息相符合；通过证人宣誓和询问制度检验该证言的可靠性。

三、似真法律推理的应用

庭审的本质是发现或确定事情真相，而除了法定的免证事实②外，事实主张都应依证据进行证明。在证据和案件事实之间需要进行一系列推论步骤。证据的真实性、关联性、证明力如何确定？从证据推论出案件事实的过程如何进行呢？事实上，在这一系列的推论过程中，作为推理大前提的规则主要是经验法则。

经验法则，是指依社会生活积累的经验归纳所得的关于事物属性以及事物之间常态联系的一般性知识或规则。具有较高盖然性的经验法则，可以被用作人们认识事物的理论依据，也是判断未知事物的前提知识。经验法则具有历史性和无限延展性，所以这类知识的确定性也是似真的、盖然的。根据经验法则的"盖然

---

① [美]道格拉斯·沃尔顿：《法律论证与证据》，梁庆寅、熊明辉等译，中国政法大学出版社2010年版，第144-147页。
② 根据《最高人民法院关于民事诉讼证据的若干规定》第9条，免证事实包括：众所周知的事实；自然规律及定理；推定事实；既决事实；仲裁事实；公证事实。根据第8条的规定，除涉及身份关系以外的自认事实也免予证明。

性程度",可将其分为生活规律、经验基本原则、简单的经验规则、偏见①。第一类知识具备极高的确定性、可靠性,当法官据以确定某一事实时应予援引;第二类知识是最寻常意义上的经验法则,具备基本的确定性、一般的普遍性,通常可以援引。而第三类知识不构成证立的基础,只可作为攻击证明的手段。至于第四类,既然不具备盖然性,就不属于经验法则。

在诉讼证明中,以经验法则为前提知识进行的似真推理表现在以下方面:

1. 证据资格和证明价值的判断

(1) 证据资格(关联性、合法性②、真实性)

证据的关联性是指能从该证据直接或间接推论出事实主张(命题)成立与否的属性,它是证据的首要资格。裁判者是通过自身社会阅历、日常经验推断出证据与案件之间的关联性的。如在曹某诉哈拖医院医疗事故损害赔偿一案中,原告为了证明死者(原告之女)在吸脂手术后突发急性循环衰竭猝死是被告的不当医疗行为造成的,提供了死者去世前一年曾经获得单位游泳比赛冠军的证明、死者同学关于死者生前身体健康的证言等。法院就这两项证据进行了简单评价,认为"原告所举证据虽与该争议焦点有一定关联,但均不具有直接证明的效力"。③ 如果进一步展开说明,具体理由应该是:因同学等医学界以外人士很难根据一个人的外表作出该人是否健康的准确判断,且现实中被公众认为健康之人未经就医而猝死者也时而有之。而曾经获体育比赛冠军,与猝死系手术导致之间的必然性也因时间遥远、其间事件繁多等因素而难以做出关联较大的评估。

关于证据的真实性(可靠性)判断,试以我国证据基本类型分析之:

---

① 有关这一分类的标准,参见[德]汉斯·普维庭:《现代证明责任》,吴越译,法律出版社2000年版,第155-161页。生活规律("如果——总是")如自然规律和科学定理,像地球自转、生物体终将死亡、DNA与人的联系等;经验基本原则("如果——则大多数情况下是")如跨越铁路道口已放下的护栏而被列车撞击致伤,可认为是受害人有过错;医生在手术时把镊子、丝线或者药棉遗留在伤口内,可认定为医生的责任;简单的经验规则("如果——则有时是")如高速公路紧急停车道上停了一辆汽车,可能是因为汽车出现故障,也可能是司机由于身体不适或其他原因而停车。偏见("如果——则关系不成立")如认定男小女大的婚姻不幸福、四肢发达者头脑简单等这类见识,就不具备盖然性,在审理者形成心证的过程中毫无意义。参见[德]汉斯·普维庭:《现代证明责任》,吴越译,法律出版社2000年版,第155-161页。

② 关于证据的合法性判断,主要由法律规定调整。并且当一方当事人提出证据时对方没有提出合法性异议或异议无理的情况下,一般可以根据经验推定该证据合法。在此不予赘述。

③ 见哈尔滨市中级人民法院(2003)哈民二初字第51号民事判决书。

①证言似真推理及检验

证言似真推理属于"诉诸位置到知道"型推理，其一般形式为：

大前提：证据来源 a 处于知道包含命题 A 的特定领域 S 中的事情的位置。

小前提：a 断言 A 为真（假）。

结论：A 为真（假）。

意为，如果证人有了解案件事实的能力且声称当事人的事实主张为真（假），那么该事实主张就是真（假）的。根据上述前提的要求，检验证言真实性的批判性问题有：证人真的有了解案件事实的能力吗？证人是诚实的吗？具体考量因素包括：证人认知事物的能力、记忆能力、法庭表现，证人品格、证人与案件或当事人的关系、感情倾向、与其他证据内容是否矛盾以及矛盾或一致性是否可疑①等。例如一个证人被发现视力不佳且不戴眼镜，那么他声称在远处看见的事实情况的确实性就大打折扣。再如在辛普森案件中提取带血手套的警察富尔曼被认为有栽赃的可能，除了他具有栽赃的条件（当时只有他一人在场），还有一个重要因素就是辩方律师提供的富尔曼带有种族偏见的言论显示出他道德品格的不足。

为了检验证言的真实性，要求证人宣誓和进行询问是极其必要的。通过下面这段证人问答的精彩选段，检验的效用可见一斑。在一起保险理赔案中，原告称因被保险人派克落水而死要求保险公司支付保险金，被告则试图证明派克没有落水而是藏了起来。被告律师询问证人（一位与派克在船上共事多年的厨师）的经过是：

——你认识派克多长时间了？

——15 年了。

——你很了解他吗？

——是的。

——你是如何看到他的尸体的？

——我从装货口向外看时见到的。

——你是否确信尸体是派克的？

---

① 例如，证人对时间久远的事情细节陈述得特别清楚，与某一当事人的陈述相当得一致，有理由引起注意和进一步查证其可信性。

——是的。

——当时你有没有惊叫？

——没有。

——你是否要求船长停船？

——没有。

——当你往窗外看，并发现尸体在外面的时候，你正在做什么？

——在剥土豆皮。

——也就是说，当你的老朋友派克的尸体从旁边漂过，你仅仅是继续剥土豆皮？"哦，那里是什么？我的老朋友派克。我应该明天告诉船长，现在我必须继续剥土豆皮。"

②当事人陈述的似真推理及检验

与证人证言似真性推理不同之处在于，当事人作为与案件结果有利害关系的主体，其陈述内容往往会自我利益最大化——隐瞒或不承认对自己不利的事实，夸大或编造不利于对方的事实。于是，根据一般经验，对对方当事人提出的不利于自己的事实的承认，其真实性较高，在民事诉讼中可以直接认定。① 对其他陈述的真实性应结合当事人的认知能力、记忆能力、法庭表现、与其他证据的协调性等因素加以判断。

某案原告王某诉称：被告吕某因买卖生猪结欠原告王某7万元，出具欠条一张，后被告偿还48000元，并约定5月16日还清余款。原告与徐某等到被告家中拿钱时，被告要求原告先把欠条给他，但原告交出欠条后，被告却将欠条撕毁，并把碎片丢在其家垃圾桶内。原告拾起欠条碎片后，立即到派出所报案，派出所对此未作调查处理。现原告起诉要求被告偿还货款22000元，并提供由碎片粘贴而成的"欠条"、派出所报案证明等，并申请证人徐某出庭作证。被告则辩称其在还款后才取回欠条并撕毁。② 在案件审理过程中，法官运用经验法则作出如下判断：如果事实如被告所说，则被告、原告、徐某等人做法与常理不符。因为撕毁欠条的现场在被告家中，被告不阻止原告拾起欠条碎片的行为且事后不报案却由原告报案，不合常理；原告是外地人而被告是当地人，原告也不大可能利

---

① 在刑事案件中，被告人认罪的供述需要进一步确认自愿性，且不能单独据以确认犯罪事实。
② 齐树洁、王振志主编：《证据法案例精解》，厦门大学出版社2004年版，第356页。

用人数上的优势抢走欠条的碎片;证人徐某与被告是同乡人,在一般情况下不可能为一个外地人作假证而甘冒因此受法律追究的风险。因此原告主张的被告在付款前撕毁欠条更符合常理,"欠条"的真实性与证人证言的真实性也可采信。

③实物证据似真推理及检验

物证、书证、视听资料等都可归入实物证据,实物证据似真推理属于"诉诸征兆"型推理,① 其一般形式为:

大前提:如果在给定情况下我们发现了这类表征,那通常就意味着诸如此类事件已经发生,或诸如此类性质应被推出。

小前提:在这个情况下,已经发现了这类表征。

结论:诸如此类事件已经发生或者诸如此类性质应被推出。

意为,在给定案件中,具体发现可被用作某性质或者事件存在的证据。比如,一个人在荒地看到一些类似熊的脚印,他可以得出结论认为不久之前有一只熊经过。如果有人在某大学的教室天花板上发现这种印迹,就不会得出前述的结论而更倾向认为这是某种恶作剧。这类推论是相当经验性的,根据从观察到的事实或现象到解释这些现象来进行的,是一种最佳解释推论。在一组可供选择的假设解释中,我们可以选出一个作为最好的。这个假设还可以通过进一步的研究来检验,比如通过专家意见调节。例如,在杀人案现场发现的物品或血液经检验属于被害人以外的某人,可以推断该人到过现场、可能是行为人。再如,原告出示一份原、被告双方签字盖章的购销合同,可以推断出该合同是双方真实意思的表示。检验这类实物证据的批判性问题有:这个表征在多大程度上与推论出的事实相关?对于在给定情形中出现的这个表征,是否有其他推论或者更好的解释?

在某借贷纠纷中双方争议焦点为借条中"借款19,900元人民币"的措辞究竟是指19900元还是19.9元。法官最终认定,按照常理,如果借款19块9毛钱不会郑重写下借条,而且由于我国最小货币单位为"分",19块9毛的正确写法是"19.9元"或"19.90元",最多写到小数点后两位,而非小数点后三位。因此,原告主张"19,900元"的写法属于对"19900元"的书写笔误的说法更合常理,借款额应为19900元而非被告所说的19.9元。也就是说,借款19900元

---

① [美]道格拉斯·沃尔顿:《法律论证与证据》,梁庆寅、熊明辉等译,中国政法大学出版社2010年版,第331-332页。

的推论合理性远远胜过借款19.9元的解释。正如我国台湾地区"最高法院"某判决书所说,"解释契约,故须探求当事人立约时之真意,不能拘泥于契约之文字,唯其解释,须合于经验法则,否则自属违背法令"。①

④鉴定意见(专家意见)

专家意见似真推理属于"诉诸专家意见"型推理,其一般形式为:

大前提:证据来源E是包含命题A的主题领域S里的一名专家

小前提:E断定命题A为真(假)

结论:A为真(假)

鉴定意见可以作为证明手段的假设性前提是出具意见的人是该行业专家,其意见具有科学性。检验专家意见的科学性、真实性可以提出以下批判性问题:该人是否该相关领域的专家、其意见是否明确以及是否回答了案件中涉及的专门问题、该人的品格是否可靠、该意见的作出是否遵循了法定和科学的程序。如果质疑专家的资格和水平,可以询问其职业资格、职位、任职记录及对相关领域的贡献。如果质疑作出该意见的程序是否合法和科学,可以要求专家回答鉴定程序问题和所依据的理论来源。如果质疑专家意见的确定性和相关性,可以就意见的措辞进行提问,质疑其是否清晰明确、是否能从该意见作出与案件事实相关的推论。如果质疑专家的人格,则需要结合一些专家的性格证据进行推论。

以判断意见的明确性和相关性为例,在王某芝诉许某鹤交通事故赔偿纠纷一案一审中,交警西站大队曾委托天津市天津天通司法鉴定中心鉴定被告许某鹤所驾车辆是否与原告王某芝身体接触。该鉴定中心出具的《交通事故痕迹鉴定意见书》鉴定意见为:"不能确定HAK×××号小客车与人体接触部位",这就是典型的意见不明确,对该意见可以有多种解释——车与人相撞了但是具体接触部位无法确定;车与人未接触;不清楚车与人是否有接触……一审法官对此疑点要求鉴定中心作出具体说明,对方将上述意见解释为"不能确定HAK×××号小客车与行人王某芝身体有接触,也不能排除津HAK×××号小客车与行人王某芝没有接触"。②也许当初交警队的鉴定要求就是不现实的,于是鉴定中心出具的意见也无法确实,因此该意见对于被告是否撞到原告的事实不具有推论作用,也

---

① 我国台湾地区"最高法院"1987年台上字第2877号民事判决书。
② 天津市红桥区人民法院(2010)红民一初字第837号判决书。

就不能确认有相关性，导致法院最终没有采用该证据。

(2) 证据证明力（证明价值）的判断

对具备证据资格的证据材料，法官应当衡量其证明力。我国《最高人民法院关于民事诉讼证据的若干规定》（以下简称《民诉证据规定》）第64条明确承认了审判人员判断证据证明力时运用逻辑推理和日常生活经验的必要性。① 对证明力的判断既要考察从证据推论主张命题的强度，还必须将个别证据放诸全案证据资料和辩论情况中进行。

在一起侵犯隐私权案件中，原告诉称被告（原告的同学）在某段时间多次登录原告的网上银行账户，并提供了两张书证：一是账户多次被登录的时间；二是登录网银的多个IP地址（原告称这些IP地址都不是自己的）。被告则坚称自己没有登录过原告的银行账户。法官对原告提供的两个书面证据的证明力分析结果为：第一，单独看第一个书证，据以得出的推论有多种——可能是原告自己登录的，毕竟登录者需要账户密码方可进入账户，而通常只有户主本人掌握相关密码；第二，可能是被告登录，但是除非有理由认为被告经不当手段获取了密码，否则这种推论极其薄弱；第三，可能是第三方登录的，这种推论也很薄弱。第一和第三推论都与原告的主张负相关，也就是对证明主张起着反作用，没有证明力；而第二推论与原告的主张正相关，但是因为推论相当薄弱，证明力也就相当微弱。从以上分析可见，单独看这个书证，它几乎没有什么证明力。但是如果结合第二个书证，第一个书证的证明力就可能变强：如果登录账户所用的IP地址被证实为被告独占使用的，两个书证结合在一起就可以形成一个更强的推论——被告极有可能登录了原告的银行账户。

2. 事实推论（从证据推论案件事实）

似真法律推理的优点是如果给定的证据材料似真，通过链接到结论的推论，我们可以把似真力从证据材料转移到结论。这就解决了法庭的证明问题。根据笔者的研究，事实推论有直接推论和间接推论两种。直接推论又可以分为直接证据推论和表见证明；间接推论则包括简单的事实推定、依数个间接事实之推理和依间接事实进行的连续推理三类。分别阐述如下：

(1) 直接推论

---

① 参见《关于行政诉讼证据若干问题的规定》也有相关规定。

一是直接证据推论。直接证据被确定为似真的,则可以推论出主要案件事实。

二是表见证明。① 若典型原因促使发生一定结果,则无须进一步证据,即可符合纯粹经验的,依第一表象(证据事实)而为推认。这一机制是对证明责任的减轻,即拟制案件达到了证明标准。例如,某公司签到簿上甲的名字被写错,从这一事实可推定该人没有按时到达公司,名字系由他人代签。因为按照经验法则,按时到公司的职员会亲自签到;并且,成年人不会写错自己的名字。这样,不必提出该人缺席的直接证据便可以作出事实推定。再如,某女顾客在商场滑倒并受伤,在其滑倒区域内,有一摊油渍,且有证人在事发后看到油渍中间有被践踏痕迹和较重的划痕。法院便可依表见证明认为该伤者系踩踏在地面油污之上才滑倒。

表见证明运用之经验法则必须符合较高盖然性,否则以经验替代证据证明,难具说服力。例如,德国联邦法院1960年12月21日的一份判决中就认为,"下级法院认为,有人授权他的家属将其情书、家庭照片等赠送给不认识的第三者,这与生活经验是相矛盾的。当然并不存在典型的生活事实对此种授权的相反推定,以致该授权不能作为表见证明被采纳。但在个别场合,这样的经验法则也并非具有强制性,以至于它可以像表见证明一样作为对相应生活经历的证明。不过在证明评价时应予以考虑"。② 再如,南京彭某案③的一审判决认为原告急于搭乘第二辆公共汽车而向后跑,被告是从第一辆公共汽车后门下车的第一人,故据此推断原告、被告"相撞可能性较大",也是依据"表见证明"。

但运用表见证明须紧密结合个案情况,并应充分说理才具备说服力。例如,同样是在没有直接证据证明伤者如何受伤的情况下,以下两份判决的说服力和可

---

① "表见证明"理论源自德国民事诉讼法理论和实务,为我国台湾地区、日本等地所接受。
② [德]汉斯·普维庭:《现代证明责任》,吴越译,法律出版社2000年版,第79-80页。
③ 该案案情:2006年11月20日上午,在南京市83路公交车站等候汽车的老妇人徐某,摔倒在一辆公交车旁,刚从这辆车下来的青年彭某搀扶了她。经当时在场的其他人帮助联系,徐某的儿子赶来,彭某和他将受伤的徐某送到医院。在查明伤者胫骨骨折,治疗需花费巨额费用之后,徐某及其儿子与彭某发生争执。2007年1月,徐某在鼓楼区法院起诉彭某,以自己被其撞倒受伤为由,要求彭某赔偿13万余元人民币。彭某则辩称自己并未与原告相撞,自己下车后发现老人摔倒便出于善意予以扶助,因而不应承担赔偿责任。一审法院认定被告与原告相撞,但认为双方均无过错,根据公平责任,判决彭某支付4万余元人民币。双方当事人均上诉。在二审程序中,双方达成和解,原告同意减少索赔额并撤诉,和解结果因尊重当事人意愿未予公开。

接受性就有较大差别。第一个案例是天津许某鹤案，① 原告违反交通规则跨越防护栏后摔倒，对于原告摔倒是否被告造成，一审法院认为"被告在并道后发现原告时距离原告只有四五米，在此短距离内作为行人的原告突然发现被告车辆向其驶去必然会发生惊慌错乱，其倒地定然会受到驶来车辆的影响"。试想一个主动违规的行人竟不知道跨越防护栏后将看到呼啸而过的车辆，岂能令人信服？第二个案例是在一处道路通畅且车辆较少的地带，某人驾车快速经过时挤占了部分人行道，而旁边一位70余岁老人倒地后经抢救无效死亡，死亡的鉴定意见为"心脏病发作"。法院根据案发当时情形，判断老人受到车辆惊吓则较为合理。

（2）间接推论

根据推论的方式、步骤，间接事实推论可分为三类：

一是简单的事实推定：如果某一事实（基础事实）出现后通常伴随着另一事实（推定事实）的发生，根据这一经验法则便可在诉讼中免除主张者对推定事实的证明责任，只要证明了基础事实的存在便可直接推定该事实成立，从而解决证明难题。例如，从婚后生子的事实推定子女为亲生、某人失踪达到较长一段时间推定其死亡、故意隐瞒的证据被推定不利于隐瞒者。对这类推定的质疑在于经验是否具备高度盖然性，彭某案的一审判决多处运用不具说服力的经验推论案件事实，例如认为"如果被告是做好事，根据社会情理，在原告的家人到达后，其完全可以在言明事实经过并让原告的家人将原告送往医院，然后自行离开，但被告未作此等选择，其行为显然与情理相悖"。就是说法官的经验是一般人即使做了扶人的好事也不应帮助就医、陪着去了医院就是侵权者，这种经验认识显然不具备说服力。

二是依数个间接事实之推理，依数个平行的间接事实得出高度可能之主要事实，因为任一间接事实都不能直接推出主要事实，而多个间接事实相结合却可实

---

① 案情：2009年10月21日11时45分许，被告许某鹤驾车沿天津市红桥区回棋路由南向北行驶至红星美凯龙家具装饰广场附近时，遇原告王某芝由西向东跨越中心隔离护栏，后原告倒地受伤，花费医疗费用10余万元。原告称自己系被告驾车撞倒，被告则称自己看到原告倒地后及时停车并下车搀扶，原告受伤并非自己所致。双方各执一词，且没有目击证人、交管录像等直接证据证明事发具体情况。一审法院认为，《中华人民共和国道路安全法》第119条规定："交通事故是指车辆在道路上因过错或者意外造成的人身伤亡或者财产损失的事件。"因此，本案虽然无法确认被告车辆是否与原告发生接触，都构成交通事故，被告应依照《中华人民共和国道路安全法》第76条进行赔偿，即机动车第三者责任强制保险责任限额范围内的107117.16元，以及其余损失3722.96元的40%计1489.18元，共计赔偿108606.34元。二审法院维持原判。

现主要事实之高度可能性。例如在刑事司法中，根据交易地点、交易价格、物品有无合法票据、交易人的言行等方面可推定购买人是否对赃物明知。再如一案：原告称平成七年3月3日上午10：30借给被告300万日元，但借据在店铺失火事件中烧毁。对此借贷事实，被告予以否认。案件审理中发现如下间接事实：平成七年3月2日由于被告无资金能力，被其债权人A逼债；3月3日10点，原告从银行取现金300万元；10：30时原、被告二人在原告的店铺会面；（店员证实）10点到11点之间，原告的店铺只接待了被告一个人，被告临走拿着一个纸袋子并连声感谢原告；11点被告偿还A 300万日元债务。① 从被告被A逼债之后到原告店铺会面，可以推出被告可能是找原告求助；而原告在与被告会面前取钱和被告带着纸袋离开会面地点时连声感谢原告，被告在与原告分手后即偿还A的债务的间接事实可以推出原告帮助了被告，被告以原告的借款偿还了自己的欠债。依据多个简单的因果关系、通常的行为法则或经验法则，可以推论出以下案件主要事实——平成七年3月3日10：30左右，原告借给被告300万日元。

三是依间接事实进行连续推理。即由证据认定A间接事实，由A间接事实推理B间接事实，再由B间接事实推理主要事实。在证据法中一个著名的案例是，一个男人被发现给一位女性写了一封情书，我们能够从这一证据推论出他是杀害这位女性的丈夫的凶手吗？从这一证据到达他是凶手的结论需要经过多重推论：一位有夫之妇的爱慕者是希望占有这位女性的，那么他就会想要除掉她的丈夫，有杀人想法的人会真的实施行动，实施行动的人会实现他的目的。在前面每一步推论中，作为假设性前提的经验都只具有某种程度的盖然性，因此，若推论次数越多，总体上推论的盖然性就越降低。

对事实推论的检验方式是：攻击每一推论所运用经验的可靠性、提出更多不同结果的推论。

3. 证据法则的运用

（1）证明责任分配的裁量

证明责任的分配规则决定着某一具体事实主张由哪一方当事人来举证证明并承担事实真伪不明的不利后果。当法官依照法律规定无法明确某一事实主张由谁

---

① ［日］后藤勇：『続・民事裁判における経験則—その実証的研究—』，判例タイムズ社2003年版，第84页。

承担证明责任时，裁判职权要求法官必须自行加以明确。此时，法官可以援引学说理论、价值判断。比如根据"推定（常态）说"，主张常态事实的当事人无须承担证明责任，而主张变态事实者应当证明之。这是因为，主张为"常态"的事物发生的可能性极大，出于经济目的，证明的必要性不大。而何为"常态"，是由经验来判断的。

（2）证明标准的把握

证明标准是指法院判断当事人对事实主张是否达到了证"明"程度的标准。如果达到，则该主张在诉讼中得以确认；否则，视为该主张不成立。与证明标准相关的"高度盖然性""合理怀疑""事实清楚"等程度，都须审理者依常人认可之经验进行考量。例如，有德国裁判将民事诉讼中的"高度盖然性"解读为"于实际生活所需之高度盖然性""在一理性及洞悉生活关系事理之人对真实不再怀疑情形之下的高盖然性"。①

（3）证明妨害的处置

所谓证明妨害是指不负证明责任的一方当事人，基于故意或过失，以作为或不作为，妨害负证明责任的当事人之证明使得其对要证事实之证明陷入不能，该妨害证明之人将被课以一定的不利益之法理。② 该规则的确立是基于这样的经验法则：如果某受到证明妨害（不利于妨害人）的事实不是真的，则没有必要实施妨害行为。正是出于对利己人性的经验认识，法律才在证明事实与妨害证明这对矛盾之间做出了伦理选择，对这类违反诚信原则的行为予以处罚。基于对该理论的认可，很多国家在立法上承认证明妨害的后果。③ 我国《民事证据规定》第75条也规定："有证据证明一方当事人持有证据无正当理由拒不提供，如果对方主张该证据的内容不利于证据持有人，可以推定该主张成立。"

---

① BGH NGW 1961, 777；BGH VersR 1957, 252. 转引自姜世明：《三论证明度》，载《月旦法学》2011年第4期。

② 占善刚：《证明妨害论》，载《中国法学》2010年第3期。

③ 譬如，《德国民事诉讼法》第444条规定，一方当事人意图妨害对方当事人使用证书而毁损证书或致使证书不堪使用时，对方当事人关于证书的性质和内容的主张，视为已得到证明。

司法鉴定管理体制改革研究

阮 娜[①]

司法鉴定管理体制"是对特定时期、特定国家或地区司法鉴定管理活动基本特征的理论概括。它是与一个国家的侦查、起诉、审判职能的划分相适应,与诉讼制度相联系,对鉴定机构的组织形式、鉴定机构和人员的鉴定活动以及其他与鉴定相关的资源进行管理的活动的总和"。[②] 依此定义,司法鉴定管理体制主要指对包括鉴定机构和鉴定人在内的鉴定资源进行配置和管理的活动,包括鉴定资质审核准入和退出、鉴定活动监督管理、违法违规行为惩戒、行业自律管理等具体管理机制。从世界各国的鉴定制度看,司法鉴定管理体制又可以分为不同的类型:按照管理主体的权力性质看,可以分为行政管理体制、社会指导体制以及行政管理与社会指导相结合的管理体制;按照管理的集约程度看,可以分为统一的管理体制、分散的管理体制和统一与分散相结合的管理体制。

随着现代科技的不断进步和我国司法改革的深入进行,司法鉴定工作服务司法审判、辅助诉讼活动的重要作用日益凸显。我国三大诉讼法均将鉴定意见明确规定的证据种类之一,对于服务司法审判、保障司法公正具有重要作用。党的十八届四中全会作出的《中共中央关于全面推进依法治国若干重大问题的决定》和2017年中央深改组审议通过的《关于健全统一司法鉴定管理体制的实施意见》均对统一健全司法鉴定管理体制提出了明确要求。同时,司法鉴定管理工作的瓶颈和改革机遇并存。随着社会经济发展和司法改革深入进行,司法鉴定管理体制出现了一些与法治发展和社会需求不相适应的问题,如地方立法不完善、管理与使用衔接机制不健全、鉴定标准和规范不统一等。北京市司法鉴定管理工作基础

[①] 阮娜,北京市司法局公共法律服务管理处副处长。
[②] 霍宪丹主编:《司法鉴定概论》,法律出版社2009年版,第88页。

较好。北京市司法局作为司法鉴定机构和鉴定人的登记管理机关，近年来在严格细化资质准入程序、建立健全司法鉴定质量监督检查机制、推进鉴定机构认证认可、不断健全行业规范等方面作出了积极努力。为贯彻落实中央司法改革精神，为深入推进司法鉴定管理体制改革提供依据，仍需对鉴定管理有关问题进行全面系统的研究。

目前对于司法鉴定领域问题的研究"分野"较为鲜明，主要有两类：一类是鉴定从业人员以专业视角对各鉴定领域的技术问题开展研究；另一类是法律学者以证据学视角对鉴定意见的质证、审查和判断开展研究。司法鉴定管理领域的研究成果相对较少。本文拟从司法鉴定管理与使用的综合角度展开研究，既对司法鉴定本身的技术标准、工作流程、质量监控及文书撰写进行研究，又对鉴定机构和鉴定人的资质准入、考核评价、检查监督、行业自律组织管理等方面等问题一并开展研究，以期在规范鉴定执业活动的同时，充分发挥鉴定制度在我国法制体系中的功能作用。

一、我国司法鉴定管理体制的立法沿革

从20世纪50年代开始，公安机关基于侦查办案的需要即开始设立内部鉴定机构，随后，检察院、法院也陆续建立了内部技术鉴定部门，法院还负责对高等院校、科研机构等单位设立的鉴定机构进行登记和公告。1998年，国务院机构改革"三定方案"赋予了司法部"指导面向社会服务的司法鉴定工作"的职能，司法行政机关开始审批登记鉴定机构。至2005年全国人大常委会出台《关于司法鉴定管理问题的决定》（以下简称《决定》）前，公安、法院、检察院、司法行政机关均设有鉴定机构。这些鉴定机构重复设置、多头管理，又基于各自的立场和利益，将鉴定管理视为辅助本机关进行诉讼活动的重要权力，同一个案件出现多头鉴定、重复鉴定的现象频发，公安机关"自侦自鉴"、审判机关"自审自鉴"，鉴定结论的认定在各方的纠缠争论中难以解决。此外，到2005年，我国多个省、市为了解决鉴定管理不统一的问题，已通过地方立法的形式出台了鉴定管理条例。其中有些省市还在省级层面设立了司法鉴定委员会，由公、检、法、司及政府相关部门组成，负责本行政区域内的鉴定管理协调工作，甚至负责作出

"终局性鉴定"。①

从 2001 年开始,全国人大内务司法办公室针对人大代表关于司法鉴定制度改革的提案及司法实践中存在的突出问题,开始着手起草制定国家层面的司法鉴定立法。其间历经反复的争议、调研、论证,最终全国人大常委会于 2005 年 2 月 28 日通过了《决定》。《决定》的出台,明确了侦查机关和司法行政机关的职责分工、鉴定机构和鉴定人的准入条件、常用鉴定活动的基本分类(法医、物证、声像资料)以及鉴定机构和鉴定人的法律责任等,对于解决当时鉴定管理依据缺失、鉴定资质门槛不一、鉴定人责任追究不明、审判机关内设鉴定机构"既当裁判员又当运动员"等问题具有重要意义。但同时我们也看到,人大《决定》"统一司法鉴定管理体制"的立法初衷并未彻底实现,虽然审判机关不再设立鉴定机构,但依然保留了侦查机关内设鉴定机构和司法行政机关登记管理的社会鉴定机构并行的格局。即使在鉴定机构和鉴定人名册的统一制定、公告上,实践中也出现了侦查机关名册、司法行政机关名册、法院名册等多个或独立或交叉的鉴定机构和鉴定人名册。

在对鉴定机构、鉴定人和鉴定活动的管理上,各个主管部门分别制定了若干个规章和规范性文件,规定的具体内容、粗细程度、监管导向也多有不同,给鉴定活动的实际开展和鉴定意见的司法认定造成了很大困扰。

笔者将现行有效的多个部门对于鉴定管理的相关规定进行了整理,从这些对比分析中我们可以发现,目前鉴定管理在资质条件、鉴定程序、责任追究等方面存在不统一。

---

① 如1998年《黑龙江省司法鉴定管理条例》即规定:"省设司法鉴定委员会。省司法鉴定委员会由省高级人民法院、省人民检察院和省公安、司法行政、卫生、科学技术、建设、技术监督、物价、环保、版权等行政主管部门有关负责人组成。""司法鉴定委员会履行以下职责:(一)协调、指导司法鉴定工作;(二)受理疑难、重大的司法鉴定项目;(三)承担省内终局性鉴定。""省内终局鉴定由省司法鉴定委员会进行,其鉴定结论是省内司法鉴定的最终结果。"

（一）关于鉴定机构和鉴定人的机构设置和资质条件（如下表）

	公安部	最高人民检察院	司法部
规章名称	1.《公安机关鉴定机构登记管理办法》 2.《公安机关鉴定人登记管理办法》	1.《人民检察院鉴定机构登记管理办法》 2.《人民检察院鉴定人登记管理办法》	1.《司法鉴定机构登记管理办法》 2.《司法鉴定人登记管理办法》
生效时间	2006年3月1日	2007年1月1日	2005年9月30日
机构设置层级	公安部 省级公安机关 地市级公安机关 县级公安机关	最高人民检察院 省级人民检察院 地市级人民检察院 县区级人民检察院	由省级司法行政机关统一审批，不设层级
机构属性	各级公安机关内设部门，鉴定人须为人民警察	各级检察机关内设部门，鉴定人为检察技术人员	法人或者其他组织均可申请设立鉴定机构，鉴定人无身份限制，且可为兼职人员。 实践中存在事业单位、社会团体、企业以及所谓"独立法人"性质的鉴定机构
准入条件	均基本与人大《决定》一致		
退出条件	明确规定了应当注销鉴定资格的情形； 未按人大《决定》规定"被撤销鉴定人登记的人员，不得从事司法鉴定业务"，而是允许最长1年后可以重新申请鉴定人资格	明确规定了注销鉴定资格和取消鉴定资格的情形； 对于终身不得授予鉴定资格的条件和情形作了限缩解释	明确规定了注销鉴定资格的情形； 规定"被司法行政机关撤销司法鉴定人登记的"不得申请从事司法鉴定业务
业务范围	法医类、痕迹检验、理化、文件、声像资料、电子证据、心理测试、警犬鉴别。 根据科学技术发展和公安工作需要，鉴定机构可以申请开展其他鉴定项目	法医类、物证类鉴定、声像资料、司法会计、心理测试。 根据检察业务工作需要，最高人民检察院可以增加其他需要登记管理的鉴定业务	与人大《决定》一致：法医类、物证类、声像资料类以及根据诉讼需要由国务院司法行政部门商最高人民法院、最高人民检察院确定的其他应当对鉴定人和鉴定机构实行登记管理的鉴定事项。 2005年至今，仅增加了环境损害鉴定一项

(二) 关于鉴定机构受理的案件范围和基本程序（如下表）

	公安部	最高人民检察院	司法部
规章名称	《公安机关鉴定规则》	《人民检察院鉴定规则（试行）》	《司法鉴定程序通则》
生效时间	2017年12月16日	2007年1月1日	2016年5月1日
接受鉴定委托的范围	鉴定机构不仅可以受理公安系统内部委托的鉴定，还可以受理人民法院、人民检察院、国家安全机关、司法行政机关、军队保卫部门，以及监察、海关、工商、税务、审计、卫生计生等行政执法机关，金融机构保卫部门和其他党委、政府职能部门委托的鉴定。 与人大《决定》第7条规定的"侦查机关根据侦查工作需要设立的鉴定机构，不得面向社会接受委托从事司法鉴定业务"存在冲突	鉴定机构可以受理人民检察院、人民法院和公安机关以及其他侦查机关委托的鉴定	司法鉴定机构统一受理办理诉讼案件的侦查机关、审查起诉机关和审判机关的司法鉴定委托。 在附则中许可了司法鉴定机构可以在诉讼活动之外依法开展相关鉴定业务
鉴定人数	均规定需2名以上鉴定共同开展鉴定		
鉴定时限	在受理鉴定委托之日起十五个工作日内作出鉴定意见，出具鉴定文书	受理后十五个工作日以内完成鉴定	自司法鉴定委托书生效之日起三十个工作日内完成鉴定
基本程序	1. 委托； 2. 受理（鉴定机构与委托部门共同填写鉴定事项确认书）； 3. 实施； 4. 出具鉴定文书（《鉴定书》和《检验报告》）	1. 委托； 2. 受理（鉴定机构在制作委托受理登记表）； 3. 实施； 4. 出具鉴定文书（《鉴定书》和《检验报告》）	1. 委托； 2. 受理（鉴定机构与委托机关签订委托书）； 3. 实施； 4. 出具鉴定文书（《鉴定意见书》）
鉴定费用	不收取费用	不收取费用	按照国家规定的标准收取费用

二、司法鉴定管理体制的实践现状——以北京地区为分析样本

（一）北京市鉴定机构和鉴定人基本情况

1. 鉴定机构情况

截至 2017 年年底，全市共有社会鉴定机构 112 家，较 2016 年增加 2 家。其中，四大类①鉴定机构 44 家，占 39.3%，其他类鉴定机构 68 家，占 60.7%。

北京市侦查机关鉴定机构共有 25 家，其中，北京市各级公安机关内设的鉴定机构 24 家，市检察院鉴定机构 1 家。

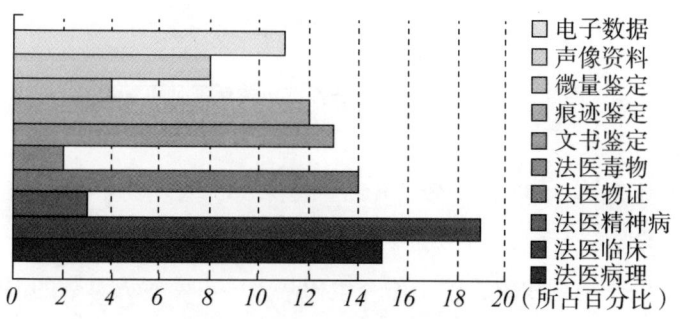

图 1 2017 年北京市司法鉴定机构分类情况

从发起设立社会鉴定机构的单位属性看，由卫生部门、大专院校、科研院所发起设立的鉴定机构有 16 家，占鉴定机构总数的 14.3%；由社会组织发起设立的鉴定机构有 7 家，占 6.3%；由企业发起设立的鉴定机构有 68 家，占 60.7%；由民办非企业发起设立的有 5 家，占 4.5%。

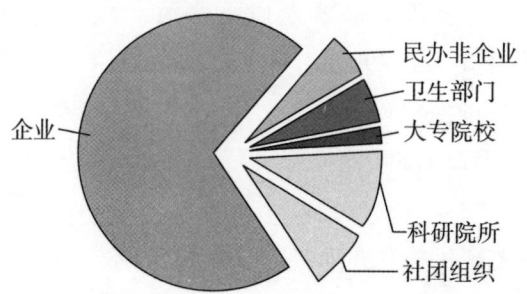

图 2 2017 年北京市司法鉴定机构发起设立情况

---

① 本文所称的"四大类"鉴定机构，指人大《决定》规定的法医、物证、声像资料和环境损害类鉴定机构。

847

从鉴定机构的资质能力看，全市社会鉴定机构中，通过国际实验室认可的机构有37家，占鉴定机构总数的33.0%，通过国家级资质认定的有15家，占13.4%，通过省级资质认定的有40家，占35.7%。

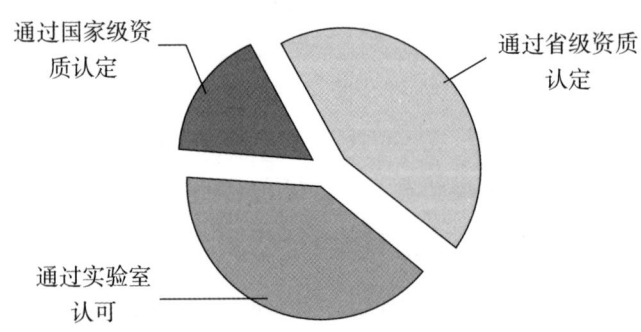

图3 2017年北京市司法鉴定机构认证认可情况

2. 鉴定人员情况

全市共有鉴定人1597人，较2016年减少183人。其中，四大类鉴定人有554人，其他类鉴定人有1043人。

从鉴定人的学历层次看，博士研究生309人，占鉴定人总数的19.3%；硕士研究生395人，占24.7%；本科780人，占48.8%；专科及以下136人，占8.5%。

从鉴定人的职称情况看，正高职称人员有466人，占鉴定人总数的29.2%；副高职称人员有617人，占38.6%；中级职称人员有295人，占18.5%；初级职称人员有59人，占3.7%。

从鉴定人的年龄结构看，30岁及以下鉴定人有20人，占鉴定人总数的1.3%；31~50岁的鉴定人有890人，占55.7%；51~60岁的鉴定人有346人，占21.7%；61~65岁的鉴定人有191人，占12.0%；66~70岁的鉴定人有84人，占5.3%；71岁及以上的鉴定人有89人，占5.6%。

3. 鉴定业务情况

2017年，全市鉴定机构共办理鉴定业务67504件，较2016年减少11.8%。其中，四大类鉴定业务量为65974件，占鉴定业务总数的97.7%；其他类鉴定业务量为1530件，占2.3%。

从鉴定业务种类看，法医病理鉴定2421件，占鉴定业务总量的3.6%；法医临床鉴定34376件，占50.9%；法医精神病鉴定1438件，占2.1%；法医物证鉴定 15761 件，占 23.3%；法医毒物鉴定 385 件，占 0.6%；文书鉴定 3275 件，占 4.9%；痕迹鉴定 4931 件，占 7.3%；微量鉴定 462 件，占 0.7%；声像资料鉴定 261 件，占 0.4%；电子数据鉴定 2664 件，占 3.9%；知识产权鉴定 306 件，占 0.5%；司法会计鉴定 296 件，占 0.4%；建设工程鉴定 492 件，占 0.7%。

从鉴定涉及的案件类型看，刑事诉讼案件 15628 件，占鉴定业务总量的 23.2%；民事诉讼案件 27713 件，占 41.1%；行政诉讼案件 33 件，占 0.04%；行政执法案件 5230 件，占 7.7%；仲裁调解案件 104 件，占 0.2%；保险理赔案件 0.9%；其他案件（包括个人、企业、律师事务所等委托的案件）18581 件，占 27.5%。

4. 近 5 年来鉴定人员、机构和业务发展特点

一是鉴定人员和鉴定机构数量持续保持稳定。2013 年，全市共有鉴定机构 111 家，5 年仅增加了 1 家；司法鉴定人 1740 人，5 年来减少了 8.2%，其中"四大类"鉴定人增加了 14.2%，"其他类"鉴定人减少了 15.1%。鉴定机构的资质能力有一定提高，在实验室认可和资质认定领域的鉴定机构比例分别提升了 23.1% 和 25.7%。鉴定人的学历结构和职称结构进一步优化，硕士以上学历人员的比例提升了 6.9%，高级职称人员的占比提高了 0.8%。

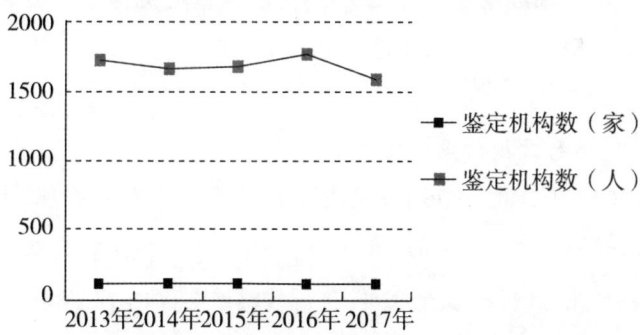

图 4　2013—2017 年北京市司法鉴定机构和人员发展情况

二是鉴定业务数量呈现一定的波动性。总体上看，2013 年至 2017 年鉴定业务数量由 4.8 万件增长到 6.7 万件，增长了 39.6%，但鉴定业务呈现较大的波动性，2013—2014 年鉴定业务大幅增长，2016—2017 年，鉴定业务有所下降。笔者认为，造成这种波动的原因主要有统计数据报送不准确、部分领域的鉴定需求存在波动以及鉴定机构风险意识不断增强、案件受理日趋谨慎等几个方面。

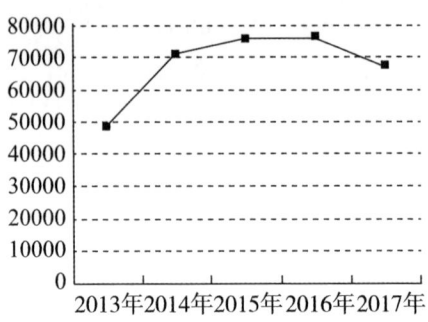

图 5　2013—2017 年北京市司法鉴定业务量情况（件）

三是部分鉴定领域发展迅猛。从鉴定案件数量上看，增幅最大的是声像资料（电子数据）类鉴定业务，由 2013 年的 381 件增长至 2017 年的 2925 件，增长了 6.7 倍；从事电子数据类鉴定的机构数量也由 8 家增加至 11 家。这种现象实际上是电子计算机技术、互联网通信、移动智能手机快速发展对司法机关的侦查、取证以及诉讼活动产生重大影响的印证。此外，知识产权类鉴定案件也由 129 件增长至 306 件，5 年增长了 1.4 倍，总量虽然不大，但发展趋势也与我国近年来推行的知识产权保护战略相契合。

四是鉴定执业活动与诉讼制度改革联系紧密。最为重要和突出的一点即是鉴定人出庭数量有较大幅度增加。2013 年，全市各鉴定机构上报的鉴定人出庭数量仅为 390 人次，2017 年该项数字已达到 657 人次，鉴定人出庭率有一定程度的提高。①

（二）涉鉴定类行政投诉案件情况

2013 年至 2017 年，北京市司法局收到的投诉案件数量由 158 件增长至 222 件，虽然 2015 年曾出现短暂下降，但整体仍然处于高位运行态势。涉及司法鉴定的行政复议案件由 25 件增长至 32 件、行政诉讼案件由 18 件增长至 45 件。鉴定当事人对鉴定意见的异议依然高发且解决渠道有限、解决途径不顺畅。

以 2015 年的行政投诉案件为例，在收到的 222 件投诉中，经调查发现存在问题的有 44 件。存在的问题情况大概为：鉴定文书不规范 17 件（如笔误等）、超期鉴定 6 件、鉴定意见存在问题的共 6 件（包括意见表述不准确，意见有遗

---

① 笔者分析了中国裁判文书网上 2013—2016 年北京市刑事一审案件、刑事二审案件、刑事再审案件的裁判文书，发现鉴定人出庭率仅为 0.21%，鉴定人总体出庭率仍然较低。

漏，对无资质问题发表意见，意见未直接对应委托事项等）、受理程序存在问题的4件（其中鉴定材料不全即受理3件，超期受理1件）、鉴定标准适用不准确4件，鉴定协议书方面存在问题的共4件（其中未签署鉴定协议书的3件，协议书名称不规范1件）、违规接受鉴定材料3件等。司法局对被投诉人违法违规情节轻微，没有造成危害后果的，予以了批评教育、训诫、通报、责令限期整改等处理；对可能涉及行政处罚的案件，启动了调查程序；对可能涉及行业惩戒的案件，转司法鉴定业协会进一步处理。

三、现行司法鉴定管理体制问题反思

（一）统一的鉴定管理体制尚未形成

人大《决定》出台近10年后，党的十八届四中全会通过的《中共中央关于全面推进依法治国若干重大问题的决定》又对统一司法鉴定管理体制提出了明确要求，但鉴定管理的现状依然是侦查机关内设鉴定机构和社会鉴定机构两种模式并存，鉴定资质准入、鉴定标准和技术规范、对鉴定活动的监督管理、鉴定机构和鉴定人法律责任都没有统一全面的规定，不同的主管机关在行使各异的管理职权。此外，法院系统在两类鉴定机构的管理体制之外，又自行设置了用于审判的鉴定机构和鉴定人的名册编制权，收入名册的鉴定机构与司法行政机关编制的名册记载的鉴定机构有交叉但不完全重合，还收录了其他主管机关审批的专业检测、评估机构，鉴定机构和鉴定人的名册莫衷一是，令人无所适从。司法实践中，侦查机关内设鉴定机构和社会鉴定机构的职能分工不清、鉴定能力水平参差不齐、技术培训和能力考核机制各自封闭、鉴定机构认证认可和鉴定人能力验证体系差别较大，而且随着主管机关对各自管理机制的不断完善，这种差别和系统的封闭性将日益扩大、严重，在立法和司法改革层面呼吁了多年的统一司法鉴定管理体制改革几近落空。

2017年10月，为了落实中央司法改革精神，中央办公厅和国务院办公厅联合印发了《关于健全统一司法鉴定管理体制的实施意见》，规定侦查机关的鉴定机构由其主管部门审核后报司法行政机关登记，后者统一编制名册后向社会公告；在鉴定标准统一方面，决定由司法部设立全国司法鉴定标准化委员会，统一制定、发布适用于鉴定的国家技术标准，虽然向统一司法鉴定管理体制又作出了

努力，但依然没有从根本上解决鉴定管理体制分散、多元、多层次的顽疾。

从国外的立法看，鉴定管理体制是统一还是分散本身并无孰优孰劣之分，但一定与其诉讼模式相适应。英美法系国家为对抗制诉讼模式，在诉讼中实行专家证人制度，控辩双方平等地享有聘请专家出庭，就案件中的专业问题进行质证的权利，由裁判者在专家的质证对抗中认定案件事实。英国和美国都没有对专家的资质作出明确的限定性规定，一个人可以因知识、技能、经验、训练或者教育而具备专家资格。这里的专家，"不仅是最严格意义上的专家，例如医生、物理学家和建筑师，而且包括有时叫作熟练（skilled）证人的巨大群体，例如就土地价值作证的银行家或者土地所有者"。① 与这种诉讼模式相对应的，是鉴定机构管理体制的分散化和多元化。一般警察机关设有鉴定机构，其他政府机关、大学、私人也可以投资设立鉴定机构，但即使是设置于警察机关内部的鉴定机构，或是由政府出资设立的鉴定机构，也与警察机关或相应的政府部门没有直接的隶属关系。如美国联邦调查局所设立的犯罪侦查实验室和设立在州、市、县的法庭科学实验室，他们都具有法人资格且独立设置，各自承担独立的责任，与司法部门之间不存在任何隶属关系。而在实行职权主义诉讼模式的大陆法系国家，侦查程序受到严格的司法审查，鉴定程序由法官依职权或根据当事人、检察官的申请批准启动，其鉴定人的定位是"法官的助手"或者"事实的法官"，鉴定权被设定为"准司法权"，与之对应的鉴定管理体制的统一化、集约化，虽然鉴定机构也存在警察机关鉴定机构、高等院校和社会研究机构的鉴定机构等多种类别，但其鉴定人的资格有法律明确规定并经统一机构任命或法院名册予以限定，法官选用名册以外的鉴定人时需说明理由，对鉴定人的监管也统一由法院或社会组织负责。而反观我国的鉴定管理体制，则既称不上统一，也不是完全的分散。在侦鉴一体、鉴定活动缺乏司法控制方面似乎与我国的职权主义诉讼模式有所呼应，但在鉴定资质的分散授予、鉴定名册多样存在方面似乎又与职权主义诉讼传统相背离，形成了一种"特殊"的鉴定管理体制，这种管理体制的多头化、分散化对鉴定活动的影响是导致其难以独立、选任随意、鉴定程序缺乏监督、鉴定意见公正性不足。

---

① 王进喜：《美国〈联邦证据规则〉2011年重塑版条解》，中国法制出版社2012年版，第213页。

(二) 社会鉴定机构的性质和法律定位不明确

人大《决定》未对鉴定机构的法律属性作出明确规定,司法部《司法鉴定机构登记管理办法》规定:司法鉴定机构是指从事《决定》第 2 条规定的司法鉴定业务的法人或其他组织。在司法行政机关实际登记工作中,多种体制和属性的单位均申请设立鉴定机构,导致现有司法鉴定机构的体制多种多样,五花八门。以北京市为例,有大专院校和科研院所设立的事业单位体制的鉴定机构,如法大法庭科学技术鉴定研究所、交通运输部公路科学研究所司法鉴定中心;有企业法人申请设立的鉴定机构,如华夏物证鉴定中心、信永中和会计师事务所;有仅在司法行政机关登记设立的所谓"独立法人"的鉴定机构,如法源司法科学证据鉴定中心、明正司法鉴定中心等。这些鉴定机构的资金来源、人员身份、收入分配、法律责任均有所不同,对其内部管理、办案数量、鉴定质量、发展动力均有较大影响,鉴定机构的发展也呈现良莠不齐的状态。一方面近年来鉴定机构的数量不断发展,另一方面鉴定行业的组成结构有所变化。前者是因为行政机关对申请鉴定资质的机构审批、许可门槛低,对不同专业领域的鉴定机构的许可规定缺少细化,且按照发展规划行使许可职能、控制机构准入缺少法律依据。后者主要是因为新申请机构以自收自支社会鉴定机构为主,其面临更加明显的生存和发展压力,对鉴定质量的重视、控制还存在不足。

1. 社会鉴定机构的经费来源与鉴定的中立性要求存在矛盾。司法部《司法鉴定机构登记管理办法》规定,法人或者其他组织可以申请从事司法鉴定业务,也可以申请设立具有独立法人资格的司法鉴定机构。从司法部的统计数据看,截至 2016 年年底,北京市的 108 家机构中,依托卫生、教育、科研部门设立的有 13 家,占 12.0%;依托企业设立的有 59 家,占 54.6%,其中 48 家为司法会计类鉴定机构;依托社团组织设立的有 5 家,占 4.6%;其他组织的有 31 家,占 28.7%。目前国家并没有针对社会鉴定机构的经费保障政策,依托高等院校、科研院所和医疗机构的鉴定机构的经费保障主要来自所属单位的支持,但由于鉴定收入纳入所属单位统一调配,鉴定风险责任日益增大,此类鉴定机构的鉴定案件数量多年来始终保持平稳,有些机构还出现了减少接受鉴定委托的趋势。与此相对应,民营的鉴定机构由于收入分配机制灵活,业务收入和检案数量都呈大幅增加的态势。但此类鉴定机构没有经费支持,全部依靠鉴定收入维持运营,因此存在重经济效益、轻鉴定质量,重案件数量、轻程序规范,重收入、轻投入等问题，其鉴定人员以公安退休人员以及科研院校的兼职人员为主，鉴定仪器设备的资金投入较低。因此，在鉴定资源的配置上出现了鉴定能力水平高、经费保障足的鉴定机构承接案件数量远远少于鉴定能力水平低、无经费保障的鉴定机构的奇怪现象。

2. 鉴定资源配置不均衡。一是高资质、高水平、规模化的鉴定机构数量较少，发展动力不足。以北京市为例，在全市39家四大类鉴定机构中，仅有11家（占28.2%）为依托高等院校、科研院所、医疗机构等部门建立的鉴定机构，2016年业务量为13741件，占全市四类内鉴定业务总量的18.5%，发展动力不足。二是鉴定人员年龄结构不合理，队伍发展缺乏人员储备。目前北京市四类内鉴定人中，51岁以上人员占比超过50%，60岁以上鉴定人占四类内鉴定人总数的24%。一方面，鉴定机构出于用人成本的考虑，主要聘请公检法机关退休的鉴定人员担任鉴定人；另一方面，青年鉴定人助理难以在短时间内获得较高级别的专业职称，无法进入鉴定人队伍。这些因素导致鉴定人员年龄结构相对老化，合理的梯队难以实现。

3. 社会鉴定机构发展缺少布局规划。虽然司法部《鉴定机构登记管理办法》第6条规定了鉴定机构发展应当符合统筹规划、合理布局、优化结构、有序发展的要求，但是鉴定机构和鉴定人的准入审批属于行政许可行为，鉴定机构如果符合申请条件，省级司法行政机关就"应当"作出准予登记的决定。司法行政机关在审批鉴定机构时缺乏适当的自由裁量权，直接导致鉴定机构在执业区域、执业类别、执业资质级别方面呈现完全自由的发展状态。[①]

(三) 司法鉴定主体的资质准入标准过于宽泛

1. 鉴定主体的资质范围规定滞后。2005年人大《决定》只规定了对法医、物证、声像资料"三大类"鉴定机构实行统一登记管理，而对"三类外"的鉴定机构仅规定了"由司法部商最高人民法院、最高人民检察院确定"。由于缺乏协调机制，目前"两高"和司法部仅出台了环境损害类鉴定机构的指导文件，具体实施办法还在研究制定，其他类未见明显进展。[②] 近几年来，由于历史遗留

[①] 张华：《司法鉴定若干问题实务研究》，知识产权出版社2009年版，第187-188页。

[②] 霍宪丹：《关于我国司法鉴定体制改革的实践与思考》，载《第二届法律职业高层论坛暨构建和谐社会与法律服务体制改革研讨会论文集》，第43页。

问题以及诉讼客观需要，全国大多数省份的司法鉴定行业在法医、物证、声像资料、环境损害四大类之外还存在农林业动植物类、电力类、知识产权类、司法会计类、工程造价类、建设工程质量类、机动车辆类等鉴定类别，这些鉴定机构未纳入统一登记管理的范围，对其进行管理尚处于无法可依的状态。一方面，这些已经存在且为数不少的鉴定机构需要进行合法性确认，以便满足群众和诉讼的客观需要；另一方面，对这些机构进行行政管理也需要法律的明确授权，否则在资质准入、鉴定程序、技术规范和收费等方面难以实施有效管理，带来混乱。目前关于鉴定机构及鉴定人资质准入条件、鉴定实施程序、鉴定投诉处理、鉴定文书规范等方面的规范都只适用三大类鉴定，导致三类外司法鉴定的所有管理环节都无法可依。目前实践中都采取参照三大类规定的做法进行监督管理，但这种"参照"也缺乏依据，鉴定意见的效力可能引发质疑。

2. 鉴定机构和鉴定人的准入门槛过低。对于鉴定机构准入而言，法人或者其他组织申请从事司法鉴定业务，具备下列条件即可："（1）有自己的名称、住所；（2）有不少于二十万至一百万元人民币的资金；（3）有明确的司法鉴定业务范围；（4）有在业务范围内进行司法鉴定必需的仪器、设备；（5）有在业务范围内进行司法鉴定必需的依法通过计量认证或者实验室认可的检测实验室；（6）每项司法鉴定业务有三名以上司法鉴定人。"其中，实质性的审查条件是具有鉴定必需的仪器设备，实验室应通过计量认证或实验室认可。根据国家质量技术监督局和认监委、认可委的相关规定，无鉴定资质的法人或其他组织无权申请相应的资质认定或实验室认可。为了解决这一悖论，2012年司法部和国家认证认可监督管理委员会又联合下发通知，规定：新设立从事法医、物证、声像资料类司法鉴定业务的司法鉴定机构应当建立并有效运行质量管理体系，在司法行政机关核准登记后2年内依法通过认证认可。这种补充性的规定实际上认可了新申请设立鉴定机构的法人或其他组织可以不具备认证认可资质。但由于缺乏相应的强制退出机制，"2年内应当通过认证认可"的规定在实践中也无法落实。鉴定机构的实质条件在实践中落空。

对于鉴定人准入而言，根据人大《决定》，鉴定人的准入条件有三种：一是具有相关的高级专业技术职称；二是具有相关工作10年以上经历；三是具有与相关的专业执业资格或者相关专业本科以上学历且从事相关工作5年以上。此处的"相关专业"和"相关工作经历"模糊不清，给鉴定准入工作带来许多困难：

如果对"相关"做广义宽泛的理解,则可能降低准入条件,不利于鉴定行业整体执业能力的提升;如果做狭义限制性的理解,则可能无法吸引高素质的年轻人才进入司法鉴定行业工作,不利于建设合理鉴定队伍梯队。① 此外,目前鉴定人管理制度中尚未建立实习鉴定人制度。人大《决定》只规定了鉴定人的基本条件,并未如律师、公证员等法律职业制度规定了实习鉴定人这种对丰富鉴定人实践经验和评定鉴定人能力非常重要的管理制度。② 目前,北京市主要通过由鉴定业协会组织能力评估考试的方式,对拟申请鉴定人的人员在法律法规、专业能力等方面进行考核,考核结果供司法行政机关许可审批使用。但这种考核主观性较强,且缺乏法律依据,无法作为申请鉴定人资质的强制性条件,一旦有申请人以此为由诉提起行政诉讼,则审批机关必然败诉。

3. 鉴定机构的资质分级体系尚未建立。司法部《司法鉴定程序通则》规定:"接受重新鉴定委托的司法鉴定机构的资质条件,一般应当高于原委托的司法鉴定机构",这可以理解为鉴定机构的资质可以有高低之分;司法部《司法鉴定机构登记管理办法》规定司法行政机关负责机构资质管理评估。2010年,司法部、最高人民法院、最高人民检察院、公安部、国家安全部联合遴选了十大国家级司法鉴定机构,此外再无关于鉴定机构资质评估的分级管理。目前国家级鉴定机构资质的数量太少、级别层次太少,远远不能满足诉讼中重新鉴定工作的需要。此外,鉴定机构的分级还涉及法院系统"摇号"制度的科学实施,鉴定机构的资质分级还需要公检法部门的参与。从实践角度看,对鉴定机构进行分级评估是一个有力的杠杆,有助于推动司法鉴定机构内部建设,提升司法鉴定质量,更好地服务于诉讼。③

(四)对鉴定机构的监督管理不易落实

1. 司法鉴定投诉处理程序陷入"空转"循环。根据司法部公布的统计数据,2012年至2014年,各省级司法行政机关接到对司法鉴定机构和司法鉴定人投诉举报案件由1411件上升至1619件,3年增长了14.7%,年均增长4.9%。2015年以来,各级司法行政机关采取各种措施加强对鉴定机构的监督管理,投

---

① 崔晓丽、张熹:《完善我国鉴定人管理制度的若干思考》,载《中国司法鉴定》2009年第6期。
② 徐丽:《论鉴定制度改革》,载何家弘主编《证据学论坛》(第一卷),中国检察出版社2000年版,第100页。
③ 申永强:《完善司法鉴定制度的几点意见》,载《天津检察》2009年第5期。

诉案件数量有所下降，2015年为1572件，2016年为1466件，但投诉案件的数量仍然较高。从北京市的情况看，近3年投诉案件数量年均为200件左右，数量虽然相对稳定，却也一直处于高位运行的状态。可以说，接待、处理司法鉴定投诉甚至已经成为北京市司法行政机关耗费精力最多的工作之一。

  这种投诉案件高发态势的形成，与司法审判环节对鉴定意见的质证不充分密切相关，也与鉴定质量确实不高有关。在这些案件中，向行政监管机关提出投诉的当事人，基本都是形式上反映执业规范问题，而实质上寄望于推翻或者改变鉴定意见，行政监管机关基于职权限制却根本无法满足当事人的诉求，行投诉处理机制和当事人期待解决鉴定意见的真实诉求之间存在着巨大的差异。司法行政机关在处理涉鉴定行政投诉案件中，缺少对鉴定意见实体争议的评价解决机制，无法对当事人的核心诉求作出回应，而在相关程序、时限、调查取证、文书等方面的规定却过于机械和复杂，在耗费了大量行政资源的同时，当事人对于鉴定意见的争议并未得到实质解决，还有可能在处理过程中引发不必要的涉诉涉访案件，对与鉴定意见相关的实体案件审理造成不利影响。

  2. 司法鉴定投诉处理制度与诉讼制度缺乏适当衔接。据统计，目前的投诉案件当中，多数案件的诉讼程序已经终结。由于司法救济是社会矛盾的最终解决途径，对于已经司法裁判确定的投诉案件，法律不可能在投诉的行政处理制度中另行设置一个"出口"来推翻裁判结论。但是在行政机关处理涉鉴定投诉案件的程序中，却并没有关于考量诉讼结果的规定，无论司法机关最终对鉴定结果如何认定，都不影响行政机关对鉴定执业活动的监督和管理，而鉴定意见则是这种执业活动的载体和表现。这种行政机关和司法机关并行不悖的管理模式在理论上是符合现代法治和社会治理原则的，行政机关对鉴定执业行为的监督和惩处本不应对司法活动产生影响，但在实际执行中，由于行政监管与司法审判对于鉴定意见的评价内容存在交叉，则两者始终难以分隔。如鉴定机构的资质、鉴定意见是否超出了鉴定机构和鉴定人的执业范围、鉴定程序是否规范、鉴定意见的形式要件是否完备等内容是审判机关审查认定鉴定意见证据能力和证明力的重要标准，同时也是行政机关的监管职责，两个机关对于这些内容的认定一旦认定不一致，则会给司法审判带来混乱。笔者在实践中已经碰到多个法院判决因行政机关对鉴定机构的处罚而导致案件发回重审、再审的案例，法院、鉴定机构、当事人各有怨言，却无法解决。

3. 行政监管部门缺乏有效的处罚手段。人大《决定》和司法部规章均授予了司法行政机关对于鉴定机构和鉴定人违法违规行为的行政处罚权力。处罚措施可分为两种：一是行政处罚，包括警告、停止执业三个月至一年和注销登记；二是行政处理，包括批评教育、训诫、通报和责令限期整改。但其规定的适用情形较为宽泛，缺乏可操作性，对于许多常见问题无法适用，司法行政机关多采用责令整改或监督指导行业协会进行行业惩戒等手段加强管理。但这种处理措施对于被处罚的鉴定人和鉴定机构并没有充分的威慑力，需要建立更为健全完善的监督管理制度，如将行政处理的次数与行政处罚、淘汰机制予以衔接，以强化对鉴定执业行为的监管。

4. 鉴定机构随意撤销鉴定意见，严重影响诉讼程序。在遭遇投诉、闹访的情形下，即使鉴定意见没有违规，鉴定机构为了息事宁人，往往将已经发出的鉴定文书予以撤销。现有法律并未对鉴定意见的撤销作出规定，司法行政机关无权决定鉴定意见的撤销与否。由于鉴定意见是司法裁判的重要依据，其随意撤销必然对诉讼程序的稳定性、裁判文书的权威性产生重大影响。

（五）社会组织在管理体制中的作用没有得到发挥

司法部在《司法鉴定机构登记管理办法》和《司法鉴定人登记管理办法》中规定了司法鉴定管理实行"两结合"的管理模式，即行政管理与行业管理的"两结合"。这里的行业管理指鉴定协会作为一种由鉴定从业人员组成的社会团体对其成员进行的管理。这种管理思路与世界多数国家对于鉴定管理的体制基本契合。在英美法系国家，鉴定专家没有严格的资质准入限制，对鉴定机构和鉴定人专业活动评估和认证工作主要由社会组织或行业协会进行，相关的标准也主要由行业组织研究制定。[1] 在大陆法系国家，虽然对鉴定人的资格进行严格的审查和确认，并统一进行登记造册（法国），但社会行业组织也发挥了巨大作用。如在德国，对鉴定人的监管由德国工商会负责，每5年对鉴定师开展条件符合性审查，审查主体是工商总会和各个协会；如鉴定师在日常执业过程中出现问题，则由工商总会或各个协会予以处罚，直至撤销其资格。日本的鉴定人由法院任命，但各类鉴定学会则承担着对鉴定机构和鉴定人日常管理的职责，尤其在鉴定技术标准的制定、组织培训交流、专业研究等方面发挥着重要作用。可见，在各国的

---

[1] 裴兆斌：《中国司法鉴定管理制度改革研究》，法律出版社2015年版，第32页。

鉴定管理体系中，社会组织的角色都不可或缺。

我国的"两结合"鉴定管理模式却并未发挥应有的作用。一方面，国家层面的鉴定行业组织还未建立，相关法律法规对于行业协会的职能定位尚未明确，目前各省市鉴定协会的建设发展情况也不一致，整体处于起步阶段，主要职能是对辖区内鉴定人的能力进行评估和考核、开展专业培训研讨和行业内外交流、制定行业规范、组织行业惩戒等，但都存在人员经费不足、专业性不强、行业规范和标准的影响力不大、社会认可度不高等问题。另一方面，在刑事鉴定程序中占据主流的侦查机关内设鉴定机构的鉴定人处于各自封闭的管理系统中，游离于行业组织之外，没有专门的能力评估和培训交流的管理机构，两类鉴定机构各自的管理模式，为行业组织的管理形成了天然的屏障，不仅不利于鉴定人在专业领域的成长和进步，更不利于整体鉴定行业的长远发展。

四、司法鉴定管理体制改革完善建议

（一）建立统一的司法鉴定管理体制

两大法系国家的鉴定管理体制因诉讼模式和鉴定制度的功能定位不同而有所不同，大陆法系国家多数采用了集中统一管理的体制，赋予鉴定机构和鉴定人较高的诉讼地位；英美法系国家则采用相对分散和多元化的管理体制，与其对抗制的诉讼模式相适应。在我国的司法体制改革中，虽然"健全统一鉴定管理体制"一直是改革的方向所在，但学界也始终存在"统一鉴定管理体制"和"基本保持现状"的争论。① "统一鉴定管理体制"的观点是应当将各个分散的、专门的鉴定部门进行整合，取消侦查机关内设的鉴定机构，统一由国家专门统一设立和管理。"基本保持现状"的观点认为，侦查机关内设鉴定机构保证了侦查活动的秘密性和紧急性，对于科学认定犯罪证据、提高办案效能、维护社会和谐稳定起到了不可或缺的作用。

笔者认为，我国鉴定管理体制改革要与诉讼制度改革思路匹配、步调一致，目前正在进行的"以审判为中心"的刑事诉讼制度改革对贯彻证据裁判原则、实现庭审实质化、加强刑事被追诉人的有效辩护都提出了明确要求，这对鉴定管

---

① 裴兆斌：《中国司法鉴定管理制度改革研究》，法律出版社2015年版，第103—105页。

理体制的改革具有指引意义。笔者赞同建立统一的鉴定管理体制的观点，但囿于我国目前的司法体制和行政管理的环境，建议将改革分为远期目标和近期目标两个层次，分阶段、分步骤推进实现。

1. 远期目标

长远来看，要彻底解决目前鉴定中的种种问题，应建立由国家出资、独立设置、统一管理的鉴定管理模式，使鉴定活动更符合独立性、客观性、科学性、公正性的内在要求。这种设置有如下几个方面的特点：（1）鉴定机构的经费来源由国家财政集中保障，各级鉴定机构实行垂直管理，无须依靠鉴定收入维持机构运行，鉴定人无须考虑鉴定收费问题，而仅从专业科学技术出发，独立、客观地甄别和判断案件中的科学事实。（2）鉴定机构的设置独立于侦查、检察、审判机关，是完全中立的第三方机构，由国家司法行政机关或专设部门统一管理，人、财、物均独立自主，鉴定活动不受任何国家机关或个人的干扰。（3）由于集中了国家的优势资源，鉴定机构的资质能力、仪器配备、人员素质都有条件保持在较高水平，鉴定质量能够得以保证。此外，通过开展统一的学习培训、业务研讨以及与国内外相关科学领域的交流，鉴定行业的专业理论水平和实践能力也得到不断强化和提升，能够为诉讼活动提供更加先进、可靠的专业服务。（4）鉴定机构的数量受到严格控制，着力发展人才集约型、科技引领型的鉴定机构，既避免了重复建设带来的资源浪费、降低了国家司法机关和当事人的诉讼成本，又能够始终保持鉴定科学领域的权威性，杜绝了鉴定机构市场化造成的经济利益主导倾向和行业内的不正当竞争。

当然，这样的管理模式也存在一定的弊端，笔者认为可以通过以下配套机制予以解决：第一，针对鉴定行业系统过于独立和封闭可能导致的监督缺位问题，可以通过诉讼活动中的司法审查和控辩双方的有效质证予以解决。诉讼中的鉴定程序受到法官的指挥和监督，当事人可以有条件地参与鉴定程序，对发现的问题可及时通过法官向鉴定人提出，督促鉴定人规范程序、严谨执业。第二，针对基层案件需求量大、集中型的鉴定机构难以满足诉讼实际需要的问题，可以根据不同地区的诉讼活动需求，在设立国家级的、综合型的鉴定机构的基础上，以各省行政区划为单位，省内分片区设立鉴定机构，对于基层需求量较大、对仪器设备和实验室条件要求不高的鉴定业务可在地、市级行政区划设立鉴定机构的小型检测站，以满足不同业务种类、不同诉讼需求的鉴定需要。第三，针对鉴定人和鉴定机构资质审核和执业监管的问题,可以由国家主管部门会同法院共同制定鉴定准入标准,统一向社会公告鉴定人名册。对于审判实践中需要的、尚未纳入统一管理的鉴定业务种类,则由法官对鉴定人的资质能力进行审核,进而判断其鉴定意见。经过司法实践,法院认为需要纳入统一管理的,则启动资质审核登记程序。对鉴定机构和鉴定人的执业活动监管主要由行业主管部门负责,参考审判机关的意见。要实行严格的监管措施,对于鉴定人存在故意或重大过失的鉴定违法行为,要撤销其资质并终生不得再行登记。

这种长远的、理想化的鉴定管理模式,不仅需要国家在顶层设计层面付出极大的努力,还需要与诉讼制度的深入改革相匹配,可以预见,其实现将需要漫长的过程,但这种模式真正围绕鉴定活动独立、科学、公正的核心理念设计和管理鉴定机构、鉴定人,因此依然值得期待。

2. 近期目标

短期来看,实现鉴定机构的国家筹建、独立设置、统一管理的模式并非一朝一夕可以完成,在顶层设计尚未出台之前,可以对现行鉴定管理体制进行适当的调整。

(1) 解决侦查机关自侦自鉴问题。保留侦查机关内设鉴定机构模式,但要在人、财、物等方面充分保障鉴定机构与侦查部门的独立,不能以任何方式干扰、影响鉴定的开展,侦查机关内设鉴定机构应严格限定接受鉴定的委托范围,不得为社会提供有偿鉴定服务。

(2) 改革社会鉴定机构的发展模式,加大政府对鉴定机构的扶持保障力度。重点依托、支持高等院校、科研院所、医疗机构等优质资源,建设形成一批高资质、高水平的鉴定机构和重点实验室,重点解决疑难复杂和有重大社会影响的鉴定案件。鼓励、引导高等院校根据自身专业和资质等实际情况建设发展鉴定机构,将高校鉴定机构作为教学、科研和实践基地,充分发挥高校服务社会作用。将国家公诉、公民非正常死亡处理、行政执法和应对重大事件等鉴定需求纳入政府购买服务指导性目录,由政府支付鉴定费用,一方面可以保障鉴定的中立性、客观性和公正性,为鉴定机构解除日常运营、机构发展上的后顾之忧;另一方面减轻当事人的经济负担,为还原案件事实、保证诉讼和执法活动顺利进行提供保障。

(3) 在鉴定技术标准、鉴定程序规则、鉴定业务范围等方面实现统一。在国家和地方层面有序建立社会行业组织，充分发挥行业协会的专业智库作用，建立健全鉴定行业规范，加强对违法违规行为的行业惩戒力度。根据《标准化法》和国家标准委《关于培育和发展团体标准的指导意见》的规定，组织专家就重点和新兴鉴定领域的技术标准、操作规程进行研究，出台符合鉴定工作实际、体现鉴定工作水平的技术标准和指导意见，填补标准规范的空白。同时不断完善现有行业规范和鉴定标准，提升标准的可操作性，逐步构建科学、完整、规范的地方行业标准体系。在鉴定程序方面，要逐步统一公安、检察、社会鉴定机构的程序规则，尤其是鉴定的委托受理程序，鉴定材料的提取、固定、交接、记录、保存程序，各类鉴定的检验检测程序，专家评议、双方听证、当事人及家属、委托人的见证程序等特殊程序，鉴定意见的审查、复核、签发程序，鉴定意见的告知送达程序，补充鉴定和重新鉴定的启动程序等，进一步提高鉴定活动的规范化、标准化，也为减少因鉴定程序不统一、不规范而带来的重新鉴定、多头鉴定提供前提。在业务范围方面，要进一步统一、明确，即对于哪些诉讼中的"专业性问题"可以鉴定、哪些诉讼中的专业性问题无法鉴定、哪些甚至不属于"专业性问题"予以明确统一。实践中，许多鉴定业务种类存在较大争议。如关于文件形成时间的鉴定，有些省市的社会鉴定机构可以做，有些则明确表明无法做，国家机关某鉴定机构则认为只有在检材和样本满足一定条件时才可以做，不仅给当事人，也给负责审查起诉的检察官和审判的法官造成了很大疑虑，亟须统一。

（二）明确鉴定机构的法律属性和功能定位

根据人大《决定》，鉴定机构和鉴定人是指在诉讼活动中运用科学技术或者专门知识对诉讼涉及的专门性问题进行鉴别和判断并提供鉴定意见的机构和人员。笔者认为，鉴定机构的功能定位是服务和保障诉讼活动的顺利进行，其基本属性是中立性、独立性和公益性。功能定位决定了基本属性，基本属性反过来又保障了其功能的实现。

1. 鉴定机构的中立性、独立性、公益性是鉴定产生的内在要求

正是基于案件事实的专业性和科学性，侦查人员、审判人员基于法律知识和生活常识无法解决时，才需要掌握专业知识并能熟练运用的专业人士对于专业性问题进行鉴别和判断。如果司法机关能够全面解决诉讼中的专业性问题，不需要第三方的鉴定机构进行鉴定，则鉴定无从谈起，鉴定机构无需设立。

2. 鉴定机构的中立性、独立性、公益性是诉讼程序正当性的基本要求

在刑事诉讼中，程序正义的基本要求与诉讼结果有利害关系或者可能因该结果蒙受不利影响的人，都有机会参与诉讼，并得到提出有利于自己的主张和证据，以及反驳对方提出的主张和证据的机会。① 在诉讼案件中，鉴定人实际上担负着"事实法官"的重任，这种角色定位与居中裁判的法官并无二致，只是需要"裁判"的对象不同而已。如果鉴定人隶属于或者倾向于侦、辩任何一方，三角形的诉讼构造将被打破，程序正义的天平必将向其中一方倾斜，程序的正当性将不复存在。鉴定活动的司法属性又决定了鉴定机构的非营利性，即公益性。

3. 鉴定机构的中立性、独立性、公益性与鉴定意见的科学性、权威性相辅相成，紧密相连

如果说鉴定意见的科学性、权威性是鉴定意见作为证据的生命的话，鉴定机构和鉴定人的中立性、独立性则是这条生命线的保证。鉴定意见既是对专门性问题运用科学知识做出的判断，又是专门针对诉讼活动的一项证据材料，因此兼具科学属性和证据属性，二者统一于鉴定意见这个载体之中。我国台湾地区学者黄东熊指出："所谓鉴定人，指就其特有之学识经验而得知之法规、原理、经验法则，或将法规、原理、经验法则适用于具体或假定之事实所得之判断，做其个人意见之供述第三人……鉴定人亦属人的证据，因人为最复杂且微妙之动物，故以人为证据方法，所含之问题亦特多。"② 一方面，受科学原理、技术方法、鉴定标准以及鉴定人员的认知能力所限，鉴定结果具有局限性。另一方面，鉴定活动不同于普通科学探究活动，鉴定活动的目的性更明确、对实验材料的限制更严格、鉴定过程更易受人为因素影响，稍有不慎即可能导致鉴定结果的重大误差。正如对美国法庭科学判断审查标准产生重要影响的 Daubert 一案的判决所说，"在法庭对真相的探究和实验室对真相的探究之间，存在重要的区别。科学结论要永远处于修正中，而法律则必须终局和快速地解决争端"。③ 如果鉴定机构和鉴定人失去了中立性、独立性，其科学探究活动将可能受到非科学准则的影响，从而动摇其公正性、权威性的基础。

---

① 宋英辉主编：《刑事诉讼原理》，法律出版社 2003 年版，第 41 页。
② 黄东熊：《刑事诉讼法论》，三民书局 1986 年版，第 395 页。
③ 美国国家科学院国家研究委员会：《美国法庭科学的加强之路》，王进喜等译，中国人民大学出版社 2012 年版，第 113 页。

（三）改革完善鉴定机构和鉴定人的资质准入制度

鉴定机构和鉴定人是鉴定活动的执行者和鉴定意见的制作者，其资质水平的高低与鉴定质量休戚相关。我国人大《决定》确定的鉴定机构和鉴定人的资质准入标准较低，审核程序简单僵化，已难以适应诉讼实践的需要，亟须予以改革完善。

1. 提高鉴定机构和鉴定人员的资质准入标准

人大《决定》将鉴定机构和鉴定人的资质审批设定为行政许可事项，规定的准入门槛较低，公安机关、检察机关和司法行政机关的登记规则也难有较大突破。尤其是对于鉴定机构的仪器配备标准规定简单、鉴定人的知识体系和工作经历均以"相关专业"和"相关工作经历"予以表述，审核登记机关在实际操作中无从把握，又因受到行政许可时限和许可条件的种种限制，常常只能依照最低标准通过审核，导致鉴定机构和鉴定人的能力水平无法保障。笔者认为，应尽快完善关于鉴定准入的有关规定。在鉴定机构准入方面，应由具备科研机构、大专院校或公益类事业单位、社会团体背景的主体申请发起设立，个人、公司或其他以营利为目的的单位均不得申请设立鉴定机构。要着重强化鉴定机构硬件方面的准入条件，以鉴定机构通过国家级或省级资质认定、实验室认可为标准进行审核把关，尤其注重对其开办资金、仪器设备、实验室条件、质量管理体系、场所环境等条件的综合考察。在鉴定人方面，要实现对鉴定人业务范围的精细化、专业化分类，明确各专业类别包含的学科领域，对于拟申请鉴定人资质的人员，坚持"同行评议"原则，在审核学历职称的同时，要更加注重鉴定工作实践经历的考核，将通过法律法规考试和鉴定能力面试考核作为审核鉴定人资质的前置程序。对于兼职鉴定人要重点对其实践经验能力进行考核，未达到规定的检案量或在鉴定机构实习期限不符合要求的，不得成为执业鉴定人。鉴定机构的鉴定人员组成中，兼职鉴定人的数量应严格控制在一定比例之内，以保证鉴定机构的平稳高效运行。

2. 改革鉴定机构和鉴定人准入程序

在鉴定机构方面，要建立专家评审委员会，由各专业领域的专家对申请设立的鉴定机构在仪器配备、实验室条件、场地环境、管理体系、质量控制等方面进行全方面审核评价，为登记机关审核提供专业参考；审核登记机关要与国家质量技术监督部门、国家认证认可部门密切配合，对鉴定机构的质量管理体系及运行情况进行动态掌握，准确把握其实际鉴定能力和水平。在鉴定人方面，在条件成熟时，可由国家统一组织鉴定人资格考试，通过方可申请鉴定执业。建立实习鉴定人制度，即对通过资格考试、符合基本条件的申请人进行初步审核后确定为"实习鉴定人"，随后应在鉴定机构实习1年以上，再由登记机关组织法律法规考试和专业能力考核，通过后方可申请成为执业鉴定人。

3. 严格限定鉴定人专业背景

现行人大《决定》将鉴定人资质条件最为重要的专业背景表述为"相关专业"，截至目前尚未有司法解释或部颁规章对何为"相关"进行解释，实践中各省市把握尺度、标准各不相同，给司法审判中对鉴定人的资质和能力审查造成了困难。应对人大《决定》中"相关专业"和"相关工作经历"进行细分，以提高资质准入的严肃性和严谨性。

（四）建立健全鉴定机构实验室认证认可动态评估和考核退出机制

在自然科技领域，国际国内都有非常成熟的认证认可制度。认证是指由认证机构证明产品、服务、管理体系符合相关技术规范的强制性要求或者标准的合格评定活动，认证通常分为管理体系认证、产品认证和服务认证。认可是指由认可机构对认证机构、检查机构、实验室以及从事评审、审核等认证活动人员的能力和执业资格，予以承认的合格评定活动。我国实行的是统一的认证认可监督管理制度，由国家认证认可监督管理委员会统一管理、监督和综合协调全国认证认可工作。省级人民政府质量技术监督部门和出入境检验检疫机构，依法对认证活动实施监督管理。中国合格评定国家认可委（CNAS）进行的实验室/检查机构认可提供了对各行业机构是否达到国际标准的权威评价机制。"实验室/检查机构认可"是中国合格评定国家认可委员会按照科学、公正的原则，根据国际实验室/检查机构认可准则的要求，对被审核的实验室/检查机构的管理水平和技术能力的正式承认（认可），而建立质量管理体系是核心内容，是取得认可的前提和基础。鉴定机构从事的合格评定活动主要是检测活动和检查活动。在鉴定领域中，法医物证（如亲子鉴定）、微量物质鉴定、法医毒物鉴定主要是运用仪器设备对检材、样品进行分析，并出具一组数据，从鉴定文书上体现为鉴定检验报告书，可以纳入检测活动。法医病理（如死亡原因）、法医临床（如轻重伤）、法医精神病、文书鉴定、痕迹鉴定等主要是在专业判断的基础上，对特定检材作出结论，出具的是鉴定报告书，可以纳入检查活动。由此，我们可以得出，鉴定活动属于鉴定领域的检测活动或检查活动;鉴定机构是从事检测或检查活动的实验室或检查机构。①

纵观国内外鉴定的发展历程和现状,都十分重视鉴定质量管理和质量保证,美国早在20世纪70年代就开始在犯罪学实验室推行质量体系认可制度,发展至今已形成了较为健全完善的认可制度体系,1988年正式设立非营利性的机构——美国犯罪实验室主任协会/实验室认可委员会。该组织通过审查申报机构在"防范证据遗失、交叉转移、污染或有害性变质的程序,有效的及书面化的技术程序,采用合理的控制和标准,校准程序,对证据检验的全面记录,就包括能力验证在内的培训项目形成文件,对各检验人员工作成果的一部分进行技术审查,对所有作证人员进行证言监视,综合能力验证项目"② 等方面授予认可,以保证标准化的鉴定质量。认证认可解决的是具备什么样的条件和能力的鉴定机构才是符合标准的实验室或者检查机构的问题。有没有鉴定能力,在哪些鉴定事项上具有鉴定能力,必须经过证实。只有经过证实的,才能给予相应的业务范围。这项证实工作,不能仅由鉴定机构自己声明,鉴定管理机关也不宜证明,应当由居于第三方地位的专门机关(资质管理机关)和专业机构(国家认可委),依据通行的标准体系和规则来评价和承认。③ 但实际上,由于鉴定机构的资质登记和认证认可的前置启动之间的矛盾,拟申请设立的鉴定机构可以先通过审核,获得鉴定资质以后才可以再申请认证认可,而现有规定对于鉴定机构能否在规定年限内通过认证认可并无相应惩罚机制。

笔者认为,规范的实验室认证认可工作,是保证鉴定机构鉴定质量和鉴定结果公正有效的重要手段,必须将其作为评价鉴定机构资质水平的重要依据。鉴定资质准入审核部门应与认证认可建立协调配合机制,将通过资质认定和实验室认可作为鉴定机构资质准入的必备条件。在此之前,基于现有规定的局限,虽然无法要求所有申请鉴定资质的机构均提前通过认证认可,但可以设置必须通过相关认证认可的年限及相应考核罚则。鉴定机构在通过首次资质认定或认可后,也应当按照认证认可制度的要求,按周期(一般为3~6年复评审一次,其间每

---

① 何勇:《构建鉴定认证认可制度》,载《中国司法鉴定》2008年第5期。
② 美国国家科学院国家研究委员会:《美国法庭科学的加强之路》,王进喜等译,中国人民大学出版社2012年版,第208~209页。
③ 何勇:《构建鉴定认证认可制度》,载《中国司法鉴定》2008年第5期。

1.5~3年监督评审一次）进行动态评审，对于未能延续认证认可资质的，应严格予以淘汰。此外，鉴定机构的登记管理机关也应加强与鉴定意见的使用机关衔接配合，及时掌握鉴定意见的采纳情况、鉴定意见的出具期限情况、虚假错误鉴定情况以及鉴定人出庭质证情况，对于能力水平低、诚信评价差、未能积极配合诉讼活动顺利开展的机构和人员，应取消其鉴定资质。

（五）充分发挥行业组织在司法鉴定管理体制中的作用

首先，明确行业协会在鉴定管理体制中的功能定位。鉴定行业协会由鉴定人联合组成的专业社会团体，其独立于公、检、法和司法行政机关，发挥自我管理、自我约束、自我教育、自我发展的功能。一方面，行业协会依靠其专业性，可以弥补行政主管机关对鉴定机构无法进行专业活动管理的缺陷，在业务指导、标准制定、案件论证、培训交流等方面发挥重要作用；另一方面，基于行业自律和发展的需要，对于违反科学规范、专业规程以及违反职业道德和执业纪律的鉴定人实施行业惩戒，以保持行业的清正性。此外，还可以探索赋予行业协会对疑难复杂的鉴定案件进行评议论证并提供咨询意见的功能。司法部《司法鉴定程序通则》即开创性地规定了鉴定行业协会可以基于办案机关的委托，对重大、特别复杂、疑难、涉及特殊技术问题或者多个鉴定类别的鉴定事项，单个鉴定机构无法承担鉴定工作的，可以组织协调多个鉴定机构进行鉴定。《司法鉴定程序通则》自2016年实施以来，已有司法机关向北京司法鉴定业协会提出了此类委托要求，但由于缺乏具体操作规范而未能实际成行。笔者认为这是一种有益的探索，可以在明确操作规范的前提下（如鉴定机构如何分工、分歧如何处理、鉴定意见的形式要件如何规范等）在实践中试行，取得积极成效后再全面推行。

其次，明确行业协会的管理职能。鉴定行业协会要充分发挥其专家资源优势，履行以下职能：1. 制定鉴定技术标准和技术操作规范，为国家标准和行业标准提供有益补充。基于目前许多鉴定领域国家标准和行业标准缺失，行业协会可以组织专家力量研究制定适合本团体成员操作使用的标准，为鉴定活动提供依据的同时，也促进鉴定结果的规范统一。2. 考核评估鉴定执业活动。由行业协会下属的各专业分支机构，定期开展鉴定质量检查和鉴定人能力评估，对于质量考核或能力评估不合格的机构、人员，注销其团体成员资格，并提交行政主管机关审核其鉴定资质。3. 对违反行业规范、职业道德、执业纪律的鉴定机构和人员进行行业惩戒，并对其诚信情况向社会进行公示。这一项职能尤为重要。对于科学活动而言，许多情况无法用黑白对错予以评判，鉴定人在所谓"灰色地带"的取舍判断其实是其职业道德和诚信操守的体现。而对于这类问题，无论是司法机关还是行政主管机关都难以涉足，行业协会是"同行专家"的集合体，熟知该专业领域的主流意见和价值衡量标准，由其进行评判说服力更强，也更有益于鉴定行业的纯洁性、公正性。4. 组织专业教育培训，开展对外交流，提升鉴定人员的专业技能。5. 宣传鉴定常识，消除社会对鉴定活动的不必要误解，树立鉴定行业的良好社会形象。

最后，加强对行业协会的投入和建设。尽快建立国家鉴定行业协会，统领全国鉴定行业组织和管理工作，尤其在标准制定、业务指导、考核评估方面制定统一的规则，促进全国鉴定协会的规范化发展和鉴定行业整体水平的提升。对于现有的各省、市鉴定协会来说，国家应加强投入或制定推进发展的政策，使行业协会有能力、有条件发挥其管理、自律和发展的职能作用。

五、结论

随着人类科学的不断进步和技术手段的飞速发展，诉讼中越来越多的案件事实需要运用科技手段予以认定，与此同时，也有越来越多的证据线索得以通过科技手段鉴真证伪，"发现真实"的过程越来越演变为科学与法律融合协作的过程。鉴定，则是这种融合与协作的交汇点和联结点。

我国司法鉴定管理体制沿袭大陆法系特点，具有集中管理的基因，却在发展过程中不断异化导致司法鉴定管理模式的反复，至今尚未形成统一的司法鉴定管理体制。对此，中共中央司法改革的多个文件已明确提出了改革要求，如党的十八届四中全会通过的《中共中央关于全面依法治国若干重大问题的决定》提出的"健全统一司法鉴定管理体制"、《关于推进以审判为中心的刑事诉讼制度改革的意见》明确的"统一司法鉴定标准和程序……落实鉴定人出庭作证制度，提高出庭作证率"、中央深改组审议通过的《关于健全统一司法鉴定管理体制的实施意见》等，这些改革要求亟须立法层面作出回应，以保证鉴定程序充分发挥其功能作用，让司法公正在每一个鉴定案件中得以彰显。

律政・监察・其他

论《律师法》修改的背景、原则和进路

王进喜[①]

律师制度是司法制度的重要组成部分。律师制度的改革和完善,是当前司法改革的重要组成篇章之一。伴随着当前部分司法改革任务的完成,《律师法》的修改必然要提上议事日程。本文仅就《律师法》修改的背景、原则和主要进路进行初步讨论。

一、《律师法》修改的背景

法律的制定与修改应当与法律所处的环境相适应。距离 2007 年修改《律师法》已经过去了 10 年,《律师法》所处的国内和国外环境都发生了很大的变化。《律师法》的修改应当考虑相应的背景。这些背景有:

(一)我国法律职业的构成发生了结构性变化,律师行业成为中国法治建设的重要基础。

我国现在的律师队伍是在 1979 年恢复辩护制度后,根据 1979 年《刑事诉讼法》和 1980 年《律师暂行条例》恢复建立的,受各种因素的影响,与法官、检察官队伍的数量相比,律师数量在很长一段时间内是不充分的。在很长一段时间内呈现一种法官、检察官数量远远多于律师数量的现象。[②] 经过 30 余年的改革和发展,上述局面发生了显著的结构性变化。2016 年人民法院全面推进司法责任

[①] 王进喜,中国政法大学教授,国家 2011 司法文明协同创新中心教授,中国法学会律师法学研究会副会长。本文系国家社科基金项目"律师法实施问题研究"和中华全国律师协会"律师管理体制比较研究"项目成果。

[②] 例如,1986 年,全国律师工作人员人数(含其他工作人员)合计为 21546 人,全国检察机关工作人员人数为 140246 人,全国人民法院干警 162486 人;1995 年,全国律师机构工作人员人数合计为 90602 人,全国检察机关工作人员人数合计为 208320 人。参见《中国法律年鉴》相应年度数据。

制等基础性改革,基本完成法官员额制改革,全国法院产生入额法官11万名。①根据最高人民检察院2017年工作报告,通过严格考试和审查,已遴选出71476名员额制检察官。而截至2017年,我国律师人数已经突破30万人,成为促进经济社会发展、建设法治国家的一支重要力量。律师数量畸少的情况已经一去不复返。中国法律职业的构成发生了结构性变化。律师的法律服务活动在国家政治、经济、文化、体育等各个领域和层面无所不在,成为依法治国战略中的一支重要力量,从而成为观察中国法治建设质量的一个重要窗口。忽视律师队伍的建设,必然影响中国法治建设的全领域。很难想象,如果没有一支训练有素的辩护律师队伍,如何保障以审判为重心的诉讼制度的改革取得成功。没有一支职业道德高尚的律师队伍,从律师中选任法官、检察官的制度②就会沦为一句空话。

(二) 社会对律师行业的认识到了一个新的阶段

30多年来,我国社会对于律师行业的认识在不断深化。1980年《律师暂行条例》第2条规定,"律师是国家的法律工作者"。1996年《律师法》第2条则规定"律师,是指依法取得律师执业证书,为社会提供法律服务的执业人员"。与此同时,该法规定了国资所、合作所、合伙所三种组织形式。与1980年《律师暂行条例》的规定相比,这些规定,打破了所有制观念的束缚,激活了律师行业的生产力。2007年《律师法》第2条基本吸收了1996年《律师法》的思路,指出律师是"依法取得律师执业证书,接受委托或者指定,为当事人提供法律服务的执业人员",同时在该条增加一款,即"律师应当维护当事人合法权益,维护法律正确实施,维护社会公平和正义"。这一规定明确了律师的公共性、职业性,成为指导律师队伍思想建设和构建法律职业共同体的法律基础。党的十八届四中全会《决定》提出,全面推进依法治国,必须着力建设一支忠于党、忠于国家、忠于人民、忠于法律的社会主义法治工作队伍。而律师队伍则在社会主义法治工作的法律服务队伍中居于首要地位。为此,《决定》提出要"加强法律服务队伍建设。加强律师队伍思想政治建设,把拥护中国共产党领导、拥护社会主义法治作为律师从业的基本要求,增强广大律师走中国特色社会主义法治道路的

---

① 参见中国法院网,http://www.chinacourt.org/article/detail/2017/03/id/2577039.shtml,2017年6月20日访问。

② 参见中共中央办公厅《从律师和法学专家中公开选拔立法工作者、法官、检察官办法》(2016年6月)。

自觉性和坚定性"。这些表述解决了律师在全面依法治国中的作用和地位问题，为律师事业的长远发展提供了思想保障。2015年全国律师工作会议召开，其级别之高、讨论问题之深，从一个侧面反映了党和国家对律师行业的重视程度。

(三) 科技的发展对律师行业的重大影响日益浮现

近10年来，移动互联、大数据、人工智能等科学技术迅速发展，对律师行业产生了重大影响。这主要表现在两个方面：首先，互联网等科技手段的应用重新塑造了律师行业相关问题。互联网技术、卷宗复制技术等科技手段的运用，实现了信息近用的共时性，在很大程度上解决或者缓解了阅卷难等传统难题。其次，互联网等科技手段的应用，为某些律师道德规则的有效执行提供了可能。[①]

与此同时，人工智能的发展及其在法律服务领域的应用令人瞩目。[②] 毫无疑问，人工智能不能完全取代律师，但是人工智能的发展，将造成律师行业的重新洗牌。这表现在两个方面：首先，移动互联、人工智能、大数据等现代科技的发展，进一步推动了法律服务的解集，促进了律师服务的产品化；其次，这些技术手段在法律服务领域的应用，在数据收集、文献检索方面将在很大程度上取代人工，使得非诉业务中占相当比重的收费片段丧失。当然，这也在一定程度上意味着在以审判为中心的诉讼制度改革的背景下，人工智能等技术绝对不可取代的诉辩律师的重新崛起，有了重大可能。

此外，移动互联、大数据、人工智能等科学技术在法律领域的应用，也开始逐渐重塑公安、检察等机关的办案流程，以集中办案中心为模式的改革所呈现的办案流程的分解化、专业化、流水化特点，改变了传统的办案模式，也应当促使律师行业思考服务模式的改革。

---

① 例如，1996年《律师法》第36条规定："曾担任法官、检察官的律师，从人民法院、人民检察院离任后两年内，不得担任诉讼代理人或者辩护人。"在曾担任法官、检察官的律师在其任职的人民法院、人民检察院之外的区域执业的情况下，囿于纸本律师执业证书的信息存储技术手段的限制，这一规定难以得到有效执行。近些年发展出的载有各种身份信息的卡式执业证书和读卡技术则有利于解决该问题。

② 例如，在2011年，美国的一家科技公司开发了一款人工智能软件e-discovery为委托人提供法律分析服务，它效率极高，用数天时间就分析了150万份卷宗，但是仅收取了10万美元的费用；2015年5月，英国博闻律师事务所（BLP）向他们研发出来的合同机器人发出了第一个指令——处理在线文件的审阅，2秒钟后，合同机器人提交了首批资料分析结果。这是专业律师团队几个月的工作量。参见和讯科技网，http://tech.hexun.com/2016-05-18/183910823.html，2007年6月20日访问；《无讼创始人蒋勇律师正式发布了中国法律市场上首个机器人——法小淘》，载中国机器人网，http://www.robot-china.com/zhuanti/show-2757.html，2007年6月20日访问。

(四) 律师行业存在的某些问题必须加以面对和解决

尽管我国律师队伍得以迅猛发展，但是一些长期困扰律师行业发展的问题始终没有得到解决。除了广大律师长期关注的律师权益保障问题之外，在律师行业的规范、管理方面，长期存在始终难以有效破解的重管理而乏规范的现象。[①] 例如，我国律师行业迅猛发展态势与管理队伍建设之间的不平衡，已经严重影响律师行业的健康发展。例如，北京市市级司法行政部门律师行业管理人员编制约30人，而所面对的管理和服务对象则是逾26000名律师；天津市市级司法行政部门律师行业管理人员编制约10人，面对的律师是6000人；云南省省级司法行政部门律师行业管理人员编制5人，面对的律师是8900人。司法行政部门长期疲于应付具体管理和服务问题，难以进行以监督为主要方式的宏观管理，这种管理模式长期徘徊不前。再如，律师行业管理需求与管理手段长期不平衡。《律师法》被视为仅仅是围绕律师这一主体而组织的法律，忽视了对律师服务周边主体的规制，对非律师人员参与律师法律服务的问题，没有作出任何规定。这在很大程度上造成了近些年一些被吊销执业证书人员参与甚至主导法律服务活动而对此加以管理时无法可依的局面。此外，现有行政处罚、行业纪律处分的手段和程序、相互衔接等方面也存在诸多问题。再如，法治建设需求与律师队伍职业道德建设现状之间也存在严重不平衡。面对律师行业队伍建设存在的诸多突出问题，现有律师职业道德规范缺乏有效和系统的回应，迫使我们必须思考律师职业道德建设和执行的机制问题。

(五) 法律服务行业的全球化竞争已经不可避免

衡量全球法律服务市场活力的重要指标之一是跨境律师事务所合并活动。2015年，北京大成律师事务所这一亚洲规模最大律师事务所与全球十大律师事务所之一的Dentons律师事务所正式合并，成为全球规模最大的律师事务所，这一标志性事件表明中国律师事务所开始不拘泥于国内法律服务市场，开始布局国

[①] 换言之，在实践中，各级司法行政机关和律师协会始终在强调律师行业的规范管理，重视程度不可谓不够，但是始终缺乏有效的规范。律师规范管理的长效机制始终未能有效建立，甚至在一定程度上出现了"运动式"治理现象。

际法律服务市场。① 近年来我国继承和发扬古丝绸之路精神，结合时代背景和世界大势，提出了"一带一路"这一重大发展倡议。法律服务行业走出国门，应当是"一带一路"国家倡议的重要组成部分。我们应当充分利用这一重大发展战略所带来的历史机遇，不断创新律师法律服务实践，将律师行业发展与国家发展战略密切结合在一起。因此，《律师法》对于律师行业的规制，必须有全球化律师规制的视野。

二、《律师法》修改的原则：五个并重

修法不易。从上述《律师法》修改的宏观背景出发，《律师法》的修改应当注重这样几个原则：

（一）律师行业发展的数量与质量并重

1996 年《律师法》的重要成就之一，就是打破了律师身份、律师事务所所有制形式等方面的束缚，激发了律师行业发展的活力，解放了律师行业的生产力。中国律师行业 20 多年来在数量上的巨大发展，得益于 1996 年《律师法》的宏观布局。但是，限于历史条件，1996 年《律师法》在律师队伍建设质量方面的设计是不充分的，这种做法在 2007 年《律师法》的修改中也没有得到根本性的改变。这突出表现在律师准入条件上。② 因此，在根据我国政治、经济、社会发展状况，继续发展律师队伍的同时，应当重视律师队伍建设的质量问题，在《律师法》中加强保证律师队伍质量素质的制度设计。

（二）律师行业的规范和保障并重

当前我国律师队伍已经超过 30 万人，广大律师队伍在维护当事人合法权益、维护法律的正确实施、实现社会公平和正义方面做出了突出贡献；与此同时，极个别律师和律师事务所也存在着执业不规范的问题，甚至走上了违法犯罪的道路。规范就是一种保障，是保护律师的基础工作。行业规范要防微杜渐，走在法

---

① 2017 年 6 月，北京大成律师事务所再次宣布将与秘鲁的 Gallo Barrios Pickmann 律师事务所合并，此次合并将为 Gallo Barrios Pickmann 的委托人带来六大洲、六十多个国家、数千名资深专业人士所提供的服务。同样，大成在全球现有的客户将可以直接得到 Gallo Barrios Pickmann 在秘鲁的首都利马所提供的专业咨询。参见大成网，https://www.dentons.com/zh/whats–different–about–dentons/connecting–you–to–talented–lawyers–around–the–globe/news/2017/june/dentons–approves–combination–with–perus–gallo–barrios–pickmann，2018 年 8 月 10 日访问。

② 在准入条件上，2007 年《律师法》与 1996 年《律师法》相比，并无实质性变化。

律、行政规范的前面。因此,《律师法》修改不仅要推动建立和落实律师权利救济和保障机制,也要充分重视律师行业规范建设。在推进依法保障律师执业权利的同时,应当积极主动地规范律师的执业行为,二者不可偏废。从国外的经验来看,律师行业未能进行足够的规制的结果之一,就是其他决策者挺身而出,来补充或者取代律师行业的监督。例如,在21世纪早期美国律师参与了一些重大金融丑闻,尽管美国律师协会激烈反对,国会仍然通过立法要求上市公司的律师就可能的欺诈情况向公司领导层进行内部层报。①

(三) 律师行业发展的现实性与前瞻性并重

所谓现实性与前瞻性并重,就是说《律师法》修改不仅要落实近些年来司法制度改革、律师制度改革所取得的一系列成果,解决好我们所面临的迫切的现实问题,而且要做好未来律师行业发展的谋篇布局工作,充分发挥《律师法》对行业发展的指导作用,放眼世界、放眼科技未来,增强中国律师服务的国内能力和国际竞争力。

(四) 律师行业发展的国际市场与国内市场并重

在法律服务全球化的背景下,毫无疑问,应当促进律师执业组织形式的变革,形成中国律师行业走出去的能力;另外,当前国内法律服务市场管理尽管发生了一定程度的整合,但是碎片化的管理模式仍然没有得到根本性改观。近日发生的"广州华南律师事务所有限公司"事件,② 充分说明了对国内法律服务市场进行统一管理的必要性。因此,应当通过立法形式,促进国内法律服务市场的统一管理。

(五) 狭义律师法建设与广义律师法建设并重

律师法一词具有不同的含义,可以区分为法典化的律师法与律师法规范。法典化的律师法,即法典意义上的《律师法》,就是指冠以律师法之名、具有章节等法典结构特征的独立法典。法典的特征之一就是具有系统性。律师法规范,则是指规范意义上的律师法、实然的律师法,即规制律师管理体制、律师职业及其职业行为的所有规范,对应的英文可以称之为"the law governing lawyers"或者

---

① See Deborah L. Rhode & Paul D. Paton, Lawyers, Enron and Ethics, in ENRON: CORPORATE FIASCOS AND THEIR IMPLICATIONS 625, 628 (Nancy Rappaport & Bala G. Dharan eds., 2004).

② 参见广州市司法局网, http://www.gzsfj.gov.cn/webInfoPublicity/newsDetail/16863.html, 2018年8月25日访问。

"the law of lawyering"。当然，这里的 law，也是规范层面的意义，包括对律师职业及其职业行为具有规制作用的各种形式的不限于《律师法》法典的规范渊源。毫无疑问，《律师法》本身不能有效解决律师行业发展与管理的所有问题。例如，律师的诉讼权益保障问题在《刑事诉讼法》等法律中加以重点解决似乎更好。再如，限于《律师法》本身的格局和篇幅，诸如利益冲突等律师职业行为规范问题留待专门的律师职业行为规则/规范加以规定更好。因此，在修改《律师法》的同时，处理好狭义律师法建设与广义律师法建设之间的关系，解决好广义律师法的发展空间问题，是《律师法》修改应当坚持的一个重要原则。

三、《律师法》修改的几个具体路径

就《律师法》的修改，应当重点关注下列问题：

（一）明确加强律师执业权利保障的场域

1996 年《律师法》从当时我国律师行业发展的具体历史背景出发，对律师的执业权利保障作了诸多规定。① 但是从实践的情况来看，《律师法》中关于律师执业权利的规定落实得并不理想。我们应当清醒地认识到，律师权利保障的重点防线不在《律师法》。律师执业权利在很大程度上是委托人个人权利的延伸，例如会见权本身是犯罪嫌疑人、被告人会见律师的权利。律师执业权利落实得不好，在很大程度上是因为在刑事诉讼中，我国对犯罪嫌疑人、被告人的人权保障还不充分。因此，应当在进一步落实现有司法改革成果的修法活动中，在宪法、刑事诉讼法等部门法充分解决律师执业权利的保障问题。《律师法》在对律师执业权利规范进行表述的同时，应当重点完善律师的职业性权利和义务，对职业特免权和豁免、保密义务等问题作出科学、系统的规定。

（二）重新确立律师法的行业组织法地位，完善两结合管理体制

现行《律师法》第 4 条规定："司法行政部门依照本法对律师、律师事务所和律师协会进行监督、指导。"然而该法对于司法行政部门如何对律师协会进行监督和指导并没有作出任何规定。因此，在司法行政部门与律师协会的关系上，该条规定事实上是空法条、无效法条。在实践中，司法行政部门对律师协会的上

---

① 例如，1996 年《律师法》第 1 条在阐述《律师法》的立法宗旨时，不仅强调了"完善律师制度"，也将"保障律师依法执行业务"放在了突出地位，并在总则中规定"律师依法执业受法律保护"。

下监督关系错位为左右分权+上下行政监督模式。一方面,在对律师行业的管理,司法行政部门与律师协会呈现一种分权模式。这突出表现为职业行为法制定和执行主体叠加,对律师职业行为,司法行政部门规定有《律师和律师事务所违法行为处罚办法》,中华律师协会制定有《律师执业行为规范》,并相应配置有行政处罚手段和行业处分手段,从而形成了二元化、分散式的律师职业行为法格局。在这种分权管理活动中,造成了律师职业行为法的重叠、真空,律师协会管理手段软弱等问题。另一方面,司法行政部门对律师协会采取了行政管理方式,律师协会被视为司法行政部门的下属部门,律师协会的内部运作仍然有着浓厚的司法行政管理色彩。因此,《律师法》修改的重点问题之一,就是真正落实司法行政机关与律师协会之间的监督与被监督关系。司法行政机关对律师协会的监督,主要是对其规制职能的监督。司法行政机关在监督的过程中,应当确定监督的目标、监督的程序。在《律师法》就律师协会的规制职能设定了科学、可行目标的情况下,司法行政机关应当监督律师协会对这些目标的落实情况,以及律师协会未履行、未充分履行其职责情况下的处罚措施。[①] 司法行政部门应当不再承担具体的投诉调查、惩处等工作任务,从烦琐的具体事务中解脱出来,做好律师行业发展的谋篇布局这篇大文章。

(三) 明确律师协会的性质,加强律师协会的组织能力建设

现行《律师法》第43条第1款规定:"律师协会是社会团体法人,是律师的自律性组织。"应当说,这一规定既强调了律师协会对律师行业的代表职能(社会团体法人),也强调了律师协会对律师行业的规制职能(自律性组织)。但是,从立法和实践情况来看,对律师协会的代表职能重视得多,对其规制职能重视得少。例如,现行《律师法》第46条关于律师协会职责的规定,在律师协会的规

[①] 近些年来英国、澳大利亚监督律师协会的做法,可以加以借鉴。例如,英国《2007年法律服务法》成立了法律服务理事会,对事务律师协会、出庭律师公会等一线规制者进行监督,其监督措施包括公开申饬、经济处罚、干预、吊销对核准规制者的委任等手段。

制职能和代表职能的排列布局上呈现一种意识不清的混乱局面,① 这在律师协会的章程方面,突出表现为对其代表职能规定得多,对承担规制职能的专门委员会规定得少。在实践中,这还表现为各地律师协会在机构设置、人员配置、资源投入上做法不一、各行其道,律师协会各种专业委员会的建设蓬勃发展,而律师协会专门委员会的建设则乏善可陈等方面。因此,要真正落实司法行政机关宏观管理,必须强化律师协会的规制职能的建设。要明确《律师法》中的律师协会不是社会团体法人,是代表国家对律师行业进行管理的法定协会,② 形成以规制职能为重心的律师协会职责体系,合理配置三级律师协会的职责,加强专门委员会规范化建设。

(四)律师协会规制职能与代表职能的适当区分

如前所述,现行《律师法》关于律师协会职责的规定,涵盖了律师协会规制职能与代表职能两个方面。但是,这两个职能之间存在结构性冲突。比如,中华全国律师协会《关于进一步加强和改进律师行业惩戒工作的意见》(2013年3月29日)指出,"目前,律师行业惩戒工作中还存在着一些问题和不足,主要表现在……一些地方律师协会思想认识上存在着'家丑不外扬'的想法和'从轻处罚就是保护律师'的认识,因此,对违规行为能从轻就从轻,能不追究就不追究,大事化小,小事化了,使违规违纪行为得不到应有的惩戒,惩戒工作失之于宽,失之于软"。这在实践中还表现在律师协会对于律师职业行为规范的制定工作不重视、不投入,各类规范的科学性、有效性尚待加强上。因此,《律师法》的修改,要高度重视规制职能与代表职能的适当区分问题,保证规制职能应有的独立性、统一性。近些年来英国、澳大利亚在保障律师协会规制职能的独立性方面的做法,可以加以借鉴。例如,英国2007年《法律服务法》第30条(与行使

---

① 该规定,律师协会应当履行的职责有"(一)保障律师依法执业,维护律师的合法权益;(二)总结、交流律师工作经验;(三)制定行业规范和惩戒规则;(四)组织律师业务培训和职业道德、执业纪律教育,对律师的执业活动进行考核;(五)组织管理申请律师执业人员的实习活动,对实习人员进行考核;(六)对律师、律师事务所实施奖励和惩戒;(七)受理对律师的投诉或者举报,调解律师执业活动中发生的纠纷,受理律师的申诉;(八)法律、行政法规、规章以及律师协会章程规定的其他职责"。(一)(二)(四)(组织律师业务培训)、(七)(受理律师的申诉)无疑是律师协会的代表职能;其他规定则是律师协会的规制职能,其中很多规制职能是在2007年修改《律师法》时增加的内容。这种布局和立法史表明,立法并没有有意识地将律师协会的规制职能放在首位。

② 律师协会作为承担国家行政管理职能的法定协会,并不妨害其承担一定的代表职能。

规制职能有关的规则）规定，法律服务理事会必须制定规则（"内部治理规则"），列明核准规制者应当达到的要求，以保证：（a）核准规制者对规制职能的运用，不会受到其代表职能的损害，以及（b）与行使核准规制者的规制职能有关的决定的作出，要在合理可能的情况下，要与行使其代表职能有关的决定的作出相独立。英国法律服务理事会《2009年内部治理规则》明确要求，每个相关核准规制者，要将履行规制职能的责任，委任给没有代表职能的组织（无论是不是独立的法律实体）。

（五）完善律师准入、续展、恢复执业制度

现行《律师法》的准入和退出机制是当前律师队伍管理中的薄弱环节，应当是《律师法》修改的重点。应当确立以"执业适当性"为中心的执业证书管理制度。这涉及以下几个主要问题：

1. 将"品行良好"的准入条件，修正为"执业适当性"条件。现行《律师法》第5条第1款第（4）项的"品行良好"要求，存在考核项狭窄、考核程序不公开等问题。建议将该要求拓展为"执业适当性"要求，借鉴其他国家和地区的做法，结合我国实际情况进一步细化。

2. 将律师年度考核制度改造为律师执业证书续展制度，纳入立法。换言之，"执业适当性"不再是首次申请取得执业证书时的考察内容，而是持续性的考察内容。在对律师执业证书进行年度续展时，重点关注律师是否保持了"执业适当性"。

3. 建立"执业适当性"的动态管理制度。在持有有效律师执业证书期间，对发生的可能影响律师执业适当性的事件，律师应当在规定的时间内以规定的方式向颁证机关报告，颁证机关根据情况确定应当采取的行动，例如暂停执业证书或者就持有执业证书设定相应条件。

4. 完善恢复执业制度。现行《律师法》规定的对律师行政处罚的方式之一是停止执业。律师被停止执业，应当视为丧失了执业适当性。因此在律师恢复执业的时候，对于情节严重者，应当建立执业适当性的审查制度，改变当前"自动恢复执业"的做法。①

---

① 例如，美国律师协会《惩戒执行示范规则》之规则25，就停止执业6个月以上后恢复执业和重新准入，情况规定，律师仅在达到标准的情况下才可恢复执业或者重新准入，或者在没有达到标准的情况下，就律师应当恢复执业或者重新准入提出了良好和充分的理由规定。

(六) 完善退出机制

在明确了司法行政机关宏观管理，律师协会代表国家行使对律师行业的规制职能这一前提的情况下，要将现行司法行政机关行政处罚权和律师协会行业处分权进行整合，明确统一的律师职业行为规则作为执法尺度；要建立最终处罚作出前，律师执业证书的暂时停止制度；要明确退出律师队伍后的管理工作，被吊销执业证书者参与律师法律服务应当受到限制或者禁止。①

(七) 落实现有改革成果

党的十八届四中全会后，我国积极探索并落实了一系列重要律师制度。例如，公司律师和公职律师制度、② 律师权利保障制度、③ 律师专业化认可制度。④ 这些改革的成果应当在《律师法》中得以体现和落实。

(八) 探索律师事务所新型组织形式

律师事务所作为律师执业机构的形式之一，是律师行业竞争力的要素之一。从当前各国的律师制度改革情况来看，律师执业机构的组织形式改革是一个重点问题，各国在外国律师在本国的执业问题、MDP、非律师人员股权、律师事务所上市等方面都进行了积极探索。《律师法》修改应当考虑到国外的相关探索给我国律师行业发展带来的挑战，在律师执业机构的组织形式上保留一定的灵活性。

---

① 就此关于美国法的比较研究，可参见王进喜：《美国取消律师资格制度管窥》，载《中国司法》2016年第12期；英国《1974年事务律师法》第41条（事务律师雇用被革除姓名或者被停止执业的人员）。

② 参见中共中央办公厅、国务院办公厅《关于推行法律顾问制度和公职律师公司律师制度的意见》（2016年6月）。

③ 参见最高人民法院、最高人民检察院、公安部等《关于依法保障律师执业权利的规定》（2017年9月）。

④ 参见司法部《关于建立律师专业水平评价体系和评定机制的试点方案》（2017年3月）。

值班律师的角色定位问题研究

王 晶[①] 严泽岷[②]

在我国，值班律师制度已不是一个新生的事物，从2006年试点的初步探索到2018年《中华人民共和国刑事诉讼法（修正草案）》（以下简称《刑事诉讼法（草案）》）的纳入已经有12年之久。在这个过程中，值班律师制度得到了一定的发展与完善，相关制度的内容也发生了很大的变化。2006年，河南省焦作市修武县成为"法律援助值班律师制度"项目的第一个试点地区，开始了我国值班律师制度的初次探索。2014年8月，最高人民法院等出台《关于在部分地区开展刑事案件速裁程序试点工作的办法》（以下简称《刑事速裁程序试点办法》），值班律师制度在法律文件中被首次予以明确。2015年，中共中央办公厅、国务院办公厅印发了《关于完善法律援助制度的意见》（以下简称《法律援助制度意见》），从宏观政策上指出要建立法律援助值班律师制度。2016年11月，最高人民法院等又出台了《关于在部分地区开展刑事案件认罪认罚从宽制度试点工作的办法》（以下简称《认罪认罚制度试点办法》），对值班律师的职责进一步予以细化。2017年8月，《关于开展法律援助值班律师工作的意见》（以下简称《值班律师工作意见》）出台，是对法律援助机构的值班律师制度的定位、职责、法援机构建立等进行了系统化的规定。2018年《刑事诉讼法（修正草案）》，值班律师制度正式被纳入刑诉法体系中，具体可见下表：

[①] 王晶，中国政法大学刑事司法学院副教授。
[②] 严泽岷，中国政法大学刑事司法学院硕士研究生。

时间	法律文件	法条内容	值班律师性质
2014年	《刑事速裁程序试点办法》	第4条：建立法律援助值班律师制度，法律援助机构在人民法院、看守所派驻法律援助值班律师。犯罪嫌疑人、被告人申请提供法律援助的，应当为其指派法律援助值班律师	未明确
2015年	《关于完善法律援助制度的意见》	第4条：建立法律援助值班律师制度，法律援助机构在法院、看守所派驻法律援助值班律师	未明确
2016年	《认罪认罚制度试点办法》	第5条：法律援助机构可以根据人民法院、看守所实际工作需要，通过设立法律援助工作站派驻值班律师、及时安排值班律师等形式提供法律帮助	法律帮助
2017年	《关于开展法律援助值班律师工作的意见》	第1条：法律援助机构在人民法院、看守所派驻值班律师，为没有辩护人的犯罪嫌疑人、刑事被告人提供法律帮助。 人民法院、人民检察院、公安机关应当告知犯罪嫌疑人、刑事被告人有获得值班律师法律帮助的权利。犯罪嫌疑人、刑事被告人及其近亲属提出法律帮助请求的，人民法院、人民检察院、公安机关应当通知值班律师为其提供法律帮助	法律帮助
2018年5月	《刑事诉讼法（修正草案）》	第4条：法律援助机构可以在人民法院、人民检察院、看守所派驻值班律师。犯罪嫌疑人、被告人没有委托辩护人，法律援助机构没有指派律师为其提供辩护的，由值班律师为犯罪嫌疑人、被告人提供法律咨询，程序选择建议，代理申诉、控告、申请变更强制措施，对案件处理提出意见等辩护	辩护
2018年	《刑事诉讼法（修正草案）》（二次审议稿）	第4条：法律援助机构可以在人民法院、人民检察院、看守所派驻值班律师。犯罪嫌疑人、被告人没有委托辩护人，法律援助机构没有指派律师为其提供辩护的，由值班律师为犯罪嫌疑人、被告人提供法律咨询、程序选择建议、申请变更强制措施、对案件处理提出意见等法律帮助	法律帮助

一、值班律师制度的重要价值

（一）加强被追诉人权利保障，保障控辩平等

"在宽和政体下，任何公民的生命都是宝贵的，如果不进行认真的审查，绝对不能剥夺他的荣宠和财产，就算是最低贱的公民也一样。公民的生命只有在其受到国家控诉的情况下，才能被强制夺去，而他在受到国家控诉时还享有所有可能的辩护手段。"① 因此，辩护权作为人权的一项重要内容，应该得到国家的有力保障。《公民权利和政治权利国际公约》（以下简称《公约》）第14条是关于公正审判的国际标准的具体内容和要求。② 具体而言，"（甲）迅速以一种他懂得的语言详细地告知对他提出的指控的性质和原因；（乙）有相当时间和便利准备他的辩护并与他自己选择的律师联络；（丙）受审时间不被无故拖延；（丁）出席受审并亲自替自己辩护或经由他自己所选择的法律援助进行辩护；如果他没有法律援助，要通知他享有这种权利；在司法利益有此需要的案件中，为他指定法律援助，而在他没有足够能力偿付法律援助的案件中，不要他自己付费；……"就我国而言，《中华人民共和国宪法》（以下简称《宪法》）第130条规定："犯罪嫌疑人、被告人有权获得辩护。"现行《中华人民共和国刑事诉讼法》（以下简称《刑事诉讼法》）第11条也有规定："被告人有权获得辩护，人民法院有义务保证被告人获得辩护。"并规定了一系列制度、措施来保障被追诉人、辩护人的辩护权的行使。控辩平等，审判中立的控辩审三方关系已经成为现代诉讼的标准模式，但对于刑事诉讼而言，因为控辩双方力量具有天然的不平等，维系等边三角形的关系实则为重大的挑战。③ 主要有以下几个方面的原因。第一，在刑事诉讼中，控方是公权力机关。在人财物资源、专业知识与技术、庭审经验等各个方面，控方较于被追诉人都占有绝对的优势。第二，国家本位主义的影响。国家本位主义是相对于个人本位主义而言的，认为国家是个人的本源因此国家利益高

---

① ［法］孟德斯鸠：《论法的精神》，夏玲译，红旗出版社2017年版，第63页。
② 顾永忠：《刑事辩护的国际标准与我国刑事辩护制度的修改完善》，载《刑事法评论》2005年第1期。
③ 赵恒：《认罪认罚从宽制度适用与律师辩护制度发展——以刑事速裁程序为例的思考》，载《云南社会科学》2016年第6期。

于个人利益。① 国本位不仅是大陆法系职权主义的思想基础，同时也是我国长期以来的价值观念。"我国刑事司法长期以来职权主义色彩浓厚，刑事诉讼多被视为国家力量为查明被告人是否实施犯罪的真相调查过程。"② 在刑事诉讼中，律师是被追诉人对抗控方的重要力量，控辩之间力量的悬殊得以调解，因此值班律师制度的设立对于实现控辩平等具有重要的意义。

（二）完善我国法律援助多元化体系构建

就目前而言，法律援助制度尚无一部完善的专门的法律援助法予以规定，零散地规定在各个法律文件中。我国刑事法律援助制度虽然萌芽于20世纪50年代中期，但真正建立则是90年代以后特别是1996年刑事诉讼法修改后。2003年国务院发布的《法律援助条例》，我国法律援助体制的总体框架得以确立，我国法律援助制度进入快速发展阶段。③ 2012年刑事诉讼法修改，刑事法律援助制度也得到了更为细致的明确规定。2013年，《关于刑事诉讼法律援助工作的规定》出台，针对修改后的刑事诉讼制度规范了法律援助制度。后随着司法体制改革的推进，2017年《值班律师工作意见》《关于开展刑事案件律师辩护全覆盖试点工作的办法》（以下简称《刑事辩护全覆盖工作办法》）先后出台，刑事诉讼中对法律援助的覆盖范围、保障措施的进一步加强提出了要求。

在刑事诉讼中，法律援助律师的形式与职责、权限同委托辩护律师一致。随着刑事速裁程序与认罪认罚从宽制度的推行，刑事诉讼格局由原来单一的对抗模式转为了对抗与合作并行的二元模式。④ 值班律师正是适应这种合作程序的补充，与法律援助辩护律师共同构成现行的法律援助制度的律师队伍。从实践来看，根据《最高人民法院、最高人民检察院关于在部分地区开展刑事案件认罪认罚从宽制度试点工作情况的中期报告》："试点地区法律援助机构在看守所、法院、检察院设立法律援助工作站630个，其中设在看守所、法院的法律援助工作站覆盖率分别为97%和82%。"因此，值班律师制度扩大了法律援助制度的援助对象，丰富了法律援助的具体形式，对于法律援助制度的多元化有着重要的意义。

---

① 王彩云：《论我国刑事诉讼中控辩双方的地位》，载《黑河学刊》2018年第4期。
② 曾亚：《认罪认罚从宽制度中的控辩平衡问题研究》，载《中国刑事法杂志》2018年第3期。
③ 顾永忠、陈效：《中国刑事法律援助制度发展研究报告》（上），载《中国司法》2013年第1期。
④ 郭志媛：《认罪认罚从宽制度的理论解析与改革前瞻》，载《法律适用》2017年第19期。

二、值班律师的角色定位之争

关于值班律师的角色定位有多种探讨,如"特殊的辩护律师""实质辩护人""分阶段的'准辩护人'""特殊的法律援助律师"等。① 但主要的分歧在于值班律师是否能够被赋予辩护人的地位。针对这一问题,主要争议体现在如下几个方面:

(一)值班律师不能提供完整意义上的辩护

从辩护的定义来看,刑事辩护是指"刑事案件的被追诉人及其辩护人反驳对被追诉人的指控,提出有利于被追诉人的事实和理由,论证被追诉人无罪、罪轻或者应当减轻、免除处罚,维护被追诉人的程序性权利,以保障被追诉人合法权益的诉讼活动"。② 因此辩护权是包含实体权利、程序权利的一个权利体系。《值班律师工作意见》第 2 条有规定:"法律援助值班律师不提供出庭辩护服务。符合法律援助条件的犯罪嫌疑人、刑事被告人,可以依申请或通知由法律援助机构为其指派律师提供辩护。"因此,值班律师主要参与审前阶段,一般不得参与审判阶段的辩护。从现有规范性法律文件关于值班律师制度的规定来看,赋予值班律师的权利是不完整的。值班律师由于权利有限,并不能够提供完整的辩护,故不能赋予其辩护人的地位。

但笔者认为,值班律师现阶段不能提供完整的辩护服务并不代表其职权性质不是辩护行为,并不能改变其辩护的本质。在学理上,辩护权的概念有狭义、广义之分。从广义上讲,"辩护权是被指控人所有诉讼权利的总和,因为被指控人各项诉讼权利的行使,其总体目的均在于针对刑事追诉进行防御,维护自身的合法权益"。③ 也就是说,被追诉人及其辩护人旨在对抗刑事追诉的行为均属于辩护的范畴。因此,值班律师"提供法律咨询、程序选择建议、申请变更强制措施、对案件处理提出意见"的行为当然属于辩护。既然值班律师的职权行为属于辩护,就满足成为辩护人的前提要求。虽然辩护权是一个含有下位概念的权利体系,但辩护权体系的权利范围也针对权利行使主体的不同而不同。如被追诉人自

---

① 樊崇义:《值班律师制度的本土叙事:回顾、定位与完善》,载《法学杂志》2018 年第 9 期。
② 陈光中主编:《刑事诉讼法》(第六版),北京大学出版社 2016 年版,第 142 页。
③ 熊秋红:《刑事辩护论》,法律出版社 1998 年版,第 6 页。

身有其单独享有的最后陈述权等，辩护律师也较其他辩护人享有单独的权利，如会见权、阅卷权、调查取证权。因此，具有全部的辩护权利并非辩护人身份的充要条件，法律可以根据其制度目的、价值与特点对其权利范围进行适当的扩充或限制。此外，在现代刑事诉讼的控辩审三方格局中，根据现代刑事诉讼基本格局的要求，值班律师显然属于辩方，承担的是辩护职责。① 综上，从应然的角度来讲，值班律师是具有辩护人地位的。

（二）值班律师的权利来源不是被追诉人

《刑事诉讼法》第33条有规定："犯罪嫌疑人、被告人除自己行使辩护权以外，还可以委托一至二人作为辩护人。"第35条规定："犯罪嫌疑人、被告人因经济困难或者其他原因没有委托辩护人的，本人及其近亲属可以向法律援助机构提出申请。对符合法律援助条件的，法律援助机构应当指派律师为其提供辩护。"由此可见，在我国刑事诉讼体系内，自行辩护、委托辩护与指定辩护是辩护制度下辩护权的三种行使方式。犯罪嫌疑人、被告人作为刑事诉讼的当事人，当事人的地位决定刑事诉讼的裁判会与被追诉人有着直接的利害关系且也会因被追诉人的参与对裁判的结果产生重大的影响。② 因此，被追诉人天然享有为自己辩护的权利，即被追诉人是辩护权的权利来源，律师辩护权是被追诉人辩护权的延伸与发展，是基于被追诉人产生的。"没有当事人的辩护权，律师也就失去了介入刑事诉讼行使辩护权的理由。"③ 基于前述刑事诉讼法的相关规定，辩护律师的形成只有两种途径：基于当事人的委托或者法律援助机构的指派。当事人委托产生的辩护律师毋庸置疑是经得被追诉人同意的，对于法律援助机构指派的律师被追诉人也有拒绝的权利，但值班律师来源于法律援助机构的随机安排，没有被追诉人确认的环节。因此，从权利来源的角度来看，值班律师的权利的正当性来源于法律规定而非被追诉人。

但笔者认为，这并不会成为值班律师得到辩护人地位无法解决的障碍。这里主要从权利的正当性角度进行考虑。有学者对权利作这样一种区分，即"具有权力内涵的权利"和"不具有权力内涵的权利"，前者指向国家主权的权利且可以

---

① 杨波：《论认罪认罚案件中值班律师制度的功能定位》，载《浙江工商大学学报》2018年第3期。
② 陈光中主编：《刑事诉讼法》（第六版），北京大学出版社2016年版，第72页。
③ 艾超：《辩护权研究》，武汉大学2010年博士学位论文，第113页。

不以法律规定为必需,而后者指向社会经济文化权利,社会个体只需遵从法律即可。① 在刑事诉讼中,被追诉人正处于对抗国家权力的地位,在德国学者耶利内克的权利体系划分理论中认为,消极身份所拥有的权利并不具有权力内涵,也即法律授权即可赋予权力的正当性。② 因此,从权利来源的角度上讲,没有被追诉人的确认并不会影响值班律师获得辩护权的正当性。

(三) 现行规范性法律文件将值班律师定位为"法律帮助者"

如前述,现有规范性法律文件对于值班律师的职责定位均用的是"法律帮助"的表述。而"法律帮助"在我国的制度语境中并非一个任意性的表达,而是由具体指向的特有名词。1996年《刑事诉讼法》第96条规定的"犯罪嫌疑人在被侦查机关第一次讯问后或者采取强制措施之日起,可以聘请律师为其提供法律咨询、代理申诉和控告"。第33条又规定:"犯罪嫌疑人自案件移送审查起诉之日起有权委托辩护人。"因此,在审查起诉之前律师的身份并非"辩护人",而是"法律帮助者"。"这是在当时的语境下我国法学界对侦查阶段律师所扮演的角色的一种普遍看法,并从此使得'法律帮助者'具有特定的内涵。"③ 综观现行规范性法律文件,均采用"法律帮助"的表述。2018年《刑事诉讼法(修正草案)》的第一次审议稿试图转换值班律师的身份,用了"辩护"的表述,但在第二次审议稿中又改回了"法律帮助",可见从立法意图来看更倾向于"法律帮助者"的身份。

但笔者认为,法条的表述会随着法治的进步而发生改动,并不能因现阶段的表述而否定值班律师的辩护人地位。且"法律帮助""律师辩护"从内涵上来讲是存在交叉的,并非对立的关系,因此两者并不矛盾。并不能因为值班律师具有法律帮助的性质而否定其辩护人的地位。此外,结合《公约》英文原文与中文译本,第14条中的获得"legal assistance"直接译为"选任辩护人"及法院"为

---

① 湛中乐、肖能:《论政治社会中个体权利与国家权力的平衡关系——以卢梭社会契约论为视角》,载《政治与法律》2010年第8期。

② 关于权利的这个划分,德国著名法学家耶利内克也曾有过类似的论述。他认为可根据公民个人的法律地位对权利作如下几种分类:(1)消极地位,即对国家的一般服从;(2)否定地位,即防备国家的权利;(3)积极地位,即由国家授予采取积极行动的权利;(4)主动地位,保证参加政治,特别是选举的权利。场据此,耶利内克进一步将公民在政治社会中的角色,分成被动身份、消极身份、积极身份和主动身份四个不同的身份。

③ 姚莉:《认罪认罚程序中值班律师的角色与功能》,载《法商研究》2017年第6期。

其指定辩护人",即包含了法律援助与律师辩护双重含义。因此在公约中,"法律帮助"与"法律援助""律师辩护"是联系在一起的,人为进行分割是不恰当的。①

综上,笔者认为,值班律师应当赋予辩护人的角色定位。如前所述,我国刑事辩护制度在不断完善,政策上也不断提出新的要求,但司法实践仍与制度构建存在较大的差距。在我国,刑事辩护的现状依旧严峻。近年来,我国刑事犯罪呈现数量增多、案由复杂的趋势,每年刑事一审案件数量约为90万件。② 目前全国共有律师事务所近2万家,执业律师23万多人,律师主要集中在经济较发达地区的大中城市。③ 显然,我国执业律师数量远远无法满足刑事案件辩护的需要。"一般认为全国的刑事辩护率在30%左右。"④ 刑事辩护率低下是我国刑事诉讼制度迫在眉睫需要解决的问题,这也是在认罪认罚制度中引入值班律师制度的根本原因。值班律师虽然现在难以承担辩护人的全部职能,但是这一缺口的重要补充。速裁程序与认罪认罚从宽制度的设立目的在于刑事案件的繁简分流,提高诉讼效率,优化诉讼结构。因此,相较于普通程序审理的刑事案件,认罪认罚案件对于被追诉人权利保障程度是较低的。在此情形下,如若对辩护人身份的要求过高而否定或阻碍值班律师发挥作用,不仅程序正义难以彰显,而且实体正义也难以保障,进一步讲,刑事辩护率的提高甚至全覆盖更是无法实现的天方夜谭。

三、值班律师应定位为法律援助制度框架下特殊的辩护律师

(一) 域外值班律师制度均在法律援助制度框架内

值班律师制度在域外多国以及我国香港地区都已经较为成熟。英国是世界范围内最早开展值班律师制度的国家,值班律师制度也是其法律援助体系内的一项

---

① 顾永忠、李逍遥:《论我国值班律师的应然定位》,载《湖南科技大学学报(社会科学版)》2017年第4期。
② 数据来源为中国裁判文书网,统计以一审裁判文书数量计。其中,2017年全国刑事一审裁判文书数量为975088份,2016年全国刑事一审裁判文书数量为890861份,2015年全国刑事一审裁判文书数量为526969份,2014年全国刑事一审裁判文书数量为790658份。
③ 吴宏耀、赵常成:《法律援助的管理体制》,载《国家检察官学院学报》2018年第4期。
④ 顾永忠:《以审判为中心背景下的刑事辩护突出问题研究》,载《中国法学》2016年第2期。

重要的制度。① 具体而言，值班律师计划分为警察局值班律师计划与法庭值班律师计划两部分。前者指"被逮捕并羁押与警察局内的公民以及应警方要求到警察局协助调查的公民，有权要求一名由政府支付工资的律师为其提供法律咨询服务"② 后者则指"在治安法庭内被指控刑事犯罪并没有聘请律师或者仅仅是因为其还没有接触自己律师的被告人，在首次出庭日提供律师咨询或者代理服务的制度"。③ 加拿大的值班律师制度以类型多，服务范围广为主要特点，虽然值班律师类型的划分种类是最多的，但职能具体明确，每个省根据本省司法问题和资源的不同进行分类，主要有三类：刑事电话咨询值班律师、法院值班律师和提供其他延伸服务的值班律师。④ 日本值班律师制度与英国的值班律师计划相类似，从20世纪90年代开始在司法实践中适用。旨在确保被羁押的被追诉人在审前能够获得律师帮助，因律师协会的不同而分为"待命制"和"名簿制"两种。⑤ 可见，值班律师制度在域外经历了发展到成熟的过程，目前已经成了很多国家和地区法律援助制度中的一个不可或缺的重要组成部分。⑥

（二）值班律师制度具有法律援助制度的共性

如前所述，值班律师制度旨在为被追诉人提供法律服务，其与既有的法律援助制度有很多共性的。主要体现在如下几个方面：第一，均以被追诉人无委托辩护人为前提。根据《刑事诉讼法》第34条的规定，刑事法律援助的对象主要有法定（犯罪嫌疑人、被告人是盲、聋、哑人，或者是尚未完全丧失辨认或者控制自己行为能力的精神病人，没有委托辩护人的；犯罪嫌疑人、被告人可能被判处无期徒刑、死刑，没有委托辩护人的）与酌定（犯罪嫌疑人、被告人因经济困

---

① 黄斌、李辉东：《英国法律援助制度改革及其借鉴意义——以〈1999年接近正义法〉为中心》，载《诉讼法论丛》2005年第10期。
② 齐树浩主编：《英国司法制度》（第二版），厦门大学出版社2007年版，第146页。
③ 郭婕：《法律援助制度研究》，红旗出版社2018年版，第101页。
④ 具体而言，值班律师能够提供的法律服务有：告诉当事人相关法庭事宜；向当事人解释其所受指控及被宣告有罪的情况下可能受到的刑罚或者罚款；听取当事人的案情，为当事人提供进行有罪或无罪辩护的建议；查看警察出具的报告并告诉当事人报告的内容；询问检控官当事人是否需要为指控做些准备；如果当事人决定作有罪辩护，值班律师就会代理当事人与法官商谈，帮助法官决定当事人应当受到处罚的种类或者罚金的数额；帮助当事人申请案件延期审理或者还押候审以便当事人得到律师的帮助，并可以帮助当事人提起法律援助申请。
⑤ 张泽涛：《值班律师制度的源流、现状及其分歧澄清》，载《法学评论》2018年第2期。
⑥ 郑自文、郭婕：《探索建立中国特色的法律援助值班律师制度》，载《中国司法》2006年第12期。

难或者其他原因没有委托辩护人的）两种，均要求以无委托辩护人为前提。从前述各个规范性法律文件中可以看出，值班律师适用于犯罪嫌疑人、被告人没有委托辩护人，法律援助机构没有指派律师为其提供辩护的，因此值班律师的帮助对象符合法律援助制度的前提。第二，均是无偿提供法律帮助。《法律援助条例》第3条规定："法律援助是政府责任"，也有学者认为政府责任是国家责任，故也可将法律援助理解为国家责任。[①] 因此，减免费用或无偿提供法律服务是法律援助制度的基本要求。值班律师制度要求无偿为被追诉人提供法律帮助符合法律援助制度的要求。第三，提供法律帮助多样、灵活。根据《值班律师工作意见》第2条规定："律师的职责主要有以下几种：（一）解答法律咨询。（二）引导和帮助犯罪嫌疑人、刑事被告人及其近亲属申请法律援助，转交申请材料。（三）在认罪认罚从宽制度改革试点中，为自愿认罪认罚的犯罪嫌疑人、刑事被告人提供法律咨询、程序选择、申请变更强制措施等法律帮助，对检察机关定罪量刑建议提出意见，犯罪嫌疑人签署认罪认罚具结书应当有值班律师在场。（四）对刑讯逼供、非法取证情形代理申诉、控告。（五）承办法律援助机构交办的其他任务。"可见，值班律师能够提供的服务种类是较为多样的，符合法律援助制度的特点。第四，就目前而言，值班律师是由法律援助机构进行管理的。根据《值班律师工作意见》相关规定，值班律师是由法律援助机构进行选任、培训、安排工作、派驻并记录相关工作情况的，因此，值班律师制度是嵌套在法律援助体制内的一项制度。

（三）值班律师制度也有不同于一般法律援助制度的特殊性

值班律师制度在法律援助制度内具有很多契合点，但也具有一些不同于传统法律援助制度的特点。第一，援助对象的不特定性。在传统法律援助制度下，法律援助律师服务于具体的法律援助案件。在刑事法律援助案件办理过程中，一般经过申请、审批、指派律师、具体办案、结案及费用的核算与支付、案件的监督等过程。法律援助机构决定提供法律援助后需要与受援人签订法律援助合同，因此法律服务人员与受援人是一一对应的。[②] 然而，在值班律师制度下，值班律师

---

① 汪海燕：《贫穷者如何获得正义——论我国公设辩护人制度的构建》，载《中国刑事法杂志》2008年第3期。

② 高贞：《法律援助理论与实践》，法律出版社2014年版，第13页以下。

面对的受援人是不固定的、随时的，提供的法律服务也是标准化的。第二，应急性。值班律师制度最大的特点与优势所在就是其应急性，在不符合法律援助条件或来不及请律师的情况下也能够及时地获得值班律师的帮助。① "在被追诉人无法及时获得辩护人的情况下，值班律师犹如医院急诊科的大夫，能够及时介入刑事诉讼，第一时间提供法律咨询和意见，帮助犯罪嫌疑人尽快了解法律规定，知悉法律后果，及时摆脱恐惧、焦虑、对抗的心理，从而理性面对诉讼，正确作出抉择。"② 第三，被动性。在既有法律援助制度下，法律援助律师参与具体案件后，同委托辩护人一样需要积极为当事人提供针对性的服务，如主动进行阅卷、会见、调查取证，主动与当事人沟通辩护策略等。而值班律师却无须承担这些义务，无须跟进、参与案件的整个诉讼流程，因此工作性质较为被动。第四，阶段性。限于值班律师上述特定的职能定位，值班律师的工作内容和工作方法相较既有的法律援助律师有所区别，如前所述，与既有的法律援助律师相比，权利义务多倾向于审前程序或协商程序，两者在不同阶段承担不同的任务，相互交接却不可相互替代。

综上，笔者认为，值班律师在法律援助制度内赋予辩护人的地位，同既有的法律援助律师共同构建刑事法律援助的辩护人体系。

四、律师角色定位导致的制度局限性及解决

（一）值班律师虚化为认罪认罚从宽案件的见证人

虽然在制度设计上，值班律师是承担着提供法律帮助、保障认罪认罚的被追诉人自愿性的作用，但由于条文表述上的模糊化处理，导致司法实践中值班律师制度虚化，起不到应有的作用。首先是值班律师帮助内容的有限性。值班律师并不享有阅卷和调查的权利，也无法掌握控方掌握证据的情况或核实证据，这样，在控辩双方信息完全不对称的情况下进行认罪协商，被追诉人认罪认罚的自愿性、明智性是难以得到有效保障的。③ 此外，对于可能存在的受强迫的认罪认罚情况也难以提供程序性的法律帮助，受强迫的认罪认罚就此披上"合法的"外

---

① 吴宏耀：《我国值班律师制度的法律定位及其制度构建》，载《法学杂志》2018年第9期。
② 吴小军：《我国值班律师制度的功能及其展开——以认罪认罚从宽制度为视角》，载《法律适用》2017年第11期。
③ 陈瑞华：《认罪认罚从宽制度的若干争议问题》，载《中国法学》2017年第1期。

衣。由此，在实践中，一些地方的司法机关认为值班律师只是程序的见证者，在认罪认罚案件中无须深入介入协商程序。其次是值班律师法律帮助意愿的有限性。在现行规范性文件中，多为对值班律师职责、义务的要求，如对值班律师的任职要求、培训、考评等，而对值班律师的经费补贴等未作规定。试点地区各地标准不同，如有的地方按照"每个法律帮助案件900元"①的标准进行划拨，有的地方根据"值班律师每人每次50元"②的标准进行划拨。但普遍水平是较低的，导致刑事律师大多对这一制度存在抵触心理。综上，值班律师从客观和主观两方面都得不到积极动力推动，不可避免地选择消极对待，应付了事，进而使得制度功能虚化，值班律师逐渐变成了见证人的角色。

（二）值班律师异化为权力机关的合作者

值班律师的见证人化使其脱离了辩护的职能。见证人看似能够保证被追诉人认罪认罚的自愿性，但实则很容易异化为公权力的合作者。值班律师常驻在司法机关，不难与司法机构"结成搭档"。如为了协助司法机关加快办案的进度，值班律师充当了司法机关的使者，劝说被追诉人尽快认罪认罚甚至在协商过程中牺牲被追诉人的利益促成"合意"的形成，这不仅不能增强认罪认罚的自愿性，反而会进一步导致非自愿认罪风险的增加。③若是值班律师成沦为公权力的工具，本就不平等的控辩双方力量将更加悬殊，认罪认罚程序适用的正当性将受到毁灭性的冲击。《刑事诉讼法》第50条规定："不得强迫任何人证实自己有罪"，也有相应的制度设计来保障这一实施。如录音录像制度、非法证据排除制度等。但在认罪认罚从宽制度中，用值班律师仅在犯罪嫌疑人签署具结书时在场见证并签字来保障嫌疑人具结书签署过程的真实性和合法性。④但其实因为值班律师事情不了解案情也不参与量刑协商，而且这一制度不仅不能保障其自愿性，而且连救济的途径都没有，岂不是适得其反。

---

① 吴高庆、钱文杰：《论认罪认罚从宽案件中的法律帮助律师——以H市F区的〈实施细则〉为切入》，载《政法学刊》2018年第2期。
② 臧德胜、杨妮：《论值班律师的有效辩护——以审判阶段律师辩护全覆盖为切入点》，载《法律适用》2018年第3期。
③ 杨波：《论认罪认罚案件中值班律师制度的功能定位》，载《浙江工商大学学报》2018年第3期。
④ 韩旭：《认罪认罚从宽制度中的值班律师——现状考察、制度局限以及法律帮助全覆盖》，载《政法学刊》2018年第2期。

（三）值班律师行使权利的保障

解决前述的值班律师角色虚化、异化的问题，必须从值班律师的权利保障入手。具体而言，分为权利赋予、机制衔接、保障措施三个层面。

1. 赋予值班律师相应的辩护权

如前所述，值班律师具有辩护人的地位，就应当享有相应的辩护权。就目前而言，值班律师主要参与审前阶段的辩护，因此，刑事法赋予辩护人的相应权利同样应当赋予值班律师，如阅卷权与调查取证权。此外，如若在认罪认罚案件中要求刑事辩护却否定值班律师进入庭审阶段，也就意味着在庭审阶段需要更换律师。那么，前述值班律师促成的认罪协商是否还成立就是一个无法解决的问题。因此，就未来发展而言，还应赋予值班律师参与庭审辩护的权利。这里需要说明几个问题。值班律师若要行使前述权利是否与该制度本身的"应急性"目的矛盾？笔者认为是不矛盾的。阅卷、会见乃至调查取证只会让值班律师更加了解被追诉人的情况，进而为其提供更加有针对性、有价值的法律服务，并不会对值班律师服务的及时性产生影响。保障及时性应当从值班律师的工作机制入手，提高工作效率，保障被追诉人能够及时得到值班律师的帮助。① 赋予值班律师相应的辩护权利，是否对其有效辩护的要求？有效辩护是相对于无效辩护而言的，核心含义是指"辩护足以发挥其在刑事诉讼权力架构中的应有作用"②。对于与被追诉人建立对应关系的既有辩护律师而言，现行的法律规范对律师的职业资格、职业伦理、纪律惩戒等提出了要求，但我国目前尚未有完整的有效辩护与无效辩护的制度，辩护质量仍无法得到有效的保障。③ 对于尚未与被追诉人建立对应关系的值班律师来说，达到有效辩护就更加困难了。因此，笔者认为，在进入认罪协商阶段值班律师需要与被追诉人建立一对一的对应关系，才能达到与既有刑事辩护律师的相同标准，真正实现值班律师的有效辩护还需依靠有效辩护与无效辩护制度的整体构建。

2. 值班律师与既有辩护律师衔接

根据是否认罪认罚、是否符合刑诉法第 34 条规定的法律援助标准，刑事案

---

① 程衍：《论值班律师制度的价值与完善》，载《法学杂志》2017 年第 4 期。
② 冀祥德：《刑事辩护准入制度与有效辩护及普遍辩护》，载《清华法学》2012 年第 4 期。
③ 陈瑞华：《刑事辩护的理念》，北京大学出版社 2017 年版，第 91 页。

件可以分为如下几类：（1）被追诉人不认罪的案件；（2）被追诉人认罪认罚，但适用普通程序审理的案件；（3）被追诉人认罪认罚，符合申请法律援助辩护律师条件；（4）被追诉人认罪认罚，不符合法律援助辩护律师条件，且适用速裁程序或简易程序审理的案件。具体关系图如下：

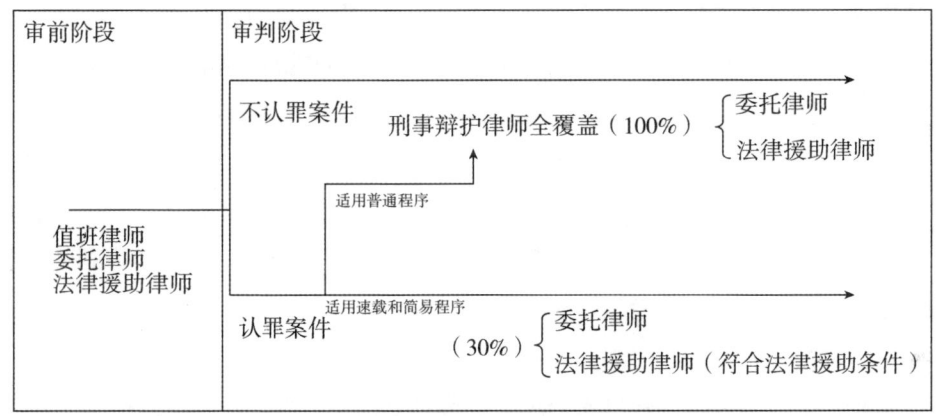

图1　刑事案件的律师参与情况

其中，针对第一、第二种情况，2017年10月11日，最高人民法院、司法部出台《关于开展刑事案件律师辩护全覆盖试点工作的办法》，文件要求"适用普通程序审理的一审案件、二审案件、按照审判监督程序审理的案件，被告人没有委托辩护人的，人民法院应当通知法律援助机构指派律师为其提供辩护"。针对第三种情况，对于符合申请法律援助辩护律师的被追诉人，人民法院应当通知法律援助机构指派律师为其提供辩护。针对第四种情况，笔者认为尚是一个辩护律师无法覆盖到的一个空白，一是适用速裁程序或简易程序的案件不在刑事辩护全覆盖的范围内，二是被追诉人不符合法律援助条件故无法得到法律援助律师的辩护，三是值班律师又不能进入审判阶段。因此对于第三类案件中的被告人在庭审阶段是没有辩护人的，而对于我国80%的案件均是认罪认罚案件与既有刑事辩护率低下[①]的比例来看，这类案件在所有刑事案件中并不占少数。即便对于认罪认罚案件来讲，认罪认罚案件程序的重心由庭审前移至审前程序。[②] 但笔者认为这并不能成为庭审阶段不

---

① 李本森：《法律中的二八定理——基于被告人认罪案件审理的定量分析》，载《中国社会科学》2013年第3期。

② 闵春雷：《认罪认罚从宽制度中的程序简化》，载《苏州大学学报》（哲学社会科学版）2017年第3期。

需要辩护人的理由。此外,在域外经验借鉴上,也可以找到值班律师参与庭审的依据。如英国治安法院中的值班律师可以提供代理服务,但规定例外情形;① 日本值班律师制度中规定,如果有继续辩护的需求,只要交差不多7万日元的辩护费,值班律师也是可以继续辩护的。② 因此,值班律师参与庭审辩护是不存在理论瓶颈的。因此赋予值班律师介入庭审阶段的权利是未来制度发展的必然要求。

综上,就目前而言,前三类案件均需要值班律师与辩护律师之间的衔接。这就需要完善两者之间的衔接机制,如明确值班律师和辩护律师的分工与介入时间,以免出现部分工作两者相互推诿,部分工作又重复进行的混乱局面。同时还要完善工作交接机制,如"符合法定情形时,值班律师负有义务及时通知办案机关及法律援助行政部门,同指派的辩护律师交接工作,进行案件事实及证据的交流,协助辩护律师快速了解案件事实"。③

3. 加强值班律师履职保障

如前所述,为了提高律师参与值班律师计划的积极性并保障值班律师工作的高质量,提高值班律师履职保障是必要且迫在眉睫的。主要可以从以下几个方面入手。第一,派驻值班律师的场所应保证值班律师专门的工作场所,包括值班律师的办公场所认罪案件的协商场所。第二,为值班律师行使权利提供必要的便利,如规定"法院至迟应在开庭前3日为认罪认罚被告人指派值班律师"④ 为值班律师阅卷提供时间保证。第三,提高经费划拨。一是提高值班律师的经费补贴,各地根据实际情况可以考虑将值班律师的补贴标准提至普通法律咨询的收费标准或更高;二是政府购买服务。"通过合理的市场价格,购买优质的法律服务,形成竞争机制和考核机制,提高服务质量。"⑤ 还有很多方式可以进一步探索,切实保障值班律师的权利与待遇,才能促使值班律师制度真正发挥其价值,进而实现被追诉人合法权利的有效保障。

---

① 吴宏耀:《我国值班律师制度的法律定位及其制度构建》,载《法学杂志》2018年第9期。
② [日]中岛繁树:《当番弁護士制度の現状と問題点(1992年春季大会报告概要)》,载《九州法学会会报》1993年,第13页。
③ 王迎龙:《论刑事法律援助的中国模式——刑事辩护"全覆盖"之实现径路》,载《中国刑事法杂志》2018年第2期。
④ 贾志强:《论"认罪认罚案件"中的有效辩护——以诉讼合意为视角》,载《政法论坛》2018年第2期。
⑤ 董红民、麻伟静:《构建法律援助值班律师制度实证探析》,载《中国司法》2016年第10期。

完善我国值班律师制度的实践与思考

常　铮[①]

一、值班律师制度的域外经验

值班律师制度可以说是"舶来品",起源于英国,后在加拿大、澳大利亚、日本等国家逐渐发展。目前,在发达国家中,值班律师制度已经相对成熟和完善。

（一）英国的值班律师制度

英国的值班律师制度最早规定在《1984年警察和刑事证据法》中,包括"警察局值班律师计划"和"法庭值班律师计划"。[②]

警察局值班律师计划服务的对象是被逮捕后的犯罪嫌疑人,警察要告知其有无偿获得值班律师的权利,犯罪嫌疑人可以申请值班律师服务,值班律师通过电话或者会面的方式提供法律帮助。英国警察署实行24小时律师轮流值班制度。

法庭值班律师计划,是由法律援助机构根据法院的需求派驻值班律师,其服务对象是所有的犯罪嫌疑人、被告人,只要刑事被告人开庭受审,就应向法院至少派驻一名值班律师,为其提供法律帮助。

英国的值班律师由社会律师和公设辩护人组成,以社会律师为主,是一种多元化模式。政府通过合同购买法律服务,投入经费相当可观。此外,英国还有相应的专家质量评分标准,保障法律援助服务的质量。

（二）加拿大的值班律师制度

加拿大是联邦制国家,每一个州或者地区都有相应的司法行政部门,所以各

[①] 常铮,北京衡宁律师事务所创始人、合伙律师,中国政法大学2018级博士研究生。
[②] 张海栗、郎金刚:《域外值班律师制度简介》,载《公民与法》2017年第7期。

地区设立值班律师的时间和内容也不尽相同。但从总体上看，主要有如下形式：

1. 24 小时电话咨询值班律师[①]

刑事电话咨询值班律师由法律援助机构的专职律师和私人律师组成，其主要工作内容是通过接听电话的方式为被指控人提供法律咨询服务。

2. 法院值班律师[②]

加拿大法院刑事值班律师的主要工作内容包括：提供法律咨询；申请休庭；申请保释；参与控辩交易。

（三）日本的值班律师制度

日本的值班律师费制度是在加强侦查阶段犯罪嫌疑人的律师帮助权中构建起来的。起初是以英国的值班律师制度为参考，由九州岛律师联合会设立了"值班律师服务计划"，[③] 为被逮捕或者被羁押的犯罪嫌疑人提供法律咨询服务。后逐步在日本 52 个地区律师协会展开。

日本值班律师业务形式分为"待机制"和"名册制"两种。"待机制"是根据律师值班表的顺序，值班日在事务所待命，若有请求便立即前往警察署会面。"名册制"不是由值班日决定，而是根据登录名册的顺序进行联系，能够去会面的律师前往警察署的这样一个制度。[④] 在审判阶段，值班律师可以作为国选辩护人参加庭审。[⑤]

日本不是由国家负担的法律援助制度，是由律师协会号召会员筹措资金，具有一定的随意性。如何让犯罪嫌疑人了解现有的值班律师制度，方法还有欠缺；而在律师人数少的地区，派遣值班律师也不能得到充分回应。

（四）澳大利亚的值班律师制度

澳大利亚是由法律援助署在地方法院和监狱设置值班律师办公室的形式，为犯罪嫌疑人和被告人提供及时的法律帮助。[⑥] 值班律师主要办理简易程序及较为轻微的案件。

[①] 张海栗、郎金刚：《域外值班律师制度简介》，载《公民与法》2017 年第 7 期。
[②] 张海栗、郎金刚：《域外值班律师制度简介》，载《公民与法》2017 年第 7 期。
[③] 张海栗、郎金刚：《域外值班律师制度简介》，载《公民与法》2017 年第 7 期。
[④] ［日］鲶越溢弘：《日本刑事法律援助的现状和问题点》，张荆译，《环球法律评论》1998 年第 2 期。
[⑤] 张海栗、郎金刚：《域外值班律师制度简介》，载《公民与法》2017 年第 7 期。
[⑥] 张海栗、郎金刚：《域外值班律师制度简介》，载《公民与法》2017 年第 7 期。

在澳大利亚，法律援助委员会通过购买服务的方式，雇用专职律师和私人律师提供法律服务，并根据案件类型，安排律师帮助的先后顺序。

从以上四国值班律师制度设立、发展的经验看，值班律师制度是法律援助制度的一部分，其提供的是一种"应急性"法律服务，服务内容多样，制度设计的目的是解决刑事辩护"最初一公里"律师缺位的问题。

二、我国值班律师制度的确立过程

在我国，有关值班律师问题的讨论由来已久，但真正以法律形式提出，是在2014年6月27日第十二届全国人民代表大会常务委员会第九次会议通过的《全国人大常委会关于授权最高人民法院、最高人民检察院在部分地区开展刑事案件速裁程序试点工作的决定》中。该《决定》第4条规定，"建立法律援助值班律师制度，法律援助机构在人民法院、看守所派驻法律援助值班律师。犯罪嫌疑人、被告人申请提供法律援助的，应当为其指派法律援助值班律师"。

2016年7月20日，最高人民法院、最高人民检察院、公安部、国家安全部、司法部联合发布《关于推进以审判为中心的刑事诉讼制度改革的意见》，该《意见》第20条提出，"建立法律援助值班律师制度，法律援助机构在看守所、人民法院派驻值班律师，为犯罪嫌疑人、被告人提供法律帮助"。再次提出建立法律援助值班律师制度。

同年9月，十二届全国人大常委会第二十二次会议通过《关于授权最高人民法院、最高人民检察院在部分地区开展刑事案件认罪认罚从宽制度试点工作的决定》，授权在北京等18个地区开展刑事案件认罪认罚从宽制度试点。根据《试点方案》和《授权决定》，最高人民法院、最高人民检察院会同公安部、国家安全部、司法部于2016年11月印发《关于在部分地区开展刑事案件认罪认罚从宽制度试点工作的办法》，该《试点工作办法》第5条第2款、第3款规定，"法律援助机构可以根据人民法院、看守所实际工作需要，通过设立法律援助工作站派驻值班律师、及时安排值班律师等形式提供法律帮助。人民法院、看守所应当为值班律师开展工作提供便利工作场所和必要办公设施，简化会见程序，保障值班律师依法履行职责。犯罪嫌疑人、被告人自愿认罪认罚，没有辩护人的，人民法院、人民检察院、公安机关应当通知值班律师为其提供法律咨询、程序选择、申请变更强制措施等法律帮助"。此次规定，在之前提出的建立法律援助值班律师制度的基础上，以认罪认罚案件为试点，细化了值班律师的工作职责和内容。

2017年6月27日，最高人民法院、最高人民检察院、公安部、国家安全部、司法部联合发布《关于办理刑事案件严格排除非法证据若干问题的规定》。其中第19条规定："犯罪嫌疑人、被告人申请提供法律援助的，应当按照有关规定指派法律援助律师。法律援助值班律师可以为犯罪嫌疑人、被告人提供法律帮助，对刑讯逼供、非法取证情形代理申诉、控告。"这一规定进一步明确了值班律师的工作内容。

同年8月，最高人民法院、最高人民检察院、公安部、国家安全部、司法部联合印发《关于开展法律援助值班律师工作的意见》（以下简称《意见》），对推进法律援助值班律师工作作出部署。《意见》第1条第1款规定，"法律援助机构在人民法院、看守所派驻值班律师，为没有辩护人的犯罪嫌疑人、刑事被告人提供法律帮助。"此外，该《意见》还明确了法律援助值班律师的工作职责、内容，法律援助值班律师的运作模式，并对法律援助值班律师的工作纪律作出了要求。这是我国提出建立法律援助值班律师制度后，对值班律师制度作出的比较系统的规定。

2017年10月，最高人民法院、司法部联合印发了《关于开展刑事案件律师辩护全覆盖试点工作的办法》，规定"适用简易程序、速裁程序审理的案件，被告人没有辩护人的，人民法院应当通知法律援助机构派驻的值班律师为其提供法律帮助"。该《办法》再次推动了值班律师制度的构建。

2018年10月26日，第十三届全国人民代表大会常务委员会第六次会议决定对《中华人民共和国刑事诉讼法》作出修改，修改后的《刑事诉讼法》第36条规定："法律援助机构可以在人民法院、看守所等场所派驻值班律师。犯罪嫌疑人、被告人没有委托辩护人，法律援助机构没有指派律师为其提供辩护的，由值班律师为犯罪嫌疑人、被告人提供法律咨询、程序选择建议、申请变更强制措施、对案件处理提出意见等法律帮助。人民法院、人民检察院、看守所应当告知犯罪嫌疑人、被告人有权约见值班律师，并为犯罪嫌疑人、被告人约见值班律师提供便利"。刑事诉讼法的修改，将"值班律师制度"写进法典，规定了值班律师的定位、职责、权利等，标志我国值班律师制度的正式确立。

从以上我国值班律师制度形成的过程看，该制度的构建是从审判程序开始的，最初是在速裁程序中引进。速裁程序强调诉讼效率，但在提高诉讼效率的同时，也不能忽视对被告人权益的保障，不能牺牲公平正义。值班律师的介入，在一定程度上能够促使效率与公正、效率与人权保障等不同诉讼价值相平衡，于是值班律师应运而生。此后，我国值班律师制度主要是在法院、检察院层面推进，在诉讼程序的最初端，即案件侦查阶段，并没有实质性推动值班律师的介入。

我国值班律师制度的构建与英美等域外国家的值班律师制度存在差异，我国的值班律师制度是作为诉讼程序改革的配套措施而构建起来的，而后者是为了解决"最初一公里"律师缺位问题而产生的。因此，从我国整个值班律师的构建过程看，一方面，立法者希望借鉴域外经验，将值班律师定义为"提供法律帮助的人"，定位在一种"应急性"法律服务；另一方面，又希望通过值班律师覆盖整个刑事辩护，覆盖现行法律援助未及的空白之地，提高刑事辩护率更好地保障人权。但这两种制度设计的思路对值班律师身份定位显然不同，一定程度上导致司法实践中出现了对值班律师定位不清晰、职责不明确等一系列问题。事实上，实践中值班律师制度效果甚微，与美好的制度设计初衷相去甚远。

三、我国值班律师制度的实践状况

随着值班律师制度正式写进刑事诉讼法，其将不再是一种局部的试验，今后在全国范围的适用效果如何，仍需实践检验。过去两年，在认罪认罚制度试点工作中，值班律师参与了认罪认罚案件，这为该制度推广落实积累了经验，同时也发现了一些问题，笔者结合参与樊崇义教授主持的"值班律师试点工作调研"及自身办案情况作出以下分析。

2018年7月，笔者有幸参与樊崇义教授主持的值班律师调研工作，前往福建福清市和厦门市，开展了为期两周的值班律师工作调研，全方位地了解了值班律师在实践中的运行情况。

（一）值班律师制度的推动机构

在福建省福清市，值班律师制度的主要推动力量是法院。福清市在法院的牵头下，协调公检司等其他单位，多次联合印发试点实施细则，推动值班律师工作的协调配合。法院对律师参与认罪认罚、速裁程序的支持，原因在于这有助于提高法院的办案效率，节约了诉讼成本和时间成本；相比起来，对检察机关而言，认罪认罚案件似乎没有减轻工作负担，该做的工作还是要做，而认罪认罚案件起诉时间周期的缩短，反而给检察机关的工作效率带来了一定压力；福清市的公安机关基本没有参与其中，值班律师在侦查阶段没有介入。

厦门市则是政法各家统一协调推动值班律师工作，其特色在于所辖集美区出台了认罪认罚从宽试点工作细则，并在全国首推认罪认罚从宽"321"机制，鼓励犯罪嫌疑人及早认罪认罚，越早认罪认罚，其从宽的幅度越大。集美区公安机关积极参与其中，侦查阶段就有值班律师介入，公安机关对此表示欢迎，认为这有利于提升办案效果。

（二）值班律师设置的场所

福清市依托法律援助中心驻人民法院、人民检察院、看守所的法律援助工作站开展值班律师工作。在福清市法院、检察院、看守所均设有值班律师办公室，但值班律师不需要坐班。看守所派驻的值班律师的主要工作职责是，为被羁押的犯罪嫌疑人在与检察官签署认罪认罚具结书时提供法律帮助；在检察院设置的值班律师，主要是为取保候审的犯罪嫌疑人在认罪认罚签署具结书时提供法律帮助；法院设置的值班律师的主要工作职责是为认罪认罚案件的被告人在开庭前提供法律帮助。

厦门市集美区实行值班律师驻点公安局，某个派出所有认罪认罚的案件，则通知值班律师前往，为犯罪嫌疑人提供法律咨询和帮助。集美区在检察院、法院也设置了值班律师办公室，采取工作日驻点的方式为犯罪嫌疑人、被告人提供法律帮助。看守所设置的值班律师，主要是为在押的犯罪嫌疑人、被告人家属提供法律咨询。

（三）值班律师的参与情况

截至调研时，福建省福清市共有值班律师41人，主要是社会律师。

厦门市集美区共有值班律师24人。2017年，厦门市集美区值班律师共参与认罪认罚案件539件，占认罪认罚案件总数的94%；2018年度，截止到2018年7月23日，值班律师参与认罪认罚案件528件，占认罪认罚案件总数的86%。

（四）值班律师的工作职责

福建省福清市将值班律师定位为"辩护人"身份，赋予值班律师会见权、阅卷权。法律援助中心要求值班律师在办案中要形成阅卷笔录，结案时交法律援助中心存档备案。值班律师在认罪认罚案件中，有和检察机关进行量刑协商的权利,在犯罪嫌疑人与检察机关签署认罪认罚具结书时在场,并签字确认。案件起诉到法院,在开庭前,值班律师要向被告人讲解有关认罪认罚从宽的法律规定,并确认之前被告人认罪认罚的自愿性和合法性。

厦门市集美区则将值班律师界定为"见证人",不要求值班律师单独会见犯罪嫌疑人、被告人,没有赋予值班律师阅卷权,值班律师就是在检察机关与犯罪嫌疑人签订认罪认罚具结书时起见证作用。

(五) 值班律师经费保障

福建省福清市在值班律师的补贴方面是获得了市财政的专项支持,经费相对充足。该专项经费使用实行一案一补,按人分阶段补贴。侦查阶段每人300元,审查起诉阶段每人800元,审判阶段每人200元。

厦门市集美区没有专项资金的支持,是依靠法律援助中心的资金补贴,其经费保障不充足,值班律师驻点每日补贴300元,如果值班律师是到较远的看守所值班,其补贴金额并不足以支付交通费用。

(六) 值班律师的管理机制

福建省福清市探索对值班律师的效果评估机制,并对值班律师实行动态管理。强化对值班律师的监督,由检察官填写评估表,对值班律师的法律帮助效果进行评价。法院不定期联合司法局对值班律师进行核查。考评结果将作为值班律师淘汰的根据。

从以上调研所反映的情况看,值班律师工作在实践运行中存在以下问题:

第一,对值班律师的身份认识不清晰,定位不明确。

福建省福清市与厦门市集美区对值班律师的身份定位完全不同,在福清市的试点工作中将值班律师的身份界定为"准辩护人",而集美区则将值班律师视为"见证人、法律帮助者",对案件不进行实质性介入。即使福清市赋予了值班律师"准辩护人"的身份,但仍然认识不一,争议颇多。这一焦点问题始终处于模糊状态。

第二,值班律师的工作职能不清。

基于身份界定的不同,值班律师的工作职能也有所不同。福建省福清市赋予值班律师单独会见权、阅卷权等辩护人应有的权利,但集美区的值班律师则没有配置这些权利。

福清市规定律师可以单独会见犯罪嫌疑人、被告人,从审查起诉阶段起,可以查阅、复制、摘抄案卷材料。但在实践中，基于犯罪嫌疑人认罪认罚，检察机关通知值班律师到场，而在这之前检察机关已经提讯过犯罪嫌疑人，并与其基本达成认罪认罚，检察机关再通知值班律师参与，目的就是让值班律师见证犯罪嫌疑人认罪认罚的自愿性、合法性。值班律师接到通知后，一般没有单独会见的时间，第一次会见通常是与检察官一起。基于各种因素，值班律师大多不会提出让检察官回避，单独和犯罪嫌疑人交谈的要求，所谓的"单独会见权"形同虚设。

福清市在试点工作中要求值班律师阅卷，并制作阅卷笔录，在结案时交法律援助中心存档。但参与过值班的律师一致反映，因为认罪认罚从宽制度没有对案件类型、可能判处的刑期等设置限制，所以会出现涉案人数多、案件证据材料多的情况，但对于认罪认罚的案件，审查起诉期限只有 10~15 天的时间，而通知值班律师介入时，审查起诉已经开始，在如此短的时间内值班律师很难完成大量复杂的阅卷工作，加之经费保障不到位，难以调动律师积极性，必然会影响工作质量，对值班律师的要求过高。从目前的机制看，值班律师难以肩负这样的职责。

厦门市集美区在试点工作中，通过综合评判值班律师在参与办理认罪认罚案件中可能参与的工作内容、对案件的了解掌握程度、可以发挥作用的空间等，认为在现有机制下，值班律师无法承担更多的职责，为了避免值班律师的执业风险，不赋予值班律师单独会见权、阅卷权，要求值班律师对案件不进行实质性介入，仅仅是程序性参与。

第三，值班律师的参与范围有限。

从福建省福清市和厦门市集美区的试点工作看，值班律师的参与主要是在认罪认罚从宽案件中，从程序上看，主要工作是在检察院审查起诉阶段。对于在看守所设置的值班律师，基本没有发挥出制度设计的本意，侦查阶段值班律师的介入仍是难点。

第四，值班律师提供法律帮助的效果不佳。

通过对福建省福清市试点工作中相关案件当事人的访谈发现，犯罪嫌疑人、被告人对什么是值班律师并不了解，在认罪认罚案件中，由于检察官和律师一起会见，当事人分辨不清哪个是值班律师。大多数当事人反映，只知道值班律师让其在一些文件上签字，但搞不清是什么内容，并没有得到值班律师的实质性法律帮助。特别是一些有过自行委托律师经历的当事人，普遍认为委托的律师更值得信赖，提供的法律帮助更专业、更好。

而值班律师也反映，在认罪认罚案件中，检察官已经与犯罪嫌疑人达成了认罪认罚，再通知值班律师到场，加之值班律师难以充分了解案情，甚至没有阅卷，值班律师对当事人认罪认罚的自愿性、合法性的审查只能流于形式，在量刑协商中也难发挥作用。值班律师反映，大多数案件中量刑协商的空间有限；而检察官也反映，检察机关是依据量刑指导规范作出的量刑建议，值班律师在没有检察官更了解案情的情况下，也难以提出有实质性影响的量刑意见。

调研发现，无论是当事人，还是值班律师，抑或是检察官、法官，均对值班律师提供法律帮助的效果堪忧，值班律师制度没有发挥出应有的效果。

第五，对值班律师的经费保障不足。

从福建省福清市和厦门市集美区的经验看，值班律师的补贴过低，甚至都无法覆盖其办理案件中所产生的交通费用。即使福清市获得了市政府财政的大力支持，但补贴额度也难以调动律师的积极性。没有充足的经费保障，对值班律师的补贴还远达不到法律援助律师的补贴标准，但却要求值班律师像法律援助律师、委托律师那样履行辩护人的职责，这显然不够合理，也缺乏物质保障基础。

第六，对值班律师的管理评价机制还有待完善。

虽然在福建省福清市、厦门市集美区的值班律师试点工作中都规定了不同方式的对值班律师的管理、评价机制，但实践中仍有一些问题。例如，值班律师的准入问题，福清市和集美区都只对值班律师提出了执业2年的基本要求，准入标准较为宽泛。执业经验尚浅的年轻律师，能否保障值班律师提供法律帮助的质量；而目前的经费局限又导致难以吸引资历深、经验丰富的律师参与其中，这就形成了实践中的悖论。又如，对值班律师的惩戒、淘汰问题虽有规定，但未实质实施，管理标准还相对疏漏，实践中甚至还发生过值班律师补签具结书的情况。

四、我国值班律师制度的完善发展

（一）值班律师制度设置的诉讼价值

从我国值班律师制度确立和发展的过程看，体现了效率与公正、效率与人权保障的博弈与平衡，本质是诉讼效率与程序正义的关系。效率与公正一直以来都是刑事诉讼活动的主题。中共十八届三中、四中全会提出推进以审判为中心的刑事诉讼制度改革，提出庭审实质化的要求，要落实庭审实质化，就是要对案件进行繁简分流，让轻微的、简单的、被告人认罪的案件分流出去，以保障那些重大、疑难、复杂、有争议的刑事案件得到实质化审判，缓解人少案多的矛盾，提高诉讼效率。

司法实践中，真正有问题、有争议的案件还是占少数，绝大部分刑事案件都是量刑辩护。2014年出台的《刑事案件速裁程序试点工作的决定》，以及2016年出台的《认罪认罚从宽制度试点工作的决定》，都是在推动案件繁简分流，优化司法资源配置，提高诉讼效率。但在保障诉讼效率的同时，也不能忽视对公平正义的追求。公正是刑事诉讼活动追求的目标，是刑事诉讼的价值之一。公正包括实体公正和程序公正。实体公正要求正确认定犯罪事实，准确适用法律，保证被告人获得公正的判决结果；程序公正要求充分保障当事人的诉讼权利，控辩平等，程序公开，司法独立，保证判决依法作出。律师的介入则是确保司法公正的一道防线，值班律师就是在平衡效率与公正中产生的。在美国，90%以上的刑事案件没有进入审理阶段，而是通过辩诉交易程序解决的。

在追求诉讼效率的同时，也不能忽视对犯罪嫌疑人、被告人人权的保障。对轻微的、被告人认罪认罚的刑事案件在审理程序上可以简化，以节约司法资源，提升诉讼效率，但在整个诉讼过程中，当事人的基本诉讼权利不能克减，特别是获得辩护人帮助的权利，因为在刑事诉讼活动中，刑事辩护作为刑事诉讼制度的重要组成部分，是保障人权的具体表现形式和司法实现路径，所以值班律师制度的设置，正是加强对犯罪嫌疑人、被告人人权的保障，通过获得律师的帮助，实现程序公正，防范因程序简化而可能产生的错误，预防冤假错案的发生，最终保障实体的公正。值班律师正是基于人权保障，司法公正的价值理念而确立和发展的。

(二) 值班律师制度的完善发展

2018年10月26日，全国人民代表大会常务委员会对刑事诉讼法作出修改，将值班律师制度正式写入法典。此次刑事诉讼法的修改历经三稿，最终将值班律师定位为"提供法律帮助"。

笔者立足于现行法律对值班律师的定位，认为值班律师应当定位为"提供法律帮助的人"，而非"辩护人"。

从制度设计的最初定位看，值班律师就是为犯罪嫌疑人、被告人提供应急性法律服务，特别是在犯罪嫌疑人被采取强制措施之初，没有任何辩护律师介入时，由值班律师通过电话或者会面的方式为犯罪嫌疑人提供法律咨询和帮助，保障犯罪嫌疑人、被告人有权获得法律帮助，而非获得充分的法律帮助。而我国现行刑事诉讼法也将值班律师定位为于此，这是今后我国值班律师制度发展的基础。

从相关规则的制定意图看，2017年8月最高人民法院、最高人民检察院、公安部、国家安全部、司法部联合印发的《关于开展法律援助值班律师工作的意见》中所确定了值班律师的工作职责，其中一项是"引导和帮助犯罪嫌疑人、刑事被告人及其近亲属申请法律援助，转交申请材料"，这就明确区分了值班律师和法律援助律师，也为值班律师定位为"提供应急性法律帮助"提供了条件，值班律师就是应急性的，后面的实质性法律服务由法律援助律师或者委托律师提供。

从司法实践的现实条件看，将值班律师定位为"辩护人"的身份，赋予值班律师作为辩护人所享有的一切诉讼权利并不具有现实性和可操作性，单经费保障的不到位，就难以让值班律师肩负起辩护人的职责，更何况，目前司法实践中仍存在司法机关不配合，对值班律师不重视等观念和机制保障的缺失，值班律师自身也不愿意承担如此大的责任。

从现行立法的实践局限看，现行刑事诉讼法存在的问题是，在把值班律师定位为"提供法律帮助的人"的同时，却赋予了超出其定位的职责。比如，现行《刑事诉讼法》规定，"值班律师对案件处理提出意见；人民检察院审查案件，应当听取值班律师意见；认罪认罚案件中，犯罪嫌疑人签署具结书时应当有值班律师在场"等，这些职责的完成就要求值班律师要会见犯罪嫌疑人，查阅案卷材料，值班律师只有对案情、证据有了实质性的了解，才能有效履行这些职责。但现行刑事诉讼法对值班律师的会见权、阅卷权又没有明确规定，这就造成了职能和身份的不匹配，值班律师制度难以操作和落实。

综上，笔者认为，立足于现行刑事诉讼法对值班律师的身份定位，在案件进入每个不同诉讼程序之初，在犯罪嫌疑人、被告人还不清楚可以申请法律援助，或者还没有通知到其家属委托律师之前，应该通知值班律师为其提供法律帮助。值班律师的工作职责是，解答法律咨询；向犯罪嫌疑人、被告人讲解相关诉讼程序；帮助分析案件的发展趋势；申请变更强制措施；引导和帮助犯罪嫌疑人、被告人申请法律援助，转交申请材料，并告知其有委托辩护律师的权利。

对于认罪认罚案件，应当由法律援助律师或者委托律师参与，为犯罪嫌疑人提供实质性法律服务，履行辩护人的职责。笔者建议，通过修改法律援助相关规定，扩大法律援助的范围，用法律援助律师的形式实现刑事案件律师辩护全覆盖。

值班律师制度的最大价值在于侦查阶段的介入，特别是刑事诉讼程序启动的"最初一公里"，律师的参与是对犯罪嫌疑人人权的最大保障，是程序正义的体现，我国值班律师制度的完善发展应朝此方向推进，推动警察讯问之前的值班律师介入，以及警察第一次讯问值班律师在场，推动值班律师制度发挥其应有的作用和效果。

我国恐怖活动案件中律师会见权探讨

张小玲[①]

一、引言

近年来,由于民族、宗教原因以及社会变革期衍生的各种矛盾和冲突等,我国恐怖活动犯罪日益增多,在一些地区,如新疆、西藏等地还十分猖獗,并呈现出组织严密化、成员年轻化、手段科技化、多跨境实施、反侦查意识和技能提高等新的发展趋势和特点。如何有效应对挑战,加强追究和打击恐怖活动犯罪的力度,遏制恐怖活动犯罪的发展和蔓延,成为当前亟待解决的问题。在此背景下,我国2012年修改后的《刑事诉讼法》首次针对恐怖活动案件规定了特殊的诉讼程序,涉及辩护律师会见权、证人保护、指定居所监视居住、拘留后通知、技术侦查、级别管辖以及违法所得没收等诸多方面。相关解释性文件亦相应地作了细化规定。总体而言,上述规定顺应了司法实践的需要,强化了侦查机关的权力,弱化了犯罪嫌疑人、被告人的权利保障,有利于追究和惩罚恐怖活动犯罪,对维护国家安全与公共安全、保护公民生命健康与公私财产权益、促进社会秩序稳定具有积极意义,标志着我国反恐怖主义程序法治建设取得重大进展。然而,毋庸讳言,上述规定并非尽善尽美,而是存在不足与疏漏。对此,还需要进一步研究和分析。受篇幅所限,笔者以下拟对其中辩护律师会见权进行探讨,以期促进对相关法律规定的认识和理解,并对其贯彻与实施以及未来发展有所裨益。

二、我国相关立法的缺陷与不足

我国2012年修改后的《刑事诉讼法》要求,在恐怖活动案件的侦查阶段,

[①] 张小玲,中国人民公安大学教授,博士生导师。

辩护律师会见犯罪嫌疑人，须经公安机关许可。根据2012年修改后的《刑事诉讼法》第37条第1款、第5款的规定，对于普通刑事案件，在侦查阶段，辩护律师可以同在押或者被监视居住的犯罪嫌疑人会见和通信。为了确保该权利的顺利行使，该条第2款规定，辩护律师持律师执业证书、律师事务所证明和委托书或者法律援助公函要求会见在押的犯罪嫌疑人的，看守所应当及时安排会见。然而，对于恐怖活动案件，辩护律师的会见权受到限制。根据《刑事诉讼法》第37条第3款的规定，恐怖活动案件，在侦查期间辩护律师会见在押的犯罪嫌疑人，应当经侦查机关许可。上述案件，侦查机关应当事先通知看守所。根据该条第5款的规定，辩护律师同被监视居住的犯罪嫌疑人、被告人会见、通信，适用上述第3款的规定。与此相适应，《公安机关规定》第49条对办案机关送交羁押或执行时对看守所的通知、辩护律师要求会见的申请、办案机关的审查和决定以及会见时执行机关查验相关许可文书等进行了配套的规定。

应当说，在恐怖活动案件的侦查中，对辩护律师的会见权进行适当的限制，对于确保侦查顺利、有效地进行，加强追究和打击恐怖活动犯罪具有积极意义。然而，从我国相关具体规定来看，还存在一系列问题，有待进一步改进和完善。以下逐一进行探讨。

（一）对是否许可会见享有决定权的主体级别偏低

根据《公安机关规定》第49条第3款，在恐怖活动案件中，对辩护律师提出的会见申请，应当在收到申请后48小时以内，报经县级以上公安机关负责人批准，作出许可或者不许可的决定。可见，对于是否许可辩护律师会见犯罪嫌疑人享有决定权的主体与普通案件中决定采取相关侦查措施或诉讼行为的主体在级别上是一致的，均为县级以上公安机关负责人。但是，恐怖活动案件的侦查管辖与普通案件是不同的，即对恐怖活动案件享有侦查权的公安机关级别更高。根据《公安机关规定》第21条第2款规定，应由设区的市一级以上公安机关负责侦查恐怖活动犯罪。既然恐怖活动案件应当由上一级公安机关进行侦查，那么为什么其中辩护律师会见权的行使却要由下一级公安机关负责人来决定呢？这不仅从立法的形式上看前后矛盾，而且从诉讼理论上考察也不尽合理，此外也与司法实践的需要不符。

（二）不许可会见的情形设置不尽完善

2012年《刑事诉讼法》只是规定辩护律师在侦查阶段会见在押或被监视居

住的犯罪嫌疑人须经侦查机关许可。但对于侦查机关在何种情形下许可会见，在何种情形下不许可会见，立法并未作出明确规定。对此，《公安机关规定》第49条进行了补充。根据该条第3款，对辩护律师提出的会见申请，除有碍侦查或者可能泄露国家秘密的情形外，公安机关应当作出许可的决定。据此，公安机关作出不许可的决定主要适用于两种情形：一是有碍侦查；二是可能泄露国家秘密。

对于"有碍侦查"的情形，《公安机关规定》第49条第5款作了进一步解释，主要包括四种情形：（1）可能毁灭、伪造证据，干扰证人作证或者串供的；（2）可能引起犯罪嫌疑人自残、自杀或者逃跑的；（3）可能引起同案犯逃避、妨碍侦查的；（4）犯罪嫌疑人的家属与犯罪有牵连的。上述情形的设置具有一定的合理性，但笔者认为，还有两点不足：

其一，"可能引起犯罪嫌疑人自残、自杀或者逃跑的"不适宜列为不许会见的情形。因为，犯罪嫌疑人要么处于羁押状态，要么已被采取指定居所监视居住措施，一般均处于严密看管和监控之下。在犯罪嫌疑人与辩护律师会见时，虽然根据2012年《刑事诉讼法》相关规定，不被监听，但会见地点仍然是看守所或者指定居所，仍然可以对犯罪嫌疑人进行必要的看管和监控，比如给犯罪嫌疑人使用戒具、限制其活动自由，或者通过录像（不含录音）监控等。在此情形下，发生犯罪嫌疑人自残、自杀或者逃跑等意外事件的可能性是很小的。因此，不宜因此而限制辩护律师会见犯罪嫌疑人。

其二，没有考虑辩护律师会见犯罪嫌疑人对追缴违法所得可能带来的不利影响。在恐怖活动案件中，往往会涉及恐怖活动的资金或者其他涉案财产，按照相关法律规定，这些资产应当予以没收或者返还被害人。而在司法实践中，允许辩护律师会见犯罪嫌疑人，有可能导致相关信息泄露，使得这些资金或财产被毁弃、隐匿、变卖或者转移，从而难以追回。但从上述不许可会见的法定情形来看，并没有对此作出相应规定，这显然不利于相关财产的追缴或者返还。

对于"泄露国家秘密"的情形，笔者认为，这里的"国家秘密"，范围还不够明确，在司法实践中有可能被滥用。我国1996年修改后《刑事诉讼法》第96条第1款曾规定，犯罪嫌疑人在被侦查机关第一次讯问后或者采取强制措施之日起，可以聘请律师，但涉及国家秘密的案件，犯罪嫌疑人聘请律师的，应当经过侦查机关批准。在司法实践中，少数公安机关即对"国家秘密"进行了扩大解释，认为刑事侦查本身就属于国家秘密，并照此推定所有刑事案件均涉及国家秘密，进而要求所有犯罪嫌疑人聘请律师均必须经过侦查机关批准，这显然违背了立法的本来目的。这是前车之鉴，我们不应放任同样的问题再次出现。

（三）对是否存在不许可会见的法定情形，没有要求公安机关承担相应的证明责任

根据《公安机关规定》第49条第3款，对辩护律师的申请，除了两种法定情形外，公安机关应当作出许可的决定。该条第4款还规定，有碍侦查或者可能泄露国家秘密的情形消失后，公安机关应当许可会见。但无论是《刑事诉讼法》还是《公安机关规定》都没有要求公安机关对上述法定情形的存在和延续进行必要的证明。而从司法实践来看，是否存在"有碍侦查或者可能泄露国家秘密的情形"以及上述情形是否"消失"，往往只有侦查机关才能掌握，辩护律师很难得知其详。如果侦查机关滥用权力，以存在法定情形或法定情形尚未消失为由不许可辩护律师会见，后者也只能望而兴叹。照此推理，甚至可能出现在整个侦查阶段，辩护律师均无法与犯罪嫌疑人会见，最终导致辩护律师的会见权名存实亡。

（四）辩护律师的会见权缺乏基本的保障

如前所述，根据《公安机关规定》相关条款，对辩护律师的申请，除了两种法定情形外，公安机关应当作出许可的决定。公安机关不许可会见的，应当书面通知辩护律师，并说明理由。有碍侦查或者可能泄露国家秘密的情形消失后，公安机关应当许可会见。这些规定对于制约公安机关的权力、保障辩护律师行使会见权具有一定的积极意义。但在另一方面，我们也不难发现，根据上述规定，不排除在整个侦查阶段辩护律师均无法会见犯罪嫌疑人的可能性。倘若如此，对侦查阶段辩护律师的会见权，将不再仅仅是"限制"，而是"剥夺"。这会使部分恐怖活动犯罪的嫌疑人地位进一步恶化，不利于其合法权益的维护。

三、我国相关立法的改革与完善

"辩护人会见在押的犯罪嫌疑人、被告人，是辩护人履行其职责的重要的基础性工作，对于提高辩护质量和保证案件的公正处理，都具有重要意义。"[①] 因

---

① 全国人大常委会法制工作委员会刑法室编著：《〈关于修改刑事诉讼法的决定〉释解与适用》，人民法院出版社2012年版，第23页。

此，对于相关立法在恐怖活动案件中限制辩护律师会见权方面存在的问题，我们应当引起高度重视，并予以修改和完善。

（一）提高对是否许可会见享有决定权的主体的级别

对于有权决定许可会见的主体的级别，笔者认为，应该适当提高，即规定设区的市一级以上公安机关负责人有权对辩护律师的会见申请作出许可或者不许可的决定。由于辩护律师的会见权对于维护犯罪嫌疑人的合法权益具有重要意义，因此对限制该权利的行使应当持慎重的态度。一些国家对有权限制辩护律师会见犯罪嫌疑人的主体在级别上作了更高的要求。如根据英国2000年《反恐怖主义法》附件八第8条第1款，只有具备警司（superintendent）以上级别的官员才有权批准延迟辩护律师会见犯罪嫌疑人。在我国，根据《刑事诉讼法》第20条的规定，恐怖活动案件的审判管辖与普通案件是不同的，在级别上要求由中级人民法院负责一审，比普通案件级别更高。正因如此，《公安机关规定》第21条第2款才会相应地将恐怖活动案件的侦查权赋予设区的市一级以上公安机关。此外，尽管该条第3款对侦查的级别管辖作了变通性的规定，但也仅限于上级公安机关在必要时，可以侦查下级公安机关管辖的刑事案件；下级公安机关认为案情重大复杂需要由上级公安机关侦查的刑事案件，可以请求上一级公安机关管辖。而并未规定下级公安机关可以侦查原本属于上级公安机关管辖的刑事案件。这固然是因为较高级别的公、检、法机关就整体而言在侦查、起诉和审判方面具有较高的能力和水平，但同时也是因为恐怖活动案件在程序和实体上的处理较为敏感，需要更加慎重地对待。因此，将是否许可辩护律师会见犯罪嫌疑人降格由县级以上公安机关负责人决定，既不合法，也不合理。笔者建议，对相关法条进行修改，明确在恐怖活动案件中，只有设区的市一级以上公安机关负责人才有权对辩护律师的会见申请作出许可或者不许可的决定。

（二）调整和完善不许可会见的适用情形

具体可以从以下三个方面入手：

第一，将"可能引起犯罪嫌疑人自残、自杀或者逃跑的"的情形从现有法条中删除，不再将其作为不许可会见的法定情形之一。但是，需要指出的是，笔者主张将此情形排除并不意味着对犯罪嫌疑人存在的自残、自杀或者逃跑等可能性放任不管。在司法实践中，在允许辩护律师会见的场合，办案人员应当事先对犯罪嫌疑人是否存在自残、自杀或者逃跑的可能性以及可能性的大小进行评估，并据此确定是否需要采取防护措施以及采用何种防护措施。以便在保障辩护律师会见权的同时，也能够确保侦查活动的顺利、有效进行。

第二，增设"可能阻碍追缴违法所得的"情形，将其纳入不许可会见的法定情形中。及时地追缴违法所得或者其他涉案财产，不仅有利于维护国家、集体或公民的经济利益，而且有助于切断恐怖活动的资金来源，防止恐怖活动的继续和蔓延。因此，在恐怖活动案件的侦查中是否允许辩护律师会见犯罪嫌疑人，必须考察该案是否有违法所得需要追缴，如果有，该会见是否会给追缴带来不利影响以及影响的程度大小。如果辩护律师会见犯罪嫌疑人，可能对追缴违法所得带来阻碍的，侦查机关应当作出不许可的决定。在此方面，英国2000年《反恐怖主义法》附件八第8条第5款即规定，当被羁押人从犯罪行为中获得收益，而其行使会见权会对追缴构成该收益的财产带来阻碍时，适格官员也可以批准延迟会见。我国应当借鉴这一规定，将"可能阻碍追缴违法所得"纳入不许可会见的法定情形中。

第三，对"国家秘密"予以明确，防止侦查人员对此作扩大解释，以达到限制辩护律师会见犯罪嫌疑人的目的。具体可参照1998年《最高人民法院、最高人民检察院、公安部、国家安全部、司法部、全国人大常委会法制工作委员会关于刑事诉讼法实施中若干问题的规定》第9条规定：《公安机关规定》第49条第3款规定的"国家秘密"，是指案情或者案件涉及国家秘密信息或材料，不能将刑事案件侦查过程中的有关材料和处理意见作为国家秘密。

(三) 要求公安机关对不许可会见的法定情形的存在承担必要的证明责任

为了防止公安机关滥用权力，对不应限制辩护律师会见犯罪嫌疑人的案件，以"有碍侦查"或者"可能泄露国家秘密"为由不许可会见，从而侵害犯罪嫌疑人的合法权利，立法有必要要求公安机关对上述法定情形的存在提供必要的证据加以证明。至于证明标准的设置，笔者认为，需要考虑两方面因素。一方面，证明标准不能设定过低，如果过低将不足以对侦查机关形成制约；另一方面，证明标准也不能设定过高，因为是否允许辩护律师会见犯罪嫌疑人仅仅是程序性事项，不属于实体性事项，从证明理论上看，可以适当降低证明标准，另外，辩护律师申请会见犯罪嫌疑人很可能是在侦查的初期，此时侦查机关可能尚无法收集到较为充分、全面的证据，因此证明标准也不宜过高。在此方面，其他国家的做法具有一定的参考意义。如英国，根据其《2000年反恐怖主义法》第8条第3

款、第 5 款的规定,只要适格的官员有合理的根据(reasonable grounds)相信存在法定情形时,即可决定延迟辩护律师会见犯罪嫌疑人。鉴于上述,笔者认为,我国可以借鉴逮捕条件的设定,将证明标准设置为"有证据证明",即规定,有证据证明辩护律师会见犯罪嫌疑人将有碍侦查或者可能泄露国家秘密的,公安机关可以作出不许可的决定。这里的"有证据证明",既不是指全部证据已经查证属实,但也不意味着对证据毫无要求,而是需要达到部分证据已经查证属实的程度。

(四)加强辩护律师会见权的保障

赋予辩护律师会见权的根本目的是保障犯罪嫌疑人获得有效辩护,以更好地维护其合法权益。根据《公民权利和政治权利国际公约》等相关国际法文件的规定,获得律师的帮助是被羁押人应当享有的一项重要权利。而恐怖活动案件的犯罪嫌疑人也不应排除在外。联合国《关于国际恐怖主义的全面公约(草案)》第 12 条规定:应保证根据本公约被羁押、对其采取任何其他措施或提起诉讼的任何人,获得公平待遇,包括享有符合该人所在国法律和包括国际人权法在内的国际法适用法规规定的一切权利与保障。据此,"各国多数选择对被羁押者权利行使增加限制或延后进行,而非完全取消被羁押者的各项权利"。① 就辩护律师会见权而言,除了美国等少数国家以外,② 绝大多数国家对恐怖活动案件犯罪嫌疑人会见律师的权利都只是进行了限制,而未予以剥夺。如在英国,尽管根据 2000 年《反恐怖主义法》附件八第 8 条第 1 款的规定,适格官员有权在法定情形下批准延迟辩护律师会见犯罪嫌疑人,但其第 2 款同时规定,在羁押期限截止前,必须允许被羁押人会见律师,行使向律师咨询的权利。再如法国,其没有规定不许可会见的法定情形,而是直接推迟了恐怖活动案件犯罪嫌疑人会见辩护律师的时间。根据法国 2004 年 3 月 9 日第 2004-204 号法律,自拘留开始,犯罪嫌疑人即可以请求与其律师交谈。但如果犯罪嫌疑人是因为涉嫌有组织的团伙实施的绑架与非法拘禁之重罪与轻罪、严重的淫媒牟利之重罪与轻罪、有组织团伙实

---

① 罗海敏:《反恐视野中的刑事强制措施研究》,中国人民公安大学出版社 2012 年版,第 79 页。
② 2004 年 7 月,时任美国国防部副部长保尔·沃尔福威茨(Paul Wolfwitz)签发命令,监禁人员可以享有指定的军官担任其个人代表,但仍不能享有律师的会面咨询。参见陈品洁:《后 9·11 时代反恐措施与人权保障之衡平——以美国法为中心》,台湾大学法律学院法律学研究所 2008 年硕士论文,第 101 页。

施的盗窃罪、敲诈勒索罪、以特定目的实施的坏人结社罪而受到拘留的,只能在拘留后的时间超过48小时才能与律师交谈;如果是因为毒品走私之重罪或轻罪、恐怖活动之重罪、轻罪而受到拘留的,只能在受到拘留72小时后才能与律师交谈。而法国2006年《反恐怖主义、安全与边境管制法》则进一步推迟了被羁押人会见辩护律师的时间。该法第17条规定,只有在拘留后第96小时和第120小时结束后,被决定延长拘留的人才可以按法律规定的方式与律师交谈。

在我国,加强人权保障,特别是犯罪嫌疑人、被告人辩护权的保障是2012年修订《刑事诉讼法》的主旨之一。在此背景下,对恐怖活动案件犯罪嫌疑人会见辩护律师的权利理应是较之普通案件作适当限制,而不应完全剥夺。事实上,《刑事诉讼法》第37条第3款同时也规定了,对于特别重大贿赂犯罪案件,在侦查期间辩护律师会见在押的犯罪嫌疑人,应当经侦查机关许可。2012年最高人民检察院制定的《人民检察院刑事诉讼规则(试行)》对此也作了进一步的细化。但同时,该规则第46条第3款明确规定,对于特别重大贿赂犯罪案件,人民检察院在侦查终结前应当许可辩护律师会见犯罪嫌疑人。这一规定值得借鉴。考虑到恐怖活动案件的特殊性,可以规定,在恐怖活动案件侦查终结前,应当许可辩护律师会见犯罪嫌疑人至少一次。

关于监察体制改革的认识与思考

张自超[①]

监察体制改革是党和国家强化内部监督、实现自我完善的重大政治体制改革，是坚持党的全面领导的必然要求，根本目的是加强党对反腐败工作的统一领导，构建"集中统一、权威高效"的反腐败体制机制，形成党统一指挥、全面覆盖的监督体系，提高反腐败效率和质量。它既继承和发展我国古代监察制度的优秀思想，又借鉴和吸收西方国家权力制约制度的有益成果，既适应中国国情，又参照国际反腐经验，对我国国家反腐败体制机制进行了深入探索，创制出了中国特色的国家监察体制。从监察体制改革的试点，到《监察法》草案的公布一直到《监察法》的通过，学术界和实务界对此高度重视，积极探讨，对深入理解监察体制改革和学习掌握《监察法》有重要的现实意义。

一、反腐败体制机制的历史脉络及其问题分析

（一）党内监督和行政监察的发展历程

中国共产党自成立以来非常重视自我内部监督工作，在长期的执政过程中，已经认识到能否构建完备有效的党内纪律监督体系是关系到党和国家生死存亡的大事。在党的早期建设和发展中，先后在党内设立了"监察委员会""审查委员会""党务委员会"等党内监督机构。1926年8月，中共中央发布《坚决清洗贪污腐化分子》的通告，这是中国共产党发布的第一个反贪污腐化的文件，表明党对腐败问题的高度重视和清除腐败分子的坚定立场。[②] 1927年4月，中共五大设

[①] 张自超，国家监察委员会干部，法学博士。
[②] 中共中央组织部、中共中央党史研究室、中央档案馆主编：《中国共产党组织史资料》第8卷（上），中共党史出版社2000年版，第99页。

立了中央监察委员会，是中国共产党第一个纪律检查机构，也是最早的、级别最高的党内监督机构，使党规党纪的权威及党的自身监督第一次有了专门机构来保障。1928年7月，中共六大通过了《中国共产党章程》，将"监察委员会"改为"审查委员会"，职责为监督各级党组织的财政、会计及工作。1933年9月，中共中央发布《关于成立中央党务委员会及中央苏区省县监察委员会的决定》，设立了中央党务委员会，负责处理党员的党纪、党籍和申诉等问题，担负维护和执行党的纪律的任务。1945年4月，中共七大通过的新党章单独有"监察委员会"一章，具体规定了监察委员会的职权和任务，使多年实践中形成的党中央通过专门机构履行党内监督职责的机制正式固定下来。

新中国成立后，中共中央更加重视对党组织活动和党员行为的监督检查和执纪审查。1949年11月，中共中央发布《关于成立中央及各级党的纪律检查委员会的决定》，成立了中共中央纪律检查委员会，负责党纪检查工作。1954年9月新中国第一部宪法和《国务院组织法》颁布后，监察委员会的名称修改为"国务院监察部"，履行政府内部行政监督职能。1955年3月，党的七届五中全会通过《关于成立党的中央和地方监察委员会的决议》，成立中央和地方各级监察委员会，代替各级纪律检查委员会。1959年4月，监察部被撤销。1969年4月，中共九大召开，受"文化大革命"的影响，此次会议决定取消党章中"党的监察委员会"的条款，监察委员会被撤销。改革开放后，中共中央重新恢复了党的监督检查机构。1977年8月，中共十一大对党章进行了修订，提出了重新恢复党的纪律检查委员会这一机构，并由同级党委选举产生。1982年9月，中共十二大对党章再次进行修订，规定党的各级纪律检查委员会由同级党的代表大会选举产生，受同级党委会和上级纪律检查委员会的双重领导。1986年12月，第六届全国人大常委会第18次会议通过设立监察部的决议。1987年7月，监察部正式挂牌。1990年3月，党的十三届六中全会通过《中共中央关于加强党同人民群众联系的决定》，由中央纪律检查委员会"拟定党内监督条例"。1990年11月，国务院颁布《行政监察条例》对行政监察机关的职权和监察程序作出了明确规定。1993年1月，根据中共中央、国务院的决定，中央纪委、监察部开始合署办公，实行一套工作机构，履行党的纪律检查和行政监督两项职能的体制，与中纪委合署办公后的监察部依照宪法接受国务院领导，地方各级监察机关在合署后实行由所在地政府和上级纪检监察机关领导的双重领导体制。① 1997年5月，第八届全国人大常委会第25次会议通过《行政监察法》，赋予了国家监察机关行政处分权。2004年9月，国务院颁布《行政监察法实施条例》。法律和条例的颁布，为维护行政纪律，促进廉政建设，改善行政管理，提高行政效能发挥了积极作用。至此，以机构的设置和法律的颁布为标志，国家行政监察体系基本形成，行政监察机关是行使行政监察职能的专门机关，负责监督行政机关的活动及其公务员的行为，拥有检查权、调查权和建议权、行政处分权。由于监察部门与党的纪律检查部门合署办公的体制要求，二者的发展也紧紧联系在一起。2003年12月，《中国共产党党内监督条例》颁布，标志着党内监督工作进入制度化、规范化的新阶段。2007年5月，中共中央、国务院决定设立国家预防腐败局，其属于国务院直属机构，负责全国的预防腐败工作，在监察部加挂牌子。深化党内实践，总结经验教训，然后上升为制度规定，最终以党内法规、国家和法律的形式固化下来，是中国制度建设的路径，也是监察工作从治标走向治本的根本性举措。②

（二）反腐败体制机制存在的问题

腐败是中国共产党长期执政面对的最大威胁。监察体制改革前的反腐工作，呈现出成效明显与问题突出并存的复杂局面，一方面反腐的成绩显著，特别是自党的十八大以来，从查处中管干部开始，"打虎""拍蝇""猎狐"火力全开，腐败蔓延势头得到有效遏制，反腐败斗争压倒性态势已经形成；另一方面反腐败斗争形势依然严峻复杂，还需不断推动反腐败斗争从压倒性态势向压倒性胜利转化。③ 在反腐势如破竹的同时，一定要清醒看到，"形成不敢腐只是反腐第一步，要实现不能腐、不想腐尚需长远的战略谋划、严密的制度体系和完备的法治保障"。④ 如何从根本上解决腐败问题，实现公职人员由"不敢腐"到"不能腐""不想腐"，需从完善相关反腐败体制机制入手，特别是针对行政监察体制在实际运行中暴露出的缺陷与不足进行修改和完善。以往反腐败体制机制方面存在的

---

① 《中央纪检监察机构历次变革：磨砺反腐利剑》，载中共共产党新闻网，http://cpc.people.com.cn/GB/64093/95111/95114/9952822.html，2018年10月20日访问。
② 徐海燕：《国家监察体制改革及其分析》，载《北京行政学院学报》2017年第3期。
③ 陈治治：《保持高压，巩固发展反腐败斗争压倒性态势》，载《中国纪检监察报》2018年1月26日第2版。
④ 马怀德：《国家监察体制改革的重要意义和主要任务》，载《国家行政学院学报》2016年第6期。

问题主要有：

一是反腐力量分散，反腐职能多头行使。"过去各种监督力量、反腐手段分散在纪委、监察、检察、审计等有关机关及部门，形成监督、反腐谁都有责任，但谁也无责任的九龙治水格局。"① 比如，纪委根据《党章》和《党内监督条例》的规定，对党员的违纪行为予以监督无可厚非，但对非党员的公职人员却难以监督；行政监察机关隶属于政府，依照《行政监察法》只能监督行政机关及其工作人员的违法行为，属于"同体监督"；审计机关依照《审计法》对各级国家机关和部门的财政收支、财务收支开展审计监督，限于国家财政经济领域；检察机关依照《刑事诉讼法》有反贪污贿赂局和反渎职侵权局行使侦查职能，负责对国家工作人员的职务犯罪行为进行查处，其属于事后追诉且只有国家工作人员构成犯罪时才能介入。上述反腐力量各管一摊，使得不构成职务犯罪且不属于行政机关的非党员公职人员成为反腐的空白和盲区，这部分人员很可能成为"漏网之鱼"，存在"虚监""漏监"的问题，反腐没有形成严密的法网，一定程度上放纵了一部分腐败行为。

二是行政监察体制不适应反腐需求。总的来说，行政监察体制存在的主要问题有：一是监察机关定位不准，监察对象范围过窄；二是监察机关的独立性保障不够；三是监察手段有限；四是监督程序不够完善；五是行政监察机关的职能过窄，与党的纪律检查机关的职能错位，无法做到真正意义上的合署办公。② 行政监察机关作为政府的组成部门，人、财、物等都受到同级政府的制约，缺乏法律地位的独立性和自身运转的独立性，上下领导体制不能自成体系，难以真正独立行使监督权，对同级政府及其主要领导无法有效实施监督，对其他党员干部能否实施有效监督也取决于同级政府主要领导的态度，致使有的腐败案件难以坚决查办。此外，监察法律法规的不完善、监察监督缺乏可操作性、监察权力的强制性不足也造成监察效果没有得到高效彰显。

三是反腐职能交叉重复，纪法衔接不畅。检察机关与纪检机关和行政监察机关在查处职务犯罪的职能方面重叠交叉，特别是纪检机关获取的证据不能作为检察机关办案的证据，导致纪检机关将案件移送检察机关后，需要后者重复已有的

---

① 李永忠：《权力机构改革与监察体制改革》，载《国家行政学院学报》2017年第2期。
② 马怀德：《全面从严治党亟待改革国家监察体制》，载《光明日报》2016年11月12日第3版。

收集证据工作，浪费了大量的人力和财力，既造成重复劳动，又增加了反腐成本，更降低了办案的效率。此外，由于纪、法中间存在空白地带，查办职务犯罪案件存在犯罪有人管、违纪无人问的现象，有的地方纪检机关在查办严重违纪违法案件时采用"先移后处""先法后纪"的方式，甚至出现"带着党籍蹲监狱"等现象，有的地方检察机关在办案实践中借用纪检监察机关的"两规"措施，这些问题削弱了反腐的纪法效果和社会效果。

针对反腐体制机制存在的问题，需要对权力运行和监督制约机制进行新的探索，监察体制改革坚持问题导向，整合国家反腐力量和监督资源，将反腐力量"拧成一股绳、攥紧拳头干"，形成监督合力，使同体监督变成异体监督，实现全覆盖、无死角的监察，从制度上保障从严治党和反腐肃贪，走出一条符合历史逻辑、立足我国实际、遵循法治规律、保障反腐需要的监督道路。

二、监察体制改革给反腐败体制机制带来的新变化

2016年10月，中共中央决定在北京、山西、浙江开展监察体制改革试点工作，将行政机关的行政监察、腐败预防职能和检察机关查处贪污贿赂、渎职侵权犯罪及职务犯罪预防职能，整合成相对独立的监察权赋予监察委员会行使；12月25日，全国人大常委会就北京、山西、浙江三省市开展试点工作作出决定。2017年10月，党中央决定在全国各地推开国家监察体制改革试点方案；11月4日，全国人大常委会就全国各地推开改革试点方案作出决定。党中央的两次重大部署，体现了审慎稳健、有序推进的态度，全国人大常委会的两次决定，为改革试点工作提供了法律支持和权力来源。通过三省市的改革试点，发挥示范作用，为推广到全国积累了可复制可推广的经验，而全国各地推广试点方案后积极探索和认真总结，又为制定《监察法》草案提供了良好的实践支撑。2018年3月11日，第十三届全国人大第一次会议审议通过《宪法修正案》，确立了"监察委员会"的宪法地位；3月20日，《监察法》审议通过；3月23日，国家监察委员会揭牌，国家监察委员会领导人员进行了宪法宣誓。至此，国家、省、市、县四级监察委员会全部成立，标志着监察体制改革取得了决定性成果，给我国反腐败体制机制带来了新变化和新要求。

（一）保证监察委员会行使权力的独立性和权威性

监察委员会是行使国家监察职能的专责机关，在一级人大之下与同级行政机关、检察机关和审判机关处于平行的地位。监察委员会依法独立行使监察权，不受任何行政机关、社会团体和个人的干涉，在领导体制上，监察委员会在党委的直接领导下行使监察权，与纪委合署办公，实行"一套人马，两块牌子"，把执纪监督和执法监察有机贯通起来，在领导体制上与纪委的双重领导体制高度融合，其独立性和权威性得到保证。

（二）扩大监察范围，实现监察对象全覆盖

《监察法》将原来"党组织、党员、行政机关及其公务员"的监督范围扩大到六类监察对象，包括党的机关、人大机关、行政机关、政协机关、检察机关、审判机关、民主党派机关、工商联机关的公务员，参照《公务员法》管理的人员，法律法规授权或受国家机关委托管理公共事务的组织中从事公务的人员，以及国有企业、公办教育科研文化医疗卫生体育等单位、基层群众性自治组织中从事管理的人员等，覆盖了行使公权力的所有公职人员，既调查职务犯罪，又调查职务违法，补齐之前行政监察范围过窄、在纪律与犯罪之间存在违法无人管现象的短板，实现由监督"狭义政府"到监督"广义政府"的转变。

（三）用"留置"取代"两规"措施

"两规"，又称"双规"，即"要求有关人员在规定的时间和规定的地点就有关问题作出说明和解释"，自1990年12月9日国务院颁布的《行政监察条例》[①]和1994年3月25日中共中央纪律检查委员会印发的《中国共产党纪律检查机关案件检查工作条例》规定以来，"两规"作为我国纪检监察机构反腐败的审查措施，具有排除外界干扰，不受地方保护主义影响，防止串供和毁灭证据，弥补检察机关侦查手段不足等诸多优点，很多贪腐的大要案通过这种措施得以突破或者取得重大进展，"从而成为党内最有效且最具震慑力的反腐武器"。[②] 然而，"两规"作为纪律措施，缺乏直接的法律依据，且"两规"期限不能折抵刑期，与坚持用法治思维和法治方式反腐败的法治观念不符。为解决这个法治难题，《监察法》设置留置措施，取代了沿用多年的"两规"措施，彰显依法治国的决心和自信。同时，《监察法》通过对设区的市级以下监察机关采取留置措施以及省

[①] 1997年《行政监察法》将1990年《行政监察条例》中的"规定的时间和地点"修改为"指定的时间和地点"，即用"两指"代替"两规"。

[②] 谭世贵：《监察体制改革中的留置措施：由来、性质及完善》，载《甘肃社会科学》2018年第2期。

级以下监察机关延长留置时间的审批权上提一级、限制留置期限等程序制约，防止监察机关滥用留置措施。

（四）强化对监察委员会的监督和制约

监察委员会行使监察权必须接受监督和制约。首先，坚持党对监察工作的领导，监察委员会对重要事项需向同级党委报请批准，党委是监察委员会最直接的监督者；其次，监委由人大产生，必须接受人大的监督；再次，监委调查的案件移送检察机关审查起诉后，案件要接受检察机关的监督，案件起诉到法院后还要接受法院的监督；最后，监委采取技术调查、追逃通缉等措施需要公安等执法机关配合协助，其中也存在监督的情形。当然，还有民众监督、社会监督、舆论监督等外在监督方式和《监察法》第七章专门规定的严格自我监督方式。

三、监察监督与纪检监督、检察监督的关系

监察机关的监察范围为公权力运行的每个环节和各个领域，监察对象为所有行使公权力的公职人员。根据《监察法》第11条规定，监察机关有监督、调查、处置的职责，这个监督职责体现在代表国家依照法律法规，监督检查所有公职人员依法履职、秉公用权、廉洁从政以及道德操守的情况，对公职人员开展廉政教育，可采取走访座谈、查阅资料、专项检查、抽查核实等形式强化日常监督，抓早抓小，防微杜渐，确保公职人员行使公权力的行为不被滥用，使权力在阳光下运行。此种监督具有国家强制性，被监督者如不接受监督，将承担相应的法律责任，所以说，监察监督是刚性监督。

（一）监察监督与纪检监督的关系

纪检监督，也叫纪委监督，特指中国共产党纪律检查机关的监督，属于党内自我监督，是党为了加强自身建设，严肃党的纪律，保证党的路线、方针、政策、决议的贯彻执行，以党的各级机关、组织、党员为对象，依照党章和党内规范文件开展的检查、督促等活动。监察监督与纪检监督不同，在监督的主体、客体、依据、后果和性质方面存在差异。一是监督的主体不同，监察监督的主体是监察机关（各级监察委员会），属于国家机关序列，纪检监督的主体是纪律检查机关（各级纪委），属于党的机关序列。党中央将监察委和纪委合署办公，一方面加强党对反腐败工作的统一领导，另一方面便利于工作，使二者的监督更有效

率，但二者在职责上仍有分工，监察监督和纪检监督是双责运行，不能相互取代和混淆。二是监督的客体不同。监察监督的客体是行使公权力的公职人员的行为，纪检监督的对象是中国共产党的机关、组织的活动和党员个人的行为。三是监督的依据不同，监察监督依据宪法、监察法以及其他法律法规，纪检监督依据党章和党内规范文件。四是监督的后果不同，监察监督的被监督者根据其主观状态、行为性质、损失后果要承担法律责任，包括职务违法导致的政务处分①和职务犯罪带来的刑事处罚。纪检监督主体对被监督者根据违纪行为的错误性质、情节轻重给予党纪处分。② 五是监督的性质不同，监察监督是通过法律手段对国家权力自我制约，属于依法治国；纪检监督是通过党内规范手段对党组织和党员自身净化，属于依规治党。

当然，基于我国95%以上的领导干部、80%的公务员都是共产党员的状况，党内监督全覆盖必然要求国家监察全覆盖，使得纪检监督与监察监督"是一体两面的辩证统一关系，既具有高度内在一致性，又具有高度互补性"，③ 二者本质上都属于党和国家的内部监督范畴，都在党统一领导下开展。正如有专家认为，纪委的监督和监委的监督在指导思想、基本原则上高度一致，一定要把纪委监督和监委监督贯通起来。④

(二) 监察监督与检察监督的关系

检察监督是我国监督制度的重要组成部分。根据宪法规定，人民检察院是国家法律监督机关，对法律的实施情况进行监督，主要包括对国家行政机关的执法活动是否合法进行监督，以及对公安等部门的侦查活动和法院的审判活动是否合法进行监督。监察体制改革后，检察机关的职务犯罪侦查权被监察机关的职务违法和职务犯罪调查权吸收，破解了之前检察机关对职务犯罪案件自行侦查的监督陷入同体监督的困局，但并不意味着监察机关代替了检察机关，更不能认为监察监督取代了检察监督。监察体制改革的目的并不是剥夺检察院的监督权和法律监

---

① 根据《公职人员政务处分暂行规定》第6条规定，监察机关对违法的公职人员可以依法作出警告、记过、记大过、降级、撤职、开除等政务处分决定。
② 根据《中国共产党纪律处分条例》第8条和第9条之规定，对党员给予警告、严重警告、撤销党内职务、留党察看和开除党籍处分，以及对党组织责令作出检查或进行通报批评，还可以予以改组、解散。
③ 侯志山：《国家监察：中国特色监督的创举》，载《中国党政干部论坛》2018年第4期。
④ 马森述：《深刻认识监察法的重大意义和科学内涵》，载《中国纪检监察》2018年第6期。

督机关的地位，而是要通过新设监察委员会来全方位规范和制约公权力的运行。① 监察机关履行反腐败专门职能，检察机关履行法律监督专门职能，二者相互配合、相互制约，都是国家监督制度的主要组成部分。但实际分析，监察监督与检察监督仍存在诸多不同之处。

一是监督的主体不同。监察监督的主体是监察机关，立法将其定位于反腐败工作机构，代表党和国家行使监督权，是政治机关。② 按照宪法规定监察机关属于与行政机关、检察机关、审判机关并列的国家机关，都由各级人大产生，对人大负责并接受监督，目前已形成人大统摄下的"一府一委两院"的政治体制格局。检察监督的主体是检察机关，与监察机关存在相互配合、相互制约的关系。监察机关和检察机关都由本级人大产生，对本级人大和常委会负责、受本级人大和常委会监督的国家机关。但二者上下级领导体制仍有差异，《人民检察院组织法》规定的检察机关领导体制是"上级人民检察院领导下级人民检察院的工作"，上下级检察机关属于领导关系，而《监察法》除了规定"上级监察委员会领导下级监察委员会的工作"外，还规定地方各级监察委员会对上一级监察委员会负责并接受其监督，相比而言，监察机关上下级领导体制比检察机关内部领导关系更强。"双重负责"与"内部领导关系"的复合设计，在于保障监察权的"一体化""权威性"与"外部性"，解决"群体性""塌方式"等重要腐败的治理难题。③

二是监督的客体不同。监察监督的客体是行使公权力的公职人员的行为，针对的自然人的行为，而不是机构或单位的行为。检察监督的客体主要针对的是行政机关、司法机关等国家机关的活动，具有专门性和特定性。当然，出于检察机关行使诉讼监督的目的以及检察机关存在发现、查办相关司法工作人员个别职务犯罪的便利条件，2018 年 10 月 26 日，第十三届全国人民代表大会常务委员会第六次会议通过并实施的《刑事诉讼法》修正案，规定"人民检察院在对诉讼活动实行法律监督中发现司法工作人员利用职权实施的非法拘禁、刑讯逼供、非法搜查等侵犯公民权利、损害司法公正的犯罪，可以由人民检察院立案侦查"。

---

① 夏金莱：《论监察体制改革背景下的监察权与检察权》，载《政治与法律》2017 年第 8 期。
② 《积极探索实践形成宝贵经验国家监察体制改革试点取得实效——国家监察体制改革试点工作综述》，载《光明日报》2017 年 11 月 6 日第 1 版。
③ 魏昌东：《〈监察法〉与中国特色腐败治理体制更新的理论逻辑》，载《华东政法大学学报》2018 年第 3 期。

三是监督的范围不同。按照《监察法》的规定,监察监督的范围已经涵盖了违反道德规范、职务违法和职务犯罪。监察机关的基本职能是反腐败,即主要进行廉政监督,也有勤政监督、效能监督职能,但这些监督职能依附于廉政监督职能。① 检察监督的范围是行政机关的行政执法行为是否合法,公安、审判等刑事司法机关的侦查、审判活动是否合法,以及刑事判决、裁定的执行和监狱、看守所、劳动改造机关的活动是否合法等。不难发现,监察监督的范围广于检察监督,说明国家立法对行使公权力的公职人员课以高于普通公民的义务要求。监察监督遵循严格性原则,而检察监督遵循的是有限性原则,只能对监督对象行为的合法性进行监督,而不应干预其合理性。②

四是监督的方式(监督的后果)不同。基于监督范围的广泛性,监察机关履行监督职责的方式呈现出多元化特征。③ 监察机关对公职人员的行为进行调查之后,可以作出相应的处理:如果是职务违法但情节较轻而并未构成职务犯罪的,监察机关可采用谈话提醒、批评教育、责令检查,或者予以诫勉;如果构成职务违法,可以作出警告、严重警告、记过、记大过、降级、撤职、开除等政务处分决定;如果构成职务犯罪,且事实清楚、证据确实充分的,可以在作出开除的政务处分决定后,将案件移送检察机关依法审查、提起公诉。可见,对尚未构成犯罪的违法行为,监察机关直接作出处理决定,其处置权是实体性权力,而对涉嫌犯罪的监察对象行使的处置权多数情况下是程序性权力,不是最终的处理权。④ 然而,检察监督的方式基本上都是程序性的。检察权的行使仅仅具有程序的意义,而不是具有终局和实体的意义。⑤ 如认为法院判决、裁定确实存在错误,检察院可以向法院提出再审检察建议或者提起抗诉;如认为行政机关的执法活动有违法情况时,检察院可以向行政机关发出纠正违法行为通知书或提出检察建议,可以支持行政行为相对人申请行政复议或提起行政诉讼,此外,严重违法情形时检察院还可以向法院提起行政公益诉讼。

---

① 姜明安:《国家监察法立法的几个重要问题》,载《中国法律评论》2017年第2期。
② 夏金莱:《论监察体制改革背景下的监察权与检察权》,载《政治与法律》2017年第8期。
③ 徐汉明、张乐:《监察委员会职务犯罪调查与刑事诉讼衔接之探讨——兼论法律监督权的性质》,载《法学杂志》2018年第6期。
④ 马怀德:《国家监察体制改革的重要意义和主要任务》,载《国家行政学院学报》2016年第6期。
⑤ 韩大元、刘松山:《论我国检察机关的宪法定位》,载《中国人民大学学报》2002年第5期。

论对监察机关和监察人员进行监督的方式

申君贵[①]

任何权力都必须得到制约并被监督，监察权的行使亦是如此。对监察机关和监察人员的监督是法律监督的重要组成部分。所谓对监察机关和监察人员的监督是指国家机关、各政党、社会团体和公民等对监察机关的监察活动是否合法所进行的督察和督促。《中华人民共和国监察法》专门规定了对监察机关和监察人员的监督。监察法之所以要规定对监察机关和监察人员的监督，主要是基于对监察机关和监察人员的监督本身所具有的法律意义。对监察机关和监察人员的监督具有以下几个方面的意义：其一，它可以确保监察机关的监察活动合法实施。监察机关依法行使国家监察权，对监察对象实施监察。权力必须受到制约和监督，没有制约和监督，权力就可能被滥用。监察机关进行监察活动，必须严格依照法律规定和法定程序进行。监察活动必须受到监督。通过对监察机关和监察人员的监督主体对监察机关的监察活动的合法性实施监督，就可以防止监察机关违法进行监察活动，确保监察活动具有合法性。其二，它是实现监察民主的重要手段。监察民主是现代民主政治的重要组成部分。所谓民主政治，是指由公民选举自己的代表和政府来代表自己的利益，并使他们按自己的意志来行使国家权力。监察权是一种国家权力，由监察机关依法行使。对监察机关和监察人员的监督是监察民主的体现，是实现监察民主的重要手段。对监察机关和监察人员的监督的主体通过对监察机关监察活动的监督，来实现自己的监察民主权力，使监察民主得以真正的实现。其三，它是保护监察对象不被违法监察的重要方法。任何人都不能无缘无故地被当作监察对象由监察机关进行监察。监察机关对监察对象进行监察活动必须由事实上和法律上的依据。在进行监察活动过程中，不得侵犯监察对象的

[①] 申君贵，广西民族大学法学院教授。

合法权利。对监察机关和监察人员的监督就可以防止监察机关将不应该列为监察对象的人列为监察对象，同时防止对监察机关和监察人员的监督在监察活动中侵犯监察对象的合法权利。因此，对监察机关和监察人员的监督可以及时发现监察机关的违法行为，确保监察对象的合法权利不受侵犯。对监察机关和监察人员的监督，必须采用符合法律规定的方式。本文根据《中华人民共和国监察法》的相关规定，专门就对监察机关和监察人员的监督方式展开研究。经过仔细研究监察法关于监督方式的规定，我认为，对监察机关和监察人员的监督方式主要有以下四种，即监察机关的内部监督、人大监督、检察监督和人民群众监督。下文即从这四个方面就"对监察机关和监察人员进行监督的方式"问题展开分析和研究，以求教于各位同人。

一、监察机关的内部监督

监察机关的内部监督，也就是监察机关的自我监督。它是"对监察机关和监察人员的监督的最基本的自我净化形式"。[①] 监察法设计了一系列监察机关自我监督的体系和制度，为监察机关自我监督提供了法律依据。《监察法》第36条规定："监察机关应当严格按照程序开展工作，建立问题线索处置、调查、审理各部门相互协调、相互制约的工作机制。监察机关应当加强对调查、处置工作全过程的监督管理，设立相应的工作部门履行线索管理、监督检查、督促办理、统计分析等管理协调职能。"该规定表明，监察机关自我监督主要通过以下方式进行。

（一）建立调查、审查各部门相互协调、相互制约的工作机制

监察机关处理监察案件，分别由问题线索处置部门、监察调查部门和监察审查部门负责进行。根据监察法的上述规定，监察机关应当严格按照程序开展工作，问题线索处置部门、监察调查部门和监察审查部门之间要建立相互协调、相互制约的工作机制。相互制约的工作机制就是加强监察机关各部门之间的内部监督和自我监督。强化监察机关各部门之间的内部监督，有利于防止因权力过于集中而引发私存问题线索、串通包庇、跑风漏气、以案谋私等问题的出现。这是监察机关加强内部监督的必然要求。这种相互制约的工作机制，要求监察机关的问

[①] 张杰：《监察法适用中的重要问题》，载《法学》2018年第6期。

题线索处置部门、监察调查部门和监察审理部门分工负责，各司其职，互相监督。比如，检查审理部门对于监察调查部门移送审理的案件，需要成立审查组，对案件进行认真审查，并在审查中对监察调查部门的调查活动实行监督，如果发现主要案件事实不清，证据不足，或者需要补充完善证据的，就可以退回监察调查部门重新调查或者补证。

（二）加强对调查、处置工作全过程的监督管理

《监察法》第36条第2款规定："监察机关应当加强对调查、处置工作全过程的监督管理，设立相应的工作部门履行线索管理、监督检查、督促办理、统计分析等管理协调职能。"该规定也是要求加强内部监督管理。监察法强调监察机关应当加强对调查、处置工作全过程的监督管理，这就要求对监察调查工作、监察处置工作进行全方位、全过程，不留余地、不留死角的监督管理。同时通过设立相应的工作部门履行线索管理、监督检查、督促办理、统计分析等管理协调职能。

（三）设立内部专门的监督机构，完善内部监督机制

《监察法》第55条规定："监察机关通过设立内部专门的监督机构等方式，加强对监察人员执行职务和遵守法律情况的监督，建设忠诚、干净、担当的监察队伍。"监察机关的内部监督，除了问题线索处置部门、监察调查部门和监察审查部门之间相互监督、相互制约外，监察法还明确规定监察机关应当设立内部专门的监督机构，加强对检察人员执行职务和遵守法律情况的监督。这种监督的目的，就在于建设一支忠诚、干净、担当的检察队伍。监察机关内部专门的监督机构的设立是加强监察机关自我监督的重要手段和重要平台。该机构通过对监察人员执行职务和遵守法律的情况实行内部监督，促使监察人员严格依法执行职务，严格遵守法律规定，以防止和杜绝监察人员违法执行职务现象的出现。《监察法》第56条规定："监察人员必须模范遵守宪法和法律，忠于职守、秉公执法、清正廉洁、保守秘密；必须具有良好的政治素质，熟悉监察业务，具备运用法律、法规、政策和调查取证等能力，自觉接受监督。"监察机关内部的专门监督部门，根据该条规定的内容，加强对监察人员的监督。对于违反该规定的监察人员，监察机关将依法作出相应的处理。

（四）通过建立"办理监察事项报告备案制度"，加强内部监督

《监察法》第57条规定："对于监察人员打听案情、过问案件、说情干预

的，办理监察事项的监察人员应当及时报告。有关情况应当登记备案。发现办理监察事项的监察人员未经批准接触被调查人、涉案人员及其特定关系人，或者存在交往情形的，知情人应当及时报告。有关情况应当登记备案。"办理监察事项报告备案制度，是指监察机关监察人员在办理监察案件过程中，遇到法定事项，必须及时报告并进行登记备案的一种制度。根据上述规定，该制度主要包括两个方面的内容：

1. 对监察人员干预案件的报告和备案。监察人员办理监察事项依法应当独立进行。没有办理本案的监察人员不得随意干预其他监察人员办理的案件。监察人员在问题线索处置、日常监督、监察调查、监察审理等各个办案环节打听案情、过问案件、说情干预的，办理监察事项的监察人员应当按照有关规定及时向有关组织报告，反映情况，对与此相关的情况还要登记备案。

2. 对办理监察事项的监察人员违反规定接触有关人员的报告和备案。监察机关办理监察事项的监察人员，在办理监察事项过程中，必须严格遵守办案规定，不得私自接触或会见有关人员。根据上述规定，办理监察事项的监察人员不得未经批准接触被调查人、涉案人员及其特定关系人，也不得与被调查人、涉案人员及其特定关系人有交往。如果办理监察事项的监察人员存在这种情况，知情人应当及时向有关组织报告，相关组织应当对有关情况登记备案。这里的知情人可以是共同办理该监察事项的其他监察人员，也可以是被调查人、涉案人员及其特定关系人或者其他知情人员。知情人知晓办理监察事项的监察人员存在上述违法行为时，有及时报告的义务。

（五）通过建立监察人员离岗离职后脱密期管理制度和辞职、退休后从业限制制度，加强自我监督

监察人员离岗离职后脱密期管理制度，是指在监察人员因故离岗离职后，依法设定脱密期，要求离岗离职的监察人员在脱密期内，严格履行保密义务，不得泄露相关秘密的制度。监察人员在从事监察工作期间，必然会接触到大量的国家秘密和工作机密，为了防止监察人员在工作中接触的秘密因为其离岗离职而出现泄密现象，必须让保密责任与离岗离职的监察人员如影随形。《监察法》第59条第1款规定："监察机关涉密人员离岗离职后，应当遵守脱密期管理规定，严格履行保密义务，不得泄露相关秘密。"该规定就是监察人员离岗离职后脱密期管理制度的法律依据。该制度也是监察机关自我监督的重要手段。监察人员离岗离

职后，必须严格遵守脱密期管理规定，严格履行保密义务，不得泄露相关秘密。如果不履行保密义务，泄露相关秘密，必将被追究相应的法律责任。

监察人员辞职、退休后从业限制制度，就是指监察人员在主动辞职或者退休后的法定期限内，不得从事与监察和司法工作相关联且可能发生利益冲突的职业的制度。在我国，国家机关公务人员、法官、检察官等辞职、退休后，都有从业限制规定。对监察人员辞职、退休后的工作，也应当有从业限制，以避免产生利益冲突。《监察法》第59条第2款规定："监察人员辞职、退休三年内，不得从事与监察和司法工作相关联且可能发生利益冲突的职业。"该规定就是监察人员辞职、退休后从业限制规定的法律依据。根据规定，监察人员从业限制的年限为三年，即从其辞职、退休之日起三年内要受到从业限制；辞职、退休后的监察人员从业限制的工作范围为不得从事与监察和司法工作相关且可能发生利益冲突的职业。对辞职、退休的监察人员实行从业限制，这也是监察机关自我监督的体现。当然，在其辞职、退休满三年后，还是可以从事被限制从事的职业。

二、人大监督

人大监督是指各级人民代表大会及其常务委员会依法对各级监察委员会所进行的监督。"人大和人大常委会对监察机关的监督是监督机制中最主要、最核心的环节。"[①]《监察法》第53条规定："各级监察委员会应当接受本级人民代表大会及其常务委员会的监督。各级人民代表大会常务委员会听取和审议本级监察委员会的专项工作报告，组织执法检查。县级以上各级人民代表大会及其常务委员会举行会议时，人民代表大会代表或者常务委员会组成人员可以依照法律规定的程序，就监察工作中的有关问题提出询问或者质询。"人大对同级监察委员会的监督除了具有充分的法律正当性外，还具有很强的现实必要性。监察委员会整合了原来分散在行政监察机关、检察机关的反腐败力量，从而形成覆盖国家机关和公务人员的国家监察体系。新成立的这一国家机关具有很高的法律地位、政治地位和权威性，且被赋予许多有别于其他国家机关的权力。但所有的权力都是"双刃剑"，因此，权力必须关进制度的笼子里，以监督和约束防止其异化变质，因

[①] 张杰：《监察法适用中的重要问题》，载《法学》2018年第6期。

此，必须加强人大对监察委员会进行监督的力量和权力。根据相关法律规定，人大对监察委员会的监督主要包括以下内容：

（一）各级监察委员会有义务接受本级人大及其常委会的监督

2018年3月，全国人大通过了设立"国家监察委员会与地方各级监察委员会"的决定，并通过了《宪法修正案》和《监察法》。《宪法》新增了监察机关由人民代表大会产生，对它负责，受它监督的内容。同时，《监察法》对监察委员会的组成、任期、职能职责等基本构成要素等也都作出了明确规定。2018年修改后的《宪法》第126条规定："国家监察委员会对全国人民代表大会和全国人民代表大会常务委员会负责。地方各级监察委员会对产生它的国家权力机关和上一级监察委员会负责。"《监察法》第8条第4款规定："国家监察委员会对全国人民代表大会及其常务委员会负责，并接受其监督。"第9条第4款规定："地方各级监察委员会对本级人民代表大会及其常务委员会和上一级监察委员会负责，并接受其监督。"宪法和监察法的这些规定，都是人大监督监察委员的重要法律依据。根据规定，各级监察委员会应当自觉接受本级人民代表大会及其常务委员会的监督。接受人大监督是各级监察委员会的义务，必须严格执行。

（二）听取和审议本级监察委员会的专项工作报告，组织执法检查

各级监察委员会有义务向本级人大常委会作专项工作报告，各级人大常委会有权听取和审议本级监察委员会作专项工作报告。通过听取和审议监察委员会的专项工作报告，加强对监察委员会监察工作的监督。各级人大常委会对本级监察委员会的专项工作报告有意见的，应当提出审议意见，交由本级监察委员会进行整改，本级监察委员会进行整改后，应当向本级人大常委会提出书面报告。必要时，本级人大常委会可以对监察委员会的专项工作报告作出相应的决议，交付监察委员会执行，监察委员会应当在决议规定的期限内将执行决议的情况向本级人大常委会报告。

根据《监察法》的规定，各级人大常委会在必要时可以组织执法检查。所谓组织执法检查，是指人大常委会组织相关人员依法对涉及监察工作的有关法律、法规实施情况以及监察委员会的监察工作进行检验核查的活动。执法检查结束后，执法检查组应当及时提出执法检查报告，提请本级人大常委会审议。执法检查报告的主要内容为：对涉及监察工作的有关法律、法规的实施情况进行评价，提出执法中存在的问题和改进执法工作的相关建议；对涉及监察工作的有关

法律、法规提出修改和完善的建议；对本级监察委员会实施监察工作中存在的问题提出整改建议等。各级人大常委会通过组织执法检查，加强对本级监察委员会的监督。

（三）就监察工作中的有关问题提出询问或者质询

县级以上各级人民代表大会及其常务委员会举行会议时，人民代表大会代表或者常务委员会组成人员可以依照法律规定的程序，就监察工作中的有关问题提出询问或者质询，这是人大对本级监察委员会进行监督的两种重要方式。所谓询问，是指各级人大常委会在审议议案和有关报告时，依法定程序向本级监察委员会负责人提出其所关心或者关注的相关问题，由负责人予以解答的一种监督方式。所谓质询，是指由一定数量的县级以上人大常委会组成人员联名，向本级人大常委会书面提出对本级监察委员会的质询案，由接受质询的监察委员会予以答复的一种监督方式。质询一般是对比较严重的问题发出质询案，比询问更加严格。质询案应当写明质询的问题和内容。接受质询的监察委员会可以口头或者书面答复质询。① 口头答复的，应当由受质询的监察委员会负责人到会予以当面答复；书面答复的，应当写出书面文件，由受质询的监察委员会负责人签署后及时送达本级人大常委会。

（四）依法罢免本级监察委员会主任、副主任和委员

各级人民代表大会有权罢免本级监察委员会主任，各级人大常委会有权罢免本级监察委员会副主任、委员。依法罢免本级监察委员会主任、副主任、委员，是人大对监察委员会进行监督的最有力的一种方式。《监察法》第8条第2款规定："国家监察委员会由主任、副主任若干人、委员若干人组成，主任由全国人民代表大会选举，副主任、委员由国家监察委员会主任提请全国人民代表大会常务委员会任免。"第9条第2款规定："地方各级监察委员会由主任、副主任若干人、委员若干人组成，主任由本级人民代表大会选举，副主任、委员由监察委员会主任提请本级人民代表大会常务委员会任免。"在履行职责的过程中，如果监察委员会主任不称职，各级人民代表大会有权将其予以罢免，如果监察委员会副主任、委员不称职，各级监察委员会主任有权提请本级人大常委会将其予以罢

---

① 中共中央纪律检查委员会、中华人民共和国国家监察委员会主编：《中华人民共和国监察法释义》，中国方正出版社2018年版，第240页。

免。各级人民代表大会及其常务委员会通过行使罢免权，可以有效地对各级监察委员会实行监督，促使其依法行使监察权，依法实施各项监察活动。

(五) 监察追责

监察追责是指监察机关对在监察工作中严重失职、违法的监察人员以及负有责任的领导人员依法追究责任的活动。它是监察机关自我监督的重要方式。《监察法》第61条规定："对调查工作结束后发现立案依据不充分或者失实，案件处置出现重大失误，监察人员严重违法的，应当追究负有责任的领导人员和直接责任人员的责任。"根据该条规定，对负有直接责任的监察人员以及负有责任的领导人员追究责任，主要是基于以下三种情况：

1. 调查工作结束后，发现立案依据不充分或者失实。也就是说，对被调查人不该立案的却错误地予以立案，且立案证据不充分，甚至失实。这种情况下，就应当依法追究负有责任的领导人员和直接责任人员的责任。

2. 案件处置出现重大失误。监察法对案件处置的程序和权限都作出了明确规定，如果案件处置过程中出现违法采取留置措施，不按程序采取调查措施，结果导致案件处置出现重大失误，就应当依法追究负有责任的领导人员和直接责任人员的责任。

3. 监察人员严重违法。监察人员办理监察案件，必须严格依法进行。如果在办案过程中，监察人员出现严重违法现象，就应当依法追究负有责任的领导人员和直接责任人员的责任。

三、检察监督

对监察机关和监察人员的检察监督，就是人民检察院依法对监察机关和监察人员的监察活动是否合法予以法律监督的活动。由于监察权是一种新的监督权，是一种与行政权、司法权并立的国家监督权，专门监督国家权力运行的廉洁性和效能性，因此，对于监察机关是否有权对监察机关实行法律监督，理论界也存在争议。有人认为，监察机关不受检察机关的监督，因为监察权本身是一种独立的监督权。我认为，检察机关依法有权对监察机关的监察活动是否合法实行法律监督。理由如下：其一，检察机关的性质决定其有权监督监察机关。我国《宪法》第134条规定："中华人民共和国人民检察院是国家的法律监督机关。"作为国家专门的法律监督机关，当然有权对监察机关的监察活动是否合法实行法律监督。监察机关行使的监察权，本身也是一种国家公权力，这种专司监督的公权力本身也需要进行监督。如果监察机关的监察权不受监督，就难以保证监察机关不会滥用监察权。权力必须受到制约，这是法治的基本要求。检察机关作为国家的专门法律监督机关，其对监察机关的监督，具有合宪性。而且，检察机关具有丰富的监督经验，完全能够胜任对监察机关的法律监督工作，因此，它是最合适的监督机关。其二，检察机关与监察机关的相互关系原则决定检察机关有权监督监察机关。我国《宪法》第127条第2款规定："监察机关办理职务违法和职务犯罪案件，应当与审判机关、检察机关、执法部门互相配合，互相制约。"宪法的这一规定明确了检察机关与监察机关相互关系的基本原则。这一原则的内容之一就是要求监察机关办理职务违法和职务犯罪案件，应当与监察机关互相制约。这是检察机关有权对监察机关进行法律监督的又一宪法根据。所谓互相制约，其实是一种双向的法律监督机制。不仅检察机关有权监督监察机关，监察机关也有权监督检察机关。从某种意义上而言，所谓制约，就具有了监督的性质。监察机关办理职务违法和职务犯罪案件，是否依法进行，是否侵犯被调查人的合法权益，检察机关有权依法实行法律监督，发现问题，有权要求监察机关及时予以纠正。监察机关也应当自觉接受检察机关的监督，严格依法办理监察案件，依法开展监察活动，依法行使检察权。

四、人民群众监督

人民群众监督是指社会各界各种力量对监察机关和监察人员的监察活动对否合法所进行的监督活动。对监察机关和监察人员的监督除了自我监督、人大监督和检察监督以外，监察法还明确规定了人民群众监督这种监督形式。《监察法》第54条规定："监察机关应当依法公开监察工作信息，接受民主监督、社会监督、舆论监督。"监察法的这一规定，明确规定了人民群众对监督机关监察活动实行监督的权力。我国《宪法》第2条第1款规定："中华人民共和国的一切权力属于人民。"监察机关的监察权也来自人民，属于人民，因此必须接受人民的监督。人民群众监督主要通过民主监督、舆论监督和社会监督的方式进行。这三种方式的监督是为了"实现对其监督的全方位和立体化""通过多种方式监督，监察权力被关进制度的'笼子'里"。①

（一）民主监督

民主监督是指人民政协或者各民主党派等监督主体对监察机关及其监察人员的监察活动是否合法所进行的监督活动。民主监督人民政协三大主要职能之一。2005年颁发的《中共中央关于进一步加强中国共产党领导的多党合作和政治协商制度建设的意见》，对中国共产党与民主党派互相监督的内涵进行了概括："中国共产党与民主党派实行互相监督。这种监督是在坚持四项基本原则的基础上通过提出意见、批评和建议的方式进行的政治监督，是我国社会主义监督体系的重要组成部分。"民主监督是一种自下而上的非权力性监督，主要是通过提出建议和批评协助党和国家机关改进工作，提高工作效率，克服官僚主义。就其对监察机关的监督而言，就是人民政协通过向监察机关提出建议和批评协助监察机关改进工作，提高工作效率，克服官僚主义。同时，通过对监察机关的监督，促使监察机关认真依法履行职责，依法进行监察活动。中国共产党与各民主党派之间是一种多党合作的关系，相互之间进行监督。各民主党派也有权对监察机关的监察活动是否合法实行监督，提出批评和建议。

（二）社会监督

社会监督是指公民、法人或者其他组织依法对监察机关及其监察人员的监察活动是否合法所实行的监督活动。中华人民共和国的一切权力属于人民。人民有权对监察机关实行监督。监察机关的监察活动，必然会涉及公民、法人或者其他组织的权益，如果权益受到了监察机关监察活动的不当侵犯，他们有权提出申诉和控告，从而形成对监察机关监察活动的监督态势。社会监督是一种最广泛的监督。只要监察机关的监察活动存在违法现象，公民、法人或者其他组织都有权进行举报、控告和申诉，通过这些途径，达到纠正监察机关的违法行为，保护自身或者他人合法权益的目的。

（三）舆论监督

舆论监督，就是社会各界通过广播、影视、报刊、网络、自媒体等大众传播媒介，发表自己的意见和看法，形成舆论，对监察机关及其监察人员的监察活动是否合法所实行的监督活动。对监察机关及其监察人员的监察活动通过舆论进行

---

① 张杰：《监察法适用中的重要问题》，载《法学》2018年第6期。

监督，形成舆情，可以促使监察机关及其监察人员在进行监察活动时严格依法办案。因为，监察机关及其监察人员都不愿意因为监察活动中出现的违法现象而成为舆论的中心，引发不必要的舆情。舆论监督的力量十分强大，在强大的舆论监督面前，监察机关及其监察人员在办理监察案件过程中就会特别小心，严格依法依规办案。

民主监督、社会监督和舆论监督作为人民群众监督监察机关的主要形式，受我国监察法保护。监察机关及其监察人员应当自觉接受人民群众的监督。为了更好地接受人民群众的监督，监察法要求监察机关应当依法公开监察工作信息。各级监察机关应当建立和健全监察工作信息发布机制，依法公开监察工作信息，让广大人民群众及时了解监察机关的监察工作，从而达到监督监察机关的目的。

新时代中国法治何去何从

陈惊天[①]

一、是时候呼吁"法脉传承"了

在建设法治中国的伟大实践中,我们的一些本土问题仍然存在理论和实践的空白,对此,一种声音是学习西方法治,另一种声音是依靠本土探索,还有一种声音就是两者结合。新时代中国法治何去何从,这个时代性命题实际上没有得到根本性解决。

法治具有时代性,法治发展和建设必须要反映时代特色、解决时代问题、满足时代需求。

不可否认,在当今世界范围内,以英美法系和大陆法系为代表的西方法治声势浩大,甚至被奉为法治发展的圭臬。主要原因在于近现代以来,资本主义制度在全球范围内普遍确立,英美法系和大陆法系本身是在西方国家产生并经过资本主义的浸润而发展完善的。英美法系和大陆法系的各种法律规定、司法制度和法治文化,反映了西方资本主义的利益追求和价值取向,很好地契合了西方资本主义的政治制度、经济制度以及文化制度,能够解决西方国家的治理问题,促进社会发展,从而得以在资本主义国家大行其道。

近现代以来,我国开始学习西方法治以求自强。清朝末年,为了挽救风雨飘摇的王朝统治而发起的修律运动和法制改革,几乎全盘接受了西方的立法思想和法律形式。例如,1911 年颁布的由日本法学家冈田朝太郎、松冈义正协助起草的大清新刑律,是旧中国第一部具有资产阶级性质的刑法典,该法典使用了通行

[①] 陈惊天,中国政法大学博士、最高人民法院应用法学研究所博士后、中国行为法学会副秘书长、《人民法治》执行总编。

于许多资本主义国家的刑法原则。"中华民国"的"六法全书",也属于典型的大陆法系的成文法典。尽管如此,清政府和"中华民国"并没有因为有如此极致的学习得以有实质性改观,引进的西方法治并没有挽回其颓败的命运。为何?根本原因还在于移植过来的这套西方法治和当时的时代难以契合,自然解决不了当时的问题,满足不了时代的需求,被时代所淘汰也是理所当然。

历史的时针走到现在,新中国的法治建设几经转折,以学习苏联为发端,大力借鉴大陆法系,也同时吸纳英美法系的成功经验,一步步走来,取得了卓越的成绩,也还面临着不少困难和障碍。以史为鉴,我们已经清醒地认识到,对西方法治的成功经验,我们不能排斥,要借鉴吸收,但我国法治发展和建设的最终出路,一定还是以我为主,从实际出发,符合时代需要。因此,在建设法治中国的新时代,我们强调的是全面推进依法治国,建设中国特色社会主义法治体系、建设社会主义法治国家。那到底如何理解"建设中国特色社会主义法治体系"的概念呢?笔者认为,关键要抓住"中国特色""法治体系"这两个核心关键词。从这两个关键词可以解读出两层基本含义:一是新时代的法治体系还没有形成,二是新时代的中国特色还没有体现。要做到这两点,笔者认为,主要抓手就是复兴中华法系。我们要总结中国3000年法文化的精髓,要寻根,要树立中国法治的文化自信。没有文化之根,就没有文化之魂,没有根、没有魂,谈何文化自信!近几年,笔者在不同会议场合提出"法脉传承"的概念,其初衷就是寻找中华法文化之根,就是寻回中华法文化之魂。中华法文化的法脉都没有传承下来,谈何中国特色,谈何法治文化自信,谈何复兴!只有复兴中华法系,汲取中华3000年法文化的精髓,树立中国法治文化自信,同时吸收现代西方法治文明,才能够建立真正意义上的"中国特色社会主义法治体系",才能够真正实现国家治理现代化,向世界发出中国法治声音,向全球贡献中国法治智慧。新时代,树立法治文化自信,把社会主义法治体系建立在自己的法文化基础之上,是我们当代法律人所应担当的历史使命。现在是时候呼吁"法脉传承"了。

二、是时候思考"中国方案"了

法治具有时代性,意味着中国的法治不能超脱于其所处的时代而存活发展。在古代,中国的法治发展一度走在世界前列,只是随着西方法治的蔓延和自身的衰败而日渐式微。一般来讲，都认为中华法系已死，现代的法治文明在西方。中国吸收借鉴现代法治文明，建设中国特色社会主义法治体系，积极追赶时代的脚步，首先要关注本土性的问题，或者说其特色性到底是什么，这个问题亟须我们回答。

法治具有特色性，法治必须有自己的内在机理和独特内核，能够反映一个国家、社会、民族的独特面貌，从而产生持久的凝聚力、向心力和生命力。

在古代，中国的法治特色鲜明，让我们引以为傲，她有一个响亮的名号，叫"中华法系"。1884年日本著名法学家穗积陈重提出世界法系分为"印度法族、中国法族、回回法族、英国法族、罗马法族"后，1923年美国学者韦格穆尔又将世界法律划分为十六法系，法系问题就引起了世界法学界的关注与讨论。在我国，梁启超先生最早提出了中华法系，他在《中国法理学发达史论》和《论中国成文法编制之沿革得失》两篇文章中，都谈到了中华法系问题。

中华法系曾统摄中国，泽及诸邦，铸造了法治文明数千年的历史辉煌。至近代鸦片战争后，国力衰弱，列强入侵，内战频发，中华大地四分五裂，传统文化遭受摒弃，西学东渐成为潮流，中国的法制建设走上了多元化的发展轨道，中国的法治精髓与内核越来越模糊，中华法系消融瓦解没落，不再被主流法学界所重视，甚至有人提出中华法系已死。新中国成立后，1980年陈朝璧教授在《法学研究》第1期上发表了《中华法系特点初探》一文，张晋藩教授在《法学研究》第4期上发表了《中华法系特点探源》一文，中华法系才再次回到人们的视野。40年过去了，党中央提出实现中华民族伟大复兴的中国梦，建设中国特色社会主义法治体系、建设社会主义法治国家，笔者认为，这是一个复兴中华法系的历史起点。

为什么要复兴中华法系？中华法系是一种法文化形态，是中华民族文化的一部分，更是世界文明的一大贡献。复兴中华法系并不是基于狭隘的民族主义搞复古，更不是盲目地回到故纸堆中掩耳盗铃，开历史倒车，是要充分汲取中国古代法制的营养成分，挖掘与继承中国古代法治精髓，解决现代国家治理问题。我们虽处现代社会，中华民族千百年来的文化传统不曾中断，对中国古代法治于国家治理的积极性因素，我们理解不够，体会不深，缺乏深刻的分析，也没有洞悉其背后的文化传统因素。比如，我们现在追求的"小政府、大社会"，对照一下中国古代，"皇权不下县"，整个社会运行实际上依靠高度自治，客观上实现了很好的国家治理效果。不可否认的是，古代中国以维护"皇权"为核心的一整套价值体系已经远远落后于时代，但是我们绝不能够全盘否认古代法治在国家治理方面的先进理念与机制。以保定直隶总督府、内乡县衙等为样本，吏户礼兵刑工六大部门的办公场地和人员配置，对应其辖区人口等数据，我们不难发现中国古代法治在国家与社会治理方面存在的先进性因素。此外，我们现在提倡的依法治国与以德治国相结合，与古代法治体现的"礼法融合"及追求的"民本思想"是一脉相承的。可以说，在中华法文化的研究上，现在仍然缺乏意识，更谈不上深度挖掘。我们缺乏重视、缺乏资料、缺乏人才。概言之，中华法系在法律思想、法制理论、法典形式以及司法制度等方面，都有自己的民族特色，对于这个认识，是有基本共识的。然而，对于中华法系，或者说中华法文化背后蕴藏的古代法治智慧和治理经验，我们大部分人仍然缺乏基本认知。笔者认为，复兴中华法文化，挖掘古代法治的先进性因素，总结古代治理的先进性经验，是体现"中国特色"、提出"中国方案"的核心着力点。在新的时代背景下，汲取中华3000年的法文化营养，学习借鉴现代西方法治经验，提出中国方案，用中国方案解决中国问题，展现中国智慧，这才是我们建设法治强国，摆脱"唯西方论"的法治发展模式，建设中国特色社会主义法治体系的必由之路。

三、是时候强调"软法之治"了

法治具有特色性，并不意味着中国法治盲目地追求个性。"中国方案"的关键内核在于其先进性。无论是取他山之石，还是挖掘本土智慧，都需要我们充分理解学习法治文化的精神内核和优秀成分。因此，我们就要回答一个事关文化性的问题，那就是中华法文化是否有足够的营养，为建设中国特色社会主义法治体系提供良好补给，为世界贡献中国法治智慧。

法治具有文化性，法治必须有自己优秀的法文化和精神，为国家治理提供足够的智慧支持。

法治的时代性是法治发展的"势"，法治的特色性是法治发展的"质"，法治的文化性是法治发展的"能"。中华法文化是世界上少数几个原创性法文化之一，中华法文化的道德礼教、伦理亲情、软法为治、天人合一，为我们发展人本主义、推进国家治理体系和治理能力现代化、构建人类命运共同体提供了可选的方案。在世界法文化体系中，中华法文化以人伦道德为统帅、以良法善治为理想的"礼法融合"的传统法治模式，在世界法文化之林中独树一帜，曾经让中国挺立世界潮头，引来其他国家争相学习。几千年的中华法文化积累了很多优秀成分，西方现代法治的先进性因素，我们都能够在其中找到对应点。比如，证据裁判原则，我们的历史资料虽然没有这几个字，但当时对于其精髓的理解与执行，是能够找到很多支撑的。但是这种——对应式的"你有我也有"的逻辑回答，很没有信服力。在现代意义上的"法律体系"建设上，或者说"法治体系"展现上，现在的学者在学理上描述的"中华法系"乏善可陈。现在的法学主流意识中，中华法文化也很不成体系。

那么，如何全面认识中华法系，如何挖掘中华法治精髓，或者说解读和理解中华法文化先进性的密钥在哪里？如果仅仅关注中国古代的国家法，我们很难寻到路径，至少目前的研究没有什么说服力。如果把视野打开，把法治理解为规则之治，在"礼法融合"的语境中去挖掘，我们很容易就会发现，在硬法（国家法）之外，中国古代有着不计其数的软法（如乡规民约）。软法是相对于硬法而言的，硬法是指由国家创制的、依靠国家强制力保障实施的法规范体系。软法是指不能运用国家强制力保障实施的法规范体系。软法只具有软拘束力，其实施不依赖国家强制力保障，而是主要依靠成员自觉、共同体的制degree约束、社会舆论、利益驱动等机制。审视中国3000年的法文化，其维持封建社会稳定的制度基础，就是软法。可以说，软法越发达，对于硬法的需求就越小，社会就越和谐、越稳定，国家治理的成本就越小、质效就越高。中国传统文化与法治本土化资源，决定着我们当前轰轰烈烈地实践的法律之治不可能是纯粹的硬法之治。软法由社会多元主体共同制定，内容广泛，形式多样，制定程序灵活，可有效填补硬法空白。更重要的是，软法不是简单依靠国家强制力，而是主要借助舆论、媒体、道德与社会影响力，以及自律、互律机制的运用来实现效果，试错成本更小，适用性更强、执行效率更高，应该更能适应新时代的法治需求。诚如软法泰斗罗豪才先生所言："建设法治国家，特别是建设法治社会，要倚重软法之治，现代法治应当寻求更多协商、可以运用更少强制、能够实现更高自由。"中华法系的先进性，抑或说中华法文化的优越性，就集中体现在软法上。

综上可见，中国古代法文化的精髓在软法。数量庞杂而完备的软法体系，打造了坚实的基层治理基础，形成了复杂有序的自治系统，实现了良好的治理效果。"礼法融合"以及"出礼入刑"的架构，其实然效果就是形成科学完备的软法体系，进而大大降低了国家治理对于硬法的需求。如果将法的概念局限于国家法层面，我们就无法理解中华法文化，无法全面理解真正的"中华法系"。现有范畴下的"中华法系"，比较于现代西方法治，其先进性当然也无从谈起。纵观当今世界各国的国家治理发展脉络，"软法之治"，这一中国古代优秀的法治进路、法治思维和法治方式，无疑具有巨大的借鉴意义。在新时代，高举"软法之治"旗帜，重新梳理法的概念与范畴，展现"中国特色"，形成中国法治话语体系，提出"中国方案"，向世界贡献中国智慧，正当其时。

四、是时候梳理"话语体系"了

复兴中华法系确是时代之需，但在西方法治广泛影响世界的现实情况下，我们如何才能发出中国声音，为世界法治发展贡献中国力量呢？首先就要梳理话语体系，系统性地展现新时代中国法治的文化、特色与成果。

法治具有系统性，新时代的法治宏图，由完备的法律规范体系、高效的法治实施体系、严密的法治监督体系、有力的法治保障体系，以及完善的党内法规体系组成。这一套中国特色社会主义法治体系的内核是话语体系的规范问题。即，首先得形成科学的法治话语系统。由于我们近代法治建设是以"拿来主义"为主要路径，尽管把自认为全世界的好东西都拿来了，但实际上还是只拼凑成一个房子，基本能住，能够挡风遮雨。但是，还谈不上美观，更谈不上艺术，房子的一些部位还跑风漏雨。换句话说，现在的法治话语体系远远没有实现和谐统一的效果，可以说尚未形成系统。比如，中国的"司法"概念与西方的"司法"概念显然是不同的，由此必然导致与西方引进的其他概念存在逻辑不统一的问题，这也就是我们为什么要警惕西方"司法独立"概念在国内简单套用的问题。根据中国宪法的表述，"司法独立"可以简单概括为"审判独立"。中国的司法除了包括"审判"之外，还有很多含义，是广义的概念。在中国的语境和语义下，主张"司法独立"，简直就是乱弹琴。然而，当我们进一步在中国语境下界定"司法"概念时会发现，理论界和实务界对这个概念还没有达成共识。再如，在刑事诉讼法领域，"诉讼"概念是做广义界定的，但是，"证据"与"证明标准"的概念，学界通说往往做狭义理解。由于刑事诉讼法的话语体系的不和谐，"证据"与"证明标准"的问题,研究几十年,还是刑事诉讼法学的最大难点之一,大部分学生即便是硕士、博士毕业从事实务工作多年,细究起这个问题,也很难讲得透说得清。如何传承中国 3000 年法文化,笔者认为,其核心切入点概括成四个字就是"软法亦法"。那么,"法"这个概念就要做广义界定,显然,法学中大部分概念的内涵和外延因此要发生变化乃至重新界定,整个话语体系就要重构。

五、是时候构筑"新中华法系"了

只有民族的才是世界的,法治也不例外。一方面,我们要坚定文化自信,充分从中华优秀传统文化中汲取营养。习近平总书记指出,"中华优秀传统文化是我们最深厚的文化软实力,也是中国特色社会主义植根的文化沃土""我们要善于把弘扬优秀传统文化和发展现实文化有机统一起来,紧密结合起来,在继承中发展,在发展中继承"。另一方面,我们要在整理中华法文化优秀成果的基础上加以改造更新,根据时代发展的需要,在尊重传统的基础上融入现代优秀的法文化,使之与法治文明的时代发展相契合,全力构筑"新中华法系"。

新中国成立后,中国大陆先学习苏联法制,后经不断探索,形成了中国特色社会主义法律体系,台、港、澳地区由于历史原因,因袭了大陆法系和英美法系的制度模式,两岸暨港澳台,形成了"一个国家、两种制度、三种法系、四个法域"的历史格局。复兴中华法系,必须超越传统的法系框架,在历史现实下构筑"新中华法系",才可能全面、立体地囊括中国法治问题,反映中国法治气象。我们要大力深挖两岸暨港澳台在世界各大法系借鉴融合过程中形成的优秀法治成果,重视转化成效,以减少排异现象,克服本土化障碍。还要秉持大局意识,凝聚共识,从整体着手,协同推进各法域的司法改革,在改革的过程中主动借鉴,互相学习彼此的先进经验,积极地、有意识地消除体系障碍,为实现一体化发展奠定基础。

重现中华法文化的历史影响,挖掘当代价值,构筑新中华法系,是我们坚定法治文化自信的根基所在,是提出中国法治方案、贡献中国法治智慧的系统工程,是新时代法治发展历史的必然选择。

司法改革的基本理路

吴光升[①]

一、引言

我国目前正经历一轮新中国成立以来规模最大、程度最深,同时也可能是意义最为深远的司法改革。尤其是《监察法》的颁布与国家监察体制的改革,为司法改革向更深、更广方向发展提供了良好的契机。从法律的产生与实现过程来看,有关法律的活动可分为立法、执法、守法与司法四个方面。从我国目前来看,这里的法律是指以宪法为母法的法律、法规,所谓司法实际就是有关司法机关依照特定权限通过特定程序解决执法、守法过程中所发生纠纷的活动,不包括对有关立法是否违宪问题的裁决活动,但也不限于法院的裁判活动。[②] 司法的要素除了司法机关这个主体及其权限以外,还包括司法的程序。为此,"不能将司法改革视为司法机关'系统内部'的改革,也不能将其理解为'司法技术'的改革,更不能将其简单地看成是司法权力再分配的改革"。[③] 司法改革是一种具有体系性与综合性的改革:既涉及司法的宏观问题,也涉及司法的微观问题;既涉及司法主体的设置与其权限的合理配置问题,也涉及司法程序的科学设置问题;既涉及司法场域的内部问题,也涉及司法场域的周边问题。作为一项具有体系性、综合性的庞大工程,司法改革必须遵循科学的改革理路,找准核心要点,然后全盘考虑,有序推进。如果改革理路不科学、不清晰,没找准要点,就会出

[①] 吴光升,浙江工业大学之江学院教授。
[②] 有人认为,"司法"一词是建立在立法、行政、司法职权分立的基础上的,其含义就是审判,是被动行为。这是一种以"三权分立"为视角的观点,不符合我国的司法现实。参见周永坤:《有关司法改革方向的几个司法理念与实践问题》,载《政治与法律》2017年第1期。
[③] 徐静村:《法检两院的宪法定位与司法改革》,载《法学》2017年第2期。

现"头痛医头,脚痛医脚",改革内容缺乏针对性,改革方向易于迷失,或改革秩序颠倒,使已有改革难见成效,浪费改革成本,或越改越乱的局面,进而影响公众对司法改革的信心。因此,要想使司法改革取得预期成效,先得厘清改革的基本理路。

从司法改革需要注意的问题来看,司法改革需要处理好两大方面问题:改革的内容与改革的方式。改革的方式涉及两个方面内容:一是改革的路径,其涉及的问题是,在对相关制度进行改革时,是采经验主义,先试点,后立法?还是采构建主义,先理论,后立法?甚至直接参照域外法律或国际司法标准进行立法?抑或兼采两者,在进行充分理论论证与实践试点之后再进行立法?① 二是改革的先后,其涉及的问题是,在司法改革中,应当先对哪些方面进行改革,然后依次对哪些方面进行改革。不管是改革的路径问题,还是改革的先后问题,实际均取决于改革内容的确定。只有先确定改革的内容,才能恰当确定相关改革的路径,才能正确确定改革的先后次序。因此,厘清司法改革的基本理路,虽然改革的路径亦是需要加以考虑的问题,但最先需要做的是厘清当前司法改革中需要改革的内容。

为什么需要进行制度改革,根本原因在于这些制度存在某些问题,以至于不能实现预期的制度目的。换言之,相关制度是否需要改革,这些制度的哪些方面需要进行改革,应当以制度目的的实现作为判断依据,不能或不利于制度目的的实现的那些制度内容才是改革的对象。司法改革亦是如此,司法制度的哪些方面需要进行改革,也应当以司法制度的最终目的作为判断依据。任何法治国家的司法制度的设置目的均在于公正、高效、权威地解决各种社会纠纷,我国的司法制度亦不例外,其目的亦在于公正、高效、权威地解决社会纠纷。我国的司法制度之所以需要进行改革,就在于现有司法制度及相关配套制度存在一些不利于前述目的得以实现的因素。可以说,我国司法制度改革的目标在于建立一种公正、高效、权威的具有中国特色的社会主义司法制度。司法权威来源于司法的公正与高效,司法制度缺乏权威性,实际在于司法制度缺乏公正性与高效性,因而司法改革要解决的问题实际是司法的公正性与权威性问题。"徒法不足自行。"由于实际行使司法权的是一个个具体从事侦查、检察、审判与执行工作的司法人员,有

---

① 陈瑞华:《法律程序建构的基本逻辑》,载《中国法学》2012年第1期。

关当事人或其他诉讼参与人的权利保障规定最后也需要司法人员来执行或配合，司法是否公正、高效，最后均体现在特定司法人员的具体司法行为中，司法是否公正、高效，关键在于司法人员是否有能力、是否有动力公正、高效司法。同时，司法人员总是在特定环境下行使司法权，司法是否公正、高效，又与司法人员是否有条件公正、高效司法存在很大关系。因而，司法改革应当以司法人员为中心点来进行，司法改革的内容应当以如何保证司法人员有能力、有动力、有条件公正、高效行使司法权这三个方面为中心，其直接目标在于建立一个可使司法人员有能力、有动力、有条件公正、高效行使司法权的、具有中国特色的社会主义司法制度。以下对这三个方面进行简要论述。

二、保证司法人员有能力公正、高效行使司法权

保证司法人员有能力公正、高效行使司法权，这是一个如何遴选政治可靠、业务精熟、品行端正的人员充任司法人员的问题。这是建立公正、高效司法制度的基础条件与前提条件。司法人员如无能力公正、高效司法，其公正、高效司法的意愿再强，公正、高效司法的外部条件再优越，司法之公正、高效仍然难以实现。在我国目前存在的司法不公、司法懈怠问题中，有相当部分与司法人员的能力不足有关。根据法官法与检察官法的规定，初任法官、检察官需要通过国家统一法律职业资格考试（2018年以前为国家司法考试）与公务员考试，并根据所任职单位的级别要求有1~3年的法律工作经历。但是，这种法官、检察官的遴选机制并不能保证所选出来的法官、检察官就有能力公正、高效行使司法权。这一是因为这些考试基本上只能检验候选人员是否具备法官、检察官所应当具有的法律理论知识与作为公职人员所应当具有的基本应变能力与理解能力，对于他们是否具备法官、检察官所应当具有的政治素质与道德素养，则很难通过这些考试得以检验；二是法官、检察官应当掌握的法律业务能力既包括对书本上的法律理论知识与法律法规的精通情况，也包括对社会生活经验与法律实务经验之类的"活法"的掌握情况，而后者的有无并不是这些考试所能检验出来的；三是初任法官、检察官所要求的1~3年的法律工作经历过短，再加上期限结束时的考核环节缺乏具体的、合理的考核要求与考核机制，既不能检验候选人员是否已掌握应当掌握的"活法"，也不能检验他们是否具有应当具有的政治素质与道德素养。

针对司法人员能力不足的问题，党的十八届三中全会提出了"建立符合职业特点的司法人员管理制度，健全法官、检察官、人民警察统一招录、有序交流、逐级遴选机制，完善司法人员分类管理制度，健全法官、检察官、人民警察职业保障制度"的改革目标，中共中央办公厅则印发《从律师和法学专家中公开选拔立法工作者、法官、检察官办法》，要求法院、检察院应当把从律师、法学专家中选拔法官、检察官工作常态化、制度化，并要求法院、检察院在招录、遴选法官、检察官时，应当根据工作实际预留适当数量的岗位用于从律师、法学专家中公开选拔法官、检察官。根据这些改革要求，目前各法院、检察院有序推进司法人员的分类管理改革、法官与检察官的员额制改革，并试行从律师与法学专家中选拔法官与检察官。

从目前所进行的改革来看，这些改革并不能彻底解决司法人员的能力不足问题。首先，从事刑事侦查与裁判执行的非法院、非检察院的司法人员并无类似于法官与检察官的统一职业资格考试要求，这些司法人员的公正、高效司法能力缺乏有效制度保障。① 其次，在目前案多人少、大量司法工作实际仍由非入额的法官助理、检察官助理，甚至其他司法辅助人员完成的背景下，法官、检察官员额制改革实际只是解决了在案件办理中具有决定权或相对决定权的法官、检察官的能力问题，并不能解决其他办案人员的能力问题。这不仅会出现有些学者所说的办案团队"一条腿长、一条腿短"，进而影响案件质量的问题，② 而且还会导致入额法官、检察官替其他办案人员承担责任的错案追责错误问题，或入额法官、检察官全案包办、不堪案件重负的问题。再次，从律师与法学专家中选拔法官与检察官，如果不大幅度提高法官、检察官的各方面待遇，进而提高这些工作岗位的吸引力，其可行性实际是相当有限的。而要大幅度提高法官、检察官的待遇，我国目前还有相当的难度。最后，从法官、检察官的成长成本分担来看，候选人员达到法官、检察官要求的培养成本应当主要由其个人来承担。以较低的条件将不完全符合法官、检察官条件的人员招录入法院、检察院，在通过一定年限的法

---

① 如2012年《人民警察法》只在第26条规定，担任人民警察应当具备下列条件："（一）年满十八岁的公民；（二）拥护中华人民共和国宪法；（三）有良好的政治、业务素质和良好的品行；（四）身体健康；（五）具有高中毕业以上文化程度；（六）自愿从事人民警察工作。"至于如何保障警察的良好政治、业务素质与良好品德，则缺乏相应规定。

② 徐静村：《中国司法改革的动态、展望与挑战》，载《甘肃政法学院学报》2017年第1期。

律工作训练后将他们转任法官、检察官，实际是将本应由他们承担的培养成本转嫁给了国家，这种做法的合理性值得反思。①

如何保证司法人员有能力公正、高效行使司法权，从目前来看，首先应当深化法官、检察官分类管理制度改革，将法院、检察院参与案件办理的人员分为法官、检察官与法官助理、检察官助理两类，并将他们与法院、检察院的其他司法行政辅助人员区别开来，实行不同的招考制度。而且，应当规定案件办理人员与司法行政辅助人员两者之间不能转换，司法行政辅助人员不能直接转任法官助理或检察官助理，而应当参加统一招考才能被选任为法官助理或检察官助理。其次是进一步提高法官、检察官入额考试与法官助理、检察官助理招考的素质要求。对于法官、检察官的入额考试来说，应当进一步提高法律工作经验、政治素质与品行的要求；对于法官助理、检察官助理的招考来说，应当进一步提高考生的法律实务经验要求与品行要求。与此要求相对应，应当改革我国的法学教育体制，借鉴域外经验，将法律实务经验纳入国家统一法律职业资格考试的内容范围，即一方面在法律援助机构、法院、检察院等法律实务单位专门设置实习岗位，允许法学专业学生可作为实习生在这些法律实务部门进行深度的、系统的实习；另一方面将国家统一法律职业资格考试分为理论考试与实务考试两个环节，通过理论考试的人员必须到各个法律实务部门进行为期 2 年左右的实习才能参加实务考试，只有通过实务考试的人员才能获得国家统一法律职业资格证书，才能有资格参加法官助理、检察官助理的考试。再次，应当将上述选拔制度推广适用到从事刑事侦查、法院裁判执行工作的司法人员。最后，应当借鉴域外经验，进一步提高入额法官、检察官的待遇，以比较优越的待遇吸引政治可靠、品行良好、法律工作经验丰富的律师、法学专家充任法官、检察官，以便在提高司法人员公正、高效司法能力的同时，促进法律职业共同体的形成，减少律师与法官、检察官之间的冲突现象，以及加大法学理论与法律实践的良性互动。

三、保证司法人员有动力公正、高效行使司法权

司法人员有动力公正、高效行使司法权，这是一个如何引导、激励司法人员

---

① 如有人建议，法院应当利用编制指标招录具有法律专业本科或研究生学历，并已通过司法考试的人员担任法官助理，明确法官助理是法官的后备队伍。徐静村：《中国司法改革的动态、展望与挑战》，载《甘肃政法学院学报》2017 年第 1 期。

公正、高效司法的问题。这是司法权得以公正、高效行使的关键。司法人员有动力公正、高效行使司法权,有时可以弥补某些公正、高效司法条件不足的缺陷。相反,如果司法人员无公正、高效司法的动力,即使其业务能力再好,司法环境再好,司法之公正、高效仍然难以实现。

现实生活中的人绝大部分是有自己利益需求的有限理性人,并非完全理性的道德人。这种利益需求既有物质层面的,也有精神层面的。由于这种利益需求,现实生活中的大部分人实际是如同法国思想家皮埃尔·布尔迪厄所说的,他们所做行为往往具有策略性,而不是出于对规范的遵从,他们在日常实践中是否遵循规范往往取决于各自的利益权衡。① 司法人员亦是有限理性人,他们的司法行为也具有策略性,他们是否愿意公正、高效行使司法权,也与其心中的利益权衡存在很大关系。因而,如何保证司法人员有动力公正、高效行使司法权,关键在于使司法人员合理利益需求的满足与司法权的公正、高效行使具有一致性:只有司法权得以公正、高效行使,司法人员的合理利益需求才会得以满足;否则,不仅他们的预期利益不能得以实现,而且还会丧失已有利益。

为提高司法人员公正、高效行使司法权的动力,自党的十八届三中全会以来,我国不断加大这方面的改革。总体来看,主要进行了以下几方面的改革:一是进行了司法责任制改革。2014年党的十八届四中全会的《中共中央关于全面推进依法治国若干重大问题的决定》提出,"明确各类司法人员工作职责、工作流程、工作标准,实行办案质量终身负责制和错案责任倒查问责制,确保案件处理经得起法律和历史检验"。党的十九大报告再次强调司法责任制的重要性,要求全面落实司法责任制,努力让人民群众在每一个司法案件中感受到公平正义。2017年10月,中共中央办公厅公布《关于加强法官检察官正规化专业化职业化建设全面落实司法责任制的意见》,提出了法检队伍建设、全面落实司法责任制的二十条意见。为此,各司法机关先后围绕司法责任制采取系列的改革措施,以落实司法责任制。如最高人民法院出台《关于完善人民法院司法责任制的若干意见》《关于落实司法责任制完善审判监督管理机制的意见(试行)》《关于进一步全面落实司法责任制的实施意见》等,最高人民检察院出台《关于完善人民检

---

① [美] 戴维·斯沃茨:《文化与权力——布尔迪厄的社会学》,陶东风译,上海译文出版社2006年版,第114-115页。

察院司法责任制的若干意见》《最高人民检察院机关司法责任制改革实施意见（试行）》等。二是推进司法公开，加大对司法活动的监督力度。党的十八届三中全会提出，"推进审判公开、检务公开，录制并保留全程庭审资料。增强法律文书说理性，推动公开法院生效裁判文书。严格规范减刑、假释、保外就医程序，强化监督制度。广泛实行人民陪审员、人民监督员制度，拓宽人民群众有序参与司法渠道"。党的十八届四中全会更是将这种改革要求进行了具体化，在司法公开方面，要求"构建开放、动态、透明、便民的阳光司法机制，推进审判公开、检务公开、警务公开、狱务公开，依法及时公开执法司法依据、程序、流程、结果和生效法律文书，杜绝暗箱操作。加强法律文书释法说理，建立生效法律文书统一上网和公开查询制度"。在司法监督方面，要求"完善检察机关行使监督权的法律制度，加强对刑事诉讼、民事诉讼、行政诉讼的法律监督。完善人民监督员制度，重点监督检察机关查办职务犯罪的立案、羁押、扣押冻结财物、起诉等环节的执法活动。司法机关要及时回应社会关切。规范媒体对案件的报道，防止舆论影响司法公正"。为了贯彻党中央的上述要求，公安部在2018年8月出台《公安机关执法公开规定》，最高人民法院在2018年11月出台《关于进一步深化司法公开的意见》。三是加大对司法腐败行为的惩治。党的十八届四中全会提出，对因违法违纪被开除公职的司法人员、吊销执业证书的律师和公证员，终身禁止从事法律职业，构成犯罪的要依法追究刑事责任；"对司法领域的腐败零容忍，坚决清除害群之马"。

如何使司法人员的合理利益需求满足与司法权的公正、高效行使具有一致性，总的要求就是对司法人员要有明确合理的奖惩标准与正当有效的奖惩程序，以合理的利益得失机制引导、激励司法人员公正、高效行使司法权，同时还应当有合理的司法监督程序，事前预防司法不公、司法懈怠现象。首先，应当明确每个司法岗位的权限与职责，以为司法人员的合理考核与司法追责提供依据。其次，应当有明确合理的奖惩标准，司法人员公正、高效司法的，应当通过物质奖励、精神奖励、职务级别的升迁等方式给予相应的回报；司法人员司法不公、司法懈怠的，应当根据具体情形给予违纪处分、行政处分、承担法律责任等轻重程度不等的惩罚。何时该惩，何时该奖，有关标准一方面应当尽量明确具体，另一方面应当科学合理，标准的设置除应当考虑司法规律，切实做到责、权、利相统一外，还应当考虑司法人员的有限理性能力与合理利益需求，不能超出司法人员的理性能力与无视司法人员的合理利益需求设置考核标准。如不能单纯以破案率、起诉率、定罪率、改判率等考核司法人员,不能简单地以不起诉决定、无罪判决为依据认定案件属于错案并加以追责等。再次,应当有正当有效的奖惩程序,尤其是追责程序。一方面,奖惩程序应当具有正当性,应当能够保障相关当事人的合法权益;另一方面,奖惩程序应当具备有效性,应当保证应有的奖惩,尤其是惩罚都能得到及时兑现,不能让有关责任条款成为"睡眠条款"。最后,应当有科学合理的司法监督程序,使司法人员不敢滥用司法权、消极行使司法权。一方面,根据社会心理学的社会促进效应原理,由于他人在场,个体的努力程度或表现将受到评估,可促使个体提高生理唤醒状态,即使个体变得更有动力,从而更好地完成任务。① 科学合理的司法监督,可增进司法人员公正、高效司法的动力。另一方面,科学合理的司法监督程序可保证及时发现有关司法人员司法不公、司法懈怠的线索,进而可及时启动司法追责程序。

将目前所进行的司法改革与上述改革要求相对照,可发现,目前的司法改革相对于以前的司法改革,在保证司法人员有动力公正、高效司法方面走出了相当重要的一步,但仍然有进一步改革的空间,甚至可以说,如不进行这些方面的改革,有可能导致目前的改革前功尽弃。一是在司法责任制改革方面,目前的改革侧重于实体标准的建构,即有关司法岗位权限、职责的确定以及追责标准的构建,而对司法追责程序的建构则不够重视。如不管是最高人民法院的规定,还是最高人民检察院的规定,在司法追责方面,基本上只对哪些司法人员就哪些事项承担何种责任进行规定,而对于如何启动这种追责程序,通过何种正当程序将这些责任予以实现,如何对追责程序进行救济与监督等问题,均缺乏具体规定。这些问题不解决,司法追责就有可能遭遇国家赔偿追偿规定的相同结果,即成为一种"睡眠条款",有效力却无实效,不能增进司法人员公正、高效司法的动力。二是目前的司法追责实际还只限于因为故意、重大过失导致的司法不公问题,而对于司法懈怠行为的追责方面,则几乎没有体现。这虽然有何为司法懈怠,或者如何认定司法缺乏高效缺乏客观标准的原因,但也与我国司法实践长期不重视当事人的快速审判权有关。三是在司法程序公开与司法监督方面,目前的司法改革

---

① [美]埃里奥特·阿伦森等:《社会心理学》,侯玉波等译,中国轻工业出版社2007年版,第245页。

侧重于审判程序的公开与监督，而对刑事审前程序的公开与监督方面，则存在明显不足。如审前有关刑事涉案财物的搜查、扣押、冻结与有关人身的刑事强制性措施的采取，目前实际均无实质性的公开与监督的改革措施。

针对以上问题，下一步的改革除应当继续深化已有改革之外，还应当重点关注以下几个方面的改革：一是司法追责程序的科学建构。对于司法追责问题，虽然有人认为，这种改革是得不偿失的，原因是选择以"强化法官责任"作为手段的时候，会弱化依法独立行使审判权；法官的裁判结果不能接受考评，因为法官是中立的裁判者，以追求正义为唯一要务，一旦接受考评，法官就会在个案裁判中顾及个人利益，裁判就会成为一种交换而失去独立性。① 这种看法有失偏颇。责任是司法人员公正、高效司法的最终动力来源，不谈责任而仅依靠司法人员的理性与良心，或者所谓的职业荣誉感来保证公正、高效司法，无异于天方夜谭。只要追责程序科学合理，追责与依法独立行使检察权、审判权并不冲突。这种科学合理的追责程序的建构，需要解决以下几个问题：首先是司法追责主体的设置，即应当由哪些机构对司法不公、司法懈怠行为进行追责。② 其次是司法追责程序的启动，即哪些人员可举报司法不公、司法懈怠行为，符合何种条件就可启动追责程序等。再次是司法追责的决定与救济程序，即追责主体应当通过何种方式来追责，何方负有相关的举证责任，被追责人有哪些救济措施等。最后是追责监督程序，即如何对追责过程进行监督，保证追责主体及时公正地履行追责责任。二是司法懈怠行为的追责机制的建构。这涉及司法懈怠行为的认定标准，司法懈怠行为的惩罚措施，司法懈怠行为的惩处程序等问题。三是尽量扩大程序公开范围，加大司法监督力度。这主要是将刑事案件的审前程序尽量纳入公开范围，建立有效的、多层次的、多渠道的司法监督机制，在事前、事中防止出现司法不公、司法懈怠现象的同时，也为事后司法追责提供案件线索来源。如尽可能扩大可公开的司法程序范围，赋予与保障当事人及其辩护人、诉讼代理人与公众

---

① 周永坤：《有关司法改革方向的几个司法理念与实践问题》，载《政治与法律》2017年第1期。
② 对于这个问题，有人建议全国人大设立法律监督委员会（常设机构）负责行使法律监督权，凡属全国人大及其常委会依照宪法规定应当行使的各项监督权，都由这个委员会负责行使；在这个委员会下面设立司法弹劾委员会专门负责司法监督，通过受理对违法司法行为或不公正的司法裁判的检举控告，查处和纠正司法活动中的违法操作、枉法裁判等行为，确保实现司法公正。参见徐静村：《中国司法改革的动态、展望与挑战》，载《甘肃政法学院学报》2017年第1期。

的适度程序参与权与知情权,将司法裁决、司法决定的网络公开要求与充分说理要求予以制度化,建立重大、敏感案件的完全公开机制,奖励对司法不公、司法懈怠的举报行为等。

四、保证司法人员有条件公正、高效行使司法权

司法人员有条件公正、高效行使司法权,这是指应当有相应制度确保司法人员可以不受干扰或阻碍地高效、准确认定案件事实,正确适用法律,及时执行生效判决或裁定。这是目前存在问题最多,同时又是情况最复杂、改革难度最大,因而最需要花大量资源、需要极其慎重推进的改革内容。

从原因上看,可干扰或阻碍司法人员公正、高效行使司法权的因素总体上有两类:第一类为合法但不合理的干扰因素。此类因素又大致可分为以下几种:一是司法机关与司法人员的职能设置不合理,使司法人员承担若干相互冲突的司法角色。如让刑事法官既承担裁判者角色,又承担追诉者角色。二是司法权配置不当,司法人员有无相应的决定权。如审与判分离,审判人员无最终裁决权,法官无法根据事实与法律作出公正判决。三是有关司法制度或程序设置不合理,阻碍或无助于司法人员公正、高效行使司法权。如诉讼程序种类单一,简单案件也必须适用普通程序;刑事诉讼辩护权缺乏有效保障,有关诉讼参与人的诉讼权利受到不应有的限制或缺乏相应规定,无助于司法人员公正、高效司法等。第二类为本身就不合法的干扰因素。如司法地方保护主义、非办案人员的违法干涉、有偏见社会舆论的不当压力等。

我国有关这方面的改革,尤其是有关诉讼程序的改革,自20世纪80年代以来,实际一直在进行,只是改革思路不是很清晰,改革推进缺乏整体性,因而改革成效一直不尽如人意。在党的十八大以后,中央不断加大有关这方面的改革力度,使得这方面改革的深度与广度都是前所未有的。十八大报告指出,"进一步深化司法体制改革,坚持和完善中国特色社会主义司法制度,确保审判机关、检察机关依法独立公正行使审判权、检察权",将确保法院、检察院独立行使审判权、检察权作为改革的目标。党的十八届三中全会继续推进这方面的改革,并提出了很多具体的改革内容:一是在确保依法独立公正行使审判权、检察权方面,要求推动省以下地方法院、检察院人财物统一管理,探索建立与行政区划适当分离的司法管辖制度。二是在司法机关的职权配置方面，要求优化司法职权配置，健全司法权力分工负责、互相配合、互相制约机制；改革审判委员会制度，完善主审法官、合议庭办案责任制，让审理者裁判、由裁判者负责；明确各级法院职能定位，规范上下级法院审级监督关系。三是在司法程序方面，要求尊重和保障人权，进一步规范查封、扣押、冻结、处理涉案财物的司法程序，健全国家司法救助制度，完善法律援助制度。党的十八届四中全会在司法改革方面又向前迈进一步：一是在司法权配置方面，要求健全侦查权、检察权、审判权、执行权相互配合、相互制约的体制机制，推动实行审判权和执行权相分离的体制改革试点；二是在诉讼程序改革方面，要求推进以审判为中心的诉讼制度改革，确保侦查、审查起诉的案件事实证据经得起法律的检验；要求强化诉讼过程中当事人和其他诉讼参与人的知情权、陈述权、辩护辩论权、申请权、申诉权的制度保障，将诉讼申诉纳入法律援助范围；三是在排除不法干扰方面，要求各级党政机关和领导干部要支持法院、检察院依法独立公正行使职权，严禁领导干部干预司法活动、插手具体案件处理；严禁司法机关内部人员违反规定干预其他人员正在办理的案件，建立领导干部、司法机关内部人员过问案件的记录、通报和责任追究制度；要求最高人民法院设立巡回法庭，并探索设立跨行政区划的司法机关，办理跨地区案件，以打破司法中的地方保护主义；规范媒体对案件的报道，防止舆论影响司法公正。党的十九大报告则要求深化国家监察体制改革与司法体制综合配套改革，使改革得以向纵深发展。为贯彻党中央的上述改革要求，立法机关通过《监察法》，修改《刑事诉讼法》，重新配置公职人员职务犯罪的立案侦查权，以审判为中心改革刑事诉讼法，确立认罪认罚从宽处理原则，建立值班律师制度，设置速裁程序、缺席审判程序等，这些改革无疑均为司法人员公正、高效行使司法权扫除了一些障碍，创造了比较好的司法环境。

  但是，抛开这些改革的最后效果不谈，仅从需要解决的问题来看，这些改革仍然存在疏漏或不足。一是司法人员的角色冲突问题，目前仍然没有得到应有的关注与重视。如有学者认为，由于受传统权力行使方式的影响，我国法、检两院长期以来被当成是政府下面的一个部门，并没有给予法院、检察院同政府平等的待遇，并将公安机关行使的侦查权同检察院行使的公诉权和法院行使的审判权视为平行设置的三项权力，实行"公安机关、人民检察院、人民法院分工负责，互相配合，互相制约"的诉讼原则，这是我国司法权力运行机制结构畸形、运行不畅、不能确保实现司法公正的原因所在。① 这里所谈到的问题，实际就是我国长期以来未恰当认识检、法的诉讼角色及其他们与公安机关诉讼角色之差别的一个重要体现。法院、检察院的最终目标虽然也与公安机关所代表的政府机关一样，均在于整合社会秩序。但是它们是从不同方向、不同路径走向这个目标的，检察机关作为法律监督机关，在于保证法律的正确实施，法院作为裁判机关，在于保证纠纷的公正解决，而政府机关作为管理机关，在于保证法律的及时执行。它们整合社会秩序的路径不同，承担的诉讼角色不同，因而它们职责权限也应当不同。如果未能认识到这一点，要求它们承担相同职责，就有可能造成它们的角色冲突，使司法人员无所适从，使其职责功能无从发挥。如要求法院一旦发现错误刑事判决就主动启动再审程序，就会使法院在追诉角色与裁判角色之间无所适从，从而只能牺牲其公正裁判的功能；要求法院与公安机关一样负有维稳的直接职责，就会使得法院难以保持中立的地位。更严重的是，这种改革的缺失，还会影响到目前所进行的一些改革的实际效果，如审判中心主义诉讼制度的改革。但从目前所进行的司法改革来看，实际均未真正触及司法机关诉讼角色的合理调整。二是在司法人员的职权配置方面，仍然有待进一步梳理。一方面，在有关司法权的分与合的问题上，仍然存在思路不清晰的问题。如目前在有关公职人员职务犯罪调查取证权的隶属问题与检察机关捕、诉是否应当合一的问题还未在理论上达成共识，实际就是这个问题在理论上的体现。另一方面，没有给司法人员合理的决定权。虽然出于司法责任制改革，目前正对审判委员会、合议庭、各个司法机关负责人、各个业务庭（处）负责人与主办法官、检察官的职责进行梳理，明确他们的各自职责范围，赋予他们相应的权力，但却存在该放权的不放权，不该放权的却放权，或者以监督名义损害应有决定权或裁判权的现象。究其原因，在于我国语境下的司法权含义比较广，除了裁判权以外，实际还包括起诉权、调查权与裁判执行权，而这些权力的行使要求实际并不相同，有的具有被动性，有的则具有主动性；有的需要亲历性，有的则无须亲历性；有的可上命下从，有的则适宜由单个司法人员作出判断。而目前的司法改革却未认识到这一点，而有"一刀切"的倾向，在放权方面，把所有司法权视为一种裁判权，主张司法人员都有较大决定权；在监督方面，又把所有司法权视为一种调查权或执行权，要求

---

① 徐静村：《中国司法改革的动态、展望与挑战》，载《甘肃政法学院学报》2017年第1期。

加大司法监督，从而在放权与监督两个方面来回摇摆，游移不定。另外，对监督含义的不恰当理解，也造成诉讼外的监督权与司法决定权处于一种紧张状态，监督权不时侵蚀司法决定权，司法人员无最终的决定权。三是在司法程序有助于司法权公正、高效行使的设置方面，司法改革比较重视有关司法人员的诉讼程序，而忽视诉讼参与人对司法权公正、高效行使的帮助作用，因而未能从司法权公正、高效行使的角度对这些人的诉讼参与程序进行应有改革。如目前的司法改革虽然扩大了法律援助范围，但却主要从人权保障的角度来改革，而未能从法律援助有助于公正、高效行使司法权的角度进行改革，导致法律援助常常在司法改革中被视为一种与司法权行使相对立的力量。四是在防止不法因素干扰司法权公正、高效行使方面，虽然已经认识到这方面因素对司法公正所具有的危害性，却无有效的防范措施。如对司法如何免受社会舆论的不当影响问题，仍然缺乏有效对策；对如何防止非办案人员干扰司法权的行使问题，仍然需要进一步探索解决方案。

如何保证司法人员有条件公正、高效行使司法权，针对目前司法改革存在的不足与疏漏，下一步改革应当做好以下几个方面：

一是准确认识司法权的功能，合理界定司法机关与司法人员的诉讼角色。这主要是从社会秩序整合的宏观角度认真审视司法权的社会功能与各个司法机关的职责，将司法权视为一种发现与解决法律执行过程中所发生的纠纷的权力，其功能在于通过解决社会纠纷整合社会秩序，而既非制定每个人都应当遵守法律，也非执行法律。如果将立法权视为第一层次的权力，将执行法律权力即执法权视为第二层次的权力，那司法权属于第三层次的权力。这种司法权包括纠纷调查权、纠纷提交裁判权、纠纷裁判权与纠纷裁判执行权等，出于分工制约原则，这些权力分别交给侦查机关或调查机关以及公民、检察机关、法院、刑罚执行机关等执行。由于司法权的行使要求既不同于执法权，其各部分内容的行使要求也各有不同，既不能将执法机关的角色要求施加于司法机关与司法人员，也不能将行使各部分司法权的司法人员的角色相互混淆，而应当根据其所应当具有的功能赋予角色任务，既不能要求司法机关承担本属于执法机关的社会管理、维稳任务，也不能要求裁判机关承担纠纷的发现、调查以及执行任务，尤其是不能将相互冲突的角色分配给同一个司法机关或司法人员承担。如不能要求纠纷调查机关自己裁决自己的调查行为是否具有正当性，裁判机关既调查纠纷又裁决纠纷等。同时，还应当梳理这些司法机关之间的关系，分工制约应当是主要的，纠纷调查机关可以在一定范围内与纠纷提交裁判机关相互配合，但这两者不能与纠纷裁判机关相互配合。

二是根据公正、高效行使司法权的原则处理好有关司法职权的合并行使与分开行使问题。权力合并行使，其优点在于可节省分开行使所导致的协调成本，提高权力行使效率；其缺点是易于导致权力集中，不利于权力的相互制约，进而可能导致权力行使者的角色冲突与权力的滥用。权力分开行使，其优点是可使权力相互制约，避免权力的滥用；缺点是可带来过高的权力行使协调成本，降低权力行使的效率。因此，有关司法职权应当合并行使，还是分开行使，应当根据有利于司法权公正行使与高效行使的原则来处理，具体功能不同的司法职权应当分由不同机构行使，以避免权力行使者的角色冲突；存在权力过于集中而有权力滥用风险的，也应当分由不同机构来行使。如公职人员职务犯罪的调查取证权与起诉权交由不同机构来行使是恰当的，审判权与裁判执行权交由不同机构来行使也是应当的，刑事强制性措施的决定权与执行权交由不同机构行使也是合理的。而功能目标一致，且需要提高权力行使效率的，则应当交由同一机构行使。如目前学界所讨论的检察机关的捕、诉关系问题，如认为检察机关的批准逮捕权与起诉权的功能目标是同一的，都是出于监督目的，则可合并行使，否则应当分开行使。

三是恰当处理司法监督与依法独立行使司法权的关系，赋予司法机关与司法人员应有的司法决定权。这主要是处理好两方面的监督关系：一方面是人大监督、党的监督与司法决定权的关系。监督的实质在于发现问题，而非直接解决问题。因此，不管是人大监督，还是党的监督，应当只能发现问题，然后提交相关部门处理，而不能直接处理，更不能替代司法机关对个案作出相应决定，个案的决定权仍然属于有关司法机关。另一方面是司法机关的内部监督与司法决定权的关系。在我国，检察权与审判权的依法独立行使是指检察院与法院的依法独立行使，而非检察官与法官个人的依法独立行使。为此，检察院与法院的内部监督按道理可以自己直接作出处理决定，但是也应当根据不同司法权种类（侦查权、起诉权、审判权、执行权）与监督种类（事前监督、事中监督、事后监督），通过不同的程序实施监督，不能完全按行政程序进行处理，更不能借监督名义以行政方式行使司法权。如法院对个案进行监督时，不能由法院负责人员直接改变相关判决或裁定，而应当通过相应的审判程序来纠正。对此问题，总的原则应当是由最有能力、最有条件的司法人员对案件拥有决定权。

四是科学、合理设置诉讼程序，使司法人员公正、高效行使司法权有程序法依据。司法人员的司法行为直接关系到当事人及有关人员的权利与义务分配问题，根据程序法定原则，所有司法行为均应当根据程序法的规定进行，因而程序法对诉讼程序的设置直接关系到司法人员是否有条件公正、高效行使司法权。司法公正包括实体公正与程序公正两个方面。诉讼程序要确保司法人员有条件实现实体公正，也就是要求诉讼程序的设置应当有利于司法人员获取足够的、可帮助其作出公正决定的案件信息，这实际也就是要求司法人员在作出司法决定之前在程序上应当听取各方面的案件信息或意见。就目前而言，这一方面应当在程序上规定，侦查人员在侦查终结之前、检察人员在作出是否起诉的决定之前，应当听取犯罪嫌疑人及其辩护人、被害人及其诉讼代理人以及其他利害关系人的意见，而这又应当要求侦查人员、检察人员在此之前允许上述人员查阅已收集的案件证据，并将涉嫌的罪名、扣押的财物与拟作出的处理意见通过恰当的方式告知上述人员；另一方面应当改革国民参与司法的条件、途径与方式，使司法决定、裁判能体现真正的民意，如可规定新型案件、实体法律规定不明确的案件、具有重大社会影响的案件等的起诉、裁判必须通过一定途径听取国民意见，参与案件决定、裁判的公民必须具有代表性等。所谓程序公正，实际就是有关诉讼程序应当认可并尊重与程序结果有利害关系之人以及其他诉讼参与人的正当利益需求，并保障这些利益需求可得以实现。因此，所谓诉讼程序要确保司法人员有条件实现程序公正，实际就是要求立法机关应当根据程序公正的要求对相关诉讼程序作出明确的规定，以便司法人员可遵照执行。如应当对刑事案外人参与诉讼的程序作出明确规定，对涉案财物处理的相关程序作出更为明确、合理的规定等。由于程序法定原则，诉讼程序要确保司法人员有条件高效行使司法权，实际是指诉讼程序的设置要在确保公正的前提下体现诉讼效率。目前在这方面还需要做的是：一方面应当根据案件的繁简难易程度，设置繁简程度不同的诉讼程序，尤其是审前诉讼程序，以便司法人员可根据案件实际情况选择不同的诉讼程序处理案件，提高诉讼效率；另一方面应当改革司法机关内部的案件管理制度，尽量减少一些不必要的案件审批程序。

五是针对不同原因建立有效的抗干扰机制。司法干扰因素之所以可成功干扰司法权的公正、高效行使，原因有三：首先，司法人员无能力抗干扰；其次，司法程序无完善的屏蔽干扰因素的机制；最后，非办案人员有干扰司法的动机。司法人员无能力抗干扰，实际是指司法人员的合法权益易受非办案人员的左右，致使司法人员在行使司法权时不得不听从非办案人员的安排或指使。因此，针对第一个方面的原因，下一步应当继续深化司法人员的职业保障制度改革，免除司法人员公正、高效行使司法权的后顾之忧。如建立司法人员职业保障制，非经司法人员的自愿或具有违法犯罪行为，不得将司法人员调离司法岗位；建立完善的司法追责与弹劾程序，确保司法人员不被随意处罚或处分。案件管辖地的恰当选择、回避制度的恰当使用与办案人员的合理选择，均可起到抗干扰的作用，但目前我国诉讼法有关这方面的规定，大都是从案件办理的方便角度来考虑，而很少从案件办理的抗干扰角度来规定。下一步改革除应当对案件的指定管辖从抗干扰的角度作出明确规定外，还应当从抗干扰的角度对回避制度与合议庭的组成进行相应规定。非办案人员之所以热衷于干扰司法，无非是其可以从中获取利益，同时违法成本比较低。因此，针对第三方面的原因，应当加大对非办案人员干扰司法行为的制裁，如在刑法上设置妨害司法罪，将故意妨害司法，同时不能以其他罪名追究刑事责任的行为纳入刑法的打击范围；从党纪政纪方面严厉处理那些没有构成犯罪的司法干扰行为，以抑制非办案人员干扰司法的行为。

五、结语

司法改革是一种具有体系性、综合性的工程，每一部分的改革都会关系到各种利益的重新平衡，而且目前的司法改革已逐渐进入深水区，每向前走一步，都涉及重大利益的调整或国家权力的重新配置，因而司法制度的哪些内容需要进行改革，都需要根据司法规律与现实国情进行多方面的、慎重的权衡与考虑。如何在现实国情与司法规律之间进行平衡，这是我国目前司法改革面临的一个难题。司法改革，归根结底在于使司法人员公正、高效地行使司法权，改革对象应当是那些阻碍司法人员公正、高效行使司法权的制度内容。司法人员的司法权行使是否公正、高效，主要取决于三个方面的因素：司法人员是否有能力公正、高效行使司法权；司法人员本身是否有动力公正、高效行使司法权；司法人员是否有条件公正、高效行使司法权。为此，司法改革的核心内容应当在于改革相关制度，保证司法人员有能力、有动力、有条件公正、高效行使司法权。其中，保证司法人员有能力公正、高效行使司法权是司法改革最先需要解决的问题，这方面问题不解决，其他改革内容就难见成效；保证司法人员有动力公正、高效行使司法权，这是司法改革能否成功的必要条件与关键条件，在进行这方面的改革时，必须关注司法人员的合理利益需求，不能将司法人员视为无欲无求的理性人，而应当将他们视为一个个具体的、有自己利益需求的有限理性人；保证司法人员有条件公正、高效行使司法权，这是目前司法改革面临的最复杂也是难度最大的问题，如何做好这方面的改革，关键在于把司法制度作为社会秩序整合制度体系的一部分，从司法制度的内外两个角度审视那些从客观上制约司法人员公正、高效行使司法权的因素，然后根据司法规律，结合现实国情，废除或改革那些不利于司法人员公正、高效行使司法权的制度或程序，增设有利于司法人员公正、高效行使司法权的制度或程序。

刑事责任年龄的宪法学思考

陈 冬[①]

近几年来，降低刑事责任年龄的问题渐成为大众关注的热门法律问题之一，显然，这种关注起源于社会生活中某些恶性犯罪行为的低龄化现象。从2013年重庆10岁女孩虐待儿童，[②] 到2018年13岁青少年杀害母亲之后，还在现场露出笑容，[③] 种种现象让公众不寒而栗。这些事件经由网络媒体的曝光和渲染，为越来越多的人所知，甚至隐然成为一种风潮，在一定程度上威胁了刑法中的刑事责任年龄理论。

我国民众的法律素养相对而言并不高，在一些常识性的法律问题上，网络流行舆论存在明显的错误，如认为刑事责任年龄来源于《未成年人保护法》，并将《未成年人保护法》称为"未成年人渣保护法"[④] 等，在法学学者看来不值一哂。与此同时，学者们则多对公众意见持不以为然的心态，在学者们看来，刑事责任年龄的降低本质上乃是一种违反世界文明发展趋势的行为，实属既不必要也不应当。[⑤] 一个值得注意的事实是，菲律宾因降低刑事责任年龄而受到联合国的关注。[⑥] 在这种背景下，降低刑事责任年龄至少在法学研究领域，往往被视为政治

[①] 陈冬，中国交通建设股份有限公司巡视员，研究员，中国政法大学2008级博士后。
[②] 《重庆10岁女孩摔婴案：坠楼婴儿经抢救苏醒》，载网易网，http://news.163.com/14/0310/15/9FD7T7CJ00014JB6.html，2018年12月7日访问。
[③] 《触目惊心：湖南12岁男生持刀杀母!》，载腾讯网，https://new.qq.com/omn/20181204/20181204G12C0X.html，2018年12月7日访问。
[④] 《校园欺凌被判刑！"未成年人渣保护法"失效，"大快人心"？》，载搜孤网，https://www.sohu.com/a/203069239_656835，2018年12月12日访问。
[⑤] 《刑事责任年龄是否该降低？多数专家主张"理性看待"》，载环球网，http://www.huanqiu.com/r/MV8wXzkxMzkzMTFfMTQxMV8xNDY3ODg2NDMx，2018年12月12日访问。
[⑥] 《菲律宾欲将刑事责任年龄降至9岁，联合国关切》，载人民网，http://world.people.com.cn/n1/2016/1122/c1002-28887130.html，2018年12月13日访问。

不正确。然而，民众的意见真的是完全错误的？相对地，法学学者对降低刑事责任年龄的反对，就完全不能从理论上予以反驳？事实上，在我国法治建设的过程中，公众意见与专家意见完全相左的现象并不罕见，对于学者看来，公众应当学会"接受法治的代价"，应当更加尊重程序正义而非实体正义，应当更加重视人权保障而非执着于"同态复仇"。相应地，公众则往往基于自身的朴素正义观，对专家意见产生不满和怀疑，在当年的邓玉娇案、药家鑫案中，公众的负面情绪不言而喻。

我们没有必要去争论公众意见与专家意见的对与错，但我们有必要重新审视刑事责任年龄的法理基础。从宪法的角度进行思考，我们也许会得出完全不同的结论。

一、原则，抑或政策？

刑事责任年龄的理论与国家保障未成年人权益的立场有着直接的关联。我国宪法明确规定，"国家培养青年、少年、儿童在品德、智力、体质等方面全面发展"。这一规定体现了十分明确的国家家长制的立场。简而言之，即是国家自己基于未成年人家长的立场，对青少年的成长负有教育和管理的义务。在宪法关爱和注视青少年成长的宏观背景下，我国相关法律对这一宪法精神和立场进行了延伸。

（一）作为政策的未成年人权益保护

在我国法律制度中，未成年人权益主要表现在如下几个方面。

其一，从宪法层面界定国家和家长对于青少年的义务。宪法除了规定国家应当承担青少年的教育、赔偿义务之后，还明确规定了父母抚养、教育未成年人子女的义务。《宪法》第49条对此进行了集中规定："婚姻、家庭、母亲和儿童受国家的保护。夫妻双方有实行计划生育的义务。父母有抚养教育未成年子女的义务，成年子女有赡养扶助父母的义务。禁止破坏婚姻自由，禁止虐待老人、妇女和儿童。"在宪法之外，《未成年人保护法》则详细规定了未成年人所应享有的各种权益。

其二，从民法层面规定父母对未成年人的监护义务。对此，民法层面有相对完善的监护制度可资讨论，此处不予展开。

其三，我国刑法对未成年人的权益从两个方面予以保障。一方面，对未成年人的合法权益给予高于一般公民的保护标准，如有些罪名只针对侵害未成年人权益的犯罪行为，如拐卖儿童罪、强奸幼女罪，另有一些罪名则规定侵害未成年人权益的行为为从重、加重情节。另一方面，则是在今天备受争议的刑事责任年龄，即十四周岁以下未成年人对其所做出的任何危害行为不承担刑事责任，十四至十六周岁只对部分犯罪行为承担刑事责任，十四至十八周岁犯罪为法定从轻或减轻情节。

不难看出，我国法律对未成年人进行了一定意义上的倾斜保护，而这种倾斜，在本质上是与社会发展的一般规律相吻合的。从制度层面上说，这种倾斜乃是基于一定的政策性考量而产生的。在人类社会发展的过程中，未成年人代表了社会再生产和社会延续的基本动力和构成要素，因而任何一个社会都会对未成年人的权益进行倾斜性保护。这是一种基于种族延续而产生的自然与社会趋势，本质上与制度并无太大干系。客观说来，这是一种属于人类社会的生存策略，易言之，也就是一种基于公共利益而产生的政策。

所谓政策，并非我们常见话语体系中的政策，而是一种为达成某种目标而选择的策略。从法律制度的层面来说，政策出现在法律规范的方方面面。在法学理论中，通常将法律规范分为规则和原则，但美国法理学者德沃金认为，除此之外，还有一种法律规范的构成要素，即政策。法律规则是一个相对清晰的概念，法律原则则比较含糊，概而言之，在德沃金看来，法律原则主要以个人权利为基础，是保障个人权利的宏观、抽象化的准则，相对而言，规则则较为具体和微观。但在人类所构建的各种制度中，仍有一些利益游离在个人权利之外，但并不一定不应当受到法律的保障。① 这些不属于个人权利，然而同时又应当得到制度尊重的利益在总体上与一些宏大的理论相关，如国家利益、公共利益等。② 类似此类的利益，即德沃金所言的法律政策。德沃金认为，某些情况下，政策可能经由个人权利的逻辑通道转化为原则，③ 但并非所有政策都如是。如果一项法律政策不能通过个人权利的方式予以解释，那么，它就很难被视为法律原则。事实

---

① Dworkin, Ronald: The Model of Rules, 35 U. Chi. L. Rev. 14 (1967), p. 22.
② Dworkin, Ronald: The Model of Rules, 35 U. Chi. L. Rev. 14 (1967), p. 22.
③ Dworkin, Ronald: Hard Cases, 88 Harv. L. Rev. 1057.

上,在宪法、刑法乃至各种部门法中,既不同于规则也不同于原则的法律政策大量存在。如《宪法》第6条第2款规定:"国家在社会主义初级阶段,坚持公有制为主体、多种所有制经济共同发展的基本经济制度,坚持按劳分配为主体、多种分配方式并存的分配制度。"这些政策性条款不仅大量出现在宪法中,也广泛存在于各种法律规范的表述中,如民法中的"公序良俗"、宪法和相关法律中出现的"计划生育"等。在包罗万象的法律政策中,未成年人应当得到特殊保护,本质上即是法律政策而非法律原则。

(二)法律上的原则与政策的界分

当然,在得出这样的结论之前,我们需要将原则和政策进行界分。根据德沃金的看法,作为政策的公共利益、集体利益在一定情况下可以转化为个人权利,从而构成原则,而在有些情况下,则不一定会实现如此转换。易言之,有些政策考量与个人权利无关。相应地,原则则与个人权利有密切的关联,个人可以基于原则的考量谋求其权利,不论这种权利是否存在于法律规范之中。例如,基于正当法律程序原则,可以推导和主张"沉默权"。但如果一个国家和社会为了公共利益的考量而赋予公民以某种特殊待遇,公民却不能主动要求获得这种特殊待遇,这就是政策。如我国某些地方试行每周四天半工作制,这是一种政策,公民无法从法律原则的层面主张其应当有四天半工作制的权利。从这个意义上说,政策对国家和公权力的约束无疑要弱得多,公权力可以在适当的条件下变更政策,但不能随意变更法律原则。

给予未成年人以倾斜性的保护,固然符合公共利益的政策考量,但未成年人是否有权去主张获得倾斜性保护的权利,是一个值得考虑的问题。为此,我们需要考虑三个问题。其一,国家能否更改对未成年人的若干倾斜性保护措施,以及这些倾斜性保护措施是否得到尊重和执行。例如,《未成年人保护法》第20条明确规定:"学校应当与未成年学生的父母或者其他监护人互相配合,保证未成年学生的睡眠、娱乐和体育锻炼时间,不得加重其学习负担。"但事实上,任何一个中国家长多半都知道,学校与未成年人监护配合的主要使命在于提升未成年人的学习成绩,而非保障其睡眠、娱乐和体育锻炼时间。如果国家废除这一条规定,实际上也几乎不会对未成年人的现实状况产生实质性影响。其二,未成年人能否基于法律层面的这种倾斜性保护,去主张属于自己的个人权利。例如,《未成年人保护法》第27条第1款规定:"全社会应当树立尊重、保护、教育未成年人的良好风尚，关心、爱护未成年人。"那么，未成年人能否基于该条规定，要求社会爱护自己，例如在公共交通工具上要求他人给自己让座？其三，对未成年人的这种倾斜性保护，是否可能与平等原则相冲突？对这一问题，我们需要进行进一步的讨论和分析。

二、权利，还是特权？

从政策的角度来说，对未成年人进行倾斜性照顾和保护，这种保护是否可以算作是未成年人的权利？对于这个问题，我们需要进行深入探讨，尽管这种探讨可能与法学界的常识相悖。

（一）权益与权利

在宪法层面，毫无疑问，并不存在专属于未成年人的权利。无疑，未成年人有不少需要得到法律尊重和保障的权益，这些权益在《宪法》、《未成年人保护法》和《刑法》中都有所体现。但假如我们认真梳理这些所谓的未成年人权益，不难看出，这些权益主要包括两个方面的内容。

一方面，每个公民都享有的基本权利，只不过相对于成年公民，此类基本权利对于未成年人而言更值得尊重和保障。其中最为重要的权利，当属受教育权。为了将未成年人在宪法层面上的受教育权进行更为有力的保障，《未成年人保护法》对此不遗余力。在总则部分，该法即明确针对未成年人的教育事业，国家、社会、学校和家庭皆负有相应义务。继而，该法明确规定了家庭、学校、社会和政府各种不同主体的义务。当然，未成年人所应享有的基本权利并不止于此。《未成年人保护法》第3条规定："未成年人享有生存权、发展权、受保护权、参与权等权利，国家根据未成年人身心发展特点给予特殊、优先保护，保障未成年人的合法权益不受侵犯。未成年人享有受教育权，国家、社会、学校和家庭尊重和保障未成年人的受教育权。未成年人不分性别、民族、种族、家庭财产状况、宗教信仰等，依法平等地享有权利。"其中，主要列举的权利为生存权、发展权、受保护权、参与权、受教育权、平等权等。然而，正如《未成年人保护法》开宗明义所说明的那样，国家保护未成年人的基本方式是对未成年人进行"特殊、优先保护"，但事实上，未成年人所享有的上述所有权利，成年人皆可享有。换句话说，未成年人所享有的权利与成年人所享有的权利，区别并不在于内容，而在内容的实现方式。不仅如此，鉴于未成年人身心发展与成年人有异，未成年人的权利还在一定程度上受到特殊限制，例如选举权和被选举权，未成年人无法行使。

另一方面，则是未成年人所受到的"特殊、优先保护"。而当我们认真审视这些特殊和优先保护措施时，不难发现，这些措施往往与基本权利了无关联。例如《未成年人保护法》第11条规定："父母或者其他监护人应当关注未成年人的生理、心理状况和行为习惯，以健康的思想、良好的品行和适当的方法教育和影响未成年人，引导未成年人进行有益身心健康的活动，预防和制止未成年人吸烟、酗酒、流浪、沉迷网络以及赌博、吸毒、卖淫等行为。"未成年人的健康成长无疑是未成年人自身的某种利益，但这种利益，从某种意义上说更是一种公共利益，甚至是国家利益，在未成年人受到国家、社会、学校和家庭特殊保护的情况下，未成年人的成长符合国家对未来公民的一种期待，然而，未成年人在此过程中并未享有任何意义上的"权利"。权利是一种与生俱来的、权利所有者可以向其权利所指向的义务对象主张的一种利益，而在未成年人受到保护的过程中，未成年人实际上并没有主张此类权利的自由。举个极端的例子，如果某未成年人沉迷网络，认为从小接触数字科技，自己长大能够成为一名网络工程师，而父母、学校乃至社会基于某种利益诉求限制乃至取消其接触网络的可能性，如此一来，究竟是国家、社会、家庭、学校所理解的利益是未成年人的利益，抑或未成年人自身的想法才是真正的未成年人的利益？在这一问题尚且没有确切答案的情况下，自然很难得出未成年人可以依据《未成年人保护法》去主张某种权利的结论。

因此，《未成年人保护法》所保障的，并非未成年人的权利。未成年人所享有的基本权利，与成年人别无二致；而未成年人所应当享受的特殊保护，从某种意义上说仅仅能代表公共利益、集体利益，或者说家长制的利益，至于能否真正代表未成年人本身的意志，则仍要打上大大的问号。在此情势下，未成年人并不享有某种成年人所不享有的特殊"权利"。对此，《未成年人保护法》的立法措辞也相当谨慎，将其名为"权益"，而非"权利"。

(二) 特权——"权利"之外的利益

我国法学理论在处理法律的内容时，常常以一种简单化的方式将其理解为权利和义务，然而事实上，法律本身要比这种两分法复杂得多。如在法律规范中，法律就不仅包括原则与规则,还包括某些具有法律效力的政策。而在权利之外,某些特定的主体也享有一些法律上予以保护然而并不属于权利的利益。这种利益方式较为多元化,如公共利益、集体利益这种无法界定为权利的利益,无疑也受宪法和法律的保护。对于个人而言,也享有一种特殊的并非权利的利益,这种利益就是特权。

美国学者霍菲尔德认为,将一切法律关系统统归为权利和义务是法律思维和法律推理的大患,他认为应当从权利概念中抽离出更为严格的其他法律概念,即八个法律概念,这八个概念之间的关系大体可以以图表的方式表现:①

表1 法律概念关系图

对立关系 jural opposites	权利 right	特权 privilege	权能 power	豁免 immunity
	无权利 no-right	义务 duty	无能力 disability	责任 liability
关联关系 jural correlatives	权利 right	特权 privilege	权能 power	豁免 immunity
	义务 duty	无权利 no-right	责任 liability	无能力 disability

不难看出,比之法学界简单化的对权利和义务的理解,霍菲尔德的概念体系无疑要负杂得多,从某种意义上说,也更精确得多。例如,在霍菲尔德看来,权利所对应的是无权利,而非义务;义务是权利的关联概念,但并非对立概念。②这一提法虽然从某种程度上颠覆了人们的认知,但细究下来,却比之权利—义务的简单关系更为正确。例如,当人们说"有权利就有义务"的时候,看似将权利和义务相对立,但实际上权利和义务并非对立关系。如人们说财产权是一种权利,它的对立面是对某物不享有财产权,而并非尊重财产权的义务。

在霍菲尔德的理论中,除了对立关系和关联关系之外,还存在第三种关系,

---

① 纪格非、王约然:《霍菲尔德法律概念的原点及其逻辑》,载《北京联合大学学报》(人文社会科学版)2018年第4期。

② 纪格非、王约然:《霍菲尔德法律概念的原点及其逻辑》,载《北京联合大学学报》(人文社会科学版)2018年第4期。

即对比关系。其中最为重要的一组类比关系即权利—特权。两者的区别，正如霍菲尔德所举的例子所言：A、B、C、D 同为小虾沙拉的所有者，他们对 X 说，"如果你愿意，你可以吃小虾沙拉，我们许可你这样做，但我们并不保证不干预你"。在这个例子中，X 拥有吃小虾沙拉的"特权"，但并无吃小虾沙拉的"权利"，也就是说，他无权要求 A、B、C、D 不干预他吃小虾沙拉。可见，在霍菲尔德的理论中，所谓权利是一个十分严谨的概念，其核心并非为某种行为的可能性，而是一种"请求权"（claim），即请求他人尊重和不干涉的资格和可能性。而相应的，特权则是一种为外在力量所授予的某种资格，特权的核心在于为某种行为，获得某种资格，但特权拥有者并不能主动"主张"（claim）这种资格。例如，瑞士政府曾经试图每月定期给瑞士公民"发钱"，在这种情况下，瑞士公民只能被动选择接受或不接受，但无权主动请求瑞士政府发钱，这就是一种特权，而非权利。

事实上，法律层面的特权不仅广泛存在，也曾引发过广泛的讨论。美国宪法正文和修正案都曾同时提及权利与特权，其著名的第十四修正案第 1 款如是规定，"在合众国出生或归化于合众国并受合众国管辖的人，均为合众国和他所居住的州的公民。无论何州均不得制定或实施任何剥夺合众国公民的特权或豁免的法律"。足见在美国的制宪者看来，特权与豁免是完全不同的两个概念。美国与英国一样奉行经验哲学，反对各种意义上的建构理性，且秉持古老的自由主义信条，认为国家存在的使命在于为每个人提供公平的追求幸福的机会，但并无义务帮助每个人追求幸福。在这种传统哲学的影响之下，社会福利制度在美国的发展举步维艰。罗斯福新政时期，联邦最高法院频繁否决旨在推进社会福利的各项法律和政策。在美国法律体系中，社会福利长期被视为"特权"，而非宪法权利。这也即是说，美国公民并无权要求政府给予社会福利。而随着传统的自由资本主义的消退和福利制度在全球范围内的广泛建构，美国司法界才最终从法定应得权益（statutory entitlement）的角度证成福利作为权利的性质。[①] 但在时过境迁的数十年后，对于这种新财产权，美国法学界也不乏反对者。如皮尔斯教授认为，新财产权的概念使得公共领域和私人领域的界限变得模糊，使得个人丧失责任感而

---

① 刘东霞：《从"特权"到"权利"：新财产在美国的发展——以判例为中心的考察》，载《学术交流》2018 年第 2 期。

产生对政府的以来，也导致了民众对政府产生过度的权利要求。①

不难看出，虽然特权与权利存在较大的共通之处，但两者之间仍存在细微的区别。概而言之，权利的核心乃是一种主张和请求，权利拥有者有着天然的要求他人尊重和实现自己权利的优势地位；而特权则不然，特权是一种恩惠和授权，特权拥有者不仅不能排斥授权者对自身特权的干预，且授权者可以收回这种特权，而无需获得特权拥有者的同意。随着时代的发展，特权的收回可能伴随一定的限制性条件，如行政法学中的"信赖保护"原则，但特权不同于权利的脆弱之处，仍然昭然若揭。

（三）刑事责任年龄制度对未成年人的保护是一种特权而非权利

根据以上理论，不难看出，刑事责任年龄制度所保障的并非未成年人与生俱来的权利，从本质上说，它是一种国家、社会为达成一定公共利益而授予未成年人的特权。

第一，无论在宪法，还是在其他任何法律中，都没有未成年人犯罪而不被追究刑事责任的权利的来源和依据。在宪法层面上，宪法规定了中国公民的各种权利，其中固然曾提及青少年，但并未涉及刑事责任年龄制度。易言之，这一制度与宪法并无关联。《未成年人保护法》是保障未成年人权益的主要法律，在这部法律中，一则，未成年人被保护的法益被称为"权益"而非"权利"；二则，该法也并未涉及刑事责任年龄。刑事责任年龄制度规定于刑法之中，但值得注意的是，刑法中的刑事责任年龄制度不仅适用于未成年人，同时也适用于老年人。《刑法》规定，"已满七十五周岁的人故意犯罪的，可以从轻或者减轻处罚；过失犯罪的，应当从轻或者减轻处罚"。然而，并未有人将已满75周岁的老人的这种刑事责任部分豁免称为一种"权利"。可见，简单地称刑事责任年龄保护了未成年人的权利是不妥当的。

第二，未成年人并不具有主张这种刑事责任豁免的资格。如前所述，权利往往并非授予，而是自然所获得的，但特权则是他人所授予的。未成年人的某种权益得到刑事责任年龄制度的保护，其依据为法律。然而与此同时，未成年人又不具备健全的政治权利，这意味着，国家法律的制定与未成年人的意志之间并无关

---

① 王锡锌、傅静：《对正当法律程序的需求、学说与革命的一种分析同》，载《法商研究》2001年第3期。

联。从这个意义上说，未成年人在某些领域受到倾斜性的照顾和保护，与未成年人本身无关，而是成年人通过特定方式对未成年人所设置的一种特殊保护。因此，未成年人的刑事责任年龄，完全是一种外在力量主导所导致的结果。

第三，未成年人也不具有请求犯了罪而不负刑事责任的正当性依据。尽管有不少学者认为提高刑事责任年龄是世界文明发展的潮流，乃是大势所趋，但这种说法也未必正确。一方面，许多国家——例如美国的不少州——并未规定刑事责任年龄；另一方面，让未成年人对自己所犯的错不承担相应后果，也并不符合对未成年人进行教育的基本原则。总体来说，不同国家基于不同的文化传统而对未成年人的刑事责任年龄进行不同的制度建构，是一种社会化的选择，而非一种政治正确的必然之路。我们可以从未成年人身心发育不健全这个角度去论述未成年人不具有相应的认知能力，可以不必承担刑事责任年龄，我们也同样可以从当今中国未成年人成熟较早、恶性犯罪年龄走低等现象去论述有必要降低刑事责任年龄，而不必简单粗暴地说提高刑事责任年龄是一种文明大势，所以我们就不应该降低刑事责任年龄。就其本质而言，既然未成年人犯罪不承担刑事责任并非未成年人的天赋权利，那么，基于社会公共利益的考量去更改刑事责任年龄制度，也并不存在道德上的困境。

三、平等的价值诉求与刑事责任年龄的"反向歧视"

让我们来讨论第三个问题——刑事责任年龄与平等的价值诉求。众所周知，在现代宪法理念中，平等是一种十分重要的价值，其重要程度与自由不相上下。在传统资本主义自由信条中，平等的地位并未如此凸显，而国家也没有实现和维系平等的义务。但随着时代的发展，平等逐渐成为不少国家宪法的价值诉求之一，在很大程度上约束着国家的行为。平等并不要求对所有公民实行无差别对待，但对于法律制度存在的差别对待，国家必须承担举证责任。

毫无疑问，刑事责任年龄制度是一种差别对待。它在优待未成年人的同时，本质上构成了对成年人的一种不平等对待，这意味着在这个社会之中，未成年人在某些情况下享有成年人所不享有的特殊待遇。尽管对于多数成年人而言，对未成年人的优待有其合理之处，然而，差别对待是一个值得慎重对待的问题。在美国长期的种族歧视过程中，相对于白人，黑人的社会状况始终处于弱势地位，为了提升黑人的地位，美国不少州开始实施针对黑人的优惠待遇。这场行动，被称为"纠偏运动"。纠偏固然有其正当性，但在一定程度上也构成对白人的不公平待遇，从而构成对白人的"反向歧视"。在著名的巴基案中，① 白人学子巴基原本可以通过考试成为加州大学学生，但因校方为少数族裔预留了 16 个名额，导致巴基不能入学，从而引发美国社会对纠偏运动合法性的广泛讨论。对于多数人来说，纠偏运动的正当性并无值得质疑之处，正如刑事责任年龄制度的正当性也毋庸置疑。但问题是，当这种倾斜性的保护涉及宪法中的平等价值时，需要面临更为严格的合宪性审查，政府也应当对其合法性作出辩护和说明。然而在刑事责任年龄制度中，合法性问题却一直被人们所忽略。我们不妨从三个层面来考虑这一问题。

（一）对未成年人的特殊保护是否有其正当性依据

毫无疑问，对未成年人的特殊保护是有正当性依据的。简言之，从自然和社会的角度来说，未成年人是社会发展的希望所在，也是社会的弱势群体，自然应当对其进行严格保护。然而这种特殊保护乃是建立在未成年人代表了社会发展方向和作为弱势群体的社会地位之上的。如果未成年人因某些错误行为而与社会和文明的发展趋势格格不入，甚至从弱势群体转化为社会上的欺凌者，那么，这种特殊保护就会丧失其正当性依据。

事实上，民众对刑事责任年龄制度的反对，在很大程度上正是因为某些未成年人的犯罪行为十分严重。一方面，既有数据证明，未成年人在一次犯罪之后，得到矫正从而改邪归正的概率并不高，尤其是某些恶性犯罪的未成年人回归社会的可能性更低。② 另一方面，在大量的未成年人恶性犯罪中，未成年人都不是单纯意义上的弱者，反而是校园霸凌现象的主角。在媒体的渲染之下，民众对这一部分未成年人的耐心逐渐消耗殆尽。法学学者会认为，我们应当对未成年人进行保护，而这种保护应当是"一刀切"式的保护，因为我们无法依据个案来审视每一个未成年人的实际恶意。正如不满 18 周岁的未成年人可能身心发展较早，完全具有参加选举的条件，但法律并不能单独赋予某些未成年人以选举权和被选

---

① Regents of the University of California v. Bakke, 438 U. S. 265（1978）。
② 关颖：《未成年人犯罪特征十年比较——基于两次全国未成年犯调查》，载《中国青年研究》2012年第6期。

举权一样。这一论据似是而非。事实上,在不少国家的刑法之中,存在"恶意补足年龄"的制度,[①] 这就是说,在确认某未成年人具有实际的犯罪恶意时,可以突破刑事责任年龄制度的限制,而追究该未成年人的刑事责任。这种制度并不纯粹是刑事责任年龄制度的补充,它从另一方面说明,未成年人犯罪不负刑事责任这一论断的正当性并不是确凿无疑的。当存在相反证据时,这一论断完全可以被推翻。

(二) 对未成年人的特殊保护是否侵害成年人的平等权

正如巴基案可能构成对白人的反向歧视一样,对未成年人的特殊保护是否可能构成对成年人的反向歧视,也是一个值得关注的问题。尽管在一般情况下,未成年人因身心发展的不健全,应当得到国家和社会的特殊照顾,但在一定情况下,未成年人身心发展不健全这一前提有可能被打破。尤其是随着社会的发展,未成年人接收各方面信息的途径和方法越来越多,导致未成年人的成熟速度有所加快,未成年人身心发展的程度也与过去不能等量齐观。这就是说,不论在中国,还是在外国,以往被我们视为未成年人的人,可能在其生理上和心理上都已经逼近甚至达到成年人的水平。如此一来,在相同或相近的身心状况之下,何以成年人犯罪就必须承担刑事责任,而未成年人就无须承担刑事责任呢?这是否构成了对成年人的一种歧视?

很少有人去这个角度解读刑事责任年龄制度的核心诉求及其可能带来的制度偏差,但这个问题始终是真实存在的。美国等国家所实施的"恶意补足年龄"原则,也正是从一个侧面对这种不平等进行了一定意义上的矫正。简单来说,当一个未成年人的实际犯罪恶意可以被证明时,未成年人的身份不足以成为其不负刑事责任的借口和理由。这在一方面是为了追究犯罪人——无论其是否成年——的法律责任,另一方面也是在一定程度上维系社会的相对平等。有人具有犯罪的实际恶意,就应当承担相应的责任,这种逻辑关联与年龄并不相关,只与其认知能力相关。

(三) 中国背景下的价值序列——刑法保护的究竟是何种利益

政治正确是中国法学研究很难避免的通病,这当然是当年"法学幼稚病"的一种表现。在法学各部门中,人们不加反思地接受某些所谓政治正确的理论,

---

[①] 杨统旭:《现行刑事责任年龄规定的困境及其出路》,载《青少年犯罪研究》2018年第6期。

很少对其进行真正的分析。宪法学领域的此类问题不胜枚举,刑法也不甘其后。例如,随着西方废除死刑的国家越来越多,在中国废除死刑也俨然成为一种趋势。对于刑事责任年龄而言也同样如此:世界范围内降低刑事责任年龄是文明发展的大势所趋,故中国绝不应该降低刑事责任年龄。[1]

这种论证其实存在多方面的漏洞。一方面,仍有不少国家并未建构刑事责任年龄制度,或者更强调个案中的正义,而非抽象的制度建构;另一方面,每个国家对于价值的理解都是不同的,在价值诉求并不相同的国家,实现价值趋同和制度趋同不仅不现实,也并不正义。举一个简单的例子,自贝卡利亚以来,废除死刑似乎听起来有着十分充分的理由,然而,如果问在中国能否废除死刑,则大部分中国人的回答应该是:反对废除死刑。一方面正如法学学者所言,中国人民尚未学会接受法治的代价,去保障罪犯的权利和宽容罪犯的错误;另一方面,这也说明我国的文化传统所构建的价值序列与废除死刑的价值诉求格格不入。我国的传统文化并非不强调"宽恕",也并非一定要实行同态复仇,而是需要在两种不同的价值之间追求某种平衡,这即是所谓的中庸之道。我国之所以不能废除死刑,并非不愿意保障罪犯的尊严和权利,而是因为我国的制度不仅要保障罪犯权利,更要安抚受害人家庭和社会对于朴素正义的诉求。同样,我国民众也并非粗鄙不文的野蛮人,不懂得保障未成年人的权利,但当他们基于朴素的正义观去看待刑事责任年龄制度时,会自觉不自觉地陷入某种不平衡的境地:当法律制度保障犯罪的未成年人时,谁来保护被其加害的被害者及其家庭?当法律制度宣告某个未成年人犯罪却不必追求任何刑事责任时,谁来教导孩子做一个负责任的人?因此,在一个法律制度保障某种特殊利益时,实际上也恰恰是无视了另一种利益,对于中国民众而言,这其实正是社会制度不平等或者不平衡的一种表现。对犯罪者的宽容,本质上恰恰构成了对受害人及其家庭的反向歧视。

四、结语

刑事责任年龄制度在当代中国的饱受质疑,并不能说明中国民众法治意识不彰,从某种意义上反而暴露了中国法学界对现实问题缺少真正深入的反思。

---

[1] 林清红:《未成年人刑事责任年龄不宜降低》,载《青少年犯罪问题》2016年第1期。

实际上，刑事责任年龄仅仅是一种为了实现某种社会利益而设置的法律政策，但并非放之四海而皆准的法律原则，这也就意味着，这种政策可以设置，也可以废止，可以严格执行，也可以予以修改和变通。刑事责任年龄制度也并未赋予未成年人以超越成年人的权利，而仅仅是一种特权和豁免。这种特权意味着，国家既可以对未成年人进行倾斜性保护，也可以取消这种保护。在法学学者多半对降低刑事责任年龄持谨慎态度时，民众所关心的并非未成年人权益这种宏观的法律概念，而是一些更为现实的问题：我的权利如何受到法律保障？我的孩子在学校被人欺负了要如何讨回公道？那些犯了错的孩子，为什么国家不能予以惩处？如果法律制度不能直面这些质疑从而给出一个令人信服的答案，那么，这种法律制度本身的正当性就会存在疑问，让所谓对法律的信仰根本无从谈起。

当然，本文所论，并不意味着本文认为刑事责任年龄制度是不必要的乃至是错误的。我们承认刑事责任年龄制度的正当性和必要性，是基于社会政策方面的考量，但我们也不能因为这种正当性和必要性而丧失对其进行反思的能力。不少学者之所以提及降低刑事责任年龄时持十分谨慎的态度，其中一个重要原因是担心监狱或看守所成为犯罪的学校，从而引发更为严重的交叉感染。这种担心自然是有道理的，但我们仍然需要抛弃某些思维定势，去注意几个重要问题。

第一，承担刑事责任年龄并不意味着一定会对犯罪人实施刑罚。事实上，我们有很多替代性方案，去实现刑法所说的"教育"目的。有鉴于此，刑事责任年龄制度固有其必要性，然而对未成年人的非刑罚性的教育改造措施更为必要。

第二，未成年人也并非全然如此善良无辜，在个案中，通过类似"恶意补足"的原则变通刑事责任年龄制度，可能比一味坚持这一制度更为重要。

第三，也更为重要的是，在中国人的文化观念中，未成年人固然重要，社会本身的平衡更为重要。若因抱持保障未成年人权利的观念而让具有实际恶意的未成年人逃脱法律的制裁，可能也会得不偿失。

盗抢骗犯罪打击防范对策思考

陈士渠[①]

当前,随着严重暴力犯罪发案大幅度下降,很多地方盗抢骗犯罪占刑事案件发案总量的七成以上,有的甚至达到八成以上,成为侵害群众财产权益、影响群众安全感的主要犯罪问题。如何回应群众期待、不断提升打击盗抢骗犯罪的能力和水平,成为公安机关特别是刑事侦查部门的主要任务之一。本文简要分析当前盗抢骗犯罪形势和特点,当前打击工作中遇到的困难和问题,提出了若干打击防范对策。

一、盗抢骗犯罪形势和特点

以前盗抢骗案件发案以盗窃为主,诈骗占比相对不高。近年来,盗窃类案件发案持续下降、抢劫抢夺类案件发案大幅度下降,但诈骗类案件特别是电信诈骗类新型犯罪发案迅猛增长,危害日趋严重。具体而言,有以下特点:

(一)犯罪网络化程度加剧

随着互联网时代的到来,网络在给群众生活带来便利的同时,也给犯罪分子提供了可乘之机。有的犯罪分子通过淘宝、京东等购买干扰器、解码器、锡纸等技术开锁工具,实施入室盗、涉车盗等犯罪;有的改变以往召集老乡、狱友等熟人结伙作案的方式,通过互联网召集同城、同乡等陌生人结伙作案,然后迅速分散逃离,加大了侦查抓捕和打击处理的难度;有的通过网络传授和学习开锁工具使用方法或其他犯罪手段方法,造成犯罪手法迅速蔓延扩散;有的通过网络租赁日租房或者短租房,逃避侦查打击。

[①] 陈士渠,公安部刑事侦查局副局长。

（二）地域性职业犯罪突出

地域性职业犯罪团伙以地域、血缘或亲缘关系为纽带，常年流窜各地实施犯罪，群体不断扩大，作案经验丰富，大多为惯犯累犯。四川凉山籍高危群体中，吸毒、患艾滋病现象普遍，抓捕、羁押、打击处理难度大；湖南道县籍高危群体中，怀孕、哺乳期妇女犯罪现象普遍，无法羁押和打击处理；广东英德籍高危群体中，未成年人犯罪现象普遍，普遍无法打击处理；此外，高危群体随身携带管制刀具情况普遍，极易转化为恶性犯罪，抓捕难度增大。

（三）流窜犯罪占比大

随着经济社会发展、城市化进程加快、交通越来越方便快捷等因素影响，为逃避公安机关打击，犯罪分子往往采取大范围、跨区域作案的方式，呈现出"甲地作案、乙地销赃、丙地藏匿、丁地挥霍"等特点。比如，广西兴业籍砸车窗盗窃车内财物犯罪团伙，作案前从广西玉林出发，驾车长途奔袭，跨省流窜作案，得手后迅速返回原籍。有些盗抢骗犯罪分子甚至流窜到国外作案，影响恶劣。比如广西东兰犯罪分子到东南亚、中东甚至欧洲入室盗窃，湖南道县犯罪分子到国外偷珠宝，河南罗山县犯罪分子在国际航班上盗窃乘客财物。

（四）民族资产解冻类诈骗愈演愈烈

民族资产解冻类诈骗犯罪活动严重侵害群众财产权益，严重损害党和政府形象，严重危害社会稳定。近期公安机关查明了43个实施民族资产解冻类诈骗犯罪的虚假项目和组织，其共同特点是由广西凌云籍犯罪分子伪造政府公文、证件、印章，编造"民族大业""精准扶贫""养老帮扶""慈善富民"等诈骗项目，然后物色代理人并通过建立微信群等方式发展人员，谎称交纳几十元、上百元的会费、报名费等费用后就能获利数万元、数十万元甚至数百万元报酬，进而实施诈骗。虽然个案数额小，但被骗人员数量众多，一个虚假项目动辄数十万人上当，涉案总额巨大。

（五）犯罪分子反侦查意识强

以前盗抢骗犯罪团伙的特点是团伙固定、聚居生活、集中销赃，如今已演变成随机结伙、居无定所、赃不过夜，作案时统一着装，戴手套、脚套、头套，作案后立刻销赃，不将赃物留在身边，被抓获后拒不交代，打击处理难。有些职业犯罪分子专门购买刑法、刑事诉讼法、侦查学等教材，经常观看法制节目研究公安机关的侦查手段，有的甚至专门到法院旁听庭审，了解法院定罪量刑对证据、情节等的要求,然后在作案时刻意规避、逃避打击。

(六) 赃款赃物转移快

物流寄递业和支付业的快速发展被犯罪分子利用。犯罪分子通常通过微信、QQ、支付宝等联络完成销赃交易,通过快递转移赃物,网上结算赃款。赃物转移速度非常快,一夜之间就被运到千里之外,公安机关查扣难、取证难。一些二手电子产品市场和废品收购站成为犯罪分子收销赃的"聚集地""集散地",为盗抢骗犯罪提供了土壤和温床。有的犯罪分子利用网络销售赃物,渠道顺畅。

二、盗抢骗犯罪打防中遇到的困难和问题

我国的刑事法律体系和证据制度以及公安机关的原来体制机制设计主要是应对严重暴力犯罪,对付量大面广的盗抢骗犯罪特别是电信网络新型犯罪不适应,遇到很多困难和问题。主要包括:

(一) 打击力量资源投入不足

总体上对侵财犯罪重视不足、投入不够,破案率不高。如果重视足、投入够,理论上侵财案件都能侦破。新形势下省市两级刑侦部门对打击侵财犯罪作用十分重要,但有的地方警力少、实战能力不足。盗抢骗犯罪流窜作案,单在一地可能作案不多,侦小难度大、投入大,有些地方对办案没有积极性。诈骗犯罪在一地或多地设立窝点骗全国,团伙人员众多、受害人数量庞大,但不在当地作案或作案很少,窝点地公安机关难以发现,有的发现了也因为工作量太大或者当地检察院、法院反对不愿意主动侦办。省市两级合成作战中心、反诈中心掌握的数据多少不一,影响情报研判能力。

(二) 侦查取证难度大

我国的证据体系主要立足于严重刑事犯罪和发案现场构建,对电信网络新型违法犯罪总体上不适应。以电信诈骗为例,犯罪分子利用各种高科技手段,使用"伪实名"电话卡和银行卡实施非接触式犯罪,没有传统意义的作案现场可供勘查,窝点地有时候又设在国外,难以取证认定犯罪分子。很多犯罪分子一旦骗得一笔巨款,往往解散团伙、销毁作案工具逃匿,明知是其作案也无有效证据。犯罪分子在ATM机取现时戴口罩、墨镜甚至男扮女装,难以识别身份。对惯犯、累犯、职业犯审讯深挖能力较弱,出现大量隐案、漏案,重刑率低。

（三）地域性职业犯罪重点地区整治难度大，而且不断有新重点地区出现

一些重点地区犯罪分子的经济收入未发现明显异常，且无被司法查处的记录，很难被事先发现管控。如福建龙岩新罗区 2003 年至 2018 年抓获的犯罪嫌疑人中 69.25% 无查处记录。一些重点地区犯罪分子实施某类诈骗犯罪历史悠久，积重难返，而且近年来出现多种诈骗手法交织融合的趋势。比如，广西某县犯罪分子从事民族资产解冻类诈骗已有 40 年历史，参与人员多，反侦查意识强，短期内难以根绝，甚至出现向周边县区蔓延现象。江西某县犯罪分子原来实施重金求子诈骗，被严厉打击后开始从事贷款诈骗，犯罪手法不断变换，增加了打击整治难度。

（四）法律规定有空白、处罚偏轻

盗抢骗人员吸毒的多，以患传染病、自残等方式逃避追责，怀孕、哺乳期妇女无法羁押，疯狂作案。很多地方未成年人犯罪猖獗，有的公然声称"作案要趁小"，疯狂实施盗抢犯罪，缺乏有效应对措施。基层法院在审理盗抢骗案件时，不同程度存在量刑偏轻现象，重刑率低、判处缓刑过多，没有起到震慑作用，犯罪分子没有受到应有的打击，释放后又疯狂作案。很多重点地区犯罪分子依靠实施盗抢骗犯罪大发横财，住豪宅、开豪车、花天酒地、穷奢极欲，打击起来却困难重重，"坐牢一个人、幸福全家人"的现象屡见不鲜。

（五）重打轻防，防范不到位

电信诈骗、民族资产解冻类诈骗基本属于可防性案件，只要有足够的防骗意识和识骗能力就不会上当。通信运营商和银行防范拦截工作到位，也能大幅度降低发案。宣传防范不到位是电信诈骗、民族资产解冻类诈骗持续高发的主要原因之一。有的地方小区人防物防技防工作不落实，入室盗窃案频发。有的地方对高发案区域的视频探头安装不够多，犯罪分子有恃无恐疯狂作案。

（六）追赃挽损难度大

目前盗抢骗案件追赃挽损难度大，群众不满意。以电信诈骗为例，伪实名银行卡使犯罪分子可以顺利转走赃款，受害人的钱款一旦被犯罪分子转走，迅速通过 POS 机等方式洗钱套现，追回十分困难。即使破获案件、抓获犯罪嫌疑人，赃款依然难以追回。很多犯罪分子把赃款套现后转存于亲属或朋友账户，或者以其名字购房购车，难以追缴。广西凌云籍犯罪分子甚至把大量赃款埋藏在山洞里或院子地下、墙洞里，难以发现追缴。

三、盗抢骗犯罪打击防范对策

我国是世界上最安全的国家之一。当前严重暴力犯罪发案大幅度下降、电信网络新型违法犯罪大幅度上升的客观现实,迫切要求各地提高政治站位,多策并举,尽快提升打击防范盗抢骗犯罪的能力,提升破案率、压降发案率,不断增强群众的安全感、满意度和获得感。具体包括以下建议:

(一)健全打击机制,坚持严打开路

主动进攻是最好的防范。公安机关要持续保持对盗抢骗犯罪的高压严打态势,以打开路、多措并举,切实维护群众合法权益。同时,根据犯罪形势的变化相应调整各级刑侦部门内设机构。要加强盗抢骗犯罪的类案分析,推进类案打击,确定专门的部门和人员对付突出的类案,以专业打击对付专业犯罪。

1. 盗抢骗发案多、工作量大,总体上警力严重不足。不能仅仅依靠刑警办案,要从机制上动员派出所、治安、巡特警、公交地铁、便衣侦查、情报、铁交民林等各警种参与办案。要以建立部省市三级合成作战中心、反诈中心为契机,充实刑侦警力,做大做强两个中心并进而做大做强部省市三级刑侦部门。要力争实现市级合成作战中心对全市各区县局和派出所等的扁平化指挥,提高效率,避免重复建设。人口众多、治安形势复杂的地方也可成立县级合成作战中心。

2. 建立通报制度,调动各地打击防范盗抢骗犯罪的积极性。建议每一季度公安部对各省、自治区、直辖市批捕盗抢骗犯罪嫌疑人最多和最少,重刑率最高和最低的地市级公安机关进行通报;按年度通报表扬一批发案少、秩序好、破案率高的市县级打击侵财犯罪先进单位。

3. 借鉴命案侦破工作的经验,旗帜鲜明地承诺抢劫案件必破。在盗抢骗案件中,危害最大的就是抢劫案,不但侵害群众财产权益,而且侵害人身权益,容易导致十分严重后果,应当作为头号打击目标。目前上海等很多地方的公安机关已经实现了抢劫案件必破,有必要全国推广,带动各地提升打击盗抢骗犯罪能力的提升。

4. 要统一盗抢骗案件立案标准,强化如实立案工作。目前各省、自治区、直辖市的盗抢骗案件立案标准千差万别,最低的500元,最高的5000元,群众不满意,给公安机关的核实案件等工作也带来极大困难,严重影响打击力度。我国是单一制国家，立案标准不一明显不妥。有必要适度提高并统一立案标准，并加强考核督导确保如实立案。建议考虑以 1000 元为统一的立案标准，当然入户盗窃、扒窃、持凶器盗窃等不受数额限制。对不够刑事立案标准的治安案件也要纳入侦查视线，作为线索统一研判打击。

5. 针对有些盗抢骗犯罪分子到国外作案和我国在国外企业、人员遭受盗抢骗侵害的问题，要加强国际合作，主动出国打击，服务外交大局和"一带一路"战略，维护我国形象，保护我国企业和公民权益。跨国侦办盗抢骗案件今后应当是常态，部省市三级都要培养一批懂外语、会办涉外案件的人才。河南罗山党委政府打击整治并举，基本解决了罗山籍人员在国际航班上盗窃的问题，积累了很好的经验。要推广河南罗山的经验，决不允许犯罪分子到国外为非作歹。

（二）利用高科技和信息化提升打击能力

1. 盗抢骗发案多、警力少，全部仔细勘查现场和开展侦查工作有困难，要用高科技和信息化手段提升工作效率。比如，要提高现场勘查 DNA、指纹、足迹、视频提取率和比中率；现场勘查应当有简单易用的终端，减少重复劳动；审讯嫌疑人时可以语音录入制作笔录、嫌疑人提及的人名可以自动关联查询信息；等等。

2. 要研究建立部省市三级共享大数据的机制，界定职责和分工，完善刑专系统，最大限度发挥大数据和信息化在打击盗抢骗犯罪方面的作用。同时，要加强管理，避免信息泄露和不当使用。

3. 很多地方视频探头多，但实际上没有用于破案。要在刑侦部门建立专门的视频侦查队伍，集成视频资源，推广高清动态抓拍探头和软件，提高盗抢骗现场视频提取率，充分发挥视频侦查作用。

（三）强化重点地区整治

要建立完善重点地区整治长效机制，逐级确立本级的重点整治地区，落实综合治理和源头治理措施，大力解决重点地区外流犯罪问题。扩大重点地区整治工作范围，分为关注地区、警示地区、整治地区三类，视严重程度和整治进展情况逐步升级，将部分地域性犯罪扼杀在萌芽状态，对已形成一定危害的要铁腕整治。要完善高危人员预警管控机制，按照主动发现、侦控经营、集中打击的模式打击职业侵财犯罪分子。重点整治地区要压紧压实党委和政府主体责任，以壮士断腕、刮骨疗毒的坚定决心，强化整治措施，加大整治力度，大力加强基层党组织建设，落实落细各项综合治理措施，限期扭转输出犯罪、危害全国的状况。

（四）一手抓打击、一手抓防范

单纯打击难以彻底解决盗抢骗犯罪问题，刑侦部门也要协调相关单位抓防范。要坚持打防并举、综合治理，调动公安机关相关警种和社会相关部门防范盗抢骗犯罪的积极性，强化人防技防物防措施，同时通过广泛宣传提高群众的防范盗抢骗犯罪意识，减少发案。比如，针对民族资产解冻类诈骗蛊惑性强、受骗者众多的特点，在组织打击整治的同时要提醒群众我国没有任何民族资产解冻类项目和相关组织，转发、鼓动、宣传民族资产解冻类相关信息或者组建相关微信群、招募会员、收取费用、进京聚集的均涉嫌违法犯罪，不要上当受骗。

（五）及时修改法律、出台司法解释或指导意见

要商检法出台意见，解决电信网络犯罪侦查取证、民族资产解冻类诈骗打击处理代理人和追赃挽损等方面遇到的法律问题。最近12岁男孩杀母后要重新回校读书引起关注，要商全国人大法工委、最高人民法院、最高人民检察院研究降低刑事责任年龄，同时抓紧激活刑法中收容教养条款，完善审批程序，建立收容教养场地，用好这一武器。吸毒人员、患传染病人员、自残人员、怀孕及哺乳期妇女等恶意规避法律疯狂作案的群体，要调整有关法律妥善应对，坚决依法打击。

（六）强化追赃挽损

案子发了，或者案子破了但损失无法挽回，群众就不会满意。首先要力争少发案，其次是案发了要力争破案追赃。凡是侵财犯罪除非偷到钱，否则都有销赃的问题。这是侵财犯罪分子的弱点所在。要多措并举发现销赃窝点，适度经营后发现前端的盗抢骗团伙，实施全链条打击。销赃窝点打掉了，犯罪分子偷抢的东西就无法变现。要通过考核等引导各地摧毁犯罪分子的经济基础，强化追赃挽损工作，主动回应群众期待。要简化手续，尽快将扣押冻结追缴的赃款及时返还受害群众。

公安机关社会治理创新研究

徐晓慧[①]

一、公安机关创新社会治理的背景和重大意义

(一) 公安机关创新社会治理的背景

1. 从整体来看，我国社会环境发生了巨大变化，它要求公安工作必须迈上新台阶。

随着社会主义市场经济的确立和发展，我国经济社会环境发生了巨大变化。近年来，在各项事业取得巨大成效的同时，我国各领域、各阶层间的利益冲突和社会矛盾已日益凸显。社会已进入刑事案件高发、对敌斗争复杂的时期。特别是随着经济全球化、国际化的发展，以及大范围的人财物流动、互联网扩展，我国的经济结构、社会结构、城乡结构业已发生了重大而深刻的变化，新的经济组织和社会组织不断涌现，信息社会、公民社会等新的社会形态接踵而来。由此引发或暴露的种种社会矛盾和问题，往往集中体现或反映在国家的政治稳定和社会治安领域。这就给主要从事上述事业管理的公安机关提出了严峻挑战。由于过去公安机关的管理相对滞后，已经远远不能满足社会的需要。再加上这些社会问题都是我国改革开放、社会转型迫切需要解决的问题。所以，公安机关必须尽快将工作创新提上议事日程。

当前，中国社会思想观念业已多元化，社会发展过程中引发的各类矛盾也难以在短期内得到根本解决，特别是在经济全球化、信息化的国际环境下，各类矛盾被进一步放大，这一切都考验着公安机关管理服务的信心和能力。这些世情国

[①] 徐晓慧，河南警察学院副院长，教授，法学博士。

情的深刻变化对公安机关的管理服务工作提出了新的、更高的要求。深入推进管理创新比任何时候都显得更为重要、更为急切。党和政府以及广大人民深刻认识到：只有统筹兼顾国际国内双重社会环境，加快推进管理服务的创新，公安机关才能打赢这场不见硝烟的战争，才能充分发挥自身功能，通过强化其功能性存在进一步巩固中国共产党的执政地位，维护国家来之不易的稳定团结的政治局面和和谐的发展环境。

2. 具体而言，无论是当前存在的社会问题还是未来公安工作面临的挑战，都要求公安机关必须将管理服务的创新工作迅速提上日程。

首先，我国当前存在众多的、突出的、靠传统治理模式难以化解的社会问题，其主要表现为：恶性、暴力刑事案件纷至沓来，侵财犯罪比例日益偏高，流动人口犯罪问题十分突出、难以掌控，影响社会稳定的不确定因素逐渐增多。近年来，虽然我国的警务工作靠加大投入，靠广大民警的连续奋战和无私奉献等"外延式"发展模式扩展了覆盖范围，一定程度上维护了社会治安稳定，但从科学发展的角度看，这种"拼消耗"的方式难以长期维系，制度资源的硬性约束和配置的低效逼迫我们必须通过社会治理创新脱胎换骨，走上"内涵式"的可持续发展之路。

其次，我国未来的公安工作面临着越来越多的挑战，主要表现为：随着区域一体化的加快、产业结构的迅速调整、犯罪活动的多样变化、执法环境的急剧改变，公安机关在社会治理方面存在三大困境、四大难点。所谓三大困境，一是，该管的没有管住，如对重点人员、重点场所漏管失控，对法定的社会治理范围和权限不能现实覆盖和运用；二是，该管的没有办法管，如，对新出现的各类组织、大量的"社会人"缺乏统一、有效、规范、有序的管理；三是，不该管的不得不管，如，公安机关不得不花费大量的警力、时间和经济资源从事大量的非警务活动，其结果却往往是吃力不讨好，既影响了法定职责的履行，也不能在非警务活动中取得理想效果。所谓四大难点，是指公安机关社会治理责任不明确、社会治理整合意识不强、社会治理手段相对落后、社会治理机制比较薄弱。而这些正是制约公安机关社会治理工作的瓶颈，只有根本性地突破这些难题，公安机关的社会治理创新才能实现"质"的飞跃。

（二）公安机关创新管理服务的重大意义

1. 强化公安工作创新是落实党中央战略部署的必然要求。强化、创新社会治理，是党中央一贯倡导和强调的重大问题。特别是近些年，党中央和相关部门专门召开了多次会议研讨此项问题。例如，早在 2004 年召开的党的十六届四中全会上，党中央就已经提出："加强社会建设和管理，推进社会治理体制创新。"到了 2007 年，党中央又在十七大上重点强调："要健全党委领导、政府负责、社会协同、公共参与的社会治理格局，健全基层社会治理体制。最大限度激发社会创造活力，最大限度增加和谐因素，最大限度减少不和谐因素。"2009 年，党中央又在全国政法工作电视电话会议上指出："（要）深入推进社会矛盾化解、社会治理创新、公正廉洁执法三项重点工作，推动政法工作全面发展进步，把政法工作提高到新水平，确保国家安全和社会和谐稳定，为经济社会又好又快发展提供更加有力的法治保障。"

2. 强化公安工作创新是新时期维稳的重大举措。当前时期，我国对敌斗争形势日益复杂复杂，刑事重大犯罪高发、频发，各项社会矛盾日益凸显，整体维稳压力变得空前艰巨。随着改革开放的日益深入，我国社会已经进入巨大变革的转型期，已经形成了利益多元化的格局。形势要求公安机关必须检视、反思、总结以往工作方式的欠缺，就如何强化、提高社会矛盾的预防和化解能力提供明确的思路和工作方案。还有，经济风险具有传导、感染效应。因经济风险引发的社会风险对公安机如何科学研判稳定形势，有效快速化解社会矛盾提出了新要求，需要公安机关通过社会治理创新加以解决。公安机关还必须强化虚拟社会治理，强化网上斗争以促进社会的和谐、稳定。当前世界已进入网络时代。网络已经成为人们生活、工作不能须臾离开的必备工具。特别是网络已经成为民众政治实现的一种方式。民众可以通过网络对国家机关及其工作人员进行网上监督和网上反腐；也可以通过它实现意见表达、参政议政。这些行为已经并将继续对现实政治形成强大影响，构成了极具特色的网络政治。

3. 推进公安工作创新，是适应国际社会发展的需要。从全球角度看，随着我国的振兴和发展，我国的国际地位急剧上升，已进入世界强国之林。世界各国普遍希望从我国快速发展中受益，对我倚重、借重的意识逐渐增强。但同时，仍有一些国家对我国抱有根深蒂固的偏见，特别是随着我国国际地位的上升，它们的疑虑、恐惧、戒备心理日益加重，对我牵制、遏制的意图和行动更加明显。我国同它们的斗争是长期的、复杂的、尖锐激烈的。国际不安定因素也要求我们不断推进社会治理创新，以适应国际社会发展的需要。

二、公安机关社会治理创新的基本理念和对策

社会治理,通常指政府和社会组织为保障社会系统的有序运转,以法律、行政、舆论、道德伦理等各种手段和方法,对社会主体的行为进行管控、规范,对社会组成要素及其动态运作各环节进行组织、协调、服务、监督和控制的过程。社会治理的创新是指管理主体基于社会环境及情势的变化,选取和采用的能够使社会更趋和谐的新的管理理念、制度及制度运转方式。在我国,按照法律规定和职能设置,公安机关是最为重要的具体从事社会治理的主体。其不但是社会秩序的捍卫者,也是社会治理工作的直接参与者。所以,要创新社会治理就不能离开公安机关主观能动性的发挥。在笔者看来,公安机关创新社会治理可以理解为:各级各类公安机关为了适应社会情势的变化而从事的以创新警务理念为基础,以主动变革警务管理体制、警务运行机制或警务管理方式为内容的活动,其活动目的主要是通过理念和制度的改革完善提升其履行职责、维护社会平安的能力。

(一)公安机关社会治理创新的基本理念

社会治理创新既是行为的创新,也是理念的创新,但首先是理念的创新。只有从新的、正确的社会治理思想或者观念出发,社会治理创新才能具有科学性、规范性和针对性。

同时,从系统论的角度看,社会治理是一项复杂的系统性工程。所以,要抛弃以往僵化、静态的社会治理观念,在理念上实现更新和突破。要以国家利益、社会公共利益为核心来看待社会治理,充分尊重各类群体的正当利益需求,注意执法贴近社会生活,服务人民群众。要进一步密切公安机关和社会的关系,精准把握社会治理创新的价值和意义,以治理方式的创新来带动、实现良性社会秩序的形成和巩固。

创新社会治理理念,是推进公安机关社会治理创新的"方向盘"。理念决定思路,思路决定出路。正确的社会治理理念是引领社会治理创新的"方向盘"。

在管理和服务的关系上,首先要牢固树立"服务"的理念。"公安机关在新时期所承担的职能重心正朝着面向公众和社会服务的方向转变,这在一定程度上对公安机关社会治理能力提出了新要求,尤其在社会转型期新形势下,公安机关

如何提升自身社会治理效能显得尤为重要。"[1] 在社会治理创新问题上，非常重要和关键的是实现意识和认识上的突破。要时刻注意管理和服务的关系。要明确管理就是服务。主动由管理型向服务型转变，真正实现管理和服务的统一。要切实增加工作的主动性、积极性，让广大人民群众真正感受到社会治理创新带来的便利和效率。公安机关要下大力气促进社会治理的多元化，通过引导其他社会主体参与社会治理来增加治理的科学性。要通过对新的社会治理主体的积极培育，来助推社会自律并实现多元利益的协调与整合。

公安机关推进社会治理创新，重要的是确立下列治理理念：第一，依法治理的理念。"建设法治公安是社会治理新常态对公安工作发展趋势的最高凝练。"[2] 公安机关和全体公安民警都要做自觉守法、用法的模范。要秉承对法律负责的理念，自觉地按照法律规定履职尽责。第二，效率的理念。社会治理创新的核心是提高工作效率。要在确保治理公正的前提下，进一步在效率提升上下功夫。要重视公众的利益需求，并且要高效满足公众的利益需求。公安机关和公安民警都要在法律授权的范围内进一步简化工作程序，努力提供为广大人民群众服务的水平和能力，要尝试运用科学的工作方法为他们提高更为方便、快捷、优质、高效的服务。第三，"参与"的理念。当前的社会是更为开放、更为包容的社会。在进行社会治理的过程中，要进一步体现出开放意识、民主意识、服务意识、参与意识，重视引入其他社会主体充分发挥作用，在社会治理时使人民群众广泛参与其中，从单向的、一元化的治理向多维的、复合型的治理转变。第四，"和谐"的理念。追求和谐是社会治理的重要目标。公安机关要把维护社会稳定、化解社会矛盾作为自己的主要奋斗目标。公安民警要抓住影响社会和谐与稳定的源头性、根本性、基础性问题，从促进社会和谐的大局出发来看待问题、处理问题，要最大限度地理顺社会矛盾，化解、排遣广大人民群众的不满情绪。

(二) 公安机关创新社会治理的基本对策

首先，要持续推进流动人口的服务管理创新。要本着对全体公民一视同仁的态度，维护好流动人口的各项权益，从基本民生问题解决入手，逐步深化流动人口的各项管理工作。在城镇化的背景下，要重视公安工作面临的新问题，积极稳

---

[1] 尚磊：《公安机关提升社会治理效能初探》，载《湖南警察学院学报》2017年第1期。
[2] 朱志萍：《社会治理新常态下法治公安建设的若干思考》，载《公安学刊》2017年第3期。

妥地进行户籍制度的改革和完善；要重视城乡结合部的社会治理创新，充分运用疏导机制，使流动人口真正融入工作地的生活。要将流动人口的积极性和活力切实激发起来，在治理创新中有效解决各种不稳定、不和谐的社会问题。

其次，要重视对特殊人群的治理创新。一方面，要对服刑人员、刑满释放人员、社会闲散人员、问题少年、吸毒人员等特定的高危人员进行常态化、类型化、规范化管控。另一方面，充分发挥基层公安机关的能动作用，实现教育改造与安置帮教的优化组合。要在这些特定人员的治理上狠下功夫，力争创造出新方法、找到新途径，尽最大可能帮助他们解决实际问题，从而减轻社会稳定带来的压力。

再次，要对社会治安重点地区的社会综合治理进行创新。一方面，要重视城中村、城乡结合部的经济社会发展，依靠生产力的发展来改善当地的生活环境，从而减少各类矛盾和违法犯罪现象。要进一步强化当地的精神文明建设，靠文化上的提振来净化心灵。另一方面，也要对小旅馆、小酒店、娱乐洗浴等特定区域进行重点整治和处理，监督它们的日常运营，规范它们的营业行为。通过创建长效工作机制来实现综合治理的科学化、规范化、常态化。另外，要对城市规模化背景下的社会治安防控进行重点研究，发掘复杂现象背后的治理规律。毕竟，"在城市规模化建设进程中，跨地区、跨行业的人、财、物的流动空间越来越大，流动速度越来越快，社会动态性特征更加明显，犯罪率呈增长趋势，犯罪打击防控难度明显加大。对于城市规模化建设中的社会治理，需要有更持久的动力和更广泛的综合治理基础，对于公安工作而言，必须以前瞻性的应对举措，求真务实的警务机制，构建城市化社会治安防控体系。"①

最后，要深入推进虚拟社会的治理创新。当今世界，互联网已成为人们不可或缺的生活要素。随之而来的问题是，互联网也正在影响着人们的交往，成为传播社会负面信息的手段。所以，我们要在公安民警中迅速推广普及互联网知识，让他们学习好、掌握好互联网运行规律和规则，从而确保他们能够充分运用法律手段、行政手段、经济手段规制网络越轨行为，保证互联网依法健康运行。广大公安民警要把网络舆情放到重要的位置上来看待，重视舆情评估和引导，确保互

---

① 叶其勇、黄清观：《城市规模化视域下社会治理若干思考——以公安工作为视角》，载《公安学刊》2017年第3期。

联网上传播的是党和政府积极向上的声音。

三、公安机构创新社会治理的关键措施

（一）全力维护政治稳定，为国家各项建设提供健康的政治环境

维护好国家大局的稳定是公安机关义不容辞的责任。各级公安机关要立足实际，深入开展矛盾摸排化解工作，密切关注社会矛盾新情况、新问题，通过切实可行的方法将各类矛盾消灭在萌芽状态。要进一步强化国家的应急处置工作，提升公安机关应急处突的能力。"信访制度作为具有中国特色的基层民众利益诉求和意见表达机制，是当前我国社会治理工作中一项重要的社会安全阀制度，对化解基层社会矛盾、解决社会冲突、维护群众合法权益都发挥了重要作用。"① 要完善公安机关的信访工作，建立起长效机制，及时、有效、准确化解信访中的难题。要重视问题的源头治理，通过疏导和教育引导各类矛盾的解决，维护好广大人民群众的正当利益。

（二）严厉打击刑事犯罪，为国家各项建设提供良好的治安环境

公安机关要秉持"打防犯罪是主业、命案攻坚是龙头"的理念，严厉打击和处置各类刑事犯罪，特别是重大刑事案件。要对插手、干扰重点工程、重点项目建设，非法控制客运线路、专业市场、矿产开采的犯罪行为从重从快地严厉打击，确保国家的重点工作、重大建设不受非法干扰。要对扰乱社会主义市场经济秩序、破坏经济环境、侵害企业合法权益的经济犯罪严厉打击，从而最大限度地优化市场经济的法治环境。要对抢劫、抢夺、盗窃等多发性侵财犯罪保持高压态势，确保公民的合法财产不受非法侵犯。

（三）强化公安管理制度改革，为国家各项建设提供高效的服务环境

公安机关要积极适应社会发展变化，要通过内部管理制度的改革来提升工作效率。要进一步深化管理理念的创新，通过更新理念、改进管理来提升工作效能。公安机关要进一步加强交通管理，通过严格执法、文明服务，强化日常工作的规范化来确保不发生严重的交通事故。公安机关还要进一步强化治安管理，通过做好重点工程、要害部位的安全保卫工作来维护正常的生产秩序和工作环境。

---

① 尹新瑞、王美华：《科塞社会冲突理论及对我国社会治理的启示——基于〈社会冲突的功能〉的分析》，《理论月刊》2018 年第 9 期。

（四）深入推进执法规范化建设，为国家各项建设提供公平正义的执法环境

执法规范化有助于广大人民群众从心理上形成对公安社会治理创新的认同感，有助于和谐警民关系，协整社会冲突和矛盾。所以，执法规范化是实现公安机关社会治理创新的重要抓手。公安机关要始终秉承执法为民的基本理念，进一步强化执法规范化建设，全面提高执法质量和执法水平。要将严格、公正、规范执法和理性、平和、文明执法结合起来，实现法律效果、社会效果的有机统一。要高度重视广大人民群众最关心、反映最强烈、表现最突出的问题，紧盯执法中的重点领域、重点环节、重点岗位，制定具体明确、便于操作的执法执勤规范，严密执法规程、细化裁量标准，提高执法规范化水平。要下大力气完善网上执法办案监督系统，真正实现执法信息网上录入、执法流程网上管理、执法活动网上监督、执法质量网上考核、执法办案卷宗电子化，要对公安民警的执法办案过程进行全方位、全过程监督，最大限度地减少执法中各类问题的发生。

新时代"枫桥经验"视野下社会稳定风险防控机制研究[①]

黄兴瑞[②]

一、问题提出

随着科学技术的日新月异和全球化的深入发展,人类社会开始进入风险社会。作为系统转型与快速发展的中国,经历了世界上发展速度最快、时间最短、规模最大、程度最深的现代化进程,在快速发展中也难免带来社会矛盾多发的问题。习近平总书记在党的十八届五中全会上指出,"今后5年,可能是我国发展面临的各方面风险不断积累甚至集中显露的时期""如果发生重大风险又扛不住,国家安全就可能面临重大威胁,全面建成小康社会进程就可能被迫中断",我们"必须把防风险摆在突出位置"。[③] 2019年1月21日,习近平总书记在省部级主要领导干部坚持底线思维着力防范化解重大风险专题研讨班开班式上发表重要讲话,并就防范化解政治、意识形态、经济、科技、社会、外部环境、党的建设等领域重大风险作出深刻分析、提出明确要求,强调要推进社会治理现代化,坚持和发展"枫桥经验",健全平安建设社会协同机制,从源头上提升维护社会稳定能力和水平。

城乡基层既是产生不稳定因素的源头,又是防范化解各类社会风险的一线。因而,研究基层社会稳定风险有着重要意义。其研究进路不外乎在理论上有无现成模式可供借鉴,或在实践中是否存在行之有效的经验。由于国情不同,西方的

[①] 本文为中国法学会"枫桥经验"理论总结和经验提升专项委托课题——《新时代"枫桥经验"的浙江实践》的阶段性成果,课题编号为CLS(2018)FQJYZX21。

[②] 黄兴瑞,浙江警察学院副院长、教授、法学博士。本文中的数据分析得到浙江警察学院副教授邵安博士的帮助,谨表示衷心感谢。

[③] 习近平:《在党的十八届五中全会第二次全体会议上的讲话(节选)》,载《求是》2016年第1期。

社会风险理论和治理理论难以照搬。从实践研究的路径分析,"枫桥经验"是我国基层社会治理的成功典范。其内涵被界定为在党的领导下,由枫桥等地人民创造和发展起来的化解矛盾、促进和谐、引领风尚、保障发展的一整套行之有效且具有典型意义和示范作用的基层社会治理方法。① 从其内涵来分析,"枫桥经验"与基层社会风险防范与化解高度契合,二者目标一致:都是为了预防、化解矛盾,助推经济社会发展;二者本质一致:"枫桥经验"与基层社会风险防范化解在本质上都是贯彻以人民为中心的治理理念;二者基础一致:都关注基层基础,并以基层组织网络为支撑。因而,基于"枫桥经验"来研究防范化解基层社会风险的方法和路径不失为有益的选择。

当然,选择研究课题,还得看选题的依据。"枫桥经验"的发源地在防范化解基层社会风险方面是否取得了成效?若这种成效不存在,也就失去了对这一选题开展研究的意义。目前,尚无一整套衡量防范化解基层社会风险成效的指标体系。犯罪是社会矛盾的一种表现形式,犯罪治理也是社会治理的一项重要任务。因而,犯罪率的变化,尤其是刑事案件立案数的变化状况,无疑是防范化解社会稳定风险成效的指标之一。我国现阶段犯罪问题仍然比较突出,犯罪类型呈现新的变化,犯罪数量仍在高位运行。纵观新中国成立以来70年的犯罪状况,1978年改革开放前,我国刑事案件立案数处在较低的态势,每年在50万起以下。改革开放后,刑事犯罪处在高位态势。1989年,达到89万起;1990年刑事案件突破100起,达到197万起;1991年达到236.5万起;2000年突破300万起,达到363.7万起;2001年突破400万起,达到445.7万起;2009年,突破500万起,达到558万起;2011年突破600万起,达到600.5万起;② 2015年突破700万起,达到717万起。③ 由此可见,我国现阶段犯罪增长的势头较为明显。然而,作为改革开放先行地和"枫桥经验"发源地的浙江,虽然在犯罪统计上可以看到2012年之前,刑事案件也呈现出了增长的态势,但在此后的2013年,全省刑事案件的立案数从2012年的74.6万起下降到70.6万起,2014年再下降到70.2

---

① 中国法学会"枫桥经验"理论总结和经验提升课题组:《"枫桥经验"的理论建构》,法律出版社2018年版,第17-18页。
② 卢建平:《中国犯罪治理研究报告》,清华大学出版社2015年版,第63-67页。
③ 中国法律年鉴编辑部:《中国法律年鉴》,法律年鉴出版社2016年版,第1350页。

万起,2015年再下降到66.7万起,2016年下降的幅度更大,到51.6万起。① 我们看到浙江在全国率先出现犯罪数量下降的态势。我们将目光转向诞生"枫桥经验"的浙江诸暨市,其犯罪率下降的趋势出现得更早,幅度更大。诸暨市2010年刑事案件立案数为12274起,至2013年下降到9989起;2014年继续下降到8622起,至2015年,下降到6296起,仅为2010年的51%。② 由于目前乡镇或街道没有《统计年鉴》可供查询,故难以对一个乡镇或街道的刑事案件立案数从较长的一个时间跨度去作比较,从"枫桥经验"初始发源地枫桥镇的刑事案件立案数来看,这一趋势也非常明显:枫桥镇刑事案件立案数2013年为331起,2014年为366起,2015年为280起,2016年为151起,2017年为133起,2017年的刑事案件立案数仅为2013年的40%。至课题组2018年6月中旬得到的最新统计,2018年1月至6月11日,枫桥镇的刑事案件立案数为44起。③

不难发现,全国刑事案件仍处在高发的态势下,枫桥镇、诸暨市、浙江省这些"枫桥经验"的发源地、培育地、推广地率先出现了刑事犯罪下降的势头。我们将犯罪率的下降看成防范化解社会稳定风险的成效之一,就有必要进一步探讨是什么因素、什么方法促使这一成效的产生?为什么在全国刑事案件立案数高发的态势下,"枫桥经验"发源地的刑事犯罪会呈现下降的趋势?是否新时代坚持发展"枫桥经验"的举措促使犯罪得以有效的治理?

在我国社会学研究领域,治理成效的研究远远少于治理方法的研究。在数量很少的社会治理成效的研究中,对社会治理进行成效检验的几乎尚属空白。这种状况与研究这一问题遇到的研究方法上的挑战有关。社会治理的成效检验需要做定量分析,但仅仅定量研究又难以对前面提出的问题给予科学全面的回答。在社会和行为科学领域,存在两种研究范式:一种是实证主义,另一种是建构主义。实证主义强调定量的研究方法,建构主义则主张定性的研究方法。在过去社会科学研究领域,存在从使用单一方法到使用混合模型研究的演变过程。美国学者阿巴斯·塔沙克里(Abbas Tashakkon)将社会和行为科学的方法论路径分为三类:

---

① 浙江省人民政府主编:《浙江年鉴》2013年版,第337页;浙江省人民政府主编:《浙江年鉴》2015年版,第323页;浙江省人民政府主编:《浙江年鉴》2016年版,第353页;浙江省人民政府主编:《浙江年鉴》2017年版,第371页。
② 诸暨2015年刑事案件立案数为本课题组调研中获得。
③ 上述枫桥镇刑事案件立案数据来自课题组对枫桥镇的实地调研。

单一方法、混合方法和混合模型研究,并将方法论演进的路径划分为从单一方法到混合方法,再从混合方法到混合模型的研究两个阶段。单一研究方法从19世纪社会学的出现起,一直到20世纪50年代。该方法指的是"方法论上的纯粹主义者",采取的是单一主导范式所展开的研究;混合方法产生于20世纪60年代,至80年代变得更加普遍。该方法将定性研究路径和定量研究路径结合起来应用于研究方法论之中的单一研究或多阶段研究;混合模型研究在90年代作为独立的类型出现,是实用主义范式的产物,它强调在研究过程的不同阶段将定量路径和定性路径结合起来的学术努力。①

社会科学研究方法论演进路径的考察启示我们,对社会治理成效检验的研究不必囿于定性研究或定量研究某种单一方法,而可以根据问题本身的需要决定运用某一种或两种方法的综合运用。社会治理成效检验,既需要探讨治理方法与治理成效之间的内在联系,解决哪些方法有效的问题,显然这一问题的解决要运用定量研究。同时必须看到,解决哪些治理方法有效的问题还不够,在此基础上需要进一步探讨某一治理方法为何有效,后者需要定性研究来解决。据此,本研究采用定量研究和定性研究相结合的混合型研究方法。

二、基于18个乡镇街道的实证分析

哪些坚持发展"枫桥经验"的实践举措与防范化解社会稳定风险的治理成效之间存在内在相关?解决这一问题需要开展定量研究。对变量进行界定,在此基础上对变量之间的关系提出假设,再去收集数据,在分析数据基础上去得出研究的结论,此为基本程序。

(一) 研究假设

本课题研究需要解决的首要问题,是厘清坚持发展"枫桥经验"的实践举措与所取得的防范化解社会稳定风险的治理成效之间的关系。具体而言,"枫桥经验"的实践举措内涵十分丰富,浙江各地制定实施的治理政策也是多种多样、各有特点,课题组在对浙江坚持发展新时代"枫桥经验"的理论指引、推进过程及主要做法进行归纳总结的基础上,提炼出代表新时代"枫桥经验"实践举

---

① [美]阿巴斯·塔沙克里、查尔斯·特德莱:《混合方法论:定性方法和定量方法的结合》,唐海华译,重庆大学出版社2010年版,第14-18页。

措的四个变量。它们包括人民群众参与社会治理状况（简称"参与治理"）；运用道德、法律等因素的文化治理状况（简称"文化治理"）；运用现代科技开展智慧治理状况（简称"智慧治理"）；党委、政府服务治理状况（简称"服务治理"）。同时筛选出防范化解社会稳定风险成效的两个因变量，即社会平安状况与社会和谐状况。社会平安状况通过犯罪数量，主要通过年度刑事案件立案数量来反映；社会和谐状况通过越级上访等形式体现出来的重点社会矛盾数来反映。

实证研究以假设为起点。假设是为得出逻辑或经验的结论并加以检验而设立的试验性假说。它含有目前未充分论证的意思，因而，只是一种尝试性解释。假设可由理论演绎得到，也可由经验观察得到。[①] 提出假设之后，就可以进行具体的调查研究来证明真伪。假设必须是可检验的，也即假设必须以变量的语言来表述。本课题的假设从参与治理、文化治理、智慧治理、服务治理与平安状况，以及上述四项实践举措与重点社会矛盾两个方面提出。

1. 参与治理、文化治理、智慧治理、服务治理与社会平安状况。人民群众参与社会治理是"枫桥经验"的核心要义。人们普遍认为，当有更多的社会组织和更多的志愿者参与基层社会治理工作，有利于及时发现矛盾并制止矛盾，减少刑事犯罪。因此，本文提出第 1 个研究假设：H1 参与治理工作越好则刑事犯罪少。德治与法治被普遍认为是基层社会治理的有效路径。两者就其本质而言，都属于文化治理。民主法治村的数量和比例、村规民约的修订率及其合法性审查通过率、文化礼堂建设的覆盖率、村或社区开展道德法治教育的数量等文化治理举措被认为有助于促进形成良好的社会治安生态，进而促进平安建设。因此，本文提出第 2 个研究假设：H2 文化治理工作越好则刑事犯罪少。在基层社会治理中广泛运用现代科技是新时代"枫桥经验"的一个新特点。重点公共区域视频监控的覆盖率、联网率；重点行业、领域涉及公共区域的视频监控覆盖率、联网率；在线矛盾纠纷多元化解平台与乡镇（街道）综治工作中心对接率；综治调解资源上线率；综治工作中心在线调处案件的数量以及占调处案件总数的比例被认为是与平安建设紧密相关的党委统一领导和政府的协调负责。同时，党委和政府在基层治理中的作用正在从管理转向治理。由此，本文提出第 3 个研究假设：H3 智慧治理工作越好则刑事犯罪少。党组织建在网格中的数量和比例、具有党

[①] 袁方主编：《社会研究方法教程》，北京大学出版社 2009 年版，第 79 页。

员身份的网格员的数量和比例、社会组织中党的工作的覆盖率、领导干部下访接访的数量等被认为能够推进平安建设。由此，本文提出第 4 个研究假设：H4 服务治理工作越好则刑事犯罪少。

2. 参与治理、文化治理、智慧治理、服务治理与社会和谐状况。"小事不出村、大事不出镇、矛盾不上交"是"枫桥经验"的传统。当社会组织和志愿者参与基层社会治理时，被认为有利于及时发现矛盾与制止矛盾。因此，本文提出第 5 个研究假设：H5 参与治理越好，则社会重点矛盾数量少。文化治理是新时代"枫桥经验"的重要内涵。通过村规民约、家规家训、公序良俗的教化作用，被认为有助于引导人们行为，规范社会秩序，有利于及时平息矛盾纠纷。因此，本文提出第 6 个研究假设：H6 文化治理越好，则社会重点矛盾减少。大数据技术深刻影响着矛盾预防与化解。智慧治理的能力越强，被认为越能及时发现引起矛盾纠纷的因素，进而及时有效在属地解决相关矛盾。因此，本文提出第 7 个研究假设：H7 智慧治理越强，则社会重点矛盾减少。党组织和政府部门体系的健全以及职能作用的发挥，被认为能够更有效地预防和化解矛盾。因此，本文提出第 8 个研究假设：H8 服务治理越好，则矛盾纠纷情况越得到改善。

汇总上述 8 个研究假设，形成本研究的变量关系模型（见图 1）。

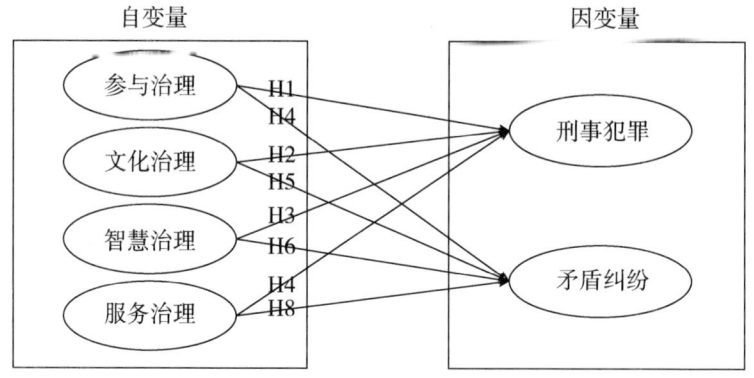

图 1 变量关系模型

图 1 左侧是上述研究假设的四个自变量，右侧是两个因变量。中间的线条和箭头显示了参与治理、文化治理、智慧治理、服务治理与社会平安状况和社会和谐状况之间的相互影响关系和影响方向。

（二）数据采集

为了考察新时代"枫桥经验"的实践举措与防范化解社会稳定风险成效之

间的关系，对上述的假设进行检验，本课题组在中共浙江省委政法委的大力支持下，在浙江 11 个设区市中，每个设区市遴选 1~2 个基层社会治理的先进乡镇（街道），共选取浙江 18 个乡镇（街道）进行面板数据分析（见表 1）。面板数据建模比截面数据建模可以获得更多的动态信息。同时，由于观测值的增多，可以增加估计量的抽样精度。这些数据全部来自当地政法部门或平安办，并经过课题组的核查与验对。数据的时间跨度为 2013 年至 2017 年。

表 1　浙江 18 个乡镇（街道）

地名	字母缩写①	地名	字母缩写
武义县白洋街道	BYJD	象山县西周镇	XZZ
松阳县古市镇	GSZ	城南街道	CNJD
北仑区小港街道	XGJD	温岭市大溪镇	DXZ
桐庐县富春江镇	FCJZ	乐清市南塘镇	NTZ
柯城区府山街道	FSJD	桐乡市高桥街道	GQJD
柯城区衢化街道	QHJD	浦江县白马镇	BMZ
宁海县岔路镇	CLZ	浦江县黄宅镇	HZZ
安吉县天荒坪镇	THPZ	诸暨市枫桥镇	FQZ
安吉县天子湖镇	TZHZ	乐清市翁垟镇	WYZ

考虑到数据的可获得性和真实性，课题组选取了表 1 中的测度指标。首先，根据参与治理、文化治理、智慧治理、服务治理这四个自变量，本研究分别采集了参与社会治理的社会组织数量、民主法治村数量、重点公共区域视频监控探头数量、党组织（党支部、党小组等）建在网格中的数量这四个指标数据。其次，在基层社会治理成效方面，采集了刑事案件立案数、到省与进京重点人民内部矛盾信访数量这两个指标数据分别代表平安与和谐的指标。最后，还增添了常住人口数量控制变量。

运用 Eviews 9.0 对采集到的数据进行描述性统计分析。共有 90 组观测值，具体结果如表 2 所示。

---

①　首字母缩写是为了便于统计软件识别。

表 2　描述性统计分析

Mean	14.66667	Jarque – Bera	273.2936
Median	3.000000	Probability	0.000000
Maximum	136.0000	Sum	1320.000
Minimum	0.000000	Sum Sq. Dev.	70186.00
Std. Dev.	28.08214	Observations	90
Skewness	2.675891	Cross sections	18
Kurtosis	9.651070		

综上所述，本研究将采用如下面板数据模型：

$$Y_{it} = \alpha_i + \beta X_{it} + \varepsilon_{it}$$

式中下标 $i=1,2,\cdots,N$，代表各个乡镇，在本研究中 $N=19$；下标 $t=1,2,\cdots,T$，代表年份，在本研究中，$T=5$；β 则为其系数向量；α_i 是在时间上恒定的影响政策成效的非观测因素，代表各个乡镇的特殊性；ε_{it} 为随机误差项。

为了确定面板数据模型的类型，使用 F 统计量进行检验。结果显示，F 统计量概率小于 0.05，由此应该建立个体固定效应模型。

（三）对刑事犯罪的面板数据分析

根据上文设定的计量模型，本研究进行参与治理、文化治理、智慧治理、服务治理、常住人口数量对刑事犯罪状况的面板数据分析。结果如表 3 所示，模型整体拟合效果相当好，调整后的 R^2 达到了 0.932，F 值在 1% 的水平上高度显著，D.W. 为 1.72。

表 3　对刑事犯罪的面板数据分析结果

变量	系数	标准差	T 值	显著性
C	1045.919	190.2480	5.497664	0.0000
常住人口	-0.009897	0.003059	-3.235092	0.0019
参与治理	-0.660248	0.231144	-2.856440	0.0057
文化治理	5.910315	5.244284	1.127001	0.2638
智慧治理	-0.105161	0.028219	-3.726605	0.0004
服务治理	-0.019942	0.041039	-0.485918	0.6286

续表

	Weighted Statistics		
R – squared	0.949175	Mean dependent var	757.8964
Adjusted R – squared	0.932487	S. D. dependent var	467.9387
S. E. of regression	182.7420	Sum squared resid	2237441.
F – statistic	56.87526	Durbin – Watson stat	1.726810
Prob（F – statistic）	0.000000		

参与治理的系数为负（-0.660），且在1%水平上显著。这表明，随着越来越多的社会组织参与社会治理，刑事案件数量也会相应地降低。智慧治理的系数为负（-0.105），且在1%水平上显著。这表明，随着监控视频探头的增加，刑事案件数量也会相应地降低。公安实践显示，视频探头不仅能打击与震慑街面违法犯罪，而且有力地提高了刑事侦查的效率与犯罪打击的力度。此外，文化治理、服务治理对刑事案件数量的影响则不显著。

（四）对矛盾纠纷的面板数据分析

根据上文设定的计量模型，本研究进行参与治理、文化治理、智慧治理、服务治理、常住人口数量对社会和谐状况的面板数据分析，模型估计方法同上。结果如表4所示，模型整体拟合效果相当好，调整后的 R^2 达到了0.905，F值在1%的水平上高度显著，D.W. 为1.570。

表4 对矛盾纠纷的面板数据分析结果

变量	系数	标准差	T值	显著性
C	30.38481	4.412460	6.886139	0.0000
常住人口	1.40E-05	2.16E-05	0.648255	0.5190
参与治理	0.000549	0.004197	0.130689	0.8964
文化治理	-1.001746	0.275616	-3.634567	0.0005
智慧治理	-0.001122	0.000474	-2.364862	0.0209
服务治理	0.003624	0.002926	1.238602	0.2198
	Weighted Statistics			
R – squared	0.929025	Mean dependent var	21.60869	
Adjusted R – squared	0.905720	S. D. dependent var	22.72374	

续表

S. E. of regression	7.632211	Sum squared resid	3902.793
F - statistic	39.86364	Durbin - Watson stat	1.570465
Prob（F - statistic）	0.000000		

文化治理的系数达到-1.001，且在1%水平上显著。这表明，随着民主法治村的不断建立与普及，当地的矛盾纠纷事件数量也会相应地降低。智慧治理的系数为负（-0.001），且在5%水平上显著。在一定程度上，监控视频能够预防矛盾纠纷的当场激化，特别是在重点行业、重点领域。同时，监控视频也能够为公平高效地化解矛盾纠纷提供有力的科技支撑。智慧治理的系数仅仅为-0.001，这也在某种意义上表明科技手段主要起辅助作用。此外，参与治理、服务治理对矛盾纠纷发生数量的影响则不显著。

三、枫桥镇社会矛盾风险防控机制个案考察

参与治理、文化治理、智慧治理在防范和化解社会稳定风险中产生了积极的正向作用。这种作用是如何在现实社会中产生的呢？另外，服务治理对防控社会稳定风险在现实中的作用是否存在？这些问题需要深入实地去进一步做定性研究。本研究的定性考察样本就选择具有典型意义的"枫桥经验"的发源地——诸暨市枫桥镇。

（一）枫桥镇基层社会矛盾风险基本情况

研究枫桥镇基层社会风险需要从其社会矛盾入手。风险是可能性，矛盾是现实性，社会风险是社会结构遭受潜在破坏的可能性，而社会矛盾是社会关系存在冲突的不和谐现象，它是社会问题的现实性存在。[1] 谈社会风险常常是为了反思问题，论社会矛盾更侧重于正视和解决问题。社会矛盾是指社会各阶级或阶层基于不同的利益关系或财产分配关系所产生的种种冲突和不和谐现象。它具有各种各样的性质和类型，可以是受到限制和调节的，也可以是利益对抗和彼此冲突的。它起源于人们对生产资料的不同关系。[2] 毛泽东同志曾说，有进步就会有矛

---

[1] 张海波：《风险社会与公共危机》，载《江海学刊》2006年第2期。
[2] 邓伟志主编：《社会学辞典》，上海辞书出版社2009年版。

盾产生，随着我国近些年来经济建设的快速发展，各种社会矛盾也渐渐显露出来。作为"枫桥经验"发源地的枫桥镇也不例外。枫桥镇位于浙江诸暨市东北部，现今镇域面积165平方公里，总人口8万人（其中常住人口7.2万人、流动人口0.8万人），辖29个行政村、2个社区。2017年枫桥实现国内生产总值70.62亿元，同比增长8%；财政收入4.67亿元，同比增长8.9%，全体居民可支配收入36791元，同比增长9.5%。一方面，伴随着经济的发展，社会城镇化的速度加速，社会流动、阶层分化加快，基层社会从"熟人社会"向"半熟人社会""陌生人社会"转变过程中不确定因素增多。另一方面，群众诉求日趋多元，信息流转不断加快，在基层社会治理过程中也不断出现新形势、新问题和新矛盾。为了了解枫桥镇的社会矛盾状况，本课题组在诸暨市司法局和枫桥司法所查阅了近年来枫桥镇各类调解案件，在诸暨人民法院查阅了近年来枫桥法庭受理的案件情况，在枫桥镇人民政府了解了枫桥的信访情况（见表5至表7）。

表5　2014年至2018年5月枫桥镇调解纠纷情况

年份	纠纷分类情况（件）												
	婚姻家庭纠纷	邻里纠纷	房屋宅基地纠纷	合同纠纷	生产经营纠纷	损害赔偿纠纷	征地拆迁纠纷	劳动争议纠纷		消费纠纷	医疗纠纷	道路交通事故纠纷	其他纠纷
								拖欠农民工工资纠纷	其他劳动争议纠纷				
2014	94	154	13	94	3	185	6	39	17	2	2	60	48
2015	45	128	23	19	0	117	1	5	14	3	0	43	60
2016	41	132	26	8	0	74	0	1	25	0	0	29	114
2017	24	111	11	0	0	105	1	3	4	6	0	36	102
2018（1-5月）	16	60	2	0	0	51	0	8	8	0	0	14	39

表6 2017年枫桥法庭受案数①

案件类型	民间借贷纠纷	请求确认人民调解协议效力	各类合同纠纷							婚姻纠纷	维权纠纷	劳资纠纷	交通事故责任纠纷	其他纠纷
			买卖合同	金融借贷合同	承揽合同	房屋租赁合同	加工合同	销售合同	施工合同	其他合同					
涉案数(件)	516	428	147	28	16	15	14	9	8	31	131	45	27	25	107

表7 2017~2018年上半年枫桥镇信访量统计表

时间（年）	初信初访				信访		
	12345	96345	班子接访	总量	系统交办	大接访	总量
2017	692	854	286	1832	156	346	502
2018年上半年	635	347	139	1121	122	183	305

根据考察情况，从枫桥基层社会矛盾数量来看，随着表达诉求渠道的不断畅通，呈现出来的矛盾纠纷的总量呈增长态势。从基层社会矛盾类型来看，民间借贷纠纷、合同纠纷、损害赔偿纠纷为主要类型。从基层社会矛盾解决的渠道来看，邻里纠纷、损害赔偿纠纷、家庭婚姻纠纷通过调解居多；民间借贷纠纷、各类合同纠纷通过诉讼居多；大量日常的基层社会矛盾纠纷则愿意通过向政府部门以信访的形式来表达诉求。

（二）枫桥镇基层社会矛盾风险的防控举措

"枫桥经验"从诞生到坚持发展经历了从社会管制到社会管理，再从社会管理到社会治理的两次飞跃。在社会管制阶段"枫桥经验"是处理敌我矛盾的经验，在后两个阶段则是解决人民内部矛盾的经验做法。在后两个阶段中，作为社会管理阶段的"枫桥经验"主要是社会矛盾形成后，以调解为主要方式，以"小事不出村，大事不出镇，矛盾不上交"为主要目标的社会矛盾化解经验；作为社会治理阶段的新时代"枫桥经验"，进入一个对社会矛盾产生前的源头防范

---

① 枫桥人民法庭辖枫桥镇、赵家镇、东和乡，辖区常住人口15万人，外来人口2万人。本表所列各类案件数并非均来自枫桥镇，但枫桥镇在两镇一乡中人口最多，表明各类案件的类型能反映枫桥镇诉讼案件的类型状况。

与社会矛盾形成后的多元化解并重的新阶段。其对社会矛盾风险的防控形成了社会矛盾源头治理和社会矛盾多元化解两大机制。

1. 社会矛盾源头治理机制

一是推进"全科网格"式的服务治理机制。枫桥镇机关干部、站所人员、村"两委"干部全部下沉到网格，零距离为群众服务。枫桥镇现有专职网格员和兼职网格员共678人（其中党员网格员数量为424人，占62.54%），每个网格员都是民情信息员、为民服务员、政策宣传员，实行网格多元合一、一格多员、一员多用。

二是推行"三上三下"①式的参与治理机制。枫桥镇在开展基层治理中秉承"以人民为中心"的核心理念，注重基层协商民主，深入推进民主治村建设，推广枫源村"三上三下"议决事制度，通过最广泛动员群众参与村级决策，从源头预防矛盾发生。大力培育孵化社会组织，现有社会组织278家，其中镇级社会组织52家，村级社会组织226家，参与社会治理的志愿者人数为2.3万人，占总人口的比例达31.94%。打造专业社工人才队伍，开展乡贤参与乡村治理，重塑乡土精英治理模式，积极发挥乡贤反哺桑梓、凝心聚力、教化村民的作用，镇级成立乡贤联合会，各村成立乡贤参事会，已吸收乡贤326名，积极引导乡贤参与民主决策。

三是推进以"三贤文化"②为载体的文化治理机制。枫桥镇通过完善村规民约软法治理体系、基层法律服务体系、完善全民法治建设体系，不断提升人民群众的法治素养。通过弘扬"三贤文化"，修缮枫桥大庙等红色教育基地，共建文

---

① "三上三下"是枫桥镇枫源村率先实施的民主决策制度，该制度共包括了4个大的步骤、8个小的步骤。"一上一下"主要起到收集议题的作用，"二上二下"的作用是酝酿方案，"三上三下"的作用是审议决策，最后再将表决结果和实施情况公开。具体而言："一上"是指首先由党员、村民代表和群众意见建议，然后由村两委会集体研究讨论，并提出议题；"一下"是指党员、群众针对两委会的议题提出意见建议，在这个过程中两委会成员、村民代表和村民小组长等要入户采集村民的意见；"二上"是指村党支部提前将议题通报给村两委班子成员酝酿，然后组织召开村两委会议进行商议，对意见分歧较大的事项，根据不同情况，采取举手无记名投票等方式表决，按照少数服从多数的原则形成商议意见；"二下"是指召开民主恳谈会和党员议事会，并请法律顾问对再修订后的建议方案进行论证；"三上"是指将论证后的方案交由村两委会讨论，并由党员大会审议，会前应把方案送交全体党员；"三下"是指如论证后的方案经由村党员会议审议通过，然后按照《村民委员会组织法》等有关法律法规，在村党支部的领导下，由村委会主持召开村民代表会议表决。

② 元代诗画家王冕、元代文学家、书法家杨维桢，明末画家陈洪绶均是枫桥人，史称"枫桥三贤"。"枫桥三贤"人品高洁，垂誉后世，对枫桥后人影响甚大。

化礼堂、评选"最美枫桥人"、开展孝德村落创建等方式开展道德教育活动。

四是推进以"雪亮工程"为载体的智慧治理机制。枫桥镇实现重要部位、复杂场所和农村薄弱地区公共视频监控全覆盖,全镇643个高清摄像头,基本覆盖重要部位、复杂场所和农村薄弱地区,有效提升防控水平。强化行业专项督导功能,对快递行业及加油站全部加装高清监控,实现24小时监控。建成集镇位置的"三维建模",实景呈现全镇的整体面貌,对重点时段、重点位置利用无人机进行及时信息巡查和反馈,提升应急指挥能力。

2. 社会矛盾多元化解机制

一是干部下访、接访机制。枫桥镇开展干部"进村赶考"专项行动,通过乡镇干部驻村连心,机关干部"返乡走亲",党员干部结对联户交心,用脚步丈量民情,让干部走向一线,第一时间在源头解决矛盾和群众诉求。实行初信初访首办责任制,坚持每日有镇党委班子成员接访,每周一镇党委书记接访,村干部每日接访,每周信访案件研判,每月镇班子扩大会议集中交办,做到在压实矛盾化解的责任。

二是群众参与调解机制。枫桥镇构建了行政调解、司法调解、人民调解和专业调解等多开展调解的格局。现有人民调解调委会51家,共有调解员258人。包括镇人民调解委员会1家,调解员8人;村级人民调解委员会31家,人民调解员171人;企业人民调解委员会20家,人民调解员79人。专业的调解员队伍是平安枫桥的坚实保障和光荣传统。枫桥镇采用专门人员为中坚力量,志愿者组织为后备力量,品牌调解为标杆的培养模式。目前,枫桥镇行业性专业调解组织7家,派出所、法庭、交警中队、检察室等站所共配备专职调解人员11人,行政村和社区配备调解干部93名,企业综治工作站配备调解员57名,调解联合会共吸收调解志愿者110余名。实施矛盾化解甄别疏导机制,坚持依法处置和自愿调解有机结合,及时开展分类甄别。对涉法涉诉、应由司法机关办理的民事侵权案件、不宜调解的案件、多次调解无果的矛盾纠纷,劝导当事人通过司法途径依法维护自身权益,在双方当事人自愿的基础上,整合人民调解、司法调解、行政调解和社会组织调解力量,综合开展多种形式的依法调解工作。

三是司法部门诉讼服务机制。前几年,枫桥镇部分纺织企业面临破产或者重组,大量追索劳动报酬的案件起诉至法庭。近两年,枫桥镇大力培育新兴产业,大力改造枫桥古镇,大力建设精品村,土地征用力度加大,集体经济权益增多。

另外，随着"三改一拆""五水共治"等政府行为的推动，民告官的行为有所攀升。为了满足人民群众对司法的需求，枫桥法庭开展"便民立案""诉前劝导""法律指导""诉调对接"等诉讼服务制度体系。

四是数据的收集、管理与应用机制。以镇村（居）联动、功能集成、反应灵敏、扁平高效为基本原则，推进社会治理"四个平台"建设。高标准建设综合信息指挥室，通过网格员及群众收集、视频抓拍、无人机巡查等采集方式，统筹平安通APP、平安浙江APP、古镇枫桥微信公众号等信息渠道，进行统一收集、管理、应用，并增加数据分析、管理考核等功能，优化实施全科网格，提升对社会问题隐患的接触面和敏感度。同时枫桥法庭充分利用浙江高院"智慧法院"和最高院"在线法院"两个网络平台，开展网上立案、网上调解，为矛盾化解插上"互联网"的翅膀。

（三）枫桥镇基层社会矛盾风险的防控成效

考察枫桥镇的社会平安和谐状况，枫桥镇坚持发展新时代"枫桥经验"，防范化解基层社会矛盾风险方面取得了显著成效。一是矛盾纠纷和越级上访数量下降。矛盾纠纷总量从最高一年的1064件减少到608件，年均下降13.2%。越级上访数量从2015年的96批次下降到2017年的38批次。二是治安案件数量下降。治安案件从2014年的880件下降到2017年的651件。三是刑事案件数量下降。刑事案件从2013年的331起下降到2017年的133起，年均下降20.4%，自2013年以来无命案发生。枫桥镇先后6次荣获"全国社会治安综合治理先进集体"称号，连续3次夺得全国社会治安综合治理"长安杯"。

四、研究结论与政策建议

本研究参考以往"枫桥经验"的研究成果，依据浙江基层社会治理和平安建设的实践举措，构建了参与治理、文化治理、智慧治理、服务治理与刑事犯罪、矛盾纠纷的关系模型，并提出了具体的研究假设。接着，通过18个乡镇（街道）的政法、公安部门获取当地的相关指标数据，构建了面板数据分析模型，分析了参与治理、文化治理、智慧治理、服务治理与刑事犯罪、矛盾纠纷的影响方向、影响强度等。在此基础上，对枫桥镇的基层社会矛盾风险基本情况、防控举措、防控成效进行详细的个案考察分析。现将研究结论和政策建议归纳如下。

1. 关于参与治理。本项研究认为，参与治理对社会平安、社会和谐均有显著的积极影响，研究假设 H1、H5 得到证实；在基层社会源头治理和基层社会矛盾多元化解机制中，参与治理发挥了重要作用。据此，我们认为要大力培育参与社会治理的社会组织。"枫桥经验"的核心要义是以人民为中心，基本方法是发动群众、依靠群众。这是"枫桥经验"半个多世纪以来永不褪色、永葆生机的力量源泉。2017 年，浙江每万人中拥有社会组织的数量约 8.6 个，远远高于全国平均数。而在枫桥镇每万人社会组织数达到 38.9 个，参与社会治理的志愿者人数达 2.3 万人，占总人口的比例达到 31.9%，远远高于浙江省平均数。社会组织的培育，志愿者队伍的壮大对于促进平安和谐发挥了积极作用。当然，我们仍应看到在社会组织的培育方面还存在发展的空间。在发达国家，以美国为例，每万人参与社会治理的社会组织数达到 67.8 个。在成年人中，每周一次志愿活动的比例达到 50%。就进一步提升基层治理的成效而言，培育社会组织，扩大志愿者规模是一项长期的任务。

2. 关于文化治理。以道德、法治建设为主要特征的文化治理对社会和谐有显著正面影响，研究假设 H6 得到证实；在基层社会源头治理和基层社会矛盾多元化解机制中，文化治理发挥了重要作用。据此，要充分发挥德治在基层社会源头治理中的基础作用，注重良好的民风民俗的培育，不断完善村规民约、家规家训为主要内容的软法治理机制。同时，也要注重发挥法治在干部接访、人民调解以及司法机关在开展诉讼服务中的保障作用。

3. 关于智慧治理。智慧治理对社会平安、社会和谐均有显著的积极影响，研究假设 H3、H7 得到证实；在基层社会源头治理和基层社会矛盾多元化解机制中，智慧治理发挥了重要作用。随着现代科技的发展，特别是大数据技术广泛应用，智慧治理在基层社会治理中的作用将更加凸显，如何既发挥现代科技的积极作用，又防止其可能出现的负面效应，做到既保障社会秩序又保护公民合法权利是基层社会治理的一个重要课题。

4. 关于服务治理，根据定量分析结果显示，服务治理对社会平安以及社会和谐均无显著影响，研究假设 H4、H8 均未得到证实。服务治理存在着量化的困难，党组织（党支部、党小组等）建在网格中的数量是本次研究中课题组在浙江 18 个基层治理先进乡镇（街道）中收集到的关于服务治理方面的唯一一个连续 5 年数据齐全的观测指标，但该指标能否完整、准确体现服务治理，须加以检讨。在进一步开展的枫桥镇定性考察中发现，服务治理在基层社会源头治理和基层社会矛盾的多元化解中具有重要作用。据此，我们认为政府职能的转变，真正实现从管理走向服务具有重要意义。

5. 关于源头治理。枫桥镇防范化解基层社会矛盾风险的成功经验表明，既要重视已有矛盾的化解，更要重视矛盾产生前的源头防范。源头防范机制的建立，要注重政府服务与群众参与这两个主体的结合；同时在治理的路径上，既要通过道德、法治等文化治理发力，也要注重发挥现代科技作为智慧治理的作用。

6. 关于矛盾化解。对于已经产生在基层的社会矛盾要在其激化前着力化解。干部下访、群众参与调解、司法机关提供便捷的诉讼服务和科技支撑体系建设是化解基层矛盾的重要途径。

扫黑除恶专项斗争实务研究

马大壮[①]

黑社会性质组织是我国特有的法律概念，通俗地说就是黑社会组织的初级形态，指某些从事犯罪活动的组织、集团已经具有黑社会组织的性质和主要特征，但在规模和程度上未达到黑社会组织的标准。在不同国家和地区，黑社会组织有着不同的称谓，在美、俄、意称为黑手党，在日本称为暴力团，在我国香港地区称为三合会。从国际上看，黑社会组织被广泛地称为"有组织犯罪集团"。在2000年11月15日经过第55届联合国大会通过的《联合国打击跨国有组织犯罪公约》中，对有组织犯罪集团作出了如下定义："系指由三人或多人所组成的、在一定时期内存在的、为了实施一项或多项严重犯罪或根据本公约确立的犯罪以直接或者间接获得金钱或其他物质利益而一致行动的有组织结构的集团。"

黑社会性质组织犯罪在我国是伴随着社会经济结构和利益分配格局发生变化，部分地区特别是基层、部分行业社会治理管控能力下降而出现的。而从20世纪80年代初开始，犯罪团伙的急剧增加发展则为黑恶势力的滋生蔓延创造了条件。当一定数量的不同于一般犯罪团伙的新型犯罪组织开始出现时，如何有效惩治这些组织严密、人数众多、具有一定经济实力、严重侵害人民群众生命财产安全、破坏经济社会生活秩序的不法势力就成为摆在我们面前的长期任务。

从1997年刑法修订，为惩治黑恶犯罪提供法律武器至今，全国人大常委会和"两高"先后作出多项立法司法解释，使惩治涉黑涉恶犯罪的法律依据不断完善。但是，处于活跃期的黑社会性质组织犯罪不断呈现出新特点、新变化，抗打击能力不断增强，重庆王天伦案、吉林桑粤春案、四川刘汉案等一批黑社会性质组织案件组织规模大、涉案人数众多、集团经济实力膨胀迅速、以黑护商、以

[①] 马大壮，河北省秦皇岛市司法局党组书记。

商养黑，社会危害性成倍扩大，极具代表性。在这些犯罪中，有的甚至出现把持基层组织、侵蚀基层政权的新动向，严重危害社会稳定，动摇我们党的执政根基。为此，2018年年初，中共中央、国务院贯彻党的十九大部署和习近平总书记重要指示精神，专门发出通知，决定在全国范围内开展为期三年的扫黑除恶专项斗争，无疑是实现好、维护好、发展好最广大人民群众根本利益的根本要求。从"打黑除恶"到"扫黑除恶"，虽然只是一字之变，却是中央高层对涉恶问题出现新情况、新动向的有力掌控以及对黑恶势力一扫到底的坚决态度。随即，"两高两部"印发指导意见，在提出总体要求的同时，就依法认定和惩处黑社会性质组织、依法惩处恶势力集团、依法严惩"保护伞"等七个问题作出规定，在总结原有司法解释基础上进一步明确了斗争原则，统一了执法思想，特别是着眼实践中出现的新问题、新情况，厘清了工作进路，为深入开展扫黑除恶专项斗争提供了有力的法律武器。

一、深刻全面领会中央决策，树立科学正确执法思想

我国现阶段，扫黑除恶是社会治安工作的重点，亦是反腐败工作的延伸和重要组成部分。密切关注涉黑涉恶犯罪的新动向，才能紧紧把握斗争重点。中央的通知在分析问题当中指出，"一些黑恶势力把持基层组织、侵蚀基层政权、拉拢腐蚀党员干部，寻求政治靠山和保护伞；一些黑恶势力以公司、合作社等表面上的合法形式掩盖其违法犯罪行为，以恐吓、滋扰、聚众造势以及所谓谈判、协商等软暴力牟取非法利益；一些村霸和家族、宗族恶势力横行乡里、欺压百姓，扰乱治安秩序，严重影响群众安全感"。一是高度概括了当前黑恶势力犯罪的存在广度和深度，犯罪领域由传统行业向新领域渗透，基层出现新的动向。二是深刻分析了黑恶犯罪在新时期所显现出的鲜明特征。犯罪手段由"传统暴力"向"软暴力"转变。犯罪形式更加隐秘，由"非法"向"合法"转变。三是黑恶犯罪背后的利益勾连以及"关系网""保护伞"普遍存在。四是黑恶犯罪严重侵害群众利益，严重破坏社会秩序。尤其将黑恶势力与"保护伞"利益勾连问题、"软暴力"犯罪类型变异问题置于斗争重点，针对性极强。自扫黑除恶专项斗争开展以来，中央的科学决策和缜密论断不但在司法实践中反复得以检验，而且也随着工作深入越来越得到基层实际情况的充分印证。一年来斗争实践中，我们查

获的案件和通报的案例触目惊心，黑恶犯罪不但组织严密，而且借助"保护伞"的纵容庇护，披着合法外衣从事违法活动，犯罪手段多样，攫取利益巨大。不久前笔者主持对所在城市开展扫黑除恶专项斗争的千人问卷实证调查活动结论显示，受访群众普遍认为，深挖黑恶犯罪，铲除依靠黑恶势力与"保护伞"好比是两株相互依存的毒草，黑恶势力背后如果没有政府官员撑腰，很难持续存在。实践中，黑恶势力之所以能够在某个地域内长期称霸一方，跟"保护伞"的支持和纵容存在密切关系。调研数据显示，认为黑恶势力明显存在"保护伞"的受访者占49%，认为黑恶势力不存在"保护伞"的受访者仅占6%。黑恶势力经常通过利益输送、金钱诱惑等方式拉拢腐蚀利用国家机关工作人员。而国家机关工作人员由于接受了黑恶势力的好处或者出于自己政绩的考虑，时常与黑恶势力相互勾结，有的甚至扮演着为黑恶势力通风报信的角色，使黑恶势力在实施违法犯罪行为时更加肆无忌惮。还有一些领导干部，担心打黑除恶影响当地形象和投资环境，影响个人政绩和仕途，不同程度存在各种不愿打、不敢打、不真打、不深打等问题，助长了黑恶势力嚣张气焰。从群众的切身感受来讲，发生在基层的、身边的腐败影响更深更大。样本数据同时显示，黑恶势力"保护伞"表现形式多样：利用自己的权力和便利，使黑社会性质组织的犯罪分子得以逃避公安司法机关侦查、查禁、指控、起诉、审判（26.4%）；为黑社会性质组织的犯罪分子通风报信，隐匿、毁灭、伪造证据（17%）；阻止他人作证、检举揭发，甚至指使他人作伪证（14%）；帮助黑社会性质组织的犯罪分子逃匿（8%）；阻挠、干扰其他国家机关工作人员依法查禁（11%）；以阻挠、拖延、不履行职责等方法干扰对黑社会性质组织的犯罪分子的查处，为其获取非法利益（14%）；其他（10%）。就黑恶势力"保护伞"存在的领域而言，根据样本数据显示，群众认为在诸多重要行业领域，均有"保护伞"的影子出现。具体包括：隐藏在基层政权组织和基层党组织中的村痞村霸背后"保护伞"（22.6%）；隐藏在公安机关，运输管理、市场管理等相关行业管理部门中的地痞市霸背后"保护伞"（18%）；隐藏在国土、规划、城市拆迁、矿山监管等部门中的房地产、土石建筑等涉黑案件中的"保护伞"（16.5%）；黑恶势力注册成立的物业公司、贸易公司或各类中介机构背后政府机关、公共事业单位内的"保护伞"（11.9%）；操控网络金融平台黑恶势力背后的机关、银行、学校内的"保护伞"（7.4%）；基层政法机关滥用执法、检察、审判权力，充当黑恶势力的"保护伞"

（10.6%）；其他（13.1%）。而在另外一项针对黑恶势力不法侵害方式的进一步调查中，排在前五位的侵害方式分别是语言攻击（47.7%）、殴打伤害（31.9%）、诈骗（30.1%）、寻衅滋事（24.2%）、胁迫（23.5%）。同时还包含强买强卖（14.5%）、黄赌毒（6.8%）、限制人身自由（6.3%）、恶意竞标（5.8%）和其他（13.9%）方式，语言攻击、胁迫等非法手段居于高位。上述数据表明，虽然多年来的打黑除恶已经产生了很大成效，但是，本轮开展的"扫黑除恶"需要在总结经验的基础上更加突出重点，以前所未有的力度肃清各类"保护伞"，将其与黑恶势力连根拔起。同时，黑恶势力往往以多种方式扰乱正常的社会公共秩序，且"温和"与"激烈"侵害方式并存，"软暴力"多发已经成为当前涉黑涉恶犯罪的显著特征，严重影响着普通民众的生命和财产安全，对此必须完善法律武器，实现精准打击。

因此，开展扫黑除恶专项斗争，一定要把中央部署与各地实际紧密结合起来，一方面，持续加大对黑恶势力的打击力度，形成对黑恶势力进行严厉打击的压倒性态势，打早打小，在工作中不断分析重点，研判任务，精确打击，除恶务尽。同时，实现扫黑除恶与反腐败斗争和基层"拍蝇"相结合，深挖"保护伞"，将扫黑除恶和加强基层组织建设相结合，有效铲除黑恶势力滋生的土壤。另一方面，严厉打击黑恶势力违法犯罪，遵循依法打击的原则，始终明确政策法律界限，追求办案质量与办案效率的统一。

二、准确把握黑恶犯罪关键特征和现阶段的特点

一是关于"四个特征"的认识。根据中央决策部署，"两高两部"所制定的《关于办理黑恶势力犯罪案件若干问题的指导意见》明确规定，黑社会性质组织应该同时具备组织特征、经济特征、行为特征和危害性特征。文件开宗明义，黑社会性质组织犯罪必须依法确定，就是按照这"四个特征"对号入座。这意味着首先，四个基本特征不可或缺。如有的案件中，犯罪分子屡屡滋扰渔业码头，长期获得数量可观的利益，对海产品市场经营造成了一定的影响，但没有形成有规模的团伙，主要成员也不固定，组织成分变化大而且过于松散，就很难定性。还有的案件，组织达到严密的程度，暴力色彩严重，侵害群众，获利不小。但是，很难发现这一组织意图通过对抗公权力或腐蚀借用公权力而建立起由其控制

的非法秩序，客观上也没有形成非法垄断，是否具有非法控制特征就值得商榷。司法实践中，也有一些具体案件中"四个特征"不是每一项都很均衡、很突出、等量齐观，而是有的特征极为明显，对此，最新的指导意见给予了原则性的解答，就是要认真审查黑社会性质组织各特征之间的内在联系，从而准确评价其社会危害。比如非法控制特征，这是黑社会性质组织犯罪具有本质性的一个特征。有的犯罪组织非法控制达到了很高的程度，在一定区域某一方面的工程其他人不能染指，而且有公权力的策应，都是先施工后订合同，招投标规定形同虚设，而且垄断时间长，对行业和市场规则危害特别大，这种情况下，即便其组织的严密性程度低一些，行为特征相对弱一些，暴力色彩不明显，也可以按照黑社会性质组织去认定去处理。所以指导意见强调的关键在于一定要根据具体案件中的具体情况去梳理和分析"四个特征"中内在的关系，四个特征必须都具备，但不是齐头并进的概念。如果不能紧扣立法的本意，融会贯通地运用指导意见，结合案件的事实以及相关证据，准确把握"四个特征"的内在要求特别是其中的相互关系，就很容易犯机械办案的错误，混淆黑社会性质组织的犯罪和一般的犯罪集团。

二是准确把握黑社会性质组织的多种经济来源及其数量规模。应当看到，黑社会性质组织具有的经济实力并不能够等同于《刑法》第64条规定的违法所得和犯罪工具，范围应当更大。指导意见规定：有组织地通过犯罪活动或者其他不正当手段聚敛；有组织地以投资、控股、参股、合伙等通过合法的生产、经营活动获取；由组织成员提供或通过其他单位、组织、个人资助取得方式获得一定数量的经济利益，应当认定为"具有一定的经济实力"，同时包括调动一定规模的资源用以支持这一组织活动的能力。并且明确，即使通过上述方式获取的经济利益，仅是由部分组织成员个人掌控，也应计入黑社会性质组织的"经济实力"。组织成员主动将个人或者家庭资产中的一部分用于支持该组织活动，其个人或者家庭资产可全部计入"一定的经济实力"，但数额明显较小或者仅提供动产、不动产使用权的除外。必须强调，铲除黑恶势力犯罪的经济基础是扫黑除恶专项斗争中一个非常重要的方面，在指导意见的基础上，"两高两部"在2019年4月9日印发的《关于办理黑恶势力案件中财产处置若干问题的意见》中进一步指出，要全面调查黑恶势力组织及其成员的财产状况，依法对涉案财产采取查询、查封、扣押、冻结等措施，并根据查明的情况，依法作出处理。

如何认识这里的"经济实力",我们认为,关键在于黑社会性质组织或者成员个人掌握、占有的经济资源随时可以为组织所使用,因此,组织成员的个人资产、家庭资产是潜在的经济实力,一旦将其中一部分供黑社会性质组织使用,则个人和家庭资产的全部都可计入组织的经济实力,这是一种定性。但是,计入组织的经济实力,并不等于可以将其认定为违法所得而予以追缴,计入经济实力是入罪标准,追缴、没收财产是司法处置,这是两个层面的问题,只能追缴实际用于支持黑恶组织活动的部分。指导意见规定:由于不同地区的经济发展水平、不同行业的利润空间存在很大差异,加之黑社会性质组织存在、发展的时间也各有不同,在办案时不能一般性地要求黑社会性质组织所具有的经济实力必须达到特定规模或特定数额。这项规定没有延续 2015 年纪要的规定,而是重复了 2009 年纪要的内容。不能否认,在认定黑社会性质组织方面,经济实力规模毕竟是一个重要的参照系,不能以反对"一刀切"为由,不考虑规模。判断经济实力一看来源二看用途,审查是否将所获经济利益全部或部分用于违法犯罪活动或者维系组织的生存发展方面,这是认定经济特征的重要依据。使用形式可能是多种多样的,有时用于支付成员报酬,有时用于拉拢国家机关工作人员、构建关系网,有时用于寻衅滋事、故意伤害"摆平"对方,不管如何变化,只要在客观上能够起到保证组织运行、维护组织稳定、壮大组织势力的作用就可以了。

三是关于黑社会性质组织犯罪的组织领导行为。一般犯罪,到有组织的犯罪,这是一个递进的过程,是逐渐向最高形式发展的一个过程。黑社会组织是一个高的形态,具备一些一般共同犯罪和普通犯罪集团不具备的东西,所以对它的组织领导行为要研究清楚,否则积极参加的,一般参加的如何区分也就无从谈起了。指导意见列举了领导黑社会性质组织的一系列行为,如发起、创建、合并、分立、重组以及对组织的运行进行组织、指挥、协调、管理的行为。实践中,有的黑社会性质组织依托公司等形式进行管理,比较容易认定,也有的没有规范的组织架构,但后者的为首人员无论以何种称谓出现,在组织中他们的领导作用都在事实上被公认。

一个是在组织中的协调、管理行为到底是认定为组织者还是积极参加者为宜?我们认为不应一概而论。在一般规模的黑社会性质组织中,首要分子可能会赋予多人协调、管理权能,而这种权能只要还具有从属性,就更具有积极参加者的意义,如果一个组织中绝大多数人都是组织者很难符合客观规律,相反,在具有相当规模的黑社会性质组织中,其组织者、领导者则可能为多人,尽管这些人具体的"职权""地位"可能有所不同,但其既分工又合作,只要其从事的协调、管理行为具有一定的整体性和连续性,就应当将其认定为组织者、领导者。

三、突出打击恶势力犯罪重点,实现打早打小最优效果

相对于业已形成组织体系、构成严重危害的黑社会性质组织而言,尚未形成大的气候的恶势力集团在存在数量和分布广度上显然对社会治安的威胁更为普遍。在既有法律规定的框架下,以明确规定恶势力基本特征、构成标准的方式,尽可能严格区分黑社会性质组织与恶势力,依法惩处黑恶势力犯罪,是本次实施意见的一项重要内容。"恶势力"是黑社会性质组织的雏形,及时惩处恶势力犯罪,是遏制黑社会性质组织犯罪滋生,防止违法犯罪轰动造成更大社会危险的有效途径。恶势力一词最早出现在2009年最高法、最高检和公安部座谈会纪要当中,当时定位的是一个犯罪团伙,现在2018年新的指导意见将其定位为"违法犯罪组织"。2019年4月9日,"两高两部"的最新司法解释明确给恶势力及恶势力犯罪集团出具了概念,强调其为具有一定条件的尚未形成黑社会性质组织的违法犯罪组织。作为这样的违法犯罪组织,恶势力成立需要具备的各项特征,显然也应具有内在的逻辑层次。其中,组织特征、行为特征和一定程度的非法影响特征,是恶势力的基本特征;包含行为目的特征和组织阶段特征的发展特征,才是恶势力的本质特征,是标志恶势力与普通共同犯罪相区别的决定性要素。

指导意见的出台,突出打击恶势力犯罪,既体现了刑事政策的调控倾向,又有清晰具体的操作方案,比如,"软暴力"概念的明确,关于"有组织地采用滋扰、纠缠、哄闹、聚众造势扰乱秩序足以使他人产生心理恐惧和心理强制"的认定,多次短时间非法拘禁他人的认定,非法放贷讨债中各种犯罪行为特征等。2019年4月9日"两高两部"《关于办理实施"软暴力"的刑事案件若干问题的意见》,进一步对"软暴力"的表现及程度标准作了明确,对指导意见作了重要补充。同时,相对于2009年座谈会纪要关于恶势力的规定,2018年指导意见的规定主要作了以下几方面的调整:第一是在对其危害性特征的表述中,增加了"欺压百姓"的表述。第二是将"尚未形成黑社会性质组织的犯罪团伙"中的"犯罪团伙",修改为"违法犯罪组织"。第三是将"纠集者、骨干成员相对固定"中的"骨干成员"删除,改变为"纠集者相对固定"。第四是将"违法犯罪活动一般表现"的内容,修改后明确分为惯常实施与可能伴随实施的违法犯罪两类。第五是增加规定:在相关法律文书中的犯罪事实认定部分,可使用"恶势力"等表述加以描述。第六是增加关于恶势力犯罪集团的规定,对恶势力犯罪集团的特征表现作出明确规定。指导意见对恶势力及其多发犯罪的规范定位、全新调整用意在于,在全力打击固有重点的同时,把工作面铺开,增加"除恶"的工作成分,加大对恶势力的打击力度,在不降低恶势力认定的门槛情况下,体现对恶势力犯罪从严惩处的精神。

相对于黑社会性质组织而言,恶势力是一个具有动态特性的违法犯罪组织。恶势力的动态属性,着重在于从事实层面揭示恶势力与黑社会性质组织的关联性。首先,区别于与黑社会性质组织有明确的立法规定,恶势力犯罪属于尚没有立法依据的非法律用语,但是,作为司法惯常用语,"恶势力"一词无论是在刑法解释学上还是在对特定犯罪组织打击的现实需要来看都极具合理性。指导意见的出台,就是基于恶势力在事实层面的动态属性,对其表象、危害性特征概括的一个有益尝试。刑事实体法理论应当着力研究其基本特征,将其上升为一个具有司法功能的概念。其次,相对于黑社会性质组织,恶势力是一个具有动态特性的违法犯罪组织。从本质看,它是黑社会性质组织的雏形,所有的黑社会性质组织都经历过这一阶段,即由恶势力犯罪集团、恶势力团伙逐渐演化而成,是一个渐进的、从量变到质变的过程。恶势力的动态属性,着重在于从事实层面揭示恶势力与黑社会性质组织的关联性。最后,准确对恶势力加以定位,有利于"打早打小"的惩治策略的实现和与"打准打实"的审判原则的落实,使得两者协调统一推动从严惩处恶势力犯罪的司法行为体现法治理念,在法治轨道上运行。

我们认为,在现有指导意见就恶势力规范定位逐渐清晰基础上,应对恶势力判断标准做进一步的体系化解读。一方面,强化体系化认定标准,结合组织化程度的高低、经济实力的强弱、有无追求、有无实现对社会的非法控制等特征,将恶势力集团组织特征和行为特征内在规律加以抽象总结;另一方面,加强案例指导,及时公布不同类别典型恶势力集团犯罪案例,在司法实践中科学区分普通刑事犯罪与恶势力犯罪以及恶势力犯罪与黑社会性质犯罪。

四、扫黑除恶专项斗争办案工作中应当注意的几个问题

一是运用法治思维，加强法治保障问题。斗争开展之初，中央政法机关及时出台指导意见，结合以往的司法解释和规范性文件，进一步明确了黑社会性质组织认定标准等问题，特别对利用软暴力、高利贷手段称霸牟利等易发多发而法律规范缺失的犯罪确立了惩办原则、依据，在强化法治引领，依法规范打击方面树立了正确的风向标。但是，基于涉黑涉恶犯罪的复杂性特殊性以及其危害的长期性多样性，要真正实现不枉不纵、打准打实，特别是实现打其本质、挖其根源，让案件真正经得起历史的检验的目的并非易事。首先，要坚持正确的执法理念。党的十八大以来，习近平总书记多次在讲话中提出法治中国的科学命题。党的十八届三中全会正式确认了这一概念，并作出了推进法治中国建设的重大部署。法治，是现代国家的基本特征，也是中国特色社会主义的本质要求。必须明确，越是重大的专项斗争和专项执法活动越要恪守法治原则，宪法意识和法治观念，坚持宽严相济的刑事政策。其次，要统一执法思想，严格区分黑社会性质组织、恶势力犯罪集团、犯罪团伙和普通犯罪集团、一般共同犯罪的界限，防止将普通的共同犯罪、认定为恶势力犯罪或者将恶势力犯罪人为拔高升格为黑社会性质组织犯罪来处理。2019年4月9日，"两高两部"的最新司法解释就明确规定：单纯为牟取不法经济利益而实施的"黄、赌、毒、盗、抢、骗"等违法犯罪活动，不具有为非作恶、欺压百姓特征的，或者因本人及近亲属的婚恋纠纷、家庭纠纷、邻里纠纷、劳动纠纷、合法债务纠纷而引发以及其他确属事出有因的违法犯罪活动，不应作为恶势力案件处理。同时规定，仅因临时雇用或被雇用、利用或被利用以及受蒙蔽参与少量恶势力违法犯罪活动的，一般不应当认定为恶势力成员，纠集在一起时间较短，犯罪不足以造成较为恶劣影响的，一般不应认定为恶势力。进一步明确了恶势力犯罪的为非作恶、欺压百姓这一性质特征和参与时间、参与方式等程度特征。另外，还要慎重地把握如对行业垄断的程度及危害性、一般参加人员视情节轻重怎样区别对待、合法财产与违法财产有效区分等一系列关键问题，把指导意见以及2019年4月9日"两高两部"《关于办理黑恶势力刑事案件中财产处置若干问题的意见》的贯彻与1997年以来历次立法、司法解释、规范性文件的分析理解结合起来，与刑法及其修正案关于黑社会性质组织犯罪条文规定的具体运用结合起来，与刑法总则及当前形势政策的执行结合起来，主动适应以审判为中心的刑事诉讼制度改革，切实把好案件事实关、证据关、程序关和法律适用关，确保把每一起案件都办成铁案。最后，要充分保护律师辩护权。指导意见提出，办案机关应当依法保护律师各项诉讼权利，为律师履行辩护代理职责提供便利，同时要对律师借辩护代理之机干扰诉讼活动正常进行的行为予以打击处理。实践中一个较为突出的问题是部分律师代理涉黑案件遭遇会见难。侦查机关答复的理由一般为监察机关正在同步调查本案但却不能提供书面依据。按照监察法的规定，因涉嫌职务犯罪被监察机关依法留置的人员，留置期间律师不得介入辩护。这意味着已被立案调查，并符合被留置条件的涉案人员尽管是因黑恶犯罪或其他其犯罪被拘留、逮捕而羁押于看守所，仍然可以限制律师会见，并且也不必以涉嫌特别重大贿赂犯罪案件为前提，但侦查机关限制律师会见应当出示相关监察委的立案程序和送达通知，否则，仅以口头的职务犯罪调查为由限制律师会见，是不合乎法律规定的，应当予以纠正。

二是深挖严查保护伞问题。实现扫黑除恶与反腐败斗争的深入结合，是这次专项斗争一个重要的出发点。党中央、国务院在通知中明确指出，对每起涉黑涉恶违法犯罪案件都要及时深挖其背后的腐败。各地在实际工作中都落实了以"一案三查"为主要内容的线索移交工作机制。这里面带来一种困惑。公安机关作为扫黑一线主力在发现线索方面责无旁贷，而伴随着办案工作，对"保护伞"追本溯源的任务自然也落上他们的肩头，尽管公安机关在职能上不负责"保护伞"职务犯罪的查处管辖，但多数情况下他们必然是这些线索的首先收集者，并且线索往往更多地直接指向公安人员自身。这就是所谓的过去是查别人，现在是刀刃向内，显然该种情形对线索的发现和及时移送有负面影响。解决这个问题有两种思路。第一个是要为公安机关减负。对于徇私枉法帮助黑恶分子开脱罪责，通风报信、弄虚作假促使其逃避侦控等行为，必须抓住不放，层层督办，不但确保移送，而且要配合做好取证工作，坚决惩处到位。但同时，对于长期以来就黑恶分子打击处理过程中在某些环节上执法失之于宽的现象，应当放到一定的历史条件下和具体执法环境以及具体案件中去研究，区别对待。多数情况下要使办案人员放下包袱，轻装前进。如实践中比较多的一种情况是恶势力成员为了立威斗狠，多次伤害他人，由于伤情不重，每次都花钱以和解名义通过办案程序摆平。严格讲，如果办案人员能够详细了解案件来龙去脉，梳理嫌疑人前科，进而分析其动机,全面掌握和解过程、资金来源,被害人谅解意思表达是否真实,很可能案件不会简单化地处理,嫌疑人不会被从轻发落,但客观地看,很多情况下办案人员没有想到那么多问题,办案压力大,急于息事宁人,用上述条件去要求办案人员,往往是苛刻的。所以,在有些情况下,要给公安人员松绑,也包括一些法院和检察院的办案人员。第二个就是大力强化监察机关的办案,尽快使转隶后的职务犯罪侦查水准获得新的提升,在查办涉黑恶案件保护伞方面直接发力、赢得主动。此外的一个问题就是刑法第294条第3款的适用问题,哪些为黑恶势力人员提供帮助创造条件的人应当按照包庇纵容黑社会性质组织罪来追究,哪些应当按照刑法第九章的普通罪名去追究,也颇值研究。对此,2000年最高法院司法解释规定的"包庇""纵容"分别指"使黑社会组织及其成员逃避查禁,而通风报信,隐匿、毁灭、伪造证据,阻止他人作证、检举揭发,指使他人作伪证,帮助逃匿,或者阻挠其他国家机关工作人员依法查禁等行为"和"不依法履行职责,放纵黑社会性质组织进行违法犯罪活动的行为"。同时对该解释作了进一步的阐述。从字面上看,这些规定不难理解,但其中显而易见的一个问题是,"保护伞"在渎职之初,要明知其包庇纵容的是犯罪组织。在2009年"两高一部"的座谈会纪要中也体现了,一是要主观上的故意而非过失,二是要明知是违法犯罪组织,至于是否明知是黑社会性质组织则在所不论。在最新的指导意见中,还明确了"包庇"行为不要求国家机关工作人员利用职务上的便利,利用职务便利属于加重情节。这就要求我们在查究国家机关工作人员涉嫌包庇纵容黑社会性质组织犯罪时必须抓住两点。首先是要有渎职类犯罪中的故意犯罪作支撑,如徇私枉法、徇私舞弊不移送刑事案件,包括具有主观故意的滥用职权行为。其次是要有充分的证据证明国家机关工作人员明知这个组织的性质,是从事违法犯罪活动的,客观上要求这一组织存续一定的时间,而且有一定数量的违法犯罪行为,主观上要求国家机关工作人员对此有一个比较清晰的判断。不符合上述条件的,则应当按照其构成的其他普通刑事犯罪去立案侦办,避免放纵犯罪。

三是关于扫黑除恶长效机制建立问题。中央和国务院在通知中指出,涉黑涉恶问题是复杂的社会问题,既要立足当前,又要着眼长远,形成从源头上遏制黑恶势力滋生蔓延的制度机制。贯彻这一要求,对于涉黑涉恶问题,除了坚持开展以三年为期的专项斗争,务求完胜之外,更重要的是,建立长效机制,通过系统治理、综合治理以及源头治理,铲除黑恶势力滋生蔓延的土壤,建立预防打击黑恶势力的长效机制。如果说，过去我们往往过多强调的是"打和除"，那么现在应当进一步重点研究"防与控"。黑恶势力犯罪的产生绝不是偶然的，它的产生、存在和发展有着广泛而深刻的政治、经济、文化和社会原因。由于黑恶势力犯罪原因的多样化，导致预防其犯罪的复杂化，换言之，要多层次、全方位地预防，而不能只是从某一方面或某一角度去分析它。否则难以达到预期的目的和应有的效果。在一个相当长的时期，黑恶势力仍将存在，这是不争的事实，因此，预防、控制和打击黑恶势力犯罪绝非一朝一夕之功，需要长久地坚持。宏观看，按科学化法治化的要求推动社会治理、开展深入持久的反腐败斗争和不断创新治安管控措施将是重中之重。

首先，治理黑恶势力犯罪必须与反腐败双管齐下，真正切断以黑蚀权、以权护黑、权黑勾结的利益链条。公安机关在侦办黑恶势力犯罪案件中，应及时深挖其背后的腐败问题。纪检监察机关必须加强与各司法机关的协作，对发现的"保护伞"问题线索及时依法反馈、移送，必要时采取联合办案方法，推动司法办案和监察办案实现效能最大化。其次，要集中精力，有侧重地不断强化职务犯罪预防工作。这次斗争开展以来，中央反复要求，必须重视对黑恶势力"保护伞"的清理打击。实践中，我们也清醒地看到，许多黑恶势力能够坐大成势，一个最重要的原因就在于少数公务人员不当履职，徇私舞弊，甘心被黑恶组织围猎。而近一个时期发案的鲜明特点是，黑恶势力简单对抗公权力的越来越少，而腐蚀、利用、收买公权力的越来越多，这样一来风险小，二来成本低，容易更加直接满足黑恶势力的极端趋利性，把暴力因素隐藏在深处而达到非法控制的目的。这提示我们，对于党员干部的治安形势教育和廉洁自律教育，特别是引导他们认清黑恶势力犯罪的危害性，增强自控能力，自觉抵制黑恶势力的腐蚀往往具有更重要的意义。最后，要从小处抓起，从破坏经济社会秩序的普通案件，轻微刑事案件乃至治安案件抓起，毫不放松地打击处理到位。当前许多恶势力犯罪虽然已经改头换面，常常以软暴力的形式出现，但它的背后仍然是以暴力作支撑，对黑恶势力的这一犯罪特征非但不能忽视，而且要放在首要位置。我们抓扫黑除恶长效机制建设一定要与开展社会治安综合治理，创建治安模范地区有机地结合起来。总的治安环境好了，恶势力没有抬头之日，最终必将归于消灭。

从民事诉讼监督看检察机关监督职能立体化模型

肖睥明[①]

我国《宪法》第129条规定,"中华人民共和国人民检察院是国家的法律监督机关",明确了检察院法律监督机关的法律定位。但综观世界各国法律制度,把检察机关定位为法律监督机关的国家并不多见。虽然目前已经有很对关于检察机关作为国家法律监督机关是否妥当、检察机关职能是否全部属于法律监督权的研究,但检察机关法律监督职能的构造模型的研究相对较少。因此,笔者认为有必要从监督的基本文义出发,通过对目前检察机关最具有监督特点的职能进行分析,建立监督模型、探讨检察机关的监督职能。

一、监督的含义

所谓监督,即对现场或某一特定环节、过程进行监视、督促和管理,使其结果能达到预定的目标。那么法律监督就是监督法律在某一特定环节、过程的状况是否符合规定之意。监督与制约的概念和内涵是不同的,制约是指甲事物本身的存在和变化以乙事物本身的存在和变化为条件,则甲事物为乙事物所制约。而在监督的语境下,必然是监督者对被监督者享有观察和督促或提出改正要求的权力,否则所谓的监督也无从谈起。

有学者提出,"法律监督就是对宪法和法律完整而统一的实施所进行的监督活动。从这意义上来说,任何人都有权进行法律监督,这是法治社会的基本特点"。由此得出法律监督是一种政治功能和态势的结论。[②]但笔者认为,这种观

[①] 肖睥明,中国政法大学博士后。
[②] 蒋德海:《坚持法律监督的宪法原则——监察体制改革以后我国法律监督的去向思考》,载《安徽大学学报(哲学社会科学版)》2018年第5期。

点实际上是把法律监督的概念泛化，把法律监督主体的范围扩大化。宪法是国家根本大法，其所规定的国家机关权力配置的问题，必须要从监督狭义定义出发，否则必然会造成国家权力混乱之状态，也会降低宪法的地位，因此这种泛化和扩大化的做法是不可取的。

我国现行检察制度主要是由苏联的检察制度学习而来的。最初，俄国在元老院中设置总检察长，其主要目的是监督各级官员，其性质属于一般监督，并不具有公诉职能。后来俄国仿照西方建立了公诉制度，实行控审分离，检察机关享有了国家公诉职能，但依旧享有专制权力的沙皇及元老院领导。因此，从俄国发展的历史来看，苏俄的检察机关自诞生之日起，就是以监督作为其主要职责的一种监察机制，而不是现代司法意义上的检察院而存在的。苏联革命成功后，在建立检察制度的过程中基于政治社会的客观形势和历史传统，把在沙皇前期检察权中的一般监督职能，发展为把一般监督与追诉犯罪结合起来的模式。

我国检察机关的职能是否全部属于法律监督权，一直存在争议。我国宪法将检察机关定位为法律监督机关，导致有学者认为"公诉权本身就是法律监督的一个组成部分。公诉权是从追诉犯罪的角度来督促社会的各类主体遵守法律"[1]"检察机关公诉权通过审查起诉、决定起诉或不起诉、变更起诉、出庭公诉、抗诉等活动，监督警察侦查权与法官审判决"[2]。但是笔者认为，法律监督和公诉职能是检察机关的两个完全不同性质的职能，不能混为一谈。虽然我国宪法规定了检察机关法律监督属性，但是检察机关的众多职能中，并非全部都是监督职能。我们不能把某一环节的决定权和提出异议的权力视同为监督，否则所有的国家机关都可以定位为具有监督权能的机关。权力必然要行使至其边界，要实现中央提出的"要把权力关进制度的笼子里"的要求，首要的是要把笼子做对，即要对权力划分出恰当的边界，如果笼子做得过大，也就无法实现对权力的约束。对于检察机关的职能而言，如果把制约的功能异化为法律监督职能，首先就会打破诉讼平衡，也赋予了检察机关在诉讼中超越其公诉功能的权力范围，这也是长期以来在刑事公诉案件中，当审判出现与公诉的观点不一致，特别是有罪改无罪时，人民法院常常需要与检察机关沟通协调的根本原因之一。可以说，如果不能

---

[1] 张智辉：《检察权论》，中国检察出版社2008年版，第88页。
[2] 朱孝清：《论检察》，中国检察出版社2014年版，第11页。

厘清检察机关法律监督权的范围,"以审判为中心"的目标将难以实现。

笔者认为,我国宪法关于检察机关国家的"法律监督机关"的定位,是从国家权力配置的角度来设置的,与检察机关既享有法律监督权,又行使公诉权的现实并不矛盾。目前,我国是人民代表大会制度下的一府、一委、两院设置,在国家权力机关之下设立行政权、监察权、审判权和法律监督权,相互分工配合。因此检察机关是国家的法律监督机关这一规定的实质含义,是指检察机关是行使法律监督权的唯一主体,其他国家机关不能行使法律监督权,其不论采取何种形式所实施的监督行为均不属于法律监督。这种权力配置并不否认和排斥检察机关还具有其他检察职能。樊崇义教授在《法律监督哲理论纲》一文中,就明确提出"检察职权二元论"的观点,把公诉职能从法律监督职能中分离出来,把检察职权一元论变为检察职权二元论。笔者认为,这种观点有利于检察机关认清职责定位和属性,对检察机关的改革和发展是有极大帮助的。同时,笔者也认为,检察机关的一些职能,如批捕等侦查监督的权力是围绕着公诉职能,按照"分工负责,互相配合,互相制约"的运行规律而产生的权力分置,不应归入法律监督职权的范畴。而对于民事行政检察、刑罚执行监督的职能,其运行规律与公诉权及公诉权相关权力也有着明显的区别,更加典型地体现了检察机关法律监督属性。应当如何科学地划分出哪些职能是法律监督职能,笔者试图通过对检察机关中一个典型的法律监督职能建立一个监督构造模型,以此划定不同检察职能的性质。笔者在此选取了民事诉讼监督这一职能,试图从监督模型及监督内容出发,分析研究检察机关法律监督的模型。

二、民事行政诉讼监督的重构

自我国开展审判方式改革以来,诉讼当事人和审判机关的关系由以往的线形关系转变为审判机关与两者之间等距的等边三角形关系,审判机关居中裁判,既不偏袒原告,也不偏袒被告。审判机关的主要功能是在程序上按照诉讼法的规定,保障双方诉讼权利的顺利且公平地行使;在实体法上依照双方提出的证据确立法律事实,正确适用实体法律,作出实体判决的公正。在民事诉讼中,法院和双方当事人形成一个稳定闭合的诉讼三角关系,而检察机关介入到民事诉讼中,多了一个主体,很可能会引起诉讼等腰三角形的变异。因此,在民事诉讼中如何对检察权进行配置，会直接影响到民事诉讼的诉讼三角关系的稳定性和有效性，同样地也决定了人民检察院民事检察监督的功能、作用和职权范围。

在对民事检察模型的解构中，许多学者和司法实务人员都在等腰三角形诉讼结构的基础上，提出了各种理论架构，主要包括以下几种模式：

（一）菱形结构

这种诉讼结构是由上下两个等腰三角形组合而成。在上一个等腰三角形中，形成了由法院的审判权和当事人双方的诉权为作用关系的结构。这种三角形还以两种形式与下面的三角形发生关联。一种形式是法院的审判权直接对应于其前方的检察监督权，这就是审判权和检察监督权两个公权力之间形成了监督和被监督的诉讼法律关系。这种监督和被监督的诉讼法律关系，乃是由于检察监督权的中间介入而发生的，是一种新型的诉讼法律关系。另一种形式是作为上一个等腰三角形的底边的诉权对立型诉讼法律关系与检察监督权之间形成的又一个等腰三角形结构（见图1）。①

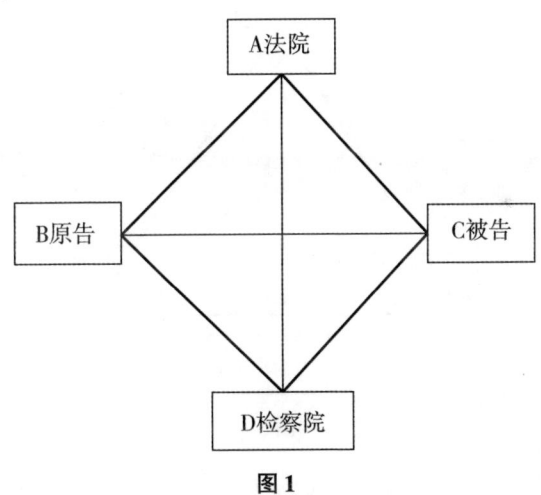

图1

（二）书记员结构

这种结构将检察官安排在书记官的位置行列，形成了两个三角形：一个是"审判三角形"，一个是"监督三角形"；后者小于前者，并被包含于前者之中（见图2）。

---

① 汤维健：《检察机关对民事诉讼的诉中监督——论诉中监督的菱形结构》，载《政治与法律》2009年第6期。

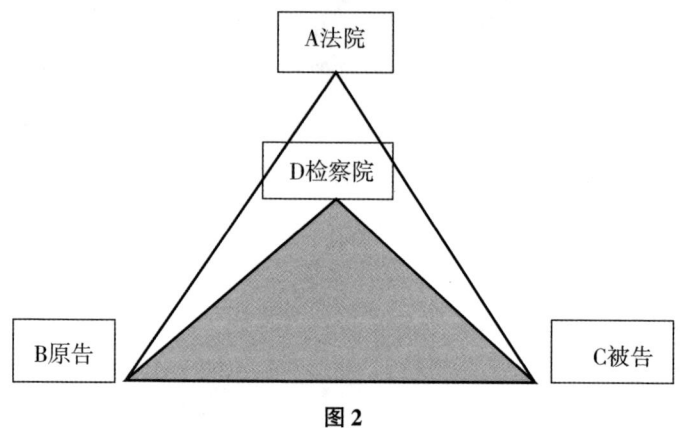

图2

(三) 旁听型结构

在这种结构中,检察官作为旁听的观察者,观察审判过程,并得出人民法院审判行为是否合法的结论(见图3)。

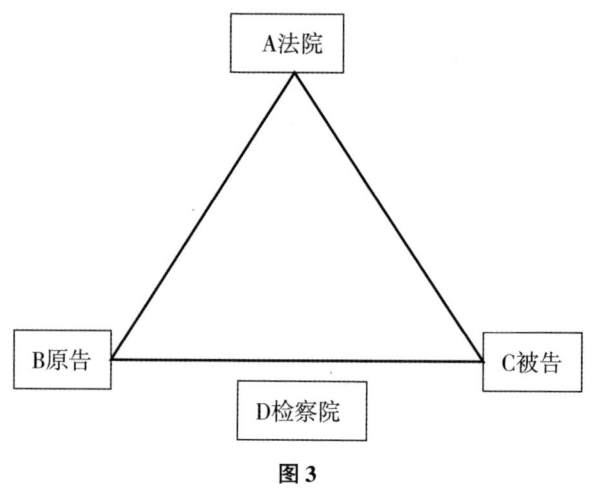

图3

(四) 游走型结构

这种结构形式认为检察机关是对民事诉讼进行全程且全面的监督,因此检察机关可以在三角形的任何顶点上出现。在这种结构中,检察官要么坐在了原告人的位置上,要么坐在了被告人的位置上,检察官还可能被安放在法官的位置上(见图4)。

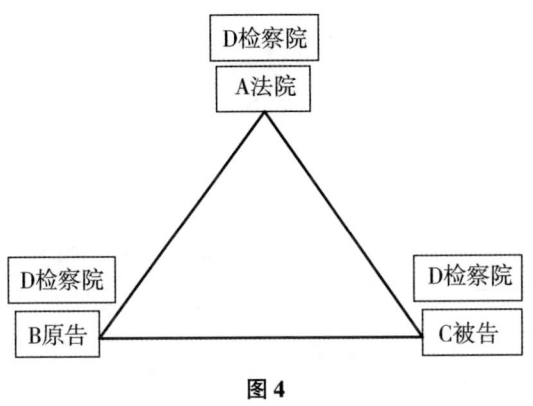

图 4

（五）正三棱锥结构

该理论认为，破坏诉讼三角形形态的行为主要来自两类：一是审判权位置偏移，包括法官立场偏移、法官与一方当事人的联合；二是当事人位置偏移，即虚假诉讼。

因此检察监督作为外部监督，必须具有两大特性：一是以监督制约审判权位置偏移，并使得这种状态得以纠正为主要目的；二是有监督纠正虚假诉讼的功能，以维护诉讼的真实性，客观上维护国家的司法权威和案外人的合法权益。[①]诉讼三角形内部是诉讼中各方作用力激荡交锋的场所，这一平面上的任意一点，除了三角形 ABC 的外接圆圆心外，必然与点 A、B、C 三点不能保持相等距离。外力介入这一诉讼平面，将会破坏民事诉讼的平衡。因此，该理论认为应当建立一个正三棱锥的立体诉讼结构。[②] 在这种结构中，人民法院、原告和被告之间依然保持诉讼三角关系，在此三角所形成的三角平面的中心点出发至诉讼三角向上中心的交会点，检察机关在此作为监督者对诉讼过程实施法律监督（见图5）。

[①] 王鸿翼：《规范和探索感性与理性——民事行政监察的回眸与展望》，中国检察出版社 2013 年版，第 199－200 页。

[②] 王鸿翼：《规范和探索感性与理性——民事行政监察的回眸与展望》，中国检察出版社 2013 年版，第 195 页。

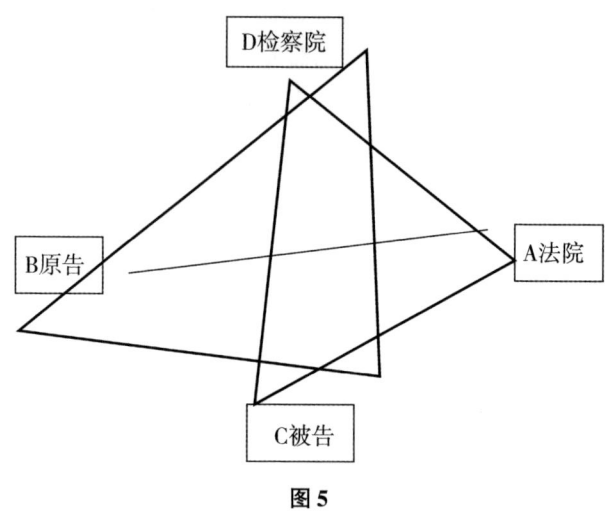

图 5

前述民事诉讼监督模型是民事诉讼监督工作在不断发展和完善过程中思考和探索的结果,毕竟民事检察监督在世界范围内难以找到可参考的经验,属于中国独创性的法律制度。但是笔者认为,上述诉讼结构理论有着较为明显的理论缺陷。

在菱形诉讼结构中,将两个等腰三角形合并一起,虽然保持了审判过程的等腰三角形结构,但是将检察机关与两造之间同样建立一个等腰三角形,实质上是将检察机关视为法院的镜像,不能正确反映检察机关作为监督者的法律地位,同时从数学模型上的距离来看,检察机关与当事人之间的距离最短,与法院之间的距离最长,从客观上表现出检察机关应更着重监督当事人的行为而不是法院的审判行为的要求,不能正确反映民事检察监督的重点以及检察机关与当事人之间的关系。

在书记员结构中,虽保持了审判过程的等腰三角形不变,但是将检察机关置于书记员的地位,无疑是降低了检察机关法律监督的权威,毕竟在审判过程中,法官才是处于主导地位,书记员的位置也是难以对法官进行监督的。况且,在当事人位置不变的情况下,检察机关与当事人之间的距离比人民法院与当事人之间的距离更短,难以保证正三角形的关系;或者为了保证正三角形的关系,原告和被告要偏离审判过程中的三角形关系的位置,都会导致检察机关的法律监督职能更偏向对当事人的监督,或者为当事人"说话",与监督职能定位相悖。

在旁听型结构中,检察机关履行法律监督职能是在审判结构之外,以旁观者的身份观察整个的审判过程,这种结构最大限度地保证了诉讼三角关系的稳定,但是从模型检察机关的视角看,检察机关观察诉讼过程难以全面,和菱形结构类似,检察机关作为旁听者,距离当事人更近,距离人民法院更远,难以体现监督的地位和效果。

在游走型结构中,检察机关在诉讼三角关系中的位置游离不定,其监督对象也是不明确的,更不能反映监督者的角色定位和地位。检察机关变换的位置更像是在抗诉案件中提出的处理意见的角度,要么是支持一方当事人申请而另一方当事人和法院有错误,要么是法院处理正确而对一方当事人的申请不予支持。

在正三棱锥结构中,通过立体结构,既体现了检察机关作为监督者的地位,通过俯瞰对诉讼过程得以全面监督,又使诉讼三角结构得以完美的保留,保持了诉讼的平衡。王鸿翼先生认为,这种来自三角形结构外部的监督力,"应当具有这样两大特性:一是以监督制约审判权位置偏移,并使得这种状况得以纠正为主要目的;二是同时具有监督纠正虚假诉讼的功能,以维护诉讼的真实性,客观上维护国家的司法权威和案外人的合法权益。这两个特性必然要求理想中的这一力点与理想中的点 A、B、C 三点保持同等的距离,不能有所偏颇,否则即达不到目的"。①

笔者认为这种以立体方式建造民事诉讼监督模型的思维方式,解决了一直以来检察机关如何实施法律监督才不破坏诉讼三角结构的理论问题。但是正三棱锥结构将检察机关置于三角平面的中心之上,致使检察机关到法院、原告、被告之间的距离相等,笔者对此并不认同,这实际上是涉及民事诉讼监督的对象应当是人民法院行使权力的过程还是所有诉讼参加人行使诉讼权利的过程的关键问题。有很多人认为,检察机关作为监督机关,对民事诉讼过程应当全程监督,既包括对人民法院的监督,也包括对当事人的监督。特别是在虚假诉讼的情况下,如果检察机关不对当事人进行监督,则无法发现和监督虚假诉讼。但笔者认为,民事诉讼监督的对象是人民法院是否正确行使审判权和执行权,并非是对诉讼过程的监督,不应当包括对当事人的监督。主要理由有以下三点:

1. 我国检察机关虽然定位为法律监督机关,但是与苏联检察机关的一般监

---

① 王鸿翼:《规范和探索感性与理性——民事行政监察的回眸与展望》,中国检察出版社 2013 年版,第 199-200 页。

督不同，中国检察机关的法律监督权是范围较窄的，其法律监督对象还是集中在国家机关上，对个人的违法问题并不具有直接进行法律监督的权力。在此意义上，不适宜将当事人个人的行为作为监督的对象。

2. 正如前文所述，监督具有查看、督促之意。要产生监督的效力，就必须以有权对被监督者的错误行为予以纠正。在民事诉讼中，当事人的行为受到法院审判程序的引导和约束，不受其他外力的干扰，才能保持诉讼三角关系。如果把当事人的行为纳入检察机关民事诉讼监督范围，那么对诉讼三角关系会产生明显的干扰。

3. 《民事诉讼法》第112条也明确规定：当事人之间恶意串通，企图通过诉讼、调解等方式侵害他人合法权益的，人民法院应当驳回其请求，并根据情节轻重予以罚款、拘留；构成犯罪的，依法追究刑事责任。由此可见，对当事人虚假诉讼进行直接监督，并非检察机关的权限。如果人民法院未能正确行使职权，及时发现虚假诉讼和对违法当事人进行处理，属于人民法院未能正确行使审判权的情形；如果在人民法院正确履行职责的情况下，依然不能及时发现虚假诉讼的，其本质依然是人民法院正当行使审判权出现了障碍。因此对虚假诉讼情形下的监督，依旧是针对人民法院是否正当行使审判权的监督，而不是对当事人的监督。

因此，笔者认为应当在正三棱锥的基础上进行改造，重新建立民事诉讼监督的模型。在立体模型中，检察机关应当处于法院的正上方，以体现检察机关在民事诉讼法律监督中的地位和监督对象（见图6）。

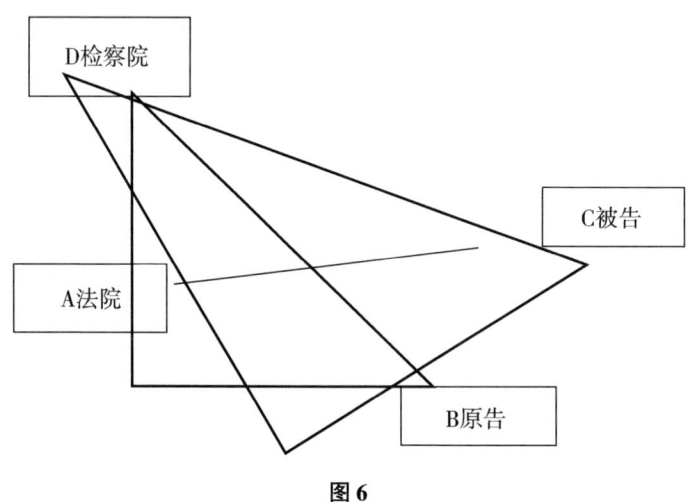

图6

三、民事诉讼监督的内容

检察机关民事诉讼监督的主要监督方式是抗诉和检察建议，其监督对象是人民法院，要监督的内容是人民法院是否正确行使审判权和执行权。以审判为例，人民法院在审判过程中要在认定证据、查明事实、适用法律方面行使审判权。检察机关对人民法院正确行使审判权的监督应当从哪些方面入手，才能达到监督效果，是一个应当认真讨论的问题。

从检察机关的实践来看，目前检察机关在民事诉讼监督领域更看重案件的处理结果，这就导致了检察机关在实施监督的过程中，会以判决结果能否得到改变作为是否进行监督的重要标准，而检察机关也把抗诉案件的改判率作为一个重要的考评指标。笔者认为，为了达到检察监督的效果，使检察机关的作用有效支撑其检察权作为一项独立存在价值，与行政权、监察权和审判权相并列的国家权力，应当重新明确和界定民事诉讼监督的内容。笔者认为，民事诉讼监督应当放弃以判决实体结果为监督要点的价值取向，转向对严重违反程序的监督和适用法律错误的监督上。主要理由如下：

1. 检察机关法律监督的主要功能是保证国家法律的有效和统一实施。将检察机关定位为专门的法律监督机关，其基本的理论要点是基于保障社会主义国家的法制统一性。在执法和司法的过程中，之所以规定程序法，之所以要求适用法律的统一，就是基于一个基本的立论：当执法者和司法者都能依照正当程序和正确适用实体法的话，其结论应当是公正的，否则法律的存在就失去了其价值。因此从检察机关法律监督职能的出发点和归属点来看，检察机关法律监督应当直接对人民法院的重大违反程序和适用法律错误实施监督。如果检察机关把民事诉讼法律监督定位在改变判决结果，实质上是在把法律监督权定位在实体审判的层面上，降低了检察机关的监督地位和功能。

2. 判决结果的错误并不是人民法院未能正确行使审判权本身。错误的判决结果是人民法院因证据认定错误、举证责任分配错误、证明标准错误等一系列的程序法问题以及实体法律适用错误问题所导致的。因此，从监督的有效性来说，应当把人民法院严重的程序错误和适用法律错误作为监督重点。由于程序正义是实质正义的前提，程序有其自身独立的价值与实际意义，不能以实体的正义作为参照去评判程序的正义，因此对程序错误和适用法律错误的监督判断，也不应当从是否会影响判决结果来判断，而应当按照程序法和法律适用本身的标准来判断。要实现习近平总书记提出的"努力让人民群众在每一个司法案件中都感受到公平正义"，必须要从正当程序和准确适用法律入手。在民事诉讼中，双方当事人处于对立的地位，判决结果必有输赢，实现"双赢"的可能性几乎不存在，如果要从判决结果上实现"人民群众感受到公平正义"是难以做到的。但是程序和适用法律不同，相对实体而言，对当事人更具有感知性和标准，也就更容易实现"胜败皆服"的局面。

3. 从法律规定看，检察机关实施法律监督的理由集中在严重违反程序和适用法律错误上。依照《民事诉讼法》的规定，检察机关对人民法院具有《民事诉讼法》第200条规定情形之一的，可以提出抗诉。而《民事诉讼法》第200条规定，当事人的申请符合下列情形之一的，人民法院应当再审：（一）有新的证据，足以推翻原判决、裁定的；（二）原判决、裁定认定的基本事实缺乏证据证明的；（三）原判决、裁定认定事实的主要证据是伪造的；（四）原判决、裁定认定事实的主要证据未经质证的；（五）对审理案件需要的主要证据，当事人因客观原因不能自行收集，书面申请人民法院调查收集，人民法院未调查收集的；（六）原判决、裁定适用法律确有错误的；（七）审判组织的组成不合法或者依法应当回避的审判人员没有回避的；（八）无诉讼行为能力人未经法定代理人代为诉讼或者应当参加诉讼的当事人，因不能归责于本人或者其诉讼代理人的事由，未参加诉讼的；（九）违反法律规定，剥夺当事人辩论权利的；（十）未经传票传唤，缺席判决的；（十一）原判决、裁定遗漏或者超出诉讼请求的；（十二）据以作出原判决、裁定的法律文书被撤销或者变更的；（十三）审判人员审理该案件时有贪污受贿，徇私舞弊，枉法裁判行为的。从该条规定可以看出，其所列举的十三种情形全部都属于程序错误和适用法律错误的情形。该条规定具有该十三种之一的，人民法院应当再审，在此亦未要求足以改判作为再审或法律监督的前提条件。检察机关按照该条规定实施民事诉讼法律监督，那么也不应当按照实体是否可以改判作为标准，否则检察机关有失职之嫌，也为选择性监督埋下了伏笔。

4. 从监督效果来看，检察机关加强对程序违法和适用法律错误的监督，具有现实意义。

首先，检察机关民事诉讼法律监督的主要来源依然是当事人申请。在《民事诉讼法》修改后，第209条规定当事人应当先向人民法院申请再审后，才能向检察机关申请监督。该条规定解决了检法两家多头申诉的问题，但同时也由于把申请再审作为申请检察监督的前提条件，致使民事诉讼监督的案件绝大部分都经过了人民法院的三次审理。在这种客观条件下，检察机关要找到实体上有明显错误的案件的可能性非常低。

其次，检察机关民事诉讼监督办案方式与法院审判有明显的不同，以书面审理为主，因此对案件事实的把握性相对较低，以实体改判作为监督标准显然是不符合检察机关的办案方式的。但是程序违法和适用法律错误相对事实判断和实体结果而言，其标准更为明确，也更加令人民法院"心服口服"，接受检察机关的法律监督。

再次，从目前法院的审判状况来看，程序错误的问题是审判中的大问题。但人民法院基于审判资源和审判效率的考虑，往往以"程序瑕疵"不影响实体判决的理由不予处理，忽视了程序独立价值和当事人的程序利益，从保护当事人诉讼权利和维护法制统一的角度，程序违法问题本身就极具监督性。

最后，适用法律错误的问题应当引起法律监督重视。我国法律种类繁多，一直以来在"宜粗不宜细"的立法指导思想下，本来就属于抽象条文的法律规定也更容易变得含混不清，而不同的法律之间的规定也有冲突之处。但是案件本身所涉及的情况，随着社会经济生活的高速发展，也变得越来越复杂，致使准确理解法律含义和正确适用法律成为一个难度逐步提高的"技术活"，所以才会出现所谓的"同案不同判"、法官自由裁量权过大等的问题。同时，法院在适用法律的过程中，是通过审判行为代表国家对当事人行为作出法律评价，如果法院在适用法律上存在错误，哪怕是审判结果与正确适用法律的审判结果相同，但是法院的审判权依旧是未能正确行使，对社会影响重大。

四、结论

通过上述分析，笔者认为检察机关不能把其全部职能都认为法律监督职能。在检察机关在职务犯罪侦查部门转隶到监察委后，有观点提出检察机关对国家机关工作人员的"刑事法律监督"职能已经消失。但笔者认为，对于检察机关而言,职务犯罪侦查部门行使的侦查权,本身就不具有法律监督属性,其本质依然是侦查权,与一般公安机关的侦查权并无区别,不能因为是对国家机关工作人员的职务犯罪侦查,就认为属于法律监督的范围。"假如仅仅根据涉嫌犯罪的人是否为国家公职人员的标准,来确定逮捕权和公诉权是否属于法律监督权,这本身在理论上是难以自圆其说的。"①

对于如何区分检察机关的某一职能是否属于法律监督职能,笔者认为首先应当从一个立体的角度来看,以便于区分分工制约关系和监督职能之间的区别。如果在一个诉讼平面上看待检察机关的监督职能,无法对检察机关的现有职能作出一个正确的划分。对于检察机关处于诉讼三角关系之中的职能,都不应当纳入检察机关的法律监督职能中来。检察机关"对嫌疑人、被告人采取逮捕和提起公诉措施,属于典型的提起刑事诉讼的活动,这跟'行使法律监督权'又有多大的关系呢?"②

基于上述理论,对于刑事诉讼监督职能,虽然一直以来被视为对法院刑事审判权的监督,但笔者认为,并非所有的刑事诉讼监督案件都是法律监督职能的表现。刑事诉讼案件判决错误的情形大概可以分为以下几类,一是检察机关提起公诉存在错误且审判结果错误的;二是检察机关提起公诉正确但人民法院审判结果错误的;三是刑事自诉案件人民法院审判结果错误。在前两种情况中,由于检察机关都处于公诉人的地位,即处于立体监督模型中的诉讼三角平面上,难以将检察机关设置到立体模型中"监督者"的顶点上,因此不好将刑事公诉监督认为是检察机关法律监督权的典型表现。事实上,在第一种情形中,由于检察机关作为刑事公诉案件的一方当事人存在,在其自身提起公诉存在错误的情况下作出的刑事诉讼监督,实质是一种自我纠错程序;在第二种情形中,此时所谓的刑事诉讼监督更近似于当事人不服审判结果申请再审的情形。这两种情况应该说,都与典型的法律监督有较大的差距。也只有在刑事自诉案件中,检察机关的诉讼监督行为才是典型意义上的刑事诉讼监督。长久以来,关于检察机关作为"法律监督机关"是否妥当的争议,其主要原因正是由于检察机关在公诉案件中处于一方当事人的地位而存在于诉讼三角平面中,无法上升至"监督者"顶点的位置上所

---

① 陈瑞华:《司法体制改革导论》,法律出版社2018年版,第81页。
② 陈瑞华:《司法体制改革导论》,法律出版社2018年版,第82页。

导致的。正如有学者评价的："让一个承担刑事追诉甚至刑事侦查职能的国家机构，去监督和保证国家法律的统一实施，并在其他国家机构违反法律时予以纠正，这的确带有一定的'乌托邦'的意味，构成了一种制度上的神话。"①

此外，检察机关的法律监督权是启动纠错程序的程序性权力，但其本身并不适宜对案件处理作出实体处理决定。一方面，这是由于法律监督权的本质是保证国家法律的统一实施，因此在行使法律监督权的时候，检察机关必然要具有程序强制力的监督措施；但同时，检察机关作为法律监督机关，主要是监督其他机关依法行使职权，由此来保证国家法律的统一实施，并非对案件作出实体认定。在检察机关中，一直有观点认为，检察机关法律监督缺乏刚性，甚至在职务犯罪侦查部门转隶后认为检察机关法律监督权失去了刚性手段。笔者认为，这种所谓的缺乏刚性，实质上是指的接受监督的机关应当按照检察机关的意见作出实体处理意见，实际上是要求检察机关具有相应的实体处理且其他机关必须服从的超级权力。从前述模型可以看出，只有当检察机关处于诉讼三角平面中的时候，其才能具有一定的实体处理的权能，但是当检察机关一旦处于监督者的角色，就脱离了诉讼三角平面，其监督手段只能局限在重新启动程序的程序性权力，否则就必然会导致诉讼平衡的破坏。

---

① 陈瑞华：《问题与主义之间》，中国人民大学出版社 2000 年版，第 32 页。

我国台湾地区国民法官制度：
价值内核与两难选择

叶肖华[①] 仇塍迪[②]

继实现职业化和专业化后，当前我国台湾地区致力于拉近人民与司法距离的司法社会化改革。司法社会化改革的核心理念就是"将人民请上审判席"[③]，让公民直接、有效参与审判，提高审判透明度，提升司法公信力，强化司法的正当性基础。国民法官制度的建立不仅影响原有的法律文化、司法政策、诉讼制度，而且为法律专业人士带来了新的职业挑战，是司法社会化改革最困难和最关键的一步。职业法官、检察官与辩护人需要以浅显的语言来表述复杂的法律，让国民法官理解法律问题，化解社会对司法的疏离。

一、我国台湾地区国民法官制度：公民参与审判的改革脉络

国民法官制度，是指针对"最轻刑为有期徒刑 7 年以上之罪"和"故意犯罪因而致人于死者"的一审公诉案件，随机选任不具备法律专业知识的普通公民成为国民法官，参与案件审理、中间讨论与终局评议，与法官共同认定案件事实、适用法律的审判制度。国民法官制度的七个亮点被总结如下："能看也能判、随机抽选、法庭白话、完全参与、深度交流、结果可公评、安心参加。"[④]

在提出国民法官制度的构想之前，我国台湾地区非法律专业人士参与法庭审理，可以追溯到 1956 年至 1999 年的军事审判制度，但是该制度仅适用"军官参审"，存在明显的局限性。1988 年，"司法院"召开司法会议，开始研究公民参

[①] 叶肖华，浙江工商大学法学院副院长，教授。
[②] 仇塍迪，浙江工商大学法学院硕士研究生。
[③] 苏永钦：《司法的民意调查》，载《法令月刊》2016 年第 4 期。
[④] 陈俊宏：《23 岁就能当"国民法官"！1 天领 3 千身分保密，7 大重点快速了解》，载东森网，https://www.ettoday.net/news/20171201/1063624.htm?from=weibo_et_news，2017 年 12 月 5 日访问。

与审判制度的法治价值,欲建立以德国参审制为原型的公民参与审判制度,并先后于1991年和2006年公布《刑事参审试行条例草案》与《专家参审试行条例草案》,使得参审公民获得等同于职业法官的地位,可以参与案件审理,表决定罪量刑。对此,"行政院"认为台湾地区未如域外立法例一样规定普通公民可以参与审判,而且参与审判的公民未经审判能力培训,恐难排除情感因素。① 因此,两部草案所设计的公民参与审判制度被认为缺失法源,与立法精神相悖,危及司法公正,最终未通过会衔程序。2007年,改革者转而以日本裁判员制度为样本,草拟《国民参审试行条例草案》,但仍因前述争议而功败垂成。有鉴于此,"司法院"参照日本裁判员制度和韩国国民参与刑事审判制的改革路径,于2012年公布《人民观审试行条例草案》,在避开前述争议的同时,通过试验性立法的方式建立人民观审制,为建立最终的公民参与审判制度积累经验。然而,人民观审制"表意不表决",难以谓之有效参与审判,甫一实施即受到学界和实务界的强烈批评和广泛质疑。为提挡升级人民观审制,"司法院"于2017年11月30日公布了《国民参与审判法草案》,拟建立公民有效参与审判的国民法官制度,以"表意表决"的国民法官取代观审员。2018年4月12日,《国民参与审判法草案》顺利获"行政院"会衔,后续将函请"立法院"审议。国民法官制度让普通公民与职业法官共同审理、裁判案件,"在司法中注入社会因素,使司法有效回应民众需求,消除司法与社会之间的隔阂与疏离,实现司法与社会的有效沟通与良性互动,提升人民对司法的信赖"。② 可以说,国民法官制度不啻为我国台湾地区司法社会化改革的重磅炸弹。

二、国民法官制度的定位:混合式公民参与审判

(一)国民法官制度的陪审与参审之争

陪审制还是参审制?我国台湾地区公民参与审判的改革始终伴随着制度选择的争议。在2017年8月结束的"司改国是会议"上,两种制度的公民参与审判议案双双未达有效表决数。

---

① "司法院":《台湾人民参与审判制度的理念与规划——从新世纪东亚人民参与审判热潮的角度作出比较观察》,载《"司法院"》2014年版,第50-51页。
② 薛永慧:《台湾地区司法社会化改革研究》,载《台湾研究》2015年第3期。

以财团法人司法改革基金委员会（以下简称"司改会"）为代表的民间声音认为，公民参与审判制度应以英美法系陪审制为样本，结合我国台湾地区本土问题来具体设计。"陪审制是台湾'司法改革'的关键，当陪审团进入司法体系，律师素质、法官态度和检察官起诉品质都将被检视。"① 他们批评参审制"难以谓之司法民主化，法官'球员兼裁判'，参审员容易被职业法官意见影响而沦为投票机器"。② 而在陪审制营造的诉讼场域中，参审公民与职业法官互相分权制衡，职业法官居于真正中立的地位。"法官的角色在于确保整个审理程序的公正、公开，重点不在判决结果，而是在于过程的程序完备，判决结果交由陪审团。"③

支持参审制的学者则认为，参审制较之陪审制更能适应我国台湾地区的司法实践和社会情况。一方面，陪审制的陪审成效不彰、司法成本沉重，现今的陪审制适用范围不断缩减、实际适用的案件数量也逐渐减少。在司法资源紧张的情况下，"采参审制度使整体审判活动较为经济、妥速，复增益审判信度与效度，更能具体表现国家司法主权体制的实质意义"。④ 另一方面，陪审制认定事实之准确性，有赖于社会的高度公民素养和法治意识。"陪审团成员认定事实带有个人感情，未必能够发现真实，且由于陪审团评决不受上级审查，贸然实施将与既有刑事法律规范、诉讼制度、裁判品质，乃至社会文化，产生不容小觑的冲突。"⑤

（二）国民法官制度是混合式公民参与审判制度

国民法官制度的陪审特征主要体现在国民法官遴选机制和对抗式诉讼机制。在国民法官遴选机制方面，国民法官的遴选因应了公民最大化参与可能的陪审理念，确保参审公民的多样性、广泛性和代表性，让社会多元价值观映射入司法领域。与参审制的组织提名和连任不同，国民法官制度以一案一任的方式随机抽选参与审判的公民。在任职资格上，凡是年满23周岁、在地方法院辖区内连续居

---

① 陈维兴：《陪审制是台湾司法改革的枢纽——专访黄致豪律师》，载《司法改革杂志》2015年第103期。
② 高荣志：《骨子里仍不让人民参与的"观审制"》，载《司法改革杂志》2015年第103期。
③ 钟孝宇：《当人民走入法庭，破除法庭与社会的藩篱——专访蔡志宏法官》，载《司法改革杂志》2015年第103期。
④ 庄杏茹：《从公民参与刑事审判之社会价值论参与态样——比较法之观点》，载《中国政法大学法学评论》2015年第140期。
⑤ 张永宏：《我国引进国民参与刑事审判制度之研究——以日本裁判员制度为借镜》，中国政法大学出版社2014年版，第356页。

住四个月以上的公民,均有可能被选任为国民法官;在资格审查程序上,法院组织审查候选国民法官资格,正在服刑人员、国家机关工作人员、法律专业人士等符合消极资格的人不得担任国民法官。在诉讼机制方面,公民参与审判案件采行"裁判者中立、当事人对抗、庭审奉行公开、直接言辞及不间断审理原则的诉讼机制"。[①] 为确保信息平等和防止预断,国民法官制度要求卷证不并送,职业法官与国民法官不得在审判期日前接触证据材料。第一次审判期日前,法院应当审查证据的证明能力和调查必要性,避免无关证据或无证明能力的证据影响国民法官心证;在审判期日,控辩双方依序提出证据,主导诉讼进行,而国民法官与职业法官都是信息的被动接受者,亲历控辩双方开审陈述、证据提出以及定罪量刑辩论。"整个庭审活动呈现对抗制所固有的竞争性和激励性,并带来最充分的证据展示和相关信息的最佳分析。"[②] 在对抗式诉讼机制的技术保障下,国民法官得以从控辩双方的相互对抗中获取直接、清晰的第一印象,进而凭借自身习得的专业领域知识、日常生活经验和朴素认知裁断案件。

  国民法官制度的参审特色主要体现为职权配置和案件议决。在裁判权配置方面,国民法官制度因应参审制所要求的单一裁判结构和裁判权力,规定了国民法官独立行使职权的原则。国民法官与职业法官同坐审判席,法庭不另行划定参审公民的区位。职业法官应尊重国民法官的主体地位,保障其独立行使职权。担任审判长的职业法官需要主动指挥诉讼、维持法庭秩序,并说明司法裁判结果。审理案件时,国民法官可以直接讯问或请求审判长代为讯问被告人相关问题;终局评议时,国民法官与职业法官就案件事实认定和法律适用等问题相互交流意见,共同表决,司法裁判结果同时蕴含了国民法官与职业法官的意志。在案件议决方面,评议规则体现了审慎裁判与诉讼经济并重、少数服从多数原则的参审特色。六名国民法官与四名职业法官组成合议庭,共同审理案件、定罪量刑。案件议决无须全体法官达成一致,但需在裁判文书中简要说明判决理由,确保案件评议顺利、审慎进行。在案件评议阶段,根据公民参与审判案件事项的不同分别采行相应的议决标准,对被告人成立犯罪的认定,采 2/3 多数决;对案件免诉、不予受

[①] 施鹏鹏:《陪审制度研究》,中国人民大学出版社 2008 年版,序言第 3 页。
[②] [美] 伦道夫·乔纳凯特:《美国陪审团制度》,屈文生、宋瑞峰、陆佳译,法律出版社 2014 年版,第 240 页。

理或管辖错误的认定，对被告人的量刑决定，采1/2多数决。

尽管陪审制与参审制在参审公民遴选、裁判权配置等方面存在相当的"对立"，然而二者在制度本质上仍是统一的，即以公民有效参与为核心的公民参与审判制度。陪审制让陪审员组成陪审团，独立认定案件事实，法官则专职诉讼指挥、证据审查、法律适用和刑罚裁量，属于分工式公民参与审判制度；参审制则让法官与参审员共同认定案件事实、适用法律和裁量刑罚，属于合作式公民参与审判制度。从制度沿革来看，参审制承袭于英美法系的陪审制，是法国吸收陪审制之自由、民主要素，结合本国具体情况，构建出的另一制度样态。同样的，国民法官制度吸收陪审制与参审制的部分元素，制度整体承继二者精神，内容安排追求同一价值目标——达至兼顾司法民主与司法公正的公民参与审判。从这一层面来说，国民法官制度与陪审制、参审制具有同源性和传承性，既是制度本土化的结晶，也是全球化视野下二者融合过程的证明。简言之，国民法官制度是法官与公民通力合作定罪量刑、集参审与陪审于一身的混合式公民参与审判制度，是公民参与审判在新的历史阶段的制度样态。

三、国民法官制度的内在合理性：公民参与审判的价值

（一）国民法官制度内含公民参与审判的理论价值

1. 彰显司法民主

国民法官制度既是司法民主的象征，又是民意的栖身之所。一方面，"在政治民主的社会，国家的政治组织结构不能仅仅是冷冰冰的官僚体系运作，而是需要融入人民的参与"。① 司法制度作为广义政治制度的一部分，需要"民主"来巩固正当性基础。司法权同其他国家权力一样来源于人民，司法机关履行司法职责应当接受人民监督，对人民负责，让渡权利的普通公民应当有适当机会参与司法权的运作。国民法官制度让普通公民有效参与审判，保障公民平等参与社会事务管理的政治权利，避免司法专权，与民主政治具有同向的价值追求。另一方面，国民法官制度为公民参与审判提供规范秩序的场所空间。无序混乱的民意实际上是多元价值观下个体理性的无所扎根，在现代法治社会，民意表达应当有更

---

① 李忠夏：《法治国的宪法内涵——迈向功能分化社会的宪法观》，载《法学研究》2017年第2期。

加体面的出路，公民参与审判即是最好的选择。司法民主不等同于司法迁就民意，面对汹涌民意对司法的影响企图，国民法官制度促使民意表达制度化、秩序化、具体化，让民意达成深度自我的法律认同，为司法巩固民意基础。

2. 提升司法理性

在司法专业化、职业化、精英化的社会背景下，"法官等司法职业角色理性体现在具有与公众对话的能力，能够在多元价值观中发现重叠共识，并用法律论证的形式将之揭示于众"。[①] 随着司法社会化改革的推进，国民法官制度贯彻落实司法开放的重要理念，从司法与社会的良性互动中发现关于公平正义的重叠共识，将社会情理与法律理性思维相融合，丰富司法理性的内涵。职业法官长期审理案件，在思维观念上容易形成职业习惯，仅依据法律人的理性思维处理案件，可能会忽视裁判结果的合理性和可接受性。从这一层面看，司法裁判的正当性并非不证自明，司法公正无法通过司法自身的克制和理性证成。借由国民法官的参与，职业法官能够与司法体系外的声音对话，在依据法律意旨作出判断的同时，反思裁判结果的社会效果，避免司法裁判的惯性思维。

3. 抑制司法滥权

职业法官独占的司法体系缺乏有效的社会监督，催生司法封闭、官僚主义等弊病。只有权力能够抗衡制约权力，国民法官基于公民监督权的政治权利，代表社会公众参与司法权运作，有利于克服国家公权力之间相互监督失灵的难题。在国民法官制度构建的场域中，国民法官与职业法官的裁判权相互抗衡制约。就职业法官而言，国民法官制度要求其必须与国民法官分享原本专属的司法权，并科以照顾义务，确保国民法官理解案件事实，实质性审理案件，降低法律专业知识的窒碍。在多数决的评议规则下，国民法官的人数优势有效制约职业法官滥权擅断，职业法官需要不断向国民法官释明困惑，说明理由，促使代表社会公众意见的国民法官认可裁判。就国民法官而言，国民法官制度保留了职业法官对证据能力审查、证据调查必要性判断、法律解释等法律专业问题的专属权力，从而抑制国民法官的冲动判断。从二者双向互动可以发现，公民参与审判内含抑制司法专权价值，推动司法从封闭、消极转向开放、积极，有利于建构公正透明和有效监督制约的司法体系。

[①] 吴英姿：《论司法的理性化——以司法目的合规律性为核心》，载《政法论丛》2017年第3期。

(二) 国民法官制度发挥公民参与审判的工具价值

1. 提升司法公信力

司法公信力源自社会公众对司法的理解、认同和信任。"司法的运行始终都是在司法系统与非司法的其他社会系统及社会公众之间的关系中实现的。"① 我国台湾地区长期着力于推进司法职业化、专业化，社会公众对证明标准、无罪推定等专业内容理解偏颇，司法裁判结果与社会基础越发疏离，难以经受社会正义观念和生活经验的检视。对此，公民参与审判将提升公民对司法的理解和信赖，改善司法不公、司法封闭等负面印象。对比 2013 年和 2014 年公民参与审判前后的司法信赖度调查，"审判前表示非常信赖者仅占 19.05% 和 9.52%，而审判后表示非常信赖者则达 66.67% 和 40.48%"。② 在 2018 年的国民法官制度民调中，"针对'法官在场主导会主导最后的结果？还是让民众对案情更加了解？'，结果也显示电访有 56.5% 的人赞成，网络民调高达 71.5%"。③ 当普通公民担任国民法官审理案件时，将直观感受法庭审理细节、体会法官内心情感的复杂斗争，培养对待司法裁判的同理心。"民意的本质乃是认同问题"，④ 国民法官作为社会公众的话语代表，其与职业法官共同作出的司法裁判结果反映了社会公众的"重叠共识"。无论公民参与审判案件是否回应民意，其裁判结果在形式上易被视为社会公众的共同决定，在逻辑上属于自我治理的同侪审判。

2. 增强法治教育

"徒法不足以自行"，公民以国民法官的身份直接经历司法裁判过程，目睹法律适用的过程，有利于公民理解司法特性，增强法治观念和守法意识，避免任意的主观评价和以讹传讹的谣言。"应当把陪审团看成是一所常设的免费学校，每个陪审员在这里运用自己的权利，经常同上层阶级的最有教养和最有知识的人士接触，学习运用法律的技术，并依靠律师的帮助、法官的指点，甚至两造的责问，而使自己精通了法律。"⑤ 一方面，为了能够理解审判过程与内容，在案件

---

① 李瑜青：《司法公正社会认同的价值、内涵和标准》，载《东方法学》2017 年第 2 期。
② "司法院"：《台湾人民参与审判制度的理念与规划——从新世纪东亚人民参与审判热潮的角度作出比较观察》，载《"司法院"》2014 年版，第 100 页。
③ 林伟信：《国民法官好不好？民调结果出人意料》，载中国时报网，https://www.chinatimes.com/cn/realtimenews/20180509002093-260402，2019 年 3 月 7 日访问。
④ 肖仕卫：《刑案民意的诉讼内表达与回应研究》，法律出版社 2018 年版，第 32 页。
⑤ [法] 阿历克西·德·托克维尔：《论美国的民主》，董果良译，商务印书馆 2010 年版，第 317 页。

评议阶段中发表灼见，国民法官需要在审判期日前主动学习相关法律知识。对此，参加过人民陪审模拟法庭的公民深有体会，"陪审团团员真的要有一些素养才会比较好。经由模拟法庭活动的参与，了解到了趁机性交的构成要件，法官也将整个陪审团制度程序特别用 PPT 作讲解、宣导，对我们有所训练"。① 另一方面，法律专业人士有义务给予国民法官特定照顾。通过职业法官的案件争点整理、白话陈述，国民法官能够更直接、直观地了解犯罪构成要件、刑事审判基本原则等法律知识，感受法律的魅力。审判期日后，国民法官再将参加审判过程中接触的法律知识带回日常生活，向周围人普法，进一步扩大国民法官制度的法治教育效果。

（三）国民法官制度综合历次公民参与审判改革的经验

1. 拉近司法与社会的距离

经由正当程序作出的司法裁判难以符合公民法律感情，这一问题的根本原因在于社会整体对法律认知不足，司法的社会根基脆弱。当前的公民参与审判改革已然与政治民主需求相脱离，转而奔向司法社会化的改革目标。国民法官制度的建立，回归了公民参与审判改革的起点——拉近社会与司法的距离，提高公民的法律认知。一方面，公正是司法的本质，法官独立条款与国民法官制度的目的、功能内在统一于司法公正。前者旨在保证法官毫无顾虑地中立审查判断，"确保法官更加专业地适用法律、解释法律，忠实重现宪法与法律的规范内容；"② 后者旨在通过公民参与、司法公开，消除司法封闭，增强司法理性，使裁判结果更贴合法律规范内容和社会正义。另一方面，公民参与审判自 1988 年以来一度被列为改革议题，国民法官制度的建立和推广已累积了丰富的理论成果和实践经验。国民法官制度在人民观审制的民意调查和审判模拟的基础上，保留了职业法官对事实认定和法律适用的决断。有关国民法官制度的民意调查显示，"有高达 93.6% 的网友，'赞同法官与参与审判的民众共同决定'，另外也有 80.5% 的网友，认为'法官与民众共同讨论，会让民众敢于说出想法'，71.5% 的网友也认

---

① 苏恒仪：《陪审员座谈会访谈纪实》，载《司法改革杂志》2015 年第 103 期。
② 张永宏：《我国引进国民参与刑事审判制度之研究——以日本裁判员制度为借镜》，中国政法大学出版社 2014 年版，第 246 页。

为，这会'帮助民众了解案情'。"①

2. 保障公民有效参与审判

公民参与审判的生命力取决于公民参与的程度与效果，公民有效参与无疑会提升国民法官制度的社会认同。根据阿恩斯坦的参与阶梯理论，国民法官的参与达到了"公民权力"的高层次参与阶梯，体现出公民参与审判的直接性、实质性和决策性。②若无法实质参与审判，那么无论如何保障参审公民的广泛性、代表性、多样性，都终是镜里观花的"象征性参与"。与人民观审制相比，国民法官"表意并表决"、以相同的裁判权力监督制约职业法官，更凸显国民法官的审判者地位。国民法官直接参与审判、讯问被告人，与职业法官共同认事用法，参与案件评议、表决，司法裁判文书反映了职业法官和国民法官的共同意志。国民法官对司法裁判具有实质性影响力之后，会自觉认同自己的法官身份，以法官的职业伦理标准约束自己。在认同双重身份的基础上，国民法官自觉协调普通公民和法官的角色要求，最终作出既符合社情民意又符合法的精神的裁判，提升司法裁判的社会认同度。

3. 推进"第一审公判中心主义"

基于发现真实的司法传统，"职业法官往往积极地调查、收集证据，在审判期日前后详细阅读案卷材料，以便于掌握事实的所有细节、过程、来龙去脉"。③案卷材料才是法官心证形成的重要信息源，法庭审理反倒成了象征意义的活动仪式。我国台湾地区的"第一审公判中心主义"改革正是针对这一现象而提出的，"要求法院审判活动贯彻直接审理原则和言词审理原则，法官在审判程序中亲自审理争议事实，指挥法庭调查、法庭辩论，事实发现、证据调查须在审判程序中直接进行，避免法官在审前接触案卷材料"。④"第一审公判中心主义"的核心理念是贯彻法庭的事实调查和言词审理，强调法官在庭审中形成心证，从控辩双方的对抗中揭开真相。国民法官制度的机制设计内含了这一核心理念，审前阶段，

---

① 吴铭峰：《国民参审民调 9 成以上网友赞成法官、民众共同决定》，载东森网，https://www.ettoday.net/news/20180509/1165963.htm，2019 年 3 月 7 日访问。
② 武小川：《公众参与社会治理的法治化研究》，中国社会科学出版社 2016 年版，第 76 页。
③ 张永宏：《我国引进国民参与刑事审判制度之研究——以日本裁判员制度为借镜》，中国政法大学出版社 2014 年版，第 206 页。
④ 林裕顺：《人民参审与司法改革》，新学林出版股份有限公司 2014 年版，第 73 页。

检察官提交的起诉状仅得记载被追诉人身份情况、犯罪事实和所犯法条；法庭审理结束后，职业法官和国民法官应即时、连续评议。从案件受理直至案件宣告判决，国民法官与职业法官只可能在法庭审理中接触案卷材料、了解案件事实，双方必须集中精神审理案件，确保形成准确的内心确信，而控辩双方也必须用尽心尽力在法庭上攻防对抗，促进法官形成有利心证。如此一来，国民法官制度不仅保障职业法官与国民法官信息平等和中立审判，而且优化诉讼构造，促使法官与控辩双方最大限度地发挥庭审功能。

四、国民法官制度的两难：公民参与审判的共生矛盾

（一）国民法官制度的司法属性与政治属性

托克维尔认为公民参与审判制度有两种属性："第一，它是作为司法制度而存在的；第二，它是作为政治制度而存在的。"① 国民法官制度让普通公民平等参与和有效裁决案件，体现出司法领域的民主特征，反映了司法与政治的耦合。国民法官制度到底是具有政治属性的司法制度，还是具有司法属性的政治制度？如果以司法制度定义国民法官制度，那么制度的价值和目的应为"尊重和保障人权。""在现代刑事诉讼中，被告人诉讼人权问题是人权保障的重点。"② 面对强大的国家机器，单独的个人处于天然弱势地位，国民法官制度仍应当确保被告人受到公正审判，使有罪之人受到刑事处罚，无罪之人不受刑事追究，助力司法发现真实。如果以政治制度定义国民法官制度，那么制度的价值和目的应为"保障公民政治权利"。在现代法治社会，政治制度呈现"多元共识、公开审议、平等参与、责任分担等协商民主特征"，③ 其合法性源自公民认可和私权保护。为实现政治功能最大化，国民法官制度必须确保国民法官的代表性、参与度，进一步扩大公民的选任资格与范围，建立避免职业法官干预的隔绝机制，以"多数意见"为最后决断。

由于集司法与政治于一身的特质，国民法官制度面临着政治意识渗透的风险。一方面，民主是政治系统的正当性基础，政治系统随时就位回应民意需求。

---

① ［法］阿历克西·德·托克维尔：《论美国的民主》，董果良译，商务印书馆2010年版，第311页。
② 樊崇义：《诉讼原理》，法律出版社2009年版，第247页。
③ 叶肖华：《全面建成小康社会的法治进路——基于法治浙江的实证研究》，法律出版社2016年版，第102页。

建立"人民的司法"恰恰反映出本土政治系统对公民参与审判的政见偏好。政治系统利用法律和民主证成其自身合法性但又不愿接受束缚，习惯将公民参与审判的逻辑思维化约为单纯的司法民主，进而作为攫取民意的工具加以利用。有学者甚至论断，"台湾是否应引进公民参与审判制度的关键因素不在法律，而在政治；不在诉讼功能，而在政策目标；不在司法体系内，而在民意支持上；不在价值理念，而在现实利益"。[①] 当政治系统透过公民的民主向往而对司法加强控制，当政治正确以国民法官制度为媒介进入司法体系，反倒构成了对民主政治的戕害。另一方面，司法裁判的正当性在于"法律的支配"，即贯彻法律意志，解决个案争议，抵御外部干涉，避免"多数人暴政"。就这一层面而言，司法甚至是"反民主"的，诉讼场域内的个体权利和尊严比公民意愿更加珍贵。过度解读国民法官制度的民主价值，在致力于司法公正的司法领域不断加入民主的政治叙事，可能与刑事诉讼基本制度和基本原则产生内在冲突，反而添了几分舍本逐末意味。"'司法民主化'是正确的概念，但在目前人民参与审判的议题讨论上，帮助不大。"[②] 总之，国民法官制度的完善必须正视、协调司法与政治的共生矛盾。若国民法官制度仅仅达成了民主政治目标，却没有发挥任何还原真相、保障诉讼权利等司法功能，那么面对诉讼参与人所承受的制度负担，号称救济底线的司法又该如何回答这一正当性问题？

（二）司法专业化与司法社会化

司法公正有赖于司法的专业，司法专业化主要表现为司法官的职业化、精英化和司法权行使的自控、理性，旨在增强司法独立和司法权威。司法社会化则强调让非专业的社会因素注入司法体系，拉近司法与社会的距离，并要求"从人民的角度看问题，从优化民众与司法的关系的角度解决问题，目标在于赢得人民对司法的信赖、提高司法公信力"。[③] 司法专业化与司法社会化之间存在一定的紧张关系，在国民法官制度上主要表现为案件质量把控和法官独立意志实现。

关于案件质量的重要评价指标是司法裁判的过程和结果，而国民法官与职业法官在案件事实认识、审理能力和思维方式等方面的分离可能影响裁判过程妥适

[①] 何赖杰：《从德国参审制谈"司法院"人民观审制》，载《台大法学论丛》2012年第11期。
[②] 林庆郎：《法国人民参与审判之理论与实务》，台北元照出版有限公司2018年版，第246页。
[③] 薛永慧：《台湾地区司法社会化改革研究》，载《台湾研究》2015年第3期。

和结果正确。在案件事实认识方面,作为司法官的国民法官在亲历控辩对抗的同时,需要剥离个人情感、保持超然地位,但其因缺乏审判经验,易凭主观情感认识案件事实,有学者认为"陪审员比专业法官更严厉"。① 在审理能力方面,职业法官能够及时区分程序参与者的"诉讼主体"与"证据手段"的不同角色,而未受过专业训练的国民法官则缺乏这样的识别能力,难以区分程序参与者的诉讼角色。"直接面对着当事人在法庭上的活动,他们很难避免从所谓的管理活动中推出证明性的结论。"② 在思维方式方面,对法律内容和法律精神、法律论证方法的掌握,需要经过长期的学习和实践,而普通公民偏好实体正义,习惯将因人而异的生活经验或朴素正义观与具体个案结合,不擅"由果至因"的逻辑推理,导致推理结果难以预测。

　　法官独立意志在形式上表现为法官独立认定案件事实、独立适用法律,其要义是依据法律独立行使审判权。一方面,法官独立作出司法裁判是依据法律对争议事实作出判断的过程,并未过多涉及公共事项,司法本身不需要社会因素介入。"司法者所受到的'独立审判'保障,实以'依据法律'为其前提,独立的目的正在于确保他可以依据法律做成裁判",③ 而伴随国民法官这一社会因素的加入,可能使原本仅遵从法律支配的法官独立偏离意旨。近年发生的"恐龙法官"、司法腐败等事件使司法与社会的矛盾越发尖锐。当与司法意见相左的观点借由互联网传播形成民意,可能影响案件审理,进而导致职业法官依据民意或国民法官意志裁判。"当面对被空洞观念冲昏头脑的群体,专业精英甚至同群体一起陷入荒谬与狂热,事后又惊叹自己连常识都忘却的愚蠢。"④ 另一方面,职业法官的专业地位和国民法官的人数优势相互影响,各自又难以完全独立作出裁判。国民法官缺乏法律专业知识和审判经验,易于内心趋从职业法官的权威,在案件评议时遵从职业法官的意见。对职业法官而言,在实行参审制的国家,公民参与审判案件的合议庭一般由一名或三名职业法官与两名参审公民组成。由于二

---

① Arnaud Philippe, Does introducing lay people in criminal courts affect judicial decisions? Evidence from French reform, International Review of Law and Economics, Vol. 52, No. 4 (October 2017), p. 2.
② [美] 米尔伊安·R. 达玛什卡:《司法和国家权力的多种面孔》,郑戈译,中国政法大学出版社2015年版,第282-283页。
③ 苏永钦:《法官不必爱法,只要护法》,载《法令月刊》2016年第12期。
④ [法] 古斯塔夫·勒庞:《乌合之众》,冯克利译,中央编译出版社2014年版,代译序第13-14页。

者在人数上相对平衡，参审公民难以形成"群体的荒谬影响力"，进而使裁判结果仅反映自己的意志。国民法官制度则规定合议庭由六名国民法官与三名职业法官组成，可以说国民法官集体是近似于陪审团的"参审团"。当六名国民法官与职业法官的意见不一致时，基于"2/3多数决"的评议规则，对处于人数弱势且意见不同的职业法官而言，此时的司法裁判并非其独立作成，难以反映其独立意志。综上，基于国民法官的人数优势及其所代表的民意，职业法官实难无顾虑地仅依据法律独立作出裁判，并在裁判结果中反映自己的不同意志。

(三) 成本负担与司法公正

诉讼效益和司法公正都是司法制度的内在价值，"诉讼效益所追求的是以最经济的方式实现公正的目标"。[①] 国民法官制度的司法公正价值在于遏制司法腐败，公民的知情权、监督权等政治权利促使司法裁判贴合社会的正义期待和公民正当法律感情，进而提高司法公信力。然而在社会资源总量不变的情况下，脱离经济效益、成本负担等经济因素的考量，司法制度未必能实现及时的司法正义。

建立和运行国民法官制度需要耗费大量的司法资源。一方面，国民法官制度需要相当的财政投入，更需要培育、甄选有能力履行照料义务的职业法官。另一方面，国民法官制度未规定被告人的拒绝权利，与一般刑事案件相比，被告人、辩护人另须耗费心神促进国民法官形成心证。国民法官还负有保密义务、诚实义务和出庭义务，这些义务伴随的负担是公民参与审判必须投入的私人成本。尽管国民法官制度规定了无因回避的特定情形，但是参与审理仍是公民不可抗拒的法律义务，亦即法律科以的负担，如果候选国民法官经合法通知而未在选任日期到庭的，将被处以一定罚款。

在司法资源总量不变和案件超负荷的前提下，刑事案件的司法资源必然更多地向公民参与审判案件转移，因此其他非适用公民参与审判的案件只能以更简易、职权的方式进行。对国民法官来说，"法官"角色要求其与职业法官法官通力合作，发现真相；"普通人"角色则要求其兢兢业业，参与审理案件分身乏术。在日常生活支出之外再行投入私人成本，将导致被选任的公民参与积极性不高，影响法官之间的合作效果。有关民意调查恰好印证了这一负担影响，只有47.4%的受访者有意愿参与审理，"至于不参与原因，有民众是很忙、没有时间，

[①] 樊崇义：《诉讼原理》，法律出版社2009年版，第189页。

甚至担心不够客观和害怕被恐吓及报复"。① 对被告人来说，正当程序要求每一个受司法裁判结果影响的人，都应有充分机会参与司法裁判过程，并充分行使或放弃权利以影响司法裁判结果。如果被告人没有拒绝国民法官审理或提出异议等权利，其地位将产生客体化风险。总之，正义自始至终都是有代价的，公民参与审判是一项极大的资源消耗工程。合理的成本负担不仅是分配正义的内在要求，也是实现实体公正和程序公正的应有之义。在司法公信力危机的背景下，有必要以经济的眼光理性构建国民法官制度，将成本负担控制在合理范围内，在确保司法公正的前提下，达至"财富最大化"。

---

① 林伟信：《法律难懂逾半拒当国民法官》，载中国时报网，http://www.chinatimes.com/newspapers/20180510001434-260106，2019年3月7日访问。

关于对一般犯罪、有组织犯罪集团和恐怖主义犯罪组织实施调查的指南[①]

约翰·阿什克罗夫特 著 刘涛 译

序言

作为联邦政府中首要的犯罪调查机构，联邦调查局（FBI）具有调查违反联邦法律、未规定由其他联邦机构排他性管辖的所有犯罪行为的职权和责任。因此，联邦调查局在美国的联邦法律实施和适当的司法行政中扮演着核心角色。在履行这一职能时，联邦调查局最优先考虑的应当是保护美国的国家安全和美国人民的安全不受恐怖主义分子和外国侵略者的侵犯。

联邦调查局的调查是基于政府保护社会公众不受一般犯罪、有组织犯罪以及那些通过恐怖主义或大规模杀伤来威胁我们整个社会肌体的犯罪行为的侵犯这一基本职责为前提。在履行这一职责时，应当注意保护个人权利，并确保调查是限定在合法的法律实施利益的事项之上。因此，《指南》的目的在于，建立一项针对这类事项的一致性政策。《指南》将帮助 FBI 的特工以更强的确定性、更多的自信和更高的效率去履行他们的职责，并给美国人民提供一个坚定的保证，FBI 是在依据法律恰当地展开行动。

[①] ［美］约翰·阿什克罗夫特著，刘涛译。刘涛，中国人民公安大学侦查与反恐怖学院教授，博士研究生导师，预审教研室主任。《指南》的英文原文为 "THE ATTORNEY GENERAL'S GUIDELINES ON GENERAL CRIMES, RACKETEERING ENTERPRISE AND TERRORISM ENTERPRISE INVESTIGATIONS"。据《元照英美法词典》，"RACKETEERING" 的含义包括：1. 有组织敲诈勒索罪，指以恐吓、暴力或其他非法手段向合法企业强索钱财。2. 美国犯罪组织非法活动，指由从事非法活动的企业如犯罪辛迪加（crime syndicate）从事的一系列非法活动，如贿赂、勒索、诈骗以及谋杀。这一用法来源于联邦 RICO 制定法，其非法活动已拓展，包括邮件诈骗、证券诈骗以及非法收取赌债。（→extortion；Hobbs Act；RICO laws）（法律出版社 2003 年版，第1143 页）。结合上下文，笔者将 "RACKETEERING ENTERPRISE" 译为有组织犯罪集团。

《指南》为 FBI 实施一般犯罪调查和犯罪情报调查提供了指导。《指南》中设定的标准和要求规制了可能启动调查的条件和情形，调查的许可范围、调查期限、调查的事项以及调查对象。但是，《指南》并不限制依据其他的司法部部长指南采取行动，例如对与国际恐怖主义、涉外反情报或者涉外情报相关的事项进行调查和信息收集。

随后的简介部分解释了《指南》再次发布的背景，《指南》中规定的一般调查方法和结构，以及促进 FBI 在完成保护美国及其人民不受恐怖主义犯罪侵害这一核心使命中的具体应用。第一部分阐述了适用于所有依据《指南》实施调查行动的一般原则。第二部分规制了为预防、侦破或起诉特定的违反联邦法律的犯罪行为而进行的调查活动。第三部分中的 A 分部规制了为获取与从事有组织犯罪活动的集团相关的信息而进行的犯罪情报调查；第三部分中的 B 分部规制了为了获取关于利用暴力行为达到深层次的政治或社会目的或者企图从事或从事恐怖主义相关活动的集团的信息而进行的犯罪情报调查。第四部分至第七部分讨论了授权调查的方法、信息的传递和保管，反恐行动和其他的授权执法活动，以及其他相关事项。

司法部部长依据《美国法典》第 28 编第 509 节、第 510 节、第 533 节以及第 534 节①规定的职权发布《指南》。

一、简介

2001 年 9 月 11 日美国遭受恐怖袭击后，司法部对现有的与国家安全和犯罪问题相关的指南和程序进行了全面审查。《指南》的再次发布反映了这一审查的结果。

《指南》承继了旧版指南中对调查活动级别的类型划分，调查活动类型的划分，启动调查活动的标准以及允许使用的调查方法的界定。但是，《指南》也进

---

① 《美国法典》第 28 编规定了美国的"司法和司法程序"（TITLE – 28 JUDICIARY AND JUDICIAL PROCEDURE），其中的第二部分第 31 章规定了"司法部"的"司法部部长（总检察长）"（PART II – DEPARTMENT OF JUSTICE, CHAPTER 31 – THE ATTORNEY GENERAL），第 509 节（28 U. S. C. 509）规定的是"司法部部长的职责"（Functions of the Attorney General），第 510 节（28 U. S. C. 510）规定的是"权力的授予"（Delegation of authority），第 533 节规定的是"犯罪调查和其他官员；任命"（Investigative and other officials; appointment），第 534 节规定的是"采集、保存和交换身份档案和信息；任命官员"（Acquisition, preservation, and exchange of identification records and information; appointment of officials）。（译者注）

行了诸多修改，目的是加强犯罪调查的整体效率，并使《指南》符合法律的最新修改，有利于联邦调查局完成阻止恐怖主义分子对美国及美国人民发动袭击这一核心任务。

在整体结构上，《指南》对调查活动进行了等级化分级，赋予了联邦调查局所需的灵活性，使其能够在有计划的恐怖活动和其他联邦犯罪行为实施之前更好地采取行动。调查活动的这三个级别是：（1）对最初线索进行迅速和非常有限的审查（checking of initial leads）；（2）初步调查（preliminary inquiries）；以及（3）全面调查（full investigations）。《指南》和其他指南、政策的适用对象将在下面的第四部分中说明，所有合法的调查方法均可在全面调查中使用，在一些例外情况下也可在初步调查中使用。

（一）审查线索和初步调查

调查活动的最低等级是："对初步线索进行迅速和非常有限的审查"，无论何时，收到诸如需要进行某种关于犯罪活动可能性的后续调查这类性质的信息时就应当实施。这种有限的审查活动应当着眼于迅速确定是否需要进行更进一步的调查（无论是初步调查还是全面调查）。

调查活动的第二个等级是初步调查，如果有信息或主张表明存在犯罪活动的可能性并且对其进行负责任的处理需要比审查初步线索采取更多的行动时就应当实施。这一等级允许FBI特工对模棱两可和不完整的信息作出反应。即便现有的信息只是符合入门标准，可使用的调查方法范围也是很广泛的。《指南》只是绝对地禁止私拆邮件和未经对方许可的电子监控在这一阶段使用。其他方法，包括拓展信息来源、使用秘密线人以及实施乔装侦查行动，在初步调查中都是被允许的。从预防恐怖活动的角度来看，对于能够获得的用来挖掘足够信息以决定是否启动全面调查——初步调查的目的——的工具应当按照《指南》充分运用。

是否适合立即启动初步调查，还是仅限于对初步线索进行审查，取决于已有的环境和情况。例如，如果一名特工收到一份材料说某个人或某个组织实施了煽动犯罪的活动，且没有其他事实可考，那么合适的第一步是需要对初步线索进行审查来确定这个人或这个组织，或者听众中的成员是否具有明显的能力或意图去实施所煽动的犯罪。相似的反应适用于具备模棱两可特点的非口头行动，比如，接到一个报告说某个人拥有数量可观的爆炸物，既可能用于合法交易，也可能用于恐怖活动。如果对初步线索的有限审查表明具有犯罪活动的可能性或能够合理地表明，那么就可以启动初步调查或全面调查。但是，如果现有信息一开始就表明已经满足了初步调查或全面调查的界限条件，那么适宜的调查活动就可以立即启动，而不用再经过更多有限审查的阶段。

在《指南》设定的调查标准的适用中，值得特别关注的情形是，如果涉及个人或组织在没有充分理由的情况下试图获取生物、化学、放射性或核物质，而这些物质的使用或持有是受到《美国法典》第18编第175节、第229节或第831节①限制的。例如，在启动调查活动之前，不要求联邦特工拥有关于某个人企图将危险的生物药剂或毒素用作犯罪用途的相关信息。相反，如果某个人或组织已在尝试获取这样的物质，或者已表达了获取它们的意愿，且原因不明，那么启动调查行动，比如对线索进行审查或开始初步调查以确定这些个人或组织是否存在合法目的去拥有这些物质，就可以认为是适宜的。类似地，当个人或组织努力尝试获取这些有毒化学物质或它们的前体、放射性物质或核物质的活动，或者表达了获取它们的意愿，且原因不明，那么对他们是否具有合法目的采取调查行动就是正当的。

（二）全面调查

《指南》提供了两种类型的全面调查：一般犯罪调查（general crimes investigations）（下面的第二部分）和犯罪情报调查（criminal intelligence investigations）（下面的第三部分）。选择何种类型的调查取决于信息和调查的重点。针对一般犯罪的调查可以在事实或情况合理地表明（reasonably indicate）有联邦犯罪行为已经、正在或将要发生的情况下启动。阻止未来的犯罪行为以及侦破和起诉已经发生的犯罪，是一般犯罪调查明确得到授权的目标。"合理的表明"（reasonable indication）作为一般犯罪调查的启动条件，实际上比"合理的根据"（probable cause）的标准要低。除此之外，依据联邦刑法关于密谋或企图的规定或者其他对预备犯罪进行了界定的规定，准备实施犯罪活动本身可能就已经是现行的犯罪行为，例如《美国法典》第18编第373节（教唆实施暴力犯罪）或《美国法典》第18编第2339A节（包含有为恐怖主义犯罪提供实质性支持的规定）。依

---

① 《美国法典》第10章第175节（18 U. S. C. 175）是关于生物武器的禁止性规定，第11b章第229节（18 U. S. C. 229）是关于化学武器的禁止性规定，第39章第831节（18 U. S. C. 831）是关于爆炸物和其他危险物品的规定。（译者注）

据《指南》，虽然还没有现行的实质性犯罪或预备犯罪发生，但有事实和情况合理地表明这样的犯罪行为在未来可能会发生，在这种情况下展开一般犯罪调查是适当的。

《指南》授权下的第二种类型的全面调查是犯罪情报调查。犯罪情报调查关注的重点是组织或集团，而非仅仅是个人参与者和个别行为。这种调查的直接目的在于获取与集团的性质和结构相关的信息——包括关于组织中的成员、财务状况、地理分布、过去和未来的活动以及目标等——着眼于发现、阻止和起诉该集团的犯罪活动。犯罪情报调查一般具有长期性，可以提供有助于阻止恐怖主义活动的重要情报。

授权的犯罪情报调查分为两个类型：针对有组织犯罪集团的调查（第三部分A）和针对恐怖主义组织的调查（第三部分B）。

如果事实或情况合理地表明有两名及两名以上的人员实施了某种《反勒索及受贿组织法》（RICO）中所界定的有组织犯罪活动，就可以启动针对该犯罪集团的调查。但是，美国《爱国者法》（第107-57号公布的法律）扩展了《反勒索及受贿组织法》中犯罪行为的范围，包含了恐怖主义分子和他们的支持者很可能实施的犯罪［其含义适用《美国法典》第18编第2332b（g）（5）（B）节的界定］。① 为了保持与恐怖主义相关的犯罪情报调查的标准和程序的统一性，在针对犯罪组织涉及《美国法典》第18编第2332b（g）（5）（B）节所规定的犯罪活动展开调查时，应当遵守针对恐怖主义组织进行调查的相关规定而不是遵守针对有组织犯罪集团进行调查的相关规定。

如果事实或情况合理地表明有两名及两名以上的人员出于如下目的组成了集团或组织，就可以启动针对恐怖主义组织的调查：（1）全部或部分通过涉及武力或暴力以及某种联邦犯罪行为来达到进一步的政治或社会目的；（2）从事《美国法典》第18编第2331（1）或（5）节所界定的恐怖主义活动，涉及某一联邦犯罪；或者（3）实施《美国法典》第18编第2332b（g）（5）（B）节所规定的任何一种犯罪行为。如上所述，以涉及《美国法典》第18编第2332b（g）（5）（B）节描述的某种犯罪为模式的有组织犯罪活动为前提的犯罪情报调查也

---

① 《美国法典》第18编第2332b（g）（5）（B）节［18 U.S.C. 2332b（g）（5）（B）］对"联邦恐怖主义犯罪"的含义和具体行为表现进行了详细界定。

被视为是针对恐怖主义组织调查。

与《指南》授权的其他类型的全面调查一样，任何合法的调查方法都可以被用于对恐怖主义组织的调查，包括拓展信息来源、使用线人以及实施乔装侦查行为和行动。针对恐怖主义组织启动调查适用的"合理的表明"这一标准与针对一般犯罪和有组织犯罪集团启动调查的标准一样。如上所述，这一标准实际上比合理根据的标准要低。

在实践中，针对有恐怖主义背景的组织启动犯罪情报调查，有多种途径可以满足"合理的表明"这一标准。在一些案件中，基于有直接证据证明某个集团涉嫌或正在计划使用与强力或暴力相关的手段实现进一步的政治或社会目的、实施《美国法典》第18编第2332（1）或（5）节界定的恐怖主义活动或者实施《美国法典》第18编第2332b（g）（5）（B）节界定的犯罪活动的情况下，对这一标准的满足是很明显的。例如，关于促进实现集团目标的声明——那些显示了实施这类犯罪或确保其他人实施犯罪的目的——的直接信息是可以获得的。

在其他案件中，即使没有倡导或表明计划实施暴力或其他违法犯罪行为的参与者做出已知的声明，集团实施的行为性质也将能证明关于达到了启动调查标准的推论是正当的。例如，试图获取危险生物制剂、有毒化学物质或核物质这类行为，或者在没有可识别的合法目的情况下储存爆炸物或武器，将足以合理地表明该集团企图实施恐怖主义活动。

除此之外，一个组织的活动及其成员的声明可以恰当地被认为是相互之间存在关联。声明与活动的结合可以证明针对恐怖主义组织启动调查的界限标准已经得到满足的决定是适当的，即使仅有声明或仅有活动并不足以保证会作出这一决定。

在不需要特定的要素或要素组合的情况下，在作出是否满足针对恐怖主义集团启动调查的界限标准的决定时，通常需要考虑的相关因素包括：如前所述，该组织的声明、活动以及其声明或活动所表明的潜在的违反联邦刑事法律的行为性质。这样一来，如果存在对某个组织进行初步调查的依据，收集关于这些事项的信息，然后考虑这些因素是很有帮助的，即这些因素单独或要素组合是否能合理地表明这个组织正在在从事启动标准中所界定的那种恐怖活动或以此为目标。有利于做出这种结论的情况包括以下情形：

1. 威胁使用或者煽动使用暴力或其他隐蔽的犯罪行为

做出了与某个集团的政治或社会目标有关或者促成某个集团的政治或社会目

标的声明，该声明威胁使用或煽动使用武力或暴力，或者做出声明支持某个集团，在其他方面威胁实施或煽动实施《美国法典》第18编第2331（1）或（5）节、第2332b（g）（5）（B）节规定范围内的犯罪行为，这些犯罪行为可能是涉及以下事项的行为：

（1）实施造成或危及巨大伤亡、巨大损失或国家安全的攻击行为；

（2）杀害或伤害联邦的人员、毁坏联邦设施或对抗合法的联邦当局；

（3）由于其作为美国侨民或美国人的身份，或者由于其国籍、种族、肤色、宗教信仰或性别的原因而实施杀害、伤害或者威胁他人的行为；或者

（4）剥夺个人享有的受到美国宪法、法律保护的任何权利。

2. 具有实施暴力或其他隐蔽犯罪行为的显著能力或意图

集团通过下列行为显现出具有实施暴力或其他《美国法典》第18编第2331（1）或（5）节、或者第2332b（g）（5）（B）节规定范围内活动的显著能力或意图，例如：

（1）获取或采取行动获得生物制剂或毒素，有毒化学品或其成分（前体），放射性原料或核原料，爆炸物，其他破坏性或危险材料（或这些材料的制作方法或配方），或者武器，并且存在着获取这些物品的数量或种类的合法目的不明显的情况；

（2）创建、维持或支持有武力装备的准军事组织；

（3）进行准军事训练；或者

（4）其他显现出会伤害或威胁个人、干预个人行使宪法或法律权利的显著能力和意图的行为。

3. 潜在的联邦犯罪

组织的声明或活动显示出潜在的违反联邦法律的犯罪行为，并可能涉及针对恐怖主义集团启动调查的标准适用——比如，《美国法典》中特别规定的恐怖主义或资助恐怖主义犯罪，或者与如下事项相关的犯罪：劫持或破坏航空器，攻击交通、通信、能源设施或系统，生物或化学武器、核物质或放射性物质，侵犯民权，暗杀或其他针对联邦官员或设施的暴力行为，或者爆炸（例如，《美国法典》第18编第2332b（g）（5）（B）节列举的，或者出现了《美国法典》第18编第111节、第115节、第231节、第241节、第245节或第247节所规定的行为。

(三) 授权的调查方法

所有合法的调查方法都可以用于一般犯罪、有组织犯罪集团和恐怖主义组织的调查。在初步调查中，《指南》禁止了私拆邮件和未经许可的电子监控（包括《美国法典》第18编第119章①所涵盖的所有方法），但未明确禁止在这一阶段使用其他合法的调查方法。正如下面第四部分所阐明的，在全面调查阶段授权的调查方法，除了其他的外，包括：使用秘密线人、乔装侦查活动和行动、未经许可的电子监视、安装和使用通信记录器和通信追踪装置、使用存储的有线及通信和交易记录、经当事人同意的电子监控，以及搜查和扣押。当然，宪法、可适用的制定法、部门规章或政策对于使用这些方法的要求，都必须得到遵守。

(四) 其他的授权措施

当前反恐任务的优先性和互联网的到来引发了许多与1989年《指南》上次发布时不存在任何可比性的事件——上次发布的时间远早于揭示了美国遭受巨大恐怖威胁的"9·11"恐怖主义袭击，而且那时候互联网还不能成为反恐或其他打击犯罪目的的任何成熟形式的信息来源。

《指南》第六部分的设计是为影响这些领域的一系列重要执法活动提供明确的授权和关于管理原则的说明。除了其他方面，第六部分明确了联邦调查局得到授权的执法活动包括：(1) 创设及运行反恐信息系统，比如外国恐怖分子追踪特遣组（Foreign Terrorist Tracking Task Force）[VI. A (1)]；(2) 以发现或阻止恐怖活动为目的访问面向公众开放的场所或活动 [VI. A (2)]；(3) 可以实施概括性的相关主题搜索，比如以"炭疽""天花"等术语为主题词在网上搜索，以获取一般渠道可以取得的可能被用于生物恐怖袭击的相关制剂的信息 [VI. B (1)]；(4) 与任何一名社会公众一样上网，用以鉴别诸如那些指导炸弹制作、含有未成年色情内容的或者公开售卖或散布被盗信用卡信息的公共网页、电子公告栏和聊天室，并监视在这些场合公开面向公众的信息以侦测恐怖活动和其他犯罪活动 [VI. A (2)]；(5) 制定关于恐怖主义或其他犯罪活动的综合报告或评估，以支持战略规划和调查行动 [VI. A (3)]；以及 (6) 为特勤

---

① 《美国法典》第18编第119章 (18 U. S. C. 2510 – 2522) 规定的是"有线和电子通信的截听以及对口头通信的截听"。参见《美国涉外情报监控与通信截取法律制度》，刘涛译，中国政法大学出版社2014年版。

局（Secret Service）提供调查协助以支持其履行保护职责［Ⅵ. A（4）］。

二、一般原则

《指南》规制的初步调查和全面调查的宗旨，是防范、侦查或起诉违反联邦法律的行为。联邦调查局应当充分使用《指南》授权的方法，最大限度地实现这些目标。

实施初步调查和全面调查应当在侵入程度较高或较低的调查方法上进行选择，需要考虑的因素有：对个人隐私的影响以及对名誉的潜在危害。初步调查和全面调查的实施应当在条件允许的情况下将侵扰程度降至最低。但是，已经意识到对调查方法的选择是一个见仁见智的判断问题。根据犯罪的严重程度和表明正在实施或可能在未来实施犯罪的信息强度，即使具有侵扰性，只要侵扰性是合理的，联邦调查局在使用符合《指南》要求的任何合法的调查方法时不应迟疑。这一点在调查恐怖主义犯罪和调查实施恐怖主义犯罪的集团时需要被特别关注。

所有初步调查都应当在一般犯罪调查指南的规制下进行（即《指南》的第二部分）。犯罪情报调查（即《指南》的第三部分）中对初步调查没有单独的规定，因为第二部分规定的初步调查不仅可以用于决定是否存在启动一般犯罪调查（第二部分）的理由，也可以选用于或补充用于决定是否存在启动针对有组织犯罪集团或恐怖主义组织（第三部分）展开调查的理由。如果初步调查表明明显不需要进行全面调查，初步调查应当立即结束。如果基于初步调查得到的信息发现需要进行全面调查时，则应当进行一般犯罪调查或犯罪情报调查，或者二者都需要进行。但是，所有这样的调查都应当基于合理的事实预判和正当的执法目的。

在预测或预防犯罪的努力中，联邦调查局应当经常启动先于犯罪发生的调查。但很重要的是，这样的调查不能单纯地根据公民实施了受到联邦宪法第一修正案保护的活动而展开，也不能单纯地根据公民依据受到美国宪法、其他法律保障的任何权利而实施的合法活动而展开。但是，如果有煽动犯罪活动的声明或者表明有明显犯罪意图的声明，尤其关于暴力犯罪的声明，依据《指南》的规定实施调查是可以的，除非从做出这种声明的环境或语境来看，造成伤害的预期明显不存在。

当所有符合逻辑的线索已经穷尽且没有正当的执法利益要求继续进行调查时，一般犯罪调查和犯罪情报调查应当终止。

《指南》并不禁止联邦调查局在特定地区和经济部门确定犯罪活动的一般范围和性质，或者收集和保存符合《隐私权法》（Privacy Act）要求的可公开获得的信息。

三、一般犯罪调查

（一）定义

1. "紧急情况"是指，依据《指南》的规定，其他必要的授权能够获得，但在这之前就需要采取行动的情况。其目的是保护生命或重大财产利益，逮捕或确定逃犯，防止证据被隐匿、毁灭或篡改，或者是避免其他严重损害或妨碍调查情况的发生。

2. "敏感的犯罪事件"是指，任何涉嫌犯罪的行为，包括公共官员或政治候选人的腐败行为，外国政府的活动，宗教组织或主要政治组织或这些组织中重要人物的相关活动，或者新闻媒体的活动；以及根据特工主管（SAC）做出的判断，任何其他应当受到联邦检察官或司法部其他适当官员注意的事件，包括联邦调查局总部（FBIHQ）。

（二）初步调查

1. 在一些情况下联邦调查局可能收到不值得对其进行全面调查的信息或声称——因为它们没有"合理地表明"有犯罪活动——但是对其负责任的处理需要更多的审查，这些审查不同于迅速和极为有限地审查最初线索。在这样的情况下，尽管对展开调查的事实预判没有达到应有的标准，但联邦调查局可以启动"初步调查"来应对这些表明犯罪活动可能性的声称或信息。

进行低于全面调查的初步调查的职权是，允许政府以慎重的方式应对模棱两可的或不完整的信息，并且应当在条件允许的情况下将侵扰程度降至最低。在没有告发者或收到来自不可靠的声称和信息的领域，如白领犯罪，这一点尤为重要。这种初步调查受到下面第（3）节规定的调查时限的限制，并且调查的目的是获得必要的信息来做出是否需要进行全面调查的明智判断。

如果事实或情况合理地表明犯罪活动已经存在，则初步调查不是必经的步骤；在这样的情况下，全面调查可以即刻展开。

2. 批准实施初步调查的联邦调查局主管应当确保这些满足初步调查条件的声称或信息已被书面记录下来。在敏感的犯罪事件中，应当在初步调查开始之后尽快通知联邦检察官或司法部门的适当官员关于启动初步调查的依据，并且应当将通知这一事实书面记录在案。

3. 初步调查应当在启动第一步调查后的180日内完成。第一步调查的开始日期并不要求必须与最初的信息或声称收到之日相同。初步调查期限届满后可以进行后续的为期90天的延长。特工主管最多可以批准两次延长期限的要求，依据是虽然没有"合理地表明"存在犯罪活动但需要进行更多的调查步骤的原因说明。两次延期以后的任何延长都只能由联邦调查局总部基于书面说明理由的申请来审查批准。

4. 在初步调查中，调查方法的选择是一个与判断相关的问题，需要考虑的因素有：(i) 初步调查的目标和可获得的调查资源；(ii) 调查方法的侵扰程度，包括对个人隐私的影响、对名誉的潜在损害等因素；(iii) 可能发生的犯罪的严重程度；以及 (iv) 表明已存在犯罪或未来会发生犯罪的信息的强度。当实施初步调查需要在侵扰程度较高或较低的调查方法上进行选择时，联邦调查局应当考虑是否可以采用侵扰程度较小的方式，及时且有效地获得所需的信息。依据犯罪的严重程度和表明正在实施或可能在未来实施犯罪的信息强度，即使具有侵扰性，只要侵扰性是合理的，联邦调查局在使用符合《指南》要求的任何合法调查方法时不应迟疑。这一点在调查可能的恐怖主义活动时需要特别注意。

5. 所有合法的调查方法都可以在初步调查中使用，除了：

a. 私拆信件；

b. 未经许可的电子监控或任何其他《美国法典》第18编第119章包含的调查方法（《美国法典》第18编第2510~2522节）。

6. 下列调查方法可以在初步调查中使用，不需要获得监管特工的事前授权：

a. 查阅联邦调查局索引和文件档案；

b. 查阅社会公众均可获得的记录和其他可从公开途径获得的信息；

c. 查阅联邦、州和地方政府可用的记录；

d. 询问告发者，之前布建的线人以及其他信息来源；

e. 询问潜在的对象；

f. 询问容易确认或者否认声明真实性的人，这不包括借故进行询问或者询问潜在对象的雇主或同事，除非被询问对象是告发者；以及

g. 对任何人进行实际监控（physical surveillance）或拍照监控。

在初步调查中允许使用的任何其他的合法调查方法都需要满足第四部分的要求和限制，而且，除了在紧急的情况下，都需要获得监管特工的事前许可。

7. 如果初步调查结果没有显示出足够的信息支持进行全面调查，联邦调查局应当终止初步调查并作出结案记录。在敏感的犯罪事件中，联邦调查局应当将结案的情况书面通知联邦检察官。在已经终结的初步调查中获得的信息应当在联邦检察官或其委任者或者其他适当的司法部官员的要求下提供。

8. 所有关于初步调查的要求适用于重新启动初步调查。在敏感的犯罪事件中，重新启动初步调查后应当尽快通知联邦检察官或司法部的适当官员。

（三）全面调查

1. 如果事实或情况合理地表明有联邦犯罪已经发生、正在发生或将要发生，联邦调查局应当启动一般犯罪调查。这种调查旨在预防、侦破或起诉这样的犯罪活动。

"合理的表明"这一标准实际上低于合理根据（probable cause）。在判定是否存在合理的表明有违反联邦法律的犯罪行为时，特工应当考虑一名谨慎的调查人员应当考虑的所有事实或情况。但是，这一标准并不要求存在能够表明有已经发生、正在发生或者将会发生犯罪这样特定的事实或情况，它应当是启动全面调查的一个客观的事实基础，仅凭直觉、预感是不够的。

2. 如果计划将来实施犯罪行为，或者依据联邦刑事法律关于密谋或企图的规定或其他界定预备犯罪的规定，为实施该犯罪的预备活动本身就已经构成了犯罪，比如《美国法典》第18编第373节（教唆实施暴力犯罪）或《美国法典》第18编第2339A节（包括为准备实施恐怖主义犯罪提供实质支持的规定）。在这样的情况下，尽管还没有实质性的或预谋性的犯罪发生，但有事实和情况合理地表明这样的犯罪行为在将来会发生，则启动全面调查的标准已经满足。

3. 联邦调查局授权实施全面调查的监管人员，应当确保满足"合理的表明"这一标准的事实或情况已经被书面记录下来。

在敏感的犯罪事件中［其含义由上述A（2）节界定］，全面调查启动后，应当尽快以书面形式将启动全面调查的依据通知联邦检察官或司法部相关适当的

官员，以及联邦调查局总部。

4. 负责实施调查的特工，应当在情况需要和检察官的要求下，定期通过书面或口头形式与适当的联邦公诉人保持联络。

在调查过程中，如果出现了需要起诉的争议事项，负责调查的特工应当将相关事实提交适当的联邦公诉人。在任何敏感的犯罪事件中，联邦调查局应当在调查终结后的30日内将调查终结通知适当的联邦公诉人。联邦检察官或者他或她任命的人，或者司法部的其他适当官员可以要求提供已经终结的调查中获得的信息。

5. 如果联邦调查局调查的严重事件涉及州或地方政府对起诉的授权，如果州或地方政府不愿意授权起诉，或者不能在120日内采取起诉行动，则联邦调查局应当在信息来源许可的范围内，立即以书面形式告知联邦检察官。如果联邦调查局的派驻办公室（field office）不能够提供后续跟进，特工主管也应当将相关情况告知联邦检察官。

6. 当接收到不属于联邦调查局管辖范围的关于严重犯罪行为的可靠信息时，联邦调查局的派驻办公室应当立即将信息或有关投诉移送到有管辖权的执法部门，除非这种信息披露会危及正在进行的调查、危及个人安全、泄露秘密线人的身份、妨碍与秘密线人的合作或者泄露法律规定需要保密的信息。如果由于上述原因不能进行完全披露，联邦调查局的派驻办公室应当在任何可行的时间，至少向有管辖权的执法部门披露受到限制的信息，并且应当在禁止信息传递的需要不再存在后，尽可能早地将信息完全披露。如果信息没有在180日内完全披露给恰当的执法部门，则联邦调查局的派驻办公室应当立即书面告知联邦调查局总部关于犯罪活动的事实和情况。联邦调查局应当向司法部副部长定期汇报关于没有披露和没有完全披露的相关情况，涉及秘密线人时应当采取适当形式以保护秘密线人的身份。

无论何时，如果收到秘密线人从事未经授权的犯罪活动的信息，则应当根据《司法部部长关于秘密线人的使用指南》进行处理。

7. 重新启动全面调查应当遵循关于全面调查的所有要求。在敏感的犯罪事件中，全面调查重新启动后应当尽早书面告知美国联邦检察官或司法部的适当官员。

四、犯罪情报调查

本部分授权联邦调查局对特定的集团进行犯罪情报调查。这种调查在一些重要的方面不同于第二部分授权的一般犯罪调查。作为一个普遍准则,对于已经完成的犯罪行为的调查通常限于确定实施犯罪行为的人和收集证据以建立特定的犯罪行为构成要件体系。在这个方面,这是一种自我限定。对于正在实施犯罪的集团进行的情报调查则必须确定这个集团的规模和成员、地理范围、过去的行为、犯罪目标以及造成破坏的能力。一个标准的犯罪调查终结后会做出指控或不指控的决定,但对犯罪集团的调查并不一定会完结,尽管其中一名或数名成员已经被起诉。

除此之外,组织表现出来的生命力和行动的持续性通常不会在常规的犯罪活动中被发现。因此,调查可能需要持续若干年。而且,这种调查的重点"可能比直接针对更为传统类型的犯罪的调查更加不精确"[United States v. United States District Courts, 407 U. S. 297, 322(1972)]。不同于一般的犯罪案件,这类案件可能没有完整的犯罪行为来支撑调查的框架结构。此时往往需要将零碎和片段的信息进行拼凑组合来决定存在何种形式的犯罪行为,很多这种信息本身各自并没有独立的意义。因此,这样的调查比一般的犯罪调查更加宽泛、更加没有区分性,涉及"各种信息来源和多种类型信息的相互关系"。

集团或组织的成员相互配合进行犯罪活动将给社会造成严重的威胁。然而,在涉及处理有政治动机的活动时,对有组织犯罪活动的调查可能会出现特殊的问题。在这样的事件中"往往会出现第一修正案和第四修正案价值的聚合",而这些情况不会在"常规"的犯罪活动中出现。这样一来,从那些可能导致犯罪或对社会严重损害的活动中区分出受保护的活动时,就需要特别注意。因此,为了保障对组织或集团进行特别敏感的调查,《指南》确立了保障措施,包括更严格的管理和更高级别的审查。

(一)对有组织犯罪集团的调查

这一部分集中介绍针对有组织犯罪的调查。这涉及对整个有组织犯罪集团的调查,而非仅仅针对个人参与者和个别犯罪活动的调查,是一种授权实施用以确定集团的结构和范围、集团成员之间关系的调查。

1. 含义界定

有组织犯罪活动,是指任何一种犯罪行为,包括违反州法的犯罪行为,包括《反勒索及受贿组织法》(Racketeer Influenced and Corrupt Organizations Act,RICO)[《美国法典》第18编第1961(1)节]中规定的犯罪行为。

2. 一般授权

当事实和情况合理地表明有两人及两人以上的人员正在从事某一形式的由《反勒索及受贿组织法》[《美国法典》第18编第1961(5)节]所界定的有组织犯罪活动时,可以启动针对有组织犯罪集团的调查。但是,如果该形式的有组织犯罪活动涉及《美国法典》第18编第2332b(g)(5)(B)节规定的一起或多起犯罪行为,则这一调查将被视作是针对恐怖主义组织的调查,应当遵守本部分B分部规定的标准和程序,不再适用本分部(即A分部)的相关规定。"合理的表明"标准与第二部分规定的关于启动一般犯罪调查的标准一致。

对有组织犯罪犯罪集团实施调查的授权是除去以下授权之外的:第二部分中针对一般犯罪调查的授权,本部分B分部针对恐怖主义组织的调查授权,以及其他司法部长指南中阐明的针对如下事项进行调查和信息收集的授权:国际恐怖主义、涉外反情报或涉外情报。足以启动针对有组织犯罪集团进行调查的信息可以是在一般犯罪的初步调查或全面调查、针对恐怖主义组织的调查或者依据其他司法部部长的指南实施的调查中获得。反之,针对有组织犯罪集团的调查也会产生足以启动一般犯罪的初步调查或全面调查、针对恐怖主义组织的调查或其他司法部部长指南中规定的调查所需的信息。

3. 调查目标

针对有组织犯罪集团实施调查的直接目的是获取关于该集团的性质和内部结构的信息,尤其是下述第4节所描述的信息,长期目标则是侦查、阻止和起诉该集团的犯罪活动。

4. 调查范围

依据《指南》恰当地启动针对有组织犯罪集团的调查可以收集以下信息,例如:

(ⅰ)集团成员及其他人员可能故意实施的有助于违法犯罪组织活动的行为,只要关于此人活动的信息表明其行为代表了组织或受到组织的支持;

(ⅱ)集团的经济状况;

（ⅲ）集团的地理范围；以及

（ⅳ）集团过去和未来的活动及目标。

在获取上述信息时，只要需要符合《指南》第四部分的要求，可以使用任何合法的调查方法。

5. 授权和重新授权

针对有组织犯罪集团的调查可以由特工主管授权，同时书面通知联邦调查局总部，依据是书面建议阐明了有事实和情况合理地表明第2（a）节规定的标准已经满足。

联邦调查局应当将针对有组织犯罪集团启动调查的情况通知司法部刑事局下属的有组织犯罪和勒索犯罪部（the Organized Crime and Racketeering Section of the Criminal Division）及其他受到影响的美国检察官办公室。收到通知后，有组织犯罪和勒索犯罪部应当立即向司法部部长和副部长报告。在所有针对有组织犯罪集团的调查中，有组织犯罪和勒索犯罪部的负责人，可以在他或她认为有必要的情况下要求联邦调查局提供关于调查情况的报告。

针对有组织犯罪集团调查的初次授权期限为不超过一年。调查可以通过每次不超过一年的重新授权而继续。重新授权应当获得特工主管的批准，并告知联邦调查局总部。联邦调查局应当将重新授权的情况告知有组织犯罪和勒索犯罪部，有组织犯罪和勒索犯罪部应当立即向司法部部长和副部长报告。

在授权调查期限届满或之前，以及每次重新授权调查期限届满或之前，特工主管均应当对调查进行检查。

被终止的调查可以在出现了与启动调查相同标准和相同程序要求的情况下重新启动。

除了依据本节之规定特工主管可以授权外，联邦调查局局长、任何局长助理或者局长任命的总部高级官员可以授权、重新授权、检查和重新启动针对有组织犯罪集团的调查，只要符合本节规定的标准。

（二）对恐怖主义组织的调查

本部分主要介绍针对那些通过武力或暴力活动寻求更多政治或社会目的，或者企图实施恐怖主义或与恐怖主义相关犯罪的组织进行的调查。与阐释针对有组织犯罪集团的调查那部分一样，这是对于整个组织的调查，而非仅仅对个人参与者和个别犯罪行为的调查，是一种授权实施用以确定组织的结构和范围、组织成员之间关系的调查。

1. 一般授权

对恐怖主义组织的调查可以在事实和情况合理地表明有两个或两个以上的人员参与了具有以下目标的组织时启动：（ⅰ）完全或部分通过武力或暴力活动、违反联邦法律的犯罪活动实现更多政治或社会目标；（ⅱ）实施《美国法典》第18编2331（1）或（5）节界定的恐怖主义活动，这些活动是违反联邦刑事法律的犯罪行为；或者（ⅲ）实施《美国法典》第18编第2332b（g）（5）（B）节规定的任何犯罪活动。对恐怖主义组织的调查也可以在有事实或情况合理地表明有两人或两人以上的人实施某一类型的《反勒索及受贿组织法》[《美国法典》第18编第1965（1）节]所界定的有组织犯罪活动时启动，这种有组织犯罪活动涉及《美国法典》第18编第2332b（g）（5）（B）节规定的一种或多种犯罪活动。"合理地表明"这一标准与第二部分中规定的启动一般犯罪调查的标准是一致的。在决定是否进行调查时，联邦调查局应当全面考虑下列情况：（ⅰ）威胁将会造成损害的巨大程度；（ⅱ）该损害将会发生的可能性；（ⅲ）威胁的紧迫性；以及（ⅳ）调查可能对隐私或言论自由造成的所有侵害。

对恐怖主义组织调查的授权是除去以下授权之外的：第二部分中针对一般犯罪调查的授权，本部分A分部针对有组织犯罪集团进行调查的授权，以及其他司法部长指南中阐明的针对如下事项进行调查和信息收集的授权：国际恐怖主义、涉外反情报或涉外情报。足以启动针对恐怖主义组织进行调查的信息可以是在一般犯罪的初步调查或全面调查、针对有组织犯罪集团的调查或者依据其他司法部长指南实部施的调查中获得的。反之，针对恐怖主义组织的调查也会产生足以启动一般犯罪的初步调查或全面调查、针对有组织犯罪集团的调查或其他司法部部长指南中规定的调查的信息。

仅仅推测在和平游行示威的过程中可能会有武力或暴力的情况并不构成足以启动本分部规定的调查的理由，但当事实和情况合理地表明，在示威过程中，一个组织或集团已经实施或即将实施涉及武力或暴力的活动或者上述第1（a）节规定的其他犯罪活动，在符合该节规定的标准的前提下，可以启动调查。替代性的授权见第二部分关于一般犯罪的调查和《司法部部长关于报告涉及联邦利益的内乱和示威的指南》（*the Attorney General's Guidelines on Reporting on Civil Disorders and Demonstrations Involving a Federal Interest*）中的内容。这一规定不限制依据上述第1（a）段之规定主动进行调查收集由集团组织实施的公共示威中的信息。

2. 调查目标

针对恐怖主义组织进行调查的直接目标是获取关于该组织的性质和结构的信息，尤其是下述第3节所描述的信息，长期目标则是侦查、阻止和起诉该组织的犯罪活动。

3. 调查范围

依据《指南》针对恐怖主义组织启动调查可以收集下列信息，例如：

（ⅰ）组织成员及其他人员可能故意实施的有利于恐怖主义犯罪目标的行为，只要关于此人活动的信息表明其行为代表组织或受到组织的支持；

（ⅱ）组织的经济状况；

（ⅲ）组织的地理范围；以及

（ⅳ）组织过去和未来的活动及目标。

在获取上述信息时，只要符合第四部分的要求，可以使用任何合法的调查方法。

4. 授权和重新授权

对恐怖主义组织的调查可由特工主管授权，同时书面告知联邦调查局总部，依据是书面建议阐明了有事实和情况合理地表明存在上述第节所描述的组织。联邦调查局应当将对恐怖主义组织启动调查的情况通知司法部刑事局下属的恐怖主义与暴力犯罪部（the Terrorism and Violent Crime Section of the Criminal Division）、情报政策和审查办公室（the Office of Intelligence Policy and Review）及其他任何受到影响的美国检察官办公室。收到通知后，恐怖主义与暴力犯罪部应当立即向司法部部长和副部长报告。在所有这样的调查中，恐怖主义与暴力犯罪部的负责人可以在他或她认为有必要的时候要求联邦调查局提供关于调查情况的报告。

针对恐怖主义组织调查的初次授权期限为不超过一年。调查可以通过每次不超过一年的重新授权而继续。重新授权应当获得特工主管的批准，并告知联邦调查局总部。联邦调查局应当将重新授权的情况告知恐怖主义与暴力犯罪部，恐怖主义与暴力犯罪部应当立即向司法部部长和副部长报告相关情况。

在授权调查期限届满或之前，以及每次重新授权调查期限届满或之前，特工主管均应当对调查进行检查。在一些情况下，组织可能达到了启动调查的入门标准但暂时没有积极参与近期暴力活动或其他犯罪活动［第1（a）节所描述的行为］，也不存在即刻就要造成危害的威胁，但是这个组织的人员组成、目标和过往历史显示其对联邦利益有持续的需求。在这些情况下，综合考量这些因素，无论得到什么样的授权范围，都可以继续调查。

被终止的调查可以在出现了与启动调查相同标准和相同程序要求的情况下重新启动。

除了依据本段之规定特工主管可以授权外，联邦调查局局长、任何局长助理或者局长任命的总部高级官员可以授权、重新授权、检查以及重新启动针对恐怖主义组织的调查，只要符合本段规定的标准。

联邦调查局应当在启动调查后的180日内，向司法部刑事局下属的恐怖主义与暴力犯罪部以及情报政策与审查办公室报告关于对恐怖主义组织进行调查的进展，并且在每一年年终时报告持续调查的结果。恐怖主义与暴力犯罪部门应当立即将这些报告的副本提交给司法部部长和副部长。

五、调查方法

在依据《指南》的规定实施调查时，联邦调查局可以使用任何合法的调查方法。调查方法的选择是一个见仁见智的判断问题，需要考虑的因素有：（1）调查的目标和可获得的调查资源；（2）调查方法的侵扰程度，包括对个人隐私的影响、对名誉的潜在损害；（3）犯罪的严重程度；（4）表明已经存在或者未来会发生犯罪的信息的强度。如果实施调查需要在侵扰程度较高或较低的调查方法上进行选择时，联邦调查局应当考虑是否可以通过侵扰程度较低的方法及时、有效地获得信息。根据犯罪的严重程度和表明正在实施或可能在未来实施犯罪的信息的强度，即使调查方法具有侵扰性，只要侵扰性是合理的，联邦调查局对于使用符合《指南》要求的任何合法方法不应迟疑。这一点在调查恐怖主义相关活动中需要特别注意。

法规、部门规章、政策或司法部部长指南中所有关于调查方法的使用要求都应被遵守。下列调查方法是受到专门限制的：

1. 使用秘密线人必须遵守《司法部部长关于秘密线人的使用指南》（Attorney General's Guidelines Regarding the Use of Confidential Informants）；

2. 实施乔装侦查活动和行动必须遵守《司法部长关于联邦调查局乔装侦查行动的指南》(*Attorney General's Guidelines on FBI Undercover Operations*)。

3. 在涉及保密性的乔装侦查雇员或合作的个人参与相关组织活动的情况下，任何与该组织受到联邦宪法第一修正案保护的活动相关的潜在的宪法性关切必须通过全面遵守《司法部部长关于联邦调查局乔装侦查行动的指南》和《司法部部长关于秘密线人的使用指南》中的相关规定的方式处理。

4. 实施未经许可的电子监控必须遵循《美国法典》第18编第119章的令状程序和要求（《美国法典》第18编第2510～2522节）。

5. 安装和使用通信记录器和通信追踪装置应当遵循《美国法典》第18编第206章的程序和要求（《美国法典》第18编第3121～3127节）。

6. 使用存储的有线和电子通信记录以及获取交易记录时，必须按照《美国法典》第18编第121章规定的程序和要求获得授权（《美国法典》第18编第2701～2712条）。[①]

7. 经一方当事人同意的电子监听必须依据部门政策获得授权。对于除电话对话以外的经一方当事人同意的对话进行监听，必须根据已经制定的指南事先获得授权。[②] 这些同时适用于合作参与者携带的设备和处于参与者控制下的在相关场所安装的设备。见《美国检察官手册》的9-7.301和9-7.302部分。对于经一方当事人同意的电话对话的监听，应当获得特工主管或特工主管助理、适格的美国检察官、部长助理或副部长助理的事前授权，除非是在紧急情况下。部长助理或副部长助理的授权应当将其授权情况告知适格的美国检察官。

8. 搜查或扣押应当在得到有效令状授权的情况下实施，除非搜查或扣押发

[①] 4.5.6 这三部分法律的详细内容参见《美国涉外情报监控与通信截取法律制度》，刘涛译，中国政法大学出版社2014年版。

[②] 例如，《行政部门、机构负责人和监察长的备忘录：对口头通信进行合法、无令状监听的程序》（司法部部长约翰·阿什克罗夫特2002年5月30日签发）。对于美国的通信截取制度，需要说明的是，依据《美国宪法》第四修正案，1968年《综合犯罪控制与街道安全法》第Ⅲ部分及1986年《电子通信隐私法》对其修订（《美国法典》第18编第2510节及以下），1978年《涉外情报监控法》(《美国法典》第50编第1801节及以下) 允许政府特工在取得通信一方当事人同意的情况下采取行动，即可以对有线（电话）通信和口头、无线通信实施无令状的监听。同样，宪法和联邦法律允许联邦特工在谈话当事人没有对保护其通信隐私的合理期待的情境下，对口头通信和非有线的通信可以实施无令状的监听，但对有线通信则不允许，需要按照上述法律规定得到法院的授权令状。此处强调的是遵守内部审批程序。（译者注）此处强调的是遵守内部审批程序。

生在对令状例外认可的司法管辖区。也可参见《司法部部长关于从第三方持有者获取文件材料的方法的指南》(《联邦行政法规汇编》第28编第59部分)。

9. 保密调查方法的使用应当符合《刑事案件中保密调查方法的使用规程》的规定;以及任何情况下,如果知晓个人在具体事件中是被律师代理的,则联邦调查局应当遵循关于在律师不事先知晓的情况下与被代理的个人接触的相关法律和部门规程。特工主管或其委任的人、美国检察官应当定期咨询相关法律和部门规程。如果发生了与被代理人的接触是否符合检察官行为准则相关的问题,联邦检察官应当咨询职业责任咨询办公室(Professional Responsibility Advisory Office)。

六、信息的传递和保管

在依据《指南》审查线索、初步调查和全面调查的过程中,联邦调查局可以向美国联邦检察官、司法部刑事局以及司法部的其他组成部分、官员和职员传递信息。在依据《指南》审查线索、初步调查和全面调查的过程中,联邦调查局可以向其他联邦机构或者州、地方的刑事司法机构传递信息,如果该信息:

1. 属于该机构的调查或保护管辖区域或者诉讼职责范围内;

2. 可能在阻止犯罪,或阻止使用暴力或其他危及生命的行为中起到辅助作用;

根据《第10450号总统行政命令》(Executive Order 10450)(1953年4月27日修订)或后续的行政命令,需要提供给其他联邦机构;或者法规、司法部部长批准的跨机构决议、总统指令(Presidential Directive)要求进行传递;以及《美国法典》第5编第552节要求的其他人员和机构,或者《美国法典》第5编第552a节许可的其他情况下的个人和机构。

联邦调查局应当维持一个数据库,该数据库能够验证依据《指南》实施的所有的初步调查和全面调查,并且能够迅速检索初步调查和全面调查进展情况(公开或不公开)的相关信息,以及这类调查所针对的调查对象的相关信息。

七、反恐行动及其他授权

为了完成联邦调查局阻止恐怖分子针对美国和美国人民实施恐怖袭击这一核心任务,FBI必须主动利用可使用的情报信息来源对恐怖威胁和恐怖活动进行确认。不能满足于等待从其他行动中获得线索，而是必须穷尽法律允许的手段敏锐地发现恐怖活动，着眼于在恐怖主义活动发生之前尽早对其进行干预和阻止。相应地，这一部分界定了一些促进这一目标实现的授权行动，即使没有《指南》第一部分至第三部分规定的审查线索、初步调查或全面调查这些环节，也可以采取这些行动。这些授权行动既包括专门针对恐怖主义活动的授权行动（A 分部，Subpart A），也包括在恐怖主义和非恐怖主义情境下对执法目的均有益的授权行动（B 分部，Subpart B）。

（一）反恐行动

1. 信息系统

授权联邦调查局营运和参与能够识别、跟踪和管理的信息系统，目的是识别和定位恐怖分子，根据法律的授权将外国恐怖分子和恐怖活动支持者驱逐或驱离美国，评估和反馈恐怖分子的危险和威胁，或者侦查、起诉或阻止恐怖主义活动。本节规定范围内的信息系统可以从任何法律允许的来源提取和保存相关信息，包括：来源于过去或正在进行的调查活动；其他政府部门收集或提供的信息，例如涉外情报信息和监控列表（lookout list）中的信息；可公开获得的信息，无论是直接获取信息还是从对这类信息进行编辑或分析的机构或来源处（不论是非营利性的还是营利性的）获取信息；以及由私营部门自愿提供的信息。任何由联邦调查局营运的这种系统都应当接受定期检查，以使其遵守所有可适用的成文法规定、部门规章、政策及司法部部长的相关指南。

2. 访问公共场所和参与公共活动

为了达到发现或阻止恐怖主义活动的目的，授权联邦调查局可以访问任何对公众开放的公共场所并参与相关活动，遵守与一般公众成员相同的条件和限制。从这类访问中获取的信息不得被保留，除非该信息与潜在的犯罪行为或恐怖主义活动相关。

（二）其他授权

除了《指南》第一部分至第三部分所描述的审查线索、初步调查和全面调查以及上述提到的反恐行动外，联邦调查局得到授权的执法活动还包括实施以下行动并保存从这些行动中获取的信息：

1. 概括性的主题搜索

授权联邦调查局可以实施概括性的主题搜索,包括在线进行搜索以及作为这种搜索的一部分在线接入网站和论坛,使用的条件和限制与普通社会公众成员相同。本节中"概括性的主题搜索"是指出于促进或支持履行调查职责的目的而对相关主题领域进行搜索。不包括以个人姓名或其他个人身份在线搜索信息,除非这样的搜索附带于主题搜索,比如通过搜索写过某一主题作品的作者姓名来搜索定位该主题的作品,或者在法律检索中用某一案件当事人的名字来搜索。

2. 对网上资源的一般使用

为实现发现和阻止恐怖主义或其他犯罪活动的目的,授权联邦调查局可以在线进行搜索以及访问网站和论坛,遵守与一般社会公众成员相同的条件和限制。

3. 报告与评估

授权联邦调查局制定关于恐怖主义和其他犯罪活动的综合报告和评估,其目的是进行战略规划或支持调查活动。

4. 与特勤局合作

授权联邦调查局向承担保护职责的特勤局提供调查协助,只要实施的初步调查或全面调查全部符合《指南》的相关规定。

(三)对隐私的保护和其他限制

1. 一般限制

本部分授权联邦调查局的执法活动并不包括仅仅为了监控而留存个人实施的下列相关活动的档案资料:受到美国宪法第一修正案保护的活动,或者行使受到美国宪法或其他法律保护的任何其他权利的合法活动。相反,所有这样的执法活动必须具有本部分所描述的有效的执法目的,并且必须以符合所有相关法律、部门规章和政策、司法部部长指南的方式进行。尤其是,本部分的规定不能取代《司法部部长关于联邦调查局乔装侦查行动的指南》或《司法部部长关于秘密线人的使用指南》中的任何其他相关规定和要求。

2. 依据《隐私权法》保存记录

依据《隐私权法》(the Privacy Act)的规定,保存与个人特定活动相关信息的容许度部分取决于收集这样的信息是不是"相关的且在得到授权的执法活动范围内"[《美国法典》第5编第552a(e)(7)节]。根据这一条款,《美国法典》第5编第552a(e)(7)节规定的限制不适用于与《隐私权法》意义上对"记录"的"保存"不相关的活动,或者与执法活动有关且在授权范围内的执法活动。以《隐私权法》为目的的"授权执法活动"包括执行和保存来自《指南》第一部分至第三部分描述的审查线索、初步调查和全面调查中获得的信息,或者来自本部分 A 分部或 B 分部所描述的调查活动中获得的信息。然而,如下述第 3 节所述,这并不是"授权执法活动"的完全列举。关于在其他活动中适用《隐私权法》的问题应提交到联邦调查局总顾问办公室或者信息和隐私办公室解决。

3. 本部分的解释

本部分不限制依据《指南》其他部分授权的任何活动和据以实施的任何活动。本部分所述的授权执法活动的内容并没有穷尽,并且不限制其他的授权执法活动,例如与涉外反情报或涉外情报相关的活动。

八、保留条款

《指南》中的任何内容不得限制对文件、档案、合同或其他政府持有的记录进行全面的检查和审计,或者在美国联邦政府部门或机构的特定要求下进行的类似业务。这样的检查、审计或类似业务必须是为了侦查或阻止违反联邦法律行为的目的,而这正是联邦调查局的调查职责范围。

《指南》中的任何内容不得限制联邦调查局依据《联邦工作人员安全计划》调查某些特定的职员和雇员。

《指南》中规定的内容仅用作司法部的国内指导。不打算、不能且不可以被用于创设任何权利,这一权利是指任何事件中,民事或刑事的,任何当事人可用法律强制执行的实体权利或程序权利,《指南》也不会对司法部的其他合法调查和诉讼特权设置限制。